STRAFRECHT ALLGEMEINER TEIL

형법총론

박찬걸

박영사

머 리 말

지난 2005년 처음으로 대학 강단에서 강의를 하였던 것이 생생하게 기억난다. 강의 준비를 위하여 지방으로 내려가는 버스와 기차 안에서 당시의 저명한 교수님들이 집필하신 형사법 교과서에 줄을 그어가며 수없이 속으로 되뇌던 장면에서부터 서툴게 작성한 강의안을 학생들에게 나눠주며, 집으로 돌아와 수정에 수정을 거듭하던 장면이 특히 그러하다. 그로부터 정확히 20년이 지나 오늘에 이르렀고, 주변의 수많은 도움으로 운이 좋게도 전임으로서는 세 번째 대학에서 여전히 강의를 할 수 있는 영광을 누리고 있다. 그러는 동안 2018년에 형법각론이라는 책이 세상에 빛을 보였고, 2020년에 형사소송법을 출판한 이래 이제야 형법총론을 정리하여 내어놓는다. 여전히 많이 부족하지만 그래도 기본적인 형사법 교과서를 완결하였다는 점에서 나름의 위안을 삼는다.

본서는 기본적으로 대학에서 강의를 하기 위한 교재로서의 역할에 충실을 기하고자 마련되었다. 일반적으로 한 학기에 형법총론을 모두 학습하기란 여간 쉬운 일은 아닐 것이다. 이에 학설의 대립 및 판례의 태도를 정리하고, 사견을 간략하게 제시하여 해당 쟁점을 파악하는 데 도움을 주고자 하였다. 또한 특정 범죄에 대한 구성요건의 충족 여부가 문제되는 영역에서는 이를 인정한 사안과 부정한 사안을 서로 구별하여 판례를 제시함으로써 대법원의 판단기준을 이해하는 데 주력하였다. 아무쪼록 본서가 형법에 입문하는 초학자들은 물론 형법이론을 전문적으로 연구하는 학자들에게도 조금이나마 보탬이 될 수 있으면 하는 자그마한 바람을 가져본다. 필자 역시 후속 연구를 통하여 본서의 미진한 부분을 지속적으로 수정 및 보완하는 작업을 게을리 하지 않음을 다짐하는 바이다.

돌이켜보면 작금의 상황은 범죄와 형벌의 홍수시대라고 해도 과언이 아닐 것이다. 물론 적정한 국가형벌권의 행사는 건전한 사회를 유지하기 위한 원동력이 될 것이라는 데 이견이 없겠지만, 과도한 범죄와 형벌의 남용은 정반대의 결과를 초래할 것이라는 사실 역시 자명하다. 형사법 교과서 볼륨이 날로 두꺼워지는 현상도 이와 같은 시대 상황이 투영된 것이라고 할 것이다. 향후에는 범죄의 슬림화와 형벌의 경량화를 통하여 국민 대다수가 보다 쉽게 형사법을 이해할 수 있도록 하는 변혁의 시기가 도래되는 것을 소망한다.

이 자리를 빌려 칠순을 맞이하시는 사랑하는 어머니 이희자 여사의 건강을 기원한다. 아직도 마냥 어리고 철이 없어 보이는 자식 걱정에 밤낮을 노심초사하시는 평생의 후원자이시다. 또한 앞으로도 영원히 곁에서 함께 할 것을 믿어 의심치 않는다. 끝으로 어려운 출판 환경에도 불구하고 출판을 흔쾌히 수락해 주신 박영사 조성호 이사님, 장규식 차장님, 이승현 차장님께도 깊은 감사를 드린다.

2025년 1월
충북대학교 법학전문대학원 연구실에서
박 찬 걸

차 례

제1편 서 론

제1장 형법의 의의

제2장 죄형법정주의

제 3 장   형법의 적용범위

제 2 편   범 죄 론

제 1 장   범죄론의 기초이론

제 2 장   구성요건론

제 3 장　위법성론

제 4 장 책 임 론

제 7 장 죄 수 론

제3편　형사제재론

제1장　형　벌　론

제 2 장 보안처분론

법률약어

「보호관찰 등에 관한 법률」 (보호관찰법)
「성매매알선 등 행위의 처벌에 관한 법률」 (성매매처벌법)
「성폭력범죄의 처벌 등에 관한 특례법」 (성폭력처벌법)
「성폭력범죄자의 성충동 약물치료에 관한 법률」 (성충동약물치료법)
「스토킹범죄의 처벌 등에 관한 법률」 (스토킹처벌법)
「아동·청소년의 성보호에 관한 법률」 (청소년성보호법)
「아동학대범죄의 처벌 등에 관한 특례법」 (아동학대처벌법)
「전자장치 부착 등에 관한 법률」 (전자장치부착법)
「치료감호 등에 관한 법률」 (치료감호법)
「특정경제범죄 가중처벌 등에 관한 법률」 (특정경제범죄법)
「특정범죄 가중처벌 등에 관한 법률」 (특정범죄가중법)
「폭력행위 등 처벌에 관한 법률」 (폭력행위처벌법)

제1편

서 론

제1장 형법의 의의

제1절 형법의 의의 및 성격

Ⅰ. 형법의 의의

1. 형법의 개념

'형법'(刑法)이란 일정한 행위를 범죄로 규정하고, 이에 대한 법률효과로서 형벌 또는 그 밖의 형사제재를 부과하는 것을 내용으로 하는 성문법규의 총체를 말한다. 형법을 영미에서는 'Criminal Law', 독일에서는 'Strafrecht'라고 하는데, 이는 형법의 개념요소인 범죄와 형벌 중 어느 하나를 택한 것이다. 우리나라는 형법 제정 당시 일본을 통하여 독일의 법률을 계수하였기 때문에 형법이라는 용어를 사용하게 되었다.

2. 범죄의 개념

'범죄'(犯罪)란 구성요건에 해당하고 위법성이 있는 유책한 인간의 행위를 말한다. 예를 들면 형법 제250조 제1항에 의하면 "사람을 살해한 자는 사형, 무기 또는 5년 이상의 징역에 처한다."라고 규정하고 있는데, 여기서 구성요건은 '사람을 살해한 자'이며, 특별한 사유가 없는 한 위법성(행위에 대한 비난가능성)과 책임(행위자에 대한 비난가능성)은 추정된다고 할 수 있다.

3. 형사제재의 유형

(1) 형벌의 유형

형벌의 종류는 형법 제41조에서 규정하고 있는데, 사형·징역·금고·자격상실·자격정지·벌금·구류·과료·몰수 등의 9가지가 그것이다.

사형은 교정시설 안에서 교수(絞首)하여 집행한다(제66조). 하지만 군형법상의 사형은 소속군 참모총장이 지정한 장소에서 총살로써 집행한다(군형법 제3조).

징역 또는 금고는 무기 또는 유기로 하고, 유기는 1개월 이상 30년 이하로 한다. 다만 유기징역 또는 유기금고에 대하여 형을 가중하는 때에는 50년까지로 한다(제42조). 구류는 1일 이상 30일 미만으로 한다(제46조). 징역은 교정시설에 수용하여 집행하며, 정해진 노역에 복무하게 하지만(제67조), 금고와 구류는 교정시설에 수용하여 집행할 뿐이다(제68조). 하지만 교정시설의 장은 금고형 또는 구류형의 집행 중에 있는 사람에 대하여는 신청에 따라 작업을 부과할 수 있다(형집행법 제67조).

　　자격상실은 사형·무기징역 또는 무기금고의 판결을 받은 자에 대하여 1. 공무원이 되는 자격, 2. 공법상의 선거권과 피선거권, 3. 법률로 요건을 정한 공법상의 업무에 관한 자격, 4. 법인의 이사·감사 또는 지배인 기타 법인의 업무에 관한 검사역이나 재산관리인이 되는 자격을 상실하게 하는 형벌이다(제43조 제1항).

　　자격정지는 유기징역 또는 유기금고의 판결을 받은 자에 대하여 그 형의 집행이 종료하거나 면제될 때까지 제43조 제1항 제1호 내지 제3호에 기재된 자격이 정지되는 유형(제43조 제2항)과 형법각칙상의 일정한 범죄[1]에 대한 자격정지의 판결에 의한 유형으로 구분할 수 있다. 또한 자격정지는 병과형으로도 가능하다.[2] 자격의 전부 또는 일부에 대한 정지는 1년 이상 15년 이하로 하는데, 유기징역 또는 유기금고에 자격정지를 병과한 때에는 징역 또는 금고의 집행을 종료하거나 면제된 날로부터 정지기간을 기산한다(제44조).[3]

　　벌금은 5만원 이상으로 한다. 다만 감경하는 경우에는 5만원 미만으로 할 수 있다(제45조). 과료는 2천원 이상 5만원 미만으로 한다(제47조). 벌금과 과료는 판결확정일로부터 30일 내에 납입하여야 한다. 다만 벌금을 선고할 때에는 동시에 그 금액을 완납할 때까지 노역장에 유치할 것을 명할 수 있다(제69조 제1항). 벌금을 납입하지 아니한 자는 1일 이상 3년 이하, 과료를 납입하지 아니한 자는 1일 이상 30일 미만의 기간 노역장에 유치하여 작업에 복무하게 한다(제69조 제2항).

　　벌금이나 과료를 선고할 때에는 이를 납입하지 아니하는 경우의 노역장 유치기간을 정하여 동시에 선고하여야 한다(제70조 제1항). 선고하는 벌금이 1억원 이상 5억원 미만인 경우에는 300일 이상, 5억원 이상 50억원 미만인 경우에는 500일 이상, 50억원 이상인 경우에는 1천일 이상의 노역장 유치기간을 정하여야 한다(제70조 제2항).

　　범인 외의 자의 소유에 속하지 아니하거나 범죄 후 범인 외의 자가 사정을 알면서 취득한 1. 범죄행위에 제공하였거나 제공하려고 한 물건, 2. 범죄행위로 인하여 생겼거나 취득한 물건, 3. 제1호 또는 제2호의 대가로 취득한 물건은 전부 또는 일부를 몰수할 수 있다(제48조 제1항). 제1항 각 호의 물건을 몰수할 수 없을 때에는 그 가액(價額)을 추징한다(제48조 제2항). 문서, 도화(圖畵), 전자기록(電磁記錄) 등 특수매체기록 또는 유가증권의 일부가 몰수의 대상이 된 경우에는 그 부분을 폐기한다(제48조 제3항).

---

1) 예를 들면 제257조 제1항에 의하면 "사람의 신체를 상해한 자는 7년 이하의 징역, 10년 이하의 자격정지 또는 1천만원 이하의 벌금에 처한다."라고 규정하고 있다.

2) 예를 들면 제256조에 의하면 "제250조, 제252조 또는 제253조의 경우에 유기징역에 처할 때에는 10년 이하의 자격정지를 병과할 수 있다."라고 규정하고 있다.

3) 한편 국가공무원법에 의하면 ① 금고 이상의 실형을 선고받고 그 집행이 종료되거나 집행을 받지 아니하기로 확정된 후 5년이 지나지 아니한 자, ② 금고 이상의 형을 선고받고 그 집행유예 기간이 끝난 날부터 2년이 지나지 아니한 자, ③ 금고 이상의 형의 선고유예를 받은 경우에 그 선고유예 기간 중에 있는 자, ④ 법원의 판결 또는 다른 법률에 따라 자격이 상실되거나 정지된 자, ⑤ 공무원으로 재직기간 중 직무와 관련하여 형법 제355조(횡령·배임) 및 제356조에 규정된 죄를 범한 자로서 300만원 이상의 벌금형을 선고받고 그 형이 확정된 후 2년이 지나지 아니한 자 중의 어느 하나에 해당하는 자는 공무원으로 임용될 수 없다(국가공무원법 제33조).

(2) 보안처분의 유형

최근에는 전통적 의미의 형벌 이외에 범죄에 대한 제재수단으로 보호관찰·사회봉사명령·수강명령·치료감호법상의 치료감호[1]·보안관찰법상의 보안관찰·전자장치부착법상의 위치추적 전자장치 부착명령·청소년성보호법상의 신상정보 공개명령 및 고지명령·청소년성보호법상의 취업제한명령, 성충동약물치료법상의 성충동 약물치료명령 등의 보안처분이 부과되고 있다.

'보호관찰'(保護觀察)이란 보호관찰관의 지도·감독을 받으며 준수사항을 지키고 스스로 건전한 사회인이 되도록 노력하는 것을 말한다(보호관찰법 제32조 제1항). 보호관찰대상자는 주거지에 상주하고 생업에 종사할 것, 범죄로 이어지기 쉬운 나쁜 습관을 버리고 선행을 하며 범죄를 행할 우려가 있는 자들과 교제하거나 어울리지 말 것, 보호관찰관의 지도·감독 및 방문에 순응할 것, 주거를 이전하거나 1월 이상의 국내외 여행을 할 때에는 미리 보호관찰관에게 신고할 것 등[2]의 사항을 준수하여야 한다(보호관찰법 제32조 제2항).

사회봉사명령과 수강명령은 1988년 소년법 개정으로 도입되어, 1995년 형법 개정으로 성인에게까지 확대되었다. 법원은 형법 제62조의2[3]의 규정에 의한 사회봉사를 명할 때에는 500시간, 수강을 명할 때에는 200시간의 범위 내에서 그 기간을 정하여야 한다. 다만, 다른 법률에 특별한 규정이 있는 경우에는 그 법률이 정하는 바에 의한다(제59조 제1항).

'치료감호'(治療監護)란 형법 제10조 제1항에 따라 벌할 수 없거나 같은 조 제2항에 따라 형이 감경되는 심신장애인으로서 금고 이상의 형에 해당하는 죄를 지은 자(15년), 마약·향정신성 의약품·대마, 그 밖에 남용되거나 해독을 끼칠 우려가 있는 물질이나 알코올을 식음·섭취·흡입·흡연 또는 주입받는 습벽이 있거나 그에 중독된 자로서 금고 이상의 형에 해당하는 죄를 지은 자(2년), 소아성기호증·성적 가학증 등 성적 성벽이 있는 정신성적 장애자로서 금고 이상의 형에 해당하는 성폭력범죄를 지은 자(15년) 중 어느 하나에 해당하는 자로서 재범의 위험성이 있는 자(치료감호대상자)를 치료감호시설에서 치료를 받게 하는 것을 말한다(치료감호법 제2조).

---

1) 우리 입법자는 보호감호처분을 규정하고 있었던 사회보호법을 2005. 8. 폐지하고, 대체입법으로 치료감호법 제정 및 특정강력범죄의 처벌에 관한 특례법·특정범죄가중처벌 등에 관한 법률 등을 개정하였다.

2) 보호관찰법 제32조 ③ 법원 및 심사위원회는 판결의 선고 또는 결정의 고지를 할 때에는 제2항의 준수사항 외에 범죄의 내용과 종류 및 본인의 특성 등을 고려하여 필요하면 보호관찰 기간의 범위에서 기간을 정하여 다음 각 호의 사항을 특별히 지켜야 할 사항으로 따로 과할 수 있다. 1. 야간 등 재범의 기회나 충동을 줄 수 있는 특정 시간대의 외출 제한 2. 재범의 기회나 충동을 줄 수 있는 특정 지역·장소의 출입 금지 3. 피해자 등 재범의 대상이 될 우려가 있는 특정인에 대한 접근 금지 4. 범죄행위로 인한 손해를 회복하기 위하여 노력할 것 5. 일정한 주거가 없는 자에 대한 거주장소 제한 6. 사행행위에 빠지지 아니할 것 7. 일정량 이상의 음주를 하지 말 것 8. 마약 등 중독성 있는 물질을 사용하지 아니할 것 9. 「마약류관리에 관한 법률」상의 마약류 투약, 흡연, 섭취 여부에 관한 검사에 따를 것 10. 그 밖에 보호관찰 대상자의 재범 방지를 위하여 필요하다고 인정되어 대통령령으로 정하는 사항.

3) 형법 제62조의2(보호관찰, 사회봉사·수강명령) ① 형의 집행을 유예하는 경우에는 보호관찰을 받을 것을 명하거나 사회봉사 또는 수강을 명할 수 있다. ② 제1항의 규정에 의한 보호관찰의 기간은 집행을 유예한 기간으로 한다. 다만, 법원은 유예기간의 범위 내에서 보호관찰기간을 정할 수 있다. ③ 사회봉사명령 또는 수강명령은 집행 유예기간 내에 이를 집행한다.

치료감호와 형이 병과된 경우에는 치료감호를 먼저 집행한다. 이 경우 치료감호의 집행기간은 형 집행기간에 포함한다(치료감호법 제18조).

　　'보안관찰'(保安觀察)이란 형법·군형법·국가보안법 등의 일정한 범죄(보안관찰해당범죄) 또는 이와 경합된 범죄로 금고 이상의 형의 선고를 받고 그 형기의 합계가 3년 이상인 자로서 형의 전부 또는 일부의 집행을 받은 사실이 있는 자(보안관찰처분대상자) 중에서 보안관찰해당범죄를 다시 범할 위험성이 있다고 인정할 충분한 이유가 있어 재범의 방지를 위한 관찰이 필요한 자에 대하여 하는 처분을 말한다. 보안관찰처분을 받은 자는 정하는 바에 따라 소정의 사항을 주거지 관할경찰서장에게 신고하고, 재범방지에 필요한 범위 안에서 그 지시에 따라 보안관찰을 받아야 한다. 보안관찰처분의 기간은 2년으로 한다(보안관찰법 제2조 내지 제5조).

　　전자장치부착법상의 '위치추적 전자장치 부착명령'은 형 집행 종료 후의 전자장치 부착[1], 가석방 및 가종료 등과 전자장치 부착, 형의 집행유예와 부착명령, 보석과 전자장치 부착 등 총 4가지의 유형이 있다(전자장치부착법 제5조 이하).

　　청소년성보호법상의 '신상정보 공개명령'이란 법원이 일정한 성폭력범죄를 저지른 자에 대하여 판결로 공개정보를 성폭력처벌법 제45조 제1항의 등록기간 동안 정보통신망을 이용하여 공개하도록 하는 명령을 말한다. 이는 등록대상 사건의 판결과 동시에 선고하여야 한다. 다만, 피고인이 아동·청소년인 경우, 그 밖에 신상정보를 공개하여서는 아니 될 특별한 사정이 있다고 판단하는 경우에는 그러하지 아니하다(청소년성보호법 제49조 제1항).

　　청소년성보호법상의 '신상정보 고지명령'이란 법원이 공개대상자 중 일정한 자에 대하여 판결로 제49조에 따른 공개명령 기간 동안 제4항에 따른 고지정보를 제5항에 규정된 사람에 대하여 고지하도록 하는 명령을 말한다(청소년성보호법 제50조 제1항).

　　청소년성보호법상의 '취업제한명령'이란 법원이 아동·청소년대상 성범죄 또는 성인대상 성범죄로 형 또는 치료감호를 선고하는 경우에는 판결(약식명령을 포함한다)로 그 형 또는 치료감호의 전부 또는 일부의 집행을 종료하거나 집행이 유예·면제된 날(벌금형을 선고받은 경우에는 그 형이 확정된 날)부터 일정기간 동안 유치원 등의 시설·기관 또는 사업장(이하 "아동·청소년 관련기관등"이라 한다)을 운영하거나 아동·청소년 관련기관등에 취업 또는 사실상 노무를 제공할 수 없도록 하는 명령을 성범죄 사건의 판결과 동시에 선고(약식명령의 경우에는 고지)하는 것을 말한다(청소년성보호법 제56조 제1항 본문).

　　성충동약물치료법상의 '성충동 약물치료명령'이란 비정상적인 성적 충동이나 욕구를 억제하기 위한 조치로서 성도착증 환자에게 약물 투여 및 심리치료 등의 방법으로 도착적인 성기능을 일정기간 동안 약화 또는 정상화하는 치료를 말한다(성충동약물치료법 제2조 제3호).

---

1) 형 집행 종료 후의 전자장치 부착의 대상범죄는 일정한 성폭력범죄, 미성년자 대상 유괴범죄, 살인범죄, 강도범죄 및 스토킹범죄를 말한다(전자장치부착법 제2조 제1호).

(3) 소년법상의 보호처분

소년법에 의하면 보호처분으로서 1. 보호자 또는 보호자를 대신하여 소년을 보호할 수 있는 자에게 감호 위탁, 2. 수강명령, 3. 사회봉사명령, 4. 보호관찰관의 단기 보호관찰, 5. 보호관찰관의 장기 보호관찰, 6. 아동복지법에 따른 아동복지시설이나 그 밖의 소년보호시설에 감호 위탁, 7. 병원·요양소 또는 보호소년 등의 처우에 관한 법률에 따른 소년의료보호시설에 위탁, 8. 1개월 이내의 소년원 송치, 9. 단기 소년원 송치, 10. 장기 소년원 송치 등을 규정하고 있다(소년법 제32조)[1].

한편 보호관찰처분을 할 때에 3개월 이내의 기간을 정하여 「보호소년 등의 처우에 관한 법률」에 따른 대안교육 또는 소년의 상담·선도·교화와 관련된 단체나 시설에서의 상담·교육을 받을 것을 동시에 명할 수 있고, 1년 이내의 기간을 정하여 야간 등 특정 시간대의 외출을 제한하는 명령을 보호관찰대상자의 준수 사항으로 부과할 수 있다. 또한 소년부 판사는 가정상황 등을 고려하여 필요하다고 판단되면 보호자에게 소년원·소년분류심사원 또는 보호관찰소 등에서 실시하는 소년의 보호를 위한 특별교육을 받을 것을 명할 수 있다(소년법 제32조의2).

4. 형법의 체계적 성격

형법은 국내법의 성격을 지니고 있다. 왜냐하면 형법은 국가와 국가 사이의 관계를 규율하는 것이 아니라 국가와 국민 사이의 관계를 규율하기 때문이다. 경우에 따라 형법의 효력이 외국인에게 미치는 경우도 있지만, 이 역시도 외국의 국민을 규율한다는 점에서 국내법의 성격에는 변함이 없다.

형법은 공법의 성격을 지니고 있다. 왜냐하면 형법은 개인과 개인 사이의 관계를 규율하는 것이 아니라 국가와 범죄인 사이의 관계를 규율하기 때문이다. 그러므로 원칙적으로 사적 자치의 원칙이 적용되지 아니하며, 형식적 정의보다는 실질적 정의가 강조된다.

형법은 실체법의 성격을 지니고 있다. 왜냐하면 범죄인을 확정하고 그를 처벌하는 절차를 규율하는 것이 아니라 범죄와 그에 대한 효과로서 형사제재를 규율하기 때문이다.

---

1) 소년법 제33조(보호처분의 기간) ① 제32조 제1항 제1호·제6호·제7호의 위탁기간은 6개월로 하되, 소년부 판사는 결정으로써 6개월의 범위에서 한 번에 한하여 그 기간을 연장할 수 있다. 다만, 소년부 판사는 필요한 경우에는 언제든지 결정으로써 그 위탁을 종료시킬 수 있다. ② 제32조 제1항 제4호의 단기 보호관찰기간은 1년으로 한다. ③ 제32조 제1항 제5호의 장기 보호관찰기간은 2년으로 한다. 다만, 소년부 판사는 보호관찰관의 신청에 따라 결정으로써 1년의 범위에서 한 번에 한하여 그 기간을 연장할 수 있다. ④ 제32조 제1항 제2호의 수강명령은 100시간을, 제32조 제1항 제3호의 사회봉사명령은 200시간을 초과할 수 없으며, 보호관찰관이 그 명령을 집행할 때에는 사건 본인의 정상적인 생활을 방해하지 아니하도록 하여야 한다. ⑤ 제32조 제1항 제9호에 따라 단기로 소년원에 송치된 소년의 보호기간은 6개월을 초과하지 못한다. ⑥ 제32조 제1항 제10호에 따라 장기로 소년원에 송치된 소년의 보호기간은 2년을 초과하지 못한다. ⑦ 제32조 제1항 제6호부터 제10호까지의 어느 하나에 해당하는 처분을 받은 소년이 시설위탁이나 수용 이후 그 시설을 이탈하였을 때에는 위 처분기간은 진행이 정지되고, 재위탁 또는 재수용된 때로부터 다시 진행한다.

Ⅱ. 형법의 범위

1. 협의의 형법

'협의의 형법'이란 형법전(刑法典)을 말하며, 일반적으로 형법이라고 말할 때에는 협의의 형법을 일컫는다. 이를 형식적 의미의 형법이라고도 한다. 즉 '형식적 의미의 형법'이란 실질적 의미의 형법 중에서 「형법」이라는 명칭을 가진 단행 법률을 말한다. 현행 형법은 1953. 9. 18. 법률 제293호로 공포되어, 1953. 10. 3.부터 시행되고 있다.

형법전은 제1조부터 제372조까지의 본문과 부칙으로 되어 있다. 이 중 제1조부터 제40조까지의 범죄와 관한 규정과 제41조부터 제86조까지의 형벌에 관한 규정을 제1편 총칙이라 하고, 제87조부터 제372조까지를 제2편 각칙이라고 한다. 총칙은 범죄와 형벌에 적용되는 일반원리를 규정한 것이고(제8조1)), 각칙은 개별적인 범죄와 그에 대한 형벌에만 적용되는 원리들을 규정한 것이다. 한편 각칙은 개별규정이 보호하려고 하는 법익에 따라 크게 국가적 법익에 관한 죄·사회적 법익에 관한 죄·개인적 법익에 관한 죄로 나누어져 있다.

협의의 형법(형식적 의미의 형법)에는 실질적 의미의 형법에 포함되지 아니한 것도 포함되어 있다. 예를 들면 친족상도례(제328조)2), 반의사불벌죄에서 처벌희망의 의사표시(제260조 제3항), 양형의 조건(제51조), 형의 집행(제66조 내지 제77조), 형의 실효(제81조) 등이 그것이다. 따라서 형식적 의미의 형법이 모두 실질적 의미의 형법이 되는 것은 아니다.

2. 광의의 형법

'광의의 형법'이란 그 명칭이나 형식을 불문하고 범죄와 이에 대한 법률효과인 형사제재를 규정한 모든 법규범을 말한다. 광의의 형법은 협의의 형법 이외에도 형사특별법과 행정형법 등3)을 포함하는데, 이를 '실질적 의미의 형법'이라고도 한다. 즉 법률의 명칭과 상관없이 각 해당 조문이 일정한 행위유형을 범죄로 규정하고 있고, 이에 대한 법률효과로서 형사제재를 부과하고 있으면 실질적 의미의 형법이 되는 것이다.

형사특별법4)은 형법과 비교하여 대체적으로 구성요건을 가중하거나 새로운 구성요건을 두

---

1) 본법 총칙은 타 법령에 정한 죄에 적용한다. 단, 그 법령에 특별한 규정이 있는 때에는 예외로 한다.

2) 제328조(친족간의 범행과 고소) ① 직계혈족, 배우자, 동거친족, 동거가족 또는 그 배우자간의 제323조의 죄는 그 형을 면제한다. ② 제1항 이외의 친족간에 제323조의 죄를 범한 때에는 고소가 있어야 공소를 제기할 수 있다. ③ 전 2항의 신분관계가 없는 공범에 대하여는 전 2항을 적용하지 아니한다.

3) 특별형법과 행정형법으로 분류되기 어려운 각종 법률에서도 형사처벌 규정을 두고 있는 것이 있는데, 예를 들면 상법 제622조 내지 제634조의2까지의 일련의 규정 등이 그것이다.

4) 참고로 법무부에서는 변호사시험 가운데 형사법 출제 대상 부속법령으로 도로교통법, 교통사고처리 특례법, 부정수표 단속법, 성폭력범죄의 처벌 등에 관한 특례법, 소년법, 여신전문금융업법, 특정경제범죄 가중처벌 등에 관한 법률, 특정범죄 가중처벌 등에 관한 법률, 폭력행위 등 처벌에 관한 법률, 부동산등기 특별조치법, 변호사법, 정보통신망 이용촉진 및 정보보호 등에 관한 법률, 아동·청소년의 성보호에 관한 법률, 통신비밀보호법, 법원조직법, 검찰청법, 경찰관 직무집행법, 즉결심판에 관한 절차법, 국민의 형사재판 참여에 관한 법률, 소송촉진 등에

거나 형사절차의 특칙을 두는 것을 그 내용으로 하고 있는 점이 특징이며, 행정형법은 행정법적 성격의 내용을 먼저 규정한 다음 이를 위반한 경우의 벌칙조항을 해당 법률의 마지막 부분에 규정하고 있는 점이 특징이다. 하지만 양자 모두 실질적 의미의 형법에 해당하기 때문에 죄형법정주의가 적용되며, 형법 제8조에 따라 범죄와 형벌에 적용되는 일반원리인 형법 총칙도 원칙적으로 적용된다.

형사특별법의 대표적인 것으로는 군형법, 국가보안법, 폭력행위처벌법, 특정범죄가중처벌법, 특정경제범죄법, 성폭력처벌법, 청소년성보호법, 아동학대범죄의 처벌 등에 관한 특례법, 가정폭력범죄의 처벌 등에 관한 특례법, 성매매처벌법, 경범죄 처벌법, 환경범죄의 단속에 관한 특별조치법 등이 있고, 행정형법의 대표적인 것으로는 도로교통법, 식품위생법, 건축법, 의료법, 조세범 처벌법, 관세법, 출입국관리법, 국가공무원법, 공직선거법 등이 있다.

3. 최광의의 형법

'최광의의 형법'이란 형사사건과 관련 있는 모든 형벌법규로서 가장 넓은 의미의 형법을 말하는데, 이를 '형사법'(刑事法)이라고 한다. 형법(형사실체법), 형사소송법(형사절차법), 소년법, 형집행법(행형학 또는 교정학이라고도 한다), 피해자학, 범죄의 원인과 대책을 연구하는 범죄학 및 형사정책(형사입법학) 등이 모두 이에 해당한다.

4. 형법해석학

'형법해석학'(刑法解釋學)이란 형법규정의 의미와 내용을 명확하게 하는 학문분야를 말한다. 형법학의 분야는 여러 가지가 있지만, 형법학이라고 할 때 보통은 형법해석학을 말한다. 법은 원칙적으로 불특정 다수인에 대하여 동일한 구속력을 갖는 사회의 보편타당한 규범이므로 이를 해석할 때에는 법의 표준적 의미를 밝혀 객관적 타당성이 있도록 하여야 하고, 가급적 모든 사람이 수긍할 수 있는 일관성을 유지함으로써 법적 안정성이 손상되지 않도록 하여야 한다. 또한 실정법이란 보편적이고 전형적인 사안을 염두에 두고 규정되기 마련이므로 사회현실에서 발생하는 다양한 사안에 대하여 구체적 사안에 맞는 가장 타당한 해결이 될 수 있도록, 즉 구체적 타당성을 가지도록 해석할 것도 요구된다. 결국 법 해석의 목표는 어디까지나 '법적 안정성'을 저해하지 않는 범위 내에서 '구체적 타당성'을 찾는 데에 두어야 한다.[1]

그리고 그 과정에서 가능한 한 법률에 사용된 문언의 통상적인 의미에 충실하게 해석하는 것을 원칙으로 하고, 나아가 법률의 입법 취지와 목적, 제·개정 연혁, 법질서 전체와의 조화, 다른 법령과의 관계 등을 고려하는 체계적·논리적 해석방법을 추가적으로 동원함으로써 법해석의 요청에 부응하는 타당한 해석이 되도록 하여야 한다. 이러한 측면에서 형법학은 법조문의

관한 특례법 등을 제시하고 있다.
1) 대법원 2020. 8. 27. 선고 2019도11294 전원합의체 판결.

이해에서부터 시작된다고 해도 과언이 아니다. 이와 같은 실정형법상의 규정은 간결하고 추상적인 형식으로 되어 있는 것에 반하여, 그 규정의 적용을 둘러싸고 발생하는 사회적 사실들은 매우 다양하고 복잡하다. 여기에서 구체적인 현실과 추상적인 법규정 사이의 간격이 생기게 되고 이를 보충하는 작업이 필요하게 된다.

예를 들면 형법 제297조는 "폭행 또는 협박으로 사람을 강간한 자는 3년 이상의 유기징역에 처한다."라고 규정하고 있는데, 이 규정을 실제 사례에 적용할 때에는 일정한 해석을 필요로 하게 되는데, 폭행·협박·사람·강간·자(者) 등의 구체적인 개념이 문제되는 것이다. 따라서 이러한 문제를 합리적으로 해결해 줄 수 있는 체계적 연구가 필요하게 되는데, 이를 형법해석학이라고 한다.

Ⅲ. 형법의 성격

1. 가설적 규범

'거짓말 하지 마라', '살인하지 마라' 등과 같은 도덕규범 내지 종교규범을 정언적 규범이라고 한다. 반면에 형법은 정언(定言)명제로 되어 있지 않고 가언(假言)명제로 되어 있다. 즉 'A는 B이다'라는 형식이 아니라 '만약 A라면 B이다'라는 형식으로 되어 있는 것이다. 여기서 A를 법률요건, B를 법률효과라고 한다. 이러한 점에서 형법은 일정한 범죄행위를 조건으로 하여 이에 대한 법률효과를 규정하는 가설적 규범이라고 할 수 있다.

예를 들면 형법 제329조는 "타인의 재물을 절취한 자는 6년 이하의 징역 또는 1천만원 이하의 벌금에 처한다."라고 규정하고 있는데, 여기서 법률요건 내지 구성요건은 '타인의 재물을 절취한 자'이고, 법률효과는 '6년 이하의 징역 또는 1천만원 이하의 벌금에 처한다.'이다.

2. 평가규범

'평가규범'이란 형법이 일정한 행위를 범죄로 규정하고, 이에 대하여 형벌을 부과하는 것은 일정한 행위에 대하여 국가의 입장에서 평가를 한다는 것을 말한다. 즉 형벌부과의 대상이 되는 행위는 형법에 의하여 부정적인 평가를 받고 있는 것이다.

예를 들면 형법 제305조 제1항에서는 "13세 미만의 사람에 대하여 간음 또는 추행을 한 자는 제297조(강간), 제297조의2(유사강간), 제298조(강제추행), 제301조(강간등상해·치상) 또는 제301조의2(강간등살인·치사)의 예에 의한다."라고 규정하고 있는데, 이는 13세 미만의 자에 대해서는 합의에 의한 성행위 자체를 부정적으로 평가하고 있는 입법자의 결단으로 파악해야 한다.

하지만 (구) 형법 제241조 제1항에서 "배우자 있는 자가 간통한 때에는 2년 이하의 징역에 처한다. 그와 상간한 자도 같다."라고 규정하고 있던 부분에 대하여, 헌법재판소는 2015. 2. 26.

위헌결정[1]을 하였는데, 우리나라에서 간통행위가 형법에 의하여 부정적인 평가를 받아 범죄로 처벌되던 기존의 입장에 대하여 시대상황을 반영하여 적어도 형사적인 불법으로의 성격을 부정한 결정으로 평가된다.

3. 의사결정규범

형법의 평가규범으로서의 성격을 수범자의 측면에서 보면 형법은 의사결정규범이 된다. 즉 수범자로 하여금 형법이 부정적인 평가를 내린 행위를 하지 못하도록 의사결정을 강제하는 것이다. 이를 위해 형법은 범죄와 형벌을 가능한 한 명확하게 규정하여야 한다. 왜냐하면 국민들에게 어떠한 행위가 금지되어 있고, 그 행위에 대하여 어떠한 형벌이 부과되는가를 예측할 수 있게 하여야 규범의 의사결정효력을 담보할 수 있기 때문이다.

예를 들면 형법 제246조 제1항에서는 "도박을 한 사람은 1천만원 이하의 벌금에 처한다. 다만, 일시오락 정도에 불과한 경우에는 예외로 한다."라고 규정하고 있는데, 이는 '도박'에 대하여 원칙적으로 부정적인 평가를 통하여 일반인으로 하여금 하지 못하도록 하면서도, 이와 동시에 예외적으로 '일시오락의 정도'에 해당하는 경우에는 허용하는 입장을 취하고 있다.

4. 행위규범

의사결정규범이 수범자의 내부적 의사를 규제하는 성격을 가진다면, 행위규범은 수범자의 외부적 행위를 규제하는 성격을 가진다. 즉 부정적인 평가에 의해 의사결정을 강제하여 외부적 행위를 해서는 안 된다는 것이다. 이러한 행위규범은 일정한 행위를 해서는 안 된다는 '금지규범'(禁止規範)과 일정한 행위를 해야 한다는 '명령규범'(命令規範)으로 다시 구분된다.

예를 들면 형법 제319조 제1항은 "사람의 주거, 관리하는 건조물, 선박이나 항공기 또는 점유하는 방실에 침입한 자는 3년 이하의 징역 또는 500만원 이하의 벌금에 처한다."라고 규정하여 타인의 주거 등을 침입하는 행위를 해서는 안 된다고 하는 금지규범으로 되어 있는 반면에, 형법 제319조 제2항은 "전항의 장소에서 퇴거요구를 받고 응하지 아니한 자도 전항의 형과 같다."라고 규정하여 타인의 주거 등에서 퇴거하는 행위를 해야 한다는 명령규범 내지 요구규범으로 되어 있다.

5. 재판규범

형법은 행위규범을 위반한 자에 대하여 재판을 통한 법적 제재를 부과할시 재판권과 형벌권을 행사하는 사법(司法)관계자에 대하여 그 한계를 설정하는 기능을 수행한다. 이와 같이 형법은 법관의 사법활동을 규제하는 성질도 가지고 있는데, 사법관계자에 대하여 형법을 범죄의

---

1) 헌법재판소 2015. 2. 26. 선고 2009헌바17·205, 2010헌바194, 2011헌바4, 2012헌바57·255·411, 2013헌바139·161·267·276·342·365, 2014헌바53·464, 2011헌가31, 2014헌가4 결정.

인정과 형벌적용의 지표로 삼도록 하는 것이다.

　　형벌법규와 민사법규는 법규의 성격에서 차이가 있는데, 양자는 모두 재판규범이면서 동시에 행위규범이지만 형벌법규는 재판규범이기 이전에 행위규범인 측면이 강조되는 반면에 민사법규는 기본적으로 재판규범의 측면이 훨씬 강조된다. 따라서 민사법규는 형벌법규에 비하여 법원에서 적용되기에 적합한 언어적 표현을 가지고 있는지 여부가 보다 중요한 문제이고, 사회 현실에 나타나는 여러 가지 현상에 관하여 일반적으로 흠결 없이 적용될 수 있도록 보다 추상적인 표현을 사용하는 것이 상대적으로 자유롭다.

　　형사소송절차에서 형벌법규의 불명확성은 피고인에게 무죄 등의 유리한 결과를 초래하지만, 민사소송절차에서는 민사법령의 불명확을 이유로 바로 재판을 거부할 수 없기 때문에 법원은 유추해석이나 관습법 또는 조리와 같이 명문화되지 않은 법원(法源)에 근거하여 재판할 수밖에 없고, 따라서 차라리 불명확하게라도 명제화된 제정법에 의거하여 재판을 하는 것이 당사자를 위하여 보다 유리할 수도 있다. 그러므로 민법상의 '신의성실', '선량한 풍속', '불공정한' 등의 표현은 일반적으로 민사법규로서의 효력에는 별 문제가 없지만, 만일 형벌법규에서 그와 같은 표현을 사용하였다면 명확성의 원칙에 반하는 것이 아닌지 곧바로 문제될 수 있다.

　　예를 들면 형법 제245조에서는 "공연히 음란한 행위를 한 자는 1년 이하의 징역, 500만원 이하의 벌금, 구류 또는 과료에 처한다."라고 규정하고 있는데, 여기서 '음란'이라는 개념의 사용은 명확성의 원칙에 반하지 않지만, '저속'이라는 개념을 사용한다면 이에 위반되는 것이다.

Ⅳ. 국가형벌권의 근거 및 한계

1. 기준의 설정

　　국민의 어떠한 행위를 범죄로 규정하고 형사처벌을 할 것인가의 문제는, 그 행위에 대하여 과연 공적 제재를 가해야 하는가 하는 '제재당위성'에 대한 판단과 이러한 공적 제재의 내용이 반드시 형벌이어야 하는가라는 '형벌필요성'에 대한 판단의 두 단계로 나누어진다. 제재당위성은 특정한 행위가 반사회적인 유해성을 가지는지 여부에 대한 가치판단에 의해서 인정되며, 형벌필요성은 형사정책적인 측면을 고려한 합목적적 판단에 의해서 인정된다.

　　입법자는 어떠한 행위가 공적 제재의 당위성과 형벌필요성을 갖추어 국가형벌권 행사의 대상이 되는지의 여부에 관하여 시대의 문화와 사회의 가치관 등을 고려하여 판단할 일차적 권한이 있으나, 법치국가의 원리에 비추어 불필요하거나 과도한 형벌의 위협으로부터 인간의 존엄과 가치를 보호하기 위하여 처벌의 대상이 되는 행위를 입법기술상 가능한 범위에서 명확하고 상세하게 규율하도록 주의를 기울여야 한다.

2. 제재당위성

어떤 행위가 형사처벌의 대상이 되기 위해서는 기본적으로 제재당위성을 갖추어야 한다. 이러한 의미에서 제재당위성은 형사처벌 대상이 되어야 하는 행위가 갖추어야 할 기본적인 속성이라고 할 수 있다. 그러므로 제재당위성의 존재 여부를 판단하는 기준을 마련하는 작업은 '범죄의 개념'에 대한 해석에서부터 시작되는 수밖에 없다.

그런데 여기서 말하는 범죄개념은 형식적 의미의 범죄개념이 아니라 실질적 범죄개념임을 유의하여야 한다. 구성요건에 해당하며 위법하고 책임이 있는 인간의 행위라는 형식적 의미의 범죄는 실정 형법에 규정되어 있다. 따라서 범죄를 형식적으로 파악하는 시도는 모범정답이 이미 나와 있다고도 볼 수 있다. 여기서 한 걸음 더 나아가 왜 형법 속에 일정한 행위가 범죄로 취급되어져야 하는가 하는 물음을 가져야 한다. 따라서 제재당위성의 출발점은 실질적 범죄개념으로 귀결된다.

(1) 형식적 범죄개념의 한계

범죄란 무엇인가? 지금까지 절대적인 범죄개념에 대한 해답은 얻지 못하고 있다. 단지 일정한 국가의 법질서에 의해 범죄로 규정한 것이 범죄가 될 수밖에 없다는 형식적 의미의 범죄개념이 정립되었을 뿐이며, 형법해석학은 형법의 구성요건을 통하여 범죄개념 정의의 가장 구체적이고 정확한 해답을 마련하기 위한 정교한 이론구성을 해오고 있다. 이것은 범죄개념의 정립에 대한 형식적 범죄개념의 성과라고 할 수 있다. 이러한 관점에서 본다면 일정한 행위들은 그것들이 범죄이기 때문에 처벌되는 것이 아니라 처벌되는 것이기 때문에 범죄인 것이다.

그러나 법률이 범죄로 규정한 것이 범죄라고 한다면 법률이 금지하는 것은 무조건 범죄로 취급되는 것이 타당한가에 대한 의문이 생긴다. 물론 형식적으로 보면 법률이 범죄로 규정한 것은 모두 범죄이다. 그러나 실제로는 범죄로 될 수 없는 행위를 범죄로 잘못 규정하는 경우도 있을 수 있다. 따라서 형법에 규정된 범죄와 무관하게 범죄의 실질성을 검토할 필요가 있다. 합리적인 절차를 통해 형법전에 규정된 범죄행위라고 할지라도 시간의 흐름에 따라 그 의미가 달라지기 때문에 실정법규에서 더 이상 범죄로 보지 말아야 할 것들이 생기기 마련이다. 따라서 형법은 시대적 상황에 적합한 범죄개념을 정립하고, 더 이상 범죄로 파악하지 않아야 하는 행위의 비범죄화에 대한 노력을 경주해야 한다. 이러한 의미에서 형식적인 범죄개념은 범죄화 내지 비범죄화의 준거점으로는 별로 쓸모가 없다.

(2) 실질적 범죄개념의 등장

입법자는 일정한 행위를 범죄로 규정함에 있어서 누구나 납득할 만한 근거를 제시해야 한다. 이를 반대로 해석하면 처벌근거가 없는 기존의 구성요건은 더 이상 존재할 필요가 없기 때문에 반드시 폐지되어야 한다는 것을 의미한다. 따라서 입법자는 무엇이 범죄로서 형벌에 의해 금지되어야 할 것인지를 측정할 수 있는 기준을 찾아야 한다. 이에 따라 등장한 것이 실질적 범죄개념이다.

　실질적 범죄개념은 형법전 상의 범죄규정과 무관하게 범죄의 실질성을 추구하는 개념으로 서, 대체로 형법의 목적 내지 임무를 규명하기 위하여 시도된다. 따라서 실정형법을 초월하여 그것을 비판함으로써 범죄화와 비범죄화의 기준을 제시하려고 하며, 그 내용은 형법의 과제로 부터 도출된다. 실질적 범죄개념에는 바로 범죄의 본질관이 투영되어 있다. 즉 헌법에 근거한 실질적 범죄에 대한 개념작업이 선행되지 않으면 형사입법에 대한 확실한 판단기준이 결여되 어 있으므로 형법개정과 관련한 학문적 논의는 불가능하다. 실질적 범죄개념은 사회적인 공동 생활의 존립과 기능을 파괴하거나 참을 수 없을 정도로 침해하는 행위들만을 처벌할 수 있게끔 구성되어야 한다. 형법은 '이미 주어져 있는 법익'들의 핵심영역의 보호에만 국한되어야 하고, 바로 이 점에서 형법은 정당성을 확보할 수 있다. 따라서 형법은 현실적으로 사회에 유해한 행 위만을 대상으로 형벌을 투입해야 하며, 단순한 도덕이나 윤리에 저촉되는 행위에 대해서는 개 입하지 말아야 한다. 그리하여 실질적 범죄개념의 핵심은 사회적 유해성 개념의 정립임을 알 수 있다.

3. 형벌필요성

　법률은 필요한 형벌만을 규정해야 한다. 국가는 형벌필요성의 요건을 갖추지 못한 행위를 범죄로 규정하여 처벌해서는 안 된다. '형벌필요성'이란 공적 제재의 대상이 되는 행위를 예방 하기 위한 조치가 형사처벌이어야 하는가를 판단하는 것을 말한다. 제재당위성에 대한 검토 이 후 이러한 제재당위성을 갖추어서 마땅히 제재 받아야 할 행위이기는 하지만, 그 제재가 반드 시 형벌이어야 할 필요성까지 있느냐에 대하여 판단해야 한다. 그러므로 형벌필요성이란 제재 당위성이 인정되는 법익침해 내지 위험성으로부터 사회를 보호하고 법질서를 유지하기 위하여 형벌이 불가결한 수단인 동시에 범죄에 대한 반동으로서 적합하고도 유효한 수단으로 평가되 는 것을 의미한다.

　이와 같은 형벌필요성의 측면에서 보면, 법익보호는 형사처벌을 통해서만 이루어지는 것이 아니고, 그 밖의 다른 수단을 통해서도 가능하다. 그러므로 법익에 대한 침해 내지 위태화를 야 기하는 행위는 곧 형사처벌의 대상이라고 하는 공식은 성립할 수가 없다. 왜냐하면 법익침해 이기 때문에 제재당위성을 가지고 있다는 점은 형벌을 부과하기 위한 필요조건이기는 하지만 충분조건은 아니기 때문이다. 국가가 행사하는 공적 제재는 민사상의 손해배상, 행정상의 과 태료·영업정지·징계 등 그 종류가 많다. 하지만 이러한 여러 공적 제재수단 가운데 형벌을 동 원해서 이루어지는 행위는 과연 어떠한 것인가에 대한 대답은 쉽지 않다. 왜냐하면 비록 법익 침해행위가 있었다고 하더라도 민사적 제재·행정적 제재 등에 의해서도 법익보호가 가능하면 형사처벌을 부과하지 않아도 되기 때문이다. 따라서 여러 가지 제재 중에서 유독 형사제재가 투입되어야 하는가에 대한 판단은 또 다른 기준에 의해서 이루어져야 할 문제이다.

일반적으로 법익침해 행위 중 형사처벌의 대상이 되는 기준으로 제시되고 있는 것이 '사회적 유해성'이다. 즉 사회적 유해성이 있는 행위가 '범죄의 본질'이다. 그와 반대로 부도덕한 행위도 사람들의 평화로운 공동생활을 방해하지 않는다면 처벌되어서는 아니 된다. 예를 들면 오늘날에도 여전히 상당수의 국민이 동성애적 성행위·스와핑·근친상간 등을 부도덕한 것으로 여기지만, 그러한 행위가 은밀한 장소에서 모든 행위자의 동의 아래 이루어진다면 처벌되지 아니한다. 왜냐하면 그와 같은 경우에는 평화로운 공동생활이 방해받지 않기 때문이다. 이러한 맥락에서 어떠한 행위를 형사처벌의 대상으로 할 것인가를 판단하는 기준은 형벌을 부과하는 목적에서 구해야 한다.

제 2 절 형법의 목적

Ⅰ. 보호적 목적

1. 법익의 보호

(1) 법익의 유래

법익개념이 출현하기 이전인 계몽기부터 19세기 초기까지만 하더라도 형법의 보호대상은 개인의 주관적 권리라고 이해되어, 개인의 권리에 대한 침해를 범죄로 간주하고 형법은 이러한 주관적인 권리를 보호하는 것으로 인식되었다. 그러나 19세기 중반의 시민적 자유주의 시대 이후부터는 형법의 보호대상이 주관적 권리가 아니라 '법익'이라는 추상적 개념으로 변화되었다.

법익론의 창시자로 알려진 Birnbaum[1]은 Feuerbach의 권리침해설을 비판하면서, 범죄는 주관적 권리에 대한 침해가 아니라 국가에 의하여 균등하게 보장된 물질적으로 귀중한 것 (materielles Gut)에 대한 침해 내지 위태화라고 이해하였다. 그는 기존의 권리개념에 하나의 객체를 매개시켜서 이것을 '귀중한 것'이라고 지칭하면서 이러한 '귀중한 것'이 범죄행위의 대상이 된다고 보았다. 근대 형법학은 법익개념을 통해 형법의 임무를 법익보호에 국한하려 했던 것이다.[2] 이후 형법의 보호대상이 자연적 권리가 아니라 인간의 사고 속에서만 존재하는 가치지향적인 법익이라는 이해방식은 더욱 확립되었다.

(2) 법익의 정의

형법의 궁극적 과제는 일반국민의 법익보호에 있다. 법익개념은 형법의 정당성을 근거 지

---

1) 법익개념은 Birnbaum이 1834년에 발표한 '범죄개념에 있어서 권리침해의 필요성에 관하여'라는 논문에서 유래한다. 이후 고전적인 형법학자 K. Binding이 법익개념을 형법학에 수용하였다.

2) 우리나라 최초의 근대적 의미의 형법이라고 할 수 있는 1905년 4월에 제정된 형법대전 제66조에도 법익개념을 명시하고 있었다. 이에 의하면 법익이란 '국가의 상전(常典)이나 인민(人民)의 통의(通儀)를 위배하여 공익사익(公益私益)이나 공권사권(公權私權)을 침해나 괴란(壞亂)케 하는 행위'로 정의하고 있다.

움과 동시에 실질적 범죄개념을 규정하는 역할을 수행한다. 그런데 보호법익은 필연적으로 정(靜)적인 개념이 아니라 동(動)적인 개념이기 때문에 체계내재적 법익개념으로는 형법의 목적을 제대로 설명할 수 없다. 법익의 구체적 의미는 규범적 판단의 대상이 되며, 사회변화에 상응하는 개념적 변화를 전제로 한다는 점에서 동태적인 개념이라고도 할 수 있다. 법익론을 개인과 사회 그리고 국가가 의미를 부여하고 있는 특정한 이익이나 가치가 형법적으로 보호할만한 가치로 될 수 있는지의 여부를 판단해 주는 기준이 무엇인가에 관한 물음을 취급하는 이론이라고 정의할 때의 법익은 체계비판적 법익개념(또는 실질적 법익개념)을 말한다.

　　체계비판적 법익개념은 합리적인 형사정책을 목표로 하여 현행 형법체계의 보호법익을 그 선택의 정당성의 관점에서 비판적으로 분석하여 평가하고자 하는 개념을 의미한다. 체계비판적 법익개념이 설정한 가치질서에 기존의 형법질서가 상응하지 않을 경우에는 해당 형법질서 내지 규정에 대한 비범죄화가 시도된다. 따라서 체계비판적 법익개념은 실질적 범죄개념과 밀접하게 관련을 맺고 있다.

　　체계비판적 법익개념을 받아들이는 오늘날 대부분의 견해는 헌법상의 가치질서를 가지고서 법익개념을 구체화하려고 시도한다. 형법은 '헌법질서 내에서의 사회생활'이라는 것을 보호하기 위한 최소한의 내용을 가지고 있어야 한다. 현대 법치국가의 이념에 따라 법익이란 '헌법질서 내에서의 사회생활을 위해 보호되어야 하는 이익'이라고 할 수 있다. 하지만 형사처벌이 되어야 할 정도로 중대한 법익침해행위인지의 여부에 대한 판단은 또 다른 기준에 의해서 판단되어야 하는데, 보충성의 원칙이 그것이다.

2. 보충성의 원칙

(1) 의 의

　　형법을 구성함에 있어서는 어떤 행위를 형벌로 제재할 것인가에 대한 물음, 즉 범죄개념에 대한 정립이 선행되어야 함은 앞에서 살펴보았다. 그러나 어떤 행위가 사회유해적이고 일정한 법익을 침해하는 것으로 증명되었다고 하더라도 곧바로 형법전에 투입될 수는 없을 것이다. 형벌은 국가가 행사할 수 있는 가장 강력한 것이기 때문에 형법에 의한 법익보호는 다른 법률에 의한 보호수단이 끝난 후에 최후의 수단으로만 발동되어야 한다.

　　형법은 전체법질서의 부분영역으로서 여타의 법영역과 공동으로 법질서를 유지할 과제를 수행하는데 국가형벌권의 발동은 '보충성의 원칙'에 의해 제약받는다. 이는 형법의 단편성 내지 형벌의 최후수단성과 일맥상통한 내용으로서 형벌의 필요성 판단을 위한 지도적 관점이 된다. 보충성의 원칙은 형법의 효율성의 강화와 규범의 안정성에 기여한다.

　　형법 이외의 법규범이 사회분쟁을 해결하지 못하는 경우에 비로소 형법은 최후의 수단으로만 투입될 수 있고, 투입되더라도 필요한 최소한도에 그쳐야 한다는 데에 형법의 최후수단적 특성의 핵심이 있다. 이는 형벌의 종류 선택의 문제와 선택된 형벌의 상한과 하한의 범위설정

문제로 귀결된다. 즉 형법의 임무는 '보충적 법익보호'이다. 이와 같은 형법의 임무가 준수되지 아니하면 목적(사회질서유지)과 수단(형사제재)간의 반비례관계가 형성되어 국가권력 행사의 비효율성이 초래된다.

(2) 현재의 상황

보충성의 원칙은 형법의 적용에 있어서 대원칙임에도 불구하고 현 실정은 오히려 이에 역행하고 있다. 최우선수단성의 원칙을 주장하며 형벌의 기능을 무한대로 확장하고 있는 경향이 오늘날 형사입법의 현실이다. '좋은 사회정책이 최상의 형사정책이다.', '형법은 형사정책이 뛰어넘을 수 없는 한계이다.'라는 F. v. Lizst의 표현과 비교할 때 오늘날의 형법은 오히려 형사정책의 선봉장으로서 범죄와의 투쟁 전선의 제일 선두에 있다. 형벌이 최후수단(ultima ratio)이라는 말은 교과서 속에나 있는 말이고, 현실에서는 최초수단(prima ratio)이 된 지 이미 오래되었다.

대표적으로 성도덕과 같은 실체가 없는 가변적인 개념을 대상으로 하는 성매매죄 뿐만 아니라 피해자 없는 범죄에 속하는 도박범죄·약물범죄 등을 들 수 있다. 또한 坪을 m²로, 斤을 kg으로 통일하고자 과거 산업자원부는 평과 근을 사용하는 자에 대하여 1년 이하의 징역 또는 500만원 이하의 벌금에 처하려 하였고, 국회에서는 이른바 효도특별법을 추진하여 부모에 대한 불효를 불효죄라는 범죄로 처벌하고자 하였다. 현행 「한강수계 상수원수질개선 및 주민지원 등에 관한 법률」 제30조 제2항[1]에 의하면 한강에서 수영을 하는 것을 원칙적으로 범죄로 규정하고 있을 지경이다.

2019. 12. 24. 신설된 특정범죄가중법 제5조의13(어린이 보호구역에서 어린이 치사상의 가중처벌) 제1항에 의하면, 자동차(원동기장치자전거를 포함한다)의 운전자가 도로교통법 제12조 제3항에 따른 어린이 보호구역에서 같은 조 제1항에 따른 조치를 준수하고 어린이의 안전에 유의하면서 운전하여야 할 의무를 위반하여 어린이(13세 미만인 사람을 말한다)에게 「교통사고처리 특례법」 제3조 제1항의 죄를 범하여 어린이를 사망에 이르게 한 경우에는 무기 또는 3년 이상의 징역에 처한다고 규정하고 있는데(소위 '민식이법'), 이는 과실범에 대하여 최대 무기징역을 선고할 수 있는 과잉형벌이라고 평가할 수 있다.[2]

이러한 추세 속에서 형법의 영역을 제한하는 속성을 가진 보충성의 원칙을 재확립하고 강조하는 것은 매우 의미 있는 일이다. 특히 범죄를 예방하기 위한 가장 최선의 형사정책은 처벌의 엄격성이 아니라 처벌의 확실성·공평성·신속성이라고 주장한 260여년 전 Beccaria의 사상을 항상 염두에 두어야 할 것이다.

그럼에도 불구하고 우리나라에서는 새로운 사회문제로 인하여 형사특별법이 필요할 때마

---

1) 제6조에 따른 행위제한을 위반한 자는 2년 이하의 징역 또는 2천만원 이하의 벌금에 처한다.

2) 참고로 형법 제268조에 의하면, 업무상 과실 또는 중대한 과실로 사람을 사망이나 상해에 이르게 한 자는 5년 이하의 금고 또는 2천만원 이하의 벌금에 처하고 있다.

다 일반 형법과의 관계나 조화를 생각하지 않고 제정·개정됨으로써 규범의 범람현상이 나타나고 법체계의 혼란이 초래되었다. 이로 인해 형법상의 전형적인 범죄도 형사특별법 위반의 범죄로 처리되고 있다. 그 결과 일반법과 특별법의 '원칙과 예외'의 관계가 역전되고, 특별법이 일반법을 보충하는 것이 아니라 일반법을 대체하는, 소위 '형법의 사문화' 내지 '空洞化'가 문제되고 있으며, 형법전이 '식물형법'으로 전락하였다.

  생각건대 형법전이 아닌 특별형법으로 규정해야 할 경우란 형법전이 미처 예상하지 못했던 영역이 나타나 임시로라도 특별형법을 제정해야 할 긴급성이 있는 경우와 입법기술상 형법전에서 규정하기 어려운 경우 등에 극히 한정해야 한다. 전자의 경우도 반드시 임시법의 성격을 띠고 이후에 형법전에 편입해야 한다. 이와 같은 특별한 경우 이외에는 형법전의 잦은 개정으로 형법전의 규범력을 높여야 한다. 일반예방의 효과를 높이기 위해서는 많은 국민들이 범죄와 형벌에 대한 내용을 잘 알아야 한다. 이 경우 형사특별법에 규정되어 있을 때보다는 일반형법에 규정되어 있을 때에 일반인들이 좀 더 쉽게 그 내용을 알 수 있게 된다.

  형벌의 위하적 기능에 비추어 죄질이 비교적 가벼운 범죄라고 하더라도 입법 당시의 시대적 상황이나 범죄예방을 위한 형사정책 요소 등을 고려하여 이에 대한 처벌을 상향하는 입법을 하는 것이 가능할 수 있고, 강한 처벌이 우리 국민일반의 가치관이나 법감정에 부합하는 면은 있다. 그러나 형사정책면에서 중한 형벌이 일시적으로 범죄 억지력을 발휘할 수 있으나 결국에는 중벌에 대한 면역성과 무감각이 생기게 되어, 범죄예방과 법질서 수호가 아니라 법의 권위를 실추시키고 법질서의 영속성과 안정을 저해하는 요인이 될 수 있다.[1]

Ⅱ. 보장적 목적

1. 의 의

  형법에 있어서 '보장적 목적'이란 국가가 행사할 국가형벌권의 한계를 명확하게 함으로써 자의적이면서 전단적(專斷的)[2]인 형벌로부터 국민의 자유와 권리를 보장하는 것을 말한다. 이러한 형법의 보장적 목적은 죄형법정주의와 밀접한 관련을 가지고 있다.

2. 내 용

(1) 일반인에 대한 Magna Charta

  형법에 규정된 범죄 이외에는 어떠한 행위를 하더라도 처벌하지 않음으로써 일반 국민의 행동의 자유를 보장한다. 예를 들면 형법 제305조(미성년자에 대한 간음, 추행) 제2항에 의하면, 13세 이상 16세 미만의 사람에 대하여 간음 또는 추행을 한 19세 이상의 자는 제297조, 제297조

---

1) 헌법재판소 2021. 11. 25. 선고 2019헌바446, 2020헌가17, 2021헌바77(병합) 결정.
2) 자기 마음대로 생각해서 실행에 옮기는 성질.

의2, 제298조, 제301조 또는 제301조의2의 예에 의한다. 본죄는 13세미만의제강간죄와 달리 13세 이상 16세 미만의 자에게 성적 동의능력을 전면적으로 부정하는 것이 아니라 19세 미만의 자와의 이성교제는 인정하는 태도를 취하고 있는 것이 특징인데, 2020. 5. 19. 형법 개정을 통하여 신설된 범죄에 해당한다. 이와 같이 2020. 5. 19. 이전에는 13세 이상 16세 미만의 사람에 대하여 합의 아래 일정한 성행위를 할 경우에는 범죄로 하지 않던 것을 형법 개정 이후에는 처벌의 대상으로 삼고 있다. 그렇기 때문에 만약 19세 이상의 사람이 위의 행위를 2020. 5. 19. 이전에 하였다면 절대로 처벌할 수가 없다.

(2) 범죄인에 대한 Magna Charta

형법에 정해진 형벌의 범위 내에서만 처벌하며, 그 이외의 부당한 처벌을 하지 않을 것을 보장한다. 예를 들면 형법 제347조 제1항(사기)에 의하면 사람을 기망하여 재물의 교부를 받거나 재산상의 이익을 취득한 자는 10년 이하의 징역 또는 2천만원 이하의 벌금에 처하고 있는데, 동법에 의한 사기범의 경우에는 10년 이상의 징역 또는 2천만원 이상의 벌금에는 절대로 처할 수 없는 것이다. 다만 특정경제범죄법[1]에 의하여 가중처벌하는 것은 별론이다.

제 3 절　형법의 역사

Ⅰ. 외국의 경우

1. 복수시대(고대)

이는 원시시대로부터 고대국가 형성 이전까지의 시기를 말한다. 주요한 특징으로 사형(私刑), 종교적·미신적 사회규범(Tatoo), 동해보복(Talio 법칙), 속죄형제도, 신체형, 추방 등이 있으며, 대표적인 법전으로 함무라비법전이 있다.

2. 위하시대(중세)

이는 고대국가 형성 시기로부터 17세기 이전까지의 시기를 말한다. 주요한 특징으로 왕권 강화로 인하여 공형벌(형벌의 국가화)이 등장하였고, 일반예방주의 강조, 화형 및 신체절단형과 같은 형벌의 준엄성 등이 있다.

---

1) 특정경제범죄법 제3조(특정재산범죄의 가중처벌) ① 「형법」 제347조(사기), 제347조의2(컴퓨터등 사용사기), 제350조(공갈), 제350조의2(특수공갈), 제351조(제347조, 제347조의2, 제350조 및 제350조의2의 상습범만 해당한다), 제355조(횡령·배임) 또는 제356조(업무상의 횡령과 배임)의 죄를 범한 사람은 그 범죄행위로 인하여 취득하거나 제3자로 하여금 취득하게 한 재물 또는 재산상 이익의 가액(이하 이 조에서 "이득액"이라 한다)이 5억원 이상일 때에는 다음 각 호의 구분에 따라 가중처벌한다. 1. 이득액이 50억원 이상일 때: 무기 또는 5년 이상의 징역 2. 이득액이 5억원 이상 50억원 미만일 때: 3년 이상의 유기징역 ② 제1항의 경우 이득액 이하에 상당하는 벌금을 병과(倂科)할 수 있다.

3. 박애시대(고전학파)

(1) 특 징

이는 18세기 초부터 19세기 중엽까지의 시기를 말한다. 주요한 특징으로 계몽주의, 합리주의, 민주주의, 법치주의의 영향으로 개인의 자유와 인권이 중시되었으며, 죄형법정주의(형벌의 법률화)가 확립되었다. 그리하여 인도적인 형벌제도 등이 등장하였다. 대표적인 학자로 칸트(Kant; 동해보복론), 헤겔(Hegel; 동가치보복론), 벤담(Bentham; 공리주의), 존 하워드(John Howard; 감옥개량운동), 베카리아(Beccaria), 포이에르바하(Feuerbach) 등이 있다. 18세기 중엽 고전주의 범죄학이 중점적으로 관심을 둔 사항은 범죄행위에 대한 설명보다는 형벌제도와 법제도의 개혁이었다.

모든 인간은 본인의 행동을 스스로 결정할 수 있는 자유의지를 가지고 있고 이 자유의지에 따라 범죄행위를 하므로, 범죄를 선택하지 못하게 하는 강력하고 신속한 형벌만이 범죄를 효과적으로 예방할 수 있다고 보는 이론이 주장되었다. 인간은 누구나 자유의지에 따라 행동하는 합리적인 인간이라고 전제를 하기 때문에 범죄를 발생시킨 동기는 무시하고 그 결과만을 가지고 범죄원인을 연구하기 때문에 일반예방, 의사비결정론, 객관주의 등을 그 특징으로 한다. 따라서 범죄예방의 방법으로 개인들에게 범죄로 인한 이익보다 형벌로 인한 손해가 크다는 것을 인식하게 할 필요성이 있는 것이다. 한편 범죄의 억제요소로서 처벌의 신속성·확실성·엄격성 등이 주장되었다.

(2) 대표적인 학자

1) 베까리아(Beccaria)

'범죄와 형벌(Dei deliti e delle pene; 1764)'에서 당시의 형사사법활동을 다음과 같이 비판하였다. ① 사법의 역할: 판사가 이미 설정되어 있는 범위를 넘어 범죄자에게 형벌을 부과할 수 없어야 한다. ② 비례적 형벌: 범죄와 형벌 사이에는 균형이 이루어져야 한다. ③ 형벌의 정도: 형벌이 그 목적을 달성하기 위해서는 형벌로 인한 고통이 범죄로부터 얻는 이익을 약간 넘어서는 정도가 되어야 한다. ④ 처벌의 신속성: 범죄가 일어난 후에 처벌이 신속하여 처벌과 범죄가 근접할수록 처벌은 더욱 공정해지고 효과적이다. ⑤ 처벌의 확실성: 범죄를 예방할 수 있는 가장 확실한 장치는 처벌의 가혹성이 아니라 처벌의 완벽성이다. ⑥ 범죄의 예방: 범죄를 처벌하는 것보다 범죄를 예방하는 것이 더욱 중요하다. ⑦ 잔혹한 형벌과 사형 및 고문은 폐지되어야 한다.

2) 포이에르바하(Feuerbach)

독일 근대형법학의 창시자라고 불리는 포이에르바하는 심리강제설을 주장하였다. 즉 범죄인은 범죄를 저지르기 전에 자신의 범죄로 인하여 얻을 수 있는 이익과 불이익을 상호 비교하여 전자의 이익이 클 경우에 범죄로 나아가게 되는데, 만약 죄를 범한다면 그에 상응하는 형벌이라는 불이익이 뒤따른다는 것을 인지하게 되면 심리적인 압박이 생겨 범죄로 나아가지 않는 다고 하였다. 이와 같은 심리강제설에 의하면 잠재적 범죄자인 국민들이 어느 행위에 대한 구체적인 처벌법규가 존재한다는 사실을 평상시에 파악을 할 수 있어야 하기 때문에 필연적으로 죄형법정주의를 강조할 수밖에 없다.

4. 과학시대(근대학파)

이는 19세기 후반부터 현재까지의 시기를 말한다. 주요한 특징으로 형벌의 개별화, 특별예방주의 강조로 인한 범죄인의 재사회화 등이 있다.

(1) 이탈리아 학파

생물학적 범죄학파·범죄인류학파·실증주의 학파라고도 불린다. 당시 발달한 자연과학의 성과를 기초로 범죄현상을 실증적으로 탐구하였다.

1) 롬브로조(Lombroso)

① 특 징

군의관 출신으로 교도소에서 근무한 롬브로조는 이탈리아 죄수들의 신체적 특징을 통해 범죄자들의 타고난 생물학적 퇴행성이 이들의 행위에 중요한 영향을 미친다는 사실을 발견하였다. 근대의 과학적 형사정책의 선구자인 그는 실증적 분석방법에 의해 범죄인을 분류하여 '범죄인론(1876)'을 저술하였다. 롬브로조의 이론은 아리스토텔레스의 인상학, 다윈의 진화론, 프라차드의 패덕광, Gall의 골상학과 Morell의 변질이론 등으로부터 영향을 받은 것이다. 그는 범죄인을 6종류로 구분하였고, 사형제도를 찬성하는 등 엄격한 사회방위 처분을 주장하였다. 또한 여성범죄의 양적 특성을 부정하면서 범죄대상으로서 성매매를 포함하면 남성범죄를 능가한다고 주장하였다. 즉 여성범죄의 대부분은 기회범이지만, 성매매의 범죄성을 긍정하면 성매매 집단에서는 생래적 범죄성이 나타날 수 있다고 보았다.

② 격세 유전설과 생래적 범죄인론

생물학적 퇴행성(격세유전적 특징)이란 인간의 진화과정에서 이미 없어진 고대인간의 원시성이나 야만성과 관련된 특징을 말한다. 범죄자들은 바로 이러한 진화과정에서 이전 단계의 원시적으로 야만적인 사람들이라고 보았다. 생래적 범죄인은 병리학적으로 간질에 가깝고, 심리학적으로 패덕광[1])에 가깝다고 하면서 원시 선조의 뇌를 가지고 태어난 시대착오적인 인간이라고 보았다.

범죄인에게는 타고난 생물학적 열등성이 있으며, 이러한 범죄자적 신체특성을 5가지 이상 가진 사람들을 생래적 범죄인이라고 불렀으며, 생래적 범죄인의 특성으로 두개골 이상(입술 돌출·머리숱 과다·편편한 이마·대머리·광대뼈의 발달 등), 신체적 이상(체모 부족·미각 예민·대뇌회

---

1) 도덕과 의리에 어긋나는 행동을 광적으로 일삼는 사람.

전의 단조로움 등), 정신적 이상(도덕적 무감각·게으름·자제력 결여 등), 사회적 이상(노름·주색·
문신·은어 사용 등) 등을 들고 있다. 이러한 생래적 범죄인은 신체적·정신적으로 변질 징후를
가진 변종의 인간으로서 환경의 여하를 불문하고 운명적으로 범죄에 빠질 수밖에 없으며, 그
범죄행위는 예방 및 교정이 불가능하여, 영구 격리 내지 사형을 주장한다.

2) 페리(Ferri)

페리는 고전학파의 개인의 자유의사에 기한 규범의 선택가능성은 환상에 불과하다고 보고,
인간의 행위는 환경에 의해 영향을 받을 수밖에 없다는 결정론을 취하여, 도덕적 책임을 부정
하고 사회적 책임을 주장하였다.

① 결정론

롬브로조의 제자인 페리(볼로냐 대학 형법교수; 범죄사회학파의 창시자)는 고전주의에서 가정
하였던 자유의지론을 비난하면서 인간행위는 환경에 의해 영향을 받을 수밖에 없다고 주장하
였다(결정론).

② 범죄포화의 법칙

사회적·경제적·정치적 요인들의 영향을 강조하여 범죄를 유발하는 원인으로 물리적 요인
(인종·기후·지리적 위치·계절적 효과·기온 등), 인류학적 요인(나이·성별·신체적 또는 심리적 상태
등), 사회적 요인(인구밀도·관습·종교·정부조직·경제조건·산업조건 등)으로 구분하였고, 이들 중
사회적 요인을 중시하였다. 이들 세 가지 요인이 존재하는 사회에는 이에 상응하는 일정량의
범죄가 반드시 발생한다는 이론을 '범죄포화의 법칙'이라고 한다. 동 법칙에 의하여 인간은 전
혀 자유의사가 없는 것이며, 인간의 행위라는 것은 내적·외적 원인요소에 의해 결정되는 것이
라고 한다. 이후 범죄과포화법칙으로 연결되는데, 이는 사회에서 사회적·물리적인 예외조건들
(급격한 산업화와 도시화 등)이 발생하면 전형적인 범죄에 수반하여 반사적이고 부수적인 범죄들
이 증가하게 된다는 법칙을 말한다. 여기서 부수범죄란 절도에 따른 장물범죄 등을 의미한다.

③ 형벌대용물사상

범죄에 대해서 형벌이라는 직접적인 반작용보다는 범죄성의 충동을 간접적으로 방지시킬
수 있는 대책으로 '형벌대용물사상'(刑罰代用物思想)을 주장하였다. 사회방위를 위한 효과적인
수단으로 형벌 대신에 보안처분을 주장하였다. 즉 자유무역, 독점의 폐지, 저렴한 주거비용, 가
로등의 확대설치, 무기생산에 대한 국가관리, 성직자의 결혼허용, 사상의 자유 보장(정치범에 대
한 대책), 이민의 자유 보장(실업에 의한 범죄의 대책), 조세의 경감(사기 및 문서위조범죄에 대한
대책) 등 전반적인 사회생활의 향상을 통한 범죄방지대책을 제안하였다.

④ 범죄자분류

범죄자를 정신이상범죄자(insane criminal; 정신병원에 수용), 생래적 범죄자(born criminal; 무
기격리, 사형반대), 기회(우발성)범죄자(occasional criminal; 중범죄의 경우 농장 또는 형무소에서 부

정기형으로 훈육, 치료하고 경범죄의 경우 격정적 범죄자에 준해서 처리), 격정범죄자(criminal by passion; 손해배상과 강제이주), 상습범죄자(개선불가능범죄자는 생래적 범죄자에 준해서, 개선가능자는 기회 범죄자에 준해서 처리)로 구분하였다.

⑤ 페리초안

제1차 세계대전 이후 이탈리아 신형법의 기초에 주도적으로 관여한 페리는, 범죄에 대한 사회방위는 형벌보다는 주로 사회정책에 의하여야 한다는 전제하에 도덕적 색채를 띠지 않는 사회방위처분 내지 보안처분으로 일원화하여야 한다고 주장하였다. 이것이 소위 1921년 페리초안이다. 하지만 내용이 너무 급진적이어서 채택되지는 아니하였다.

3) 가로팔로(Garofalo)

이탈리아의 사회심리학 입장을 대표하는 가로팔로는 '범죄학(1885)'을 저술하였다. 범죄의 본질을 인류의 근본인 애타적 정서, 그 중에서도 가장 본질적인 연민과 성실의 정에 대한 침해 내지 결여로 파악하였다. 또한 범죄인을 자연범과 법정범으로 구별하면서, 자연범에 대해서는 사형이나 유형을, 법정범에 대해서는 정기 구금제도를, 과실범에 대해서는 불처벌을 주장하였는데, 자연범을 생래적 범죄인 및 원시인과 동일시한 것이 특징이다.

(2) 프랑스 학파

초기 사회학적 범죄학파(범죄사회학파)·환경학파·리용학파 등으로도 불리는 프랑스 학파는 이탈리아의 범죄인류학에 대항하여 범죄를 사회 병리현상으로 파악하여 환경을 중심으로 범죄원인을 연구하였다.

1) 께틀레(Quetlet)

벨기에의 물리학자인 께틀레는 통계적 연구 관찰로 유명한 제도학파의 창시자로서 '사회물리학(1836)'을 저술하였다. 범죄의 원인으로 사회적·자연적 환경을 중시하였다. 또한 모든 사회현상을 대수의 법칙으로 파악하고, 집단현상으로서의 범죄에 관심을 가졌다.

께틀레는 각 나라에서 발표된 여러 통계수치를 계산하여 '일반인'이라는 개념을 구상하고 이를 범죄발생 정도와 연관지었다. 각 나라의 사회 및 자연환경으로 고려한 요인들은 지리적 위치, 기후, 연령분포, 성, 계절, 교육수준 등이었으며, 이러한 사회환경적 요인들은 범죄발생과 함수관계에 있다는 것을 밝힘으로써 범죄발생의 법칙성을 주장하였다. 또한 '사회는 범죄를 예비하고, 범죄자는 그 실천의 수단이다.'라고 주장하여, 범죄가 사회적 환경요인에 의해 유발된다는 점을 지적하였다.

2) 라카사뉴(Lacassagne)

범죄의 원인으로 특히 경제적 사정을 중요시하였다. 곡물가격과 재산범죄의 관계를 실증적으로 연구하여 물가의 상승과 실업의 증대가 범죄의 증가를 가속시킨다고 한다. 사회는 범죄의 배양토이고, 범죄자는 미생물에 해당하기 때문에, 처벌해야 할 것은 사회이지 범죄자가 아니다.

3) 뒤르깽(Durkheim)

① 아노미 개념의 제시

그의 저서 '분업론(1893)'에서 아노미란 사회구성원에 대한 도덕적 규제가 제대로 되지 않는 상태, 즉 사회의 도덕적 권위가 무너져 사회구성원들이 지향적인 삶의 기준을 상실한 무규범 상태를 말한다. 아노미적 자살은 불경기와 호경기 때 모두 급격한 경제침체 또는 급격한 성장으로 자살률이 높게 나타난다. 뒤르깽은 전통사회의 기계적 유대(개인간의 유사성에 기인한 것)에서 산업사회의 유기적 유대(사회의 비유사성, 즉 분업에 기인한 것)로 전환되는 과정에서 사회규범이 해체되고 사회통합이 약화되어 범죄나 자살이 증가한다고 하였다. 즉 자살은 사회문화 구조상의 모순에서 발생한다.

범죄의 주된 원인은 사회적 상황이다. 이는 '사회적 통합'의 수준과 '도덕적 통합'의 수준에서 파악될 수 있는데, 범죄의 원인은 사회적 통합의 수준이 낮거나 사회의 도덕적 권위가 훼손되면 이러한 규제활동을 할 수 없어 많은 범죄가 발생한다는 것이다. 이는 후에 허쉬의 사회유대이론에 영향을 주었다.

② 범죄정상설과 범죄기능(필요)설

어느 사회든지 일정량의 범죄는 있을 수밖에 없다. 또한 범죄는 모든 사회에 나타나는 정상적인 현상이다. 이는 모든 건강한 사회의 통합적 구성요소가 된다. 범죄란 이에 대한 제재와 비난을 통하여 사회의 공동의식을 사람들이 체험할 수 있도록 함으로써 사회의 유지존속에 있어 중요한 역할을 담당한다. 즉 범죄는 유용하고 때로는 건전할 수 있다. 사회의 진보를 위해서는 일정량의 범죄가 필요하며, 범죄는 건전한 사회의 구성부분이다. 이는 범죄의 순기능을 최초로 인정한 것이다.

4) 따르드(Tarde)

① 극단적 환경결정론

사회환경의 중요성을 강조하였다. 범죄의 원인을 사회제도 특히 자본주의적 경제질서의 제도적 모순에 기인한다고 보았다. 이에 따라 '범죄자를 제외한 모든 사람에게 책임이 있다.'라고 하여 범죄의 사회적 원인을 중시하였다.

② 모방의 법칙

인간의 행위란 사람들이 사회생활을 하는 중에 다른 사람의 행위를 모방함으로써 유래한다는 것으로 따르드는 사회는 곧 모방이라고 할 정도로 모든 사회적 현상을 모방의 결과로 보았고, 특히 범죄행위 역시 모방된다고 보았다. ⓘ 거리의 법칙: 모방의 형식에는 유행과 관습이 있는데, 유행은 사회적 접촉이 밀접하고 빈번한 도시형태로 쉽게 변화하지 않으며, 관습은 사회적 접촉과 변화가 적은 소도시와 시골형태로 잘 변화하지 아니한다. 모방은 사람들간의 거리에 반비례한다. 실제적 또는 심리적인 거리가 멀리 있는 자에 대한 모방의 정도가 강하다. 예를 들어 연예인에 대한 모방이 그것이다. ② 방향의 법칙(위에서 아래로의 법칙): 학습의 방향에 관한 것으로 대개 모방은 사회적 지위가 우월한 자를 중심으로 우월한 지위에서 낮은 지위로 이루어진다. 따라서 범죄는 사회의 상층에서 하층으로, 도시에서 농촌으로 전해진다. ③ 삽입의 법칙(무한진행의 법칙): 모방(학습) → 유행 → 관습의 형태로 발전되어 가면서 상호배타적인 유형이 동시에 발생하면 하나는 다른 하나를 대체한다. 즉 총기에 의한 살인이 증가하면서 칼을 사용한 살인이 줄어드는 현상을 예를 들 수 있다.

(3) 독일학파

1) 리스트(Listz)

1888년에 Hamel(네덜란드), Prins(벨기에) 등과 함께 국제형사법학회를 창설한 리스트는 독일에서 19세기 실증주의 노력을 주도한 대표적인 학자이다. 여기서 '실증주의'란 과학적이고 객관적인 방법을 통하여 행위자의 생물학적, 심리학적, 사회적 특성이 범죄행위에 미치는 영향을 분석함으로써 범죄발생의 원인을 규명하고자 하는 사상을 말한다.

'형법전은 범죄인의 마그나 카르타이며, 형사정책의 넘을 수 없는 장벽이다.', '최선의 형사정책이 최상의 형사정책이다.'라고 주장한 리스트는 범죄원인에 대하여 개인의 생물학적 특성(소질)과 사회환경을 모두 고려하면서도 사회적 원인을 보다 중시하였다(범죄원인의 이원론 내지 다원론).

'형벌의 대상은 범죄행위가 아니라 범죄를 저지른 행위자의 반사회성이어야 한다.'(행위자형법; 주관주의)라고 하여 범죄자의 반사회적 위험성을 기준으로 범죄자의 특성에 맞게 형벌을 개별화할 것을 강조하였다. 첫째, 개선이 가능하지만 개선을 필요로 하지 않는 자에 대하여는 벌금형 등과 같은 위하조치를, 둘째, 개선이 가능하고 개선을 필요로 하는 자에 대하여는 개선을 위한 형벌부과를, 셋째, 개선이 불가능한 자에 대하여는 종신형과 같은 무해화를 주장하였다.

1882년 Marburg 대학의 교수취임연설문인 'Zweckgedanke im Strafrecht'(Marburg 강령)에서 범죄사회학과 범죄심리학을 통합하여 범죄학이라고 명명하고 범죄학에 형법학을 포괄하는 '전(全)형법학 사상'을 주장하였다.

2) 아샤펜부르크(Aschaffenburg)

오스트리아의 정신의학적 범죄학자인 아샤펜부르크는 '범죄와 그 대책(1898)'을 저술하여, 범죄의 원인을 일반적(환경적) 원인(계절, 장소, 종교, 직업, 알코올, 도박, 영화 등)과 개인적 원인(혈통, 교양, 연령, 배우자, 정신적 특성 등)으로 구분하고 이러한 원인들과 범죄와의 관계를 통계자료와 정신의학적 지식을 이용하여 분석하였다. 또한 풍부한 통계자료를 사용하여 실증적으로 범죄를 분석, 연구하였다. 그는 범죄인을 우발범죄인, 격정범죄인, 기회범죄인, 예모(계획)범죄인, 누범범죄인, 관습범죄인, 직업범죄인 등으로 나누었는데, 이는 가장 전통적인 범죄인 분류

방법이다.

Ⅱ. 우리나라의 경우

1. 근대 이전

우리나라 최초의 성문법인 고대의 소위 기자 8조금법(箕子 八條禁法)에 "사람을 살해한 자는 죽음으로 갚고, 사람을 상해 입힌 자는 곡물로써 갚고, 도둑질한 자는 그 집의 노비가 된다."라는 표현이 전해지고 있다. 고려시대에는 중국의 당률(唐律)을 계수하여 제정한 형법(高麗律)이 시행되었다.

조선시대의 형사법은 중국 명나라의 대명률(大明律)을 포괄적으로 계수하여 조선 실정에 맞게 새로운 수교를 만들어 대명률을 보완하는 형태로 구성되었다. 대명률을 적용한 조선 초기부터 우리 실정에 맞지 않는 조문은 적용하지 아니 하였다. 또한 조선시대 법감정을 기초로 대명률의 규정과 다른 새로운 수교를 만들어 사용하기도 하였는데, 이것이 경국대전(성종 16년(1469년))을 비롯한 국전(國典)이었으며, 이들의 조문이 대명률보다 우선적으로 적용되었다.

한편 1905(광무 9년). 5. 29. 법률 제2호로 공포된 형법대전은 우리 역사상 최초의 '형법'이라는 명칭을 지닌 법전이며, 대한제국 근대화 사업의 하나의 결실로 탄생한 입법적 성과이다. 형법대전은 모두 5편, 17장, 158절, 680조로 구성되어 있었다.

2. 일제강점기

1911년 조선총독부 제령 제11호인 조선형사령(朝鮮刑事令)에 의하여 일본 형법(舊刑法 내지 依用刑法)이 의용되었다.

3. 형법의 제정

해방 후 신생국가에서 긴급히 요구되는 것은 사법(司法)법전의 완성인 바, 그 중에서도 형법 법전편찬이 최급선무임을 감안하여 일찍이 김병로 법전편찬위원장이 총칙을, 엄상섭위원이 각칙 기초를 담당하여 가안을 작성하여 1949. 6. 20.부터 1949. 11. 12.까지 법률안심의위원회에서 전후 24회에 걸쳐 심의를 거듭한 끝에 형법 초안을 완성하였다.

이후 1951. 4. 3. 정부에 의하여 제안된 형법 제정법률안은 1953. 6. 5. 국회 법제사법위원회에서 수정가결되었고, 1953. 7. 9. 국회 본회의에서 의결되어, 1953. 9. 18. 법률 제293호로 정부가 공포하여, 보름 뒤인 1953. 10. 3.부터 형법이 본격적으로 시행되기에 이른다. 이는 기존에 시행되던 법률[1]을 폐지하면서 이를 형법전에 편입시키는 작업을 병행한 결과이다.

---

1) 1. 구형법, 2. 구형법시행법, 3. 폭발물취체벌칙, 4. 외국에서유통하는화폐,은행권의위조,변조와모조에관한법률, 5. 우편법 제48조, 제55조 제1항 중 제48조의 미수범, 동조 제2항, 제55조의2와 3, 6. 인지범죄처벌법, 7. 통화와증

4. 형법의 개정

(1) 2010년 이전의 형법 개정

1975. 3. 25. 단행된 제1차 개정에서는 제2편 각칙 제2장 외환의 죄 중에 제104조의2를 "제104조의2(국가모독등) ① 내국인이 국외에서 대한민국 또는 헌법에 의하여 설치된 국가기관을 모욕 또는 비방하거나 그에 관한 사실을 왜곡 또는 허위사실을 유포하거나 기타 방법으로 대한민국의 안전·이익 또는 위신을 해하거나, 해할 우려가 있게 한 때에는 7년 이하의 징역이나 금고에 처한다. ② 내국인이 외국인이나 외국단체 등을 이용하여 국내에서 전항의 행위를 한 때에도 전항의 형과 같다. ③ 제2항의 경우에는 10년 이하의 자격정지를 병과할 수 있다."라고 신설하였다.

1988. 12. 31. 단행된 제2차 개정에서는 제1차 개정 형법에서 신설된 바 있는 국가모독죄 조항이 국가발전을 위한 건전한 비판의 자유를 억제할 우려가 있다는 이유로 폐지되었다.

1995. 12. 29. 단행된 제3차 개정에서는 ① 보호관찰제도의 도입, ② 범죄화 현상에 따른 신종범죄(컴퓨터관련 범죄, 인질관련 범죄의 신설 등, 강제집행으로 명도 또는 인도된 부동산에 침입하는 등의 경우 처벌조항을 신설, 자동차등을 불법사용한 경우 처벌조항을 신설, 자동판매기등 편의시설 부정이용의 경우 처벌조항을 신설), ③ 법정형의 조정(선택형으로 벌금형 추가, 결과적 가중범의 치사와 치상의 형량차등), ④ 사형 등 법정형의 일부조정, ⑤ 과실범의 처벌규정 추가 신설 등이 이루어졌다.

2001. 12. 29. 단행된 제4차 개정에서는 컴퓨터등 정보처리장치에 허위의 정보 또는 부정한 명령을 입력함으로써 성립하는 형법 제347조의2(컴퓨터등 사용사기죄)에 권한없이 정보를 입력·변경하여 정보처리를 하게 하는 행위를 구성요건에 추가하였다.

2004. 1. 20. 단행된 제5차 개정에서는 제37조 후단이 사후적 경합범의 요건으로 '판결이 확정된 죄'라고만 규정하면서 그 범위를 제한하지 않고 있어서, 오히려 피고인에 대하여 불리하게 작용될 뿐만 아니라 법원의 입장에서도 인력의 낭비를 초래하는 측면이 있는 바, 동 규정에 의한 경합범의 요건 중 '판결이 확정된 죄'를 '금고 이상의 형에 처한 판결이 확정된 죄'로 하여 그 범위를 축소하였다.

2005. 7. 29. 단행된 제6차 개정에서는 경합범 중 판결을 받지 아니한 죄가 있는 때에는 그 죄와 판결이 확정된 죄를 동시에 판결할 경우와 형평을 고려하여 그 죄에 대하여 형을 선고하되 그 형을 감경 또는 면제할 수 있도록 하고, 금고 이상의 형이 확정된 때부터 그 집행을 종료하거나 면제된 후 3년까지의 기간에 범한 죄에 대하여 형을 선고하는 경우에는 형의 집행을 유

권모조취체법, 8. 결투죄에관한건, 9. 폭력행위등처벌에관한법률, 10. 도범등의방지와처벌에관한법률, 11. 미군정법령 제70호(부녀자의매매또는그매매계약의금지), 12. 미군정법령 제120호(벌금의증액과특별심판원의관할권등), 13. 미군정법령 제172호(우량한수형자석방령), 14. 미군정법령 제208호(항명죄와해적죄기타범죄)

예할 수 없도록 하며, 집행유예 실효사유를 유예기간 중 고의로 범한 죄로 금고 이상의 실형을 선고받아 그 판결이 확정된 때로 하였다.

(2) 2010년 이후의 형법 개정

2010. 4. 15. 단행된 제7차 개정에서는 ① 유기징역·유기금고의 상한을 기존 15년 이하에서 30년 이하로 높이고, 가중할 때의 상한도 기존 25년까지에서 50년까지로 조정하였다. ② 사형에 대한 감경을 기존 10년 이상에서 20년 이상 50년 이하로 상향 조정하였다. ③ 무기징역·무기금고에 대한 감경을 기존 7년 이상에서 10년 이상 50년 이하로 상향 조정하였다. ④ 무기징역의 가석방요건을 기존 10년에서 20년으로 상향 조정하였다. ⑤ 강간·강제추행죄 등 성폭력범죄의 상습범에 대한 가중처벌 규정을 신설하였다.

2012. 12. 18. 단행된 제8차 개정에서는 ① 성폭력 범죄의 객체를 '부녀'에서 '사람'으로 변경하였다. ② 추행·간음 목적의 약취·유인·수수·은닉죄 및 강간죄 등 성범죄에 관하여 고소가 있어야 공소를 제기할 수 있도록 한 규정을 삭제하였다. ③ 유사강간죄를 신설하였다. ④ 혼인빙자간음죄를 폐지하였다.

2013. 4. 5. 단행된 제9차 개정에서는 ① 범죄단체 및 범죄집단의 존속과 유지를 위한 행위의 처벌규정을 마련하였다. ② 범죄단체나 집단의 수입원으로 흔히 사용되는 도박장소의 개설이나 복표발매에 대한 처벌규정의 법정형을 상향하였다. ③ 각종 착취 목적의 인신매매죄를 신설하여 인신매매의 처벌범위를 확대함으로써 국제조직범죄를 효율적으로 방지·척결하는 동시에 국제협력을 강화하였다. ④ 제296조의2를 신설하여 "제287조부터 제292조까지 및 제294조는 대한민국 영역 밖에서 죄를 범한 외국인에게도 적용한다."라고 하여, 이른바 세계주의를 도입하였다.

2014. 5. 14. 단행된 제10차 개정에서는 ① 일정 액수 이상의 벌금형을 선고할 경우에는 노역장 유치의 최소 기간을 직접 법률에 규정하여 고액 벌금형을 단기의 노역장 유치로 무력화하지 못하도록 하였다.[1] ② 형의 집행을 면할 목적으로 국외에 체류하는 동안에는 시효가 진행되

---

1) 대법원 2018. 2. 13. 선고 2017도17809 판결(원심은 2011. 11. 30.부터 2013. 4. 11.까지 사이에 행한 이 사건 공소사실(이유 무죄 부분 제외)을 유죄로 판단하고, 피고인을 징역 5년 6개월과 벌금 13억 1,250만 원에 처하면서 형법(2014. 5. 14. 법률 제12575호로 개정되어 같은 날 시행된 것) 제70조 제1항, 제2항을 적용하여 '벌금을 납입하지 않는 경우 250만 원을 1일로 환산한 기간 노역장에 유치한다.'는 내용의 판결을 선고하였다. 헌법재판소는 원심판결 선고 후인 2017. 10. 26. 다음과 같은 이유로 1억 원 이상의 벌금형을 선고하는 경우 노역장유치기간의 하한을 정한 형법 제70조 제2항(이하 '노역장유치조항'이라 한다)을 시행일 이후 최초로 공소 제기되는 경우부터 적용하도록 한 형법 부칙 제2조 제1항(이하 '이 사건 부칙조항'이라 한다)이 헌법상 형벌불소급원칙에 위반되어 위헌이라고 판단하였다(헌법재판소 2017. 10. 26. 선고 2015헌바239, 2016헌바177 전원재판부 결정). 노역장유치는 그 실질이 신체의 자유를 박탈하는 것으로서 징역형과 유사한 형벌적 성격을 가지므로 형벌불소급원칙의 적용대상이 된다. 노역장유치조항은 1억 원 이상의 벌금형을 선고받는 자에 대하여 유치기간의 하한을 중하게 변경시킨 것이므로, 이 조항 시행 전의 범죄행위에 대해서는 범죄행위 당시에 존재하였던 법률을 적용하여야 한다. 이 사건 부칙조항은 노역장유치조항의 시행 전에 행해진 범죄행위에 대해서도 공소제기의 시기가 노역장유치조항의 시행 이후이면 이를 적용하도록 하고 있으므로, 이는 범죄행위 당시보다 불이익한 법률을 소급 적용하도록 하는 것으로서 헌법상 형벌불소급원칙에 위반된다. 헌법재판소의 위와 같은 위헌결정 선고로 이 사건 부칙조항은 헌법재판소법 제47조 제3항 본문에 따라 그 효력을 상실하였다. 따라서 노역장유치조항의 시행 전에 행해진 피고인의 범

지 아니하도록 하였다.[1]

2014. 12. 30. 단행된 제11차 개정에서는 ① 장애인에 대한 사회적 인식 개선을 위하여 '심신장애자'라는 표현을 '심신장애인'으로 순화하였다(제10조). ② 헌법재판소 위헌결정의 취지에 따라 판결선고 전 구금일수가 형기에 전부 산입됨을 명백히 하였다(제57조 제1항). ③ 무죄판결을 선고받은 피고인의 명예회복을 위하여 무죄판결 공시 취지의 선고를 의무화하였다(제58조).

2016. 1. 6. 단행된 제12차 개정에서는 ① '유기징역 또는 유기금고의 판결을 받은 자는 그 형의 집행이 종료하거나 면제될 때까지 전항 제1호 내지 제3호에 기재된 자격이 정지된다. 다만 다른 법률에 특별한 규정이 있는 경우에는 그 법률에 따른다.'(제43조 제2항 단서 신설). ② '3년 이하의 징역이나 금고 또는 500만원 이하의 벌금의 형을 선고할 경우에 제51조의 사항을 참작하여 그 정상에 참작할 만한 사유가 있는 때에는 1년 이상 5년 이하의 기간 형의 집행을 유예할 수 있다.'(제62조 제1항). ③ 간통죄를 삭제하였다(제241조 삭제). ④ 존속중상해죄의 법정형을 정비하고(제258조 제3항), 특수상해죄를 신설하며(제258조의2 신설), 이에 대한 상습법과 자격정지의 병과 규정을 정비하고(제264조 및 제265조), 특수강요죄 및 특수공갈죄를 신설하였다(제324조 제2항 및 제350조의2 신설).

2016. 5. 29. 단행된 제13차 개정에서는 본인이 직접 재물이나 재산상의 이익을 취득하는 행위뿐만 아니라 제3자로 하여금 재물이나 재산상 이익을 취득하게 하는 행위도 처벌할 수 있도록 배임수재죄의 구성요건을 정비하고, 그 제3자가 배임수재의 정을 알고 취득한 경우에는 그 제3자가 취득한 재물이나 재산상의 이익을 몰수 또는 추징할 수 있도록 하였다.

2016. 12. 20. 단행된 제14차 개정에서는, 헌법재판소는 외국에서 형의 전부 또는 일부의 집행을 받은 자에 대하여 형을 감경 또는 면제할 수 있도록 규정한 형법 제7조에 대해 외국에서 실제로 형의 집행을 받았음에도 불구하고 우리 형법에 의한 처벌 시 이를 전혀 고려하지 않는다면 신체의 자유에 대한 과도한 제한이 될 수 있으므로 어느 범위에서든 반드시 반영되어야 하고, 현행 외국에서 받은 형의 집행을 전혀 반영하지 아니할 수도 있도록 한 것은 과잉금지원칙에 위배되어 신체의 자유를 침해하므로 2016. 12. 31.까지 개선입법이 이루어지지 않으면 2017. 1. 1.부터 효력을 상실한다는 헌법불합치 결정(2015. 5. 28. 선고 2013헌바129 결정)을 하였고, 이에 외국에서 집행된 형의 전부 또는 일부를 우리나라에서 선고하는 형에 반드시 산입하도록 하였다.

2017. 12. 12. 단행된 제15차 개정에서는, 3년 미만의 징역이나 금고 또는 5년 이상의 자격정지에 대한 형의 시효를 기존 5년에서 7년으로, 5년 미만의 자격정지, 벌금, 몰수 또는 추징에 대한 형의 시효를 기존 3년에서 5년으로 연장하였다.

죄행위에 대해서 노역장유치조항을 적용하여 노역장유치기간을 정한 원심판결은 유지될 수 없다).

1) 형이 확정된 후 그 형의 집행을 받지 아니한 자가 형의 집행을 면할 목적으로 국외에 있는 기간 동안은 형의 시효가 진행되지 않도록 함(제79조 제2항 신설).

2018. 10. 16. 단행된 제16차 개정에서는, 업무상 위력 등에 의한 간음죄의 형량을 상향조정하여 법의 실효성을 제고하고, 아울러 현행법체계에서 업무상 위력 등에 의한 간음죄보다 무거운 피감호자간음죄의 법정형도 함께 상향조정하여 형의 균형을 맞추기 위하여, 형법 제303조 제1항 중 "5年 以下의 懲役"을 "7년 이하의 징역"으로, "1千500萬원 以下의 罰金"을 "3천만원 이하의 벌금"으로 하고, 동조 제2항 중 "7年 以下의 懲役"을 "10년 이하의 징역"으로 개정하였다.

2018. 11. 29. 단행된 제17차 개정에서는, 심신미약자에 대한 필요적 감경규정을 임의적 감경규정으로 개정하여 형법상 책임원칙을 부정하지 않으면서, 감형 여부는 법관의 재량과 사건의 경중 등에 따라 유연하게 적용할 수 있도록 하기 위하여, 형법 제10조 제2항 중 "刑을 減輕한다"를 "형을 감경할 수 있다"로 개정하였다.

2020. 5. 19. 단행된 제18차 개정에서는, 텔레그램을 이용한 성착취 사건 등 사이버 성범죄로 인한 피해가 날로 증가하고 있는바, 미성년자 의제강간 연령기준을 높이고 강간 등의 예비·음모에 대한 처벌규정을 신설하는 등 관련 규정을 정비하기 위하여, 제305조 제목 외의 부분을 제1항으로 하고, 같은 조에 제2항을 "② 13세 이상 16세 미만의 사람에 대하여 간음 또는 추행을 한 19세 이상의 자는 제297조, 제297조의2, 제298조, 제301조 또는 제301조의2의 예에 의한다."라고 신설하고, 제305조의3(예비, 음모)을 신설하여 "제297조, 제297조의2, 제299조(준강간죄에 한정한다), 제301조(강간 등 상해죄에 한정한다) 및 제305조의 죄를 범할 목적으로 예비 또는 음모한 사람은 3년 이하의 징역에 처한다."라고 개정하였다.

2020. 10. 20. 단행된 제19차 개정에서는, 형법불소급원칙에 따라 헌법재판소에서 위헌판결을 받은 노역장유치 관련 기존 부칙 제2조 제1항 중 '공소가 제기되는 경우부터'를 '저지른 범죄부터'로 개정하였다.

2020. 12. 8. 단행된 제20차 개정에서는, 형법에 사용된 일본식 표현이나 어려운 한자어 등 개정이 시급한 대표적인 법률용어들을 국민의 눈높이에 맞추어 알기 쉬운 우리말로 변경하고, 법률문장의 내용을 정확히 전달할 수 있도록 어순구조를 재배열하는 등 알기 쉬운 법률 문장으로 개정함으로써 형법에 대한 국민의 접근성 및 신뢰성을 높이고자 하였다.

2023. 8. 8. 단행된 제21차 개정에서는, 영아살해죄 및 영아유기죄를 폐지함으로써 저항 능력이 없거나 현저히 부족한 사회적 약자인 영아를 범죄로부터 두텁게 보호하는 한편, 형의 시효가 완성되면 집행이 면제되는 형에서 사형을 제외하여 형 집행의 공백을 방지하고[1], 법인에 대해 벌금형 등이 선고된 경우에도 형의 시효가 적용된다는 점을 명확히 하였다.

---

1) 부칙 제2조(사형의 시효 폐지에 관한 적용례) 제77조, 제78조제1호 및 제80조의 개정규정은 이 법 시행 전에 사형을 선고받은 경우에도 적용한다.

제 2 장   죄형법정주의

제 1 절   죄형법정주의의 의의

Ⅰ. 개 념

'죄형법정주의'(罪刑法定主義)란 범죄의 구성요건과 그에 대한 형벌의 내용을 국민의 대표로 구성된 입법부가 성문의 법률로 정하도록 하여 이미 제정된 정의로운 법률에 의하지 아니하고는 처벌되지 아니한다는 원칙을 말한다. 이는 무엇이 처벌될 행위인가를 국민이 예측가능한 형식으로 정하도록 하여 개인의 법적 안정성을 보호하고 성문의 형벌법규에 의한 실정법질서를 확립하여 국가형벌권의 자의적인 행사로부터 개인의 자유와 권리를 보장하려는 법치국가형법의 기본원칙으로서, 형벌법규의 '보장적 기능'을 수행하는 것이다. 1801년 Feuerbach가 '법률 없으면 형벌도 없고, 범죄 없으면 형벌도 없고, 법률에 의한 범죄 없으면 형벌도 없다(nulla poena sine lege, nulla poena sine crime, nullum crimen sine poena legali)'라는 용어를 사용한 데에서 유래한다.[1]

Ⅱ. 법적 근거

헌법 제12조 제1항은 "누구든지 법률과 적법한 절차에 의하지 아니하고는 처벌, 보안처분 또는 강제노역을 받지 아니한다.", 헌법 제13조 제1항은 "모든 국민은 행위시의 법률에 의하여 범죄를 구성하지 아니하는 행위로 소추되지 아니한다.", 헌법 제37조 제2항은 "국민의 모든 자유와 권리는 국가안전보장, 질서유지 또는 공공복리를 위하여 필요한 경우에 한하여 법률로써 제한할 수 있으며, 제한하는 경우에도 자유와 권리의 본질적인 내용을 침해할 수 없다.", 형법 제1조 제1항은 "범죄의 성립과 처벌은 행위 시의 법률에 의한다.", 형사소송법 제323조 제1항은 "형의 선고를 하는 때에는 판결이유에 법령의 적용을 명시하여야 한다."라고 각각 규정하여 죄형법정주의를 표현하고 있다.

---

1) Vgl. Feuerbach, 「Lehrbuch des gemeinen in Deutschland geltenden peinlichen Rechts」, 1801, 10. Aufl., S. 18.

Ⅲ. 연 혁

1215년 영국의 John왕이 서명한 대헌장(Magna Charta)[1]에서 유래한다. 대헌장은 당시 John
왕의 전횡에 대해 자유인신분을 가진 사람들의 기본권을 보장하기 위해 제정된 것이다. 대헌장
제39조에 의하면 "모든 자유인은 자신과 동등한 신분을 가진 자의 적법한 재판이나 국법에 의
거하여서만 체포, 구금되고 재산이나 법적 보호를 박탈당하고, 추방, 사형, 폭력, 투옥당할 수
있다."라고 규정하고 있다. 그 후 1628년 권리청원(Petition of Rights)[2]과 1689년 권리장전(Bill of
Rights)이 대헌장의 정신을 계승하였다.

미국에서는 1776. 6. 12. Virginia주 권리장전 제8조[3]에 최초로 등장하였고[4], 1787년 미국
헌법에서는 사후입법의 금지[5], 1791년 수정 헌법에서는 적법절차 원칙[6]을 규정하였다.

프랑스에서는 1789년 '인간과 시민의 권리선언(Declartion des droits de l'homme et du
citoyen)' 제8조에서 "누구든지 범죄 이전에 제정, 공포된 법률에 의하여 적법하게 적용된 법률
에 의하지 않고는 처벌되지 아니한다."라고 하여 죄형법정주의를 선언하였고, 이를 계승하여
1810년 나폴레옹 형법 제4조[7]가 형법전에 처음으로 동 원칙을 규정하였다.

독일에서는 1851년 프로이센 형법을 거쳐 1871년 독일제국형법(구형법; RStGB) 제2조[8]에

---

1) 죄형법정주의의 연원은 1215년 영국의 마그나 카르타(Magna Carta) 제39조에서 비롯되었다고 한다. 이 규정이
   1628년 권리청원(Petition of Rights)이나 1689년 권리장전(Bills of Rights)에 영향을 미쳤고, 나아가 미국법에도 영
   향을 주어 'due proccess 이론'의 형성으로 발전하게 된 것이다. 한편 대륙법에 있어서는 마그나 카르타 이후 약
   500년이 지나 죄형법정주의가 명시적으로 나타나게 되었다. 프랑스혁명에 즈음하여 1789년 인권선언이 채택되었
   고, 그 제8조에서 죄형법정주의를 명시하였다. 이론적으로 죄형법정주의를 직접 언급한 사람으로는 Feuerbach가
   꼽힌다. 그는 형법의 목적에 관하여, 이성을 가진 국민에게 범죄와 형벌을 제정법규로서 예고·명시함으로써 국민
   으로 하여금 이성에 의하여 스스로 범행을 멀리하게 하는 데에 있다고 하였고, 그 파생적 요청으로서 죄형법정주
   의의 필요성을 주장하였다. 그가 주장한 '법률 없으면 형벌 없다(nulla poena sine lege)'라는 명제는 죄형법정주의
   의 표어로서 자리 잡았고 근대 법치국가의 형법상 지도이념으로서 확고한 위치를 차지하게 되었다.
2) '적법절차'라는 개념이 인권의 절차적 보장에 관한 내용으로 발전하는데 큰 공헌을 한 사람이 Edward Coke 경
   (1552－1634)이었다. 그는 당시 야당의 지도자로서 절대군주권을 제한하기 위한 '權利請願'을 만들어 '의회의 동
   의 없는 增稅禁止', '이유고지 없는 체포금지', '정당한 사법절차의 보장' 등을 찰스 1세로부터 획득하는데 성공하
   였다.
3) 누구든지 국가의 법률 또는 동료의 재판에 의하지 아니하고는 자유가 박탈되지 아니한다(…no man be deprived
   of his liberty by the law of land or judgement of his peers …).
4) 버지니아 권리장전은 전문 16개조로 구성되어 있는데, 이것은 이후 미국 각주와 각국 성문헌법의 모범이 되었으
   며, 이에 따라 각국의 헌법도 대체로 제1부의 인권선언 내지 권리장전과 제2부의 통치조직으로 구성되어 있다.
5) 제1조 제9절 제3항(어떠한 사후법도 국회에 의하여 제정되어서는 아니된다)(no 'ex post facto law' shall be
   passed by congress), 제1조 제10절 제1항(어떠한 사후법도 주에 의하여 제정되어서는 아니된다)(no 'ex post facto
   law' shall be passed by any state).
6) 수정 헌법 제5조(누구든지 적법절차에 의하지 아니하고는 생명, 자유 또는 재산을 박탈당하지 아니한다)(no man
   be deprived of his life, liberty or property without due process of law), 수정 헌법 제14조 제1절(어느 주도 적법절
   차에 의하지 아니하고는 사람의 생명, 자유 또는 재산을 박탈할 수 없다)(no state shall deprive any person of
   life, liberty or property with due process of law).
7) 위경죄, 경죄, 중죄는 그 범행 이전에 법률에 규정되지 아니한 형벌로서 처벌할 수 없다.
8) 어떠한 행위도 그 행위가 행하여지기 전에 법률로서 형벌을 규정하였을 경우에만 처벌할 수 있다(Eine Handlung
   kann nur dann mit einer Strafe belegt werden, wenn diese Strafe gesetzlich bestimmt war, bevor die Handlung

죄형법정주의를 명문화하였다. 그 후 바이마르 헌법 제116조에 의해 헌법적 지위가 부여되었다.

Ⅳ. 사상적 배경

1. 삼권분립론

Montesquieu는 권력남용을 방지하기 위하여 3권을 분립[1]하고, 사법부는 법을 해석해서는 안 되고, 입법부가 제정한 법률을 기계적으로 집행하여야 한다고 보았다. 이와 같이 사법부가 형법을 해석하지 않고 기계적으로 적용하기 위해서는 범죄와 형벌을 법률에 미리 정해놓을 필요가 있게 된다.

2. 심리강제설

Feuerbach는 합리적인 인간상을 전제로 하여 범죄예방은 일반국민에게 범죄로 얻을 쾌락보다는 범죄의 효과로서 가해지는 형벌의 고통이 더 크다는 것을 알게 하는 심리적 강제에 의하여 달성된다고 보았다. 이와 같은 심리강제는 형벌을 법전에 규정하고 이를 집행함으로써 효과적으로 얻어질 수 있으므로 범죄와 형벌을 법률에 규정할 것이 요청된다.

Ⅴ. 형식적 죄형법정주의의 위기

1. 삼권분립론의 난점

제정법의 완전무결성을 전제로 엄격한 문리해석을 시도하므로 신축성 있는 형법해석을 금지하였다. 또한 형식적 의미의 죄형법정주의는 여러 가지 악법을 등장시켰다.

2. 심리강제설의 난점

합리적인 인간상을 전제로 하기 때문에 비합리적인 범죄인에게는 무력해진다. 또한 쾌락보다는 형벌의 고통을 더 크게 함으로써 범죄의 예방을 도모하므로 '중형주의'(重刑主義)가 강조된다. 즉 심리를 강제하기 위해서는 중한 형벌을 가하는 위하형 사상이 극대화 됨에 따라 인권침해 현상이 심해졌다. 이에 Beccaria는 처벌의 엄격성보다는 처벌의 확실성·공평성·신속성이 일반예방을 위해 더 중요하다고 보아, 형벌의 고통은 범죄의 이익을 조금 넘는 정도면 족하다고 하였다.

---

begangen wurde).

1) 반면에 John Locke는 입법, 집행(사법과 행정)의 이권분립론을 주장하였다.

3. 실제적인 위기의 사례

죄형법정주의를 부정하는 전체주의 국가가 등장하였다. 1926년의 소련 형법 제16조는 "어떠한 사회적 위험행위가 이 법전에 규정되어 있지 아니한 경우에는 그 행위에 대한 형사책임의 근거와 범위 및 사회방위처분은 그 행위의 성질상 가장 근사한 범죄를 규정한 이 법전의 조항에 의하여 결정한다.", 1935년의 독일 형법 제2조는 "법률이 가벌적이라고 선언한 행위 또는 형벌법규의 기본사상과 건전한 국민감정에 비추어 처벌할만한 행위를 한 자는 처벌한다. 그 행위에 직접 적용할 일정한 형벌법규가 없는 경우에는 그 기본사상이 가장 적합한 법규에 따라 그 행위를 처벌한다."라고 하여 죄형법정주의를 정면으로 부인하였다. 이러한 악법을 만들어 놓고 죄형법정주의의 실천이라는 이념 아래 국민의 자유와 권리를 제한하였다.

VI. 실질적 죄형법정주의의 등장

'적정한' 법률이 없으면 범죄 없고 형벌 없다는 원칙이 제2차 세계대전 이후 등장하게 된다. 1948년 UN의 인권선언 제11조, 1950년 유럽인권협약 제7조 제1항은 죄형법정주의를 규정하였고, 독일 형법은 1946. 1. 30. 연합국관리위원회법에 의해, 소련형법은 1958년에 다시 죄형법정주의를 규정하였다. 현재 독일 형법 제1조[1]는 "어떠한 행위라도 그 행위 이전에 제정된 법률에 의해 형벌이 규정되어 있는 경우에만 벌할 수 있다."라고 규정하고 있다.

실질적 죄형법정주의는 범죄와 형벌을 규정한 법률의 내용이 적정할 것을 요구하고, 형사사건에서 형법의 해석에 관한 법관의 재량권을 인정하여 피고인에게 유리한 유추해석이나 소급입법을 허용한다. 이러한 태도는 법관의 자의뿐만 아니라 입법자의 자의로부터도 국민의 자유를 보장하기 위한 것이다.

제 2 절 죄형법정주의의 내용

I. 법률주의

1. 의 의

'법률주의'(法律主義)란 범죄와 형벌을 입법부가 제정한 형식적 의미의 법률로 규정하는 것을 말한다. 이는 원칙적으로 명령·행정규칙·자치법규 등에 의해서는 범죄와 형벌을 규정할 수

---

1) §1(Keine Strafe ohne Gesetz) Eine Tat kann nur bestraft werden, wenn die Strafbarkeit gesetzlich bestimmt war, bevor die Tat begangen wurde.

는 없다는 것과 동시에 관습법은 형법의 직접적인 법원(法源)이 될 수 없다는 의미를 내포하고 있다. 법률주의는 권력분립의 사상에 기초한 원리로 이해되고 있다.

2. 위임입법의 필요성 및 한계

(1) 위임입법의 필요성

사회현상의 복잡다기화와 국회의 전문적·기술적 능력의 한계 및 시간적 적응능력의 한계로 인하여 형사처벌에 관련된 모든 법규를 예외 없이 형식적 의미의 법률에 의하여 규정한다는 것은 사실상 불가능할 뿐만 아니라 실제에 적합하지도 않다. 특히 긴급한 필요가 있거나 미리 법률로써 자세히 정할 수 없는 부득이한 사정이 있는 경우에 한하여 수권법률(위임법률)이 구성요건의 점에서는 처벌대상인 행위가 어떠한 것인지 이를 예측할 수 있을 정도로 구체적으로 정하고, 형벌의 점에서는 형벌의 종류 및 그 상한과 폭을 명확히 규정하는 것을 전제로 위임입법이 허용된다.

따라서 범죄와 형벌의 주된 내용은 법률에서 정하고, 그 구체적인 내용은 다른 법률·명령·행정규칙 등 하위법규에 위임하여야 할 필요성이 있게 된다. 헌법 제75조("대통령은 법률에 구체적으로 범위를 정하여 위임받은 사항과 법률을 집행하기 위하여 필요한 사항에 관하여 대통령령을 발할 수 있다.") 및 헌법 제95조("국무총리 또는 행정각부의 장은 소관사무에 관하여 법률이나 대통령령의 위임 또는 직권으로 총리령 또는 부령을 발할 수 있다.")도 이를 인정하고 있다.

(2) 위임입법의 판단기준 및 한계

위임입법은 법률이나 상위명령에서 구체적으로 범위를 정한 개별적인 위임이 있는 경우에 한하여 가능하다. 여기에서 구체적인 위임의 범위는 규제하고자 하는 대상의 종류와 성격에 따라 달라지는 것이어서 일률적 기준을 정할 수는 없지만, 그 본질적인 한계는 '예측가능성'이라고 할 수 있다. 이는 법률에 이미 대통령령 등으로 규정될 내용 및 범위의 기본사항이 구체적으로 규정되어 있어서 누구라도 해당 법률로부터 대통령령 등에 규정될 내용의 대강을 예측할 수 있어야 함을 의미한다.

이러한 예측가능성의 유무는 해당 특정조항 하나만을 가지고 판단할 것은 아니고 관련 법조항 전체를 유기적·체계적으로 종합 판단하여야 하며, 각 대상 법률의 성질에 따라 구체적·개별적으로 검토하여야 한다.[1] 이에 따라 법률조항과 법률의 입법 취지를 종합적으로 고찰할 때 합리적으로 그 대강이 예측될 수 있는 것이라면 위임의 한계를 일탈하지 아니한 것이다.

하지만 법률의 시행령이 형사처벌에 관한 사항을 규정하면서 법률의 명시적인 위임범위를 벗어나 처벌의 대상을 확장하거나 강화하는 것은 죄형법정주의의 원칙에 어긋나며, 그러한 시행령은 위임입법의 한계를 벗어난 것으로서 무효이다.

---

1) 헌법재판소 2021. 6. 24. 선고 2017헌바479 결정.

　판례에 의하면, ① 과대광고 등의 범위 및 기타 필요한 사항을 보건복지부령에 위임하고 있는 식품위생법 제11조 제2항[1]), ② 풍속영업자는 대통령령이 정하는 풍속영업의 경우 대상자의 연령을 확인하여 대통령령이 정하는 청소년이 출입을 하지 못하게 하여야 한다는 풍속영업규제법 제3조 제5호[2]), ③ 설치가 허용되는 간판의 규격과 같은 세부적이고 기술적인 사항을 중앙선거관리위원회 규칙에서 정하도록 한 공직선거법 제90조[3]), ④ 석유제품에 다른 석유제품 또는 석유화학제품을 혼합하거나 석유화학제품에 다른 석유화학제품을 혼합하는 등의 방법으로 제조된 것으로서 대통령령이 정하는 제품을 생산 또는 판매하는 것을 처벌하는 석유사업법 제33조[4]), ⑤ '회계처리기준'을 금융감독위원회에게 구체적 내용의 정립을 위임한 주식회사의 외부감사에 관한 법률 제20조 제1항 제8호[5]), ⑥ '환전, 환전 알선, 재매입 영업행위를 금지하는 게임머니 및 이와 유사한 것'을 대통령령이 정하도록 위임하고 있는 게임산업진흥에 관한 법률 제32조 제1항 제7호[6]), ⑦ 어선법 제27조 제1항 제1호에서 정기검사에 합격된 경우 어선검사증서에 기재할 사항에 관하여 괄호 표시를 하고 그 안에 '어선의 종류·명칭·최대승선인원·제한기압 및 만재흘수선의 위치 등'이라고 정하여 그 대상을 예시하는 형식으로 규정하면서, 이에 어선검사증서에 기재할 사항을 구체적으로 규정하면서 '총톤수'를 포함시킨 어선법 시행규칙 제63조 제1항 제1호 (가)목에 따른 [별지 제61호 서식][7]), ⑧ 군형법 제47조에서 말하는 '정당한 명령 또는 규칙'[8]) 등에 있어서는 포괄위임입법금지원칙에 위반되지 아니한다.

　하지만 ① "의료업무에 관한 광고의 범위 기타 의료광고에 필요한 사항은 보건복지부령으로 정한다."라고 규정한 의료법 제46조 제4항[9]), ② "금고 또는 연합회의 임·직원이 이 법과 이 법에 의한 명령 또는 정관에 위반하는 행위를 함으로써 금고 또는 연합회에 손해를 끼쳤을 때에는 5년 이하의 징역 또는 500만원 이하의 벌금에 처한다."라고 규정한 새마을금고법 제66조 제1항 제1호[10]), ③ "약국을 관리하는 약사 또는 한약사는 보건복지부령으로 정하는 약국관리에 필요한 사항을 준수하여야 한다."라고 규정한 약사법 제19조 제4항[11]), ④ '단체협약에 … 위반한 자'를 구성요건으로 규정한 노동조합법 제46조의3[12]), ⑤ 수뢰죄와 같은 신분범에 있어서 그 주체에 관한 구성요건의 규정을 '정부관리기업체'라고 규정한 특정범죄가중처벌법 제4조 제1항[13]), ⑥ 허가 없이 한 대통령령이 정하는 용도변경행위를 건축으로 보아 처

　1) 대법원 2002. 11. 26. 선고 2002도2998 판결.
　2) 헌법재판소 1996. 2. 29. 선고 94헌마13 결정.
　3) 대법원 2005. 1. 13. 선고 2004도7360 판결.
　4) 헌법재판소 2001. 12. 20. 선고 2001헌가6 결정.
　5) 대법원 2006. 1. 13. 선고 2005도7474 판결.
　6) 대법원 2009. 4. 23. 선고 2008도11017 판결.
　7) 대법원 2018. 6. 28. 선고 2017도13426 판결.
　8) 헌법재판소 2011. 3. 31. 선고 2009헌가12 결정; 헌법재판소 1995. 5. 25. 선고 91헌바20 결정.
　9) 헌법재판소 2007. 7. 26. 선고 2006헌가4 결정.
　10) 헌법재판소 2001. 1. 18. 선고 99헌바11 결정(정관위반사건).
　11) 헌법재판소 2000. 7. 20. 선고 99헌가15 결정(약국관리필요사건).
　12) 헌법재판소 1998. 3. 26. 선고 96헌가20 결정(단체협약위반사건).
　13) 헌법재판소 1995. 9. 28. 선고 93헌바50 결정(정부관리기업체사건). 하지만 특정범죄가중처벌법 제4조 제1항의 위임을 받은 특정범죄가중처벌법 시행령 제2조 제48호가 농업협동조합중앙회를 정부관리기업체의 하나로 규정한 것이 위임입법의 한계를 벗어난 것으로 위헌·위법이라고 할 수 없고(대법원 2008. 4. 11. 선고 2007도8373 판결), 특정범죄가중처벌법 제4조 제2항의 위임을 받은 특정범죄가중처벌법 시행령 제2조 제50호가 수산업협동조합중앙회와 그 회원조합을 같은 법 제4조 제1항 소정의 정부관리기업체의 하나로 규정한 것이 위임입법의 한계를 벗어난 위헌·위법한 규정이라고 할 수 없다(대법원 2007. 4. 27. 선고 2007도1038 판결).

벌한다는 건축법 제54조 제1항[1], ⑦ "건축물의 소유자 또는 관리자는 그 건축물·대지 및 건축설비를 항상 이 법 또는 이 법의 규정에 의한 명령이나 처분과 관계법령이 정하는 기준에 적합하도록 유지·관리하여야 한다."라는 건축법 제26조의 규정에 위반한 자를 처벌하도록 규정하고 있는 건축법 제79조 제4호[2] 등에 있어서는 포괄위임입법금지원칙에 위반된다.

(3) 재위임의 한계

법률에서 위임받은 사항을 전혀 규정하지 않고 재위임하는 것은 위임금지의 법리에 반할 뿐만 아니라 수권법의 내용변경을 초래하는 것이 되므로 허용되지 아니한다. 그러나 위임받은 사항에 관하여 대강을 정하고 그 중의 특정사항을 범위를 정하여 하위법령에 다시 위임하는 경우에는 재위임이 허용된다.

판례에 의하면, ① 총포·도검·화약류등단속법 제2조 제1항은 총포에 관하여 규정하면서 총에 대하여는 일정 종류의 총을 총포에 해당하는 것으로 규정하면서 그 외의 장약총이나 공기총도 금속성 탄알이나 가스 등을 쏠 수 있는 성능이 있는 것은 총포에 해당한다고 규정하고 있으므로, 여기서 말하는 총은 비록 모든 부품을 다 갖추지는 않았더라도 적어도 금속성 탄알 등을 발사하는 성능을 가지고 있는 것을 가리키는 것이고, 단순히 총의 부품에 불과하여 금속성 탄알 등을 발사할 성능을 가지지 못한 것까지 총포로 규정하고 있는 것은 아니라고 할 것임에도 불구하고 같은 법 시행령 제3조 제1항은 같은 법 제2조 제1항의 위임에 따라 총포의 범위를 구체적으로 정하면서도 제3호에서 모법의 위임 범위를 벗어나 총의 부품까지 총포에 속하는 것으로 규정한 경우[3], ② 도로교통법 시행령 제49조 제1항의 입법 취지는 글을 알지 못하는 문맹자에게도 글을 아는 사람과 동일하게 운전면허를 취득할 기회를 부여하려는데 있다고 할 것인데, 도로교통법 시행령의 위임에 따라 제정된 자동차운전면허 사무처리지침은 그 제8조 제1항에서 '도로교통법 시행령 제49조 제1항 단서 중 "글을 알지 못하는 사람'이라 함은 초등학교 중퇴 이하의 학력자로서 글을 전혀 읽지 못하거나 잘 읽을 수 없는 사람을 말한다.'라고 규정하고, 같은 조 제2항에서 구술시험을 희망하는 문맹자는 자신이 초등학교 중퇴 이하의 학력자로서 글을 알지 못하고 있다는 내용이 기재된 인우보증서를 제출하도록 규정함으로써, 설령 글을 알지 못한다고 하더라도 초등학교 졸업 이상의 학력을 가진 사람에게는 구술시험의 응시를 허용하지 않고 있는 경우[4], ③ 의료법 제41조에서 "각종 병원에는 응급환자와 입원환자의 진료 등에 필요한 당직의료인을 두어야 한다."라고 규정하고, 의료법 시행령 제18조 제1항에서 "법 제41조에 따라 각종 병원에 두어야 하는 당직의료인의 수는 입원환자 200명까지는 의사·치과의사 또는 한의사의 경우에는 1명, 간호사의 경우에는 2명을 두되, 입원환자 200명을 초과하는 200명마다 의사·치과의사 또는 한의사의 경우에는 1명, 간호사의 경우에는 2명을 추가한 인원수로 한다."라고 규정하는 경우[5] 등에 있어서는 모법의 위임범위를 벗어나 무효이다.

---

1) 헌법재판소 2000. 1. 27. 선고 98헌가9 결정.
2) 헌법재판소 1997. 9. 25. 선고 96헌가16 결정.
3) 대법원 1999. 2. 11. 선고 98도2816 전원합의체 판결(총의부품사건).
4) 대법원 2007. 3. 29. 선고 2006도8189 판결(문맹자사건).
5) 대법원 2017. 2. 16. 선고 2015도16014 전원합의체 판결(당직의료인사건).

3. 관습형법의 금지

(1) 원 칙

'관습법'(慣習法)이란 일정한 관행이 상당한 기간 동안 지속되어 법적 확신을 얻게 된 불문법을 말하는데, 관습법에 의하여 새로운 구성요건을 창설하거나 형벌 또는 보안처분을 가중하는 것은 행위자에게 불리하게 되므로 허용되지 아니한다. 따라서 관습법을 통하여 직접 어떤 행위가 범죄임을 규정하거나 형벌을 신설하거나 가중할 수는 없다.

(2) 예 외

1) 간접적 법원성

관습법은 간접적으로 성문형법규정의 해석에 영향을 미칠 수는 있다. 예를 들면 제18조의 '위험의 발생을 방지할 의무', 제20조의 '사회상규에 반하지 아니한 행위', 제246조의 '일시 오락의 정도에 불과한 때' 등을 해석하는 경우에 관습법이 기능을 수행할 수 있는 것이다.

또한 형법상의 개념이 민법 등 다른 법률에 의존하고, 그 다른 법률이 관습법의 법원성을 인정할 경우에도 관습법은 간접적으로 형법의 법원이 될 수 있다. 예를 들면 절도죄의 객체성(타인이 점유하는 타인 소유의 재물) 인정 여부의 문제[1]가 그러하다.

2) 행위자에게 유리한 관습법

행위자에게 유리한 관습법을 적용하는 것은 상관없다. 예를 들면 가중적 구성요건의 축소해석, 위법성조각사유의 확장해석 등이 이에 해당한다.

Ⅱ. 소급효금지의 원칙

1. 의 의

'소급효금지(遡及效禁止)의 원칙'이란 범죄와 처벌은 행위 당시의 법률에 의해야 하고, 행위 후에 법률을 제정하여 그 법률(사후입법)에 의해 피고인의 이전 행위에 대하여 불리하게 처벌해서는 안 된다는 원칙을 말한다. 동 원칙은 입법자에게는 소급효를 적용하는 입법을 금지할 뿐만 아니라 형사재판의 법관에게는 행위 당시에 그 행위의 가벌성을 규정하는 구성요건이 존재할 경우에 한하여 그 적용가능성을 검토하도록 제한하고 있다.

동 원칙은 인간의 행위는 예견가능성이 보장되어야 한다는 점, 국민의 신뢰이익은 보호되어야 한다는 점, 형벌의 소급적용은 형법의 의사결정기능을 무시할 뿐만 아니라 책임에 상응하는 형벌이 되지 못하여 책임주의에 반한다는 점 등을 그 인정근거로 하고 있다.

---

1) 대법원 1970. 3. 10. 선고 70도82 판결(타인소유의 토지에 사용수익의 권한없이 농작물을 경작한 경우에 그 농작물의 소유권은 경작한 사람에게 귀속된다).

2. 소급효의 종류

(1) 진정소급입법에 의한 소급효

'진정소급입법'(眞正遡及立法)이란 새로운 입법으로 이미 종료된 사실관계 또는 법률관계에 작용케 하는 것을 말한다. 예를 들면 「5·18민주화운동 등에 관한 특별법」의 제정으로 인한 소급처벌이 이에 해당한다.[1]

이에 대하여 헌법재판소는 「기존의 법에 의하여 형성되어 이미 굳어진 개인의 법적 지위를 사후입법을 통하여 박탈하는 것 등을 내용으로 하는 진정소급입법은 개인의 신뢰보호와 법적 안정성을 내용으로 하는 법치국가원리에 의하여 특단의 사정이 없는 한 헌법적으로 허용되지 아니하는 것이 원칙이고, 다만 일반적으로 국민이 소급입법을 예상할 수 있었거나 법적 상태가 불확실하고 혼란스러워 보호할 만한 신뢰이익이 적은 경우와 소급입법에 의한 당사자의 손실이 없거나 아주 경미한 경우 그리고 신뢰보호의 요청에 우선하는 심히 중대한 공익상의 사유가 소급입법을 정당화하는 경우 등에는 예외적으로 진정소급입법이 허용된다.」라고 판시[2]하고 있다.

(2) 부진정소급입법에 의한 소급효

'부진정소급입법'(不眞正遡及立法)이란 새로운 입법으로 현재 진행 중인 사실관계 또는 법률관계에 작용케 하는 것을 말한다. 예를 들면 2015. 7. 31. 형사소송법 개정을 통한 살인죄의 공소시효 배제가 이에 해당한다. 부진정소급입법은 원칙적으로 허용되지만, 소급효를 요구하는 공익상의 사유와 신뢰보호의 요청 사이의 교량과정에서 신뢰보호의 관점이 입법자의 형성권에 제한을 가하게 되는 경우에는 예외적으로 허용되지 아니한다.[3]

3. 적용범위

(1) 형벌을 완화하는 법률

소급효금지의 원칙은 행위자에게 불리한 사후입법의 소급적용을 금지한다. 형벌 조항이 피고인에게 불리한 내용으로 개정된 경우 그 조항의 소급적용에 관하여 명시적인 경과규정이 없는 이상 원칙적으로 그 조항의 소급적용을 부정하는 것이 형법 제1조 제1항에서 정한 행위시법 적용의 원칙에 부합한다.[4]

---

1) 5·18민주화운동법 제2조(공소시효의 정지) 1979년 12월 12일과 1980년 5월 18일을 전후하여 발생한 「헌정질서 파괴범죄의 공소시효 등에 관한 특례법」 제2조의 헌정질서 파괴범죄와 반인도적 범죄에 대하여 해당 범죄행위의 종료일부터 1993년 2월 24일까지의 기간은 공소시효의 진행이 정지된 것으로 본다.

2) 헌법재판소 1999. 7. 22. 선고 97헌바76 결정(5·18특별법사건); 헌법재판소 1996. 2. 16. 선고 96헌가2·96헌바7·96헌바13 결정.

3) 헌법재판소 2023. 5. 25. 선고 2020헌바45 결정; 헌법재판소 1997. 6. 26. 선고 96헌바94 결정.

4) 대법원 2013. 7. 26. 선고 2013도6220 판결.

하지만 유리한 법률의 소급효까지 금지하는 것은 아닌데, 형법 제1조 제2항("범죄 후 법률이 변경되어 그 행위가 범죄를 구성하지 아니하게 되거나 형이 구법(舊法)보다 가벼워진 경우에는 신법(新法)에 따른다."), 형법 제1조 제3항("재판이 확정된 후 법률이 변경되어 그 행위가 범죄를 구성하지 아니하게 된 경우에는 형의 집행을 면제한다."), 헌법재판소법 제47조("위헌으로 결정된 법률 또는 법률의 조항은 그 결정이 있는 날로부터 효력을 상실한다(제2항). 제2항에도 불구하고 형벌에 관한 법률 또는 법률의 조항은 소급하여 그 효력을 상실한다. 다만 해당 법률 또는 법률의 조항에 대하여 종전에 합헌으로 결정한 사건이 있는 경우에는 그 결정이 있는 날의 다음 날로 소급하여 효력을 상실한다(제3항)."[1]) 등이 그 예이다.

한편 형벌에 관한 법령이 헌법재판소의 위헌결정으로 인하여 소급하여 그 효력을 상실하였거나 법원에서 위헌·무효로 선언된 경우, 당해 법령을 적용하여 공소가 제기된 피고사건에 대하여는 형사소송법 제325조에 따라 무죄를 선고하여야 한다.[2] 나아가 재심이 개시된 사건에서 형벌에 관한 법령이 재심판결 당시 폐지되었다고 하더라도 그 폐지가 당초부터 헌법에 위배되어 효력이 없는 법령에 대한 것이었다면 형사소송법 제325조 전단이 규정하는 '범죄로 되지 아니한 때'의 무죄사유에 해당하는 것이지, 형사소송법 제326조 제4호에서 정한 면소사유에 해당한다고 할 수 없다.[3]

---

1) 대법원 2020. 2. 21.자 2015모2204 결정(이는 형벌조항에 대한 합헌결정이 있는 경우 그 합헌결정에 대하여 위헌결정의 소급효를 제한하는 효력을 인정함으로써 합헌결정이 있는 날까지 쌓아온 규범에 대한 사회적 신뢰와 법적 안정성을 보호하도록 한 것이다. … 동일한 내용의 형벌법규라 하더라도 그 법률조항이 규율하는 시간적 범위가 상당한 기간에 걸쳐 있는 경우에는 시대적·사회적 상황의 변화와 사회 일반의 법의식의 변천에 따라 그 위헌성에 대한 평가가 달라질 수 있다. 따라서 헌법재판소가 특정시점에 위헌으로 선언한 형벌조항이라 하더라도 그것이 원래부터 위헌적이었다고 단언할 수 없으며, 헌법재판소가 과거 어느 시점에 당대의 법 감정과 시대상황을 고려하여 합헌결정을 한 사실이 있는 법률조항이라면 더욱 그러하다. 그럼에도 개정 전후 법률조항들의 내용이 실질적으로 동일하다고 하여 '개정 법률조항'에 대한 위헌결정의 효력이 '개정 전 법률조항'에까지 그대로 미친다고 본다면, 오랜기간 그 법률조항에 의하여 형성된 합헌적 법집행을 모두 뒤집게 되어 사회구성원들의 신뢰와 법적 안정성에 반하는 결과를 초래할 수 있다. 형벌에 관한 법률조항에 대한 위헌결정의 소급효를 일률적으로 부정하여 과거에 형성된 위헌적 법률관계를 구제의 범위 밖에 두게 되면 구체적 정의와 형평에 반할 수 있는 반면, 위헌결정의 소급효를 제한 없이 인정하면 과거에 형성된 법률관계가 전복되는 결과를 가져와 법적 안정성에 중대한 영향을 미치게 된다).

2) 대법원 2014. 7. 24. 선고 2009도8586 판결(야간옥외집회위헌사건)(헌법재판소 결정이 비록 그 주문이 외형상 한정위헌결정의 형식을 띠고 있기는 하나, 그 실질은 헌법재판소법 제47조에서 정한 위헌결정으로서의 효력을 갖는다. 그렇다면, 각 구 집시법 조항의 '옥외집회 또는 시위'에 관한 부분 중 '일몰시간 후부터 같은 날 24시까지' 부분은 헌법재판소법 제47조 제2항 단서에 따라 소급하여 그 효력을 상실하므로, 위 부분 법조를 적용하여 2006. 11. 22. 17:13경부터 일몰시간 후인 21:55경까지 집회·시위를 하여 일몰시간 후의 집회·시위에 참가하였다는 내용으로 기소한 피고인 1에 대한 이 부분 공소사실은 범죄로 되지 아니한 때에 해당한다); 대법원 2011. 5. 13. 선고 2009도9949 판결(이러한 법리는 그 형벌에 관한 법률 또는 법률조항이 대통령령에 형벌법규를 위임한 경우 그 대통령령의 위임 근거인 법률 또는 법률조항이 위헌결정으로 인하여 소급하여 효력을 상실하고, 대통령령에 규정된 형벌법규 또한 소급하여 그 효력을 상실한 때에도 마찬가지로 적용된다); 대법원 2009. 10. 15. 선고 2008도5259 판결; 대법원 2006. 6. 9. 선고 2006도1955 판결; 대법원 1999. 12. 24. 선고 99도3003 판결.

3) 대법원 2013. 5. 16. 선고 2011도2631 전원합의체 판결(긴급조치4호사건)(구 대한민국헌법(1980. 10. 27. 헌법 제9호로 전부 개정되기 전의 것, 이하 '유신헌법'이라 한다) 제53조에 기한 대통령긴급조치 제4호는 그 발동 요건을 갖추지 못한 채 목적상 한계를 벗어나 민주주의의 본질적 요소인 표현의 자유를 침해하고, 영장주의에 위배되며, 법관에 의한 재판을 받을 권리와 학문의 자유 및 대학의 자율성 등 헌법상 보장된 국민의 기본권을 침해하는

판례에 의하면, ① 헌법재판소는 2010. 12. 28. 통신비밀보호법 제6조 제7항 단서 중 전기통신에 관한 '통신제한조치기간의 연장'에 관한 부분이 통신제한조치의 총연장기간이나 총연장횟수를 제한하지 아니하고 계속해서 통신제한조치가 연장될 수 있도록 한 것은 과잉금지원칙에 위배하여 통신의 비밀을 침해한다는 이유로 헌법에 합치하지 아니한다고 선언하면서, 이 사건 법률조항은 입법자가 2011. 12. 31.을 시한으로 개정할 때까지 계속 적용한다고 결정하였다. 그렇다면 이 사건 법률조항의 위헌성이 제거된 개선입법이 이루어지지 아니한 채 위 개정시한이 도과함으로써 이 사건 법률조항의 효력이 상실되었다고 하더라도 그 효과는 장래에 향하여만 미칠 뿐이며 그 이전에 이 사건 법률조항에 따라 이루어진 통신제한조치기간 연장의 적법성이나 효력에는 영향을 미치지 아니한다.[1]

② 형법 제344조, 제328조 제1항 소정의 친족간의 범행에 관한 규정이 적용되기 위한 친족관계는 원칙적으로 범행 당시에 존재하여야 하는 것이지만, 부가 혼인 외의 출생자를 인지하는 경우에 있어서는 민법 제860조에 의하여 그 자의 출생시에 소급하여 인지의 효력이 생기는 것이며, 이와 같은 인지의 소급효는 친족상도례에 관한 규정의 적용에도 미친다고 보아야 할 것이므로, 인지가 범행 후에 이루어진 경우라고 하더라도 그 소급효에 따라 형성되는 친족관계를 기초로 하여 친족상도례의 규정이 적용된다.[2]

③ 피고인이 행정청으로부터 자동차 운전면허취소처분을 받았으나 나중에 그 행정처분 자체가 행정쟁송절차에 의하여 취소되었다면, 위 운전면허취소처분은 그 처분시에 소급하여 효력을 잃게 되고, 피고인은 위 운전면허취소처분에 복종할 의무가 원래부터 없었음이 후에 확정되었다고 봄이 타당하다.[3]

(2) 보안처분

1) 학설의 대립

보안처분에 대하여 소급효금지의 원칙을 적용할 것인지 여부와 관련하여, ① 죄형법정주의에서 말하는 '형'은 형벌을 의미하는데, 보안처분은 형벌이 아니라는 점, 독일 형법에 의하면 법률에 다르게 규정되어 있지 않으면 보안처분에는 소급적용이 가능하고, 프랑스 헌법위원회도 일정한 경우의 보안처분에 대하여 소급적용하였다는 점, 소년보호사건에서 보호관찰 등을 도입할 당시 소년법 부칙에서 "이 법은 이 법 시행 당시 조사 또는 심판 중에 있는 보호사건에도 적용한다."라고 규정하고 있었다는 점 등을 논거로 하는 소극설, ② 개인의 자유보장이라는 죄형법정주의의 이념을 고려할 때 소급효금지의 원칙은 형벌에만 적용될 것이 아니라 형사피고인에게 불리하게 작용할 수 있는 모든 사항에 적용되어야 한다는 점, 형벌과 보안처분은 법익보호와 범죄인의 사회복귀를 제재 목적으로 삼는다는 점에서 동일하고, 형벌에 비견될 수 있을 만한 자유의 제한이 가해진다는 점, 헌법 제12조 제1항은 "누구든지 법률과 적법한 절차에 의하지 아니하고는 처벌, 보안처분 또는 강제노역을 받지 아니한다."라고 규정하여 형벌과 보안처분을 동일하게 취급하고 있다는 점, 우리나라 형법에는 독일 형법 제2조 제6항("보안처분에

것이므로, 그것이 폐지되기 이전부터 유신헌법은 물론 현행 헌법에 비추어 보더라도 위헌·무효이다); 대법원 2010. 12. 16. 선고 2010도5986 판결.

[1] 대법원 2012. 10. 11. 선고 2012도7455 판결.
[2] 대법원 1997. 1. 24. 선고 96도1731 판결.
[3] 대법원 1999. 2. 5. 선고 98도4239 판결.

관하여는 법률에 특별한 규정이 없는 때에는 판결시의 법률에 의한다.")과 같이 보안처분의 소급효를 인정하는 명문의 규정이 없다는 점, 스위스 형법 제1조("형벌 또는 보안처분은 법률이 명시적으로 처벌하는 행위에 한하여 선고할 수 있다.") 및 오스트리아 형법 제1조 제1항("형벌 또는 보안처분은 그 행위에 대한 명시적인 처벌규정이 법률에 있고 행위 당시에 이미 처벌될 때에만 과할 수 있다.")은 보안처분도 죄형법정주의의 적용을 받는다고 규정하고 있다는 점, 형법상 보호관찰은 보안처분의 성격만 아니라 형벌집행방법으로서의 성격도 지니고 있다는 점 등을 논거로 하는 적극설, ③ 보호관찰 등은 범죄자의 재범의 위험성에 대해 부과하는 것이 아니라 형벌유예로 인한 범죄자의 석방에 따른 위험성에 대처하기 위한 합목적적 조치이므로 소급효금지원칙이 적용되지 아니하지만, 감금을 내용으로 하는 (구) 사회보호법상 보호감호 등은 형벌에 상응하는 강도를 가지고 있으므로 소급효금지의 원칙이 적용된다고 하는 구별설 등의 대립이 있다.

2) 판례의 태도

판례는 구별설의 입장을 취하고 있는데, 보안처분 중 보호관찰[1]·신상정보 공개 및 고지제도[2]·전자감시제도[3] 등의 경우에는 소급적용을 인정하지만, 사회봉사명령의 경우[4]에는 소급

[1) 대법원 1997. 6. 13. 선고 97도703 판결(개정 형법 제62조의2 제1항에 의하면 형의 집행을 유예를 하는 경우에는 보호관찰을 받을 것을 명할 수 있고, 같은 조 제2항에 의하면 제1항의 규정에 의한 보호관찰의 기간은 집행을 유예한 기간으로 하고, 다만 법원은 유예기간의 범위 내에서 보호관찰의 기간을 정할 수 있다고 규정되어 있는바, 위 조항에서 말하는 보호관찰은 형벌이 아니라 보안처분의 성격을 갖는 것으로서, 과거의 불법에 대한 책임에 기초하고 있는 제재가 아니라 장래의 위험성으로부터 행위자를 보호하고 사회를 방위하기 위한 합목적적인 조치이므로, 그에 관하여 반드시 행위 이전에 규정되어 있어야 하는 것은 아니며, 재판시의 규정에 의하여 보호관찰을 받을 것을 명할 수 있다고 보아야 할 것이고, 이와 같은 해석이 형벌불소급의 원칙 내지 죄형법정주의에 위배되는 것이라고 볼 수 없다).

2) 대법원 2012. 6. 28. 선고 2012도2947 판결(2010. 4. 15. 법률 제10258호로 제정·공포된 성폭력처벌법은 신상정보의 공개명령 및 고지명령 제도에 관하여 제도의 시행시기를 규정하면서도 대상이 되는 범죄가 행하여진 시기에 대해서는, 신상정보의 공개명령 및 고지명령 제도에 관하여 그에 관한 규정 시행 후에 범한 범죄로 한정하는 부칙 규정을 두고 있는 아동·청소년의 성보호에 관한 법률과는 달리 아무런 제한을 두고 있지 아니한 점, 특례법이 성인 대상 성범죄자에 대하여 신상정보 공개명령 및 고지명령 제도를 도입한 것은 성인 대상 성범죄자 역시 재범률이 높을 뿐만 아니라 아동을 대상으로 한 성범죄도 저지르고 있으므로 성인 대상 성범죄자에 대한 신상정보 공개를 통하여 성인 대상 성범죄는 물론 아동·청소년 대상 성범죄를 미연에 예방하고자 하는 데 입법 취지가 있는 점, 신상정보의 공개명령 및 고지명령 제도는 성범죄자에 대한 응보 목적의 형벌과 달리 성범죄의 사전예방을 위한 보안처분적 성격이 강한 점 등에 비추어 보면, 특례법 제32조 제1항에 규정된 등록대상 성폭력범죄를 범한 자에 대해서는 특례법 제37조, 제41조의 시행 전에 그 범죄를 범하고 그에 대한 공소제기가 이루어졌더라도 특례법 제37조, 제41조의 시행 당시 공개명령 또는 고지명령이 선고되지 아니한 이상 특례법 제37조, 제41조에 의한 공개명령 또는 고지명령의 대상이 된다).

3) 대법원 2010. 12. 23. 선고 2010도11996 판결(특정 범죄자에 대한 위치추적 전자장치 부착 등에 관한 법률에 의한 전자감시제도는, 성폭력범죄자의 재범방지와 성행교정을 통한 재사회화를 위하여 그의 행적을 추적하여 위치를 확인할 수 있는 전자장치를 신체에 부착하게 하는 부가적인 조치를 취함으로써 성폭력범죄로부터 국민을 보호함을 목적으로 하는 일종의 보안처분이다. 이러한 전자감시제도의 목적과 성격, 그 운영에 관한 위 법률의 규정 내용 및 취지 등을 종합해 보면, 전자감시제도는 범죄행위를 한 자에 대한 응보를 주된 목적으로 그 책임을 추궁하는 사후적 처분인 형벌과 구별되어 그 본질을 달리하는 것으로서 형벌에 관한 소급입법금지의 원칙이 그대로 적용되지 않으므로, 위 법률이 개정되어 부착명령 기간을 연장하도록 규정하고 있더라도 그것이 소급입법금지의 원칙에 반한다고 볼 수 없다). 하지만 전자장치 부착명령에 관하여 피고인에게 실질적인 불이익을 추가하는 내용의 법 개정이 있고, 그 규정의 소급적용에 관한 명확한 경과규정이 없는 한 그 규정의 소급적용은 이를 부정하는 것이 피고인의 권익 보장이나 법 부칙에서 일부 조항을 특정하여 그 소급적용에 관한 경과규정을 둔 입법자의

적용을 부정하고 있다. 또한 헌법재판소는 보호감호의 경우[1]에 소급적용을 부정하고 있다.

3) 검 토

형벌이 책임에 기초를 둔 형사제재인 반면 보안처분은 행위자의 장래 위험성에 기초를 둔 형사제재임은 분명하다. 하지만 형벌론에서 응보사상을 제거한다면 형사제재에서 형벌과 보안처분의 차이는 본질적인 것이라고 하기 어렵다. 형벌과 보안처분은 국가의 형사제재를 통하여 피고인의 자유를 제한하고 있다는 점에서는 차이가 없다. 이는 양 제도에 본질적인 차이가 있는 것이 아니라 정도의 차이만이 존재함을 의미한다. 죄형법정주의의 실질적 의미를 고려할 때 형벌과 보안처분 양자는 모두 국민의 자유과 권리를 제한하고 있다는 공통점을 지니고 있다. 책임과 장래의 위험성이라는 구별이 모호한 전제를 가지고 소급효금지의 원칙의 적용 여부를 구별하는 것은 실질적 법치국가이념에 반하기 때문에 보안처분의 경우에도 소급효금지의 원칙을 전면적으로 적용해야 할 것이다.

(3) 형사절차법

1) 학설의 대립

비친고죄가 친고죄로 변경되거나 공소시효가 단축된 법의 개정은 행위자에게 유리한 것이기 때문에 당연히 신법이 적용되어 그 소급효가 인정됨에는 아무런 문제가 없다. 하지만 사후에 공소시효를 연장·정지[2]·배제하는 경우, 친고죄를 비친고죄로 변경하는 경우 등에 있어서

의사에 부합한다고 보는 판례(대법원 2013. 9. 12. 선고 2013도6424 판결; 대법원 2013. 7. 26. 선고 2013도6220 판결; 대법원 2013. 7. 25. 선고 2013도6181 판결)도 있다.

4) 대법원 2008. 7. 24.자 2008어4 결정(2006. 7. 말경에 있었던 재항고인의 이 사건 폭행행위에 대하여 현행 가정폭력범죄특례법 제41조, 제40조 제1항 제5호, 제4호를 적용하여 재항고인에게 6개월간 보호관찰을 받을 것과 200시간의 사회봉사 및 80시간의 수강을 명하고 있는데, 원심이 적용한 보호처분에 관한 위 규정은 이 사건 폭행행위 이후인 2007. 8. 3. 법률 제8580호로 개정된 것으로서 개정 전 가정폭력범죄특례법에는 사회봉사 및 수강명령의 상한이 각각 100시간으로 되어 있다가 위 개정 당시 각각 200시간으로 그 상한이 확대되었다. 그런데 가정폭력범죄특례법이 정한 보호처분 중의 하나인 사회봉사명령은 가정폭력범죄를 범한 자에 대하여 환경의 조정과 성행의 교정을 목적으로 하는 것으로서 형벌 그 자체가 아니라 보안처분의 성격을 가지는 것이 사실이나, 한편으로 이는 가정폭력범죄행위에 대하여 형사처벌 대신 부과되는 것으로서, 가정폭력범죄를 범한 자에게 의무적 노동을 부과하고 여가시간을 박탈하여 실질적으로는 신체적 자유를 제한하게 되므로, 이에 대하여는 원칙적으로 형벌불소급의 원칙에 따라 행위시법을 적용함이 상당하다).

1) 헌법재판소 1989. 7. 14. 선고 88헌가5 결정(사회보호법이 규정하고 있는 보호감호처분이 보안처분의 하나이고, 보안처분은 행위자의 사회적 위험성에 근거하여 부과되는 것으로써 행위자의 책임에 근거하여 부과되는 형벌과 구별되는 것이기는 하지만, 상습범에 대한 보안처분인 보호감호처분은 그 처분이 행위자의 범죄행위를 요건으로 하여 형사소송절차에 따라 비로소 과해질 수 있는 것이고, 신체에 대한 자유의 박탈을 그 본질적 내용으로 하고 있는 점에서 역시 형사적 제재의 한 태양이라고 볼 수밖에 없다. 상습범 등에 대한 보안처분의 하나로서 신체에 대한 자유의 박탈을 그 내용으로 하는 보호감호처분은 형벌과 같은 차원에서의 적법한 절차와 헌법 제13조 제1항에 정한 죄형법정주의의 원칙에 따라 비로소 과해질 수 있는 것이라고 할 수 있고, 따라서 그 요건이 되는 범죄에 관한 한 소급입법에 의한 보호감호처분은 허용될 수 없다).

2) 대법원 2003. 11. 27. 선고 2003도4327 판결(형사소송법(1995. 12. 29. 법률 제5054호로 개정된 것) 부칙 제2항은 형사절차가 개시된 후 종결되기 전에 형사소송법이 개정된 경우 신법과 구법 중 어느 법을 적용할 것인지에 관한 입법례 중 이른바 혼합주의를 채택하여 구법 당시 진행된 소송행위의 효력은 그대로 인정하되 신법 시행 후의 소송절차에 대하여는 신법을 적용한다는 취지에서 규정된 것으로서, 위 개정 법률 시행 당시 법원 또는 검찰에 계속된 사건이 아닌 경우에 위 개정 법률이 적용되지 않는다는 것은 아니며, 위 개정 법률은 그 시행일인 1997.

도 소급효금지의 원칙이 적용되는지 여부와 관련하여, ① 고소나 공소시효는 소추조건일 뿐이고, 범죄와 형벌은 행위시에 이미 확정되어 있어 예측가능성과 신뢰가 침해되는 것이 아니라는 점을 논거로 하는 소극설, ② 일반국민의 중요관심사는 일정한 행위를 하면 처벌되는지 여부이지 그것이 실체법적 사유 때문이냐 아니면 절차법적 사유 때문이냐가 아니라는 점, 헌법 제12조 제1항 제2문 후단의 '법률과 적법한 절차'가 '행위시의 법률과 적법한 절차'를 의미한다고 해석한다면, 전단의 '법률에 의하지'의 의미도 '행위시의 법률에 의하지'로 해석하는 것이 논리일관적이라는 점, 죄형법정주의에서 말하는 법률은 형식적 의미의 법률로서 범죄와 형벌에 관련된 법률을 말하므로, 범죄와 형벌에 관련된 법률이라면 실체법이든 절차법이든 묻지 않아야 한다는 점 등을 논거로 하는 적극설, ③ 진정소급입법에 대해서는 소급효가 부정되지만, 부진정소급입법에 대해서는 소급효가 인정된다고 하는 구별설 등[1]의 대립이 있다.

　　2) 판례의 태도

　　판례는 「5・18민주화운동등에관한특별법 제2조[2]는 그 제1항에서 그 적용대상을 '1979년 12월 12일과 1980년 5월 18일을 전후하여 발생한 헌정질서파괴범죄의공소시효등에관한특례법 제2조의 헌정질서파괴범죄행위'라고 특정하고 있으므로, 그에 해당하는 범죄는 5・18민주화운동등에관한특별법의 시행 당시 이미 형사소송법 제249조에 의한 공소시효가 완성되었는지 여부에 관계없이 모두 그 적용대상이 됨이 명백하다.」라고 판시[3]하여, 소극설의 입장을 취하고 있다.

　　또한 헌법재판소에 의하면, 형벌불소급의 원칙은 '행위의 가벌성', 즉 형사소추가 '언제부터 어떠한 조건하에서' 가능한가의 문제에 관한 것이고, '얼마동안' 가능한가의 문제에 관한 것은 아니므로, 과거에 이미 행한 범죄에 대하여 공소시효를 정지시키는 법률이라고 하더라도 그 사유만으로 헌법 제12조 제1항 및 제13조 제1항에 규정한 죄형법정주의의 파생원칙인 형벌불소급의 원칙에 언제나 위배되는 것으로 단정할 수는 없다고 한다.[4]

---

　　1. 1.부터 적용되는 것이다. 개정 형사소송법(1995. 12. 29. 법률 제5054호로 개정된 것) 시행 당시 공소시효가 완성되지 아니한 범죄에 대한 공소시효가 위 법률이 개정되면서 신설된 제253조 제3항에 의하여 피고인이 외국에 있는 기간 동안 정지되었다고 보아 공소제기시에 공소시효의 기간이 경과되지 아니하였다고 한 사례).

　1) 오영근 교수는 절차법에서도 원칙적으로는 피고인에게 불리한 소급효가 부정되어야 하지만, 예외적으로 소급효를 인정하지 않는다면 참을 수 없을 정도로 정의가 훼손당하여 이를 회복하지 않으면 안 될 정도의 중대한 공익상의 사유가 있는 경우에 한하여 부진정소급효와 진정소급효 모두 허용된다고 한다(오영근, 35면).

　2) (구) 5・18민주화운동 등에 관한 특별법 제2조(공소시효의 정지) ① 1979년 12월 12일과 1980년 5월 18일을 전후하여 발생한 헌정질서파괴범죄의 공소시효 등에 관한 특별법 제2조의 헌정질서파괴범죄행위에 대하여 국가의 소추권행사에 장애사유가 존재한 기간은 공소시효의 진행이 정지된 것으로 본다. ② 제1항에서 "국가의 소추권행사에 장애사유가 존재한 기간"이라 함은 당해 범죄행위의 종료일부터 1993년 2월 24일까지의 기간을 말한다.

　3) 대법원 1997. 4. 17. 선고 96도3376 전원합의체 판결.

　4) 헌법재판소 2023. 5. 25. 선고 2020헌바309, 2020헌바592 결정; 헌법재판소 2021. 6. 24. 선고 2018헌바457 결정(헌법은 '범죄를 구성하지 아니하는 행위'라고 표현함으로써 절대적 소급효금지의 대상은 '범죄구성요건'과 관련되는 것임을 밝히고 있다. 헌법이 비록 범죄구성요건만을 언급하고 있으나, 책임 없는 형벌을 금하고 행위의 불법과 행위자의 책임은 형벌과 적정한 비례관계를 유지하여야 한다는 적법절차의 원칙과 법치주의원칙에서 파생되는 책임원칙에 따라 '범죄구성요건'과 '형벌'은 불가분의 내적인 연관관계에 있기 때문에, 결국 죄형법정주의는 이

공소시효가 아직 완성되지 않은 경우 법률조항은 단지 진행 중인 공소시효를 연장하는 법률로서 이른바 부진정소급효를 갖게 되지만, 공소시효제도에 근거한 개인의 신뢰와 공시시효의 연장을 통하여 달성하려는 공익을 비교형량하여 공익이 개인의 신뢰보호이익에 우선하는 경우에는 소급효를 갖는 법률도 헌법상 정당화될 수 있다고 한다.[1]

한편 공소시효를 정지·연장·배제하는 내용의 특례조항을 신설하면서 소급적용에 관한 명시적인 경과규정을 두지 아니한 경우, 그 조항을 소급하여 적용할 수 있다고 볼 것인지에 관하여는 보편타당한 일반원칙이 존재하지 아니하며, 적법절차원칙과 소급금지원칙을 천명한 헌법 제12조 제1항과 제13조 제1항의 정신을 바탕으로 하여 법적 안정성과 신뢰보호원칙을 포함한 법치주의 이념을 훼손하지 아니하는 범위 내에서 신중히 판단하여야 한다.[2]

3) 검 토

판례에 의하면 형사절차법의 영역에 있어서 진정소급효는 원칙적으로 금지되지만 예외적으로 허용되고, 부진정소급효는 원칙적으로 허용되지만 예외적으로 금지된다고 한다. 하지만

두 가지 요소로 구성되는 '가벌성'을 그 내용으로 하고 있는 것이다. 즉 가벌성의 조건을 사후적으로 변경할 것을 요구하는 공익의 요청도 개인의 신뢰보호와 법적안정성에 우선할 수 없다는 것을 명백히 규정함으로써, 위 헌법 조항은 소급적인 범죄구성요건의 제정과 소급적인 형벌의 가중을 엄격히 금하고 있다. … 형벌불소급의 원칙은 '행위의 가벌성'에 관한 것이기 때문에 소추가능성에만 연관될 뿐이고 가벌성에는 영향을 미치지 않는 공소시효에 관한 규정은 원칙적으로 그 효력범위에 포함되지 않는다. 행위의 가벌성은 행위에 대한 소추가능성의 전제조건이지만 소추가능성은 가벌성의 조건이 아니므로 …).

1) 헌법재판소 1996. 2. 16. 선고 96헌가2·96헌바7·96헌바13 결정(서울지방검찰청 검사는 1994. 10. 29. 이른바 12·12 군사반란사건과 관련된 피의자 38명에 대하여 기소유예의 불기소처분을 하고, 1995. 7. 18. 이른바 5·18 내란사건과 관련된 피의자 35명에 대하여 공소권없음의 불기소처분을 하였다. 그런데 5·18민주화운동등에관한 특별법(이하 "특별법"이라 한다)이 1995. 12. 21.자로 제정·공포되자, 서울지방검찰청 검사는 1995. 12. 29. 위 두 사건과 관련된 피의자들 전원에 대하여 사건을 재기한 다음, 1996. 1. 17. 96헌가2 사건의 제청신청인들에 대하여는 12·12사건과 관련된 반란중요임무종사 등 혐의로, 96헌바7 사건의 청구인들에 대하여는 같은 반란 및 5·18사건과 관련된 내란중요임무종사 등 혐의로 서울지방법원에 각각 구속영장을 청구하는 한편, 1996. 1. 30. 96헌바13 사건의 청구인들에 대하여 같은 반란 및 내란중요임무종사 등의 혐의로 서울지방법원에 구속영장을 청구하였다).

2) 대법원 2016. 9. 28. 선고 2016도7273 판결(아동학대범죄의 처벌 등에 관한 특례법(2014. 1. 28. 제정되어 2014. 9. 29. 시행되었으며, 이하 '아동학대처벌법'이라 한다)은 아동학대범죄의 처벌에 관한 특례 등을 규정함으로써 아동을 보호하여 아동이 건강한 사회 구성원으로 성장하도록 함을 목적으로 제정되었다. 아동학대처벌법 제2조 제4호 (타)목은 아동복지법 제71조 제1항 제2호, 제17조 제3호에서 정한 '아동의 신체에 손상을 주거나 신체의 건강 및 발달을 해치는 신체적 학대행위'[구 아동복지법(2011. 8. 4. 법률 제11002호로 전부 개정되기 전의 것, 이하 '구 아동복지법'이라 한다) 제29조 제1호 '아동의 신체에 손상을 주는 학대행위'에 상응하는 규정이다]를 아동학대범죄의 하나로 규정하고, 나아가 제34조는 '공소시효의 정지와 효력'이라는 표제 밑에 제1항에서 "아동학대범죄의 공소시효는 형사소송법 제252조에도 불구하고 해당 아동학대범죄의 피해아동이 성년에 달한 날부터 진행한다."라고 규정하며, 부칙은 "이 법은 공포 후 8개월이 경과한 날부터 시행한다."라고 규정하고 있다. 이처럼 아동학대처벌법은 신체적 학대행위를 비롯한 아동학대범죄로부터 피해아동을 보호하기 위한 것으로서, 같은 법 제34조 역시 아동학대범죄가 피해아동의 성년에 이르기 전에 공소시효가 완성되어 처벌대상에서 벗어나지 못하도록 그 진행을 정지시킴으로써 보호자로부터 피해를 입은 18세 미만 아동을 실질적으로 보호하려는 취지로 보인다. 이러한 아동학대처벌법의 입법 목적 및 같은 법 제34조의 취지를 앞에서 본 공소시효를 정지하는 특례조항의 신설·소급에 관한 법리에 비추어 보면, 비록 아동학대처벌법이 제34조 제1항의 소급적용 등에 관하여 명시적인 경과규정을 두고 있지는 아니하나, 위 규정은 완성되지 아니한 공소시효의 진행을 일정한 요건 아래에서 장래를 향하여 정지시키는 것으로서, 그 시행일인 2014. 9. 29. 당시 범죄행위가 종료되었으나 아직 공소시효가 완성되지 아니한 아동학대범죄에 대하여도 적용된다고 해석함이 타당하다); 대법원 2015. 5. 28. 선고 2015도1362 판결.

형사법의 영역에서는 진정소급입법과 부진정소급입법 모두 허용되어서는 안 된다. 우선 형사법의 영역에서는 소급입법에 의한 당사자의 손실이 없거나 아주 경미한 경우란 있을 수 없다. 또한 범죄와 형벌은 행위시의 법률에 의한다는 소급효금지원칙에 따른다면 신법이 제정될 때까지 범죄행위가 계속되고 있지 않는 한 부진정소급효는 인정하면 안 된다. 그리고 이러한 소급입법에 의한 처벌은 형사정책적 측면에서도 범죄예방의 효과를 갖지 못한다. 특히 공소시효의 연장·정지·배제, 친고죄의 폐지 등으로 인하여 피고인의 처벌을 가능하게 하는 것은 실체법에 있어서 소급효가 금지되는 것과 비교하여 결코 용인될 수 없는 성질의 것이다. 형사절차법의 영역에서 진정소급효이든 부진정소급효이든 이를 인정하게 되면 국민의 신뢰를 깨뜨리는 점에서는 마찬가지이므로 소급효를 부정하는 것이 타당하다.

(4) 판례의 변경

1) 학설의 대립

　　행위 당시의 판례에 의하면 처벌대상으로 되지 않았는데, 재판 도중에 기존의 판례가 변경된 경우나 해당 행위에 대한 재판으로 판례가 변경된 경우에도 소급효금지의 원칙이 적용되는지 여부와 관련하여, ① 불리하게 변경된 것은 새로이 형벌을 규정하거나 가중하는 것이 아니고 이미 존재하고 있던 입법자의 의사가 이제서야 비로소 올바르게 인식되는 것이라는 점, 형법 제1조 제1항은 '행위시의 법률'이라고 하여 소급효금지의 적용을 법률에 한하고 있다는 점, 법관이 행하는 판례의 변경을 입법작용으로 이해할 수 없다는 점, 소급효금지의 원칙은 소급입법금지의 원칙이므로 판결의 변경은 법원의 사법적 판단의 변경이며, 원칙적으로 입법작용이 아니라는 점, 법원조직법 제7조 제1항 제3호에 의하면 대법원이 전원합의체라는 신중한 절차를 거치면 종전의 판례의 태도를 변경하여 바로 당해 사건에 적용할 수 있는데, 이는 새로운 판례의 소급효를 인정한다는 의미를 갖고 있다는 점, 판례는 법원성을 가지고 있지 않으며, 법률의 해석이나 적용변경의 가능성은 얼마든지 존재한다는 점, 판결은 그 취지가 같은 경우라도 그 사실관계가 다른 경우가 허다하므로 판례의 변경은 추상적인 법규범의 변경과는 다르다고 보아야 한다는 점 등을 논거로 하는 소극설, ② 판례도 법률과 같이 국민에게 규범의 형태로 인식된다는 점, 판례 그 자체는 성문법은 아니지만 사실상 구속력을 갖고 있으므로 이에 대한 국민의 신뢰 및 법적 안정성은 보호되어야 한다는 점, 법규정의 문리해석보다 죄형법정주의의 목적에 치중하여 해석해야 한다는 점, 경미한 법률의 변경보다 판례의 변경은 더 빈번하게 그리고 더 강력하게 행위자를 불리하게 만들 수 있다는 점 등을 논거로 하는 적극설, ③ 판례가 법적 견해를 변경한 경우에는 소급효금지의 원칙을 적용하고, 단순한 사실의 변경인 경우에는 소급효금지의 원칙을 적용하지 않는다는 구별설, ④ 행위자가 과거의 판례를 신뢰하여 자신의 행위가 허용되는 것으로 착오한 경우에는 그 착오에 정당한 이유가 있는 때에 해당하는 것으로 볼 수 있으므로 법률의 착오규정을 유추적용하여 행위자를 보호해야 한다는 법률의 착오 유추적용설 등의 대립이 있다.

2) 판례의 태도

판례는「형사처벌의 근거가 되는 것은 법률이지 판례가 아니고, 형법 조항에 관한 판례의 변경은 그 법률조항의 내용을 확인하는 것에 지나지 아니하여 이로써 그 법률조항 자체가 변경된 것이라고 볼 수는 없으므로, 행위 당시의 판례에 의하면 처벌대상이 되지 아니하는 것으로 해석되었던 행위를 판례의 변경에 따라 확인된 내용의 형법 조항에 근거하여 처벌한다고 하여 그것이 헌법상 평등의 원칙과 형벌불소급의 원칙에 반한다고 할 수는 없다.」라고 판시[1]하여, 소극설의 입장을 취하고 있다.

3) 검 토

독일 형법 제17조는 "행위자가 불법을 행한다는 통찰을 결한 채 범죄행위를 수행한 경우 그 착오를 피할 수 없었던 경우에는 책임이 인정되지 아니한다."라고 하여 '불법'에 대한 인식을 결한 것을 요구하여 판례에 대한 신뢰를 법률의 착오의 문제로 파악하는 것이 가능하다. 그러나 우리나라 형법은 행위자가 자신의 행위가 '법령'에 의하여 죄가 되지 아니하는 것으로 오인하였을 것을 요구하므로 '법령'이 아닌 '판례'에 대한 신뢰를 법률의 착오로 다룰 수는 없다. 결론적으로 성문법 국가인 우리나라에서는 판례의 직접적인 법원성이 인정되지 않으므로 소극설이 타당하다.

(5) 양형위원회의 양형기준

양형기준은 법적 구속력을 가지지 아니하고, 단지 그 내용의 타당성에 의하여 일반적인 설득력을 가지는 것으로 예정되어 있으므로 법관의 양형에 있어서 그 존중이 요구되는 것일 뿐이다. 그렇다면 법관이 형을 양정함에 있어서 참고할 수 있는 자료에 달리 제한이 있는 것도 아니다. 그러므로 양형기준이 발효하기 전에 법원에 공소가 제기된 범죄에 관하여 형을 양정함에 있어서 양형기준을 참고자료로 삼았다고 하여, 피고인에게 불리한 법률을 소급하여 적용한 위법이 있다고 할 수 없다.[2]

(6) 신법의 적용을 배제하는 경과규정

구법보다 형벌을 완화하는 개정을 하면서 신법에 구법 시행 당시의 행위에 대해서는 구법에 의한다는 경과규정[3]을 두는 경우가 있다. 이에 대하여 판례는「형법 제1조 제2항 및 제8조

---

1) 대법원 1999. 9. 17. 선고 97도3349 판결; 대법원 1999. 7. 15. 선고 95도2870 전원합의체 판결.

2) 대법원 2009. 12. 10. 선고 2009도11448 판결.

3) 대법원 2020. 8. 20. 선고 2020도7154 판결(도로교통법 제44조는 '술에 취한 상태에서 운전 금지'에 관하여 정하고 있는데, 제1항에서 누구든지 술에 취한 상태에서 자동차등, 노면전차 또는 자전거를 운전해서는 안 된다고 정하고, 도로교통법(2018. 12. 24. 법률 제16037호로 개정되어 2019. 6. 25. 시행된 것, 이하 '개정 도로교통법'이라 한다) 제148조의2 제1항은 '도로교통법 제44조 제1항 또는 제2항을 2회 이상 위반한 사람(자동차등 또는 노면전차를 운전한 사람으로 한정한다)'을 2년 이상 5년 이하의 징역이나 1,000만원 이상 2,000만원 이하의 벌금에 처하도록 정하고 있다. '도로교통법 제44조 제1항 또는 제2항을 2회 이상 위반한 사람'에 위와 같이 개정된 도로교통법이 시행된 2019. 6. 25. 이전에 구 도로교통법 제44조 제1항 또는 제2항을 위반한 전과가 포함된다고 해석하더라도 형벌불소급의 원칙이나 일사부재리의 원칙에 위배되지 아니한다. … 개정 도로교통법 부칙 제2조는 도로교통법

에 의하면, 범죄 후 법률의 변경에 의하여 형이 구법보다 가벼운 때에는 원칙적으로 신법에 따라야 하지만, 신법에 경과규정을 두어 이러한 신법의 적용을 배제하는 것도 허용되는 것으로서, 형벌법규의 형을 종전보다 가볍게 개정하면서 그 부칙에서 개정된 법의 시행 전의 범죄에 대하여는 종전의 형벌법규를 적용하도록 규정한다고 하여 형벌불소급의 원칙이나 신법우선의 원칙에 반한다고 할 수 없다.」라고 판시[1]하여, 경과규정을 통한 신법의 적용 배제를 허용하고 있다.

Ⅲ. 명확성의 원칙

1. 의 의

'명확성의 원칙'이란 통상의 판단능력을 가진 사람이라면 누구나 법률이 처벌하고자 하는 행위가 무엇이며, 그에 대한 형벌이 어떠한 것인지를 예견할 수 있고, 그에 따라 자신의 행위를 결정할 수 있도록 구성요건을 명확하게 규정할 것을 요구하는 원칙을 말한다. 명확성의 원칙은 기본적으로 모든 기본권 제한입법에 대하여 요구된다. 왜냐하면 규범의 의미내용으로부터 무엇이 금지되는 행위이고 무엇이 허용되는 행위인지를 수범자가 알 수 없다면, 법적 안정성과 예측가능성은 확보될 수 없게 되고, 법집행 당국에 의한 자의적 집행이 가능하게 될 것이기 때문이다.

하지만 이와 같은 명확성의 원칙은 특히 처벌법규에 있어서 엄격히 요구된다. 따라서 형사처벌의 대상이 되는 범죄의 구성요건은 형식적 의미의 법률로 명확하게 규정되어야 하며, 만약 범죄의 구성요건에 관한 규정이 지나치게 추상적이거나 모호하여 그 내용과 적용범위가 과도하게 광범위하거나 불명확한 경우에는 국가형벌권의 자의적인 행사가 가능하게 되어 개인의 자유와 권리를 보장할 수 없으므로 명확성의 원칙에 위배된다.

그러므로 처벌법규의 입법목적이나 그 전체적 내용, 구조 등을 살펴보아 사물의 변별능력을 제대로 갖춘 일반인의 이해와 판단으로써 그의 구성요건요소에 해당하는 행위유형을 정형화하거나 한정할 합리적 해석기준을 찾을 수 있어야 죄형법정주의가 요구하는 형벌법규의 명확성의 원칙에 반하지 않는다. 이러한 점에서 유추해석금지의 원칙이 법집행자를 구속하는 원칙이라고 한다면, 명확성의 원칙은 입법자를 구속하는 원칙이라고 할 수 있다.

제82조 제2항과 제93조 제1항 제2호의 경우 위반행위의 횟수를 산정할 때에는 2001. 6. 30. 이후의 위반행위부터 산정하도록 한 반면, 제148조의2 제1항에 관한 위반행위의 횟수 산정에 대해서는 특별히 정하지 않고 있다. 이처럼 제148조의2 제1항에 관한 위반행위의 횟수를 산정하는 기산점을 두지 않았다고 하더라도 그 위반행위에 개정 도로교통법 시행 이후의 음주운전 또는 음주측정 불응 전과만이 포함되는 것이라고 해석할 수 없다).

1) 대법원 2013. 7. 11. 선고 2011도15056 판결; 대법원 2011. 7. 14. 선고 2011도1303 판결; 대법원 1999. 12. 24. 선고 99도3003 판결; 대법원 1992. 11. 13. 선고 92도2194 판결.

2. 내 용

(1) 구성요건의 명확성

구성요건이 명확하여야 한다고 하여 입법권자가 모든 구성요건을 단순한 의미의 서술적인 개념에 의하여 규정하여야 한다는 것은 아니고, 자의를 허용하지 않는 통상의 해석방법에 의하더라도 당해 처벌법규의 보호법익과 그에 의하여 금지된 행위 및 처벌의 종류와 정도를 누구나 알 수 있도록 규정하여야 한다는 의미로 파악되어야 한다. 그러므로 처벌법규의 구성요건이 어느 정도 명확하여야 하는가는 일률적으로 정할 수 없고, 각 구성요건의 특수성과 그러한 법적 규제의 원인이 된 여건이나 처벌의 정도 등을 고려하여 종합적으로 판단하여야 한다.[1]

처벌법규의 구성요건이 다소 광범위하여 어떤 범위에서는 법관의 보충적인 해석을 필요로 하는 개념을 사용하였다고 하더라도, 그 점만으로 헌법이 요구하는 처벌법규의 명확성에 반드시 배치되는 것이라고 볼 수는 없다.[2] 그렇지 않으면 처벌법규의 구성요건이 지나치게 구체적이고 정형적이 되어 부단히 변화하는 다양한 생활관계를 제대로 규율할 수 없게 되기 때문이다.[3]

또한 어떠한 행위가 법적인 구성요건을 충족시키는가 하는 것에 관하여 구체적인 사건에 있어서 의문이 있을 수 있다는 것은 형법규범의 일반성과 추상성에 비추어 불가피한 것이므로, 그러한 사정만으로 해당 조항이 명확성의 원칙에 위배된다고 할 수 없다.[4]

결론적으로 어떠한 법규범이 명확한지 여부는 그 법규범이 수범자에게 법규의 의미내용을 알 수 있도록 공정한 고지를 하여 예측가능성을 주고 있는지 여부 및 그 법규범이 법을 해석·집행하는 기관에게 충분한 의미내용을 규율하여 자의적인 법해석이나 법집행이 배제되는지 여부, 다시 말하면 예측가능성 및 자의적 법집행 배제가 확보되는지 여부에 따라 이를 판단할 수 있다.[5] 법규범의 의미내용은 그 문언뿐만 아니라 입법 목적이나 입법 취지·입법 연혁·법규범의 체계적 구조 등을 종합적으로 고려하는 해석방법에 의하여 구체화하게 되므로, 결국 법규범이 명확성 원칙에 위반되는지 여부는 위와 같은 해석방법에 의하여 그 의미내용을 합리적으로 파악할 수 있는 해석기준을 얻을 수 있는지 여부에 달려 있다.[6]

한편 법규범의 문언은 어느 정도 가치개념을 포함한 일반적·규범적 개념을 사용하지 않을 수 없는 것이기 때문에 명확성의 원칙은 기본적으로 최대한이 아닌 최소한의 명확성을 요구하는 것이다. 해당 문언이 법관의 보충적인 가치판단을 통해서 그 의미내용을 확인할 수 있고, 그러한

---

1) 헌법재판소 2018. 7. 26. 선고 2016헌바139 결정.
2) 헌법재판소 2021. 3. 25. 선고 2019헌바413 결정.
3) 헌법재판소 2021. 4. 29. 선고 2019헌바83 결정.
4) 헌법재판소 2021. 9. 30. 선고 2021헌가2, 2021헌바186(병합) 결정.
5) 헌법재판소 2020. 9. 24. 선고 2018헌바383 결정.
6) 대법원 2006. 5. 11. 선고 2006도920 판결; 대법원 2003. 4. 11. 선고 2003도451 판결.

보충적 해석이 해석자의 개인적인 취향에 따라 좌우될 가능성이 없다면 명확성의 원칙에 반한다고 할 수 없다.[1] 즉 명확성의 원칙은 유무의 문제가 아니라 정도의 문제임에 주의해야 한다.

판례에 의하면, ① 공공의 안녕질서 또는 미풍양속을 해하는[2], ② 잔인성을 조장할 우려·범죄의 충동을 일으킬 수 있게·아동의 덕성을 심히 해할 우려[3], ③ 가정의례의 참뜻에 비추어 합리적인 범위 안에서[4], ④ 도박 기타 범죄 등 선량한 풍속 및 사회질서에 반하는 행위[5], ⑤ 저속[6], ⑥ 국제평화와 지역안전을 저해할 우려가 있는 지역[7], ⑦ 현저히 사회적 불안을 야기시킬 수 있는 집회 또는 시위[8], ⑧ 유언비어를 날조·유포하는 일체의 행위[9] 등의 용어 사용은 명확성의 원칙에 위배된다.

하지만 ① 일반인들의 전래적인 식생활이나 통념상 식용으로 하지 아니하는 것·식품원료로서 안정성 및 건전성이 입증되지 아니한 것[10], ② 유형의 문화적 소산으로서 역사상 또는 예술상 가치가 큰 것과 이에 준하는 고고자료[11], ③ 도로의 구부러진 곳[12], ④ 당해 거주자와 비거주자간 채권의 발행 등에 관한 거래와 관련이 없는 지급[13], ⑤ 불안감[14], ⑥ 이 법에 의하지 아니한 방법[15], ⑦ 소량[16], ⑧ 구리(동) 및 그 화합물[17], ⑨ 간여[18], ⑩ 위반행위로 얻은 이익[19], ⑪ 용도변경[20], ⑫ 기망[21], ⑬ 자유심증[22], ⑭ 풍기를 문란하게 하는 영업행위를 하거나 그를 목적으로 장소를 제공하는 행위[23], ⑮ 허가 없이 근무장소 또는 지정장소를 일시적으로 이탈하거나 지정한 시간까지 지정한 장소에 도달하지 못한 사람[24], ⑯ 추행[25] 등의 용어 사용은 명확성의 원칙에 위배되지 아니한다.

---

1) 대법원 2008. 10. 23.자 2008초기264 결정.
2) 헌법재판소 2002. 6. 27. 선고 99헌마480 결정.
3) 헌법재판소 2002. 2. 28. 선고 99헌가8 결정(불량만화사건).
4) 헌법재판소 1998. 10. 15. 선고 98헌마168 결정.
5) 대법원 1998. 6. 18. 선고 97도2231 전원합의체 판결.
6) 헌법재판소 1998. 4. 30. 선고 95헌가16 결정.
7) 대법원 2010. 12. 23. 선고 2008도4233 판결.
8) 헌법재판소 1992. 1. 28. 선고 89헌가8 판결.
9) 대법원 2018. 11. 29. 선고 2016도14781 판결.
10) 대법원 2000. 10. 27. 선고 2000도1007 판결.
11) 헌법재판소 2000. 6. 29. 선고 98헌바67 결정.
12) 헌법재판소 2000. 2. 24. 선고 99헌가4 결정.
13) 대법원 2006. 5. 11. 선고 2006도920 판결.
14) 대법원 2008. 12. 24. 선고 2008도9581 판결.
15) 대법원 2006. 12. 22. 선고 2006도1623 판결.
16) 대법원 2005. 12. 8. 선고 2004도5529 판결.
17) 대법원 2005. 1. 28. 선고 2002도6931 판결.
18) 대법원 2005. 4. 15. 선고 2002도3453 판결.
19) 헌법재판소 2003. 9. 25. 선고 2002헌바69 결정.
20) 대법원 2006. 11. 23. 선고 2005도5511 판결.
21) 대법원 2006. 5. 11. 선고 2006도1715 판결.
22) 대법원 2006. 5. 26. 선고 2006초기92 결정.
23) 대법원 2003. 12. 26. 선고 2003도5980 판결.
24) 헌법재판소 1999. 2. 25. 선고 97헌바3 결정.
25) 헌법재판소 2020. 6. 25. 선고 2019헌바121 결정; 헌법재판소 2017. 11. 30. 선고 2015헌바300 결정; 헌법재판소 2011. 9. 29. 선고 2010헌바66 결정.

(2) 형사제재의 명확성

1) 의 의

법정형의 폭이 지나치게 넓게 되면 자의적인 형벌권의 행사가 가능하게 되어 형벌체계상의 불균형을 초래할 수 있을 뿐만 아니라, 구체적인 형의 예측이 현저하게 곤란해지고 피고인이 죄질에 비하여 무거운 형에 처해질 위험성에 직면하게 된다고 할 수 있으므로 법정형의 폭이 지나치게 넓어서는 아니 된다는 것은 죄형법정주의의 한 내포라고도 할 수 있다.

> 판례에 의하면, ① 국가보안법 제13조에서 '그 죄에 대한 법정형의 최고를 사형으로 한다.'라고 규정한 경우[1], ② 부정선거관련자처벌법 제5조 제2항에서 '제1항의 예비, 음모와 미수는 이를 처벌한다.'라고 규정한 경우[2] 등에 있어서는 명확성의 원칙에 위배된다.

2) 정기형과 부정기형

'정기형'(定期刑)이란 기간이 특정되어 있는 형태의 형벌을 말한다. 반면에 '부정기형'(不定期刑)이란 기간이 특정되어 있지 않은 형태의 형벌을 말하는데, 부정기형은 기간의 범위가 정해져 있는 상대적 부정기형과 기간의 범위도 정해져 있지 않은 절대적 부정기형으로 다시 나누어진다. 형법상 법정형은 여적죄[3]를 제외하고 모두 상대적 부정기형으로 규정되어 있다.

성인에 대한 선고형은 정기형이어야 한다. 다만 소년법 제60조 제1항에 의하면 "소년이 법정형 장기 2년 이상의 유기형에 해당하는 죄를 범한 때에는 그 형의 범위 안에서 장기와 단기를 정하여 선고한다. 다만 장기는 10년, 단기는 5년을 초과하지 못한다."라고 규정하여, 범죄소년에 대한 선고형으로 상대적 부정기형을 인정하고 있다.

한편 법정형이든 선고형이든 불문하고 절대적 부정기형과 절대적 부정기보안처분은 허용되지 아니한다. (구) 사회보호법상에는 치료감호가 절대적 부정기처분으로 규정되어 있었으나, 현재는 치료감호법 제16조에 의한 치료감호시설 수용기간은 15년 또는 2년을 초과할 수 없다.

Ⅳ. 유추해석금지의 원칙

1. 의 의

'유추해석'(類推解釋)이란 일정한 사항을 직접 규정하고 있는 법규가 없는 경우에 그와 가장 유사한 사항을 규정하고 있는 법규를 적용하는 것을 말한다. 예를 들면 '양'과 '염소'는 공통적으로 우과(牛科)에 속하는 반추하는 가축이기는 하지만, 같은 동물이라고는 할 수 없기 때문에

---

1) 헌법재판소 2002. 11. 28. 선고 2002헌가5 결정.
2) 대법원 1977. 6. 28. 선고 77도251 판결(마산3·15부정선거사건).
3) 형법 제93조(여적죄) 적국과 합세하여 대한민국에 항적한 자는 사형에 처한다.

'양'의 개념 속에 '염소'가 당연히 포함된다고 해석할 수는 없다.[1] 또한 아무리 지능이 높은 원숭이라고 할지라도 이를 사람으로 해석할 수도 없는 노릇이다. 이와 같이 유추해석은 법해석이 아니라 법창조이기 때문에 삼권분립의 원칙에 반하므로 금지된다.

2. 형법해석의 방법

(1) 문리해석

'문리해석'(文理解釋)이란 법규정의 문언을 문자의 의미 그대로 해석하는 것을 말한다.[2] 만약 법령에서 쓰인 용어에 관해 정의규정이 없는 경우에는 원칙적으로 사전적인 정의 등 일반적으로 받아들여진 의미에 따라야 한다.[3]

> 판례에 의하면, ① 도로교통법 제148조의2 제1항 제1호에 의하면[4] 도로교통법 제44조 제1항(누구든지 술에 취한 상태에서 자동차 등을 운전하여서는 아니 된다)을 2회 이상 위반한 사람으로서 다시 같은 조 제1항을 위반하여 술에 취한 상태에서 자동차 등을 운전한 사람을 1년 이상 3년 이하의 징역이나 500만 원 이상 1천만원 이하의 벌금에 처한다고 정하고 있는데, 이는 행위주체를 단순히 2회 이상 음주운전 금지규정을 위반한 사람으로 정하고 있고, 이러한 음주운전 금지규정 위반으로 형을 선고받거나 유죄의 확정판결을 받는 경우 등으로 한정하고 있지 않다. 그러므로 '제44조 제1항을 2회 이상 위반한 사람'은 문언 그대로 2회 이상 음주운전 금지규정을 위반하여 음주운전을 하였던 사실이 인정되는 사람으로 해석

---

1) 대법원 1977. 9. 28. 선고 77도405 판결(축산물가공처리법 제2조의 규정에 보면 "수축"이라 함은 소, 말, 양, 돼지, 닭, 오리 기타 대통령령으로 정하는 동물로 되어 있고, 위 법시행령 제2조에는 거위, 칠면조, 사양하는 메추리, 꿩 기타 농수산부령으로 정하는 동물로 되어 있고 위 시행령의 위임에 의한 동법 시행규칙 제2조에는 개 및 사양하는 사슴과 비둘기로 되어 있어 위 어느 규정에도 염소는 포함되어 있지 아니하므로 염소는 축산물가공처리법에서 말하는 "수축"에 해당된다고 볼 수 없고, 따라서 염소를 도살하거나 해체하는 것은 축산물가공처리법 제21조 제1호 위반범죄의 구성요건에 해당하지 아니한다하여 피고인에 대한 본건 염소를 도살한 행위는 범죄가 성립되지 아니한다고 보아서 무죄를 선고하였다).

2) 대법원 2016. 10. 27. 선고 2015도11504 판결(여신전문금융업법 제70조 제2항 제2호 (가)목은 "물품의 판매 또는 용역의 제공 등을 가장하거나 실제 매출금액을 넘겨 신용카드로 거래하거나 이를 대행하게 하는 행위"를 통하여 자금을 융통하여 준 자 또는 이를 중개·알선한 자를 처벌하도록 규정하고 있다. 그런데 죄형법정주의의 원칙상 형벌법규는 특별한 사정이 없는 한 문언에 따라 엄격하게 해석하여야 하므로, 위 규정은 신용카드로 대가를 지급할 실질 거래가 없음에도 마치 실제 거래가 있었던 것처럼 가장하여 신용카드를 사용하거나 실제의 거래금액을 초과하여 신용카드에 의한 결제를 하게 함으로써 자금을 융통하여 주거나 이를 중개·알선한 경우에 한하여 적용된다. 따라서 신용카드에 의한 결제 대상인 지급원인이 실제로 존재하고 원인 금액 그대로 결제가 이루어진 경우에는 신용카드를 사용한 실질 목적이 자금의 융통에 있더라도 위 규정에 의한 처벌 대상은 되지 않는다).

3) 대법원 2018. 10. 30. 선고 2018도7172 전원합의체 판결.

4) 도로교통법(개정 2023. 1. 3.) 제148조의2(벌칙) ① 제44조제1항 또는 제2항을 위반(자동차등 또는 노면전차를 운전한 경우로 한정한다. 다만, 개인형 이동장치를 운전한 경우는 제외한다. 이하 이 조에서 같다)하여 벌금 이상의 형을 선고받고 그 형이 확정된 날부터 10년 내에 다시 같은 조 제1항 또는 제2항을 위반한 사람(형이 실효된 사람도 포함한다)은 다음 각 호의 구분에 따라 처벌한다.
　　1. 제44조제2항을 위반한 사람은 1년 이상 6년 이하의 징역이나 500만원 이상 3천만원 이하의 벌금에 처한다.
　　2. 제44조제1항을 위반한 사람 중 혈중알코올농도가 0.2퍼센트 이상인 사람은 2년 이상 6년 이하의 징역이나 1천만원 이상 3천만원 이하의 벌금에 처한다.
　　3. 제44조제1항을 위반한 사람 중 혈중알코올농도가 0.03퍼센트 이상 0.2퍼센트 미만인 사람은 1년 이상 5년 이하의 징역이나 500만원 이상 2천만원 이하의 벌금에 처한다.

해야 하고, 그에 대한 형의 선고나 유죄의 확정판결 등이 있어야만 하는 것은 아니다.[1]

② 공직선거법 제96조 제1항은 "누구든지 선거에 관한 여론조사결과를 왜곡하여 공표 또는 보도할 수 없다."라고 규정하고, 제252조 제2항은 "제96조 제1항을 위반한 자는 5년 이하의 징역 또는 300만원 이상 2천만 원 이하의 벌금에 처한다."'라고 규정하고 있는데, '왜곡'의 사전적 의미는 '사실과 다르게 해석하거나 그릇되게 함'이고, '그릇되다'의 사전적 의미는 '어떤 일이 사리에 맞지 아니하다'이다. 사실에 대한 왜곡은 일부 사실을 숨기거나 허위의 사실을 덧붙이거나 과장, 윤색하거나 조작하여 전체적으로 진실이라 할 수 없는 사실을 표현하는 방법으로 이루어진다. 공직선거법은 '허위의 사실'과 '사실의 왜곡'을 선택적인 것으로 규정하기도 하고(제96조 제2항), 허위를 배제하지 않는 의미로 '왜곡'을 사용하기도 한다(제8조의6 제4항). 이와 같은 왜곡의 의미와 용법에 앞에서 본 공직선거법 제96조 제1항, 제252조 제2항의 입법목적을 종합하여 보면, 여론조사결과를 왜곡하는 행위에는 이미 존재하는 여론조사결과를 인위적으로 조작·변경하거나 실시 중인 여론조사에 인위적인 조작을 가하여 그릇된 여론조사결과를 만들어내는 경우뿐만 아니라 실제 여론조사가 실시되지 않았음에도 마치 실시된 것처럼 결과를 만들어 내는 행위도 포함된다고 보는 것이 타당하다. 한편 타인이 위와 같이 여론조사결과를 왜곡한 것을 그러한 사정을 알면서 그대로 전달받아 공표하는 경우도 여론조사결과를 왜곡하여 공표한 경우에 해당한다.[2]

③ 의료법 제17조 제1항은 의료업에 종사하고 직접 진찰한 의사가 아니면 처방전 등을 작성하여 환자에게 교부하지 못한다고 규정하고 있는데, 여기서 '직접'이란 '스스로'를 의미하므로 전화 통화 등을 이용하여 비대면으로 이루어진 경우에도 의사가 스스로 진찰을 하였다면 직접 진찰을 한 것으로 볼 수는 있지만, 현대 의학측면에서 보아 신뢰할만한 환자의 상태를 토대로 특정 진단이나 처방 등을 내릴 수 있을 정도의 행위가 있어야 '진찰'이 이루어졌다고 볼 수 있고, 그러한 행위가 전화 통화만으로 이루어지는 경우에는 최소한 그 이전에 의사가 환자를 대면하고 진찰하여 환자의 특성이나 상태 등에 대해 이미 알고 있다는 사정 등이 전제되어야 한다.[3]

④ 부패재산의 몰수 및 회복에 관한 특례법(이하 '부패재산몰수법'이라 한다)은 제2조 제1호에서 "'부패범죄'란 불법 또는 부당한 방법으로 물질적·사회적 이득을 얻거나 다른 사람으로 하여금 얻도록 도울 목적으로 범한 죄로서 [별표]에 규정된 죄를 말한다."라고 규정하고 [별표] 제7호에서 '공직선거법 제230조의 죄'를 부패범죄로 규정하고 있다. 그러나 위 [별표]에서 지방교육자치에 관한 법률(이하 '교육자치

---

1) 대법원 2018. 11. 15. 선고 2018도11378 판결(2회이상위반사건)(피고인은 2008. 3. 12. 제주지방법원에서 도로교통법 위반(음주운전)죄로 벌금 150만원의 약식명령을 받았고, 2017. 2. 2. 23:30경 혈중알코올농도 0.125%로 술에 취한 상태로 차량을 운전하였다는 이유로 도로교통법 위반(음주운전)으로 단속되었다. 피고인은 2017. 2. 27. 02:10경 제주시 한경면 저지리에 있는 상호를 알 수 없는 통닭집 앞부터 같은 시 용금로 562에 있는 저지치안센터 앞 도로까지 약 1km 구간에서 혈중알코올농도 0.177%의 술에 취한 상태에서 승용차를 운전하였다. 기록에 따르면, 피고인은 이미 약식명령이 확정된 도로교통법 위반(음주운전) 전력 1회 외에도, 이 부분 공소사실 기재 음주운전 행위 이전인 2017. 2. 2.자 음주운전 행위에 대하여 동시에 기소가 이루어져 함께 재판을 받게 된 사실을 알 수 있다. 위와 같은 사실관계를 위에서 본 법리에 비추어 보면, 비록 피고인의 2017. 2. 2.자 음주운전 행위에 대한 유죄판결이 선고되거나 확정되기 이전이더라도, 피고인이 이 부분 공소사실 기재 음주운전 행위 당시 이미 음주운전 금지규정을 2회 위반한 사실이 인정되는 이상, 이 부분 공소사실 기재 음주운전 행위에 대하여는 이 사건 조항을 적용하여야 한다).

2) 대법원 2018. 11. 29. 선고 2017도8822 판결(여론조사왜곡사건).

3) 대법원 2020. 5. 14. 선고 2014도9607 판결(피고인은 전화 통화만으로 공소외인에게 플루틴캡슐 등 전문의약품을 처방한 처방전을 작성하여 교부한 사실, 피고인은 위 전화 통화 이전에 공소외인을 대면하여 진찰한 적이 단 한번도 없고, 전화 통화 당시 공소외인의 특성 등에 대해 알고 있지도 않았던 사실을 인정할 수 있다. 위와 같은 피고인의 행위는 신뢰할만한 공소외인의 상태를 토대로 한 것이라고 볼 수 없어 결과적으로 피고인이 공소외인에 대하여 진찰을 하였다고 할 수 없다).

법'이라 한다)을 위반한 죄 또는 공직선거법이 준용되는 죄를 부패범죄로 규정하고 있지는 아니하다. 따라서 교육자치법 제49조 제1항에서 공직선거법 제230조를 준용하고 있더라도 교육자치법을 위반한 죄가 부패재산몰수법에서 정한 부패범죄에 포함된다고 해석할 수는 없다.[1]

(2) 논리해석

1) 확장해석·축소해석

이는 해석의 결과를 기준으로 분류하는 방식이다. '확장해석'(擴張解釋)이란 문언의 의미보다 넓어진 해석을 말하고[2], '축소해석'(縮小解釋)이란 문언의 의미보다 좁아진 해석을 말한다. 예를 들면 형법 제250조 제2항의 존속살해죄에서 말하는 직계존속의 범위에 사실상의 직계존속을 포함하는 것은 확장해석이고, (구) 형법 제251조의 영아살해죄에서 말하는 직계존속의 범위에 산모 이외에 부(父)를 제외하는 것은 축소해석이다.

2) 유추해석·반대해석·물론해석

이는 해석의 방법을 기준으로 분류하는 방식이다. '유추해석'(類推解釋)이란 일정한 사항을 직접 규정하고 있는 법규가 없는 경우 그와 가장 유사한 사항을 규정하고 있는 법규를 적용하는 것을 말한다. 예를 들면 신체장애로 항거불능인 상태에 있음을 이용하여 사람을 간음한 자를 해석함에 있어서, '신체장애'에 정신박약 등으로 인한 정신장애도 포함된다고 해석하는 경우[3]가 이에 해당한다.

'반대해석'(反對解釋)이란 문언에 포함되지 않은 사항은 그 규정이 적용되지 않는다고 해석하는 것을 말한다. 예를 들면 청소년보호법상 청소년에게 주류를 판매할 수 없다는 규정을 두고서, 청소년이 아닌 성인에게는 주류를 판매할 수 있다고 해석하는 경우가 이에 해당한다.

'물론해석'(勿論解釋)이란 법규상의 문언에 포함되지 않은 사항에도 당연히 그 규정이 적용된다고 해석하는 것을 말한다. 예를 들면 특정 구역 내에 '마스크 미착용자 출입금지'라는 문구를 통하여, 마스크 미소지자의 출입이 당연히 금지된다고 해석하는 경우가 이에 해당한다.

---

1) 대법원 2024. 3. 12.자 2023모465 결정.
2) 대법원 2018. 6. 15. 선고 2013도5539 판결(업무상 군사기밀을 취급하는 피고인이 업무를 수행하면서 참고자료로 필요한 관련 군사기밀을 업무 편의를 위하여 프린터로 출력하여 사용하거나 대출받아 복사하고 원본을 반납하거나 회의에서 제공받은 다음 업무 참고용으로 계속 사용하기 위해 출력물 또는 사본 등을 파기하지 않고 사무실에 보관하다가, 보안감사에 대비하여 자신의 아파트로 반출함으로써 적법한 절차에 의하지 않은 방법으로 군사기밀을 탐지·수집하였다고 하여 군사기밀 보호법 위반으로 기소된 사안에서, 피고인이 업무상 필요에 따라 출력물 또는 사본을 계속 보관하거나 반출한 행위는 군사기밀에 대한 보호조치 의무를 위반한 것에 해당할 수 있지만 같은 법 제11조의 탐지·수집에 해당한다고 보기는 어렵다); 대법원 2018. 6. 15. 선고 2018도2615 판결(국민건강보험법은 '보험급여'와 '보험급여비용'을 명확히 구분하여 사용하고 있고, 처벌규정이 건강보험증 등을 부정 사용하여 보험급여를 수급하는 행위에 대한 처벌을 강화하기 위해 신설된 규정인 점 등을 종합하여 보면, 처벌규정에서 정한 '보험급여'는 건강보험 가입자 등 환자의 질병, 부상, 출산 등에 대하여 제공되는 치료행위 등 각종 의료서비스를 의미하는 것일 뿐, 의료기관 등이 보험급여를 실시한 대가에 대하여 국민건강보험공단이 지급하는 비용, 즉 '보험급여비용'까지 포괄하는 의미로 해석할 수는 없다).
3) 대법원 1998. 4. 10. 선고 97도3392 판결.

(3) 목적론적 해석

'주관적·목적론적 해석'이란 법률 제정 당시의 입법자의 목적을 파악하는 해석을 말하는데, 이는 제정 당시의 입법이유서·국회속기록 등을 통해서 확인할 수 있다. 반면에 '객관적·목적론적 해석'이란 해당 법률의 목적을 고려하는 해석을 말한다.[1] 형벌법규의 해석에서도 법률문언의 통상적인 의미를 벗어나지 않는 한 그 법률의 입법취지와 목적, 입법연혁 등을 고려한 목적론적 해석이 배제되는 것은 아니다.[2]

3. 형벌법규 해석의 방법

형벌법규는 문언에 따라 엄격하게 해석·적용하여야 하고, 명문규정의 의미를 피고인에게 불리한 방향으로 지나치게 확장해석하거나 유추해석 하여서는 안 된다.[3] 이러한 법해석의 원

---

[1] 대법원 2023. 5. 18.자 2022모1830 결정(스토킹처벌법의 문언, 입법목적 등을 종합하면, 행위자가 전화를 걸어 피해자의 휴대전화에 벨소리가 울리게 하거나 부재중 전화 문구 등이 표시되도록 하여 피해자에게 불안감이나 공포심을 일으키는 행위는 스토킹처벌법 제2조 제1호 다목에 정한 스토킹행위에 해당한다고 볼 수 있다. 행위자가 피해자에게 전화를 걸어 무선 기지국 등에 '행위자가 피해자와 전화통화를 원한다.'라는 내용이 담긴 정보의 전파를 발신, 송신하고, 그러한 정보의 전파가 기지국, 교환기 등을 거쳐 피해자의 휴대전화에 수신된 후 그러한 정보가 벨소리, 발신번호 표시, 부재중 전화 문구로 변형되어 피해자의 휴대전화에 나타났다면, 행위자가 전화 또는 정보통신망을 도구로 사용하여 음향(벨소리), 글(발신번호 표시, 부재중 전화 문구)을 피해자의 휴대전화에 '도달'하게 한 것으로 평가할 수 있다. 스토킹처벌법은 스토킹행위로 인하여 정상적인 일상생활이 어려울 만큼 정신적·신체적 피해를 입는 사례가 증가하고, 초기에 스토킹행위를 제지·억제하고 피해자를 보호하는 조치가 적절히 이루어지지 아니하여 폭행, 살인 등 신체 또는 생명을 위협하는 강력범죄로 이어지는 사건들이 빈번히 발생하는 사회 문제를 해결하기 위하여 제정된 법률로서 지속적·반복적으로 이루어진 스토킹행위가 범죄임을 명확히 규정하고 가해자에 대한 처벌 및 그 절차에 관한 특례와 피해자에 대한 각종 보호절차를 마련하고 있다. 행위자가 피해자의 의사에 반하여 정당한 이유 없이 반복적으로 전화를 거는 경우, 피해자가 이를 수신하지 않았더라도 피해자에게 불안감 또는 공포심을 유발할 수 있고, 지속적 또는 반복적으로 이루어지는 스토킹행위는 시간이 갈수록 그 정도가 심각해져 강력 범죄로 연결되는 사례가 적지 않은 점 등을 고려하면, 피해자의 의사에 반하여 반복적으로 전화를 시도하는 행위로부터 피해자를 신속하고 두텁게 보호할 필요성도 크다).

[2] 대법원 2018. 7. 24. 선고 2018도3443 판결; 대법원 2003. 1. 10. 선고 2002도2363 판결.

[3] 대법원 2023. 1. 12. 선고 2019도16782 판결('담배의 제조'는 담배가공을 위한 일정한 작업의 수행을 전제하므로, 그러한 작업을 수행하지 않은 자의 행위를 무허가 담배제조로 인한 담배사업법 제27조 제1항 제1호, 제11조 위반 죄로 의율하는 것은 특별한 사정이 없는 한 문언의 가능한 의미를 벗어나 피고인에게 불리한 방향으로 해석한 것이어서 죄형법정주의의 내용인 확장해석금지 원칙에 어긋난다); 대법원 2021. 9. 30. 선고 2017도13182 판결(농업기계무면허운전사건)(구 도로교통법 제152조 제1호, 제43조의 무면허운전 처벌규정의 적용대상인 구 도로교통법 제2조 제18호에서 정한 자동차는 구 자동차관리법 제2조 제1호에서 정한 자동차로서 같은 법 제3조에서 정한 각종 자동차에 해당하는 것에 한정된다고 보아야 한다. 농업용 동력운반차인 이 사건 차량은 농업기계화법 제2조 제1호에서 정한 농업기계로서 구 자동차관리법 제2조 제1호에서 정한 자동차나 이를 전제로 하는 구 자동차관리법 제3조에서 정한 각종 자동차에 해당하지 않으므로 무면허운전 처벌규정의 적용대상인 구 도로교통법 제2조 제18호에 정한 자동차에도 해당하지 않는다); 대법원 2021. 7. 21. 선고 2020도10970 판결; 대법원 2021. 1. 14. 선고 2016도7104 판결; 대법원 2020. 12. 24. 선고 2019도8443 판결; 대법원 2020. 7. 16. 선고 2019도13328 판결(이○명경기도지사사건)(적극적으로 표현된 내용에 허위가 없다면 법적으로 공개의무를 부담하지 않는 사항에 관하여 일부 사실을 묵비하였다는 이유만으로 전체 진술을 곧바로 허위로 평가하는 데에는 신중하여야 하고, 토론 중 질문·답변이나 주장·반론하는 과정에서 한 표현이 선거인의 정확한 판단을 그르칠 정도로 의도적으로 사실을 왜곡한 것이 아닌 한, 일부 부정확 또는 다소 과장되었거나 다의적으로 해석될 여지가 있는 경우에도 허위사실 공표행위로 평가하여서는 안 된다. … 토론회에서의 공소외 6과 피고인 사이의 질문과 답변 내용, 그 발언의 경위와 전후 문맥까지를 종합하면, 공소외 6이 위 토론회에서 아무런 전제사실이나 일시·장소 등의 특정도 없이 "형님을 정신병원에 입원시키려고 하셨죠?"라고 질문한 데에는 위와 같은 의혹을 제기하는 취지가 포함되어 있었다

리는 그 형벌법규의 적용대상이 행정법규가 규정한 사항을 내용으로 하고 있는 경우에 그 행정
법규의 규정을 해석하는 데에도 마찬가지로 적용된다.[1]

　　형벌법규의 해석에 있어서도 가능한 문언의 의미 내에서 당해 규정의 입법 취지와 목적 등
을 고려한 법률체계적 연관성에 따라 그 문언의 논리적 의미를 분명히 밝히는 체계적·논리적
해석방법은 그 규정의 본질적 내용에 가장 접근한 해석을 위한 것으로서 죄형법정주의의 원칙
에 부합한다.[2] 하지만 법률을 해석할 때 입법 취지와 목적, 제·개정 연혁, 법질서 전체와의 조
화, 다른 법령과의 관계 등을 고려하는 체계적·논리적 해석방법을 사용할 수 있으나, 문언 자
체가 비교적 명확한 개념으로 구성되어 있다면 원칙적으로 이러한 해석방법은 활용할 필요가
없거나 제한될 수밖에 없다.[3]

　　형벌법규의 해석에 있어서 법규정 문언의 가능한 의미를 벗어나는 경우에는 유추해석으로
서 죄형법정주의에 위반하게 된다. 이렇게 허용되는 해석으로 판단된 이후 고려할 사항은 '피고
인에게 불리한가의 여부'이다. 피고인에게 불리한 유추해석은 금지되는 반면에, 피고인에게 유
리한 유추해석은 허용된다. 하지만 문리를 넘어서는 이러한 해석은 그렇게 해석하지 아니하면
그 결과가 현저히 형평과 정의에 반하거나 심각한 불합리가 초래되는 경우에 한하여야 할 것이
고, 그렇지 아니하는 한 입법자가 그 나름대로의 근거와 합리성을 가지고 입법한 경우에는 입
법자의 재량을 존중하여야 한다.[4]

　　한편 처벌규정의 소극적 구성요건을 문언의 가능한 의미를 벗어나 지나치게 좁게 해석하
게 되면 피고인에 대한 가벌성의 범위를 넓히게 되어 죄형법정주의의 파생원칙인 유추해석금
지원칙에 어긋날 우려가 있으므로 법률문언의 통상적인 의미를 벗어나지 않는 범위 내에서 합

고 볼 여지가 있다. 그렇다면 피고인으로서도 공소외 6이 위 토론회에서 한 질문이나 이 사건 토론회를 전후하여
제기한 주장의 취지나 의도를 '직권을 남용해 불법으로 공소외 3을 정신병원에 강제입원시키려고 한 사실이 있느
냐?'는 것으로 해석한 다음, 그러한 평가를 부인하는 의미로 "그런 일 없습니다."라고 답변하였다고 볼 수 있고,
상대 후보자의 질문의 의미를 의도적으로 왜곡한 것이라고 단정하기는 어렵다. 또한 원심이 인정한 사실관계에
의하면, 피고인이 위 토론회에서 한 나머지 공소사실 기재 발언들에 그 표현의 적극적인 측면에서 허위로 단정할
만한 내용이 없다. 사정이 이와 같다면, 비록 피고인이 공소외 3에 대한 정신병원 강제입원 절차 진행에 관여한
사실을 언급하지 않은 채 위와 같은 발언들을 하였다고 하더라도, 피고인이 그와 같은 사실을 공개할 법적 의무를
부담하고 있었다고 볼 근거가 없는 이 사건에서 상대 후보자의 공격적인 질문에 대하여 소극적으로 회피하거나
방어하는 취지의 답변 또는 일부 부정확하거나 다의적으로 해석될 여지가 있는 표현을 넘어서서 곧바로 적극적
으로 반대사실을 공표하였다거나 전체 진술을 허위라고 평가할 수는 없다고 보아야 한다. 이러한 피고인의 발언
들을 사후적인 분석과 추론을 통하여 적극적으로 허위의 반대사실을 공표한 것과 마찬가지라고 평가하는 것은
표현의 외연을 확장함으로써 형벌법규에 따른 책임의 명확성, 예측가능성을 저해할 우려가 있다. … 결국 이 부분
공소사실 기재 피고인의 발언은 이 사건 조항에서 정한 허위사실의 공표에 해당한다고 볼 수 없다. 그런데도 이
사건 공소사실 중 공소외 3에 대한 강제입원 절차 관여 관련 허위사실 공표에 의한 공직선거법 위반의 점을 유죄
로 인정한 원심의 판단에는 이 사건 조항에서 정한 허위사실의 공표에 관한 법리를 오해하여 판결에 영향을 미친
잘못이 있다); 대법원 2017. 9. 21. 선고 2017도7687 판결.

1) 대법원 2007. 6. 29. 선고 2006도4582 판결.
2) 대법원 2007. 6. 14. 선고 2007도2162 판결.
3) 대법원 2017. 12. 21. 선고 2015도8335 전원합의체 판결; 대법원 2017. 12. 7. 선고 2017도10122 판결.
4) 대법원 2004. 11. 11. 선고 2004도4049 판결.

리적으로 해석할 필요가 있다.[1] 이와 같이 유추해석금지의 원칙은 모든 형벌법규의 구성요건과 가벌성에 관한 규정에 준용되는데, 위법성 및 책임조각사유나 소추조건 또는 처벌조각사유인 형면제 사유에 관하여 그 범위를 제한적으로 유추적용하게 되면 행위자의 가벌성의 범위는 확대되어 행위자에게 불리하게 된다.[2] 이는 가능한 문언의 의미를 넘어 범죄구성요건을 유추적용하는 것과 같은 결과가 초래되므로 유추해석금지의 원칙에 위반하여 허용될 수 없다.

판례에 의하면, ① 형법 제170조 제2항에서 말하는 '자기의 소유에 속하는 제166조 또는 제167조에 기재한 물건'이라 함은 '자기의 소유에 속하는 제166조에 기재한 물건 또는 자기의 소유에 속하든 타인의 소유에 속하든 불문하고 제167조에 기재한 물건'을 의미하는 것이라고 해석하는 경우[3], ② 청소년성보호법 제2조 제5호의 '아동·청소년으로 인식될 수 있는 사람이 등장하는 아동·청소년이용음란물'이라고 하기 위해서는 그 주된 내용이 아동·청소년의 성교행위 등을 표현하는 것이어야 할 뿐만 아니라, 그 등장인물의 외모나 신체발육 상태, 영상물의 출처나 제작 경위, 등장인물의 신원 등에 대하여 주어진 여러 정보 등을 종합적으로 고려하여 사회 평균인의 시각에서 객관적으로 관찰할 때 외관상 의심의 여지없이 명백하게 아동·청소년으로 인식되는 경우라고 해석하는 경우[4], ③ 미성년자의제강간·강제추행죄를 규정한 형법 제305조가 "13세 미만의 부녀를 간음하거나 13세 미만의 사람에게 추행을 한 자는 제297조, 제298조, 제301조 또는 제301조의2의 예에 의한다."로 되어 있어 강간죄와 강제추행죄의 미수범의 처벌에 관한 형법 제300조를 명시적으로 인용하고 있지 아니하지만, 동조에서 규정한 형법 제297조와 제298조의 '예에 의한다'는 의미는 미성년자의제강간·강제추행죄의 처벌에 있어 그 법정형뿐만 아니라 미수범에 관하여도 강간죄와 강제추행죄의 예에 따른다는 취지로 해석하는 경우[5], ④ 국내 특정 지역의 수삼과 다른 지역의 수삼으로 만든 홍삼을 주원료로 하여 특정 지역에서 제조한 홍삼절편의 제품명이나 제조·판매자명에 특정 지역의 명칭을 사용하였다고 하더라도 이를 곧바로 '원산지를 혼동하게 할 우려가 있는 표시를 하는 행위'라고 해석하지 않는 경우[6], ⑤ 형사소송법 제253조 제2항(공범 중 1인에 대한 공소의 제기로 다른 공범자에 대하여도 공소시효가 정지되도록 규정)에서 말하는 '공범'에는 뇌물공여죄와 뇌물수수죄 사이와 같은 대향범 관계에 있는 자는 포함되지 않는다고 해석하는 경우[7], ⑥ 구 형법(2001.

---

[1] 대법원 2018. 10. 25. 선고 2018도7041 판결.

[2] 대법원 2011. 7. 28. 선고 2008도5757 판결(공정거래법은 제71조 제1항에서 "제66조 제1항 제9호 소정의 부당한 공동행위를 한 죄는 공정거래위원회의 고발이 있어야 공소를 제기할 수 있다."고 규정함으로써 그 소추조건을 명시하고 있는데, 이와 관련하여 공정거래위원회가 공정거래법 위반행위자 중 일부에 대하여만 고발을 한 경우에 그 고발의 효력이 나머지 위반행위자에게도 미치는지 여부, 즉 고발의 주관적 불가분 원칙의 적용 여부에 관하여는 아무런 명시적 규정을 두지 않고 있고, 친고죄에 관한 고소의 주관적 불가분 원칙을 규정한 형사소송법 제233조도 공정거래법 제71조 제1항의 고발에 준용된다고 볼 아무런 명문의 근거가 없으며, 죄형법정주의의 원칙에 비추어 그 유추적용을 통하여 공정거래위원회의 고발이 없는 위반행위자에 대해서까지 형사처벌의 범위를 확장하는 것도 허용될 수 없으므로, 위반행위자 중 일부에 대하여 공정거래위원회의 고발이 있다고 하여 나머지 위반행위자에 대하여도 위 고발의 효력이 미친다고 볼 수 없고, 나아가 공정거래법 제70조의 양벌규정에 따라 처벌되는 법인이나 개인에 대한 고발의 효력이 그 대표자나 대리인, 사용인 등으로서 행위자인 사람에게까지 미친다고 볼 수도 없다).

[3] 대법원 1994. 12. 20.자 94모32 전원합의체 결정(과수원실화사건).

[4] 대법원 2014. 9. 26. 선고 2013도12607 판결(교복입은AV사건); 대법원 2014. 9. 24. 선고 2013도4503 판결.

[5] 대법원 2007. 3. 15. 선고 2006도9453 판결.

[6] 대법원 2015. 4. 9. 선고 2014도14191 판결.

12. 29. 법률 제6543호로 개정되기 전의 것) 제347조의2 규정의 입법취지와 목적은 프로그램 자체는 변경(조작)함이 없이 명령을 입력(사용)할 권한 없는 자가 명령을 입력하는 것도 부정한 명령을 입력하는 행위에 포함한다고 해석하는 경우[1]), ⑦ 구 가축분뇨의 관리 및 이용에 관한 법률의 '그 배출시설을 이용하여 가축을 사육한 자'는 '법 제11조 제3항의 신고대상자가 신고를 하지 아니하고 설치한 배출시설을 이용하여 가축을 사육한 자'만을 의미하는 것으로 한정적으로 해석하여야 하고, 배출시설을 설치할 당시에는 신고대상 시설이 아니었지만 그 후 법령의 개정에 따라 시설이 신고대상에 해당하게 된 경우 그 배출시설을 이용하여 가축을 사육한 자는 여기에 포함되지 아니한다고 해석하는 경우[2]), ⑧ 구 담배사업법 제27조의3 제1호의 적용대상이 되는 '소매인 지정을 받지 아니한 자'는 처음부터 소매인 지정을 받지 않거나 소매인 지정을 받았으나 이후 소매인 지정이 취소되어 소매인 자격을 상실한 자만을 의미하는 것으로 보아야 하고, 영업정지처분을 받았으나 아직 적법하게 소매인 지정이 취소되지 않은 자는 여기에 해당하지 않는다고 해석하는 경우[3]), ⑨ 아동·청소년이용음란물이라 함은 아동·청소년 또는 아동·청소년으로 인식될 수 있는 사람이나 표현물이 주체가 되어 성적인 행위를 하는 내용을 표현한 것에 한정되는데, 성기 노출 및 자위행위 등 성적 행위를 한 주체는 피고인이라는 것이고, 피고인이 아동·청소년 또는 아동·청소년으로 인식될 수 있는 사람 부근에서 그들 몰래 본인의 신체 일부를 노출하거나 또는 자위행위를 하는 내용일 뿐 아동·청소년이 성적 행위를 하는 내용을 표현한 것은 아니므로, 피고인이 제작한 필름 또는 동영상이 '아동·청소년이용음란물'에 해당한다고 보기 어렵다고 해석하는 경우[4]), ⑩ 전화 진찰을 하였다는 사정만으로 '자신이 진찰'하거나 '직접 진찰'을 한 것이 아니라고 볼 수 없다고 해석하는 경우[5]), ⑪ 국내에서 출생한 소가 출생지 외의 지역에서 사육되다가 도축된 경우 해당 소가 어느 정도의 기간 동안 사육되면 비로소 사육지 등을 원산지로 표시할 수 있는지에 관하여 관계 법령에 아무런 규정이 없다면 특정 지역에서 단기간이라도 일정 기간 사육된 소의 경우 쇠고기에 해당 시·도명이나 시·군·구명을 원산지로 표시하여 판매하였다고 하더라도 이를 곧바로 위와 같은 원산지 표시 규정 위반 행위에 해당한다고 단정할 수 없다고 해석하는 경우[6]), ⑫ 총포·도검·화약류 등 단속법 시행령 제23조 제2항에서의 '사용'에는 쏘아 올리는 꽃불류의 '설치행위'도 포함되는 것으로 해석하는 경우[7]), ⑬ 국내에 있는 불특정 또는 다수인에게 무상으로 의약품을 양도하는 수여행위도 약사법 제44조 제1항의 '판매'에 포함된다고 해석하는 경우[8]), ⑭ 구 도로교통법 제150조 제2호는 "술에 취한 상태에 있다고 인정할 만한 상당한 이유가 있는 사람으로서 제44조 제2항의 규정에 의한 경찰공무원의 측정에 응하지 아니한 사람

---

7) 대법원 2015. 2. 12. 선고 2012도4842 판결.

1) 대법원 2003. 1. 10. 선고 2002도2363 판결.

2) 대법원 2015. 7. 23. 선고 2014도15510 판결.

3) 대법원 2015. 1. 15. 선고 2010도15213 판결.

4) 대법원 2013. 9. 12. 선고 2013도502 판결(변태사진사사건)(피고인은 평택시 '○○○ 사진관'을 운영하던 중 2012. 3. 1. 14:00경 위 사진관에 증명사진을 찍으러 찾아온 아동·청소년인 피해자 공소외 1(여, 15세)을 의자에 앉도록 한 다음 카메라가 피해자를 향하도록 한 후 촬영 타이머를 맞춘 상태에서 피해자가 앉아 있는 의자 바로 뒤쪽 옆으로 가서 자신의 트레이닝복 하의를 내리고 성기를 노출하여 자신이 피해자의 뒤에서 성기를 노출하고 있는 장면을 촬영하여 아동·청소년이용음란물인 사진 파일을 제작한 것을 비롯하여 124회에 걸쳐 사진 파일을, 25회에 걸쳐 동영상 파일을 제작하였다. 이로써 피고인은 위와 같이 149회에 걸쳐 아동·청소년이용음란물을 제작하였다).

5) 대법원 2013. 4. 11. 선고 2010도1388 판결.

6) 대법원 2012. 10. 25. 선고 2012도3575 판결(횡성한우사건).

7) 대법원 2010. 5. 13. 선고 2009도13332 판결.

8) 대법원 2011. 10. 13. 선고 2011도6287 판결.

은 2년 이하의 징역이나 500만 원 이하의 벌금에 처한다."라고 규정하고 있으므로, 위 조항에서 규정한 경찰공무원의 측정은 같은 법 제44조 제2항 소정의 호흡조사에 의한 측정만을 의미하는 것으로서 같은 법 제44조 제3항 소정의 혈액채취에 의한 측정을 포함하는 것으로 볼 수 없음은 법문상 명백하므로, 신체 이상 등의 사유로 인하여 호흡조사에 의한 측정에 응할 수 없는 운전자가 혈액채취에 의한 측정을 거부하거나 이를 불가능하게 하였다고 하더라도 이를 들어 음주측정에 불응한 것으로 볼 수다고 해석하는 경우[1], ⑮ 전자금융거래법 제6조 제3항은 접근매체를 양도·양수하는 행위를 원칙적으로 금지하고 있는데[2], 일반적으로 양도라고 하면 권리나 물건 등을 남에게 넘겨주는 행위를 지칭하는데, 민법상 양도와 임대를 별개의 개념으로 취급하고 있는 점, 이른바 '대포통장'을 활용한 범죄에 적극 대처하기 위하여 구 전자금융거래법을 개정하면서 '대가를 매개로 접근매체를 대여받거나 대여하는 행위'에 대한 금지 및 처벌 조항을 신설한 점 등에 비추어 보면, 구 전자금융거래법에서 말하는 '양도'에는 단순히 접근매체를 빌려 주거나 일시적으로 사용하게 하는 행위는 포함되지 아니한다고 해석하는 경우[3], ⑯ 「특정 범죄자에 대한 위치추적 전자장치 부착 등에 관한 법률」 제5조 제1항 제3호는 검사가 전자장치 부착명령을 법원에 청구할 수 있는 경우 중의 하나로 '성폭력범죄를 2회 이상 범하여(유죄의 확정판결을 받은 경우를 포함한다) 그 습벽이 인정된 때'라고 규정하고 있는데, 이 규정 전단은 문언상 '유죄의 확정판결을 받은 전과사실을 포함하여 성폭력범죄를 2회 이상 범한 경우'를 의미한다고 해석하여 피부착명령청구자가 소년법에 의한 보호처분을 받은 전력이 있다고 하더라도, 이는 유죄의 확정판결을 받은 경우에 해당하지 아니한다고 해석하는 경우[4], ⑰ 형법 제62조의2 제1항은 "형의 집행을 유예하는 경우에는 보호관찰을 받을 것을 명하거나 사회봉사 또는 수강을 명할 수 있다."라고 규정하고 있는데, 이에 의하여 집행유예

---

1) 대법원 2010. 7. 15. 선고 2010도2935 판결.

2) 대법원 2019. 6. 27. 선고 2017도16946 판결(대출기회약속사건)(전자금융거래법 제6조 제3항 제2호에서 정한 '접근매체의 대여'란 대가를 수수·요구 또는 약속하면서 일시적으로 다른 사람으로 하여금 접근매체 이용자의 관리·감독 없이 접근매체를 사용해서 전자금융거래를 할 수 있도록 접근매체를 빌려주는 행위를 말하고, '대가'란 접근매체의 대여에 대응하는 관계에 있는 경제적 이익을 말한다. 원심판결 이유와 적법하게 채택된 증거에 따르면 다음 사실을 알 수 있다. (1) 피고인은 수입이 없어 생활비가 필요하여 인터넷으로 여러 군데 대출상담을 받았지만 대부분 어렵다는 답변을 들었다. 그러던 중 피고인은 2016. 6.경 (상호 생략) 공소외인 팀장이라는 사람에게서 대출이 필요한지 물어보는 전화를 받았다. 공소외인 팀장이라는 사람은 '대출을 받으려면 심사를 받아야 하고, 대출심사를 통해 대출을 받으려면 가공으로라도 입출금내역 거래실적을 만들어서 신용한도를 높여야 하며, 대출이자를 자동이체할 수 있는 계좌도 필요하므로 주민등록 등본, 통장 사본, 신분증 사본, 체크카드를 퀵서비스를 통해 보내라'고 요구하였고, 피고인은 바로 그날 피고인 명의의 신한은행 계좌와 연결된 체크카드 등을 송부하였다. (2) 피고인은 당시 공소외인 팀장이라는 사람에게서 막연히 대출 절차가 마무리되면 체크카드를 다시 돌려받는다는 말만 들었을 뿐이고, 언제 어떠한 방법으로 돌려받을지 구체적으로 정하지 않았다. 피고인은 체크카드를 송부한 다음 날 인터넷 뱅킹을 통해 신한은행 계좌로 자신이 알지 못하는 입출금 거래내역이 있음을 알게 되었는데, 공소외인 팀장이라는 사람에게서 거래실적을 늘리는 것이라는 설명을 듣자 별다른 이의 없이 대출이 되기를 기다렸다. 이후 피고인은 공소외인 팀장이라는 사람 등에게서 더 이상 연락을 받지 못한 채 위 신한은행 계좌가 거래 정지되었다. 이러한 사실관계를 위에서 본 법리에 비추어 살펴본다. 피고인은 인터넷으로 여러 군데 대출상담을 받았지만 대부분 어렵다는 답변을 들었으므로 정상적인 방법으로 대출받기 어려웠다. 피고인은 공소외인 팀장이라는 사람에게서 접근매체인 체크카드를 통해 가공으로라도 입출금내역 거래실적을 만들어 신용한도를 높이는 방법으로 대출받을 기회를 얻을 수 있다는 설명을 들은 다음 막연히 대출 절차가 마무리되면 다시 돌려받기로 하고 체크카드를 송부하였다. 피고인은 대출받을 기회를 얻기로 약속하면서 일시적으로 다른 사람으로 하여금 접근매체 이용자의 관리·감독 없이 접근매체를 사용해서 전자금융거래를 할 수 있도록 접근매체를 빌려주었고, 피고인이 정상적인 방법으로 대출받기 어려운 상황인데도 대출받을 기회를 얻은 것은 접근매체의 대여와 대응하는 관계, 즉 대가관계가 있다고 볼 여지가 있다).

3) 대법원 2012. 7. 5. 선고 2011도16167 판결.

4) 대법원 2012. 3. 22. 선고 2011도15057 전원합의체 판결.

를 선고할 경우에는 같은 법 제62조의2 제1항에 규정된 보호관찰과 사회봉사 또는 수강을 동시에 명할 수 있다고 해석하는 경우[1]), ⑱ 폭력행위처벌법 제3조 제1항에 있어서 '위험한 물건을 휴대하여'라는 말은 소지뿐만 아니라 널리 이용한다는 뜻도 포함하고 있다고 해석하는 경우[2]), ⑲ 정비사업을 시행하려는 어떤 조합이 조합설립인가처분을 받았다고 하더라도 그 조합설립인가처분이 무효여서 처음부터 도시정비법 제13조에서 정한 조합이 성립되었다고 할 수 없는 경우, 그 성립되지 아니한 조합의 조합장, 이사 또는 감사로 선임된 자는 도시정비법 제85조 제5호 위반죄의 주체인 '조합의 임원' 또는 '조합임원'에 해당하지 아니한다고 해석하는 경우[3]), ⑳ 피고인이 공소외인에게 '총으로 쏴 죽인다.'라고 말하며 유해조수 용도로 허가받아 보관 중이던 공기총을 꺼내어 들고 총구를 하늘로 향하여 1회 격발하여 공소외인을 협박하는 용도로 총포·도검·화약류 등 단속법 제17조 제2항에서 정한 총포 등의 '사용'에 해당한다고 해석하는 경우[4]), ㉑ 피고인이 등록한 모바일 애플리케이션은 스마트폰에서 활성화한 후 식당의 사진 등으로 표시된 아이콘을 클릭하면 인터넷 링크와 유사하게 피해자가 제작한 모바일 웹페이지로 연결되는 방식으로 구동되는 사실을 인정한 다음, 피고인이 등록한 모바일 애플리케이션이 피해자의 모바일 웹페이지를 복제·전시한 것이라거나 피해자의 저작물에 대한 2차적 저작물에 해당한다고 볼 수 없다고 해석하는 경우[5]), ㉒ 조세범 처벌법 제9조 제1항(이하 '처벌조항'이라고 한다)은 '납세의무자를 대리하여 세무신고를 하는 자'가 조세의 부과 또는 징수를 면하게 하기 위하여 타인의 조세에 관하여 거짓으로 신고를 하였을 때 2년 이하의 징역 또는 2천만 원 이하의 벌금에 처한다고 정하고 있어, 행위주체를 단순히 '납세의무자를 대리하여 세무신고를 하는 자'로 정하고 있을 뿐, 세무사법 등의 법령에 따라 세무대리를 할 수 있는 자격과 요건을 갖춘 자 등으로 한정하고 있지 않기 때문에 '납세의무자를 대리하여 세무신고를 하는 자'에는 세무사 자격이 없더라도 납세의무자의 위임을 받아 대여받은 세무사 명의로 납세의무자를 대리하여 세무신고를 하는 자도 포함된다고 해석하는 경우[6]), ㉓ 피고인이 자신의 인터넷 홈페이지에 게재하거나 통일뉴스 인터넷 홈페이지에 게재되게 한 글에 군사시설보호구역 내 군사시설과 군용항공기지의 형상을 촬영한 사진을 삽입한 것을 가리켜 문서나 도화, 도서의 발간이라고 할 수는 없다고 해석하는 경우[7]), ㉔ '블로그', '미니 홈페이지', '카페' 등의 이름으로 개설된 사적 인터넷 게시공간의 운영자가 사적 인터넷 게시공간에 게시된 타인의 글을 삭제할 권한이 있는데도 이를 삭제하지 아니하고 그대로 두었다는 사정만으로 사적 인터넷 게시공간의 운영자가 타인의 글을 국가보안법 제7조 제5항에서 규정하는 바와 같이 '소지'하였다고 볼 수는 없다고 해석하는 경우[8]), ㉕ 가축분뇨법 제50조 제3호가 정하는 '제

1) 대법원 1998. 4. 24. 선고 98도98 판결.
2) 대법원 1997. 5. 30. 선고 97도597 판결(자동차휴대사건).
3) 대법원 2014. 5. 22. 선고 2012도7190 전원합의체 판결.
4) 대법원 2016. 5. 24. 선고 2015도10254 판결.
5) 대법원 2016. 5. 26. 선고 2015도16701 판결(인터넷 링크는 인터넷에서 링크하고자 하는 웹페이지나, 웹사이트 등의 서버에 저장된 개개의 저작물 등의 웹 위치 정보 내지 경로를 나타낸 것에 불과하여, 비록 인터넷 이용자가 링크 부분을 클릭함으로써 링크된 웹페이지나 개개의 저작물에 직접 연결한다 하더라도, 이는 저작권법 제2조 제22호에 규정된 '유형물에 고정하거나 유형물로 다시 제작하는 것'에 해당하지 아니하고, 같은 법 제19조에서 말하는 '유형물을 진열하거나 게시하는 것'에도 해당하지 아니한다. 인터넷 링크는 링크된 웹페이지나 개개의 저작물에 새로운 창작성을 인정할 수 있을 정도로 수정·증감을 가하는 것에 해당하지 아니하므로 2차적 저작물 작성에도 해당하지 아니한다. 이러한 법리는 이른바 모바일 애플리케이션에서 인터넷 링크와 유사하게 제3자가 관리·운영하는 모바일 웹페이지로 이동하도록 연결하는 경우에도 마찬가지이다).
6) 대법원 2019. 11. 14. 선고 2019도9269 판결.
7) 대법원 2011. 10. 13. 선고 2009도320 판결.
8) 대법원 2012. 1. 27. 선고 2010도8336 판결.

11조 제3항의 규정에 의한 신고대상자'는 '대통령령이 정하는 규모 이상의 배출시설을 설치하고자 하는 자 또는 신고한 사항을 변경하고자 하는 자'를 말하는 것이고, 이미 배출시설을 설치한 자는 그 설치 당시에 신고대상자가 아니었다면 그 후 법령의 개정에 따라 신고대상에 해당하게 되었다고 하더라도 가축분뇨법 제11조 제3항에서 규정하고 있는 신고대상자인 '배출시설을 설치하고자 하는 자'에 해당한다고 볼 수는 없다고 해석하는 경우[1], ㉖ 의사인 피고인 甲과 피고인 乙주식회사의 대표이사 피고인 丙이 공모하여, 피고인 乙회사가 운영하는 인터넷 사이트의 30만명 회원들에게 안과수술에 관한 이벤트광고를 이메일로 발송하여 이에 응모한 일부 신청자들로 하여금 광고내용대로 수술 등을 받도록 한 경우, 피고인 甲이 피고인 乙회사를 통하여 이메일을 발송한 행위는 불특정 다수인을 상대로 한 의료광고에 해당하므로 특별한 사정이 없는 한 구 의료법 제27조 제3항에서 정한 환자의 '유인'이라고 볼 수 없고, 광고 등 행위가 피고인 甲의 부탁을 받은 피고인 乙회사 등을 통하여 이루어졌더라도 환자의 '소개·알선' 또는 그 '사주'에 해당한다고 볼 수 없다고 해석하는 경우[2], ㉗ 비록 원산지표시법 제14조 제2항에서 '제1항의 죄로 형을 선고받고 그 형이 확정된 후'라고 정하였더라도, 이는 일정기간 내에 동종 범행을 반복한 행위자를 가중처벌하기 위한 것으로, 그 행위자가 동종 범행으로 법원에 의해 벌금형에 처해져 그 형이 확정된 경우를 의미하는 것으로 해석함이 타당하고, 이는 공판절차 등에서 벌금형을 선고받아 확정된 경우 외에 법원으로부터 벌금형의 약식명령을 고지받은 경우까지 포함된다고 해석하는 경우[3], ㉘ 의료법 제19조는 "의료인은 이 법이나 다른 법령에 특별히 규정된 경우 외에는 의료·조산 또는 간호를 하면서 알게 된 다른 사람의 비밀을 누설하거나 발표하지 못한다."라고 정하고 있는데, 여기에서 정한 '다른 사람'에 생존하는 개인 이외에 이미 사망한 사람도 포함된다고 해석하는 경우[4], ㉙ 정보통신망을 이용하

---

1) 대법원 2011. 7. 14. 선고 2009도7777 판결.

2) 대법원 2012. 9. 13. 선고 2010도1763 판결.

3) 대법원 2023. 5. 18. 선고 2022도10961(① 검사의 공소제기 후 공판절차에서 벌금형을 선고받아 확정된 경우, ② 벌금형의 약식명령을 고지받아 확정된 경우, ③ 즉결심판에서 벌금형을 선고받아 확정된 경우, ④ 약식명령 또는 즉결심판에 대하여 정식재판청구를 하여 공판절차에서 벌금형을 선고받아 확정된 경우와 같이, 피고인에 대하여 벌금형이 확정되는 과정이나 모습이 해당 절차에 따라 일부 차이가 있을 수 있으나, 형법 또는 관련법령 등은 어떠한 절차를 거쳐 그 벌금형이 확정되었는지 여부를 기준으로 이를 구분하거나 효력에 차이를 두고 있지 않다. 오히려 형사소송법 제457조, 즉결심판법 제16조는 약식명령, 즉결심판이 정식재판청구기간의 경과 등으로 확정된 경우 확정판결과 동일한 효력이 있음을 명시하고 있으므로, 공판절차에서 벌금형의 선고를 받고 그 형이 확정된 경우와 마찬가지로 봄이 타당하다. 만일 이와 달리, 피고인이 공판절차 없이 벌금형의 약식명령을 고지받아 그 형이 확정된 경우에는 원산지표시법 제14조 제2항에서 정한 '제1항의 죄로 형을 선고받고 그 형이 확정된 경우'에 해당하지 않는 반면, 피고인이 약식명령에 대하여 정식재판을 청구하여 벌금형을 선고받아 확정된 경우에는 '위 형을 선고받아 그 형이 확정된 경우'에 해당한다고 본다면, 피고인으로서는 원산지표시법이 정한 가중처벌의 위험 등을 피하기 위해 약식명령에 대한 정식재판청구권을 제대로 행사하지 못하게 될 수 있다. 또한 그와 같이 본다면, 검사의 공소제기 방식, 법원의 공판절차 회부 여부, 피고인의 정식재판청구 여부 등에 따라 피고인에 대한 벌금형에 차등을 두는 부당한 결과가 발생하고, 피고인이 정식재판을 청구하여 공판절차에서 약식명령과 동일한 벌금형을 선고받게 되더라도 약식명령을 고지받은 경우보다 오히려 불리하게 되는 등 약식절차 및 정식재판청구의 제도적 취지에 반하게 된다).

4) 대법원 2018. 5. 11. 선고 2018도2844 판결(형벌법규에서 '타인'이나 '다른 사람'이 반드시 생존하는 사람만을 의미하는 것은 아니고 형벌법규가 보호하고자 하는 법익과 법문의 논리적 의미를 분명히 밝히는 체계적·논리적 해석을 통하여 사망한 사람도 포함될 수 있다. … 의료인의 비밀누설 금지의무는 개인의 비밀을 보호하는 것뿐만 아니라 비밀유지에 관한 공중의 신뢰라는 공공의 이익도 보호하고 있다고 보아야 한다. 이러한 관점에서 보면, 의료인과 환자 사이에 형성된 신뢰관계와 이에 기초한 의료인의 비밀누설 금지의무는 환자가 사망한 후에도 그 본질적인 내용이 변한다고 볼 수는 없다. 구 의료법 제19조에서 누설을 금지하고 있는 '다른 사람의 비밀'은 당사자의 동의 없이는 원칙적으로 공개되어서는 안 되는 비밀영역으로 보호되어야 한다. 이러한 보호의 필요성은 환자가 나중에 사망하더라도 소멸하지 않는다. 구 의료법 제21조 제1항은 환자가 사망하였는지 여부를 묻지 않고

여 체육진흥투표권 등을 발행하는 시스템에서 경기의 승부에 걸기 위하여 체육진흥투표권 등의 구매에 없어서는 안 되는 게임머니를 그 시스템 운영자를 통하여 미리 확보해 두었다가 이용자들에게서 돈을 받고 이를 충전시켜 주는 행위를, 발행 시스템을 공중이 이용할 수 있도록 제공하는 행위로 해석하는 경우[1], ㉚ 도시 및 주거환경정비법 제69조 제1항 제6호에서 정한 '관리처분계획의 수립'에 경미한 사항이 아닌 관리처분계획의 주요 부분을 실질적으로 변경하는 것이 포함된다고 해석하는 경우[2], ㉛ '금전채권'을 공인중개사법 제3조, 같은 법 시행령 제2조에서 정한 중개대상물이 아니라고 해석하는 경우[3] 등에 있어서는 유추해석금지의 원칙에 위배되지 아니한다.

하지만 ① 공직선거법 제262조의 '자수'를 '범행발각 전에 자수한 경우'로 한정하여 해석하는 경우[4], ② 병역법 제2조 제1항 제5호는 산업기능요원 편입 관련 부정행위로 인한 병역법위반죄, 종사의무 위반으로 인한 병역법위반죄 및 신상이동통보불이행으로 인한 병역법위반죄 등의 범행주체인 '고용주'를 "병역의무자를 고용하는 근로기준법의 적용을 받는 공·사기업체나 공·사단체의 장을 말한다."고 규정하고 있는바, 여기서 '사기업체의 장'이라 함은 일반적으로 그와 같은 사기업체를 대외적으로 대표할 수 있는 대표이사를 의미한다고 봄이 상당하므로, 사기업체의 대표이사가 아닌 실제 경영자를 병역법 제2조 제1항 제5호에서 규정한 '고용주'에 해당하는 것으로 해석하는 경우[5], ③ 도시정비법에서 정하는 '정비사업전문관리업자'가 주식회사인 경우 같은 법 제84조에 의하여 공무원으로 의제되는 '임원'은 형법 제129조 내지 제132조에 해당하는 수뢰행위 당시 상업등기부에 대표이사, 이사, 감사로 등기된 사람에 한정된다

환자가 아닌 다른 사람에게 환자에 관한 기록을 열람하게 하거나 사본을 내주는 등 내용을 확인할 수 있게 해서는 안 된다고 정하고 있는데, 이 점을 보더라도 환자가 사망했다고 해서 보호 범위에서 제외된다고 볼 수 없다. … 개인의 인격적 이익을 보호할 필요성은 그의 사망으로 없어지는 것이 아니다. 사람의 사망 후에 사적 영역이 무분별하게 폭로되고 그의 생활상이 왜곡된다면 살아있는 동안 인간의 존엄과 가치를 보장하는 것이 무의미해질 수 있다. 사람은 적어도 사망 후에 인격이 중대하게 훼손되거나 자신의 생활상이 심각하게 왜곡되지 않을 것이라고 신뢰하고 그러한 기대 속에서 살 수 있는 경우에만 인간으로서의 존엄과 가치가 실효성 있게 보장되고 있다고 말할 수 있다. … 위와 같은 형벌법규 해석에 관한 일반적인 법리, 의료법의 입법 취지, 구 의료법 제19조의 문언·내용·체계·목적 등에 비추어 보면, 구 의료법 제19조에서 정한 '다른 사람'에는 생존하는 개인 이외에 이미 사망한 사람도 포함된다고 보아야 한다).

1) 대법원 2018. 10. 30. 선고 2018도7172 전원합의체 판결.

2) 대법원 2019. 9. 25. 선고 2016도1306 판결.

3) 대법원 2019. 7. 11. 선고 2017도13559 판결(구 공인중개사의 업무 및 부동산 거래신고에 관한 법률에 따른 중개업자인 피고인은 2013. 5. 15. ○○시 △△동 3필지 토지에 관하여 채권최고액 6억 2,400만원, 근저당권자 ○○축산업협동조합(이하 '○○축협'이라 한다)인 근저당권이 설정되어 있는 피담보채권을 공소외인이 ○○축협으로부터 6억 3,000만원에 매수하고 경매신청 후 낮은 가격에 낙찰을 받을 수 있도록 중개하였다. 구 공인중개사법에 의하면 위와 같은 중개에서 피고인이 받을 수 있는 중개수수료의 상한은 567만 원이다. 그런데도 피고인은 ○○축협과 공소외인 사이에 위와 같이 근저당권이 설정되어 있는 피담보채권의 매매계약이 성립하자 공소외인으로부터 성공사례비 명목으로 2013. 5. 15. 3,500만원, 2013. 6. 25. 1,500만원 합계 5,000만원을 받았다. 금전채권 매매계약을 중개한 것은 구 공인중개사법이 규율하고 있는 중개행위에 해당하지 않으므로, 구 공인중개사법이 규정하고 있는 중개수수료의 한도액은 금전채권 매매계약의 중개행위에는 적용되지 않는다. 피고인은 ○○축협과 공소외인 사이의 금전채권 매매계약과 함께 근저당권의 이전을 중개하였고, 공소외인으로부터 위와 같은 계약 성사에 따른 사례비로 5,000만원을 받았다. 금전채권 매매계약과 근저당권의 이전은 불가분의 관계이고 위 5,000만원에는 근저당권의 이전뿐만 아니라 금전채권 매매계약 중개에 대한 수수료가 포함되어 있다. 위와 같이 거래 성사에 따른 사례금 명목으로 포괄적으로 수수한 돈 중 얼마가 구 공인중개사법 규율대상인 중개수수료에 해당하는지 특정할 수 없다. 따라서 피고인이 구 공인중개사법에서 정한 한도를 초과하여 중개수수료를 받았다고 단정할 수 없다).

4) 대법원 1997. 3. 20. 선고 96도1167 전원합의체 판결(공직선거법자수사건).

5) 대법원 2009. 12. 10. 선고 2008도1191 판결.

고 보아야 하며, 설령 실질적 경영자라고 하더라도 해당 주식회사의 임원으로 등기되지 아니한 사람까지 도시정비법 제84조에 의하여 공무원으로 의제되는 정비사업전문관리업자의 '임원'에 해당한다고 해석하는 경우[1], ④ 추진위원회의 부위원장이나 추진위원이었다가 추진위원회 위원장의 유고 등을 이유로 운영규정에 따라 연장자 순으로 추진위원회 위원장 직무대행자가 된 자를 도시정비법 제86조 제6호에서 규정한 '추진위원회 위원장'에 해당하는 것으로 해석하는 경우[2], ⑤ 자동차관리법 제80조 제7호의2의 '허위 제공'의 의미를 '단순 누락'의 경우도 포함하는 것으로 해석하는 경우[3], ⑥ 지방세의 수납업무를 일부 관장하는 시중은행의 직원이나 은행을 형법 제225조 소정의 공무원 또는 공무소로 또는 세금수납영수증을 공문서로 해석하는 경우[4], ⑦ 구 의료법 제21조 제1항은 "의료인은 각각 진료기록부·조산기록부 또는 간호기록부를 비치하여 그 의료행위에 관한 사항과 소견을 상세히 기록하고 서명하여야 한다."라고 규정한 것을 '허위로 작성하여서는 아니 된다.' 또는 '허위 사항을 기재하여서는 아니 된다.'로 확장하여 해석하는 경우[5], ⑧ 중개대상물의 거래당사자들로부터 수수료를 현실적으로 받지 아니하고 단지 수수료를 받을 것을 약속하거나 거래당사자들에게 수수료를 요구하는 데 그친 경우에도 '중개업'에 해당한다고 해석하는 경우[6], ⑨ 형법 제207조 제3항은 '행사할 목적으로 외국에서 통용하는 외국의 화폐, 지폐 또는 은행권을 위조 또는 변조한 자는 10년 이하의 징역에 처한다.'라고 규정하고 있는데, 미국에서 발행된 적이 없이 단지 여러 종류의 관광용 기념상품으로 제조, 판매되고 있는 미합중국 100만 달러 지폐와 과거에 발행되어 은행 사이에서 유통되다가 현재는 발행되지 않고 있으나 화폐수집가나 재벌들이 이를 보유하여 오고 있는 미합중국 10만 달러 지폐가 막연히 일반인의 관점에서 미합중국에서 강제통용력을 가졌다고 오인할 수 있다는 이유로 형법 제207조 제3항의 외국에서 통용하는 지폐에 포함된다고 해석하는 경우[7], ⑩ 술에 취한 피고인이 자동차 안에서 잠을 자다가 추위를 느껴 히터를 가동시키기 위하여 시동을 걸었고, 실수로 자동차의 제동장치 등을 건드렸거나 처음 주차할 때 안전조치를 제대로 취하지 아니한 탓으로 원동기의 추진력에 의하여 자동차가 약간 경사진 길을 따라 앞으로 움직여 피해자의 차량 옆면을 충격한 사실을 피고인이 자동차를 운전하였다고 해석하는 경우[8], ⑪ 주민등록법 제21조 제2항 제3호는 같은 법 제7조 제4항의 규정에 의한 주민등록번호 부여 방법으로 허위의 주민등록번호를 생성하여 자기 또는 다른 사람의 재물이나 재산상의 이익을 위하여 이를 사용한 자를 처벌한다고 규정하고 있는데, 피고인이 타인에 의하여 이미 생성된 주민등록번호를 단순히 사용한 것에 불과한 것을 허위의 주민등록번호를 생성하여 사용한 것으로 해석하는 경우[9], ⑫ 군형법 제74조 소정의 군용물분실죄란 같은 조 소정의 군용에 공하는 물건을 보관할 책임이 있는 자가 선량한 보관자로서의 주의의무를 게을리 하여 그의 '의사에 의하지 아니하고 물건의 소지를 상실'하는 소위 과실범을 말하는데, 피고인이 성명불상자가 '군단에서 온 백소령이다.'라고 하는 말을 만연히 믿고, 성명불상자의 소속이나 직책을 확인하지 아니한 채 성명불상자가 상황실 총기대에 거치되어 있던 총기를 어깨에 메면서 '해안순찰을 가야 하는데 여기는

---

1) 대법원 2014. 1. 23. 선고 2013도9690 판결.
2) 대법원 2015. 3. 12. 선고 2014도10612 판결.
3) 대법원 2017. 11. 14. 선고 2017도13421 판결.
4) 대법원 1996. 3. 26. 선고 95도3073 판결.
5) 대법원 2005. 11. 24. 선고 2002도4758 판결.
6) 대법원 2006. 9. 22. 선고 2006도4842 판결.
7) 대법원 2004. 5. 14. 선고 2003도3487 판결.
8) 대법원 2004. 4. 23. 선고 2004도1109 판결.
9) 대법원 2004. 2. 27. 선고 2003도6535 판결.

간첩도 오고 위험하니 탄을 좀 달라.'고 하자 피고인이 탄약고열쇠를 이용하여 보관하고 있던 탄약을 건네준 것을 분실에 해당한다고 해석하는 경우[1], ⑬ 도로교통법 제43조는 무면허운전 등을 금지하면서 '누구든지 제80조의 규정에 의하여 지방경찰청장으로부터 운전면허를 받지 아니하거나 운전면허의 효력이 정지된 경우에는 자동차 등을 운전하여서는 아니 된다.'라고 정하여, 운전자의 금지사항으로 운전면허를 받지 아니한 경우와 운전면허의 효력이 정지된 경우를 구별하여 대등하게 나열하고 있는데, '운전면허를 받지 아니하고'라는 법률문언의 통상적인 의미에 '운전면허를 받았으나 그 후 운전면허의 효력이 정지된 경우'가 당연히 포함된다고 해석하는 경우[2], ⑭ 일반음식점 영업자인 피고인이 바텐더 형태의 영업장에서 주로 술과 안주를 판매함으로써 구 식품위생법상 준수사항을 위반하였다는 내용으로 기소된 사안에서, 위 준수사항 중 '주류만을 판매하는 행위'에는 일반음식점영업 허가를 받고 안주류와 함께 주로 주류를 판매하는 행위도 포함된다고 해석하는 경우[3], ⑮ 지상의 항공기가 이동할 때 '운항 중'이 된다는 이유만으로 그때 다니는 지상의 길까지 '항로'로 해석하는 경우[4], ⑯ 국회증언감정법 제15조 제1항 단서의 재적위원은 존속하고 있는 위원회에 적을 두고 있는 위원을 의미하고, 특별위원회가 존속하지 않게 된 경우 그 재적위원이었던 사람을 의미하는 것이 아님에도 불구하고, 특별위원회가 존속하지 않게 된 이후에도 과거 특별위원회가 존속할 당시 재적위원이었던 사람이 연서로 고발할 수 있다고 해석하는 경우[5], ⑰ 저작권법 제2조 제24조에서 "발행은 저작물 또는 음반을 공중의 수요를 충족시키기 위하여 복제·배포하는 것을 말한다."라고 정하고 있는데, 저작물을 복제한 것만으로 저작물의 발행이라고 해석하는 경우[6], ⑱ 도로에서 운전하지 않았는데도 무면허운전으로 처벌하는 경우[7], ⑲ 폐쇄회로 영상정보를 직접 훼손한 어린이집 설치·운영자가 '영상정보를 훼손당한 자'에 포함된다고 해석하는 경우[8] 등에 있어서는

---

1) 대법원 1999. 7. 9. 선고 98도1719 판결(백소령사건).

2) 대법원 2011. 8. 25. 선고 2011도7725 판결.

3) 대법원 2012. 6. 28. 선고 2011도15097 판결.

4) 대법원 2017. 12. 21. 선고 2015도8335 전원합의체 판결(땅콩회항사건)(대한항공 부사장인 피고인이 외국 공항에서 국내로 출발 예정인 자사 여객기에 탑승하였다가, 담당 승무원의 객실서비스 방식에 화가 나 폭언하면서 승무원을 비행기에서 내리도록 하기 위해, 기장으로 하여금 계류장의 탑승교에서 분리되어 푸시백 중이던 비행기를 다시 탑승구 쪽으로 돌아가게 함으로써 위력으로 운항 중인 항공기의 항로를 변경하게 하였다고 하여 항공보안법 위반으로 기소된 사안에서, 피고인이 푸시백 중이던 비행기를 탑승구로 돌아가게 한 행위가 항공기의 항로를 변경하게 한 것에 해당하지 않는다. … 지상에서 이동하는 항공기의 경로를 함부로 변경하는 것은 다른 항공기나 시설물과 충돌할 수 있어 위험성이 큰 행위임이 분명하다. 그러나 처벌의 필요성만으로 죄형법정주의 원칙을 후퇴시켜서는 안 된다. 그런 행위는 기장에 대한 업무방해죄로 처벌할 수 있을 뿐만 아니라 많은 경우 폭행·협박 또는 위계를 수반할 것이므로 10년 이하의 징역으로 처벌 가능한 직무집행방해죄(항공보안법 제43조) 등에 해당할 수 있어 처벌의 공백이 생기는 것도 아니다).

5) 대법원 2018. 5. 17. 선고 2017도14749 전원합의체 판결.

6) 대법원 2018. 1. 24. 선고 2017도18230 판결(가운뎃점(·)은 단어 사이에 사용할 때 일반적으로 '와/과'의 의미를 가지는 문장부호이다. 따라서 위 조항에서 말하는 '복제·배포'는 그 문언상 '복제하여 배포하는 행위'라고 해석할 수 있다. … 결국 저작물을 '복제하여 배포하는 행위'가 있어야 저작물의 발행이라고 볼 수 있고, 저작물을 복제한 것만으로는 저작물의 발행이라고 볼 수 없다).

7) 대법원 2017. 12. 28. 선고 2017도17762 판결(도로교통법 제2조 제26호가 '술이 취한 상태에서의 운전' 등 일정한 경우에 한하여 예외적으로 도로 외의 곳에서 운전한 경우를 운전에 포함한다고 명시하고 있는 반면, 무면허운전에 관해서는 이러한 예외를 정하고 있지 않다. 따라서 도로교통법 제152조, 제43조를 위반한 무면허운전이 성립하기 위해서는 운전면허를 받지 않고 자동차 등을 운전한 곳이 도로교통법 제2조 제1호에서 정한 도로, 즉 '도로법에 따른 도로', '유료도로법에 따른 유료도로', '농어촌도로 정비법에 따른 농어촌도로', '그 밖에 현실적으로 불특정 다수의 사람 또는 차마가 통행할 수 있도록 공개된 장소로서 안전하고 원활한 교통을 확보할 필요가 있는 장소' 중 하나에 해당해야 한다. 위에서 본 도로가 아닌 곳에서 운전면허 없이 운전한 경우에는 무면허운전에 해당하지 않는다).

유추해석금지의 원칙에 위배된다.

V. 적정성의 원칙

1. 의 의

'적정성의 원칙'이란 범죄와 형벌을 규정함에 있어서 법률이기만 하면 되는 것이 아니라 '적정한' 법률로써만 형사처벌을 해야 한다는 원칙을 말한다. 헌법은 국가권력의 남용으로부터 국민의 기본권을 보호하려는 법치국가의 실현을 기본이념으로 하고 있고, 법치국가의 개념은 범죄에 대한 법정형을 정함에 있어 죄질과 그에 따른 행위자의 책임 사이에 적절한 비례관계가 지켜질 것을 요구하는 실질적 법치국가의 이념을 포함하고 있다.

과거의 형식적 의미의 죄형법정주의 시대에는 법률로 형사처벌하는 조건만 충족되면 죄형법정주의에 부합하는 것으로 보았지만, 현대의 실질적 의미의 죄형법정주의 시대에는 법률이기만 하면 되는 것이 아니라 '적정한' 법률로써만 형사처벌을 해야만 죄형법정주의에 부합한다. 이는 범죄규정의 적정성과 형벌규정의 적정성의 문제로 귀결된다.

2. 범죄의 적정성

특정한 행위를 범죄로 규정하여 국가가 형벌권을 행사할 것인지, 아니면 단순히 도덕의 영역에 맡길 것인지 하는 문제는 그 사회의 시대적인 상황·사회구성원들의 의식 등에 따라 결정될 수밖에 없다. 우리의 생활영역에는 법률이 직접 규율할 영역도 있지만 도덕에 맡겨두어야 할 영역도 있다. 도덕적으로 비난받을 만한 행위 모두를 형벌의 대상으로 삼는 것은 사실상 불가능하다. 특히 개인의 성행위와 같은 사생활의 내밀영역에 속하는 부분에 대하여는 그 권리와 자유의 성질상 국가는 최대한 간섭과 규제를 자제하여 개인의 자기결정권에 맡겨야 한다. 국가형벌권의 행사는 중대한 법익에 대한 위험이 명백한 경우에 한하여 최후의 수단으로 필요 최소한의 범위에 그쳐야 한다. 성인이 서로 자발적으로 만나 성행위를 하는 것은 개인의 자유 영역에 속하고, 다만 그것이 외부에 표출되어 사회의 건전한 성풍속을 해칠 때 비로소 법률의 규제를 필요로 한다.

이러한 점을 고려하여 헌법재판소에서는 간통죄[1]와 혼인빙자간음죄[2]에 대하여 위헌결정

---

8) 대법원 2022. 3. 17. 선고 2019도9044 판결('당한 자'라는 문언은 타인이 어떠한 행위를 하여 그로부터 위해 등을 입는 것을 뜻하고 스스로 어떠한 행위를 한 자를 포함하는 개념이 아니다. 형사법은 고의범과 과실범을 구분하여 구성요건을 정하고 있는데, 위와 같은 문언은 과실범을 처벌하는 경우에 사용하는 것으로 볼 수 있다. 따라서 '영상정보를 훼손당한 자'를 처벌하는 위 규정은 폐쇄회로 영상정보의 안전성 확보에 필요한 조치를 할 의무가 있는 자가 그러한 조치를 하지 않아 타인이 영상정보를 훼손하거나 그 밖의 다른 이유로 영상정보가 훼손된 경우 위와 같은 폐쇄회로 영상정보의 안전성 확보에 필요한 조치를 하지 않은 어린이집 설치·운영자를 처벌하는 규정으로 해석되어야 한다).

1) 헌법재판소 2015. 2. 26. 선고 2009헌바17·205, 2010헌바194, 2011헌바4, 2012헌바57·255·411, 2013헌바139·

을 하였으며, 낙태죄[1]에 대하여도 헌법불합치결정을 하였다. 또한 성매매처벌법 제21조에서 규정하고 있는 성인간의 합의에 의한 자발적 성매매죄에 대해서는 합헌결정[2]을 하였으나 여전히 위헌 여부에 대한 논쟁이 진행 중에 있다. 그밖에도 약물범죄, 도박범죄 등에 대한 범죄규정의 적정성 여부가 문제되고 있다.

병역법 제88조 제1항은 본문에서 "현역입영 또는 소집 통지서(모집에 의한 입영 통지서를 포함한다)를 받은 사람이 정당한 사유[3] 없이 입영일이나 소집일부터 다음 각호의 기간이 지나도 입영하지 아니하거나 소집에 응하지 아니한 경우에는 3년 이하의 징역에 처한다."라고 정하면서, 제1호에서 '현역입영은 3일'이라고 정하고 있다. 병역의무의 부과와 구체적 병역처분 과정에서 고려되지 않은 사정이라 하더라도, 입영하지 않은 병역의무자가 처한 구체적이고 개별적인 사정이 그로 하여금 병역의 이행을 감당하지 못하도록 한다면 병역법 제88조 제1항의 '정당한 사유'에 해당할 수 있다고 보아야 한다. 설령 그 사정이 단순히 일시적이지 않다거나 다른 이들에게는 일어나지 않는 일이라 하더라도 마찬가지이다. 양심적 병역거부자에게 병역의무의 이행을 일률적으로 강제하고 그 불이행에 대하여 형사처벌 등 제재를 하는 것은 양심의 자유를 비롯한 헌법상 기본권 보장체계와 전체 법질서에 비추어 타당하지 않을 뿐만 아니라 소수자에 대한 관용과 포용이라는 자유민주주의 정신에도 위배된다.[4] 따라서 진정한 양심에 따른 병역거부라면[5], 이는 병역법 제88조 제1항의 '정당한 사유'에 해당한다.[6]

161·267·276·342·365, 2014헌바53·464, 2011헌가31, 2014헌가4 결정(간통죄의 보호법익인 혼인과 가정의 유지는 당사자의 자유로운 의지와 애정에 맡겨야지, 형벌을 통하여 타율적으로 강제될 수 없는 것이며, 현재 간통으로 처벌되는 비율이 매우 낮고, 간통행위에 대한 사회적 비난 역시 상당한 수준으로 낮아져 간통죄는 행위규제규범으로서 기능을 잃어가고, 형사정책상 일반예방 및 특별예방의 효과를 거두기도 어렵게 되었다. 부부 간 정조의무및 여성 배우자의 보호는 간통한 배우자를 상대로 한 재판상 이혼 청구, 손해배상청구 등 민사상의 제도에 의해보다 효과적으로 달성될 수 있고, 오히려 간통죄가 유책의 정도가 훨씬 큰 배우자의 이혼수단으로 이용되거나일시 탈선한 가정주부 등을 공갈하는 수단으로 악용되고 있기도 하다).

2) 헌법재판소 2009. 11. 26. 선고 2008헌바58, 2009헌바191 결정.

1) 헌법재판소 2019. 4. 11. 선고 2017헌바127 결정.

2) 헌법재판소 2016. 3. 31. 선고 2013헌가2 결정.

3) 대법원 2018. 11. 1. 선고 2016도10912 전원합의체 판결(병역법 제88조 제1항은 이러한 국방의 의무를 실현하기 위하여 현역입영 또는 소집통지서를 받고도 정당한 사유 없이 이에 응하지 않은 사람을 처벌함으로써 입영기피를 억제하고 병력구성을 확보하기 위한 규정이다. 위 조항에 따르면 정당한 사유가 있는 경우에는 피고인을 벌할수 없는데, 여기에서 정당한 사유는 구성요건해당성을 조각하는 사유이다. 이는 형법상 위법성조각사유인 정당행위나 책임조각사유인 기대불가능성과는 구별된다. 정당한 사유는 구체적인 사안에서 법관이 개별적으로 판단해야 하는 불확정개념으로서, 실정법의 엄격한 적용으로 생길 수 있는 불합리한 결과를 막고 구체적 타당성을 실현하기 위한 것이다. 위 조항에서 정한 정당한 사유가 있는지를 판단할 때에는 병역법의 목적과 기능, 병역의무의이행이 헌법을 비롯한 전체 법질서에서 가지는 위치, 사회적 현실과 시대적 상황의 변화 등은 물론 피고인이 처한구체적이고 개별적인 사정도 고려해야 한다).

4) 대법원 2020. 7. 9. 선고 2019도17322 판결(양심에 따른 병역거부, 이른바 양심적 병역거부는 종교적·윤리적·도덕적·철학적 또는 이와 유사한 동기에서 형성된 양심상 결정을 이유로 집총이나 군사훈련을 수반하는 병역의무의 이행을 거부하는 행위를 말한다. 양심적 병역거부자에게 병역의무의 이행을 일률적으로 강제하고 그 불이행에 대하여 형사처벌 등 제재를 하는 것은 양심의 자유를 비롯한 헌법상 기본권 보장체계와 전체 법질서에 비추어타당하지 않을 뿐만 아니라 소수자에 대한 관용과 포용이라는 자유민주주의 정신에도 위배된다. 따라서 진정한양심에 따른 병역거부라면, 이는 병역법 제88조 제1항의 '정당한 사유'에 해당한다).

5) 대법원 2020. 7. 23. 선고 2018도14415 판결(어느 추상적인 법개념이 현실세계에 실제로 적용되기 위해서는 주어진 사실관계가 해당 법개념에 포섭되는지를 구체적·개별적으로 살펴야 하는 것처럼 양심적 병역거부가 문제되는

3. 형벌의 적정성

입법자가 형벌이라는 수단을 선택함에 있어서는 그 형벌이 불법과 책임의 경중에 일치하도록 하여야 하고, 만약 선택한 형벌이 구성요건에 기술된 불법의 내용과 행위자의 책임에 일치되지 않는 과도한 것이라면 이는 비례의 원칙을 일탈한 것으로 헌법상 용인될 수 없다. 법정형의 종류와 범위를 정하는 것은 기본적으로 입법자의 권한에 속하는 것이지만[1], 법정형의 종류와 범위를 정할 때에는 형벌 위협으로부터 인간의 존엄과 가치를 존중하고 보호하여야 한다는 헌법 제10조의 요구에 따라야 하고, 형벌개별화의 원칙이 적용될 수 있는 범위의 법정형을 설정하여 실질적 법치국가의 원리를 구현하도록 하여야 하며, 형벌이 죄질과 책임에 상응하도록 적절한 비례성을 지켜야 한다.

이러한 요구는 형벌을 가중하는 경우에도 마찬가지여서 입법취지에서 보아 중벌(重罰)주의로 대처할 필요성이 인정되는 경우라고 하더라도 그 가중의 정도가 통상의 형벌과 비교하여 현저히 형벌체계상의 정당성과 균형성을 잃은 것이 명백하다면, 그러한 입법의 정당성은 부인되고, 인간의 존엄성과 가치를 보장하는 헌법의 기본원리에 반하여 위헌적인 법률이 될 것이다.

한편 법정형의 종류와 범위를 정함에 있어서 고려해야 할 사항 중 가장 중요한 것은 당해 범죄의 보호법익과 죄질로서, 보호법익이 다르면 법정형의 내용이 다를 수 있고, 보호법익이 같다고 하더라도 죄질이 다르면 또 그에 따라 법정형의 내용이 달라질 수밖에 없다. 그러므로 보호법익과 죄질이 서로 다른 둘 또는 그 이상의 범죄를 동일 선상에 놓고 그 중 어느 한 범죄의 법정형을 기준으로 하여 단순한 평면적인 비교로써 다른 범죄의 법정형의 과중 여부를 판정

사건에서도 병역거부를 하게 된 원인이 진정한 양심에 따른 것인지는 구체적인 사안에 따라 개별적인 심리·판단이 이루어져야 한다. 이미 언급한 바와 같이 인간의 내면에 있는 양심 자체는 직접 객관적으로 증명할 수 없을지라도, 피고인이 특정 종교를 신봉하고 있다는 취지로 변소하는 것만으로는 진정한 양심에 기반을 둔 병역거부라고 단정할 수 없다).

6) 대법원 2023. 3. 16. 선고 2020도15554 판결(국가기관 등의 공익목적 수행에 필요한 사회복지, 보건·의료, 교육·문화, 환경·안전 등의 사회서비스업무 및 행정업무 등의 지원을 하는 사회복무요원으로 하여금 집총이나 군사훈련을 수반하지 않는 복무의 이행을 강제하더라도 그것이 양심의 자유에 대한 과도한 제한이 되거나 본질적 내용에 대한 위협이 된다고 볼 수 없으므로, 종교적 신념 등 양심의 자유를 이유로 사회복무요원의 복무를 거부하는 경우 특별한 사정이 없는 한 이 사건 조항이 정한 '정당한 사유'에 해당하지 않는다. 그리고 사회복무요원은 복무와 관련하여 소속기관장의 지휘·감독을 받으며, 병무청장이 사회복무요원의 복무를 직접적·구체적으로 지휘·감독한다고 볼 수도 없는바, 병무청장이 사회복무요원의 복무와 관련하여 현장복무실태 점검 및 교정지도 등을 통한 복무부실 예방활동에 관한 사항 등을 관리·감독할 수 있다고 하더라도 이는 병무행정에 관한 사항일 뿐 집총이나 군사훈련을 수반하는 병역의무의 이행과 관련된 사항이 아니므로, 이를 이유로 사회복무요원의 복무 이행을 거부하는 것도 이 사건 조항이 정한 '정당한 사유'에 해당하지 않는다); 대법원 2021. 2. 4. 선고 2020도3439 판결(진정한 양심에 따른 예비군훈련거부의 경우에도 예비군법 제15조 제9항 제1호('훈련을 정당한 사유 없이 받지 아니한 사람이나 훈련받을 사람을 대신하여 훈련받은 사람')에서 정한 '정당한 사유'에 해당한다); 대법원 2018. 11. 29. 선고 2016도11841 판결; 대법원 2018. 11. 1. 선고 2016도10912 전원합의체 판결.

1) 헌법재판소 2021. 4. 29. 선고 2019헌바83 결정(법정형의 종류와 범위의 선택의 문제는 그 범죄의 죄질과 보호법익에 대한 고려뿐만 아니라 우리의 역사와 문화, 입법 당시의 시대적 상황, 국민 일반의 가치관 내지 법 감정 그리고 범죄예방을 위한 형사정책적 측면 등 여러 가지 요소를 종합적으로 고려하여 입법자가 결정할 사항으로서 입법재량 내지 형성의 자유가 인정되어야 할 분야이다).

하여서는 아니 된다.[1]

　　판례에 의하면, ① 구 특정범죄 가중처벌 등에 관한 법률 제5조의3(도주차량운전자의 가중처벌) 제2항에서는 "사고운전자가 피해자를 사고장소로부터 옮겨 유기하고 도주한 때에는 다음의 구분에 따라 가중처벌한다. 1. 피해자를 치사하고 도주하거나 도주 후에 피해자가 사망한 때에는 사형·무기 또는 10년 이상의 징역에 처한다."라고 규정하여 과실로 사람을 치상하게 한 자가 구호행위를 하지 아니하고 도주하거나 고의로 유기함으로써 치사의 결과에 이르게 한 경우에 살인죄와 비교하여 그 법정형을 더 무겁게 한 경우[2], ② 형법 제258조의2 특수상해죄의 신설로 형법 제262조, 제261조의 특수폭행치상죄에 대하여 그 문언상 특수상해죄의 예에 의하여 처벌하는 것이 가능하게 되었다는 이유만으로 형법 제258조의2 제1항의 예에 따라 처벌하는 경우[3], ③ 군형법 제53조 제1항에서 상관을 살해하는 사람에 대하여 절대적 법정형으로 사형만을 규정하고 있는 경우[4], ④ 성폭력처벌법 제3조 제1항 중 '형법 제319조 제1항(주거침입)의 죄를 범한 사람이 같은 법 제298조(강제추행), 제299조(준강제추행) 가운데 제298조의 예에 의하는 부분의 죄를 범한 경우에는 무기징역 또는 7년 이상의 징역에 처한다.'는 부분[5] 등에 있어서는 적정

---

1) 헌법재판소 2020. 3. 26. 선고 2018헌바206 결정.

2) 헌법재판소 1992. 4. 28. 선고 90헌바24 결정.

3) 대법원 2018. 7. 24. 선고 2018도3443 판결(특수폭행치상죄의 해당규정인 형법 제262조, 제261조는 형법 제정 당시부터 존재하였는데, 형법 제258조의2 특수상해죄의 신설 이전에는 형법 제262조의 "전 2조의 죄를 범하여 사람을 사상에 이르게 한 때에는 제257조 내지 제259조의 예에 의한다."라는 규정 중 "제257조 내지 제259조의 예에 의한다"의 의미는 형법 제260조(폭행, 존속폭행) 또는 제261조(특수폭행)의 죄를 범하여 상해, 중상해, 사망의 결과가 발생한 경우, 그 결과에 따라 상해의 경우에는 형법 제257조, 중상해의 경우에는 형법 제258조, 사망의 경우에는 형법 제259조의 예에 준하여 처벌하는 것으로 해석·적용되어 왔고, 따라서 특수폭행치상죄의 경우 법정형은 형법 제257조 제1항에 의하여 "7년 이하의 징역, 10년 이하의 자격정지 또는 1천만 원 이하의 벌금"이었다. 그런데 2016. 1. 6. 형법 개정으로 특수상해죄가 형법 제258조의2로 신설됨에 따라 문언상으로 형법 제262조의 "제257조 내지 제259조의 예에 의한다"는 규정에 형법 제258조의2가 포함되어 특수폭행치상의 경우 특수상해인 형법 제258조의2 제1항의 예에 의하여 처벌하여야 하는 것으로 해석될 여지가 생기게 되었다. 이러한 해석을 따를 경우 특수폭행치상죄의 법정형이 형법 제258조의2 제1항이 정한 "1년 이상 10년 이하의 징역"이 되어 종래와 같이 형법 제257조 제1항의 예에 의하는 것보다 상향되는 결과가 발생하게 된다. 그러나 특수폭행치상의 경우 형법 제258조의2의 신설에도 불구하고 종전과 같이 형법 제257조 제1항의 예에 의하여 처벌하는 것으로 해석함이 타당하다).

4) 헌법재판소 2007. 11. 29. 선고 2006헌가13 결정.

5) 헌법재판소 2023. 2. 23. 선고 2021헌가9 결정(형법상 주거침입죄에 해당하는 경우는 일상적 숙식의 공간인 좁은 의미의 주거에 대한 침입에 한정되지 않으며, 행위자가 침입한 공간이 일반적으로는 개방되어 있는 건조물이지만 관리자의 묵시적 의사에 반하여 들어간 경우도 포함되는 등 그 행위 유형의 범위가 넓다. 주거침입강제추행·준강제추행죄에서 문제 되는 '추행행위'에는 '강간·준강간' 및 '유사강간·준유사강간'에 해당하는 행위는 포함되지 않으며, 유형력 행사의 대소강약이 문제되지 않는 '기습추행'이 포함되는 등 그 행위 유형이 다양하다. 이처럼 주거침입죄와 강제추행·준강제추행죄는 모두 행위 유형이 매우 다양한바, 이들이 결합된다고 하여 행위 태양의 다양성이 사라지는 것은 아니므로, 그 법정형의 폭은 개별적으로 각 행위의 불법성에 맞는 처벌을 할 수 있는 범위로 정할 필요가 있다. 심판대상조항은 법정형의 하한을 '징역 5년'으로 정하였던 2020. 5. 19. 개정 이전의 구 성폭력처벌법 제3조 제1항과 달리 그 하한을 '징역 7년'으로 정함으로써, 주거침입의 기회에 행해진 강제추행 또는 준강제추행의 경우에는 다른 법률상 감경사유가 없는 한 법관이 정상참작감경을 하더라도 집행유예를 선고할 수 없도록 하였다. 이에 따라 주거침입의 기회에 행해진 강제추행 또는 준강제추행의 불법과 책임의 정도가 아무리 경미한 경우라고 하더라도, 다른 법률상 감경사유가 없으면 일률적으로 징역 3년 6월 이상의 중형에 처할 수밖에 없게 되어, 형벌개별화의 가능성이 극도로 제한된다. 주거침입죄를 범한 사람이 그 기회에 성폭력범죄를 행하는 경우는 전반적으로 불법과 책임이 중하게 평가되고, 강제추행 또는 준강제추행의 행위 중에서도 강간이나 유사강간을 한 경우 못지않게 죄질이 나쁜 경우가 있을 수도 있다. 이에 심판대상조항은 법정형의 '상한'을 무기징역으

성의 원칙에 위배된다.

하지만 ① 위계 또는 위력을 사용하여 여자 청소년을 간음한 자에 대한 법정형을 여자 청소년을 강간한 자에 대한 법정형과 동일하게 정한 경우[1], ② 특수강도죄를 범한 자가 강간죄를 범한 경우와 강제추행죄를 범한 경우를 구별하지 않고 법정형을 동일하게 규정한 경우[2], ③ 특정강력범죄로 형을 선고받아 그 집행을 종료하거나 면제받은 후 비교적 짧은 기간이라 할 수 있는 3년 이내에 다시 특정강력범죄를 범한 경우 그 죄에 정한 형의 장기뿐만 아니라 단기의 2배까지 가중하여 처벌하도록 규정한 경우[3], ④ 구 국회에서의 증언·감정 등에 관한 법률 제14조 제1항이 "이 법에 의하여 선서한 증인 또는 감정인이 허위의 진술이나 감정을 한 때에는 1년 이상 10년 이하의 징역에 처한다."라고 하여 형법상 위증죄의 법정형보다 높게 규정한 경우[4], ⑤ 공직선거법 제268조 제1항 본문은 선거범죄의 공소시효에 관하여, 선거일 전의 범죄에 대해서는 법적 안정성을 우선적으로 고려하여 개별적인 범죄 일시와 관계없이 일률적으로 '당해 선거일 후 6월'로 규정하면서도 선거일 후의 범죄에 대해서는 '그 행위가 있는 날부터 6월'로 규정한 경우[5], ⑥ 성폭력처벌법 제3조 제1항 가운데 야간주거침입절도미수범의 준강제추행죄의 법정형을 무기징역 또는 7년 이상의 징역으로 정한 경우[6], ⑦ 특정범죄가중법 제5조의13(어린이 보호구역에서 어린이 치사상의 가중처벌)에서 자동차등의 운전자가 도로교통법 제12조 제3항에 따른 어린이 보호구역에서 같은 조 제1항에 따른 조치를 준수하고 어린이의 안전에 유의하면서 운전하여야 할 의무를 위반하여 어린이(13세 미만인 사람을 말한다. 이하 같다)에게 「교통사고처리 특례법」 제3조 제1항의 죄를 범한 경우, 어린이를 사망에 이르게 한 경우에는 무기 또는 3년 이상의 징역에 처하고, 어린이를 상해에 이르게 한 경우에는 1년 이상 15년 이하의 징역 또는 500만원 이상 3천만원 이하의 벌금으로 가중처벌하는 경우[7] 등에 있어서는 적정성의 원칙에 위배되지 아니한다.

로 높게 규정함으로써 불법과 책임이 중대한 경우에는 그에 상응하는 형을 선고할 수 있도록 하고 있다. 그럼에도 불구하고 법정형의 '하한'을 일률적으로 높게 책정하여 경미한 강제추행 또는 준강제추행의 경우까지 모두 엄하게 처벌하는 것은 책임주의에 반한다. 법관의 양형재량은 입법자가 정한 법정형의 범위 내에서 인정되는 것이지만, 법관에게 양형재량을 부여한 취지는 개별 사건에서 범죄행위자의 책임에 상응하는 형벌을 부과하도록 하여 형벌개별화를 실질적으로 구현하도록 하려는 것이다. 그런데 법정형이 과중한 나머지 선고형이 사실상 법정형의 하한에서 1회 감경한 수준의 형량으로 수렴된다면, 이는 실질적으로 형벌이 구체적인 책임에 맞게 개별화되는 것이 아니라 획일화되는 결과를 야기할 수 있고, 경우에 따라서는 법관의 양형을 전제로 하는 법정형의 기능이 상실될 수도 있다. 법관의 양형과정을 통한 형벌개별화에 대한 제약이 지나치게 커지면, 법원의 재판뿐만 아니라 수사기관의 수사 등 형사사법절차 전반에 범죄의 성립 범위에 대한 자의적인 법해석과 적용을 유발할 위험이 커진다는 점도 고려할 필요가 있다. 집행유예는 재범의 방지라는 특별예방의 측면에서 운용되는 대표적인 제도인데, 심판대상조항은 경미한 주거침입강제추행·준강제추행죄를 범한 경우에도 이러한 제도를 활용하여 특별예방효과를 제고할 수 있는 가능성을 극도로 제약하고 있다).

1) 대법원 2007. 8. 23. 선고 2007도4818 판결.
2) 대법원 2007. 2. 8. 선고 2006도7882 판결.
3) 대법원 2006. 5. 26. 선고 2006도1640 판결.
4) 대법원 2012. 10. 25. 선고 2009도13197 판결.
5) 대법원 2012. 9. 27. 선고 2012도4637 판결(서울시교육감후보단일화사건).
6) 헌법재판소 2023. 2. 23. 선고 2022헌가2 결정('야간주거침입절도미수준강제추행죄'의 기본범죄인 준강제추행죄에 있어 추행으로 인정되는 행위 유형의 범위가 넓다고 하더라도 가중적 구성요건인 야간주거침입절도행위의 죄질과 불법성이 중대하고, 단순 주거침입에 비하여 범행의 동기와 정황이 제한적이며, 야간주거침입절도의 기회에 성범죄에 이르게 된 동기의 비난가능성이 현저히 큰 점 등을 고려할 때, 주거침입준강제추행죄의 경우와 달리 위와 같은 법정형을 규정한 것은 책임과 형벌의 비례원칙을 준수하였으며, 형벌체계상 정당성이나 균형성에도 부합한다).
7) 헌법재판소 2023. 2. 23. 선고 2020헌마460 결정(본죄는 운전자가 어린이 보호구역에서 제한속도를 준수하고 어

제 3 장   형법의 적용범위

제 1 절   형법의 시간적 적용범위

Ⅰ. 행위시법주의

1. 의 의

범죄의 성립과 처벌은 행위 시의 법률에 따른다(제1조 제1항). '행위시법주의'(舊法主義)란 행위시와 재판시의 처벌법규가 상이할 경우에 행위시의 법률을 적용해야 한다는 원칙을 말한다. 이와 같이 형법의 시간적 적용범위에 관해서는 원칙적으로 행위시법주의가 적용되는데, 이는 사후입법에 의한 처벌 및 형의 가중을 금지하는 것을 내용으로 하는 소급효금지의 원칙이 적용됨을 의미한다.

린이 안전에 유의하면서 운전하도록 함으로써 교통사고의 위험으로부터 어린이를 보호하기 위한 것이다. 우리나라는 보행 중 사망자의 비율 및 인구 10만 명당 보행 중 사망자 수가 매우 높은 편에 속하고, 어린이 보호구역에서의 교통사고가 지속적으로 발생하고 있는 등 아직도 후진적인 차량 중심의 문화에서 벗어나지 못하고 있다. 따라서 어린이의 통행이 빈번한 초등학교 인근 등 제한된 구역을 중심으로 어린이 보호구역을 설치하고 엄격한 주의의무를 부과하여 위반자를 엄하게 처벌하는 것은 어린이에 대한 교통사고 예방과 보호를 위해 불가피한 조치이다. 본죄에 의할 때 어린이 상해의 경우 법정형이 징역 1년 이상 15년 이하 또는 500만 원 이상 3천만 원 이하의 벌금으로 규정되어 죄질이 가벼운 위반행위에 대하여 벌금형을 선택한 경우는 작량감경을 통하여, 징역형을 선택한 경우는 작량감경을 하지 않고도 집행유예를 선고할 수 있음은 물론, 선고유예를 하는 것도 가능하다. 어린이 사망의 경우 법정형이 무기 또는 3년 이상의 징역형으로 규정되어 있지만, 법관이 작량감경을 하지 않더라도 징역형의 집행유예를 선고하는 것은 가능하다. 따라서 운전자의 주의의무 위반의 내용 및 정도와 어린이가 입은 피해의 정도가 다양하여 불법성 및 비난가능성에 차이가 있다고 하더라도, 이는 법관의 양형으로 충분히 극복될 수 있는 범위 내의 것이다. 교통정온화 기법이나 불법 주·정차 단속을 강화하는 등의 방안들이 제도화된다고 하더라도 운전자가 주의의무를 위반하여 운전한다면 어린이 교통사고는 계속해서 발생할 것이다. 따라서 반드시 비형벌적인 수단이 선행적으로 도입되고 실행된 이후에 그 효과 없음이 입증된 경우에만 형벌의 강화가 정당화된다고 볼 수는 없다. 운전자가 어린이 보호구역에서 높은 주의를 기울여야 하고 운행의 방식을 제한받는 데 따른 불이익보다, 주의의무를 위반한 운전자를 가중처벌하여 어린이가 교통사고의 위험으로부터 벗어나 안전하고 건강한 생활을 영위하도록 함으로써 얻게 되는 공익이 크다). 이에 반하여 재판관 이은애는 다음과 같은 반대의견을 제시하였다. 어린이 보호구역에서의 교통사고는 신호위반 등 운전자의 명백한 위법행위로 인해 발생하기도 하지만, 어린이의 갑작스러운 도로 횡단 또는 주변에 불법 주·정차된 차량 등으로 인한 운전자의 경미한 과실에 의해서도 발생할 수 있다. 이처럼 어린이 보호구역에서 주의의무를 위반하여 어린이를 상해나 사망에 이르게 한 경우라고 하더라도 죄질을 일률적으로 평가하기 어려운 다양한 위반행위의 유형이 있고 그 경중의 폭이 넓으므로, 책임주의원칙에 따라 그에 대한 법정형의 폭도 법관이 각 행위의 개별성에 맞추어 형을 선고할 수 있도록 설정되어야 한다. 과실범인 운전자에 대한 지나친 형벌의 강화는 운전자의 경각심을 높여 사고를 예방하는 일반예방적 효과보다는 오히려 운이 없어 처벌받게 되었다는 부정적인 인식을 확산시킬 우려가 있고, 운전자의 재사회화를 촉진하는 특별예방적 효과를 기대하기도 어렵다.

2. 행위시의 결정

(1) 행위시의 판단기준

범죄의 성립과 처벌은 행위시의 법률에 따른다고 할 때의 '행위시'란 '범죄행위의 종료시'를 말한다. 그러므로 포괄일죄로 되는 개개의 범죄행위가 법 개정의 전후에 걸쳐서 행하여진 경우에는 신·구법의 법정형에 대한 경중을 비교하여 볼 필요도 없이 범죄 실행 종료시의 법이라고 할 수 있는 신법을 적용하여 포괄일죄로 처단하여야 한다.[1]

일반적으로 계속범의 경우 실행행위가 종료되는 시점에서의 법률이 적용되어야 할 것이지만, 법률이 개정되면서 그 부칙에서 "개정된 법 시행 전의 행위에 대한 벌칙의 적용에 있어서는 종전의 규정에 의한다."는 경과규정을 두고 있는 경우 개정된 법이 시행되기 전의 행위에 대해서는 개정 전의 법을, 그 이후의 행위에 대해서는 개정된 법을 각각 적용하여야 한다.[2] 하지만 개정된 법이 시행된 이후에도 법 위반 범행이 계속된 경우에는 포괄일죄로 되는 개개의 범죄행위가 법 개정 전후에 걸쳐서 행하여진 경우 그 범죄실행 종료시의 법이라고 할 수 있는 신법을 적용하여 포괄일죄로 처단하여야 한다.[3]

판례에 의하면, ① 2008. 12. 26. 법률 제9169호로 개정·시행된 특정범죄가중처벌법은 제2조 제2항에서 "형법 제129조, 제130조 또는 제132조에 규정된 죄를 범한 자는 그 죄에 대하여 정한 형(제1항의 경우를 포함한다)에 수뢰액의 2배 이상 5배 이하의 벌금을 병과한다."라고 규정하여 뇌물수수죄 등에 대하여 종전에 없던 벌금형을 필요적으로 병과하도록 하고 있는데, 포괄일죄인 뇌물수수 범행이 위 신설 규정의 시행 전후에 걸쳐 행하여진 경우 특정범죄가중처벌법 제2조 제2항에 규정된 벌금형 산정 기준이 되는 수뢰액은 위 규정이 신설된 2008. 12. 26. 이후에 수수한 금액으로 한정된다.[4]

② 1993. 3. 10.의 변호사법 개정으로 비로소 일반의 법률사건에 관한 화해관여행위가 처벌대상이 되었고, 피고인의 사건수임계약 체결과 화해관여행위가 변호사법의 개정 이전에 착수된 것이라고 하더라도 그와 같은 관여행위가 법률개정 이후에 종료된 것이라면 피고인을 변호사법 위반으로 의율한 원심의 조처가 잘못이라고 할 수 없다.[5]

③ 수질환경보전법이 시행된 1991. 2. 1. 전후에 걸쳐 계속되다가 1991. 3. 20.에 종료된 수질오염물질 배출행위는 같은 법 부칙 제15조가 규정하고 있는 '이 법 시행 전에 행한 종전의 환경보전법 위반행위'라고 볼 수 없으므로 그 행위가 종료된 때에 시행되고 있는 수질환경보전법을 적용한 것은 행위시법주의와 법률불소급의 원칙에 반하지 아니한다.[6]

---

1) 대법원 2022. 9. 16. 선고 2019도19067 판결; 대법원 2009. 4. 9. 선고 2009도321 판결; 대법원 1998. 2. 24. 선고 97도183 판결.
2) 대법원 2001. 9. 25. 선고 2001도3990 판결.
3) 대법원 2009. 9. 10. 선고 2009도5075 판결; 대법원 1994. 10. 28. 선고 93도1166 판결; 대법원 1986. 7. 22. 선고 86도1012 전원합의체 판결.
4) 대법원 2011. 6. 10. 선고 2011도4260 판결.
5) 대법원 1994. 5. 10. 선고 94도563 판결.
6) 대법원 1992. 12. 8. 선고 92도407 판결.

④ 포괄일죄에 관한 기존 처벌법규에 대하여 그 표현이나 형량과 관련한 개정을 하는 경우가 아니라 애초에 죄가 되지 아니하던 행위를 구성요건의 신설로 포괄일죄의 처벌대상으로 삼는 경우에는 신설된 포괄일죄 처벌법규가 시행되기 이전의 행위에 대하여는 신설된 법규를 적용하여 처벌할 수 없다. 이는 신설된 처벌법규가 상습범을 처벌하는 구성요건인 경우에도 마찬가지라고 할 것이므로, 구성요건이 신설된 상습강제추행죄가 시행되기 이전의 범행은 상습강제추행죄로는 처벌할 수 없고 행위시법에 기초하여 강제추행죄로 처벌할 수 있을 뿐이며, 이 경우 그 소추요건도 상습강제추행죄에 관한 것이 아니라 강제추행죄에 관한 것이 구비되어야 한다.[1]

(2) 범죄행위 종료시와 결과발생시 사이의 법률변경

제1조 제1항에서 말하는 행위시는 범죄행위 종료시를 의미하는데, 여기서 범죄행위의 종료시에 결과발생시가 과연 포함되는지 여부가 문제된다. 이에 대하여 판례는「공소시효의 기산점에 관하여 규정한 형사소송법 제252조 제1항에 정한 '범죄행위'에는 당해 범죄행위의 결과까지도 포함하는 취지로 해석함이 상당하므로, 교량붕괴사고에 있어 업무상 과실치사상죄, 업무상 과실일반교통방해죄 및 업무상 과실자동차추락죄의 공소시효도 교량붕괴사고로 인하여 피해자들이 사상에 이른 결과가 발생함으로써 그 범죄행위가 종료한 때로부터 진행한다고 보아야 한다.」라고 판시[2]하고 있다.

Ⅱ. 재판시법주의

1. 의 의

'재판시법주의'(新法主義)란 행위시와 재판시의 처벌법규가 상이할 경우에 재판시의 법률을 적용해야 한다는 원칙을 말한다. 이와 같이 행위자에게 유리한 경우에 신법의 소급효를 인정하는 것은 죄형법정주의에 반하지 아니한다. 왜냐하면 피고인에게 유리한 신법의 소급효를 인정하더라도 행위시법주의가 추구하는 법적 안정성이 침해되지 않기 때문이다.

2. 제1조 제2항의 내용

(1) 범죄 후 법률의 변경

범죄 후 법률이 변경되어 그 행위가 범죄를 구성하지 아니하게 되거나 형이 구법(舊法)보다 가벼워진 경우에는 신법(新法)에 따른다(제1조 제2항). 여기서 '범죄 후'란 실행행위의 종료 후 재판확정 전을 말하고, '법률의 변경'이란 법률의 개정 또는 폐지를 말한다. 하지만 누설한 군사기밀사항이 누설행위 이후 평문으로 저하되었거나 군사기밀이 해제되었다고 하더라도 이를 법률의 변경으로 볼 수 없으므로 재판시법 적용의 여부가 문제될 여지는 없다.[3]

---

1) 대법원 2016. 1. 28. 선고 2015도15669 판결.
2) 대법원 1997. 11. 28. 선고 97도1740 판결(성수대교붕괴사건).

한편 형법 제1조 제2항 및 제8조에 의하면 범죄 후 법률의 변경에 의하여 형이 구법보다 가벼워진 경우에는 신법에 따른다고 규정하고 있으나 신법에 경과규정을 두어 이러한 신법의 적용을 배제하는 것도 허용된다. 그러므로 형을 종전보다 가볍게 형벌법규를 개정하면서 그 부칙으로 개정된 법의 시행 전의 범죄에 대하여 종전의 형벌법규를 적용하도록 규정한다고 하여 신법우선주의에 반한다고 할 수 없다.[1] 또한 범죄 후 법률의 개정에 의하여 법정형이 가벼워진 경우에는 형법 제1조 제2항에 의하여 해당 범죄사실에 적용될 가벼운 법정형(신법의 법정형)이 공소시효기간의 기준이 된다.[2]

(2) 범죄를 구성하지 아니하는 경우

이 경우 공소제기가 있으면 법원은 면소판결을 한다(형사소송법 제326조 제4호). 하지만 (구)사회보호법에 규정된 보호감호처분은 형이 아니므로, '범죄 후의 법령개폐로 형이 폐지되었을 때'에는 판결로써 면소의 선고를 하도록 규정한 형사소송법 제326조 제4호가 보호감호처분에는 적용될 여지가 없다.[3]

(3) 형이 구법보다 가벼워진 경우

형의 경중은 형법 제50조를 기준으로 한다. 형의 경중의 비교는 원칙적으로 법정형을 표준으로 할 것이지 처단형이나 선고형에 의할 것이 아니며, 법정형 중 병과형 또는 선택형이 있을 때에는 이 중 가장 중한 형을 기준으로 하여 다른 형과 경중을 정하는 것이 원칙이다.[4] 하지만 개정 전후를 통하여 형의 경중이 없으면 행위시법인 개정 전의 법률의 해당 조항을 적용하여야 한다.[5]

---

3) 대법원 2000. 1. 28. 선고 99도4022 판결.

1) 대법원 1999. 7. 9. 선고 99도1695 판결. 同旨 대법원 2008. 10. 23. 선고 2008도8090 판결(제1심은 피고인을 구 소년법(2007. 12. 21. 법률 제8722호로 개정되기 전의 것) 제2조에 의한 소년으로 인정하여 구 소년법 제60조 제1항에 의하여 부정기형을 선고하였고, 이에 대하여 피고인이 양형부당을 이유로 항소하였으나 원심은 피고인의 항소를 기각하여 제1심판결을 유지하였다. 그런데 위와 같이 법률 제8722호로 개정된 소년법이 같은 법 부칙 제1조에 정한 대로 2008. 6. 22.부터 시행된바, 개정 소년법 제2조에 의하여 '소년'의 정의가 '20세 미만'에서 '19세 미만'으로 개정되었고, 그 규정은 같은 법 부칙 제2조에 따라 같은 법 시행 당시 심리 중에 있는 형사사건인 이 사건에 관하여도 적용되며, 한편 피고인은 1989. 2. 10.생으로 원심판결 선고일인 2008. 8. 22.에 이미 19세에 달하였음이 기록상 명백하다. 결국 피고인은 개정 소년법 제2조의 소년에 해당하지 않으므로, 피고인에 대하여 부정기형을 선고한 제1심판결을 파기하고 정기형을 선고하는 조치를 취하지 아니한 원심에는 소년법 제2조의 소년에 관한 법리를 오해하여 판결에 영향을 미친 위법이 있다).

2) 대법원 2008. 12. 11. 선고 2008도4376 판결.

3) 대법원 1991. 8. 13. 선고 91감도72 판결.

4) 대법원 1992. 11. 13. 선고 92도2194 판결; 대법원 1983. 11. 8. 선고 83도2499 판결(행위시에 시행된 구 변호사법 제54조에 규정된 형은 3년 이하의 징역이고 재판시법인 현행 변호사법 제78조에 규정된 형은 5년 이하의 징역 또는 1천만원 이하의 벌금인 경우, 법정형의 경중을 비교함에 있어서 법정형 중 병과형 또는 선택형이 있을 때에는 이 중 가장 중한 형을 기준으로 하여 다른 형과 경중을 정하는 것이 원칙이므로 재판시법인 변호사법 제78조 소정의 징역형과 벌금형 중 중한 징역형을 기준으로 하여 행위시법인 구 변호사법 제54조 소정형인 징역형과 비교하여 보면 장기가 짧은 구 변호사법의 형이 가벼운 것임은 더 말할 것도 없다).

5) 대법원 2011. 4. 14. 선고 2010도15626 판결; 대법원 1992. 6. 23. 선고 92도954 판결; 대법원 1991. 10. 8. 선고 91도1911 판결.

한편 범죄행위시와 재판시 사이에 여러 차례 법령이 개정되어 형의 변경이 있는 경우에는 이 점에 관한 당사자의 주장이 없더라도 형법 제1조 제2항에 의하여 직권으로 그 전부의 법령을 비교하여 그 중 가장 형이 가벼운 법령을 적용하여야 한다.[1]

3. 제1조 제3항의 내용

재판이 확정된 후 법률이 변경되어 그 행위가 범죄를 구성하지 아니하게 된 경우에는 형의 집행을 면제한다(제1조 제3항). 여기서 '재판이 확정된 후'란 재판이 통상의 불복신청방법으로 다툴 수 없게 되고, 그 재판의 내용을 변경할 수 없는 상태에 이른 후를 말한다. 제1조 제3항에 해당할 경우에는 형의 집행을 면제한다. 그러나 유죄판결 그 자체는 유효하므로 누범전과가 된다. 한편 재판확정 후 형이 가벼워지는 변경이 있는 경우에는 종전의 형을 그대로 집행한다.

4. 한시법

(1) 개 념

'한시법'(限時法)이란 미리 일정한 유효기간이 명시된 법률이나 형벌법규의 폐지 이전에 유효기간이 정해진 법률을 의미한다. 예를 들면 「폐광지역 개발 지원에 관한 특별법」 부칙 제1조 제2항에서 "(적용시한) 이 법은 2045년 12월 31일까지 효력을 가진다."라고 규정하고 있는 것이 이에 해당한다. 이와 같은 협의의 한시법 이외에 법령의 내용이나 목적이 일시적인 특수한 사정에 대처하기 위한 임시법도 한시법에 포함된다.

(2) 한시법의 추급효 문제

한시법의 유효기간 중의 위반행위에 대해서 그 유효기간이 경과한 후에도 처벌할 수 있는가, 즉 추급효를 인정할 수 있는지 여부가 문제된다. 여기서 '추급효'(追及效)란 재판시 이전에 존재하였지만 재판시에는 폐지된 법이 재판시에도 효력을 발생하는 것을 말한다. 이는 추급효를 인정하는 명문의 규정이 있으면 당연히 추급효가 인정되므로, 그러한 명문규정이 없는 경우에만 발생하는 문제이다.

한시법의 추급효를 인정할 것인지 여부와 관련하여, ① 법규범은 행위규범 또는 의사결정규범인데 행위 당시의 금지법규가 있음에도 불구하고 그것을 위반한 행위는 유효기간이 경과하더라도 처벌해야 한다는 점, 추급효를 인정하지 않는다면 한시법의 유효기간의 종료가 근접할수록 위반행위가 속출하게 되어 입법자가 한시법의 유효기간을 필요 이상으로 연장할 수 있다는 점 등을 논거로 하는 적극설, ② 특별한 규정이 없음에도 불구하고 한시법의 추급효를 인정하는 것은 죄형법정주의에 위배된다는 점, 유효기간의 종료가 가까워질수록 위반행위가 늘어나는 것은 한시법의 특성상 자연스러운 점이라는 점, 한시법의 효력상실도 법률의 변경에 해당

---

1) 대법원 2012. 9. 13. 선고 2012도7760 판결; 대법원 1968. 12. 17. 선고 68도1324 판결.

하므로 피고인의 이익을 위하여 제1조 제2항을 적용해야 한다는 점 등을 논거로 하는 소극설 등의 대립이 있다.

이에 대하여 판례는「법령 제정 당시부터 또는 폐지 이전에 스스로 유효기간을 구체적인 일자나 기간으로 특정하여 효력의 상실을 예정하고 있던 법령이 그 유효기간을 경과함으로써 더 이상 효력을 갖지 않게 된 경우도 형법 제1조 제2항과 형사소송법 제326조 제4호의 적용 대상인 법령의 변경에 해당한다고 볼 수 없다. 이러한 법령 자체가 명시적으로 예정한 유효기간의 경과에 따른 효력 상실은 일반적인 법령의 개정이나 폐지 등과 같이 애초의 법령이 변경되었다고 보기 어렵고, 어떠한 형사법적 관점의 변화 내지 형사처벌에 관한 규범적 가치판단의 변경에 근거하였다고 볼 수도 없다. 유효기간을 명시한 입법자의 의사를 보더라도 유효기간 경과 후에 형사처벌 등의 제재가 유지되지 않는다면 유효기간 내에도 법령의 규범력과 실효성을 확보하기 어려울 것이므로, 특별한 사정이 없는 한 유효기간 경과 전의 법령 위반행위는 유효기간 경과 후에도 그대로 처벌하려는 취지라고 보는 것이 합리적이다.」라고 판시[1]하여, 적극설의 입장을 취하고 있다.

생각건대 재판시에 처벌법규가 존재하지 않음에도 불구하고 행위자를 처벌하는 것은 죄형법정주의에 위배되므로 소극설이 타당하다. 만약 한시법의 유효기간이 다가올수록 위반행위가 급증한다면 그 유효기간의 연장을 통하여 입법적으로 충분히 해결이 가능하므로, 피고인에게 불리한 해석을 통하여 이를 해결하는 방식은 지양되어야 한다.

5. 동기설

(1) 기존의 논의

'동기설'(動機設)이란 구법이 신법으로 변경된 동기가 어떠한 것인가에 따라 신법의 적용 여부를 결정하자는 이론을 말한다. 이에 따라 법률변경의 동기가 법률이념의 변경에 따라 종래의 처벌 그 자체가 부당하였다는 반성적 고려에서 기인한 것이라면 피고인에게 유리한 신법을 적용하지만, 이와는 반대로 법률변경의 동기가 단순한 사실관계의 변경인 경우에는 피고인에게 불리한 구법을 적용한다.

---

1) 대법원 2022. 12. 22. 선고 2020도16420 전원합의체 판결. 同旨 대법원 1988. 3. 22. 선고 87도2678 판결(부동산소유권이전등기등에관한특별조치법이 1985.1.1부터 폐지된 법률임은 소론과 같으나 이 법은 부동산등기법에 의하여 등기하여야 할 부동산으로서 그 소유권보존등기가 되어 있지 아니하거나 등기부기재가 실제 권리관계와 일치하지 아니하는 부동산을 간이한 절차에 의하여 등기할 수 있게 함을 목적으로 하여 한시적으로 제정된 것이어서 그 폐지는 위 법 제정의 이유가 된 법률이념의 변경에 따라 종래의 처벌 그 자체가 부당하였다는 반성적 고려에서 기인한 것이 아니라 그 제정목적을 다하여 위 법을 존속시킬 필요성이 없다는 고려에서 폐지된 것이므로 위 법 시행 당시에 행하여진 위반행위에 대한 가벌성을 소멸시킬 이유가 없어 위 법시행기간 중의 위반행위는 그 폐지 후에도 행위 당시에 시행되던 위 법에 따라 처벌되어야 할 것이고, 더우기나 위 법의 부칙 규정에 의하면 위 법이 1984.12.31까지 효력을 가진다고 규정하는 한편 위 법 시행 중에 이 사건과 같은 제13조의 죄를 범한 자에 대하여는 위 법의 유효기간 경과 후에도 위 법을 적용한다고 규정하고 있는 바이므로 원심이 이 사건 부동산소유권이전등기등에관한특별조치법 위반의 점에 관하여 위 법 제13조를 적용하여 피고인을 유죄로 인정한 조치는 정당하다).

즉 형법 제1조 제2항의 규정은 형벌법령 제정의 이유가 된 법률이념의 변천에 따라 과거에 범죄로 보던 행위에 대하여 그 평가가 달라져 이를 범죄로 인정하고 처벌한 그 자체가 부당하였다거나 과형이 과중하였다는 반성적 고려에서 법령을 개폐하였을 경우에 적용하여야 할 것이고, 이와 같은 법률이념의 변경에 의한 것이 아닌 다른 사정의 변천에 따라 그 때 그 때의 특수한 필요에 대처하기 위하여 법령을 개폐하는 경우에는 이미 그 전에 성립한 위법행위를 현재에 관찰하여도 행위 당시의 행위로서는 가벌성이 있는 것이어서 그 법령이 개폐되었다고 하더라도 그에 대한 형이 폐지된 것이라고는 할 수 없다는 것이다.

생각건대 동기설에 의하면 법률의 변경원인이 법률이념의 변경인지 사실관계의 변경인지에 대한 명백한 기준이 없어서 법적 안정성을 해친다. 또한 동기설은 독일 형법 제2조 제4항[1]의 해석론에서 유래한 것이다. 동 규정은 한시법의 추급효를 전면적으로 인정하고 있는데, 이로 인한 형벌권의 확장을 줄이기 위해 해석으로 사실관계의 변경으로 인한 변경인 경우에만 추급효를 인정하자는 것이다. 즉 독일 형법상의 동기설은 피고인에게 유리한 축소해석인 반면에, 우리나라의 동기설은 피고인에게 불리한 축소해석에 해당한다. 결국 동기설은 외국의 형법해석을 무비판적으로 수용한 과오이므로 궁극적으로는 폐기되어야 할 이론이다.

기존의 판례에 의하면, ① 구 특정범죄가중법 제5조의2 제4항이 "형법 제288조·제289조 또는 제292조 제1항의 죄를 범한 사람은 무기 또는 5년 이상의 징역에 처한다."라고 규정하고, 구 형법 제288조 제1항이 "추행, 간음 또는 영리의 목적으로 사람을 약취 또는 유인한 자는 1년 이상의 유기징역에 처한다."라고 규정하였던 것을, 개정된 특정범죄가중처벌법에는 제5조의2 제4항이 삭제되고, 개정된 형법 제288조 제1항은 "추행, 간음, 결혼 또는 영리의 목적으로 사람을 약취 또는 유인한 사람은 1년 이상 10년 이하의 징역에 처한다."라고 규정한 경우[2], ② 법정형으로 징역형만 규정하고 있던 구 형법 제324조(강요죄)가 개정되어 벌금형이 추가된 경우[3], ③ 구 군형법 제79조에서 "허가 없이 근무장소 또는 지정장소를 일시이탈하거나 지정한 시간 내에 지정한 장소에 도달하지 못한 자는 1년 이하의 징역이나 금고에 처한다."라고 규정하였으나, 개정 군형법 제79조는 "허가 없이 근무장소 또는 지정장소를 일시적으로 이탈하거나 지정한 시간까지 지정한 장소에 도달하지 못한 사람은 1년 이하의 징역이나 금고 또는 300만원 이하의 벌금에 처한다."라고 규정한 경우[4], ④ 정당한 사유 없이 명시기일에 출석하지 아니한 사람에 대하여 3년 이하의 징역 또는 500만원 이하의 벌금에 처하도록 규정하고 있던 구 민사소송법 제524조의8 제1항이 2002. 7. 1.부터 시행된 민사집행법 제68조 제1항 제1호에서 법원의 결정으로 20일 이내의 감치에 처하는 것으로 개정된 경우[5], ⑤ 2016. 1. 6. 법률 제13717호로 개정된 특정범죄가중처벌법 제5조의4 제

---

1) 독일 형법 제2조 제4항에서는 "일정한 기간을 정하여 공포된 법률은 그 법률이 실효된 후에도 그 효력의 존속 중에 이루어진 범죄행위에 대하여 적용한다. 다만 법률이 달리 규정하고 있는 때에는 그러하지 아니하다."라고 규정하고 있다.

2) 대법원 2013. 8. 14. 선고 2013도6660 판결; 대법원 2013. 7. 11. 선고 2013도4862 판결.

3) 대법원 2016. 6. 23. 선고 2016도1473 판결; 대법원 2016. 3. 24. 선고 2016도836 판결.

4) 대법원 2010. 3. 11. 선고 2009도12930 판결.

5) 대법원 2002. 9. 24. 선고 2002도4300 판결.

5항에서 누범으로 처벌하는 경우에는 같은 항 각 호의 구분에 따라 가중처벌하도록 규정하면서, 제1호에서 형법 제329조부터 제331조까지의 죄나 그 미수죄를 범한 경우에 기존 무기 또는 3년 이상의 징역에서 2년 이상 20년 이하의 징역에 처하도록 규정하여 법정형을 변경한 경우[1], ⑥ 구 의료법이 약효에 관한 광고를 허용하고 그에 대한 벌칙조항을 삭제하면서 부칙에 그 시행 전의 약효에 관한 광고행위에 대한 벌칙의 적용에 관하여 아무런 경과규정을 두지 않은 경우[2], ⑦ 개정된 정치자금법이 전년도 이월금을 연간 모금한도액에서 제외한 경우[3], ⑧ 구 교원노조법이 2021. 1. 5. 법률 제17861호로 개정되면서 제2조 단서가 삭제되고, 법상 '교원' 뿐만 아니라 '교원으로 임용되어 근무하였던 사람으로서 노동조합 규약으로 정하는 사람'도 교원 노동조합에 가입할 수 있도록 제4조의2가 신설되어 2021. 7. 6. 시행된 경우[4], ⑨ '혼인을 빙자하거나 기타 위계로써 음행의 상습 없는 부녀를 기망하여 간음한 자'를 처벌한 구 형법 제304조가 삭제된 경우[5], ⑩ 구「폭력행위 등 처벌에 관한 법률」 제2조 제1항에서 "상습적으로 다음 각 호의 죄를 범한 사람은 다음의 구분에 따라 처벌한다."라고 규정하면서 그 각 호에서 형법이 정한 폭력범죄들을 열거하고 그에 따른 법정형을 규정하고 있었으나, 2016. 1. 6. 법률 제13718호로 개정에서 제2조 제1항을 삭제하면서 경과규정을 별도로 두지 아니한 경우[6], ⑪ 형법 제257조 제2항의 가중적 구성요건을 규정하고 있던 구「폭력행위 등 처벌에 관한 법률」 제3조 제1항을 삭제하는 대신 같은 구성요건을 형법 제258조의2 제1항(특수상해죄)에 신설하면서 법정형을 구「폭력행위 등 처벌에 관한 법률」 제3조 제1항보다 낮게 규정한 경우[7] 등에 있어서는 법률이념의 변천에 따라 범죄로 보거나 가중처벌하도록 한 종전의 조치가 과중하다는 데에서 나온 반성적 조치라고 보아야 할 것이어서, 이는 형법 제1조 제2항의 '범죄 후 법률이 변경되어 그 행위가 범죄를 구성하지 아니하게 되거나 형이 구법(舊法)보다 가벼워진 경우'에 해당한다.

하지만 ① 범죄행위 당시 식품에 첨가물로 사용하는 것이 허용되지 않았던 염화메틸렌과 흑색산화철이 '건강기능식품에 관한 법률' 및 이에 의하여 고시된 '건강기능식품의 기준 및 규격' 등에 의하여 건강기능식품에 한하여 그 사용이 가능하도록 법률이 변경된 경우[8], ② 일정한 금원대여결정에 대한 법인의 신고의무를 규정한 '유가증권의 발행 및 공시 등에 관한 규정' 제69조 제1항 제4호 (나)목의 삭제한 경우[9], ③ 외국환거래규정의 개정으로 인하여 거주자가 수출대금의 영수를 위하여 외국통화표시수표를 휴

---

1) 대법원 2016. 2. 18. 선고 2015도17848 판결.

2) 대법원 2009. 2. 26. 선고 2006도9311 판결.

3) 대법원 2010. 7. 15. 선고 2007도7523 판결.

4) 대법원 2021. 12. 30. 선고 2017도15175 판결(이 사건 시정명령은 해직 교원에게 조합원 자격을 인정하는 피고인 노동조합의 규약이 구 교원노조법 제2조에 위반된다는 이유로 이를 시정하라는 취지로서, 그 처분사유의 근거법령으로 구 교원노조법 제2조를 적시하고 있었다. 그런데 그 후 이 사건 법률 개정에 따라 구 교원노조법 제2조 단서가 삭제되고 제4조의2가 신설됨으로써 종전까지 금지하던 해직 교원의 교원 노동조합 가입을 허용하는 것으로 법령이 변경되었다. 따라서 이 사건 시정명령은 그 처분사유의 법령상 근거를 유지할 수 없게 되었고, 이 사건 시정명령을 통하여 달성하고자 하는 행정목적도 더 이상 존재하지 않게 되었다).

5) 대법원 2014. 4. 24. 선고 2012도14253 판결.

6) 대법원 2016. 3. 10. 선고 2015도19258 판결; 대법원 2016. 2. 18. 선고 2015도18636 판결.

7) 대법원 2016. 3. 24. 선고 2016도1131 판결; 대법원 2016. 1. 28. 선고 2015도17907 판결(피고인이 위험한 물건인 자동차를 이용하여 피해자에게 상해를 가한 행위는 형법 제1조 제2항에 따라 행위시법인 구 폭력행위처벌법의 규정에 의해 가중 처벌할 수 없고 신법인 형법 제258조의2 제1항으로 처벌할 수 있을 뿐이므로, 구 폭력행위처벌법의 규정을 적용한 원심판결은 더 이상 유지할 수 없게 되었다); 대법원 2016. 1. 28. 선고 2015도18280 판결.

8) 대법원 2005. 12. 23. 선고 2005도747 판결.

9) 대법원 2010. 6. 24. 선고 2007도9051 판결.

대수입 이외의 방법으로 수입하는 경우에 한국은행 총재의 허가를 받을 필요가 없게 된 경우[1], ④ 구 부동산중개업법 제6조 제2항, 동법 시행령 제8조 제1항에 의하여 부동산중개업자가 둘 수 있는 중개보조원의 인원수가 제한되어 있었다가 개정된 법령에 의하여 위의 각 규정들이 삭제됨으로써 부동산중개업자가 인원수의 제한 없이 중개보조원을 고용할 수 있게 된 경우[2], ⑤ 식품위생법 제30조의 규정에 의하여 단란주점의 영업시간을 제한하고 있던 보건복지부 고시가 유효기간 만료로 실효되어 그 영업시간 제한이 해제됨으로써 그 후로는 영업시간제한 위반행위를 더 이상 처벌할 수 없게 된 경우[3], ⑥ 피고인이 영업시간제한 위반행위를 할 당시에는 식품위생법 제30조, 동법 시행령 제53조, 대구광역시 고시 제1994-22호에 의하여 일반음식점의 영업시간이 05:00에서 24:00으로 제한되어 있었다가 같은 해 9. 14. 위 시행령 제53조가 삭제되고 보건복지부 고시 제1998-52호에서 일반음식점이 영업시간제한 대상업종에서 제외된 경우[4], ⑦ 유해화학물질관리법 제6조 제1항의 신고대상에서 제외되는 화학물질에 관한 환경처 고시가 변경된 경우[5], ⑧ 부동산소유권이전등기등에관한특별조치법이 1985. 1 .1부터 폐지된 경우[6], ⑨ 대통령의 공고에 의하여 계엄법에 따른 계엄령이 선포되고 그 계엄령에 따른 계엄사령관의 계엄포고에 의하여 금지된 행위가 범행 후 대통령 공고로 계엄령이 해제되어 계엄포고문이 그 효력을 상실하게 된 경우[7], ⑩ 공산품품질관리법 제6조 제1항에 의한 공업진흥청의 품질검사 지정상품에 관하여 고시가 변경된 경우[8], ⑪ '납세의무자가 정당한 사유 없이 1회계연도에 3회 이상 체납하는 경우'를 처벌하는 구 조세범 처벌법 제10조가 삭제된 경우[9], ⑫ 한국전기통신공사법을 폐지하고, 공기업의 경영구조개선 및 민영화에 관한 법률에서 한국전기통신공사를 더 이상 정부투자기관관리기본법상의 '정부투자기관'으로 보지 아니하도록 정한 경우[10] 등에 있어서는 그때 그때의 특수한 필요에 대처하기 위한 정책적 조치에 따른 것으로 판단되므로, 개정된 법률이 시행되기 전에 이미 범하여진 위반행위에 대한 가벌성이 소멸되는 것은 아니다.

(2) 판례의 변경

　　형법 제1조 제2항과 형사소송법 제326조 제4호에서 말하는 법령의 변경은 해당 형벌법규에 따른 범죄의 성립 및 처벌과 직접 관련된 것이어야 하고, 이는 결국 해당 형벌법규의 가벌성에 관한 형사법적 관점의 변화를 전제로 한 법령의 변경을 의미하는 것이다.[11] 구성요건을 규정

---

1) 대법원 2005. 1. 14. 선고 2004도5890 판결.
2) 대법원 2000. 8. 18. 선고 2000도2943 판결.
3) 대법원 2000. 6. 9. 선고 2000도764 판결.
4) 대법원 1999. 10. 12. 선고 99도3870 판결.
5) 대법원 1994. 4. 12. 선고 94도221 판결.
6) 대법원 1988. 3. 22. 선고 87도2678 판결(부동산실명제사건).
7) 대법원 1982. 10. 26. 선고 82도1861 판결(계엄포고문사건).
8) 대법원 1989. 4. 25. 선고 88도1993 판결(밀링머신사건).
9) 대법원 2011. 7. 14. 선고 2011도1303 판결.
10) 대법원 1997. 12. 9. 선고 97도2682 판결.
11) 대법원 2022. 12. 22. 선고 2020도16420 전원합의체 판결(이 부분 공소사실과 같이 도로교통법 제44조 제1항 위반 전력이 있는 사람이 다시 술에 취한 상태로 전동킥보드를 운전한 행위는, 이 사건 법률 개정 전에는 구 도로교통법 제148조의2 제1항이 적용되어 2년 이상 5년 이하의 징역이나 1천만 원 이상 2천만 원 이하의 벌금으로 처벌되었으나, 이 사건 법률 개정 후에는 도로교통법 제156조 제11호가 적용되어 20만 원 이하의 벌금이나 구류 또는 과료로 처벌되게 되었다. 이러한 이 사건 법률 개정은 구성요건을 규정한 형벌법규 자체의 개정에 따라 형이

한 형벌법규 자체 또는 그로부터 수권 내지 위임을 받은 법령의 변경에 따라 범죄를 구성하지 아니하게 되거나 형이 가벼워진 경우에는, 당연히 해당 형벌법규에 따른 범죄의 성립 및 처벌과 직접적으로 관련된 형사법적 관점의 변화에 근거한 것으로 인정할 수 있으므로, 형법 제1조 제2항과 형사소송법 제326조 제4호가 그대로 적용된다.

형벌법규가 헌법상 열거된 법규명령이 아닌 고시 등 규정에 구성요건의 일부를 수권 내지 위임한 경우에도 그 고시 등 규정이 위임입법의 한계를 벗어나지 않는 한 모법인 형벌법규와 결합하여 형사처벌의 근거가 되는 것이므로, 고시 등 규정이 변경되는 경우에도 마찬가지로 형법 제1조 제2항과 형사소송법 제326조 제4호에서 말하는 법령의 변경에 해당한다.

그러나 해당 형벌법규 자체 또는 그로부터 수권 내지 위임을 받은 법령이 아닌 다른 법령이 변경되어 결과적으로 해당 형벌법규에 따른 범죄가 성립하지 아니하게 되거나 형이 가벼워진 경우에는, 문제된 법령의 변경이 해당 형벌법규에 따른 범죄의 성립 및 처벌과 직접적으로 관련된 형사법적 관점의 변화를 주된 근거로 하는 것인지 여부를 면밀히 따져 보아야 한다. 해당 형벌법규의 가벌성과 직접적으로 관련된 형사법적 관점의 변화가 있는지 여부는 종래 대법원 판례가 기준으로 삼은 반성적 고려 유무와는 구별되는 것이다. 이는 입법자에게 과거의 처벌이 부당하였다는 반성적 고려가 있었는지 여부를 추단하는 것이 아니라, 법령의 변경이 향후 문제된 형사처벌을 더 이상 하지 않겠다는 취지의 규범적 가치판단을 기초로 한 것인지 여부를 판단하는 것이다. 이는 입법자의 내심의 동기를 탐지하는 것이 아니라, 객관적으로 드러난 사정을 기초로 한 법령해석을 의미한다.

즉 해당 형벌법규에 따른 범죄 성립의 요건과 구조, 형벌법규와 변경된 법령과의 관계, 법령 변경의 내용·경위·보호목적·입법취지 등을 종합적으로 고려하여, 법령의 변경이 해당 형벌법규에 따른 범죄의 성립 및 처벌과 직접적으로 관련된 형사법적 관점의 변화를 주된 근거로 한다고 해석할 수 있을 때 형법 제1조 제2항과 형사소송법 제326조 제4호를 적용할 수 있다. 따라서 해당 형벌법규와 수권 내지 위임관계에 있지 않고 보호목적과 입법취지를 달리하는 민사적·행정적 규율의 변경이나, 형사처벌에 관한 규범적 가치판단의 요소가 배제된 극히 기술적인 규율의 변경 등에 따라 간접적인 영향을 받는 것에 불과한 경우는 형법 제1조 제2항과 형사소송법 제326조 제4호에서 말하는 법령의 변경에 해당한다고 볼 수 없다.

가벼워진 경우에 해당함이 명백하므로, 종전 법령이 반성적 고려에 따라 변경된 것인지 여부를 따지지 않고 형법 제1조 제2항을 적용하여야 한다. 결국 이 부분 공소사실 기재 행위는 형법 제1조 제2항에 따라 행위시법인 구 도로교통법 제148조의2 제1항, 도로교통법 제44조 제1항으로 처벌할 수 없고, 원심판결 후 시행된 이 사건 법률 개정을 반영하여 신법인 도로교통법 제156조 제11호, 제44조 제1항으로 처벌할 수 있을 뿐이므로, 원심판결 중 이 부분 공소사실에 관한 부분은 형사소송법 제383조 제2호의 "판결 후 형의 변경이 있는 때"에 해당하여 더 이상 유지될 수 없다).

제 2 절 형법의 장소적 적용범위

Ⅰ. 속지주의

1. 의 의

본법은 대한민국 영역 내에서 죄를 범한 내국인과 외국인에게 적용한다(제2조). '속지주의'(屬地主義)란 자국의 영역 내에서 발생한 모든 범죄에 대하여 범죄인의 국적에 관계없이 자국의 형법을 적용한다는 원칙을 말한다. 이는 국가의 3요소 중 영토와 관련한 형법의 적용범위를 규정한 것이다.

2. 내 용

(1) 대한민국 영역 내에서

'대한민국의 영역'이란 대한민국의 영토·영해·영공을 말한다. '영토'(領土)란 한반도와 그 부속도서를 말하고(헌법 제3조), '영해'(領海)란 기선[1]으로부터 측정하여 그 외측 12해리(1해리＝1,852m)의 선까지에 이르는 수역을 말하며(「영해 및 접속수역법」 제1조), '영공'(領空)이란 영토와 영해의 지배가능한 상공을 말한다(실력적 지배설).

특히 북한도 국내법적[2]으로 대한민국의 영토에 해당하므로 대한민국의 형법이 적용되지만[3], 재판권이 미치지 아니하는 특징을 가지고 있다. 한편 미국문화원이 미국영토의 연장이라고 본 대법원의 판결[4]이 있는데, 이는 명백한 오판에 해당한다.

---

1) 「영해 및 접속수역법」 제2조(기선) ① 영해의 폭을 측정하기 위한 통상의 기선은 대한민국이 공식적으로 인정한 대축척해도에 표시된 해안의 저조선으로 한다. ② 지리적 특수사정이 있는 수역에 있어서는 대통령령으로 정하는 기점을 연결하는 직선을 기선으로 할 수 있다.

2) 헌법 제6조 ① 헌법에 의하여 체결·공포된 조약과 일반적으로 승인된 국제법규는 국내법과 같은 효력을 가진다.

3) 대법원 1997. 11. 20. 선고 97도2021 전원합의체 판결(헌법 제3조는 대한민국의 영토는 한반도와 그 부속도서로 한다고 규정하고 있어 북한도 대한민국의 영토에 속하는 것이 분명하므로, 캐나다 국적을 가진 피고인이 북한의 지령을 받기 위하여 캐나다 토론토를 출발하여 일본과 중국을 순차 경유하여 북한 평양에 들어간 행위는 제3국과 대한민국 영역 내에 걸쳐서 이루어진 것이고, 피고인이 북한의 지령을 받고 국내에 잠입하여 활동하던 중 그 목적수행을 위하여 서울 김포공항에서 대한항공편으로 중국 북경으로 출국한 후 중국 북경에서 북한 평양으로 들어간 행위는 대한민국 영역 내와 대한민국 영역 외에 있는 대한민국의 항공기 내 및 대한민국의 통치권이 미치지 아니하는 제3국에 걸쳐서 이루어진 것이라고 할 것인바, 이와 같은 경우에는 비록 피고인이 캐나다 국적을 가진 외국인이라고 하더라도 형법 제2조, 제4조에 의하여 대한민국의 형벌법규가 적용되어야 할 것이고, 형법 제5조, 제6조에 정한 외국인의 국외범 문제로 다룰 것은 아니다); 대법원 1957. 9. 20. 선고 4290형상228 판결(헌법 제3조는 대한민국의 영토는 한반도와 그 부속도서로 한다고 규정하고 있어 북한도 대한민국의 영토에 속하는 것이 분명하다).

4) 대법원 1986. 6. 24. 선고 86도403 판결(미국문화원사건)(국제협정이나 관행에 의하여 대한민국 내에 있는 미국문화원이 치외법권지역이고 그 곳을 미국영토의 연장으로 본다 하더라도 그 곳에서 죄를 범한 대한민국 국민에 대하여 우리 법원에 먼저 공소가 제기되고 미국이 자국의 재판권을 주장하지 않고 있는 이상 속인주의를 함께 채택하고 있는 우리나라의 재판권은 동인들에게도 당연히 미친다고 할 것이며 미국문화원측이 동인들에 대한 처벌을 바라지 않았다고 하여 그 재판권이 배제되는 것도 아니다).

(2) 죄를 범한

범죄의 행위와 결과 중 어느 하나라도 대한민국의 영역 내에서 이루어지면 족하다.[1] 예를 들면 외국인이 대한민국 공무원에게 알선한다는 명목으로 금품을 수수하는 행위가 대한민국 영역 내에서 이루어진 이상, 비록 금품수수의 명목이 된 알선행위를 하는 장소가 대한민국 영역 외라고 하더라도 대한민국 영역 내에서 죄를 범한 것이다.[2] 또한 형법 제2조를 적용함에 있어서 공모공동정범의 경우 공모지도 범죄지로 파악된다.[3]

(3) 내국인

'내국인'(內國人)이란 범죄행위시에 대한민국의 국적을 가진 자를 말한다. 국적에 관해서는 국적법이 이를 정하고 있다. 조선인을 부친으로 하여 출생한 자는 남조선과도정부법률 제11호 국적에 관한 임시조례의 규정에 따라 조선국적을 취득하였다가 제헌헌법의 공포와 동시에 대한민국 국적을 취득하였다고 할 것이고, 설사 그가 북한법의 규정에 따라 북한국적을 취득하여 중국 주재 북한대사관으로부터 북한의 해외공민증을 발급받은 자라고 하더라도 북한지역 역시 대한민국의 영토에 속하는 한반도의 일부를 이루는 것이어서 대한민국의 주권이 미칠 뿐이고, 대한민국의 주권과 부딪치는 어떠한 국가단체나 주권을 법리상 인정할 수 없는 점에 비추어 볼 때, 그러한 사정은 그가 대한민국 국적을 취득하고 이를 유지함에 있어 아무런 영향을 끼칠 수 없다.[4]

(4) 외국인

'외국인'(外國人)이란 범죄행위시에 대한민국의 국적을 가지지 아니한 자를 말한다. 한반도의 평시상태에서 미합중국 군 당국은 미합중국 군대의 '군속'에 대하여 형사재판권을 가지지 않으므로 미합중국 군대의 군속이 범한 범죄에 대하여 대한민국의 형사재판권과 미합중국 군 당국의 형사재판권이 경합하는 문제는 발생할 여지가 없고, 대한민국은 협정 제22조 제1항 (나)에 따라 미합중국 군대의 군속이 대한민국 영역 안에서 저지른 범죄로서 대한민국 법령에 의하여 처벌할 수 있는 범죄에 대한 형사재판권을 바로 행사할 수 있는 것이다.[5]

---

1) 대법원 2008. 12. 11. 선고 2008도3656 판결(대한민국 영역 내에서 배우자 있는 자가 간통한 이상, 그 간통죄를 범한 자의 배우자가 간통죄를 처벌하지 아니하는 국가의 국적을 가진 외국인이라 하더라도 간통행위자의 간통죄 성립에는 아무런 영향이 없고, 그 외국인 배우자는 형사소송법의 규정에 따른 고소권이 있다).

2) 대법원 2000. 4. 21. 선고 99도3403 판결.

3) 대법원 1998. 11. 27. 선고 98도2734 판결.

4) 대법원 1996. 11. 12. 선고 96누1221 판결.

5) 대법원 2006. 5. 11. 선고 2005도798 판결(협정 제22조 제1항 (가)는 "합중국 군 당국은 합중국 군대의 구성원, 군속 및 그들의 가족에 대하여 합중국 법령이 부여한 모든 형사재판권 및 징계권을 대한민국 안에서 행사할 권리를 가진다."고 하고, 위 조항에 관한 합의의사록에서는 "합중국 법률의 현 상태에서 합중국 군 당국은 평화시에는 군속 및 가족에 대하여 유효한 형사재판권을 가지지 아니한다. 추후의 입법, 헌법 개정 또는 합중국 관계당국에 의한 결정의 결과로서 합중국 군사재판권의 범위가 변경된다면, 합중국 정부는 외교경로를 통하여 대한민국 정부에 통보하여야 한다."고 정하고 있다. 위 조항들은 1967. 2. 9. 협정 발효 당시의 한반도의 평시상태 즉, 1953. 7. 27. 발효된 한국 군사정전에 관한 협정에 따른 정전상태에서의 한반도의 평상시에는 미합중국 군 당국의 군사재판권이 군속 및 그 가족에 미치지 못한다는 것을 의미하는 것이다. 이에 대하여 한반도의 비상상태 발생시 즉,

3. 기국주의의 보충

본법은 대한민국 영역 외에 있는 대한민국의 선박 또는 항공기 내에서 죄를 범한 외국인에게 적용한다(제4조). 속지주의의 연장으로 기국주의가 있는데, '기국주의'(旗國主義)란 국외를 운항중인 자국의 선박 또는 항공기 내에서 죄를 범한 외국인에게 자국의 형법을 적용한다는 원칙을 말한다. 즉 대한민국의 영역 외의 일정한 지역에 대하여서도 대한민국의 주권이 미치는 영역으로 파악하여 대한민국의 형법을 적용하는 것이다.

II. 속인주의

1. 의 의

본법은 대한민국 영역 외에서 죄를 범한 내국인에게 적용한다(제3조). '속인주의'(屬人主義)란 자국민이 범한 범죄에 대하여는 범죄지를 불문하고 자국의 형법을 적용한다는 원칙을 말한다. 이는 국가의 3요소 중 국민과 관련한 형법의 적용범위를 규정한 것이다.

2. 내 용

국민의 동일한 범죄행위에 대하여 범죄지가 다르다고 하여 처벌에 차별을 둔다면 헌법상 평등의 원칙에 정면으로 반하게 된다. 예를 들면 국가 정책적 견지에서 도박죄의 보호법익보다 좀 더 높은 국가이익을 위하여 예외적으로 내국인의 출입을 허용하는 「폐광지역개발지원에 관한 특별법」에 따라 카지노에 출입하는 것은 법령에 의한 행위로 위법성이 조각된다고 할 것이지만, 도박죄를 처벌하지 않는 외국 카지노에서의 도박이라는 사정만으로 그 위법성이 조각된다고 할 수 없다.[1] 그러므로 피고인이 상습으로 미국의 네바다주에 있는 미라지 호텔 카지노에서 도박하였다는 공소사실에 대하여 유죄를 인정한 것은 정당하고[2], 필리핀국에서 카지노의 외국인 출입이 허용되어 있다고 하여도 형법 제3조에 따라 필리핀국에서 도박을 한 피고인에게 우리나라 형법이 당연히 적용된다.[3]

한편 의료법 제87조 제1항 제2호, 제27조 제1항은 대한민국 영역 외에서 의료행위를 하려

대한민국이 계엄령을 선포하는 경우(협정 제22조 제1항에 관한 합의의사록 및 양해사항)나 대한민국과 미합중국 간의 상호방위조약 제2조가 적용되는 적대행위가 발생하는 경우(협정 제22조 제11항)에 대하여는, 협정에서 별도의 조항을 마련하여 대한민국의 형사재판권 행사가 즉시 정지되고 합중국 군 당국이 합중국 군대의 군속 및 가족에 대하여 전속적 형사재판권을 행사할 권리를 가진다고 정하고 있다).

1) 이와 같이 속인주의에 근거하여 국외범에 대하여 자국의 형법이 적용되기 위한 요건으로서 쌍벌가벌성을 규정하고 있지 않은 입법형태를 '절대적 적극적 속인주의'라고 한다. 반면에 독일 형법 제7조 제2항, 스위스 형법 제6조 제1항 등과 같이 쌍벌가벌성을 규정하고 있는 입법형태를 '제한적 적극적 속인주의'라고 한다.

2) 대법원 2004. 4. 23. 선고 2002도2518 판결.

3) 대법원 2001. 9. 25. 선고 99도3337 판결.

는 사람에게까지 보건복지부장관의 면허를 받을 의무를 부과하고 나아가 이를 위반한 자를 처벌하는 규정이라고 보기는 어렵기 때문에, 내국인이 대한민국 영역 외에서 의료행위를 하는 경우에는 의료법 제87조 제1항 제2호, 제27조 제1항의 구성요건해당성이 없다.[1]

Ⅲ. 보호주의

1. 의 의

'보호주의'(保護主義)란 자국 또는 자국민의 법익을 해하는 범죄행위에 대하여 범죄지와 범죄인의 국적과 관계없이 자국의 형법을 적용하는 원칙을 말한다. 이는 국가의 3요소 중 주권과 관련한 형법의 적용범위를 규정한 것이다. 즉 외국인의 국외범이라도 보호주의에 의하여 대한민국의 형법을 적용할 수 있다.

보호주의의 실효성을 담보하기 위하여 「국제형사재판소 관할 범죄의 처벌 등에 관한 법률」, 범죄인인도법, 「국제형사사법 공조법」 등이 제정되어 있으며, 범죄수사상 국제적 협력을 위해 국제형사경찰기구(Interpol)가 활동하고 있다.

2. 외국인의 국외범

본법은 대한민국 영역 외에서 ① 내란의 죄 ② 외환의 죄 ③ 국기에 관한 죄 ④ 통화에 관한 죄[2] ⑤ 유가증권, 우표와 인지에 관한 죄 ⑥ 문서에 관한 죄 중 제225조 내지 제230조 ⑦ 인장에 관한 죄 중 제238조의 죄를 범한 외국인에게 적용한다(제5조). 이와 같이 형법 제87조 내지 제91조의 내란의 죄, 제92조 내지 제104조의 외환의 죄, 제105조와 제106조의 국기에 관한 죄(이상 국가적 법익에 관한 죄), 제207조 내지 제213조의 통화에 관한 죄, 제214조 내지 제224조의 유가증권, 우표와 인지에 관한 죄, 제225조 내지 제230조의 공문서에 관한 죄, 제238조의 공인장에 관한 죄(이상 사회적 법익에 관한 죄) 등은 형법 제5조에 의하여 대한민국 영역 외에서 외국인이 범하여도 대한민국의 형법이 적용된다. 이는 대한민국의 일정한 법익을 보호하기 위한 것(국가보호주의)이다.

---

1) 대법원 2020. 4. 29. 선고 2019도19130 판결(의료법은 외국의 의료인 면허를 가진 자에 대하여 대한민국 영역 외에서의 의료행위를 허용하는 규정은 두고 있지 않다. 또한 의료법 제33조는 제1항에서 "의료인은 이 법에 따른 의료기관을 개설하지 아니하고는 의료업을 할 수 없다."고 규정하면서, 제2항 이하에서 의료기관을 개설하려는 자는 시장·군수·구청장에게 신고하거나(제3항), 시·도지사의 허가를 받아야 한다고(제4항) 규정하는 등 의료기관이 대한민국 영역 내에 소재하는 것을 전제로 개설의 절차 및 요건을 정하고 있다. 이와 같은 의료법의 목적, 우리나라 보건복지부장관으로부터 면허를 받은 의료인에게만 의료행위 독점을 허용하는 입법취지 및 관련 조항들의 내용 등을 종합하면, 의료법상 의료제도는 대한민국 영역 내에서 이루어지는 의료행위를 규율하기 위하여 체계화된 것으로 이해된다.

2) 그러므로 일본인이 행사할 목적으로 중국에서 미화 100달러 지폐를 위조한 경우에는 우리나라 형법이 적용된다.

3. 대한민국과 대한민국 국민에 대한 국외범

본법은 대한민국 영역 외에서 대한민국 또는 대한민국 국민에 대하여 전조에 기재한 이외의 죄를 범한 외국인에게 적용한다. 단 행위지의 법률에 의하여 범죄를 구성하지 아니하거나 소추 또는 형의 집행을 면제할 경우에는 예외로 한다(제6조). 여기서 '대한민국 또는 대한민국 국민에 대하여 죄를 범한 때'란 대한민국 또는 대한민국 국민의 법익이 직접적으로 침해되는 결과를 야기하는 죄를 범한 경우를 의미한다.[1]

이와 같이 형법 제5조에서 정한 일정한 법익을 제외한 나머지 법익에 대하여도 우리나라의 형법이 적용될 수 있지만, 이러한 나머지 법익에 대하여 전적으로 우리나라 형법이 적용되는 것이 아니라 행위지의 법률에 의하여 범죄를 구성하지 아니하거나 소추 또는 형의 집행을 면제할 경우에는 해당 외국인을 처벌할 수 없다.[2] 예를 들면 미국에서 중국인이 한국인을 살해하면 제6조 본문에 따라 우리나라 형법이 적용되지만, 독일에서 스위스인이 한국인과 성인간 성매매를 하면 제6조 단서에 따라 스위스인에게는 우리나라 형법이 적용되지 않고, 한국인에 대해서만 제3조에 따라 우리나라 형법이 적용되는 것이다.

> 판례에 의하면, ① 캐나다 시민권자인 피고인이 캐나다에서 위조사문서를 행사하였다는 내용으로 기소된 사안에서, 위조사문서행사를 형법 제6조의 대한민국 또는 대한민국 국민의 법익을 직접적으로 침해하는 행위라고 볼 수도 없으므로 피고인의 행위에 대하여는 우리나라에 재판권이 없다.[3]
> ② 중국 북경시에 소재한 대한민국 영사관 내부는 여전히 중국의 영토에 속할 뿐 이를 대한민국의 영토로서 그 영역에 해당한다고 볼 수 없을 뿐 아니라, 사문서위조죄가 형법 제6조의 대한민국 또는 대한민국 국민에 대하여 범한 죄에 해당하지 아니함은 명백하다.[4]
> ③ 형법 제239조 제1항의 사인위조죄는 형법 제6조의 대한민국 또는 대한민국 국민에 대하여 범한 죄에 해당하지 아니하므로, 중국 국적의 피고인이 중국에서 대한민국 국적 주식회사의 인장을 위조하였다는 공소사실은 외국인의 국외범으로서 피고인에 대하여 재판권이 없다.[5]

---

1) 대법원 2011. 8. 25. 선고 2011도6507 판결.
2) 대법원 2008. 7. 24. 선고 2008도4085 판결(뉴질랜드시민권자사건)(행위지의 법률에 의하여 범죄를 구성하는지 여부에 대해서는 엄격한 증명에 의하여 검사가 이를 입증하여야 할 것이다. 피고인은 2001년경에 뉴질랜드 시민권을 취득한 사실이 인정되므로 피고인은 그 무렵 대한민국의 국적을 상실하였다고 할 것이어서, 피해자 공소외 1에 대한 이 사건 사기 범행 당시에는 피고인이 외국인이라고 할 것이고, 위 사기범행의 장소도 뉴질랜드임을 알 수 있으므로, 이는 결국 외국인이 대한민국 영역 외에서 대한민국 국민에 대하여 범죄를 저지른 경우에 해당한다고 할 것이다. 따라서 원심으로서는 피해자 공소외 1에 대한 사기의 점에 관한 이 사건 공소사실이 행위지인 뉴질랜드법률에 의하여 범죄를 구성하는지 여부 및 소추 또는 형의 집행이 면제되는지 여부를 심리하여 이 부분 공소사실이 행위지의 법률에 의하여 범죄를 구성하고 그에 대한 소추나 형의 집행이 면제되지 않는 경우에 한하여 우리 형법을 적용하여 처벌하였어야 할 것인데, 이에 관하여 아무런 입증이 없음에도 원심이 이 부분 공소사실을 유죄로 인정한 것은 위법하다).
3) 대법원 2011. 8. 25. 선고 2011도6507 판결.
4) 대법원 2006. 9. 22. 선고 2006도5010 판결(내국인이 아닌 피고인이 위 영사관 내에서 공소외인(외국인) 명의의 여권발급신청서 1장을 위조하였다는 취지의 공소사실에 대하여 외국인의 국외범에 해당한다는 이유로 피고인에 대한 재판권이 없다고 판단한 것은 옳다).

하지만 내국 법인의 대표자인 외국인이 내국 법인이 외국에 설립한 특수목적법인에 위탁해 둔 자금을 정해진 목적과 용도 외에 임의로 사용한 데 따른 횡령죄의 피해자는 당해 금전을 위탁한 내국 법인이다. 따라서 그 행위가 외국에서 이루어진 경우에도 행위지의 법률에 의하여 범죄를 구성하지 아니하거나 소추 또는 형의 집행을 면제할 경우가 아니라면 그 외국인에 대해서도 우리 형법이 적용되어(형법 제6조), 우리 법원에 재판권이 있다.[1]

Ⅳ. 세계주의

1. 의 의

'세계주의'(世界主義)란 범죄지와 범죄인의 국적을 불문하고 세계 공동의 법익을 침해하는 범죄행위에 대하여 자국의 형법을 적용하는 원칙을 말한다. 이는 인류적으로 중대한 법익침해행위에 대하여 국제사회가 연대하여 대처해야 한다는 것을 의미한다. 일반적으로 세계주의에 해당하는 범죄유형으로는 마약거래·해적·테러·인신매매·인질·통화위조·선박이나 항공기 등의 납치·음란물의 제작 및 반포·인종학살·폭발물범죄·국가간 협약에 의한 범죄[2] 등을 들 수 있다.

2. 내 용

2013. 4. 5. 개정 형법에서는 제296조의2를 신설하여 "제287조부터 제292조까지 및 제294조[3]는 대한민국 영역 밖에서 죄를 범한 외국인에게도 적용한다."라고 하여 세계주의를 도입하였다. 여기서 제287조부터 제292조까지의 죄는 미성년자약취유인죄, '추행, 간음, 결혼, 영리, 노동력 착취, 성매매와 성적 착취, 장기적출, 국외이송 목적'의 약취유인죄, 인신매매죄 등 일련의 약취와 유인 및 인신매매죄인데, 동 범죄행위들은 공통적으로 인류 일반의 입장에서 보편타당하게 인권을 유린하는 범죄라는 점이 세계주의를 도입한 배경이다. 한 가지 주의할 점은 제296조의2에서 제296조[4]를 포섭하고 있지 않으므로, 약취·유인 및 인신매매의 죄의 예비·음모에 대하여는 세계주의가 적용되지 아니한다.

---

5) 대법원 2002. 11. 26. 선고 2002도4929 판결.

1) 대법원 2017. 3. 22. 선고 2016도17465 판결.

2) 대법원 1984. 5. 22. 선고 84도39 판결(항공기운항안전법 제3조, '항공기내에서 범한 범죄 및 기타 행위에 관한 협약'(토오쿄협약) 제1조, 제3조, 제4조 '항공기의 불법납치억제를 위한 협약'(헤이그협약) 제1조, 제3조, 제4조, 제7조의 각 규정들을 종합하여 보면, 민간항공기납치사건에 대하여는 항공기등록지 국에 원칙적인 재판관할권이 있는 외에 항공기착륙국인 우리나라에도 경합적으로 재판관할권이 생기어 우리나라 항공기운항안전법은 외국인의 국외범까지도 적용대상이 된다). 중국인이 중국에서 중국민항기를 납치하여 대만으로 가다가 우리나라에 불시착한 사건으로, 우리나라가 비준한 조약에 의하여 외국인의 국외범에 대하여도 형법이 적용되는 것은 세계주의에 의한 것이라고 볼 수 있다.

3) 제294조(미수범) 제287조부터 제289조까지, 제290조제1항, 제291조제1항과 제292조제1항의 미수범은 처벌한다.

4) 제296조(예비, 음모) 제287조부터 제289조까지, 제290조제1항, 제291조제1항과 제292조제1항의 죄를 범할 목적으로 예비 또는 음모한 사람은 3년 이하의 징역에 처한다.

V. 외국에서 받은 형의 집행

1. 의 의

죄를 지어 외국에서 형의 전부 또는 일부가 집행된 사람에 대해서는 그 집행된 형의 전부 또는 일부를 선고하는 형에 산입한다(제7조). 세계 각국의 형법은 서로 다른 제도를 가지고 있어 외국 형법에 의한 처벌과 우리나라 형법에 의한 처벌이 별도로 이루어질 수 있다. 즉 내국인의 국외범(제3조)이나 외국인의 국외범(제5조)에 대하여 해당 외국 법원이 처벌하였더라도 우리나라 형법을 적용하여 다시 처벌할 수 있는 것이다. 제7조는 이러한 사실상의 이중처벌과 같은 문제점을 완화하기 위하여 형을 선고할 때 외국에서 형의 집행을 받은 사실을 반드시 고려하여 형을 정하도록 하는데 그 입법취지가 있다.

한편 기존의 제7조는 외국에서 받은 형의 집행을 단지 법정형의 임의적 감면사유로만 정하고 있어, 우리나라 형법에 의한 처벌시 법관의 재량에 따라 그러한 사정이 전혀 반영되지 아니할 수도 있었다. 이에 헌법재판소는 동 조항에 대하여 헌법불합치결정[1]을 하였고, 입법촉구결정에 따라 2016. 12. 20. 형법 개정을 통하여 필요적 감면사유로 변경하였다.

2. 내 용

형사판결은 국가주권의 일부분인 형벌권 행사에 기초한 것으로서, 외국의 형사판결은 원칙적으로 우리 법원을 기속하지 않으므로 동일한 범죄행위에 관하여 다수의 국가에서 재판 또는 처벌을 받는 것이 배제되지 아니한다. 따라서 이중처벌금지의 원칙은 동일한 범죄에 대하여 대한민국 내에서 거듭 형벌권이 행사되어서는 안 된다는 뜻으로 새겨야 할 것이다. 대법원도 같은 취지에서「피고인이 동일한 행위에 관하여 외국에서 형사처벌을 과하는 확정판결을 받았다고 하더라도 이런 외국판결은 우리나라에서는 기판력이 없으므로 여기에 일사부재리원칙이 적용될 수 없다.」라고 판시[2]하고 있다.

이와 같이 헌법 제13조에서 말하는 이중처벌금지의 원칙은 국내법상의 원칙이므로, 외국형법에 의하여 처벌된 자를 국내형법에 의하여 다시 처벌하는 것은 원칙적으로 허용된다. 여기서 '외국에서 형의 전부 또는 일부가 집행된 사람'이란 '외국 법원의 유죄판결에 의하여 자유형이나 벌금형 등 형의 전부 또는 일부가 실제로 집행된 사람'을 말한다고 해석하여야 한다. 따라서 형사사건으로 외국 법원에 기소되었다가 무죄판결을 받은 사람은, 설령 그가 무죄판결을 받기까지 상당 기간 미결구금되었더라도 이를 유죄판결에 의하여 형이 실제로 집행된 것으로 볼 수는 없으므로, '외국에서 형의 전부 또는 일부가 집행된 사람'에 해당한다고 볼 수 없고, 그 미결구금기간은 형법 제7조에 의한 산입의 대상이 될 수 없다.[3]

---

1) 헌법재판소 2015. 5. 28. 선고 2013헌바129 결정.
2) 대법원 1988. 1. 19. 선고 87도2287 판결; 대법원 1983. 10. 25. 선고 83도2366 판결.

제 3 절 형법의 인적 적용범위

Ⅰ. 서 설

형법은 시간적 또는 장소적 적용범위에 포섭되는 모든 경우를 그 적용대상으로 하고 있다. 따라서 엄밀히 말하자면 형법의 인적 적용범위의 예외란 없다. 다만 아래에서 보는 바와 같이 형법의 효력이 미치지만, 특별한 사정으로 인하여 적용이 제한되는 경우가 있을 뿐이다.

Ⅱ. 국내법상의 제한

1. 대통령

대통령은 내란 또는 외환의 죄를 범한 경우를 제외하고는 재직 중 형사소추를 받지 않는다(헌법 제84조). 이는 형사소송법상 소추요건이 결여되어 있는 경우에 해당한다. 하지만 대통령의 재직 중 수사는 제한적으로 가능한데, 이는 압수·수색과 같은 강제수사의 경우에도 마찬가지이다.

한편 헌법이나 형사소송법 등의 법률에 대통령의 재직 중 공소시효의 진행이 정지된다고 명백히 규정되어 있지는 않다고 하더라도 헌법 제84조의 근본취지를 대통령의 재직 중 형사상의 소추를 할 수 없는 범죄에 대한 공소시효의 진행은 정지되는 것으로 해석할 수 있다. 따라서 내란죄나 외환죄의 경우를 제외하면, 대통령이 범한 죄에 대하여는 재직기간 동안 공소시효의 진행이 정지된다. 즉 헌법 제84조는 공소시효 진행의 소극적 사유가 되는 국가의 소추권행사의 법률상 장애사유에 해당하므로 대통령의 재직 중에는 공소시효의 진행이 당연히 정지되는 것으로 보아야 한다.[1]

2. 국회의원

국회의원은 국회에서 직무상 행한 발언과 표결에 관해 국회 밖에서 책임을 지지 않는다(헌법 제45조). 국회의원의 면책특권은 국회의원의 신분이 상실한 이후에도 인정되므로, 이는 인적 처벌조각사유에 해당한다.

---

3) 대법원 2017. 8. 24. 선고 2017도5977 전원합의체 판결(피고인이 필리핀에서 살인죄를 범하였다가 무죄 취지의 재판을 받고 석방된 후 국내에서 다시 기소되어 제1심에서 징역 10년을 선고받게 되자 자신이 필리핀에서 미결상태로 구금된 5년여의 기간에 대하여도 '외국에서 집행된 형의 산입' 규정인 형법 제7조가 적용되어야 한다고 주장하며 항소한 사안에서, 피고인의 주장을 배척한 원심판단에 형법 제7조의 적용 대상 등에 관한 법리오해의 위법이 없다).

1) 대법원 2020. 10. 29. 선고 2020도3972 판결.

Ⅲ. 국제법상의 제한

1. 국제법상 외교관계 면제권을 가진 자

외국의 원수(군주, 대통령)와 외교관(대사, 공사), 그 가족 및 내국인이 아닌 종사자에 대해서는 우리나라 형법이 적용되지 아니한다.[1] 이는 형사소송법 제327조 제1호에 의하여 국내 형사재판권을 행사할 수 없는 경우에 해당한다. 다만 외국의 영사는 직무수행 중의 행위에 한정하여 우리나라의 사법권이 배제된다.[2]

2. 아메리카합중국 군대

우리나라의 승인을 받고 주둔하는 외국군대의 구성원 및 군속에 대하여는 협정에 의하여 형사재판권이 배제될 수 있다. 예를 들면 1953년 체결된 '한미상호방위조약'에 근거하여 주한미군의 효율적 업무수행을 위하여 편의와 배려 제공 등 주한미군의 지위에 관하여 1967. 7. 9. 한·미 양국이 체결한 '대한민국과 아메리카합중국 간의 상호방위조약 제4조에 의한 시설과 구역 및 대한민국에서의 합중국 군대의 지위에 관한 협정'(Status of Forces Agreement)이 이에 해당하는데, 그 법적 성격은 조약이다.

동 협정 제22조에 의하면 공무집행 중의 주한미군 범죄에 대하여는 우리나라의 사법권이 배제된다. 하지만 공무집행과 상관없이 행한 주한미군의 범죄와 미군의 가족에 대하여는 우리나라 형법뿐만 아니라 형사재판권도 그 적용이 가능하다. 그리고 미합중국 군대의 군속 중 통상적으로 대한민국에 거주하고 있는 자는 협정이 적용되는 군속의 개념에서 배제되므로, 그에 대하여는 대한민국의 형사재판권 등에 관하여 협정에서 정한 조항이 적용될 여지가 없다.[3]

---

1) 1961. 4. 18. 외교관에 관한 비엔나 협약 제31조 제1항(외교관은 접수국의 형사관할권으로부터의 면제를 향유한다).

2) 1963. 4. 24. 영사관계에 관한 비엔나 협약 제43조 제1항.

3) 대법원 2006. 5. 11. 선고 2005도798 판결(대한민국과 아메리카합중국 간의 상호방위조약 제4조에 의한 시설과 구역 및 대한민국에서의 합중국 군대의 지위에 관한 협정(1967. 2. 9. 조약 제232호로 발효되고, 2001. 3. 29. 조약 제553호로 최종 개정된 것. 아래에서는 협정이라고만 한다) 제1조(정의) (가)항 전문은 "합중국 군대의 구성원이라 함은 대한민국의 영역 안에 있는 아메리카합중국의 육군, 해군 또는 공군에 속하는 인원으로서 현역에 복무하고 있는 자를 말한다."고 규정하고, (나)항 전문은 "군속이라 함은 합중국의 국적을 가진 민간인으로서 대한민국에 있는 합중국 군대에 고용되거나 동 군대에 근무하거나 또는 동반하는 자를 말하나, 통상적으로 대한민국에 거주하는 자 또는 제15조 제1항에 규정된 자는 제외한다."고 규정하고 있다. 한편, 협정 제22조(형사재판권) 제4항은 "본조의 전기 제 규정은 합중국 군 당국이 대한민국의 국민인 자 또는 대한민국에 통상적으로 거주하고 있는 자에 대하여 재판권을 행사할 권리를 가진다는 것을 뜻하지 아니한다. 다만, 그들이 합중국 군대의 구성원인 경우에는 그러하지 아니하다."고 규정하고 있다. … 미합중국 국적을 가진 미합중국 군대의 군속인 피고인은 이 사건 교통사고 범행 당시 10년 넘게 대한민국에 머물면서 한국인 아내와 결혼하여 가정을 마련하고 직장생활을 하는 등 생활근거지를 대한민국에 두고 있었던 사실이 인정되므로, 피고인은 협정에서 말하는 통상적으로 대한민국에 거주하는 자에 해당한다고 볼 것인바, 결국 피고인에게는 협정에서 정한 미합중국 군대의 군속에 관한 형사재판권 관련 조항이 적용될 수 없다).

제 2 편
범 죄 론

제1장 범죄론의 기초이론

제1절 범죄의 개념과 종류

Ⅰ. 범죄의 개념

1. 형식적 범죄개념

형식적 범죄개념에 의하면 '범죄'(犯罪)란 구성요건에 해당하고 위법하며 유책한 인간의 행위로 정의되는데, 형법해석학에 있어서는 이러한 형식적 범죄개념을 주된 연구대상으로 하고 있다. 여기서 구성요건해당성이란 구체적인 행위가 형벌법규에 규정된 일정한 구성요건을 충족하는 것을 말하고, 위법성이란 구성요건에 해당하는 행위가 법질서 전체의 관점에서 배치되는 성질을 말하며, 책임이란 구성요건에 해당하고 위법한 행위를 한 행위자에 대한 비난가능성을 말한다.

2. 실질적 범죄개념

실질적 범죄개념에 의하면 일반적으로 '범죄'란 법익의 침해 또는 위태화라는 결과불법과 반사회적 유해성이라는 행위불법을 충족하는 행위로 정의된다. 여기서 '법익'(法益)이란 권리와 비교하여 넓은 개념으로서, 법률에 의하여 보호되는 사실상의 이익을 말한다.

이는 현행법상 범죄로 되어 있는 행위와 그렇지 않은 행위의 구별을 하기 위한 기준 정립에 필요한 이론이라고 할 수 있다. 그러므로 형사입법학이나 형사정책학에 있어서는 이러한 실질적 범죄개념을 주된 연구대상으로 하고 있다.

실질적 범죄개념은 시대와 장소에 따라 가치관이 다르게 반영될 수 있는데, 예를 들면 성매매, 대마초흡입, 도박, 낙태, 성희롱, 스와핑, 동성애, 근친상간 등에 대한 형사처벌 여부의 문제가 이에 해당한다.

3. 범죄의 성립요건

(1) 의 의

일반적으로 형법해석학에서는 범죄의 성립요건을 '구성요건에 해당하고 위법성이 있는 유책한 인간의 행위'라고 정의한다.

(2) 구성요건해당성

'구성요건'이란 형법에 규정된 범죄의 유형을 말하는데, 이는 정적(靜的) 개념이라고 할 수 있다. 예를 들면 협박죄의 구성요건은 '사람을 협박한 자', 명예훼손죄의 구성요건은 '공연히 사실을 적시하여 사람의 명예를 훼손한 자'로 각각 규정되어 있다.

구성요건에는 일반적으로 행위의 주체, 행위의 객체, 행위의 방법 등이 규정되어 있는데, 이와 같은 요소를 '구성요건요소'라고 한다. 그리고 '구성요건해당성'이란 특정한 행위가 구성요건에 규정된 구성요건요소를 모두 충족하는 성질을 말하는데, 이는 동적(動的) 개념이라고 할 수 있다.

(3) 위법성

'위법성'이란 구성요건에 해당하는 행위가 법질서 전체의 관점에서 비추어 보아 어긋나는 성질을 말한다. 즉 구성요건에 해당하는 '행위'에 대한 부정적 가치판단이라고 할 수 있다. 구성요건에 해당하는 행위는 원칙적으로 위법하다고 할 수 있지만, 예외적으로 위법하지 않을 수도 있다. 이를 "구성요건해당성은 위법성의 존재근거가 아니라 인식근거이다."라고도 표현한다. 여기서 구성요건에 해당하는 행위가 위법하지 않은 사유를 '위법성조각사유'라고 하고, 형법에서는 이를 정당행위, 정당방위, 긴급피난, 자구행위, 피해자의 승낙 등 5가지의 유형으로 규정하고 있다.

한편 위법성 판단의 영역에서는 해당 행위가 적극적으로 위법한지 여부를 판단하는 것이 아니라 해당 행위가 소극적으로 위법하지 않은 경우인지 여부를 판단하는 방법론을 채택하고 있다. 그리고 이는 책임성의 판단 방법론과도 일치한다.

(4) 책임성

'책임성'이란 구성요건에 해당하고 위법한 행위를 한 '행위자'에 대한 비난가능성을 말한다. 이와 같이 구성요건해당성 및 위법성의 판단대상이 행위인 반면에 책임성의 판단대상은 행위자라는 측면에서 구별된다. 위법한 행위를 한 행위자에 대해서는 원칙적으로 비난을 할 수 있지만, 예외적으로 비난을 하지 않을 수도 있다. 이를 "위법성은 책임성의 인식근거이다."라고도 표현한다. 여기서 위법한 행위를 한 행위자를 비난하지 않는 사유를 '책임조각사유'라고 하고, 형법에서는 이를 형사미성년자, 심신장애인, 청각 및 언어장애인, 강요된 행위, 법률의 착오 등 5가지의 유형으로 규정하고 있다.

4. 범죄의 처벌조건

(1) 의 의

'처벌조건'(處罰條件)이란 일단 성립된 범죄의 가벌성을 좌우하는 조건을 말한다. 즉 일정한 경우 형벌을 부과하기 위해서 범죄의 성립요건을 충족한 것 이외에 다른 조건을 요구하는 것을 의미한다. 예를 들면 사전수뢰죄(제129조 제2항)에 있어서 '공무원 또는 중재인이 된 사실', 파산

범죄에 있어서 '파산선고의 확정이 있을 때' 등과 같은 객관적 처벌조건과 친족상도례에 있어서 제328조 제1항의 신분, 국회의원의 면책특권, 외교관의 면책특권 등과 같은 주관적 처벌조건이 이에 해당한다. 특히 주관적 처벌조건은 '인적 처벌조각사유'라고도 일컫는다.

(2) 효 과

처벌조건이 결여된 경우에는 범죄는 성립하지만, 불가벌이므로 형면제판결을 한다. 그리고 불가벌이 되더라도 그 행위는 위법한 행위이므로 상대방은 정당방위를 할 수 있으며, 그에 대하여 공범도 성립할 수 있다. 하지만 처벌조건은 단지 객관적으로 존재하기만 하면 되고, 고의의 인식대상이 아니므로, 이에 대한 착오는 범죄의 성립에 영향이 없다. 예를 들면 甲이 옆집 아저씨 乙의 재물을 절취하였으나, 실제로 乙이 자신의 아버지로 판명될 경우, 甲이 乙의 신분을 실제로 인식하지 못하였더라도 甲에게는 친족상도례가 적용되는 것이다. 한편 인적 처벌조각사유는 그와 같은 사유가 없는 공범에게는 적용되지 아니한다.

5. 범죄의 소추조건

'소추조건'(訴追條件) 또는 '소송조건'(訴訟條件)이란 범죄가 성립하고 형벌권이 발생한 경우에도 그 범죄에 대하여 형사소송법상 소추를 하기 위하여 필요한 조건을 말한다. 예를 들면 친고죄에서의 고소, 전속고발범죄사건에서의 고발, 반의사불벌죄[1]에서의 처벌을 원하지 않는 의사표시가 존재하지 않을 것[2] 등이 이에 해당한다. 한편 친고죄는 상대적 친고죄(제328조 제2항)와 절대적 친고죄로 구분된다. 소추조건은 실체법적인 조건이 아니고, 공소제기의 유효조건이므로 결여시 공소기각 등 형식재판으로 소송을 종료한다.

Ⅱ. 범죄의 종류

1. 침해범과 위험범

이는 보호법익에 대한 보호의 정도에 따른 구별인데, '침해범'(侵害犯)이란 보호법익이 침해

---

1) 대법원 2010. 10. 14. 선고 2010도5610 판결(다른 반의사불벌죄와 마찬가지로 구 청소년성보호법 제16조에 규정된 반의사불벌죄의 경우에도 피해자인 청소년에게 의사능력이 있는 이상 단독으로 피고인 또는 피의자의 처벌을 희망하지 않는다는 의사표시 또는 처벌희망 의사표시의 철회를 할 수 있고, 법정대리인의 동의가 있어야 하는 것은 아니다); 대법원 2010. 5. 27. 선고 2010도2680 판결(폭행죄는 피해자의 명시한 의사에 반하여 공소를 제기할 수 없는 반의사불벌죄로서 처벌불원의 의사표시는 의사능력이 있는 피해자가 단독으로 할 수 있는 것이고, 피해자가 사망한 후 그 상속인이 피해자를 대신하여 처벌불원의 의사표시를 할 수는 없다).

2) 대법원 2001. 12. 14. 선고 2001도4283 판결(피해자가 피고인과 사이에 피고인이 교통사고로 인한 피해자의 치료비 전액을 부담하는 조건으로 민·형사상 문제삼지 아니하기로 합의하고 피고인으로부터 합의금 일부를 수령하면서 피고인에게 합의서를 작성·교부하고, 피고인이 그 합의서를 수사기관에 제출한 경우, 피해자는 그 합의서를 작성·교부함으로써 피고인에게 자신을 대리하여 자신의 처벌불원의사를 수사기관에 표시할 수 있는 권한을 수여하였고, 이에 따라 피고인이 그 합의서를 수사기관에 제출한 이상 피해자의 처벌불원의사가 수사기관에 적법하게 표시되었으며, 이후 피고인이 피해자에게 약속한 치료비 전액을 지급하지 아니한 경우에도 민사상 치료비에 관한 합의금지급채무가 남는 것은 별론으로 하고 처벌불원의사를 철회할 수 없다).

되어야 기수가 되는 범죄를 말하는데, 살인죄, 상해죄, 절도죄 등이 이에 해당한다. '위험범'(危險犯)이란 보호법익에 대한 위험이 발생하는 것으로써 기수가 되는 범죄를 말하는데, 이는 다시 구체적 위험범과 추상적 위험범[1]으로 구분된다.

'구체적 위험범'이란 보호법익이 침해될 구체적인 위험이 발생하면 기수가 되는 범죄를 말하는데, 일반적으로 ' … 위험을 발생하게 한 자'라는 형식으로 규정되어 있다. 예를 들면 자기 소유일반건조물방화죄(제166조 제2항), 일반물건방화죄(제167조) 등이 이에 해당한다. 구체적 위험범에서의 위험발생은 구성요건요소이므로 고의의 인식대상이 된다.

'추상적 위험범'이란 구성요건적 행위가 있으면 족하고, 보호법익에 대한 구체적 위험발생을 필요로 하지 않는 범죄를 말한다. 예를 들면 현주건조물방화죄(제164조), 공용건조물방화죄(제165조), 타인소유일반건조물방화죄(제166조 제1항), 폭행죄(제260조), 명예훼손죄(제307조), 업무방해죄(제314조) 등이 이에 해당한다. 추상적 위험범에서의 추상적 위험은 실행행위에 전형적으로 내포되어 있는 위험을 의미하고, 일반적으로 구성요건해당성이 충족되면 추상적 위험이 인정되므로, 행위자가 위험에 대한 인식을 가질 필요가 없다. 다만 추상적 위험은 실제로 존재해야 한다.

한편 모든 추상적 위험범이 거동범이 되는 것은 아니다. 예를 들면 폭행죄, 명예훼손죄 등은 추상적 위험범이자 거동범이지만, 현주건조물방화죄는 추상적 위험범이지만 결과범에 해당한다. 그러므로 후자의 경우에 있어서는 현주건조물에 불을 놓는 행위 이외에 '불태운'이라는 결과의 발생이 별도로 요구된다.

2. 단일범과 결합범

이는 단일한 범죄행위만으로 일죄가 성립하는가 아니면 복수의 범죄행위가 결합해야만 일죄가 성립하는가를 기준으로 하는 범죄의 종류이다. '단일범'(單一犯)이란 하나의 범죄행위만으로 일죄가 성립하는 경우를 말하는데, 살인죄, 절도죄 등이 이에 해당한다. 반면에 '결합범'(結合犯)이란 두 개 이상의 범죄행위가 있어야만 일죄가 성립하는 경우를 말하는데, 강도죄, 강간살인죄 등이 이에 해당한다. 결합범의 인정이유는 결합범에 해당하는 각각의 범죄에 대한 실체적 경합이나 상상적 경합으로 의율되는 경우와 비교하여 형사처벌을 보다 강하게 하기 위함이다.

3. 일반범과 신분범

이는 범죄의 주체가 특정한 신분을 가진 자로 제한되는지 여부로 구별되는 범죄의 종류이다. '일반범'(一般犯) 또는 '비신분범'(非身分犯)이란 모든 사람이 범죄의 주체가 될 수 있는 범죄

---

[1] 대법원 2010. 12. 23. 선고 2010도11272 판결(도로교통법 위반죄(약물운전)는 이른바 위태범으로서 약물 등의 영향으로 인하여 '정상적으로 운전하지 못할 우려가 있는 상태'에서 운전을 하면 바로 성립하고, 현실적으로 '정상적으로 운전하지 못할 상태'에 이르러야만 하는 것은 아니다).

를 말하는 반면에, '신분범'(身分犯)이란 일정한 신분을 가진 자만이 해당 범죄의 주체가 될 수 있는 범죄를 말한다.

신분범은 다시 진정신분범과 부진정신분범으로 구분되는데, '진정신분범'(眞正身分犯)이란 신분을 가진 자만이 범죄의 주체가 될 수 있는 범죄를 말하며, 직무유기죄, 피의사실공표죄, 공무상비밀누설죄, 수뢰죄, 위증죄, 허위진단서작성죄, 횡령죄, 배임죄 등이 이에 해당한다.

반면에 '부진정신분범'(不眞正身分犯)이란 비신분자도 범죄의 주체가 될 수 있지만, 신분을 가진 자가 범죄를 저지른 경우에는 형벌이 가중되거나 감경되는 범죄를 말하며, 존속살해죄, 업무상 과실치사상죄, 업무상 횡령죄, 업무상 배임죄 등이 이에 해당한다. 현행 형법상 형벌이 감경되는 부진정신분범은 존재하지 아니한다.

4. 결과범과 거동범

이는 범죄의 성립에 범죄행위 이외에 일정한 결과발생을 요구하는지 여부로 구별되는 범죄의 종류이다. '결과범'(실질범)이란 범죄행위 이외에 일정한 결과발생이 요구되는 범죄를 말하는데, 살인죄는 살인행위 이외에 사망이라는 결과발생이 요구되기 때문에 이에 해당한다. '거동범'(형식범)이란 일정한 행위만으로도 범죄가 성립하는 경우를 말하는데, 폭행죄는 사람의 신체에 대한 유형력의 행사만 있으면 성립하고 별도의 결과발생을 요구하지 않기 때문에 이에 해당한다. 그밖에도 위증죄, 무고죄, 명예훼손죄, 퇴거불응죄 등이 거동범에 해당한다. 양자의 구별실익은 결과범에 있어서 범죄행위와 결과발생 사이의 상당인과관계를 요구하고, 이를 충족하지 못하는 경우에는 해당 결과범의 미수범으로 처벌된다는 점에 있다.

5. 작위범과 부작위범

이는 범죄행위가 신체거동을 수반하는지 여부로 구별되는 범죄의 종류이다. '작위범'이란 작위의 형태로 범죄를 수행하는 경우를 말하고, '부작위범'이란 부작위의 형태로 범죄를 수행하는 경우를 말한다.

부작위범은 다시 진정부작위범과 부진정부작위범으로 구분되는데, 퇴거불응죄, 다중불해산죄, 집합명령위반죄, 전시군수계약불이행죄, 전시공수계약불이행죄 등과 같이 구성요건 자체가 부작위의 형태로 규정되어 있는 범죄를 '진정부작위범'이라고 하고, 살인죄, 배임죄 등과 같이 구성요건을 작위 또는 부작위로 실행할 수 있는 범죄를 '부진정부작위범'이라고 한다. 양자의 구별실익은 부진정부작위범에 있어서 보증인지위, 작위의무 등의 검토가 별도로 요구된다는 점에 있다.

6. 고의범과 과실범

이는 범죄행위시 행위자가 가진 내심의 상태에 따라 구별되는 범죄의 종류이다. '고의범'

(故意犯)이란 범죄행위시 행위자가 범죄의 의미와 그 결과를 인식하고 인용하는 내심의 상태를 가지고서 범하는 경우를 말하고, '과실범'(過失犯)이란 범죄행위시 행위자가 범죄의 결과를 예견하거나 방지해야 할 주의의무를 위반하여 범죄의 결과를 실제로 발생시킨 경우를 말한다. 양자의 구별실익은 형법상 범죄는 고의범을 원칙적으로 처벌하고, 예외적으로 처벌규정이 있는 경우에 한하여 과실범을 처벌할 수 있다는 점에 있다.

7. 계속범과 상태범

이는 범죄가 기수에 이른 후에도 범죄행위가 계속되는지 여부로 구별되는 범죄의 종류이다. '계속범'(繼續犯)이란 범죄가 기수에 이른 후에도 범죄행위가 계속되는 성질의 범죄를 말한다. 그러므로 범죄의 기수시기와 종료시기가 일치하지 않는데, 예를 들면 체포·감금죄, 주거침입죄, 범인은닉죄 등이 이에 해당한다.

반면에 '상태범'(狀態犯)이란 범죄의 기수시기와 종료시기가 일치하는 범죄를 말하는데, 예를 들면 절도죄, 횡령죄 등이 이에 해당한다. 한편 상태범은 기수 이후의 행위가 불가벌적 사후행위가 되더라도 그에 가담한 제3자는 처벌이 가능하다는 점에서 그렇지 않은 즉시범[1]과 구별된다. 그러므로 상태범은 범죄완성 이후에도 법익침해의 위법상태가 계속된다고 할 수 있다.

양자의 구별실익은 공소시효의 기산점[2], 정당방위의 인정시기, 기수 이후 공범의 성립 여부[3] 등이 상이하다는 점에 있다.

---

1) 대법원 2018. 6. 28. 선고 2017도7937 판결(장사 등에 관한 법률 제39조 제1호가 금지하는 무허가 법인묘지 설치행위는 법인이 '분묘를 설치하기 위하여 부지를 조성하는 행위'를 의미할 뿐, 묘지의 조성에서 더 나아가 분묘 설치나 매장을 완료하는 행위가 반드시 동반되어야 한다는 의미로 해석할 수는 없다. 나아가 처벌규정이 금지하는 무허가 법인묘지를 설치한 죄는 법인묘지의 설치행위, 즉 법인이 '분묘를 설치하기 위하여 부지를 조성하는 행위'를 종료할 때 즉시 성립하고 그와 동시에 완성되는 이른바 즉시범이라고 보아야 한다); 대법원 1983. 11. 8. 선고 83도2450 판결(군형법 제79조에 규정된 무단이탈죄는 즉시범으로서 허가없이 근무장소 또는 지정장소를 일시 이탈함과 동시에 완성되고 그 후의 사정인 이탈 기간의 장단 등은 무단이탈죄의 성립에 아무런 영향이 없다).

2) 대법원 2022. 12. 1. 선고 2019도5925 판결(국외여행허가의무 위반으로 인한 병역법 위반죄는 국외여행의 허가를 받은 병역의무자가 기간만료 15일 전까지 기간연장허가를 받지 않고 정당한 사유 없이 허가된 기간 내에 귀국하지 않은 때에 성립함과 동시에 완성되는 이른바 즉시범으로서, 그 이후에 귀국하지 않은 상태가 계속되고 있더라도 위 규정이 정한 범행을 계속하고 있다고 볼 수 없다. 따라서 위 범죄의 공소시효는 범행종료일인 국외여행허가기간 만료일부터 진행한다); 대법원 2004. 2. 12. 선고 2003도6215 판결(문화재보호법 제81조 제2항에서 지정문화재 등을 은닉한 자를 처벌하도록 한 규정은 지정문화재 등 임을 알고 그 소재를 불분명하게 함으로써 발견을 곤란 또는 불가능하게 하여 그 효용을 해하는 행위를 처벌하려는 것이라는 전제하에 그러한 은닉범행이 계속되는 한 발견을 곤란케 하는 등의 상태는 계속되는 것이어서 공소시효가 진행되지 않는 것으로 보아야 한다는 이유로, 은닉행위를 시작한 때로부터 문화재보호법위반죄의 공소시효가 기산되어 이미 그 공소시효가 완성되었다는 피고인의 주장을 배척하였다); 대법원 2001. 9. 25. 선고 2001도3990 판결(허가를 받지 아니하거나 신고를 하지 아니한 채 건축물을 다른 용도로 사용하는 행위는 계속범의 성질을 가지는 것이어서 허가 또는 신고 없이 다른 용도로 계속 사용하는 한 가벌적 위법상태는 계속 존재하고 있다고 할 것이므로, 그러한 용도변경행위에 대하여는 공소시효가 진행하지 아니하는 것으로 보아야 할 것이다).

3) 대법원 2006. 1. 26. 선고 2005도7283 판결(주차장법 제29조 제1항 제2호에서 규정하는 '부설주차장을 주차장 외의 용도로 사용'한 행위에는 직접 부설주차장을 주차장 외의 용도로 변경하여 사용하는 행위뿐만 아니라 이미 유형적으로 주차장 외의 용도로 변경된 부설주차장의 관리책임을 승계한 자가 그 변경된 용도로 계속 사용하는 경우도 포함된다. 또한 주차장법 제29조 제1항 제2호 위반의 죄는 이른바 계속범으로서, 종전에 용도외 사용행위

8. 목적범과 경향범

이는 행위자에게 고의 이외에 특별한 주관적 요건을 추가적으로 요구하는 범죄의 종류이다. '목적범'(目的犯)이란 고의 이외에 일정한 결과를 달성하려는 목적을 필요로 하는 범죄를 말하는데[1], 이는 진정목적범과 부진정목적범으로 구분된다. '진정목적범'이란 각종 위조범죄와 같이 고의 이외에 일정한 목적이 있어야만 성립하는 범죄를 말하며, '부진정목적범'이란 목적이 없어도 범죄는 성립하지만, 목적이 있는 경우에는 형벌이 가중 또는 감경되는 범죄를 말한다. 예를 들면 모해위증죄, 노동력 착취·성매매와 성적 착취·장기적출 목적의 약취·유인죄 등은 형벌이 가중되는 부진정목적범이고, 현행법상 형벌이 감경되는 부진정목적범은 없다. 목적의 인식 정도와 관련하여 대법원은 특정한 구성요건행위에 대한 적극적 의욕이나 확정적 인식까지는 필요 없고, 미필적 인식으로 족하다는 입장[2]에 있다.

한편 목적이 행위자의 행위 자체에 의하여 직접 실현되고, 목적의 실현을 위하여 다른 별도의 행위를 할 필요가 없는 '단절된 결과범'(내란죄, 준강도죄, 출판물에 의한 명예훼손죄 등)과 목적이 행위자의 행위 자체에 의하여 직접 실현될 수 없고, 목적의 실현을 위하여 또 다른 별도의 행위를 할 필요가 있는 '단축된 2행위범'(각종 위조죄, 예비죄, 무고죄, 음행매개죄 등)으로 나누기도 한다.

'경향범'(傾向犯)이란 행위자에게 고의 이외에 일정한 경향을 추가적으로 요구하는 범죄를 말한다. 즉 행위의 객관적 측면이 행위자의 일정한 주관적 경향의 발현으로 행해졌을 때 구성

에 대하여 처벌받은 일이 있다고 하더라도 그 후에도 계속하여 용도외 사용을 하고 있는 이상 종전 재판 후의 사용에 대하여 다시 처벌할 수 있는 것이다).

1) 대법원 2010. 7. 23. 선고 2010도1189 전원합의체 판결(국가보안법 제7조 제5항의 죄는 제1, 3, 4항에 규정된 이적행위를 할 목적으로 문서·도화 기타의 표현물을 제작·수입·복사·소지·운반·반포·판매 또는 취득하는 것으로서 이른바 목적범임이 명백하다. 목적범에서의 목적은 범죄 성립을 위한 초과주관적 위법요소로서 고의 외에 별도로 요구되는 것이므로, 행위자가 표현물의 이적성을 인식하고 제5항의 행위를 하였다고 하더라도 이적행위를 할 목적이 인정되지 아니하면 그 구성요건은 충족되지 아니한다. 그리고 형사재판에서 공소가 제기된 범죄의 구성요건을 이루는 사실에 대한 증명책임은 검사에게 있으므로 행위자에게 이적행위를 할 목적이 있었다는 점은 검사가 증명하여야 하며, 행위자가 이적표현물임을 인식하고 제5항의 행위를 하였다는 사실만으로 그에게 이적행위를 할 목적이 있었다고 추정해서는 아니된다. 이 경우 행위자에게 이적행위 목적이 있음을 증명할 직접증거가 없는 때에는 표현물의 이적성의 징표가 되는 여러 사정들에 더하여 피고인의 경력과 지위, 피고인이 이적표현물과 관련하여 제5항의 행위를 하게 된 경위, 피고인의 이적단체 가입 여부 및 이적표현물과 피고인이 소속한 이적단체의 실질적인 목표 및 활동과의 연관성 등 간접사실을 종합적으로 고려하여 판단할 수 있다).

2) 대법원 2004. 8. 30. 선고 2004도3212 판결(국가보안법 제7조 제5항에서의 목적이란 찬양·고무 등 행위에 대한 적극적 의욕이나 확정적 인식까지는 필요 없고 미필적 인식으로 족하므로, 표현물의 내용이 객관적으로 보아 반국가단체의 활동에 동조하는 등의 이적성을 담고 있는 것임을 인식하고, 나아가 그와 같은 행위가 이적행위가 될지도 모른다는 미필적 인식이 있으면 구성요건이 충족되는 것이다); 대법원 1980. 5. 20. 선고 80도306 판결(내란죄에 있어서의 국헌문란의 목적은 현행의 헌법 또는 법률이 정한 정치적 기본조직을 불법으로 파괴하는 것을 말하고 구체적인 국가기관인 자연인만을 살해하거나, 그 계승을 기대하는 것은 이에 해당되지 않으나 반드시 초법규적인 의미는 아니라고 할 것이며, 공산, 군주 또는 독재제도로 변경하여야 하는 것은 더욱 아니고, 그 목적은 엄격한 증명사항에 속하고 직접임을 요하나 결과발생의 희망, 의욕임을 필요로 한다고 할 수는 없고, 또 확정적 인식임을 요하지 아니하며, 다만 미필적 인식이 있으면 족하다).

요건이 충족되는 범죄를 의미하는데, 예를 들면 알몸으로 길거리를 돌아다니는 사람에게 음란한 경향이 있는 경우에만 공연음란죄가 성립한다고 파악하는 것이 이에 해당한다. 경향범을 인정하는 실익은 범죄의 성립요건을 보다 엄격하게 해석하여 처벌의 범위를 축소하자는 것이지만, 판례[1]는 이를 인정하지 않고 있다.

참고로 '표현범'(表現犯)이란 외부적 행위가 행위자 내심의 정신현상을 일정한 방법으로 왜곡하여 표현된 경우(적극적 표현범)와 법이 요구하는 표현을 태만함으로써 성립하는 경우(소극적 표현범)를 말한다. 전자의 예로는 위증죄를 들 수 있고, 후자의 예로는 국가보안법 제10조에서 규정하고 있는 불고지죄를 들 수 있다.

제 2 절   행위론과 범죄체계론

Ⅰ. 행위론

1. 의 의

범죄는 인간의 행위라는 점에서 범죄의 개념 또는 요건을 파악하기에 앞서 과연 그것이 행위의 개념에 포섭되는 것인지의 여부 대한 질문의 해답이 선행되어야 할 필요성이 있다. 왜냐하면 이러한 작업을 통하여 행위로 판명되지 않을 경우에는 이후 범죄의 성립요건 자체에 대한 판단을 하는 것은 불필요하기 때문이다.

우선 범죄에서 말하는 행위는 형법적 평가의 대상이 되는 모든 행태의 기본요소를 포섭하여 통일된 하나의 행위로 파악할 수 있어야 한다(근본기능). 이는 고의행위, 과실행위, 작위행위, 부작위행위, 미수행위, 기수행위 등을 모두 단일한 행위에 포섭할 수 있어야 함을 의미한다.

다음으로 행위는 형법적 판단을 구성요건해당성, 위법성, 책임의 체계적 순서로 연결시키는 기능을 수행한다(연결기능 또는 결합기능). 이에 의하면 일정한 행위는 구성요건에 해당하는 실행행위가 되고, 그 중에서 일정한 행위만이 위법행위가 되며, 다시 위법한 행위 중에서 일정한 행위만이 책임 있는 행위가 된다.

마지막으로 행위는 형법적으로 의미 있는 행위와 의미 없는 행위를 구별하여 불법판단의 대상이 될 수 없는 행위는 처음부터 형법적 판단의 대상에서 제외시키는 기능을 수행한다(한계기능). 이에 따라 구성요건해당성이라는 형법적 평가의 대상이 될 수 있는 필요한 최소한도의 행위만을 형법상 행위로 인정한다. 이에 따라 동물의 행동, 수면 중의 동작 등은 행위로 인정되

---

1) 대법원 2006. 1. 13. 선고 2005도6791 판결(형법 제305조의 미성년자의제강제추행죄는 '13세 미만의 아동이 외부로부터의 부적절한 성적 자극이나 물리력의 행사가 없는 상태에서 심리적 장애 없이 성적 정체성 및 가치관을 형성할 권익'을 보호법익으로 하는 것으로서, 그 성립에 필요한 주관적 구성요건요소는 고의만으로 충분하고, 그 외에 성욕을 자극·흥분·만족시키려는 주관적 동기나 목적까지 있어야 하는 것은 아니다).

지 아니한다.

2. 행위론의 유형

(1) 인과적 행위론

인과적 행위론에 의하면, 행위는 어떠한 의사에 기인한 신체동작 또는 태도라고 한다. 여기서 '어떤 의사'는 단지 신체동작을 야기시키는 인과적 원인이 될 뿐이고, 의사의 내용(고의·과실)은 책임요소가 된다. 즉 행위단계에서는 의사의 존재 여부만이 문제되고, 의사의 내용은 책임단계에서 고려된다. 어떤 의사는 그 자체만으로 인과과정을 조정할 수 없고, 아무런 내용도 없이 단지 신체동작을 야기시키는 의미밖에 없으므로 유의성(有意性)이라고 하고, 신체동작은 외부세계의 변동을 야기하는 것이므로 거동성이라고 한다.

하지만 ① 행위의 요소로 거동성을 요구하여 부작위를 행위에 포섭시킬 수 없다는 점, ② 행위의 요소로 유의성을 요구하여 인식 없는 과실을 행위에 포섭시킬 수 없다는 점, ③ 인과과정은 무한하기 때문에 의사에 의한 지배가 불가능한 사실까지도 행위에 포섭시키므로 행위의 한계기능을 수행할 수 없다는 점, ④ 의사의 내용인 고의를 행위에서 배제하므로 고의행위의 본질을 파악할 수 없다는 점 등의 비판이 제기된다.

(2) 목적적 행위론

목적적 행위론에 의하면, 행위는 단지 유의(有意)한 인과과정이 아니라 자신의 동작이 가져올 결과를 예견하여 목표를 설정하고, 그 목표를 달성하기 위하여 필요한 수단을 선택하며, 그 선택된 수단을 목표에 향하여 계획적으로 지배·조종하는 목적활동의 수행이라고 한다. 이에 의하면 고의는 구성요건 실현을 지향한 목적적 행위의사로서 행위의 본질적 요소이며, 과실은 과실범의 구성요건적 결과 이외의 사실을 지향한 목적적 행위의 부주의한 행위수행이므로, 구성요건해당성의 단계에서 고의범과 과실범은 구별된다. 불법은 목적수행으로서의 인적 행위불법을 말하므로 불법의 실질은 결과반가치가 아니라 행위반가치에 있다. 가치판단의 대상이 되는 심리적 사실인 고의와 과실은 책임요소가 될 수 없고, 오로지 규범적 요소만 책임요소가 된다는 규범적 책임론을 확립하여, 위법성의 인식은 고의와 독립된 책임요소로 파악한다.

하지만 ① 목적성을 고의와 동일시함으로써 과실 및 부작위를 행위에 포섭시킬 수 없다는 점, ② 과실 및 부작위를 행위에 포섭시킬 수 없으므로 행위의 기본요소로서의 역할을 하지 못하며, 부작위를 제외함으로써 부작위는 행위 아닌 범죄가 된다는 점, ③ 고의는 구성요건요소에 대한 인식과 의사를 말하는데, 목적성을 고의와 동일시하면 목적성의 의미 및 내용도 구성요건이라는 법적 개념에 의하여 결정될 수밖에 없고, 이와 같은 목적성을 내용으로 한 행위는 가치중립적인 행위개념이 될 수 없다는 점 등의 비판이 제기된다.

(3) 사회적 행위론

사회적 행위론에 의하면, 행위는 인간의 의사에 의하여 지배되거나 지배가능한 사회적으로 중요성이 있는 행태라고 한다. 이에 의하면 사회에 부정적 효과를 미치는 사회적 중요성이 행위의 본질적 요소이므로 이를 통하여 모든 인간의 행태를 행위개념에 포섭시킬 수 있으며, 외부에 나타난 인간의 행태 중에서 사회에 미치는 효과를 자신의 의사로 지배하거나 지배가능성이 있는 행위만이 형법상 행위라고 하고 지배가능성 조차 없는 행태는 처음부터 행위개념에서 배제한다.

하지만 ① 사회적 중요성의 의미가 모호하다는 점, ② 사회적 중요성이 있으면 행위가 되므로 절대적 폭력행위, 반작용 등도 행위가 되어 행위의 한계기능을 수행할 수 없다는 점, ③ 행위개념에 사회적 중요성을 포함시키면 행위 자체에 대한 가치평가가 내려져야 하는데, 이는 결국 구성요건의 불법판단을 의미하므로 행위의 결합기능을 수행할 수 없다는 점 등의 비판이 제기된다.

(4) 행위론 무용론

행위론 무용론에 의하면, 대부분의 악법은 범죄라고 해서는 안 될 행위를 범죄행위라고 규정하는 것이지, 행위가 아닌 것을 범죄로 규정하는 악법은 거의 없다는 점, 범죄체계론과 행위개념은 반드시 논리필연적인 관계에 있는 것은 아니라는 점, 형법학에서 관심을 가져야 할 영역은 행위개념의 확립이 아니라 실정 형법에서 사용되는 각각의 행위개념이 되어야 한다는 점 등을 논거로 하여, 행위론은 실익이 없는 논쟁이라고 평가한다.

(5) 검 토

인간의 행위가 동물의 행동과 구별되는 것은 기본적으로 의사지배에 따른 차이라고 할 수 있다. 그러므로 행위는 인간의 의사에 의하여 지배되거나 지배가능하여야 한다. 또한 행위는 사회적으로 중요한 의미를 가지는 외부적 행태이어야 하는데, 이 점에서 순수한 내심적 태도를 행위의 개념에서 제외시킬 수 있다. 다만 사회적으로 중요한 외부적 행태를 판단함에 있어서는 행위자의 내심적 태도를 고려할 필요가 있다. 결국 형법상 행위개념을 근거지움에 있어서는 사회적 행위론이 타당하다.

Ⅱ. 범죄체계론

1. 의 의

범죄가 성립하기 위해서는 수많은 요소들이 필요한데, 이와 같은 범죄의 성립요소에는 어떠한 것들이 있고, 이러한 요소들을 어느 위치에 배치할 것인가를 다루는 분야를 범죄체계론이라고 한다. 현재에는 범죄의 성립요건을 구성요건해당성, 위법성, 책임으로 총 3단계로 구분한 다음, 개별적인 범죄의 성립요소들을 각각 어디에 배치할 것인지 여부가 문제되고 있다. 특히 고의·과실이 책임요소인지 아니면 구성요건요소인지, 위법성의 인식이 고의의 구성요소인지 아니면 책임요소인지 등을 중심으로 논의가 전개되어 왔다.

2. 범죄체계론의 유형

(1) 고전적 범죄체계론

고전적 범죄체계론에 의하면, 범죄의 모든 객관적 요소는 구성요건과 위법성에 귀속시키는 반면에 모든 주관적 요소는 책임에 귀속시킨다. 이에 의하면 구성요건해당성은 객관적 사실판단, 위법성은 객관적 가치판단, 책임은 행위자의 내심상태에 대한 주관적 사실판단이라고 한다. 또한 법규범에 대한 위반이 위법이라는 형식적 위법성론을 주장하여 객관적으로 존재하는 평가규범에 위반하면 위법성이 인정된다는 객관적 위법성론을 전개하였으며, 행위자의 내심에 있는 심리적 사실 그 자체가 책임이라고 하여 심리적 책임개념을 주장하였다. 이에 따라 고의·과실은 책임의 요소이며, 위법성의 인식은 고의의 요소로 인정하지 아니한다.

(2) 신고전적 범죄체계론

신고전적 범죄체계론에 의하면, 구성요건은 단지 객관적인 것이 아니라 규범적 요소와 주관적 요소도 포함한다. 위법성의 본질은 형식적 규범위반이 아니라 법익침해 내지 법익침해의 위태화라는 실질적 내용으로 파악하므로 실질적 위법성론을 주장한다. 책임은 심리적 사실관계가 아니라 반규범적 의사결정에 대한 비난가능성이라는 규범적 책임개념을 주장하였다. 이에 따라 고의·과실은 책임의 요소이며, 위법성의 인식은 고의의 요소로 인정하고, 규범적 요소인 기대가능성도 책임의 요소로 파악한다.

(3) 목적적 범죄체계론

목적적 범죄체계론에 의하면, 행위를 목적 추구활동의 수행으로 파악하여 목적성이 행위의 본질이 되므로 고의·과실은 모두 목적적 행위로 파악한다. 이에 따라 고의·과실은 책임요소가 아니라 구성요건요소가 되며, 고의범과 과실범은 구성요건의 단계에서 범죄의 성격을 구별하는 기능을 수행한다. 책임은 반규범적 의사결정에 대한 비난가능성이고, 책임평가를 할 수 있는 규범적 요소만 책임요소가 되며 책임평가의 대상이 되는 심리적 사실(고의·과실)은 책임요소가 될 수 없다는 규범적 책임개념을 확립하였다. 그 결과 위법성의 인식은 고의와 구별되는 독립된 책임요소가 된다.

(4) 절충적 범죄체계론

절충적 범죄체계론에 의하면, 고의·과실을 구성요건요소로 파악하면서도 일정한 행위자의 심리적 태도를 책임의 요소로도 인정하여 이중적 지위로 파악하는데 특색이 있다. 행위개념의 본질적 내용으로서 사회적 중요성을 강조하는 사회적 행위개념을 확립하였고, 불법은 행위불법과 결과불법 모두 불법구성요건의 내용이 된다는 이원적 불법개념을 체계화하였다.

이에 따라 고의는 범죄실현을 위하여 행위의 방향을 결정하는 행위의사로서의 불법고의와 그러한 행위방향으로 의사를 결정한 심정반가치로서의 책임고의를 구별하여 고의의 이중적 지위를 인정한다. 과실에 있어서의 객관적 주의의무는 과실범의 구성요건요소가 되며, 주관적 주의의무는 책임요소가 된다. 또한 위법성의 인식은 심정반가치인 고의와는 독립된 책임요소로 파악한다.

(5) 검　토

고의·과실은 구성요건단계에서는 행위의 의미를 결정하는 기능을 수행하지만, 책임단계에서는 행위자에 대한 비난가능성의 유무 또는 정도를 결정하는 이중적 기능을 수행하고 있으므로 절충적 범죄체계론이 타당하다.

제 2 장 구성요건론

제 1 절 구성요건론의 기초

Ⅰ. 구성요건의 개념과 의의

1. 구성요건의 개념

'구성요건'(構成要件)이란 형벌법규에 일반적으로 규정되어 있는 불법행위의 유형을 말한다. 예를 들면 명예훼손죄(제307조 제1항)는 "공연히 사실을 적시하여 사람의 명예를 훼손한 자는 2년 이하의 징역이나 금고 또는 500만원 이하의 벌금에 처한다."라고 규정되어 있는데, 여기서 '공연히 사실을 적시하여 사람의 명예를 훼손한 자'라는 부분이 구성요건이다.

'구성요건해당성'이란 구체적인 사실행위가 형벌법규에 기술되어 있는 일반적인 구성요건의 내용을 충족하였다는 성질을 말한다. 이와 같이 구성요건은 정적인 개념인 반면에 구성요건해당성은 동적인 개념이라고 할 수 있다. 범죄의 성립요건 가운데 하나인 구성요건해당성은 인간의 여러 가지 행위 가운데 어느 하나가 구성요건에 해당해야만 인정될 수 있는 것이다. 한편 구성요건에 해당하는 행위가 있으면 구성요건을 완전히 충족시키지 못하더라도 미수범이 성립할 수 있으며, 더 나아가 구성요건을 완전히 충족시킨 경우에는 기수가 된다.

2. 구성요건의 기능

(1) 선별기능

구성요건은 처음부터 형법적으로 가벌적 심사대상이 될 수 있는 행위와 그렇지 않은 행위를 구별해 주고 있는데, 이를 구성요건의 선별기능이라고 한다. 예를 들면 행인이 길거리에 버린 쓰레기를 훔치더라도 절도죄의 죄책을 지지 않는데, "타인의 재물을 절취한 자는 6년 이하의 징역 또는 1천만원 이하의 벌금에 처한다."라고 규정되어 있는 절도죄(제329조)의 구성요건 가운데 위의 쓰레기는 '타인의 재물'에 해당하지 않기 때문에 절도죄의 구성요건해당성이 부정되어 절도죄가 성립하지 않는 것이다.

(2) 경고기능

구성요건해당성이 있는 행위는 위법성이 있는 것으로 추정되기 때문에 불법행위에 주의할 필요가 있는데, 이를 구성요건의 경고 및 환기기능이라고 한다.

(3) 개별화기능

모든 범죄는 고유한 특성을 가지고 있어 그 불법의 내용이 서로 다른데, 이와 같이 개별 범죄에서 규정된 구성요건의 차이로부터 구성요건의 개별화기능이 도출된다.

3. 구성요건과 위법성의 관계

구성요건과 위법성은 독립적인 범죄의 성립요건이지만, 구성요건은 범죄로서 처벌할 필요가 있는 법익침해 또는 위태화 행위를 유형적으로 기술한 것이므로 구성요건은 위법행위의 유형이며 위법성의 인식근거가 된다. 이에 의하면 어떠한 행위가 구성요건에 해당하게 되면 그 행위는 원칙적으로 위법행위가 되며, 예외적으로 위법성조각사유가 있는 경우에 한하여 처음부터 정당화 된다.[1]

Ⅱ. 구성요건요소의 유형

1. 사실적 구성요건요소와 규범적 구성요건요소

'사실적 구성요건요소'란 가치판단 내지 규범적 판단 이전에 오감(五感)을 통한 사실판단을 통해서도 충분히 인정될 수 있는 개념을 말한다. 예를 들면 "야간에 사람의 주거, 관리하는 건조물, 선박, 항공기 또는 점유하는 방실에 침입하여 타인의 재물을 절취한 자는 10년 이하의 징역에 처한다."라고 하는 야간주거침입절도죄(제330조)에 있어서 '야간'이라는 개념은 '일몰 후 일출 전'이라는 의미에 해당한다는 것을 누구나 쉽게 파악할 수 있기 때문에 일반적으로 사실적 구성요건요소로 분류된다.

반면에 '규범적 구성요건요소'란 가치판단 내지 규범적 판단을 거쳐야만 그 의미가 인정될 수 있는 개념을 말한다. 예를 들면 "공연히 음란한 행위를 한 자는 1년 이하의 징역, 500만원 이하의 벌금, 구류 또는 과료에 처한다."라고 하는 공연음란죄(제245조)에 있어서 '음란'이라는 개념은 개인의 가치관에 따라 의견이 상이할 수 있기 때문에 반드시 규범적 가치판단을 거쳐야만 그 의미가 확정될 수 있는 것이다.

원칙적으로 모든 구성요건을 사실적 구성요건요소로 규정하는 것이 이상적이지만, 모든 인간의 행위를 자세하게 구성요건으로 규정하는 것이 현실적으로 불가능하기 때문에 어느 정도의 규범적 구성요건요소도 필연적으로 인정될 수밖에 없다. 누구나 인식할 수 있는 '사람'이라는 개념에 있어서도 태아 또는 뇌사자를 과연 사람으로 볼 것인지의 여부는 규범적으로 판단될 수밖에 없다는 점을 감안하면, 구성요건에 대한 규범적 판단은 필연적이라고 해도 과언이

---

1) 반면에 구성요건과 위법성을 하나로 결합한 총체적 불법구성요건이라는 용어를 전제한 다음, 총체적 불법구성요건해당성이 있기 위해서는 적극적 요건으로서 (다수설에서 말하는) 구성요건해당성의 존재와 소극적 요건으로서 (다수설에서 말하는) 위법성조각사유의 부존재가 필요하다고 하는 소극적 구성요건요소이론이 있다.

아니다.

2. 객관적 구성요건요소와 주관적 구성요건요소

'객관적 구성요건요소'란 외부적으로 나타나는 구성요건요소를 말한다. 예를 들면 "강도가 사람을 살해한 때에는 사형 또는 무기징역에 처한다"라고 하는 강도살인죄(제338조)에 있어서 '강도'는 행위의 주체, '사람'은 행위의 객체, '살해'는 행위의 방법이라고 할 수 있는데, 이와 같은 행위의 주체, 객체, 방법, 행위상황 등은 객관적 구성요건요소에 해당한다. 결과범에 있어서 범죄행위 및 결과발생 그리고 양자 사이의 인과관계도 역시 객관적 구성요건요소에 해당한다.

'주관적 구성요건요소'란 고의, 과실, 목적, 동기, 불법영득의사 등과 같이 인간의 내심에 존재하는 구성요건요소를 말한다. 예를 들면 甲이 乙의 머리를 야구방망이로 가격하여 큰 상처를 입힌 경우에 있어서 甲의 행위가 살인미수, 과실치상, 폭행치상, 상해, 중상해 등의 범죄 가운데 과연 어떠한 죄책이 부과되는지를 판단하기 위해서는 반드시 甲의 내심의 의사를 살펴보아야 한다.

제 2 절 법인의 형사책임

I. 법인의 범죄능력

1. 학설의 대립

자연인이 아닌 법인에게도 범죄능력을 인정할 수 있는가? 이는 법인의 본질론뿐만 아니라 범죄와 형벌의 본질론과도 밀접한 연관성이 있는 부분이라고 할 수 있다. 도의적 책임론에 의하면 법인의 범죄능력을 인정할 가능성이 적지만, 사회적 책임론에 의하면 이를 인정할 가능성이 높아지게 된다.

이에 대하여 법인의 범죄능력을 부정하는 견해에 의하면, ① 법인은 육체와 의사가 없어 범죄행위를 할 수 없다는 점, ② 법인은 목적의 범위 내에서만 활동하도록 되어 있는데 범죄는 그 목적이 될 수 없다는 점, ③ 법인에게는 자유의지가 없기 때문에 도의적인 책임을 물을 수 없다는 점, ④ 법인을 처벌함으로써 범죄와 무관한 구성원들까지 처벌하는 연대책임의 결과가 초래된다는 점, ⑤ 법인은 형벌이 아니라 행정벌로 규율하는 것이 타당하다는 점, ⑥ 법인은 그 기관인 자연인을 통하여 행위를 하므로 그 기관인 자연인을 처벌하면 충분하다는 점, ⑦ 사형이나 자유형은 처음부터 자연인을 그 대상으로 하고 있다는 점 등을 그 논거로 하고 있다.

반면에 법인의 범죄능력을 긍정하는 견해에 의하면, ① 법인도 기관을 통하여 범죄행위를 할 수 있다는 점, ② 최근에는 회사의 윤리경영이라는 취지에서 법인에 대한 도의적 비난도 가능하다는 점, ③ 자연인을 처벌하는 경우에도 그 가족 등 범죄와 무관한 사람들이 간접적인 피해를 겪는다는 점, ④ 법인에게도 중한 불법행위에 있어서는 재범방지를 위해서라도 행정제재가 아닌 형벌을 통한 규율이 필요하다는 점, ⑤ 법에서 불법목적의 법인을 인정하지 않는다는 것과 이미 적법한 목적으로 성립된 법인이 그 목적의 수행과정에서 불법행위를 할 수 있는지 여부는 별개의 문제라는 점, ⑥ 민법 제35조 등과 같이 사법의 영역에서 법인의 불법행위책임을 인정하고 있으므로 형법의 영역에서도 이를 인정할 수 있다는 점, ⑦ 이미 존재하는 형벌에 상응하는 범죄만을 역으로 인정하는 것은 타당하지 않으며, 자연인에게 부과되는 사형이나 자유형을 대신하여 법인에 대한 해산이나 영업정지를 충분히 상정할 수 있을 뿐만 아니라 벌금형은 법인에게도 적합하다는 점 등을 그 논거로 하고 있다.

2. 판례의 태도

판례는 「형법 제355조 제2항의 배임죄에 있어서 타인의 사무를 처리할 의무의 주체가 법인이 되는 경우라도 법인은 다만 사법상의 의무주체가 될 뿐 범죄능력이 없는 것이며, 그 타인의 사무는 법인을 대표하는 자연인인 대표기관의 의사결정에 따른 대표행위에 의하여 실현될 수밖에 없어 그 대표기관은 마땅히 법인이 타인에 대하여 부담하고 있는 의무내용대로 사무를 처리할 의무가 있다고 할 것이므로, 법인이 처리할 의무를 지는 타인의 사무에 관하여는 법인이 배임죄의 주체가 될 수 없고, 그 법인을 대표하여 사무를 처리하는 자연인인 대표기관이 바로 타인의 사무를 처리하는 자, 즉 배임죄의 주체가 되는 것이라고 새겨야 할 것이다.」라고 판시[1] 하여, 원칙적으로 부정설의 입장을 취하고 있다.

하지만 「법인격 없는 사단과 같은 단체는 법인과 마찬가지로 사법상의 권리의무의 주체가 될 수 있음은 별론으로 하더라도 법률에 명문의 규정이 없는 한 그 범죄능력은 없고, 그 단체의 업무는 단체를 대표하는 자연인인 대표기관의 의사결정에 따른 대표행위에 의하여 실현될 수밖에 없다.」라고 판시[2]하여, 법률에 명문의 규정이 있는 경우에는 법인에게도 범죄능력이 인정될 수 있다고도 한다.

3. 검 토

현재 다수의 법률에서 양벌규정[3]을 두고 있는데, 이는 법인의 형벌능력을 인정하는 것이

---

1) 대법원 1984. 10. 10. 선고 82도2595 전원합의체 판결.
2) 대법원 2009. 5. 14. 선고 2008도11040 판결; 대법원 1997. 1. 24. 선고 96도524 판결(구 건축법 제26조 제1항의 규정에 의하여 건축물의 유지·관리의무를 지는 '소유자 또는 관리자'가 법인격 없는 사단인 경우에는 자연인인 대표기관이 그 업무를 수행하는 것이므로, 같은 법 제79조 제4호에서 같은 법 제26조 제1항의 규정에 위반한 자라 함은 법인격 없는 사단의 대표기관인 자연인을 의미한다).
3) 예를 들면 청소년 보호법 제62조(양벌규정) 법인의 대표자나 법인 또는 개인의 대리인, 사용인, 그 밖의 종업원이 그 법인 또는 개인의 업무에 관하여 제55조부터 제57조까지의 어느 하나에 해당하는 위반행위를 하면 그 행위자를 벌하는 외에 그 법인 또는 개인을 5천만원 이하의 벌금에 처하고, 제58조부터 제61조까지의 어느 하나에

며, 그 전제로서 법인의 범죄능력을 인정하고 있는 것으로 보아야 한다. 부정설에 의하면 법인은 사법상의 의무주체가 될 뿐 법인은 범죄능력이 없다고 하지만, 바로 이러한 사법상의 의무주체가 배임죄의 주체가 되는 것이므로 이것을 떠나 배임죄는 성립할 수 없는 것인데, 사법상의 의무주체와 범죄의 주체를 별도로 파악하려는 것인지는 의문이다. 법인에게 범죄능력이 없기 때문에 그 대표행위를 하는 대표기관을 배임죄로 다스린다는 것은 의무 없는 자를, 따라서 임무위반행위가 없는 자를 처벌하는 것이 되어 죄가 없는 자를 처벌하자는 것과 같은 결론이 된다.

결국 법인은 기관을 통하여 행위를 하므로 법인이 대표자를 선임한 이상 그의 행위로 인한 법률효과는 법인에게 귀속되어야 하고, 법인 대표자의 범죄행위에 대하여는 법인 자신이 책임을 겨야 한다. 그러므로 법인 대표자의 법규위반행위에 대한 법인의 책임은 법인 자신의 법규위반행위로 평가될 수 있는 행위에 대한 법인의 직접책임으로서, 대표자의 고의에 의한 위반행위에 대하여는 법인 자신의 고의에 의한 책임을, 대표자의 과실에 의한 위반행위에 대하여는 법인 자신의 과실에 의한 책임을 지는 것이다.[1] 반면에 행위자가 법인의 대표자가 아니라 종업원인 경우에는 법인의 종업원에 대한 선임·감독상의 과실책임을 겨야 한다.

Ⅱ. 법인의 형벌능력

1. 책임주의

형벌은 범죄에 대한 제재로서 그 본질은 법질서에 의해 부정적으로 평가된 행위에 대한 비난이다. 만약 법질서가 부정적으로 평가한 결과가 발생하였다고 하더라도 그러한 결과의 발생이 어느 누구의 잘못에 의한 것도 아니라면, 부정적인 결과가 발생하였다는 이유만으로 누군가에게 형벌을 가할 수는 없다. 물론 결과의 제거와 원상회복을 위해 그 결과 발생에 아무런 잘못이 없는 개인이나 집단에 대하여 민사적 또는 행정적으로 불이익을 가하는 것이 공평의 관념에 비추어 볼 때 허용되는 경우도 있을 수 있다. 그러나 법질서가 부정적으로 평가할 만한 행위를 하지 않은 자에 대해서 형벌을 부과할 수는 없다. 왜냐하면 형벌의 본질은 비난가능성인데, 비난받을 만한 행위를 하지 않은 자에 대한 비난이 정당화될 수 없음은 자명한 이치이기 때문이다.

이에 책임주의는 다음과 같은 두 가지 의미를 포함하는데, 하나는 형벌의 부과 자체를 정당화하는 것으로, 범죄에 대한 귀책사유(책임)가 인정되어야만 형벌을 부과할 수 있다는 것이고

해당하는 위반행위를 하면 그 행위자를 벌하는 외에 그 법인 또는 개인에게도 해당 조문의 벌금형을 과한다. 다만, 법인 또는 개인이 그 위반행위를 방지하기 위하여 해당 업무에 관하여 상당한 주의와 감독을 게을리하지 아니한 경우에는 그러하지 아니하다.

1) 대법원 2022. 11. 17. 선고 2021도701 판결; 대법원 2010. 9. 30. 선고 2009도3876 판결.

('책임 없는 형벌 없다.'), 다른 하나는 책임의 정도를 초과하는 형벌을 과할 수 없다는 것이다('책임과 형벌 간의 비례의 원칙'). 따라서 일정한 범죄에 대해 형벌을 부과하는 법률조항이 정당화되기 위해서는 범죄에 대한 귀책사유를 의미하는 책임이 인정되어야 하고, 그 법정형 또한 책임의 정도에 비례하도록 규정되어야 한다.

이와 같이 '책임 없는 형벌 없다.'라고 하는 책임주의는 형사법의 기본원리로서, 헌법상 법치국가의 원리에 내재하는 원리인 동시에 인간의 존엄과 가치 및 자유로운 행동을 보장하는 헌법 제10조의 취지로부터 도출되는 것이고, '책임과 형벌 간의 비례의 원칙'에 의하여 책임의 정도에 비례하는 법정형을 요구하는 것은 과잉금지원칙을 규정하고 있는 헌법 제37조 제2항으로부터 도출되는 것이다.

2. 법인처벌의 근거

(1) 판례의 태도

대법원은 양벌규정에 있어서 책임주의 원칙과 관련하여, 「종업원 등의 행정법규 위반행위에 대하여 양벌규정으로 영업주의 책임을 묻는 것은 종업원 등에 대한 영업주의 선임감독상의 과실책임을 근거로 하는 것이며 …」[1], 「양벌규정에 의한 영업주의 처벌은 금지위반행위자인 종업원의 처벌에 종속되는 것이 아니라 독립하여 그 자신의 종업원에 대한 선임감독상의 과실로 인하여 처벌되는 것이므로 …」[2], 「… 사업주가 개인인 때에는, 그 개인의 대리인, 사용인 기타 종업원의 위반행위가 있는 경우에 그 사업주에게 그 행위자의 선임, 감독 기타 위반행위를 방지하기 위하여 필요한 주의를 다하지 아니한 과실이 있다고 추정하고 이를 처벌하는 것이라고 볼 것이므로 그 사업주는 이러한 주의를 다 하였음을 증명하지 아니하는 한 그 형사책임을 면할 수 없다.」[3], 「… 이는 법인에게 무과실책임은 아니라 하더라도 입증책임을 부과함으로써 업무주체에 대한 과실의 추정을 강하게 하려는데 그 목적이 있다 할 것이므로 …」[4] 등이라고 각각 판시하고 있다.

또한 헌법재판소에서도 「이 사건 법률조항[5]은 개인이 고용한 종업원 등이 업무와 관련하여 청소년보호법 제51조 제8호를 위반한 범죄행위를 저지른 사실이 인정되면 곧바로 그 종업원 등을 고용한 영업주 개인도 종업원 등과 똑같이 처벌하도록 규정하고 있다. 또한 이 사건 법률

---

1) 대법원 1987. 11. 10. 선고 87도1213 판결.
2) 대법원 2006. 2. 24. 선고 2005도7673 판결.
3) 대법원 1982. 6. 22. 선고 82도777 판결.
4) 대법원 2002. 1. 25. 선고 2001도5595 판결; 대법원 1992. 8. 18. 선고 92도1395 판결(피고인 법인이 종업원들에게 소론과 같이 윤락행위 알선을 하지 않도록 교육을 시키고, 또 입사시에 그 다짐을 받는 각서를 받는 등 일반적이고 추상적인 감독을 하는 것만으로는 위 법 제45조 단서의 면책사유에 해당할 수는 없는 것이다).
5) (구) 청소년보호법 제54조(양벌규정) 법인·단체의 대표자, 법인·단체 또는 개인의 대리인, 사용인 기타 종업원이 그 법인·단체 또는 개인의 업무에 관하여 제49조의2 내지 제49조의4 및 제50조 내지 제53조의 죄를 범한 때에는 행위자를 벌하는 외에 그 법인·단체 또는 개인에 대하여도 각 해당 조의 벌금형을 과한다.

조항은 종업원 등의 범죄행위에 대한 영업주의 가담 여부나 종업원 등의 행위를 감독할 주의의무의 위반 여부를 영업주에 대한 처벌 요건으로 규정하고 있지 않으며, 달리 영업주가 면책될 가능성에 대해서도 규정하고 있지 아니하다. 따라서 종업원 등이 법 제51조 제8호를 위반한 범죄사실이 인정되면 영업주는 그 종업원 등의 범죄에 가담하거나 그 범죄를 알면서 묵인하였는지, 아니면 그 범죄를 알지 못했고 알 수도 없었는지 등과 같은, 영업주 자신에게 관련된 사정들과는 아무런 관계없는 경우까지 곧바로 이 사건 법률조항에 따라 종업원 등과 같은 형으로 처벌된다. 비록 이 사건 법률조항이 종업원 등의 범죄가 '영업주의 업무에 관하여' 이루어질 것으로 규정하고 있기는 하나, 종업원 등이 영업주의 업무에 관하여 범죄를 저질렀다는 사정 역시 '종업원 등의 행위'와 관련된 사정일 뿐, 영업주 자신의 사정이라고 볼 수 없다. 결국 이 사건 법률조항은 종업원 등의 일정한 범죄행위가 있으면 영업주 자신이 그와 같은 종업원 등의 범죄에 대해 어떠한 잘못이 있는지를 전혀 묻지 않고 곧바로 영업주를 종업원 등과 같이 처벌하도록 규정하고 있는 것이다.」라고 판시[1]하여, 선임·감독상의 과실책임을 요구하고 있다.

(2) 검 토

양벌규정에 의한 영업주의 처벌과 관련한 대법원 및 헌법재판소의 입장을 종합하여 보면, 일관되게 영업주의 종업원 등에 대한 선임·감독상의 주의의무위반, 즉 과실책임을 근거로 영업주의 책임을 묻되 다만 종업원 등의 위반행위에 대한 영업주의 선임·감독상의 과실이 추정된다는 입장이다. 형벌의 자기책임원칙에 비추어 보면, 위반행위가 발생한 그 업무와 관련하여 법인이 상당한 주의 또는 관리감독 의무를 게을리한 때에 한하여 양벌규정이 적용된다.[2]

구체적인 사안에서 법인이 상당한 주의 또는 관리감독 의무를 게을리하였는지 여부[3]는 당해 위반행위와 관련된 모든 사정 즉, 당해 법률의 입법 취지, 처벌조항 위반으로 예상되는 법익침해의 정도, 그 위반행위에 관하여 양벌규정을 마련한 취지 등은 물론 위반행위의 구체적인 모습과 그로 인하여 실제 야기된 피해 또는 결과의 정도, 법인의 영업 규모 및 행위자에 대한 감독가능성 또는 구체적인 지휘감독관계, 법인이 위반행위 방지를 위하여 실제 행한 조치 등을 전체적으로 종합하여 판단하여야 한다.[4]

한편 법인 대표자의 법규위반행위에 대한 법인의 책임과 관련하여, 「자본시장과 금융투자업에 관한 법률 제448조는 법인의 대표자 등이 법인의 업무에 관하여 제443조부터 제446조까지의 어느 하나에 해당하는 위반행위를 하면 행위자를 벌하는 외에 법인에게도 해당 조문의 벌

---

1) 헌법재판소 2009. 7. 30. 선고 2008헌가10 결정(청소년보호법 제54조 위반 사건). 同旨 헌법재판소 2009. 10. 29. 선고 2009헌가6 결정(의료법 제91조 위반 사건).
2) 대법원 2010. 7. 8. 선고 2009도6968 판결.
3) 대법원 2007. 11. 29. 선고 2007도7920 판결(피고인의 종업원인 공소외인이 이 사건 무허가 유흥주점 영업을 할 당시 피고인이 교통사고로 입원하고 있었다는 사유만으로 위 양벌규정에 따른 식품영업주로서의 감독태만에 대한 책임을 면할 수는 없다).
4) 대법원 2010. 2. 25. 선고 2009도5824 판결.

금을 과하는 양벌규정을 두고 있다. 자본시장과 금융투자업에 관한 법률에서 위와 같이 양벌규정을 따로 둔 취지는, 법인은 기관을 통하여 행위하므로, 법인이 대표자를 선임한 이상 그의 행위로 인한 법률효과와 이익은 법인에게 귀속되어야 하고, 법인 대표자의 범죄행위에 대하여는 법인 자신이 책임을 져야 하는데, 법인 대표자의 법규위반행위에 대한 법인의 책임은 법인 자신의 법규위반행위로 평가될 수 있는 행위에 대한 법인의 직접책임이기 때문이다. 주식회사의 주식이 사실상 1인의 주주에 귀속하는 1인회사의 경우에도 회사와 주주는 별개의 인격체로서, 1인회사의 재산이 곧바로 1인주주의 소유라고 할 수 없기 때문에, 양벌규정에 따른 책임에 관하여 달리 볼 수 없다.」라고 판시[1]하여, 법인 자신의 법규위반행위로 평가될 수 있는 행위에 대한 법인의 직접책임이라고 한다.

3. 양벌규정에 의한 처벌

(1) 법적 성격

양벌규정에 의한 영업주의 처벌은 금지위반행위자인 종업원의 처벌에 종속하는 것이 아니라 독립하여 그 자신의 종업원에 대한 선임·감독상의 과실로 인하여 처벌되는 것이므로 종업원의 범죄성립이나 처벌이 영업주 처벌의 전제조건이 될 필요는 없다.[2] 이와 같이 양벌규정은 법인의 대표자나 법인 또는 개인의 대리인, 사용인, 그 밖의 종업원 등 행위자가 법규위반행위를 저지른 경우, 일정 요건하에 이를 행위자가 아닌 법인 또는 개인이 직접 법규위반행위를 저지른 것으로 평가하여 행위자와 같이 처벌하도록 규정한 것으로서, 이때의 법인 또는 개인의 처벌은 행위자의 처벌에 종속되는 것이 아니라 법인 또는 개인의 직접책임 내지 자기책임에 기초하는 것이기는 하다. 그러나 양벌규정에 따라 처벌되는 행위자와 행위자가 아닌 법인 또는 개인 간의 관계는, 행위자가 저지른 법규위반행위가 사업주의 법규위반행위와 사실관계가 동일하거나 적어도 중요 부분을 공유한다는 점에서 내용상 불가분적 관련성을 지닌다고 보아야 한다.[3]

(2) 처벌의 대상

양벌규정에 의하여 처벌되는 사업주인 '법인 또는 개인'은 단지 형식상의 사업주가 아니라 자기의 계산으로 사업을 경영하는 실질적인 사업주를 말한다.[4] 그리고 양벌규정에서 정한 '사

---

1) 대법원 2018. 4. 12. 선고 2013도6962 판결.
2) 대법원 2006. 2. 24. 선고 2005도7673 판결; 대법원 1995. 12. 12. 선고 95도1893 판결(회사 대표자의 위반행위에 대하여 징역형의 형량을 작량감경하고 병과하는 벌금형에 대하여 선고유예를 한 이상 양벌규정에 따라 그 회사를 처단함에 있어서도 같은 조치를 취하여야 한다는 논지는 독자적인 견해에 지나지 아니하여 받아들일 수 없다); 대법원 1995. 7. 25. 선고 95도391 판결(법인의 직원 또는 사용인이 위반행위를 하여 양벌규정에 의하여 법인이 처벌받는 경우, 법인에게 자수감경에 관한 형법 제52조 제1항의 규정을 적용하기 위하여는 법인의 이사 기타 대표자가 수사책임이 있는 관서에 자수한 경우에 한하고, 그 위반행위를 한 직원 또는 사용인이 자수한 것만으로는 위 규정에 의하여 형을 감경할 수 없다).
3) 대법원 2020. 6. 11. 선고 2016도9367 판결.
4) 대법원 2010. 7. 8. 선고 2009도6968 판결.

용인 기타의 종업원'이란 법인 또는 개인과 정식으로 고용계약을 체결하고 근무하는 자뿐만 아니라 법인 또는 개인의 대리인, 사용인 등이 자기의 업무보조자로서 사용하면서 직접 또는 간접으로 법인 또는 개인의 통제·감독 아래에 있는 자도 포함된다.[1]

양벌규정은 영업주의 그 종업원에 대한 감독태만을 처벌하려는 규정으로서 종업원이 영업주의 업무를 수행함에 있어서 양벌규정 소정의 위반행위가 있을 때는 설사 그 위반행위의 동기가 직접으로는 종업원 자신의 이익을 위한 것에 불과하고 그 영업에는 이로운 행위가 아니라 하여도 영업주는 그 감독 해태에 대한 책임을 면할 수 없다.[2]

또한 벌칙규정에서 그 적용대상자를 건축주, 공사감리자, 공사시공자 등 일정한 업무주로 한정한 경우에 있어서, 양벌규정은 업무주가 아니면서 당해 업무를 실제로 집행하는 자가 있는 때에 위 벌칙규정의 실효성을 확보하기 위하여 그 적용대상자를 당해 업무를 실제로 집행하는 자에게까지 확장함으로써 그러한 자가 당해 업무집행과 관련하여 위 벌칙규정의 위반행위를 한 경우 위 양벌규정에 의하여 처벌할 수 있도록 한 행위자의 처벌규정임과 동시에 그 위반행위의 이익귀속주체인 업무주에 대한 처벌규정이라고 할 것이다.[3]

한편 일반적으로 자연인이 법인의 기관으로서 범죄행위를 한 경우에도 행위자인 자연인이 그 범죄행위에 대한 형사책임을 지는 것이고, 다만 법률이 그 목적을 달성하기 위하여 특별히 규정하고 있는 경우에만 그 행위자를 벌하는 외에 법률효과가 귀속되는 법인에 대하여도 벌금형을 과할 수 있는 것인 만큼, 법인이 설립되기 이전에 어떤 자연인이 한 행위의 효과가 설립 후의 법인에게 당연히 귀속된다고 보기 어려울 뿐만 아니라, 양벌규정에 의하여 사용자인 법인을 처벌하는 것은 형벌의 자기책임원칙에 비추어 위반행위가 발생한 그 업무와 관련하여 사용자인 법인이 상당한 주의 또는 관리감독 의무를 게을리한 선임감독상의 과실을 이유로 하는 것인데, 법인이 설립되기 이전의 행위에 대하여는 법인에게 어떠한 선임감독상의 과실이 있다고 할 수 없으므로, 특별한 근거규정이 없는 한 법인이 설립되기 이전에 자연인이 한 행위에 대하여 양벌규정을 적용하여 법인을 처벌할 수는 없다.[4]

---

1) 대법원 2007. 8. 23. 선고 2007도3787 판결.
2) 대법원 1977. 5. 24. 선고 77도412 판결(피고인 1 등은 피고인 경영 다방의 주방장과 그 보조로서 그들이 위 다방의 판매용 커피를 끓임에 있어서 본건 담배첨가행위를 한 것이라면 그 첨가행위가 직접 영업주인 피고인 2의 이익을 도모하려는 데서 나온 행위가 아니라 하더라도 이는 식품위생법 47조에서 말하는 영업주의 업무에 관하여 동법 소정의 위반행위를 한 것으로 보지 않을 수 없다).
3) 대법원 1999. 7. 15. 선고 95도2870 전원합의체 판결.
4) 대법원 2018. 8. 1. 선고 2015도10388 판결.

제 3 절 인과관계론

Ⅰ. 서 설

1. 의 의

어떤 행위라도 죄의 요소되는 위험발생에 연결되지 아니한 때에는 그 결과로 인하여 벌하지 아니한다(제17조). '인과관계'(因果關係)란 원인과 결과 사이의 관계를 말하는데, 이를 형법적으로 살펴보면, 범죄행위와 이로 인한 결과 발생 사이에 상당한 관련성이 있어야만 행위자는 그 결과로 인한 책임을 질 수 있다는 의미로 이해된다. 제17조에 의하면 (구성요건적) 행위와 (구성요건적) 결과 사이의 인과관계 유무는 행위가 죄의 요소되는 위험발생에 연결되었는지의 여부에 의하여 결정된다.

예를 들면 甲이 乙을 강간하였고, 이로 인하여 乙이 1주일 뒤에 심적 고통을 견디지 못하여 자살하였을 경우에 과연 甲에게 강간에 대한 책임 이외에 乙의 사망이라는 결과에 대한 책임을 물을 수 있겠는가 하는 것이 인과관계론의 문제라고 할 수 있다. 만약 사망의 결과에 대한 책임을 묻는다면 강간치사죄가 될 것이고, 그렇지 않는다면 강간죄만이 인정될 것인데, 이러한 경우에는 후자의 죄책만을 인정하는 것이 일반적이다.[1] 이와 같이 인과관계론은 행위자가 자신의 행위로 인하여 발생한 모든 결과에 대하여 책임을 져야 한다는 결과책임주의를 제한하기 위하여 고안된 이론인 것이다.

한편 인과관계는 구성요건적 행위만 있으면 성립하는 거동범에서는 문제되지 아니하고, 구성요건적 행위 이외에 일정한 결과의 발생을 요구하는 결과범에서만 문제된다. 그리고 살인죄와 같은 고의결과범에서 인과관계의 유무는 범죄의 미수와 기수를 결정하는 기능을 수행한다. 하지만 과실범에서 인과관계의 유무는 과실범의 성립 여부를 결정하는 기능을 수행한다. 왜냐하면 주의의무위반이 있고 결과발생이 있다고 할지라도 양자 사이에 인과관계가 부정되면 과실범의 미수가 되지만, 과실범의 미수는 벌하지 않기 때문이다. 한편 결과적 가중범에서 인과관계의 유무는 결과적 가중범이 성립하는지 아니면 기본범죄만이 성립하는지 여부를 결정하는 기능을 수행한다.

---

1) 대법원 1982. 11. 23. 선고 82도1446 판결(강간을 당한 피해자가 집에 돌아가 음독자살하기에 이르른 원인이 강간을 당함으로 인하여 생긴 수치심과 장래에 대한 절망감 등에 있었다고 하더라도 그 자살행위가 바로 강간행위로 인하여 생긴 당연의 결과라고 볼 수는 없으므로 강간행위와 피해자의 자살행위 사이에 인과관계를 인정할 수는 없다).

2. 인과관계의 유형

(1) 기본적 인과관계

다른 행위의 개입 없이 그 행위만으로 직접 구성요건적 결과를 발생시킨 경우를 말한다. 예를 들면 甲이 乙에게 총을 쏘아 사망시킨 경우가 이에 해당한다.

(2) 이중적(택일적) 인과관계

단독으로 동일한 결과를 발생시킬 수 있는 여러 가지의 조건이 동시에 결합하여 결과를 발생시킨 경우를 말한다. 예를 들면 甲과 乙이 동시에 총을 쏘아 丙을 사망시킨 경우가 이에 해당한다. 이 경우 조건설에 의하면 인과관계가 부정되는 결과가 초래되어 처벌의 공백이 발생하게 된다.

(3) 누적적(중첩적) 인과관계

단독으로 동일한 결과를 발생시킬 수 없는 여러 가지의 조건이 공동으로 작용하여 결과를 발생시킨 경우를 말한다. 예를 들면 甲과 乙이 각각 치사량의 절반에 해당하는 독약을 복용하게 하여 그 누적적 효과로서 丙을 사망시킨 경우가 이에 해당한다.

(4) 가정적 인과관계

다른 조건에 의하여 결과가 발생하였으나 그 조건이 없다고 하여도 현실적으로 작용되지 않은 가정된 조건에 의하여 동일한 결과발생의 개연성이 있는 경우를 말한다. 가정적 인과관계의 형태 가운데 다른 원인의 개입으로 결과발생이 앞당겨진 경우를 추월적 인과관계라고 한다. 이 경우에는 선행하던 인과관계가 단절되는 효과가 발생한다. 예를 들면 甲이 고층빌딩 옥상에서 乙을 떠밀어서 乙이 추락하는 도중에 반대편에 위치한 丙이 추락하는 乙에게 총을 쏘아 사망시킨 경우가 이에 해당한다.

반면에 가정적 인과관계의 형태 가운데 어느 행위에 의하더라도 결과가 동시에 발생한 경우를 경합적 인과관계라고 한다. 예를 들면 甲이 乙에게 총을 쏘는 행위와 동시에 乙에게 부착된 시한폭탄도 폭발시키는 경우가 이에 해당한다.

(5) 단절적 인과관계

단독으로 결과를 발생시킬 수 있는 조건이 진행 도중에 다른 독립된 행위가 개입하여 그 결과를 발생시키고 이미 진행하던 인과관계를 단절시킨 경우를 말한다. 예를 들면 甲이 치사량에 해당하는 독약을 乙에게 복용하게 하였으나, 乙이 사망하기 전에 丙이 총을 쏘아 乙을 사망하게 하는 경우가 이에 해당한다. 이 경우 결과를 발생시킨 행위는 추월적 인과관계, 선행하던 행위는 단절적 인과관계가 된다.

(6) 비유형적 인과관계

단독으로 결과의 발생이 가능한 조건에 의하여 인과관계가 진행하던 중 예상할 수 없는 다른 원인이 개입하여 양자의 결합으로 결과가 발생한 경우를 말한다. 예를 들면 甲이 乙의 급소에 총상을 입혀 乙이 응급차를 타고 병원으로 호송되던 중에 교통사고로 사망한 경우가 이에 해당한다.

Ⅱ. 인과관계에 관한 학설의 대립

1. 조건설

'조건설'이란 선행행위가 존재하지 않았더라면 이후의 결과가 발생하지 않았을 것이라는 조건이 충족되면 인과관계를 인정(conditio sine qua non)하는 학설을 말한다. 이는 자연과학에서 사용되는 인과관계의 개념을 그대로 형법학에 차용한 것으로서, 결과발생에 기여한 모든 조건들을 결과발생의 원인으로 파악하기 때문에 행위자에게 가장 불리한 이론으로 평가된다.

조건설에 대하여는 다음과 같은 비판이 제기되는데, ① 인과관계의 인정범위가 무제한적으로 소급할 위험성이 있다. 예를 들면 甲이 칼을 이용하여 乙을 살해한 사건에 있어서, 甲에게 칼을 빌려준 사람, 칼을 빌려준 사람에게 칼을 판매한 사람, 칼을 판매한 사람에게 칼을 납품한 사람, 칼을 납품한 사람에게 칼을 제공한 생산업자, 칼의 생산업자에게 철을 제공한 광부, 광부를 낳은 아버지, 그 아버지를 낳은 아버지 등 모든 연관성이 있는 자에게 인과관계를 인정할 수 있기 때문에 이 사건의 살인범으로 '광부의 할아버지'를 처벌해야 하는 기이한 결과를 초래한다. ② 조건설은 인과관계를 직접적으로 논증하는 것이 아니라 절대적 제약공식에 따라 인과관계가 없는 경우를 제거하는 절차를 취하고 있으므로 논리상 순환논법에 빠져 있다. ③ 절대적 제약공식에 의하면 이중적 인과관계와 가정적 인과관계의 경우에 현실적으로 작용한 조건에 대하여 인과관계를 부정하게 된다. ④ 절대적 제약공식에 의하면 경합적 인과관계와 부작위에 의한 인과관계의 경우를 처음부터 배제한다.

2. 합법칙적 조건설

합법칙적 조건설은 절대적 제약(c.s.q.n.)공식이 결과책임을 제한하지 못하는 한계점을 극복하기 위하여 제시된 학설로서, 실제 발생한 행위와 결과 사이의 합법칙적 관련성 유무에 의하여 인과관계를 판단한다. 합법칙적 조건설은 인과관계를 확정함에 있어서 두 단계의 심사를 거치는데, 자연과학적 인과법칙의 확인과 구체적 인과관계의 확정이 그것이다. 이에 의하면 결과발생에 선행하는 행위로 인하여 그러한 결과가 발생한다는 것이 자연과학적 인과법칙에 포섭(합법칙)될 수 있는 경우에 한하여 조건관계를 인정한 후, 규범적 평가에 의한 결과귀속의 여부에 따라 그 행위를 결과에 대하여 인과관계가 있다고 평가한다.

하지만 여기서 말하는 합법칙적 관련성을 어떠한 기준에 의하여 판단할 것인지가 애매모호하기 때문에 인과관계를 제한하기에는 다소 무리가 있다. 그리하여 이상과 같은 조건설에 의하면 인과관계론을 통하여 형법상의 책임범위를 제한하지 못하기 때문에 인과관계론과는 별도의 규범적 기준인 객관적 귀속론을 통하여 이를 해결하려고 시도한다.

3. 상당인과관계설

'상당인과관계설'이란 행위와 결과 사이의 상당성을 기준으로 하여 인과관계를 인정하는 학설을 말한다. 여기서 상당성은 높은 가능성 또는 개연성을 의미하기 때문에 단순한 가능성만으로는 인과관계를 인정하지 아니한다. 상당인과관계설은 상당성의 범위 내에서 인과관계와 결과의 귀속을 동시에 인정한다는 점에서 객관적 귀속론과 구별된다.

상당성 판단의 기준과 관련하여, ① 주관적 상당인과관계설은 행위 당시의 행위자가 인식하였거나 인식할 수 있었던 사정을 기초로 하여, ② 객관적 상당인과관계설은 행위 당시에 존재하였던 모든 사정을 기초로 하여, ③ 절충적 상당인과관계설은 행위 당시의 일반인이 인식할 수 있었던 사정과 행위자가 특별히 알고 있었던 사정을 기초로 하여 각각 상당성을 판단한다.

상당인과관계설에 대하여는 다음과 같은 비판이 제기되는데, ① 상당성과 가능성의 구별이 모호하기 때문에 판단자의 자의가 개입되기 쉽다. ② 상당인과관계설은 결과적 가중범의 성립 범위를 축소시키기 위한 의도로 고안된 것이므로, 인과관계의 문제는 조건설을 전제로 하고 있다고 평가될 수 있다. ③ 인과관계의 문제와 형사책임의 문제를 혼동하고 있다.

4. 검 토

어떠한 행위가 피해자의 사상이라는 결과를 발생하게 한 유일하거나 직접적인 원인이 된 경우만이 아니라 그 행위와 결과 사이에 피해자나 제3자의 과실 등 다른 사실이 개재된 때에도 그와 같은 사실이 통상 예견될 수 있는 것이라면 상당인과관계를 인정할 수 있다. 결국 절충적 상당인과관계설이 타당하다.

판례에 의하면, ① 피고인이 고속도로 2차로를 따라 시속 110~120km로 자동차를 운전하다가 1차로로 진행하던 甲의 차량 앞에 급하게 끼어든 후 곧바로 정차하여, 甲의 차량 및 이를 뒤따르던 차량 두 대는 연이어 급제동하여 정차하였으나, 그 뒤를 따라오던 乙의 차량이 앞의 차량들을 연쇄적으로 추돌케 하여 乙을 사망에 이르게 하고 나머지 차량 운전자 등 피해자들에게 상해를 입힌 경우에 있어서 피고인의 정차 행위와 사상의 결과 발생 사이[1], ② 피고인이 피해자의 뺨을 1회 때리고 오른손으로 피해자의 목을 쳐 피해자로 하여금 그대로 뒤로 넘어지면서 머리를 땅바닥에 부딪치게 하여 피해자에게 두개골 골절·외상성 지주막하 출혈·외상성 경막하 출혈 등의 상해를 가한 범행과 피해자의 사망과의 사이[2], ③ 피고인의 전원지체 등의 과실로 피해자에 대한 신속한 수혈 등의 조치가 지연된 경우에 있어서 피해자의 사망과 피고인의 과실 사이[3], ④ 4일 가량 물조차 제대로 마시지 못하고 잠도 자지 아니하여 거의 탈진

---

1) 대법원 2014. 7. 24. 선고 2014도6206 판결(고속도로난폭운전사건).

2) 대법원 2012. 3. 15. 선고 2011도17648 판결.

3) 대법원 2010. 4. 29. 선고 2009도7070 판결.

상태에 이른 피해자의 손과 발을 17시간 이상 묶어 두고 좁은 차량 속에서 움직이지 못하게 감금한 행위와 묶인 부위의 혈액 순환에 장애가 발생하여 혈전이 형성되고 그 혈전이 폐동맥을 막아 사망에 이르게 된 결과 사이[1], ⑤ 임차인이 자신의 비용으로 설치·사용하던 가스설비의 휴즈콕크를 아무런 조치 없이 제거하고 이사를 간 후 가스공급을 개별적으로 차단할 수 있는 주밸브가 열려져 가스가 유입되어 폭발사고가 발생한 경우에 있어서 임차인의 과실과 가스폭발사고 사이[2], ⑥ 승용차로 피해자를 가로막아 승차하게 한 후 피해자의 하차 요구를 무시한 채 당초 목적지가 아닌 다른 장소를 향하여 시속 약 60km 내지 70km의 속도로 진행하여 피해자를 차량에서 내리지 못하게 하자 피해자가 그와 같은 감금상태를 벗어날 목적으로 차량을 빠져 나오려다가 길바닥에 떨어져 상해를 입고 그 결과 사망에 이른 경우에 있어서 감금행위와 피해자의 사망 사이[3], ⑦ 폭행 또는 협박으로 타인의 재물을 강취하려는 행위와 이에 극도의 흥분을 느끼고 공포심에 사로잡혀 이를 피하려다 상해에 이르게 된 경우[4], ⑧ 피고인이 계속 교제하기를 원하는 자신의 제의를 피해자가 거절한다는 이유로 얼굴을 주먹으로 수회 때리자 피해자는 이에 대항하여 피고인의 손가락을 깨물고 목을 할퀴게 되었고, 이에 격분한 피고인이 다시 피해자의 얼굴을 수회 때리고 발로 배를 수회 차는 등 폭행을 하므로 피해자는 이를 모면하기 위하여 도로 건너편의 추어탕 집으로 도망가 도움을 요청하였으나, 피고인은 이를 뒤따라 도로를 건너간 다음 피해자의 머리카락을 잡아 흔들고 얼굴 등을 주먹으로 때리는 등 폭행을 가하였고, 이에 견디지 못한 피해자가 다시 도로를 건너 도망하자 피고인은 계속하여 쫓아가 주먹으로 피해자의 얼굴 등을 구타하는 등 폭행을 가하여 전치 10일간의 흉부피하출혈상 등을 가하였고, 피해자가 위와 같이 계속되는 피고인의 폭행을 피하려고 다시 도로를 건너 도주하다가 차량에 치여 사망한 경우[5], ⑨ 피고인이 자신이 경영하는 속셈학원의 강사로 피해자를 채용하고 학습교재를 설명하겠다는 구실로 유인하여 호텔 객실에 감금한 후 강간하려 하자, 피해자가 완강히 반항하던 중 피고인이 대실시간 연장을 위해 전화하는 사이에 객실 창문을 통해 탈출하려다가 지상에 추락하여 사망한 경우[6], ⑩ 피해자는 1993. 2. 15. 피고인들의 범행으로 입은 자상으로 인하여 급성신부전증이 발생되어 치료를 받다가 다시 폐렴·패혈증·범발성혈액응고장애 등의 합병증이 발생하여 1993. 3. 17. 사망한 사실, 급성신부전증의 예후는 핍뇨형이나 원인질환이 중증인 경우에 더 나쁜데, 사망률은 30% 내지 60% 정도에 이르고 특히 수술이나 외상 후에 발생한 급성신부전증의 경우 사망률이 가장 높은 사실, 급성신부전증을 치료할 때에는 수분의 섭취량과 소변의 배설량을 정확하게 맞추어야 하는 사실, 피해자는 외상으로 인하여 급성신부전증이 발생하였고 소변량도 심하게 감소된 상태였으므로 음식과 수분의 섭취를 더욱 철저히 억제하여야 하는데, 이와 같은 사실을 모르고 콜라와 김밥 등을 함부로 먹은 탓으로 체내에 수분저류가 발생하여 위와 같은 합병증이 유발됨으로써 사망하게 된 경우[7], ⑪ 피고인이 아파트 안방에서 안방문에 못질을 하여 동거하던 피해자가 술집에 나갈 수 없게 감금하고, 피해자를 때리고 옷을 벗기는 등 가혹한 행위를 하여 피해자가 이를 피하기 위하여 창문을 통해 밖으로 뛰어 내리려 하자 피고인이 이를 제지한 후, 피고인이 거실로 나오는 사이에 갑자기 안방 창문을 통하여 알몸으로 아파트 아래 잔디밭에 뛰어 내리다가 다발성 실질장기파열상 등을 입고 사망한

---

1) 대법원 2002. 10. 11. 선고 2002도4315 판결.

2) 대법원 2001. 6. 1. 선고 99도5086 판결.

3) 대법원 2000. 2. 11. 선고 99도5286 판결(승용차감금치사사건).

4) 대법원 1996. 7. 12. 선고 96도1142 판결.

5) 대법원 1996. 5. 10. 선고 96도529 판결(추어탕집무단횡단치사사건).

6) 대법원 1995. 5. 12. 선고 95도425 판결(속셈학원강사사건).

7) 대법원 1994. 3. 22. 선고 93도3612 판결(콜라김밥사건).

경우1), ⑫ 자동차의 운전자가 그 운전상의 주의의무를 게을리하여 열차건널목을 그대로 건너는 바람에 그 자동차가 열차좌측 모서리와 충돌하여 20여m쯤 열차 진행방향으로 끌려가면서 튕겨나갔고 피해자는 타고 가던 자전거에서 내려 위 자동차 왼쪽에서 열차가 지나가기를 기다리고 있다가 위 충돌사고로 놀라 넘어져 상처를 입은 경우2), ⑬ 피고인이 피해자를 2회에 걸쳐 두손으로 힘껏 밀어 땅바닥에 넘어뜨리는 폭행을 가함으로써 그 당시 심관상동맥경화 및 심근섬유화 증세 등의 심장질환을 앓고 있었고 음주만취한 상태에 있던 피해자가 그 충격으로 인하여 쇼크성 심장마비로 사망한 경우3), ⑭ 피고인이 주먹으로 피해자의 복부를 1회 강타하여 장파열로 인한 복막염으로 피해자가 사망한 경우4), ⑮ 피고인이 피해자의 멱살을 잡아 흔들고 주먹으로 가슴과 얼굴을 1회씩 구타하고 멱살을 붙들고 넘어뜨리는 등 신체 여러 부위에 표피박탈, 피하출혈 등의 외상이 생길 정도로 심하게 폭행을 가함으로써 평소에 오른쪽 관상동맥폐쇄 및 심실의 허혈성심근섬유화증세 등의 심장질환을 앓고 있던 피해자의 심장에 더욱 부담을 주어 나쁜 영향을 초래하도록 하였다면, 비록 피해자가 관상동맥부전과 허혈성심근경색 등으로 사망한 경우5), ⑯ 피고인이 야간에 오토바이를 운전하다가 도로를 무단횡단하던 피해자를 충격하여 피해자로 하여금 위 도로상에 전도케 하고, 그로부터 약 40초 내지 60초 후에 다른 사람이 운전하던 타이탄트럭이 도로위에 전도되어 있던 피해자를 역과하여 사망케 한 경우, 피고인이 전방좌우의 주시를 게을리한 과실로 피해자를 충격하였고 나아가 사고지점 부근 도로의 상황에 비추어 야간에 피해자를 충격하여 도로에 넘어지게 한 후 40초 내지 60초 동안 그대로 있게 한다면 후속차량의 운전사들이 조금만 전방주시를 태만히 하여도 피해자를 역과할 수 있음이 당연히 예상되었던 경우6) 등의 경우에 있어서는 상당인과관계가 인정된다.

하지만 ① 한의사인 피고인이 피해자에게 문진하여 과거 봉침을 맞고도 별다른 이상반응이 없었다는 답변을 듣고 알레르기 반응검사(skin test)를 생략한 채 환부인 목 부위에 봉침시술을 하였는데, 피해자가 시술 직후 아나필락시 쇼크반응을 나타내는 등 상해를 입은 경우에 있어서 알레르기 반응검사를 하지 않은 과실과 피해자의 상해 사이7), ② 고등학교 교사인 피고인이 3학년 학생인 피해자가 민방공훈련에 불참하였다는 이유를 들어 주의를 환기시킴에 있어 왼쪽 뺨을 한번 살짝 때린 사실이 있고, 이 순간 피해자가 뒤로 넘어지면서 머리를 지면에 부딪혀 우측 측두골부위에 선상골절상을 입고 지주막하출혈 및 뇌좌상을 일으켜 사망한 것은 사실이나, 피해자가 뒤로 넘어진 것은 피고인으로부터 뺨을 맞은 탓이 아니라 그 피해자 평소의 허약상태에서 온 급격한 뇌압상승 때문이었고, 사망의 원인이 된 측두골 골절이나 뇌좌상은 보통 사람의 두개골은 3 내지 5mm인데 비하여 피해자는 0.5mm 밖에 안 되는 비정상적인 얇은 두개골이었고 또 뇌수종이 있었던데 연유한 것이라는 사실과, 피고인은 이 피해자가 다른 학생에 비하여 체질이 허약함은 알고 있었으나 위와 같은 두뇌의 특별이상이 있음은 미처 알지 못하였던 상황에서 피고인의 소위와 피해자의 사망 사이8), ③ 피해자와 그 일행 한 사람은 함께 우측 도로변에 서 있

---

1) 대법원 1991. 10. 25. 선고 91도2085 판결.

2) 대법원 1989. 9. 12. 선고 89도866 판결(놀란자전거사건).

3) 대법원 1986. 9. 9. 선고 85도2433 판결.

4) 대법원 1984. 6. 26. 선고 84도831 판결(비록 의사의 수술지연 등 과실이 피해자의 사망의 공동원인이 되었다고 하더라도 피고인의 행위가 사망의 결과에 대한 유력한 원인이 된 이상 그 폭력행위와 치사의 결과간에는 인과관계가 있다).

5) 대법원 1989. 10. 13. 선고 89도556 판결.

6) 대법원 1990. 5. 22. 선고 90도580 판결.

7) 대법원 2011. 4. 14. 선고 2010도10104 판결.

다가 피고인이 1차로에서 2차로로 진로를 변경하여 고속버스를 추월한 직후에 피고인 운전의 자동차 30 내지 40m 전방에서 고속도로를 무단횡단하기 위하여 2차로로 갑자기 뛰어들었고, 피고인은 그제서야 위와 같이 무단횡단하는 피해자 등을 발견하였는데 충격을 피할 수 있는 조치를 하기에 이미 늦어 피고인 운전의 자동차로 피해자 등을 충격하게 된 것이므로, 피고인이 급제동 등의 조치로 피해자 등과의 충돌을 피할 수 있는 상당한 거리에서 피해자 등의 무단횡단을 미리 예상할 수 있었다고 할 수 없고, 사고지점이 인터체인지의 진입로 부근이라고 하여 달리 볼 수 없으며, 피고인에게 야간에 고속버스와의 안전거리를 확보하지 아니한 채 진행하다가 고속버스의 우측으로 제한최고속도를 시속 20km 초과하여 고속버스를 추월한 잘못이 있더라도, 이 사건 사고경위에 비추어 볼 때 피고인의 잘못과 사고결과와의 사이[1] 등의 경우에 있어서는 상당인과관계가 부정된다.

Ⅲ. 객관적 귀속론

1. 의 의

조건설에 의하면 인과관계를 인정하는 범위가 상당히 넓어지게 되는데, 이를 보완하기 위하여 인과관계의 단계 이외에 별도의 단계에서 책임의 범위를 줄여보고자 하는 이론을 '객관적 귀속론'이라고 한다. 이와 같이 객관적 귀속론은 인과관계의 문제와 귀책(책임의 귀속(歸屬))의 문제를 구별하여, 전자는 자연적 인과관계로 해결한 다음에 인과관계가 인정되는 모든 결과를 행위에 귀속시키는 것이 아니라 일정한 결과만을 행위에 귀속시킨다. 즉 객관적 귀속론은 인과관계의 존재를 확인하는 것이 아니라 이미 존재하고 있는 인과관계를 전제로 하여 그 결과를 행위자에게 귀속시킬 수 있는지 여부를 규범적으로 판단하는 이론이다. 이러한 점에서 인과관계의 문제와 형사책임의 문제를 동시에 고려하는 상당인과관계설과 구별되는 이론이라고 할 수 있다.

2. 객관적 귀속의 판단기준

(1) 위험증대이론

'위험증대이론'이란 어떤 행위가 보호객체에 대한 위험을 야기 또는 증대시키는 경우에만 발생된 결과를 그 행위에 귀속시키고, 그 행위가 위험을 감소시키거나 허용된 위험의 범위 내의 행위인 경우에는 발생된 결과를 그 행위에 귀속시킬 수 없다는 이론을 말한다. 고의범에 있어서 위험의 야기는 실행의 착수에 상응하는 불법의 실현이 있으면 인정되고, 과실범에 있어서 위험의 야기는 사회생활상 요구되는 객관적 주의의무 위반이 있으면 인정된다.

일정한 행위가 새로운 위험을 야기하지는 않았으나 이미 발생한 위험을 증대시킨 경우에도 객관적 귀속이 인정되지만, 위험을 감소시킨 경우에는 그러하지 아니하다. 예를 들면 2층 집

---

8) 대법원 1978. 11. 28. 선고 78도1961 판결(두개골0.5mm사건).
1) 대법원 2000. 9. 5. 선고 2000도2671 판결(고속도로무단횡단사건).

에 불이 나서 아버지가 어린 딸의 생명을 구하기 위하여 창문 밖으로 딸을 던져 딸의 다리가 부러진 경우에 있어서 딸에게 발생한 상해의 결과에 대하여 아버지에게 죄책을 물을 수 없는데, 이는 보호객체에 대한 위험을 감소시킨 경우이기 때문이다.

또한 위험을 야기 또는 증대시킨 행위라고 할지라도 그 위험이 실현되어 발생된 결과가 아니라면 그 결과를 행위에 귀속시킬 수 없다.

(2) 지배(회피)가능성이론

'지배(회피)가능성이론'이란 행위자가 결과의 발생을 지배 내지 회피할 수 있었던 경우에만 객관적 귀속을 인정하는 이론을 말한다. 이에 의하면 행위자가 결과의 발생을 지배 내지 회피할 수 없었다면 처음부터 객관적 귀속의 문제가 발생하지 아니한다. 여기서 말하는 지배(회피)가능성은 어떠한 행위로 인한 결과발생이 일반의 경험적 범위 내에 있는 것을 의미한다. 이에 따라 고의범의 경우 행위자의 행위로 인하여 결과가 발생할 것이라고 일반적으로 예견할 수 없다면 결과에 대한 객관적 귀속은 부정된다. 예를 들면 부모에게 해외여행을 보내드리려고 추락의 전력이 있는 항공사의 비행기표를 선물한 후 해당 비행기가 실제로 추락하여 부모가 사망한 경우에는 그 결과의 발생이 일반적으로 예견할 수 없으므로 객관적 귀속이 부정된다.

한편 고의범의 경우 행위자가 금지된 행위로서 결과의 발생을 야기하였으나 달리 적법행위를 하였더라도 결과발생이 확실시되는 때에는 객관적 귀속이 부정된다. 그리고 과실범의 경우 주의의무위반으로 발생한 결과는 주의의무를 다하였어도 같은 결과의 발생이 확실시되는 때에는 역시 객관적 귀속이 부정되는데, 이를 '적법한 대체행위이론'이라고도 한다.

판례에 의하면, ① 피고인이 트럭을 운전하여 도로의 중앙선 위를 왼쪽 바깥바퀴가 걸친 상태로 운행하던 중 그 50m 앞쪽 반대방향에서 피해자가 승용차를 운전하여 피고인이 진행하던 차선으로 달려오다가 급히 자기차선으로 들어가면서 피고인이 운전하던 위 트럭과 교행할 무렵 다시 피고인의 차선으로 들어와 그 차량의 왼쪽 앞부분으로 위 트럭의 왼쪽 뒷바퀴 부분을 스치듯이 충돌하였고 이어서 위 트럭을 바짝 뒤따라 운전해오던 공소외인의 운전차량을 들이받아 이 사건 사고가 발생한 사실을 인정한 다음, 이와 같은 사고 경위에 비추어 설사 피고인이 중앙선 위를 달리지 아니하고 정상차선으로 달렸다고 하더라도 이 사건 사고는 피할 수 없다고 할 것이므로 피고인이 트럭의 왼쪽바퀴를 중앙선 위에 올려놓은 상태에서 운전한 것만으로는 이 사건 사고의 직접적인 원인이 되었다고는 할 수 없다.[1]

② 전신마취에 의한 개복수술은 간부전을 일으키고 간성혼수에 빠지게 하기도 하는데 특히 급만성간염이나 간경변 등 간기능에 이상이 있는 경우에는 90% 이상이 간기능이 중악화하고 심한 경우에는 사망에 이르게 하는 것으로 알려져 있어 개복수술 전에 간의 이상 유무를 검사하는 것은 필수적이고, 피해자의 수술시에 사용된 마취제 할로테인은 드물게는 간에 해독을 끼치고 특히 이미 간장애가 있는 경우에는 간장애를 격화시킬 위험이 있으므로 이러한 환자에 대하여는 그 사용을 주의 또는 회피하여야 한다고 의료계에 주지되어 있으며 이 사건 사고 당시 의료계에서는 개복수술 환자의 경우 긴급한 상황이 아

---

1) 대법원 1991. 2. 26. 선고 90도2856 판결(트럭왼쪽뒷바퀴사건).

닌 때에는 혈청의 생화학적 반응에 의한 간기능검사를 하는 것이 보편적이었다면, 응급환자가 아닌 난소종양환자의 경우에 있어서 수술주관의사 또는 마취담당의사인 피고인들로서는 난소종양절제수술에 앞서 혈청의 생화학적 반응에 의한 검사 등으로 종합적인 간기능검사를 철저히 하여 피해자가 간손상 상태에 있는지의 여부를 확인한 후에 마취 및 수술을 시행하였어야 할 터인데 피고인들은 시진, 문진 등의 검사결과와 정확성이 떨어지는 소변에 의한 간검사 결과만을 믿고 피해자의 간상태를 정확히 파악하지 아니한 채 할로테인으로 전신마취를 실시한 다음 이 사건 개복수술을 감행한 결과 수술 후 22일만에 환자가 급성전격성간염으로 인하여 사망한 경우에는 피고인들에게 업무상 과실이 있다. 이러한 경우에는 혈청에 의한 간기능검사를 시행하지 않거나 이를 확인하지 않은 피고인들의 과실과 피해자의 사망 간에 인과관계가 있다고 하려면 피고인들이 수술 전에 피해자에 대한 간기능검사를 하였더라면 피해자가 사망하지 않았을 것임이 입증되어야 할 것인데도(수술 전에 피해자에 대하여 혈청에 의한 간기능검사를 하였더라면 피해자의 간기능에 이상이 있었다는 검사결과가 나왔으리라는 점이 증명되어야 할 것이다) 원심은 피해자가 수술 당시에 이미 간손상이 있었다는 사실을 증거 없이 인정함으로써 인과관계에 관한 법리오해의 위법을 저지른 것이다.[1]

(3) 규범의 보호목적이론

'규범의 보호목적이론'이란 규범을 위반하여 위험을 야기 또는 증대시킨 경우라고 할지라도 발생된 결과가 규범의 보호목적 범위에 속하지 않는 경우에는 그 결과를 규범위반행위에 귀속시킬 수 없다는 이론을 말한다. 객관적 귀속은 규범의 보호목적 범위 내에서만 가능하고, 허용되지 아니한 위험야기 내지 위험증대가 있어도 그 실현행위가 해당 구성요건이 직접적으로 금지하는 행위가 아닌 경우에는 객관적 귀속이 부정된다.

예를 들면 강간당한 피해자가 음독자살한 경우에 있어서도 강간범에게 사망의 결과를 객관적으로 귀속시킬 수 없는데, 이는 강간죄라는 규범의 보호목적은 성적 자기결정권이지 강간피해자의 생명의 보호 내지 자살의 방지라는 목적까지 포함하는 것은 아니기 때문이다.

　　판례에 의하면, ① 피고인 운전의 차가 이미 정차하였음에도 뒤쫓아 오던 차의 충돌로 인하여 앞차를 충격하여 사고가 발생한 경우, 설사 피고인에게 안전거리를 준수하지 않은 위법이 있었다고 할지라도 그것이 앞차 운전자의 상해라는 결과에 대하여 객관적으로 귀속된다고 단정할 수는 없다.[2]
　　② 강간을 당한 피해자가 집에 돌아가 음독자살하기에 이르른 원인이 강간을 당함으로 인하여 생긴 수치심과 장래에 대한 절망감 등에 있었다 하더라도 그 자살행위가 바로 강간행위로 인하여 생긴 당연의 결과라고 볼 수는 없으므로 강간행위와 피해자의 자살행위 사이에 인과관계를 인정할 수는 없다.[3]

---

1) 대법원 1990. 12. 11. 선고 90도694 판결(할로테인마취사건).
2) 대법원 1983. 8. 23. 선고 82도3222 판결.
3) 대법원 1982. 11. 23. 선고 82도1446 판결(강간후음독자살사건).

제 4 절   주관적 구성요건요소

Ⅰ. 고 의

1. 의 의

죄의 성립요소인 사실을 인식하지 못한 행위는 벌하지 아니한다. 다만, 법률에 특별한 규정이 있는 경우에는 예외로 한다(제13조). 형법상의 범죄는 원칙적으로 고의범을 처벌하고, 예외적으로 과실범은 처벌규정이 있는 경우에 한하여 처벌되는데, 과실범의 법정형은 고의범과 비교할 때 상대적으로 매우 낮다.

고의의 개념은 미필적 고의와 인식있는 과실을 어떻게 구별할 것인가를 중심으로 전개되고 있는데, 이에 대하여 판례는 「범죄구성요건의 주관적 요소로서 미필적 고의라 함은 범죄사실의 발생가능성을 불확실한 것으로 표상하면서 이를 용인하고 있는 경우를 말하므로, 미필적 고의가 있었다고 하려면 범죄사실의 발생가능성에 대한 인식이 있음은 물론 나아가 범죄사실이 발생할 위험을 용인하는 내심의 의사가 있어야 하며, 그 행위자가 범죄사실이 발생할 가능성을 용인하고 있었는지의 여부는 외부에 나타난 행위의 형태와 행위의 상황 등 구체적인 사정을 기초로 하여 일반인이라면 당해 범죄사실이 발생할 가능성을 어떻게 평가할 것인가를 고려하면서 행위자의 입장에서 그 심리상태를 추인하여야 한다.」라고 판시[1]하여, 용인설의 입장을 취하고 있다. 이에 따라 범죄사실의 발생 가능성에 대한 인식 자체가 없다면 미필적 고의가 인정될 수 없다.[2]

용인설은 고의가 성립하기 위해서 구성요건실현에 대한 인식 및 용인이 필요하다는 학설을 말하는데, 지적 요소 및 의지적 요소 모두를 고의의 성립에 필요한 조건으로 파악하고 있다. 여기서 '용인'이란 '구성요건이 실현되어도 어쩔 수 없다 또는 할 수 없다'라는 내심의 상태를 말한다. 용인설에 의하면 행위자가 구성요건실현을 의욕하였을 경우에는 확정적 고의, 의욕하지는 않고 용인만 하였을 경우에는 미필적 고의, 구성요건실현을 인식은 하였으나 용인하지 않은 경우에는 인식있는 과실, 인식도 하지 못한 경우에는 인식없는 과실이 된다.

제13조에 의하면 죄의 성립요소인 사실을 인식하지 못하는 경우에 범의가 부정된다고 하여, 사실의 인식이 있으면 고의가 인정된다는 취지로 이해될 수도 있지만, 이는 고의의 성립에 필요한 최소한의 요건인 사실의 인식만을 명문의 규정한 것이지, 그 밖의 구성요건요소에 대한 인식 및 의지적 요소도 필요하다고 보아야 한다.

---

1) 대법원 2024. 4. 4. 선고 2021도15080 판결(고의의 일종인 미필적 고의는 중대한 과실과는 달리 범죄사실의 발생 가능성에 대한 인식이 있고 나아가 범죄사실이 발생할 위험을 용인하는 내심의 의사가 있어야 한다); 대법원 2012. 11. 15. 선고 2010도6910 판결.

2) 대법원 2024. 9. 12. 선고 2024도4824 판결.

한편 고의는 주관적 구성요건요소임과 동시에 책임요소이기 때문에 이중적 기능이 인정된다. 이에 의하면 고의는 구성요건단계에서 행위의 의미를 결정하는 기능을 하고, 책임단계에서 행위자에 대한 비난가능성의 유무 또는 정도를 결정하는 기능을 수행한다.

2. 고의의 유형

(1) 확정적 고의

'확정적 고의'란 행위 당시 구성요건의 실현을 확실히 인식하고 의욕하는 행위자의 내심상태를 말한다. 다만 결과발생에 대한 확신 내지 확실한 예견이 있으면 족하고, 결과발생을 희망하였는지 여부는 문제되지 아니한다. 예를 들면 사람을 살해하기 위하여 인체의 급소를 수십 차례 칼로 찌르는 행위가 있었다면 살인의 확정적 고의가 인정될 수 있다.

(2) 불확정적 고의

'불확정적 고의'란 행위시에 결과의 발생, 행위의 대상 등에 대한 확실성이 담보되지 않은 상태에서 구성요건의 실현을 의욕 내지 용인하는 행위자의 내심상태를 말한다.

1) 미필적 고의

'미필적 고의'란 범죄사실의 발생가능성을 불확실한 것으로 표상하면서 이를 용인(容認)하고 있는 경우를 말한다. 미필적 고의가 있었다고 하려면 범죄사실의 발생가능성에 대한 인식이 있음은 물론 나아가 범죄사실이 발생할 위험을 용인하는 내심의 의사가 있어야 한다. 미필적 고의와 인식 있는 과실은 모두 결과발생의 가능성을 인식하고 있다는 점에서는 동일하지만, 그 결과발생을 내심으로 용인하면 미필적 고의가 인정되고, 그 결과발생을 내심으로 거부하면 인식 있는 과실이 된다는 점에서 차이가 있다.

여기서 행위자가 범죄사실이 발생할 가능성을 용인하고 있었는지의 여부는 행위자의 진술에 의존하지 아니하고, 외부에 나타난 행위의 형태·행위의 상황 등 구체적인 사정을 기초로 하여 일반인이라면 당해 범죄사실이 발생할 가능성을 어떻게 평가할 것인가를 고려하면서 행위자의 입장에서 그 심리상태를 추인하여야 하고, 이와 같은 경우에도 공소가 제기된 범죄사실의 주관적 요소인 미필적 고의의 존재에 대한 입증책임은 검사에게 있다.[1]

판례에 의하면, ① 성을 사는 행위를 알선하는 행위를 업으로 하는 자가 성매매알선을 위한 종업원을 고용하면서 고용대상자에 대하여 청소년의 보호를 위한 연령확인의무의 이행을 다하지 아니한 채 청소년을 고용한 경우[2], ② 운전면허증 소지자가 운전면허증만 꺼내 보아도 쉽게 알 수 있는 정도의 노력조차 기울이지 않는 것은 적성검사기간 내에 적성검사를 받지 못하게 되는 결과에 대한 방임이나 용인의 의사가 존재한 것이므로 제1종 운전면허 소지자인 피고인이 정기적성검사기간 내에 적성검사를 받지 아

---

[1] 대법원 2004. 5. 14. 선고 2004도74 판결.
[2] 대법원 2014. 7. 10. 선고 2014도5173 판결.

니한 경우[1]), ③ 청소년보호법의 입법 취지와 청소년의 이성혼숙 영업을 금지하는 취지에 비추어 보면, 여관업을 하는 자로서는 이성혼숙하려는 자의 외모나 차림 등에 의하여 청소년이라고 의심할 만한 사정이 있는 때에는 신분증이나 기타 확실한 방법에 의하여 청소년인지 여부를 확인하고 청소년이 아닌 것으로 확인된 경우에만 이성혼숙을 허용하여야 할 것이므로, 위와 같은 경우 신분증을 소지하지 않았다는 말을 듣고 단지 구두로만 연령을 확인하여 이성혼숙을 허용한 경우[2]), ④ 인체의 급소를 잘 알고 있는 무술교관 출신의 피고인이 무술의 방법으로 피해자의 울대(성대)를 가격하여 사망케 한 경우[3]), ⑤ 피해자를 아파트에 유인하여 양 손목과 발목을 노끈으로 묶고 입에 반창고를 두 겹으로 붙인 다음 양손목을 묶은 노끈은 창틀에 박힌 시멘트 못에, 양발목을 묶은 노끈은 방문손잡이에 각각 잡아매고 얼굴에 모포를 씌워 감금한 후 수차 아파트를 출입하다가 마지막 들어갔을 때 피해자가 이미 탈진 상태에 이르러 박카스를 마시지 못하고 그냥 흘려버릴 정도였고 피고인이 피해자의 얼굴에 모포를 덮어씌워 놓고 그냥 나오면서 피해자를 그대로 두면 죽을 것 같다는 생각이 든 경우[4]), ⑥ 피해자에 대한 가해행위를 직접 실행한 피고인이 피해자의 머리나 가슴 등 치명적인 부위가 아닌 허벅지나 종아리 부위 등을 주로 찔렀다고 하더라도 칼로 피해자를 20여 회나 힘껏 찔러 그로 인하여 피해자가 과다실혈로 사망하게 된 경우[5]) 등에 있어서는 미필적 고의가 인정된다.

하지만 ① 피해자는 만 12세 6개월인 중학교 1학년생으로 만 13세가 되기까지 6개월 정도 남은 상황, 피고인은 검찰 조사에서 '피해자를 밖에서 만났을 때는 어둡고 피해자가 키도 크고 해서 나이가 어린 줄 몰랐는데 모텔에서 보니까 피해자가 15살 또는 16살 정도로 어려 보였고, 피해자에게 '몇 살이냐'고 물어 보니까 피해자가 '중학교 1학년이라서 14살이다'라고 했습니다. 그래서 당시 우리식 나이로 14살 정도 되는 줄 알았다'고 진술하였고, 피해자 또한 수사기관에서 '피고인에게 14세라고 말하였다'고 진술하였던 점, 피고인과 피해자는 사건 당일 처음 만난 사이었고, 피해자가 피고인에게 생년월일까지 알려준 바는 없었던 점, 강간 범행 발생 약 3개월 전에 이루어진 건강검사결과에 의하면 피해자는 키 약 155cm, 몸무게 약 50kg 정도로 중학교 1학년생으로서는 오히려 큰 편에 속하는 체격이었던 점, 피고인은 당시 피해자를 데리고 모텔로 들어갔는데 모텔 관리자로부터 특별한 제지를 받은 바 없었던 점 등의 이러한 사정에 비추어 보면, 피고인이 강간 범행 당시 피해자가 13세 미만인 사실을 미필적으로라도 인식하고 있었음이 합리적 의심의 여지없이 증명되었다고 쉽사리 단정할 수 없다.[6])

2) 택일적 고의

'택일적 고의'란 결과의 발생 자체는 의욕 내지 용인하였으나 그 대상이 확실하게 정해지지 않은 상태에 있어서의 고의를 말한다. 예를 들면 여러 사람이 운집해 있는 공연장에 아무나 죽어도 좋다고 생각하고 폭탄을 던지는 경우가 이에 해당한다. 택일적 고의의 법적 효과는 현실적으로 결과가 발생한 범죄의 기수와 발생하지 아니한 미수의 상상적 경합으로 처리된다.

---

1) 대법원 2014. 4. 10. 선고 2012도8374 판결.
2) 대법원 2001. 8. 21. 선고 2001도3295 판결.
3) 대법원 2000. 8. 18. 선고 2000도2231 판결(무술교관출신사건).
4) 대법원 1982. 11. 23. 선고 82도2024 판결(체육교사납치사건).
5) 대법원 2002. 10. 25. 선고 2002도4089 판결(허벅지20여회사건).
6) 대법원 2012. 8. 30. 선고 2012도7377 판결.

3) 개괄적 고의

'개괄적 고의'이란 행위자가 두 개의 행위 중 제1행위를 통하여 구성요건적 결과를 발생시키려고 하였으나, 실제로는 제2행위에 의해 구성요건적 결과가 발생한 경우에 있어서의 고의를 말한다. 예를 들면 피고인이 피해자를 살해하기 위하여 가격행위를 하여 피해자가 축 늘어지자 그가 죽은 것으로 오인하고 증거를 인멸할 목적으로 웅덩이에 매장하였는데, 이후 피해자가 질식하여 사망한 것으로 판명된 경우가 이에 해당한다.

이에 대한 죄책과 관련하여, ① 행위자는 제1행위에 의해 피해자가 사망할 것이라고 인식하였고 실제로는 제2행위에 의해 피해자가 사망하였으므로 행위자가 인식했던 결과발생과정과 실제의 결과발생과정에 차이가 있지만, 이러한 차이는 본질적인 것이 아니기 때문에 발생된 결과의 고의기수책임을 진다고 하는 기수설, ② 제1행위와 제2행위는 별개의 행위이고, 사망이라는 결과발생은 제2행위에 의한 것인데, 제2행위시에 행위자에게 살인의 고의는 없었으므로 행위자에게 살인죄의 고의기수책임을 인정해서는 안 된다는 점, 고의는 항상 행위시에 존재하고 있어야 한다는 점 등을 논거로 하여, 살인미수죄와 과실치사죄의 경합범을 인정하는 미수설 등의 대립이 있다.

이에 대하여 판례는 「피해자가 피고인들의 살인의도로 행한 구타행위에 의해 직접 사망한 것이 아니라 죄적을 인멸할 목적으로 행한 매장행위에 의해 사망하게 되었다고 하더라도, 전 과정을 개괄적으로 보면 피해자의 살해라는 처음에 예견된 사실이 결국은 실현된 것으로서 피고인들은 살인죄의 죄책을 면할 수 없다.」라고 판시[1]하여, 살인기수죄의 책임을 인정하고 있다.

생각건대 개괄적 고의 사안은 법적으로 행위가 둘로 나누어져 있다는 점, 제2행위는 제1행위의 일부라고 할 수 없다는 점, 제1행위시의 고의와 제2행위시의 고의는 별개의 범죄에 대한 고의라는 점, 피해자에 대한 최종적인 결과의 발생은 제2행위에 의하여 이루어졌다는 점 등을 그 특징으로 하고 있다. 결국 개괄적 고의 사안이라는 특별한 개념을 인정할 필요는 없고, 이 사안을 사건진행과정의 착오의 한 유형으로 인정할 필요도 없다. 따라서 조기결과발생사안[2]이

---

1) 대법원 1988. 6. 28. 선고 88도650 판결(개괄적고의사건)(피고인1은 순간적으로 분노가 폭발하여 피해자를 살해하기로 마음먹고 피해자의 배 위에 올라타 돌멩이로 피해자의 가슴을 2회 내려치고, 피고인2도 이에 합세하여 돌멩이로 피해자의 머리를 2회 내려친 후 다시 피해자를 일으켜 세워 피고인2가 복부를 1회 때려 뒤로 넘어지게 하여 피해자가 뇌진탕 등으로 인하여 정신을 잃고 축 늘어지자 그가 죽은 것으로 오인하고 그 사체를 몰래 파묻어 증거를 인멸할 목적으로 피해자를 그 곳에서부터 약 150m 떨어진 개울가로 끌고 가 삽으로 웅덩이를 파고 피해자를 매장하여 피해자로 하여금 질식하여 사망에 이르게 하였다).

2) '조기결과발생사안'(반대 형태의 개괄적 고의사안)이란 행위자가 제1행위로는 결과를 발생시키기에 충분하지 않다고 생각하였으나, 실제로는 제1행위에 의해 결과가 발생한 경우를 말한다. 예를 들면 행위자가 피해자에게 폭행을 가하여 실신시킨 후에 피해자를 달려오는 KTX 열차에 던져 살해하려고 생각하고 행위를 하였으나 피해자가 KTX 열차에 던져지기 전에 이미 폭행에 의하여 사망한 경우가 이에 해당한다. 이에 대하여 실제 범행과정과 행위자가 인식한 범행과정의 차이가 비본질적인 것이므로 고의기수책임을 인정하는 견해와 살인미수죄와 과실치사죄의 경합범을 인정하는 견해 등의 대립이 있다. 생각건대 이는 살인죄의 실행의 착수 여부에 따라 죄책을 결정해야 한다. 조기결과발생사안은 피해자를 폭행할 당시에 피해자를 실신시킨 후에 살해하려는 고의가 이미 존재한 경우

나 교각살해사안[1]과 같이 범죄행위가 하나인 경우에만 사건진행과정의 착오라는 문제로 다루어야 한다. 그러므로 88도650 판결 사안의 경우, 제1행위는 살인미수죄와 과실치상죄(500만원 이하의 벌금, 구류, 과료)의 상상적 경합범, 제2행위는 사체은닉(7년 이하의 금고)미수죄와 과실치사죄(2년 이하의 금고 또는 700만원 이하의 벌금)의 상상적 경합범이며, 다시 제1행위와 제2행위의 경합관계에 있다고 파악해야 한다.

(3) 사전고의 및 사후고의

'사전고의'란 행위 당시에는 존재하지 않고 행위 이전에 존재하였던 고의를 말하고, '사후고의'란 행위 당시에는 존재하지 않고 행위 이후에 존재하였던 고의를 말한다. 예를 들면 사전고의는 甲이 평소에 乙을 죽이고 싶은 마음이 있던 중 어느 날 우연히 교통사고로 사람을 죽였는데 그 사람이 乙인 경우를 의미하고, 사후고의는 앞의 예에서 甲에 의한 교통사고가 발생한 다음 乙이 잘 죽었다고 생각한 경우를 의미한다. 하지만 고의는 반드시 행위 당시에 존재해야만 하기 때문에 사전고의 또는 사후고의는 고의로서의 효력이 인정되지 아니한다.

3. 고의범의 성립요건

(1) 지적(知的) 요건

고의범이 성립하기 위해서는 객관적 구성요건요소에 대한 사실과 그 의미를 인식해야 한다. 여기서 어떠한 요소가 구성요건에 해당한다는 사실을 인식하였을 것을 필요로 하지만, 그러한 인식은 당해 요소가 구성요건에 해당한다는 사실을 인식하는 정도로 충분하고, 반드시 그 범죄의 종류나 구체적 내용까지 알아야 하는 것은 아니다.[2] 객관적 구성요건요소에는 행위의 주체, 객체, 행위상황, 행위, 결과, 인과관계[3] 등이 있는데, 이러한 요소들의 사실적 측면 및 의미를 인식해야 한다.

예를 들면 절도의 고의는 타인의 점유하에 있는 타인의 소유물을 그 의사에 반하여 자기 또는 제3자의 점유하에 이전하는 데에 대한 인식을 말하므로, 타인이 그 소유권을 포기하고 버린 물건으로 오인하여 이를 취득하였다면, 이와 같이 오인하는 데에 정당한 이유가 인정되는 한 절도의 고의를 인정하기 어렵다. 이러한 인식의 정도와 관련하여 규범적 구성요건요소에 대해서는 '문외한으로서의 소박한 인식' 수준이면 족하다.

그리고 인과관계에 대한 인식은 그 본질적인 부분에 대하여 인식하면 고의가 인정될 수 있

이다. 이 경우 살인죄의 실행의 착수시기는 폭행행위를 가한 시점이다. 따라서 행위시에 살인의 고의가 있었고 결과를 고의행위에 귀속시킬 수 있는 경우에는 행위자가 인식한 결과발생과정과 실제의 결과발생과정 사이의 차이가 비본질적이라고 할 수 있으므로 고의살인죄의 기수가 인정된다.

1) '교각살해사안'이란 피해자를 강물에 익사시키기 위해 강물로 던졌으나 피해자가 교각에 머리를 부딪쳐 사망한 경우를 말한다. 생각건대 행위자가 인식한 결과발생과정과 실제의 결과발생과정 사이의 차이가 비본질적이라고 할 수 있으므로 살인죄의 기수가 인정된다.

2) 대법원 2007. 1. 11. 선고 2006도5288 판결.

3) 다만 객관적 귀속은 규범적 평가를 하는 것이므로 고의의 인식대상이 될 수 없다.

다. 예를 들면 사람의 목을 칼로 찔러 살해한 피고인은 피해자가 사망에 이르게 되는 의학적인 모든 구체적인 과정을 인식하지 못하더라도 '사람의 목을 칼로 찌르면 사람이 죽을 수도 있다'는 본질적인 인과관계를 인식하였으므로 살인의 고의를 충분히 인정할 수 있다.

　　이에 따라 행위자가 인식한 인과관계와 실제 발생한 인과관계가 불일치할 경우, 그 불일치가 본질적이지 않은 경우에는 발생된 결과에 대하여 고의가 인정되지만, 그 불일치가 본질적인 경우에는 발생된 결과에 대하여 고의가 부정된다. 예를 들면 甲이 칼로 乙의 흉부를 찔러 과다출혈로 살해하려고 하였으나 실제로 乙이 심장마비로 사망한 경우, 인과관계의 불일치는 비본질적인 것이므로 甲에게 살인의 고의가 인정된다.

　　한편 책임요소에 해당하는 책임능력, 기대가능성, 위법성의 인식 등과 처벌조건, 소추조건 등에 대한 인식 여부는 고의의 성립에 영향을 미치지 아니한다.

　　판례에 의하면, ① 피고인은 피고인이 고양이를 들고 간 것은 사실이지만 절취할 의사로 가져간 것이 아니고 그 날 피고인이 다른데서 빌려가지고 있다가 잃어버린 고양이인 줄로 잘못 알고 가져가다가 주인이 자기 것이라고 하여 돌려주었을 뿐이라고 일관하여 범의를 부인하고 있고, 피해자라고 하는 甲의 증언에 의하면, 피고인이 평상 밑에 있는 고양이를 쓰다듬다가 런닝샤쓰 안에 집어넣고 가기에 고양이를 왜 가지고 가느냐고 하니까 아무 말도 하지 않고 골목으로 가기에 뒤따라가서 피고인으로부터 고양이를 찾아왔다는 것이고, 피고인은 이건 고양이를 몰래 가지고 도망하여 행방을 감춘 것은 아니고 다른 사람이 보는 데서 공공연히 가지고 가다가 주인이 나타나서 자기 것이라고 하자 그대로 돌려준 사실을 알 수 있고, 한편 증인 천직세의 진술에 의하면, 동인은 이 사건이 일어나기 몇 시간 전에 피고인에게 고양이 1마리를 빌려준 사실이 있었다고 진술하고 있어 피고인의 변소를 뒷받침하고 있는 등 사정을 종합하여 볼 때에 피고인이 고양이를 가져간 것은 甲의 고양이인 줄 알고 절취한 것이라기보다는 피고인이 잃어버린 고양이로 잘못 알고 가져간 것이라는 피고인의 진술에 수긍이 가고 피고인이 고양이를 甲의 소유인 줄 알고 그 의사에 반한 것임을 알면서 취거한 것이라고 단정할 자료는 없다. 그렇다면 절도죄에 있어서 재물의 타인성을 오신하여 그 재물이 자기에게 취득(빌린 것)할 것이 허용된 동일한 물건으로 오인하고 가져온 경우에는 범죄사실에 대한 인식이 있다고 할 수 없으므로 범의를 조각하여 절도죄가 성립하지 아니한다.[1]

　　② 피고인은 경찰조사 당시 피고인이 고물행상인으로서 새벽에 청소부들이 쓰레기를 수거하기 전에 고물을 수집하기 위하여 다니는데 이 사건 두부상자는 쓰레기통 옆에 놓여있고 그 위에 쓰레기로 보이는 신문지 등이 덮여 있어서 버린 것으로 알고 그 종이와 상자를 피고인의 리어카에 싣고 왔다고 진술하고, 두부상자는 공소외인이 피해자 경영의 대성슈퍼마켓에 두부를 담아 납품하고 난 빈상자로서 위 공소외인이 회수해 가도록 신문지를 덮어 새벽에 점포밖에 내놓아두는데 그 위치는 위 슈퍼마켓 옆에 있는 쓰레기통 옆이었다는 것인바, 위 빈 상자가 헌 신문지에 덮여 점포 밖의 쓰레기통 옆에 놓여 있었다면 그 객관적 상황으로 보아 소유자가 소유권을 포기하고 버린 물건으로 오인될 소지가 없지 않으므로, 원심으로서는 위와 같이 그 물건이 놓여있는 객관적 상황을 좀 더 자세히 살펴서 과연 피고인에게 절도의 범의를 인정할 수 있을 것인지를 가려보았어야 할 것이다.[2]

1) 대법원 1983. 9. 13. 선고 83도1762 판결(평원닭집고양이사건).

③ 원심은 피고인이 1983. 4. 28. 23:55경 피해자가 경영하는 샤니케익 서대구대리점에 진열해 둔 동인 소유의 패스추리 빵 38개 및 단팥빵 3개 도합 4,150원 상당을 절취하였다고 인정한 1심판결을 유지하고 있다. 그러나 피고인은 1심법정 이래 상해서 버리는 빵인줄 알고 개먹이로 쓰고자 가져간 것이라고 진술함으로써 피해자가 그 소유를 포기한 물품으로 잘못 알았으므로 절도의 범의가 없다는 취지의 변명을 하고 있고, 피고인은 피해자의 대리점에서는 빵이 부패가 되면 도로상에 쌓아 두거나 쓰레기통에 버렸는데 그날도 쌓아둔 빵을 보니 부패되어 있어서 개먹이로 사용하려고 가져갔다고 진술하고 있으며, 피해자의 종업원들이 1983. 4. 28 제조연월일이 1983. 4. 20인 빵을 제조회사로부터 제조연월일 1983. 4. 29분으로 바꿔오기 위하여 가게문 앞에 4박스를 쌓아 놓고 취침하였는데 그날 23:55경 피고인이 그 중 일부를 절취하였다는 취지로 진술하고 있다. 위와 같은 각 진술내용에 비추어 보면 피해자는 제조년월일이 오래된 빵을 피해자의 점포밖에 놓아두었다가 절취를 당한 것이 분명한 바, 자정 가까운 시간에 점포를 폐점하면서 제조연월일이 오래된 빵을 별다른 감수조치를 취함이 없이 점포밖에 방치 하였다면 경우에 따라서는 외관상 피해자가 그 소유를 포기한 물품으로 오인될 수도 있고 이러한 경우에 그 빵을 가져간 행위는 절도의 범의를 인정하기 어려운 경우가 있을 것이다.[1]

(2) 의지적(意志的) 요건

고의범이 성립하기 위해서는 의지적 요건으로서 구성요건적 결과발생에 대한 의욕 내지 용인이 있어야 하는데, 의욕이 있는 경우를 확정적 고의, 용인이 있는 경우를 미필적 고의라고 한다. 반면에 구성요건적 결과발생을 인식하였으나 의욕하거나 용인하지 않았다면 인식있는 과실이 될 뿐이다.

예를 들면 살인의 고의는 반드시 살해의 목적이나 계획적인 살해의 의도가 있어야 인정되는 것은 아니고, 자기의 행위로 인하여 타인의 사망의 결과를 발생시킬 만한 가능성 또는 위험이 있음을 인식하거나 예견하면 족한 것이고, 그 인식이나 예견은 확정적인 것은 물론 불확정적인 것이라도 이른바 미필적 고의로 인정된다. 피고인이 범행 당시 살인의 범의는 없었고 단지 상해 또는 폭행의 범의만 있었을 뿐이라고 다투는 경우에 피고인에게 범행 당시 살인의 범의가 있었는지 여부는 피고인이 범행에 이르게 된 경위, 범행의 동기, 준비된 흉기의 유무·종류·용법, 공격의 부위와 반복성, 사망의 결과발생 가능성 정도 등 범행 전후의 객관적인 사정을 종합하여 판단할 수밖에 없다.[2]

판례에 의하면, 제분에 이기지 못하여 식도를 휘두르는 피고인을 말리거나 그 식도를 뺏으려고 한 그 밖의 피해자들을 닥치는 대로 찌르는 무차별 횡포를 부리던 중에 그의 父까지 찌르게 된 결과를 빚은 경우 피고인이 칼에 찔려 쓰러진 父를 부축해 데리고 나가지 못하도록 한 일이 있다고 하여 그의 父를 살해할 의사로 식도로 찔러 살해하였다는 사실을 인정하기는 어렵다.[3]

---

2) 대법원 1989. 1. 17. 선고 88도971 판결(버린두부상자사건).
1) 대법원 1984. 12. 11. 선고 84도2002 판결(버린빵사건).
2) 대법원 2009. 2. 26. 선고 2008도9867 판결.
3) 대법원 1977. 1. 11. 선고 76도3871 판결.

Ⅱ. 과 실

1. 의 의

정상적으로 기울여야 할 주의(注意)를 게을리하여 죄의 성립요소인 사실을 인식하지 못한 행위는 법률에 특별한 규정이 있는 경우에만 처벌한다(제14조). 제14조에서는 엄밀히 말하자면 인식없는 과실만을 규정하고 있다. 하지만 고의와 과실의 구별기준에 관한 용인설에 의하면 죄의 성립요소인 사실을 인식한 행위라고 할지라도 결과의 발생을 의욕 내지 용인하지 않은 경우에는 고의가 될 수 없고, 인식있는 과실에 해당한다.

인간이 어떠한 행위를 할 경우에 있어서는 항상 다른 사람에게 피해가 가지 않도록 주의를 기울여야 한다. 만약 이러한 주의의무를 위반하여 타인에게 피해를 주게 된다면 여러 가지 제재를 가할 수 있는데, 그 피해가 상당한 경우에는 형사처벌을 할 필요성이 있다. 특히 주의할 점은 과실범은 경우에 따라 고의범과 비교하여 훨씬 큰 법익의 침해도 수반할 수 있다는 것이다. 예를 들면 부실공사로 인한 건물의 붕괴로 인하여 다수의 인명피해가 발생하는 경우를 상정해 볼 수 있다. 이와 같이 주의의무위반으로 인한 법익침해를 야기할 경우에 처벌되는 범죄를 과실범이라고 하고, 과실범이 행위 당시에 가지고 있는 내심의 상태를 과실이라고 한다.

한편 과실범은 과실행위와 결과발생이 야기되는 기수만을 처벌하고, 주의의무위반행위만이 존재할 경우에는 과실범의 미수가 되는데, 이는 처벌하지 않기 때문에 결과범에 해당한다. 그리고 처벌할 경우에도 예외적으로 법률에 처벌규정이 있는 경우에 한하여 가능하며[1], 언제나 고의범의 경우와 비교할 때 법정형이 가볍다. 이와 같이 과실범은 법률에 특별한 규정이 있는 경우에 한하여 처벌하며 형벌법규의 성질상 특별한 규정은 그 명문에 의하여 명백하여야 한다고 풀이함이 당연하다.[2]

형법에서 단순 과실범을 처벌하는 규정은 실화죄, 과실폭발성물건파열죄, 과실일수죄, 과실교통방해죄, 과실치사상죄 등 총 5가지에 불과하고, 그 밖에도 중과실 또는 업무상 과실에 대한 처벌규정을 두고 있다.

2. 과실의 유형

(1) 인식있는 과실과 인식없는 과실

'인식있는 과실'이란 행위자가 주의의무 위반으로 인하여 행위 당시 구성요건요소나 결과발생을 인식하였지만 결과가 발생하지 않을 것이라고 생각한 경우를 말하고, '인식없는 과실'이란 행위자가 주의의무 위반으로 인하여 행위 당시 구성요건요소나 결과발생을 인식조차 하지

---

1) 대법원 1986. 7. 22. 선고 85도108 판결(행정상의 단속을 주안으로 하는 법규라 하더라도 명문규정이 있거나 해석상 과실범도 벌할 뜻이 명확한 경우를 제외하고는 형법의 원칙에 따라 고의가 있어야 벌할 수 있다).

2) 대법원 1983. 12. 13. 선고 83도2467 판결.

못한 경우를 말한다. 과실범에 있어서 비난가능성의 지적 요소는 결과발생의 가능성에 대한 인식으로서, 인식있는 과실에는 이와 같은 인식이 있고, 인식없는 과실에는 이에 대한 인식 자체도 없는 경우이다. 하지만 전자에 있어서 책임이 발생함은 물론 후자에 있어서도 그 결과발생을 인식하지 못하였다는 데에 대한 부주의, 즉 규범적 실재로서의 과실책임이 있다.[1]

(2) 경과실과 중과실

'경과실'(經過失)이란 주의의무를 위반하여 결과를 발생시켰지만, 주의의무위반의 정도가 중하지 않은 것을 말하는데, 보통의 과실은 경과실을 의미한다. 반면에 '중과실'(重過失)이란 주의의무위반의 정도가 중한 과실, 즉 조금만 주의를 기울였더라면 구성요건요소나 결과발생을 인식할 수 있었던 과실을 말한다. 중과실은 행위자가 극히 근소한 주의를 함으로써 결과발생을 인식할 수 있었음에도 불구하고 부주의로서 이를 인식하지 못한 경우를 의미하는데, 경과실과 중과실의 구별은 결국 구체적인 경우에 사회통념을 고려하여 결정될 문제이다.[2]

판례에 의하면, ① 농약을 평소에 신문지에 포장하여 판매하여 온 '중조'와 같은 모양으로 포장하여 점포선반에 방치하고 가족에게 알리지 아니하여 사고가 발생한 경우[3], ② 피고인이 관리하던 주차장 출입구 문주의 하단부분에 금이 가 있어 도괴될 위험성이 있었다면 피고인으로서는 소유자에게 그 보수를 요청하는 외에 그 보수가 있을 때까지 임시적으로라도 받침대를 세우는 등 도괴를 방지하거나 그 근처에 사람이나 자동차 등의 근접을 막는 등 도괴로 인한 인명의 피해를 막도록 조치를 하여야 할 주의의무가 있다고 할 것이며 동 주차장에는 사람이나 자동차의 출입이 빈번하고 근처 거주의 어린아이들이 문주근방에서 놀이를 하는 사례가 많은데도 불구하고 소유자에게 그 보수를 요구하는데 그친 경우[4], ③ 성냥불로 담배를 붙인 다음 그 성냥불이 꺼진 것을 확인하지 아니한 채 휴지가 들어 있는 플라스틱 휴지통에 던져 화재가 발생한 경우[5], ④ 84세 여자 노인과 11세의 여자 아이를 상대로 안수기도를 함에 있어서 그들을 바닥에 반드시 눕혀 놓고 기도를 한 후 '마귀야 물러가라', '왜 안 나가느냐'는 등 큰 소리를 치면서 한 손 또는 두 손으로 그들의 배와 가슴 부분을 세게 때리고 누르는 등의 행위를 여자 노인에게는 약 20분간, 여자아이에게는 약 30분간 반복하여 그들을 사망케 한 경우[6] 등에 있어서는 중과실을 인정하고 있다.

하지만 ① 경찰관인 피고인들은 동료 경찰관인 甲 및 피해자 乙과 함께 술을 많이 마셔 취하여 있던 중 갑자기 甲이 총을 꺼내 乙과 같이 총을 번갈아 자기의 머리에 대고 쏘는 소위 '러시안 룰렛' 게임을 하다가 乙이 자신이 쏜 총에 맞아 사망한 경우[7], ② 피고인이 전기보안담당자에게 아무런 통고를 하지 아니한 채 무자격 전기기술자로 하여금 전기공사를 하게 하였다고 하더라도, 보통사람과 마찬가지로 전기에 관한 전문지식이 없는 피고인이 아주 작은 주의만 기울였더라면, 제1심공동피고인이 조인터박스를

---

1) 대법원 1984. 2. 28. 선고 83도3007 판결.
2) 대법원 1960. 3. 9. 선고 4292형상761 판결.
3) 대법원 1961. 11. 16. 선고 4294형상312 판결(중조(베이킹소다)사건).
4) 대법원 1982. 11. 23. 선고 82도2346 판결(문주근방사건).
5) 대법원 1993. 7. 27. 선고 93도135 판결(플라스틱휴지통실화사건).
6) 대법원 1997. 4. 22. 선고 97도538 판결(노약자안수기도사건).
7) 대법원 1992. 3. 10. 선고 91도3172 판결(러시안룰렛사건).

설치하지 아니하고 형광등을 천정에 바짝 붙여 부착시키는 등 부실하게 공사를 하거나 원심공동피고인이 전기공사사실을 통고받지 못하여 전기설비에 이상이 있는지의 여부를 점검하지 못함으로써 위와 같은 부실공사가 그대로 방치되고 또 그로 인하여 전선의 합선에 의한 화재가 발생할 것을 쉽게 예견할 수 있었다고 보기는 어려운 경우[1] 등에 있어서는 중과실을 부정하고 있다.

(3) 업무상 과실

1) 업무의 개념

'업무'란 사람이 사회생활상의 지위에 기하여 계속적으로 또는 반복적으로 행하는 일련의 사무를 말한다.

① 사회생활상의 지위

업무는 사람이 사회생활상의 지위에서 행하는 사회적 활동을 할 수 있는 처지를 의미한다. 그러므로 산책, 식사, 수면, 육아, 운동, 세탁 등 누구나 공통적으로 하는 개인적인 생활현상은 원칙적으로 업무에 해당하지 아니한다. 하지만 일반인에게는 개인적인 생활로 취급되는 행위라도 전문적으로 행하는 직업의 경우에는 업무에 해당된다. 예를 들면 요리사, 가정부, 헬스트레이너, 수영강사 등이 이에 해당한다.

판례에 의하면, ① 골프장의 경기보조원인 피고인이 골프 카트에 피해자 등 승객들을 태우고 진행하기 전에 안전 손잡이를 잡도록 고지하지도 않고, 승객들이 안전 손잡이를 잡았는지 확인하지도 않은 상태에서 만연히 출발하였으며, 각도 70°가 넘는 우로 굽은 길을 속도를 충분히 줄이지 않고 급하게 우회전하여 피해자를 골프 카트에서 떨어지게 하여 두개골골절, 지주막하출혈 등의 상해를 입게 한 경우[2], ② 버스의 차장이 피해자인 승객의 안전승차 여부를 확인하지 아니하고 승강구의 문을 닫지 않은 채 발차신호를 하여 동인에게 상해를 입게 한 경우[3], ③ 피고인이 완구상 점원으로서 완구배달을 하기 위하여 자전거를 타고 소매상을 돌아다니다가 자전거 앞바퀴로 피해자를 충돌하여 전도시켜 부상을 입힌 경우[4] 등에 있어서는 업무상 과실을 인정하고 있다.

② 계속성

단 1회의 행위를 하였다고 하더라도 계속적으로 반복할 의사가 있는 경우에는 업무에 해당된다. 그러므로 승용차를 구입 첫날 운전한 경우, 의사가 개업 첫날 진료한 경우 등은 업무에 해당되지만, 호기심으로 운전한 경우[5]는 업무에 해당하지 아니한다. 자동차를 구입할지 여부를 결정하기 위한 단순한 시운전의 경우 논란이 될 수 있으나, 조건부 계속성(마음에 들면 계속 운

---

1) 대법원 1989. 10. 13. 선고 89도204 판결(무자격전기기술자사건).
2) 대법원 2010. 7. 22. 선고 2010도1911 판결.
3) 대법원 1975. 5. 13. 선고 75도877 판결.
4) 대법원 1972. 5. 9. 선고 72도701 판결.
5) 대법원 1966. 5. 31. 선고 66도536 판결(호기심중위운전사건).

전하고, 마음에 들지 않으면 운전하지 않으려는 의사)이라는 점에서 계속성을 부정하는 것이 타당하다.

③ 사 무

사회생활을 유지하면서 종사하는 일인 이상 반드시 수입을 얻기 위한 직업이나 영업으로 할 필요는 없다. 면허의 유무[1]도 상관이 없고, 반드시 적법한 업무일 것도 요하지 아니한다. 예를 들면 무허가 포장마차, 무허가 푸드트럭 등에서 음식을 판매하는 행위는 업무로서 형법상 보호의 대상이 된다. 하지만 소매치기, 청부살인, 마약밀수, 성매매알선 등과 같이 사회적으로 도저히 용인될 수 없는 불법한 일은 형법상 업무에 해당하는 사무가 될 수 없다.

2) 업무상 과실

'업무상 과실'이란 일정한 업무에 종사하는 사람의 주의의무위반을 말하는데, 일반적인 과실과 비교하여 가중처벌되고 있다. 왜냐하면 주의의무는 결과예견의무와 결과회피의무로 구성되는데, 업무자에게는 비업무자와 비교하여 이러한 결과예견의무가 더 높게 주어져 있고, 결과회피의무를 보다 쉽게 이행할 수 있기 때문이다.

한편 업무상 과실을 불법가중사유로 파악하는 입장에 의하면, 업무자는 일반인에 비하여 더 높은 주의의무가 요구되기 때문에 불법이 가중된다고 하는 반면에, 책임가중사유로 파악하는 입장에 의하면, 주의의무는 동일하지만 예견의무가 다르기 때문에 책임이 가중된다고 한다.

3. 과실범의 성립요건

(1) 구성요건적 결과의 발생

과실범의 미수는 처벌규정이 없기 때문에 주의의무위반이 존재할지라도 구성요건적 결과의 발생이 존재하지 않으면 과실범이 성립하지 아니한다. 과실범의 성립요건을 판단할 때에는 주의의무위반의 여부에 우선하여 구성요건적 결과의 발생 여부를 판단하는 것이 보다 수월한 방법론이다.

과실범의 성립에 있어서 필요한 구체적인 구성요건적 결과는 개별적인 과실범 처벌규정에 명시되어 있다. 예를 들면 과실치사상죄의 성립에 있어서 요구되는 구성요건적 결과는 사망 또는 상해의 결과 발생이다.

---

1) 대법원 1985. 6. 11. 선고 84도2527 판결(피고인 1은 골재채취작업 현장소장으로서 그 채취작업으로 생긴 깊이 약 2m, 길이 약 60m, 폭 약 40m 크기의 타원형 웅덩이를 메우고 하상을 정리해서 익사 등의 사고를 방지해야 할 업무상 주의의무가 있음에도 불구하고 위 웅덩이를 그대로 방치한 과실로 피해자로 하여금 강을 건너던 중 위 웅덩이에 빠져 익사케 하였다. 골재채취허가 여부는 이 사건 골재채업무가 업무상 과실치사죄에 있어서의 업무에 해당하는 사실에 아무런 소장도 가져올 수 없으며 …); 대법원 1961. 3. 22. 선고 4294형상5 판결(피고인은 과거 자동차조수로 약 1년 6월간 근무하였고 한국운수주식회사 대전지점 자동차수리공장에서 수리공으로서 자동차수리 전후에 그 차륜을 수시 시운전을 하였으며 본건에 있어서 운전면허 없이 본건 자동차를 운전한 사실을 인정할 수 있으므로 피고인이 면허있는 자동차 운전수가 아니라고 할지라도 피고인의 본건 자동차 운전사무는 업무상 과실치사죄에 있어서의 업무에 해당한다).

(2) 주의의무위반

1) 주의의무의 내용

주의의무는 결과예견의무와 결과회피의무로 구성되는데, 일반적으로 결과에 대한 예견가능성이 있는 경우에는 결과에 대한 회피의무가 인정된다. 여기서 결과회피의무에는 일정한 행위를 하거나 하지 말아야 할 의무가 있다.

판례에 의하면, ① 함께 술을 마신 후 만취된 피해자를 촛불이 켜져 있는 방안에 혼자 눕혀 놓고 촛불을 끄지 않고 나오는 바람에 화재가 발생하여 피해자가 사망한 경우[1], ② 바다에 면한 수직경사가 암반 위로 이끼가 많이 끼어 매우 미끄러운 곳에서 당시 폭풍주의보가 발효 중이어서 평소보다 높은 파도가 치고 있던 상황하에 피해자와 같은 내무반원인 피고인 등 여러 사람이 곧 전역할 병사 甲을 손발을 붙잡아 헹가래를 쳐서 장난삼아 바다에 빠뜨리려고 하다가 그가 발버둥치자 동인의 발을 붙잡고 있던 피해자가 몸의 중심을 잃고 미끄러지면서 바다에 빠져 사망한 경우[2], ③ 산부인과 의사가 산모의 태반조기박리에 대한 대응조치로서 응급 제왕절개 수술을 시행하기로 결정하였다면 이러한 경우에는 적어도 제왕절개 수술 시행 결정과 아울러 산모에게 수혈을 할 필요가 있을 것이라고 예상되는 특별한 사정이 있어 미리 혈액을 준비하여야 할 업무상 주의의무가 있음에도 불구하고 그러한 수술결정과 아울러 피해자에 대한 수혈의 필요성에 대비하여 수술 도중이나 수술 후에라도 가능한 빠른 시기에 혈액을 공급받기 위한 조치를 전혀 취하지 아니한 과실로 인하여 수혈시기를 놓치게 하여 피해자가 사망한 경우[3] 등에 있어서는 주의의무위반이 인정된다.

하지만 지하철 공사구간 현장안전업무 담당자인 피고인이 공사현장에 인접한 기존의 횡단보도 표시선 안쪽으로 돌출된 강철빔 주위에 라바콘 3개를 설치하고 신호수 1명을 배치하였는데, 피해자가 위 횡단보도를 건너면서 강철빔에 부딪혀 상해를 입은 경우[4] 등에 있어서는 주의의무위반이 부정된다.

2) 주의의무의 판단기준

업무자에게 과실이 있다고 하기 위하여는 업무자가 결과발생을 예견할 수 있고 또 회피할 수 있었는데도 이를 예견하지 못하거나 회피하지 못하였음이 인정되어야 하며, 과실의 유무를 판단할 때에는 같은 업무와 직종에 종사하는 일반적 보통인의 주의 정도를 표준으로 하고, 사고 당시의 일반적인 업무의 수준, 업무환경, 조건, 업무행위의 특수성 등을 고려하여야 한다.[5]

---

1) 대법원 1994. 8. 26. 선고 94도1291 판결(자취방촛불사건).
2) 대법원 1990. 11. 13. 선고 90도2106 판결(전역헹가래사건).
3) 대법원 2000. 1. 14. 선고 99도3621 판결(태반조기박리사건).
4) 대법원 2014. 4. 10. 선고 2012도11361 판결.
5) 대법원 2023. 1. 12. 선고 2022도11163 판결(의료사고에서 의사의 과실을 인정하기 위해서는, 의사가 결과 발생을 예견할 수 있었음에도 이를 예견하지 못하였거나 결과 발생을 회피할 수 있었음에도 이를 회피하지 못하였는지 여부를 검토하여야 하고, 과실 유무를 판단할 때에는 같은 업무·직무에 종사하는 일반적 평균인의 주의 정도를 표준으로 하여 사고 당시의 일반적 의학의 수준과 의료 환경 및 조건, 의료행위의 특수성 등을 고려하여야 한다. 의료사고에서 의사의 과실과 결과 발생 사이에 인과관계를 인정하기 위해서는, 주의의무 위반이 없었더라면 그러한 결과가 발생하지 않았을 것임이 증명되어야 한다. 그러므로 의사에게 의료행위로 인한 업무상과실치사상죄를 인정하기 위해서는, 의료행위 과정에서 공소사실에 기재된 업무상과실의 존재는 물론 그러한 업무상과실로 인하

이와 같이 구성요건단계에서는 평균인이라면 행위 당시의 상황에서 어떠한 행위를 하였을 것인가를 기준으로 주의의무위반 여부를 판단하면 족하고, 개별적인 행위자의 주의능력은 책임단계에서 고려하면 된다.

3) 허용된 위험의 이론

자동차운전, 건설공사, 외과수술, 격투경기 등과 같이 수많은 인간의 행위는 타인의 법익을 침해할 가능성을 내포하고 있다. 그렇다고 하여 이러한 모든 행위를 처음부터 하지 못하게 한다면 큰 사회적 손실을 유발할 것이 분명하다. 이러한 점에서 비록 법익침해의 위험성을 수반하는 행위라고 할지라도 그로 인한 사회적 이익이 그 위험성과 비교하여 우월한 경우에 있어서는 일정한 조건 아래 그 행위를 허용할 필요성이 대두된다.

이와 같이 결과에 대한 예견가능성이 있다고 할지라도 결과에 대한 회피의무가 주어지지 않는 상황도 생기게 되는데, 이러한 예외적인 경우를 인정하는 것을 '허용된 위험의 이론'이라고 한다. 예를 들면 자동차를 운전할 경우에는 사람을 다치게 할 수 있다는 예견을 누구나 할 수 있는데, 이와 같은 결과예견의무가 있다고 하여 처음부터 자동차를 운전하지 말라는 결과회피의무를 강요할 수는 없는 것이다.

결국 사회적으로 허용된 행위에 해당하게 되면 결과적으로 법익침해를 수반하는 경우라고 할지라도 구성요건해당성이 배제되는 효과가 발생한다. 예를 들면 대규모의 건설공사 도중 사람이 다치거나 죽는 경우가 종종 발생하게 되는데, 그러한 법익침해가 있다고 할지라도 공사를 시행한 시공업자에게 공사를 시작한 행위를 가지고서 그 결과에 대한 책임을 물을 수는 없는 노릇이다.

한편 허용된 위험의 이론이 보다 구체화된 것으로서 신뢰의 원칙이 있는데, '신뢰의 원칙'이란 자신이 주의의무를 다한 경우에는 다른 사람도 역시 주의의무를 다할 것이라고 신뢰해도 좋다는 원칙을 말한다.

판례에 의하면, ① 고속도로를 운행하는 자동차의 운전자로서는 일반적인 경우에 고속도로를 횡단하는 보행자가 있을 것까지 예견하여 보행자와의 충돌사고를 예방하기 위하여 급정차 등의 조치를 취할 수 있도록 대비하면서 운전할 주의의무가 없다. 다만 고속도로를 무단횡단하는 보행자를 충격하여 사고를 발생시킨 경우라도 운전자가 상당한 거리에서 보행자의 무단횡단을 미리 예상할 수 있는 사정이 있었고, 그에 따라 즉시 감속하거나 급제동하는 등의 조치를 취하였다면 보행자와의 충돌을 피할 수 있었다는

여 환자에게 상해·사망 등 결과가 발생한 점에 대하여도 엄격한 증거에 따라 합리적 의심의 여지가 없을 정도로 증명이 이루어져야 한다. 설령 의료행위와 환자에게 발생한 상해·사망 등 결과 사이에 인과관계가 인정되는 경우에도, 검사가 공소사실에 기재한 바와 같은 업무상과실로 평가할 수 있는 행위의 존재 또는 그 업무상과실의 내용을 구체적으로 증명하지 못하였다면, 의료행위로 인하여 환자에게 상해·사망 등 결과가 발생하였다는 사정만으로 의사의 업무상과실을 추정하거나 단순한 가능성·개연성 등 막연한 사정을 근거로 함부로 이를 인정할 수는 없다); 대법원 2014. 7. 24. 선고 2013도16101 판결; 대법원 2014. 5. 29. 선고 2013도14079 판결; 대법원 2011. 9. 8. 선고 2009도13959 판결.

등의 특별한 사정이 인정되는 경우에만 자동차 운전자의 과실이 인정될 수 있다.[1]

② 운전자가 교차로를 사고 없이 통과할 수 있는 상황에서 그렇게 인식하고 교차로에 일단 먼저 진입하였다면 특별한 사정이 없는 한 그에게 과실이 있다고 할 수 없고, 교차로에 먼저 진입한 운전자로서는 이와 교차하는 좁은 도로를 통행하는 피해자가 교통법규에 따라 적절한 행동을 취하리라고 신뢰하고 운전한다고 할 것이므로 특별한 사정이 없는 한 피해자가 자신의 진행속도보다 빠른 속도로 무모하게 교차로에 진입하여 자신이 운전하는 차량과 충격할지 모른다는 것까지 예상하고 대비하여 운전하여야 할 주의의무는 없다.[2]

③ 각종 차량의 내왕이 번잡하고 보행자의 횡단이 금지되어 있는 육교밑 차도를 주행하는 자동차운전자가 전방 보도 위에 서 있는 피해자를 발견했다고 하더라도 육교를 눈앞에 둔 동인이 특히 차도로 뛰어들 거동이나 기색을 보이지 않는 한 일반적으로 동인이 차도로 뛰어들어 오리라고 예견하기 어려운 것이므로 이러한 경우 운전자로서는 일반보행자들이 교통관계법규를 지켜 차도를 횡단하지 아니하고 육교를 이용하여 횡단할 것을 신뢰하여 운행하면 족하다 할 것이고 불의에 뛰어드는 보행자를 예상하여 이를 사전에 방지해야 할 조치를 취할 업무상 주의의무는 없다.[3]

④ 두 줄의 황색중앙선 표시가 있는 직선도로상을 운행하는 차량의 운전자로서는 특별한 사정이 없는 한 상대방향에서 운행하여 오는 차량이 도로중앙선을 넘어 자기가 진행하는 차선에 진입하지 않으리라고 믿는 것이 우리의 경험법칙에 합당하고, 또 반대차선에 연결된 소로에서 주도로로 진입하는 차량이 있다고 하더라도 그 차량이 법률상 금지된 중앙선을 침범하여 자기가 진행하는 차선에 진입하는 범법행위까지를 예상하여 자기가 운전하는 차량을 서행하거나 일일이 그 차량의 동태를 예의주시할 의무가 있다고 할 수 없다.[4]

⑤ 내과의사가 신경과 전문의에 대한 협의진료 결과 피해자의 증세와 관련하여 신경과 영역에서 이상이 없다는 회신을 받았고, 그 회신 전후의 진료 경과에 비추어 그 회신 내용에 의문을 품을 만한 사정이 있다고 보이지 않자 그 회신을 신뢰하여 뇌혈관계통 질환의 가능성을 염두에 두지 않고 내과 영역의 진료 행위를 계속하다가 피해자의 증세가 호전되기에 이르자 퇴원하도록 조치한 경우, 피해자의 지주막하출혈을 발견하지 못한 데 대하여 내과의사의 업무상 과실이 부정된다.[5]

⑥ 간호사가 의사의 처방에 의한 정맥주사(Side Injection 방식)를 의사의 입회 없이 간호실습생(간호학과 대학생)에게 실시하도록 하여 발생한 의료사고에 대하여 의사의 과실은 부정된다.[6]

⑦ 같은 방향으로 달려오는 후방차량이 교통법규를 준수하여 진행할 것이라고 신뢰하며 우측전방에

1) 대법원 2000. 9. 5. 선고 2000도2671 판결(고속도로무단횡단사건).

2) 대법원 1992. 8. 18. 선고 92도934 판결(교차로먼저진입사건).

3) 대법원 1985. 9. 10. 선고 84도1572 판결(육교밑무단횡단사건).

4) 대법원 1995. 7. 11. 선고 95도382 판결.

5) 대법원 2003. 1. 10. 선고 2001도3292 판결. 반면에 피고인이 근무하는 병원에서는 인턴의 수가 부족하여 수혈의 경우 두 번째 이후의 혈액봉지는 인턴 대신 간호사가 교체하는 관행이 있었다고 하더라도, 혈액봉지가 바뀔 위험이 있는 상황에서 피고인이 그에 대한 아무런 조치도 취함이 없이 간호사에게 혈액봉지의 교체를 일임한 것이 관행에 따른 것이라는 이유만으로 정당화될 수는 없다(대법원 1998. 2. 27. 선고 97도2812 판결).

6) 대법원 2003. 8. 19. 선고 2001도3667 판결(간호사가 '진료의 보조'를 함에 있어서는 모든 행위 하나하나마다 항상 의사가 현장에 입회하여 일일이 지도·감독하여야 한다고 할 수는 없고, 경우에 따라서는 의사가 진료의 보조행위 현장에 입회할 필요 없이 일반적인 지도·감독을 하는 것으로 족한 경우도 있을 수 있다 할 것인데, 여기에 해당하는 보조행위인지 여부는 보조행위의 유형에 따라 일률적으로 결정할 수는 없고 구체적인 경우에 있어서 그 행위의 객관적인 특성상 위험이 따르거나 부작용 혹은 후유증이 있을 수 있는지, 당시의 환자 상태가 어떠한지, 간호사의 자질과 숙련도는 어느 정도인지 등의 여러 사정을 참작하여 개별적으로 결정하여야 한다).

진행 중인 손수레를 피하여 자동차를 진행하는 운전수로서는 위 손수레를 피하기 위하여 중앙선을 약간 침범하였다 하더라도 도로교통법 소정의 규정을 위반한 점에 관한 책임이 있음은 별론으로 하고 후방에서 오는 차량의 동정을 살펴 그 차량이 무모하게 추월함으로써 야기될지도 모르는 사고를 이연에 방지하여야 할 주의의무까지 있다고는 볼 수 없다.[1]

⑧ 사고일시가 한 가을의 심야이고 그 장소가 도로교통이 빈번한 대도시 육교밑의 편도 4차선의 넓은 길 가운데 2차선 지점인 경우라면 이러한 교통상황 아래에서의 자동차 운전자는 무단횡단자가 없을 것으로 믿고 운전해가면 되는 것이고 도로교통법규에 위반하여 그 자동차의 앞을 횡단하려고 하는 사람이 있을 것까지 예상하여 그 안전까지를 확인해가면서 운전하여야 할 의무는 없다.[2]

⑨ 경찰관인 피고인들은 동료 경찰관인 갑 및 피해자 을과 함께 술을 많이 마셔 취하여 있던 중 갑자기 위 갑이 총을 꺼내 을과 같이 총을 번갈아 자기의 머리에 대고 쏘는 소위 "러시안 룰렛" 게임을 하다가 을이 자신이 쏜 총에 맞아 사망한 경우 피고인들은 위 갑과 을이 "러시안 룰렛"게임을 함에 있어 갑과 어떠한 의사의 연락이 있었다거나 어떠한 원인행위를 공동으로 한 바가 없고, 다만 위 게임을 제지하지 못하였을 뿐인데 보통사람의 상식으로서는 함께 수차에 걸쳐서 흥겹게 술을 마시고 놀았던 일행이 갑자기 자살행위와 다름없는 위 게임을 하리라고는 쉽게 예상할 수 없는 것이고(신뢰의 원칙), 게다가 이 사건 사고는 피고인들이 "장난치지 말라"며 말로 위 갑을 만류하던 중에 순식간에 일어난 사고여서 음주만취하여 주의능력이 상당히 저하된 상태에 있던 피고인들로서는 미처 물리력으로 이를 제지할 여유도 없었던 것이므로, 경찰관이라는 신분상의 조건을 고려하더라도 위와 같은 상황에서 피고인들이 이 사건 "러시안 룰렛"게임을 즉시 물리력으로 제지하지 못하였다 한들 그것만으로는 위 갑의 과실과 더불어 중과실치사죄의 형사상 책임을 질 만한 위법한 주의의무위반이 있었다고 평가할 수 없다.[3]

(3) 인과관계의 존재

과실범이 성립하기 위해서는 주의의무위반과 결과발생 사이에 인과관계가 있어야 하고, 인과관계가 부정되면 과실범의 미수가 되어 처벌되지 아니한다.

판례에 의하면, ① 신호등에 의하여 교통정리가 행하여지고 있는 ㅏ자형 삼거리의 교차로를 녹색등화에 따라 직진하는 차량의 운전자는 특별한 사정이 없는 한 다른 차량들도 교통법규를 준수하고 충돌을 피하기 위하여 적절한 조치를 취할 것으로 믿고 운전하면 족하고, 대향차선 위의 다른 차량이 신호를 위반하고 직진하는 자기 차량의 앞을 가로질러 좌회전할 경우까지 예상하여 그에 따른 사고발생을 미리 방지하기 위한 특별한 조치까지 강구하여야 할 업무상의 주의의무는 없고, 위 직진차량 운전자가 사고지점을 통과할 무렵 제한속도를 위반하여 과속운전한 잘못이 있었다 하더라도 그러한 잘못과 교통사고의 발생과의 사이에 상당인과관계가 있다고 볼 수 없다.[4]

---

1) 대법원 1970. 2. 24. 선고 70도176 판결.

2) 대법원 1988. 10. 11. 선고 88도1320 판결(더구나 대도시 밤거리에서의 빈번한 도로교통에 있어서는 대향차의 전조등 불빛때문에 시야가 흐려져 전방의 장애물을 미리 발견하는데 상당한 애로가 있고 특별한 사정이 없는 한 그것은 부득이하다는 것은 경험칙에 비추어 명백하므로 위에서 본 제반 교통상황에 비추어 피고인은 정상속도로 운전해 가기만 하면 되는 것이고 더 이상 속도를 줄여 무단횡단자에 대비해야 할 의무는 없다).

3) 대법원 1992. 3. 10. 선고 91도3172 판결(러시안룰렛사건).

4) 대법원 1993. 1. 15. 선고 92도2579 판결(ㅏ자형삼거리과속운전사건).

② 피해자의 병명인 루드비히 안기나와 같이 이미 원인균이 알려진 경우라 할지라도 배농이 되었을 경우 원칙적으로 농에 대한 배양검사를 실시하여 적절한 약물을 선택하여야 한다는 것이므로, 피고인이 농배양을 하지 않은 것이 과실이라고 할 수는 있겠으나, 그것이 피해자의 사망에 기여한 인과관계 있는 과실이 된다고 하려면 원심으로서는 농배양을 하였더라면 피고인이 투약해 온 항생제와 다른 어떤 항생제를 사용하게 되었을 것이라거나 어떤 다른 조치를 취할 수 있었을 것이고, 따라서 피해자가 사망하지 않았을 것이라는 점을 심리·판단하였어야 한다. 그러나 기록상 그러한 점을 밝힐 수 있는 자료는 없고, 오히려 후에 밝혀진 바에 의하면, 피고인이 투약해 온 항생제는 원인균에 적절한 것으로 판명되었다는 것이므로 피고인의 과실이 피해자의 사망과 인과관계가 있다고 보기는 어렵고, 이와 같이 인과관계가 없는 이상 진료상의 적절성 여부를 불문하고 원심이 판시한 바와 같이 다른 과실과 합하여 피해자 사망의 한 원인이 된 것이라고 할 수 없을 것이다.[1]

제 5 절 결과적 가중범

I. 의 의

결과 때문에 형이 무거워지는 죄의 경우에 그 결과의 발생을 예견할 수 없었을 때에는 무거운 죄로 벌하지 아니한다(제15조 제2항). '결과적 가중범'이란 결과에 의하여 형이 가중되는 범죄를 말하는데, 여기서의 결과는 원칙적으로 행위자가 처음부터 의욕 또는 용인하였던 것 이상의 결과를 의미한다. 예를 들면 폭행치사상죄, 상해치사죄, 강간치사상죄, 강도치사상죄, 낙태치사죄, 유기치상죄, 체포감금치사상죄, 교통방해치사죄, 일수치사죄(이상 진정 결과적 가중범) 등과 같이 일련의 '치사상죄'의 형태로 규정되어 있는 것이 일반적이며, 그밖에도 중상해죄, 중권리행사방해죄, 중손괴죄, 연소죄 등도 이에 해당한다.

형법전에 규정되어 있는 결과적 가중범은 기본범죄가 모두 고의범에 국한되어 있지만, 중한 결과의 발생은 과실에 기인한 것뿐만 아니라 고의에 기인한 것도 해석상 인정되고 있는데, 후자의 경우를 '부진정 결과적 가중범'이라고 강학상 일컫는다. 부진정 결과적 가중범의 예로는 현주건조물방화치사상죄, 특수공무집행방해치상죄, 현주건조물일수치사상죄, 음용수혼독치상죄, 교통방해치상죄, 중권리행사방해죄, 중상해죄, 중유기죄, 중손괴죄 등을 들 수 있다.

한편 우리나라에서 형법이 아닌 형사특별법에서는 결과적 가중범의 성립에 있어서 기본범죄가 과실범인 경우를 상정하고 있다는 점에 유의해야 한다. 예를 들면 건축법 제107조 제2항에 의하면, 업무상 과실로 제106조 제2항의 죄[2]를 범한 자는 10년 이하의 징역이나 금고

---

1) 대법원 1996. 11. 8. 선고 95도2710 판결.
2) 건축법 제106조(벌칙) ① 제23조, 제24조 제1항, 제25조 제3항, 제52조의3 제1항 및 제52조의5 제2항을 위반하여 설계·시공·공사감리 및 유지·관리와 건축자재의 제조 및 유통을 함으로써 건축물이 부실하게 되어 착공 후 「건설산업기본법」 제28조에 따른 하자담보책임 기간에 건축물의 기초와 주요구조부에 중대한 손괴를 일으켜 일반인을 위험에 처하게 한 설계자·감리자·시공자·제조업자·유통업자·관계전문기술자 및 건축주는 10년 이하의 징역

또는 10억원 이하의 벌금에 처한다. 또한「환경범죄 등의 단속 및 가중처벌에 관한 법률」제5조[1])에 의하면, 업무상 과실 또는 중대한 과실로 제3조의 죄[2])를 범한 자에 대하여 형사처벌을 하고 있다.

부진정 결과적 가중범은 형벌의 불균형을 시정하기 위하여 고안된 개념이다. 예를 들면 현주건조물방화치사죄를 진정 결과적 가중범으로 해석할 경우, 현주건조물에 방화하여 고의로 사람을 사망하게 한 경우에는 현주건조물방화치사죄가 아니라 현주건조물방화죄(무기 또는 3년 이상의 징역)와 살인죄(사형, 무기 또는 5년 이상의 징역)의 상상적 경합이 인정되어 살인죄의 법정형으로 처단된다. 그런데 살인죄의 법정형은 현주건조물방화치사죄(사형, 무기 또는 7년 이상의 징역)의 법정형과 비교하여 낮게 설정되어 있음으로 인하여 고의범을 과실범 보다 낮게 처벌하게 되는 불합리한 현상이 발생하게 된다. 이를 시정하기 위하여 현주건조물방화치사죄를 부진정 결과적 가중범으로 해석하게 되면 위와 같은 불합리가 해소되는 결과가 되는 것이다. 입법론적으로는 현주건조물방화살인죄를 신설하여 독립된 가중처벌규정을 두는 것이 타당하다.

Ⅱ. 성립요건

1. 고의의 기본범죄

형법상 결과적 가중범의 기본범죄는 고의범에 국한된다. 기본범죄에 대한 미수범을 포함하는 규정이 있는 경우에는 당연히 미수에 그친 경우에도 결과적 가중범이 성립할 수 있지만[3]),

---

에 처한다. ② 제1항의 죄를 범하여 사람을 죽거나 다치게 한 자는 무기징역이나 3년 이상의 징역에 처한다.

1) 「환경범죄 등의 단속 및 가중처벌에 관한 법률」제5조(과실범) ① 업무상 과실 또는 중대한 과실로 제3조제1항의 죄를 범한 자는 7년 이하의 징역 또는 1억원 이하의 벌금에 처한다. ② 업무상 과실 또는 중대한 과실로 제3조 제2항 또는 제4조제3항의 죄를 범한 자는 10년 이하의 징역 또는 1억5천만원 이하의 벌금에 처한다. ③ 업무상 과실 또는 중대한 과실로 제3조제3항의 죄를 범한 자는 3년 이하의 징역 또는 3천만원 이하의 벌금에 처한다.

2) 「환경범죄 등의 단속 및 가중처벌에 관한 법률」제3조(오염물질 불법배출의 가중처벌) ① 오염물질을 불법배출함으로써 사람의 생명이나 신체에 위해를 끼치거나 상수원을 오염시킴으로써 먹는 물의 사용에 위험을 끼친 자는 3년 이상 15년 이하의 유기징역에 처한다. ② 제1항의 죄를 범하여 사람을 죽거나 다치게 한 자는 무기 또는 5년 이상의 유기징역에 처한다. ③ 오염물질을 불법배출한 자로서 다음 각 호의 어느 하나에 해당하거나「물환경보전법」제15조 제1항 제4호를 위반한 자로서 제3호에 해당하는 자는 1년 이상 7년 이하의 징역에 처한다. 1. 농업, 축산업, 임업 또는 원예업에 이용되는 300제곱미터 이상의 토지를 해당 용도로 이용할 수 없게 한 자 2. 바다, 하천, 호소(湖沼) 또는 지하수를 별표 1에서 정하는 규모 또는 기준 이상으로 오염시킨 자 3. 어패류를 별표 2에서 정하는 규모 이상으로 집단폐사(集團斃死)에 이르게 한 자

3) 대법원 2008. 4. 24. 선고 2007도10058 판결(성폭력범죄의 처벌 및 피해자보호 등에 관한 법률 제9조 제1항에 의하면 같은 법 제6조 제1항에서 규정하는 특수강간의 죄를 범한 자뿐만 아니라 특수강간이 미수에 그쳤다고 하더라도 그로 인하여 피해자가 상해를 입었으면 특수강간치상죄가 성립하는 것이고, 같은 법 제12조에서 규정한 위 제9조 제1항에 대한 미수범처벌규정은 제9조 제1항에서 특수강간치상죄와 함께 규정된 특수강간상해죄의 미수에 그친 경우, 즉 특수강간의 죄를 범하거나 미수에 그친 자가 피해자에 대하여 상해의 고의를 가지고 피해자에게 상해를 입히려다가 미수에 그친 경우 등에 적용된다. … 피고인이 위험한 물건인 전자충격기를 피해자의 허리에 대고 피해자를 폭행하여 강간하려다가 미수에 그치고 피해자에게 약 2주간의 치료를 요하는 안면부 좌상 등의 상해를 입힌 사실을 인정하고, 이에 대하여 성폭력범죄의 처벌 및 피해자보호 등에 관한 법률 소정의 특수강간치

미수범을 포함하는 규정이 없는 경우에는 기본범죄가 기수에 이른 경우에만 결과적 가중범이
성립한다. 그러므로 강간미수의 경우에도 그 행위와 치상의 결과 사이에 인과관계가 인정되면
강간치상죄가 성립하지만[1], 결과적 가중범의 주체로서 '제○조의 죄를 범한 자'로 한정되어 있
다면 제○조의 미수범까지 여기에 포함되는 것으로 해석할 수는 없다.[2]

2. 중한 결과의 발생

결과적 가중범이 성립하기 위해서는 행위자가 의욕 또는 용인하였던 것보다 중한 결과가
발생하여야 한다. 중한 결과는 치사상 등과 같이 생명 또는 신체에 대한 법익을 침해하는 결과
인 경우가 대부분이지만, 중상해죄, 중권리행사방해죄, 중손괴죄 등과 같이 생명에 대한 위험발
생만으로 성립하는 경우도 있다. 여기서 중한 결과의 발생은 기본범죄를 통하여 일반적으로 예
견이 가능한 경우를 법률에서 상정하고 있으므로, 기본범죄는 사람의 생명 또는 신체에 대한
법익을 침해하는 경우가 대부분이다. 이에 따라 가칭 문서위조치사상죄, 도박치사상죄 등의 결
과적 가중범의 형태는 현실세계에서 상정하기 어려운 것이다.

3. 기본범죄와 중한 결과 사이의 인과관계

결과적 가중범이 성립하기 위해서는 기본범죄와 중한 결과 사이에 인과관계가 인정되어야
한다. 여기서 인과관계가 인정된다면 결과적 가중범의 다음 성립요건인 예견가능성을 별도로
따져 보아야 하지만, 인과관계가 부정된다면 예견가능성을 살펴 볼 필요 없이 기본범죄만이 성
립할 뿐이다.

예를 들면 피고인들에 의하여 강간을 당한 피해자가 집에 돌아가 음독자살하기에 이른 원
인이 강간을 당함으로 인하여 생긴 수치심과 장래에 대한 절망감 등에 있었다고 하더라도, 그
자살행위가 바로 피고인들의 강간행위로 인하여 생긴 당연의 결과라고 볼 수는 없어 피고인들
의 강간행위와 피해자의 자살행위 사이에 인과관계를 인정할 수는 없다.[3]

4. 중한 결과에 대한 예견가능성

결과적 가중범이 성립하기 위해서는 기본 범죄와 중한 결과 사이에 인과관계가 인정되더
라도 중한 결과에 대한 예견가능성이 추가적으로 인정되어야 한다. 여기서 중한 결과에 대한

상죄의 기수에 해당한다).
1) 대법원 1988. 11. 8. 선고 88도1628 판결(강간이 미수에 그친 경우라도 그 수단이 된 폭행에 의하여 피해자가
   상해를 입었으면 강간치상죄가 성립하는 것이며, 미수에 그친 것이 피고인이 자의로 실행에 착수한 행위를 중지
   한 경우이든 실행에 착수하여 행위를 종료하지 못한 경우이든 가리지 않는다); 대법원 1984. 7. 24. 선고 84도1209
   판결.
2) 대법원 1995. 4. 7. 선고 95도94 판결.
3) 대법원 1982. 11. 23. 선고 82도1446 판결.

예견가능성이 인정된다는 것은 행위자가 중한 결과를 예견하지 못한 데에 과실이 인정된다는 것을 의미한다. 이에 따라 결과적 가중범의 성립범위가 축소되는 효과가 발생한다.

예견가능성의 판단기준과 관련하여, 판례는「예견가능성이 없었다는 상고이유 주장은 차를 세우면서 '사고가 나면 어떻게 하지'라는 생각을 했다는 피고인의 검찰 진술 등에 의할 때 받아들이기 어려울 뿐만 아니라, 그와 같은 예견가능성은 일반인을 기준으로 객관적으로 판단되어야 하는 것인데, 피고인이 한 것과 같은 행위로 뒤따르는 차량들에 의하여 추돌 등의 사고가 야기되어 사상자가 발생할 수 있을 것이라는 점은 누구나 쉽게 예상할 수 있다고 할 것이다. 설령 피고인이 정차 당시 사상의 결과 발생을 구체적으로 예견하지는 못하였다고 하더라도, 그와 같은 교통방해 행위로 인하여 실제 그 결과가 발생한 이상 교통방해치사상죄의 성립에는 아무런 지장이 없다.」라고 판시[1]하여, 객관설의 입장을 취하고 있다.

판례에 의하면, ① 피해자가 피고인과 만나 함께 놀다가 큰 저항 없이 여관방에 함께 들어갔으며, 피고인이 강간을 시도하면서 한 폭행 또는 협박의 정도가 강간의 수단으로는 비교적 경미하였고, 피해자가 여관방 창문을 통하여 아래로 뛰어내릴 당시에는 피고인이 소변을 보기 위하여 화장실에 가 있는 때이어서 피해자가 일단 급박한 위해상태에서 벗어나 있었을 뿐만 아니라 무엇보다도 4층에 위치한 방에서 밖으로 뛰어내리는 경우에는 크게 다치거나 심지어는 생명을 잃는 수도 있는 것인 점을 아울러 본다면, 이러한 상황 아래에서 피해자가 강간을 모면하기 위하여 4층에서 창문을 넘어 뛰어내리거나 또는 이로 인하여 상해를 입기까지 되리라고는 예견할 수는 없다.[2]

② 피고인이 친구 5명과 같이 술집에서 그 집 작부로 있는 피해자 등 6명과 더불어 밤늦도록 술을 마시고 모두 각자의 상대방과 성교까지 하였는데 술값이 부족하여 친구 집에 가서 돈을 빌리려고 일행 중 피고인과 공소외 1, 2가 함께 봉고차를 타고 갈 때 공소외 1과 성교를 한 피해자도 그 차에 편승하게 된 사실과 피고인과 피해자가 그 차에 마주앉아 가다가 피고인이 장난삼아 피해자의 유방을 만지고 피해자가 이를 뿌리치자 발을 앞으로 뻗어 치마를 위로 걷어 올리고 구두발로 그녀의 허벅지를 문지르는 등 그녀를 강제로 추행하자 그녀가 욕설을 하면서 갑자기 차의 문을 열고 뛰어 내림으로써 부상을 입고 사망한 사실을 확정한 다음 이와 같은 상황에서는 피고인이 그때 피해자가 피고인의 추행행위를 피하기 위하여 달리는 차에서 뛰어내려 사망에 이르게 될 것이라고 예견할 수는 없다.[3]

③ 피고인이 피해자에게 상당한 힘을 가하여 넘어뜨린 것이 아니라 단지 공장에서 동료 사이에 말다

1) 대법원 2014. 7. 24. 선고 2014도6206 판결(피고인이 고속도로 2차로를 따라 자동차를 운전하다가 1차로를 진행하던 갑의 차량 앞에 급하게 끼어든 후 곧바로 정차하여, 갑의 차량 및 이를 뒤따르던 차량 두 대는 연이어 급제동하여 정차하였으나, 그 뒤를 따라오던 을의 차량이 앞의 차량들을 연쇄적으로 추돌케 하여 을을 사망에 이르게 하고 나머지 차량 운전자 등 피해자들에게 상해를 입힌 사안에서, 편도 2차로의 고속도로 1차로 한가운데에 정차한 피고인은 현장의 교통상황이나 일반인의 운전 습관·행태 등에 비추어 고속도로를 주행하는 다른 차량 운전자들이 제한속도 준수나 안전거리 확보 등의 주의의무를 완전하게 다하지 않을 수도 있다는 점을 알았거나 충분히 알 수 있었으므로, 피고인의 정차 행위와 사상의 결과 발생 사이에 상당인과관계가 있고, 사상의 결과 발생에 대한 예견가능성도 인정된다는 이유로, 피고인에게 일반교통방해치사상죄를 인정한 원심판단이 정당하다고 한 사례).
2) 대법원 1993. 4. 27. 선고 92도3229 판결(여관화장실4층추락사건).
3) 대법원 1988. 4. 12. 선고 88도178 판결(술집작부사건).

툼을 하던 중 피고인이 삿대질하는 것을 피하고자 피해자 자신이 두어걸음 뒷걸음치다가 회전 중이던 십자형 스빙기계 철받침대에 걸려 넘어진 정도라면, 당시 바닥에 위와 같은 장애물이 있어서 뒷걸음치면 장애물에 걸려 넘어질 수 있다는 것까지는 예견할 수 있었다고 하더라도 그 정도로 넘어지면서 머리를 바닥에 부딪쳐 두개골절로 사망한다는 것은 이례적인 일이어서 통상적으로 일반인이 예견하기 어려운 결과라고 하지 않을 수 없으므로 피고인에게 폭행치사죄의 책임을 물을 수 없다.[1]

④ 피고인의 폭행 정도가 서로 시비하다가 피해자를 떠밀어 땅에 엉덩방아를 찧고 주저앉게 한 정도에 지나지 않은 것이었고 또 피해자는 외관상 건강하여 전혀 병약한 흔적이 없는 자인데 사실은 관상동맥경화 및 협착증세를 가진 특수체질자이었기 때문에 위와 같은 정도의 폭행에 의한 충격에도 심장마비를 일으켜 사망하게 된 것이라면 피고인에게 사망의 결과에 대한 예견가능성이 있었다고 보기 어려워 결과적 가중범인 폭행치사죄로 의율할 수는 없다.[2]

⑤ 비록 피고인의 폭행과 피해자의 사망 간에 인과관계는 인정되지만 판시와 같은 폭행의 부위와 정도, 피고인과 피해자의 관계, 피해자의 건강상태 등 제반 사정을 고려하여 볼 때 피고인이 폭행 당시 피해자가 사망할 것이라고 예견할 수 없었다는 이유로 피고인에 대한 공소사실 중 폭행치사의 점은 범죄의 증명이 없는 경우로서 무죄라고 판단하였다.[3]

하지만 ① 특수공무집행방해치사상죄는 결과적 가중범으로서 행위자가 그 결과의 발생을 예견할 수 있으면 족하다고 할 것인바, 피고인들이 도서관에 농성중인 학생들과 함께 경찰의 진입에 대항하여 건물 현관 입구에는 빈 드럼통으로, 계단 등에는 책상과 걸상으로 각 장애물을 설치하고, 화염병이 든 상자 등 가연물질이 많이 모여있는 7층 복도 등에는 석유를 뿌려놓아 가연물질이 많은 옥내에 화염병이 투척되면 화염병이 불씨에 의하여 발화할 가능성이 있고 행동반경이 좁은 고층건물의 옥내인 점을 감안하여 볼 때, 불이 날 경우 많은 사람이 다치거나 사망할 수 있다는 것은 일반경험칙상 넉넉히 예상할 수 있는 것이므로 피고인들에게 위와 같은 화재로 인한 사망 등의 결과발생에 관하여 예견가능성이 없었다고는 할 수 없다.[4]

② 피고인이 피해자에게 우측 흉골골절 및 늑골골절상과 이로 인한 우측 심장벽좌상과 심낭내출혈 등의 상해를 가함으로써, 피해자가 바닥에 쓰러진 채 정신을 잃고 빈사상태에 빠지자, 피해자가 사망한 것으로 오인하고, 피고인의 행위를 은폐하고 피해자가 자살한 것처럼 가장하기 위하여 피해자를 베란다로 옮긴 후 베란다 밑 약 13m 아래의 바닥으로 떨어뜨려 피해자로 하여금 현장에서 좌측 측두부 분쇄함몰골절에 의한 뇌손상 및 뇌출혈 등으로 사망에 이르게 하였다면, 피고인의 행위는 포괄하여 단일의 상해치사죄에 해당한다.[5]

---

1) 대법원 1990. 9. 25. 선고 90도1596 판결(돼지고기폭행사건).

2) 대법원 1985. 4. 3. 선고 85도303 판결(엉덩방아특수체질사건).

3) 대법원 2010. 5. 27. 선고 2010도2680 판결(생일빵폭행사건)(속칭 '생일빵'을 한다는 명목 하에 피해자를 가격하여 사망에 이르게 한 사안에서, 폭행과 사망 간에 인과관계는 인정되지만 폭행 당시 피해자의 사망을 예견할 수 없었 다는 이유로 폭행치사의 공소사실에 대하여 무죄를 선고한 원심판단을 수긍한 사례).

4) 대법원 1990. 6. 22. 선고 90도767 판결(도서관화염병사건).

5) 대법원 1994. 11. 4. 선고 94도2361 판결(개괄적과실사건).

Ⅲ. 결과적 가중범의 공범

1. 결과적 가중범의 공동정범

고의기본범죄와 중한 결과에 대한 고의범으로 이루어진 부진정 결과적 가중범에 대한 공동정범은 얼마든지 가능하다. 하지만 진정 결과적 가중범과 고의기본범죄와 중한 결과에 대한 과실범으로 이루어진 부진정 결과적 가중범에 대해서는 공동정범이 성립할 수 있는지 여부와 관련하여, ① 과실범의 공동정범은 부인되어야 하므로 후자의 결과적 가중범의 형태에서는 공동정범이 성립할 수 없다는 고의(범죄)공동설, ② 후자의 결과적 가중범의 형태에서도 당연히 결과적 가중범의 공동정범을 인정할 수 있다는 과실(행위)공동설 등의 대립이 있다.

이에 대하여 판례는「결과적 가중범인 상해치사죄의 공동정범은 폭행 기타의 신체침해 행위를 공동으로 할 의사가 있으면 성립되고 결과를 공동으로 할 의사는 필요 없으며, 여러 사람이 상해의 범의로 범행 중 한 사람이 중한 상해를 가하여 피해자가 사망에 이르게 된 경우 나머지 사람들은 사망의 결과를 예견할 수 없는 때가 아닌 한 상해치사의 죄책을 면할 수 없다.」라고 판시[1]하거나「결과적 가중범의 공동정범은 기본행위를 공동으로 할 의사가 있으면 성립하고 결과를 공동으로 할 의사는 필요 없는바, 특수공무집행방해치상죄는 단체 또는 다중의 위력을 보이거나 위험한 물건을 휴대하고 직무를 집행하는 공무원에 대하여 폭행·협박을 하여 공무원을 사상에 이르게 한 경우에 성립하는 결과적 가중범으로서 행위자가 그 결과를 의도할 필요는 없고 그 결과의 발생을 예견할 수 있으면 족하다.」라고 판시[2]하여, 과실(행위)공동설의 입장을 취하고 있다.

생각건대 기본범죄를 공동으로 한 공범은 다른 공범이 고의 또는 과실로 중한 결과를 발생시킨 경우에도 그에 대한 예견가능성이 있는 경우에는 결과적 가중범의 공동정범이 성립한다고 해야 한다.

2. 결과적 가중범의 교사범 및 방조범

교사자가 피교사자에 대하여 상해 또는 중상해를 교사하였는데 피교사자가 이를 넘어 살인을 실행한 경우, 일반적으로 교사자는 상해죄 또는 중상해죄에 대한 교사범이 되는 것이고, 다만 이 경우 교사자에게 피해자의 사망이라는 결과에 대하여 과실 내지 예견가능성이 있는 때에는 상해치사죄의 교사범으로서의 죄책을 지울 수 있다.[3]

---

1) 대법원 2000. 5. 12. 선고 2000도745 판결; 대법원 1978. 1. 17. 선고 77도2193 판결.
2) 대법원 2002. 4. 12. 선고 2000도3485 판결.
3) 대법원 2002. 10. 25. 선고 2002도4089 판결; 대법원 1997. 6. 24. 선고 97도1075 판결.

Ⅳ. 부진정 결과적 가중범의 죄수

기본범죄를 통하여 고의로 중한 결과를 발생하게 한 경우에 가중처벌하는 부진정 결과적 가중범에 있어서, 고의로 중한 결과를 발생하게 한 행위가 별도의 구성요건에 해당하고 그 고의범에 대하여 결과적 가중범에 정한 형보다 더 무겁게 처벌하는 규정이 있는 경우에는 그 고의범과 결과적 가중범이 상상적 경합관계에 있다.

하지만 고의범에 대하여 더 무겁게 처벌하는 규정이 없는 경우에는 결과적 가중범이 고의범에 대하여 특별관계에 있다고 해석되므로 결과적 가중범만 성립하고, 이와 법조경합의 관계에 있는 고의범에 대하여는 별도로 죄를 구성한다고 볼 수 없다.

판례에 의하면, ① 적법하게 직무를 집행하는 공무원에 대하여 위험한 물건을 휴대하여 고의로 상해를 가한 경우에는 특수공무집행방해치상죄만 성립할 뿐, 이와는 별도로 폭력행위처벌법 위반(집단·흉기 등 상해)죄를 구성한다고 볼 수 없다.[1]

② 피고인들이 피해자들의 재물을 강취한 후 그들을 살해할 목적으로 현주건조물에 방화하여 사망에 이르게 한 경우, 피고인들의 행위는 강도살인죄(사형 또는 무기징역)와 현주건조물방화치사죄(사형, 무기 또는 7년 이상의 징역)에 모두 해당하고, 그 두 죄는 상상적 경합범관계에 있다.[2]

③ 형법 제164조 후단이 규정하는 현주건조물방화치사상죄는 그 전단이 규정하는 죄에 대한 일종의 가중처벌 규정으로서 과실이 있는 경우뿐만 아니라, 고의가 있는 경우에도 포함된다고 볼 것이므로 사람을 살해할 목적으로 현주건조물에 방화하여 사망에 이르게 한 경우에는 현주건조물방화치사죄로 의율하여야 하고 이와 더불어 살인죄와의 상상적 경합범으로 의율할 것은 아니며, 다만 존속살인죄와 현주건조물방화치사죄는 상상적 경합범 관계에 있으므로, 법정형이 중한 존속살인죄로 의율함이 타당하다.[3]

제 6 절   사실의 착오

Ⅰ. 착오의 개념

1. 의 의

(1) 고의의 기수책임 인정 영역

특별히 무거운 죄가 되는 사실을 인식하지 못한 행위는 무거운 죄로 벌하지 아니한다(제15조 제1항). 행위자에 대하여 고의의 기수책임을 묻기 위해서는 행위자가 객관적 구성요건요소에 대하여 인식하고, 그 행위로 인하여 야기될 결과발생을 예견하여야 하며, 그 예견한 결과는 실

---

1) 대법원 2008. 11. 27. 선고 2008도7311 판결.

2) 대법원 1998. 12. 8. 선고 98도3416 판결.

3) 대법원 1996. 4. 26. 선고 96도485 판결.

제로 발생한 사실과 서로 일치하여야 한다. 그러므로 행위자가 인식하고 예견한 사실과 실제 발생한 사실이 서로 불일치하게 되면 '사실의 착오'가 발생하여 고의의 기수책임을 인정할 수 없다.

그런데 행위자가 인식하고 예견한 사실과 실제 발생한 사실 사이에 조금이라도 불일치한 현상에 대하여 모두 고의의 기수책임을 부정하게 된다면 현실세계에서 고의의 기수책임이 인정되는 영역은 거의 발생하지 않게 되는 불합리한 현상이 나타날 수밖에 없다. 여기서 행위자가 인식하고 예견한 사실과 실제 발생한 사실 사이에 어느 정도의 불일치는 고의의 기수책임에 아무런 영향을 미치지 않도록 해야 하는 필요성이 제기된다. 즉 사실의 착오가 있을 경우 원칙적으로 고의의 기수책임이 부정되지만, 일정한 범위 내에서는 인식사실과 발생사실의 '부합'(符合; 사물이나 현상이 꼭 들어맞음)을 인정하여 예외적으로 고의의 기수책임을 인정해야 하는 것이다.

(2) 구별 개념

'착오'(錯誤)란 행위자가 인식 및 용인한 내용과 실제 발생한 내용이 서로 일치하지 않는 것을 말한다. 이와 같이 주관적 측면과 객관적 측면의 불일치를 착오라고 할 수 있는데, 이러한 착오는 다음과 같이 형법의 영역에서 폭넓게 인정되고 있다. ① 구성요건해당성이 없다고 인식했지만 실제로는 구성요건적 결과가 발생한 과실범, ② 구성요건해당성이 있다고 인식했지만 실제로는 구성요건적 결과가 발생하지 않은 미신범 또는 불능범, ③ 범죄의 전체를 실행하려고 인식했지만 실제로는 부분만을 실행한 미수범, ④ 기본범죄만 실행하려고 인식했지만 실제로는 중한 결과까지 발생한 결과적 가중범, ⑤ 위법하다고 인식했지만 실제로는 위법하지 않은 미신범, ⑥ 위법하지 않다고 인식했지만 실제로는 위법한 법률의 착오, ⑦ A라는 범죄를 실행하려고 인식했지만 실제로는 B라는 범죄를 실행한 사실의 착오 등이 그것이다.

이 가운데 형법에서는 사실의 착오(제15조)와 법률의 착오(제16조)를 규정하고 있는데, 사실의 착오는 구성요건적 사실을 잘못 판단한 것인 반면에, 법률의 착오는 자신의 행위에 대한 법적인 평가를 잘못한 것으로서, 사실의 착오는 법률의 착오에 비하여 가벌성을 조각 또는 감경하는 효과가 더 크다. 왜냐하면 법률의 착오는 원칙적으로 고의를 조각하지 못하고 정당한 이유가 있는 경우에 한하여 책임이 조각되지만, 사실의 착오는 원칙적으로 고의를 조각하기 때문이다.

2. 사실의 착오의 범위

형법 제15조에서 규정하고 있는 사실의 착오는 인식한 사실이 발생한 사실보다 가벼운 경우만을 상정하고 있다. 예를 들면 보통살인을 인식하였지만 존속살해의 결과가 발생한 경우를 들 수 있다. 하지만 이러한 경우 이외에도 인식한 사실이 발생한 사실보다 무거운 경우(존속살해를 인식하고 보통살인을 한 경우), 인식한 사실과 발생한 사실 사이에 경중이 없는 경우(甲을 살인하려고 하였지만 乙을 살인한 경우) 등도 상정할 수 있는데, 이를 '협의의 사실의 착오'라고 한다. 그리고 인식한 사실과 발생한 사실 사이에 경중이 없는 경우를 제외한 부분을 '최협의의 사실의 착오'라고 하고, 사실의 착오라고 하면 주로 이러한 최협의의 사실의 착오를 일컫는다.

한편 사실의 착오에서 말하는 사실은 구성요건적 사실을 의미하는데, 행위의 주체, 객체, 방법, 인과관계 등이 이에 해당한다. 그러므로 사실의 착오에는 주체의 착오, 객체의 착오, 방법의 착오, 인과관계의 착오 등이 있을 수 있는데, 주체의 착오 또는 인과관계의 착오는 불능범이나 과실범의 문제가 되므로 사실의 착오 영역에서는 논외가 된다. 왜냐하면 사실의 착오는 인식사실과 발생사실이 모두 구성요건에 해당해야 하는데, 인식사실은 구성요건에 해당하지만 발생사실이 구성요건에 해당하지 않는 경우에는 행위의 위험성 유무에 따라 불능미수 또는 불능범이 문제(실제로는 공무원이 아닌 자가 자신이 공무원이라고 생각하고 뇌물을 받는 경우)될 뿐이고, 인식사실은 구성요건에 해당하지 않지만 발생사실이 구성요건에 해당하는 경우에는 발생사실에 대한 과실이 있는 경우에 한하여 과실범의 문제가 될 뿐이기 때문이다. 이에 따라 이하에서는 객체의 착오 및 방법의 착오에 국한하여 논의하기로 한다.

Ⅱ. 사실의 착오의 유형

1. 객체의 착오 및 방법의 착오

'객체의 착오'란 행위객체의 동일성에 대한 착오를 일으킴으로써 의욕 또는 용인한 결과와 다른 결과를 발생시킨 경우를 말한다. 예를 들면 어둠 속에 걸어오는 사람이 아버지라고 생각하고 총을 발사하였으나 실제로는 아버지가 아니라 옆집 아저씨인 경우가 이에 해당한다. 이 경우 행위자는 옆집 아저씨를 아버지로 착각한 것인데, 객체 또는 대상에 대한 착오를 일으켰다고 평가할 수 있다.

'방법의 착오'란 행위자가 행위객체에 대한 동일성에 대해서는 정확히 인식하였지만 행위방법, 즉 객체에 대한 타격을 잘못함으로써 행위자가 의욕 또는 용인한 결과와 다른 결과를 발생시킨 경우를 말한다. 예를 들면 甲을 죽이기 위하여 총을 발사하였으나 옆에 있던 乙이 맞아 죽은 경우, 조카를 업고 있는 형수를 죽이기 위하여 형수를 향하여 몽둥이를 휘둘렀으나 마침 형수가 피하여 조카가 맞아 죽은 경우 등이 이에 해당한다. 이 경우 행위자는 행위의 객체를 정확히 파악하고 있었지만, 방법 또는 타격을 잘못하여 원래 의도한 객체가 아닌 다른 객체에게 결과가 발생한 경우이다.

이와 같이 객체의 착오와 방법의 착오를 구별하는 실익은 구체적 부합설에서 구체적 사실의 착오 중 객체의 착오와 방법의 착오에 대한 형법적 효과에서 차이가 발생하기 때문이다.

2. 구체적 사실의 착오 및 추상적 사실의 착오

'구체적 사실의 착오'란 행위자가 인식한 사실과 실제 발생한 사실이 동일한 구성요건 또는 동종의 구성요건에 속한 경우를 말한다. 예를 들면 甲을 살해하기 위하여 총을 쏘았는데 실제 총알을 맞은 사람은 乙인 경우(방법의 착오), 甲을 乙로 오인하여 살해한 경우(객체의 착오) 등이 이에 해당한다.

'추상적 사실의 착오'란 행위자가 인식한 사실과 실제 발생한 사실이 서로 다른 구성요건에 속한 경우를 말한다. 예를 들면 침대에 자고 있는 甲을 살해하기 위하여 칼로 찔렀으나 실제 칼을 맞은 것은 甲의 반려견인 경우가 이에 해당한다.

이와 같이 구체적 사실의 착오와 추상적 사실의 착오를 구별하는 실익은 법정적 부합설에서 구체적 사실의 착오와 추상적 사실의 착오에 대한 형법적 효과에서 차이가 발생하기 때문이다.

Ⅲ. 사실의 착오의 효과

1. 문제의 상황

행위자가 인식한 사실과 발생한 사실이 서로 일치하는 경우에는 발생사실에 대한 고의기수범을 인정하는데 아무런 무리가 없다. 하지만 인식사실과 발생사실의 불일치가 생기는 경우에 발생사실에 대한 고의기수범을 인정하는 것은 행위자에게 불리하기 때문에 섣불리 이를 인정해서는 곤란하다. 왜냐하면 행위자는 인식사실에 대한 고의만을 가지고 있기 때문이다.

그러므로 사실의 착오의 효과에 대한 문제는 발생사실의 고의기수범을 인정할 것인가 아니면 인식사실의 미수범과 발생사실의 과실범의 상상적 경합을 인정할 것인가에 대한 논의라고 할 수 있는데, 이와 관련하여 아래와 같은 학설의 대립이 있다. 사실의 착오에 대한 학설의 대립은 어느 정도의 착오가 범죄의 성립에 영향을 미치는 본질적인 착오인지 여부에 대한 입장의 차이라고 할 수 있다.

2. 구체적 부합설

(1) 의 의

'구체적 부합설'이란 행위자의 인식사실과 발생사실이 구체적인 부분까지 일치할 경우에만 인식사실에 대한 고의가 발생사실에 대하여 효력이 미쳐 발생사실의 고의기수범이 성립한다는 입장을 말한다. 이에 따라 양자가 구체적으로 일치하지 않는 경우에는 인식사실의 미수범과 발생사실의 과실범의 상상적 경합으로 처리한다.

(2) 효 과

구체적 부합설에 의하면 구체적 사실의 착오 중 객체의 착오에 대해서는 발생사실의 고의기수범을 인정하고, 구체적 사실의 착오 중 방법의 착오에 대해서는 인식사실의 미수범과 발생사실의 과실범의 상상적 경합을 인정한다. 왜냐하면 전자의 경우에는 인식사실과 발생사실이 동가치이므로 구체적 부합을 인정할 수 있기 때문이다. 그리고 추상적 사실의 착오의 경우에는 객체의 착오이든 방법의 착오이든 모두 인식사실과 발생사실의 구성요건이 다르므로 구체적 부합을 인정할 수가 없어 인식사실의 미수범과 발생사실의 과실범의 상상적 경합을 인정한다.

　　하지만 ① 구체적 사실의 착오 가운데 방법의 착오에서 인식사실의 미수범과 발생사실의 과실범에 대한 처벌규정이 존재하지 않는 경우에는 처벌의 공백이 발생한다는 점, ② 구체적 사실의 착오 가운데 객체의 착오에서도 인식사실과 발생사실이 구체적으로 부합하지 않는다고 볼 수도 있다는 점, ③ 교사범의 성립에 있어서 피교사자의 객체의 착오가 교사범에게는 객체의 착오인지 방법의 착오인지 모호하다는 점 등의 비판이 제기된다.

3. 법정적 부합설

(1) 의 의

　　'법정적 부합설'이란 인식사실과 발생사실이 '법'률에 규'정'되어 있는 만큼 일치하는 경우에는 발생사실의 고의기수범을 인정하는 입장을 말한다. 이에 따라 구체적 사실의 착오는 인식사실과 발생사실이 모두 동일한 구성요건에 해당하기 때문에 객체의 착오이든 방법의 착오이든 모두 발생사실의 고의기수범이 인정된다. 하지만 추상적 사실의 착오에서는 인식사실과 발생사실이 모두 동일한 구성요건에 해당하지 않기 때문에 인식사실의 미수범과 발생사실의 과실범의 상상적 경합이 인정된다.

　　판례에 의하면, ① 피고인이 먼저 피해자 1을 향하여 살의를 갖고 소나무 몽둥이(길이 85cm 직경 9cm)를 양손에 집어 들고 힘껏 후려친 가격으로 피를 흘리며 마당에 고꾸라진 동녀와 동녀의 등에 업힌 피해자 2의 머리 부분을 위 몽둥이로 내리쳐 피해자 2를 현장에서 두개골절 및 뇌좌상으로 사망케 한 소위를 살인죄로 의율한 원심조처는 정당하게 긍인되며 소위 타격의 착오가 있는 경우라고 할지라도 행위자의 살인의 범의 성립에 방해가 되지 아니한다.[1]

　　② 성명불상자 3명과 싸우다가 힘이 달리자 옆 포장마차로 달려가 길이 30cm의 식칼을 가지고 나와 이들 3명을 상대로 휘두르다가 이를 말리면서 식칼을 뺏으려던 피해자의 귀를 찔러 상해를 입힌 피고인에게 상해의 범의가 인정되며 상해를 입은 사람이 목적한 사람이 아닌 다른 사람이라고 하여 과실치상죄에 해당한다고 할 수 없다.[2]

　　③ 사람을 살해할 목적으로 총을 발사한 이상 그것이 목적하지 아니한 다른 사람에게 명중되어 사망의 결과가 발생하였다고 하더라도 살의를 조각하지 않는 것이라 할 것이니, 피고인이 하사 공소외 1을 살해할 목적으로 발사한 총탄이 이를 제지하려고 피고인 앞으로 뛰어들던 병장 공소외 2에게 명중되어 공소외 2가 사망한 본건의 경우에 있어서의 공소외 2에 대한 살인죄가 성립한다.[3]

　　④ 직계존속임을 인식하지 못하고 살인을 한 경우 형법 제15조 소정의 특히 중한 죄가 되는 사실을

---

1) 대법원 1984. 1. 24. 선고 83도2813 판결(형수조카살인사건).
2) 대법원 1987. 10. 26. 선고 87도1745 판결(귀찔러상해사건).
3) 대법원 1975. 4. 22. 선고 75도727 판결(뛰어들던병장사건).

인식하지 못한 행위에 해당한다.[1]

⑤ 피고인이 공소외인과 동인의 처를 살해할 의사로서 농약 1포를 숭늉그릇에 투입하여 공소외인의 식당에 놓아둠으로써 그 정을 알지 못한 공소외인의 장녀가 이를 마시게 되어 동인을 사망케 하였다면 피고인이 공소외인의 장녀를 살해할 의사는 없었다 하더라도 피고인은 사람을 살해할 의사로서 이와 같은 행위를 하였고 그 행위에 의하여 살해라는 결과가 발생한 이상 피고인의 행위와 살해하는 결과와의 사이에는 인과관계가 있다 할 것이므로 공소외인의 장녀에 대하여 살인죄가 성립한다.[2]

한편 존속살해의 고의로 보통살인의 결과를 발생시킨 경우와 같이 인식사실과 발생사실이 동일한 구성요건에 속하지는 않지만 동종의 구성요건에 해당할 경우에 이를 구체적 사실의 착오로 볼 것인가 아니면 추상적 사실의 착오로 볼 것인가가 문제될 수 있다. 이에 대하여 구성요건부합설에 의하면 구성요건 자체가 다르므로 추상적 사실의 착오로 파악하고, 죄질부합설에 의하면 구성요건은 다르지만 죄질이 같으므로 구체적 사실의 착오로 파악한다. 이와 같이 법정적 부합설은 법정적 사실을 구성요건이 동일한 범위로 한정하는 구성요건부합설과 구성요건상 죄질이 동일한 범위까지 확대하는 죄질부합설로 다시 나누어진다.

(2) 구성요건부합설

구성요건부합설에 의하면 구체적 사실의 착오는 법정적 사실인 구성요건이 부합하므로 객체의 착오이든 방법의 착오이든 모두 발생사실의 고의기수범이 인정된다. 하지만 추상적 사실의 착오에서는 객체의 착오이든 방법의 착오이든 모두 인식사실과 발생사실이 동일한 구성요건에 해당하지 않기 때문에 인식사실의 미수범과 발생사실의 과실범의 상상적 경합이 인정된다.

다만 추상적 사실의 착오라고 하더라도 기본적 구성요건과 수정적 구성요건의 관계와 같이 구성요건 사이에 중첩되는 부분이 있는 경우에는 구성요건이 합치되는 범위 내에서 고의의 기수책임을 인정한다. 예를 들면 보통살인의 고의로 존속살해의 결과를 발생시킨 경우에는 보통살인죄의 고의기수범이 인정되고, 존속살해의 고의로 보통살인의 결과를 발생시킨 경우에는 존속살해의 미수범과 보통살인의 고의기수범의 상상적 경합을 인정한다. 하지만 후자의 경우 존속살해의 고의만 있음에도 불구하고 존속살해미수와 살인기수죄라는 두 고의범을 인정하는 근거가 불분명하다.

(3) 죄질부합설

죄질부합설에 의하면 구체적 사실의 착오는 물론 추상적 사실의 착오라도 죄질이 부합하는 범위 내에서 발생사실에 대한 고의기수범을 인정하고, 죄질이 부합하지 않은 경우에는 인식사실의 미수범과 발생사실의 과실범의 상상적 경합을 인정한다. 여기서 말하는 죄질부합은 피해법익이 동일하고 행위태양이 같거나 유사한 경우를 의미한다.

---

1) 대법원 1960. 10. 31. 선고 4293형상494 판결.
2) 대법원 1968. 8. 23. 선고 68도884 판결(농약숭늉그릇사건)

(4) 비 판

법정적 부합설에 대하여는 다음과 같은 비판이 제기된다. ① 살인의 고의로 甲에게 총을 쏘았으나 乙이 맞은 경우, 甲이 아니라 乙에 대한 살인의 고의를 인정하는 것은 부당하다. ② 살인의 고의로 甲에게 총을 쏘았으나 乙이 맞은 경우, 발생사실에 대한 고의기수범만이 인정되고 인식사실에 대하여는 아무런 죄책을 묻지 않으므로 甲은 형사절차상 피해자의 권리를 행사할 수 없는 불합리가 발생한다.

4. 추상적 부합설

(1) 의 의

'추상적 부합설'이란 인식사실과 발생사실이 모두 범죄라는 점에서 서로 일치하기 때문에 어떤 형태이든 고의기수범을 인정하는 입장을 말한다. 이에 의하면 행위자가 범죄를 범할 의사가 있었고 그 의사에 의하여 범죄의 결과가 발생한 이상, 객체의 착오이든 방법의 착오이든 불문하고 인식한 범죄와 발생한 범죄의 가벌성이 추상적으로 부합하는 범위 내의 가벼운 죄의 고의기수범을 인정하고, 인식사실보다 발생사실이 무거운 죄에 해당하는 경우에는 제15조 제1항의 제한으로 말미암아 무거운 죄의 고의기수범으로 처벌할 수 없다.

(2) 효 과

추상적 부합설에 의하면 구체적 사실의 착오에 있어서는 발생사실의 고의기수범을 인정하고, 추상적 사실의 착오에 있어서는 ① 가벼운 범죄를 범할 의사로 무거운 범죄를 범한 경우에는 제15조 제1항에 의하여 중한 범죄의 고의기수범을 인정할 수 없기 때문에 가벼운 범죄에 대한 고의기수범과 무거운 범죄에 대한 과실범의 상상적 경합을 인정하고, ② 무거운 범죄를 범할 의사로 가벼운 범죄를 범한 경우에는 가벼운 범죄에 대한 고의기수범과 무거운 범죄에 대한 미수범의 상상적 경합을 인정한다.

하지만 추상적 부합설에 의하면 발생하지 아니한 가벼운 죄의 고의기수범을 인정하거나 처음부터 고의가 존재하지 않는 결과에 대해서도 고의기수범을 인정하게 되므로 부당하다.

제 7 절 부작위범

Ⅰ. 의 의

1. 부작위범의 개념

위험의 발생을 방지할 의무가 있거나 자기의 행위로 인하여 위험발생의 원인을 야기한 자가 그 위험발생을 방지하지 아니한 때에는 그 발생된 결과에 의하여 처벌한다(제18조). 형법상의 행위는 작위와 부작위로 구별할 수 있는데, '작위'(作爲)란 금지되는 동작을 하는 적극적인 행위를 말하고, '부작위'(不作爲)란 요구되는 동작을 하지 않는 소극적인 행위를 말한다. 즉 부작위는 단순한 무위(無爲)가 아니라 규범적으로 요구되는 일정한 동작을 하지 아니하는 소극적인 행위인 것이다. 그러므로 작위범이 '하지 말아야 할 행위를 함으로써 성립하는 범죄'로서 금지규범에 위반하는 범죄인 반면에, 부작위범은 '해야 할 행위를 하지 않음으로써 성립하는 범죄'로서 명령규범 내지 요구규범에 위반하는 범죄라고 할 수 있다.

이와 같이 범죄는 보통 적극적인 행위에 의하여 실행되지만 때로는 결과의 발생을 방지하지 아니한 부작위에 의하여도 실현될 수 있다. 제18조에서 말하는 '위험의 발생을 방지할 의무'는 보증인의무 일반을 의미하며, '자기의 행위로 인하여 위험발생의 원인을 야기한 자'는 보증인의무 중 선행행위를 의미하며, '그 위험발생을 방지하지 아니한 때'는 부작위로 나아간 것을 각각 의미한다. 그러므로 '부작위범'(不作爲犯)이란 요구되는 신체의 거동이 없는 부작위에 의하여 범죄를 실현하는 것을 말한다. 여기서 주의할 점은 신체거동을 전혀 하지 않는 경우뿐만 아니라 신체거동을 하더라도 요구되는 신체거동을 하지 않는 경우에는 부작위범이 성립할 수 있다는 것이다.

자연적 의미에서의 부작위는 거동성이 있는 작위와 본질적으로 구별되는 무(無)에 지나지 아니하지만, 제18조에서 말하는 부작위는 법적 기대라는 규범적 가치판단 요소에 의하여 사회적 중요성을 가지는 사람의 행태가 되어 법적 의미에서 작위와 함께 행위의 기본 형태를 이루게 되므로, 특정한 행위를 하지 아니하는 부작위가 형법적으로 부작위로서의 의미를 가지기 위해서는, 보호법익의 주체에게 해당 구성요건적 결과발생의 위험이 있는 상황에서 행위자가 구성요건의 실현을 회피하기 위하여 요구되는 행위를 현실적·물리적으로 행할 수 있었음에도 하지 아니하였다고 평가될 수 있어야 한다.

2. 부작위범의 유형

(1) 구별의 기준

일반적으로 부작위범은 진정부작위범과 부진정부작위범으로 나누어지는데, 양자의 구별과 관련하여, ① '진정부작위범'이란 구성요건을 부작위의 형태로만 실현하는 범죄(항상 부작위로만 실현될 수 있는 범죄)를 말하고, '부진정부작위범'이란 구성요건 자체는 작위범의 형태로 되어 있으나 이를 부작위에 의하여 실현하는 범죄(소위 '부작위에 의한 작위범')를 말한다고 하여, 형법이 부작위범의 구성요건을 두고 있는지 여부에 따른 형식적 기준에 의하여 구별하는 형식설, ② 진정부작위범에서는 부작위라는 단순한 거동만이 문제되고, 부진정부작위범에서는 부작위라는 단순한 거동보다는 결과발생의 방지에 중점이 있는 것으로 파악하여, 진정부작위범의 작위의무에서는 단순한 거동으로서의 작위만이 요구됨에 반하여 부진정부작위범의 작위의무에서는 일정한 결과발생까지도 방지할 것이 요구된다는 점에서 '작위의무의 성질'을 기준으로 구별하는 실질설 등의 대립이 있다.

이에 대하여 판례는 「살인죄와 같이 일반적으로 작위를 내용으로 하는 범죄를 부작위에 의하여 범하는 이른바 부진정부작위범의 경우에는 보호법익의 주체가 법익에 대한 침해위협에 대처할 보호능력이 없고, 부작위행위자에게 침해위협으로부터 법익을 보호해 주어야 할 법적 작위의무가 있을 뿐 아니라, 부작위행위자가 그러한 보호적 지위에서 법익침해를 일으키는 사태를 지배하고 있어 작위의무의 이행으로 결과발생을 쉽게 방지할 수 있어야 부작위로 인한 법익침해가 작위에 의한 법익침해와 동등한 형법적 가치가 있는 것으로서 범죄의 실행행위로 평가될 수 있다. 다만 여기서의 작위의무는 법령, 법률행위, 선행행위로 인한 경우는 물론, 신의성실의 원칙이나 사회상규 혹은 조리상 작위의무가 기대되는 경우에도 인정된다.」라고 판시[1]하거나 「보호의무자 확인 서류 등 수수 의무 위반으로 인한 구 정신보건법 위반죄는 구성요건이 부작위에 의해서만 실현될 수 있는 진정부작위범에 해당한다.」라고 판시[2]하여, 형식설의 입장을 취하고 있다.

생각건대 형식설은 다음과 같은 이유에서 비판이 제기된다. 형식설에서 말하는 '부진정부작위범이란 구성요건 자체는 작위범의 형태로 되어 있으나 이를 부작위에 의하여 실현하는 범죄'라고 하는 기본전제는 이를 받아들이기 힘들다. 왜냐하면 형법상의 범죄구성요건은 작위범의 형태뿐만 아니라 부작위범의 형태도 당연히 포함하고 있는 것으로 보아야 하기 때문이다.

---

1) 대법원 2015. 11. 12. 선고 2015도6809 전원합의체 판결(세월호사건)(선장의 권한이나 의무, 해원의 상명하복체계 등에 관한 해사안전법 제45조, 구 선원법 제6조, 제10조, 제11조, 제22조, 제23조 제2항, 제3항은 모두 선박의 안전과 선원 관리에 관한 포괄적이고 절대적인 권한을 가진 선장을 수장으로 하는 효율적인 지휘명령체계를 갖추어 항해 중인 선박의 위험을 신속하고 안전하게 극복할 수 있도록 하기 위한 것이므로, 선장은 승객 등 선박공동체의 안전에 대한 총책임자로서 선박공동체가 위험에 직면할 경우 그 사실을 당국에 신고하거나 구조세력의 도움을 요청하는 등의 기본적인 조치뿐만 아니라 위기상황의 태양, 구조세력의 지원 가능성과 규모, 시기 등을 종합적으로 고려하여 실현가능한 구체적인 구조계획을 신속히 수립하고 선장의 포괄적이고 절대적인 권한을 적절히 행사하여 선박공동체 전원의 안전이 종국적으로 확보될 때까지 적극적·지속적으로 구조조치를 취할 법률상 의무가 있다. 또한 선장이나 승무원은 수난구호법 제18조 제1항 단서에 의하여 조난된 사람에 대한 구조조치의무를 부담하고, 선박의 해상여객운송사업자와 승객 사이의 여객운송계약에 따라 승객의 안전에 대하여 계약상 보호의무를 부담하므로, 모든 승무원은 선박 위험 시 서로 협력하여 조난된 승객이나 다른 승무원을 적극적으로 구조할 의무가 있다. 따라서 선박침몰 등과 같은 조난사고로 승객이나 다른 승무원들이 스스로 생명에 대한 위협에 대처할 수 없는 급박한 상황이 발생한 경우에는 선박의 운항을 지배하고 있는 선장이나 갑판 또는 선내에서 구체적인 구조행위를 지배하고 있는 선원들은 적극적인 구호활동을 통해 보호능력이 없는 승객이나 다른 승무원의 사망 결과를 방지하여야 할 작위의무가 있으므로, 법익침해의 태양과 정도 등에 따라 요구되는 개별적·구체적인 구호의무를 이행함으로써 사망의 결과를 쉽게 방지할 수 있음에도 그에 이르는 사태의 핵심적 경과를 그대로 방관하여 사망의 결과를 초래하였다면, 부작위는 작위에 의한 살인행위와 동등한 형법적 가치를 가지고, 작위의무를 이행하였다면 결과가 발생하지 않았을 것이라는 관계가 인정될 경우에는 작위를 하지 않은 부작위와 사망의 결과 사이에 인과관계가 있다).

2) 대법원 2021. 5. 7. 선고 2018도12973 판결; 대법원 1994. 4. 26. 선고 93도1731 판결(일정한 기간 내에 잘못된 상태를 바로잡으라는 행정청의 지시를 이행하지 않았다는 것을 구성요건으로 하는 범죄는 이른바 진정부작위범으로서 그 의무이행기간의 경과에 의하여 범행이 기수에 이름과 동시에 작위의무를 발생시킨 행정청의 지시 역시 그 기능을 다한 것으로 볼 것이다. 2개월 내에 작위의무를 이행하라는 행정청의 지시를 이행하지 아니한 행위와 7개월 후 다시 같은 내용의 지시를 받고 이를 이행하지 아니한 행위는 성립의 근거와 일시 및 이행기간이 뚜렷이 구별되어 서로 양립이 가능한 전혀 별개의 범죄로서 동일성이 없다).

예를 들면 살인죄의 구성요건인 '사람을 살해한 자'는 작위에 의한 살인행위뿐만 아니라 부작위에 의한 살인행위도 처음부터 동시에 규정하고 있는 것으로 보아야 하는 것이다. 또한 일반적으로 진정부작위범의 예로 제시되고 있는 퇴거불응죄의 경우에 있어서 퇴거불응의 형태는 부작위뿐만 아니라 작위로도 얼마든지 가능한데, 후자의 예로 거실에 있는 외부인에 대하여 퇴거를 요구하는 거주자의 의사에 반하여 안방이나 화장실로 이동하며 불응하는 경우가 이에 해당한다. 다만 요구되는 작위(퇴거행위)를 하지 않은 부작위가 존재한다고 평가할 수는 있다. 결국 부작위범에 있어서 진정과 부진정의 구별은 구성요건의 형식을 기준으로 할 것이 아니라 작위와 부작위 가운데 어느 것에 보다 더 불법의 실질이 존재하는지를 기준으로 판단하는 실질설이 타당하다.

(2) 진정부작위범

일반적으로 '진정부작위범'이란 구성요건의 형식이 부작위로 되어 있는 것을 현실적으로도 부작위에 의하여 실현하는 범죄를 말한다. 이는 부작위행위와 작위의무가 법문에서 직접 도출되는데, 형법상 전시군수계약불이행죄(제103조), 다중불해산죄(제116조), 전시공수계약불이행죄(제117조), 집합명령위반죄(제145조 제2항), 퇴거불응죄(제319조 제2항) 등 5가지를 일반적으로 진정부작위범으로 분류하고 있다.

하지만 이러한 개념정의는 타당하지 않은데, 이와 같은 진정부작위범의 경우에 있어서도 부작위뿐만 아니라 작위에 의해서도 충분히 범죄의 성립이 가능하기 때문이다. 예를 들면 퇴거불응의 방법으로 타인의 주거에 누워버리는 경우도 있지만, 퇴거하지 않기 위하여 타인의 주거 곳곳을 돌아다니며 불응하는 경우도 상정할 수 있다.

(3) 부진정부작위범

'부진정부작위범'이란 부작위자가 보증인으로서 결과발생방지의무를 지고 있고, 그의 부작위가 적극적 행위에 의하여 구성요건을 실현하는 것과 상응한 가치를 가질 때 성립하는 범죄를 말한다. 결과발생방지의무를 위반한 보증인은 일반적으로 금지규범의 형식을 취하면서 법률상 작위범으로 구성되어 있는 범죄구성요건을 실현하는 것이다. 이와 같이 부진정부작위범은 일반적으로 작위범 가운데 부작위에 의하여도 실현될 수 있는 범죄를 말하기 때문에 거의 모든 범죄는 부진정부작위범의 형태로 범해질 수 있다. 그러나 누구나 부진정부작위범의 정범이 되는 것이 아니라 보증인적 지위가 있어야만 한다.

Ⅱ. 작위와 부작위의 구별

1. 작위와 부작위의 구별실익

기본적으로 작위는 사실판단의 영역에 속하지만, 부작위는 규범판단의 영역에 속한다. 또한 작위범에 비하여 부진정부작위범에 있어서는 작위의무와 같은 불문의 구성요건요소가 충족되어야 하는 등 범죄의 성립요건과 그 판단과정이 훨씬 복잡하다. 왜냐하면 부작위범에서는 부작위 이외에 구성요건적 상황, 보증인지위, 작위의무, 동가치성 등의 성립요건에 대한 검토가 별도로 이루어짐으로 인하여 작위범과 비교하여 부작위범의 성립요건이 훨씬 까다롭기 때문이다.[1)]

예를 들면 제한속도를 위반하고 자동차를 운전하다가 교통사고를 야기한 경우에 있어서 제한속도를 준수하지 않은 부작위를 문제 삼아야 하는지 아니면 제한속도를 위반한 운행이라고 하는 작위를 문제 삼아야 하는지가 불분명하다. 또한 인공심폐장치를 통한 연명치료의 경우에 있어서 이를 중단하는 경우에 있어서 인공심폐장치의 제거라는 작위와 연명치료의 중단이라는 부작위 중 어느 것을 문제 삼아야 하는지도 마찬가지이다.

과실범에 있어서 과실행위는 항상 부작위를 수반한다. 왜냐하면 과실행위는 항상 주의의무의 불이행이라는 부작위를 그 내용으로 하기 때문이다. 자동차를 운전하던 중 제3자와 충돌한 경우에 업무상 과실치상죄가 성립하는데, 이러한 작위와 부작위가 병존하는 과실행위의 경우에는 부작위가 행위수행의 한 내용을 이룰 뿐이고, 행위의 중점은 결과를 야기하는 적극적인 작위(자동차운전행위)에 있다고 보아야 한다. 그러나 고의범의 경우에는 아래와 같은 학설의 대립이 있다.

2. 고의범의 경우에 있어서 학설의 대립

(1) 의심스러울 때에는 작위라는 견해

작위와 부작위의 구별이 명백하지 않은 때에는 우선적으로 작위를 형법적 평가의 대상으로 삼고, 가벌성이 부정되는 예외적인 경우에 한하여 부작위를 문제 삼아야 한다는 입장이다. 이는 논리적인 문제보다는 검토의 편의를 위한 방법에 속한다. 그리하여 고의작위범 → 과실작위범 → 고의부작위범 → 과실부작위범 순으로 검토를 한다. 즉 부작위범을 작위범에 대해서 보충관계로 이해한다.[2)]

---

1) 대법원 2010. 1. 14. 선고 2009도12109 판결(이 사건 화재는 피고인이 모텔 방에 투숙하여 담배를 피운 후 재떨이에 담배를 끄게 되었으나 담뱃불이 완전히 꺼졌는지 여부를 확인하지 않은 채 불이 붙기 쉬운 휴지를 재떨이에 버리고 잠을 잔 과실로 담뱃불이 휴지와 옆에 있던 침대시트에 옮겨 붙게 함으로써 발생하였고, 이러한 피고인의 과실은 중대한 과실에 해당한다고 전제한 다음, 이와 같이 이 사건 화재가 피고인의 중과실로 발생하였다 하더라도, 이 부분 공소사실과 같이 부작위에 의한 현주건조물방화치사 및 현주건조물방화치상죄가 성립하기 위하여는, 피고인에게 법률상의 소화의무가 인정되는 외에 소화의 가능성 및 용이성이 있었음에도 피고인이 그 소화의무에 위배하여 이미 발생한 화력을 방치함으로써 소훼의 결과를 발생시켜야 하는 것인데, 이 사건 화재가 피고인의 중대한 과실 있는 선행행위로 발생한 이상 피고인에게 이 사건 화재를 소화할 법률상 의무는 있다 할 것이나, 피고인이 이 사건 화재 발생 사실을 안 상태에서 모텔을 빠져나오면서도 모텔 주인이나 다른 투숙객들에게 이를 알리지 아니하였다는 사정만으로는 피고인이 이 사건 화재를 용이하게 소화할 수 있었다고 보기 어렵고, 달리 이를 인정할 만한 증거가 없다).

2) 대법원 1996. 5. 10. 선고 96도51 판결(피고인이 검사로부터 피고인을 검거하라는 지시를 받고서도 그 직무상의 의무에 따른 적절한 조치를 취하지 아니하고 오히려 피고인에게 전화로 도피하라고 권유하여 그를 도피케 하였

이에 대하여 판례도 「어떠한 범죄가 적극적 작위에 의하여 이루어질 수 있음은 물론 결과의 발생을 방지하지 아니하는 소극적 부작위에 의하여도 실현될 수 있는 경우에, 행위자가 자신의 신체적 활동이나 물리적·화학적 작용을 통하여 적극적으로 타인의 법익 상황을 악화시킴으로써 결국 그 타인의 법익을 침해하기에 이르렀다면, 이는 작위에 의한 범죄로 봄이 원칙이고, 작위에 의하여 악화된 법익 상황을 다시 되돌이키지 아니한 점에 주목하여 이를 부작위범으로 볼 것은 아니며, 나아가 악화되기 이전의 법익 상황이, 그 행위자가 과거에 행한 또 다른 작위의 결과에 의하여 유지되고 있었다 하여 이와 달리 볼 이유가 없다.」라고 판시[1]하고 있다. 그러나 동 견해에 대해서는 다음과 같은 비판이 제기된다.

첫째, 작위와 부작위의 구별에 문제가 있을 경우에 적극적으로 구별기준을 마련하려는 노력을 포기하고 있다. 즉 작위와 부작위가 이미 구별되어 있음을 전제로 한 작위와 부작위의 구별기준인 것에 불과하다.

둘째, 부당하게 처벌의 확대를 가져올 수 있다. 부작위범이 성립하기 위해서는 작위범에 요구되지 않는 요건까지도 인정되어야 한다. 하지만 실제로 부작위라는 결론을 내려야 할 사안에 대해 성급하게 작위라고 간주하여 작위범의 성립요건을 심사하면 작위범의 성립요건은 쉽게 충족될 수 있다. 그런데 이에 대하여 부작위라는 결론이 내려졌다면 보다 강화된 부작위범의 성립요건 중 어느 하나를 충족하지 못할 경우가 있을 수 있다. 부작위로 인정되면 부작위범이 성립되지 않을 여지가 남게 되는데, 먼저 작위임을 출발점으로 삼았기 때문에 작위범의 성립요건을 충족시켰다고 해서 범죄의 성립을 쉽게 인정하게 되는 것이다.

셋째, 작위와 부작위의 관계를 보충관계로 파악하려는 태도에 대한 실정법적 근거를 제시하지 못한다. 독일 형법에 의하면 부작위범의 경우 작위범에 비해 그 형을 감경할 수 있다는 규정이 있기 때문에 부작위가 작위에 비해 보충관계에 있다는 주장을 할 수 있지만, 우리 형법은 그러한 규정이 없기 때문에 해석론으로 취할 수 없다. 그러므로 부작위범과 작위범의 관계는

다는 범죄사실만으로는 직무위배의 위법상태가 범인도피행위 속에 포함되어 있는 것으로 보아야 할 것이므로, 이와 같은 경우에는 작위범인 범인도피죄만이 성립하고 부작위범인 직무유기죄는 따로 성립하지 아니한다); 대법원 1993. 12. 24. 선고 92도3334 판결(공무원이 어떠한 위법사실을 발견하고도 그 직무상의 의무에 따른 적절한 조치를 취하지 아니하고 오히려 그 위법사실을 적극적으로 은폐할 목적으로 허위의 공문서를 작성, 행사하였다면 이러한 경우에는 직무위배의 위법상태는 허위공문서작성 당시부터 그 속에 포함되는 것으로 작위범인 허위공문서작성, 동행사죄만이 성립하고 부작위범인 직무유기죄는 따로 성립하지 아니한다); 대법원 1972. 5. 9. 선고 72도722 판결(공무원이 신축건물에 대한 착공 및 준공검사를 마치고 관계서류를 작성함에 있어 그 허가조건 위배사실을 숨기기 위하여 허위의 복명서를 작성 행사하였을 경우에는 작위범인 허위공문서작성 동행사죄만이 성립하고 부작위범인 직무유기죄는 성립하지 아니한다).

1) 대법원 2004. 6. 24. 선고 2002도995 판결(보라매병원사건)(보호자가 의학적 권고에도 불구하고 치료를 요하는 환자의 퇴원을 간청하여 담당 전문의와 주치의가 치료중단 및 퇴원을 허용하는 조치를 취함으로써 환자를 사망에 이르게 한 행위에 대하여 보호자, 담당 전문의 및 주치의가 부작위에 의한 살인죄의 공동정범으로 기소된 사안에서, 담당 전문의와 주치의에게 환자의 사망이라는 결과 발생에 대한 정범의 고의는 인정되나 환자의 사망이라는 결과나 그에 이르는 사태의 핵심적 경과를 계획적으로 조종하거나 저지·촉진하는 등으로 지배하고 있었다고 보기는 어려워 공동정범의 객관적 요건인 이른바 기능적 행위지배가 흠결되어 있다는 이유로 작위에 의한 살인방조죄만 성립한다).

대등하고도 독립적인 관계로 보아야 한다.

(2) 규범적 척도에 따라 구별하는 견해

규범적인 관찰을 통해 행위의 사회적 의미 내지 비난의 중점을 고려해 볼 때 작위와 부작위 중 어느 것을 형법적으로 중요한 행위라고 할 수 있는가를 판단하여 이를 구별하는 입장이다. 작위와 부작위가 혼재되어 있는 경우 양자를 구별하는 문제가 '작위와 부작위를 구별하는 문제'가 아니라 이 중 어느 요소를 중시하여 양자를 통일적으로 해석하여 작위범의 구성요건에 포섭할 것인가의 문제임을 인식한다. 그러나 동 견해에 대해서는 다음과 같은 비판이 제기된다.

첫째, 작위와 부작위를 개념적으로 구별할 아무런 척도를 제시하고 있지 않다. 규범적 척도에 따라 구별하는 견해에 의하면 형법적 평가에 대해 결정적인 연결점을 형성하는 행위의 사회적 의미에만 초점을 맞추고 있을 뿐, 작위와 부작위라는 두 개의 행위태양에 대한 개념정의는 전혀 없다. 어떤 행위가 작위로서 사회적 의미를 가지는가 아니면 부작위로서 사회적 의미를 가지는가를 확정하려면 사회적 의미라는 형상에 대한 서로 다른 기준이 미리 마련되어 있어야 함에도 불구하고 이에 대하여는 함구하고 있다.

둘째, 적극적인 구별을 하는 대신에 이미 구별되어 있음을 전제로 하고 있다. 왜냐하면 비난의 중점이 어디에 있는가 하는 점은 작위범 또는 부작위범의 다양한 범죄성립요건에 대한 심사를 종결한 후에야 비로소 답할 수 있는 문제이기 때문이다. 법적 비난의 중점이 어디에 있는가는 법률심리의 결과에 의하여 비로소 얻을 수 있는 것이므로 이를 처음부터 요구하는 것은 비합리적인 감정판단이 될 수 있다. 즉 법적 비난이 가해지는 대상이 작위인가 부작위인가를 알기 위해서는 그 대상이 이미 작위인지 부작위인지가 정해져 있다는 논리는 모순이다.

Ⅲ. 부진정부작위범의 성립요건

부작위범의 성립요건에 대한 특수성은 부진정부작위범에서 나타나는 문제이다. 왜냐하면 진정부작위범에서는 행위의 주체, 객체, 방법 등이 명문으로 규정되어 있지만, 부진정부작위범의 경우에는 그러하지 않기 때문이다. 일반적으로 부진정부작위범은 금지규범의 형식으로 규정되어 있는 것을 현실적으로 요구규범위반을 통하여 실현하는 구조를 띠고 있다. 따라서 법문에 없는 요구규범위반이라는 전제조건이 해석에 위임되어 있는 것이다.

일반적으로 형법상 부진정부작위범이 인정되기 위하여는 ① 형법이 금지하고 있는 법익침해의 결과발생을 방지할 법적인 작위의무를 지고 있는 자가(보증인적 지위) ② 그 의무를 이행함으로써 결과발생을 쉽게 방지할 수 있었음에도 불구하고(구성요건적 상황의 존재) ③ 그 결과의 발생을 용인하고 이를 방관한 채 그 의무를 이행하지 아니한 경우에(부작위), ④ 그 부작위가 작위에 의한 법익침해와 동등한 형법적 가치가 있는 것이어서 그 범죄의 실행행위로 평가될 만한 것이라면(작위와의 동가치성), 작위에 의한 실행행위와 동일하게 부작위범으로 처벌할 수 있다. 여기서 법익침해와 관련하여 부작위범에 작위와의 동등한 형법적 가치를 요구하는 이유는 제18조가 부작위범에 대한 책임 감경을 규정하고 있지 않아 작위와 부작위가 동등하게 처벌된다는 점에서 찾을 수 있다.

1. 구성요건적 상황의 존재

작위범과 달리 부작위범에서는 특별한 구성요건적 상황이 필요한데, 여기서 '구성요건적 상황'이란 법익이 침해될 위험에 처한 상황으로서 일정한 동작이 요구되는 객관적인 정황을 말한다. 이는 동시에 할 수 있는 작위는 많지 않지만, 동시에 할 수 있는 부작위는 무한하고, 이에 따라 부작위범이 성립하기 위해서는 해야 할 행위를 하지 않아야 하기 때문에 항상 작위의무가 현실화되는 것이 아니라 특정한 상황에서만 작위의무가 현실화되기 때문이다.

여기서 구성요건적 상황이 충족되기 위해서는 첫째, 구성요건을 통한 보호대상자가 자신의 법익에 대한 침해를 스스로 방어할 능력이 없어야 한다. 왜냐하면 보호대상자가 스스로 자기의 법익을 충분히 보호할 수 있는 상황에 있음에도 불구하고 제3자에게 작위를 통한 법익침해자와 동일하게 처벌되는 법익보호의무를 인정하는 것은 타당하지 않기 때문이다.

둘째, 작위의무자는 법익을 침해하는 사태의 전반적인 진행과정을 주도적으로 통제·제어할 수 있는 상황에 있어야 한다. 왜냐하면 법익침해에 이르는 과정을 통제·제어할 수 없는 상황에 있는 사람에게 구성요건의 실현을 통한 결과가 발생하지 않도록 해야 할 형법상의 의무를 부담하게 할 수는 없기 때문이다. 특히 작위의무를 이행함으로써 결과발생을 쉽게 방지할 수 있었던 상황의 존재에 대한 판단이 신중히 요구된다.

2. 보증인적 지위

(1) 의 의

법익침해의 위험성이 있는 상황, 즉 구성요건적 상황이 존재하면 법익침해를 방지해야 할 보증인적 지위가 발생한다. 보증인적 지위에 있는 자는 개별적인 상황에 비추어 구체적으로 일정한 동작을 할 작위의무(보증인의무)를 부담하게 된다. 이와 같이 구성요건적 상황으로부터 보증인적 지위가 발생하고, 다시 보증인적 지위를 기초로 하여 보증인의 의무가 도출된다.

한편 일정한 작위의무자의 부작위만이 작위범의 구성요건을 충족할 수 있다. 부작위에 의하여 작위범의 구성요건을 충족하기 위하여는 단순히 작위범의 구성요건에 해당하는 결과의 발생만으로는 부족하고 일정한 작위의무자의 부작위로 이러한 결과가 발생했어야 한다. 따라서 부진정부작위범은 일반인이 범할 수 있는 범죄가 아니라 작위의무자만이 범할 수 있는 범죄로서 일종의 진정신분범으로 평가될 수 있다.

(2) 보증인지위와 보증인의무의 체계적 지위

보증인지위와 보증인의무의 체계적 지위와 관련된 문제는 보증인지위 또는 보증인의무에 대하여 착오를 일으킨 경우, 이를 사실의 착오로 볼 것인가 아니면 법률의 착오로 볼 것인가의 문제와 연결된다.

1) 위법성요소설

동설은 보증인지위와 보증인의무를 모두 위법성의 요소로 파악한다. 그러나 보증인의 지위에 있지 아니한 자의 부작위도 일단 구성요건해당성을 인정하므로 구성요건해당성의 판단이 광범위해지는 문제가 발생한다. 또한 보증인의 지위에 있는 자를 먼저 확정짓는다면 범죄성립요건에서 위법성을 먼저 검토하게 되는 부당함이 발생하기도 한다.

2) 구성요건요소설

동설은 보증인지위와 보증인의무를 모두 구성요건요소로 파악한다. 이에 의하면 보증인지위에 있는 자만이 부진정부작위범의 행위의 주체로서 구성요건해당성이 있으므로 부진정부작위범을 진정신분범의 하나로 파악한다.

그러나 보증인의무까지도 구성요건요소로 파악하는 것은 타당하지 않다. 왜냐하면 작위범에서는 무엇을 해서는 안 된다는 부작위의무를 위법성요소로 파악하여 금지규범에 관한 착오가 있을 때 법률의 착오로 다루는 것에 대응하여, 부진정부작위범에서도 무엇을 해야 한다는 작위의무(보증인의무)를 위법성요소로 파악하고 요구규범에 관한 착오가 있을 때 마찬가지로 법률의 착오로 다루어야 하기 때문이다.

3) 이분설

동설은 보증인지위는 부진정부작위범의 구성요건요소로, 보증인의무는 위법성의 요소로 파악한다. '보증인지위'란 작위의무가 있다는 것, 위험발생의 방지가능성이 있다는 것, 작위의무자에 의해 위험발생이 방지될 수 있다는 것 등을 말하는데, 이러한 사실관계는 객관적 구성요건요소이다. 따라서 고의가 성립하기 위해서는 이러한 사실관계에 대한 인식이 있어야 하고, 그에 대한 인식이 없는 경우에는 과실범이 문제될 뿐이다.

반면에 보증인의무는 위법성의 요소이다. 작위범에서 자신의 작위가 정당하다고 생각한 사람은 부작위의무에 대해 착오를 일으킨 것이다. 즉 그 상황에서 부작위를 행할 의무가 있음에도 불구하고 없다고 착오한 것인데, 이 경우에는 법률의 착오가 문제된다. 이러한 원리는 부작위범에도 그대로 적용되어, 보증인의무에 착오를 일으킨 사람은 작위의무가 있음에도 불구하고 없다고 생각한 경우에 법률의 착오가 되듯이, 부작위범에서 작위의무에 대한 착오를 일으킨 경우에는 법률의 착오가 문제된다. 즉 보증인지위에 관한 착오는 사실의 착오가 되며, 보증인의무에 관한 착오는 법률의 착오가 된다.

(3) 보증인지위의 발생근거

1) 형식설의 입장

① 법령(성문법)

보증인지위의 발생근거는 명문의 규정을 통해 확인할 수 있다. 예를 들면 ① 의료인 또는 의료기관 개설자는 진료나 조산 요청을 받으면 정당한 사유 없이 거부하지 못한다(의료법 제15조 제1항). ② 차의 운전 등 교통으로 인하여 사람을 사상하거나 물건을 손괴한 경우에는 그 차의 운전자나 그 밖의 승무원은 즉시 정차하여 사상자를 구호하는 등 필요한 조치, 피해자에게 인적 사항(성명·전화번호·주소) 제공 등의 조치를 하여야 한다(도로교통법 제54조 제1항).

그 밖에도 민법상 부부간의 부양·협조의무(민법 제826조), 친권자의 보호·교양의무(민법 제913조), 친족간의 부양·협조의무(민법 제974조) 등도 이에 해당한다. 하지만 부부나 친족관계의 부양의무에 관한 민법상의 규정에서 바로 생명, 신체, 재산 등에 대한 위험발생방지의무까지 도출되는 것은 아니므로 실질설의 입장에서 부양의무를 제한해야 한다. 즉 민법 조문을 근거로 곧바로 배우자나 자녀 등에게 제18조의 작위의무가 인정될 수는 없으므로 민법상의 의무와 형법상의 의무를 동일시하여서는 아니 된다.

② 계약

계약에 의하여 의무의 범위가 적시된 경우에는 작위의무가 성립할 수 있지만, 작위의무자가 그 의무를 실제로 맡고 있느냐가 전제가 된다.[1] 그리고 계약이 법률상 무효인 것이라고 할지라도 보호의무가 인정될 수 있다. 예를 들면 고용계약에 의한 보호의무와 같은 계속적 계약관계에는 신의칙이 강하게 지배한다. 그 밖에도 간호사의 환자간호의무, 신호수의 교통통제의무, 임대차계약에 의한 보호의무, 유아양육계약에 의한 보호의무 등을 들 수 있다.

③ 선행행위

제18조에서는 '자기의 행위로 인하여 위험발생의 원인을 야기한 자'라고 규정하여 선행행위에 의한 작위의무를 인정하고 있다. 형식설에 의하면 제18조라는 '법문'에 근거하여 선행행위를 보증인지위의 근거로 인정하고 있는데, 이는 별개의 항목이 아닌 형식설이 말하는 '법령'에 포섭될 수도 있다.

선행행위에 의한 보증인지위의 제한을 위하여 다음과 같은 요건이 요구된다. ① 선행행위는 결과(위험)발생에 대한 직접적이고 상당한 위험을 야기할 수 있는 것이어야 한다. ② 의무위반은 그 법익을 보호하기 위한 규범을 침해한 것이어야 한다. ③ 선행행위에 포함된 위험을 초과하는 위험이 발생하여야 한다. 예를 들면 강간은 그 자체로 신체에 위험을 발생시키는 것이

---

1) 대법원 2008. 2. 28. 선고 2007도9354 판결(법무사행세사건)(피고인은 계약 당사자가 아니므로 적어도 공소외 5와 사이에 등기위임장이나 근저당권설정계약서를 작성함에 있어 자신이 법무사가 아님을 밝힐 계약상 또는 조리상의 법적인 작위의무가 있다고 할 것임에도, 이를 밝히지 아니한 채 공소외 6 법무사 행세를 하면서 등기위임장 및 근저당권설정계약서를 작성함으로써 자신이 공소외 6 법무사로 호칭되도록 계속 방치한 것은 작위에 의하여 법무사의 명칭을 사용한 경우와 동등한 형법적 가치가 있는 것으로 볼 수 있다).

므로 강간으로 신체에 대한 위험이 발생했다고 하더라도 그것을 방지할 선행행위에 의한 작위의무가 인정되지 아니한다. 그러므로 실신한 피해자를 강간범이 구호해야 할 선행행위에 기한 작위의무는 없는 것이다.[1] 그러나 강간치상범이 강간으로 인해 피해자의 생명이 위험함에도 불구하고 죽어도 할 수 없다는 생각으로 방치하였다면 부작위에 의한 강간살인죄가 성립할 수는 있다. 왜냐하면 이 경우에는 선행행위에 포함된 위험을 현저히 초과하는 위험이 발생하였기 때문이다.

선행행위가 위법해야 하는지 여부와 관련하여, ① 적법하게 행위한 자는 자신의 적법행위로 말미암아 위험이 발생하더라도 그 위험을 제거할 의무가 없다는 점, 정당방위를 한 자에게는 방위행위로 인하여 생명의 위험에 처하게 된 침해자를 구조할 작위의무가 없다는 점, 생명에 대한 진지한 위험의 야기만으로도 그로부터 초래될 수 있는 결과발생을 막아야 할 작위의무가 발생한다고 할 경우에는 작위의무의 범위가 지나치게 확대될 위험이 있다는 점, 발생한 결과와 인과관계가 있다고 해서 선행행위자에게 아무런 제약 없이 보증인으로서의 의무를 인정할 수는 없다는 점, 허용된 위험의 범위 안에서 이루어진 선행행위를 이유로 보증인지위를 인정해서는 안 된다는 점 등을 논거로 하여, 선행행위는 유책할 필요는 없지만, 객관적으로 의무에 위반했거나 위법한 것임을 요한다는 적극설, ② 제18조에서는 '자기의 행위로 인하여'라고 규정하고 있고, '자기의 위법한 행위로 인하여'라고 규정하고 있지는 않으므로 이를 문리해석하면 되고, 굳이 축소해석할 필요는 없다는 점, 독일 형법 제323조c[2]와 같은 진정부작위범 형태의 일반적 구조의무 규정[3]이 없는 우리나라 형법에서 선행행위를 위법한 행위로 제한해야 할 이론적 당위성이나 정책적 필요가 없다는 점, 도로교통법 제54조 제1항은 교통사고운전자가 사상자를 구호하는 등의 필요한 조치를 하여야 할 것을 규정하고 있는데, 여기서 교통사고운전자란 자신에게 과실이 있는 경우만을 의미하는 것이 아니라 상대방의 과실로 인하여 교통사고가 난 경우도 포함하는 것이므로 교통사고운전자에게 선행행위인 교통사고야기행위에 있어서 아무런 귀책사유가 없는 경우에도 일정한 작위의무를 부과하고 있다는 점[4] 등을 논거로 하여, 선

---

[1] 대법원 1980. 6. 24. 선고 80도726 판결(강간치상의 범행을 저지른 자가 그 범행으로 인하여 실신형태에 있는 피해자를 구호하지 아니하고 방치하였다 하더라도 그 행위는 포괄적으로 단일의 강간치상죄만을 구성한다고 봄이 상당하다).

[2] 독일 형법 제323조c(사고시에 또는 일반적 위험이나 긴급시에 구조가 필요하며 상황에 비추어 구조가 기대됨에도 불구하고, 특히 자신에게 현저한 위험이 없고 다른 중요한 의무에 위배됨이 없이 구조가 가능함에도 불구하고 구조를 행하지 아니한 자는 1년 이하의 자유형 또는 벌금형에 처한다). 그밖에도 프랑스 형법 제223-6조, 오스트리아 형법 제95조 등에서 긴급구조의무위반죄를 규정하고 있다.

[3] 우리나라 형법에는 부작위 일반을 처벌하는 규정인 일명 '긴급구조의무위반죄'가 없다. 소방법 제72조 제1항에서는 화재가 발생한 소방대상물의 관계인의 소화의무·인명구출의무를, 동법 제77조에서는 소방서장 등의 소방종사명령에 의한 일반인의 소화의무·인명구출의무를 규정하고 있으나, 정작 부작위에 대한 벌칙규정은 없다.

[4] 대법원 2002. 5. 24. 선고 2000도1731 판결(도로교통법이 규정한 교통사고발생시의 구호조치의무 및 신고의무는 차의 교통으로 인하여 사람을 사상하거나 물건을 손괴한 때에 운전자 등으로 하여금 교통사고로 인한 사상자를 구호하는 등 필요한 조치를 신속히 취하게 하고, 또 속히 경찰관에게 교통사고의 발생을 알려서 피해자의 구호, 교통질서의 회복 등에 관하여 적절한 조치를 취하게 하기 위한 방법으로 부과된 것이므로 교통사고의 결과가

행행위가 반드시 위법해야 할 필요는 없다는 소극설 등의 대립이 있다.

생각건대 소극설이 타당하다. 다만 선행행위가 위법하지 않은 경우에는 양형에서 고려해 줄 수는 있을 것이며, 입법론적으로는 임의적 감경규정을 두는 것이 타당하다.

판례에 의하면, ① 피고인은 1980. 11. 13. 17:30경 피해자를 아파트에 유인하여 양 손목과 발목을 노끈으로 묶고 입에는 반창고를 두 겹으로 붙인 다음, 양 손목을 묶은 노끈은 창틀에 박힌 시멘트 못에, 양 발목을 묶은 노끈은 방문손잡이에 각각 잡아매고 얼굴에는 모포를 씌워 포박 감금한 후 수차 그 방을 출입하던 중 같은 달 15일 07:30경에 피고인이 그 아파트에 들어갔을 때에는 이미 피해자가 탈진상태에 있어 박카스를 먹여 보려 해도 입에서 흘려버릴 뿐 마시지 못하기에 얼굴에 모포를 다시 덮어씌워 놓고 그대로 위 아파트에서 나와 버렸는데 그때 피고인은 피해자를 그대로 두면 죽을 것 같은 생각이 들어 병원에 옮기고 자수할 것인가, 그대로 두어 피해자가 죽으면 시체를 처리하고 범행을 계속할 것인가 아니면 스스로 자살할 것인가 등 두루 고민하다가 결국 병원에 옮기고 자수할 용기가 생기지 않아 그 대로 나와 학교에 갔다가 같은 날 14:00경에 돌아와 보니 이미 피해자가 죽어 있었다는 것이니 이와 같은 사실관계로 미루어 보면, 피고인이 1980. 11. 15. 07:30경 포박 감금된 피해자의 얼굴에 모포를 덮어 씌워놓고 아파트에서 나올 때에는 그 상태로 보아 피해자를 방치하면 사망할 가능성이 있다는 것을 내심으로 인정하고 있었음이 분명하고, 여기에 피고인이 피해자와는 물론 그 부모와도 면식이 있는 사이였다는 사정을 보태어 보면, 피고인이 위와 같은 결과발생의 가능성을 인정하고 있었으면서도 피해자를 병원에 옮기고 자수할 용기가 생기지 않았다는 이유로 사경에 이른 피해자를 그대로 방치한 소위에는 그로 인하여 피해자가 사망하는 결과가 발생하더라도 용인할 수밖에 없다는 내심의 의사 즉 살인의 미필적 고의가 있었다고 볼 수 있다. 그렇다면 자기행위로 인하여 위험발생의 원인을 야기하였음에도 그 위험발생을 방지하지 아니한 피고인의 위와 같은 소위는 살인죄의 구성요건적 행위를 충족하는 부작위였다고 평가하기에 충분하다.[1] ② 폭약을 호송하던 중 화차 내에서 금지된 촛불을 켜 놓은 채 잠자다가 폭약상자에 불이 붙는 순간 잠에서 깨어나 이를 발견하였다면 진화할 의무가 있다.[2]

④ 사회상규

사회상규(신의칙 또는 조리)에 의한 작위의무를 인정할 수 있는지 여부와 관련하여, ① 작위의무는 윤리적·도덕적 의무에 확대되어서도 안 되지만 사회상규를 극히 제한적 범위 내에서 인정할 필요가 있다는 점을 논거로 하는 적극설, ② 작위의무는 윤리적 의무가 아니라 법적 의무이므로 조리나 사회상규에 의한 작위의무는 그 범위가 모호하다는 점, 긴급구조의무를 인정

피해자의 구호 및 교통질서의 회복을 위한 조치가 필요한 상황인 이상 그 의무는 교통사고를 발생시킨 당해 차량의 운전자에게 그 사고발생에 있어서 고의·과실 혹은 유책·위법의 유무에 관계없이 부과된 의무라고 해석함이 상당할 것이므로, 당해 사고에 있어 귀책사유가 없는 경우에도 위 의무가 없다고 할 수 없고, 또 위 의무는 신고의무에만 한정되는 것이 아니므로 타인에게 신고를 부탁하고 현장을 이탈하였다고 하여 위 의무를 다한 것이라고 말할 수는 없다).

1) 대법원 1982. 11. 23. 선고 82도2024 판결(체육교사납치살인사건).

2) 대법원 1978. 9. 26. 선고 78도1996 판결(이리역폭발사건). 화차 내에서 촛불을 켠 작위에 비난의 초점을 두어 업무상 과실치사상죄(제268조)를 인정한 것이 아니라 불이 붙은 폭약상자를 보고 아무런 조치를 취하지 않은 부작위에 비난의 초점이 있는 것으로 보아 부작위에 의한 폭발물파열죄(제172조 제1항)를 인정한 사안이다.

하지 않고 있는 우리나라의 법체계와 조화되지 않는다는 점 등을 논거로 하는 소극설 등의 대립이 있다.

이에 대하여 판례는「형법상 부작위범이 인정되기 위해서는 형법이 금지하고 있는 법익침해의 결과 발생을 방지할 법적인 작위의무를 지고 있는 자가 그 의무를 이행함으로써 결과 발생을 쉽게 방지할 수 있었음에도 불구하고 그 결과의 발생을 용인하고 이를 방관한 채 그 의무를 이행하지 아니한 경우에, 그 부작위가 작위에 의한 법익침해와 동등한 형법적 가치가 있는 것이어서 그 범죄의 실행행위로 평가될 만한 것이라면, 작위에 의한 실행행위와 동일하게 부작위범으로 처벌할 수 있고, 여기서 작위의무는 법적인 의무이어야 하므로 단순한 도덕상 또는 종교상의 의무는 포함되지 않으나 작위의무가 법적인 의무인 한 성문법이건 불문법이건 상관이 없고 또 공법이건 사법이건 불문하므로, 법령, 법률행위, 선행행위로 인한 경우는 물론이고 기타 신의성실의 원칙이나 사회상규 혹은 조리상 작위의무가 기대되는 경우에도 법적인 작위의무는 있다.」라고 판시[1]하여, 적극설의 입장을 취하고 있다.

생각건대 사회상규에 의한 작위의무의 인정은 죄형법정주의에 위배되기 때문에 인정되어서는 아니 된다. 특히 76도3419 판결[2]은 조리상의 작위의무를 형법상의 작위의무로 인정하지 않고 있다. 이와 같이 유기치사죄가 성립하기 위해서는 계약상·법률상의 구호의무를 요구하면서도 법정형이 보다 중한 살인죄가 성립하기 위해서는 조리에 의한 구호의무만 있으면 된다고 하는 것은 조리에 맞지 아니한다. 판례가 작위의무는 법적인 의무에 한정되어야 한다고 판시함과 동시에 도덕상 의무는 포함하지 않는다고 하면서도, 사회상규나 조리상의 의무를 포함하는 것은 불문법을 포함하는 것으로서 도덕상의 의무를 인정하는 것과 다를 바가 없으므로 지양되어야 할 것이다.

---

1) 대법원 2006. 4. 28. 선고 2003도4128 판결(인터넷 포털 사이트 내 오락채널 총괄팀장과 위 오락채널 내 만화사업의 운영 직원인 피고인들에게, 콘텐츠제공업체들이 게재하는 음란만화의 삭제를 요구할 조리상의 의무가 있다고 하여, 구 전기통신기본법(2001. 1. 16. 법률 제6360호로 개정되기 전의 것) 제48조의2 위반 방조죄의 성립을 긍정한 사례).

2) 대법원 1977. 1. 11. 선고 76도3419 판결(마차4리사건)(원심은 피고인은 1976. 1. 26. 16:00경 피해자(41세)와 함께 마차4리를 향하여 가던 중 술에 취하였던 탓으로 도로 위에서 실족하여 2m 아래 개울로 미끄러 떨어져 약 5시간 가량 잠을 자다가 술과 잠에서 깨어난 피고인과 피해자는 도로 위로 올라가려 하였으나 야간이므로 도로로 올라가는 길을 발견치 못하여 개울 아래위로 헤매든 중 피해자는 후두부 타박상을 입어서 정상적으로 움직이기가 어렵게 되었고 피고인은 도로로 나오는 길을 발견 혼자 도로 위로 올라왔으며 당시는 영하 15도의 추운 날씨이고 40m 떨어진 곳에 민가가 있었으니 이러한 경우 피고인으로서는 인접한 민가에 가서 피해자의 구조를 요청하던가 또는 스스로 피해자를 데리고 올라와서 병원으로 대려가 의사로 하여금 치료케하는 등 긴급히 구조조치를 취하여야 할 사회상규상의 의무가 있음에도 불구하고 그대로 방치 유치하므로서 약 4, 5시간 후 심장마비로 사망하게 한 것이라고 하여 피고인을 처벌하였다. 하지만 현행 형법은 유기죄에 있어서 구법과는 달리 보호법익의 범위를 넓힌 반면에 보호책임 없는 자의 유기죄는 없애고 법률상 또는 계약상의 의무있는 자만을 유기죄의 주체로 규정하고 있으니 명문상 사회상규상의 보호책임을 관념할 수 없다고 하겠으며 유기죄의 죄책을 인정하려면 보호책임이 있게 된 경위, 사정 관계 등을 설시하여 구성요건이 요구하는 법률상 또는 계약상 보호의무를 밝혀야 될 것이다. 본건에 있어서 원판결이 설시 한대로 피고인과 피해자가 특정지점에서 특정지점까지 가기 위하여 길을 같이 걸어간 관계가 있다는 사실만으로서는 피고인에게 설혹 동행자가 구조를 요하게 되었다 하여도 보호할 법률상 계약상의 의무가 있다고 할 수 없다).

2) 실질설의 입장

실질설은 엄격한 법원(法源)에 구애(拘礙)를 받기보다는 실질적 관점에서 보증인의 지위의 발생근거뿐만 아니라 보증인의 의무의 내용과 한계까지도 제시해 보고자 하는 합목적적 입장이라고 할 수 있다. 이에 따라 형식설과 실질설은 상호보완적인 관계에 놓여 있다.

① 신뢰관계 및 의존관계에 의한 보호의무

㉠ 자연적 결합체에 의한 보호의무

'가족관계'에 의한 보호의무를 상정할 경우에는 약혼자나 민법상 가족의 범주에 속하지 아니하지만 더 친밀한 관계가 형성되어 있는 인적 결합체에 대하여 보증인지위를 인정할 수 없는 모순에 빠지게 된다. 그러므로 '가족관계'에 의한 보호의무 보다는 실질적인 신뢰관계 및 의존관계가 인정되는 자에게 보증인지위를 인정할 수 있는 '자연적 결합체'에 의한 보호의무라는 표현이 타당하다. '자연적 결합체'에 의한 보호의무에 해당하는 사안으로는 다음을 들 수 있다.

첫째, 미성년자에 대한 부모의 보호의무이다. 일반적으로 초등학교 입학 전후의 자녀를 둔 부모에게는 전적인 보호의무가 부여된다고 할 수 있다. 즉 의식주의 제공, 사고, 자살, 범죄 등 모든 범위에 있어서 보호의무가 인정된다. 하지만 초등학교 입학 이후부터는 이러한 보호의무의 범위가 점차로 줄어드는 경향이 있으며, 성년에 이른 경우에는 부모의 보호의무가 소멸한다. 예를 들면 성년자가 범죄를 범해도 부모에게 해당 범죄의 책임을 물을 수는 없는 것이다.

둘째, 부부 사이의 보호의무이다. 실질적으로 동거·부양·협조의무가 이루어져 서로 의지와 신뢰가 전제되는 부부 사이에서만 보호의무가 인정된다. 즉 별거중인 부부 또는 이혼 소송 중인 부부 등의 경우에는 보호의무의 범위가 현격히 줄어들거나 보호의무가 존재하지 않을 수도 있다. 이러한 보호의무는 사실혼관계의 부부사이에도 마찬가지이다.

셋째, 민법상 가족의 범위에 속하지 아니한 자에게도 예외적으로 보증인의무를 인정할 수 있다. 왜냐하면 가족관계에 의한 보호의무를 인정하는 이유는 가족과 같이 긴밀한 유대관계나 신뢰관계가 형성되어 있는 자 사이의 특수성을 인정하는 것이라고 할 수 있는데, 사법(私法)상으로는 가족이라고 할 수는 없지만 현실적으로 가족에 준하거나 더욱 더 친밀한 관계가 얼마든지 있을 수 있기 때문이다. 예를 들면 인지 전 혼외자와 부(父) 사이, 약혼자 내지 이성친구 사이 등과 같이 민법상 가족의 범주를 벗어난 자 사이의 보호의무도 일정한 경우에는 인정될 수 있다.

㉡ 인위적 결합체에 의한 보호의무

탐험이나 등산과 같은 위험한 모험을 같이 한 사람 사이에는 특수한 신뢰관계가 존재하는 한 보증인 지위를 인정할 수 있다. 자의로 조직된 밀접한 관계의 위험공동체에서는 상호간에 공동체의 목적과 신뢰관계에 따르는 보호의무와 조력의무가 있다. 하지만 이러한 보호의무는 참여자가 상호간의 도움을 기대할 수 있는 위험을 제거하는데 제한된다. 또한 생명·신체의 보호의무에 국한되고, 재산에는 그 보호의무가 미치지 아니한다.

일반적으로 기숙사에서 같이 생활하였다는 것만으로는 보호의무를 인정할 수 없는데, 이는 보호의무가 무제한적으로 확대되는 것을 방지하기 위한 것이다. 또한 침몰하는 배에 같이 탄 사람들 또는 화재가 난 건물에 같이 갇혀있는 사람들 상호간에는 서로의 안전을 책임져야 할 의무도 없기 때문에 보증인의 지위가 인정되지 아니한다.

ⓒ 자발적인 인수에 의한 보호의무

타인을 사실상 자발적으로 인수하여 타인과 인수인 사이에 보호관계가 발생한 때에도 보증인지위가 인정된다. 이 경우 계약의 사법상 효력이 없다고 하더라도 현실적으로 이러한 업무를 담당하는 사람에게는 작위의무가 인정되는 것이 특징이다. 즉 계약 없이 일방적으로 환자를 치료하게 된 의사라고 하더라도 환자를 인수한 때[1]부터는 환자의 생명과 신체에 대한 위험발생을 방지할 의무가 있다. 이러한 의미에서 형식설에서 말하는 계약에 의한 보증인의무의 발생의 경우보다 그 범위가 더 넓다고 할 수 있다.

스스로의 안전을 도모하지 못하는 상황에 처한 피구조자가 구조자에게 안전을 전적으로 의존하고, 구조자는 자신에 의존하는 대상이 처한 위험원천의 통제를 맡았으므로 피구조자를 보호·구조해야 하는 관계가 성립한다. 예를 들면 운전교습을 실시 중인 운전경력이 있는 지인, 등산이나 해저탐험 등과 같이 위험한 관광의 안내원, 자의로 구급환자나 미아(迷兒)를 보호하는 자, 맹인을 도와 차도를 횡단하기 시작한 사람 등이 이에 해당한다.

하지만 여기서 작위의무의 범위는 실제로 인수한 보호임무에 한정된다. 예를 들면 자의로 환자나 어린이를 보호하는 자의 임무는 환자나 어린이의 건강·생명·안전 등에 한정되며, 그의 재산을 보호하는 것까지 미치지는 아니한다. 또한 사고를 당한 사람 기타 도움이 필요한 사람에게 도움을 주었다고 해서 결과방지까지 책임져야 하는 것은 아니다. 다만 도움을 준 사람이 자기의 행위로 인하여 다른 구조가능성을 배제한 경우 또는 새로운 위험을 초래한 경우에는 예외적으로 결과방지의무가 성립한다.

ⓓ 특별한 지위에 의한 보호의무

법인의 기관은 법인의 법익에 대한 작위의무를 지는 보증인지위를 가진다. 그리고 일반적으로 공무원은 그의 직무영역 및 담당영역에 따라 개인적·사회적 법익을 보호할 의무를 진다. 특히 경찰공무원은 자신의 장소적·사항적·시간적 관할 범위 내에서 범죄행위가 발생하는 것을 예방하고, 개인이나 공중의 법익이 침해되지 않도록 할 작위의무가 있다.

하지만 장소적 관할이 인정되지 아니하거나 근무시간 중이 아니거나 자신의 취급업무에

---

1) 병원에서 환자로 접수되어 의사로부터 구두로라도 진료가 약속된 이후의 시점부터 치료의무는 개시된다. 하지만 의사가 치료를 거절할 경우 의료법 제15조 및 동법 제89조에 의하여 처벌되는 것은 별개의 문제로 하고, 환자의 건강과 생명에 대한 책임을 지지 아니한다. 따라서 사고지점을 지나던 의사가 부상자로부터 구조요청을 받았고, 충분히 도와 줄 수 있는 상황이었음에도 불구하고 그냥 지나쳐 부상자에게 큰 위해가 발생하였더라도 그 의사는 보증인의무가 있다고 할 수 없다.

해당하지 않는다면 보증인의무를 인정할 수 없다. 또한 동료 직원이 횡령하는 것을 알게 된 직원이라고 하여 이를 고발하여 개인과 사회의 법익을 보호할 의무는 없다. 왜냐하면 해당 직원의 업무가 범죄를 적발하고 고발하는 것은 아니기 때문이다. 다만 동료직원이 아니라 감독관계가 인정되는 상급자인 경우에는 부하직원의 범죄를 방지해야 할 보증인의무가 도출된다.

② 일정한 위험원에 대한 위험발생방지 및 위험증대방지의무

법익을 침해할 위험요인의 근원을 현실적으로 통제할 수 있는 상황에 있고, 제어할 능력이 있는 사람은 그 근원을 관리·감독하고 필요한 안전조치를 함으로써 타인의 법익침해를 방지하고, 설사 위험이 실현된 경우라고 하더라도 당해 위험의 증대를 방지할 의무가 있다. 이는 위험발생방지의무와 위험증대방지의무로 구분되는데, 위험원으로부터 위험이 현실화되지 않도록 해야 할 위험발생방지의무 내지 사전적 안전의무와 위험이 현실화된 경우에는 그 위험을 최소화해야 할 위험증대방지의무 내지 사후적 안전의무가 그것이다. 한편 위험증대방지의무 내지 사후적 안전의무는 선행행위에 기한 작위의무와 경합될 수 있다.

㉠ 선행행위에 의한 위험발생방지 및 위험증대방지의무

자신의 행위로 인하여 다른 사람의 법익이 침해될 위험을 발생시키거나 위험을 증대시킨 사람은 법익침해의 결과를 방지하거나 위험증대를 억제할 의무가 있다.

㉡ 위험한 물건의 관리자의 위험발생방지 및 위험증대방지의무

공작물, 기계, 건물, 자동차, 토지, 동물 등 위험한 물건의 소유자와 점유자 등은 자신의 책임영역 안에 있는 위험원으로부터 위험의 발생을 방지해야 할 작위의무가 있다. 위험원의 관리를 자의로 인수한 자도 마찬가지이다. 예를 들면 인터넷사업자는 자신이 관리하는 사이트를 통하여 음란물이 전파되는 것을 막아야 하고[1], 자기 소유의 토지에 웅덩이가 있으면 다른 사람이 여기에 빠져 다치지 않도록 해야 하고, 건물의 계단에는 조명을 설치하여 사람이 다치지 않도록 해야 하고, 위험한 동물의 소유자는 입마개 착용을 포함한 훈련·감독 등을 하여 그 동물이 제3자에게 위해를 가하지 않도록 해야 하는 등의 보증인 지위가 있는 것이다.

한편 상품의 제조목적에 따라 올바르게 사용해도 사용자의 건강을 침해할 위험이 있는 상품을 생산·유통한 사람은 건강침해의 결과를 방지할 수 있는 조치를 취해야 할 의무가 있다. 즉 감독권에 의한 보증인의무의 범위는 범죄행위를 방지할 의무에 국한되는 것이 아니라 피해자를 구조할 의무에까지 미친다. 왜냐하면 결과발생에 이르는 일련의 과정에서 초기의 일부 위험초래에는 책임을 물으면서 그 행위가 원인이 되어 구성요건의 실현에 이르는 중요한 부분에 대해서 의무를 지지 않는 것은 타당하지 않기 때문이다. 따라서 상품의 제조과정에서 하급자의 위법으로 인하여 불량이 생기지 않도록 감독을 해야 될 뿐만 아니라 판매 후 상품에 결함이 생

---

1) 대법원 2006. 4. 28. 선고 2003도4128 판결(공소외 주식회사의 담당직원인 피고인들은 콘텐츠 제공업체들이 성인만화방에 게재하는 만화 콘텐츠를 관리·감독할 권한과 능력을 갖고 있었다고 할 것이고, 따라서 이 사건 음란만화들이 지속적으로 게재되고 있다는 사실을 안 이상 이를 게재한 콘텐츠 제공업체들에게 그 삭제를 요구할 조리상의 의무가 있었다).

기는 경우에는 해당 상품에 대한 리콜조치 등을 취해야 한다.

ⓒ 자신의 통제하에 있는 제3자의 감독으로 인한 위험발생방지 및 위험증대방지의무

자신의 통제하에 있는 제3자를 감독할 책임이 있는 사람은 그 제3자로부터 발생할 수 있는 위험의 발생을 방지할 의무가 있다. 통제의 원인으로는 법률,계약, 자의에 의한 인수 등을 묻지 아니한다. 예를 들면 미성년자에 의하여 법익이 침해될 위험에서 친권자가 보호할 의무는 이른 바 특별한 보호자로서의 의무이며, 미성년자의 위법행위를 감독하여 그로 인한 구성요건에 해당하는 불법적인 결과를 방지할 것은 자신의 통제하에 있는 제3자의 감독에 의한 통제의무에 속하는 서로 다른 성격의 작위의무이다.

그 밖에도 미성년자에 대한 후견인의 보호의무, 학생에 대한 교사의 감독의무[1], 업무와 관련하여 위법한 행위를 하는 부하직원에 대한 상위직책자의 방지의무, 환자가 다른 사람을 해치는 것을 방지해야 하는 정신병원 종사자의 의무, 재소자들이 범죄행위를 하는 것을 방지해야 하는 수용시설 종사자의 의무, 피교습자의 운전행위로부터 일반인을 보호할 강습자의 의무 등이 이에 해당한다. 하지만 부부 또는 성년의 가족처럼 동등한 인격체 사이에는 '자신의 통제하에 있는 제3자의 감독으로 인한' 위험발생방지 및 위험증대방지의무가 없다.

판례에 의하면, ① 사기죄의 요건으로서의 기망은 널리 재산상의 거래관계에 있어 서로 지켜야 할 신의와 성실의 의무를 저버리는 모든 적극적 또는 소극적 행위를 말하는 것이고, 그 중 소극적 행위로서의 부작위에 의한 기망은 법률상 고지의무 있는 자가 일정한 사실에 관하여 상대방이 착오에 빠져 있음을 알면서도 그 사실을 고지하지 아니함을 말하는 것으로서, 일반거래의 경험칙상 상대방이 그 사실을 알았더라면 당해 법률행위를 하지 않았을 것이 명백한 경우에는 신의칙에 비추어 그 사실을 고지할 법률상 의무가 인정된다고 할 것인바, 매수인이 매도인에게 매매잔금을 지급함에 있어 착오에 빠져 지급해야 할 금액을 초과하는 돈을 교부하는 경우, 매도인이 사실대로 고지하였다면 매수인이 그와 같이 초과하여 교부하지 아니하였을 것임은 경험칙상 명백하므로, 매도인이 매매잔금을 교부받기 전 또는 교부받던 중에 그 사실을 알게 되었을 경우에는 특별한 사정이 없는 한 매도인으로서는 매수인에게 사실대로 고지하여 매수인의 그 착오를 제거하여야 할 신의칙상 의무를 지므로 그 의무를 이행하지 아니하고 매수인이 건네주는 돈을 그대로 수령한 경우에는 사기죄에 해당될 것이지만, 그 사실을 미리 알지 못하고 매매잔금을 건네주고 받는 행위를 끝마친 후에야 비로소 알게 되었을 경우에는 주고받는 행위는 이미 종료되어 버린 후이므로 매수인의 착오 상태를 제거하기 위하여 그 사실을 고지하여야 할 법률상 의무의 불이행은 더 이상 그 초과된 금액 편취의 수단으로서의 의미는 없으므로, 교부하는 돈을 그대로 받은 그 행위는 점유이탈물횡령죄가 될 수 있음은 별론으로 하고 사기죄를 구성할 수는 없다.[2]
② 특정 시술을 받으면 아들을 낳을 수 있을 것이라는 착오에 빠져있는 피해자들에게 그 시술의 효과와 원리에 관하여 사실대로 고지하지 아니한 채 아들을 낳을 수 있는 시술인 것처럼 가장하여 일련의 시술과 처방을 행한 의사에 대하여 사기죄의 성립을 인정하였다.[3]

---

1) 하지만 교사에게 학생들의 사생활까지 감독할 의무는 없다. 즉 위험발생방지의무는 업무와 관련된 것이어야 한다.
2) 대법원 2004. 5. 27. 선고 2003도4531 판결(과잉매수대금사건).
3) 대법원 2000. 1. 28. 선고 99도2884 판결(특정시술사건).

③ 임대인이 임대차계약을 체결하면서 임차인에게 임대목적물이 경매진행중인 사실을 알리지 아니한 경우, 임차인이 등기부를 확인 또는 열람하는 것이 가능하더라도 사기죄가 성립한다.[1]

④ 백화점에서 바이어를 보조하여 특정매장에 관한 상품관리 및 고객들의 불만사항 확인 등의 업무를 담당하는 피고인으로서는 자신이 관리하는 특정매장의 점포에 가짜 상표가 새겨진 상품이 진열·판매되고 있는 사실을 발견하였다면 고객들이 이를 구매하도록 방치하여서는 아니되고 점주인 공동피고인이나 그 종업원에게 즉시 그 시정을 요구하고 바이어 등 상급자에게 보고하여 이를 시정하도록 할 근로계약상·조리상의 의무가 있다고 할 것임에도 불구하고 위 피고인이 이러한 사실을 알고서도 공동피고인 등에게 시정조치를 요구하거나 상급자에게 이를 보고하지 아니함으로써 공동피고인이 가짜 상표가 새겨진 상품들을 고객들에게 계속 판매하도록 방치한 것은 작위에 의하여 공동피고인 1의 각 상표법위반 및 부정경쟁방지법위반 행위의 실행을 용이하게 하는 경우와 동등한 형법적 가치가 있는 것으로 볼 수 있다.[2]

⑤ 피고인이 조카인 피해자 1(10세)과 2(8세)를 살해할 것을 마음먹고, 피해자들을 불러내어 미리 물색하여 둔 저수지로 데리고 가서 인적이 드물고 경사가 급하여 미끄러지기 쉬운 제방쪽으로 유인하여 함께 걷다가, 피해자 1로 하여금 위와 같이 가파른 물가에서 미끄러져 수심이 약 2m나 되는 저수지 물속으로 빠지게 하고, 그를 구호하지 아니한 채 앞에 걸어가고 있던 피해자 2의 소매를 잡아당겨 저수지에 빠뜨림으로써 그 자리에서 피해자들을 익사하게 한 것이라면, 소론과 같이 피해자 1이 스스로 미끄러져서 물에 빠진 것이고, 그 당시는 피고인이 살인죄의 예비단계에 있었을 뿐 아직 실행의 착수에는 이르지 아니하였다고 하더라도, 피고인은 피해자들의 숙부로서 위와 같은 익사의 위험에 대처할 보호능력이 없는 나이 어린 피해자들을 급한 경사로 인하여 미끄러지기 쉬워 위와 같은 익사의 위험이 있는 저수지로 데리고 갔던 것이므로, 피고인으로서는 피해자들이 물에 빠져 익사할 위험을 방지하고 피해자들이 물에 빠지는 경우 그들을 구호하여 주어야 할 법적인 작위의무가 있다고 보아야 할 것이고, 이와 같은 상황에서 피해자 1이 물에 빠진 후에 피고인이 살해의 범의를 가지고 그를 구호하지 아니한 채 그가 익사하는 것을 용인하고 방관한 행위(부작위)는 피고인이 그를 직접 물에 빠뜨려 익사시키는 행위와 다름없다고 형법상 평가될 만한 살인의 실행행위라고 보는 것이 상당하다.[3]

⑥ 은행지점장이 정범인 부하직원들의 범행을 인식하면서도 그들의 은행에 대한 배임행위를 방치하였다면 배임죄의 방조범이 성립된다.[4]

⑦ 법원의 입찰사건에 관한 제반 업무를 주된 업무로 하는 공무원이 자신이 맡고 있는 입찰사건의 입찰보증금이 계속적으로 횡령되고 있는 사실을 알았다면, 담당 공무원으로서는 이를 제지하고 즉시 상관에게 보고하는 등의 방법으로 그러한 사무원의 횡령행위를 방지해야 할 법적인 작위의무를 지는 것이 당연하고, 비록 그의 묵인행위가 배당불능이라는 최악의 사태를 막기 위한 동기에서 비롯된 것이라고 하더라도 자신의 작위의무를 이행함으로써 결과발생을 쉽게 방지할 수 있는 공무원이 그 사무원의 새로운 횡령범행을 방조 용인한 것을 작위에 의한 법익침해와 동등한 형법적 가치가 있는 것이 아니라고 볼 수는 없다.[5]

---

1) 대법원 1998. 12. 8. 선고 98도3263 판결(경매진행중사건).
2) 대법원 1997. 3. 14. 선고 96도1639 판결(백화점가짜상표사건).
3) 대법원 1992. 2. 11. 선고 91도2951 판결(저수지조카살인사건).
4) 대법원 1984. 11. 27. 선고 84도1906 판결(은행지점장배임방조사건).
5) 대법원 1996. 9. 6. 선고 95도2551 판결(입찰보증금횡령사건)(형법상 방조는 작위에 의하여 정범의 실행을 용이하게 하는 경우는 물론, 직무상의 의무가 있는 자가 정범의 범죄행위를 인식하면서도 그것을 방지하여야 할 제반 조치를 취하지 아니하는 부작위로 인하여 정범의 실행행위를 용이하게 하는 경우에도 성립된다). 하지만 부작위

3) 검 토

우선 형식설은 다음과 같은 문제점이 있다. ① 형식적으로 법률상의 근거가 있다는 것만 가지고는 그 실질적 내용, 범위 및 타당성 여부를 파악할 수 없다. ② 실질설에 비하여 제18조의 작위의무를 인정함에 있어 객관성과 합리성이 부족하다. 왜냐하면 계약이나 조리 등에 의해서는 제18조를 적절하게 설명할 수 없고, 법률이나 선행행위 등의 경우에도 작위의무의 성립이 부정되어야 하는 경우가 많기 때문이다. ③ 보증인의무의 인정범위가 부당하게 협소하다. 예를 들면 계약이 무효 또는 취소된 경우, 등반대원 상호간의 경우, 혼외자에 대한 父의 경우 등에서 보증인지위를 인정하기 어렵다. ④ 조리 내지 사회상규를 보증인의무의 인정범위로 파악하는 것은 법적 의무라는 법원설(法源說) 내지 형식설의 취지에 부합하지 아니한다.

또한 실질설은 다음과 같은 문제점이 있다. ① 실질설은 작위의무의 발생근거에 대한 실질적인 이유를 제시한다고 하지만, 과연 이것이 실질적인 이유인지는 불명확하다. 실질설은 작위의무가 존재하는 유형을 단순히 나열만 한 것이지, 왜 그러한 유형에서 작위의무가 존재하는지는 밝히지 않고 있다. 실질설에 의한다고 하더라도 작위의무의 범위와 한계가 명확해지기는커녕, 더욱 모호해지는 경향도 나타난다. ② 실질설에서 제시하는 유형은 대부분 형식설, 즉 계약이나 법령에 의하더라도 충분히 설명이 가능하다. ③ 실질적 내용이 있다고 하더라도 법적 근거가 없으면 법적 실체를 인정받을 수 없는 경우가 많다. ④ 실질설이 보증인 지위의 발생근거를 충분히 설명할 수 없는 부분이 존재한다. 예를 들면 민법 제2조 제1항의 신의성실의 원칙에 기한 고지의무, 도로교통법 제54조 제1항이 규정한 교통사고발생시 운전자 '이외의' 승무원의 사상자구호의무, 경찰관 직무집행법 제2조가 규정한 경찰관의 범죄의 예방 및 진압의무, 응급의료에 관한 법률 제6조가 규정한 의료인의 응급의료의무 등은 실질설로는 설명이 곤란하고 법원설(法源說)에 의거할 수밖에 없다.

결론적으로 형식설과 실질설은 서로 대립하는 견해가 아니라 서로 보완해야 하는 견해로 보는 것이 타당하다.

3. 결과발생방지(작위)의 가능성

부진정부작위범이 성립하려면 법익침해를 방지할 구체적인 작위가 현실적·물리적 의미에서 가능해야 한다. 왜냐하면 결과발생방지의 가능성이 전혀 없는 상황에서 결과발생을 방지하도록 기대하는 것은 무의미하기 때문이다. 여기서 결과발생방지(작위)의 가능성은 '사실상의 관점'에서 검토되어야 한다.[1]

결과발생방지의 가능성을 판단함에 있어서는 일반적 행위가능성과 개인적 행위가능성을 나누어 살펴보아야 한다. '일반적 행위가능성'이란 결과발생방지의 가능성이 누구에게나 가능

에 의한 교사는 불가능한데, 이 경우 피교사자가 교사자에 의하여 범행을 결의할 수 없기 때문이다.

1) 이 점에서 작위(결과발생방지)의 가능성은 책임요소로서 규범적인 문제에 속하는 기대가능성과 구별된다.

해야 함을 말한다. 이것은 결과발생방지수단이 있었는가를 의미한다. 시간적·공간적 거리가 구조가능의 존재영역에 해당한다. 결과발생방지의 가능성이 일반인들에게 전혀 기대될 수 없다면, 처음부터 그 행위는 사회적으로 의미 있는 행위라고 볼 수 없다. 예를 들면 서울에 있는 아버지가 부산 해운대에서 물에 빠진 자녀의 상태를 인지한 경우에는 작위의무(구조의무)는 존재하지만, 구조행위를 할 가능성(작위가능성)이 없기 때문에 부작위범의 구성요건해당성이 없다.

'개인적 행위가능성'이란 결과발생방지행위가 행위자에게 구체적으로 가능해야 함을 말한다. 개인적 행위가능성의 유무는 행위자의 내적 능력과 행위자가 처한 외적 여건에 의하여 판단된다. 이것은 결과발생 방지능력(전문적 기량, 체력, 구조수단의 사용법에 대한 지식의 구비 여부 등)과 결과발생 방지방법(적절한 실행수단의 확보, 장소적 근접성 등)의 문제이다. 행위자에게 개인적 행위가능성이 없는 경우에는 부작위라는 행위 자체가 부정된다. 예를 들면 부산 해운대에서 함께 피서 중 물에 빠진 자녀의 상태를 목격한 아버지에게는 작위의무(구조의무)는 존재하지만, 아버지가 수영을 전혀 하지 못하는 상황이라면 구조행위를 할 가능성(작위가능성)이 없기 때문에 부작위범의 구성요건해당성이 없다.

4. 부작위

보증인의 작위의무위반으로서 부작위가 있어야 한다. 작위의무이행이라는 작위가 있는 이상 과실로 결과가 발생한 경우라고 하더라도 작위의 과실범이 성립할 뿐이지 부작위에 의한 과실범이 성립할 여지는 없다.

5. 작위와의 동가치성

(1) 의 의

부진정부작위범은 부작위범의 일반적 구성요건 이외에 부작위가 작위와 같이 평가될 수 있을 것이 요구되는데, 이를 부작위와 작위 사이에 있어서 행위반가치의 동가치성 내지 등가성이라고 한다.[1] 즉 작위의무자의 구체적인 부작위에 의한 결과의 발생이 작위에 의한 범죄실현에 상응할 만큼 불법의 정도가 있어야 '실행행위성'이 인정되어 '작위범'의 구성요건에 포섭될 수 있다는 것이다. 부진정부작위범은 부작위에 의한 작위범이기 때문에 작위범의 구성요건에 포섭된다. 그런데 작위범의 구성요건은 대체로 일반인에 대한 금지를 규정하고 있을 뿐이며, 이러한 금지된 결과를 피하기 위하여 '누가 무엇을 하여야 하는가'는 직접적으로 규정하지 않고 있다.

현행 형법은 결과발생 방지의무만을 규정하고 그 구체적인 내용은 기술하고 있지 않으므로 결과발생 방지의무를 이행하지 않고 부작위한 경우를 모두 처벌할 위험성이 있다. 그러므로

---

1) 우리나라 형법은 이를 명시적으로 규정하고 있지 않지만, 독일 형법 제13조 제1항은 동가치성을 작위에 의한 구성요건실현에 대한 부작위의 '상응성(Entsprechung)' 조항으로 명시하고 있다. 오스트리아 형법 제2조 또한 마찬가지이다.

부진정부작위범의 성립이 무제한적으로 확대되는 것을 제한할 필요가 있는데, 이로 인하여 등장한 개념이 작위와 부작위의 동가치성이다. 따라서 부진정부작위범이 성립하기 위해서는 해당 부작위가 작위에 의한 구성요건 실현과 동등한 것으로 평가될 수 있어야 한다.

한편 동가치성의 문제는 작위와 부작위의 불법에 있어서의 '동등한 평가'를 의미하는 것은 아니다. 왜냐하면 부진정부작위범에 의해서 형성되는 불법의 크기는 작위범의 그것과 비교해 볼 때 같거나 작다고 할 수 있기 때문이다. 그러므로 동가치성은 현실적으로 동일하지 않을 수 있지만 규범적으로 동일하게 평가한다는 것을 의미한다.

(2) 적용범위

일반적으로 작위범은 '단순한 결과범(다른 행위양상이 필요 없이 부작위에 의해서 결과가 발생하는 범죄; 살인죄)'과 '특별한 행위방법과 결부된 결과범(결과가 특별한 행위양상과 관련하여 발생하는 범죄로서 이러한 행태의존적 범죄 내지 행태구속적 범죄의 대표적인 경우로 사기죄에서의 '기망', 공갈죄에서의 '공갈', 강제추행죄에서의 '추행' 등을 들고 있다)'으로 구별된다.

여기서 동가치성을 '단순한 결과범' 및 '특별한 행위방법과 결부된 결과범' 모두에 있어서 인정할 것인지의 여부와 관련하여, ① 독일 형법 제13조 제2항은 부진정부작위범의 처벌을 임의적 감경사유로 규정하여 단순한 결과범에서 상응성 조항을 고려하지 않더라도 불법의 정도가 낮은 부작위는 임의적 감경사유로 참작될 여지가 있다는 점, 독일에서 부작위범에 대한 임의적 감경규정은 상응성 조항이 없는 단순한 결과범에만 적용된다는 점, 부진정부작위범의 처벌을 임의적 감경사유로 하고 있지 않은 우리나라에서 단순한 결과범의 경우 상응성 여부를 불문하고 작위범과 동일한 법정형을 적용한다면 죄형균형사상에 배치될 우려가 있다는 점, 부작위의 상응성이 부정될 경우에는 정범으로서의 실행행위는 인정되지 않더라도 방조행위로 평가될 수 있기 때문에 단순한 결과범의 경우에도 반드시 작위에 의한 범죄실현과 동가치성이 인정되는가를 판단해야 한다는 점 등을 논거로 하여, 단순한 결과범에 있어서도 반드시 작위에 의한 범죄실현에 동가치성이 인정되는가를 판단해야 한다고 하는 불구별설, ② 단순한 결과범에서는 작위의무가 있음에도 불구하고 결과방지를 하지 않았다면 바로 동가치성이 인정된다는 것임에 반하여, 특별한 행위방법과 결부된 결과범에서는 부작위의 결과야기 자체뿐만 아니라 결과야기행위의 태양에까지 동가치성을 가질 때 구성요건적 부작위로 평가될 수 있다는 점 등을 논거로 하여, 전자의 경우에는 별도로 동가치성을 문제 삼을 필요가 없지만, 후자의 경우에는 특별한 행위방법이 부작위에 의하여 실현되었다고 해석될 수 있는 경우에 비로소 작위범의 구성요건에 해당하게 된다고 보는 구별설 등의 대립이 있다.

이에 대하여 대법원[1]은 단순한 결과범이든 특별한 행위방법과 결부된 결과범이든 불문하고 부작위와 작위와의 동가치성을 요구하고 있어 불구별설의 입장을 취하고 있다.

---

1) 대법원 1997. 3. 14. 선고 96도1639 판결; 대법원 1996. 9. 6. 선고 95도2551 판결; 대법원 1992. 2. 11. 선고 91도2951 판결; 대법원 1985. 11. 26. 선고 85도1906 판결; 대법원 1984. 11. 27. 선고 84도1906 판결.

생각건대 우리나라 형법 제18조는 부작위의 동가치성의 요건을 명시적으로 요구하고 있지 않으며, 단지 부작위가 작위와 동일하게 평가되기 위한 요건으로서 부작위범에게 보증인적 지위가 있을 것을 요구하고 있다. 독일 형법상 '작위와 상응'해야 한다는 문구에서 조차도 상응성 조항의 실효성에 의문이 제기되고 있는 실정이다. 그러나 다수설과 판례는 부작위의 동가치성을 부진정부작위범의 필수적인 요건이라고 해석하고 있다. 즉 부작위범은 보증인지위에 있는 자의 행위의무위반만으로는 부족하고, 부작위가 구성요건 속에 유형화된 행위양태와 동가치성 내지 상응성을 갖지 않으면 안 된다고 한다. 그러면서 부작위의 동가치성이 필요한 이유는 보증인 지위가 있고, 이러한 보증인 지위에 따른 작위의무위반으로 위험한 결과가 발생하였다고 하여 모두 작위범과 같이 처벌할 수 없기 때문이라고 한다. 하지만 작위와 부작위의 동등한 형법적 가치를 판단할 기준은 제시된 것이 없다고 할 수 있다.

결론적으로 동가치성은 불필요한 개념이라고 할 수 있는데, 사기죄에서 기망행위가 작위의 형태이든 부작위의 형태이든 이는 구성요건의 요소이므로 당연한 결과이며, 살인죄에서 살해행위도 작위의 형태이든 부작위의 형태이든 이는 구성요건의 요소이므로 당연한 결과라고 할 수 있기 때문이다.

6. 인과관계

부작위범에서는 부작위 자체가 결과에 대해서 일정한 원인이 되었느냐가 문제되는 것이 아니라 부작위 대신에 일정한 작위를 하였을 때에도 결과가 발생하였을 것인지 여부가 문제되며, 법적으로 기대되는 작위행위가 있었더라면 구성요건적 결과가 발생하지 않았으리라고 판단될 때 부작위의 인과관계는 인정된다. 순수한 거동범적 성격을 갖는 부작위범인 진정부작위범에 있어서는 인과관계가 문제될 여지가 없다. 그러나 부작위에 의한 작위적 결과의 발생을 필요로 하는 부진정부작위범의 경우에 있어서는 발생된 결과를 행위자에게 귀속시키기 위해서 부작위와 결과 사이에 인과관계가 존재할 것이 요구된다.

부진정부작위범의 인과관계는 '기대된 일정한 행위가 행해졌더라면 결과의 발생을 방지할 수 있었을 것'이라는 판단을 말한다. 즉 부작위와 결과발생 사이의 문제가 아니다. 부작위는 자연과학적 관점에서 無이기 때문에 부작위와 결과발생 간의 인과관계란 존재할 수 없다. 그리하여 부작위는 규범적 관점에서 작위와 결과의 불발생 사이의 '가설적 인과관계'로서 고찰하는 점에 특이성이 있다. 부작위범에 있어서 부작위는 기대되는 무엇인가를 하지 않은 것으로서 기대되는 행위를 하였다면 결과가 발생하지 않았을 것이라는 관계가 인정될 때 비로소 부작위와 결과 사이에 인과관계를 인정할 수 있다. 다시 말하면 요구된 작위행위를 이행했다면, 확실성에 근접할 만큼 개연적으로 구체적으로 결과가 발생하지 않았을 것이라고 판단될 때 가설적 인과관계를 긍정할 수 있다.[1]

7. 주관적 구성요건

(1) 고 의

부진정부작위범의 고의는 반드시 구성요건적 결과발생에 대한 목적이나 계획적인 범행 의도가 있어야 하는 것은 아니고, 법익침해의 결과발생을 방지할 법적 작위의무를 가지고 있는 사람이 의무를 이행함으로써 결과발생을 쉽게 방지할 수 있었음을 예견하고도 결과발생을 용인하고 이를 방관한 채 의무를 이행하지 아니한다는 인식을 하면 족하며, 이러한 작위의무자의 예견 또는 인식 등은 확정적인 경우는 물론 불확정적인 경우이더라도 미필적 고의로 인정될 수 있다.

이때 작위의무자에게 이러한 고의가 있었는지는 작위의무자의 진술에만 의존할 것이 아니라, 작위의무의 발생근거, 법익침해의 태양과 위험성, 작위의무자의 법익침해에 대한 사태지배의 정도, 요구되는 작위의무의 내용과 이행의 용이성, 부작위에 이르게 된 동기와 경위, 부작위의 형태와 결과발생 사이의 상관관계 등을 종합적으로 고려하여 작위의무자의 심리상태를 추인하여야 한다.[1]

한편 부진정부작위범에서 행위자는 구성요건적 상황, 보증인 지위, 결과발생방지의 가능성, 부작위, (가설적) 인과관계와 객관적 귀속을 인식해야 한다. 나아가 이러한 고의의 지적 요소 이외에도 의지적 요소인 의욕 내지 용인이 있어야 한다. 하지만 작위범에서는 사태의 적극

---

1) 과거에는 인과관계부정설, 타행행위설(부작위시 행해진 작위의무자의 다른 행위가 결과에 대한 원인이라는 학설), 선행행위설(부작위에 앞서서 행해진 작위가 결과에 대한 원인이라는 학설), 간섭설(결과발생을 방지하려는 작위에의 충동을 억제하는 심리작용, 즉 간섭현상에 원인이 있다는 학설), 법적 인과관계설(부작위 자체에는 원인력이 없으나 작위의무자의 작위의무위반이 결과에 대하여 법적 원인이 된다는 학설) 등이 주장되었으나, 현재에는 학설사적 의미밖에 없다.

1) 대법원 2015. 11. 12. 선고 2015도6809 전원합의체 판결(세월호사건)(항해 중이던 선박의 선장 피고인 갑, 1등 항해사 피고인 을, 2등 항해사 피고인 병이 배가 좌현으로 기울어져 멈춘 후 침몰하고 있는 상황에서 피해자인 승객 등이 안내방송 등을 믿고 대피하지 않은 채 선내에 대기하고 있음에도 아무런 구조조치를 취하지 않고 퇴선함으로써, 배에 남아있던 피해자들을 익사하게 하고, 나머지 피해자들의 사망을 용인하였으나 해경 등에 의해 구조되었다고 하여 살인 및 살인미수로 기소된 사안에서, 피고인 을, 병은 간부 선원이기는 하나 나머지 선원들과 마찬가지로 선박침몰과 같은 비상상황 발생 시 각자 비상임무를 수행할 현장에 투입되어 선장의 퇴선명령이나 퇴선을 위한 유보갑판으로의 대피명령 등에 대비하다가 선장의 실행지휘에 따라 승객들의 이동과 탈출을 도와주는 임무를 수행하는 사람들로서, 임무의 내용이나 중요도가 선장의 지휘 내용이나 구체적인 현장상황에 따라 수시로 변동될 수 있을 뿐 아니라 퇴선유도 등과 같이 경우에 따라서는 승객이나 다른 승무원에 의해서도 비교적 쉽게 대체 가능하고, 따라서 승객 등의 퇴선을 위한 선장의 아무런 지휘·명령이 없는 상태에서 피고인 을, 병이 단순히 비상임무 현장에 미리 가서 추가 지시에 대비하지 아니한 채 선장과 함께 조타실에 있었다거나 혹은 기관부 선원들과 함께 3층 선실 복도에서 대기하였다는 사정만으로, 선장과 마찬가지로 선내 대기 중인 승객 등의 사망 결과나 그에 이르는 사태의 핵심적 경과를 계획적으로 조종하거나 저지·촉진하는 등 사태를 지배하는 지위에 있었다고 보기 어려운 점 등 제반 사정을 고려하면, 피고인 을, 병이 간부 선원들로서 선장을 보좌하여 승객 등을 구조하여야 할 지위에 있음에도 별다른 구조조치를 취하지 아니한 채 사태를 방관하여 결과적으로 선내 대기 중이던 승객 등이 탈출에 실패하여 사망에 이르게 한 잘못은 있으나, 그러한 부작위를 작위에 의한 살인의 실행행위와 동일하게 평가하기 어렵고, 또한 살인의 미필적 고의로 피고인 갑의 부작위에 의한 살인행위에 공모 가담하였다고 단정하기도 어려우므로, 피고인 을, 병에 대해 부작위에 의한 살인의 고의를 인정하기 어렵다고 한 원심의 조치는 정당하다).

적인 조종이라는 동작으로 나타나지만, 부작위범에 있어서는 부작위에로의 결의와 결과발생에 대한 희망 등의 형태로 내심의 세계에 머물러 있는 데에 특징이 있다. 이러한 요소에 대한 착오가 있으면 구성요건적 착오가 되지만, 보증인의무에 대한 착오는 위법성의 착오가 된다.

(2) 과 실

부진정부작위범은 부작위에 의하여 작위범의 구성요건을 실현하는 경우이므로, 부작위에 의하여 실현한 작위범에 대하여 과실범 처벌규정이 존재하는 경우에는 과실에 의한 부작위범의 성립도 가능하다.

Ⅳ. 부작위범의 공범

부작위범 사이의 공동정범은 다수의 부작위범에게 공통된 의무가 부여되어 있고 그 의무를 공통으로 이행할 수 있을 때에만 성립한다.[1] 예를 들면 정신보건법 제24조 제1항은 "정신의료기관 등의 장은 정신질환자의 보호의무자 2인의 동의(보호의무자가 1인인 경우에는 1인의 동의로 한다)가 있고 정신건강의학과 전문의가 입원 등이 필요하다고 판단한 경우에 한하여 당해 정신질환자를 입원 등을 시킬 수 있으며, 입원 등을 할 때 당해 보호의무자로부터 보건복지부령으로 정하는 입원 등의 동의서 및 보호의무자임을 확인할 수 있는 서류를 받아야 한다."라고 정하고, 제57조 제2호는 제24조 제1항을 위반하여 입원동의서 또는 보호의무자임을 확인할 수 있는 서류를 받지 아니한 자를 처벌한다고 정하고 있다.

이와 같은 규정 형식과 취지에 비추어 보면 보호의무자 확인 서류 등 수수 의무 위반으로 인한 정신보건법 위반죄는 구성요건이 부작위에 의해서만 실현될 수 있는 진정부작위범에 해당한다. 진정부작위범인 위 수수 의무 위반으로 인한 정신보건법 위반죄의 공동정범은 그 의무가 수인에게 공통으로 부여되어 있는데도 수인이 공모하여 전원이 그 의무를 이행하지 않았을 때 성립할 수 있다. 그리고 위 규정에 따르면 보호의무자 확인 서류 등의 수수 의무는 '정신의료기관 등의 장'에게만 부여되어 있고, 정신의료기관 등의 장이 아니라 그곳에 근무하고 있을 뿐인 정신건강의학과 전문의는 위 규정에서 정하는 보호의무자 확인 서류 등의 수수 의무를 부담하지 않는다.[2]

---

1) 대법원 2008. 3. 27. 선고 2008도89 판결.
2) 대법원 2021. 5. 7. 선고 2018도12973 판결(이 사건 병원 소속 정신건강의학과 전문의에 불과한 피고인들은 위와 같은 의무자가 아니고 병원장 공소외인과 공모하였다고 볼 수 없다. 위에서 본 법리에 따르면, 이 사건 병원에 근무하는 정신건강의학과 전문의인 피고인들은 보호의무자 확인 서류 등 수수 의무의 귀속주체가 아니므로 피고인들에게 보호의무자 확인 서류 등의 수수 의무가 공통으로 부여되어 있다고 할 수 없다. 따라서 피고인들은 보호의무자 확인 서류 등의 수수 의무 위반으로 인한 구 정신보건법 위반죄의 공동정범이 될 수 없다).

Ⅴ. 부작위범의 효과

제18조에는 부작위범의 처벌에 관하여 특별한 언급이 없기 때문에 부진정부작위범도 작위범과 동일하게 처벌된다. 그러나 부진정부작위범의 책임은 작위범의 경우에 비하여 경미할 뿐만 아니라 부작위가 작위와 동가치성이 인정된다고 할지라도 대부분의 경우 그 불법내용은 작위범의 경우보다 가볍다고 할 수 있다. 이렇게 부작위의 행위반가치가 작위에 비하여 적은 경우가 일반적이기 때문에 부진정부작위범의 형을 임의적 감경사유로 규정하는 것이 입법론적으로 타당하다.

제3장 위법성론

제1절 위법성의 기초이론

Ⅰ. 위법성의 의의

1. 위법성의 개념 및 의의

'위법성'(違法性)이란 구성요건에 해당하는 행위를 법질서 전체의 관점에서 파악하였을 때 어긋난다는 판단을 말한다. 이와 같은 부정적인 평가는 비난가능성을 의미하기 때문에 위법성은 행위에 대한 비난가능성이라고 할 수도 있는데, 이는 책임이 행위자에 대한 비난가능성을 의미하는 것과 구별된다.

구성요건에 해당하는 행위는 원칙적으로 위법하고, 위법성조각사유가 있는 경우에만 예외적으로 위법하지 않다. 그러므로 구성요건해당성이 있는 행위는 위법성이 있는 것으로 사실상 추정되므로, 구성요건해당성은 위법성의 인식근거라고 할 수 있다.

2. 위법성과 불법의 관계

위법성은 행위가 법질서 전체의 관점에서 어긋난다는 성질이므로, 행위와 법질서 전체 사이의 관계개념으로 평가할 수 있다. 반면에 불법은 전체 법질서에 어긋난다고 평가된 실체를 의미하므로, 위법하다는 부정적 가치판단을 받은 실체 그 자체를 말한다. 그러므로 위법성은 항상 단일하고 동일한 평가를 할 뿐이므로, 개별적인 행위에 있어서의 위법성은 질적·양적 평가가 이루어질 수 없지만, 불법은 개별적인 행위에 있어서 질적·양적 평가가 충분히 가능하다.

예를 들면 상해행위와 살인행위, 과실행위와 고의행위, 미수행위와 기수행위 등은 모두 동일한 위법성을 내포하고 있지만, 개별적인 행위의 불법성은 후자가 전자의 경우보다 상대적으로 항상 크다고 평가되는 것이다. 그리고 우리나라에서는 '사회상규'라는 개념이 일반적 위법성조각사유로서 명문의 규정으로 인정되고 있으므로, 위법성의 정도를 구분하는 소위 '가벌적 위법성'[1]이라는 개념은 별도로 인정할 실익이 전혀 없다.

---

1) '가벌적 위법성론'이란 위법성의 통일적 개념을 포기하고 형법상의 위법성과 민법 등 다른 법률상의 위법성을 구분한 다음, 형법상의 위법성이 인정되기 위해서는 해당 행위가 단순히 전체 법질서에 어긋나는 것으로는 부족하고 그 행위가 형벌에 처할 필요가 있을 정도의 실체를 가져야 한다는 이론을 말한다. 예를 들면 경미한 절도행위에 대한 위법성을 판단함에 있어서, 민법상으로는 위법하여 불법행위가 될 수 있지만, 형법상의 위법성은 인정

한편 불법행위는 항상 위법행위가 되지만, 위법행위는 항상 불법행위가 되는 것은 아니다. 예를 들면 과실손괴행위는 민법상의 불법에는 해당하지만, 형법상의 불법에는 해당하지 않는 것이다.

3. 위법성과 책임의 관계

위법성과 책임을 구분하는 가장 큰 이유는 '위법은 연대, 책임은 개별화'라고 하는 공범의 이론을 해결하기 위함이다. 예를 들면 甲이 위험한 물건을 휴대하였고, 乙이 그렇지 않은 상황에서 공동으로 甲의 아버지를 폭행한 경우, 위험한 물건을 휴대한 것은 위법성과 관련되어 있고, 피해자가 甲과 직계존비속관계라는 것은 책임과 관련되어 있다고 보아야 하는데, 이 때 위법은 연대책임이기 때문에 甲과 乙 모두 특수폭행죄의 죄책을 지게 되며, 책임은 개별적으로 판단하기 때문에 甲은 존속특수폭행죄, 乙은 단순특수폭행죄로 의율하게 되는 것이다.

한편 위법한 행위는 원칙적으로 책임이 있고, 책임조각사유가 있는 경우에만 예외적으로 책임이 부정된다. 그러므로 위법한 행위는 책임이 있는 것으로 사실상 추정된다.

II. 위법성의 본질 및 평가방법

1. 형식적 위법성론 및 실질적 위법성론

위법성의 본질과 관련하여 형식적 위법성론과 실질적 위법성론이 다음과 같이 대립한다.

(1) 형식적 위법성론

'형식적 위법성론'이란 위법성의 본질을 규범위반이라고 파악하는 견해를 말한다. 이에 의하면 어떠한 행위가 위법한 이유는 그 행위를 금지하는 법규에 위반되었기 때문이라고 한다. 하지만 법규에 위반되는 것이 위법한 것이라는 것은 동어반복에 불과하기 때문에 입법론으로는 받아들일 수 없는 이론이다.

(2) 실질적 위법성론

실질적 위법성론에서는 위법성의 본질을 구체적으로 밝히기 위한 노력을 하는데, 대표적인 예로서 벨쩰(Welzel)의 규범위반설, 포이에르바하(Feuerbach)의 권리침해설, 리스트(Liszt)의 법익침해설 등을 들 수 있다.[1] 먼저 권리침해설에 의하면, 위법성의 본질을 권리의 침해로 파악하여 권리에 이르지 않는 단순한 이익의 침해는 위법하지 않다고 판단한다. 예를 들면 甲이 성매매여성을 기망하여 화대를 지급하기로 약속한 후에 성관계 후 이를 지급하지 않은 경우, 성매

되지 않아 가벌적 위법성이 부정된다는 결론을 도출한다.

1) 이에 대하여 규범위반설과 법익침해설 양자 모두가 위법성의 실질이며, 다만 규범위반설은 행위반가치(행위불법)의 내용으로, 법익침해설은 결과반가치(결과불법)의 내용으로 사실상 해소되고 있다는 견해로는 정성근/박광민, 163면.

매여성에게는 사법상 화대청구권이라는 것이 인정되지 않기 때문에 사기죄가 성립하지 않는다는 결론에 이르게 된다.

다음으로 법익침해설에 의하면, 법적 권리가 아닌 이익이라고 할지라도 법익의 범위에 포섭된다면 위법하다고 판단한다. 판례에 의하면 「일반적으로 부녀와의 성행위 자체는 경제적으로 평가할 수 없고, 부녀가 상대방으로부터 금품이나 재산상 이익을 받을 것을 약속하고 성행위를 하는 약속 자체는 선량한 풍속 기타 사회질서에 위반한 사항을 내용으로 하는 법률행위로서 무효이나, 사기죄의 객체가 되는 재산상의 이익이 반드시 사법상 보호되는 경제적 이익만을 의미하지 아니하고, 부녀가 금품 등을 받을 것을 전제로 성행위를 하는 경우 그 행위의 대가는 사기죄의 객체인 경제적 이익에 해당하므로, 부녀를 기망하여 성행위 대가의 지급을 면하는 경우 사기죄가 성립한다.」라고 판시[1]하여, 법익침해설의 입장을 취하고 있다. 결론적으로 법익침해설이 위법성의 본질을 가장 잘 표현해 주고 있다고 평가된다.

2. 주관적 위법성론 및 객관적 위법성론

위법성의 평가방법과 관련하여 주관적 위법성론과 객관적 위법성론이 다음과 같이 대립한다.

(1) 주관적 위법성론

'주관적 위법성론'이란 위법성의 평가방법과 관련하여 행위자의 주관적 능력을 고려하는 이론을 말한다. 이는 법규범이 가지고 있는 의사결정규범의 성격을 강조하는 것인데, 이에 의하면 위법성을 이해할 수 있는 능력을 가진 사람들의 행위만이 위법하고, 그렇지 못한 사람들의 행위는 위법하지 않다고 한다.

하지만 우리나라 형법상 명문의 규정과 달리 책임무능력자의 행위를 책임조각사유가 아닌 위법성조각사유로 의율한다는 비판이 제기된다. 이에 의하면 책임무능력자의 행위는 위법할 수 없으므로, 이에 대한 정당방위는 불가능하고 긴급피난이 가능할 뿐이다.

(2) 객관적 위법성론

'객관적 위법성론'이란 위법성의 평가방법과 관련하여 행위자의 능력을 고려하지 않고, 법질서 전체의 관점에서 객관적으로 판단해야 한다는 이론을 말한다. 이는 법규범이 가지고 있는 평가규범의 성격을 강조하는 것인데, 이에 의하면 행위자의 주관적 능력은 책임단계에서 고려되어야 한다. 그러므로 책임무능력자의 행위도 위법할 수 있으므로, 이에 대한 정당방위가 가능하다.

판례에 의하면 「형법 제20조에 정하여진 '사회상규에 위배되지 아니하는 행위'라 함은, 법질서 전체의 정신이나 그 배후에 놓여 있는 사회윤리 내지 사회통념에 비추어 용인될 수 있는

---

[1] 대법원 2001. 10. 23. 선고 2001도2991 판결(화대사기사건).

행위를 말하므로, 어떤 행위가 그 행위의 동기나 목적의 정당성, 행위의 수단이나 방법의 상당성, 보호이익과 침해이익의 법익 균형성, 긴급성, 그 행위 이외의 다른 수단이나 방법이 없다는 보충성 등의 요건을 갖춘 경우에는 정당행위에 해당한다.」라고 판시[1]하여, 객관적 위법성론의 입장을 취하고 있다.

생각건대 객관적 위법성론이 타당하다. 다만 객관적 위법성론에서 말하는 '객관적'이라는 것은 위법성의 평가방법을 객관적으로 해야 한다는 의미이지, 위법성 판단의 대상까지 객관적 사실에 한정된다고 보아서는 안 된다는 점에 유의해야 한다. 결국 위법성의 평가는 객관적 기준에 의하여 판단하고, 그 판단의 대상은 주관적·객관적 사실을 모두 포함한다.

Ⅲ. 위법성조각사유의 기초이론

1. 위법성조각사유의 의의

'위법성조각사유'(違法性阻却事由)란 구성요건에 해당하는 행위라고 할지라도 일정한 경우에 위법성을 상쇄시키는 기능을 하는 사유를 말한다. 불법을 유형화한 구성요건에 해당하는 행위는 원칙적으로 위법하다. 그러나 법질서 전체의 관점에서 보았을 때 구성요건에 해당하는 행위라고 할지라도 이를 정당화하는 예외적인 사유가 있는 경우에는 해당 행위의 위법성이 배제될 수 있는데, 이를 위법성조각사유 또는 정당화사유라고 한다. 해당 행위가 위법성조각사유로 평가되면 존재하던 위법성이 사후에 조각되는 것이 아니라 처음부터 위법성이 존재하지 않는 것으로 평가된다.

제20조부터 제24조까지는 위법성조각사유를 규정하고 있는데, 정당행위, 정당방위, 긴급피난, 자구행위, 피해자의 승낙 등이 그것이다. 그리고 제310조에서는 명예훼손죄와 관련하여 특별한 위법성조각사유를 별도로 규정하고 있다. 제20조에 규정되어 있는 '사회상규에 위배되지

---

1) 대법원 2013. 10. 17. 선고 2013도8683 판결(자물쇠절단사건)(피고인들이 주민회의실의 자물쇠를 손괴하고 주민회의실에 들어간 것은 자물쇠의 손괴나 주민회의실의 침입 그 자체를 목적으로 하는 것이 아니고 선거비용의 과다지출을 검토하기 위한 00발전위원회의 회의를 진행하기 위한 것인 점, 주민회의실은 공용부분인 주민공동시설로서 관리주체인 관리사무소가 관리권을 가지고 있다고 할 것인데, 공소외 1은 그 동안 입주자대표회의실로 사용되었다는 이유만으로 종전의 자물쇠를 바꾸고 별도의 자물쇠로 시정하여 피고인들이 관리권자인 관리사무소의 동의를 받더라도 이를 사용할 수 없도록 하였고, 더구나 피고인들이 미리 열쇠 1개를 관리사무소에 보관해 달라고 수차례 요청하였음에도 피고인들이 주민회의실을 사용한다는 이유만으로 이를 거절하였으며, 결국 예정된 회의시간에 임박한 피고인들이 불가피하게 관리사무소 직원에게 알리고 그 직원으로부터 절단기와 새로운 자물쇠를 받아 공소외 1이 설치한 자물쇠를 부수고 주민회의실에 들어간 것이므로 그 전반적인 경위를 고려하면 피고인들의 행위가 사회통념상 현저하게 타당성을 잃은 것으로 보이지 아니한 점, 피고인들의 행위는 5천원 상당의 자물쇠를 부순 것에 불과하여 그 피해가 매우 적은 반면, 주민공동시설인 주민회의실을 사용하지 못하게 되는 주민들의 피해는 그에 비하여 더 큰 것으로 보이는 점, 이미 예정된 회의시간이 임박하였음에도 주민회의실의 출입문을 열 수 없었던 피고인들로서는 달리 취할 수 있는 방법이 없어 불가피하게 관리사무소 직원에게 알리고 자물쇠를 손괴할 수밖에 없었다고 보여지는 점 등을 고려하면, 피고인들의 행위는 그 행위의 동기나 목적의 정당성, 행위의 수단이나 방법의 상당성, 보호이익과 침해이익의 법익 균형성, 긴급성, 그 행위 이외의 다른 수단이나 방법이 없다는 보충성 등의 요건을 충족하므로 정당행위에 해당한다).

않는 행위'는 위법성조각사유의 일반적인 규정에 해당하고, 제20조의 나머지 사유 및 제21조 내지 제24조의 위법성조각사유는 특별한 위법성조각사유에 해당한다. 그러므로 위법성조각사유를 판단함에 있어서는 먼저 특별한 위법성조각사유에 해당하는지 여부를 판단한 다음, 이에 해당하지 않는 경우에 한하여 보충적으로 일반적인 위법성조각사유를 판단하는 순서로 진행해야 한다.

2. 주관적 정당화요소

(1) 의 의

'주관적 정당화요소'란 구성요건에 해당하는 행위를 하는 자가 위법성이 조각되는 행위를 하고 있다는 것에 대하여 인식 내지 의욕하는 내심의 상태를 말하는데, 이는 위법성조각사유의 주관적 성립요건이라고 할 수 있다. 구성요건요소가 객관적 구성요건요소와 주관적 구성요건요소로 되어 있듯이 위법성조각사유의 요소에도 객관적 요소와 방위의사, 피난의사, 자구의사 등과 같은 주관적 요소로 구성되어 있는 것이다. 형법에서는 '방위하기 위한 행위', '피난하기 위한 행위', '실행곤란을 피하기 위한 행위' 등을 규정하고 있기 때문에 주관적 정당화요소를 요구하는 입법주의를 채택하고 있다. 또한 피해자의 승낙으로 인하여 위법성이 조각되기 위해서도 행위자가 해석상 행위 당시에 피해자의 승낙이 있었다는 사실을 당연히 인식하고 있어야 한다.

이에 대하여 판례는「정당행위가 성립하기 위하여는 건전한 사회통념에 비추어 그 행위의 동기나 목적이 정당하여야 하고, 정당방위·과잉방위나 긴급피난·과잉피난이 성립하기 위하여는 방위의사 또는 피난의사가 있어야 한다.」라고 판시[1]하여, 주관적 정당화요소를 요구하고 있다.

생각건대 불법은 결과반가치와 행위반가치를 요구하는데, 불법이 완전히 상쇄되기 위해서는 결과반가치뿐만 아니라 행위반가치도 탈락해야 하므로 주관적 정당화요소를 통하여 행위반가치를 탈락시킬 필요가 있다. 특히 객관적 위법성론에 의하면 위법성의 평가방법에 있어서 객관성을 요구할 뿐, 위법성 판단의 대상까지 객관성을 요구하는 것은 아니므로 주관적 정당화요소도 위법성 판단의 대상이 될 수 있는 것이다.

(2) 내 용

주관적 정당화요소가 인정되기 위해서는 객관적 정당화상황에 대한 인식과 의사가 있어야 한다. 왜냐하면 주관적 정당화요소는 행위반가치를 상쇄시켜야 하는데, 행위반가치의 내용인 고의에는 객관적 구성요건요소에 대한 인식과 의사를 요구하기 때문이다. 다만 정당화상황에 대한 인식과 의사가 있는 한 다른 목적이나 동기가 결부되더라도 전자의 내용이 주된 것이라면 주관적 정당화요소는 인정될 수 있다고 보아야 한다. 예를 들면 방위의사가 주된 경우에 복수

---

1) 대법원 1997. 4. 17. 선고 96도3376 전원합의체 판결; 대법원 1986. 11. 11. 선고 86도1862 판결; 대법원 1981. 8. 25. 선고 80도800 판결.

심이나 분노가 개입되더라도 정당방위가 인정될 수 있는 것이다.

(3) 주관적 정당화요소가 결여된 경우의 효과

예를 들면 甲이 乙을 살해하기 위하여 총을 쏘아 살해의 결과가 발생하였는데, 마침 그 순간에 乙도 甲을 살해하기 위하여 총을 겨누던 중에 살해당한 경우, 이는 정당방위의 객관적 요건은 충족되었지만 주관적 요건이 충족되지 못한 상황(우연방위)이라고 할 수 있다. 여기서 객관적 요소를 강조하면 정당방위가 인정되겠지만, 주관적 요소를 강조하면 정당방위가 부정되는 결과가 된다.

위의 사례에서 보듯이 우연방위와 같이 정당화사유의 객관적 요건은 충족되었으나 주관적 정당화요소가 결여된 경우의 법적 효과와 관련하여, ① 위법성조각사유의 객관적 요건이 존재하여 행위자가 위법한 행위를 할 수 없음에도 불구하고 할 수 있다고 착오한 경우이므로 불능미수와 유사하다는 점, 주관적 정당화요소가 결여되면 고의를 실행한 행위반가치는 있으나 상대방의 불법에 상응하는 만큼 법익침해가 부정되어 기수범의 결과반가치가 탈락하고 미수범의 불법 정도의 결과반가치가 있을 뿐이라는 점 등을 논거로 하여, 불능미수의 규정을 유추적용하자는 견해, ② 위법성조각사유의 모든 객관적 요건과 주관적 요건이 충족되는 경우에만 위법성이 조각되는데 우연방위에서는 행위반가치가 상쇄되지 않는다는 점, 침해행위가 과실이나 미수에 그친 경우에는 과실범의 미수 또는 미수범의 미수가 인정됨에 따라 불가벌이 되어 처벌의 공백이 생긴다는 점, 구성요건적 결과가 발생하였음에도 불구하고 미수에 불과하다는 것은 부당하다는 점 등을 논거로 하여, 기수범으로 처벌하자는 견해 등의 대립이 있다.

생각건대 주관적 정당화사유가 존재하는 경우와 그렇지 않은 경우에 대한 효과를 동일하게 인정하는 것은 비례의 원칙에 반하므로 기수범으로 처벌하는 것은 타당하지 않다. 객관적 정당화상황이 존재할 경우 이에 대한 법익침해는 결과반가치가 상쇄되며, 주관적 정당화사유가 존재하지 않을 경우 이에 대한 법익침해는 행위반가치가 상쇄되지 아니한다. 그러므로 기수범의 결과반가치를 탈락시키고 미수범 정도의 결과불법을 인정하여 불능미수의 규정을 유추적용하는 것이 타당하다.

제 2 절　정당방위

I. 의 의

1. 개 념

현재의 부당한 침해로부터 자기 또는 타인의 법익(法益)을 방위하기 위하여 한 행위는 상당한 이유가 있는 경우에는 벌하지 아니한다(제21조 제1항). 방위행위가 그 정도를 초과한 경우에

는 정황(情況)에 따라 그 형을 감경하거나 면제할 수 있다(제21조 제2항). 제2항의 경우에 야간
이나 그 밖의 불안한 상태에서 공포를 느끼거나 경악(驚愕)하거나 흥분하거나 당황하였기 때문
에 그 행위를 하였을 때에는 벌하지 아니한다(제21조 제3항).

'정당방위'(正當防衛)란 현재의 부당한 침해로부터 자기 또는 타인의 법익을 방위하기 위한
상당한 이유가 있는 행위를 말한다. 정당방위는 사회상규에 위배되지 아니하는 행위의 일종이
라는 점에서 위법성조각사유에 속한다. 그리고 정당방위는 현재의 부당한 침해를 방위하기 위
한 행위이므로 '不正 對 正'의 관계에서 인정되는 위법성조각사유이다.

이 점에서 '正 對 正'의 관계에서 인정되는 긴급피난(제22조 제1항)과 구별되며, 사전적 긴급
행위라는 점에서 이미 침해된 자기의 청구권을 보전하기 위한 사후적 긴급행위인 자구행위(제
23조 제1항)와도 구별된다. 이로 인해 긴급피난에서는 긴급피난에 의해 보호되는 법익과 침해되
는 법익 사이에 균형이 엄격하게 요구되지만, 정당방위에서는 정당방위로 보호되는 법익이 정
당방위로 침해되는 법익보다 작아도 인정될 여지가 크다. 한편 특별한 위법성조각사유라는 점
에서 일반적인 위법성조각사유인 정당행위(제20조)와도 구별된다.

2. 인정근거

(1) 자기보호의 원리

정당방위는 개인적인 측면에서 보았을 때, 개인이 자신의 법익을 타인의 부당한 침해로부
터 스스로 방위하는 것을 허용해야 한다는 자기보호의 원리에 근거하고 있다. 자신의 법익에
대한 부당한 침해가 있는 경우라고 할지라도 원칙적으로는 자력구제가 허용되지 않지만, 예외
적으로 긴급한 경우에는 이를 허용할 필요가 있다는 점을 반영한 것이다.

(2) 법질서수호의 원리

정당방위는 사회적인 측면에서 보았을 때, 피해자의 자기방위가 동시에 사회 전체의 법질
서를 수호하는 것이 된다는 점에서 법질서수호의 원리에 근거하고 있다. 제21조의 문언상 정당
방위는 자기의 법익을 위해서 뿐만 아니라 타인의 법익을 위해서도 가능하다. 이는 공익적 성
격을 지니는 것으로 법질서수호의 원리를 강조하게 되면 사회적·국가적 법익에 대한 정당방위
도 어느 정도 허용할 수 있다. 다만 법질서수호의 이익이 없는 경우에는 정당방위를 인정할 수
없다.

(3) 검 토

자기보호의 원리라고 해서 모든 자신의 이익이 보호될 수 있다는 의미가 아니고, 그 이익
중 적법하고 정당한 이익만이 정당방위에 의하여 보호될 수 있는 것이므로, 그러한 의미의 자
기보호는 '법질서수호'의 한 부분이 되는 것이라고 할 수 있다. 왜냐하면 주관적 관념인 '권리'
가 객관화되어 표현된 것이 '법' 또는 '법익'이기 때문이다.

한편 자기 이외에 타인의 법익도 정당방위에 의한 보호의 대상이 되고 있음에 비추어 볼

때 형법은 명문으로 법질서수호의 원리를 표명하고 있다. 즉 정당방위의 인정근거로서 오로지 자기보호의 원리만을 표방하는 것은 '타인'의 법익도 정당방위의 대상으로 하고 있는 형법의 입장과 부합하지 아니한다. 만약 자기보호의 원리에만 입각하여 정당방위를 이해한다면 '타인'을 위한 방위행위인 긴급구제와 사회적·국가적 법익을 방위하기 위한 정당방위는 원칙적으로 허용될 수 없다. 자기보호의 원리에만 입각하여 정당방위를 이해한다면 법익의 주체인 '타인'의 의미를 해석함에 있어서도 그 법익의 귀속 주체가 설사 타인이라고 하더라도 방위행위자 자신의 법익의 보호와 '직접적으로 관련된' 타인의 법익만이 방위의 대상이 될 수 있는 것으로 제한 해석하게 될 것이다. 이와 같이 자기보호의 원리를 강조하느냐 아니면 법질서수호의 원리를 강조하느냐에 따라 제21조의 타인의 범위가 달라지는 결과가 발생한다. 결론적으로 정당방위는 법질서수호의 원리에서 그 인정근거를 구하는 것이 타당하다.

Ⅱ. 성립요건

1. 현재의 부당한 침해

(1) 부당한 침해

1) 침 해

정당방위는 부당한 침해에 대한 것이어야 한다. 여기서 침해는 보호법익에 대한 사람의 행위에 의한 위해(危害)를 의미한다. 이와 관련하여 문제가 될 수 있는 것으로 다음의 사례를 살펴 볼 필요가 있다.

① 사람의 행동에 의한 침해

형법상 사람의 행위라고 볼 수 없는 반사적·무의식적 행동이나 절대적 폭력하의 행위에 의한 공격은 정당방위에서 말하는 침해에 해당되지 아니한다. 이러한 경우에는 긴급피난이 가능할 뿐이다.

② 부작위에 의한 침해

형법상 사람의 행위는 작위와 부작위로 구분되므로, 작위에 의한 침해뿐만 아니라 부작위에 의한 침해에 대해서도 정당방위가 가능하다. 부작위자에게 보증인적 지위가 인정되고, 작위의무의 불이행이 법익침해에 해당할 경우에는 이에 대한 정당방위가 가능하다. 예를 들면 갓난아기의 부모가 아기를 집에 혼자 방치한 채 PC방에서 게임을 하는 것을 보고 아기의 보호를 위하여 부모에게 폭행이나 협박을 행사하여 집에 가도록 강요하는 경우가 이에 해당한다.

③ 과실에 의한 침해

형법상 사람의 행위는 고의행위와 과실행위로 구분되므로, 고의에 의한 침해뿐만 아니라 과실에 의한 침해에 대해서도 정당방위가 가능하다. 즉 보호법익에 대한 공격인 한 그 목적이나 고의의 유무와 내용을 불문한다. 예를 들면 무게 중심을 잃고 뒷걸음질을 하는 성인으로부터 후방에 있는 자신의 어린 아이를 보호하기 위하여 힘으로 그를 밀쳐 내는 경우가 이에 해당한다.

④ 책임무능력자에 의한 침해

보호법익에 대한 공격인 한 사람의 의사능력이나 책임능력의 유무와 내용은 불문한다. 따라서 정신질환자나 유아 등 책임 없는 행위에 의한 공격에 대해서도 원칙적으로 정당방위를 할 수 있다. 다만 책임능력자에 의한 침해와 비교하여 상당한 이유를 엄격하게 해석할 필요는 있다.

⑤ 물건이나 동물에 의한 침해

정당방위에서의 침해는 사람에 의한 공격이므로 물건이나 동물에 의한 공격은 침해가 될 수 없다. 예를 들면 주인 없는 동물이 공격해 오기 때문에 동물을 죽인 경우에는 구성요건해당성을 조각하거나 긴급피난으로서 위법성이 조각된다. 하지만 물건이나 동물에 의한 침해가 사람의 고의 또는 과실에 의하여 야기된 때에는 물건이나 동물을 도구로 이용한 그 사람의 침해이므로 그 침해에 대하여는 정당방위가 가능하다.

2) 부당한 침해

부당한 침해에 대해서는 정당방위를 할 수 있지만, 부당하지 않은 침해에 대해서는 정당방위를 할 수 없다. 법에 의하여 허용된 침해는 부당하다고 할 수 없으므로 정당방위, 긴급피난, 정당행위 등의 위법성조각사유에 해당하는 침해에 대하여는 정당방위가 허용되지 아니한다. 여기서 '부당'의 의미는 일반적으로 '정당'의 반대말로 사용된다. 하지만 정당과 부당의 구별은 명확하지가 않은데, 과연 부당의 진정한 의미가 무엇인가에 대하여 다음과 같은 학설의 대립이 있다.

① '위법'이라는 견해

여기서의 위법은 형법상의 불법을 포함하는 법질서 전체의 일반적 위법을 의미하므로 민법상의 불법도 이에 포함된다. 또한 위법을 판단함에 있어서는 행위불법과 결과불법이 모두 고려되어야 한다. 예를 들면 무과실책임이 인정되는 경우에는 단순한 결과불법만으로도 이에 대한 제재규정이 존재하는 한 부당한 침해에 해당할 수 있다.

이에 대하여 판례도 「어떠한 행위가 정당방위로 인정되려면 그 행위가 자기 또는 타인의 법익에 대한 현재의 부당한 침해를 방어하기 위한 것으로서 상당성이 있어야 하므로, 위법하지 않은 정당한 침해에 대한 정당방위는 인정되지 않는다.」라고 판시[1]하여, 부당한 침해를 '위법

---

1) 대법원 2021. 5. 7. 선고 2020도15812 판결; 대법원 2003. 11. 13. 선고 2003도3606 판결(연설방해사건)(공직선거 후보자 합동연설회장에서 후보자 甲이 적시한 연설 내용이 다른 후보자 乙에 대한 명예훼손 또는 후보자비방의 구성요건에 해당된다고 하더라도 형법 제310조 또는 공직선거법 제251조 단서에 의하여 그 위법성이 조각된다고 할 것이어서 후보자 甲의 위 사실적시가 부당한 침해라고 할 수 없을 뿐만 아니라 … 甲의 연설 도중에 乙이 마이크를 빼앗고 욕설을 하는 등 물리적으로 甲의 연설을 방해한 행위는 甲의 위법하지 않은 정당한 침해에 대하

한' 침해로 파악하고 있다.

같은 맥락에서 책임무능력자 또는 책임조각사유가 있는 자에 의한 공격행위에 대해서도 정당방위를 할 수 있다. 다만 이러한 경우에는 상당성의 요건을 엄격하게 해석할 필요가 있다.

② '부당'이라는 견해

위법이라고 해석하는 것은 '위법한 공격'이라고 규정한 독일 형법의 해석으로는 몰라도 '부당한 침해'라고 규정한 우리나라 형법의 해석으로는 타당하지 않으므로 언어의 의미 그대로 '부당'으로 해석한다. 그렇기 때문에 인간의 행위에 의한 침해가 인정되면 무과실행위라도 부당한 경우에는 이에 대한 제재규정이 존재하지 않더라도 정당방위가 가능하다.

③ 검 토

형법상의 범죄행위에 대해서는 당연히 정당방위가 허용된다.[1] 하지만 여기의 침해는 반드시 범죄행위만을 의미하지는 않는다. 형법상의 불법을 포함하는 법질서 전체의 일반적 위법을 포함하는 것과 동시에 위법은 아닐지라도 부당한 침해로 판단된다면 정당방위가 가능하다고 보아야 한다. 언어의 의미상 부당은 위법보다 넓은 개념이므로 부당을 위법으로 축소해석하는 것은 피고인에게 유리한 규정을 축소해석하는 것으로서 허용되지 아니한다.

(2) 현재의 침해

1) 의 미

정당방위는 현재의 침해에 대해서만 가능하므로 과거[2]나 장래의 침해에 대해서는 불가능하다. 왜냐하면 과거나 장래의 침해에 대하여도 정당방위를 인정한다면 그 범위가 상당히 넓어져서 법질서수호의 원리에 역행하기 때문이다. 여기서 '현재의 침해'란 원칙적으로 그 침해행위가 실행에 착수된 상태로부터 종료되기 이전의 시점까지의 침해를 말한다. 즉 '현재의 침해'란 침해행위가 형식적으로 기수에 이르렀는지에 따라 결정되는 것이 아니라 자기 또는 타인의 법

여 이루어진 것일 뿐만 아니라 상당성을 결여하여 정당방위의 요건을 갖추지 못하였다); 대법원 1962. 8. 23. 선고 62도93 판결(채권자가 가옥명도강제집행에 의하여 적법하게 점유를 이전받아 점유하고 있는 방실에 채무자가 무단히 침입한 때에는 주거침입죄가 성립하고 적법한 강제집행에 대한 정당방위나 자구행위는 인정될 수 없다).

1) 대법원 2006. 9. 8. 선고 2006도148 판결(검사가 수사기관에 자진출석한 사람을 긴급체포의 요건을 갖추지 못하였음에도 불구하고 실력으로 체포하려고 하였다면 검사의 행위는 이미 적법한 공무집행을 벗어나 피고인 2를 불법하게 체포하려고 한 것으로 볼 수밖에 없으므로, 피고인 1이 피고인 2에 대한 체포를 제지하는 과정에서 위 검사에게 상해를 가한 것은 이러한 불법 체포로 인한 신체에 대한 현재의 부당한 침해에서 벗어나기 위한 행위로서 정당방위에 해당하여 위법성이 조각된다); 대법원 2002. 5. 10. 선고 2001도300 판결(피고인은 현행범에 해당하지 아니함에도 공소외 1 등은 피고인을 현행범으로 체포하여 파출소로 강제로 끌고 가려 하였고, 피고인은 이를 벗어날 목적으로 몸부림을 치던 중 순찰차 조수석에 앉아 있던 공소외 1의 뒷머리를 발로 차게 되었고, 그 과정에서 공소외 1은 약 2주간의 치료를 요하는 다발성좌상 등의 상해를 입은 사실을 알 수 있다. 이와 같이 현행범인으로서의 요건을 갖추고 있었다고 인정되지 않는 상황에서 경찰관들이 동행을 거부하는 자를 체포하거나 강제로 연행하려고 하였다면, 이는 적법한 공무집행이라고 볼 수 없고, 그 체포를 면하려고 반항하는 과정에서 경찰관에게 상해를 가한 것은 불법 체포로 인한 신체에 대한 현재의 부당한 침해에서 벗어나기 위한 행위로서 정당방위에 해당하여 위법성이 조각된다); 대법원 2000. 7. 4. 선고 99도4341 판결; 대법원 1999. 12. 28. 선고 98도138 판결.

2) 대법원 1996. 4. 9. 선고 96도241 판결(피해자의 침해행위에 대하여 자기의 권리를 방위하기 위한 부득이한 행위가 아니고, 그 침해행위에서 벗어난 후 분을 풀려는 목적에서 나온 공격행위는 정당방위에 해당한다고 할 수 없다).

익에 대한 침해상황이 종료되기 전까지를 의미한다. 그러므로 일련의 연속되는 행위로 인해 침해상황이 중단되지 아니하거나 일시 중단되더라도 추가 침해가 곧바로 발생할 객관적인 사유가 있는 경우에는 그중 일부 행위가 범죄의 기수에 이르렀더라도 전체적으로 침해상황이 종료되지 않은 것으로 볼 수 있다.[1]

하지만 실행의 착수에 이르지 못하였더라도 침해가 급히 임박해 있는 상태에서는 예외적으로 정당방위가 가능하다. 즉 현실적인 '침해'가 없더라도 법익에 대한 '위험'이 직접적으로 발생한 시점에는 '침해'가 있는 것으로 간주할 수 있다. 왜냐하면 침해의 현재성을 미수론에서 말하는 실행의 착수시점과 동일시하게 되면 정당방위의 객관적 상황이 너무 좁게 인정되어, 효과적인 정당방위 기회의 확보가 불가능하거나 심각하게 곤란해지는 상황이라면 침해의 현재성을 인정할 필요가 있기 때문이다. 이와 같이 정당방위에서 말하는 침해의 현재성을 문언 그대로 엄격하게 해석하여 침해의 위험성 단계를 넘어 현실적인 침해가 있을 때 비로소 방위행위로 나아갈 수 있다고 본다면 불합리한 점이 발생하게 된다.[2] 그럼에도 불구하고 범행의 단순한 계획이나 준비는 행위자의 범죄의사가 객관화되어 실현되는 것이 아니기 때문에 이 단계에서는 침해의 행위 자체가 인정될 수 없다.

2) 계속된 침해의 경우

'계속된 침해'란 범죄의 유형 가운데 하나인 계속범[3]을 의미하는 것이 아니라 과거에 침해행위가 발생하고 종료하였으나 이에 그치지 않고 반복하여 계속될 염려가 있는 경우를 말한다. 이러한 경우는 현실적인 침해가 아직 발생하지 않더라도 장래의 침해가 확실히 예견되는 특수한 경우이다. 이러한 상황에서는 지금 예방하지 않으면 장래에 예상되는 침해를 피할 수 있는 다른 방법이 불가능하거나 현저히 곤란해질 것으로 예상되는 경우에 취하는 방위행위이기 때문에 이를 '예방적 정당방위'라고도 한다.

이에 대하여 판례는 김○○사건에서 「피고인 김○○이 약 12살 때부터 의붓아버지인 피해자의 강간행위에 의하여 정조를 유린당한 후 계속적으로 이 사건 범행 무렵까지 피해자와의 성관계를 강요받아 왔고, 그밖에 피해자로부터 행동의 자유를 간섭받아 왔으며, 또한 그러한 침

---

1) 대법원 2023. 4. 27. 선고 2020도6874 판결(원심이 판단한 바와 같이 피고인 1이 이미 넘어진 후 피고인이 피고인 1의 옷을 잡았고 자리에서 일어난 이후에도 피고인 1의 어깨를 흔들었으므로 원심과 같이 가해행위가 이미 종료되었다고 볼 여지도 없는 것은 아니다. 그러나 당시 피고인 1은 근로자들과 장기간 노사갈등으로 마찰이 격화된 상태에서 사무실 밖으로 나가기 위하여 좁은 공간에서 다수의 근로자들을 헤치거나 피하면서 앞쪽으로 움직이던 중 출입구 직전에서 공소외 2와 엉켜 넘어졌으므로 근로자들 중 일부인 공소외 1에 대한 가해행위만을 두고 침해상황의 종료를 판단하는 데에는 한계가 있다).

2) 스위스 형법 제33조와 오스트리아 형법 제3조 제1항에서는 현재의 침해 외에 '직접적으로 임박한'(unmittelbar bedrohend) 침해에 대해서도 정당방위를 인정하고, 일본 형법 제36조에서도 '急迫不正한 침해'에 대해서 정당방위를 인정함으로써, 현재의 침해보다 시간적으로 넓은 의미로 사용하고 있다. 이에 반해 독일 형법 제32조 제2항은 '현재의 위법한 침해'(ein gegenwärtiger rechtswidriger Angriff)로 규정하고 있다.

3) 계속범의 경우에는 위법상태가 제거될 때까지 침해가 존재하는 것이므로 침해의 현재성이 인정되어 정당방위가 가능하다.

해행위가 그 후에도 반복하여 계속될 염려가 있었다면, 피고인들의 이 사건 범행 당시 피고인 김○○의 신체나 자유 등에 대한 현재의 부당한 침해상태가 있었다고 볼 여지가 없는 것은 아니나 …」라고 판시[1]하여, 이러한 경우는 범죄의 실행의 착수 여부나 범행의 급박한 직전의 경우인가의 여부와 관계없이 침해의 현재성을 인정할 여지를 보이고 있다.

즉 '계속적 침해의 위험'이 있는 경우를 '현재의 침해'가 있는 것으로 판단하고 있으므로, 이른바 '예방적 정당방위'의 이론을 인정한 것으로 이해될 수도 있다. 그러나 예방적 정당방위는 인정될 수 없으므로 판례의 태도는 부당하다. 또한 동 판결은 상당성이 결여되어 정당방위가 성립하지 않는다고 하는데, 그 보다는 현재의 침해성 여부를 보다 자세히 검토했어야 했다. 한편 판례는 남편으로부터 끊임없이 구타당해 온 아내가 남편을 살해한 사건[2]에서도 정당방위의 인정에 소극적인 태도를 보이고 있다.

생각건대 김○○사건에서 언어적 의미로는 살해의 당시 침해의 현재성이 인정되지 않는다. 그러나 단순히 이전까지 없던 침해행위가 예상되는 것이 아니라 계속되어 온 침해행위였다는 점에 주목하여야 한다. 즉 과거부터 계속되어 온 침해행위가 언제든지 반복될 현실적인 가능성이 있으므로 침해는 진행 중인 것으로 볼 여지도 있는 것이다. 하지만 이러한 해석은 무리인데, 장래의 침해에 대한 예방은 기본적으로 국가의 임무이며, 국가가 그러한 예방을 수행할 수 없는 부득이한 상황에서는 정당방위가 허용되어야 하기 때문이다. 방위의 개념 자체가 이미 예방이라는 의미를 어느 정도 내포하고 있으므로 국가가 법질서와 법익을 적절히 보호할 수 없을 정도의 긴급한 경우에는 정당방위가 허용되어야 한다.

---

1) 대법원 1992. 12. 22. 선고 92도2540 판결.

2) 대법원 2001. 5. 15. 선고 2001도1089 판결(피고인은 피해자(1962년생)와 1987. 11. 21. 혼인하여 딸(1990년생)과 아들(1994년생)을 둔 사실, 피해자는 평소 노동에 종사하여 돈을 잘 벌지 못하면서도 낭비와 도박의 습벽이 있고, 사소한 이유로 평소 피고인에게 자주 폭행·협박을 하였으며, 변태적인 성행위를 강요하는 등의 사유로 결혼생활이 파탄되어 1999년 11월경부터 별거하기에 이르고, 2000. 1. 10.경 피고인이 서울가정법원에 이혼소송을 제기하여 그 소송 계속 중이던 같은 해 4월 23일 10:40경 피해자가 피고인의 월세방으로 찾아온 사실, 문밖에 찾아온 사람이 피해자라는 것을 안 피고인은 피해자가 칼로 행패를 부릴 것을 염려하여 부엌에 있던 부엌칼 두 자루를 방의 침대 밑에 숨긴 사실, 피고인이 문을 열어 주어 방에 들어온 피해자는 피고인에게 이혼소송을 취하하고 재결합하자고 요구하였으나 피고인이 이를 거절하면서 밖으로 도망가려 하자, 피해자는 도망가는 피고인을 붙잡아 방안으로 데려온 후 부엌에 있던 가위를 가지고 와 피고인의 오른쪽 무릎 아래 부분을 긋고 피고인의 목에 겨누면서 이혼하면 죽여버리겠다고 협박하고, 계속하여 피고인의 옷을 강제로 벗기고 자신도 옷을 벗은 다음 피고인에게 자신의 성기를 빨게 하는 등의 행위를 하게 한 후, 침대에 누워 피고인에게 성교를 요구하였으나 피고인이 이에 응하지 않자 손바닥으로 뺨을 2－3회 때리고, 재차 피고인에게 침대 위로 올라와 성교할 것을 요구하며 "너 말을 듣지 않으면 죽여버린다."고 소리치면서 침대 위에서 상체를 일으키는 순간, 계속되는 피해자의 요구와 폭력에 격분한 피고인이 그 상황에서 벗어나고 싶은 생각에서 침대 밑에 숨겨두었던 칼(증 제1호, 길이 34㎝, 칼날길이 21㎝) 한 자루를 꺼내 들고 피해자의 복부 명치 부분을 1회 힘껏 찔러 복부자창을 가하고, 이로 인하여 피해자로 하여금 장간막 및 복대동맥 관통에 의한 실혈로 인하여 그 자리에서 사망에 이르게 한 사실을 인정할 수 있다. 피고인이 이와 같이 피해자로부터 먼저 폭행·협박을 당하다가 이를 피하기 위하여 피해자를 칼로 찔렀다고 하더라도, 피해자의 폭행·협박의 정도에 비추어 피고인이 칼로 피해자를 찔러 즉사하게 한 행위는 피해자의 폭력으로부터 자신을 보호하기 위한 방위행위로서의 한도를 넘어선 것이라고 하지 않을 수 없고, 따라서 이러한 방위행위는 사회통념상 용인될 수 없는 것이므로, 자기의 법익에 대한 현재의 부당한 침해를 방어하기 위한 행위로서 상당한 이유가 있는 경우라거나, 방위행위가 그 정도를 초과한 경우에 해당한다고 할 수 없다).

　　과거에 침해행위가 발생하고 종료하였으나 이에 그치지 않고 반복하여 계속될 염려가 있는 경우는 주로 가정 내에서 발생하는 폭력사건이다. 예를 들면 남편의 아내에 대한 지속적인 구타, 의붓아버지의 의붓딸에 대한 지속적인 강간 등이 이에 해당한다. 이러한 경우는 일시적으로 가해행위가 중단되어 있다고 하더라도 사건 정황에 비추어 보아 포괄적으로 침해상황의 연속선상에 놓여 있다고 볼 수 있는 특수한 경우인 것이다. 하지만 현재의 침해인가에 관한 판단시점은 방위행위자의 실제적인 공격 행위시점을 기준으로 하는 것이지, 방위행위자의 공격준비 행위시점을 기준으로 하는 것이 아니다. 따라서 장래의 침해가능성을 예견하고 이를 방지하기 위하여 방위조치를 미리 취한 때에도 이후 실제로 침해가 발생하였다면 상당성이 인정되는 범위 내에서 그 미리 행해진 방위조치에 대하여는 정당방위의 성립을 인정할 수 있다.

　　예를 들면 절도사건이 자주 발생하는 지역의 갑부가 자신의 재물을 지키기 위하여 담장에 전기가 흐르는 줄을 설치했다고 가정해 보자. 갑부는 장래의 침해가능성을 어느 정도 예견하였고 이를 방지하기 위한 방위조치를 미리 취한 것이다. 왜냐하면 갑부가 절도범과 마주쳤을 때 자신의 재물을 지키기 위하여 방위행위를 한다면 오히려 상황을 악화시켜 자신의 재물뿐만 아니라 자신의 생명까지도 위협받을 수 있을지도 모르며, 또한 방위행위를 할 수 있을지의 여부도 불확실하기 때문이다. 전기가 흐르는 줄을 설치한 후 실제로 절도범이 담장을 넘어 오다가 감전되어 절도범행이 실패로 돌아갔다면 이는 정당방위의 행사라고 볼 수 있다.

　　위와 같은 갑부사례는 김○○사건의 경우와 다음의 점에서 구별된다. 김○○과 갑부는 모두 침해행위가 실제로 발생하기 전에 장래의 침해가능성을 예견하고 자신의 법익을 지키기 위하여 방위조치를 취한 점에서는 같다. 그러나 장래에 침해가 실제로 이루어졌는가의 여부는 다르다. 갑부사례에서는 장래의 침해가 실제로 이루어졌으나 김○○사건에서는 장래의 침해가 실제로 이루어지지 않았다. 전자의 경우는 장래의 실제적인 공격행위가 존재하므로 현재의 침해성이 인정되어 정당방위가 성립하지만, 후자의 경우는 장래의 실제적인 공격행위가 존재하지 않으므로 현재의 침해성이 인정되지 않아 정당방위가 성립하지 않는다. 이와 같이 정당방위에서 현재의 침해인지 여부에 관한 판단시점은 방위행위자의 실제적인 공격 행위시점을 기준으로 하는 것이지, 방위행위자의 공격준비 행위시점을 기준으로 하는 것이 아니다.

3) 범행 직후의 경우

　　범죄가 이미 기수에 달한 이후라고 할지라도 법익침해가 계속되는 상황에 있으면 현재의 침해가 될 수 있다. 예를 들면 절도의 현행범인을 추격하여 도품을 탈취하는 것은 정당방위에 해당된다. 절도범이 추격당하고 있는 중에 도품을 버린 경우에도 (절도죄의 실행의 착수가 있는 점에서) 쫓아가 도품을 탈취하면 정당방위가 성립한다. 그러나 절도범을 그 다음날 만나서 도품을 탈취한 경우에는 정당방위가 성립하지 않는다.

2. 자기 또는 타인의 법익

(1) 자기의 법익

생명, 신체, 자유, 명예, 재산 등과 같은 형법상 개인적 법익은 당연히 정당방위가 보호하는 법익이 된다. 법익은 권리에 국한된 것이 아니기 때문에 사법상의 권리가 없다고 할지라도 사실상 향유되는 이익이 있다면 정당방위의 대상이 될 수 있다. 예를 들면 임대차기간이 만료된 이후에 가옥을 명도하지 않는 임차인의 방실을 임대인이 침입한 경우에 있어서 임차인은 주거침입을 이유로 정당방위를 할 수 있다. 한편 형법에서 보호의 대상으로 규정하고 있는 개인적 법익에 해당하지 않는 법익이라고 할지라도 정당방위에 의한 보호의 대상이 될 수 있다.

(2) 타인의 법익

자기의 법익뿐만 아니라 타인의 법익에 대한 현재의 부당한 침해를 방위하기 위한 행위도 상당한 이유가 있으면 정당방위에 해당하여 위법성이 조각된다.[1] 특히 타인의 법익을 보호하기 위한 정당방위를 '긴급구제' 또는 '긴급구조'라고도 한다. 여기서 '타인'이란 자기 이외의 자연인이라는 것은 분명한데, 그 구체적인 범위와 관련하여 다음과 같은 논의가 있다.

1) 자기 이외의 자연인의 법익

자기 이외의 자연인의 법익은 당연히 정당방위를 통한 보호의 대상이 된다. 여기서 자기 이외의 자연인은 일면식이 있는 자뿐만 아니라 생면부지의 자연인도 포함한다. 또한 타인의 범위에는 자연인 이외에 법인이나 법인격 없는 단체도 포함한다. 다만 자기의 법익을 위한 정당방위와 비교하여 타인의 법익을 위한 정당방위에 있어서는 상당성의 판단이 보다 엄격하게 해석되어야 한다.

판례에 의하면, 차량통행문제를 둘러싸고 피고인의 父와 다툼이 있던 피해자가 그 소유의 차량에 올라타 문안으로 운전해 들어가려 하자 피고인의 父가 양팔을 벌리고 이를 제지하였으나 피해자가 이에 불응하고 그대로 그 차를 피고인의 父 앞쪽으로 약 3m 가량 전진시키자 차의 운전석 부근 옆에 서 있던 피고인이 父가 차에 다치겠으므로 이에 당황하여 차를 정지시키기 위하여 운전석 옆 창문을 통하여 피해자의 머리털을 잡아당겨 그의 흉부가 차의 창문틀에 부딪혀 약간의 상처를 입게 한 행위는 父의 생명, 신체에 대한 현재의 부당한 침해를 방위하기 위한 행위로서 정당방위에 해당한다.[2]

2) 사회적 법익

길거리에서 공연히 음란행위를 하는 자를 폭행으로 제지하는 경우, 지하철에 방화하려고 휘발유를 들고 출입하는 자를 폭행으로 제지하는 경우 등과 같이 사회적 법익을 보호하기 위한 방위행위를 정당방위로 보아야 할 것인지 여부가 문제될 수 있다.

---

1) 대법원 2017. 3. 15. 선고 2013도2168 판결; 대법원 2006. 9. 8. 선고 2006도148 판결.
2) 대법원 1986. 10. 14. 선고 86도1091 판결.

이에 대하여 판례는 「타인이 보는 자리에서 자식으로부터 인륜상 용납할 수 없는 폭언과 함께 폭행을 가하려는 피해자를 1회 구타한 행위는 (이로 인해 지면에 넘어져 사망에 이르렀다고 하더라도) 피고인의 신체에 대한 법익뿐만 아니라 아버지로서의 신분에 대한 법익에 대한 현재의 부당한 침해를 방위하기 위한 행위로서 정황에 비추어 볼 때 피고인으로서는 피해자에게 일격을 가하지 아니할 수 없는 상당한 이유가 있는 행위로서 정당방위에 해당한다.」라고 판시[1]하여, '아버지로서의 신분'도 정당방위가 보호하는 법익이 된다고 한다.

생각건대 판례는 가족관계나 애정관계를 보호하기 위한 정당방위가 가능하다고 한다. 가족관계나 애정관계는 자기의 법익에도 해당하겠으나, 본질적으로 사회적 법익에 더 가까워 보인다. 왜냐하면 '아버지로서의 신분'은 사회생활상 가족이라는 제도 하에서 인정되는 일정한 지위이기 때문이다. 결론적으로 판례는 사회적 법익이라고 할지라도 '피고인의 신체에 대한 법익뿐만 아니라'라는 판시에서도 알 수 있듯이 개인적 법익과 관련성이 있는 경우에는 정당방위의 보호대상으로 파악하고 있다. 앞에서 살펴 본 사례에 있어서도 길거리에서 공연히 음란행위를 하는 자를 폭행으로 제지하는 경우는 비록 사회적 법익을 보호의 대상으로 하는 공연음란죄를 저지하기 위한 행위이기는 하지만 불특정 또는 다수인이 음란행위를 접하지 않을 자유를 보호하기 행위라고 평가할 수 있으며, 지하철에 방화하려고 휘발유를 들고 출입하는 자를 폭행으로 제지하는 경우는 비록 사회적 법익을 보호의 대상으로 하는 방화죄를 저지하기 위한 행위이기는 하지만 화재로부터 불특정 또는 다수인의 생명 또는 신체의 안전을 보호하기 위한 행위라고 평가할 수 있겠다. 다만 순수하게 사회적 법익만을 그 보호대상으로 하는 경우는 정당방위의 대상이 될 수 없다.

3) 국가적 법익

원래 국가는 국가의 존립 자체에 대한 침해뿐만 아니라 국민 개개인의 법익에 대한 침해를 방지하기 위하여 경찰, 군대 등의 조직을 가지고 있지만, 그러한 조직이 제대로 기능할 수 없는 중대한 사태가 발생하였을 경우에 개인이 국가의 존립 등을 방위하기 위하여 직접 행동을 할

---

1) 대법원 1974. 5. 14. 선고 73도2401 판결(피해자가 아버지인 피고인에게 식도까지 들고 대들어서 주위에서 동 식도를 뺏는 한편 피고인은 문밖으로 피신한바, 피해자는 문밖까지 쫓아와서 피고인에게 폭행을 하려고한 사실을 엿볼 수 있는바, 이러한 경우 타인이 보는 자리에서 자식으로부터 인륜상 용납할 수 없는 폭언과 함께 폭행을 가하려는 피해자를 1회 구타한 행위는 피고인의 신체에 대한 법익뿐 아니라 아버지로서의 신분에 대한 법익에 대한 현재의 부당한 침해를 방위하기 위한 행위로서 기록에 나타난 정황에 비추어 볼 때 아버지되는 피고인으로서는 피해자에게 일격을 가하지 아니할 수 없는 상당한 이유가 있는 경우에 해당한다고 봄이 타당하다 할 것이니 피고인의 피해자에 대한 구타행위는 정당방위에 해당하여 범죄를 구성하지 아니할 것이요, 동 폭행행위가 범죄를 구성하지 아니하는 이상 피해자가 그 폭행으로 돌이 있는 지면에 넘어져서 머리 부분에 상처를 입은 결과로 사망에 이르게 되었다 하여도 피고인을 폭행치사죄로 처단할 수 없을 것이다). 피고인의 차남 소외 망인(21세)이 평소 부모에게 행패를 부려오던 중 1972. 7. 13. 19:30경 소외 망인이 술에 만취되어 집에 돌아와서 저녁식사를 하는 피고인에게 '내 술 한 잔 먹어라'하고 소주병을 피고인의 입에 들어 부으면서 밥상을 차 엎은 후 피고인의 멱살을 잡아 당기고 다시 부엌에서 식도를 들고 나와서 행패를 부리므로 피고인은 이를 피하여 밖으로 나왔던바, 위 소외 망인은 밖으로 따라 나와 피고인에게 달려들자 이에 격분하여 주먹으로 동인의 후두부를 1회 강타하여 돌이 많은 지면에 넘어지게 하여 동인으로 하여금 두개의 파열상으로 즉석에서 사망케 한 사안이다.

수 있는지 여부와 관련하여 국가긴급방위 내지 국가긴급구제의 인정 여부가 문제될 수 있다. 우리나라에서는 백범 김구 살해사건, 5·16 사건, 10·26 사건 등의 적법성과 관련하여 문제된 사건이 다수 존재한다.

① 소극설

소극설에 의하면 국가라고 할지라도 그 사법(私法)상의 법익이 문제되는 경우, 예를 들면 국유의 물건에 대한 절취, 손괴 등의 침해에 대하여는 정당방위가 가능하지만, 순수한 국가적 법익인 국법질서나 공공질서의 보호는 기본적으로 국가의 사명이지 개인이 정당방위에 의하여 방위할 성질의 법익은 아니라고 한다. 그렇지 않으면 모든 국민이 국가적 법익을 수호하는 역할을 하게 되어 법질서 문란을 초래할 위험성이 있고, 이로 인하여 이들 법익에 대한 국가권력의 독점성이 무너질 가능성이 있기 때문이다. 또한 국가적 법익으로까지 정당방위의 대상을 확대하면 정치적 목적이나 테러에 악용될 위험성이 상존하게 된다.

판례에 의하면, 피고인이 군무를 기피할 목적으로 국군보안사령부 서빙고분실을 이탈한 군무이탈 범행을 넉넉히 인정할 수 있으며 또한 피고인이 서면화된 인사발령 없이 소론과 같은 경위로 그 원소속부대로부터 위 서빙고분실로 옮기게 되었다는 점과 피고인이 위 분실에서 소론이 주장하는 이른바 '혁노맹' 사건 수사에 협력하게 된 사정만으로는 피고인의 위 이탈행위가 군무기피목적으로 부대 또는 직무를 이탈한 데에 해당하지 아니한다고 할 수 없다. 피고인의 위 이탈동기에 관하여 피고인이 위 분실에서 위 '혁노맹'사건 수사에 협조하면서 현실과 타협해 가는 자신의 모습에 대한 인간적인 좌절감과 동료에 대한 배신감을 만회하여야겠다는 생각 등으로 개인적으로는 도저히 더 이상의 부대생활을 할 수 없어 보안사의 민간인에 대한 정치사찰을 폭로한다는 명목으로 위 분실을 빠져 나가 부대를 이탈한 사실을 인정하고, 피고인이 이 사건 양심선언을 하기 위한 목적은 이 사건 군무이탈을 하게 된 여러 동기 가운데 하나를 이루는 데 불과하다고 판단한 것은 수긍할 수 있는바, 피고인이 군무를 기피할 목적으로 부대에서 이탈하였음이 위와 같이 인정되고 있는 이 사건에서 피고인의 군무이탈동기가 위 원심판시와 같다면 그 동기나 목적, 부대이탈 후의 피고인의 행적 등 기록에 나타난 제반 사정에 비추어 볼 때 군무기피를 목적으로 한 피고인의 이 사건 부대이탈행위가 자기 또는 타인의 법익에 대한 현재의 부당한 침해를 방위하기 위한 행위로서 사회적으로 상당하여 제21조에 정한 정당방위에 해당한다거나 제20조에 정한 사회통념상 허용될 수 있는 정당행위에 해당한다고 볼 수는 없을 것이다.[1]

② (예외적) 적극설

적극설에 의하면 일반적으로는 국가적 법익을 위한 정당방위가 인정되지 않지만, 국가의 존립이 명백하고 중대한 위험에 직면하고 있고, 국가기관이 스스로 보호조치를 취할 수 없는 예외적인 경우에는 국가적 법익도 정당방위의 대상이 될 수 있다고 한다. 예를 들면 간첩이 국

---

1) 대법원 1993. 6. 8. 선고 93도766 판결. 그러나 동 판결은 정당방위의 요건 중 구체적으로 어느 부분의 흠결로 인하여 그 성립이 불가능한 것인지를 밝히지 않고, 단순히 정당방위에 해당한다고 볼 수 없다고 할 뿐이다. 피고인은 공공질서 또는 법질서를 위하여 군무이탈행위를 하였지만, 판례는 국가적 법익에 대한 정당방위는 허용되지 않는다고 한다.

가기밀문서를 가지고 국경을 넘으려 할 때 국가기관의 조치를 기대하기 어려운 상황이라면 개인이 이에 대하여 방위조치를 취할 수 있다는 것이다. 또한 국가적 법익에 대한 침해가 동시에 개인적 법익에 대한 침해를 포함하는 경우에는 정당방위가 허용된다고 보기도 한다.

③ 검 토

오늘날 법질서수호의 원리가 정당방위의 인정근거로서 제시되지만, 이 원리는 단지 정당방위가 개인적 자기보호의 차원을 넘어 설사 그 보호의 대상이 개인의 법익이라고 하더라도 그를 통하여 국가의 법질서도 함께 보호되는 측면이 있음을 강조하는 것이지, 이 원리에 의하여 국가적 법익에 대한 정당방위의 인정을 도출하는 것은 무리이다. 그러므로 국가적 법익에 대한 정당방위를 인정하기 보다는 일정한 범위 내에서 정당행위로 해결하는 것이 타당하다.

3. 방위하기 위한 행위

(1) 방위의사의 존재

정당방위의 행위자에게는 방위의사가 있어야 한다. 방위의사는 정당방위의 주관적 정당화 요소로서 객관적 정당방위상황에 대한 인식과 방어행위를 실현한다는 의사를 그 기본적인 내용으로 하는데, 이와 같은 방위의사를 통하여 방어행위의 행위불법성이 제거된다. 하지만 이를 결여한 행위는 우연방위로서 불능미수가 성립할 뿐이다. 예를 들면 재물손괴의 의사로 2층집 창문에 돌을 던져 손괴하였으나 마침 그 때 집주인이 일산화탄소 중독으로 밀폐된 집 안에서 사망하기 직전이었던 경우가 이에 해당하며, 해당 사례의 경우 불가벌이 될 것이다.

타인의 법익을 방위하기 위한 정당방위에 있어서 방위의사의 존재는 방위행위자에게만 있으면 족하고, 방위의 보호대상자(법익의 주체)에게까지 있을 필요는 없다. 즉 법익주체의 의사는 정당방위의 성립에 아무런 영향을 미치지 아니한다. 예를 들면 甲이 乙를 폭행하고 있는 장면을 목격한 丙이 乙을 구해 줄 의도로 甲에게 폭행을 가했을 경우, 乙에게 비록 구조를 원하는 의사가 전혀 없었다고 하더라도 丙의 정당방위 성립에는 지장이 없다.

시기심, 분노, 복수심 등과 같은 주관적 동기나 사정이 복합적으로 함께 작용한 경우에도 방위의사가 존재하는 한 정당방위의 성립에는 영향이 없다. 즉 방위의사는 방위행위의 유일한 동기가 될 것을 요하지는 아니한다. 하지만 이 경우의 방위의사는 다른 의사보다 주된 것이어야 한다.[1]

---

1) 한편 방위의사가 요구되는 이유는 구성요건 고의를 통해 나타나는 행위반가치의 상쇄에 있으므로, 방위의사가 인정되기 위해서는 자신의 방위행위를 통해서 자기 또는 타인의 법익이 방위될 것이라는 점, 즉 방위행위실현에 관한 목적 내지 내적 지향이 요구된다는 견해가 있다. 이와 같은 방위행위실현에 관한 목적 내지 내적 지향이 요구된다는 전제 아래 다음과 같은 경우는 정당방위의 성립을 부정한다. 예를 들면 A가 B를 위법하게 공격하는 상황에서 평소 A에 대한 원한을 품고 있던 C가 B를 구조한다는 생각은 '전혀 없이' A에게 복수하기 위하여 A를 공격하여 복수를 하고 결과적으로 B가 방위된 경우에 있어서는 정당방위가 될 수 없다는 것이다. 하지만 위와 같은 사례는 현실세계에서 발생할 수 없는 일이다. 왜냐하면 C의 의사를 객관적으로 분석한다는 것 자체가 불가능한 일이기 때문이다. 사례에서는 C가 B를 구조한다는 생각이 '전혀 없이'라고 표현하고 있는데, 구조의사가 전

(2) 방위행위

1) 적극적인 반격행위

방위행위는 순수한 수비적 방어뿐만 아니라 적극적 반격을 포함하는 반격방어의 형태도 가능하다.[1]

2) 소극적인 방어행위

대법원은 소극적인 방어행위의 경우 정당방위가 아닌 정당행위를 적용하는 것이 기존의 입장[2]이었는데, 이러한 태도는 타당하지 않다. 왜냐하면 정당행위는 일반적·보충적 위법성조 각사유이므로 위법성을 조각시키는 사유가 발생했을 경우 정당행위를 적용하기 위해서는 정 당행위 이외의 위법성조각사유를 먼저 검토한 후에 최후의 수단으로 이를 검토해야 하기 때문 이다.

혀 없는 것을 어떻게 입증할 것인가? 인간의 행위에 대한 동기나 목적은 매우 다양할 뿐만 아니라 개별 동기나 목적을 판단하는 기준도 명확하지 않기 때문에 이러한 동기나 목적을 위법성판단에서 일반적으로 고려한다는 것은 무리이다. 또한 시기심·분노·복수심 등과 같은 주관적 동기나 사정이 복합적으로 함께 적용한 때에도 방위 의사가 존재하는 한 정당방위의 성립에는 영향이 없다. 그러므로 방위행위실현에 관한 목적 내지 내적 지향을 특별히 요구하는 것은 타당하지 않다. 방위의사를 인정하기 위하여 방위의 동기나 목적까지 요구하게 되면 심정 형법화(心情刑法化)할 위험성이 있으므로 방위행위자가 정당방위상황에 대한 인식을 한 상태에서 방위의사가 존 재하는 한 설사 다른 목적이나 동기가 병존하더라도 정당방위를 인정하는 것이 타당하다.

1) 대법원 1992. 12. 22. 선고 92도2540 판결.

2) 대법원 1992. 3. 10. 선고 92도37 판결(57세 남자인 피해자는 오전부터 술에 만취하여 아무 연고도 없는 피고인의 집에 함부로 들어가 지하실 방으로 들어가는 출입문의 유리창을 발로 걷어차 깨뜨리는가 하면 성기를 꺼내어 아무데나 마구 소변을 본 뒤 2층으로 통하는 계단을 따라 올라갔고, 피고인은 가정주부로서 피고인의 집에서 혼 자 있는 상태에서 현관문을 열고 밖으로 나오다가 피해자의 위와 같은 행동을 보고, 말로 어른이 술에 취해 무슨 짓이냐, 집밖으로 나가라는 요구를 하였으나 피해자는 오히려 피고인에게 상스러운 욕설을 마구 퍼부으면서 횡설 수설하였고, 결국은 피해자가 집밖으로 나갔으나, 피해자가 유리창을 깬 것을 안 피고인이 피해자의 집에 가서 유리창 값을 받을 생각으로 피해자의 뒤를 따라가자 뒤돌아보면서 다시 피고인에게 상스러운 욕설을 할 뿐더러 피고인이 "당신집이 어디냐, 같이 가서 당신 부인으로부터 유리 깨어진 것 변상을 받아야겠으니 같이 가자"고 왼손으로 피해자의 어깨 위쪽을 붙잡자, 피해자는 "내가 들어있는 방이 1,400,000원이니 당장 1,400,000원을 내어 놓으라"고 피고인으로서는 이해할 수 없는 엉뚱한 요구를 하면서 다시 "이 씹할 년아 개같은 년아"하면서 욕설을 계속하므로, 피고인이 더 이상 이를 참지 못하고 빨리 가라면서 잡고 있던 왼손으로 피해자의 오른쪽 어깨부위를 밀치자 술에 만취하여 비틀거리던 피해자가 몸을 제대로 가누지 못하고 앞으로 넘어져 시멘트바닥에 이마를 부 딪히면서 1차성 쇼크로 사망하게 되었다는 것이다. 사정이 이러하다면 가정주부인 피고인으로서는 예기치 않게 피해자와 맞닥드리게 되어 위와 같은 행패와 엉뚱한 요구를 당하는가 하면 상스러운 욕설을 듣고 매우 당황하였 으리라고 보여 지고, 이에 화도 나고 그 행패에서 벗어나려고 전후 사려 없이 피해자를 왼손으로 밀게 된 것으로 인정되며, 그 민 정도 역시 그다지 센 정도에 이르지 아니한 것으로 인정되므로, 피고인의 위와 같은 행위는 피해 자의 부당한 행패를 저지하기 위한 본능적인 소극적 방어행위에 지나지 아니하여 사회통념상 용인될 수 있는 정도의 상당성이 있어 위험성이 없다고 봄이 상당하고, 피해자가 비록 술에 취하여 비틀거리고는 있었지만 피고 인의 위 행위가 정당행위인 이상 피해자가 술에 취한 나머지 여자인 피고인이 피해자의 어깨를 미는 정도의 행위 로 인하여 넘어져 앞으로 고꾸라져 그 곳 시멘트가 돌처럼 솟아 있는 곳에 이마부위를 부딪히게 되고 이로 인한 1차성 쇼크로 사망하게 되었다 하더라도 그 사망의 결과에 대하여 피고인에게 형식적 책임을 지울 수는 없다. 따라서 피고인의 행위는 사회상규에 위반되지 아니하므로 형법 제20조에 정한 정당행위에 해당하여 죄가 되지 아니한다); 대법원 1990. 5. 22. 선고 90도748 판결(피해자가 술에 취하여 피고인에게 아무런 이유 없이 시비를 걸면서 피고인의 얼굴을 때리자 피고인이 두려움을 느끼고 피해자를 뿌리치고 현장에서 도망가는 바람에 피해자 가 땅에 넘어져 상처를 입은 사실을 인정하고 나서 사실이 이와 같다면 피고인의 행위는 사회통념상 허용될 만한 정도의 상당성이 있는 행위로서 형법 제20조에 정한 정당행위에 해당되어 죄가 되지 아니한다).

3) 과실에 의한 방어행위

과실행위에 의한 정당방위를 인정할 경우 주관적 정당화사유인 방위의사를 어떻게 인정할
것인지 여부가 문제되는데, 이에 대하여 판례는「정당행위가 성립하기 위하여는 건전한 사회통
념에 비추어 그 행위의 동기나 목적이 정당하여야 하고, 정당방위·과잉방위나 긴급피난·과잉
피난이 성립하기 위하여는 방위의사 또는 피난의사가 있어야 한다.」라고 판시[1]하여, 이를 부정
하고 있다.

생각건대 주관적 정당화요소의 내용으로는 고의를 상쇄하는 내용이 포함되어야 하므로 객
관적 정당화상황에 대한 인식 및 이에 대한 의사가 필요하다. 결국 과실에 의한 정당방위는 불
가능하다고 판단된다.

4) 방위행위의 상대방

적극적인 반격행위의 경우 일반적으로 침해행위자가 반격의 대상이 되겠지만, 방위행위의
상황에 따라 제3자에 대한 공격이 방위행위에 포함될 수도 있다. 다만 이 경우 그 제3자는 침해
행위자와 긴밀한 인적관계가 형성되어야 할 것이다. 만약 그러한 인적관계가 형성되어 있지 않
은 경우에는 침해행위자 이외의 제3자에 대한 방위행위에 있어서는 정당방위가 아니라 긴급피
난 등 다른 위법성조각사유로 해결하는 것이 타당하다.

4. 상당한 이유

(1) 의 의

'상당한 이유'란 방위행위가 사회상규에 위배되지 않는 것을 말한다. 방위행위가 사회적으
로 상당한 것인지의 여부는 침해행위에 의하여 침해되는 법익의 종류, 정도, 침해의 방법, 침해
행위의 완급과 방위행위에 의하여 침해될 법익의 종류, 정도 등 일체의 구체적 사정들을 참작
하여 판단하여야 한다.[2] 그리고 이와 같은 상당성의 요소들은 행위의 위법성 유무에 관한 판단
요소이므로, 행위 당시에 실제로 존재한 객관적 사정을 기초로 하여 심사한다.

한편 상당성은 정당방위의 허용요건과 동시에 제한요건을 의미한다는 양면적 기능을 수행
한다. 즉 상당성의 요건은 정당방위의 제한 문제에 대한 실정법적 근거로 이해할 수 있다. 하지
만 상당성은 규범적인 요소에 해당하여 대법원에 의하면 상당성을 '사회통념'이라는 또 다른 모
호한 개념으로 대치하여 사용하기도 한다.[3] 이에 대하여 헌법재판소는 '상당한 이유'가 명확성
의 원칙에 위배되지 않는다고 한다.[4] 이는 불필요한 개념이라기보다는 대부분의 규범적 표현

---

1) 대법원 1997. 4. 17. 선고 96도3376 전원합의체 판결.
2) 대법원 2018. 12. 27. 선고 2017도15226 판결; 대법원 2008. 1. 18. 선고 2007도7096 판결; 대법원 2007. 4. 26.
   선고 2007도1794 판결; 대법원 2005. 9. 30. 선고 2005도3940 판결; 대법원 2003. 11. 13. 선고 2003도3606 판결;
   대법원 1992. 12. 22. 선고 92도2540 판결.
3) 대법원 2001. 5. 15. 선고 2001도1089 판결.
4) 헌법재판소 2001. 6. 28. 선고 99헌바1 결정.

에서 요구되는 바와 같이 내용충족을 필요로 하는 개념이라는 의미이다.

(2) 구체적 내용

1) 방위행위의 필요성

필요성은 정당방위가 반드시 요구되는지의 여부에 대한 문제인데, 우리나라에서는 특별한 의미를 가지지 않는다. 왜냐하면 필요성의 의미를 문자 그대로 이해한다면 정당방위의 객관적 요건이 충족되는 경우 필요성은 당연히 인정되는 것이라고 할 수 있기 때문이다.

이와 같이 필요성을 정당방위의 요건으로 파악하려는 태도는 독일의 입장이라고 할 수 있다. 왜냐하면 독일 형법 제32조에서는 "자기 또는 타인의 법익에 대한 현재의 위법한 침해를 방위하기 위한 행위는 벌하지 아니한다."라고 규정하여, 상당성의 요건이 규정되어 있지 않기 때문에 정당방위의 보충성과 법익균형성 등을 심사할 영역의 창출이 필요했고, 그에 의해 창출된 영역이 필요성이라는 요건이기 때문이다. 하지만 우리나라 형법은 필요성이 아니라 좀 더 엄격한 개념인 상당성을 요구하므로, 필요성은 상당성의 한 내용이 될 수 있을 뿐이다.

한편 정당방위상황의 성격상 방위행위자는 그 상황과 방위수단 등에 관하여 정확한 판단을 내리지 못하는 경우가 오히려 일반적인 만큼 방위행위의 필요성은 그 방위행위에 의하여 침해의 즉각적이고 종국적 배제가 확실히 기대되는 경우에만 인정된다고 보기는 어렵다. 따라서 처음부터 방위의 효과가 전혀 기대되지 않는 경우에만 필요성이 부정된다고 보는 것이 타당하다.

2) 방위행위의 보충성

'보충성'이란 방위행위가 최후수단이어야 한다는 것과 방위행위를 할 경우에도 필요한 최소한의 범위에서 해야 한다는 것을 말한다.[1] 예를 들면 폭력배가 특별한 이유 없이 폭력을 행사할 경우에 일단 도망가고, 만약 따라오면 그 때서야 반격을 하되(최후수단성) 가지고 있던 총과 칼 중에서 칼(최소침해성)로 방어를 하여야 한다. 하지만 정당방위에서 다른 방위방법이 없을 것을 요하는 보충성의 요건은 긴급피난의 경우와 같이 엄격하게 요구되는 것은 아니다.[2] 왜냐하면 정당방위는 부정(不正) 대 정(正)의 관계이기 때문이다. 방위행위자는 여러 방위수단들 중에서 공격자에게 가장 적은 피해를 줄 수단을 선택해야 하지만, 방위행위에 의하여 공격자의 재산이나 신체에 대한 침해가 야기되어도 무방하다. 즉 방위행위자는 자신에 대한 위험을 확실히 제거하기 위해 객관적으로 유효한 수단을 택할 수 있다.

① 최후수단성

방위행위자는 방위행위로 나아가기 전에 방위의 효과를 가져 올 수 있는 다른 수단이 있을

---

1) 대법원 1991. 9. 10. 선고 91다19913 판결(정당방위에 있어서는 반드시 방위행위에 보충의 원칙은 적용되지 않으나 방위에 필요한 한도 내의 행위로서 사회윤리에 위배되지 않는 상당성 있는 행위임을 요한다).
2) 대법원 1966. 3. 5. 선고 66도63 판결(정당방위에 있어서는 긴급피난의 경우와 같이 불법한 침해에 대해서 달리 피난방법이 없었다는 것을 반드시 필요로 하는 것이 아니므로 …).

경우에는 방위행위 대신 다른 수단을 선택해야 한다. 방위행위 당시에 그 부당한 침해를 용이하게 회피할 수 있었던 경우에는 회피의무가 인정되며, 그럼에도 불구하고 방위행위로 나아가 상대방에게 피해를 입힌 경우에는 상당성이 부정될 수 있다. 그러나 이러한 회피의무는 예외적으로만 인정됨에 주의해야 한다. 이러한 이유에서 방위행위 이전에 '사전적으로' 침해를 피할 수 있었다는 점은 회피의무의 인정근거가 될 수 없다. 즉 사전적으로 회피할 수 있었다고 하더라도 그 때 회피하지 않아 침해가 행해지는 상황에서 비로소 방위행위로 나아갔다면 상당성은 인정될 수 있다.[1]

② 최소침해성

방위수단이 여러 개인 경우 방위행위자는 원칙적으로 구체적 상황에서 공격자에게 상대적으로 가장 적은 피해를 주는 방위수단을 선택하여야 한다. 최소침해성의 원칙에 비추어 소극적·방어적 방위행위로도 족한 경우에 적극적·공격적 방위행위로 나아간 때에는 원칙적으로 상당성을 결여한다고 볼 수 있다.

그러나 정당방위의 근거원리에 비추어 볼 때, 방위행위자에게 자신에 대한 위험을 감수하면서까지 이 요건을 엄수할 것을 요구할 수는 없으며, 상대적으로 적은 피해를 주는 방위수단이 방위자에게 있어서 선택가능 하여야 한다. 또한 방위효과의 측면에서 효율적인 경우에 최소의 침해가 아닌 그 이상의 침해도 가능하다. 이와 같은 맥락에서 순수한 수비적 방어뿐만 아니라 적극적 반격을 포함하는 반격방어의 형태도 정당방위의 수단으로 인정하고 있다.[2]

3) 방위행위의 법익균형성

상당성 심사의 내용으로 침해행위에 의하여 침해되는 법익의 종류·정도와 방위행위에 의하여 침해될 법익의 종류·정도를 참작하도록 구체적으로 판단해야 하는데, 이는 법익균형성을 정당방위의 요건으로 심사해야 함을 의미한다. 법익균형성을 심사함에 있어서는 행위, 수단, 법익침해의 결과, 위험성 등 전반적인 상황을 고려해야 한다. 하지만 긴급피난의 법리와는 달리 양 법익의 불균형이 특히 현저한 경우에만 상당성이 결여된다.

판례에 의하면, ① 피고인이 경찰관의 불심검문을 받아 운전면허증을 교부한 후 경찰관에게 큰 소리로 욕설을 하였는데, 경찰관이 모욕죄의 현행범으로 체포하겠다고 고지한 후 피고인의 오른쪽 어깨를 붙잡자 반항하면서 경찰관에게 상해를 가한 사안에서, 피고인은 경찰관의 불심검문에 응하여 이미 운전면허증을 교부한 상태이고, 경찰관뿐 아니라 인근 주민도 욕설을 직접 들었으므로, 피고인이 도망하거나 증거를 인멸할 염려가 있다고 보기는 어렵고, 피고인의 모욕 범행은 불심검문에 항의하는 과정에서 저지른

---

[1] 이러한 관점에서 이미 침해가 개시된 상태에서 그 침해에 대한 사전적 회피가능성을 이유로 방위행위의 상당성을 부정한 대법원 1966. 3. 15. 선고 66도63 판결(피고인 역시 그의 행동 여하에 따라서는 침해를 용이하게 피할 수 있었음에도 불구하고 그 소란스런 분위기 속에서 일련의 연속적 공격방위의 투쟁행위를 예견하면서 이를 피하지 않고 수많은 부락민에게 마치 대항이라도 할 듯이 차에서 내린 끝에 봉변을 당하고 일시 분개하여 칼을 휘둘렀다 함은, 결국 침해를 방위하기 위한 상당한 행위라 할 수 없다)은 타당하지 않다.

[2] 대법원 1992. 12. 22. 선고 92도2540 판결.

일시적, 우발적인 행위로서 사안 자체가 경미할 뿐 아니라, 피해자인 경찰관이 범행현장에서 즉시 범인을 체포할 급박한 사정이 있다고 보기도 어려우므로, 경찰관이 피고인을 체포한 행위는 적법한 공무집행이라고 볼 수 없고, 피고인이 체포를 면하려고 반항하는 과정에서 상해를 가한 것은 불법체포로 인한 신체에 대한 현재의 부당한 침해에서 벗어나기 위한 경우[1], ② 피고인 경영의 주점에서 공소외 1 등 3인이 외상술을 마시면서 통금시간이 지나도 귀가하지 않고 피고인에게 접대부와 동침시켜 줄 것을 요구하고, 피고인이 이를 거절한데 불만을 품고 내실까지 들어와 피고인의 처가 있는 데서 소변까지 하므로 피고인이 항의하자 공소외 1은 주먹으로 피고인의 안면을 강타하고 이어 피고인을 계단 아래 주점으로 끌고가 다른 일행 2명과 함께 집단으로 구타하자 피고인은 공소외 1을 업어치기식으로 홀 위에 넘어뜨려 그에게 전치 12일간의 상해를 입힌 경우[2], ③ 피고인의 차를 손괴하고 도망하려는 피해자를 도망하지 못하게 멱살을 잡고 흔들어 피해자에게 전치 14일의 흉부찰과상을 가한 경우[3], ④ 피고인은 피고인의 약혼자인 공소외인을 피고인 소유의 승용차에 태우고 노상을 진행하고 있었는데, 술에 취하여 인도에서 택시를 기다리고 있던 피해자가 피고인 운전의 차를 자신의 회사직원이 타고 가는 차로 오인하고 차도로 나와 위 승용차를 세우고 위 승용차에 타려고 하였던바, 이로 인하여 피고인과 위 피해자가 서로 말다툼을 하면서 위 피해자는 피고인의 허리춤을 잡아 끌어당기고, 피고인은 위 피해자의 양손을 잡고 버티는 등으로 몸싸움을 하면서 피고인의 바지가 찢어졌고 피고인과 위 피해자가 함께 땅바닥에 넘어졌으며, 피고인이 넘어진 위 피해자의 배 위에 올라타 양 손목을 잡고 위 공소외인의 신고로 출동한 경찰관이 현장에 도착할 때까지 약 3분 가량 피해자를 누르고 있었던 경우[4], ⑤ 이 사건 토지에 대한 확정판결에 의하여 소유자에의 인도집행이 완료되었다고 할지라도 그 토지는 종전부터 피고인이 경작하던 것으로 전년도에 파종한 보리가 30㎝이상 성장되어 있었음이 기록상 분명하므로 이 보리는 피고인의 소유로서 그가 수확할 권한이 있으니 위 소유자가 토지를 경작하기 위하여 소를 사용하여 쟁기질을 하고 성장한 보리를 갈아 뭉게는 행위는 피고인의 재산에 대한 현재의 부당한 침해라 할 것이므로 이를 막기 위하여 그 경작을 못하도록 소 앞을 가로막고 쟁기를 잡아당기는 등의 행위를 한 경우[5] 등에 있어서는 정당방위를 인정하고 있다.

하지만 ① 피해자가 칼을 들고 피고인을 찌르자 그 칼을 뺏어 그 칼로 반격을 가한 결과 피해자에게 상해를 입게 한 경우[6], ② 피고인이 피해자로부터 뺨을 맞는 등 폭행을 당하여 서로 멱살을 잡고 다투자 주위 사람들이 싸움을 제지하였으나 피해자에게 대항하기 위하여 깨어진 병으로 피해자를 찌를 듯이 겨누어 협박한 경우[7], ③ 비록 그와 같은 행위가 피해자의 구타행위에 기인한 것이라고 하여도 피고인이 길이 26cm의 과도로 복부와 같은 인체의 중요한 부분을 3, 4회나 찔러 피해자에게 상해를 입힌 경우[8], ④ 피고인이 그 소유의 밤나무 단지에서 피해자사 밤 18개를 푸대에 주워 담는 것을 보고 푸대를 빼앗으려다 반항하는 피해자의 뺨과 팔목을 때려 상처를 입힌 경우[9], ⑤ 피해자의 구타행위로 말미암아

---

1) 대법원 2011. 5. 26. 선고 2011도3682 판결.
2) 대법원 1981. 8. 25. 선고 80도800 판결.
3) 대법원 1999. 1. 26. 선고 98도3029 판결.
4) 대법원 1999. 6. 11. 선고 99도943 판결.
5) 대법원 1977. 5. 24. 선고 76도3460 판결.
6) 대법원 1984. 1. 24. 선고 83도1873 판결.
7) 대법원 1991. 5. 28. 선고 91도80 판결.
8) 대법원 1989. 12. 12. 선고 89도2049 판결.
9) 대법원 1984. 9. 25. 선고 84도1611 판결.

유발된 범행이었다고 하더라도 피고인이 피해자를 7군데나 식칼로 찔러 사망케 한 경우[1], ⑥ 피고인이 피해자로부터 뺨을 맞고 손톱깎기 칼에 찔려 약 1cm의 상처를 입었다고 하여 20cm의 과도로 피해자의 복부를 찌른 경우[2], ⑦ 검문 중이던 경찰관들이, 자전거를 이용한 날치기 사건 범인과 흡사한 인상착의의 피고인이 자전거를 타고 다가오는 것을 발견하고 정지를 요구하였으나 멈추지 않아, 앞을 가로막고 소속과 성명을 고지한 후 검문에 협조해 달라는 취지로 말하였음에도 불응하고 그대로 전진하자, 따라가서 재차 앞을 막고 검문에 응하라고 요구하였는데, 이에 피고인이 경찰관들의 멱살을 잡아 밀치거나 욕설을 하는 등 항의한 경우[3], ⑧ 비록 경찰관들의 위법한 상경 제지 행위에 대항하기 위하여 한 것이라고 하더라도, 피고인들이 다른 시위참가자들과 공동하여 경찰관들을 때리고 진압방패와 채증장비를 빼앗는 등의 폭행행위를 한 경우[4] 등에 있어서는 정당방위를 부정하고 있다.

(3) 구체적인 제한사례

1) 책임능력이 없거나 미약한 자에 의한 침해에 대한 방위

유아, 정신질환자, 명정(酩酊)자, 회피할 수 없는 금지착오에 빠져 있는 자 등의 경우와 같이 책임능력이 없거나 미약한 자에 의한 침해행위도 부당한 침해에는 해당하지만, 그에 대한 방위행위는 구체적인 상황에 따라 많은 경우에 있어서 상당성이 제한된다. 왜냐하면 형법상 책임능력이 없거나 미약한 자의 부당한 침해행위에 대한 정당방위가 일반원리대로 인정된다면 침해행위자는 책임원칙을 벗어난 제재를 받는 셈이 될 것이기 때문이다. 그러므로 이러한 경우에는 공격방위가 원칙적으로 금지된다고 보아야 한다. 예를 들면 5살짜리 여자아이가 어른에게 싸우자고 덤비는 경우에 있어서 같이 싸우면 안 되는 이치이다.

2) 긴밀한 인적 관계에 있는 자에 의한 침해에 대한 방위

가족 사이에서의 침해는 서로가 상대방에게 보호와 협력의 의무가 있기 때문에 정당방위가 제한된다. 판례는 가정폭력피해자에 의한 가해자 살상행위에 대하여 대체로 정당방위의 성립을 부정하고 있다.[5] 이는 대부분의 사건이 현재성을 결여하고 있거나 현재성이 있더라도 상당성의 요건을 충족하지 못한 경우로 파악된다. 그러므로 침해행위로 인하여 생명의 위협을 느낄 경우에는 공격자의 생명이나 신체에 대한 방어행위가 가능하다고 보아야 한다.

3) 도발된 침해에 대한 방위

일반적으로 방위행위자인 피해자에 의하여 도발된 침해(自招侵害)에 대하여는 정당방위가 허용되지 않거나 제한된다.[6] 도발된 침해의 경우에는 기본적으로 도발행위 자체가 위법하고,

---

1) 대법원 1983. 9. 27. 선고 83도1906 판결.
2) 대법원 1968. 12. 24. 선고 68도1229 판결.
3) 대법원 2012. 9. 13. 선고 2010도6203 판결.
4) 대법원 2009. 6. 11. 선고 2009도2114 판결.
5) 대법원 2001. 5. 15. 선고 2001도1089 판결. 하지만 동 판결은 '긴밀한 인적 관계에 있는 자' 사이에 일어난 침해가 아니다. 왜냐하면 피고인과 피해자는 결혼생활이 파탄되어 별거하면서 이혼소송 중이었으므로 가족 등 보증관계에 있는 자로 보기가 어렵기 때문이다.
6) 대법원 1986. 12. 23. 선고 86도1491 판결(일련의 상호쟁투 중에 이루어진 구타행위는 서로 상대방의 폭력행위를

객관적으로 상대방의 침해를 유발할 수 있어야 한다. 예를 들면 정당방위상황을 조성하여 공격자를 침해할 목적으로 그의 공격을 유발한 경우에는 정당방위가 성립할 여지가 매우 적다.[1] 왜냐하면 이러한 경우는 침해의사가 본질적이며 방위의사는 부수적이라고 볼 수 있기 때문이다. 또한 목적에 의한 도발은 방위자가 정당방위를 구실로 하여 침해자를 해치고자 하는 의도적으로 침해행위를 도발한 경우로서 그 방위행위에서는 아무런 법질서수호의 이익을 찾아볼 수가 없다.

하지만 목적에 의한 도발의 경우에 있어서도 정당방위가 전적으로 부정되는 것은 아니고, 1차적으로는 회피의무가 발생되며, 그러한 회피의무가 불가능한 예외적인 경우에 상대방이 예상외의 과도한 침해행위를 할 경우에는 정당방위가 허용된다. 또한 도발행위가 사회윤리적으로 비난할 수 있는 행위인 경우라도 그것이 법적으로 금지된 행위가 아닌 한, 그 도발자에 대한 침해행위는 위법한 것으로 평가되는 것이다.

반면에 상대방이 공격해 올 것이라는 점을 예상하고 이를 의욕 내지 인용하면서 행위를 한 경우 그것이 적법행위인 경우에는 공격에 대한 정당방위가 가능하다. 예를 들면 현행범인을 체포하는 과정에서 경찰관이 상대방의 반항을 예상함에도 불구하고 체포 중 상대방이 거칠게 저항할 때 제압하는 경우가 이에 해당한다. 이와 같이 책임 있는 도발[2]과 같은 경우는 정당방위가 가능하다.[3] 왜냐하면 행위자의 의도에 따라 이러한 상황이 실현되는 것은 아니기 때문이다.

유발한 것이므로 정당방위 또는 과잉방위는 성립되지 아니한다); 대법원 1984. 6. 26. 선고 83도3090 판결(언쟁 중 흥분 끝에 싸우다가 상해를 입힌 행위는 서로 상대방의 상해행위를 유발한 것이어서 정당방위는 성립하지 아니한다).

1) 대법원 1983. 9. 13. 선고 83도1467 판결(피고인이 피해자를 살해하려고 먼저 가격한 이상 피해자의 반격이 있었더라도 피해자를 살해한 소위가 정당방위에 해당한다고 볼 수 없다).

2) 피고인이 피해자를 **세 번씩이나 넘어뜨리고** 그 배 위에 타고 엎드려 강제로 피해자에게 키스를 하려고 그의 입 속에 혀를 넣자 피해자가 피고인의 혀를 절단해버린 사건에서, 피해자가 생전 처음 보는 피고인과 **20분간이나 같이 이야기했고** 또 같이 걷자는데 **선뜻** 따라 나섰으며 **여유 있게** 같이 산책까지 함으로써 피고인으로 하여금 피해자가 자기에게 마음이 있는 것으로 **착각하게 만들었다**는 내용의 책임이 피해자에게 인정되므로 이런 경우에는 보충성의 요건이 엄격히 요구되어 '그와 같은 강제키스가 피고인으로 하여금 반항을 하지 못하도록 꼼짝 못하게 해놓고 한 것은 아니며, 또한 그 범행 장소가 피해자의 집으로부터 **150m 거리 밖에 안 되어** 소리를 지르면 충분히 집에서 들릴 수 있는 거리임에도 구조요청을 하지 않은 채…' 혀를 절단한 것이므로 과잉방위에 해당한다고 판시하였다(부산지방법원 1965. 1. 12. 선고 64고6813 판결)(강조는 인용자). 본 판결은 다음과 같은 문제점이 있다. 첫째, 사실관계를 매우 불명확한 용어로 표현하고 있다. 피해자가 '선뜻' 따라 나서서 '여유 있게' 산책했는지 여부는 정확히 알 수 없다. '선뜻'과 '여유 있게'의 의미가 매우 불명확하기 때문이다. 둘째, 피고인의 입장에서 사실관계를 파악하고 있다. 피고인을 '착각'하게 만든 피해자에게 책임이 있다고 하는데, 착각은 피고인이 해놓고 이 책임을 피해자에게 전가시키고 있는 것이다. 셋째, 20분'이나' 같이 이야기 한 책임을 묻고 있는데, 반대로 20분'밖에' 같이 이야기 한 것임에도 불구하고 착각한 피고인의 책임이 더 크다고 볼 수 있다. 넷째, 150m의 거리는 여자가 소리를 질러 구조를 요청하기에는 너무 멀다. 또한 150m의 거리에 사람이 존재한 것이 아니라 단순히 집이 존재하는 것으로서, 집안에 사람이 있었는지의 여부, 설사 사람이 있더라도 음악을 듣거나 텔레비전을 시청하는 등의 이유로 과연 150m 떨어진 곳에서 지르는 여자의 소리를 들을 수 있는 여건이 되었는지의 여부 등은 전혀 고려하지 않았다. 다섯째, 여자에게 소리를 질러 구조를 요청하지 않은 책임을 묻고 있는데, 한 번도 아니고 세 번씩이나 넘겨져가며 위기를 모면하려고 하는 여자는 이미 피고인의 위력에 제압당해 위기를 모면할 생각조차 없었을 수도 있다.

3) 대법원 1989. 8. 8. 선고 89도358 판결(설절단상사건)(甲과 乙이 공동으로 인적이 드문 심야에 혼자 귀가중인

그러나 이 경우에는 가능한 한 방어적 행위만을 하는 보호방위에 국한되어야 할 것이다. 하지만 도발행위가 위법한 경우에는 이에 대한 정당방위가 가능하고, 이에 대해서는 도발자의 정당방위는 불가능하다.

4) 경미한 침해에 대한 방위

침해되는 법익과 방어행위에 의하여 침해될 법익간에 현저한 불균형이 존재할 때에는 정당방위가 제한된다.[1] 기본적으로 정당방위에서는 긴급피난과 달리 보호법익과 침해법익간의 균형성은 요구되지 아니한다. 그러나 양자간의 현저한 법익의 불균형이 인정될 경우에는 법익형량을 하여야 한다.

Ⅲ. 효 과

정당방위가 인정되면 벌하지 아니한다. 이는 무죄판결을 선고한다는 의미인데, 그 사유는 범죄의 성립요건 가운데 하나인 위법성이 조각되기 때문이다. 한편 판례는 현재의 부당한 침해나 방위의사 등의 요건에 관한 심사에 있어서도 그 판단을 유보하면서 그러한 요건들까지도 모두 상당성의 요건을 심사하면서 포괄적으로 해결하려는 경향이 있다.[2] 또한 판례는 상당성 요건을 심사함에 있어서 판단기준이 되는 요소에 관하여 구체적이며 객관적인 분석은 없이 '상당하다' 또는 '상당하지 않다'는 결론만을 제시함으로써 법관의 다소 직관적인 판단만을 언급하는 경우가 있다. 하지만 '상당한 이유'는 정당방위의 객관적·주관적 요소의 존재가 인정된 다음에 판단되어야 하며, 이러한 요건이 충족되지 못하면 과잉방위의 여부를 따져 보아야 한다.

또한 우선적으로 정당방위를 심사하고 정당방위의 요건이 충족되지 않을 경우 차후에 정당행위의 성립 여부를 검토해야 함에도 불구하고 판례는 일반적 위법성조각사유인 정당행위를 최우선적으로 판단하려는 경향이 있다. 물론 정당행위를 우선적으로 고려하면 심리의 편의나

丙女에게 뒤에서 느닷없이 달려들어 양팔을 붙잡고 어두운 골목길로 끌고들어가 담벽에 쓰러뜨린 후 甲이 음부를 만지며 반항하는 丙女의 옆구리를 무릎으로 차고 억지로 키스를 함으로 丙女가 정조와 신체를 지키려는 일념에서 엉겁결에 甲의 혀를 깨물어 설절단상을 입혔다면 丙女의 범행은 자기의 신체에 대한 현재의 부당한 침해에서 벗어나려고 한 행위로서 그 행위에 이르게 된 경위와 그 목적 및 수단, 행위자의 의사 등 제반사정에 비추어 위법성이 결여된 행위이다).

1) 대법원 1991. 5. 28. 선고 91다10084 판결(타인의 집 대문 앞에 은신하고 있다가 경찰관의 명령에 따라 순순히 손을 들고 나오면서 그대로 도주하는 범인을 경찰관이 뒤따라 추격하면서 등 부위에 권총을 발사하여 사망케 한 경우, 위와 같은 총기사용은 현재의 부당한 침해를 방지하거나 현재의 위난을 피하기 위한 상당성 있는 행위라고 볼 수 없는 것으로서 범인의 체포를 위하여 필요한 한도를 넘어 무기를 사용한 것이라고 하여 국가의 손해배상책임을 인정한 사례); 대법원 1984. 6. 12. 선고 84도683 판결(전투경찰대원이 상관의 다소 심한 기합에 격분하여 상관을 사살한 행위는 자신의 신체에 대한 침해를 방위하기 위한 상당한 방법이었다고 볼 수 없다); 대법원 1957. 5. 1. 선고 4290형상73 판결(과수원의 과일이 자주 도난당하는 것을 참다 못한 과수원 주인이 멀리서 과일을 훔쳐 달아나는 피해자를 뒤쫓아 갈 수 없는 상황에서 피해자의 다리를 향해 엽총을 쏘아 상해를 입힌 경우 상당성이 없다).

2) 대법원 1992. 12. 22. 선고 92도2540 판결.

심리시간의 단축이라는 장점은 가져올 수 있다. 왜냐하면 정당방위에서의 상당성 심사는 정당방위상황과 방위의사라는 복잡한 심사를 통과한 사실만을 그 대상으로 하는 반면에 정당행위에서의 상당성 심사는 정당방위에서의 복잡한 심사의 과정이 필요 없이 바로 그 사실이 '사회상규에 위배되는 행위'의 여부, 즉 상당성 심사만을 하기 때문이다. 하지만 이러한 일반조항으로의 도피는 전반적인 법체계를 무시하기 때문에 바람직한 해석의 태도가 아니다. 이러한 맥락에서 과거 경찰관의 강제연행에 항거한 자를 정당행위로 의율하던 것을 정당방위로 의율하는 추세로 변경한 것은 바람직한 것이다.

Ⅳ. 싸움과 정당방위

1. 일반적인 싸움의 경우

일반적인 싸움에 있어서는 정당방위가 인정되지 않아 당사자 모두 폭행 내지 상해의 죄가 성립할 수 있다. 왜냐하면 싸움을 함에 있어서 격투자의 행위는 서로 상대방에게 대하여 공격을 함과 동시에 방위를 하는 것이므로 그 중 일방 당사자의 행위만을 부당한 침해라고 하고, 다른 당사자의 행위만을 정당방위에 해당하는 행위라고는 할 수 없기 때문이다. 그러므로 싸움과 같은 일련의 상호투쟁 중에 이루어진 구타행위는 서로 상대방의 폭력행위를 유발한 것이므로 정당방위가 성립되지 아니한다.[1] 또한 싸움에 있어서는 가해자의 행위가 피해자의 부당한 공격을 방위하기 위한 것이라기보다는 서로 공격할 의사로 싸우다가 먼저 공격을 받고 이에 대항하여 가해하게 된 것이라고 봄이 상당한 경우 그 가해행위는 방어행위인 동시에 공격행위의 성격을 가지므로[2], 과잉방위행위라고 볼 수도 없다.[3]

판례에 의하면, ① 피해자의 침해행위에 대하여 자기의 권리를 방위하기 위한 부득이한 행위가 아니고, 그 침해행위에서 벗어난 후 분을 풀려는 목적에서 나온 공격행위[4], ② 결투를 하다가 패하여 달아

---

1) 대법원 1996. 9. 6. 선고 95도2945 판결; 대법원 1986. 12. 23. 선고 86도1491 판결.
2) 대법원 2004. 6. 25. 선고 2003도4934 판결; 대법원 2000. 3. 28. 선고 2000도228 판결; 대법원 1993. 8. 24. 선고 92도1329 판결; 대법원 1984. 5. 22. 선고 83도3020 판결.
3) 대법원 2021. 6. 10. 선고 2021도4278 판결; 대법원 2021. 5. 7. 선고 2020도15812 판결(가해자의 행위가 피해자의 부당한 공격을 방위하기 위한 것이라기보다는 서로 공격할 의사로 싸우다가 먼저 공격을 받고 이에 대항하여 가해를 한 경우 가해행위는 방어행위인 동시에 공격행위의 성격을 가지므로 정당방위 또는 과잉방위행위라고 볼 수 없다).
4) 대법원 1996. 4. 9. 선고 96도241 판결(피고인은 집주인으로부터 계약기간이 지났으니 방을 비워 달라는 요구를 수회 받고서도 그때마다 행패를 부려 집주인이 무서워서 다른 집에 가서 잠을 자기도 하였는데 본건 범행 당일에도 집주인이 방세를 돌려 줄 테니 방을 비워달라고 요구하자 방안에서 나오지도 아니하고 금 20,000,000원을 주어야 방을 비워준다고 억지를 쓰며 폭언을 하므로 집주인의 며느리가 화가 나 피고인 방의 창문을 쇠스랑으로 부수자, 이에 격분하여 배척(속칭 빠루)을 들고 나와 마당에서 이 장면을 구경하다 미처 피고인을 피하여 도망가지 못한 마을주민인 피해자 1, 2를 배척으로 때려 각 상해를 가한 것이므로 피고인에게는 현재의 부당한 침해는 없었음이 명백하다는 이유로 정당방위에 관한 피고인의 주장을 배척하였다). 그러나 이 경우는 현재의 침해가 인정되더라도 공격의 상대방이 침해와 무관한 제3자이기 때문에 정당방위에 포섭되기 어렵다. 同늘 대법원 1986. 2. 11.

나는 피해자를 추격하여 그가 소지하였던 식칼을 탈취하여 급박한 상태를 면하였음에도 불구하고 다만 그가 반항한다고 하여 칼로 그를 찔러 죽인 행위[1] 등에 있어서는 정당방위를 부정하고 있다.

2. 예외적인 싸움의 경우

(1) 중지 후의 침해행위

싸움의 중지의사를 상대방에게 확실히 인식시키고 공격을 멈추었으나 상대방이 도발한 별개의 침해행위에 대하여는 정당방위가 가능하다. 그리하여 싸움이 중지된 후 다시 피해자들이 새로이 도발한 별개의 가해행위를 방어하기 위하여 단도로써 상대방의 복부에 칼로 상해를 입힌 행위는 정당방위에 해당한다.[2]

(2) 예상 밖의 침해행위

싸움에 있어서는 피고인과 피해자의 관계, 피고인이 폭행에 이르게 된 동기 및 경위와 그 이후의 정황 등 제반 사정을 종합적으로 고려해야 하는데[3], 격투를 하는 자 중의 한 사람의 공격이 그 격투에서 당연히 예상을 할 수 있는 정도를 초과하여 살인의 흉기 등을 사용하여 온 경우, 이는 역시 부당한 침해라고 아니할 수 없으므로 이에 대하여는 정당방위를 허용하여야 한다.[4]

(3) 외형상 싸움의 경우

서로 격투를 하는 자 상호간에는 공격행위와 방어행위가 연속적으로 교차되고 방어행위는 동시에 공격행위가 되는 양면적 성격을 띠는 것이므로 어느 한쪽 당사자의 행위만을 가려내어 방어를 위한 정당행위라거나 또는 정당방위에 해당한다고 보기 어려운 것이 보통이다. 하지만 외관상 서로 격투를 하는 것처럼 보이는 경우라고 할지라도 실제로는 한쪽 당사자가 일방적으로 불법한 공격을 가하고 상대방은 이러한 불법한 공격으로부터 자신을 보호하고 이를 벗어나기 위한 저항수단으로 유형력을 행사한 경우라면, 그 행위가 적극적인 반격이 아니라 소극적인 방어의 한도를 벗어나지 않는 한 그 행위에 이르게 된 경위와 그 목적·수단 및 행위자의 의사 등 제반 사정에 비추어 볼 때 사회통념상 허용될 만한 상당성이 있는 행위로서 위법성이 조각된다.[5]

선고 85도2642 판결.

1) 대법원 1959. 7. 24. 선고 4191형상556 판결.

2) 대법원 1957. 3. 8. 선고 4290형상18 판결.

3) 대법원 2005. 9. 30. 선고 2005도3940 판결.

4) 대법원 1968. 5. 7. 선고 68도370 판결(배희칠랑사건)(피고인(상병)은 소속대의 경비병으로 복무를 하고 있는 자로서 1967. 7. 28. 오후 10시부터 동일 오후 12시까지 소속 연대장숙소 부근에서 초소근무를 하라는 명령받고 근무 중, 그 이튿날인 1967. 7. 27. 오전 1시 30분경 동소에서 다음 번 초소로 근무를 하여야 할 상병 공소외인과 교대시간이 늦었다는 이유로 언쟁을 하다가 피고인이 동인을 구타하자 공소외인(22세)은 소지하고 있던 카빈소총을 피고인의 등 뒤에 겨누며 실탄을 장전하는 등 발사할 듯이 위협을 하자 피고인은 당황하여 먼저 동인을 사살치 않으면 위험하다고 느낀 피고인은 뒤로 돌아서면서 소지하고 있던 카빈소총을 동인의 복부를 향하여 발사함으로서 동인을 사망케 한 경우 정당방위에 해당한다).

5) 대법원 2010. 2. 11. 선고 2009도12958 판결(甲과 자신의 남편과의 관계를 의심하게 된 상대방이 자신의 아들

V. 과잉방위

1. 의 의

'과잉방위'(過剩防衛)란 현재의 부당한 침해를 방위하기 위한 행위이지만 그 정도를 초과하여 상당한 이유가 없는 방위행위를 말한다. 즉 정당방위상황의 존재가 인정되지만, 방위행위의 상당성이 결여되어 정당방위로 인정되지 못하는 경우를 말한다. 정당방위에 있어서의 상당한 이유는 객관적 기준에 의하여 결정되므로, 방위행위자가 상당성 초과를 인식하였는지 여부는 불문한다.

판례에 의하면, ① 집단구타를 당하게 된 피고인이 더 이상 도피하기 어려운 상황에서 이를 방어하기 위하여 반격적인 행위를 하려던 것이 그 정도가 지나친 행위를 한 경우[1], ② 피고인이 1969. 8. 30. 22:40경 그의 처 공소외 1(31세)과 함께 극장구경을 마치고 귀가하는 도중 피해자(19세)가 피고인의 질녀 공소외 2(14세) 등의 소녀들에게 (음경을 내놓고 소변을 보면서) 키스를 하자고 달려드는 것을 피고인이 술에 취했으니 집에 돌아가라고 타이르자 도리어 피고인의 뺨을 때리고 돌을 들어 구타하려고 따라오는 것을 피고인이 피하자, 위 피해자는 피고인의 처 공소외 1을 땅에 넘어뜨려 깔고 앉아서 구타하는 것을 피고인이 다시 제지하였지만 듣지 아니하고 돌로서 위 공소외 1을 때리려는 순간 피고인이 그 침해를 방위하기 위하여 농구화 신은 발로서 위 피해자의 복부를 한차례 차서 그 사람으로 하여금 외상성 12지장 천공상을 입게 하여 사망에 이르게 한 경우[2], ③ 사건 당시 평소 흉포한 성격인데다가 술까지 몹시 취한 피해자가 심하게 행패를 부리던 끝에 피고인들을 모두 죽여버리겠다면서 식칼을 들고 공소외 1에게 달려들어 찌를듯이 면전에 칼을 들이대다가 공소외 2로부터 제지를 받자, 다시 공소외 2의 목을 손으로 졸라 숨쉬기를 어렵게 한 위급한 상황에서 피고인이 순간적으로 공소외 2를 구하기 위하여 피해자에게 달려들어 그의 목을 조르면서 뒤로 넘어뜨린 행위는 공소외 1, 2의 생명, 신체에 대한 현재의 부당한 침해를 방위하기 위한 상당한 행위라 할 것이고, 나아가 위 사건 당시 피해자가 피고인의 위와 같은 방위행위로 말미암아 뒤로 넘어져 피고인의 몸 아래 깔려 더 이상 침해행위를 계속하는 것이 불가능하거나 또는 적어도 현저히 곤란한 상태에 빠졌음에도 피고인이 피해자의 몸 위에 타고앉아 그의 목을 계속하여 졸라 누름으로써 결국 피해자로 하여금 질식하여 사망에 이르게 한 경우[3] 등에 있어서는 과잉방위

등과 함께 甲의 아파트에 찾아가 현관문을 발로 차는 등 소란을 피우다가, 출입문을 열어주자 곧바로 甲을 밀치고 신발을 신은 채로 거실로 들어가 상대방 일행이 서로 합세하여 甲을 구타하기 시작하였고, 甲은 이를 벗어나기 위하여 손을 휘저으며 발버둥치는 과정에서 상대방 등에게 상해를 가하게 된 사안에서, 상대방의 남편과 甲이 불륜을 저지른 것으로 생각하고 이를 따지기 위하여 甲의 집을 찾아가 甲을 폭행하기에 이른 것이라는 것만으로 상대방 등의 위 공격행위가 적법하다고 할 수 없고, 甲은 그러한 위법한 공격으로부터 자신을 보호하고 이를 벗어나기 위한 사회관념상 상당성 있는 방어행위로서 유형력의 행사에 이르렀다고 할 것이어서 위 행위의 위법성이 조각된다); 대법원 1999. 10. 12. 선고 99도3377 판결(乙녀(54세)와 남편인 丙(59세)은 함께 甲녀(66세)가 묵을 만드는 외딴 집에 甲녀를 찾아와 乙녀가 첩의 자식이라는 헛소문을 甲녀가 퍼뜨렸다며 먼저 甲녀의 멱살을 잡고 밀어 넘어뜨리고 배위에 올라타 주먹으로 팔, 얼굴 등을 폭행하였고, 丙도 이에 가세하여 甲녀의 얼굴에 침을 뱉으며 발로 밟아 폭행을 하자, 甲녀는 이에 대항하여 乙녀의 팔을 잡아 비틀고 다리를 무는 등으로 하여 乙녀에게 약 2주간의 치료를 요하는 상처를 입혔다).

1) 대법원 1985. 9. 10. 선고 85도1370 판결.
2) 대법원 1974. 2. 26. 선고 73도2380 판결.
3) 대법원 1986. 11. 11. 선고 86도1862 판결.

를 인정하고 있다.

하지만 ① 비록 그와 같은 행위가 피해자의 구타행위에 기인한 것이라 하여도 피고인이 길이 26cm의 과도로 복부와 같은 인체의 중요한 부분을 3, 4회나 찔러 피해자에게 상해를 입힌 경우[1], ② 피고인이 피해자를 7군데나 식칼로 찔러 사망케 한 경우[2] 등에 있어서는 과잉방위를 부정하고 있다.

2. 효 과

과잉방위는 정당방위가 아니므로 위법성이 조각되지 아니한다.[3] 다만 객관적 정당화상황과 주관적 정당화요소가 존재한다는 점에서 일반적인 불법행위와 다르게 취급할 필요가 있는데, 이에 따라 형법은 과잉방위에 대해서는 정황(情況)에 따라 그 형을 감경 또는 면제할 수 있다고 규정하고 있다(제21조 제2항 참조). 과잉방위에 대하여 형을 감경하는 경우는 불법이나 책임이 감경되기 때문이고, 형을 면제하는 경우는 형사정책적인 이유로 설명할 수 있다.

한편 과잉방위가 야간이나 그 밖의 불안한 상태에서 공포를 느끼거나 경악(驚愕)하거나 흥분하거나 당황하였기 때문에 그 행위를 하였을 때에는 벌하지 아니하는데(제21조 제3항 참조)[4], 이는 책임이 조각되기 때문이다.

VI. 오상방위

1. 의 의

'오상방위'(誤想防衛)란 현재의 부당한 침해가 객관적으로 존재하지 않음에도 불구하고 주관적으로 그러한 침해가 있다고 오신하고 방위행위로 나아간 경우를 말한다. 이는 정당방위상황에 대하여 착오가 있는 경우를 의미한다. 예를 들면 새벽시간에 물건을 배달을 하러 온 택배기사를 강도로 오인하여 방위의사로 공격한 경우가 이에 해당한다.

2. 효 과

오상방위는 정당방위가 아니므로 위법성이 조각되지 아니한다. 오상방위는 위법한 행위이지만 정당방위의 객관적 전제상황에 대한 착오가 있는 것이므로 위법성조각사유의 전제사실에

---

1) 대법원 1989. 12. 12. 선고 89도2049 판결.
2) 대법원 1983. 9. 27. 선고 83도1906 판결.
3) 서울고등법원 (춘천) 2016. 1. 29. 선고 2015노11 판결(도둑뇌사사건). 동 판결은 과잉방위를 부정한 사안임.
4) 대법원 1970. 9. 17. 선고 70도1473 판결(피고인이 자전거를 절취한 사실이 없는데 자전거 절취범으로 오인하고 군중들이 피고인을 에워싸고 무차별 구타를 하기에 자기는 자전거 절도범이 아니라고 외쳤으나, 군중들은 그것을 믿지 않고 무차별 구타를 계속하므로 피고인은 이를 제지하고 자기의 신체에 대한 가해행위의 부당한 침해를 방위하기 위하여, 또 야간에 위와 같은 불안스러운 상태하에서 당황으로 인하여 피고인이 소지하고 있던 손톱깎기에 달린 줄칼을 내어 들고 이를 휘둘렀던바, 이에 공소외인의 등에 찔려 1주간의 치료를 요하는 상해를 입은 사실을 인정할 수 있고, 이는 형법 제21조 제1항에서 말하는 소위 정당방위에 해당한다).

대한 착오에 해당한다. 이에 대하여 보다 자세한 설명은 후술하는 '위법성조각사유의 전제사실에 대한 착오' 부분에서 논하기로 한다.

3. 오상과잉방위

'오상과잉방위'(誤想過剰防衛)란 현재의 부당한 침해가 객관적으로 존재하지 않음에도 불구하고 주관적으로 그러한 침해가 있다고 오신하고 상당성을 초과하는 방위행위로 나아간 경우를 말한다. 예를 들면 새벽시간에 물건을 배달을 하러 온 택배기사를 강도로 오인하여 방위의사를 가지고서 손도끼를 사용하여 공격한 경우가 이에 해당한다. 오상과잉방위의 본질은 오상방위의 일종으로 파악해야 한다. 왜냐하면 현재의 부당한 침해가 없음에도 불구하고 그것이 있다고 오신하는 경우이기 때문이다.

제 3 절   긴급피난

I. 의의 및 법적 성격

1. 의 의

자기 또는 타인의 법익에 대한 현재의 위난을 피하기 위한 행위는 상당한 이유가 있는 때에는 벌하지 아니한다(제22조 제1항). 위난을 피하지 못할 책임이 있는 자에 대하여는 전항의 규정을 적용하지 아니한다(제22조 제2항). 전조 제2항과 제3항의 규정은 본조에 준용한다(제22조 제3항).

'긴급피난'(緊急避難)이란 자기 또는 타인의 법익에 대한 현재의 위난을 피하기 위한 상당한 이유가 있는 행위를 말한다. 예를 들면 골목길에서 야생멧돼지가 공격해 온다든가 갑자기 우박이 쏟아진다든가 해서 이를 피하기 위하여 타인의 주거에 무단으로 들어가는 경우가 이에 해당한다. 긴급피난은 긴급성과 상당성이 요구된다는 점에서 정당방위와 공통점을 가지고 있지만, 정당방위가 부정(不正) 대 정(正)의 관계인 반면에 긴급피난은 정(正) 대 정(正)의 관계에 있다는 점에서 차이가 있다. 왜냐하면 긴급피난상황에 있어서 피난행위에 의하여 법익이 침해받는 사람에게는 아무런 잘못이 없기 때문이다. 이에 따라 긴급피난에서는 '상당한 이유'의 심사가 정당방위에서의 그것보다 엄격하다.

또한 위난을 피하지 못할 책임이 있는 자에 대하여는 긴급피난의 규정을 적용하지 아니한다(제22조 제2항). 여기서 '위난을 피하지 못할 책임이 있는 자'란 위난에 대비할 책임이 있는 직무에 종사하는 자를 말하는데, 예를 들면 경찰, 군인, 의사, 소방관 등이 이에 해당한다. 다만 이러한 자들에 의한 피난행위는 경우에 따라 사회상규에 위배되지 않는 행위로서 정당행위에 해당하거나 기대불가능성으로 인한 책임조각사유에는 해당될 수 있다.

2. 법적 성격

(1) 위법성조각사유설

위법성조각사유설은 현행 형법상 긴급피난의 규정은 정당방위, 자구행위 등과 함께 위법성조각사유의 하나로 규정되어 있다는 점을 근거로 하고 있다. 긴급피난은 이익형량에 의하여 보다 큰 이익을 보호하기 위하여 작은 이익을 희생시키는 것을 정당화한다. 즉 피난행위에 의하여 보호되는 이익과 희생되는 이익을 비교형량하여 보호되는 이익이 우월하다고 인정되는 경우에는 피난행위의 위법성이 조각된다.

하지만 ① 자신에게 발생한 위난을 타인에게 전가하는 것이 과연 타당할지는 의문이라는 점, ② 생명과 생명[1], 신체와 신체 등과 같이 처음부터 이익형량이 불가능한 영역에 있어서는 긴급피난의 정당성에 의문이 있다는 점, ③ 동가치의 법익이 충돌하는 경우에 위법성을 조각시킨다면 먼저 피난행위를 한 자에게 항상 우선권을 허용하여 부당하다는 점 등의 비판이 제기된다.

(2) 책임조각사유설

책임조각사유설은 자신에게 발생한 위난으로 인하여 타인의 법익을 침해하는 것은 정당화될 수 없다는 측면을 강조하여 그 위법성은 인정한다. 다만 긴급한 위난상황에 처해 있는 자에게 그 위난을 피하지 말고 받아들이는 것을 기대하는 것은 사실상 매우 어렵기 때문에 긴급피난을 기대불가능성으로 인한 책임조각사유의 하나로 파악하게 된다.

하지만 ① 이익교량이 가능한 영역에 있어서는 충분히 위법성이 조각될 수 있다는 점, ② 현행 형법상의 규정체계에 부합하지 않다는 점, ③ 타인을 위한 긴급피난이 항상 그 피난행위 이외의 태도를 기대할 수 없다고 할 수 없다는 점 등의 비판이 제기된다.

(3) 이원설

이원설은 우월한 이익을 보호하기 위해서 행해지는 긴급피난은 위법성조각사유로 파악하고, 보다 낮은 이익이나 동가치의 이익 또는 이익형량이 불가능한 경우에 있어서 행해지는 긴급피난은 책임조각사유로 파악하고 있다.

하지만 ① 긴급피난을 책임조각사유로 파악하는 것은 현행 형법체계를 무시한다는 점, ② 제22조에서 규정하고 있는 상당한 이유는 기대불가능성이라는 책임조각사유를 포함하고 있는 개념으로 파악할 수 없다는 점 등의 비판이 제기된다.

---

1) 예를 들면 표류 중인 선원이 아사(餓死)를 면하기 위하여 다른 선원을 살해하여 연명한 경우, 구조헬기의 로프에 두 사람이 동시에 구조되던 중 로프가 끊어질 위기에 처하자 로프를 끊어 버려 한 사람을 희생시키는 경우 등이 이에 해당한다. 이러한 경우는 긴급피난이 성립하지 않고 기대가능성의 유무에 따라 책임조각이 문제될 뿐이다.

(4) 검 토

현행 형법은 제22조에서 긴급피난을 규정하고 있기 때문에 긴급피난의 법적 성격은 위법성조각사유로 파악하는 것이 타당하다. 하지만 긴급피난과 유사한 사례 가운데 이를 위법성조각사유로 파악하기에는 다소 무리가 있는 것도 사실이다. 우리나라 형법 제22조에서 규정하고 있는 긴급피난을 소위 '정당화적 긴급피난'이라고 할 수 있는 반면에 이에 포섭될 수 없는 한계사례의 유형들은 소위 '면책적 긴급피난'이라고 하여 책임조각사유로 파악해야 하는데, 그렇다고 하여 현행 형법상 긴급피난 자체를 책임조각사유로 파악하는 것은 잘못이다. 왜냐하면 다른 위법성조각사유에 있어서도 이러한 한계사례는 존재할 수 있는데, 그렇다고 하여 해당 위법성조각사유를 책임조각사유로 파악할 수는 없기 때문이다. 그러므로 이러한 한계사례들은 현행법의 체계에서 모두 초법규적 책임조각사유로 파악하는 것이 타당하다.

Ⅱ. 성립요건

1. 자기 또는 타인의 법익에 대한 현재의 위난

(1) 자기 또는 타인의 법익

긴급피난으로 보호되는 개인적 법익에는 아무런 제한이 없다. 여기서의 법익은 법적인 권리뿐만 아니라 정당방위에서와 같이 사실상 향유되는 일체의 이익을 포함한다. 또한 타인은 자기 이외의 자연인뿐만 아니라 법인이나 법인격 없는 단체도 포함한다.

한편 국가적 법익 또는 사회적 법익에 대해서도 긴급피난을 인정할 수 있는지 여부와 관련하여 견해의 대립이 있지만, 이를 부정하는 것이 타당하다. 왜냐하면 국가적 법익 또는 사회적 법익에 대한 보호는 기본적으로 국가의 의무에 해당하기 때문이다. 다만 이러한 사례에서는 정당행위로 파악될 여지는 충분히 있을 것이다.

(2) 현재의 위난

1) 위 난

'위난'(危難)이란 법익침해가 발생할 수 있는 위험성이 있는 상태를 말한다. 위난의 원인은 사람의 행위일 수도 있지만, 우박이나 지진 등과 같은 자연재해 및 멧돼지나 야생들개 등의 공격과 같은 동물의 행동일 수도 있다. 또한 위난은 적법·위법을 불문하며, 위법한 위난에 대해서는 정당방위와 긴급피난 양자 모두가 가능하다. 타인의 긴급피난행위를 피하기 위하여 제3자의 법익을 침해하는 경우에도 긴급피난이 인정된다.

2) 현재성

위난은 현재의 위난이어야 한다. 여기서 현재의 위난이 존재하는 시기는 법익침해가 시작되기 직전부터 법익침해가 종료된 시점까지를 의미한다. 위난의 현재성 여부는 피침해자의 주관적인 사정에 따라 결정되는 것이 아니라 객관적으로 결정되어야 할 뿐만 아니라 이러한 긴급피난이 범죄의 구성요건에 해당하는 어떤 행위의 위법성을 예외적으로 소멸시키는 사유라는 점에 비추어 그 요건으로서 위난의 현재성은 엄격히 해석·적용되어야 한다.

3) 자초위난

피난자에게 위난의 발생에 대한 책임이 있다고 하여 긴급피난을 당연히 부정해서는 안 된다. 왜냐하면 긴급피난의 성립요건으로서 위난상황에 대한 책임이 없을 것을 별도로 요구하지 않기 때문이다. 그러므로 자초위난이 과실에 의한 경우에는 긴급피난이 가능하다. 예를 들면 지나가는 맹견의 꼬리를 실수로 밟아 맹견이 공격해 오는 경우가 이에 해당한다.

하지만 타인의 법익을 침해할 목적으로 위난을 자초한 경우에는 원칙적으로 그에 대한 긴급피난이 인정되지 않는다.[1] 다만 위난을 의도적으로 야기한 경우라고 할지라도 예상 외의 위난이 초래된 때에는 예외적으로 긴급피난이 인정될 수 있다.

2. 피하기 위한 행위

긴급피난이 인정되기 위해서는 객관적으로 피난행위가 있어야 하고, 피난자에게 주관적 정당화요소인 피난의사가 있어야 한다. 여기서 '피난행위'란 긴박한 위난을 사전에 방지하거나 현재 계속 중인 위난을 회피하기 위한 일체의 행위를 말한다. 그리고 위난의 원인에 대하여 직접적으로 반격행위를 하는 경우뿐만 아니라 위난과 관계없는 제3자의 법익을 침해하는 피난행위도 가능하다.[2]

'피난의사'란 현재의 위난을 회피하려는 주관적 의사를 말한다. 피난의사는 행위의 목적이나 동기가 될 정도로 적극적일 필요는 없으며, 피난행위 이외에 달리 취할 방법이 없다는 인식을 가지는 정도로 충분하다. 만약 긴급피난의 객관적 요건이 갖추어져 있지만 피난의사가 없는 경우에는 우연피난의 법리에 의하여 해결한다.

3. 상당한 이유 있는 행위

긴급피난이 인정되기 위해서는 피난행위에 상당한 이유가 있어야 한다. 그런데 긴급피난은 제3자의 정당한 법익을 침해할 수 있다는 점에서 정당방위에서 말하는 상당한 이유의 판단과

---

1) 대법원 1995. 1. 12. 선고 94도2781 판결(강간범치아결손사건)(피고인이 스스로 야기한 강간범행의 와중에서 피해자가 피고인의 손가락을 깨물며 반항하자 물린 손가락을 비틀며 잡아 뽑다가 피해자에게 치아결손의 상해를 입힌 소위를 가리켜 법에 의하여 용인되는 피난행위라고 할 수 없다).

2) 대법원 1987. 1. 20. 선고 85도221 판결(선박의 이동에도 새로운 공유수면점용허가가 있어야 하고 휴지선을 이동하는데 예인선이 따로 필요한 관계로 비용이 많이 들어 다른 해상으로 이동을 하지 못하고 있는 사이에 태풍을 만나게 되고 그와 같은 위급한 상황에서 선박과 선원들의 안전을 위하여 사회통념상 가장 적절하고 필요불가결하다고 인정되는 조치를 취하였다면 형법상 긴급피난으로서 위법성이 없어서 범죄가 성립되지 아니한다고 보아야 하고 미리 선박을 이동시켜 놓아야 할 책임을 다하지 아니함으로써 위와 같은 긴급한 위난을 당하였다는 점만으로는 긴급피난을 인정하는데 아무런 방해가 되지 아니한다).

비교하여 보다 엄격한 해석이 요구된다. 이에 긴급피난에서 말하는 '상당한 이유 있는 행위'에 해당하려면, ① 피난행위는 위난에 처한 법익을 보호하기 위한 유일한 수단이어야 하고, ② 피해자에게 가장 경미한 손해를 주는 방법을 택하여야 하며, ③ 피난행위에 의하여 보전되는 이익은 이로 인하여 침해되는 이익보다 우월해야 하고, ④ 피난행위는 그 자체가 사회윤리나 법질서 전체의 정신에 비추어 적합한 수단일 것을 요하는 등의 요건을 갖추어야 한다.[1] 만약 피난행위로 인하여 보호되는 이익이 침해되는 이익과 비교하여 동일하거나 낮은 경우에는 원칙적으로 긴급피난이 성립할 수 없고, 경우에 따라 초법규적 책임조각사유에 해당할 뿐이다.

하지만 질적으로 차이가 나는 이익 사이에서 언제나 질적으로 우월한 이익만이 우선되는 것은 아니다. 예를 들면 재산적 가치와 타인의 신체라는 가치를 비교하면 후자가 질적으로 우월한 이익이라고 평가되는 것이 일반적이지만, 고액의 재산적 가치를 보호하기 위하여 경미한 상해를 가하게 되는 경우와 같이 질적으로는 우월한 이익이 아니라고 할지라도 보호해야 할 급박성의 정도에 따라 질적으로 우월한 이익을 침해하는 것도 가능하다.

> 판례에 의하면, ① 한의사인 피고인이 같은 아파트에 거주하는 응급환자를 자신의 한의원으로 옮기기 위하여 무면허운전을 한 사안에서, 현재의 위난을 피하여야 할 긴급상태에 있었지만 대체 이동수단을 이용할 수 있었기 때문에 긴급피난의 성립요건인 보충성의 원칙을 충족시키지 못하여 긴급피난에 해당하지 않는다.[2]
>
> ② 당시 피고인이 피해견으로부터 직접적인 공격은 받지 아니하여 피고인으로서는 진돗개의 목줄을 풀어 다른 곳으로 피하거나 주위에 있는 몽둥이나 기계톱 등을 휘둘러 피해견을 쫓아버릴 수도 있었음에도 불구하고 그 자체로 매우 위험한 물건인 기계톱의 엑셀을 잡아당겨 작동시킨 후 이를 이용하여 피해견의 척추를 포함한 등 부분에서부터 배 부분까지 절단함으로써 내장이 밖으로 다 튀어나올 정도로 죽인 사실을 알 수 있는바, 위와 같은 피고인의 행위는 동물보호법 제8조 제1항 제1호에 의하여 금지되는 '목을 매다는 등의 잔인한 방법으로 죽이는 행위'에 해당한다고 봄이 상당할 뿐만 아니라 나아가 피고인의 행위에 위법성조각사유 또는 책임조각사유가 있다고 보기도 어렵다.[3]

---

1) 대법원 2006. 4. 13. 선고 2005도9396 판결(방송안테나절단사건)(이 사건 당시 피고인이 경기동부방송의 시험방송 송출로 인하여 위성방송의 수신이 불가능하게 되었다는 민원을 접수한 후 경기동부방송에 시험방송 송출을 중단해달라는 요청도 해보지 아니한 채 시험방송이 송출된 지 약 1시간 30여 분 만에 곧바로 경기동부방송의 방송안테나를 절단하도록 지시한 점, 그 당시 00아파트 전체 815세대 중 140여 세대는 경기동부방송과 유선방송 이용계약을 체결하고 있었던 점 등 그 행위의 내용이나 방법, 법익침해의 정도 등에 비추어 볼 때, 당시 피고인이 다수 입주민들의 민원에 따라 입주자대표회의 회장의 자격으로 위성방송 수신을 방해하는 경기동부방송의 시험방송 송출을 중단시키기 위하여 경기동부방송의 방송안테나를 절단하도록 지시하였다고 할지라도 피고인의 위와 같은 행위를 긴급피난 내지는 정당행위에 해당한다고 볼 수 없다).
2) 청주지방법원 2006. 5. 3. 선고 2005노1200 판결.
3) 대법원 2016. 1. 28. 선고 2014도2477 판결.

Ⅲ. 효 과

1. 내 용

긴급피난이 성립하는 경우에는 구성요건해당성은 인정되지만, 위법성이 조각되어 처벌하지 아니한다. 그러므로 긴급피난에 대해서는 정당방위가 허용되지 아니한다.

위난을 피하지 못할 책임이 있는 자에 대하여는 전항의 규정(긴급피난)을 적용하지 아니한다(제22조 제2항). 여기서 '위난을 피하지 못할 책임이 있는 자'란 위난에 대비할 것이 예정되어 있는 직업이나 업무에 종사하는 자를 말한다. 예를 들면 소방대원, 경찰관, 군인 등이 이에 해당한다. 다만 위난을 피하지 못할 책임이 있는 자에게 절대적으로 긴급피난을 허용할 수 없는 것은 아니며, 경우에 따라 정당행위로서 위법성이 조각될 수도 있으며, 책임이 조각될 수도 있다.

2. 과잉피난 및 오상피난

'과잉피난'(過剩避難)이란 피난행위가 그 정도를 초과하여 상당성이 없는 경우를 말한다. 과잉피난은 긴급피난이 아니므로 위법성이 조각되지 아니한다. 다만 그 정황에 따라 형을 감경하거나 면제할 수 있을 뿐이다(제22조 제3항 및 제21조 제2항 참조). 또한 피난행위가 그 정도를 초과한 경우에 야간이나 그 밖의 불안한 상태에서 공포를 느끼거나 경악(驚愕)하거나 흥분하거나 당황하였기 때문에 그 행위를 하였을 때에는 벌하지 아니한다(제22조 제3항 및 제21조 제3항 참조).

'오상피난'(誤想避難)이란 현재의 위난이 객관적으로 존재하지 않음에도 불구하고 주관적으로 그러한 위난이 있다고 오신하고 피난행위로 나아간 경우를 말한다. 이는 긴급피난상황에 대하여 착오가 있는 경우를 의미한다. 오상피난은 긴급피난이 아니므로 위법성이 조각되지 아니한다. 오상피난은 위법한 행위이지만 긴급피난의 객관적 전제상황에 대한 착오가 있는 것이므로 위법성조각사유의 전제사실에 대한 착오에 해당한다. 이에 대하여 보다 자세한 설명은 후술하는 '위법성조각사유의 전제사실에 대한 착오' 부분에서 논하기로 한다.

Ⅳ. 의무의 충돌

1. 의 의

(1) 개 념

'의무의 충돌'이란 두 개 이상의 의무가 존재하지만 그 중에서 하나밖에 이행할 수 없는 상황에서 하나의 의무만을 이행함으로써 다른 의무를 이행하지 못하였고, 그 의무의 불이행이 구

성요건에 해당하는 경우를 말한다. 예를 들면 강물에 아들과 딸이 빠져서 구조를 요청하고 있
는데, 아버지가 당시의 상황에서 한 사람만을 구조할 수밖에 없다고 할 때 딸을 구하고 아들이
익사한 경우를 상정해 볼 수 있다. 이 사례에서 아버지는 아들을 구조할 의무가 있음에도 불구
하고 이를 부작위로 이행하지 않았기 때문에 부작위에 의한 살인죄의 구성요건해당성을 충족
시키게 된다. 하지만 다른 작위의무를 이행하기 위하여 부작위한 것이기 때문에 부작위의 위법
성이 조각될 것인지 여부가 문제된다. 이와 같이 의무의 충돌은 충돌되는 의무의 불이행이 가
벌적 의무이고, 일방의 의무이행으로 인하여 방치한 의무불이행도 가벌적인 경우에 한하여 문
제된다.

(2) 긴급피난과의 비교

의무의 충돌은 일방의 의무이행을 위하여 다른 의무를 방치할 수밖에 없는 긴급한 상황에
서 발생하는 문제이므로 기본적으로 긴급피난의 일종으로 파악해야 한다. 다만 다음의 점에서
차이가 있다. 첫째, 긴급피난은 피난행위자의 판단에 의하여 피난행위를 하지 않을 수도 있다.
하지만 의무의 충돌은 충돌하는 일방의 의무를 위반하는 이외에 다른 방법이 없으며, 현재의
위난을 반드시 요하지 아니한다.

둘째, 긴급피난은 위난을 당한 자가 피난행위 대신에 그 위난을 스스로 감수할 수 있고, 위
난과 관계없는 타인이 위난에 처한 자를 위하여 피난행위를 해 줄 수도 있다. 하지만 의무의 충
돌은 충돌하는 의무의 이행이 강제되므로 의무자가 의무 위반 대신에 불이익을 감수하는 것이
불가능하고, 타인을 위한 의무의 충돌은 인정되지 아니한다.

(3) 의무의 경합과의 비교

'의무의 경합'이란 다수의 작위 또는 부작위의무가 존재하지만, ① 다수의 의무 사이에는
이행의 우선순위가 있어서 선순위의무를 이행해야 하고 후순위의무를 이행하면 안 되는 경우,
② 다수의 의무 가운데 모든 의무를 이행할 수 있는 경우를 말한다.

전자의 예로는 전염병환자를 진료한 의사가 환자에 대한 업무상 비밀을 누설하지 않을 의
무와 전염병신고의무가 서로 경합하는 경우를 들 수 있는데, 이 경우에는 전염병신고의무가 선
순위의무이기 때문에 업무상 비밀누설금지의무에 대한 위반의 문제가 발생하지 아니한다.

후자의 예로는 익사의 위험에 처해 있는 수인을 모두 구조할 수 있는 상황에서의 구조의무
가 서로 경합하는 경우를 들 수 있는데, 이 경우에는 수인을 구조할 의무가 충돌되지 않고 단지
경합하는 것이다.

2. 유 형

이익형량이 가능한 의무의 충돌의 예로는 생명을 구할 의무와 재산을 구할 의무 사이의 충
돌을 들 수 있고, 이익형량이 불가능한 의무의 충돌의 예로는 생명을 구할 의무 사이의 충돌을
들 수 있다. 전자의 경우에는 높은 가치의 법익을 보호한 경우에 위법성이 조각되고, 낮은 가치

의 의무를 이행한 경우에는 위법성이 조각되지 아니한다. 하지만 후자의 경우에는 위법성이 조각될 수 있는지 여부가 문제될 수 있는데, 긴급피난의 경우로서 위법성이 조각되기는 어렵고, 의무의 충돌로서 위법성 내지 책임이 조각될 수 있는 여지가 있다.

3. 성립요건

(1) 두 개 이상의 법적 의무의 충돌

의무의 충돌이 되기 위해서는 단순히 도덕적 의무가 아닌 두 개 이상의 법적 의무의 충돌이 있어야 한다. 여기서 말하는 충돌은 하나의 의무이행으로 말미암아 다른 의무이행이 불가능한 것을 의미한다. 도덕적 의무와 법적 의무가 충돌한 경우에 있어서 법적 의무를 이행한 경우에는 아무런 형법적 문제가 발생하지 아니한다. 또한 충돌은 실질적이어야 하므로 하나의 의무를 이행한 후 다른 의무도 이행이 가능하거나 충돌하는 모든 의무의 이행이 가능한 경우에는 의무의 충돌이라고 할 수 없다.

한편 의무의 충돌에서 말하는 의무는 작위의무의 충돌에 한한다. 이에 따라 작위의무와 부작위의무의 충돌은 긴급피난의 법리로 해결된다. 또한 수개의 부작위의무를 동시에 이행하는 것은 가능하기 때문에 작위범과 작위범 사이에서는 의무의 충돌이 문제될 여지가 없다.

(2) 의무 가운데 어느 하나만의 이행

상위 또는 동등한 가치의 의무를 이행한 경우뿐만 아니라 하위가치의 의무를 이행한 경우에도 의무의 충돌에 해당된다. 왜냐하면 전자의 의무를 이행한 경우에는 위법성의 조각이 문제되고, 후자의 의무를 이행한 경우에는 책임의 조각이 문제되기 때문이다.

(3) 주관적 정당화요소

의무이행자는 의무의 충돌상황을 인식함과 동시에 의무의 이행을 한다는 인식이 있어야 한다.

4. 효　과

의무의 충돌에 대한 효과는 다음과 같이 나누어 살펴 볼 수 있다. ① 상위의 가치를 보호하는 의무를 이행한 경우에는 위법성이 조각된다. ② 동등의 가치를 보호하는 의무를 이행한 경우에는 위법성이 조각된다. 왜냐하면 긴급피난에서는 피난의무가 없지만 의무의 충돌에서는 하나 이상의 의무이행이 강제되기 때문이다. 이러한 경우는 사회상규에 위배되지 않는 행위라고 평가할 수 있다. ③ 하위의 가치를 보호하는 의무를 이행한 경우에는 위법성이 조각되지 않고, 책임이 조각되거나 책임이 감경될 수 있다. ④ 이익형량이 불가능한 의무의 충돌에서 어느 하나의 의무를 이행한 경우에는 사회상규에 위배되지 않는 행위로서 위법성이 조각되거나 기대불가능성을 이유로 책임이 조각될 수 있다. ⑤ 가치를 서로 비교함에 있어서 착오로 인하여 낮은 가치의 의무를 이행한 경우에는 위법성의 착오에 해당하므로, 그 착오에 정당한 이유가 있는 경우에 한하여 책임이 조각될 수 있다.

제 4 절 자구행위

I. 의 의

1. 개 념

법률에서 정한 절차에 따라서는 청구권을 보전(保全)할 수 없는 경우에 그 청구권의 실행이 불가능해지거나 현저히 곤란해지는 상황을 피하기 위하여 한 행위는 상당한 이유가 있는 때에는 벌하지 아니한다(제23조 제1항). 제1항의 행위가 그 정도를 초과한 경우에는 정황에 따라 그 형을 감경하거나 면제할 수 있다(제23조 제2항). 이와 같이 과잉자구행위를 규정하고 있지만, 과잉방위 및 과잉피난의 경우와 달리 제21조 제3항은 준용되지 아니한다.

자구행위는 국가가 개인의 청구권을 보호해 줄 수 없거나 곤란한 상황에서 개인이 국가를 대신하여 권리를 보호하는 행위라고 할 수 있다. 예를 들면 해외로 도주하려는 채무자를 발견하고 여권을 빼앗아 출국을 저지하는 경우가 이에 해당한다. 법치국가에서는 원칙적으로 자력구제가 인정되지 않는다. 하지만 공권력에 의하여 개인의 권리구제가 불가능하거나 곤란한 상황에서 긴급구제를 인정하지 않는 것은 정의의 관념에 반하므로 예외적으로 이를 인정할 필요가 있다. 이에 따라 형법에서는 엄격한 요건 아래 자구행위를 인정하고 있는 것이며, 자구행위는 위법성이 조각되기 때문에 벌하지 아니한다.

2. 법적 성격

자구행위는 부정(不正) 대 정(正)의 관계이고, 과거의 부당한 청구권침해에 대한 사후적 긴급행위라는 점에서 현재의 부당한 침해나 위난에 대한 사전적 긴급행위인 정당방위 또는 긴급피난과는 본질적으로 다른 법적 성격을 가지고 있다는 것이 다수의 입장이다. 이에 의하면 청구권에 대한 부당한 침해가 없는 경우에는 자구행위를 행할 수 없고, 단지 긴급피난의 성립 여부만이 문제된다. 또한 자구행위는 국가공권력에 의한 구제가 우선적으로 적용된다는 점에서 정당방위의 경우와 비교하여 상당성 판단이 보다 엄격한 반면에 이익형량의 원칙에 충실한 긴급피난의 경우와 비교하여 상당성 판단이 보다 완화되어 있는 특징이 있다.

한편 정당방위 또는 긴급피난에서는 보호의 대상인 법익에 제한이 없으며 타인의 법익도 그 대상으로 하고 있지만, 자구행위에서는 자기의 청구권에 대해서만 보호의 대상으로 한정하고 있다는 차이점이 있다.

생각건대 정당방위 또는 긴급피난과 비교하여 볼 때 자구행위의 특징은 그 보호의 대상이 근본적으로 다르다는 점이다. 전자의 경우에 있어서 보호대상은 현실적 이익인 반면에 후자의 경우에 있어서 보호대상은 현실적 이익을 누릴 수 있는 권리, 즉 미래의 이익인 것이다. 왜냐하면 권리가 실현되어야 이익을 누릴 수 있고, 청구권의 상태에서는 현실적 이익이 존재하지 않기 때문이다. 이러한 점에서 오히려 자구행위를 사전적 긴급행위라고도 평가할 수 있다.

II. 성립요건

1. 법률에서 정한 절차에 따라서는 청구권을 보전(保全)할 수 없는 경우

(1) 법률에서 정한 절차

자구행위는 법률에서 정한 절차에 따라서는 청구권을 보전(保全)할 수 없는 경우에만 허용된다. 여기서 '법정절차'(法定節次)란 청구권을 실현하기 위하여 법규에 정해진 절차를 말한다. 예를 들면 민사집행법상 가압류·가처분 등의 보전절차, 국가기관에 의한 구제절차 등이 이에 해당한다. 이와 같이 법정절차는 재판절차에 한정되지 아니하고, 청구권의 보전절차를 포함한다.

(2) 청구권

'청구권'이란 상대방에 대하여 일정한 행위를 요구할 수 있는 사법상의 권리를 말한다. 만약 청구권이 존재하지 않는 경우에는 자구행위가 인정되지 아니한다.[1] 청구권의 범위와 관련하여, 재산권상의 청구권 이외에 인지청구권·동거청구권 등과 같은 가족법상의 청구권도 이에 포함되는지 여부가 문제될 수 있는데, 이러한 청구권은 직접 강제할 수 있는 성질의 것이 아니기 때문에 처음부터 실행가능한 청구권이라고 평가할 수 없다. 그러므로 이러한 청구권의 실행이 불가능해지거나 현저히 곤란해지는 상황을 피한다는 것은 무의미하기 때문에 자구행위가 인정되지 아니한다. 다만 상대방이 의무를 이행하지 않음으로써 재산상의 청구권이 발생한다면 그 청구권의 실행이 불가능해지거나 현저히 곤란해지는 상황을 피하기 위한 자구행위는 허용될 수 있을 것이다.

(3) 자기의 청구권

자구행위에 있어서의 청구권 행사 여부는 본인에게 주어져 있으므로 자기의 청구권만이 이에 해당하고, 타인의 청구권에 대해서는 자구행위가 허용되지 아니한다. 다만 청구권자로부터 위임을 받은 제3자는 그 위임자를 대신하여 직접 자구행위를 할 수 있다.

(4) 보전할 수 없는 경우

자구행위는 자기의 청구권을 보전할 수 없는 경우에 한하여 인정된다. 여기서 '법률에서 정한 절차에 따라서는 청구권을 보전할 수 없는 경우'란 시간적 또는 공간적 기타 사정상 재판절

---

1) 대법원 1962. 8. 23. 선고 62도93 판결.

차나 기타 공무원 등에 의한 구제수단을 강구할 수 없는 긴급한 경우를 말한다.

2. 그 청구권의 실행이 불가능해지거나 현저히 곤란해지는 상황을 피하기 위하여 한 행위

(1) 청구권의 실행이 불가능해지거나 현저히 곤란해지는 상황

자구행위는 그 청구권의 실행이 불가능해지거나 현저히 곤란해지는 상황을 피하기 위하여 한 행위에 국한되므로 청구권을 실행하는 행위는 원칙적으로 자구행위에 해당할 수 없다. 또한 법정절차에 의한 공권적 구제가 당장은 불가능한 사정이 있다고 하더라도 충분한 물적 담보 또는 인적 담보가 제공되어 있어 향후에 담보권을 실행할 수 있는 경우에는 자구행위를 할 수 없다.

(2) 피하기 위하여 한 행위

자구행위도 위법성조각사유에 해당하기 때문에 주관적 정당화요소인 자구의사가 필요함은 당연하다. 그러므로 행위자는 자구행위의 객관적 상황에 대한 인식을 하고, 청구권의 실행이 불가능해지거나 현저히 곤란해지는 상황을 피하기 위한 의사를 가지고 보전행위를 하여야 한다. 자구행위의 객관적 상황이 존재함에도 불구하고 자구의사 없이 행위한 경우에는 우연자구행위가 된다.

3. 상당한 이유

자구행위는 상당한 이유가 있는 경우에 한하여 위법성이 조각된다. 자구행위는 부정(不正) 대 정(正)의 관계에 있으므로 정(正) 대 정(正)의 관계에 있는 긴급피난과 비교하여서는 상당한 이유에 대한 심사가 완화되어 있다. 반면에 자구행위는 정당방위와 비교하여서는 그 심사가 보다 엄격하게 판단되어야 한다.

> 판례에 의하면, ① 이 사건 도로는 피고인 소유 토지상에 무단으로 확장 개설되어 그대로 방치할 경우 불특정 다수인이 통행할 우려가 있다는 사정만으로는 피고인이 법정절차에 의하여 자신의 청구권을 보전하는 것이 불가능한 경우에 해당한다고 볼 수 없을 뿐 아니라 이미 불특정 다수인이 통행하고 있는 육상의 통로에 구덩이를 판 행위가 피고인의 청구권의 실행불능이나 현저한 실행곤란을 피하기 위한 상당한 이유가 있는 행위라고도 할 수 없다.[1]
> ② 이 사건 토지에 대하여 사실상의 지배권을 가지고 그 소유자를 대신하여 이 사건 토지를 실질적으로 관리하고 있던 피고인이 공소외 1과 공모하여, 이 사건 토지에 철주를 세우고 철망을 설치하고 포장된 아스팔트를 걷어내는 등의 방법으로, 이 사건 토지를 통행로로 이용하지 못하게 하는 등 피해자 공소외 2의 상가임대업무 및 임차인 공소외 3, 공소외 4 등의 상가영업업무를 방해함과 동시에 육로를 막아 일반 교통을 방해하였다고 판단하였다. 설사 피고인의 주장대로 이 사건 토지에 인접하여 있는 공소외 2 소유의 건물에 건축법상 위법요소가 존재하고 공소외 2가 그와 같은 위법요소를 방치 내지 조장하고 있

---

1) 대법원 2007. 3. 15. 선고 2006도9418 판결.

다거나 위 건물의 건축허가 또는 이 사건 토지상의 가설건축물 허가 여부에 관한 관할관청의 행정행위에 하자가 존재한다고 가정하더라도, 그러한 사정만으로 이 사건에 있어서 피고인이 이 사건 토지의 소유자를 대위 또는 대리하여 법정절차에 의하여 이 사건 토지의 소유권을 방해하는 사람들에 대한 방해배제 등 청구권을 보전하는 것이 불가능하였거나 현저하게 곤란하였다고 볼 수 없을 뿐만 아니라, 피고인의 이 사건 행위가 그 청구권의 실행불능 또는 현저한 실행곤란을 피하기 위한 상당한 행위라고 볼 수도 없음을 알 수 있다.[1]

③ 소유권의 귀속에 관한 분쟁이 있어 민사소송이 계속 중인 건조물에 관하여 현실적으로 관리인이 있음에도 건조물의 자물쇠를 쇠톱으로 절단하고 침입한 행위는 법정절차에 의하여 그 권리를 보전하기가 곤란하고, 그 권리의 실행불능이나 현저한 실행곤란을 피하기 위해 상당한 이유가 있는 행위라고 할 수 없다.[2]

④ 집행관이 집행채권자 甲 조합 소유 아파트에서 유치권을 주장하는 피고인을 상대로 부동산인도집행을 실시하자, 피고인이 이에 불만을 갖고 아파트 출입문과 잠금 장치를 훼손하며 강제로 개방하고 아파트에 들어갔다고 하여 재물손괴 및 건조물침입으로 기소된 사안에서, 피고인이 아파트에 들어갈 당시에는 이미 甲 조합이 집행관으로부터 아파트를 인도받은 후 출입문의 잠금 장치를 교체하는 등으로 그 점유가 확립된 상태여서 점유권 침해의 현장성 내지 추적가능성이 있다고 보기 어려워 점유를 실력에 의하여 탈환한 피고인의 행위가 민법상 자력구제에 해당하지 않는다.[3]

⑤ 피고인들에 대한 채무자인 피해자가 부도를 낸 후 도피하였고 다른 채권자들이 채권확보를 위하여 피해자의 물건들을 취거해 갈 수도 있다는 사정만으로는 피고인들이 법정절차에 의하여 자신들의 피해자에 대한 청구권을 보전하는 것이 불가능한 경우에 해당한다고 볼 수 없을 뿐만 아니라 피해자 소유의 가구점에 관리종업원이 있음에도 불구하고 가구점의 시정장치를 쇠톱으로 절단하고 들어가 가구들을 무단으로 취거한 행위가 피고인들의 피해자에 대한 청구권의 실행불능이나 현저한 실행곤란을 피하기 위한 상당한 이유가 있는 행위라고도 할 수 없다.[4]

⑥ 피고인이 피해자에게 석고를 납품한 대금을 받지 못하고 있던 중 피해자가 화랑을 폐쇄하고 도주하자, 피고인이 야간에 폐쇄된 화랑의 베니어판 문을 미리 준비한 드라이버로 뜯어내고 피해자의 물건을 몰래 가지고 나왔다면, 위와 같은 피고인의 강제적 채권추심 내지 이를 목적으로 하는 물품의 취거행위는 자구행위라고 볼 수 없다.[5]

⑦ 채무자가 유일한 재산인 가옥을 방매하고 그 대금을 받은 즉시 멀리 떠나려는 긴급한 순간에 있어서 각 채권자가 할 수 없이 강제적인 채권추심을 하였더라도 반드시 자구행위의 요건을 갖추었다고 단정할 수 없다.[6]

---

1) 대법원 2007. 12. 28. 선고 2007도7717 판결.
2) 대법원 1985. 7. 9. 선고 85도707 판결.
3) 대법원 2017. 9. 7. 선고 2017도9999 판결.
4) 대법원 2006. 3. 24. 선고 2005도8081 판결.
5) 대법원 1984. 12. 26. 선고 84도2582 판결.
6) 대법원 1966. 7. 26. 선고 66도469 판결.

Ⅲ. 효 과

1. 내 용

자구행위가 성립하는 경우에는 구성요건해당성은 인정되지만, 위법성이 조각되어 처벌하지 아니한다. 그러므로 자구행위에 대해서는 정당방위가 허용되지 아니한다.

2. 과잉자구행위 및 오상자구행위

'과잉자구행위'(過剩自救行爲)란 자구행위가 그 정도를 초과하여 상당성이 없는 경우를 말한다. 과잉자구행위는 자구행위가 아니므로 위법성이 조각되지 아니한다. 다만 그 정황에 따라 형을 감경하거나 면제할 수 있을 뿐이다(제23조 제2항). 한편 과잉자구행위에 대하여는 과잉방위 및 과잉피난의 경우와 달리 제21조 제3항은 준용되지 아니한다.

'오상자구행위'(誤想自救行爲)란 법률에서 정한 절차에 따라 청구권을 보전할 수 있는 경우이거나 그 청구권의 실행이 불가능해지거나 현저히 곤란해지는 상황이 객관적으로 존재하지 않음에도 불구하고 주관적으로 그러하다고 오신하고 자구행위로 나아간 경우를 말한다. 이는 자구행위상황에 대하여 착오가 있는 경우를 의미한다. 오상자구행위는 자구행위가 아니므로 위법성이 조각되지 아니한다. 오상자구행위는 위법한 행위이지만 자구행위의 객관적 전제상황에 대한 착오가 있는 것이므로 위법성조각사유의 전제사실에 대한 착오에 해당한다.

제 5 절 피해자의 승낙

Ⅰ. 의 의

1. 개 념

처분할 수 있는 자의 승낙에 의하여 그 법익을 훼손한 행위는 법률에 특별한 규정이 없는 한 벌하지 아니한다(제24조). 피해자의 승낙에 의한 행위는 위법성이 조각되기 때문에 처벌할 수 없다. 하지만 아무리 처분권자의 승낙에 의한 행위라고 할지라도 승낙 자체만으로는 위법성이 조각될 수 없고, 승낙에 의한 행위가 사회상규에 위배되지 않는 경우에 한해서만 위법성이 조각된다. 예를 들면 신체포기각서의 작성 또는 노예계약의 체결 등이 아무리 승낙에 의하여 이루어지더라도 이는 사회상규에 비추어 볼 때 도저히 용납할 수 없는 것이기 때문에 위법성이 조각될 수는 없다.

한편 승낙살인죄(제252조 제1항), 동의낙태죄(제269조 제2항) 등에서의 승낙은 구성요건해당성이나 위법성을 조각시키지 못하고, 형벌을 감경하는 효과만이 발생한다. 그리고 13세 미만의 자에 대한 의제강간등죄(제305조 제1항), 피구금자간음죄(제303조 제2항), 아동혹사죄(제274조) 등에서의 승낙은 범죄의 성립 여부에 아무런 영향을 미치지 아니한다.

법익은 ① 개인이 처분할 수 없는 국가적·사회적 법익, ② 개인이 보호를 포기하더라도 국가는 보호하려고 하는 생명·신체 등과 같은 개인적 법익, ③ 개인이 보호를 포기하면 국가도 보호를 포기하는 재산·명예 등과 같은 개인적 법익 등으로 구분할 수 있다. 이 가운데 ①의 경우는 피해자의 승낙이 위법성을 조각시키지 못하고, ③의 경우는 피해자의 승낙만이 위법성을 조각하는 것이 아니라고 할 수 있다. 그러므로 피해자의 승낙이 위법성을 조각시키는 것은 ②의 경우라고 할 수 있는데, 이러한 경우는 처분권자가 자신의 법익을 포기하였으므로 국가법질서에 의해 그 법익을 보호할 필요가 없는지를 다시 검토하여 위법성 조각 여부를 판단하게 된다.

2. 양해와 승낙의 구별

양해(Einverständnis)와 승낙의 구별 여부와 관련하여, ① 처분권의 침해와 법익의 침해는 서로 구별되어야 하는 점, 법익주체의 동의가 있으면 행위에 대한 형식적·추상적 심사만으로 일상생활의 일환이 되는 행위가 실제로 존재한다는 점 등을 논거로 하여, 위법성을 조각시키는 승낙과 구성요건해당성을 배제시키는 양해를 서로 구별하는 견해(구별설), ② 승낙과 양해를 모두 구성요건해당성배제사유로 이해하거나 양자를 모두 위법성조각사유로 이해하는 견해(불구별설) 등의 대립이 있다.

이에 대하여 판례는 「피할만한 여유도 없는 좁은 장소와 상급자인 피고인이 하급자인 피해자로부터 아프게 반격을 받을 정도의 상황에서 신체가 보다 더 건강한 피고인이 피해자에게 약 1분 이상 가슴과 배를 때렸다면 사망의 결과에 대한 예견가능성을 부정할 수도 없을 것이며 위와 같은 상황에서 이루어진 폭행이 장난권투로서 피해자의 승낙에 의한 사회상규에 어긋나지 않는 것이라고도 볼 수 없다.」라고 판시[1]하거나 「사문서의 위·변조죄는 작성권한 없는 자가 타인 명의를 모용하여 문서를 작성하는 것을 말하는 것이므로 사문서를 작성·수정함에 있어 그 명의자의 명시적이거나 묵시적인 승낙이 있었다면 사문서의 위·변조죄에 해당하지 않고 …」라고 판시[2]하고 있는데, 이에 의하면 폭행죄에서는 피해자의 승낙이 위법성을 조각하는 반면에 사문서위·변조죄에서는 피해자의 승낙[3]이 구성요건해당성을 조각한다고 하여 구별설의 입장을 취하고 있다.

생각건대 우선 승낙의 의미를 구성요건해당성배제사유로 파악하는 것은 현행 형법의 규정

---

1) 대법원 1989. 11. 28. 선고 89도201 판결.
2) 대법원 2008. 4. 10. 선고 2007도9987 판결.
3) 사문서위·변조죄는 사회적 법익을 침해하는 범죄이므로 피해자의 승낙의 대상이 되지 못한다. 그러므로 여기서의 승낙은 명의사용에 대한 승낙으로 이해해야 한다.

을 무시하는 태도이기 때문에 타당하지 않다. 살인, 상해, 폭행 등의 범죄에 있어서는 모든 경우가 피해자의 의사에 반하는 것이라고 단정할 수 없지만, 강간, 주거침입, 절도, 강도 등의 범죄에 있어서는 구성요건의 해석상 피해자의 의사에 반하는 것이 이미 전제되어 있다고 파악할 수 있다. 그러므로 전자의 범죄에서는 피해자의 승낙이 있다고 할지라도 일단 구성요건해당성이 인정된 다음에 위법성의 조각이 문제될 수 있다. 그러나 후자의 범죄에서는 피해자의 승낙이 있는 경우에 처음부터 구성요건해당성 자체가 없다고 할 수 있다. 그러므로 양자를 구별하는 입장이 타당하다.

Ⅱ. 성립요건

1. 처분할 수 있는 자의 승낙이 있을 것

(1) 승낙능력

'승낙능력'(承諾能力)이란 승낙의 의미, 내용, 효과 등에 대하여 승낙을 할 수 있는 자가 이를 알 수 있는 능력을 말하는데, 피해자에게는 이러한 승낙능력이 있어야 한다. 이러한 승낙능력의 유무는 행위자의 연령, 지적 능력, 처분하고자 하는 법익, 행위 당시의 상황 등을 종합적으로 고려하여 구체적으로 판단할 수밖에 없다.

(2) 자유로운 의사에 의한 승낙

승낙은 반드시 자유로운 의사에 기초하여 이루어져야 하며, 폭행, 협박, 기망, 강요, 위계, 위력 등에 의한 승낙은 유효한 승낙으로 인정될 수 없다. 또한 객관적으로 보아 명백한 농담, 흥분, 분노 등의 표시로 승낙을 한 경우에도 승낙으로 인정되지 않을 수가 있다.[1] 그러나 단순한 동기의 착오가 있는 경우에는 유효한 승낙이 될 수 있다.

(3) 승낙이 외부적으로 표시되어 행위시까지 존재할 것

승낙은 내심의 의사에 그쳐서는 안 되고 외부적으로 표시되어야 한다. 명시적인 승낙뿐만 아니라 묵시적인 승낙[2]도 인정된다. 또한 승낙은 사전에 표시되어야 하고, 행위시까지 존재해

---

1) 대법원 1989. 11. 28. 선고 89도201 판결(인체의 흉부는 각종의 장기와 신경이 밀집되어 있어 인체의 가장 중요한 부위를 점하고 있어 이에 대한 강도의 타격은 생리적으로 흉부에 중대한 영향을 줄 뿐만 아니라 신경에 강한 자극을 줌으로써 이에 따른 쇼크로 인해 피해자를 사망에 이르게 할 수 있고, 더우기 그 가격으로 급소를 맞을 때에는 더욱 그러할 것인데 피할만한 여유도 없는 좁은 장소와 상급자인 피고인이 하급자인 피해자로부터 아프게 반격을 받을 정도의 상황에서 보다 신체가 건강한 피고인이 피해자에게 약 1분 이상 가슴과 배를 때렸다면 위 사망의 결과에 대한 예견가능성을 부정할 수도 없을 것이며 위와 같은 상황에서 이루어진 폭행이 장난권투로 피해자의 승낙에 의한 사회상규에 어긋나지 않는 것이라고도 볼 수 없을 것이다).

2) 대법원 1983. 2. 8. 선고 82도2486 판결(피고인이 허위사실을 유포하여 계원들로 하여금 위 피해자 대신 피고인을 계주로 믿게 하여 계금을 지급하고 불입금을 지급받음으로써 위계를 사용하여 위 피해자의 계운영 업무를 방해한 사실을 인정한 제1심 판단을 유지하고 있으나, 앞서 든 위 피해자의 진술부분과 동녀 작성의 고소장 기재를 종합하여 보면, 피고인에 대하여 다액의 채무를 부담하고 있던 동녀로서는 채권확보를 위한 피고인의 요구를 거절할 수 없었기 때문에 피고인이 계주의 업무를 대행하는데 대하여 이를 승인 내지 묵인한 사실이 인정되니 그렇다면 피고인의 소위는 이른바 위 피해자의 승낙이 있었던 것으로서 그 위법성이 저각되는 경우라 할 것이다).

야 한다. 그러므로 사후에 표시된 승낙은 피해자의 승낙으로서 효력이 발생하지 않고, 다만 양형에서 고려될 수 있을 뿐이다. 그리고 피해자의 승낙은 언제든지 자유롭게 철회할 수 있는데, 그 철회의 방법에는 아무런 제한이 없다.[1] 사전에 승낙이 있다고 할지라도 행위시에 승낙이 철회된 이상 승낙으로서의 효력이 발생하지 아니한다.

2. 처분할 수 있는 법익에 대한 승낙이 있을 것

피해자의 승낙은 처분할 수 있는 법익에 대한 것이어야 한다. 그러므로 국가적·사회적 법익은 승낙의 대상이 원칙적으로 될 수 없다. 하지만 타인소유의 일반물건방화죄에 대하여 피해자의 승낙이 있으면 자기소유의 일반물건방화죄가 성립하는 경우와 같이 사회적 법익과 개인적 법익을 동시에 보호하는 성격의 범죄에 있어서는 피해자가 승낙하는 경우 개인적 법익에 관한 부분은 위법성이 조각된다.

그리고 개인적 법익 가운데 어느 범위까지 처분할 수 있는지 여부는 개별 범죄에 따라 다르게 해석해야 한다. 일반적으로 재산적 법익은 처분이 자유로운 범죄에 해당하지만, 생명이라는 법익은 처분이 불가능한 범죄로 분류될 수 있다. 또한 신체 또는 자유라는 법익은 사회상규에 반하지 않는 범위 내에서 처분이 가능할 것이다.

한편 피해자의 승낙에 의한 행위는 승낙의 범위 내에서 이루어져야 한다. 만약 승낙의 범위를 초과한 경우에는 초과부분 또는 행위 전체가 불법행위로 평가될 수 있다.

3. 행위자가 승낙사실을 알고 있을 것

피해자의 승낙이 존재한다는 점에 대한 인식뿐만 아니라 승낙에 기한 행위를 함으로써 자기행위를 정당화하려는 의사가 존재해야 승낙에 의한 행위의 주관적 정당화요소가 인정된다. 그러므로 피해자가 승낙의 의사표시를 하였으나 행위자가 승낙사실을 알지 못한 경우에는 우연승낙이 될 뿐이다.

4. 법익침해를 처벌하는 특별한 규정이 없을 것

피해자의 승낙이 있음에도 불구하고 이를 처벌하는 특별한 규정이 있는 경우[2]에는 해당

---

1) 대법원 2011. 5. 13. 선고 2010도9962 판결(피고인이 피해자 甲의 상가건물에 대한 임대차계약 당시 甲의 母 乙에게서 인테리어 공사 승낙을 받았는데, 이후 乙이 임대차보증금 잔금 미지급을 이유로 즉시 공사를 중단하고 퇴거할 것을 요구하자 도끼를 집어 던져 상가 유리창을 손괴한 사안에서, 乙이 위 의사표시로써 시설물 철거에 대한 동의를 철회하였다고 보아야 하는데도 피고인의 행위를 무죄로 판단한 원심판결에는 피해자 승낙의 철회에 관한 법리오해의 잘못이 있다).

2) 대법원 2022. 1. 4. 선고 2021도14015 판결(「가정폭력범죄의 처벌 등에 관한 특례법」(이하 '가정폭력처벌법'이라고 한다) 제55조의4에 따른 임시보호명령은 피해자의 양해 여부와 관계없이 행위자에게 접근금지, 문언송신금지 등을 명하는 점, ② 피해자의 양해만으로 임시보호명령 위반으로 인한 가정폭력처벌법 위반죄의 구성요건해당성이 조각된다면 개인의 의사로써 법원의 임시보호명령을 사실상 무효화하는 결과가 되어 법적 안정성을 훼손할 우려도 있는 점 등의 사정을 들어, 설령 피고인의 주장과 같이 이 사건 임시보호명령을 위반한 주거지 접근이나

규정이 제24조보다 우선적으로 적용되는데, 예를 들면 승낙살인죄, 동의낙태죄, 13세 이상 16세 미만의 자에 대한 의제강간등죄[1], 피구금자간음죄 등이 이에 해당한다.

5. 승낙에 의한 행위가 사회상규에 반하지 아니할 것

위법성이 조각되는 피해자의 승낙은 개인적 법익을 훼손하는 경우에 법률상 이를 처분할 수 있는 사람의 승낙이어야 할 뿐만 아니라 그 승낙이 윤리적·도덕적으로 사회상규에 반하는 것이 아니어야 한다.[2] 이는 형법 제21조 내지 제23조에서 '상당한 이유'라는 명문의 요건으로 위법성조각사유의 실질화를 유지하는 것과 같은 맥락에서 제24조에서도 실질적 위법성론의 관점에서 피해자의 승낙에 의한 행위도 '사회상규'를 통하여 제한할 필요가 있다는 점을 보여주고 있다.

Ⅲ. 효 과

피해자의 승낙이 성립하는 경우에는 구성요건해당성은 인정되지만, 위법성이 조각되어 처벌하지 아니한다. 그러므로 피해자의 승낙에 의한 행위에 대해서는 정당방위가 허용되지 아니한다.

피해자의 승낙은 고의범뿐만 아니라 과실범에도 인정된다. 예를 들면 권투경기를 하는 선수는 상대방의 고의에 의한 상해행위뿐만 아니라 과실에 의한 상해행위에 대하여도 사전에 승낙한 것이므로, 경기 도중 상대방의 과실에 의하여 상해를 입었다고 하더라도 과실치상죄의 위법성이 조각될 수 있다.

Ⅳ. 추정적 승낙

1. 의 의

(1) 법적 성격

'추정적 승낙'이란 피해자의 명시적 또는 묵시적인 승낙과 같은 현실적인 승낙이 존재하지

문자메시지 송신을 피해자가 양해 내지 승낙했다고 할지라도 가정폭력처벌법 위반죄의 구성요건에 해당할뿐더러, ① 피고인이 이 사건 임시보호명령의 발령 사실을 알면서도 피해자에게 먼저 연락하였고 이에 피해자가 대응한 것으로 보이는 점, ② 피해자가 피고인과 문자메시지를 주고받던 중 수회에 걸쳐 '더 이상 연락하지 말라'는 문자메시지를 보내기도 한 점 등에 비추어 보면, 피고인이 이 사건 임시보호명령을 위반하여 피해자의 주거지에 접근하거나 문자메시지를 보낸 것을 형법 제20조의 정당행위로 볼 수도 없다).

1) 의제강간등죄에 있어서 13세 미만자의 의한 승낙의 경우에는 승낙능력이 부정될 가능성이 높다.

2) 대법원 2008. 12. 11. 선고 2008도9606 판결(자해공갈미수사건)(피고인이 피해자와 공모하여 교통사고를 가장하여 보험금을 편취할 목적으로 피해자에게 상해를 가하였다면 피해자의 승낙이 있었다고 하더라도 이는 위법한 목적에 이용하기 위한 것이므로 피고인의 행위가 피해자의 승낙에 의하여 위법성이 조각된다고 할 수 없다); 대법원 1985. 12. 10. 선고 85도1892 판결.

않음에도 불구하고 행위 당시의 객관적 사정에 비추어 보아 승낙권자가 그 사정을 알았더라면 당연히 승낙할 것으로 기대되는 경우를 말한다. 이와 같은 추정적 승낙은 그 법적 성격과 관련하여, 제24조에서 규정하고 있는 피해자의 승낙과 동일하게 취급할 수는 없으므로 독자적인 위법성조각사유로 판단해야 한다. 결국 제20조에서 규정하고 있는 사회상규에 위배되지 아니하는 행위의 하위유형으로 분류하는 것이 타당하다.

(2) 유 형

추정적 승낙의 유형으로는 피해자의 이익으로 추정되는 경우와 피해자의 이익포기가 추정되는 경우로 다시 나누어 볼 수 있다. 예를 들면 교수의 승진임용과 관련된 서류제출의 마감시한에 임박하여 해당 교수와 연락이 닿지 않자 학과 조교가 이전에 학과사무실에 보관을 의뢰해 둔 해당 교수의 인장을 사용하여 서류를 완성한 다음 이를 학교본부에 제출하는 경우는 전자의 예에 해당할 수 있고, 친한 친구가 잠시 자리를 비운 사이에 그 친구의 담배 한 대를 꺼내어 피운 경우는 후자의 예에 해당할 수 있다.

2. 성립요건

추정적 승낙이 위법성을 조각시키기 위해서는 다음과 같은 요건을 충족하여야 한다. ① 추정적 승낙의 대상은 법익의 주체가 자유롭게 처분할 수 있는 법익에 한정된다. ② 추정적 승낙은 비록 현실적인 승낙이 존재하지 않더라도 피해자가 행위의 내용을 알았더라면 현실적으로 승낙할 것이 충분히 예상되어야 한다. ③ 행위시의 상황에 비추어 피해자로부터 현실적인 승낙을 받을 수 없어야 한다. 그러므로 피해자가 승낙을 명시적으로 거부하였거나 사전에 충분히 승낙할 수 있었던 경우에는 추정적 승낙이 인정될 수 없다.[1] ④ 행위 당시에 승낙의 객관적인 추정이 있어야 하며, 행위자는 이를 인식하고 있어야 한다.[2] ⑤ 추정적 승낙에 의한 행위를 처벌하는 법률의 특별한 규정이 없어야 한다. ⑥ 추정적 승낙에 의한 행위가 사회상규에 위배되지 않아야 한다.

---

1) 대법원 1997. 11. 28. 선고 97도1741 판결(공소외인이나 성경익은 위 피고인들과 종전부터 친분관계가 있었다거나 위 피고인들로부터 수시로 안전점검 부탁을 받은 일이 없고 위 피고인들의 부탁을 받고 간단한 점검을 하여 준 점, 공소외인이 수당지급을 위해 필요하다면 도장을 달라는 요구를 받고 불쾌하게 생각하였던 점, 제1심 법정에서 자신들이 점검하지 않은 교량에 대한 점검보고서에 날인할 의사가 없었다고 진술하고 있는 점, 위 피고인들이 위 공소외인과 성경익의 승낙을 받지 못한 불가피한 사정도 없었던 점 등에 비추어 보면, 위 공소외인이나 성경익의 추정적 승낙이 있었다고 볼 수 없다).

2) 대법원 1993. 7. 27. 선고 92도2160 판결(판시 각 실제수령액과 다른 내용의 2중 봉급명세서 작성행위는 피고인이 공소외 학교법인의 누적된 사채 등의 원리금을 상환하기 위하여 편법으로 재정을 확보하려 한 것으로서 그 명의자들의 이익을 위한 것이 아니었던 점, 당시 그 명의자들은 위 봉급명세서의 작성에 대하여 승낙 여부의 의사결정을 할 수 없는 사정에 놓여 있었던 것이 아니고 피고인도 이러한 사정을 잘 알고 있으면서 의도적으로 그들의 승낙을 받지 않고 이 사건 행위를 감행하였던 점 등이 엿보이는바, 이러한 여러 정황에 비추어 볼 때 이 사건은 피고인이 위 각 2중 봉급명세서의 작성 당시 비록 명의자들의 승낙을 얻지 못하였으나 명의자들이 행위의 내용을 알았더라면 그들 명의로 위 봉급명세서를 작성하는 것을 승낙하였으리라는 사정이 객관적으로 보아 분명하다고 할 수는 없고, 이러한 경우라면 이 사건 범행에 대하여 위 봉급명세서 명의자들의 추정적 승낙이 있었던 때에 해당한다고는 할 수 없다).

판례에 의하면, ① 사문서의 위·변조죄는 작성권한 없는 자가 타인 명의를 모용하여 문서를 작성하는 것을 말하는 것이므로 사문서를 작성·수정함에 있어 그 명의자의 명시적이거나 묵시적인 승낙이 있었다면 사문서의 위·변조죄에 해당하지 않고, 한편 행위 당시 명의자의 현실적인 승낙은 없었지만 행위 당시의 모든 객관적 사정을 종합하여 명의자가 행위 당시 그 사실을 알았다면 당연히 승낙했을 것이라고 추정되는 경우 역시 사문서의 위·변조죄가 성립하지 않는다.[1]

② 종친회 결의서의 피위조명의자 중 피고인의 형제 2명이 승낙한 사안에서 피고인의 아들들이나 위 형제들의 아들들에 대하여 추정적 승낙을 인정할 여지가 있다.[2]

하지만 피해자에 대하여 소를 함부로 끌고 가게 되어 미안하다고 양해를 구하는 취지의 편지를 써 놓고 나서 소를 가지고 나왔다 하여 범죄가 안 된다고 볼 수 없고, 피고인이 이렇게 오인한 데 대하여 정당한 이유가 있는 것으로 보기 어렵다.[3]

3. 효 과

추정적 승낙의 성립요건을 충족하는 경우에는 구성요건해당성은 인정되지만, 위법성이 조각되어 범죄로 되지 아니한다.

제 6 절   정당행위

Ⅰ. 의의 및 개념

1. 의 의

법령에 의한 행위 또는 업무로 인한 행위 기타 사회상규에 위배되지 아니하는 행위는 벌하지 아니한다(제20조). 정당행위에서의 핵심징표는 '사회상규에 위배되지 아니하는 행위'라고 할 수 있는데, 이는 모든 위법성조각사유를 심사함에 있어서 중요한 기준으로 작용하고 있다. 왜냐하면 제21조 내지 제24조에서 규정하고 있는 개별적인 위법성조각사유에서도 그 핵심적인 징표는 사회상규의 위배 여부라고 할 수 있으므로 정당행위 규정은 포괄적·일반적 위법성조각사유로 평가되고 있기 때문이다. 이와 같이 정당행위 규정은 형법 각칙 전체의 구성요건 조항에 대한 소극적 한계를 정하고 있는 규정으로서, 위법성을 조각시켜 범죄의 성립을 부정하는 기능을 하지만, 다른 한편으로는 정당행위가 인정되지 않는 경우 위법한 행위로서 범죄의 성립을 인정하게 하는 기능도 동시에 수행하고 있다.

---

1) 대법원 2015. 11. 26. 선고 2014도781 판결; 대법원 2011. 9. 29. 선고 2010도14587 판결; 대법원 2003. 5. 30. 선고 2002도235 판결.
2) 대법원 1993. 3. 9. 선고 92도3101 판결.
3) 대법원 1970. 7. 24. 선고 70도1149 판결.

우리나라의 정당행위 규정은 유사한 입법례를 찾아볼 수 없는데, 일본 형법은 정당행위(제 35조), 정당방위(제36조), 긴급피난(제37조) 등을 위법성조각사유로 규정하면서, 정당행위에 대하여 '법령 또는 정당한 업무로 인한 행위는 벌하지 아니한다.'라고 규정하여 '사회상규'와 관련된 언급을 하고 있지 않고, 독일 형법에서도 정당방위(제32조), 과잉방위(제33조), 정당화적 긴급피난(제34조)[1], 면책적 긴급피난(제35조)[2] 등을 위법성조각사유로 규정하면서, 다만 독일 형법 제228조에서 "피해자의 승낙에 따라 상해를 한 자는 그 상해행위가 승낙에도 불구하고 선량한 풍속에 반하는 때에는 위법하다."라고 규정하고 있을 뿐이다. 독일의 경우 사회상규를 근거로 하는 위법성조각사유의 인정 여부에 대한 논의를 대신하여 사회적 상당성 또는 허용된 위험의 법리를 중심으로 하는 구성요건해당성의 인정 여부에 대한 논의가 활발하게 전개되었다. 이와 같은 입법태도는 영미형법에서도 마찬가지라고 할 수 있는데[3], 정당행위와 관련하여 영미형법에서는 법집행행위로서 범죄예방행위와 체포행위에 국한하고 있는 것이 특징이다.

한편 법률은 시대상황에 따라 수시로 변천하기 마련이기 때문에 위법성조각사유는 계속적으로 유동적인 상황에 처할 수밖에 없다. 즉 위법성조각사유는 법률의 규정에만 의존할 수가 없으며, 법률의 규정이 없는 경우에도 초법규적 위법성조각사유가 충분히 인정될 수 있는 것이다. 또한 위법성이란 전체적인 법질서 내지 법적인 평가에 배치되지 아니하는 성질이기 때문에 초법규적으로도 조각사유를 상정할 수 있는데, 예를 들면 교사의 직접적 체벌행위, 추정적 승낙에 의한 행위, 의무의 충돌 등이 이에 해당한다. 이와 같이 사회상규에 위배되지 아니하는 행위는 법률의 규정 이외에 인정될 수 있는 초법규적 위법성조각사유를 의미하는데, 우리나라에서는 이를 입법화[4]하여 법규적 위법성조각사유로 취급하는 점이 외국의 입법례와 구별되는 특징이다.

2. 사회상규와 사회적 상당성의 구별

(1) 학설의 입장

사회상규와 사회적 상당성의 구별과 관련하여, ① 사회적 상당성은 행위에 대한 형법적 중

---

[1] 생명·신체·자유·명예·재산 또는 기타의 법익에 대한 현재의 달리 피할 수 없는 위난 하에서 그 위난을 자기 또는 타인으로부터 피하기 위하여 행위한 자는 대립하는 이익, 특히 당해 법익과 그것에 절박하는 위난도를 저울질해서 보호된 이익이 침해된 이익보다 중요성에 있어서 우월한 때에는 위법하게 행위한 것이 아니다. 단, 이것은 그 행위가 위난을 피할 상당한 수단인 때에 한하여 적용된다.

[2] 생명·신체 또는 자유에 대한 현재의 달리 피할 수 없는 위난 하에서 그 위난을 자기·친족 또는 기타의 자기와 밀접한 관계에 있는 자로부터 피하기 위하여 위법한 행위를 한 자는 책임없이 행위한 것이다.

[3] 참고로 New York 주법에 의하면 '법령에 의한 행위 또는 공무원이 자신의 권한이나 기능 또는 의무에 관련하여 행한 행위는 범죄가 아니다.'(NY CLS Penal, Title C, Section §35.05(10(2008))라고 규정하고 있는데, 이는 우리나라 정당행위의 규정 가운데 '법령에 의한 행위'와 '업무로 인한 행위'로 파악할 수 있을 것이다.

[4] 우리나라에서는 1953년 형법 제정 이전에 정당행위, 정당방위 및 긴급피난만을 위법성조각사유로 규정하고 있었지만, 제정과정을 통하여 자구행위와 피해자의 승낙을 새롭게 추가하였고, 정당행위의 내용에 있어서도 '기타 사회상규에 위배되지 아니하는 행위'를 추가하여 위법성조각사유를 확장하여 형사처벌의 과잉남용을 방지하고자 하는 입법태도를 보이고 있다.

요성의 평가를 구성요건해당성 이전의 영역에 제한하는 구성요건해당성의 소극적 측면인데 반하여, 사회상규는 행위의 구성요건해당성을 일단 전제하고 실질적 위법성의 관점에서 행위의 위법성을 배제하는 불법의 소극적 측면이라는 점을 논거로 하여, 사회적 상당성이 인정될 경우에는 구성요건해당성 배제사유로서, 사회상규에 반하지 않을 경우에는 위법성조각사유로서 서로 구별하는 입장, ② 사회상규에 위배되지 않는 행위이든 사회적 상당성이 있기 때문에 처벌되지 않는 행위이든 모두 구성요건에 해당되는 행위임에는 차이가 없다는 점, 사회적으로 상당한 행위와 사회상규불위배행위를 구별할 수 있게 하는 구체적인 표지를 찾을 수 없다는 점, 형법이론사적으로 볼 때 사회적 상당성론을 창안한 Hans Welzel의 개념정의와 우리나라 대법원의 사회상규불위배행위에 관한 개념정의는 내용상 대동소이하다는 점, 구성요건을 배제하는 사회적 상당성의 일반해석원칙을 수용하지 않더라도 문제되는 가벼운 사안들은 대부분 개별 구성요건의 해석과 위법성조각사유의 적용으로 얼마든지 해결할 수 있다는 점 등을 논거로 하여, 양자를 동의어로 파악하여 이를 위법성조각사유의 일반원칙으로 이해하는 입장 등의 대립이 있다.

(2) 검 토

정당화사유에 대한 입법형식이 독일 형법과 다름에도 불구하고 독일 형법이론학에서 논의되어 온 사회적 상당성 이론이 우리나라 형법이론학에 아무런 여과장치 없이 수용되는 것은 타당하다고 볼 수 없다. '사회적 상당성'(soziale Adäquanz)의 개념을 창시한 Hans Welzel의 초기의 입장에 의하면 '역사적으로 형성된 사회윤리적 공동생활의 질서 내에서 행해지는 행위(Handlung, die sich innerhalb der geschichtlich gewordenen sozialethischen Ordnung des Gemeinschaftslebens bewegen)는 사회적으로 상당하며, 따라서 이러한 사회적 상당성이 있는 행위(Sozialadäquates Verhalten)는 법문상으로는 구성요건에 포섭된다고 하더라도 결코 구성요건에 해당하지 않는다.' 라고 표현하고 있다.

이는 당시 종래의 인과적 행위론을 비판[1]하며 제시한 목적적 행위론에 입각한 이론이라고 할 수 있는데, Welzel은 사회적 상당성으로 인하여 구성요건해당성이 부정되는 구체적인 예로 경미한 자유제한, 사소한 금전을 건 도박, 통상적으로 소량의 선물을 우체부에게 교부하는 행위, 단순한 외설, 조카가 상속재산을 많이 가지고 있는 삼촌에게 그가 죽었으면 하는 희망으로 교통수단을 이용하게 권유하여 삼촌이 사망한 경우(소위 '교통수단권유살해사례') 등을 제시하고 있다.

하지만 이러한 사례들은 우리나라 형법 제20조에서 말하는 정당행위 가운데 '사회상규에 위배되지 아니하는 행위'의 전형적인 사례들이라고 할 수 있으며, 특히 '교통수단권유살해사례'의 경우는 굳이 사회적 상당성 이론으로 설명하지 않아도 구성요건의 정형성이 부정되는 대표

---

1) 사회적으로 상당한 행위는 비록 인과적 관점에서 구성요건에 포섭될 수 있다고 하더라도 형법적 구성요건에 해당하지 않는다는 것이다.

적인 사례라고 할 수 있다. 왜냐하면 단순히 특정 교통수단의 권유를 살인죄의 객관적 구성요 건요소인 '살해'의 개념으로는 도저히 해석할 수 없기 때문이다.

또한 현실세계에 있어서 사회적 상당성의 개념과 사회상규의 개념은 모두 형법 외부에서 가치충전을 필요로 하는 개념에 해당하기 때문에 구별이 쉽지 않은 것이 사실이며, 이러한 애 매모호함은 대법원의 태도에서도 자주 엿볼 수 있다. 대법원은 「형법 제20조가 사회상규에 위 배되지 아니하는 행위는 처벌하지 아니한다고 규정한 것은 사회상규 개념을 가장 기본적인 위 법성판단의 기준으로 삼아 이를 명문화한 것으로서 그에 따르면 행위가 법규정의 문언상 일응 범죄구성요건에 해당된다고 보이는 경우에도 그것이 극히 정상적인 생활형태의 하나로서 **역사 적으로 생성된 사회생활질서의 범위 안에 있는 것이라고 생각되는 경우**에 한하여 그 **위법성이 조각**되어 처벌할 수 없게 되는 것이며, 어떤 법규정이 처벌대상으로 하는 행위가 사회발전에 따라 전혀 위법하지 않다고 인식되고 그 처벌이 무가치할 뿐만 아니라 사회정의에 배반된다고 생각될 정도에 이를 경우나, 자유민주주의 사회의 목적 가치에 비추어 이를 실현하기 위해 **사 회적 상당성이 있는 수단**으로 행하여졌다는 평가가 가능한 경우에 한하여 이를 **사회상규에 위 배되지 아니한다**.」(강조는 인용자)라고 판시[1]하고 있는데, '사회상규'의 개념을 설명하기 위하여 '사회적 상당성'을 차용하고 있으며, 비록 하급심 판례[2]이기는 하지만 「형법 제20조의 위법성 조각사유의 내용인 사회적 상당성을 인정할 수 있기 위하여는 …」이라고 하여 명문의 규정인 사회상규를 사회적 상당성과 심지어 동의어와 파악하는 태도도 취하고 있다.[3] 이러한 연유는

---

1) 대법원 1983. 2. 8. 선고 82도357 판결. 同旨 대법원 1988. 11. 8. 선고 88도1580 판결(피고인들이 수용중인 피해자 들의 야간도주를 방지하기 위하여 그 취침시간 중 위와 같은 방법으로 조처한 것은 그 행위에 이른 과정과 목적, 수단 및 행위자의 의사 등 제반사정에 비추어 사회적 상당성이 인정되는 행위라고 못 볼바 아니어서 형법 제20조 에 의하여 그 위법성이 조각된다); 대법원 2003. 6. 27. 선고 2003도1912 판결; 대법원 1994. 11. 8. 선고 94도1657 판결; 대법원 1985. 6. 11. 선고 84도1958 판결.

2) 서울고등법원 1986. 2. 4. 선고 85노3184 판결(확정)(형법 제20조의 위법성조각사유의 내용인 사회적 상당성을 인정할 수 있기 위하여는 첫째, 건전한 사회통념 및 우리나라의 헌법이 기본이념으로 삼고 있는 자유민주주의 사회의 목적가치에 비추어 그 행위의 동기나 목적이 정당하여야 하고 둘째, 그 행위의 수단이나 방법이 그 행위에 의하여 구체적으로 보호되어야 할 법익의 유지를 통한 가치의 실현과 다른 한편으로는 그 행위에 의하여 침해되 는 다른 이익과를 서로 비교형량하여 위 두 법익사이에 균형이 이루어지고 따라서 사회윤리적 관점에서 그 수단 의 상당성이 인정되어야 할 것이며 셋째, 그 행위 당시의 정황에 비추어 그 행위가 긴급을 요하고 부득이한 것이 었을 뿐만 아니라 그 행위 이외에 다른 수단이나 방법이 없거나 또는 현저하게 곤란하여야 한다는 긴급성 및 보충성이 있어야 한다).

3) 하지만 예외적으로 '사회적 상당성'이 있는 행위를 구성요건해당성 배제사유로 파악하고 있는 경우도 있다. 예를 들면 대법원 1996. 6. 14. 선고 96도405 판결(피고인이 공소외 1 등의 술값 40,000원을 지불한 행위는 비록 그 금액이 다액은 아니라고 하더라도 동인들로 하여금 도의원후보자 선출을 위한 당내 경선에서 위 공소외 2를 지지 하도록 부탁할 분명한 목적하에서 한 행위인 이상 그것이 사회적으로 상당성이 있는 행위라거나 위법성이 없는 행위라고 볼 여지는 없으므로 …); 대법원 1995. 3. 3. 선고 93도3080 판결(어떤 행위가 범인도피죄에 해당하는 것처럼 보이더라도 그것이 사회적으로 상당성이 있는 행위일 때에는 이 또한 처벌할 수 없다). 반대의 경우로서 '사회통념'에 따른 행위를 구성요건해당성 배제사유로 파악하고 있는 경우도 존재한다. 예를 들면 대법원 2007. 6. 28. 선고 2007도2590 판결(건조물의 벽면에 낙서를 하거나 게시물을 부착하는 행위 또는 오물을 투척하는 행 위 등이 그 건조물의 효용을 해하는 것에 해당하는지 여부는 당해 건조물의 용도와 기능, 그 행위가 건조물의 채광·통풍·조망 등에 미치는 영향과 건조물의 미관을 해치는 정도, 건조물 이용자들이 느끼는 불쾌감이나 저항 감, 원상회복의 난이도와 거기에 드는 비용, 그 행위의 목적과 시간적 계속성, 행위 당시의 상황 등 제반 사정을

'역사적으로 형성된 사회윤리적 공동생활의 질서 내에서 행해지는 행위'의 범위가 상당히 폭넓다는 측면에서의 불확정성과 '사회상규' 개념의 불확정성이 상당 부분 중첩되어 있는 결과로 파악된다.

결론적으로 형법 제20조에서 명문의 규정으로 '사회상규'라는 개념을 사용하여 외국의 입법례와 달리 초법규적인 위법성조각사유의 인정이 필요 없는 우리나라의 형법해석론에 있어서는 '사회적 상당성'이라는 개념을 별도로 사용하거나 해석할 필요는 없다. 그리고 이에 대한 법적 성격과 관련해서는 대법원이 '어떠한 행위가 위법성조각사유로서의 정당행위가 되는지의 여부' 또는 '사회상규에 위배되지 아니하는 행위로서 위법성이 조각된다.' 등의 문구를 사용[1]하는 것과 같이 위법성조각사유로 판단해야 할 것이다.

Ⅱ. 법령에 의한 행위

1. 공무집행행위

(1) 적법한 공무집행행위

법령에 의한 공무원의 직무집행행위는 위법성이 조각된다.[2] 예를 들면 법무부장관의 사형집행 명령행위와 교도관의 사형집행행위는 각각 살인교사죄 및 살인죄의 구성요건에 해당하지만, 형사소송법 및 형집행법 등에서 규정하고 있는 적법한 공무집행행위에 해당하기 때문에 법령에 의한 행위로서 위법성이 조각된다. 또한 수사기관에 의한 체포·구속·압수·수색 등 각종의 강제처분도 형사소송법령에 근거하여 적법한 행위가 된다.

(2) 상관의 위법한 명령에 따른 행위

공무원이 그 직무를 수행함에 있어 상관은 하관에 대하여 범죄행위 등 위법한 행위를 하도록 명령할 직권이 없으며, 하관은 소속 상관의 적법한 명령에 복종할 의무는 있으나 명백히 위법 내지 불법한 명령인 때에는 직무상의 지시명령이라고 할 수 없으므로 이에 따라야 할 의무는 없다.[3] 다만 상관의 위법한 명령을 적법한 것으로 오신한 경우에는 위법성이 조각되지 않으

종합하여 사회통념에 따라 판단하여야 할 것이다); 대법원 2005. 6. 9. 선고 2005도1732 판결(수뢰죄에 있어서 부정한 청탁의 해석과 관련하여); 대법원 2002. 8. 28. 선고 2002도2889 판결(공연음란죄에 있어서 음란성의 해석과 관련하여); 대법원 2000. 1. 21. 선고 99도4940 판결(사교적 의례로 제공된 금품의 뇌물성 해석과 관련하여).

1) 대법원 2013. 6. 13. 선고 2010도13609 판결; 대법원 2007. 6. 28. 선고 2005도8317 판결; 대법원 2007. 3. 15. 선고 2006도9418 판결.

2) 대법원 2014. 12. 11. 선고 2014도7976 판결(경찰관직무집행법 제3조 제4항은 경찰관이 불심검문을 하고자 할 때에는 자신의 신분을 표시하는 증표를 제시하여야 한다고 규정하고, 경찰관직무집행법 시행령 제5조는 위 법에서 규정한 신분을 표시하는 증표는 경찰관의 공무원증이라고 규정하고 있는데, 불심검문을 하게 된 경위, 불심검문 당시의 현장상황과 검문을 하는 경찰관들의 복장, 피고인이 공무원증 제시나 신분 확인을 요구하였는지 여부 등을 종합적으로 고려하여, 검문하는 사람이 경찰관이고 검문하는 이유가 범죄행위에 관한 것임을 피고인이 충분히 알고 있었다고 보이는 경우에는 신분증을 제시하지 않았다고 하여 그 불심검문이 위법한 공무집행이라고 할 수 없다).

3) 대법원 2015. 10. 29. 선고 2015도9010 판결(상명하복 관계가 비교적 엄격한 국정원의 조직특성을 고려하더라도,

나 책임이 조각되거나 감경될 수는 있다.

2. 형사소송법상 사인의 현행범인 체포행위

현행범은 누구든지 영장 없이 체포할 수 있기 때문에 사인(私人)에 의한 현행범체포행위는 체포죄의 구성요건에는 해당하지만 법령에 의한 행위로서 위법성이 조각된다. 다만 현행범인 체포를 위하여 타인의 주거에 침입하는 경우에는 주거침입죄로 처벌될 수는 있다는 점에 유의해야 한다.

3. 「장기 등 이식에 관한 법률」상 장기적출행위

「장기 등 이식에 관한 법률」제22조[1]에 의하면 일정한 경우에 살아있는 사람, 뇌사자, 사망한 자의 장기등의 적출을 허용하고 있다. 특히 살아있는 사람이나 뇌사자에 대한 장기적출행위는 살인죄의 구성요건에 해당하지만 법령에 의한 행위로서 위법성이 조각된다.

이 사건과 같이 허위의 공문서를 작성하라는 지시는 위법한 명령에 해당할 뿐만 아니라, 위와 같은 위법한 명령을 피고인 3이 거부할 수 없는 특별한 상황에 있었다고 보기 어려우므로, 위 2013. 9. 27.자 및 2013. 12. 17.자 허위의 확인서 등 작성 범행이 강요된 행위 등으로서 적법행위에 대한 기대가능성이 없는 경우에 해당한다고 볼 수 없다); 대법원 2013. 11. 28. 선고 2011도5329 판결; 대법원 1999. 4. 23. 선고 99도636 판결(하관은 소속상관의 적법한 명령에 복종할 의무는 있으나 그 명령이 대통령 선거를 앞두고 특정후보에 대하여 반대하는 여론을 조성할 목적으로 확인되지도 않은 허위의 사실을 담은 책자를 발간·배포하거나 기사를 게재하도록 하라는 것과 같이 명백히 위법 내지 불법한 명령인 때에는 이는 벌써 직무상의 지시명령이라 할 수 없으므로 이에 따라야 할 의무가 없다); 대법원 1988. 2. 23. 선고 87도2358 판결(박종철고문치사사건)(공무원이 그 직무를 수행함에 있어 상관은 하관에 대하여 범죄행위 등 위법한 행위를 하도록 명령할 직권이 없는 것이며, 또한 하관은 소속상관의 적법한 명령에 복종할 의무는 있으나 그 명령이 참고인으로 소환된 사람에게 가혹행위를 가하라는 등과 같이 명백한 위법 내지 불법한 명령인 때에는 이는 벌써 직무상의 지시명령이라 할 수 없으므로 이에 따라야 할 의무는 없다 할 것이고, 설령 치안본부 대공수사단 직원은 상관의 명령에 절대 복종하여야 한다는 것이 그 주장과 같이 불문율로 되어있다 할지라도, 국민의 기본권인 신체의 자유를 침해하는 고문행위 등이 금지되어 있는 우리의 국법질서에 비추어 볼 때 그와 같은 불문율이 있다는 점만으로는 이 사건 판시 범죄와 같이 중대하고도 명백한 위법명령에 따른 행위가 정당한 행위에 해당하거나 강요된 행위로서 적법행위에 대한 기대가능성이 없는 경우에 해당하게 되는 것이라고는 볼 수 없다).

1) 제22조(장기등의 적출 요건) ① 살아있는 사람의 장기등은 본인이 동의한 경우에만 적출할 수 있다. 다만, 16세 이상인 미성년자의 장기등과 16세 미만인 미성년자의 말초혈 또는 골수를 적출하려는 경우에는 본인과 그 부모(부모가 없고 형제자매에게 말초혈 또는 골수를 이식하기 위하여 적출하려는 경우에는 법정대리인)의 동의를 함께 받아야 한다.

② 제1항 단서의 경우 부모 중 1명이 행방불명, 그 밖에 대통령령으로 정하는 부득이한 사유로 동의할 수 없으면 부모 중 나머지 1명과 제4조제6호 각 목에 따른 가족 또는 유족의 순서에 따른 선순위자 1명의 동의를 받아야 한다.

③ 뇌사자와 사망한 자의 장기등은 다음 각 호의 어느 하나에 해당하는 경우에만 적출할 수 있다.

1. 본인이 뇌사 또는 사망하기 전에 장기등의 적출에 동의한 경우. 다만, 그 가족 또는 유족이 장기등의 적출을 명시적으로 거부하는 경우는 제외한다.

2. 본인이 뇌사 또는 사망하기 전에 장기등의 적출에 동의하거나 반대한 사실이 확인되지 아니한 경우로서 그 가족 또는 유족이 장기등의 적출에 동의한 경우. 다만, 본인이 16세 미만의 미성년자인 경우에는 그 부모(부모 중 1명이 사망·행방불명, 그 밖에 대통령령으로 정하는 부득이한 사유로 동의할 수 없으면 부모 중 나머지 1명)가 장기등의 적출에 동의한 경우로 한정한다.

④ 제1항부터 제3항까지에 따라 동의한 사람은 장기등을 적출하기 위한 수술이 시작되기 전까지는 언제든지 장기등의 적출에 관한 동의의 의사표시를 철회할 수 있다.

4. 「호스피스·완화의료 및 임종과정에 있는 환자의 연명의료결정에 관한 법률」상 연명의료 중단행위

담당의사는 임종과정에 있는 환자가 동법 제17조에 따라 연명의료계획서, 사전연명의료의향서 또는 환자가족의 진술을 통하여 환자의 의사로 보는 의사가 연명의료중단등결정을 원하는 것이고, 임종과정에 있는 환자의 의사에도 반하지 아니하는 경우 또는 동법 제18조에 따라 연명의료중단등결정이 있는 것으로 보는 경우 중의 어느 하나에 해당하는 경우에만 연명의료 중단등결정을 이행할 수 있다(「호스피스·완화의료 및 임종과정에 있는 환자의 연명의료결정에 관한 법률」 제15조).

5. 정신건강복지법상 정신질환자에 대한 정신의료기관 입원조치

「정신건강증진 및 정신질환자 복지서비스 지원에 관한 법률」 제43조 제1항에 의하면, 정신의료기관등의 장은 정신질환자의 보호의무자 2명 이상이 신청한 경우로서 정신건강의학과전문의가 입원등이 필요하다고 진단한 경우에는 해당 정신질환자를 입원등을 시킬 수 있다.

6. 사적(私的) 징계행위

(1) 부모의 체벌행위

기존의 민법 제915조(징계권)에서는 "친권자는 그 자를 보호 또는 교양하기 위하여 필요한 징계를 할 수 있고 법원의 허가를 얻어 감화 또는 교정기관에 위탁할 수 있다."라고 규정하였고, 동조의 '필요한 징계'에는 제한된 범위 내에서의 체벌도 포함되어 있다고 해석되었다.[1] 하지만 이와 같은 친권자의 징계권 규정은 아동학대 가해자인 친권자의 항변사유로 이용되는 등 아동학대를 정당화하는데 악용될 소지가 있다는 지적에 따라 2021. 1. 26. 동조를 삭제하기에 이르렀다. 그러므로 현행법상 부모의 체벌행위는 법령에 의한 행위가 아니라 일정한 범위 내에 한하여 사회상규불위배행위로서의 정당행위를 통하여 위법성이 조각될 수 있을 뿐이다.

(2) 군인의 징계행위

「군인의 지위 및 복무에 관한 기본법」 제26조에서는 "군인은 어떠한 경우에도 구타, 폭언, 가혹행위 및 집단 따돌림 등 사적 제재를 하거나 직권을 남용하여서는 아니 된다."라고 규정하고 있으며, 특별한 경우를 대비하여 육군얼차려규정 등을 두고 있다. 그러므로 부하를 훈계하기 위한 것이라고 하여도 폭행행위가 훈계권의 범위를 넘었다고 보여 지고, 그로 인하여 상해를 입은 이상 그 행위를 사회상규에 위배되지 아니한 행위로서 위법성이 조각된다고

---

1) 대법원 1986. 7. 8. 선고 84도2922 판결(학대죄는 자기의 보호 또는 감독을 받는 사람에게 육체적으로 고통을 주거나 정신적으로 차별대우를 하는 행위가 있음과 동시에 범죄가 완성되는 상태범 또는 즉시범이라 할 것이고 비록 수십회에 걸쳐서 계속되는 일련의 폭행행위가 있었다 하더라도 그 중 친권자로서의 징계권의 범위에 속하여 위법성이 조각되는 부분이 있다면 그 부분을 따로 떼어 무죄의 판결을 할 수 있다).

할 수 없다.[1]

> 판례에 의하면, ① 상관인 피고인이 군내부에서 부하인 방위병들의 훈련 중에 그들에게 군인정신을 환
> 기시키기 위하여 한 일이라고 하더라도 감금과 구타행위는 징계권 내지 훈계권의 범위를 넘어선 것으로
> 위법하다.[2]
>
> ② 상사 계급의 피고인이 병사들에 대해 수시로 폭력을 행사해 와 신체에 위해를 느끼고 겁을 먹은
> 상태에 있던 병사들에게 청소 불량 등을 이유로 40분 내지 50분간 머리박아(속칭 '원산폭격')를 시키거
> 나 양손을 깍지 낀 상태에서 약 2시간 동안 팔굽혀펴기를 50−60회 정도 하게 한 경우, 상사 계급의
> 피고인이 부대원들에게 얼차려를 지시할 당시 얼차려의 결정권자도 아니었고 소속 부대의 얼차려 지침
> 상 허용되는 얼차려도 아니라는 등의 이유로, 피고인의 얼차려 지시 행위는 형법 제20조의 정당행위로
> 볼 수 없다.[3]
>
> 하지만 피고인은 소대장으로서 평소 피해자의 행동과 성정을 알고 있었을 터이니 그 때에도 탈영음주
> 를 저지른 장본인이 자기 잘못은 아랑곳없이 신병들을 못살게 구는 행패를 야반에 저지르는 소란피우는
> 행동에 격분함은 누구나가 같을 것이니 이런 사정하에 있는 지휘관이 손발을 각각 한 번씩 휘둘러 써서
> 제지했다면 군대 내에서 생명으로 삼는 질서를 지키려는 목적에서 이를 이루려는 일념으로 경미한 손짓
> 발지 거미한 것으로서 지키려는 법익이 피해법익에 비하여 월등히 크다고 인정된다.[4]

(3) 교사의 징계행위

1) 초·중등교육법 시행 이전의 입장

1998. 3. 1. 초·중등교육법이 시행되기 이전에 대법원은 「교육법 제76조 제1항에 의하면,
각 학교의 장은 교육상 필요할 때에는 학생에게 징계 또는 처벌을 할 수 있고, 같은 법 제75조
제1항 제1호에 의하면, 교사는 교장의 명을 받아 학생을 교육하도록 규정되어 있는바, 피고인
은 학생들을 교육하고 학생들의 생활을 지도하는 교사로서 피해자가 교내에서 흡연을 하였을
뿐만 아니라 거짓말까지 하여 이를 훈계하고 선도하기 위한 교육 목적의 징계의 한 방법으로서
피해자를 때리게 된 것 …」이라고 판시[5]하여, 당시 시행되던 (구) 교육법 제76조의 '징계 또는
처벌' 중 체벌은 징계의 일종임을 분명히 밝히고 있었다.

> 판례에 의하면, ① 피고인은 피해자가 욕설을 하였는지 확인도 하지 않을 정도로 침착성과 냉정성을
> 잃고 있었고 욕설을 하지 아니한 피해자는 징계의 대상학생이 아닐 것인데도 피해자를 구타하여 상해를
> 입혔으니 교사로서 교육상 학생을 훈계하기 위하여 한 일이라고 하더라도 이는 징계권의 범위를 일탈한
> 위법한 폭력행위가 된다.[6]

---

1) 대법원 1984. 6. 26. 선고 84도603 판결.
2) 대법원 1984. 6. 12. 선고 84도799 판결.
3) 대법원 2006. 4. 27. 선고 2003도4151 판결.
4) 대법원 1978. 4. 11. 선고 77도3149 판결.
5) 대구지방법원 1996. 12. 27. 선고 96노170 판결.

② 피고인이 국민학교 5학년인 피해자를 양손으로 교탁을 잡게 한 다음 길이 50cm, 직경 3cm 가량되는 나무 지휘봉을 거꾸로 잡고 엉덩이를 두 번 때리고, 아파서 무릎을 굽히며 허리를 옆으로 트는 피해자의 엉덩이 위 허리부분을 다시 때려 6주간의 치료를 받아야 할 상해까지 입힌 것이라면 위 징계행위는 그 방법 빛 정도가 교사의 징계권행사의 허용한도를 넘어선 것으로서 정당한 행위로 볼 수는 없다.[1]

③ 피고인이 피해자를 엎드러지게 한 후 몽둥이와 당구큐대로 그의 둔부를 때려 3주간의 치료를 요하는 우둔부심부혈종좌이부좌상을 입혔다면 비록 피고인이 학생주임을 맡고 있는 교사로서 제자인 피해자를 훈계하기 위한 것이었다 하더라도 이는 징계의 범위를 넘는 것으로서 형법 제20조의 정당행위에는 해당하지 아니한다.[2]

한편 체벌행위의 정당화사유를 사회상규에 위배되지 아니하는 행위[3], 업무로 인한 행위[4] 등으로 파악하여, 통일적인 해석을 하지는 못하고 있었다. 또한 판례는「교사의 학생에 대한 체벌이 징계권의 행사로서 정당행위에 해당하려면 그 체벌이 교육상의 필요가 있고 다른 교육적 수단으로는 교정이 불가능하여 부득이한 경우에 한하는 것이어야 할 뿐만 아니라 그와 같은 경우에도 그 체벌의 방법과 정도에는 사회관념상 비난받지 아니할 객관적 타당성이 있지 않으면 안 된다.」라고 판시[5]하여, 체벌행위를 제한적으로 허용하는 입장을 취하고 있었다.

2) 초·중등교육법 시행 이후의 입장

1998. 3. 1. 초·중등교육법이 시행된 이후 대법원은 체벌행위를 징계의 일종으로 파악하던 기존의 태도를 탈피하고, 「법령에 의한 학생에 대한 징계나 학생에 대한 교육적 지도행위의 경우에는 그 행위의 위법성이 조각된다.」라고 판시[6]하여, 징계와 교육적 지도행위의 일종으로서 체벌이 명확하게 구분되는 성질의 것임을 천명함과 동시에 체벌의 위법성조각사유를 형법 제20조의 법령에 의한 행위로 파악하였다.

또한 헌법재판소는 「징계방법으로서의 체벌은 허용되지 않으며, 기타 지도방법으로서도 훈육·훈계가 원칙이고 학생에게 신체적 고통을 가하는 체벌은 교육상 불가피한 경우에 예외적으로만 허용된다는 취지다. 이러한 법령들에는 시대적인 조류에 따라 교육과정에서 학생들의 기본적 인권을 특별히 존중하겠다는 입법자의 결단이 서려있다.」라고 판시[7]하여, 기본적으로

---

6) 대법원 1980. 9. 9. 선고 80도762 판결.
1) 대법원 1990. 10. 30. 선고 90도1456 판결.
2) 대법원 1991. 5. 14. 선고 91도513 판결.
3) 대법원 1976. 4. 27. 선고 75도115 판결.
4) 대법원 1979. 9. 11. 선고 79다522 판결; 대법원 1991. 5. 28. 선고 90다17972 판결.
5) 대법원 1988. 1. 12. 선고 87다카2240 판결; 대법원 1991. 5. 28. 선고 90다17972 판결.
6) 대법원 2004. 6. 10. 선고 2001도5380 판결(스스로의 감정을 자제하지 못한 나머지 많은 낯모르는 학생들이 있는 교실 밖에서 피해자 학생들의 행동을 본 즉시 피고인 자신의 손이나 주먹으로 피해자 공소외 1의 머리 부분을 때렸고 피고인이 신고 있던 슬리퍼로 피해자 공소외 1의 양손을 때렸으며 감수성이 예민한 여학생인 피해자들에게 모욕감을 느낄 지나친 욕설을 하였던 것은 사회관념상 객관적 타당성을 잃은 지도행위이어서 정당행위로 볼 수 없다).
7) 헌법재판소 2006. 7. 27. 선고 2005헌마1189 결정.

대법원과 같은 입장을 취하고 있다. 같은 맥락에서 비록 체벌이 교육적으로 효과가 있는지에 관하여는 별론으로 하더라도 교사가 학교장이 정하는 학칙에 따라 불가피한 경우 체벌을 가하는 것이 금지되어 있지는 않다고 한다.[1]

3) 초·중등교육법의 개정

기존 초·중등교육법 시행령 제31조 제7항에서는 "학교의 장은 법 제18조 제1항 본문의 규정에 의한 지도를 하는 때에는 교육상 불가피한 경우를 제외하고는 학생에게 신체적 고통을 가하지 아니하는 훈육, 훈계 등의 방법으로 행하여야 한다."라고 규정하고 있었지만, 2011. 3. 18. 개정을 통하여 "학교의 장은 법 제18조 제1항 본문에 따라 지도를 할 때에는 학칙으로 정하는 바에 따라 훈육·훈계 등의 방법으로 하되, 도구·신체 등을 이용하여 학생의 신체에 고통을 가하는 방법을 사용해서는 아니 된다."라고 규정하여, 직접적 체벌을 원칙적으로 금지하였다. 결국 현재의 입장에서는 직접적 체벌이 법령에 의한 행위로서 위법성이 조각될 수는 없으며, 단지 경우에 따라 사회상규불위배행위로서 위법성이 조각될 여지는 있다고 보아야 한다.

7. 근로자의 쟁의행위

「노동조합 및 노동관계조정법」에서 정하고 있는 절차와 방식에 따른 쟁의행위(파업·태업·직장폐쇄 기타 노동관계 당사자가 그 주장을 관철할 목적으로 행하는 행위와 이에 대항하는 행위로서 업무의 정상적인 운영을 저해하는 행위)에 대해서는 위법성이 조각된다. 다만 근로자의 쟁의행위가 형법상 정당행위가 되기 위하여는 ① 그 주체가 단체교섭의 주체로 될 수 있는 자이어야 하고, ② 그 목적이 근로조건의 향상을 위한 노사간의 자치적 교섭을 조성하는 데에 있어야 하며, ③ 사용자가 근로자의 근로조건 개선에 관한 구체적인 요구에 대하여 단체교섭을 거부하였을 때 개시하되 특별한 사정이 없는 한 조합원의 찬성결정 및 노동쟁의 발생신고 등 절차를 거쳐야 하는 한편, ④ 그 수단과 방법이 사용자의 재산권과 조화를 이루어야 함은 물론 폭력의 행사에 해당되지 아니하여야 한다는 여러 조건을 모두 구비하여야 한다.[2]

판례에 의하면, ① 정리해고나 사업조직의 통폐합 등 기업의 구조조정의 실시 여부는 경영주체에 의한 고도의 경영상 결단에 속하는 사항으로서 이는 원칙적으로 단체교섭의 대상이 될 수 없고, 그것이 긴박한 경영상의 필요나 합리적인 이유 없이 불순한 의도로 추진되는 등의 특별한 사정이 없는 한, 노동조합이 실질적으로 그 실시 자체를 반대하기 위하여 쟁의행위에 나아간다면, 비록 그 실시로 인하여 근로자들의 지위나 근로조건의 변경이 필연적으로 수반된다 하더라도 그 쟁의행위는 목적의 정당성을 인정할 수 없다 할 것이다. 한편, 쟁의행위에서 추구되는 목적이 여러 가지이고 그 중 일부가 정당하지 못한 경우에는 주된 목적 내지 진정한 목적의 당부에 의하여 그 쟁의목적의 당부를 판단하여야 할 것이고, 부당

---

1) 헌법재판소 2000. 1. 27. 선고 99헌마481 결정.
2) 대법원 2003. 11. 13. 선고 2003도687 판결; 대법원 1998. 1. 20. 선고 97도588 판결; 대법원 1994. 2. 22. 선고 93도613 판결.

한 요구사항을 뺐더라면 쟁의행위를 하지 않았을 것이라고 인정되는 경우에는 그 쟁의행위 전체가 정당성을 갖지 못한다고 보아야 할 것이다.[1]

② 근로자의 쟁의행위 등 구체적인 사정에 비추어 직장폐쇄의 개시 자체는 정당하다고 할 수 있지만, 어느 시점 이후에 근로자가 쟁의행위를 중단하고 진정으로 업무에 복귀할 의사를 표시하였음에도 사용자가 직장폐쇄를 계속 유지하면서 근로자의 쟁의행위에 대한 방어적인 목적에서 벗어나 적극적으로 노동조합의 조직력을 약화시키기 위한 목적 등을 갖는 공격적 직장폐쇄의 성격으로 변질되었다고 볼 수 있는 경우에는, 그 이후의 직장폐쇄는 정당성을 상실한 것으로 보아야 한다.[2]

③ 쟁의행위로서의 파업이 언제나 업무방해죄에 해당하는 것으로 볼 것은 아니고, 전후 사정과 경위 등에 비추어 사용자가 예측할 수 없는 시기에 전격적으로 이루어져 사용자의 사업운영에 심대한 혼란 내지 막대한 손해를 초래하는 등으로 사용자의 사업계속에 관한 자유의사가 제압·혼란될 수 있다고 평가할 수 있는 경우에 비로소 그 집단적 노무제공의 거부가 위력에 해당하여 업무방해죄가 성립한다.[3]

Ⅲ. 업무로 인한 행위

1. 의사의 치료행위

(1) 법적 성격

의사의 치료행위에 대한 법적 성격과 관련하여, ① 의사의 치료행위는 신체의 건강을 회복 또는 유지시키려는 목적을 가진 것이므로 건강을 훼손한다는 고의가 없다는 점, 실패한 치료행위의 경우에도 치료목적으로 의술의 법칙에 맞게 행하여졌다면 결과불법은 부정할 수 없으나 행위불법이 결여된다는 점 등을 논거로 하여, 상해죄의 구성요건해당성이 없다고 파악하는 견해, ② 업무로 인한 정당행위로 위법성이 조각된다고 파악하는 견해[4], ③ 업무로 인하여 위법

1) 대법원 2002. 2. 26. 선고 99도5380 판결.
2) 대법원 2017. 7. 11. 선고 2013도7896 판결.
3) 대법원 2011. 3. 17. 선고 2007도482 전원합의체 판결.
4) 대법원 1978. 11. 14. 선고 78도2388 판결(원심에 의하면, 피고인은 개업의사로서 임부 소외인을 진찰하고 동녀로 하여금 태아를 분만하게 하려 하였으나 동녀는 골반간격이 좁아 자연분만을 할 수 없게 되자 부득이 인공분만기인 '샥숀'을 3회 반복 사용하여 동녀에게 전치 1주간의 회음부 및 질내염상을, 동 태아에게 전치 9일간의 두혈종상을 각 입혔는바 이는 피고인이 의사로서의 정상의 주의의무를 해태한 나머지 '샥숀'을 거칠고 험하게 사용한 탓으로 산부 및 태아에 위 상해를 입혔음이 인정되는 바이므로 피고인의 판시 소위가 비록 의료행위를 시행함에 인한 소위라 하더라도 정당업무의 범위를 넘은 위법행위라고 판시하고 있다. 원심의 판결요지는 본건에서 피고인의 인공분만기 '샥숀'사용은 의사로서 정상적인 의료행위의 시행에 속함을 인정하면서도 다만 '샥숀'을 거칠고 험하게 사용한 것이 의사로서의 정상의 주의의무를 해태한 것이 되고 그 결과 위 각 상해를 입힌 것이고 이는 의사의 정당업무의 범위를 넘는 위법행위라는 취지임을 알 수 있다. 그러나 원심이 인정한 '샥숀' 사용에 있어서 피고인이 거칠고 험하게 사용하였다는 점에 관하여 살펴보건대 일건기록을 정사하여 보아도 그를 인정할만한 증거있음을 찾아 볼 수 없고 다만 산부와 태아에게 판시 상해가 있기는 하나 서울대학교 의과대학 부속병원장의 사실조회의뢰 회신기재 및 증인의 각 진술기재에 의하면 위 '샥숀'을 사용하면 통상 판시 상해정도가 있을 수 있다는 것임을 규지할 수 있으므로 그 상해가 있다하여 피고인이 '샥숀'을 거칠고 험하게 사용한 결과라고는 보기 어렵다 할 것인데도 불구하고 원심은 아무런 증거없이 사실을 인정한 채증법칙 위반의 위법이 아니면 제20조의 정당행위의 법리를 오해한 위법이 있다); 대법원 1976. 6. 8. 선고 76도144 판결(피고인이 태반의 일부를 떼어낸 행위는 그 의도, 수단, 절단부위 및 그 정도 등에 비추어 볼 때 의사로서의 정상적인 진찰행위의 일환이라고 볼 수 있으므로 제20조 소정의 정당행위에 해당한다).

성이 조각된다고 해석한다면 환자의 신체는 의사의 업무행위의 단순한 객체로 취급될 뿐만 아니라 환자의 의사를 별도로 문제삼지 않아 환자의 신체에 대한 자기결정권을 침해한다는 점, 구성요건해당성배제사유로 해석한다면 의사의 전단적 의료행위로부터 환자를 보호할 수 없다는 점, 치료행위는 환자의 승낙을 전제로 해야만 가능하므로 의사의 업무 보다 환자의 자기결정권이 우선되어야 한다는 점 등을 논거로 하여, 피해자의 승낙으로 위법성이 조각된다고 파악하는 견해 등의 대립이 있다.

이에 대하여 판례는 「산부인과 전문의 수련과정 2년차인 의사가 자신의 시진, 촉진결과 등을 과신한 나머지 초음파검사 등 피해자의 병증이 자궁외 임신인지, 자궁근종인지를 판별하기 위한 정밀한 진단방법을 실시하지 아니한 채 피해자의 병명을 자궁근종으로 오진하고 이에 근거하여 의학에 대한 전문지식이 없는 피해자에게 자궁적출술의 불가피성만을 강조하였을 뿐 위와 같은 진단상의 과오가 없었으면 당연히 설명받았을 자궁외 임신에 관한 내용을 설명받지 못한 피해자로부터 수술승낙을 받았다면 위 승낙은 부정확 또는 불충분한 설명을 근거로 이루어진 것으로서 수술의 위법성을 조각할 유효한 승낙이라고 볼 수 없다. 난소의 제거로 이미 임신불능 상태에 있는 피해자의 자궁을 적출했다 하더라도 그 경우 자궁을 제거한 것이 신체의 완전성을 해한 것이 아니라거나 생활기능에 아무런 장애를 주는 것이 아니라거나 건강상태를 불량하게 변경한 것이 아니라고 할 수 없고 이는 업무상 과실치상죄에 있어서의 상해에 해당한다.」라고 판시[1]하거나 「환자의 명시적인 수혈 거부 의사가 존재하여 수혈하지 아니함을 전제로 환자의 승낙(동의)을 받아 수술하였는데 수술 과정에서 수혈을 하지 않으면 생명에 위험이 발생할 수 있는 응급상태에 이른 경우에, 환자의 생명을 보존하기 위해 불가피한 수혈 방법의 선택을 고려함이 원칙이라 할 수 있지만, 한편으로 환자의 생명 보호에 못지않게 환자의 자기결정권을 존중하여야 할 의무가 대등한 가치를 가지는 것으로 평가되는 때에는 이를 고려하여 진료행위를 하여야 한다. … 그렇지만 이러한 판단을 위해서는 환자가 거부하는 치료방법, 즉 수혈 및 이를 대체할 수 있는 치료방법의 가능성과 안정성 등에 관한 의사의 설명의무 이행과 이에 따른 환자의 자기결정권 행사에 어떠한 하자도 개입되지 않아야 한다는 점이 전제되어야 한다. 즉 환자는 치료행위 과정에서의 수혈의 필요성 내지 수혈을 하지 아니할 경우에 야기될 수 있는 생명 등에 대한 위험성, 수혈을 대체할 수 있는 의료 방법의 효용성 및 한계 등에 관하여 의사로부터 충분한 설명을 듣고, 이러한 의사의 설명을 이해한 후 진지한 의사결정을 하여야 하고, 그 설명 및 자기결정권 행사 과정에서 예상한 범위 내의 상황이 발생되어야 하며, 또한 의사는 실제로 발생된 그 상황 아래에서 환자가 수혈 거부를 철회할 의사가 없는지 재확인하여야 할 것이다.」라고 판시[2]하여, 피해자의 승낙으로 위법성을 조각시키고 있다.

생각건대 목적과 고의는 구별해야 한다. 건강회복을 목적으로 한다고 하더라도 치료행위과

---

1) 대법원 1993. 7. 27. 선고 92도2345 판결.
2) 대법원 2014. 6. 26. 선고 2009도14407 판결.

정 중 건강침해나 생리적 기능이 훼손될 수 있다는 인식과 인용은 있어서 상해의 고의를 인정할 수 있기 때문에 구성요건해당성이 부정된다는 견해는 부당하다. 그러므로 환자의 보호를 위해서 위법성조각사유 중 피해자의 승낙에 의한 행위라고 파악하는 것이 타당하다. 왜냐하면 유효한 승낙이 되기 위해서는 의사의 설명의무가 전제되어야 하는데, 충분한 설명의무의 입증책임은 의사에게 있기 때문이다.

(2) 판단방법

의료과오사건에 있어서 의사의 과실을 인정하려면 결과 발생을 예견·회피할 수 있었는데도 이를 하지 못한 점을 인정할 수 있어야 하고, 과실의 유무는 같은 업무에 종사하는 일반적인 의사의 주의 정도를 표준으로 판단하여야 한다. 이때 사고 당시의 의학의 수준, 의료환경과 조건, 의료행위의 특수성 등을 고려하여야 한다. 또한 의사에게는 환자의 상황, 당시의 의료수준, 자신의 지식·경험 등에 따라 적절하다고 판단되는 진료방법을 선택할 폭넓은 재량권이 있으므로, 의사가 특정 진료방법을 선택하여 진료를 하였다면 해당 진료방법 선택과정에 합리성이 결여되어 있다고 볼 만한 사정이 없는 이상 진료의 결과만을 근거로 하여 그 중 어느 진료방법만이 적절하고 다른 진료방법을 선택한 것은 과실에 해당한다고 말할 수 없다.[1]

또한 의사가 설명의무를 위반한 채 의료행위를 하였다가 환자에게 상해 또는 사망의 결과가 발생한 경우 의사에게 업무상 과실로 인한 형사책임을 지우기 위해서는 의사의 설명의무 위반과 환자의 상해 또는 사망 사이에 상당인과관계가 존재하여야 한다.[2]

2. 운동경기행위

권투, 레슬링, 태권도, 유도, 축구 등의 운동경기 중에 발생한 상해행위와 관련하여, ① 허용된 위험에 의한 행위로서 상해죄의 구성요건해당성이 없다고 파악하는 견해, ② 피해자의 승낙에 의한 행위로서 경기에 임한다는 자체가 상대방의 승낙을 그 전제로 한다는 점에서 피해자의 승낙에 의한 행위로서 위법성이 조각된다고 파악하는 견해, ③ 운동선수 고유의 업무로 인한 행위로 파악하는 견해 등의 대립이 있다.

생각건대 정당행위의 규정을 적용하는 것은 보충적으로 행해져야 할 것이므로, 피해자의 승낙(제24조)으로 해결하는 것이 타당하다. 하지만 경미한 침해의 경우에는 사회상규에 위배되지 아니하는 행위로 볼 수도 있을 것이다.

3. 신문기자의 취재행위

신문은 헌법상 보장되는 언론 자유의 하나로서 정보원에 대하여 자유로이 접근할 권리와 취재한 정보를 자유로이 공표할 자유를 가지므로, 신문기자가 기사 작성을 위한 자료를 수집하

---

1) 대법원 2015. 6. 24. 선고 2014도11315 판결; 대법원 2008. 8. 11. 선고 2008도3090 판결.
2) 대법원 2011. 4. 14. 선고 2010도10104 판결.

기 위해 취재활동을 하면서 취재원에게 취재에 응해줄 것을 요청하고 취재한 내용을 관계 법령에 저촉되지 않는 범위 내에서 보도하는 것은 신문기자의 일상적 업무 범위에 속하는 것으로서, 특별한 사정이 없는 한 신문기자의 일상적 업무 범위에 속하여 사회통념상 용인되는 행위라고 보아야 한다.[1]

4. 기타의 경우

판례에 의하면, ① 조합의 긴급이사회에서 불신임을 받아 조합장직을 사임한 피해자가 그 후 개최된 대의원총회에서 피고인 등의 음모로 조합장직을 박탈당한 것이라고 대의원들을 선동하여 회의 진행이 어렵게 되자 새조합장이 되어 사회를 보던 피고인이 그 회의진행의 질서유지를 위한 필요조처로서 이사회의 불신임결의 과정에 대한 진상보고를 하면서 피해자는 긴급 이사회에서 불신임을 받고 쫓겨나간 사람이라고 발언한 경우[2]에는 업무로 인한 행위에 해당한다.

하지만 ① 성직자라고 하여 초법규적인 존재일 수는 없으며 성직자의 직무상 행위가 사회상규에 반하지 아니한다고 하여 그에 적법성이 부여되는 것은 그것이 성직자의 행위이기 때문이 아니라 그 직무로 인한 행위에 정당·적법성을 인정하기 때문인 바, 사제가 죄지은 자를 능동적으로 고발하지 않는 것에 그치지 아니하고 은신처마련, 도피자금 제공 등 범인을 적극적으로 은닉·도피케 한 경우[3], ② 비록 채취한 토석을 도로보수자재에 사용하였다 하더라도 타인 소유의 산림 안에서 토석을 채취한 경우[4] 등에 있어서는 업무로 인한 행위에 해당하지 아니한다.

Ⅳ. 사회상규에 위배되지 않는 행위

1. 사회상규의 존재이유

판례에 의하면 형법 제20조에서 정한 사회상규에 위배되지 않는 행위란 '법질서 전체의 정신이나 그 배후의 사회윤리 또는 사회통념에 비추어 용인될 수 있는 행위'[5], '지극히 정상적인 생활형태의 하나로서 역사적으로 생성된 사회질서의 범위 안에 있는 것이라고 볼 수 있는 행

1) 대법원 2011. 7. 14. 선고 2011도639 판결(증여세포탈취재요구사건)(신문기자인 피고인이 고소인에게 2회에 걸쳐 증여세 포탈에 대한 취재를 요구하면서 이에 응하지 않으면 자신이 취재한 내용대로 보도하겠다고 말하여 협박하였다는 취지로 기소된 사안에서, 피고인이 취재와 보도를 빙자하여 고소인에게 부당한 요구를 하기 위한 취지는 아니었던 점, 당시 피고인이 고소인에게 취재를 요구하였다가 거절당하자 인터뷰 협조요청서와 서면질의 내용을 그 자리에 두고 나왔을 뿐 폭언을 하거나 보도하지 않는 데 대한 대가를 요구하지 않은 점, 관할 세무서가 피고인의 제보에 따라 탈세 여부를 조사한 후 증여세를 추징하였다고 피고인에게 통지한 점, 고소인에게 불리한 사실을 보도하는 경우 기자로서 보도에 앞서 정확한 사실 확인과 보도 여부 등을 결정하기 위해 취재 요청이 필요했으리라고 보이는 점 등 제반 사정에 비추어, 위 행위가 설령 협박죄에서 말하는 해악의 고지에 해당하더라도 특별한 사정이 없는 한 기사 작성을 위한 자료를 수집하고 보도하기 위한 것으로서 신문기자의 일상적 업무 범위에 속하여 사회상규에 반하지 아니하는 행위라고 보는 것이 타당하다).
2) 대법원 1990. 4. 27. 선고 89도1467 판결.
3) 대법원 1983. 3. 8. 선고 82도3248 판결.
4) 대법원 1971. 1. 26. 선고 70도2543 판결.
5) 대법원 2014. 3. 27. 선고 2012도11204 판결.

위'[1], '사회생활관계상 통상적으로 행하여지는 것으로서 용인될 정도의 행위'[2], '사회통념상 허용될 만한 정도의 상당성이 있는 경우'[3], '사회적 상당성이 인정되는 행위'[4], '국가질서의 존중이라는 인식을 바탕으로 한 국민일반의 건전한 도의적 감정에 반하지 아니한 행위로서 초법규적인 기준에 의하여 이를 평가할 것'[5], '초법규적인 법익형량의 원칙이나 목적과 수단의 정당성에 관한 원칙 또는 사회적 상당성의 원리 등에 의하여 도출된 개념'[6], '그 입법정신에 비추어 국가질서의 존엄성을 기초로 하는 국민일반의 건전한 도의감'[7] 등으로 개념정의를 하고 있다. 이와 같이 형법 제20조의 '사회상규에 위배되지 아니하는 행위'는 우리 형법의 독특한 규정으로, 구성요건에 해당하는 행위가 형식적으로 위법하더라도 사회가 내리는 공적 평가에 의하여 용인될 수 있다면 그 행위를 실질적으로 위법한 것으로는 평가할 수 없다는 취지에서 도입된 일반적 위법성조각사유이다.[8]

사회상규가 비록 형법전상에 규정되어 있지만, 이에 대한 구체적인 내용 파악 및 적용을 함에 있어서는 초법규적인 기준을 수용해야 한다. 이와 같은 초법규적인 의존성은 위법성조각의 중요한 근거로 활용될 수 있다는 원래의 입법취지와 다르게 여러 가지 역기능을 초래하고 있는데, 사회적 상당성과 구별의 애매모호함으로 인한 구성요건배제사유로서의 기능, 유사한 사안임에도 불구하고 동일한 사회상규의 적용을 하면서도 상반된 결론의 도출, 형법에 규정되어 있는 다른 위법성조각사유의 독자적인 존재의의를 무시하는 병렬적 또는 우선적 적용의 폐해 등이 대표적인 예라고 할 수 있다.

한 걸음 더 나아가 판례에 의하면 부진정부작위범의 성립요건 가운데 작위의무의 발생근거로서 사회상규의 개념을 활용하는가 하면, 위법성의 인식을 인정하는 기준 가운데 하나로서 역시 사회상규의 개념을 활용하여 사회상규의 개념을 비단 위법성조각사유에 국한하여 적용하는 것을 벗어나 구성요건해당성 또는 책임성을 인정하는 적극적인 논거로써 사용하는 모습을 보여주기도 한다.

이러한 사회상규 개념의 확대사용으로 인한 역기능은 형법의 탈도덕화라는 현대 형사법의 이념에 정면으로 반할 뿐만 아니라 법적 안정성을 심각하게 해할 수 있다는 측면에서 반드시 경계해야 할 문제이다. 그렇다고 하여 사회상규의 개념을 폐지하자는 극단적인 견해를 수용하는 것도 받아들이기는 곤란하다. 무엇보다도 사회상규의 활용을 둘러싼 갈등의 해결책은 제정

1) 대법원 2006. 6. 30. 선고 2006도2104 판결; 대법원 2005. 8. 19. 선고 2005도2245 판결; 대법원 2005. 2. 18. 선고 2004도6323 판결; 대법원 1999. 10. 22. 선고 99도2971 판결.
2) 대법원 1994. 11. 11. 선고 93도3167 판결.
3) 대법원 1992. 3. 10. 선고 92도37 판결; 대법원 1989. 10. 10. 선고 89도623 판결.
4) 대법원 1988. 11. 8. 선고 88도1580 판결.
5) 대법원 1983. 11. 22. 선고 83도2224 판결.
6) 대법원 1971. 6. 22. 선고 71도827 판결.
7) 대법원 1956. 4. 6. 선고 4289형상42 판결.
8) 대법원 2024. 8. 1. 선고 2021도2084 판결.

형법 당시 우리 입법자가 의도한 바와 같은 사회상규의 순기능을 적극적으로 보장함과 동시에 사회상규의 역기능을 제거하는 방향으로 나아가야 할 것이다.

2. 사회상규의 판단기준

어떠한 행위가 위법성조각사유로서 정당행위나 정당방위가 되는지 여부는 구체적인 경우에 따라 합목적적·합리적으로 가려야 하고, 또 행위의 적법 여부는 국가질서를 벗어나서 이를 가릴 수 없는 것이다.[1] 판례에 의하면 어떤 행위가 사회상규에 위배되지 않는 행위로서 위법성이 조각되기 위해서는, ① 그 행위의 동기나 목적의 정당성[2], ② 행위의 수단이나 방법의 상당성, ③ 보호이익과 침해이익의 법익 균형성, ④ 긴급성, ⑤ 그 행위 이외의 다른 수단이나 방법이 없다는 보충성 등의 요건이 충족되어야 한다.[3]

위에서 제시되고 있는 '목적·동기', '수단', '법익균형', '긴급성', '보충성'은 불가분적으로 연관되어 하나의 행위를 이루는 요소들로 종합적으로 평가되어야 한다. 즉 어떠한 행위가 정당행위에 해당하는지는 구체적인 사정 아래서 합목적적, 합리적으로 고찰하여 개별적으로 판단되어야 한다. '목적의 정당성'과 '수단의 상당성' 요건은 행위의 측면에서 사회상규의 판단기준이 된다. 사회상규에 위배되지 아니하는 행위로 평가되려면 행위의 동기와 목적을 고려하여 그것이 법질서의 정신이나 사회윤리에 비추어 용인될 수 있어야 한다. 수단의 상당성·적합성도 고려되어야 한다.

또한 보호이익과 침해이익 사이의 법익균형은 결과의 측면에서 사회상규에 위배되는지를 판단하기 위한 기준이다. 이에 비하여 행위의 긴급성과 보충성은 수단의 상당성을 판단할 때 고려요소의 하나로 참작하여야 하고 이를 넘어 독립적인 요건으로 요구할 것은 아니고, 그 내용 역시 다른 실효성 있는 적법한 수단이 없는 경우를 의미하고 '일체의 법률적인 적법한 수단이 존재하지 않을 것'을 의미하는 것은 아니라고 보아야 할 것이나[4], 정당행위로 인정되기 위

---

[1] 대법원 2018. 12. 27. 선고 2017도15226 판결.

[2] 대법원 2011. 1. 27. 선고 2010도11030 판결(정리해고나 사업조직의 통폐합 등 기업의 구조조정의 실시 여부는 경영주체의 고도의 경영상 결단에 속하는 사항으로서 이는 원칙적으로 단체교섭의 대상이 될 수 없고, 그것이 긴박한 경영상의 필요나 합리적 이유 없이 불순한 의도로 추진되는 등의 특별한 사정이 없는 한, 노동조합이 실질적으로 그 실시 자체를 반대하기 위하여 쟁의행위에 나아간다면, 비록 그 실시로 인하여 근로자들의 지위나 근로조건의 변경이 필연적으로 수반된다고 하더라도 그 쟁의행위는 목적의 정당성을 인정할 수 없다. 또한 쟁의행위에서 추구되는 목적이 여러 가지이고 그 중 일부가 정당하지 못한 경우에는 주된 목적 내지 진정한 목적의 당부에 의하여 그 쟁의목적의 당부를 판단하여야 하고, 부당한 요구사항을 제외하였다면 쟁의행위를 하지 않았을 것이라고 인정되는 경우에는 그 쟁의행위 전체가 정당성을 갖지 못한다고 보아야 한다).

[3] 대법원 2014. 1. 16. 선고 2013도6761 판결; 대법원 2013. 6. 13. 선고 2010도13609 판결; 대법원 2013. 10. 17. 선고 2013도8683 판결; 대법원 2005. 2. 25. 선고 2004도8530 판결; 대법원 2003. 9. 26. 선고 2003도3000 판결; 대법원 1983. 3. 8. 선고 82도3248 판결(정당행위를 인정하려면 첫째, 건전한 사회통념에 비추어 그 행위의 동기나 목적이 정당하여야 한다는 정당성 둘째, 그 행위의 수단이나 방법이 상당하여야 하는 상당성 셋째, 그 행위에 의하여 보호하려는 이익과 그 행위에 의하여 침해되는 법익이 서로 균형을 이루어야 한다는 법익균형성 넷째, 그 행위 당시의 정황에 비추어 그 행위가 긴급을 요하고 부득이 한 것이어야 한다는 긴급성 및 다섯째로 그 행위 이외에 다른 수단이나 방법이 없거나 또는 현저하게 곤란하여야 한다는 보충성이 있어야 한다).

하여 요구되는 긴급성이나 보충성의 정도는 개별 사안에 따라 다를 수 있다.[1]

　　이에 따라 사회상규에 위배되지 아니하는 행위의 유형으로 극히 경미한 법익침해행위[2], 소극적 저항행위, 의례적인 선물제공행위, 간단한 치료행위, 징계권 없는 자의 징계행위, 징계권 있는 자의 체벌행위, 추정적 승낙에 의한 행위, 의무의 충돌, 일시 오락의 정도에 불과한 도박행위, 사회적·경제적 적응사유로 인한 낙태행위 등이 거론되고 있다.

　　판례에 의하면, ① 사채업자인 피고인이 피해자에게, 채무를 변제하지 않으면 피해자가 숨기고 싶어하는 과거의 행적과 사채를 쓴 사실 등을 남편과 시댁에 알리겠다는 등의 문자메시지를 발송한 경우[3], ② 국회의원인 피고인이, 구 국가안전기획부 내 정보수집팀이 대기업 고위관계자와 중앙일간지 사주 간의 사적 대화를 불법 녹음한 자료를 입수한 후 그 대화내용과, 위 대기업으로부터 이른바 떡값 명목의 금품을 수수하였다는 검사들의 실명이 게재된 보도자료를 작성하여 자신의 인터넷 홈페이지에 게재한 경우[4], ③ 그 행위가 공공의 이익을 위한 것이라고 하더라도 공직선거법 제250조 제2항의 허위사실공표죄가 성립하는 경우[5], ④ 甲주식회사 대표이사인 피고인이 주주총회 등에서 특정 의결권 행사방법을 독려하기 위한 방법으로 甲회사의 주주총회 등에 참석하여 사전투표 또는 직접투표 방식으로 의결권을 행사한 주주들에게 甲회사에서 발행한 20만원 상당의 상품교환권 등을 제공한 경우[6], ⑤ 아파트 입주자대표회의 회장이 다수 입주민들의 민원에 따라 위성방송 수신을 방해하는 케이블TV방송의 시험방송 송출을 중단시키기 위하여 위 케이블TV방송의 방송안테나를 절단하도록 지시한 경우[7], ⑥ 확성장치 사용, 연설

　4) 대법원 2023. 5. 18. 선고 2017도2760 판결.

1) 대법원 2024. 8. 1. 선고 2021도2084 판결(이른바 '동물권'을 주장해 온 피고인들이 동물권보호단체 회원들과 공모하여, 甲 주식회사의 공장 정문 앞 도로에서 甲 회사가 농장으로부터 생닭을 공급받아 도계하는 영업을 계속한다는 이유로 피고인들은 자신들의 손을 콘크리트가 들어있는 가방으로 결박한 채 드러누워 몸으로 생닭을 실은 트럭들을 가로막는 등 차량 진행을 방해하고, 위 단체 회원들은 '닭을 죽이면 안 된다.'는 플래카드를 걸고 같은 내용의 구호를 외치며 노래를 부르는 등 위력으로써 甲 회사의 생닭 운송 및 도계 업무를 방해하였다는 내용으로 기소된 사안에서, 피고인들의 행위는 업무방해죄의 구성요건에 해당하고, 나아가 동물의 생명과 안전을 보호하고, 기업형(공장식) 축산 시스템에 반대하는 의사를 표명한다는 취지에서 이루어져 그 동기나 목적의 정당성이 인정될 여지가 있지만, 기업형(공장식) 축산 시스템에 따른 영업 형태가 우리나라 현행법하에서 위법하다거나 반사회성을 띠는 것으로서 형법상 보호가치가 없다고 볼 수 없는 점, 피고인들은 단순히 甲 회사의 영업장 인근에서 구호를 외치는 등의 의사 표현만을 한 것이 아니라, 피고인들을 포함한 4명이 함께 약 4시간 이상 지속하여 甲 회사 출입구를 몸으로 막음으로써 생닭을 수송하는 트럭 5대가 회사로 들어가지 못하도록 하여 甲 회사의 생닭 운송 및 도계 업무 집행 자체를 방해한 점, 甲 회사의 영업 형태가 피고인들의 신념에 반한다는 것만으로 甲 회사가 이러한 정도의 업무방해 피해를 그대로 수인하여야 한다고 보기 어려운 점에서 수단과 방법의 상당성, 법익 균형성 등이 인정되지 아니하여 정당행위에 해당하지 않는다).

2) 헌법재판소 2010. 10. 28. 선고 2008헌마612, 2009헌마88 결정(당연퇴임의 기준이 하한 없이 '벌금형 이상'으로만 정하여져 있어서 '벌금형 100만 원 이상'이 당연퇴임의 기준으로 되어 있는 경우보다 법관의 양형재량이 좀 더 축소되어 있는 점은 있으나, 벌금형의 선고유예의 형이 불가능한 것은 아니므로 당연퇴임되는 것이 부당할 정도의 경미한 사안의 경우 벌금형의 선고유예를 선고할 수도 있고, 사회상규에 반하지 아니하는 행위로서 '정당행위'라는 위법성조각사유에 해당되면 무죄를 선고할 가능성도 있으므로, 벌금형 하한이 없다는 이유만으로 법관의 양형재량의 여지가 비합리적으로 축소되었다고 볼 수도 없다).

3) 대법원 2011. 5. 26. 선고 2011도2412 판결.

4) 대법원 2011. 5. 13. 선고 2009도14442 판결(삼성X파일사건).

5) 대법원 2011. 12. 22. 선고 2008도11847 판결.

6) 대법원 2018. 2. 8. 선고 2015도7397 판결.

7) 대법원 2006. 4. 13. 선고 2005도9396 판결.

회 개최, 불법행렬, 서명날인운동, 선거운동기간 전 집회 개최 등의 방법으로 특정 후보자에 대한 낙선운동을 한 경우[1], ⑦ 간통 현장을 직접 목격하고 그 사진을 촬영하기 위하여 상간자의 주거에 침입한 경우[2], ⑧ 외국에서 침구사자격을 취득하였으나 국내에서 침술행위를 할 수 있는 면허나 자격을 취득하지 못한 자가 단순한 수지침 정도의 수준을 넘어 체침을 시술한 경우[3] 등에 있어서는 정당행위가 인정되지 아니한다.

하지만 ① 비록 이 사건 집회·시위가 주된 참가단체 등에 있어서 신고내용과 다소 달라진 면이 있다고 하더라도, 이 사건 삼보일배 행진이라는 시위방법 자체에 있어서는 그 장소, 형태, 내용, 방법과 결과 등에 비추어 시위의 목적 달성에 필요한 합리적인 범위에서 사회통념상 용인될 수 있는 다소의 피해를 발생시킨 경우에 불과하다고 보이는 경우[4], ② '회사의 직원이 회사의 이익을 빼돌린다'는 소문을 확인할 목적으로, 비밀번호를 설정함으로써 비밀장치를 한 전자기록인 피해자가 사용하던 '개인용 컴퓨터의 하드디스크'를 떼어내어 다른 컴퓨터에 연결한 다음 의심이 드는 단어로 파일을 검색하여 메신저 대화내용, 이메일 등을 출력한 경우[5], ③ 철도노동조합과 산하 지방본부 간부인 피고인들이 '구내식당 외주화 반대' 등 한국철도공사의 경영권에 속하는 사항을 주장하면서 업무 관련 규정을 지나치게 철저히 준수하는 등의 방법으로 안전운행투쟁을 전개하여 열차가 지연 운행되도록 한 경우[6], ④ 피고인이 비료를 매수하여 시비한 결과 딸기 묘목 또는 사과나무 묘목이 고사하자 그 비료를 생산한 회사에게 손해배상을 요구하면서 사장 이하 간부들에게 욕설을 하거나 응접탁자 등을 들었다 놓았다 하거나 현수막을 만들어 보이면서 시위를 할 듯한 태도를 보이는 경우[7], ⑤ 공소외 1이 때마침 동네어른들이 모여 있는 추석 주연의 좌석에 뛰어들어 함부로 음식물을 취하고 자리를 어지럽게 할 뿐 아니라 또 60세가 넘은 어른에게 담배를 청하는 등 불손한 행동을 하므로 피고인은 수차 말려도 듣지 않고 동인은 급기야 피고인의 동생 공소외 2에게 유도를 하자고 마당으로 끌고 가서 동 공소외 2를 넘어뜨리고 그 배위에 올라타고 목을 조르고 있기에 피고인은 이를 제지하기 위하여 방 빗자루로 동 공소외 1의 엉덩이를 2회 때린 경우[8] 등에 있어서는 정당행위가 인정된다.

또한 ⑥ 방송통신심의위원회 심의위원인 피고인이 자신의 인터넷 블로그에 위원회에서 음란정보로 의결한 '남성의 발기된 성기 사진'을 게시한 경우, 위 게시물은 다른 블로그의 화면 다섯 개를 갈무리하여 옮겨온 남성의 발기된 성기 사진 8장과 벌거벗은 남성의 뒷모습 사진 1장을 전체 게시면의 절반을 조금

1) 대법원 2004. 4. 27. 선고 2002도315 판결.
2) 대법원 2003. 9. 26. 선고 2003도3000 판결.
3) 대법원 2002. 12. 26. 선고 2002도5077 판결.
4) 대법원 2010. 4. 8. 선고 2009도11395 판결; 대법원 2009. 7. 23. 선고 2009도840 판결; 대법원 2004. 10. 15. 선고 2004도4467 판결(집회나 시위는 다수인이 공동 목적으로 회합하고 공공장소를 행진하거나 위력 또는 기세를 보여 불특정 다수인의 의견에 영향을 주거나 제압을 가하는 행위로서 그 회합에 참가한 다수인이나 참가하지 아니한 불특정 다수인에게 의견을 전달하기 위하여 어느 정도의 소음이나 통행의 불편 등이 발생할 수밖에 없는 것은 부득이한 것이므로, 집회나 시위에 참가하지 아니한 일반 국민도 이를 수인할 의무가 있다. 따라서 그 집회나 시위의 장소·태양·내용·방법 및 그 결과 등에 비추어, 집회나 시위의 목적 달성에 필요한 합리적인 범위에서 사회통념상 용인될 수 있는 다소간의 피해를 발생시킨 경우에 불과하다면 정당행위로서 위법성이 조각될 수 있다).
5) 대법원 2009. 12. 24. 선고 2007도6243 판결.
6) 대법원 2014. 8. 20. 선고 2011도468 판결(열차 지연 운행 횟수나 정도 등에 비추어 안전운행투쟁으로 말미암아 한국철도공사의 사업운영에 심대한 혼란 내지 막대한 손해가 초래될 위험이 있었다고 하기 어렵고, 그 결과 한국철도공사의 사업계속에 관한 자유의사가 제압·혼란될 수 있다고 평가할 수 있는 경우에 해당하지 않는다)
7) 대법원 1980. 11. 25. 선고 79도2565 판결.
8) 대법원 1978. 12. 13. 선고 78도2617 판결.

넘는 부분에 걸쳐 게시하고, 이어서 정보통신에 관한 심의규정 제8조 제1호를 소개한 후 피고인의 의견을 덧붙이고 있으므로 사진들과 음란물에 관한 논의의 형성·발전을 위한 학술적, 사상적 표현 등이 결합된 결합 표현물로서, 사진들은 오로지 남성의 발기된 성기와 음모만을 뚜렷하게 강조하여 여러 맥락 속에서 직접적으로 보여줌으로써 성적인 각성과 흥분이 존재한다는 암시나 공개장소에서 발기된 성기의 노출이라는 성적 일탈의 의미를 나타내고, 나아가 여성의 시각을 배제한 남성중심적인 성관념의 발로에 따른 편향된 관점을 전달하고 있어 음란물에 해당하나, 사진들의 음란성으로 인한 해악은 이에 결합된 학술적, 사상적 표현들과 비판 및 논증에 의해 해소되었고, 결합 표현물인 게시물을 통한 사진들의 게시는 법질서 전체의 정신이나 그 배후에 놓여 있는 사회윤리 내지 사회통념에 비추어 용인될 수 있는 행위에 해당한다.[1]

3. 검 토

위법성은 전체 법질서의 관점에서 바라볼 때 이에 배치된다는 부정적 가치판단이라고 할 수 있는데, 과연 무엇을 대상으로 하여 어떻게 판단할 것인가에 대한 문제가 위법성의 본질에 대한 논의라고 할 수 있다. 위법성의 본질에 대한 논의와 관련하여 형식적 위법성론을 취하는 견해는 현재 거의 찾아볼 수 없기 때문에 우리나라에 있어서 실질적 위법성론에 입각[2]하여 바라보면 모든 위법성조각사유를 사회상규에 반하지 아니하는 행위로 파악하고 있다고 보아야 한다. 그러므로 사회상규는 위법성조각사유 내지 위법성조각사유의 기본원리와 동일한 의미[3]로 이해함으로써 충분하다. 즉 실질적 위법성론에 입각할 경우에는 자연스럽게 초법규적 위법성조각사유의 인정이 가능한 것이다. 이에 '사회상규'는 그것 자체가 독자적으로 중요한 의미를 가지는 용어라기보다는 침해되는 법익과 보호되는 법익 사이에 이루어지는 형량을 의미한다고 보아야 한다.

사회상규개념의 입법과정[4]을 통해 알 수 있는 바와 같이 당시 분묘발굴죄와 관련된 엄상섭 의원의 발언에 의하면, 사회상규는 다른 개별적인 위법성조각사유에 해당하지 않는 일정한

---

1) 대법원 2017. 10. 26. 선고 2012도13352 판결

2) 일본의 경우에 있어서는 가벌적 위법성론이 판례와 학설에 의하여 인정되고 있는데, 이 또한 실질적 위법성론에 기초하고 있기 때문에 판단기준에 있어서 공통적인 요소가 도출될 수 있다. 예를 들면 결과반가치의 영역으로서 피해법익의 경미성과 행위반가치의 영역으로서 침해행위의 경미성이 대표적인 유형이라고 할 수 있다.

3) 대법원에서도 '형법 제20조가 사회상규에 위배되지 아니하는 행위는 처벌하지 아니한다고 규정한 것은 사회상규 개념을 가장 기본적인 위법성 판단의 기준으로 삼아 이를 명문화한 것'이라고 판시(대법원 1983. 2. 8. 선고 82도 357 판결)하고 있다.

4) 당시 '형법초안 이유설명서에 가름하여'라는 문건 가운데 입안의 근본원칙으로서 '중국형법'을 참작하였다고 밝히고 있는데, 이를 1915년 가인 김병로 선생이 집필한 '범죄구성의 요건되는 위법성을 논함'이라는 논문과 결부하여 판단해 보면, 여기서 말하는 중국형법이란 1911년에 공포되었던 '대청국형률(大淸國刑律)'을 의미한다. 동 법률에 의하면 '법률에 따른 행위 또는 업무행위 이외에 공서양속 또는 관습에 반하지 아니하는 행위는 죄가 되지 아니한다.'라고 규정하고 있는데, 이 가운데 '공서양속 또는 관습에 반하지 아니하는 행위'를 가인 김병로 선생은 '사회상규에 위배되지 아니하는 행위'로 파악하였던 것이다. 이는 형법 제정 당시 입법자들이 서구적인 '전체 법질서'라는 관념보다는 그 법질서의 토대를 이루고 있는 '공(公)의 질서 또는 선량한 풍속'을 실질적 위법성의 판단기준으로 보았던 것이다.

행위에 대해 정당화근거를 제공해 줌으로써, 실정법의 경직성 내지 기존의 사회관습 및 전통과의 괴리현상을 최소화하거나 완화할 목적으로 입법되었다고 보아야 한다. 이는 사회상규라는 것이 구체적인 시대와 지역을 바탕으로 한 관습 등을 종합하여 결정되는 것이며, 사회상규는 위법성의 조각을 통하여 형법 각칙에 의한 범죄의 성립범위를 축소시키는 기능을 가지고 있다는 것이다.

   항상 실정법은 현실에 앞서 미리 규율될 수 없는 성질을 띠고 있는데, 수시로 등장하고 있는 새로운 사회현상 내지 가치관의 변화에 대하여 사회상규는 이를 승인하는 통로의 역할을 담당할 수 있는 것이다. 이러한 측면에서 사회상규의 개념적 불확정성과 실질적 범죄개념이 결합하여 사회상규가 행위의 불법성을 긍정하고 확대시키는 용도로 사용되는 것을 경계하고, 일상에서 용인될 수 있는 경미한 법익침해행위의 불법성을 배제시키는 용도로 제한적으로 해석하는 것이 바람직하다. 그러므로 수시로 변화하는 사회에 대한 법규범의 적응력을 확보하기 위해서는 '사회상규'와 같은 불확정 개념의 사용은 불가피하게 필요성이 인정될 수밖에 없고, 궁극적으로는 구체적인 내용 및 인정 여부에 대한 판단을 법관의 보충적 해석에 위임할 수밖에 없다. 결국 사회상규에 위배되지 아니하는 행위라는 의미는 비록 침해되는 이익이 있는 경우, 다시 말해 구성요건에 해당하는 행위라고 할지라도 이익교량의 결과 보호하려는 이익이 침해되는 이익보다 우위에 있는 경우에 위법성이 조각되어 적법하게 되는 행위를 말한다.

   한편 판례에 의하면, 「형법 제20조의 '사회상규에 위배되지 아니하는 행위'는 우리 형법의 독특한 규정으로, 구성요건에 해당하는 행위가 형식적으로 위법하더라도 사회가 내리는 공적 평가에 의하여 사회상규성이 인정된다면 그 행위를 실질적으로 위법한 것으로는 평가할 수 없다는 취지에서 제정 형법 시 도입되었다. '사회상규에 위배되지 아니하는 행위'는 형법 제21조부터 제24조까지의 개별적 위법성조각사유가 인정되지 않고, 법령이나 업무로 인한 행위로 포섭되기 어려운 경우 적용되는 일반적 위법성조각사유이다. 따라서 정당행위를 인정하기 위한 기준은 이와 같이 다른 개별적 위법성조각사유에 해당하지 않는 경우에 사회상규에 의한 위법성조각사유 규정이 보충적으로 적용되도록 정한 형법의 규율체계, 법령에 정해지지 않았더라도 사회통념과 건전한 상식에 기초한 일반적 위법성조각사유를 별도로 인정하는 입법취지에 부합하도록 해석되어야 한다. 이는 특히 법률관계를 규율할 입법이 마련되지 않아 제도적 뒷받침이 없을 때 현행 법령체계 안에서 법률적인 방법으로는 실효성 있는 손해보전이 불가능한 상황에서 한 행동에 대하여 설령 개별적 위법성조각사유에 해당하지 않더라도 사회통념과 전체 법질서의 관점에서 평가하여 사회상규에 의한 정당행위를 수긍할 여지가 있는지 판단할 때 중요하게 고려되어야 한다. … 목적의 정당성, 수단의 상당성, 피해법익과 보호법익의 균형, 긴급성과 보충성의 요건들은 위 일반원칙으로서 추상적이고 포괄적인 요건인 '사회상규'의 의미를 구체화하여 사회상규가 통일적이고 예측 가능한 재판규범으로 기능하는 역할을 할 수 있도록 하는 기준이지 '사회상규'의 의미를 축소하거나 적용범위를 제한하기 위한 것이 아니다.」라고 판시[1] 하여, 정당행위의 보충적 적용을 천명한 바 있다.

---

1) 대법원 2023. 5. 18. 선고 2017도2760 판결(학교법인 상지학원은 전 이사장인 김○○가 1994. 4.경 상지대학교의 부정입학과 관련된 금품수수 등의 혐의로 구속됨에 따라 교육인적자원부장관이 선임한 임시이사들에 의하여 운영된 이래, 종전 이사 체제 시 학교 운영에 관여했던 이른바 '구재단' 측과 임시이사 체제 시 학교 운영에 관여해온 학내구성원 측의 갈등이 계속되었다. 그러던 중 김○○가 2014. 8. 14.경 상지대학교 총장으로 선임되자 상지대학교 교수협의회와 총학생회는 총장 퇴진 운동을 벌이면서 김○○ 등 구재단 측과 갈등을 빚게 되었다. 김○○의 비위행위 이후로 상지대학교 운영과 관련한 갈등이 약 20년간 봉합되지 않던 중 구재단 측을 상징하는 김○○의 복귀로 갈등이 악화되어, 학교 운영의 파행이 학생들의 피해로 돌아가 학생들의 교육받을 권리가 침해될 것이 자명하였다. 피고인들은 2014. 9.경부터 대학 운영의 정상화를 위하여 갈등을 재점화한 김○○와 대화를 꾸준히 요구하였으나, 학교 측의 소극적인 태도로 인해 면담이 실질적으로 성사되지 않았다. 위와 같은 목적, 경위 등에 비추어 보면, 피고인들이 분쟁의 중심에 있는 김○○를 직접 찾아가 면담하는 이외에는 다른 방도가 없다는 판단 아래 김○○와 면담을 추진하는 과정에서 피고인들을 막아서는 사람들과 길지 않은 시간 동안 실랑이를 벌인 것은 동기와 목적의 정당성, 행위의 수단이나 방법의 상당성이 인정되고, 피고인들의 학습권이 헌법에 의하여 보장되는 권리라는 측면에 비추어 법익균형성도 충분히 인정된다. 나아가 학습권 침해가 예정된 이상 긴급성이 인정되고, 피고인들이 선택할 수 있는 법률적 수단이 더 이상 존재하지 않는다거나 다른 구제절차를 모두 취해본 후에야 면담 추진 등이 가능하다고 할 것은 아니므로 보충성도 인정된다. 그렇지 않고 긴급성·보충성을 별도로 갖추지 않았다는 이유로 정당행위 성립을 부정한다면 일반적·보충적 위법성조각사유로서의 정당행위를 규정한 입법취지 및 사회상규의 의미에 배치될 수 있다).

제4장 책 임 론

제1절 책임의 기초이론

I. 서 설

1. 책임의 의의

(1) 개 념

범죄의 성립요건 가운데 마지막으로 고려해야 할 요소가 책임인데, '책임'(責任)이란 구성요건에 해당하고 위법한 행위를 한 이유로 행위자에 대하여 가해지는 비난가능성을 말한다. 여기서 말하는 비난가능성은 행위자가 자기 행위의 불법성을 인식하고 이에 기초한 규범합치적 의사결정을 할 수 있었음에도 불구하고 그러하지 못한 점에 대하여 가해지는 부정적인 평가를 의미한다.

이와 같은 형사책임은 윤리적 책임과 민사적 책임과는 구별된다. 먼저 윤리적 책임과 관련하여, 지하철에서 노약자나 임산부에게 자리를 양보하지 않고 계속 앉아 있는 경우에 형사책임을 지지는 않지만 주위의 따가운 눈총이라는 윤리적 책임은 면하기 어려울 것이다. 반면에 정치범이나 사상범의 경우 실정법 위반으로 인하여 형사책임은 지지만, 경우에 따라 윤리적 책임이 부정될 수는 있다.

다음으로 민사적 책임과 관련하여, 백화점에서 실수로 유리그릇을 깨뜨린 경우에 형사책임을 지지는 않지만 손해배상이라는 민사상 책임을 겨야 한다. 민사적 책임은 손해의 공평한 분담이라는 원리가 적용되어 고의 및 과실책임뿐만 아니라 경우에 따라 무과실책임이 인정되기도 하지만, 형사책임은 범죄인에게 형벌을 부과하는 원리가 적용되어 원칙적으로 고의책임이 인정되고 예외적으로 과실책임이 인정될 수 있을 뿐이다.

(2) 위법성과의 관계

위법성은 행위가 전체 법질서의 관점에서 배치되었을 때 내려지는 행위에 대한 객관적인 판단으로서, 행위자의 개인적인 특수성은 고려되지 아니한다. 반면에 책임은 행위자에게 자기 행위에 대한 책임을 부과할 수 있는가 하는 행위자에 대한 주관적인 판단으로서, 행위자의 개인적인 특수성이 고려된다. 이와 같이 위법성은 행위에 대한 비난가능성이고, 책임은 행위자에 대한 비난가능성이라고 할 수 있다.

구성요건에 해당하고 위법한 행위가 있는 경우에 책임이 있는 것으로 사실상 추정된다. 그러므로 책임론에서는 어떠한 경우에 책임이 있는가를 적극적으로 판단하지 않고, 어떠한 경우에 책임을 부정할 수 있는가를 소극적으로 판단하는 작업이 이루어진다. 책임요소로서 책임능력, 위법성의 인식, 적법행위에 대한 기대가능성 등을 검토함에 있어서 어떠한 경우에 책임이 감경 또는 조각되는지 여부를 살피는 것은 이와 같은 맥락이다.

2. 책임주의

형벌은 범죄에 대한 제재로서 그 본질은 법질서에 의해 부정적으로 평가된 행위에 대한 비난이다. 만약 법질서가 부정적으로 평가한 결과가 발생하였다고 하더라도 그러한 결과의 발생이 어느 누구의 잘못에 의한 것이 아니라면, 부정적인 결과가 발생하였다는 이유만으로 누군가에게 형벌을 가할 수는 없다. 책임주의는 결과만 야기되면 이에 대하여 형벌을 부과하였던 결과책임주의를 극복하고, 책임의 범위 내에서 형벌을 한정함으로써 형벌권의 과도한 행사로부터 개인의 자유를 보장하는 기능을 수행한다.

이와 같이 '책임 없는 자에게 형벌을 부과할 수 없다.'는 형벌에 관한 책임주의는 형사법의 기본원리로서, 헌법상 법치국가의 원리에 내재하는 원리인 동시에 헌법 제10조의 취지로부터 도출되는 원리이다.[1] 또한 책임은 양형의 기초로서 형벌부과의 여부와 정도에 관한 기준이 되기도 하는데, 이에 따라 책임의 정도를 초과하여 형벌을 과할 수는 없는 것이다.

Ⅱ. 책임의 근거

1. 도의적 책임론

행위자의 책임을 인정하는 근거로서 자유의사와 관련하여, 도의적 책임론에 따르면 인간에게는 자유의사가 있다고 한다. 그리하여 책임의 근거를 자유의사에서 찾는다(비결정론). 책임은 자유의사를 가진 자가 자유의사에 의하여 적법행위를 할 수 있었음에도 불구하고 위법한 행위를 한 것에 대한 도의적 비난인 것이다. 여기서 '자유의사'(自由意思)란 자신의 행위의 의미와 그 결과를 알고 그에 따라 자신의 행위를 결정할 수 있는 능력을 말한다.

그러므로 자유의사를 가진 자만이 범죄를 저지를 수 있고, 자유의사를 가지지 못한 자(책임무능력자)는 범죄를 저지를 수 없다. 따라서 책임능력은 범죄를 저지를 수 있는 능력인 범죄능력을 의미한다. 한편 자유의사를 가진 자에게 부과하는 형벌과 자유의사를 가지지 않은 책임무능력자에게 부과하는 보안처분은 질적으로 다르다는 이원론을 주장한다.

---

1) 헌법재판소 2010. 9. 30. 선고 2010헌가10·31·43·45·46·49·62·68(병합) 결정.

2. 사회적 책임론

행위자의 책임을 인정하는 근거로서 자유의사와 관련하여, 사회적 책임론에 따르면 인간에게는 자유의사가 없다고 한다. 그리하여 책임의 근거를 자유의사가 아니라 소질과 환경에 의해 필연적으로 결정된 행위자의 사회적 위험성에서 찾는다(결정론). 자유의사를 지닌 자뿐만 아니라 자유의사를 지니지 않은 자도 사회적 위험성이 인정되면 형벌을 과할 수 있다. 또한 자유의사를 지닌 자가 범죄행위를 하였다고 하여도 사회적 위험성이 없으면 형벌을 가할 수가 없다.

따라서 책임능력은 보안처분을 부과할 필요성이 있는 형벌능력으로 이해한다. 여기서 주의할 점은 사회적 책임론이 말하는 형벌능력이란 도의적 책임론에서 말하는 형벌이 아니라 보안처분의 필요성을 의미한다. 한편 사회방위처분이라는 점에서 형벌과 보안처분은 질적인 차이가 없고 양적인 차이만 있을 뿐이라는 일원론을 주장한다.

3. 인격적 책임론

인격적 책임론에 따르면 인간은 소질과 환경의 영향을 받으면서도 어느 정도의 상대적 자유의사를 가지고 있다고 한다(상대적 비결정론). 그러므로 책임의 근거로서 제1차적 대상이 행위이지만, 제2차적 대상으로 행위에 잠재되어 있는 행위자의 인격도 고려해야 한다. 이에 따라 과거에 인격이 형성되어 온 과정에서 그 인격형성에 비난할만한 사정이 있는 경우 그 잘못된 인격형성을 책임의 근거로 판단한다.

4. 검 토

심신장애로 인하여 사물을 변별할 능력이 없거나 의사를 결정할 능력이 없는 자의 행위는 벌하지 아니하고, 심신장애로 인하여 이러한 능력이 미약한 자의 행위는 형을 감경할 수 있다. 이와 같이 사물변별능력과 의사결정능력이 없는 경우에 범죄가 성립하지 않는다는 것은 자유의사가 없으면 범죄를 저지를 수 없다는 것이기 때문에 형법 제10조 제1항은 도의적 책임론에 입각해 있다고 해석된다.

그러나 인간의 모든 행위를 자유의사의 발로라고 하기에는 무리가 있는데, 환경과 소질에 의한 범죄도 현실세계에서 자주 등장하기 때문이다. 그러므로 책임무능력자 또는 한정책임능력자의 경우에도 재범위험성이 인정되면 이에 적극적으로 대처할 필요성이 생긴다. 대표적으로 「치료감호 등에 관한 법률」을 예로 들 수 있는데, 동법은 심신장애 상태, 마약류·알코올이나 그 밖의 약물중독 상태, 정신성적 장애가 있는 상태 등에서 범죄행위를 한 자로서 재범의 위험성이 있고 특수한 교육·개선 및 치료가 필요하다고 인정되는 자에 대하여 적절한 보호와 치료를 함으로써 재범을 방지하고 사회복귀를 촉진하는 것을 목적으로 한다. 이러한 보안처분이라는 형사제재의 부과는 사회적 책임론에 입각해 있다고 해석된다.

결론적으로 소질과 환경의 제약을 받는 범위 내에서 의사결정을 할 수 있는 제한된 자유의 사를 인정할 필요가 있으므로, 도의적 책임론과 사회적 책임론을 절충하는 입장에서 상대적 자유의사를 인정하는 것이 타당하다.

Ⅲ. 책임의 본질

1. 심리적 책임론

심리적 책임론에 의하면 구성요건해당성은 객관적 사실판단, 위법성은 객관적 가치판단, 책임은 주관적 사실판단이라고 파악하였는데, 이는 인과적 범죄체계론에서 주장되었다. 이에 의하면 책임을 사실판단의 문제로 파악하여 구성요건에 해당하고 위법한 행위를 한 자가 행위 당시에 고의·과실이라는 심리상태를 지니고 있었다는 사실 그 자체가 책임이라고 한다. 즉 책임은 결과에 대한 행위자의 심리적 관계이므로, 심리적 사실인 고의 또는 과실이 있으면 책임이 인정되고, 고의 또는 과실이 없으면 책임이 부정되는 것이다.

하지만 ① 심리적 책임론에 의하면 고의 또는 과실이 있으면 책임을 인정하는데, 형사미성년자 또는 강요된 행위와 같이 다른 책임조각사유가 있을 때에도 고의 또는 과실이 인정되지만 현행법상 책임이 부정되는 이유를 제대로 설명할 수 없다는 점, ② 인식 없는 과실의 경우에는 결과에 대한 심리적 사실관계를 인정할 수 없어 이를 책임에서 배제할 수밖에 없다는 점, ③ 과실은 주의의무위반이라는 규범적 요소가 본질적 요소이고, 순수한 심리적 사실인 고의와 성질이 다르므로 책임을 양자에 공통되는 상위개념으로 정립하는 것은 불가능하다는 점 등의 비판이 제기된다.

2. 규범적 책임론

규범적 책임론에 의하면 책임을 사실판단이 아니라 규범적 판단, 즉 평가의 문제로 파악하여 구성요건에 해당하고 위법한 행위를 한 자에 대한 비난가능성이 책임이라고 한다. 이에 의하면 행위자에게 고의·과실이 있다고 하여 바로 책임이 있다고 할 수 없고, 고의·과실로 위법한 행위를 한 사람을 나쁘다고 비난할 수 있어야 책임을 인정할 수 있다.

규범적 책임론에 의하면 심리적 사실인 고의는 주관적 불법요소로서 구성요건요소가 되므로, 위법성의 인식은 필연적으로 고의와 독립된 책임요소가 된다. 이에 따라 ① 책임의 전제로서 책임능력, ② 비난가능성의 지적 요소로서 위법성의 인식, ③ 비난가능성의 의지적 요소로서 기대가능성 등을 책임요소로서 파악한다.

3. 기능적 책임론

기능적 책임론에 의하면 행위자에 대한 비난가능성뿐만 아니라 일반예방이나 특별예방의 목적도 동시에 고려하여 책임을 결정해야 한다고 한다. 이 경우 예방의 목적으로 인하여 형벌이 과도해지는 것을 방지하기 위하여 책임이 형벌의 상한을 결정한다. 이에 따라 예방의 필요가 부정되면 책임이 인정되더라도 형벌을 부과해서는 아니된다. 하지만 예방의 목적을 고려하여 책임을 결정하게 되면 책임의 판단과 양형의 판단이 구별되지 않는다는 비판이 제기된다.

Ⅳ. 책임의 대상

1. 행위책임론

행위책임론에 의하면 행위자가 행한 행위 및 그 결과를 근거로 책임의 인정 여부와 정도를 결정한다. 형법은 원칙적으로 행위책임론에 입각해 있다. 누범 가중처벌규정은 행위책임론에 입각해 있다.[1]

2. 행위자책임론

행위자책임론에 의하면 행위자가 행한 행위 및 그 결과가 아니라 행위자의 인격형성을 근거로 책임의 인정 여부와 정도를 결정한다. 상습범 가중처벌규정은 행위자책임론에 입각해 있다.

제 2 절 책임능력

Ⅰ. 서 설

1. 의 의

형법은 제9조 내지 제11조에서 책임능력에 관한 규정을 두고 있다. 여기서 '책임능력'(責任能力)이란 자유로운 의사를 결정하고 자신의 행위를 조정·통제할 수 있는 능력을 말한다. 이와

---

1) 헌법재판소 2013. 9. 26. 선고 2012헌바262·374(병합) 결정(누범조항은, 금고 이상의 형을 받아 그 집행을 종료하거나 면제받은 후 3년 내에 금고 이상에 해당하는 죄를 범한 경우를 누범으로 규정하고 그 죄에 정한 형의 장기의 2배까지 가중하도록 하고 있다. 이처럼 누범을 가중처벌하는 것은 범죄인이 전범에 대한 형벌에 의하여 주어진 경고기능을 무시하고 후범의 실현을 통하여 범죄추진력이 보다 강화되어 행위책임이 가중되기 때문이고, 나아가 재범예방이라는 형사정책적 목적을 달성하기 위한 것이다. 즉 책임은 행위자가 합법을 결의하고 행동할 수 있었음에도 불구하고 불법을 결의하고 행하였다고 하는 의사형성에 대한 비난가능성을 의미하므로, '전 판결의 경고기능 무시'나 '범죄추진력의 강화'는 행위책임의 가중을 정당화할 수 있는 근거가 된다. 행위자가 전범에 대한 형벌을 통하여 자신의 범죄행위의 위법성과 그에 대한 비난을 인식하고 체험하였다면 불법을 회피하고 합법적인 행위를 할 수 있는 범죄억제동기가 형성되었을 것인데, 이러한 전 판결의 경고를 무시하고 다시 실형을 선고받을 만한 범행을 하였다면 그 행위에 대한 비난가능성, 즉 행위책임이 증대된다고 할 수 있다. 그리고 위와 같은 행위책임의 증대 외에도 재범예방이라는 형사정책적 고려가 가미되어 누범을 가중처벌하고 있는 것이다).

같은 책임능력이 없으면 처음부터 책임을 부담시킬 수 없으므로, 책임능력은 책임판단의 전제요건이 된다. 그러므로 책임무능력자로 판명될 경우에는 위법성의 인식 또는 기대불가능성에 대한 별도의 검토 없이 곧바로 책임이 조각된다. 현행 형법은 책임능력에 대하여 적극적으로 규정하지 않고, 소극적으로 책임능력이 부정되는 경우와 미약한 경우를 규정하는 방식을 채택하고 있다.

2. 책임능력의 본질

(1) 수형능력설

사회적 책임론에 의하면 책임능력은 소질과 환경에 의하여 결정된 사회적 위험성이 있는 성격으로 파악한다. 그러므로 이와 같은 성격이 이미 결정된 자에 대하여 사회방위를 위하여 형벌을 부과하게 되는데, 책임능력이란 형벌을 받음으로써 사회에 적응할 수 있는 수형능력을 말한다. 이에 따라 한정책임능력자도 수형능력이 있으므로 형을 감경할 필요가 없다.

생각건대 심신상실자 내지 심신미약자가 금고 이상의 형에 해당하는 죄를 범하고 치료감호시설의 치료가 필요하고 재범의 위험이 있다고 인정되는 때에는 치료감호에 처할 수 있는데(치료감호법 제2조 제1항), 이는 수형능력설의 입장을 취하고 있는 것으로 판단된다.

하지만 ① 상습범은 수형능력이 없는 책임무능력자가 되는 반면에 심신상실자는 수형능력이 있으므로 책임능력자가 된다는 점, ② 형벌을 부과함으로써 사회방위의 목적을 달성할 수 있는지 여부는 형벌집행단계에서 판단해야 하므로 행위 당시에 존재해야 하는 책임능력과 구별이 되는 문제라는 점 등에서 비판이 제기된다.

(2) 유책행위능력설

도의적 책임론에 의하면 행위의 시비선악을 인식하고 이에 따라 자신의 의사를 스스로 결정할 수 있는 자에 한하여 비난을 할 수 있으므로, 책임능력은 행위의 시비선악을 인식하고 이에 따라 자신의 의사를 스스로 결정할 수 있는 능력으로 파악한다. 이에 따라 책임무능력자에게는 처음부터 책임을 인정할 수 없고, 한정책임능력자에게는 책임을 감경하는 효과를 인정한다.

생각건대 제10조 제1항에서 심신상실자를 책임무능력자로 규정하여 책임을 부정하고, 제10조 제2항에서 심신미약자를 한정책임능력자로 규정하여 형벌을 감경할 수 있도록 하고 있는 현행 형법의 태도는 유책행위능력설의 입장을 취하고 있는 것으로 판단된다.

3. 책임능력의 판단방법

(1) 생물학적 방법

생물학적 방법에 의하면 정신병과 같은 일정한 생물학적(신체적·정신적) 비정상상태에 있는 자를 모두 책임무능력자 또는 한정책임능력자로 보는데, 제9조의 형사미성년자 규정과 제11

조의 청각 및 언어 장애인 규정이 이에 따르고 있다. 하지만 비정상상태에 있는 자라고 하더라도 행위시에 항상 사물변별능력이나 의사결정능력이 없는 것은 아니라는 비판이 제기된다.

(2) 규범적 방법

규범적 방법에 의하면 생물학적 비정상상태를 묻지 않고 사물변별능력이나 의사결정능력의 결여 또는 미약만으로 책임능력을 판단하는데, 이를 '심리적 방법'이라고도 한다. 하지만 책임능력의 판단을 오로지 법관에게 맡기는 것은 법적 안정성에 위반된다는 비판이 제기된다. 왜냐하면 사물변별능력이나 의사결정능력이라는 것은 규범적인 판단을 거쳐 법관이 독자적으로 결정할 수 있는 성질의 것이기 때문이다.

(3) 혼합적 방법

혼합적 방법에 의하면 행위자의 생물학적 비정상상태를 기초로 하여 사물변별능력이나 의사결정능력의 결여 또는 미약을 판단하여 책임능력을 결정한다. 형법 제10조에서는 심신장애라는 생물학적 요소와 사물변별능력이나 의사결정능력이라는 심리적 요소를 동시에 고려하고 있기 때문에 혼합적 방법을 채택하고 있는 것이다. 즉 형법 제10조에 규정된 심신장애는 생물학적 요소로서 정신병 또는 비정상적 정신상태와 같은 정신적 장애가 있는 외에 심리학적 요소로서 이와 같은 정신적 장애로 말미암아 사물에 대한 변별능력과 그에 따른 행위통제능력이 결여되거나 감소되었음을 요하므로, 정신적 장애가 있는 자라고 하여도 범행 당시 정상적인 사물변별능력이나 행위통제능력이 있었다면 심신장애로 볼 수 없다.[1]

여기서 규범적 방법과 혼합적 방법의 차이점은 생물학적 요소에 대한 판단을 반드시 거쳐야 하는지 여부에 있다. 혼합적 방법에 의하면 생물학적 요소를 기초로 하여야 하기 때문에 이에 대한 판단, 즉 정신의학적 판단이라는 감정절차를 반드시 요구하게 되지만, 규범적 방법에서는 이러한 절차를 필수적인 것으로 파악하지는 않는다.

이에 대하여 판례는 「피고인이 범행 당시 심신장애의 상태에 있었는지 여부를 판단함에 있어 반드시 전문가의 감정을 거쳐야 하는 것은 아니므로, 법원이 범행의 경위와 수단, 범행 전후의 피고인의 행동 등 기록에 나타난 여러 자료와 공판정에서의 피고인의 태도 등을 종합하여 피고인이 심신장애의 상태에 있지 아니하였다고 판단하여도 이것만 가지고 위법이라고 할 수는 없다.」라고 판시[2]하고 있지만, 「피고인의 병력, 가족관계, 성장환경, 그 동안의 전력, 피고인의 범죄 횟수 및 그 시간적 간격, 각 범행 전후의 정황, 피고인에 대한 정신감정 결과 등에 비추어 피고인의 각 범행이 매우 심각한 충동조절장애와 같은 성격적 결함으로 인하여 심신장애 상태에서 순간적으로 저지른 것일 가능성도 있는데도, 원심판결이 객관적 정신감정기관을 통하여 자세한 정신감정을 다시 실시하는 등의 방법으로 심신장애 여부를 심리하지 아니한 것은 위

---

[1] 대법원 2021. 9. 9. 선고 2021도8657 판결; 대법원 2013. 1. 24. 선고 2012도12689 판결; 대법원 2007. 2. 8. 선고 2006도7900 판결.

[2] 대법원 2007. 6. 14. 선고 2007도2360 판결.

법하다.」라고 판시[1]하는 경우도 있는데, 이는 생물학적 요소에 대한 판단에 있어서 신중함을 기하기 위하여 해당 전문가의 감정절차를 거치도록 요구하는 것이라고 볼 수 있다.

한편 심신장애의 유무는 법원이 형벌제도의 목적 등에 비추어 판단하여야 할 법률문제로서 그 판단에 전문감정인의 정신감정결과가 중요한 참고자료가 되기는 하지만, 법원이 반드시 그 의견에 구속되는 것은 아니고, 그러한 감정결과뿐만 아니라 범행의 경위, 수단, 범행 전후의 피고인의 행동 등 기록에 나타난 여러 자료 등을 종합하여 독자적으로 심신장애의 유무를 판단하여야 한다.[2]

Ⅱ. 책임무능력자 및 한정책임능력자

1. 형사미성년자

(1) 의 의

14세 되지 아니한 자의 행위는 벌하지 아니한다(제9조). 범죄성립의 마지막 요소인 책임은 행위자가 법에 따라 행위할 수 있었음에도 불구하고 범죄충동을 억제하지 않고 위법하게 행위하였다는 규범적 평가, 다시 말하면 구성요건에 해당하는 불법의 비난가능성에 책임의 본질이 있다. 이러한 책임은 법규범에 따라 행위할 수 있는 능력인 책임능력을 전제로 하며, 따라서 행위자에게 책임능력이 없을 때에는 책임도 없다.

사람의 정신적 발육은 개인에 따라 다르지만 형법은 일률적으로 14세를 기준으로 하여 14세 미만의 자를 책임무능력자로 하여 그 행위를 벌하지 않고 있다. 즉 14세 미만이기만 하면 사물의 변별능력과 그 변별에 따른 행동통제능력이 없다고 의제하고 있는데, 이는 육체적·정신적 미성숙이라는 생물학적 요소를 고려하여 책임무능력을 인정하고 있는 것이다.

이와 같이 일정한 연령을 기준으로 하여 일률적으로 형사책임연령을 정하고 있는 것은 유소(幼少)한 자의 정신의 발육·성숙과정은 정신장애의 존부나 정도와는 달라서 정상적인 과정이며, 나아가 개인차가 심하므로 일정한 정신적 성숙의 정도와 사물의 변별능력이나 행동통제능력의 존부·정도를 각 개인마다 판단·추정하는 것은 곤란하고 부적절하기 때문이다. 또한 어린 아이들의 경우 그 감수성이 강하고 상처받기 쉬운 정신상태에 있고 반사회성도 고정화되어 있지 않으므로 상당한 정도로 책임이 있는 경우에도 교육적 조치에 의한 개선가능성이 있다는 점에 비추어 볼 때 형벌 이외의 수단에 의존하는 것이 적당하다는 형사정책적 고려를 가미한 규정이다.[3]

---

1) 대법원 2006. 10. 13. 선고 2006도5360 판결; 대법원 1999. 4. 27. 선고 99도693 판결.
2) 대법원 2018. 9. 13. 선고 2018도7658 판결; 대법원 1996. 5. 10. 선고 96도638 판결.
3) 헌법재판소 2003. 9. 25. 선고 2002헌마533 결정.

(2) 소년법상 형사책임의 특칙

형사미성년자의 행위는 책임이 조각되므로 형사미성년자에게는 일체의 형사책임이 배제되지만 소년법상의 보호대상에는 해당된다. 이에 따라 10세 이상 14세 미만의 소년에 대해서는 소년법 제32조의 보호처분을 과할 수 있다. 하지만 14세 이상 19세 미만의 소년은 형사미성년자가 아니기 때문에 형벌을 부과할 수 있는데, 소년법 제59조 내지 제67조에서는 소년범에 대한 다음과 같은 특칙을 두고 있다.

1) 사형 또는 무기형의 완화

죄를 범할 당시 18세 미만인 소년에 대하여 사형 또는 무기형으로 처할 경우에는 15년의 유기징역으로 한다(소년법 제59조). 동 규정은 소년에 대한 처단형이 사형 또는 무기형일 때에 15년의 유기징역으로 한다는 것이지 법정형이 사형 또는 무기형인 경우를 의미하는 것은 아니다.[1]

한편 특정강력범죄를 범한 당시 18세 미만인 소년을 사형 또는 무기형에 처하여야 할 때에는 소년법 제59조에도 불구하고 그 형을 20년의 유기징역으로 한다(「특정강력범죄의 처벌에 관한 특례법」 제4조 제1항). 이와 같이 17세 이하의 소년에 대하여는 사형을 절대적으로 과할 수 없고, 사형에 처할 수 있는 최소연령을 18세로 하고 있는데, 이 규정은 범죄행위시에 18세 미만이었으나 과형 당시에 성인이 된 때에도 적용된다.[2]

2) 상대적 부정기형제도

소년이 법정형으로 장기 2년 이상의 유기형에 해당하는 죄를 범한 경우에는 그 형의 범위에서 장기와 단기를 정하여 선고한다. 다만 장기는 10년, 단기는 5년을 초과하지 못한다(소년법 제60조 제1항).[3] 하지만 특정강력범죄를 범한 소년에 대하여 부정기형을 선고할 때에는 소년법 제60조 제1항 단서에도 불구하고 장기는 15년, 단기는 7년을 초과하지 못한다(「특정강력범죄의 처벌에 관한 특례법」 제4조 제2항).

소년법 제60조 제1항에 정한 '소년'은 소년법 제2조에 정한 19세 미만인 자를 의미하는 것으로, 이에 해당하는지는 사실심판결 선고 시를 기준으로 판단하여야 하므로, 제1심에서 부정기형을 선고받은 피고인이 항소심 선고 이전에 19세에 도달하는 경우 정기형이 선고되어야 한다.[4] 하지만 피고인이 항소심판결 선고 당시 소년법 제2조 소정의 소년이어서 부정기형이 선고

---

1) 대법원 1986. 12. 23. 선고 86도2314 판결.

2) 대법원 1997. 2. 14. 선고 96도1241판결.

3) 대법원 1991. 4. 9. 선고 91도357 판결(법정형 중에서 무기징역을 선택한 후 작량감경한 결과 피고인에게 유기징역을 선고하게 되었을 경우에는 피고인이 미성년자라 하더라도 부정기형을 선고할 수 없다); 대법원 1990. 10. 23. 선고 90도2083 판결(소년이 범한 죄에 대한 법정형인 사형, 무기 또는 10년 이상의 징역 가운데 무기징역을 선택한 다음 작량감경하여 장기의 유기징역형을 선고한 것은 옳다). 하지만 판결 선고 당시 소년에 대하여 각 유기징역형을 선택한 후 경합범가중을 하여 징역 20년을 선고한 것은 소년법 제60조 제1항에 위반된다(대법원 1991. 3. 8. 선고 90도2826 판결).

4) 대법원 2020. 10. 22. 선고 2020도4140 전원합의체 판결.

되었다면 그 후 상고심에서 성년이 되었다고 하더라도 부정기형을 선고한 항소심판결을 파기할 사유가 되지 않는다.[1]

이와 같은 부정기형은 처단형이 아닌 법정형을 기준으로 하여 장기 2년 이상의 유기징역에 해당하는 죄를 범하였을 때 선고하도록 되어 있다. 이는 행형단계에서 범죄인의 개선·교화상태를 면밀히 파악하여 석방의 시기를 결정하도록 하는 특별예방적 목적이 반영된 제도라고 할 수 있다. 즉 부정기형을 선고받은 소년범의 행형성적이 양호하고 교정의 목적을 달성하였다고 인정되는 경우에는 단기가 지난 것을 조건으로 형의 집행을 종료시킬 수 있으나, 그렇지 못한 경우에는 장기까지 구금할 수 있는 것이다. 성인범과 비교할 때 개선의 가능성이 훨씬 많다고 인정되는 소년범에 대하여 부정기형을 채택하고 있는 것 자체는 충분한 합리적인 이유가 있다.

한편 피고인이 항소심 선고 이전에 19세에 도달하여 제1심에서 선고한 부정기형을 파기하고 정기형을 선고함에 있어 불이익변경금지 원칙 위반 여부를 판단하는 기준은 부정기형의 장기와 단기의 중간형이 되어야 한다.[2]

3) 소년감경제도

소년의 특성에 비추어 상당하다고 인정되는 때에는 그 형을 감경할 수 있다(소년법 제60조 제2항). 여기서 소년은 19세 미만자로서, 이는 심판의 조건이므로 범행시뿐만 아니라 심판시까지 계속되어야 한다. 그러므로 소년법 제60조 제2항의 소년인지의 여부의 판단은 원칙적으로 심판시, 즉 사실심 판결선고시를 기준으로 하여야 한다.[3]

---

1) 대법원 1990. 9. 28. 선고 90도1772 판결.
2) 대법원 2020. 10. 22. 선고 2020도4140 전원합의체 판결(소년법은 인격이 형성되는 과정에 있기에 그 개선가능성이 풍부하고 심신의 발육에 따르는 특수한 정신적 동요상태에 놓여 있는 소년의 특수성을 고려하여 소년의 건전한 성장을 돕기 위해 형사처분에 관한 특별조치로서 제60조 제1항에서 소년에 대하여 부정기형을 선고하도록 정하고 있다. 다만 소년법 제60조 제1항에 정한 '소년'은 소년법 제2조에 정한 19세 미만인 자를 의미하는 것으로 이에 해당하는지는 사실심판결 선고 시를 기준으로 판단하여야 하므로, 제1심에서 부정기형을 선고받은 피고인이 항소심 선고 이전에 19세에 도달하는 경우 정기형이 선고되어야 한다. 이 경우 피고인만이 항소하거나 피고인을 위하여 항소하였다면 형사소송법 제368조가 규정한 불이익변경금지 원칙이 적용되어 항소심은 제1심판결의 부정기형보다 무거운 정기형을 선고할 수 없다. 그런데 부정기형은 장기와 단기라는 폭의 형태를 가지는 양형인 반면 정기형은 점의 형태를 가지는 양형이므로 불이익변경금지 원칙의 적용과 관련하여 양자 사이의 형의 경중을 단순히 비교할 수 없는 특수한 상황이 발생한다. 결국 피고인이 항소심 선고 이전에 19세에 도달하여 부정기형을 정기형으로 변경해야 할 경우 불이익변경금지 원칙에 반하지 않는 정기형을 정하는 것은 부정기형과 실질적으로 동등하다고 평가될 수 있는 정기형이 부정기형의 장기와 단기 사이의 어느 지점에 존재하는지를 특정하는 문제로 귀결된다. 이는 정기형의 상한으로 단순히 부정기형의 장기와 단기 중 어느 하나를 택일적으로 선택하는 문제가 아니라, 단기부터 장기에 이르는 수많은 형 중 어느 정도의 형이 불이익변경금지 원칙 위반 여부를 판단하는 기준으로 설정되어야 하는지를 정하는 '정도'의 문제이다. 따라서 부정기형과 실질적으로 동등하다고 평가될 수 있는 정기형을 정할 때에는 형의 장기와 단기가 존재하는 특수성으로 인해 발생하는 요소들, 즉 부정기형이 정기형으로 변경되는 과정에서 피고인의 상소권 행사가 위축될 우려가 있는지 여부, 소년법이 부정기형 제도를 채택한 목적과 책임주의 원칙이 종합적으로 고려되어야 한다. 이러한 법리를 종합적으로 고려하면, 부정기형과 실질적으로 동등하다고 평가될 수 있는 정기형은 부정기형의 장기와 단기의 정중앙에 해당하는 형(예를 들어 징역 장기 4년, 단기 2년의 부정기형의 경우 징역 3년의 형이다. 이하 '중간형'이라 한다)이라고 봄이 적절하다).
3) 대법원 2009. 5. 28. 선고 2009도2682 판결(소년법이 적용되는 '소년'이란 심판시에 19세 미만인 사람을 말하므로, 소년법의 적용을 받으려면 심판시에 19세 미만이어야 한다. 따라서 소년법 제60조 제2항의 적용대상인 '소년'인지의 여부도 심판시, 즉 사실심판결 선고시를 기준으로 판단되어야 한다. 이러한 법리는 '소년'의 범위를 20세 미만

4) 환형처분의 금지

18세 미만인 소년에게는 형법 제70조[1]에 따른 유치선고를 하지 못한다. 다만 판결선고 전 구속되었거나 제18조 제1항 제3호[2]의 조치가 있었을 때에는 그 구속 또는 위탁의 기간에 해당하는 기간은 노역장에 유치된 것으로 보아 형법 제57조[3]를 적용할 수 있다(소년법 제62조).

5) 자유형 집행의 분리

징역 또는 금고를 선고받은 소년에 대하여는 특별히 설치된 교도소 또는 일반 교도소 안에 특별히 분리된 장소에서 그 형을 집행한다. 다만 소년이 형의 집행 중에 23세가 되면 일반 교도소에서 집행할 수 있다(소년법 제63조).

6) 가석방의 완화

징역 또는 금고를 선고받은 소년에 대하여는 ① 무기형의 경우에는 5년, ② 15년 유기형의 경우에는 3년, ③ 부정기형의 경우에는 단기의 3분의 1의 기간이 지나면 가석방을 허가할 수 있다(소년법 제65조). 징역 또는 금고를 선고받은 소년이 가석방된 후 그 처분이 취소되지 아니하고 가석방 전에 집행을 받은 기간과 같은 기간이 지난 경우에는 형의 집행을 종료한 것으로 한다. 다만, 소년법 제59조의 형기 또는 소년법 제60조 제1항에 따른 장기의 기간이 먼저 지난 경우에는 그 때에 형의 집행을 종료한 것으로 한다(소년법 제66조).

성인범과 비교할 때[4] 소년범에 대하여 가석방의 요건으로서 복역하는 형기를 짧게 요구하는 것은 보다 원활한 사회복귀를 위한 것이다. 이러한 맥락에서 소년범의 경우에는 벌금 또는 과료가 병과되어 있는 경우에도 그 금액을 완납할 것을 가석방의 요건으로 하지 않는다고 해석해야 한다. 왜냐하면 이를 가석방의 한 요건으로 하고 있는 형법 제72조 제2항을 준용하는 명문의 규정이 소년법에는 없기 때문이다.

에서 19세 미만으로 축소한 소년법 개정법률(2007. 12. 21. 법률 제8722호로 공포되어, 2008. 6. 22.에 시행되었다) 이 시행되기 전에 범행을 저지르고, 20세가 되기 전에 원심판결이 선고되었다고 해서 달라지지 아니한다); 대법원 2008. 10. 23. 선고 2008도8090 판결; 대법원 2000. 8. 18. 선고 2000도2704 판결; 대법원 1966. 3. 3. 선고 65도1229 전원합의체 판결.

1) 형법 제70조(노역장 유치) ① 벌금이나 과료를 선고할 때에는 이를 납입하지 아니하는 경우의 노역장 유치기간을 정하여 동시에 선고하여야 한다. ② 선고하는 벌금이 1억원 이상 5억원 미만인 경우에는 300일 이상, 5억원 이상 50억원 미만인 경우에는 500일 이상, 50억원 이상인 경우에는 1천일 이상의 노역장 유치기간을 정하여야 한다.

2) 소년법 제18조(임시조치) ① 소년부 판사는 사건을 조사 또는 심리하는 데에 필요하다고 인정하면 소년의 감호에 관하여 결정으로써 다음 각 호의 어느 하나에 해당하는 조치를 할 수 있다. 1. 보호자, 소년을 보호할 수 있는 적당한 자 또는 시설에 위탁 2. 병원이나 그 밖의 요양소에 위탁 3. 소년분류심사원에 위탁

3) 형법 제57조(판결선고전 구금일수의 통산) ① 판결선고전의 구금일수는 그 전부를 유기징역, 유기금고, 벌금이나 과료에 관한 유치 또는 구류에 산입한다. ② 전항의 경우에는 구금일수의 1일은 징역, 금고, 벌금이나 과료에 관한 유치 또는 구류의 기간의 1일로 계산한다.

4) 형법 제72조(가석방의 요건) ① 징역이나 금고의 집행 중에 있는 사람이 행상이 양호하여 뉘우침이 뚜렷한 때에는 무기형은 20년, 유기형은 형기의 3분의 1이 지난 후 행정처분으로 가석방을 할 수 있다. ② 제1항의 경우에 벌금이나 과료가 병과되어 있는 때에는 그 금액을 완납하여야 한다.

7) 자격에 관한 법령의 적용 제한

소년이었을 때 범한 죄에 의하여 형을 선고받은 자가 그 집행을 종료하거나 면제받은 경우 자격에 관한 법령을 적용할 때에는 장래에 향하여 형의 선고를 받지 아니한 것으로 본다(소년법 제67조).

2. 심신장애인

(1) 의 의

심신장애로 인하여 사물을 변별할 능력이 없거나 의사를 결정할 능력이 없는 자의 행위는 벌하지 아니한다(제10조 제1항). 심신장애로 인하여 전항의 능력이 미약한 자의 행위는 형을 감경할 수 있다(제10조 제2항). 이와 같은 심신상실자와 심신미약자를 모두 일컫는 용어가 심신(心神)장애인이다. 한편 심신미약자는 책임능력자와 책임무능력자의 중간형태가 아니라 책임능력자로 분류되며, 다만 한정책임능력자로 평가된다.

피고인이 범행 당시 그 심신장애의 정도가 단순히 사물을 변별할 능력이나 의사를 결정할 능력이 미약한 상태에 그쳤는지 아니면 그러한 능력이 상실된 상태이었는지 여부가 불분명한 경우, 먼저 피고인의 정신상태에 관하여 충실한 정보획득 및 관계 상황의 포괄적인 조사·분석을 위하여 피고인의 정신장애의 내용 및 그 정도 등에 관하여 정신의로 하여금 감정을 하게 한 다음, 그 감정결과를 중요한 참고자료로 삼아 범행의 경위, 수단, 범행 전후의 행동 등 제반 사정을 종합하여 범행 당시의 심신상실 여부를 경험칙에 비추어 규범적으로 판단하여 그 당시 심신상실의 상태에 있었던 것으로 인정되는 경우에는 무죄를 선고하여야 한다.[1]

(2) 요 건

1) 생물학적 요건: 심신장애

'심신장애'(心神障礙)란 정신병, 정신병질, 의식장애, 정신박약, 비정상적 정신상태 등과 같은 정신적 장애를 말한다. 그러므로 신체적 장애는 심신장애에 해당하지 아니한다. 판례에 의하면 정신분열증에 의한 망상[2], 긴장형 정신분열증[3], 편집형 정신분열증[4], 망상형 정신분열증[5], 만성형 정신분열증[6], 미분화형 정신분열증 및 상세불명의 간질[7], 우울증, 편집 및 알콜중독증[8], 정신신경증(결핵성뇌막염 후유증)[9], 종합지능지수 71 수준인 경계선 정도의 정신박약

---

1) 대법원 1998. 4. 10. 선고 98도549 판결.
2) 대법원 1999. 1. 26. 선고 98도3812 판결.
3) 대법원 1998. 4. 10. 선고 98도549 판결.
4) 대법원 1994. 5. 13. 선고 94도581 판결; 대법원 1980. 5. 27. 선고 80도656 판결.
5) 대법원 1992. 8. 18. 선고 92도1425 판결.
6) 대법원 1991. 5. 28. 선고 91도636 판결; 대법원 1970. 7. 28. 선고 70도1358 판결.
7) 대법원 2009. 4. 9. 선고 2009도870 판결.
8) 대법원 1989. 3. 14. 선고 89도94 판결.
9) 대법원 1986. 12. 9. 선고 86도2030 판결.

증[1], 충동적 파괴적 성향의 성격 및 측두엽성전간의 질병[2] 등의 경우에는 심신장애로 인정하고 있다.

하지만 피고인이 범행을 기억하고 있지 않다는 사실만으로 바로 피고인이 범행 당시 심신상실 상태에 있었다고 단정할 수는 없다.[3] 또한 성주물성애증[4], 변태성욕의 일종인 소아기호증[5], 충동조절장애로 인한 병적 도벽(Kleptomania)[6], 경계형 정신분열증[7], 충동조절장애[8], 고도의 흥분상태[9], 우울성 인격장애[10], 반사회적 인격장애[11] 등의 경우에는 심신장애를 부정하고 있다.

---

1) 대법원 1986. 7. 8. 선고 86도765 판결.

2) 대법원 1969. 8. 26. 선고 69도1121 판결.

3) 대법원 1985. 5. 28. 선고 85도361 판결.

4) 대법원 2013. 1. 24. 선고 2012도12689 판결(원심판결 이유에 의하면, 원심은 피고인이 무생물인 옷이나 신는 것들의 조각을 사람의 몸의 연장으로서 성적 각성과 희열의 자극제로 믿고 이를 성적 흥분을 고취시키는 데 쓰는 '성주물성애증'이라는 정신질환을 가지고 있는 점, 위 정신질환은 피고인이 초등학교 때 아버지가 어머니를 자주 폭행하고 전학을 3회나 하여 친구가 없고 가정이나 학교에서 외로움을 느끼며 지내다가 2007년 29세경에 주점에서 일하는 여성의 속옷을 훔친 이후로 발현되어 계속 여성의 옷을 훔치거나 구입하여 때때로 이를 자위행위의 도구로 사용하면서 심화되었던 점, 피고인은 사용했던 여성의 속옷이나 옷을 절취한 다음 이를 처분하지 않고 보관하였으며, 여성의 속옷이나 옷을 절취하기 위하여 다른 사람의 집에 침입하는 것도 서슴지 않은 점, 피고인이 여성의 속옷이나 옷을 절취할 만한 다른 동기는 없는 점 등에 비추어 볼 때, 피고인은 이 사건 각 범행 당시 성주물성애증으로 인하여 사물을 변별하거나 의사를 결정할 능력이 미약한 상태에 있었다고 판단하였다. … 특별한 사정이 없는 한 성격적 결함을 가진 사람에 대하여 자신의 충동을 억제하고 법을 준수하도록 요구하는 것이 기대할 수 없는 행위를 요구하는 것이라고는 할 수 없으므로, 무생물인 옷 등을 성적 각성과 희열의 자극제로 믿고 이를 성적 흥분을 고취시키는 데 쓰는 성주물성애증이라는 정신질환이 있다고 하더라도 그러한 사정만으로는 절도 범행에 대한 형의 감면사유인 심신장애에 해당한다고 볼 수 없고, 다만 그 증상이 매우 심각하여 원래의 의미의 정신병이 있는 사람과 동등하다고 평가할 수 있거나, 다른 심신장애사유와 경합된 경우 등에는 심신장애를 인정할 여지가 있으며, 이 경우 심신장애의 인정 여부는 성주물성애증의 정도 및 내용, 범행의 동기 및 원인, 범행의 경위 및 수단과 태양, 범행 전후의 피고인의 행동, 범행 및 그 전후의 상황에 관한 기억의 유무 및 정도, 수사 및 공판절차에서의 태도 등을 종합하여 법원이 독자적으로 판단할 수 있다).

5) 대법원 2007. 2. 8. 선고 2006도7900 판결(사춘기 이전의 소아들을 상대로 한 성행위를 중심으로 성적 흥분을 강하게 일으키는 공상, 성적 충동, 성적 행동이 반복되어 나타나는 소아기호증은 성적인 측면에서의 성격적 결함으로 인하여 나타나는 것으로서, 소아기호증과 같은 질환이 있다는 사정은 그 자체만으로는 형의 감면사유인 심신장애에 해당하지 아니한다고 봄이 상당하고, 다만 그 증상이 매우 심각하여 원래의 의미의 정신병이 있는 사람과 동등하다고 평가할 수 있거나, 다른 심신장애사유와 경합된 경우 등에는 심신장애를 인정할 여지가 있을 것이며, 이 경우 심신장애의 인정 여부는 소아기호증의 정도, 범행의 동기 및 원인, 범행의 경위 및 수단과 태양, 범행 전후의 피고인의 행동, 증거인멸 공작의 유무, 범행 및 그 전후의 상황에 관한 기억의 유무 및 정도, 반성의 빛 유무, 수사 및 공판정에서의 방어 및 변소의 방법과 태도, 소아기호증 발병 전의 피고인의 성격과 그 범죄와의 관련성 유무 및 정도 등을 종합하여 법원이 독자적으로 판단할 수 있다).

6) 대법원 1995. 2. 24. 선고 94도3163 판결(한○대도서관사건)(피고인의 병적 도벽이라는 증상은 그것이 뇌손상과 같은 기질적 손상이나 정신분열증 또는 조울증 등 사물을 변별할 수 있는 능력에 장애를 가져오는 원래의 의미의 정신병으로 인한 것이라는 취지는 아니고 다만 성장기의 불우한 가정환경으로 인하여 심리적 손상을 받았거나 소홀히 취급된 결과로 인하여 성격적 결함인 충동조절장애가 생기게 된 데서 유래하였다는 것임을 알 수 있다).

7) 대법원 1985. 6. 25. 선고 85도696 판결.

8) 대법원 2006. 10. 13. 선고 2006도5360 판결.

9) 대법원 1997. 7. 25. 선고 97도1142 판결.

10) 대법원 1984. 3. 13. 선고 84도76 판결.

11) 대법원 1985. 3. 26. 선고 85도50 판결.

심신장애의 유무 및 정도의 판단은 법률적 판단으로서 반드시 전문감정인의 의견에 기속되어야 하는 것은 아니고, 정신질환의 종류와 정도, 범행의 동기, 경위, 수단과 태양, 범행 전후의 피고인의 행동, 반성의 정도 등 여러 사정을 종합하여[1] 법원이 독자적으로 판단할 수 있다.[2] 그리고 형법 제10조에 규정된 심신장애는 정신병 또는 비정상적 정신상태와 같은 정신적 장애가 있는 외에 이와 같은 정신적 장애로 말미암아 사물에 대한 변별능력이나 그에 따른 행위통제능력이 결여 또는 감소되었음을 요하므로, 정신적 장애가 있는 자라고 하여도 범행 당시 정상적인 사물변별능력과 행위통제능력이 있었다면 심신장애로 볼 수 없다. 즉 심신장애는 행위 당시에 존재해야 하기 때문에 피고인이 평소 간질병 증세가 있었더라도 범행 당시에는 간질병이 발작하지 아니하였다면 심신장애 내지 심신미약의 경우에 해당하지 아니한다.[3]

자신의 충동을 억제하지 못하여 범죄를 저지르게 되는 현상은 정상인에게서도 얼마든지 찾아볼 수 있는 일로서, 특단의 사정이 없는 한 위와 같은 성격적 결함을 가진 자에 대하여 자신의 충동을 억제하고 법을 준수하도록 요구하는 것이 기대할 수 없는 행위를 요구하는 것이라고는 할 수 없으므로, 원칙적으로 충동조절장애와 같은 성격적 결함은 형의 감면사유인 심신장애에 해당하지 아니한다. 다만 그 증상이 매우 심각하여 원래의 의미의 정신병이 있는 사람과 동등하다고 평가할 수 있거나, 다른 심신장애사유와 경합된 경우 등에는 심신장애를 인정할 여지가 있다.[4]

한편 피고인이 범행 당시 술에 만취하였기 때문에 전혀 기억이 없다는 취지의 진술은 범행 당시 심신상실 또는 심신미약의 상태에 있었다는 주장으로서 형사소송법 제323조 제2항 소정

---

1) 대법원 2011. 6. 24. 선고 2011도4398 판결(정신지체 3급 장애인으로 정신박약과 주의력결핍 과잉행동장애(ADHD)가 있는 피고인이 흉기를 휴대하고 피해자를 강제추행하여 상해를 입혔다고 하여 성폭력범죄의 처벌 등에 관한 특례법 위반(강간등상해)으로 기소된 사안에서, 소년형사범인 피고인에 대하여 감정을 실시하지 아니한 채 범행 당시 심신장애 상태에 있지 아니하였다고 단정한 원심판결에 법리오해 및 심리미진의 위법이 있다. … 원심으로서는 소년인 피고인이 이 사건 범행 당시 심신장애의 상태에 있었는지 여부에 대한 감정을 실시하여 그 결과까지 종합해 본 다음 과연 피고인이 이 사건 범행 당시 심신상실 내지 심신미약의 상태에 있었는지 여부를 판단하였어야 함에도 불구하고, 원심이 그 판시와 같은 이유만으로 피고인이 이 사건 범행 당시 심신장애의 상태에 있지 아니하였다고 단정한 것은 소년형사범의 심리 및 심신장애에 관한 법리를 오해한 나머지 필요한 심리를 다하지 아니함으로써 판결 결과에 영향을 미친 위법이 있다고 하지 않을 수 없다).
2) 대법원 2013. 1. 24. 선고 2012도12689 판결; 대법원 1999. 8. 24. 선고 99도1194 판결.
3) 대법원 1983. 10. 11. 선고 83도1897 판결.
4) 대법원 2013. 1. 24. 선고 2012도12689 판결; 대법원 2011. 2. 10. 선고 2010도14512 판결; 대법원 2002. 5. 24. 선고 2002도1541 판결(이 사건 범행은 피고인이 생리 기간 중에 정신병을 가진 사람과 동등하다고 평가할 수 있는 정도의 심각한 충동조절장애에 빠져 남의 물건을 훔치고 싶은 억제할 수 없는 충동이 발동하여 사물을 변별하거나 의사를 결정할 능력을 상실하거나 미약한 상태에서 저지르게 된 것이 아닌가 하는 의심이 되므로, 원심으로서는 전문가에게 피고인의 정신상태를 감정시키는 등의 방법으로 과연 이 사건 범행 당시 피고인의 정신상태가 생리의 영향 등으로 인하여 그 자신이 하는 행위의 옳고 그름을 변별하고, 그 변별에 따라 행동을 제어하는 능력을 상실하였거나 그와 같은 능력이 미약해진 상태이었는지 여부를 확실히 가려보아야 하였을 터임에도 그러하지 아니한 채, 피고인이 이 사건 범행 당시 사물을 변별할 능력이나 의사를 결정할 능력이 없었다거나 미약하였다고 보이지 아니한다고 판단하여 피고인의 주장을 배척하고 만 것은 필요한 심리를 다하지 아니하고, 심신장애에 관한 법리를 오해함으로써 판결 결과에 영향을 미친 위법을 저지른 경우에 해당한다); 대법원 1999. 4. 27. 선고 99도693 판결; 대법원 1995. 2. 24. 선고 94도3163 판결;

의 법률상 범죄의 성립을 조각하거나 형의 감면의 이유가 되는 사실의 진술에 해당한다. 그러므로 법원으로서는 마땅히 심신장애 여부에 관하여 판단을 하여 명시하여야 한다.[1]

2) 심리적 요건: 사물변별능력이나 의사결정능력의 결여 또는 미약

'사물변별능력'(事物辨別能力)이란 자기 행위의 의미·내용 및 그 결과를 이해할 수 있는 지적 능력을 말하고, '의사결정능력'(意思決定能力)이란 사물을 변별한 바에 따라 의지를 정하여 자기의 행위를 통제할 수 있는 능력을 말한다. 심신장애는 생물학적 요소로서 정신병, 정신박약 또는 비정상적 정신상태와 같은 정신적 장애가 있는 외에 심리학적 요소로서 이와 같은 정신적 장애로 말미암아 사물에 대한 판별능력과 그에 따른 행위통제능력이 결여되거나 감소되었음을 요하므로, 정신적 장애가 있는 자라고 하여도 범행 당시 정상적인 사물판별능력이나 행위통제능력이 있었다면 심신장애로 볼 수 없다.[2]

그러나 정신적 장애가 정신분열증과 같은 고정적 정신질환의 경우에는 범행의 충동을 느끼고 범행에 이르게 된 과정에 있어서의 범인의 의식상태가 정상인과 같아 보이는 경우에도 범행의 충동을 억제하지 못한 것이 흔히 정신질환과 연관이 있을 수 있고, 이러한 경우에는 정신질환으로 말미암아 행위통제능력이 저하된 것이어서 심신미약이라고 볼 여지가 있다. 그러므로 범행 당시 정신분열증으로 심신장애의 상태에 있었던 피고인이 피해자를 살해한다는 명확한 의식이 있었고 범행의 경위를 소상하게 기억하고 있다고 하여 범행 당시 사물의 변별능력이나 의사결정능력이 결여된 정도가 아니라 미약한 상태에 있었다고 단정할 수는 없다.[3]

(3) 효 과

심신상실자는 책임무능력자이기 때문에 형벌을 받지 아니하고, 심신미약자는 한정책임능력자이기 때문에 형벌이 감경될 수 있다.[4] 기존에는 심신미약자에 대하여 필요적 감경규정을 두고 있었지만, 2018. 11. 29. 형법 개정을 통하여 임의적 감경으로 변경하였다. 다만 심신상실자 내지 심신미약자가 금고 이상의 형에 해당하는 죄를 범하고 치료감호시설의 치료가 필요하고 재범의 위험이 있다고 인정되는 때에는 치료감호에 처할 수 있다(치료감호법 제2조 제1항).

3. 청각 및 언어 장애인

듣거나 말하는 데 모두 장애가 있는 사람의 행위에 대해서는 형을 감경한다(제11조). 청각

---

1) 대법원 1990. 2. 13. 선고 89도2364 판결.
2) 대법원 1992. 8. 18. 선고 92도1425 판결.
3) 대법원 1990. 8. 14. 선고 90도1328 판결(백목사피살사건)(피고인이 피해자를 살해할 만한 다른 동기가 전혀 없고, 오직 피해자를 '사탄'이라고 생각하고 피해자를 죽여야만 피고인 자신이 천당에 갈 수 있다고 믿어 살해하기에 이른 것이라면, 피고인은 범행 당시 정신분열증에 의한 망상에 지배되어 사물의 선악과 시비를 구별할 만한 판단능력이 결여된 상태에 있었던 것으로 볼 여지가 없지 않다).
4) 담배사업법 제31조(형법의 적용 제한) 이 법에서 정한 죄를 저지른 자에 대해서는 형법 제9조, 제10조제2항, 제11조, 제16조, 제32조제2항, 제38조제1항제2호 중 벌금 경합에 관한 제한가중규정과 같은 법 제53조는 적용하지 아니한다. 다만, 징역형에 처할 경우 또는 징역형과 벌금형을 병과할 경우의 징역형에 대해서는 그러하지 아니하다.

및 언어 장애인 규정은 생물학적 요소만으로 책임능력을 규정하고 있는데, 청각 및 언어 장애는 신체장애이므로 제10조의 심신장애에는 해당되지 않는다. 이와 같이 현행법은 청각 및 언어 장애인을 한정책임능력자로 인정하고 있지만, 농아교육이 발달되어 있는 오늘날의 상황에서 입법론적으로는 삭제하는 것이 타당하다.

Ⅲ. 원인에 있어서 자유로운 행위

1. 의 의

(1) 내 용

위험의 발생을 예견하고 자의로 심신장애를 야기한 자의 행위에는 전 2항의 규정을 적용하지 아니한다(제10조 제3항). '원인에 있어서 자유로운 행위'란 책임능력이 있는 상태에서 위험의 발생을 예견하고 자의로 책임무능력상태 또는 한정책임능력상태를 야기하고, 이 상태를 이용하여 범죄를 실행하는 형태의 범죄를 말한다.

예를 들면 살인을 계획한 사람이 두려움을 없애기 위하여 책임능력이 있는 상태에서 음주만취한 후 책임능력이 없는 명정상태에 이르러 살인행위를 한 경우가 이에 해당한다. 이와 같이 원인에 있어서 자유로운 행위는 책임능력이 존재하였던 시점에서 이루어지는 원인행위와 책임능력이 없거나 미약해진 시점에서 이루어지는 결과실현행위라는 두 가지의 행위로 구성된다.

한편 원인에 있어서 자유로운 행위에 해당하면 완전한 책임을 부담하게 된다. 원인에 있어서 자유로운 행위는 결과실현행위시에는 행위자가 심신장애의 상태에 있으므로 원칙적으로 처벌을 하지 못하거나 감경할 수 있지만, 원인행위시에는 이를 예견하였으므로 예외적으로 벌할 수 있는 것이다. 따라서 원인행위와 결과실현행위가 밀접하게 연관되어 이루어져야 한다.

(2) 쟁 점

1) 실행행위와 책임능력의 동시존재의 원칙

책임주의는 행위책임이 전제되어야 하므로 실행행위와 책임능력은 동시에 존재해야 한다. 이에 따라 형법은 실행행위시에 책임무능력 상태인 경우에는 책임을 조각시키고, 한정책임능력 상태인 경우에는 책임의 감경을 인정하고 있다. 하지만 원인에 있어서 자유로운 행위는 실행행위시에 책임능력이 없거나 한정책임능력인 상태임에도 불구하고 책임능력이 있는 상태와 동일하게 취급하여 가벌성을 인정하고 있는데, 과연 그 근거가 무엇인지가 문제된다.

2) 실행행위의 정형성의 원칙

범죄의 실행행위는 해당 구성요건이 예상하고 있는 정도의 위험성이 있는 정형적 행위에 합치해야만 구성요건해당성을 충족시킬 수 있다. 하지만 원인에 있어서 자유로운 행위에 의하면, 책임능력이 존재하는 원인행위시에 실행행위의 정형성을 과연 인정할 수 있는지 여부가 문제된다.

2. 실행의 착수시기

(1) 원인행위시설

원인행위시설은 범죄행위와 책임능력의 동시존재의 원칙에 충실하려는 견해로서, 원인행위시를 실행의 착수시기로 파악한다. 이에 의하면 원인행위만을 하고 결과실현행위를 하지 않은 경우에도 미수범이 성립한다. 그러나 실제 사례에 있어서 대표적인 원인행위라고 할 수 있는 음주행위 그 자체를 결과실현행위시의 특정한 범죄행위의 일부로 파악하여 구성요건행위의 사회적 정형성을 무시한다는 비판이 제기된다. 생각건대 원인행위는 행위의 주체가 되기 위한 요건에 불과한 것이므로, 이를 곧바로 실행행위라고 보는 것은 타당하지 않다.

(2) 결과실현행위시설

결과실현행위시설은 심신장애상태에서의 결과실현행위시를 실행의 착수시기로 파악한다. 왜냐하면 원인행위는 책임의 근거가 될 수는 있어도 그 자체를 범죄행위라고는 볼 수 없기 때문이다.

생각건대 결과실현행위시설이 타당하다. 원인에 있어서 자유로운 행위의 실행의 착수시기를 원인행위시라고 하면 행위와 책임의 동시존재의 원칙이 준수되어 가벌성에 관해서 별다른 문제가 없다. 하지만 실행의 착수시기를 결과실현행위시라고 하면 행위와 책임의 동시존재의 원칙에 의해 실행행위시 심신장애상태이므로 불가벌 내지 형을 감경할 수 있다. 그럼에도 불구하고 제10조 제3항에 의하여 완전한 책임을 인정하고 있는데, 과연 그 가벌성의 근거가 무엇인지를 아래와 같이 파악해야 하는 문제로 연결된다.

3. 가벌성의 근거

(1) 구성요건모델(일치설)

구성요건모델에 의하면 책임능력이 있었던 원인행위 자체를 이미 불법의 실체를 갖춘 구성요건적 행위로 보고, 그 원인행위에서 가벌성의 근거를 찾는다. 결국 행위와 책임의 동시존재의 원칙이 유지된다. 그러나 원인행위를 실행행위로 보면 실행행위의 정형성이 무시될 뿐만 아니라 실행의 착수시기가 앞당겨짐으로 인해 가벌성의 범위가 확장된다는 비판이 제기된다.

(2) 예외모델(불가분적 연관설)

예외모델에 의하면 원인행위와 결과실현행위가 밀접불가분하게 연결되어 있다는 점에서 가벌성의 근거를 도출한다. 이에 의하면 원인에 있어서 자유로운 행위에서는 실행행위를 결과실현행위라고 하더라도 이를 처벌하는 근거는 원인행위로 볼 수 있다는 것이다. 이 경우 행위와 책임의 동시존재의 원칙에 대한 예외를 인정한다. 생각건대 합리적인 이유가 있다면 원칙에 대한 예외를 인정하는 것이 타당한 경우도 충분히 상정할 수 있으므로 예외모델이 타당하다.

4. 성립요건

(1) 원인행위

1) 위험발생의 예견

'위험발생의 예견'이란 결과실현행위에 의한 법익침해 또는 위태화의 모든 경우를 예견하는 것을 말한다. 판례[1]에 의하면, 원인행위시에 음주운전을 예견한 경우에는 심신장애상태에서의 음주운전뿐만 아니라 무면허운전, 교통사고처리특례법위반, 도주운전까지도 예견가능한 위험에 포섭하고 있다.

그러므로 원인행위시 행위자가 예견하였던 위험발생에 해당하지 않는 결과가 발생한 경우에는 원인에 있어서 자유로운 행위가 성립할 수 없다. 예를 들면 원인행위시에 음주운전을 예견하였으나 심신장애상태에서는 강간을 한 경우에 있어서 강간행위는 원인에 있어서 자유로운 행위가 되는 것이 아니기 때문에 책임이 조각되거나 감경될 수 있다.

하지만 원인행위시에 결과실현행위의 대상이나 방법 등이 특정되어 있을 것까지는 요하지 아니한다. 또한 원인행위시에 위험발생을 예견하면 족하지 이를 의욕하거나 인용할 필요도 없다.

2) 자의에 의한 심신장애상태의 야기

'자의'의 의미와 관련하여 ① 고의로 파악하는 견해, ② 고의 또는 과실로 파악하는 견해, ③ 자의는 정신장애상태의 야기가 타인의 강요 없이 자유로웠다는 의식상태를 의미한다는 점, 스스로 야기한 것이라면 의식적으로 야기하든 부주의로 야기하든 불문한다는 점 등을 논거로 하여, 책임능력이 있는 상태에서 스스로 야기한 것이면 족하다는 견해 등의 대립이 있다.

이에 대하여 판례는 「형법 제10조 제3항은 … 고의에 의한 원인에 있어서의 자유로운 행위만이 아니라 과실에 의한 원인에 있어서의 자유로운 행위까지도 포함하는 것으로서 위험의 발생을 예견할 수 있었는데도 자의로 심신장애를 야기한 경우도 그 적용대상이 된다고 할 것이어서, 피고인이 음주운전을 할 의사를 가지고 음주만취한 후 운전을 결행하여 교통사고를 일으켰다면 피고인은 음주시에 교통사고를 일으킬 위험성을 예견하였는데도 자의로 심신장애를 야기한 경우에 해당하므로 위 법조항에 의하여 심신장애로 인한 감경 등을 할 수 없다.」라고 판시[2]하여, 과실에 의하여 심신장애상태를 야기한 경우까지 포함하는 해석을 하고 있다.

생각건대 고의로 파악하는 견해가 타당하다. 왜냐하면 제10조 제3항에서 사용하고 있는 '자의로'는 피고인에게 불리한 개념이므로 엄격하게 해석하는 것이 타당하기 때문이다.

---

1) 대법원 1992. 7. 28. 선고 92도999 판결.
2) 대법원 1992. 7. 28. 선고 92도999 판결.

(2) 결과실현행위

심신장애상태하에서의 결과실현행위는 고의, 과실, 작위, 부작위 등이 모두 포함된다. 실행의 착수시기를 결과실현행위시로 본다면 원인행위만 있는 경우에는 예비죄의 성립은 가능하겠지만 미수범의 성립은 불가능하다.

(3) 인과관계

원인행위와 결과실현행위 사이에는 인과관계가 있어야 한다.

5. 유 형

원인에 있어서 자유로운 행위는 '위험의 발생을 예견하고' 및 '자의로'의 해석에 따라 그 유형이 나누어진다. 판례는 '위험의 발생을 예견하고'의 의미를 위험의 발생을 현실적으로 예견한 경우뿐만 아니라 위험의 발생을 예견가능한 경우까지 포함하고, '자의로'의 의미를 고의뿐만 아니라 과실의 경우도 포함하는 것으로 파악한다.[1] 즉 제10조 제3항은 고의에 의한 원인에 있어서의 자유로운 행위만이 아니라 과실에 의한 원인에 있어서의 자유로운 행위까지도 포함하는 것으로서, 위험의 발생을 예견할 수 있었는데도 과실로 심신장애를 야기한 경우에도 적용대상이 된다.

판례에 의하면, ① 피고인이 음주운전을 할 의사를 가지고 음주만취한 후 운전을 결행하여 교통사고를 일으켰다면 피고인은 음주시에 교통사고를 일으킬 위험성을 예견하였는데도 자의로 심신장애를 야기한 경우[2], ② 피고인들은 상습적으로 대마초를 흡연하는 자들로서 이 사건 각 살인범행 당시에도 대마초를 흡연하여 그로 인하여 심신이 다소 미약한 상태에 있었음은 인정되나, 이는 피고인들이 피해자들을 살해할 의사를 가지고 범행을 공모한 후에 대마초를 흡연하고, 각 범행에 이른 것으로 대마초 흡연시에 이미 범행을 예견하고도 자의로 심신장애를 야기한 경우[3] 등에 있어서는 제10조 제3항에 의하여 심신장애를 인정할 수 없다.

6. 효 과

행위자가 위험발생을 예견하고 자의로 심신장애를 야기한 경우 심신장애에 의한 책임조각이나 책임감경을 인정할 수 없다. 이러한 점에서 고의에 의한 원인에 있어서 자유로운 행위의 경우에는 고의범의 죄책을 진다.

그리고 과실에 의한 원인에 있어서 자유로운 행위의 경우에도 고의범의 죄책을 진다. 예를

---

1) 대법원 1992. 7. 28. 선고 92도999 판결(고의에 의한 원인에 있어서의 자유로운 행위만이 아니라 과실에 의한 원인에 있어서의 자유로운 행위까지도 포함하는 것으로서 위험의 발생을 예견할 수 있었는데도 자의로 심신장애를 야기한 경우도 그 적용 대상이 된다).

2) 대법원 2007. 7. 27. 선고 2007도4484 판결; 대법원 1992. 7. 28. 선고 92도999 판결.

3) 대법원 1996. 6. 11. 선고 96도857 판결(가로챈애인살인사건).

들면 피고인이 자신의 승용차를 운전하여 술집에 가서 술을 마신 후 운전을 하여 '교통사고'를 일으킨 것이라면 피고인은 음주할 때 교통사고를 일으킬 수 있다는 위험성을 예견하면서 자의로 심신장애를 야기한 경우에 해당한다. 여기서 결과실현행위라고 할 수 있는 교통사고의 범위에는 음주운전, 무면허운전, 도주운전이 모두 포함된다.[1] 결국 과실에 의한 원인에 있어서 자유로운 행위에서 말하는 과실은 결과실현행위에서의 과실을 의미하는 것이 아니라 원인행위에서의 과실, 즉 위험발생의 예견가능성을 의미한다.

제 3 절　위법성의 인식과 법률의 착오

Ⅰ. 위법성의 인식

1. 서 설

(1) 의 의

자기의 행위가 법령에 의하여 죄가 되지 아니하는 것으로 오인한 행위는 그 오인에 정당한 이유가 있는 때에 한하여 벌하지 아니한다(제16조). 법률의 착오는 위법한 행위를 하는 사람이 자기 행위가 위법하다는 인식 없이 그 행위를 하는 경우를 의미한다. 따라서 형법 제16조를 해석하기 위해서는 위법성의 인식의 의미를 먼저 파악해야 한다.

(2) 개 념

'위법성의 인식'이란 위법한 행위를 하는 자가 자신의 행위가 위법하다는 것, 즉 자신의 행위가 법질서 전체의 관점에서 부정적 가치판단을 받는다는 것에 대해 인식하는 것을 말한다. 위법성의 인식이 있어야 법규범을 알면서도 범죄를 결의하였다는 것에 대한 비난이 가능하기 때문에 위법성의 인식은 책임의 한 요소이다. 구성요건요소인 고의가 금지규범의 내용이 되는 구성요건사실에 대한 인식을 그 내용으로 하고 있다는 점에서 자기의 행위가 법적으로 금지되어 있다는 금지 자체에 대한 인식을 의미하는 위법성의 인식과 구별된다.

(3) 내 용

위법성의 인식의 내용과 관련하여, ① 사회정의와 조리에 반한다는 인식이라는 견해, ② 전체 법질서에 반한다는 인식이라는 견해, ③ 형벌법규에 반한다는 인식이라는 견해 등의 대립이 있다.

이에 대하여 판례는 「범죄의 성립에 있어서 위법의 인식은 그 범죄사실이 사회정의와 조리에 어긋난다는 것을 인식하는 것으로서 족하고 구체적인 해당 법조문까지 인식할 것을 요하는

---

1) 대법원 1994. 2. 8. 선고 93도2400 판결.

것은 아니므로 설사 피고인이 소론과 같이 위의 판시 소위가 형법상의 허위공문서작성죄에 해당되는 줄 몰랐다고 가정하더라도 그와 같은 사유만으로서는 피고인에게 위법성의 인식이 없었다고 할 수 없으므로 원심이 피고인의 판시 소위를 허위공문서작성죄로 다스린 조치는 정당하다.」라고 판시[1]하여, 위법성의 인식을 가장 넓게 파악하고 있다.

생각건대 단순히 윤리규범에 위반된다는 인식은 너무 넓고, 형법적 평가에 위반된다는 인식은 너무 좁기 때문에, 전체 법질서에 위반된다는 인식을 위법성의 인식의 내용으로 파악하는 것이 타당하다. 왜냐하면 위법성은 법질서 전체적 관점에서의 평가이기 때문이다. 그러므로 단순히 윤리, 도덕, 관습 등에 위반된다는 인식만으로는 위법성의 인식이라고 할 수 없다. 그러므로 자기의 행위가 도덕적·종교적·정치적으로 정당하다고 확신하고 있는 확신범이나 양심범이라고 할지라도 실정법 질서에 반한다는 점을 인식하고 있는 이상 위법성의 인식이 있다고 평가할 수 있다. 한편 위법성의 인식은 현실적·확정적 인식뿐만 아니라 잠재적·미필적 인식으로도 족하다.

(4) 고의범 · 과실범의 규범적 요소

위법성의 인식가능성은 고의범과 과실범 모두에 공통되는 책임의 규범적 요소이다. 고의범은 구성요건요소를 인식하고 있으므로 일반적으로 위법성의 인식이 있다고 할 수 있다. 설사 위법성의 (현실적인) 인식이 없다고 할지라도 구성요건적 고의가 있는 이상 위법성의 인식가능성은 항상 존재한다. 만약 구성요건요소에 대한 인식은 있었지만 자기의 행위가 법적으로 허용된다고 오신한 경우에는 법률의 착오가 된다.

반면에 과실범은 행위자가 구성요건요소를 인식하고 이를 실현한다는 의사가 없으므로 위법성의 인식은 있을 수 없다. 그러나 과실범은 결과발생에 대한 예견가능성이 있어야 하므로 위법성의 인식가능성은 있다고 해야 한다. 결국 위법성의 인식가능성은 과실범을 유책하게 하는 책임의 규범적 요소가 된다.

2. 체계적 지위

범죄의 성립에 있어서 위법성의 인식이 필요하다는 점과 위법성의 인식은 책임의 요소라는 점에 대해서는 견해가 일치한다. 하지만 책임의 요소 가운데 위법성의 인식이 과연 어떠한 위치를 가지고 있는지에 대하여는 다음과 같은 견해의 대립이 있다. 이와 같은 견해의 대립은 위법성의 인식의 체계적 지위를 어떻게 파악하는지에 따라 위법성의 인식이 없는 경우인 법률의 착오에 대한 효과가 달라진다는 점에서 그 실천적 의의가 존재한다.

(1) 고의설

고의설은 고의를 책임요소로 파악하였던 인과적 범죄체계론에서 주장된 것으로, 이에 의하

---

1) 대법원 1987. 3. 24. 선고 86도2673 판결(호병계장사건).

면 위법성의 인식을 고의의 한 구성요소로 파악한다. 고의설에 의하면 책임요소인 고의의 요건으로 객관적 구성요건표지에 대한 인식뿐만 아니라 위법성의 인식 또는 그 인식가능성이 필요하다고 한다. 이와 같이 고의는 책임요소이고, 위법성의 인식은 고의의 한 구성요소이므로 위법성의 인식이 없는 경우 원칙적으로 고의책임이 조각된다. 다만 위법성의 인식은 없으나 위법성의 인식가능성이 있는 경우에 과실책임을 인정할 것인지 아니면 고의책임을 인정할 것인가에 따라 학설이 대립한다.

1) 엄격고의설

엄격고의설에 의하면 위법성의 현실적 인식이 있는 경우에만 고의책임을 인정한다. 따라서 위법성의 인식가능성이 있을 경우에는 고의책임은 조각되어 과실책임을 인정하고, 위법성의 인식가능성도 없을 경우에는 고의책임과 과실책임 모두 조각되어 범죄가 성립하지 않는다고 한다.

그러나 ① 구성요건표지를 인식하는 순수한 심리적 사실(평가의 객체)과 규범적 요소인 위법성의 인식(객체의 평가)은 서로 성질이 다른 것이므로 이를 모두 고의에 결합시킬 수 없다는 점, ② 과실범 처벌규정이 없거나 과실범의 형벌이 고의범에 비하여 현저히 가벼운 경우에 처벌의 공백이 생긴다는 점, ③ 상습범·확신범·격정범 등은 고의를 인정할 수 없는 반면에 윤리의식이 강한 사람은 대부분 위법성을 인식하고 있으므로 이들은 대부분 고의범으로 처벌되어 형사정책적으로 불합리하다는 점 등의 비판이 제기된다.

2) 제한적 고의설

제한적 고의설에 의하면 위법성의 현실적 인식이 있는 경우에는 고의책임을 인정한다. 그리고 위법성의 인식가능성이 있을 경우에도 과실책임이 아니라 고의책임을 인정한다. 하지만 위법성의 인식가능성도 없을 경우에는 고의책임과 과실책임 모두 조각되어 범죄가 성립하지 않는다고 한다. 이와 같은 점에서 제한고의설을 '위법성의 인식가능성설'이라고도 한다.

이에 대하여 대법원은 「채무자가 채권자로부터 금원을 차용하면서 담보를 제공한 부동산 위에 채권자가 은행으로부터 금원을 차용하고서 설정한 저당권에 기하여 임의경매절차가 진행되고 있는 동안에 위 채무자가 차용원리금을 변제공탁한 것을 채권자가 아무런 이의도 없이 이를 수령하고서도 위 경매절차에 대하여 손을 쓰지 아니하는 바람에 타인에게 경락되게 하고 그 부동산의 경락잔금까지 받아간 경우라면, 비록 채권자가 민사법상 이의의 유보 없는 공탁금수령의 법률상의 효과에 대한 정확한 지식이 없었다고 하더라도 금전소비대차거래에 있어서 이자제한법의 존재가 공지의 사실로 되어 있는 거래계의 실정에 비추어 막연하게나마 자기의 행위에 대한 위법의 인식이 있었다고 보지 못할 바 아니므로 위 채권자의 미필적 고의는 인정할 수 있다.」라고 판시[1]하여, 제한적 고의설의 입장을 취하고 있다.

---

1) 대법원 1988. 12. 13. 선고 88도184 판결.

그러나 ① 구성요건표지를 인식하는 순수한 심리적 사실(평가의 객체)과 규범적 요소인 위법성의 인식(객체의 평가)은 서로 성질이 다른 것이므로 이를 모두 고의에 결합시킬 수 없다는 점, ② 사실의 인식과 위법성의 인식을 모두 고의의 요소로 보면서, 과실로 사실을 인식하지 못하는 경우에는 과실범을 인정하면서 과실로 위법성을 인식하지 못하는 경우에는 고의범을 인정하는 모순에 빠진다는 점, ③ 위법성의 인식가능성이 있는 경우는 과실이 있는 경우를 의미하므로 본질적으로 고의와 성질이 다른 과실적 요소를 고의의 내용으로 파악하고 있다는 점 등의 비판이 제기된다.

(2) 책임설

책임설은 고의를 주관적 구성요건요소라고 하고, 위법성의 인식은 고의와는 무관한 독자적인 책임요소라고 파악한다. 따라서 위법성의 인식이 없더라도 고의는 성립하고, 다만 책임을 조각하거나 감경할 뿐이다. 이에 의하면 위법성의 현실적 인식이 있는 경우에는 책임이 완전히 인정되고, 위법성의 인식가능성이 있을 경우에는 책임이 감경되고, 위법성의 인식가능성도 없을 경우에는 책임이 조각된다.

이와 같이 책임설은 구성요건적 사실의 인식 유무로 고의와 과실의 구조적 차이를 인정하고 있으며, 과실적 요소를 고의의 내용으로 인정하지 아니하므로 제한적 고의설의 단점을 극복할 수 있다. 또한 객체의 평가와 평가의 객체를 구별하여 위법성의 인식은 책임평가의 기능을 수행하게 된다.

한편 책임설은 고의·과실의 이중적 기능의 인정 여부 또는 위법성조각사유의 전제사실에 대한 착오의 효과를 무엇으로 파악하는가에 따라 다음과 같은 견해의 대립이 있다.

1) 엄격책임설

엄격책임설에 의하면 고의·과실은 구성요건요소일 뿐이므로, 책임요소가 아니라고 한다. 이에 따라 위법성에 관한 모든 착오를 법률의 착오로 파악한다. 이에 의하면 위법성조각사유의 전제사실에 대한 착오는 구성요건에 관련된 사실의 착오가 아니라 위법성에 관련된 사실의 착오이기 때문에 예외 없이 법률의 착오라고 한다.

2) 제한적 책임설

제한적 책임설에서는 고의·과실의 이중적 지위를 인정한다. 이에 의하면 위법성조각사유의 전제사실에 대한 착오는 그 법적 효과에 있어서 사실의 착오와 동일하지만, 위법성조각사유의 존재 및 허용한계의 착오는 법률의 착오로 파악한다.

① 사실의 착오 유추적용설

위법성조각사유의 전제사실에 대한 착오에 대하여 사실의 착오를 유추적용하여 고의가 조각된다고 한다.

② 법효과제한책임설

위법성조각사유의 전제사실에 대한 착오에 대하여 고의가 조각되는 것은 아니지만, 형법적 효과만은 고의책임이 아닌 과실책임을 인정한다. 고의는 구성요건단계에서는 행위의 성격을 결정하는 기능을 하고 책임단계에서는 행위자의 비난가능성을 결정하는 이중의 기능을 한다. 그런데 위법성조각사유의 전제사실에 대한 착오는 그 행위가 고의에 의한 행위라고 할 수 있지만, 행위자가 법질서의 요구를 고의적으로 거부한 것이라고는 할 수 없어서 책임고의가 탈락되고 결국 과실책임만을 인정할 수 있다.

(3) 소극적 구성요건요소설

범죄의 성립을 불법과 책임의 2단계로 파악하는 전제에서, 고의는 적극적 구성요건해당성의 한 요소이고, 위법성의 인식은 소극적 구성요건해당성의 한 요소라고 한다. 그리하여 구성요건의 적극적 및 소극적 측면을 모두 인식함으로써 성립하는 불법고의 개념을 인정한다.

구성요건의 적극적 측면에 대한 착오인 사실의 착오와 구성요건의 소극적 측면에 대한 착오인 법률의 착오는 그 효과에 있어 모두 고의를 조각하게 된다. 왜냐하면 불법고의가 있기 위해서는 구성요건의 적극적 측면과 소극적 측면을 모두 인식해야 하는데, 사실의 착오는 구성요건의 적극적 측면에 대한 인식이 없는 것이고, 법률의 착오는 구성요건의 소극적 측면에 대한 인식이 없는 것으로서 고의를 조각하기 때문이다.

그러나 구성요건과 위법성의 기능상의 차이를 무시한다는 비판이 제기된다.

Ⅱ. 법률의 착오

1. 의 의

자기의 행위가 법령에 의하여 죄가 되지 아니하는 것으로 오인한 행위는 그 오인에 정당한 이유가 있는 때에 한하여 벌하지 아니한다(제16조). 이와 같이 '법률의 착오'란 행위자가 행위시에 구성요건적 사실은 인식하였으나 착오로 인하여 자신의 행위가 금지규범에 위반하는 위법함을 인식하지 못한 경우를 말한다. 즉 책임의 비난에 필요한 위법성의 인식이 없는 경우이다. 법률의 착오가 거론되는 영역은 내국인에 의한 행정법규 위반행위, 외국인에 의한 범죄행위 등에서 주로 문제될 수 있다.

법률의 착오는 다시 법률의 적극적 착오와 법률의 소극적 착오로 구별할 수 있는데, 법률의 적극적 착오란 위법하지 않은 행위를 위법하다고 오인한 경우로 반전된 법률의 착오인 환각범에 해당한다. 이는 형법상의 문제가 되지 아니한다. 반면에 법률의 소극적 착오란 위법한 행위를 위법하지 않다고 오인한 경우로 형법 제16조에서 말하는 법률의 착오에 해당한다.

한편 법률의 착오는 사실의 착오와 구별되는데, 사실의 착오에 의하면 자신의 행위가 구성요건을 실현한다는 것을 인식하지 못하여 원칙적으로 고의가 부정된다. 하지만 법률의 착오에 의하면 구성요건을 실현한다는 인식이 있어 고의는 인정되지만 그 행위의 위법성을 인식하지 못하여 책임이 조각되거나 감경될 수 있을 뿐이다.

2. 유 형

(1) 직접적 법률의 착오

'직접적 법률의 착오'란 행위자가 자기의 행위에 직접적으로 적용되는 법규 그 자체를 인식하지 못하여 그 행위가 허용된다고 오인한 경우를 말한다.

1) 법률의 부지

'법률의 부지'란 일정한 행위를 금지하는 규범을 전혀 알지 못하고 그 금지규범에 위반하는 행위를 하는 경우를 말한다. 효력의 착오와 포섭의 착오는 금지규범의 존재 자체는 알고 있지만 그 효력과 포섭범위에 대한 착오를 일으킨 것에 비하여, 이는 금지규범 그 자체를 모르는 경우이다.

이에 대하여 판례는 「형법 제16조에서 "자기가 행한 행위가 법령에 의하여 죄가 되지 아니한 것으로 오인한 행위는 그 오인에 정당한 이유가 있는 때에 한하여 벌하지 아니한다."라고 규정하고 있는 것은 단순한 법률의 부지를 말하는 것이 아니고 일반적으로 범죄가 되는 경우이지만 자기의 특수한 경우에는 법령에 의하여 허용된 행위로서 죄가 되지 아니한다고 그릇 인식하고 그와 같이 그릇 인식함에 정당한 이유가 있는 경우에는 벌하지 않는다는 취지」라고 판시[1]하여, 법률의 부지를 법률의 착오에서 제외하고 있다.

판례에 의하면, ① 피고인이 학교교육도 제대로 받지 못한 가정주부로서 보험회사의 지점장이나 영업소장이 규정에 어긋난 행동을 할 줄은 꿈에도 몰랐다든가, 특정경제범죄가중처벌법 제9조 제1항이 헌법재판소에서 비록 합헌결정이 났으나 5인의 헌법재판관이 위헌의견을 내었다는 등을 상고이유로 내세우는 경우[2], ② 피고인이 이 사건 건물의 임차인으로서 건축법의 관계 규정을 알지 못하여 이 사건 건물을 자동차정비공장으로 사용하는 것이 건축법상의 무단용도변경 행위에 해당한다는 것을 모르고 사용을 계속한 경우[3], ③ 피고인이 자신의 행위가 국토이용관리법상의 거래허가대상인 줄을 몰랐다는 사정[4], ④ 피고인이 자신의 행위가 건축법상의 허가대상인 줄을 몰랐다는 사정[5], ⑤ 허가를 얻어 벌채하고 남아 있던 잔존목을 벌채하는 것이 위법인 줄 몰랐다는 사정[6], ⑥ 피고인이 국토의 계획 및 이용에 관한

---

1) 대법원 2021. 2. 10. 선고 2019도18700 판결; 대법원 2003. 4. 11. 선고 2003도451 판결; 대법원 2002. 1. 25. 선고 2000도1696 판결; 대법원 1985. 5. 14. 선고 84도1271 판결; 대법원 1980. 2. 12. 선고 79도285 판결; 대법원 1979. 6. 26. 선고 79도1308 판결; 대법원 1961. 10. 5. 선고 4294형상208 판결.
2) 대법원 2001. 6. 29. 선고 99도5026 판결.
3) 대법원 1995. 8. 25. 선고 95도1351 판결.
4) 대법원 1992. 4. 24. 선고 92도245 판결.
5) 대법원 1991. 10. 11. 선고 91도1566 판결.
6) 대법원 1986. 6. 24. 선고 86도810 판결.

법률에서 정한 제2종 지구단위계획구역 안에서의 건축에 해당한다는 사실을 알았다면 그 건축이 허가대상인 줄 몰랐다고 주장하는 경우[1], ⑦ 유흥접객업소 내에 출입시키거나 주류를 판매하여서는 아니 되는 대상을 18세 미만자 또는 고등학생에 한정되고, 20세 미만의 미성년자 전부가 이에 해당된다는 미성년자 보호법의 규정을 알지 못하였다고 주장하는 경우[2], ⑧ 긴급명령 위반행위 당시 긴급명령이 시행된 지 그리 오래되지 않아 금융거래의 실명전환 및 확인에만 관심이 집중되어 있었기 때문에 비밀보장의무의 내용에 관하여 확립된 규정이나 판례, 학설은 물론 관계 기관의 유권해석이나 금융관행이 확립되어 있지 아니하였던 사정[3], ⑨ 건축법상 건축물의 건축으로 보는 용도변경 행위에는 건축법 시행령에 정하여진 용도에서 타용도로 변경하는 행위 자체뿐만 아니라, 타용도로 변경된 건축물을 사용하는 행위까지도 포함되는 것이고, 그 변경에 반드시 유형적인 변경이 수반되어야 하는 것은 아니므로, 병원에 설치된 장례 의식에 필요한 각종 부대시설을 임차한 후 실제 장례식장으로 사용하여 영업을 한 경우[4] 등에 있어서는 피고인이 자신의 행위가 특히 법령에 의하여 허용된 행위로서 죄가 되지 않는다고 그릇 인식한 경우라고 할 수 없고, 단순한 법률의 부지에 해당하는 경우라고 할 것이다.

생각건대 위법성의 인식은 구체적인 법률규정의 내용까지를 인식의 대상으로 하고 있지 않다. 하지만 ① 금지규범 그 자체를 인식하지 못하고 허용된다고 오신한 경우와 금지규범은 인식하였으나 자기의 경우에 허용된다고 오신한 경우에 차이가 있는 것은 아니라는 점, ② 법률의 부지를 법률의 착오의 하위유형에서 제외하여 피고인에게 유리한 형법 제16조의 적용을 원천적으로 배제하는 것은, 금지규범 그 자체를 인식하지 못한 경우를 오히려 금지규범을 인식한 경우와 비교하여 보다 더 불합리하게 처리함으로써 비례의 원칙에 반한다는 점, ③ 법률의 착오는 위법성의 인식이 없는 모든 경우를 포함해야 한다는 점 등을 논거로 하여, 법률의 부지라고 할지라도 법률의 착오에 포함하는 것이 타당하다.

2) 효력의 착오

'효력의 착오'란 유효한 금지규정을 무효라고 생각하고 그 금지규정을 위반하는 행위를 하는 경우를 말한다. 예를 들면 헌법불합치결정을 선고받은 형벌규정이 입법촉구결정에 따른 개

---

1) 대법원 2011. 10. 13. 선고 2010도15260 판결.
2) 대법원 1985. 4. 9. 선고 85도25 판결(천지창조나이트사건). 하지만 원심은, 피고인은 의정부시내에서 디스코클럽을 경영하는 자로서 1983. 12. 23. 20:00경부터 같은 날 23:00경까지 위 디스코클럽에 미성년자인 공소외인 등 10명을 출입시키고 맥주 등 주류를 판매한 사실은 이를 인정하고도 한편으로 1983. 4. 15. 14:00경 의정부경찰서 강당에서 개최된 청소년선도에 따른 관련 업무회의에서 업주측의 관심사라 할 수 있는 18세 이상자나 대학생인 미성년자들의 업소출입 가부에 관한 질의가 있었으나 그 확답을 얻지 못하였는데, 같은 달 26 경기도 경찰국장 명의로 청소년 유해업소 출입단속대상자가 18세 미만자와 고등학생이라는 내용의 공문이 의정부경찰서에 하달되고 그 시경 관할지서와 파출소에 그러한 내용이 다시 하달됨으로써 업주들은 경찰서나 파출소에 직접 또는 전화상의 확인방법으로 그 내용을 알게 되었고 위와 같은 사정을 알게 된 피고인은 종업원에게 단속 대상자가 18세 미만자와 고등학생임을 알려주고 그 기준에 맞추어서 만 18세 이상자이고 고등학생이 아닌 공소외인 등 10명을 출입시키고 주류를 판매하기에 이른 사실을 인정할 수 있으므로, 결국 피고인은 법령에 의하여 죄가 되지 아니한 것으로 오인하여 미성년자를 출입시키고 주류를 판매한 것이고 그 오인을 하게 된데 대하여 형법 제16조 소정의 정당한 이유가 있는 때에 해당한다는 취지로 판단하고 있다.
3) 대법원 1997. 6. 27. 선고 95도1964 판결.
4) 대법원 2005. 9. 29. 선고 2005도4592 판결.

정시한이 도과되지 않아 아직 개정되지 않은 상황에서 동 규정이 무효라고 생각하고 위반행위를 한 경우가 이에 해당한다.

3) 포섭의 착오

'포섭의 착오'란 행위자가 금지규정의 존재는 알았지만 그 규정을 잘못 해석·적용하여 자신의 행위는 그 금지규범에 해당하지 않는다고 판단한 경우를 말한다. 예를 들면 국립대학교 교수는 뇌물죄의 주체에 해당하지 않는다고 판단한 경우가 이에 해당한다.

판례에 의하면, ① 18세 이상 19세 미만의 사람을 비디오감상실에 출입시킨 업주는 법에 의한 형사처벌의 대상이 된다고 하더라도, 음반등법과 그 시행령 규정의 반대해석을 통하여 18세 이상 청소년에 대하여는 출입금지 의무가 없는 것으로 오인될 가능성이 충분하고, 법시행령 제19조가 이러한 오인 가능성을 더욱 부추겨 마치 법에 의하여 부과된 '18세 이상 19세 미만의 청소년에 대한 출입금지 의무'가 다시 법 시행령 제19조와 음반등법 및 그 시행령의 연관해석을 통해 면제될 수 있을 것 같은 외관을 제시함에 따라, 실제로 개정된 법이 시행된 후에도 이 사건 비디오물감상실의 관할부서(대구 중구청 문화관광과)는 업주들을 상대로 실시한 교육과정을 통하여 종전과 마찬가지로 음반등법 및 그 시행령에서 규정한 '만 18세 미만의 연소자' 출입금지표시를 업소출입구에 부착하라고 행정지도를 하였을 뿐 법에서 금지하고 있는 '만 18세 이상 19세 미만'의 청소년 출입문제에 관하여는 특별한 언급을 하지 않았고, 이로 인하여 피고인을 비롯한 비디오물감상실 업주들은 여전히 출입금지대상이 음반등법 및 그 시행령에서 규정하고 있는 '18세 미만의 연소자'에 한정되는 것으로 인식하였던 것으로 보여지는바, 피고인이 자신의 비디오물감상실에 18세 이상 19세 미만의 청소년을 출입시킨 행위가 관련 법률에 의하여 허용된다고 믿었고, 그렇게 믿었던 것에 대하여 정당한 이유가 있는 경우에 해당한다.[1]

(2) 간접적 법률의 착오

'간접적 법률의 착오'란 행위자가 금지되는 것은 인식하였으나 자기의 경우에는 특별한 위법성조각사유가 적용되기 때문에 행위가 허용된다고 오인한 경우를 말한다.

1) 위법성조각사유의 존재에 대한 착오

이는 위법성조각사유의 존재 그 자체에 대한 착오를 말한다. 예를 들면 남편이 아내에 대하여 징계권이 있다고 생각하고 폭행을 한 경우, 사인이 현행범인의 체포과정에서 권한이 있다고 생각하고 타인의 주거에 침입한 경우 등이 이에 해당한다.

2) 위법성조각사유의 한계에 대한 착오

이는 위법성조각사유의 법적 한계에 대한 착오를 말한다. 예를 들면 과거의 행위에 대하여도 정당방위가 가능하다고 생각하고 방위행위를 한 경우, 교사가 학생에 대하여 정당한 지도행위의 범위 내라고 생각하고 감금행위를 한 경우 등이 이에 해당한다.

---

1) 대법원 2002. 5. 17. 선고 2001도4077 판결(비디오방출입사건).

3) 위법성조각사유의 전제사실에 대한 착오

① 의 의

이는 위법성조각사유의 객관적 성립요건을 충족하는 사실이 없음에도 불구하고 행위자가 그러한 사실이 있다고 오인하고 방위행위, 피난행위, 자구행위 등을 하는 경우를 말하는데, 이를 허용구성요건의 착오 또는 정당화사정의 (적극적) 착오[1]라고도 한다.

예를 들면 밤에 자신의 집에 찾아 온 친구를 도둑으로 오인하여 방위의사로 상해를 입힌 경우가 이에 해당한다. 이 경우 행위자는 사실관계에 대한 착오(친구를 도둑으로 생각한 착오)와 법적 평가에 대한 착오(자신의 행위가 위법이 아니라고 생각한 착오), 즉 이중의 착오를 일으킨 것이다. 이는 사실의 착오 및 법률의 착오와는 별개로 존재하는 독립된 형태의 착오에 해당한다. 위법성조각사유의 존재에 대한 착오 및 위법성조각사유의 한계에 대한 착오가 법률의 착오에 해당한다는 점에 대하여는 이견이 없지만, 위법성조각사유의 전제사실에 대한 착오가 과연 어디에 해당하는지 여부에 대하여는 다음과 같은 견해의 대립이 있다.

② 고의설

엄격고의설에 의하면, 위법성의 현실적인 인식이 없으므로 고의범의 죄책을 지지 아니한다. 다만 행위자에게 과실이 있으면 과실범의 죄책을 지고, 과실이 없으면 책임이 조각된다. 제한고의설에 의하면, 행위자에게 착오에 대한 과실이 있으면 고의범의 죄책을 지고, 과실이 없으면 책임이 조각된다.

이와 같이 고의설은 책임요소인 고의의 요건으로 사실의 인식뿐만 아니라 위법성의 인식이 필요하다고 하므로, 위법성의 인식이 없는 위법성조각사유의 전제사실에 대한 착오도 고의가 조각되고 과실범 처벌규정이 있는 경우에 한하여 과실범이 성립한다고 한다.

③ 책임설

엄격책임설에 의하면, 위법성에 관한 모든 착오를 법률의 착오로 파악한다. 행위자에게 구성요건적 고의가 있으므로 고의범의 구성요건해당성과 위법성이 있다. 책임단계에서 행위자가 위법성을 현실적으로 인식하면 책임이 인정되고, 위법성의 인식가능성이 있으면 책임이 감경되며, 위법성의 인식가능성이 없으면 책임이 조각된다.

제한책임설은 다시 사실의 착오 유추적용설과 법효과제한책임설로 나누어지는데, 우선 사실의 착오 유추적용설에 의하면, 위법성의 인식가능성이 있는 경우에는 사실의 착오를 유추적용하여 과실범의 책임을 인정하고, 위법성의 인식가능성이 없는 경우에는 책임이 조각된다. 다음으로 법효과제한책임설에 의하면, 고의범의 구성요건해당성 및 책임성은 있으나 책임고의가 없으므로 고의책임을 물을 수는 없고, 착오에 과실이 있는 경우에는 과실범의 책임을 인정하고, 착오에 과실이 없는 경우에는 책임이 조각된다.

---

1) 반면에 우연방위, 우연피난 등은 정당화사정의 소극적 착오에 해당한다.

④ 소극적 구성요건요소설

소극적 구성요건요소설에 의하면, 우선 위법성조각사유는 구성요건해당성을 부정한다고 전제한다. 즉 불법고의가 성립하기 위해서는 적극적 구성요건요소를 인식할 뿐만 아니라 위법성조각사유가 존재하지 아니한다는 것까지 인식해야 한다. 따라서 위법성조각사유의 전제사실에 대하여 착오를 한 자는 자신의 행위가 위법성조각사유에 해당한다고 생각한 것이므로 처음부터 불법고의가 성립할 수 없고, 행위자에게 위법성의 인식이 없으므로 착오에 과실이 있는 경우에는 과실범의 책임을 인정하고, 착오에 과실이 없는 경우에는 책임이 조각된다.

하지만 ① 위법성조각사유를 구성요건의 소극적 요소로 판단하는 것은 위법성의 독자성을 부정한다는 점, ② 과잉방위를 과실범으로 처벌하는 것은, 이를 고의범으로 처벌하는 형법의 규정과 모순된다는 점 등의 비판이 제기된다.

⑤ 판례의 태도

판례에 의하면,「피고인은 소속중대장의 당번병으로서 근무시간 중은 물론 근무시간 후에도 밤늦게 까지 수시로 영외에 있는 중대장의 관사에 머물면서 집안일을 도와주고 그 자녀들을 보살피며 중대장 또는 그 처의 심부름으로 관사를 떠나서까지 시키는 일을 해오던 중 이 사건 당일 밤에도 중대장의 지시에 따라 관사를 지키고 있던 중 중대장과 함께 외출나간 그 처로부터 같은 날 24:00경 비가 오고 밤이 늦어 혼자서는 도저히 여우고개를 넘어 귀가할 수 없으니, 관사로부터 1.5km 가량 떨어진 여우고개까지 우산을 들고 마중을 나오라는 연락을 받고 당번병으로서 당연히 해야 할 일로 생각하고서 여우고개까지 나가 동인을 마중하여 그 다음날 01:00경 귀가한 사실을 인정하고, 이와 같은 피고인의 관사이탈 행위가 중대장의 직접적인 허가를 받지 아니하였다고 하더라도 피고인은 당번병으로서의 그 임무범위 내에 속하는 일로 오인한 행위로서 그 오인에 정당한 이유가 있으므로 위법성이 없다.」라고 판시[1]하고 있다.

---

1) 대법원 1986. 10. 28. 선고 86도1406 판결(여우고개사건). 同旨 대법원 2004. 3. 25. 선고 2003도3842 판결(공소외 1의 처인 공소외 2는 진주경찰서 상대파출소에 찾아가 실내 근무자인 공소외 5에게 "남편이 집에서 칼로 아들을 위협하고 있다."고 신고하면서 경찰관의 출동을 요청하여 피고인과 공소외 3 등 경찰관 2명과 함께 자신의 집인 위 꽃집으로 왔고, 한편 공소외 1은 피고인과 공소외 3이 위 꽃집으로 출동하기 직전인 2001. 11. 27. 23:20경 진주시 상대동 소재 '한잔드시게' 주점에서 후배인 공소외 6과 술을 마시던 중 공소외 1이 자신의 처인 공소외 2와 이혼해야 하겠다는 등의 말을 하고 위 공소외 6이 이혼을 만류하는 등 서로 이야기를 나누다가 공소외 1이 갑자기 맥주병을 깨뜨려 위 공소외 6의 목을 찔렀고, 신고를 받고 출동한 위 상대파출소 소속 경찰관인 공소외 7, 공소외 8이 위 공소외 6을 병원으로 후송하는 사이에 공소외 1은 위 주점 인근에 있는 자신의 집인 위 꽃집으로 도주한 사실, 그 후 공소외 2는 상대파출소에 찾아와 위에서 본 바와 같은 위급한 상황을 신고하면서 경찰관의 출동을 요청하였고, 본서 상황실의 지원지령에 따라 상대파출소에 도착한 인근 동부파출소 소속 경찰관 피고인과 공소외 3은 그 곳 근무자인 공소외 5로부터 공소외 1이 술집에서 맥주병을 깨 다른 사람의 목을 찌르고 현재 집으로 도주하여 칼로 아들을 위협하고 있으니 신속하게 출동하여 총은 쏘지 말고 대치만 하고 있으라고 당부하였고, 이에 피고인과 공소외 3은 순찰차에 공소외 2를 태워 위 꽃집으로 출동한 사실, 한편 공소외 1 가족과 평소 친하게 지내는 공소외 4는 위 공소외 2가 휴대폰으로 "공소외 4씨, 집에 한번 와 보세요."라는 말을 하고 전화를 끊어버리자 부부싸움을 하는 것으로 생각하고 즉시 위 꽃집으로 달려갔으나 전화를 한 위 공소외 2는 집에 없고 위 공소외 1 혼자서 꽃집 안쪽 끝의 세면장에서 양치질을 하고 있는 것을 보고 그대로 돌아오려고 할 때 피고인과 공소외 3이 같은 날 23:59경 위 꽃집에 도착한 사실, 이 때 공소외 3은 권총을 허리에 찬 채 나무막대기를 들고 먼저 들어가고 피고인은 권총을 빼들고 그 뒤를 따라 꽃집 안으로 들어갔고, 공소외 3이 꽃집 안으로 들어가면

3. 정당한 이유

(1) 판단방법

법률의 착오에서 말하는 정당한 이유가 있는지 여부는 행위자에게 자기 행위의 위법의 가능성에 대해 심사숙고하거나 조회할 수 있는 계기가 있어 자신의 지적능력을 다하여 이를 회피하기 위한 진지한 노력을 다하였더라면 스스로의 행위에 대하여 위법성을 인식할 수 있는 가능성이 있었음에도 이를 다하지 못한 결과 자기 행위의 위법성을 인식하지 못한 것인지 여부에 따라 판단하여야 한다. 이러한 위법성의 인식에 필요한 노력의 정도는 구체적인 행위정황과 행위자 개인의 인식능력 그리고 행위자가 속한 사회집단에 따라 달리 평가되어야 한다.[1]

예를 들면 행정청의 허가가 있어야 함에도 불구하고, 허가를 받지 아니하여 처벌대상의 행위를 한 경우라도 허가를 담당하는 공무원이 허가를 요하지 않는 것으로 잘못 알려 주어 이를 믿었기 때문에 허가를 받지 아니한 것이라면 허가를 받지 않더라도 죄가 되지 않는 것으로 착오를 일으킨 데 대하여 정당한 이유가 있는 경우에 해당하여 처벌할 수 없다.[2]

다만 법률 위반 행위 중간에 일시적으로 판례에 따라 그 행위가 처벌대상이 되지 않는 것

서 위 공소외 4에게 "어떻게 된 겁니까?"라고 묻는 순간 공소외 1이 위 꽃집 안쪽 세면장에서 나오면서 "당신들 뭐야? 이 밤에 왜 왔어? 빨리 가!"라고 소리를 지르며 공소외 3과 피고인 쪽으로 달려들었고 위 공소외 4가 이를 제지하려고 하자 공소외 4를 간단히 넘어뜨린 후 위 공소외 3과 몸싸움을 하게 되었는데, 진주시 씨름대회에서 우승할 만큼 건장한 체구의 소유자였던 공소외 1은 이내 공소외 3으로부터 나무막대기를 빼앗고 그를 뒤로 밀어붙여 피고인과 공소외 3이 거의 동시에 뒤로 넘어진 사실, 이어서 공소외 1은 공소외 3의 배 위에 올라탄 자세에서 그를 공격하였고 공소외 3은 공소외 1로부터 빠져나오기 위하여 발버둥치고 있었으며, 피고인은 뒤로 넘어져 있다가 정신을 차리는 순간 공소외 1이 손으로 공소외 3의 목을 조이는 등 폭행하고 있는 것을 발견하고 이를 제지하기 위하여 넘어졌다가 일어나 앉은 자세로 공포탄 1발을 발사하여 공소외 1에게 경고를 하였지만 공소외 1은 공소외 3을 풀어주지 아니한 채 동일한 자세로 몸싸움을 계속한 사실, 이에 피고인은 공소외 1을 향하여 실탄 1발을 발사하였고 그 실탄은 공소외 1의 우측 흉부 하단 제9번 늑간 부위를 관통한 사실, 공소외 1은 총에 맞은 다음 공소외 3에 대한 압박을 풀고 꽃집 밖으로 나와 복부통증을 호소하면서 쓰러졌는데 나중에 확인하여 보니 공소외 1은 공소외 3 등과 격투를 할 당시 칼을 소지하지 않고 있었던 사실, 공소외 1은 즉시 병원에 후송되어 입원치료를 받았으나 간파열 등으로 인한 패혈증으로 2001. 12. 3. 사망한 사실을 알 수 있다. 사실관계가 위와 같다면, 상대파출소 근무자인 공소외 5로부터 '공소외 1이 술집에서 맥주병을 깨 다른 사람의 목을 찌르고 현재 자기집으로 도주하여 칼로 아들을 위협하고 있다.'는 상황을 고지받고 현장에 도착한 피고인으로서는, 공소외 1이 칼을 소지하고 있는 것으로 믿었고 또 그렇게 믿은 데에 정당한 이유가 있었다고 할 것이므로, 피고인과 공소외 3이 공소외 1과의 몸싸움에 밀려 함께 넘어진 상태에서 칼을 소지한 것으로 믿고 있었던 공소외 1과 다시 몸싸움을 벌인다는 것은 피고인 자신의 생명 또는 신체에 위해를 가져올 수도 있는 위험한 행동이라고 판단할 수밖에 없을 것이고, 따라서 피고인이 공포탄 1발을 발사하여 경고를 하였음에도 불구하고 공소외 1이 공소외 3의 몸 위에 올라탄 채 계속하여 공소외 3을 폭행하고 있었고, 또 그가 언제 소지하고 있었을 칼을 꺼내어 공소외 3이나 피고인을 공격할지 알 수 없다고 피고인이 생각하고 있던 급박한 상황에서 공소외 3을 구출하기 위하여 공소외 1을 향하여 권총을 발사한 것이므로, 이러한 피고인의 권총 사용이, 경찰관직무집행법 제10조의4 제1항의 허용범위를 벗어난 위법한 행위라거나 피고인에게 업무상과실치사의 죄책을 지울만한 행위라고 선뜻 단정할 수는 없다).

[1] 대법원 2018. 9. 28. 선고 2018도9828 판결; 대법원 2012. 1. 26. 선고 2010도9717 판결; 대법원 2011. 10. 27. 선고 2011도9243 판결; 대법원 2010. 7. 15. 선고 2008도11679 판결; 대법원 2008. 10. 23. 선고 2008도5526 판결; 대법원 2006. 3. 24. 선고 2005도3717 판결.

[2] 대법원 2005. 8. 19. 선고 2005도1697 판결.

으로 해석되었던 적이 있었다고 하더라도 그것만으로 자신의 행위가 처벌되지 않는 것으로 믿은 데에 정당한 이유가 있다고 할 수 없다.[1]

　판례에 의하면, ① 서울지방검찰청으로부터 '당국의 면허 없이 녹각, 계피, 당귀 등 24종의 한약재를 배합하여 십전대보초라는 약품을 제조하고, 같은 무렵 일간신문의 광고 및 전단을 통하여 십전대보초가 피로회복에 특효가 있는 듯한 내용의 허위광고를 한 것이다'라는 피의사실에 대하여 혐의없음 결정을 받은 후 비록 한의사, 약사, 한약업사 면허나 의약품판매업 허가가 없이 의약품인 '가감삼십전대보초'를 판매한 경우[2], ② 국유재산법 제24조 제3항에 따라 기부를 전제로 한 시설물의 축조 이외에는 국유지상에 건물을 신축할 수 없는 사실을 알고 있었다 하더라도, 국유재산을 대부받아 주유소를 경영하는 자가 기사식당과 휴게소가 필요하게 되어 건축허가사무 담당 공무원에게 위 국유지상에 건축물을 건축할 수 있는지의 여부를 문의하여, 비록 국유재산이지만 위 국유재산을 불하받을 것이 확실하고 또 만일 건축을 한 뒤에 위 국유재산을 불하받지 못하게 되면 건물을 즉시 철거하겠다는 각서를 제출하면 건축허가가 될 수 있다는 답변을 듣고, 건축사에게 건축물의 설계를 의뢰하여 위와 같은 내용의 각서와 함께 건축허가신청서를 제출하여 건축허가를 받고, 건물을 신축하여 준공검사를 받은 지 1년여 후에 위 국유재산을 매수한 경우[3], ③ 가정의례에 관한 법률이 시행된 후 같은 법률 제5조 제1항 소정의 영업허가를 얻고자 서울특별시장에게 신청하였으나 일반수요자가 아닌 장의사영업허가를 받은 상인에게 납품하는 행위는 영업허가가 필요없다고 하여 허가를 얻지 못한 경우[4], ④ 경제의 안정과 성장에 관한 긴급명령 공포 당시 기업사채의 정의에 대한 해석이 용이하지 않았던 사정하에서 겨우 국문 정도 해득할 수 있는 60세의 부녀자가 채무자로부터 사채신고권유를 받았지만 지상에 보도된 내용을 참작하고 관할 공무원과 자기가 소송을 위임하였던 변호사에게 문의 확인한 바 본건 채권이 이미 소멸되었다고 믿고 또는 그렇지 않다고 하더라도 신고하여야 할 기업사채에 해당하지 않는다고 믿고 신고를 하지 아니한 경우[5], ⑤ 교통부장관의 사실 조회회시, 사단법인 한국교통사고상담센타는 자동차사고에 관한 손해배상문제의 적정하고 신속한 처리를 위하여 피해자의 상담에 응함과 동시에 가해자와 사이에 합의가 이루어지지 아니하는 경우 피해자의 요청에 의하여 위 손해배상을 조정하는 것을 목적사업으로 하여 교통부장관의 허가를 얻어 설립된 법인으로서 교통부장관으로부터 조정수수료의 승인을 받아 그에 따른 위 손해배상의 조정업무를 행하게 되어있음을 알 수 있는 바, 이렇다면 그 하부직원인 피고인이 피해자의 요청으로 이 사건 화해의 중재나 알선을 하고 피해자로부터 조정수수료를 받은 경우[6], ⑥ 피고인은 국민학교 교장으로서 6학년 자연교과서에 꽃 양귀비가 교과 내용으로 되어 있고 경남교육위원회에서 꽃 양귀비를 포함한 194종의 교재식물을 식재 또는 표본으로 비치하여 산 교재로 활용하라는 지시에 의하여 교과식물로 비치하기 위하여 양귀비 종자를 사서 교무실 앞 화단에 심은 경우[7], ⑦ 피고인이 서울특별시 공문, 식품제조허가지침, 제분업소허가권 일원화에 대한 지침 및 피고인이 가입되어 있는 서울시 식용유협동조합 도봉구 지부

---

1) 대법원 2021. 11. 25. 선고 2021도10903 판결.
2) 대법원 1995. 8. 25. 선고 95도717 판결.
3) 대법원 1993. 10. 12. 선고 93도1888 판결.
4) 대법원 1989. 2. 28. 선고 88도1141 판결.
5) 대법원 1976. 1. 13. 선고 74도3680 판결.
6) 대법원 1975. 3. 25. 선고 74도2882 판결.
7) 대법원 1972. 3. 31. 선고 72도64 판결.

의 질의에 대한 도봉구청의 질의회시 등의 공문이 곡물을 단순히 볶아서 판매하거나 가공위탁자로부터 제공받은 고추, 참깨, 들깨, 콩 등을 가공할 경우 양곡관리법 및 식품위생법상의 허가대상이 아니라는 취지이어서 사람들이 물에 씻어 오거나 볶아온 쌀 등을 빻아서 미싯가루를 제조하는 행위에는 별도의 허가를 얻을 필요가 없다고 믿고서 미싯가루 제조행위를 한 경우[1], ⑧ 피고인들이 변리사로부터 그들의 행위가 고소인의 상표권을 침해하지 않는다는 취지의 회답과 감정결과를 통보받았고, 피고인들의 행위에 대하여 3회에 걸쳐서 검사의 무혐의처분이 내려졌다가 최종적으로 고소인의 재항고를 받아들인 대검찰청의 재기수사명령에 따라 이 사건 공소가 제기되었으며, 피고인들로서는 이 사건과 유사한 대법원의 판례들을 잘못 이해함으로써 자신들의 행위는 죄가 되지 않는다고 확신을 하였고, 특허청도 피고인들의 상표출원을 받아들여서 이를 등록하여 주기까지 한 경우[2] 등에 있어서는 범행 당시 자기의 행위가 법령에 의하여 죄가 되지 않는 것으로 믿을 수밖에 없었고, 그렇게 오인함에 있어서 정당한 이유가 있는 경우에 해당한다.

하지만 ① 사립학교인 甲 외국인학교 경영자인 피고인이 甲 학교의 교비회계에 속하는 수입을 수회에 걸쳐 乙 외국인학교에 대여하였다고 하여 사립학교법 위반으로 기소된 사안에서, 甲 학교와 乙 학교는 각각 설립인가를 받은 별개의 학교이므로 甲 학교의 교비회계에 속하는 수입을 乙 학교에 대여하는 것은 사립학교법 제29조 제6항에 따라 금지되며, 한편 피고인은 위와 같은 대여행위가 적법한지에 관하여 관할 도교육청의 담당공무원에게 정확한 정보를 제공하고 회신을 받거나 법률전문가에게 자문을 구하는 등의 조치를 취하지 않았고, 피고인이 외국인으로서 국어에 능숙하지 못하였다거나 甲 학교 설립·운영 협약의 당사자에 불과한 관할청의 소속 공무원들이 참석한 甲 학교 학교운영위원회에서 乙 학교에 대한 자금 대여 안건을 보고하였다는 사정이 있는 경우[3], ② 서울특별시 선거관리위원회 직원들이 무상급식 연대 사무처장 공소외인에게 '단체가 현행법의 테두리 내에서 설립목적과 관련 있는 쟁점사항에 대하여 해당 단체의 인터넷 홈페이지에서 서명운동을 전개하거나 정책토론회 개최, 정책협약식 등을 할 수 있다.'는 취지로 안내하기는 하였으나, 정책협약식에서 특정 정당에 대한 지지나 반대 혹은 특정 후보자의 당선이나 낙선을 도모하는 발언을 하는 것까지 허용된다고 한 것은 아닌 점, 피고인의 각 행위는 무상급식 정책에 관한 특정 정당 또는 후보자의 정책협약식에서 그 특정 정당 또는 후보자에 대한 지지의사를 명백히 표명한 것에 해당하는 경우[4], ③ 다른 상호저축은행들에서도 상호저축은행법상 동일인 대출한도 제한규정을 회피하기 위하여 실질적으로는 한 사람에게 대출금이 귀속됨에도 다른 사람의 명의를 빌려 그들 사이에 형식적으로만 공동투자약정을 맺고 동일인 한도를 초과하는 대출을 받는, 이른바 '사업자 쪼개기' 방식의 대출이 관행적으로 이루어져 왔으며, 금융감독원도 2008년 이전에는 이를 적발하지 못하였다는 사정만이 있는 경우[5], ④ 피고인이 공소외인을 통하여 한국은행에 이 사건 선박의 매매대금 지급을 신고하는 과정에서 주식회사 한국외환은행의 담당자에게 이 사건 선박의 매매대금 일부를 상계한다는 취지를 설명한 다음 그 담당자의 안내에 따라 그대로 한국은행에 신고하였다고 볼 만한 자료가 없고, 설령 외환은행 담당자의 안내에 따라 그대로 신고를 하였다고 하더라도 그러한 사정만이 있는 경우[6], ⑤ 일본 영주권을 가진 재일교포가 영리를 목적으로 관세물품을 구입한 것이 아니라거나 국내 입

---

1) 대법원 1983. 2. 22. 선고 81도2763 판결.
2) 대법원 1998. 10. 13. 선고 97도3337 판결.
3) 대법원 2017. 3. 15. 선고 2014도12773 판결.
4) 대법원 2011. 10. 27. 선고 2011도9243 판결.
5) 대법원 2010. 4. 29. 선고 2009도13868 판결.
6) 대법원 2011. 7. 14. 선고 2011도2136 판결.

국시 관세신고를 하지 않아도 되는 것으로 착오하였다는 등의 사정만이 있는 경우[1], ⑥ 피고인이 아파트 분양권의 매매를 중개할 당시 '일반주택'이 아닌 '일반주택을 제외한 중개대상물'을 중개하는 것이어서 교부 받은 수수료가 법에서 허용되는 범위 내의 것으로 믿고 위반행위에 이르게 된 경우[2], ⑦ 피고인은 주로 음식류를 조리·판매하는 레스토랑으로 허가받았으면 청소년을 고용해도 괜찮을 줄로 알고 있었다거나, 구미 시내 다른 레스토랑이나 한식당에서도 청소년을 고용하는 업소가 많고 구미시청 위생과 등에 문의해도 레스토랑은 청소년을 고용해도 괜찮다는 대답이 있어 자신의 행위가 법률에 의하여 죄가 되지 아니하는 것으로 인식하였고 그와 같이 인식하는 데 정당한 이유가 있다고 주장하나, 이는 일반음식점을 영위하는 자가 주로 음식류를 조리·판매하는 영업을 하면서 19세 미만의 청소년을 고용하는 경우에는 특별한 사정이 없는 한 청소년보호법의 규정에 저촉되지 않는다는 것을 피고인이 자기나름대로 확대해석하거나 달리 해석했을 뿐인 경우[3], ⑧ 서울특별시 사격연맹 사무국장인 피고인은 원칙적으로 소지가 불허된 공기권총을 사격선수에 대하여는 예외적으로 소지를 허용하는 관련 법령이나 소관 부서인 경찰의 업무지침을 이용하여 선수로서 활동할 능력이나 의사가 없는 일반인들이 단지 호기심에서나 기타 선수로서의 활동과는 무관한 의도로 공기권총을 구입하여 소지하고자 한다는 사정을 잘 알면서도, 종전부터 이어져 내려온 관행에 따라 선수로서의 활동능력이나 의사의 점에 대한 확인이나 심사를 거치지 아니한 채 총포판매상을 통하여 접수되는 등록신청을 아무런 제한 없이 받아들이고 선수등록확인증을 발급하여, 서울을 비롯한 전국 각 지역에 거주하는 공소외인들로 하여금 그 선수등록확인증에 기하여 관할 경찰서장으로부터 공기권총 소지허가를 받게 한 경우[4], ⑨ 자격기본법에 의한 민간자격관리자로부터 대체의학자격증을 수여받은 자가 사업자등록을 한 후 침술원을 개설하였다고 하더라도 국가의 공인을 받지 못한 민간자격을 취득하였다는 사실만이 있는 경우[5], ⑩ 피고인들은 피고인 2가 이 사건 아파트의 관리소장으로 관리업무를 수행하기 전에 당시 대전 대덕구청 도시국 건축종합허가과에 근무하던 공무원을 찾아가 주택관리사보자격만이 있는 피고인 2에게 이 사건 아파트의 관리업무를 수행하도록 하여도 법 위반이 되는지의 여부에 관하여 질의를 한 바는 있으나, 위 공무원은 법에 위반되지 않는다는 확실한 답변을 하지 아니한 사실이 인정되는 경우[6], ⑪ 대학이나 사회교육기관에서 활법에 관하여 교육을 실시하고 있다거나 활법이 정부 공인의 체육종목이고 피고인이 활법 종목의 사회체육지도자 자격증을 취득한 후 기공원을 운영하고 있다고 하더라도 활법을 교육하고, 체육종목으로 공인하거나 그 지도자 자격을 부여하는 것 등은 신체활동을 통하여 건전한 신체와 정신을 기르고 여가를 선용하고자 하는 체육활동으로서의 일반적인 활법의 지도를 위한 것이지, 그것이 나아가 그 이외에 법률에서 금지하는 무면허 의료행위까지도 할 수 있도록 허용하는 취지는 아님이 분명한 경우[7], ⑫ 부동산중개업자가 부동산중개업협회의 자문을 통하여 인원수의 제한 없이 중개보조원을 채용하는 것이 허용되는 것으로 믿고서 제한인원을 초과하여 중개보조원을 채용한 경우[8], ⑬ 관할 환경청이 비록 폐기물 배출업자가 차량을 임차하여 폐기물을 수집·운반하는 경우에도 '스스로 폐기물을 수집·운반하는 경우'에 해당하는 것으로 해석

1) 대법원 2007. 5. 11. 선고 2006도1993 판결.
2) 대법원 2005. 5. 27. 선고 2004도62 판결.
3) 대법원 2004. 2. 12. 선고 2003도6282 판결.
4) 대법원 2003. 7. 25. 선고 2002도6006 판결.
5) 대법원 2003. 5. 13. 선고 2003도939 판결.
6) 대법원 2003. 4. 11. 선고 2003도451 판결.
7) 대법원 2002. 5. 10. 선고 2000도2807 판결.
8) 대법원 2000. 8. 18. 선고 2000도2943 판결.

하고, 관련 규정에 따라 그 임차차량에 대하여 특정폐기물 수집·운반차량증을 발급해 주고 있었다 하더라도, 그러한 사정만으로는 관할 환경청이 폐기물 배출업자가 폐기물의 수집·운반만을 위하여 무허가 업자로부터 폐기물 운반차량을 그 운전사와 함께 임차하는 형식을 취하면서 실질적으로는 무허가 업자에게 위탁하여 폐기물을 수집·운반하게 하는 행위까지 적법한 것으로 해석하였다고 볼 수 없는 경우[1], ⑭ 피고인이 공직선거법에 관하여 비전문가인 스스로의 사고에 의하여 피고인의 행위들이 의례적인 행위로서 합법적이라고 잘못 판단하였던 경우[2], ⑮ 이 사건 다리교정기는 약사법 소정의 의료용구의 일종인 정형외과용 교정장치에 해당됨이 명백한데, 장애인복지법 소정의 보장구제조업허가를 받아 제조되는 보장구는 어디까지나 장애인의 장애를 보완하기 위하여 필요한 기구에 불과하므로 허가를 받았다고 하여 다리교정기와 같은 정형외과용 교정장치를 제조할 수 있도록 허용되는 것이 아님은 분명하므로, 설령 피고인이 장애인복지법에 의해 보장구제조허가를 받았고, 한국보장구협회에서 이 사건 다리교정기와 비슷한 기구를 제작·판매하고 있던 경우[3], ⑯ 피고인은 이 사건 범행 당시까지 약 23년간 경찰공무원으로 근무하여 왔고, 이 사건 범행 당시에는 관악경찰서 형사과 형사계 강력 1반장으로 근무하고 있는 사람으로서 일반인들 보다도 형벌법규를 잘 알고 있으리라 추단이 되고 이러한 피고인이 검사의 수사지휘만 받으면 허위로 공문서를 작성하여도 죄가 되지 아니하는 것으로 그릇 인식하였던 경우[4], ⑰ 피고인이 대법원의 판례에 비추어 자신의 행위가 무허가 의약품의제조·판매행위에 해당하지 아니하는 것으로 오인하였다고 하더라도, 이는 사안을 달리하는 사건에 관한 대법원의 판례의 취지를 오해하였던 것에 불과한 경우[5], ⑱ 공무원에 대한 금원공여행위가 관례에 따른 것인 경우[6], ⑲ 상표법 위반행위 중 무혐의 처분일 이후에 이루어진 행위에 대하여 위 무혐의 처분에 대하여는 곧바로 고소인의 항고가 받아들여져 재기수사명령에 따라 재수사되어 기소에 이르게 된 경우[7], ⑳ 피고인이 제약회사에 근무한다는 자로부터 마약이 없어 약을 제조하지 못하니 구해 달라는 거짓 부탁을 받고 제약회사에서 쓰는 마약은 구해 주어도 죄가 되지 아니하는 것으로 믿고 생아편을 구해 준 경우[8], ㉑ 피고인이 조합의 자문변호사로부터 조합원의 전화번호와 신축건물 동호수 배정 결과를 공개하지 않는 것이 좋겠다는 취지의 답변을 받았더라도, 이는 자문변호사 개인의 독자적 견해에 불과하고 도시정비법의 전체적 규율 내용에 관한 면밀한 검토와 체계적 해석에 터 잡은 법률해석으로는 보이지 않은 경우[9], ㉒ 당국에 신고하지 않고 사체를 매장한 경우[10], ㉓ 피고인이 변호사 등에게 자문을 구하였다고만 주장하고 있을 뿐 기록상 그 자문내용이 구체적이고 상세한 것으로서 신뢰할 만하다고 볼 수 있는 자료가 없을 뿐 아니라 압류집달관에 대하여 상세한 내용의 문의를 하였다는 자료도 없는 경우[11], ㉔ 유선비디오 방송업자들의 질의에 대하여 체신부장관이 1985. 7. 12. 또는 그 후에 한 회신에서 유선비디오 방송이 전기통신기본법이 정하는 자가전

1) 대법원 1998. 6. 23. 선고 97도1189 판결.
2) 대법원 1996. 5. 10. 선고 96도620 판결.
3) 대법원 1995. 12. 26. 선고 95도2188 판결.
4) 대법원 1995. 11. 10. 선고 95도2088 판결.
5) 대법원 1995. 7. 28. 선고 95도1081 판결.
6) 대법원 1995. 6. 30. 선고 94도1017 판결.
7) 대법원 1995. 6. 16. 선고 94도1793 판결.
8) 대법원 1983. 9. 13. 선고 83도1927 판결.
9) 대법원 2021. 2. 10. 선고 2019도18700 판결.
10) 대법원 1979. 8. 28. 선고 79도1671 판결.
11) 대법원 1992. 5. 26. 선고 91도894 판결.

기통신설비로 볼 수 없어 같은법 제15조 제1항 소정의 허가대상이 되지 아니한다는 견해를 밝힌 바 있는 경우[1] 등에 있어서는 그렇게 오인함에 있어서 정당한 이유가 있는 경우에 해당하지 아니한다.

(2) 정당한 이유가 있는 경우

법률의 착오에 해당한다고 하더라도 정당한 이유가 있으면 벌하지 아니한다.[2] 여기서 정당한 이유가 있는 경우는 행위자가 위법성을 인식하지 못한데 대하여 상당한 이유가 있는 때를 의미하고, 상당한 이유가 있는 경우는 착오를 회피할 수 없는 때라는 의미로서 위법성의 인식

---

[1] 대법원 1989. 2. 14. 선고 87도1860 판결. 대법원은 '이 사건에 있어서 체신부장관의 견해가 법령의 해석에 관한 법원의 판단을 기속하는 것은 아니므로 그것만으로 피고인에게 범행에 범의가 없었다고 할 수 없다.'라고 판시하고 있는데, 이는 정부의 공신력 문제의 차원에서 보면 부당하다고 판단된다. 다만 피고인과 같은 사업자들이 유선비디오 방송시설을 허가대상이 되는 자가전기통신설비가 아닌 것으로 알고 그 사업을 계속하였는데도 당국이 이를 단속하기 위한 행정지도를 하지 아니하였다고 하여 이 사건 행위가 범죄가 안 된다고 볼 수 없고 피고인이 이렇게 오인한 데 대하여 정당한 이유가 있는 것으로 보기는 어렵다.

[2] 대법원 2023. 11. 2. 선고 2023도10768 판결(복싱클럽코치사건)(갑은 관장 을이 운영하는 복싱클럽에 회원등록을 하였던 자로서 등록을 취소하는 문제로 을로부터 질책을 들은 다음 약 1시간이 지난 후 다시 복싱클럽을 찾아와 을에게 항의하는 과정에서 을이 갑의 멱살을 잡아당기거나 바닥에 넘어뜨린 후 목을 조르는 등 을과 갑이 뒤엉켜 몸싸움을 벌였는데, 코치인 피고인이 이를 지켜보던 중 갑이 왼손을 주머니에 넣어 불상의 물건을 꺼내 움켜쥐자 갑의 왼손 주먹을 강제로 펴게 함으로써 갑에게 약 4주간의 치료가 필요한 손가락 골절상을 입혔다는 상해의 공소사실로 기소된 사안에서, ① 을과 갑은 외형상 신체적 차이가 크지 않고, 당시 갑은 제압된 상태였더라도 상당한 정도의 물리력을 행사할 수 있는 능력이 있었을 뿐더러 그 직전까지도 을과 몸싸움을 하는 등 급박한 상황이 계속되고 있었으며, 몸싸움은 일시적·우발적으로 발생한 것이라기보다는 갑이 을에 대한 항의 내지 보복의 감정을 가진 상태에서 계획적·의도적으로 다시 찾아옴에 따라 발생하였고, 더구나 코치로서 관장과 회원 사이의 시비를 말리거나 더 커지는 것을 막아야 하는 위치에 있던 피고인의 입장에서, 둘 사이의 몸싸움이 격화되는 과정에서 갑이 왼손을 주머니에 넣어 특정한 물건을 움켜쥔 채 꺼내는 것을 목격하자, 이를 갑이 상대방의 생명·신체에 위해를 가하려는 것으로 충분히 오인할 만한 객관적인 정황이 있었던 점, ② 피고인은 일관하여 '갑이 호신용 작은 칼 같은 흉기를 꺼내는 것으로 오인하여 이를 확인하려고 하였다.'는 취지로 진술하였고, 갑 역시 수사과정에서 '피고인에게 상해의 의도가 있었다기보다는 손에 쥐고 있던 물건이 무엇인지 확인하기 위해서였다고 생각한다.'라고 같은 취지로 진술하였으며, 갑이 가지고 있던 '휴대용 녹음기'와 피고인이 착각하였다고 주장하는 '호신용 작은 칼'은 크기·길이 등 외형상 큰 차이가 없어 이를 쥔 상태의 주먹이나 손 모양만으로는 양자를 구별하는 것이 쉽지 않았으므로, 당시 피고인은 갑의 주먹이나 손 모양만으로 그가 움켜쥔 물건이 무엇인지조차 알기 어려웠던 점, ③ 갑은 당시 왼손으로 휴대용 녹음기를 움켜쥔 상태에서 이를 활용함에 별다른 장애가 없었으므로, 만일 몸싸움을 하느라 신체적으로 뒤엉킨 상황에서 갑이 실제로 위험한 물건을 꺼내어 움켜쥐고 있었다면 그 자체로 을의 생명·신체에 관한 급박한 침해나 위험이 초래될 우려가 매우 높은 상황이었던 점, ④ 형법 제20조의 사회상규에 의한 정당행위를 인정하기 위한 요건들 중 행위의 '긴급성'과 '보충성'은 다른 실효성 있는 적법한 수단이 없는 경우를 의미하지 '일체의 법률적인 적법한 수단이 존재하지 않을 것'을 의미하지는 않는다는 판례 법리에 비추어, 피고인의 행위는 적어도 주관적으로는 그 정당성에 대한 인식하에 이루어진 것이라고 보기에 충분한 점 등을 종합하면, 피고인이 당시 죄가 되지 않는 것으로 오인한 것에 대해 '정당한 이유'를 부정하여 공소사실을 유죄로 인정한 원심판결에는 위법성조각사유의 전제사실에 관한 착오, 정당한 이유의 존부에 관한 법리오해의 잘못이 있다). 공소사실의 요지: 피고인은 서울 성북구에 있는 복싱클럽에서 코치로 근무하던 자이고, 공소외 1(33세)은 위 복싱클럽 관장이며, 피해자 공소외 2(17세)는 위 복싱클럽 회원등록을 하였던 자로서 등록을 취소하는 과정에서 공소외 1로부터 "어른에게 눈 그렇게 뜨고 쳐다보지 말라."라는 질책을 들었다. 공소외 1은 2020. 11. 4. 19:00경 위 복싱클럽 내에서 "내가 눈을 어떻게 떴냐?"라며 항의하는 피해자의 멱살을 잡아당기면서 다리를 걸어 넘어뜨리려고 하고, 출입문 밖 복도로 밀고 나간 후 몸통을 양팔로 꽉 껴안아 들어 올리고, 몸을 밀어 바닥에 세게 넘어뜨린 후 목을 조르거나, 누르고, 옆 굴리기를 하였다. 피고인은 위 일시, 장소에서 공소외 1과 피해자가 몸싸움하던 것을 지켜보던 중 피해자가 왼손을 주머니에 넣어 휴대용 녹음기를 꺼내어 움켜쥐자 피해자의 왼손을 잡아 쥐고 있는 주먹을 강제로 펴게 하였다. 이로써 피고인과 공소외 1은 동시에 피해자를 폭행하여 피해자에게 약 4주간의 치료가 필요한 좌 제4수지 중위지골 골절을 가하였다.

가능성마저도 없는 경우를 말한다. 이에 해당하면 행위자에 대하여 비난가능성이 없어 책임이 조각되어 벌하지 아니한다.

예를 들면 공무집행방해죄에서 공무집행의 적법성에 관한 피고인의 잘못된 법적 평가로 인하여 자신의 행위가 금지되지 않는다고 오인한 경우에는 그 오인에 정당한 이유가 있는지를 살펴보아야 한다. 이때 피고인의 오인에 정당한 이유가 있는지 여부는 구체적인 행위 정황, 오인에 이르게 된 계기나 원인, 행위자 개인의 인식 능력, 행위자가 속한 사회집단에서 일반적으로 기대되는 오인 회피 노력의 정도와 회피 가능성 등을 고려할 때 피고인이 이러한 오인을 회피할 가능성이 있는지에 따라 판단하여야 한다.[1]

(3) 정당한 이유가 없는 경우

정당한 이유가 없는 법률의 착오에서는 언제나 행위자에게 법률의 착오에 이르게 된 과실이 인정된다. 즉 법률의 착오가 회피가능한 경우에는 위법성의 인식가능성도 있는 것이므로 책임이 조각될 수 없고 양형에서 감경할 수 있을 뿐이다. 다만 과실이 있는 법률의 착오의 효과는 위법성의 인식의 체계적 지위를 어떻게 인정하는지에 따라 다음과 같이 판단된다.

1) 고의설

엄격고의설에 의하면 행위자에게 위법성의 현실적 인식이 없으므로 고의가 인정되지 않고 행위자는 과실범 처벌규정이 있는 경우에 한하여 과실범으로 처벌된다. 하지만 제한고의설에 의하면 행위자에게 위법성의 인식가능성이 있으므로 고의책임을 인정한다.[2]

---

[1] 대법원 2024. 7. 25. 선고 2023도16951 판결(택시기사가 승차를 거부한다고 주장하던 피고인이 방문신고를 받고 현장에 나온 경찰관 A에게 소리치고 욕설하면서 몸을 밀쳤다는 공무집행방해로 기소된 사안에서, 원심은, 피고인은 경찰관들에게 고성으로 항의만 하였을 뿐 유형력을 행사할 의도가 없었는데도 경찰관 A가 자신의 몸을 밀치자 이를 위법하다고 오인하여 저항한 것이므로, 위법성 조각사유의 전제사실에 대한 착오에 해당하고 그 오인에 정당한 사유가 있다는 이유로, 이 사건 공소사실을 무죄로 판단한 제1심판결을 그대로 유지하였지만, 대법원은 ① 피고인이 술에 취하여 항의를 계속하다가 갑자기 경찰관 B에게 고성을 지르고 몸을 들이밀면서 다가간 상황에서, 경찰관 A가 피고인을 급하게 밀쳐내는 방법으로 피고인과 경찰관 B를 분리한 조치는 경찰관 직무집행법 제6조에서 정하는 '범죄의 예방과 제지'에 관한 적법한 공무에 해당하고, ② 피고인이 경찰관 A를 밀친 행위로 나아가게 된 전제사실 자체에 관하여는 피고인의 인식에 어떠한 착오도 존재하지 않고, 다만 경찰관 A의 직무집행 적법성에 대한 주관적인 법적 평가가 잘못되었을 여지가 있을 뿐이므로 위법성 조각사유의 전제사실에 대한 착오가 있었다고 보기 어려우며, ③ 피고인에게 자신을 제지한 경찰관 A의 행위가 위법하다고 오인할 만한 정당한 이유가 있다고 할 수도 없다고 보아, 이와 달리 판단한 원심을 파기·환송하였다).

[2] 대법원 1974. 11. 12. 선고 74도2676 판결(피고인은 1969.에 서천군 장항읍 창선동 1가195로 이사하고 직장예비군에 편성됨과 동시 1970. 7. 9. 직장예비군을 통하여 장항읍장에게 대원신고를 하였으나 주민등록은 전거주지인 대천읍에 그대로 있었기 때문에 1973. 4. 9. 전시 주거지로 그 등록을 옮기게 되었던 것이니 이때 또 다시 주소이동의 대원신고를 아니하여도 정당한 사유 없이 대원신고를 아니한 때에 해당되지 아니한다고 생각하였다는 것이며 그를 뒷받침하기 위하여 제출된 것으로 짐작되는 장항읍장 및 수협직장소대장 장대순 각 발행의 확인서의 기재에 의하면 1970. 7. 9. 피고인은 직장소대를 통하여 장항읍장에게 예비군대원신고를 하였고 그에 기재된 주소가 위 1973. 4. 9.에 전입하였다는 주소와 동일한 점을 수긍할 수 있다. 주민등록법 제17조의 7에 의하여 주민등록지를 공법관계에 있어서의 주소로 볼 것이므로 주민등록지를 이전한 이상 향토예비군설치법 제3조 4항 동법시행령 제22조 1항 4호에 의하여 대원신고를 하여야 할 것이기는 하나 이 사건의 경우 위에서 본 바와 같이 이미 같은 주소에 대원신고가 되어 있었으므로 피고인이 재차 동일주소에 대원신고(주소이동)를 아니하였음이 향토예비군설치법 제15조 6항에 말한 정당한 사유가 있다고 오인한데서 나온 행위였다면 이는 법률의 착오가 범의를 조각하는 경우라고 보아서 좋을 것이다); 대법원 1970. 9. 22. 선고 70도1206 판결(민사소송법 기타 공법의 해석을

2) 책임설

엄격책임설 및 제한책임설에 의하면 위법성의 인식은 고의와는 독립된 책임요소로 파악하므로 위법성의 인식이 없더라도 고의책임을 인정하고, 다만 그 착오가 회피불가능한 착오이면 책임만 조각되고, 회피가능한 착오이면 책임이 감경될 뿐이다.

3) 소극적 구성요건요소설

불법고의가 없으므로 고의범이 아닌 과실범으로 처벌된다.

제 4 절 기대가능성

I. 서 설

1. 의 의

'기대가능성'(期待可能性)이란 적법행위에 대한 기대가능성을 말한다. 즉 행위 당시의 사정에 비추어 볼 때 위법행위를 하지 않고 적법행위를 할 수도 있었을 것이라고 인정될 때 기대가능성이 인정된다.[1] 규범적 책임론에 의하면 책임은 비난가능성을 의미하는데, 비록 위법행위를 한 자라고 할지라도 행위 당시에 위법행위 이외에 다른 행위를 할 수 없었다고 인정된다면, 행위자를 비난할 수 없어 책임이 조각된다. 또한 적법행위의 기대가능성이 있다고 하더라도 그 가능성이 매우 적으면 책임이 감경된다.

기대불가능성으로 책임이 조각되는 경우는 강요된 행위(제12조), 과잉방위의 특수한 경우(제21조 제3항), 과잉피난의 특수한 경우(제22조 제3항), 친족간의 범인은닉(제151조 제2항)[2], 친족간의 증거인멸(제155조 제4항)[3] 등이 있다.

기대불가능성으로 책임이 조각 또는 감경되는 경우는 과잉방위(제21조 제2항), 과잉피난(제22조 제2항), 과잉자구행위(제23조 제2항) 등이 있다.

기대불가능성으로 책임이 감경되는 경우는 단순도주죄(제145조)의 형이 도주원조죄(제147

잘못하여 압류물의 효력이 없어진 것으로 착오하였거나 또는 봉인 등을 손상 또는 효력을 해할 권리가 있다고 오신한 경우에는 형벌법규의 부지와 구별되어 범의를 조각한다).

1) 1897. 3. 23. 독일 제국법원은 Leinenfänger Fall을 통하여 기대불가능성을 이유로 무죄판결을 한 바 있다.

2) 제151조(범인은닉과 친족간의 특례) ① 벌금 이상의 형에 해당하는 죄를 범한 자를 은닉 또는 도피하게 한 자는 3년 이하의 징역 또는 500만원 이하의 벌금에 처한다. ② 친족 또는 동거의 가족이 본인을 위하여 전항의 죄를 범한 때에는 처벌하지 아니한다.

3) 제155조(증거인멸 등과 친족간의 특례) ① 타인의 형사사건 또는 징계사건에 관한 증거를 인멸, 은닉, 위조 또는 변조하거나 위조 또는 변조한 증거를 사용한 자는 5년 이하의 징역 또는 700만원 이하의 벌금에 처한다. ② 타인의 형사사건 또는 징계사건에 관한 증인을 은닉 또는 도피하게 한 자도 제1항의 형과 같다. ③ 피고인, 피의자 또는 징계혐의자를 모해할 목적으로 전2항의 죄를 범한 자는 10년 이하의 징역에 처한다. ④ 친족 또는 동거의 가족이 본인을 위하여 본조의 죄를 범한 때에는 처벌하지 아니한다.

조)의 형과 비교하여 경한 경우, 위조통화취득후지정행사죄(제210조)의 형이 위조통화행사죄(제
207조 제4항)의 형과 비교하여 경한 경우 등이 있다.

또한 책임무능력자의 행위, 법률의 착오에 정당한 이유가 있는 행위, 범인 자신의 도피 또
는 증거인멸행위 등도 적법행위에 대한 기대가능성이 없어 책임이 조각되는 경우로 파악할 수
있다.

2. 체계적인 지위

(1) 고의 · 과실의 구성요소설

동설에 의하면 기대가능성을 책임의 심리적 요소인 고의·과실의 구성요소로 이해하여 기
대가능성이 없으면 처음부터 고의·과실이 조각되어 책임이 조각된다고 한다. 그러나 규범적
요소인 기대가능성을 순수한 심리적 요소로 보는 것은 불합리하다는 비판이 제기된다.

(2) 적극적 책임요소설

동설에 의하면 기대가능성은 책임능력, 위법성의 인식 등의 다른 독립된 책임요소와 동등
한 위치를 차지하는 책임요소라고 한다. 이에 의하면 행위자의 책임을 인정하기 위해서는 책임
능력, 위법성의 인식 등과 마찬가지로 기대가능성의 존재도 확인하여야 한다.

(3) 소극적 책임요소설

동설에 의하면 기대가능성은 책임능력, 위법성의 인식 등의 다른 독립된 책임요소와 동등
한 위치를 차지하지 않고, 책임능력, 위법성의 인식 등의 책임요소가 구비되면 원칙적으로 책
임이 인정되고, 기대가능성은 오로지 책임조각과 책임감경의 여부에 관한 사유로서 소극적으
로 고려되면 족하다고 한다. 즉 기대가능성이 없는 때에만 예외적으로 책임이 조각 또는 감경
된다.

생각건대 초법규적 책임요소인 기대가능성은 적극적으로 책임을 인정하는 요소로 작용할
수는 없다. 정상적인 상황에서는 일반적으로 기대가능성이 인정되므로 기대가능성이 부정되는
경우에 한하여 소극적으로 책임을 부정하는 것이 타당하다.

3. 판단기준

(1) 국가표준설

국가의 법질서 내지 국가이념에 따라 기대가능성을 판단한다. 하지만 국가는 항상 국민에
게 적법행위를 요구하므로, 기대가능성이 없음을 이유로 책임이 조각되는 경우는 거의 없게 된
다는 비판이 제기된다. 또한 행위자표준설과 평균인표준설에 의하면 일정한 상황에서 행위자
또는 평균인이라면 어떻게 행위하였을 것인지를 판단의 대상으로 삼고 있지만, 국가표준설에
의하면 일정한 상황에서 국가가 어떤 행위를 요구할 것인지를 판단의 대상으로 삼고 있으므로,
판단의 대상에서 차이가 발생한다는 점에서도 비판이 가능하다.

(2) 행위자표준설

행위 당시에 행위자가 처했던 구체적 사정하에서 그의 능력을 표준으로 하여 판단한다. 행위자 개인에게 불가능한 것을 이유로 비난을 가할 수 없다는 것을 그 전제로 한다. 왜냐하면 행위자의 입장에서 불가능한 것에 대해서는 책임비난을 할 수 없기 때문이다. 하지만 확신범의 경우 기대가능성을 인정할 수 없어서 대체적으로 불가벌이 된다는 비판이 제기된다.

(3) 평균인표준설

평균인이 행위자와 동일한 상황에 있을 때 어떻게 행위하였을 것인가를 기준으로 판단한다. 즉 피고인에게 적법행위를 기대할 가능성이 있는지 여부를 판단하기 위하여는 행위 당시의 구체적인 상황하에 행위자 대신에 사회적 평균인을 두고, 이 평균인의 관점에서 그 기대가능성 유무를 판단하여야 한다. 하지만 평균인이 개념이 모호하고, 평균인을 기준으로 하면 기대가능성이 책임판단의 문제가 아니라 불법판단의 문제가 된다는 비판이 제기된다.

이에 대하여 판례는 「피고인에게 적법행위를 기대할 가능성이 있는지 여부를 판단하기 위하여는 행위 당시의 구체적인 상황하에 행위자 대신에 사회적 평균인을 두고 이 평균인의 관점에서 그 기대가능성 유무를 판단하여야 한다.」라고 판시[1]하여, 평균인표준설의 입장을 취하고 있다.

생각건대 평균인표준설에서도 기대가능성의 판단기준은 평균인에게 두지만 그 판단의 대상은 행위자이므로 판단의 개별성이 무시되지는 아니한다. 또한 행위자의 비난 여부를 오로지 행위자의 능력과 사정에 따라서만 판단하여서는 안 되고 사회일반인의 관점에서 판단해야 할 것이다. 그러므로 평균인표준설이 타당하다.

4. 기대가능성의 착오

(1) 기대가능성의 존재와 한계에 관한 착오

기대가능성의 유무는 법질서가 객관적으로 판단하는 것이고, 행위자가 스스로 판단할 성질의 것이 아니기 때문에 법적으로 아무런 의미가 없다.

(2) 기대가능성의 기초가 되는 사실관계에 대한 착오

적법행위의 기대가 불가능한 사정이 존재하지 아니함에도 불구하고 존재한다고 오인한 경우를 말한다. 기대가능성은 위법성의 인식과 구별되는 책임의 규범적 요소이지만, 법률의 착오를 유추적용하여 그 오인에 정당한 이유가 있으면 기대가능성이 없는 경우와 마찬가지로 책임이 조각되고, 그 오인에 정당한 이유가 없으면 책임이 감경된다고 보아야 한다.

---

1) 대법원 2008. 10. 23. 선고 2005도10101 판결.

Ⅱ. 강요된 행위

1. 의 의

저항할 수 없는 폭력이나 자기 또는 친족의 생명, 신체에 대한 위해를 방어할 방법이 없는 협박에 의하여 강요된 행위는 벌하지 아니한다(제12조). 강요된 행위를 벌하지 아니하는 이유는 적법행위에 대한 기대가능성이 없어서 책임이 조각되기 때문이다. 즉 형법상 강요된 행위는 적법행위의 기대불가능성인 일반적인 책임조각사유임을 예시한 규정이다.

2. 성립요건

(1) 저항할 수 없는 폭력

1) 폭 력

'절대적 폭력'이란 사람을 육체적으로 저항할 수 없도록 하는 물리적 폭력을 말한다. 예를 들면 강제로 타인의 손을 꼭 잡아 지장을 찍게 하는 행위가 이에 해당한다. 이러한 절대적 폭력에 의한 피강요자의 행위는 형법상의 행위로 볼 수 없어 강요된 행위에서 말하는 폭력의 개념에서 제외된다.

'강제적 폭력'이란 피강요자로 하여금 강요된 행위를 하지 않을 수 없도록 의사결정의 자유를 박탈하는 심리적 폭력을 말한다. 이러한 강제적 폭력이 강요된 행위에서 말하는 폭력에 해당한다.

2) 저항할 수 없는 폭력

'저항할 수 없는 폭력'이란 심리적 의미에 있어서 육체적으로 어떤 행위를 절대적으로 하지 아니할 수 없게 하는 경우와 윤리적 의미에 있어서 강압된 경우를 말한다.[1] 심리적 의미에 있어서 육체적으로 어떤 행위를 절대적으로 하지 아니할 수 없게 하는 경우와 윤리적 의미에 있어서 강압된 경우인 한, 그 수단이나 방법에는 제한이 없으며 직접폭력이든 간접폭력이든 불문한다. 저항할 수 없었는지 여부에 대한 판단은 강요자, 피강요자, 행위상황 등 모든 상황을 종합적으로 고려하여 개별적으로 결정해야 한다. 물리적으로 저항이 가능하더라도 심리적으로 저항이 불가능한 경우에도 저항할 수 없는 폭력상태가 될 수 있다.

(2) 자기 또는 친족의 생명·신체에 대한 위해를 방어할 방법이 없는 협박

1) 방어할 방법이 없는 협박

'협박'이란 상대방에게 해악을 고지하여 공포심을 일으키게 하는 행위를 말한다. 유형력이 아닌 무형력을 수단으로 한다는 점에서 폭력과 구별된다. 그러나 협박은 반드시 언어로 명시적으로 표현되는 유형적 협박일 필요는 없으므로, 공포심을 일으키는 거동이나 주변의 사정 등이

---

1) 대법원 2007. 6. 29. 선고 2007도3306 판결.

있는 경우에도 강요된 행위가 될 수 있다. 방어할 방법이 없다고 함은 피강요자가 강요된 행위 이외에는 다른 행위를 할 수 없을 정도로 의사결정의 자유를 침해하는 것을 말한다.

판례에 의하면, ① 피고인은 일본국으로 밀항한 1968. 12. 31부터 1969. 2. 17까지의 사이에 후꾸오까현의 조총련 간부들과 만나 그들로부터 북괴에 대한 선전을 듣는 등으로 공산주의에 관한 교육을 받고 그들의 북송권유에 응낙하여 공산주의자가 될 것을 서약한 후 북송안내원에게 인계되어 북송선을 타러 가던 도중에 일본 경찰관에게 자수하였던 것이었다는 사실은 인정하면서 피고인은 빈곤한 가정에서 성장하여 중학교를 중퇴한 소년으로 먼 촌일가인 공소외인의 일본에 가면 공장에 취직할 수 있다는 감언에 속아 동인을 따라 일본국으로 밀항하였다가 전시 조총련 간부들에게 인계 된 이래 그들이 국외공산계열의 간부들이라는 점은 알았으나 그들의 감시 내지 감금하에서 전시와 같은 교육 또는 권유를 받았고, 그들의 협박적인 강요에 못 이겨 그들의 선전에 동조하고 공산주의자가 되어 북한으로 갈 것을 서약하기에 이르렀던 것이었다는 사실과 그러한 사실들이 불과 18세의 소년에 대하여 지리나 인정 등이 생소한 일본국에서 이루어졌던 경우[1], ② 피고인들은 북괴지배하에 있는 해역에서 어로작업을 하다가 납치되어 가서 북괴의 활동을 찬양하고, 북괴구성원의 물음에 대하여 피고인들이 알고 있는 사실을 답변하였으며, 북괴로부터 물품을 받는 등의 행위를 하였으나, 피고인들의 이러한 행위는 북괴에게 납치억류된 피고인들이 북괴 구성원의 심문에 대하여 서로 틀린 진술을 하게 되면 피고인들의 생명, 신체에 대하여 예측할 수 없는 위해가 가해질지도 모른다는 사정하에서 이루어진 경우 등에 있어서는 강요된 행위를 인정하고 있다.[2]

또한 ③ 강요된 행위가 되려면 반드시 유형적인 협박을 받을 것을 요건으로 하는 것은 아니다. 설사 피고인들이 북괴의 기관원으로부터 신문을 받은 뒤에 서로 만나서 각자 대답한 내용사실을 알아 본 일이 있었고, 또 피고인들을 인솔한 사람이 무장하지 아니하고, 위협적인 언사를 쓰지 아니하였다 하더라도 피고인들의 행위가 강요된 행위가 아니라고 보기는 어렵다. 특히 당시 피고인들이 대한민국으로의 귀환이 가능한지의 여부가 확실하지 아니한 상태하에 있어서는 피고인들이 정보제공을 거부한다든가, 물품의 수령을 거부할 수는 없었으리라고 보는 것이 상당하다. 필경 피고인들의 위의 행위는 피고인들의 생명, 신체에 대한 위해를 방어할 방법이 없는 협박에 의하여 강요된 행위라고 보는 것이 상당하다.[3]

2) 자기 또는 친족의 생명·신체에 대한 위해를 방어할 방법이 없는 협박

여기서의 협박은 자기 또는 친족의 생명·신체에 대한 위해를 달리 막을 방법이 없는 협박을 말한다.[4] 위해는 위험과 해악을 포함하는 개념이다. 위해의 정도는 강요된 행위에 의해 침

---

1) 대법원 1972. 5. 9. 선고 71도1178 판결.
2) 대법원 1969. 3. 25. 선고 69도94 판결; 대법원 1969. 1. 28. 선고 68도1815 판결.
3) 대법원 1968. 11. 5. 선고 68도1334 판결. 同旨 대법원 1976. 9. 14. 선고 75도414 판결; 대법원 1971. 12. 14. 선고 71도1657 판결; 대법원 1960. 10. 7. 선고 4292형상829 판결.
4) 대법원 1983. 12. 13. 선고 83도2276 판결(乙은 자기의 처 甲녀가 丙과 통정을 하였다고 오인하고 한 달 가까이 甲녀를 구타하고 잠도 못 자게 하여 간통을 했다는 허위각서를 받아내 甲녀와 丙을 간통죄로 고소하였으나, 재판과정에서 甲녀는 양심의 가책을 느껴 간통사실을 부인하였으므로 甲녀와 丙은 석방되었다. 그 후 乙은 다시 날마다 甲녀를 때리면서 '왜 丙을 위해서 말을 번복했느냐'고 다그치는 한편, 丙으로부터 간통사실을 폭로하겠다고 협박당하여 돈을 주었다는 내용의 확인서와 고소장을 쓰라고 강요하자, 이에 견디다 못한 甲녀는 乙이 시키는 대로 허위내용의 고소장을 작성하여 경찰서에 제출하였다).

해되는 법익보다는 높은 법익에 대한 위해여야 하며, 위해의 대상은 생명이나 신체에 대한 것이어야 한다. 따라서 재산, 명예, 비밀 등에 대한 위해는 초법규적 책임조각사유가 문제될 뿐이다.

또한 위해는 자기 또는 친족에 대한 것이어야 한다. 따라서 친구, 이웃, 애인 등에 대한 위해는 초법규적 책임조각사유가 문제될 뿐이다. 여기서의 친족은 민법상의 친족보다 넓게 해석하여 사실상의 배우자나 사생아도 포함시키는 것이 타당하다. 이러한 친족관계의 존재 여부는 강요된 행위 당시를 기준으로 한다.

(3) 강요된 행위

피강요자의 강요된 행위가 있어야 한다. 여기서 '강요'란 피강요자의 자유스러운 의사결정을 하지 못하게 하면서 특정한 행위를 하게 하는 것을 말한다.[1] 또한 강요행위와 강요된 행위 사이에는 인과관계가 있어야 한다.

강요된 행위는 저항할 수 없는 폭력이나 생명·신체에 위해를 가하겠다는 협박 등 다른 사람의 강요행위에 의하여 이루어진 행위를 의미하는 것이지 어떤 사람의 성장교육과정을 통하여 형성된 내재적인 관념 내지 확신으로 인하여 행위자 스스로의 의사결정이 사실상 강제되는 결과를 낳게 하는 경우까지 의미한다고 볼 수는 없다.[2] 또한 단체 사이의 상하관계에서 오는 구속력 때문에 이루어진 것이라는 사유만으로 그 행위를 강요된 행위라고 볼 수는 없다.[3]

(4) 예견하지 못한 강제상태의 존재

저항할 수 없는 폭력이나 자기 또는 친족의 생명·신체에 대한 위해를 방어할 수 있는 방법이 없는 위해에 의하여 범행에 이르렀다 하더라도 이상과 같은 상태는 전혀 예견하지 못한 것이어야 한다. 만약 강요된 자가 강요된 상태를 자초하였거나 예견하였다면 강요된 행위라고 할 수 없다.[4]

(5) 주관적 요건

피강요자는 강요된 행위를 할 당시에 강요상태를 인식하여야 한다. 그러므로 이러한 상태를 인식하지 못하고 한 행위는 강요된 행위가 될 수 없다.

---

1) 대법원 1983. 12. 13. 선고 83도2276 판결.
2) 대법원 1990. 3. 27. 선고 89도1670 판결(KAL기폭파사건).
3) 대법원 1986. 9. 23. 선고 86도1547 판결.
4) 대법원 1973. 9. 12. 선고 73도1684 판결(자의탈출사건)(반국가단체의 지배하에 있는 북한지역으로 탈출하는 자는 특별한 사정이 없는 한 북한집단구성원과의 회합이 있을 것이라는 사실을 예측하였을 것이라고 함은 오늘의 사회통념상 당연한 결론이라고 할 것이며 자의로 북한에 탈출한 이상 그 구성원과의 회합은 예측하였던 행위이므로 강요된 행위라고는 인정할 수 없다); 대법원 1973. 1. 30. 선고 72도2585 판결; 대법원 1971. 2. 23. 선고 70도2629 판결(월선조업사건)(어로저지선을 넘어 어로의 작업을 하면 북괴구성원에게 납치될 염려가 있으며 만약 납치된다면 대한민국의 각종 정보를 북괴에게 제공하게 된다 함은 일반적으로 예견된다 하리니 피고인이 그전에 선원으로 월선조업을 하다가 납북되었다가 돌아온 경험이 있는 자로서 월선하자고 상의하여 월선조업을 하다가 납치되어 북괴의 물음에 답하여 제공한 사실을 강요된 행위라고 할 수 없다).

3. 효 과

(1) 피강요자의 죄책

적법행위에 대한 기대가능성이 없어 책임이 조각되어 무죄가 된다. 그러나 행위의 위법성은 조각되지 않기 때문에 이에 대한 정당방위는 가능하다.

(2) 강요자의 죄책

강요자는 강요된 행위에 대하여 교사범의 죄책을 진다는 견해와 간접정범의 죄책을 진다는 견해가 있으나, 간접정범의 죄책을 인정하는 것이 타당하다. 이 경우 실행의 착수시기는 강요시가 아니라 실행의 착수시기에 관한 주관적 객관설을 따라야 한다. 또한 강요자는 제324조의 강요죄의 죄책도 인정되므로, 결국에는 강요죄와 강요된 행위의 간접정범의 상상적 경합의 관계를 이룬다.

Ⅲ. 초법규적 책임조각사유

1. 인정 여부

현행 형법은 적법행위의 기대가능성이 불가능한 경우로서 강요된 행위(제12조), 과잉방위의 특수한 경우(제21조 제3항), 과잉피난의 특수한 경우(제22조 제3항), 친족간의 범인은닉(제151조 제2항), 친족간의 증거인멸(제155조 제4항) 등을 규정하고 있을 뿐이다. 이에 따라 명문의 규정 이외에 초법규적인 책임조각사유를 인정할 수 있는지 여부와 관련하여, ① 기대불가능성이라는 추상적인 기준으로 책임을 조각시킨다면 책임판단에서 법관의 자의가 개입될 여지가 있다는 점, 형법의 적용을 제한시킬 수 있다는 점, 기대불가능성은 책임조각 여부를 판단하기 위한 구체적 사정이 아니라 법관이 구체적 사안별로 행위정황을 고려하여 불법과 책임을 한계지우는 규제원리에 불과하다는 점 등을 논거로 하는 소극설, ② 과실범과 부작위범에 대해서는 기대불가능성을 초법규적 책임조각사유로 인정할 수 있지만 고의작위범에 대해서는 실정법에 근거가 있거나 부득이한 예외적인 경우에만 이를 인정할 수 있다는 제한적 적극설, ③ 형법에 명문의 규정이 없더라도 적법행위가 기대불가능한 경우가 있다는 점, 기대불가능한 사정을 모두 실정법에 규정하는 것은 사실상 불가능하다는 점 등을 논거로 하는 적극설 등의 대립이 있다.

이에 대하여 판례는 「기업이 불황이라는 사유만으로 사용자가 근로자에 대한 임금이나 퇴직금을 체불하는 것은 허용되지 아니하지만, 모든 성의와 노력을 다했어도 임금이나 퇴직금의 체불이나 미불을 방지할 수 없었다는 것이 사회통념상 긍정할 정도가 되어 사용자에게 더 이상의 적법행위를 기대할 수 없거나 불가피한 사정이었음이 인정되는 경우에는 그러한 사유는 근로기준법이나 근로자퇴직급여 보장법에서 정하는 임금 및 퇴직금 등의 기일 내 지급의무 위반죄의 책임조각사유로 된다고 할 것이다.」라고 판시[1]하여, 적극설의 입장을 취하고 있다.

생각건대 형법이 규정하고 있는 책임조각사유 이외의 기대불가능한 사정에 대해서는 개별적인 사정을 고려해서 실질적인 책임조각사유를 이론적으로 마련하여 구체적 사건에 적용할 필요가 있으므로 적극설이 타당하다.

판례에 의하면, ① 입학시험에 응시한 수험생으로서 자기 자신이 부정한 방법으로 탐지한 것이 아니고 우연한 기회에 미리 출제될 시험문제를 알게 되어 그에 대한 암기한 답을 그 입학시험 답안지에 기재한 경우[2], ② 수학여행을 온 대학교 3학년생 34명이 지도교수의 인솔하에 피고인 경영의 나이트클럽에 찾아와 단체입장을 원하므로 그들 중 일부만의 학생증을 제시받아 확인하여 본즉 그들이 모두 같은 대학교 같은 학과 소속의 3학년 학생들로서 성년자임이 틀림없어 나머지 학생들의 연령을 개별적, 기계적으로 일일이 증명서로 확인하지 아니하고 그들의 단체입장을 허용함으로써 그들 중에 섞여 있던 미성년자(19세 4개월의 여학생) 1인을 위 업소에 출입시킨 경우[3] 등에 있어서는 적법행위에 대한 기대가능성이 없는 경우에 해당한다.

하지만 ① 상명하복 관계가 비교적 엄격한 국정원의 조직특성을 고려하더라도, 허위의 공문서를 작성하라는 지시는 위법한 명령에 해당할 뿐만 아니라 위법한 명령을 피고인이 거부할 수 없는 특별한 상황에 있었다고 보기 어려운 상황에서 허위의 확인서 등을 작성한 경우[4], ② 근로기준법에서 정하는 임금 및 퇴직금 등의 기일 내 지급의무 위반죄는 사용자가 그 지급을 위하여 최선의 노력을 다하였으나 경영부진으로 인한 자금사정 등으로 지급기일 내에 지급할 수 없었던 불가피한 사정이 사회통념에 비추어 인정되는 경우에만 면책되는 것이지만, 단순히 사용자가 경영부진 등으로 자금압박을 받아 이를 지급할 수 없었던 경우[5], ③ 영업정지처분에 대한 집행정지 결정은 피고인이 제기한 영업정지처분 취소사건의 본안판결 선고시까지 그 처분의 효력을 정지한 것으로서 행정청의 처분의 위법성을 확정적으로 선언하지도 않았으므로, 위 집행정지 신청이 잠정적으로 받아들여졌다는 상황에서 음반·비디오물 및 게임물에 관한 법률을 위반한 경우[6], ④ 자신의 강도상해 범행을 일관되게 부인하였으나 유죄판결이 확정된 피고인이 별건으로 기소된 공범의 형사사건에서 자신의 범행사실을 부인하는 증언을 한 경우[7], ⑤ 선서한 증인이 증언거부권을 포기하고 허위의 진술을 한 경우[8], ⑥ 통상적인 범위 안에서 제공되는 다과 등 이라고 함은 일상적인 예를 갖추는데 필요한 정도로 그 자리에서 소비될 것으로 제공하는 것을 말하므로, 당직자 회의장소가 아닌 음식점에서 참석 당직자만이 아닌 일반당원도 포함시켜 술 등 음식을 제공한 경우[9], ⑦ 단지 당국이 피고인이 간부로 있는 전국교직원노동조합이나 기타 단체에 대하여 모든 옥내외

---

1) 대법원 2015. 2. 12. 선고 2014도12753 판결.
2) 대법원 1966. 3. 22. 선고 65도1164 판결.
3) 대법원 1987. 1. 20. 선고 86도874 판결.
4) 대법원 2015. 10. 29. 선고 2015도9010 판결(공무원이 그 직무를 수행함에 있어 상관은 하관에 대하여 범죄행위 등 위법한 행위를 하도록 명령할 직권이 없는 것이며, 또한 하관은 소속 상관의 적법한 명령에 복종할 의무는 있으나 위와 같이 명백히 위법 내지 불법한 명령인 때에는 이는 벌써 직무상의 지시명령이라 할 수 없으므로 이에 따라야 할 의무는 없다).
5) 대법원 2011. 11. 10. 선고 2011도10539 판결.
6) 대법원 2010. 11. 11. 선고 2007도8645 판결.
7) 대법원 2008. 10. 23. 선고 2005도10101 판결.
8) 대법원 1987. 7. 7. 선고 86도1724 전원합의체 판결.

집회를 부당하게 금지하고 있다고 하여 관할경찰서장에게 신고하지 않고 옥외집회를 주최한 경우[1], ⑧ 피고인 甲이 출제교수들로부터 대학원신입생전형시험문제를 제출받아 알게 된 것을 틈타서 피고인 乙, 丙 등에게 그 시험문제를 알려주었고 그렇게 알게 된 乙, 丙 등이 그 답안쪽지를 작성한 다음 이를 답안지에 그대로 써서 그 정을 모르는 시험감독관에게 제출한 경우[2], ⑨ 직장의 상사가 범법행위를 하는데 가담한 부하에게 직무상 지휘·복종관계에 있는 경우[3], ⑩ 중앙정보부 직원은 상관의 명령에 절대 복종하여야 한다는 것이 불문율로 되어 있다고 하더라도 중대하고 명백한 위법명령에 따른 범법행위를 행한 경우[4], ⑪ 피고인이 비서라는 특수신분 때문에 주종관계에 있는 공동피고인 1과 피고인 2의 지시를 거절할 수가 없어 뇌물을 공여한 경우[5], ⑫ 남한의 주민이 북한 주민 등과 접촉할 의도나 계획을 가지고 있고 그러한 접촉 가능성이 객관적으로 존재하는 경우라면 그러한 남한의 주민으로서는 그 접촉에 앞서 통일원장관의 승인을 얻어야 하고 이를 위반한 경우 형사처벌의 대상이 되는 것임은 조문의 규정 그 자체에서 명백하다고 할 것이고, 단지 그러한 접촉의 상대방이 구체적으로 특정되어 있지 아니하다거나 또는 그 접촉의 성사 가능성이 다소 유동적인 상태에 놓여 있다는 이유만 있는 경우[6] 등에 있어서는 적법행위에 대한 기대가능성이 없는 경우에 해당하지 아니한다.

2. 면책적 긴급피난

면책적 긴급피난은 형법상 긴급피난의 요건을 완전히 충족하지 못하여 위법성이 조각되지 않지만 행위자에 기대가능성이 없어서 책임이 조각 내지 감경되는 경우이다. 이는 긴급피난의 나머지 요건은 모두 충족된 상황에서 균형성의 요건을 충족하지 못하는 경우라고 할 수 있다. 즉 동등한 이익 또는 비교형량이 곤란한 이익을 침해한 경우에는 정당화적 긴급피난이 아니라 면책적 긴급피난으로 책임이 조각될 수 있다.

3. 절대적 구속력을 가진 상관의 위법한 명령에 복종한 행위

(1) 법적 구속력의 인정 여부

1) 소극설

상관의 명령이 법적인 구속력을 가지기 위해서는 명령이 상관의 추상적 권한에 속하여야 하고, 법정의 절차와 방식을 준수해야 하며, 명령이 부하에게 형법상의 범죄를 저지르게 하거나 명백히 인간의 존엄성을 침해하는 내용이 아니어야 한다. 따라서 상관의 명령의 구속력은 언제나 법적 구속력을 의미하므로, 위법한 명령은 구속적일 수 없다. 그러므로 위법한 명령을

---

9) 대법원 1998. 6. 9. 선고 97도856 판결.
1) 대법원 1992. 8. 14. 선고 92도1246 판결.
2) 대법원 1991. 11. 12. 선고 91도2211 판결.
3) 대법원 1999. 7. 23. 선고 99도1911 판결; 대법원 1986. 5. 27. 선고 86도614 판결.
4) 대법원 1980. 5. 20. 선고 80도306 판결.
5) 대법원 1983. 3. 8. 선고 82도2873 판결.
6) 대법원 2003. 12. 26. 선고 2001도6484 판결.

따를 경우 범죄가 성립한다.

공무원이 그 직무를 수행함에 있어 상관은 하관에 대하여 범죄행위 등 위법한 행위를 하도록 명령할 직권이 없는 것이고, 하관은 소속상관의 적법한 명령에 복종할 의무는 있으나 그 명령이 참고인으로 소환된 사람에게 가혹행위를 가하라는 등과 같이 명백한 위법 내지 불법한 명령인 때에는 이는 벌써 직무상의 지시명령이라고 할 수 없으므로 이에 따라야 할 의무는 없다.[1]

2) 적극설

명령을 이행하는 부하의 행위가 비교적 경미한 법위반에 해당하는 경우에는 명령복종의 우월적 이익을 인정할 수 있으므로 상관의 명령은 법적 구속력을 갖는다. 즉 일정한 경우에는 명령이 위법일지라도 명령복종의 우월적 이익이 인정될 수 있다. 이 경우 위법한 명령이 구속력이 있다고 하여 위법을 적법으로 변경시킬 수 없으므로 부하의 행위는 명령복종의무로 인하여 적법행위에 대한 기대가능성이 없으므로 초법규적 책임조각사유가 된다.

(2) 부하가 상관의 명령이 위법함을 몰랐던 경우

1) 위법성조각설

실제로 위법하지만 행위자가 위법성을 인식하지 못한 상태에서 구속력 있는 명령에 복종한 행위의 문제로서 위법성이 조각된다.

2) 책임조각설

부하의 행위는 금지착오에 해당되며 그 착오의 회피가능성이 없다고 인정되는 한 책임이 조각된다.

3) 오상정당행위설

위법성조각사유의 전제사실에 관한 착오에 해당하므로 법효과제한책임설에 따라 책임고의가 탈락되고 착오에 과실이 있으면 과실범으로 처벌된다.

---

1) 대법원 1999. 4. 23. 선고 99도636 판결(하관은 소속상관의 적법한 명령에 복종할 의무는 있으나 그 명령이 대통령 선거를 앞두고 특정후보에 대하여 반대하는 여론을 조성할 목적으로 확인되지도 않은 허위의 사실을 담은 책자를 발간·배포하거나 기사를 게재하도록 하라는 것과 같이 명백히 위법 내지 불법한 명령인 때에는 이는 벌써 직무상의 지시명령이라 할 수 없으므로 이에 따라야 할 의무가 없다. 설령 안기부가 엄격한 상명하복의 관계에 있는 조직이라고 하더라도 안기부 직원의 정치관여가 법률로 엄격히 금지되어 있고, 피고인도 상피고인의 의도를 잘 알고 있었으며, 여기에 피고인의 경력이나 지위 등에 비추어 보면, 이 사건 범행이 강요된 행위로서 적법행위에 대한 기대가능성이 없다고 볼 수는 없다); 대법원 1988. 2. 23. 선고 87도2358 판결(설령 대공수사단 직원은 상관의 명령에 절대 복종하여야 한다는 것이 불문률로 되어 있다고 할지라도 국민의 기본권인 신체의 자유를 침해하는 고문행위 등이 금지되어 있는 우리의 국법질서에 비추어 볼 때 그와 같은 불문률이 있다는 것만으로는 고문치사와 같이 중대하고도 명백한 위법명령에 따른 행위가 정당한 행위에 해당하거나 강요된 행위로서 적법행위에 대한 기대가능성이 없는 경우에 해당하게 되는 것이라고는 볼 수 없다); 대법원 1983. 12. 13. 선고 83도2543 판결(휘발유 등 군용물의 불법매각이 상사인 포대장이나 인사계 상사의 지시에 의한 것이라고 하여도 그 같은 지시가 저항할 수 없는 폭력이나 자기 또는 친족의 생명, 신체에 대한 위해를 방어할 방법이 없는 협박에 상당한 것이라고 인정되지 않은 이상 강요된 행위로서 책임성이 조각된다고 할 수 없다).

(3) 명령자의 형사책임

만약 위법한 명령이라고 할지라도 구속력이 발생하여 그에 복종한 부하의 행위가 기대불가능성으로 인하여 책임이 조각되는 경우에는 명령자인 상관은 간접정범이 된다. 그러나 위법한 명령에 구속력이 없어 그에 복종한 부하의 행위가 범죄가 되는 경우에는 명령자인 상관은 특수교사·방조범이 된다(제34조 제2항).[1]

4. 준(準)강요된 행위

현행법상 강요된 행위는 "저항할 수 없는 폭력이나 자기 또는 친족의 생명, 신체에 대한 위해를 방어할 방법이 없는 협박에 의하여 강요된 행위는 벌하지 아니한다."라고 규정하고 있으므로, ① 자기 또는 친족 이외의 자에 대한 위해를 방어할 방법이 없는 협박에 의하여 강요된 행위, ② 자기 또는 친족의 생명, 신체 이외의 법익에 대한 위해를 방어할 방법이 없는 협박에 의하여 강요된 행위, ③ 자기 또는 친족 이외의 자의 생명, 신체 이외의 법익에 대한 위해를 방어할 방법이 없는 협박에 의하여 강요된 행위 등에 있어서는 엄밀하게 말하면 강요된 행위라고 할 수 없다. 하지만 이와 같은 경우에도 예외적으로 강요된 행위에 준하는 초법규적 책임조각사유를 인정할 수 있다.

5. 낮은 가치의 의무를 이행한 의무의 충돌

행위자가 의무의 충돌상황에서 높은 가치가 아니라 낮은 가치의 의무를 이행한 경우에도 기대가능성이 없어 책임이 조각될 수 있다.

---

1) 형법 제34조(간접정범, 특수한 교사, 방조에 대한 형의 가중) ① 어느 행위로 인하여 처벌되지 아니하는 자 또는 과실범으로 처벌되는 자를 교사 또는 방조하여 범죄행위의 결과를 발생하게 한 자는 교사 또는 방조의 예에 의하여 처벌한다. ② 자기의 지휘, 감독을 받는 자를 교사 또는 방조하여 전항의 결과를 발생하게 한 자는 교사인 때에는 정범에 정한 형의 장기 또는 다액에 그 2분의 1까지 가중하고 방조인 때에는 정범의 형으로 처벌한다.

제 5 장 미 수 론

제 1 절 미수론의 기초이론

Ⅰ. 범죄실현의 단계

형법은 원칙적으로 고의기수범의 처벌을 예정하고 있다. 여기서 고의범은 범죄의사를 외부적으로 실현하는 일반적인 과정을 거치게 되는데, 이를 '범죄실현의 단계'라고 한다. 다만 모든 고의범이 아래에서 설명하는 범죄실현의 단계를 반드시 구비하는 것은 아닌데, 예를 들면 격정범이나 거동범의 경우가 이에 해당한다.

1. 범죄의 결심

범죄를 결심하더라도 그러한 의사가 외부적 행위로 나타나지 않는 한 형법의 고려대상이 될 수 없다. 예를 들면 마음 속으로 아무리 중한 범죄를 결심하였다고 하더라도 이는 형사제재의 대상에 해당하지 아니하는 것이다.

2. 범죄의사의 표시

범죄의사를 외부에 표시하더라도 원칙적으로 형법의 고려대상이 될 수 없다. 다만 경우에 따라 범죄의사의 표시 그 자체가 독립적으로 범죄를 구성할 수는 있는데, 예를 들면 해악을 고지하여 협박죄를 구성하는 경우, 경멸적 의사표시를 하여 모욕죄를 구성하는 경우 등이 이에 해당한다.

3. 음모 및 예비

'음모'(陰謀)란 2인 이상의 자 사이에 성립한 범죄실행의 합의를 말한다. 여기서 범죄실행의 합의가 있다고 하기 위하여는 단순히 범죄결심을 외부에 표시·전달하는 것만으로는 부족하고, 객관적으로 보아 특정한 범죄의 실행을 위한 준비행위라는 것이 명백히 인식되고, 그 합의에 실질적인 위험성이 인정될 때에 비로소 음모죄가 성립한다.[1]

'예비'(豫備)란 범죄의사의 실현을 위한 준비로서 해당 범죄의 실행의 착수에 이르지 아니한 행위를 말한다. 범죄의 음모 또는 예비행위가 실행의 착수에 이르지 아니한 때에는 법률에

---

[1] 대법원 1999. 11. 12. 선고 99도3801 판결(한탕하자사건)(피고인 1과 피고인 3이 수회에 걸쳐 '총을 훔쳐 전역 후 은행이나 현금수송차량을 털어 한탕 하자'는 말을 나눈 정도만으로는 강도음모를 인정하기에 부족하다).

특별한 규정이 없는 한 벌하지 아니한다(제28조). 즉 음모 또는 예비행위는 각칙상에 처벌의 규정이 있을 경우에 한해서 예외적으로 처벌된다.

　　음모는 범죄행위 성립의 단계로서는 예비 이전의 것이지만, 일반적으로는 예비 또는 음모를 모두 동시에 처벌하도록 규정하고 있기 때문에 이들을 구별한 실익은 존재하지 아니한다. 한편 예비행위를 한 자가 실행에 착수하였다면 그 예비행위는 기수 또는 미수에 흡수되어 독립적인 가벌성을 상실하게 된다.

4. 실행의 착수

　'실행의 착수'란 구성요건실현행위의 개시를 말한다. 이와 같은 실행의 착수를 기준으로 예비·음모와 미수를 구별한다.

5. 미 수

　'미수'(未遂)란 범죄의 실행에 착수하여 범죄행위를 종료하지 못하였거나(착수미수) 범죄행위는 종료하였더라도 결과가 발생하지 않은 경우(종료미수)를 말한다(제25조). 미수는 실행에 착수하였다는 점에서 예비·음모와 구별되고, 결과가 발생하지 않았다는 점에서 기수와 구별된다. 미수범의 종류에는 장애미수(제25조), 중지미수(제26조), 불능미수(제27조) 등 3가지가 있다. 이 가운데 중지미수에 있어서 착수미수와 실행미수에 따라 그 성립요건에 차이가 발생한다.

　　한편 미수범을 처벌할 죄는 각칙의 해당 죄에서 정한다(제29조). 미수범은 기수범의 법정형을 기준으로 하여 그 처벌의 수위가 상이하지만, 예비·음모는 개별적으로 그 법정형이 규정되어 있다는 점에서 차이가 있다.

6. 기 수

　'기수'(旣遂)란 실행에 착수한 행위가 구성요건의 모든 표지를 충족시킨 경우를 말한다.[1] 즉 범죄행위를 종료하였거나 결과를 발생시킨 경우이다. 거동범의 경우 행위의 종료만으로 기수가 되지만, 결과범의 경우 행위의 종료만으로는 기수가 되지 못하므로, 결과가 발생하고 행위와 결과 사이에 인과관계가 인정되어야 기수가 된다. 한편 목적범에 있어서는 그 목적을 달

---

1) 대법원 2011. 6. 9. 선고 2010도10677 판결(성폭력처벌법상 카메라등이용촬영죄는 카메라 기타 이와 유사한 기능을 갖춘 기계장치 속에 들어 있는 필름이나 저장장치에 피사체에 대한 영상정보가 입력된 상태에 도달하면 이로써 그 범행은 기수에 이른다고 보아야 할 것이다. 그런데 최근 기술문명의 발달로 등장한 디지털카메라나 동영상 기능이 탑재된 휴대전화 등의 기계장치는, 촬영된 영상정보가 사용자 등에 의해 전자파일 등의 형태로 저장되기 전이라고 하더라도 일단 촬영이 시작되면 곧바로 그 촬영된 피사체의 영상정보가 기계장치 내의 RAM 등 주기억장치에 입력되어 임시저장되었다가 이후 저장명령이 내려지면 기계장치 내의 보조기억장치 등에 저장되는 방식을 취하는 경우가 많고, 이러한 저장방식을 취하고 있는 카메라 등 기계장치를 이용하여 동영상 촬영이 이루어졌다면 그 범행은 촬영 후 일정한 시간이 경과하여 그 영상정보가 그 기계장치 내의 주기억장치 등에 입력됨으로써 이미 기수에 이르는 것이지, 그 촬영된 영상정보가 전자파일 등의 형태로 영구저장되지 않은 채 사용자에 의해 강제종료되었다는 이유만으로 미수에 그쳤다고 볼 수는 없다).

성하였는지 여부와 상관없이 기수범이 성립할 수 있다.

7. 범죄의 종료

범죄의 '종료'(終了)란 기수 이후에 보호법익에 대한 침해가 실질적으로 끝난 경우를 말한다. 예를 들면 감금죄의 기수시기는 피해자를 감금시킨 때이지만, 종료시기는 피해자가 감금상태에서 풀려난 때이다. 절도죄와 같은 상태범의 경우에는 기수와 동시에 범죄가 종료하지만, 감금죄와 같은 계속범의 경우에는 기수가 된 이후에도 범죄행위가 계속될 수 있다.

범죄의 종료를 인정하는 실익은 ① 기수 이후 범죄의 종료 이전까지는 공동정범과 종범의 성립은 가능하나 교사범의 성립은 불가능하다는 점, ② 정당방위에서 침해의 현재성은 범죄의 종료시까지 인정된다는 점, ③ 공소시효의 기산점은 범죄의 종료시라는 점(형사소송법 제252조 제1항)[1], ④ 기수 이후 종료 이전에 형을 가중하는 사유가 실현된 경우에도 가중적 구성요건이 적용될 수 있다는 점, ⑤ 죄수의 결정에 있어서 종료시까지를 일죄로 인정한다는 점 등에서 찾을 수 있다.

8. 범죄의 완료

범죄의 완료(完了)는 결합범에서 문제될 수 있는데, 결합범에서는 앞의 범죄가 완료되기 전에 뒤의 범죄가 행해져야만 한다. 예를 들면 준강도는 절도범인이 절도의 기회에 재물탈환의 항거·체포면탈 등의 목적으로 폭행 또는 협박을 가함으로써 성립되는 것이므로, 그 폭행 또는 협박은 절도의 실행에 착수하여 그 실행중이거나 그 실행 직후 또는 실행의 범의를 포기한 직후로서 사회통념상 범죄행위가 완료되지 아니하였다고 인정될 만한 단계에서 행하여짐을 요한다.[2] 만약 절도의 완료 이후에 폭행 또는 협박이 이루어질 경우 절도죄와 폭행 또는 협박죄의 경합범이 될 뿐이다.

---

1) 대법원 2007. 3. 29. 선고 2005도7032 판결(병역법 제89조의2 제1호에 정한 공익근무요원의 복무이탈죄는 정당한 사유 없이 계속적 혹은 간헐적으로 행해진 통산 8일 이상의 복무이탈행위 전체가 하나의 범죄를 구성하는 것이고, 그 공소시효는 위 전체의 복무이탈행위 중 최종의 복무이탈행위가 마쳐진 때부터 진행한다).

2) 대법원 1999. 2. 26. 선고 98도3321 판결(피해자의 집에서 절도범행을 마친지 10분 가량 지나 피해자의 집에서 200m 가량 떨어진 버스정류장이 있는 곳에서 피고인을 절도범인이라고 의심하고 뒤쫓아 온 피해자에게 붙잡혀 피해자의 집으로 돌아왔을 때 비로소 피해자를 폭행한 경우, 그 폭행은 사회통념상 절도범행이 이미 완료된 이후에 행하여졌다는 이유로 준강도죄가 성립하지 않는다); 대법원 1984. 9. 11. 선고 84도13984 판결(피고인이 야간에 절도의 목적으로 피해자의 집에 담을 넘어 들어간 이상 절취한 물건을 물색하기 전이라고 하여도 이미 야간주거침입절도의 실행에 착수한 것이라고 하겠고, 그 후 피해자에게 발각되어 계속 추격당하거나 재물을 면탈하고자 피해자에게 폭행을 가하였다면 그 장소가 범행현장으로부터 200m 떨어진 곳이라고 하여도 절도의 기회 계속 중에 폭행을 가한 것이라고 보아야 할 것이다).

Ⅱ. 미수범의 처벌근거

1. 객관설

객관설에 의하면 미수범의 처벌근거를 행위자의 의사가 아니라 구성요건적 결과실현에 근접한 위험성, 즉 미수에 의하여 발생한 법익침해의 객관적 위험성에 있다고 파악한다. 미수범은 행위를 종료하지 못하였거나 결과를 발생시키지 못하였으므로 기수범에 비해 발생시킨 법익침해나 위험이 적지만, 실행의 착수가 있었다는 점에서 예비죄에 비하여 법익침해나 위험이 크다고 할 수 있는데, 이와 같은 객관적 위험성이 미수범의 처벌근거라는 것이다. 즉 예비죄·미수죄·기수죄에서 모두 기수의 고의를 필요로 하기 때문에 주관적 위험성은 동일함에도 불구하고 형벌의 차이가 나는 것은 각 행위가 갖는 객관적 위험성이 다르기 때문이다.

객관설에 의하면 미수범의 불법은 구성요건적 결과를 야기할 위험성이라는 결과반가치에서 찾을 수 있기 때문에 결과발생과 법익침해의 가능성이 없는 불능미수는 불가벌이 되어야 한다. 또한 장애미수와 중지미수는 법익침해가 없기 때문에 법익이 침해된 기수에 비하여 형을 필요적으로 감경하여야 한다.

2. 주관설

주관설에 의하면 미수범의 처벌근거를 행위에 의하여 외부적으로 표시된 범죄적 의사에 있다고 파악한다. 이에 의하면 미수범과 기수범에서 행위자의 범죄적 의사는 차이가 없으므로 형벌이 동일해야 한다. 또한 중지미수의 경우 자의성으로 인하여 범죄적 의사가 사라졌기 때문에 불가벌이며, 불능미수의 경우 결과발생이 불가능하지만 범죄적 의사가 존재하기 때문에 가벌성이 인정된다.

3. 절충설

절충설에 의하면 미수범의 처벌근거를 기본적으로 범죄적 의사라고 하는 주관적인 요소와 미수행위로 인하여 일반인에게 범죄적 인상을 주었다고 하는 객관적인 요소 모두에 있다고 파악한다. 이에 의하면 미수범의 불법은 주관적인 범죄적 의사의 표현인 행위반가치와 객관적인 법적 평화의 혼란이라는 결과반가치에서 찾는다. 이에 의하면 불능미수는 법적 평온이 교란되는 인상을 주지 않았기 때문에 불가벌이 된다. 또한 미수범은 행위반가치가 존재한다는 점에서는 기수범과 동일하지만 현실적인 법익침해가 없으므로 형을 임의적으로 감경한다.

생각건대 불법의 본질은 결과반가치뿐만 아니라 행위반가치에서도 찾을 수 있기 때문에 절충설이 타당하다.

제 2 절   장애미수

Ⅰ. 의 의

범죄의 실행에 착수하여 행위를 종료하지 못하였거나 결과가 발생하지 아니한 때에는 미수범으로 처벌한다(제25조 제1항). 미수범을 처벌할 죄는 각칙의 해당 죄에서 정한다(제29조). '장애미수'(障礙未遂)란 결과발생이 가능하였음에도 불구하고 비자의적인 장애로 인하여 자신의 의사에 반하여 범죄를 완성하지 못한 경우를 말한다.

장애미수는 실행의 착수가 있다는 점에서 예비·음모와 구별되고, 행위를 종료하지 못했거나 결과가 발생하지 않았다는 점에서 기수와 구별된다. 또한 장애미수는 행위의 미종료나 결과의 불발생이 행위자의 자의에 의한 것이 아니라 비자의적인 장애로 인한 것이라는 점에서 중지미수와 구별되고, 결과의 발생이 가능하였다는 점에서 처음부터 결과의 발생이 불가능한 불능미수와 구별된다.

Ⅱ. 성립요건

1. 주관적 요건

(1) 고 의

미수범의 고의는 기수범과 동일하다. 즉 객관적 구성요건요소에 해당하는 사실에 대한 인식과 인용이 있어야 한다. 과실의 경우에는 범죄실현의 의사가 없으므로 과실범의 미수는 인정되지 아니한다. 행위자에게는 기수의 고의가 있어야 하므로, 처음부터 미수에 그치겠다는 미수의 고의는 형법상의 고의로 인정되지 아니한다. 이와 같은 미수의 고의는 함정수사의 가벌성을 부정하는 논거로 활용된다.

한편 고의 이외에 불법영득의사, 목적 등과 같은 별도의 주관적 구성요건요소를 요구하는 범죄의 경우에는 그러한 요소도 미수범의 주관적 구성요건요소가 된다.

(2) 확정적 행위의사

미수범의 경우에도 고의가 인정되기 위해서는 기수범과 마찬가지로 무조건적인 구성요건 실현의사가 있어야 한다. 하지만 행위의사가 확정적이면 그 실행이 일정한 조건의 발생에 좌우되는 조건부 범행결의의 경우에도 고의가 인정된다. 예를 들면 피해자의 저항이 심하면 강간을 그만 두겠다는 생각으로 폭행을 개시한 경우에도 강간미수범이 얼마든지 성립할 수 있다.

(3) 자의성의 부존재

행위자에게 자의성이 존재할 경우에는 장애미수가 아니라 중지미수가 성립할 뿐이다.

2. 객관적 요건

(1) 실행의 착수

1) 의 의

'실행의 착수'란 구성요건을 실현하는 행위를 직접적으로 개시하는 것을 말한다. 실행의 착수는 형식적으로는 예비·음모와 미수를 구별하는 기준이 되고, 실질적으로는 불능범과 불능미수를 구별하는 기준이 된다. 예를 들면 불능범의 경우에 있어서 외형적으로는 실행의 착수가 있는 것처럼 보일지라도 실질적으로는 실행의 착수를 인정할 수 없다.

2) 실행의 착수시기

① 형식적 객관설

형식적 객관설에 의하면 엄격한 의미에서 구성요건에 해당하는 정형적인 행위 또는 그 일부를 개시한 때에 실행의 착수를 인정한다.

하지만 너무 늦은 시점에서 실행의 착수를 인정하기 때문에 불가벌적 예비의 범위는 넓어지고 가벌적 미수의 범위는 축소된다는 형사정책적인 문제가 있다는 점, 구체적인 경우에 있어서 어떠한 행위가 구성요건에 해당하는 행위인지 여부가 명백하지 않다는 점, 행위자의 주관을 고려하지 않고 행위의 의미를 파악할 수 없다는 점, 격리범에 있어서 실행의 착수를 설명하기 어렵다는 점 등의 비판이 제기된다.

② 실질적 객관설(밀접행위설)

실질적 객관설에 의하면 형식적으로는 구성요건에 해당하는 행위가 아닐지라도 실질적 관점에서 실행행위로서의 위험성을 가지고 있으면 실행의 착수를 인정한다. 즉 구성요건적 행위는 아닐지라도 행위가 보호법익에 대하여 직접적인 위험을 야기시킨 때 또는 법익침해에 밀접한 행위가 있을 때 실행의 착수를 인정한다.

예를 들면 야간이 아닌 주간에 절도의 목적으로 다른 사람의 주거에 침입하여 절취할 재물의 물색행위를 시작하는 등 그에 대한 사실상의 지배를 침해하는 데에 밀접한 행위를 개시하면 절도죄의 실행에 착수한 것으로 보아야 한다.

하지만 '실질적' 또는 '밀접행위'라는 모호한 개념을 사용함으로써 판단기준이 불명확하여 자의가 개입될 위험이 있다는 점, 실행행위의 전(前)단계행위를 실행행위로 파악하는 것 자체가 모순이라는 점, 행위자의 범죄계획을 도외시하고 이것을 모르는 제3자의 입장에서 실행의 착수시점을 판단하는 것은 불가능하다는 점 등의 비판이 제기된다.

③ 주관설

주관설에 의하면 범죄는 범죄적 의사의 표현이므로 범죄의사를 명백하게 인정할 수 있는 외부적 행위가 있을 때 실행의 착수를 인정한다. 이에 의하면 오로지 의사만으로 처벌의 대상으로 삼는 것은 문제가 있으므로 일정한 외부적인 행위가 필요하다고 파악한다.

이에 대하여 판례는 「간첩의 목적으로 외국 또는 북한에서 국내에 침투 또는 월남하는 경우에는 기밀탐지가 가능한 국내에 침투 상륙함으로써 간첩죄의 실행의 착수가 있다.」라고 판시[1]하거나, 「관세를 포탈할 범의를 가지고 선박을 이용하여 물품을 영해 내에 반입한 때에는 관세포탈죄의 실행의 착수가 있었다고 할 것이고, 선박에 적재한 화물을 양육하는 행위 또는 그에 밀접한 행위가 있음을 요하지 아니한다.」라고 판시[2]하여, 주관설의 입장을 취하는 경우도 있다.

하지만 예비도 범죄의사의 표현이므로 미수를 예비단계까지 부당하게 확장할 위험성이 있다는 점, 지나치게 내부적인 의사에 치중하여 구성요건의 정형성을 무시할 수 있다는 점, 범죄의 유형은 객관적인 요소를 떠나서는 판단할 수 없음에도 범의라는 주관적 요소에만 의존하여 판단한다는 점 등의 비판이 제기된다.

④ 절충설

절충설에 의하면 행위자의 주관적인 범죄계획에 비추어 범죄의사의 분명한 표현이라고 볼 수 있는 행위가 보호법익에 대한 직접적인 위험을 발생시켰을 때 실행의 착수를 인정한다. 이를 '주관적 객관설' 또는 '개별적 객관설'이라고도 한다.

⑤ 검 토

생각건대 구성요건에 해당하는 행위 또는 그 일부가 개시되었을 때 실행의 착수가 인정됨에는 다툼이 없다. 또한 구성요건적 행위가 개시되지 아니한 때에도 구성요건 실현을 위한 직접적 행위가 있으면 실행의 착수가 인정된다. 여기서 말하는 직접성은 구성요건적 행위와 시간적·장소적으로 근접한 경우 또는 구성요건을 실현하기 위한 또 다른 본질적인 중간단계의 행위가 더 이상 필요하지 않게 된 때에 인정할 수 있다.

이와 같은 구성요건실현의 직접적 개시는 객관적 관점에서 판단되는 것이 아니라 범인의 전체적인 범죄계획에 의하여 판단해야 한다. 그러므로 범죄계획의 고려는 객관적으로는 구성요건실현에 직접 연결되는 행위일지라도 범인의 범죄계획과 무관한 것이면 실행의 착수를 부정하는 소극적 역할을 한다. 그러므로 주관적 객관설이 타당하다.

3) 개별적인 범죄의 실행의 착수시기

① 간접정범의 경우

간접정범의 실행의 착수시기와 관련하여, ① 이용자가 피이용자를 이용하기 시작할 때로 파악하는 견해(이용행위시설), ② 피이용자가 실행행위를 개시할 때로 파악하는 견해(실행행위시설), ③ 피이용자가 선의의 도구인 때에는 이용행위를 개시한 때에, 악의의 도구인 때에는 피이용자의 실행행위가 개시된 때로 파악하는 견해(이분설), ④ 이용자의 이용행위가 끝나 피이용자의 행위가 이용자의 지배권을 벗어나기 시작하는 때로 파악하는 견해(개별설) 등의 대립

---

1) 대법원 1984. 9. 11. 선고 84도1381 판결.
2) 대법원 1984. 7. 24. 선고 84도832 판결.

이 있다.

② 공동정범의 경우

공동정범은 전체 공동정범 중 어느 한 사람만이라도 실행의 착수로 나아가면 모든 공동정범에 대하여 실행의 착수가 인정된다.

③ 교사범 및 종범의 경우

공범의 종속성으로 인하여 정범의 실행행위가 있을 때 비로소 공범에게도 실행의 착수가 인정된다.

④ 원인에 있어서 자유로운 행위의 경우

원인행위시설과 결과실현행위시설의 대립이 있으나, 심신장애상태에서 구성요건에 해당하는 행위를 한 때 실행의 착수가 인정된다.

⑤ 결합범의 경우

결합범의 경우에는 구성요건의 일부를 이루는 행위가 개시된 때 실행의 착수가 인정된다. 예를 들면 강도죄의 경우에는 폭행 또는 협박을 개시한 한 때 실행의 착수가 인정된다.

⑥ 부작위범의 경우

부진정부작위범의 경우는 결과범의 성격을 가지고 있으므로 미수가 가능하다. 따라서 작위의무이행의 지연으로 인하여 보호법익에 직접적인 위험을 초래하거나 위험발생을 증대시키는 시점에 실행의 착수가 인정된다.

한편 진정부작위범의 경우는 미수의 인정 여부에 대하여 적극설과 소극설의 대립이 있지만, 적극설이 타당하다. 왜냐하면 퇴거불응죄의 미수범을 벌하는 규정이 있기 때문이다(제319조 제2항 및 제322조 참조).

⑦ 격리범의 경우

'격리범'(隔離犯)이란 실행행위와 결과발생 사이에 시간적·장소적 간격이 있는 범죄를 말한다. 특히 행위장소와 결과발생장소에 간격이 있는 경우를 '격지범'(隔地犯)이라고 하고, 행위시와 결과발생시에 간격이 있는 경우를 '격시범'(隔時犯)이라고도 한다. 예를 들면 독극물이 들어 있는 택배를 음료수로 가장한 후 배달하여 살인하는 경우는 전자에 해당하고, 피해자가 있는 장소에 시한폭탄을 설치하여 10분 후에 폭발시켜 살인하는 경우는 후자에 해당한다.

생각건대 격리범의 실행의 착수시기는 결과발생시가 아니라 행위시이다. 그러므로 10분 후에 폭발하게 되는 시한폭탄을 설치한 경우, 폭발시가 아니라 설치시에 실행의 착수가 인정된다.

판례에 의하면 ① 피고인이 야간에 소지하고 있던 손전등과 박스 포장용 노끈을 이용하여 도로에 주차된 차량의 문을 열고 그 안에 들어있는 현금 등을 절취할 것을 마음먹고 승합차량의 문이 잠겨 있는지 확인하기 위해 양손으로 운전석 문의 손잡이를 잡고 열려고 하던 중 경찰관에게 발각된 경우(절도죄)[1], ② 피해자 소유 자동차 안에 들어 있는 밍크코트를 발견하고 이를 절취할 생각으로 공범이 차 옆에서 망을 보는 사이 차 오른쪽 앞문을 열려고 앞문손잡이를 잡아당기다가 피해자에게 발각된 경우(절도죄)[2], ③ 소매치기의 경우 피해자의 양복상의 주머니로부터 금품을 절취하려고 그 호주머니에 손을 뻗쳐 그 겉을 더듬은 경우(절도죄)[3], ④ 피해자의 집에 침입하여 응접실 책상 위에 놓여있던 라디오 1대를 훔치려고 라디오 선을 건드리다 피해자에게 발견되어 절취의 목적을 달성하지 못한 경우(절도죄)[4], ⑤ 피고인이 고속버스 안에서 금품을 절취하기 위하여 그 버스 선반 위에 올려놓은 피해자의 007손가방을 왼손에 신문용지를 들고 가방을 가리며 오른손으로 한쪽 결쇠를 열었으나 고속버스터미널의 보안원에게 발각되어 그 뜻을 이루지 못한 경우(절도죄)[5], ⑥ 피고인이 방 안으로 들어가다가 곧바로 피해자에게 발각되어 물색행위 등을 할 만한 시간적 여유가 없었던 경우가 아니고 피고인이 방 안까지 들어갔다가 절취할 재물을 찾지 못하고 거실로 돌아 나온 경우(절도죄)[6], ⑦ 범인들이 함께 담을 넘어 마당에 들어가 그 중 1명이 그 곳에 있는 구리를 찾기 위하여 담에 붙어 걸어가다가 잡힌 경우(절도죄)[7], ⑧ 야간에 절도의 목적으로 출입문에 장치된 자물통 고리를 절단하고 출입문을 손괴한 뒤 집안으로 침입하려다가 발각된 경우(특수절도죄)[8], ⑨ 피고인이 202호 아파트에 침입하여 물건을 훔칠 의도 아래 202호 아파트의 베란다 철제난간까지 올라가 유리창문을 열려고 시도한 경우(야간주거침입절도죄)[9], ⑩ 야간에 타인의 재물을 절취할 목적으로 사람의 주거에 침입한 경우(야간주거침입절도죄)[10], ⑪ 적극적인 방법으로 법원을 기망할 의사를 가지고 허위내용의 서류를 증거로 제출하거나 그에 따른 주장을 담은 답변서나 준비서면을 제출한 경우(사기죄)[11], ⑫ 소송에서 주장하는 권리가 존재하지 않는 사실을 알고 있으면서도 법원을 기망한다는 인식을 가지고 소를 제기한 경우(사기죄)[12], ⑬ 부동산등기부상 소유자로 등기된 적이 있는 자가 자기 이후에 소유권이전등기를 경료한 등기명의인들을 상대로 허위의 사실을 주장하면서 그들 명의의 소유권이전등기의 말소를 구하는 소송을 제기한 경우(사기죄)[13], ⑭ 주거침입의 범의로써 주거로 들어가는 문의 시정장치를 부수거나 문을 여는 등 침입을 위한 구체적 행위를 시작한 경우(주거침입죄)[14], ⑮ 피고인이 간음할 목적으로 새벽 4시에 여자 혼자 있는 방문 앞에 가서 피해자가 방문을 열어 주지 않으면 부수고 들어갈 듯한 기세로 방문을 두드리고 피해자가 위험을 느끼고 창문에 걸터앉아 가까이 오면 뛰어 내리겠다고 하는데도 베란다를 통하여 창문으로 침입하려고 한 경우(강간죄)[15],

1) 대법원 2009. 9. 24. 선고 2009도5595 판결.
2) 대법원 1986. 12. 23. 선고 86도2256 판결.
3) 대법원 1984. 12. 11. 선고 84도2524 판결.
4) 대법원 1966. 5. 3. 선고 66도383 판결.
5) 대법원 1983. 10. 25. 선고 83도2432 판결.
6) 대법원 2003. 6. 24. 선고 2003도1985 판결.
7) 대법원 1989. 9. 12. 선고 89도1153 판결.
8) 대법원 1986. 9. 9. 선고 86도1273 판결.
9) 대법원 2003. 10. 24. 선고 2003도4417 판결.
10) 대법원 1984. 12. 26. 선고 84도2433 판결.
11) 대법원 1998. 2. 27. 선고 97도2786 판결.
12) 대법원 1993. 9. 14. 선고 93도915 판결.
13) 대법원 2003. 7. 22. 선고 2003도1951 판결.
14) 대법원 1995. 9. 15. 선고 94도2561 판결(신체의 극히 일부분이 주거 안으로 들어갔지만 사실상 주거의 평온을 해하는 정도에 이르지 아니하였다면 주거침입죄의 미수에 그친다).
15) 대법원 1991. 4. 9. 선고 91도288 판결.

⑯ 피고인이 격분하여 피해자를 살해할 것을 마음먹고 밖으로 나가 낫을 들고 피해자에게 다가서려고 하였으나 제3자 이를 제지하여 그 틈을 타서 피해자가 도망함으로써 살인의 목적을 이루지 못한 경우(살인죄)[1], ⑰ 피고인이 피해자가 자동차에서 내릴 수 없는 상태에 있음을 이용하여 강간하려고 결의하고 주행 중인 자동차에서 탈출불가능하게 하여 외포케 하고 50km를 운행하여 여관 앞까지 강제연행한 경우(감금죄)[2], ⑱ 피고인이 방화의 의사로 뿌린 휘발유가 인화성이 강한 상태로 주택주변과 피해자의 몸에 적지 않게 살포되어 있는 사정을 알면서도 라이터를 켜 불꽃을 일으킴으로써 피해자의 몸에 불이 붙은 경우(현주건조물방화죄)[3], ⑲ 비지정문화재 수출미수죄의 성립과 관련하여 비지정문화재를 국외로 반출하는 행위에 근접·밀착하는 행위가 행하여진 경우(비지정문화재수출죄)[4], ⑳ 우리나라 내륙에서 반국가단체의 지배하에 있는 지역으로 탈출하려는 탈출죄의 착수와 관련하여 북괴지역으로 탈출할 목적 아래 일반인의 출입이 통제되어 있는 지역까지 들어가 휴전선을 향하여 북상하는 정도에 이른 경우(잠입·탈출죄)[5], ㉑ 행위자가 당해 영업비밀과 관계된 영업활동에 이용 혹은 활용할 의사 아래 그 영업활동에 근접한 시기에 영업비밀을 열람하는 행위(영업비밀이 전자파일의 형태인 경우에는 저장의 단계를 넘어서 해당 전자파일을 실행하는 행위)를 한 경우(영업비밀부정사용죄)[6] 등에 있어서는 실행의 착수를 인정하고 있다.

하지만 ① 필로폰을 매수하려는 자에게서 필로폰을 구해 달라는 부탁과 함께 돈을 지급받았다고 하더라도, 당시 필로폰을 소지 또는 입수한 상태에 있었거나 그것이 가능하였다는 등 매매행위에 근접·밀착한 상태에서 대금을 지급받은 것이 아니라 단순히 필로폰을 구해 달라는 부탁과 함께 대금 명목으로 돈을 지급받은 것에 불과한 경우에는 필로폰 매매행위의 실행의 착수에 이른 것이라고 볼 수 없다.[7]

② 유치권자가 경매절차에서 유치권을 신고하는 경우 법원은 이를 매각물건명세서에 기재하고 그 내용을 매각기일공고에 적시하나, 이는 경매목적물에 대하여 유치권 신고가 있음을 입찰예정자들에게 고지하는 것에 불과할 뿐 처분행위로 볼 수는 없고, 또한 유치권자는 권리신고 후 이해관계인으로서 경매절차에서 이의신청권 등 몇 가지 권리를 얻게 되지만 이는 법률의 규정에 따른 것으로서 재물 또는 재산상 이득을 취득하는 것으로 볼 수도 없다는 점을 근거로 들어, 허위 공사대금채권을 근거로 유치권 신고를 하였더라도 이를 소송사기 실행의 착수가 있다고 볼 수는 없다.[8]

③ 공전자기록등불실기재죄에 있어서의 실행의 착수시기는 공무원에 대하여 허위의 신고를 하는 때라고 보아야 할 것인바, 이 사건 피고인이 위장결혼의 당사자 및 중국 측 브로커와의 공모 하에 허위로 결혼사진을 찍고, 혼인신고에 필요한 서류를 준비하여 위장결혼의 당사자에게 건네준 것만으로는 아직 공전자기록등불실기재죄에 있어서 실행에 착수한 것으로 보기 어렵다.[9]

④ 피고인이 공사현장 안에 있는 건축자재 등을 훔칠 생각으로 성명불상의 공범과 함께 마스크를 착

---

1) 대법원 1986. 2. 25. 선고 85도2773 판결.

2) 대법원 1983. 4. 26. 선고 83도323 판결.

3) 대법원 2002. 3. 26. 선고 2001도6641 판결(비록 외부적 사정에 의하여 불이 방화 목적물인 주택 자체에 옮겨 붙지는 아니하였다 하더라도 현존건조물방화죄의 실행의 착수가 있었다고 봄이 상당하다).

4) 대법원 1999. 11. 26. 선고 99도2461 판결.

5) 대법원 1987. 5. 26. 선고 87도712 판결; 대법원 1974. 12. 24. 선고 74도3064 판결.

6) 대법원 2009. 10. 15. 선고 2008도9433 판결.

7) 대법원 2015. 3. 20. 선고 2014도16920 판결.

8) 대법원 2009. 9. 24. 선고 2009도5900 판결.

9) 대법원 2009. 9. 24. 선고 2009도4998 판결.

용하고 위 공사현장 안으로 들어간 후 창문을 통하여 건축 중인 아파트의 지하실 안쪽을 살폈을 뿐이고 나아가 위 지하실에까지 침입하였다거나 훔칠 물건을 물색하던 중 동파이프를 발견하고 그에 접근하였다는 등의 사실을 인정할 만한 증거가 없는 이상, 비록 피고인이 창문으로 살펴보고 있었던 지하실에 실제로 값비싼 동파이프가 보관되어 있었다고 하더라도 피고인의 위 행위를 위 지하실에 놓여있던 동파이프에 대한 피해자의 사실상의 지배를 침해하는 밀접한 행위라고 볼 수 없다.[1]

⑤ 야간이 아닌 주간에 절도의 목적으로 타인의 주거에 침입하였다고 하여도 아직 절취할 물건의 물색행위를 시작하기 전이라면 주거침입죄만 성립할 뿐 절도죄의 실행에 착수한 것으로 볼 수 없는 것이어서 절도미수죄는 성립하지 않는다.[2]

⑥ 노상에 세워 놓은 자동차 안에 있는 물건을 훔칠 생각으로 자동차의 유리창을 통하여 그 내부를 손전등으로 비추어 본 것에 불과하다면 비록 유리창을 따기 위해 면장갑을 끼고 있었고 칼을 소지하고 있었다고 하더라도 절도의 예비행위로 볼 수는 있겠으나 타인의 재물에 대한 지배를 침해하는데 밀접한 행위를 한 것이라고는 볼 수 없어 절취행위의 착수에 이른 것이었다고 볼 수 없다.[3]

⑦ 평소 잘 아는 피해자에게 전화채권을 사주겠다고 하면서 골목길로 유인하여 돈을 절취하려고 기회를 엿본 행위만으로는 절도의 예비행위는 될지언정 행위의 방법, 태양 및 주변상황 등에 비추어볼 때 타인의 재물에 대한 사실상 지배를 침해하는데 밀접한 행위가 개시되었다고 단정할 수 없다.[4]

⑧ 소를 흥정하고 있는 피해자의 뒤에 접근하여 그가 들고 있던 가방으로 돈이 들어 있는 피해자의 하의 왼쪽 주머니를 스치면서 지나간 행위는 단지 피해자의 주의력을 흐트려 주머니 속에 들은 금원을 절취하기 위한 예비단계의 행위에 불과한 것이고 이로써 실행의 착수에 이른 것이라고는 볼 수 없다.[5]

⑨ 은행강도 범행으로 강취할 돈을 송금받을 계좌를 개설한 것만으로는 범죄수익 등의 은닉에 관한 죄의 실행에 착수한 것으로 볼 수 없다.[6]

⑩ 입영대상자가 병역면제처분을 받을 목적으로 병원으로부터 허위의 병사용진단서를 발급받았다고 하더라도 이러한 행위만으로는 병역법 제86조에 정한 사위행위의 실행에 착수하였다고 볼 수 없다.[7]

⑪ 장애인단체의 지회장이 지방자치단체로부터 보조금을 더 많이 지원받기 위하여 허위의 보조금 정산보고서를 제출한 경우, 보조금 정산보고서는 보조금의 지원 여부 및 금액을 결정하기 위한 참고자료에 불과하고 직접적인 서류라고 할 수 없다는 이유로 보조금 편취범행(기망)의 실행에 착수한 것으로 보기 어렵다.[8]

⑫ 피고인이 제1차 매수인으로부터 계약금 및 중도금 명목의 금원을 교부받은 후 제2차 매수인에게 부동산을 매도하기로 하고 계약금만을 지급받은 뒤 더 이상의 계약 이행에 나아가지 않았다면 배임죄의 실행의 착수가 있었다고 볼 수 없다.[9]

⑬ 피고인이 강간할 목적으로 피해자의 집에 침입하였다고 하더라도 안방에 들어가 누워 자고 있는

---

1) 대법원 2010. 4. 29. 선고 2009도14554 판결.
2) 대법원 1992. 9. 8. 선고 92도1650 판결.
3) 대법원 1985. 4. 23. 선고 85도464 판결.
4) 대법원 1983. 3. 8. 선고 82도2944 판결.
5) 대법원 1986. 11. 11. 선고 86도1109 판결.
6) 대법원 2007. 1. 11. 선고 2006도5288 판결.
7) 대법원 2005. 9. 28. 선고 2005도3065 판결.
8) 대법원 2003. 6. 13. 선고 2003도1279 판결.
9) 대법원 2003. 3. 25. 선고 2002도7134 판결.

피해자의 가슴과 엉덩이를 만지면서 간음을 기도하였다는 사실만으로는 강간의 수단으로 피해자에게 폭행이나 협박을 개시하였다고 하기는 어렵다.[1]

⑭ 피해자의 집 부엌문에 시정된 열쇠고리의 장식을 뜯는 행위만으로는 절도죄의 실행행위에 착수한 것이라고 볼 수 없다.[2]

⑮ 가압류는 강제집행의 보전방법에 불과한 것이어서 허위의 채권을 피보전권리로 삼아 가압류를 하였다고 하더라도 그 채권에 관하여 현실적으로 청구의 의사표시를 한 것이라고는 볼 수 없으므로, 본안소송을 제기하지 아니한 채 가압류를 한 것만으로는 사기죄의 실행에 착수하였다고 할 수 없다.[3]

⑯ 피고인이 히로뽕 제조원료 구입비로 금 3,000,000원을 제1심 공동피고인에게 제공하였는데 공동피고인이 그로써 구입할 원료를 물색 중 적발되었다면 피고인의 소위는 히로뽕제조에 착수하였다고 볼 수 없다.[4]

⑰ 피고인이 행사할 목적으로 미리 준비한 물건들과 옵세트인쇄기를 사용하여 한국은행권 100원권을 사진찍어 그 필름 원판 7매와 이를 확대하여 현상한 인화지 7매를 만들었음에 그쳤다면 아직 통화위조의 착수에는 이르지 아니하였고 그 준비(예비)단계에 불과하다.[5]

⑱ 중앙청 내 개천절 경축식장에서 수류탄을 투척하여 이승만 대통령을 살해할 목적으로 甲이 사직공원에서 실행담당자인 乙, 丙에게 수류탄 2개를 교부하였다고 해도 이를 살인죄의 착수로 볼 수 없다.[6]

⑲ 피고인들이 실제 북한과의 범민족단합대회추진을 위한 예비회담을 하기 위하여 판문점을 향하여 출발하려 하였다면 비록 피고인들이 위 회담의 주체는 아니었다고 하더라도 그 주체와의 의사의 연락하에 위 행위를 하였고 당국의 제지가 없었더라면 위 회담이 반드시 불가능하지는 아니하였던 것이므로 위 피고인들의 소위는 국가보안법 제8조 제4항, 제1항 회합예비죄에 해당하고, 회합장소인 판문점 평화의 집으로 가던 중 그에 훨씬 못 미치는 검문소에서 경찰의 저지로 그 뜻을 이루지 못한 것이라면 아직 반국가단체의 구성원과의 회합죄의 실행에 착수하였다고 볼 수 없다.[7]

(2) 행위의 종료 및 결과발생의 가능

장애미수가 인정되기 위해서는 행위의 종료와 결과발생이 가능하지만 장애에 의하여 행위를 종료하지 못하거나 결과가 발행하지 않아야 한다. 왜냐하면 결과발생이 처음부터 불가능한 경우에는 불능미수 또는 불능범이 성립하기 때문이다.

(3) 범죄의 미완성

장애미수가 인정되기 위해서는 비자의적인 장애로 말미암아 구성요건적 결과가 발생하지 않아야 한다. 결과가 발생한 경우에도 인과관계와 객관적 귀속이 부정되면 미수가 된다.

범죄의 미완성의 유형에는 실행에 착수하였으나 실행행위 그 자체를 종료하지 못한 '착수

---

1) 대법원 1990. 5. 25. 선고 90도607 판결.
2) 대법원 1989. 2. 28. 선고 88도1165 판결.
3) 대법원 1988. 9. 13. 선고 88도55 판결.
4) 대법원 1983. 11. 22. 선고 83도2590 판결.
5) 대법원 1966. 12. 6. 선고 66도1317 판결.
6) 대법원 1956. 11. 30. 선고 4289형상217 판결.
7) 대법원 1990. 8. 28. 선고 90도1217 판결.

미수'와 실행행위는 종료하였으나 결과가 발생하지 아니한 '종료미수'가 있다. 양자는 형법상의 처벌에 있어서 차이는 없지만, 중지미수의 성립요건을 달리한다는 점에서 구별의 실익이 있다.

Ⅲ. 처 벌

(장애)미수범의 형은 기수범의 형보다 감경할 수 있다(제25조 제2항; 임의적 감경).[1] 주관주의에 의하면 행위자의 범죄의사가 존재하므로 기수범과 동일하게 처벌해야 하고, 객관주의에 의하면 기수범과 비교하여 법익침해의 위험성이 적기 때문에 필요적으로 감경해야 한다. 하지만 현행 형법은 객관주의에 따라 형의 감경을 인정하고, 주관주의에 따라 형의 감경을 인정하지 않음으로써 양자를 절충하고 있다.

한편 감경할 경우 주형(主刑)에 대해서만 감경이 가능하고, 부가형이나 보안처분은 감경할 수 없다. 그러나 징역형과 벌금형이 병과된 경우에는 양자 모두 감경할 수 있다.

제 3 절 중지미수

Ⅰ. 서 설

1. 의 의

범인이 실행에 착수한 행위를 자의(自意)로 중지하거나 그 행위로 인한 결과의 발생을 자의로 방지한 경우에는 형을 감경하거나 면제한다(제26조). 이와 같이 중지미수는 필요적 감면의 효과를 인정하여 미수범 가운데 가장 관대하게 취급을 하고 있다.

2. 법적 성격

(1) 형사정책설

형사정책설은 범죄행위의 실행에 착수한 자로 하여금 더 이상 범죄행위를 지속하지 않도록 하여 피해자를 보호하고자 하는 형사정책적인 목표가 중지미수의 규정에 반영되었다고 파

---

1) 대법원 2010. 11. 25. 선고 2010도11620 판결('상습적으로 형법 제329조부터 제331조까지의 죄 또는 그 미수죄를 범한 사람은 무기 또는 3년 이상의 징역에 처한다.'는 특정범죄가중처벌법 제5조의4 제1항이 적용되는 상습절도죄는 상습절도미수 행위 자체를 범죄의 구성요건으로 정하고 그에 관하여 무기 또는 3년 이상의 징역형을 법정하고 있는 점, 약취·유인죄의 가중처벌에 관한 위 법 제5조의2 제6항에서는 일부 기수행위에 대한 미수범의 처벌규정을 별도로 두고 있는 반면 상습절도죄 등의 가중처벌에 관한 같은 법 제5조의4에서는 그와 같은 형식의 미수범 처벌규정이 아닌 위와 같은 내용의 처벌규정을 두고 있는 점을 비롯한 위 규정에 의한 상습절도죄의 입법 취지 등을 종합하면, 위 법 제5조의4 제1항이 적용되는 상습절도죄의 경우에는 형법 제25조 제2항에 의한 형의 미수감경이 허용되지 아니한다). 同旨 대법원 2013. 8. 14. 선고 2013도6018 판결.

악한다. 왜냐하면 이미 미수단계에 이른 행위자는 범죄행위를 계속하지 않을 경우 처벌이 감경 또는 면제된다는 희망을 가질 수 있기 때문이다. 이러한 의미에서 형사정책설을 '황금의 다리이 론'(the golden bridge theory)이라고도 한다.

그러나 행위자가 중지미수의 규정을 알지 못할 경우에는 형사정책적 효과를 달성할 수 없 다는 점[1], 행위자는 자신이 검거되지 않을 것이라고 착각하는 경우가 많다는 점, 형사정책적 이유 중 감면의 이유와 감경의 이유를 구별하기가 어렵다는 점, 독일과 같이 필요적 면제가 아 니라 감경만 할 수 있는 경우도 있기 때문에 처벌의 위험성이 아직은 상존한다는 점[2] 등의 비 판이 제기된다.

(2) 보상설

보상설에 의하면 범죄행위로 나아간 자가 다시 합법의 세계로 되돌아 온 공적을 인정하여 형벌을 감면한다고 파악한다. 이에 따라 보상설은 공적(功績)설, 은사(恩赦)설 등으로 불리기도 한다.

그러나 범죄행위로 나아가지 아니한 일반인의 경우에도 원칙적으로 공적을 인정받지 못하 는 상황에서 일단 범죄행위로 나아간 자에게 공적을 인정한다는 것은 모순이라는 점, 중지자의 공적을 인정한다고 하더라도 그 공적은 중지자가 발생시킨 불법을 상쇄하기에는 충분하지 않 다는 점 등의 비판이 제기된다.

(3) 형벌목적설

형벌목적설에 의하면 자의로 범행을 중지한 사람은 더 이상 사회적 위험성이 없으므로 특 별예방적 관점에서 벌할 수 없고, 범죄인의 처벌을 통해 일반인에 대한 위하도 없으므로 일반 예방적 관점에서도 벌할 수 없다고 파악한다.

그러나 응보도 형벌의 목적이라는 점을 간과하고 있다는 점, 일반예방적 관점에서도 행위 자에게 자신이 발생시킨 결과에 대해서는 책임을 지우는 것이 더 바람직하다는 점, 다음 기회 에 범행을 하기 위해 중지한 자에게는 반사회적 위험성이 아직 존재하므로 특별예방적 관점에 부합하지 않는다는 점, 형벌을 부과할 필요가 없을 경우에만 중지미수를 인정하게 된다면 그 인정범위가 지나치게 협소하다는 점 등의 비판이 제기된다.

(4) 위법성감소 · 소멸설

위법성감소 · 소멸설에 의하면 중지의사가 위법성을 감소 내지 소멸시킨다고 파악한다.

그러나 자의로 중지하였다고 하여 이미 발생한 법익침해나 위태화가 사라지는 것은 아니 기 때문에 위법성의 소멸까지 인정하기는 곤란하다는 점, 중지미수의 효과를 '형을 면제한다.'

---

[1] 하지만 일반인이나 범죄인이 형감면의 내용을 모른다고 단정할 수도 없다. 또한 설사 알지 못한다고 하더라도 국가가 일반인들이 다 아는 정책만 시행해야 할 당위성이나 필요성은 없다. 왜냐하면 어떠한 정책에 대해 일반인 들이 안다는 것은 정책의 효율성에 관한 것에 불과하기 때문이다.

[2] 그리하여 우리나라의 중지미수 규정을 '은빛'다리 이론이라고 부르기도 한다.

가 아니라 '미수로 벌하지 아니한다.'라고 규정하여 이를 위법성조각사유 또는 책임조각사유로 해석할 여지가 있는 독일 형법의 해석론으로는 타당할지 모르지만, 우리나라에 있어서 위법성이 소멸되면 무죄판결을 해야 하는데 실제에 있어서는 형면제의 판결(형사소송법 제322조)을 하고 있는데, 형면제의 판결도 유죄판결의 일종이라는 점, 위법연대의 원칙에 따라 중지하지 않은 공범에게도 중지미수의 규정을 적용해야 하는 불합리가 있다는 점 등의 비판이 제기된다.

(5) 책임감소·소멸설

책임감소·소멸설에 의하면 행위자에게 비난가능성이 감소 내지 소멸된다고 파악한다. 이에 의하면 중지미수는 자기 행위의 가치를 부정하는 규범의식의 각성 또는 중지행위에 나타난 행위자의 인격태도로 인하여 책임이 감소 또는 소멸된다고 한다.

그러나 책임의 소멸까지 인정하기는 곤란하다는 점, 책임이 소멸되면 무죄판결을 해야 하는데 실제에 있어서는 형면제의 판결(형사소송법 제322조)을 하고 있다는 점, 이미 발생한 책임은 사후에 감소 내지 소멸되는 일이 없다는 점 등의 비판이 제기된다.

(6) 결합설

결합설에 의하면 정책설과 법률설을 서로 결합하여 중지미수의 법적 성격을 파악한다. 일반적으로 중지미수의 형의 감경은 법률설에 의하여 설명하고, 형의 면제는 형사정책설에 의하여 설명한다. 예를 들면 위법성감소·소멸설과 형사정책설의 결합설, 책임감소·소멸설과 형사정책설의 결합설, 위법성감소·소멸설과 책임감소·소멸설과 형사정책설의 결합설, 위법성감소설과 책임감소설과 형사정책설의 결합설 등이 이에 해당한다.

그러나 형면제와 형감경의 구별기준이 모호하다는 점, 형의 감경은 법률설에 의하여 설명하고, 형의 면제는 정책설에 의하여 설명하기 때문에 이론상의 일관성이 없다는 점 등의 비판이 제기된다.

(7) 검 토

생각건대 책임감소설과 형사정책설의 결합이 타당하다. 우선 형면제의 경우에는 형사정책설에 의한 설명이 가능하다. 왜냐하면 유죄임에도 불구하고 형면제의 판결을 하는 것은 법적인 관점보다는 정책적인 관점에서 파악하는 것이 타당하기 때문이다. 특히 형법 제328조 제1항의 친족상도례도 중지미수의 법리와 마찬가지로 유죄임에도 불구하고 정책적인 이유에서 형을 면제하고 있다는 점을 참고할 필요가 있다.

다음으로 형감경의 경우에는 책임감소설에 의한 설명이 가능하다. 왜냐하면 행위자에 대한 비난가능성은 개별적인 판단이 가능하며, 자의로 인한 범행의 중지는 비난가능성을 감쇄시키는 기능을 할 수 있기 때문이다. 이에 따라 공범 가운데 자의로 중지한 자에 대하여는 중지미수의 효과가 인정되는 반면에 그렇지 않은 자에 대하여는 장애미수의 효과가 인정되어 책임의 개별화에 부합하게 된다.

II. 성립요건

1. 주관적 요건

(1) 일반적 주관적 요건

중지미수의 경우에도 장애미수와 마찬가지로 고의, 확정적 행위의사, 초과주관적 구성요건요소 등이 필요하다.

(2) 특별한 주관적 요건: 자의성

1) 학설의 대립

① 주관설

주관설[1]은 자의성의 개념을 가장 좁게 파악하는 견해로서, 내부적 동기 중에서 후회, 동정, 연민, 죄책감, 존경심 등 윤리적 동기에 의하여 범죄가 완성되지 아니한 경우에만 중지미수가 성립하고, 그 이외의 경우에는 장애미수가 성립한다고 파악한다. 이는 중지미수의 주관적 성립요건으로서의 자의성을 행위자의 임의적 의사결정의 측면에서 파악하지 아니하고, 자신의 행위를 윤리적으로 부정하는 의사결정의 수준에서 이해하고자 하는 견해이다. 즉 주관설은 자의성을 '행위자의 내부적 동기의 윤리성'으로 파악한다.

하지만 주관설에 대해서는 다음과 같은 비판이 제기된다. ① 현행 형법이 중지미수의 성립요건으로 후회감정과 같은 중지동기의 윤리성을 요구하지도 않는데 중지미수를 불가벌도 아닌 형의 필요적 감면사유로 규정하고 있는 현행 형법 아래에서 자의성에 윤리성을 요구하는 것은 지나치게 엄격한 해석이 되어 타당하지 않다.

② 윤리적 동기에서의 윤리성의 개념이 불명확하여 윤리성의 구체적 기준을 제시하기 어려울 뿐만 아니라 자의성과 윤리성을 동일시함으로써 자의성의 범위를 지나치게 좁게 파악한다.

③ 내부적 동기 중에서 윤리적 동기만을 중요시하는 구체적인 법적 근거를 제시하지 못하고 있다. 또한 중지의 동기에 후회의 감정이 존재하지 않더라도 자발적이거나 적극적인 중지인 경우에는 책임비난이 감소하는 경우도 충분히 상정할 수 있기 때문이다.

② 객관설

객관설은 외부적 사정과 내부적 동기를 구분하여 외부적 사정에 의하여 범죄가 완성되지 않은 경우는 장애미수이고, 내부적 동기에 의하여 범죄가 완성되지 않은 경우는 중지미수라고 파악한다. 따라서 윤리적 동기에 의한 중지뿐만 아니라 범행의 편의성, 성공가능성, 처벌에 대한 두려움, 공포, 당황 등을 고려하여 중지한 경우에도 자의성을 인정한다.

---

1) 주관설이라는 명칭보다는 자의성을 좁게 파악한다는 점에서 '협의설'이라고 하는 것이 더 적절한 표현이라고 주장하는 견해도 있으나 학설의 이름을 칭할 때에는 그 학설의 핵심적인 내용이 드러날 수 있도록 정하는 것이 바람직하다. 따라서 주관설 내지 협의설이라는 명칭보다는 '윤리성설'이라는 명칭이 더 타당하다.

　　하지만 객관설에 대해서는 다음과 같은 비판이 제기된다. ① 행위자의 의사와 전혀 관계가 없는 외부적 사정에 의하여 미수가 성립된 경우를 장애미수라고 하는 것은 이해할 수 있으나, 내부적 동기에 의한 경우를 중지미수라고 단정하는 것은 타당하지 않다. 왜냐하면 인간의 내부적 의사결정은 일반적으로 외부적 사정에 의하여 이루어지는 것이므로 행위자의 내부적 동기가 외부적 사정에 영향을 받아 형성되어 범죄가 완성되지 않았다면 이러한 경우에 중지미수가 인정되는 것은 옳지 못하기 때문이다. 결국 객관설은 외부적 요인에 의한 경우에는 중지미수가 아니라고 하여 너무 협소하게 보는 반면에, 외부적 상황에 대한 내심의 착각으로 인한 중지도 중지미수라고 하여 부당하게 확장할 위험성이 있다.

　　② 행위자의 실행행위의 중지나 결과발생의 방지행위가 외부적 사정에 의한 것인가 또는 내부적 동기에 의한 것인가를 구별하여야 하는데, 이러한 구별이 애매모호한 경우가 대부분이다. 예를 들면 방화범이 자기가 생각한 것보다 더 빨리 불이 붙자 두려움에 방화를 중지한 경우 두려움을 기준으로 한다면 내부적 동기에 해당하지만, 빨리 불이 붙은 상황을 기준으로 한다면 외부적 장애라고 할 수 있다.

　　③ 프랑크의 공식

　　프랑크의 공식(Frankische Formel)[1]은 '할 수 있었음에도 불구하고 하기를 원하지 않아서'(Ich will nicht zum Ziel kommen, selbst wenn ich es könnte) 중지하면 자의에 의한 경우로서 중지미수에 해당하고, '하려고 하였지만 할 수가 없어서'(Ich kann nicht zum Ziel kommen, selbst wenn ich es wollte) 중지하면 비자의에 의한 경우로서 장애미수에 해당한다고 파악한다. 즉 '안 했으면 자의성이 인정되지만, 못 했으면 자의성이 부정되는 것'이다.

　　이에 의하면 외부적 장애가 있는 경우에도 이를 인식하지 못하고 중지한 것이면 중지미수가 되지만, 외부적 장애가 없는 경우에도 행위자가 있는 것으로 오인하고 중지한 것이면 장애미수가 된다. 즉 장애에 의하여 미수에 그친 경우 그 방해는 현실로 존재하는가 아니면 단지 행위자가 상상한 방해인가는 묻지 않는데, 철저하게 행위자의 심리상태를 기준으로 하는 심리학적 이론이다. 결국 프랑크의 공식은 자의성을 '범죄실행의 가능성'으로 파악하여 가능성이 있는 경우에는 자의성을 인정하지만, 가능성이 없는 때에는 자의성을 부정하게 된다.

　　하지만 프랑크의 공식에 대해서는 다음과 같은 비판이 제기된다. ① 일반적으로 '할 수 있다(können)'라는 말의 뜻은 두 가지의 의미로 사용되는데, 그 하나는 행위의 '윤리적 가능성'을 의미하는 경우이고, 다른 하나는 '물리적 가능성'을 의미하는 경우이다. 그런데 프랑크의 공식에서 말하는 '할 수 있다'는 것이 물리적 가능성을 뜻하는지 아니면 윤리적 가능성을 뜻하는지가 명확하지 않다. 예를 들면 자식이 아버지를 향해 발포하는 경우에 있어서 물리적으로는 그것이 가능할 수 있지만, 윤리적으로는 가능하지 않다. 이 경우 프랑크의 공식에 따르면 중지미

---

1) Reinhard Frank, Das Strafgesetzbuch für das Deutsche Reich, Kommentar, 18. Aufl., 1931, S. 97.

수로 볼 것인지 장애미수로 볼 것인지 판단하기 어렵다. 또한 '할 수 있다'라는 범죄실행의 가능성에 대한 판단을 오로지 행위자 자신의 입장에서만 파악하려는 점은 지나치게 행위자의 주관적인 의사를 중요시하는 것이어서 타당하지 않다.

② 프랑크의 공식은 자의성과 행위실행의 가능성을 혼동하고 있으며, 해석하기에 따라 자의성의 범위가 부당하게 확대될 수 있다. 즉 범행가능성은 있으나 행위자가 실제로 그만 두는 것 이외에 다른 선택방법이 없어서 비자의적으로 포기하여 중지한 경우에도 자의성을 인정해야 한다. 예를 들면 甲이 절도를 하던 중 바로 옆집인 자기 집에서 불이 난 것을 보고 범행을 중단한 경우에도 자의성이 인정되므로 부당하다는 것이다.

③ 프랑크의 공식에 의하면 재물의 가치가 너무 적어 절취를 중단한 경우에도 중지미수를 인정하지만, 보상적 가치를 전혀 인정할 수 없는 자율적 포기에도 중지미수를 인정하는 것은 타당하지 않다.

④ 절충설

절충설은 일반사회통념상 범죄수행에 장애가 될 만한 사유가 있어 중지한 경우가 장애미수이지만, 그러한 사유가 없음에도 불구하고 자기의 의사에 의하여 중지한 경우가 중지미수라고 파악한다. 즉 강제적 장애사유가 없음에도 불구하고 행위자의 자율적 동기에 의하여 중지한 때에는 자의성이 인정되지만, 범인의 의사와 관계없이 사태를 현저히 불리하게 만든 장애사유로 인한 타율적인 동기로 중지한 때에는 자의성이 인정되지 않는다. 이와 같이 절충설은 자의성을 '행위자의 의사결정에 대한 사회통념상 임의성'으로 파악한다.

여기서 한 가지 주의할 점은, 자의성의 판단은 객관적 사실을 기준으로 결정되는 것이 아니라 행위자가 주관적으로 인식한 사실을 기초로 판단하여야 한다. 따라서 객관적으로는 장애가 될 수 없는 사실을 장애되는 사실이라고 생각하고 중지하였을 때에는 자의에 의한 중지가 될 수 없지만, 객관적으로 장애사실이 있음에도 불구하고 주관적으로는 이를 알지 못한 채 자율적으로 중지하였을 때에는 중지미수가 된다. 같은 맥락에서 객관적으로는 결과의 발생이 불가능한 경우라고 할지라도 행위자가 주관적으로 가능하다고 오인하고 중지하거나 결과의 발생을 방지한 때에는 중지미수가 될 수 있는데, 이는 불능미수의 중지미수를 인정하는 것이다. 결국 절충설에 의하면 범죄의 완성을 방해하는 장애의 존재 여부와 관계없이 행위자가 자율적 동기에 의하여 범죄를 그만 둔 경우에는 자의성이 인정되지만, 행위자의 의사와 무관하게 발생한 장애로 인하여 타율적으로 범죄를 중지한 때에는 자의성이 부정된다.

하지만 절충설에 대해서는 다음과 같은 비판이 제기된다. ① 일반적인 경험상 범죄수행에 있어서의 장애인지 여부를 구체적으로 판단하는 기준이 일정하지 아니하므로 판단자의 주관에 따라 결론이 달라질 수 있고, 소위 '일반적인 경험'이라는 기준이 애매하다. 예를 들면 절도범이 어떤 금고 안에 수천만원의 현금이 보관되어 있다는 이야기를 듣고 금고를 열어 보았으나 십만

원밖에 들어 있지 않은 사실에 실망하여 절취하지 않은 경우에 사회일반의 경험상 어떠한 판단이 내려질지는 미지수이다.

　② 오로지 행위자의 심리적 태도만을 기준으로 필요적 감면이유인 보상적 취지에 배치되는 경우에도 자의성을 인정해야 한다는 비판이 제기된다.

　③ 자의성이라는 개념 자체가 '행위자의 내부적 의사'를 떠나서는 거론될 수 없는 성질의 것인데, 절충설은 이 점을 도외시하고 사회일반의 경험적 판단에 의존하는 것은 본질을 벗어난 것이다.

　⑤ 규범설

규범설은 자의성을 순수한 평가문제로 파악하여 범행을 중지하게 된 내심적 태도를 처벌이라는 관점에서 평가하여 자의성을 판단해야 한다고 파악한다. 즉 자의성과 비자의성을 구별하는데 있어서 앞에서 설명한 학설은 모두 심리학적 방법론에 따라 검토하여 왔으나, 규범설은 자의성과 비자의성의 구별을 단순히 심리학적으로만 설명하여서는 안 되며, 중지미수의 형을 감면하는 법규범의 취지와 부합되는지 여부에서 찾는다.

중지미수의 형을 감면하는 이유로는 범인의 범행중지에 대한 보상적 성격을 부인할 수 없다. 그렇다면 논리적으로 보아 범행중지자의 심리적 자유 여부가 아니라 중지의 동기가 그에 상응하는 보상을 받을 만한 평가를 받을 수 있는지 여부가 중요하다. 만일 행위자가 오직 덜 위험한 방법으로 또는 보다 나은 방법으로 목적을 달성하기 위해서 범행에 즉시 나아가지 않았다면 이러한 행위자의 중지행위는 어떠한 보상의 가치도 인정될 수 없는 것이다.

한편 심리적으로 행위중지가 강제되었다고 하더라도 행위자가 자기행위를 기수시점까지 계속 수행할 수 있는 한 중지미수범이 될 수 있다. 반면에 계속적인 행위수행이 불가능하다면 심리적인 강제가 없었다고 하더라도 자의적인 중지라고 볼 수 없을 것이다. 왜냐하면 중지미수는 계속적인 행위수행의 가능성을 전제로 하고 있기 때문이다.

그러므로 중지미수를 인정하고 있는 형법의 목적(중지미수의 형의 감면근거)과 범행의 중지사유가 일치되는 범위 내에서 중지미수가 인정되어야 한다. 이러한 제한을 통하여 단지 행위자의 자율적 동기 여부에 따라 자의성을 판단함으로써 야기되는 문제점을 제거할 수 있다.

하지만 규범설에 대해서는 다음과 같은 비판이 제기된다. ① 규범적 기준이 명백한 것도 아니고, 이에 의하더라도 자의성은 합법성 또는 윤리성을 요구하는 결과를 초래하며, 중지미수를 벌하지 않는 독일 형법과는 달리 이를 감경 또는 면제하도록 한 우리 형법의 해석에 있어서 합법성으로의 회귀(Rücktritt in die Legalität)[1]나 법의 궤도로의 회귀(Rückkehr in die Bahnen des Rechts)[2]가 있어야 자의성을 인정해야 할 이유가 없다. ② 범죄의사의 종국적 포기가 없으면 중지미수가 인정될 수 없다고 보는 것은 타당하지 않다. ③ 자의성을 판단하는 하나의 막연한 '관

---

[1] Roxin, Rücktritt vom unbeendeten Versuch, Festschrift für E. Heinitz, 1972, S. 255.

[2] Klaus Ulsenheimer, Grundfragen des Rücktritt vom Versuch in Theorie und Praxis, 1976, S. 314.

점'을 제시하는 것에 불과하고, 자의성을 판단하는 '방법'에 있어서 구체적인 기준을 제시해 주지 못한다.

⑥ 비례적 자율성설

비례적 자율성설은 중지미수의 자의성을 심리적 기준이 아닌 '법률적 기준'에 따라 행위자의 '자율적 동기'와 '타율적 동기'를 전체상황을 고려해서 서로 비교형량 할 때에 자율적 동기가 타율적 동기보다 현저하게 많은 경우에 한해서 중지미수를 인정하려고 한다. 여기서 자율성은 윤리적 동기를 필요로 하지 않는다. 한편 중지의 동기가 자율적인지 타율적인지 분명하지 않은 경우에는 '의심스러울 때는 피고인의 이익으로(in dubio pro reo)'라는 원칙에 따라 중지미수로 파악한다.

2) 판례의 태도

판례는 「중지미수는 범죄의 실행행위에 착수하고 그 범죄가 완수되기 전에 자기의 자유로운 의사에 따라 범죄의 실행행위를 중지하는 것으로서 장애미수와 대칭되는 개념이다. 중지미수와 장애미수를 구분하는데 있어서는 범죄의 미수가 자의에 의한 중지이냐 또는 어떤 장애에 의한 미수이냐에 따라 가려야 하고, 특히 자의에 의한 중지 중에서도 일반사회통념상 장애에 의한 미수라고 보여지는 경우를 제외한 것을 중지미수라고 풀이함이 일반이다.」라고 판시[1]하여, 절충설에 입각한 것처럼 보이지만, 실제에 있어서는 주관설에 가까운 입장을 취하고 있다고 분석된다.

판례에 의하면, ① 피고인이 상피고인과 함께 대전역 부근에 있는 공소외인이 경영하는 천광상회 사무실의 금품을 절취하기로 공모하여 피고인은 그 부근 포장마차에 있고 원심 상피고인은 천광상회의 열려진 출입문을 통하여 안으로 들어가 물건을 물색하고 있는 동안 피고인은 자신의 범행전력 등을 생각하여 가책을 느낀 나머지 스스로 결의를 바꾸어 공소외인에게 상피고인의 침입사실을 알려 그와 함께 상피고인을 체포하여서 그 범행을 중지하여 결과발생을 방지한 경우[2], ② 피고인이 피해자를 강간하려고 하다가 피해자가 다음 번에 만나 친해지면 응해 주겠다는 취지의 간곡한 부탁으로 인하여 그 목적을 이루지 못했으며, 그 후 피고인은 피해자를 자신의 차에 태워 집에까지 데려다 준 사실이 있는 경우[3] 등

---

1) 대법원 1999. 4. 13. 선고 99도640 판결; 대법원 1997. 6. 13. 선고 97도957 판결; 대법원 1993. 10. 12. 선고 93도 1851 판결; 대법원 1985. 11. 12. 선고 85도2002 판결.

2) 대법원 1986. 3. 11. 선고 85도2831 판결(천광상회사건). 이 사건에서 피고인에게는 중지미수가 인정되어 형면제의 판결이 선고되었다.

3) 대법원 1993. 10. 12. 선고 93도1851 판결(친해주면응해줄게사건)(甲은 22:00경 乙녀(36세) 경영의 식당에서 건물주인인 丙과 식사를 하던 중 乙녀를 보고는 욕정을 느껴 丙에게 소개시켜 줄 것을 요구하자, 丙이 乙에게 甲이 같이 술을 한 잔 하자고 하니 같이 나가라고 종용하여 건물주인인 丙의 종용을 거절치 못한 乙녀는 세 명이 같이 술을 마시는 것으로 오인하고 이에 응하자, 甲은 자신이 운전하는 화물자동차에 乙녀를 태우고 남해고속도로를 경유하여 여관 차고지에 이르러 乙녀에게 여관에 들어갈 것을 요구하였으나 乙녀가 이를 거절하자 강간할 마음을 먹고 주먹으로 乙녀의 안면부를 2회 때리고 소리를 지르지 못하도록 목을 누르는 등 乙녀의 항거를 불능케 한 다음 乙녀의 반지와 팬티를 무릎밑까지 내린 후 그녀의 배 위에 올라타 강간하려 하였으나 乙녀가 다음 번 친해지면 응해주겠다면서 강간하지 말 것을 간곡히 부탁하자 이에 甲은 간음을 중지하고 乙녀를 차에 태워 집에까지 데려다 주었다).

에 있어서는 중지미수를 인정하고 있다.

하지만 ① 피고인이 공소외인에게 위조한 주식인수계약서와 통장사본을 보여주면서 50억원의 투자를 받았다고 말하며 자금의 대여를 요청하였고, 이에 공소외인과 함께 50억원의 입금 여부를 확인하기 위해 은행에 가던 중 은행 입구에서 차용을 포기하고 돌아간 경우[1], ② 피고인이 피해자를 살해하려고 그의 목 부위와 왼쪽 가슴 부위를 칼로 수 회 찔렀으나 피해자의 가슴 부위에서 많은 피가 흘러나오는 것을 발견하고 겁을 먹고 그만 두는 바람에 미수에 그친 경우[2], ③ 피고인이 장롱 안에 있는 옷가지에 불을 놓아 건물을 소훼하려 하였으나 불길이 치솟는 것을 보고 겁이 나서 물을 부어 불을 끈 경우[3], ④ 피고인이 두려움으로 항거불능의 상태에 있는 피해자의 양 손을 뒤로 하여 기저귀로 묶고 눈을 가린 후 하의를 벗기고 강간하려고 하였으나 잠자던 피해자의 어린 딸이 깨어 우는 바람에 도주하였고, 또 다른 피해자를 강간할 마음을 먹고 두려움으로 항거불능의 상태에 있는 피해자에게 옷을 벗으라고 협박하여 피해자를 강간하려고 하였으나 피해자가 시장에 간 남편이 곧 돌아온다고 하면서 임신중이라고 말하자 도주한 경우[4], ⑤ 피고인 甲, 乙, 丙이 강도행위를 하던 중 피고인 甲, 乙은 피해자를 강간하려고 작은 방으로 끌고 가 팬티를 강제로 벗기고 음부를 만지던 중 피해자가 수술한 지 얼마 안 되어 배가 아프다면서 애원하는 바람에 그 뜻을 이루지 못한 경우[5], ⑥ 범행 당일 미리 제보를 받은 세관직원들이 범행장소 주변에 잠복근무를 하고 있어 그들이 왔다 갔다하는 것을 본 피고인이 범행의 발각을 두려워한 나머지 자신이 분담하기로 한 실행행위에 이르지 못한 경우[6], ⑦ 피고인 등의 이 사건 범행은 원료불량으로 인한 제조상의 애로, 제품의 판로문제, 범행탄로시의 처벌공포, 원심 공동피고인의 포악성 등으로 인하여 히로뽕 제조를 단념한 경우[7], ⑧ 피고인이 기밀탐지임무를 부여받고 대한민국에 입국 기밀을 탐지 수집 중 경찰관이 피고인의 행적을 탐문하고 갔다는 말을 전해 듣고 지령사항수행을 보류하고 있던 중 체포된 경우[8] 등에 있어서는 중지미수를 부정하고 있다.

3) 검 토
① 자의성의 해석시 전제사항

형법 규정이 지향하는 '목적'과 그 목적에 포섭될 수 있는 '대상'과 그 대상을 밝혀내는 '방법'은 엄연히 구별을 해야 한다. 먼저 우리 형법이 규정하고 있는 중지미수 규정의 입법목적을 살펴보자. 중지미수의 입법취지는 범죄자로 하여금 정상적인 법의 세계로 되돌아오게 하는 점

---

1) 대법원 2011. 11. 10. 선고 2011도10539 판결(이는 피고인이 범행이 발각될 것이 두려워 범행을 중지한 것으로서, 일반 사회통념상 범죄를 완수함에 장애가 되는 사정에 해당한다고 보아야 할 것이므로, 이를 자의에 의한 중지미수라고는 볼 수 없다).
2) 대법원 1999. 4. 13. 선고 99도640 판결(많은피흐른사건).
3) 대법원 1997. 6. 13. 선고 97도957 판결(치솟는불길사건).
4) 대법원 1993. 4. 13. 선고 93도347 판결(시장간남편온다사건).
5) 대법원 1992. 7. 28. 선고 92도917 판결(수술배아프다사건)(피고인들이 간음행위를 중단한 것은 피해자를 불쌍히 여겨서가 아니라 피해자의 신체조건상 강간을 하기에 지장이 있다고 본데에 기인한 것이므로, 이는 일반의 경험상 강간행위를 수행함에 장애가 되는 외부적 사정에 의하여 범행을 중지한 것에 지나지 않는 것으로서 중지범의 요건인 자의성을 결여한 것이라고 보아야 할 것이다).
6) 대법원 1986. 1. 21. 선고 85도2339 판결(잠복근무사건).
7) 대법원 1985. 11. 12. 선고 85도2002 판결(히로뽕제조단념사건).
8) 대법원 1984. 9. 11. 선고 84도1381 판결(지령보류중체포사건).

과 계속적인 범행수행을 형사정책적 입장에서 방지함으로써 피해자의 법익보호에 기여하도록
하는데 있다. 그렇기 때문에 범죄행위자의 윤리적 측면과 배치된다고 하더라도 자의성을 인정
함으로써 피해자의 법익을 보호하는 기능을 수행한다. 만일 이러한 퇴로를 완전히 차단해 버린
다면 범죄인은 범행을 완수하게 될 것이며, 그로 인한 법익침해의 폐해는 개개의 범죄인에게
중지미수의 특례를 인정하는 대가보다 훨씬 커지게 될 것이다. 이러한 목적에 비추어 중지미수
에서 '자의로'라는 문구의 해석을 할 때에 우선 다음과 같은 점을 전제로 두고 살펴보아야 한다.

　　첫째, 중지미수의 규정은 피고인에게 유리한 규정이라는 점이다. 중지미수의 법적 효과는
필요적 감면으로서 미수범의 형태 중에서 가장 관대하다. 우리 형법은 제10조 제3항에서도 '자
의로'라는 용어를 사용하고 있다. 그러나 동일한 용어라고 해서 그 해석까지도 동일해서는 안
된다. 그 규정의 입법목적을 살펴 어느 정도의 탄력적인 해석이 가능하다면, 또 그것이 피고인
에게 유리하게 해석된다면 엄격한 기준으로 동일하게 해석할 것은 아니다. 제26조의 '자의로'는
제10조 제3항의 '자의로'와는 달리 피고인에게 유리한 입법목적을 가지고 있다. 따라서 확장해
석을 하더라도 그것이 문언의 가능한 의미를 벗어나지 않는 한 정당한 해석이 될 수 있다.

　　둘째, 우리 형법상 중지미수의 규정을 해석할 때에는 우리 법에 맞는 해석론을 시도해야
한다. 앞에서 소개한 대부분의 학설들은 주로 독일에서 주장되어 온 학설들로서 중지미수의 규
정체계가 우리나라와 다른 독일에서나 논의의 실익이 있는 학설이지, 우리나라에서는 그 인정
실익이 희박하거나 아예 없는 것도 있다.[1] 예를 들면 독일[2]에서는 중지미수에 해당하면 필요
적 면제의 효과를 부여하기 때문에 중지미수의 성립요건에 대한 해석이 보다 엄격할 필요가 있
으나, 우리나라에서는 필요적 감면의 효과를 인정하기 때문에 독일에서와 같이 엄격한 해석을
요하지 아니한다.

　　생각건대 형법 규정이 지향하는 목적에 부합되게 제26조에 대한 해석은 피고인에게 엄격
해서는 안 되고, 될 수 있는 한 완화된 심사방법을 통해 규정의 취지를 살리는 것이 중요하다.
이러한 의미에서 규범설은 그 독자적인 학설의 의미를 상실했다고 볼 수 있다. 즉 어떠한 법 조
항을 해석할 때에는 그 조항 자체만이 아니라 입법목적이나 경위 등을 고려하여 해석하는 것은

---

1) 중지미수에 관한 규정은 각국의 입법례에 따라 차이를 보이고 있다. 독일 형법(제24조 제1항)과 오스트리아 형법
(제16조)은 중지미수를 벌하지 않는다. 그리고 스위스 형법(제21조 제2항, 제22조 제2항)은 착수미수와 실행미수
를 구별하여, 착수미수의 중지는 불가벌이지만, 실행미수의 중지는 형을 감경할 수 있도록 하고 있다. 우리나라
형법은 일본 형법과 마찬가지로 중지미수에 관하여 형을 감경 또는 면제하도록 규정하고 있는데, 이는 절충적인
입법이라고 할 수 있다.

2) 독일 형법 제24조 제1항 제1문은 'Wegen Versuchs wird nicht bestraft, wer freiwillig die Ausführung der Tat
aufgibt oder deren Vollendung verhindert'(자의로 범행의 계속적인 실행을 포기하거나 그 범행의 기수를 방지한
자는 미수로 벌하지 아니한다)라고 규정되어 있다. 이러한 법적 효과가 지나치게 관대하다고 생각되는 경우에
대비하여 독일 형법학에서는 중지범 이전까지 실현된 범죄행위에 대하여 해석상으로 그 처벌을 인정하고 있다.
중지범이 인정되어 일단 문제의 미수범을 범죄불성립으로 처리하기로 하였으나 이미 실행된 범행부분이 그 자체
로 기수범을 구성하는 경우가 있다. 이러한 경우를 가리켜 독일 형법학계에서는 '가중적 미수'라고 한다. 하지만
독일과 달리 우리나라에서는 중지미수에 대하여 범죄불성립의 효과를 부여하고 있지 않다.

당연한 것이다. 이러한 것은 규범설이라는 학설을 취하지 않고서라도 법해석자가 판단 시에 법해석의 전제로써 충분히 고려할 수 있다.

한편 중지미수의 효과가 필요적 감면이기 때문에 중지미수범에게 형벌을 과하지 않게 되는 불합리가 생기게 될 경우가 있지 않을까 하는 우려가 있을 수는 있다. 그러나 실제로 형 면제의 효과를 받는 피고인은 쉽게 찾을 수 없을 것이다.[1] 왜냐하면 범죄의 실행에 착수하여 어느 정도의 단계까지 이른 자를 아예 범죄의 예비·음모도 하지 않은 선량한 일반시민의 자격으로 되돌린다는 것은 상상하기 어려운 극히 예외적인 사안에 한해서만 일어날 수 있기 때문이다. 일반적으로 중지미수가 인정된다면 피고인에게는 형 감경의 효과가 인정될 것이다.

결국 중지미수가 형감경되는 경우에는 다음과 같이 처리하여야 한다. 첫째, 경한 기수범죄가 포함된 중한 범죄의 중지미수 형태로서의 법조경합의 경우, 예컨대 살인행위를 중지하였으나 상해의 결과가 발생한 때에는 중한 살인죄의 중지미수범으로 처벌하면 족하며 경한 상해죄는 이에 흡수된다. 둘째, 상상적 경합의 경우에 행위자는 종국적으로 해당 범죄의 중지미수를 통한 감경된 법정형과 다른 범죄의 법정형을 서로 비교하여 중한 죄로만 처벌된다.

② 자의성 판단의 구체적 기준

중지미수의 자의성을 논의할 때 어느 학설을 취해야 한다는 문제는 그다지 중요하지 않다. 왜냐하면 우리나라의 다수설이 취한다고 하는 절충설을 보더라도 자의성의 세부적인 기준에 들어가서는 명확한 해답을 보여주지 못하고 있는 실정이기 때문이다. 보다 중요한 문제는 자의성 인정 여부를 판단할 수 있는 구체적인 기준을 설정하는 것이다.

'자의성'을 논의할 때 출발점은 문자 그대로의 의미를 밝히는 것이다. '자의로'라는 용어는 '스스로, 몸소'를 의미하는 '自'와 '생각하다'를 의미하는 '意'가 결합된 말로서 '스스로 생각하다'라는 뜻이다. 즉 자기 스스로 생각해서 자기의 의지로 실행행위를 중지한 것이 중지미수이며, 그 이외의 사유로 중지한 것은 중지미수가 아니다. 여기에 위에서 살펴본 우리 형법의 입법목적을 가미해서 뜻을 헤아려 보자. 제26조의 해석을 피고인에게 유리하게(이것은 어떻게 보면 피해자에게도 유리하게 될 수 있을 것이다) 해석한다는 견지에서 '자의로'라는 말의 앞부분에 다음과 같은 말이 생략되어 있다고 생각해 볼 수 있다. '(외부적인 타의가 자의의 지배력을 마비시키지 않을 정도로 혼재된) 자의로'라고 말이다.

이에 따라 피고인의 범죄에 대한 중지동기가 밝혀진 경우, 그 동기가 자율적 동기로만 인정된다면 중지미수가 인정될 수 있다. 그러나 타율적 동기로만 인정된다면 중지미수는 인정될

---

1) 이에 대하여 중지미수가 형면제 되는 경우에는 이미 결과가 발생한 부분행위에 대해서는 행위자의 고의가 포섭되는 범위 내에서는 기수범으로 처벌하여야 한다고 하면서, 이미 칼로 찔러 상해를 입힌 살인의 중지미수로서 형이 면제된 경우에는 상해죄로 처벌할 수 있다고 하는 견해도 있는데, 이는 현실에 있어서 거의 발생할 수 없는 일이다. 왜냐하면 살인을 하기 위하여 상해의 기수까지 이른 범죄자를 중지미수라고 하여 형면제 하는 경우(형감경이라면 모를까)는 상정할 수 없기 때문이다. 중지미수에 대하여 형을 면제한 유일한 사례로는 대법원 1986. 3. 11. 선고 85도2831 판결(천광상회사건)이 있다.

수 없다. 이와 같이 중지동기가 명확히 구분된다면 중지미수의 인정 여부는 쉽게 판단할 수 있다. 문제는 이러한 중지동기가 명확히 밝혀지지 않는 경우이다. 즉 자율적 동기와 타율적 동기가 혼재되어 있는 경우에 위에서 제시한 생략된 말을 상기해 보자는 것이다.

인간이 특정한 행위를 하기 위해서는 수많은 이유가 있을 수 있다. 인간의 행위가 오직 단하나의 이유 내지 동기만으로 행해지는 경우는 거의 없다. 또한 이러한 동기는 외부적 요인과 내부적 요인이 서로 결합하여 이루어진다. 중지미수의 자의성을 판단하는 방법도 이러한 관점에서 생각해야 한다. 즉 행위자가 범죄의 실행에 착수하여 그 행위를 그만 둔 경우에도 여러 가지 원인이 있을 수 있다. 또한 그 원인이 오직 내부적인 원인에 기인했다든가 또는 오직 외부적인 원인에 기인했다고 단정한다는 것은 매우 어리석은 일이다. 여러 가지 내·외부적인 원인이 서로 결합하여 하나의 행위를 이룬다는 것을 생각해야 한다.

이러한 점을 염두에 둔다면 앞에서 소개한 여러 학설들은 행위자가 중지한 원인을 단 한가지 밖에 상정하지 않는다는 오류를 범하고 있다. 주관설은 중지의 동기로 윤리적인가 아닌가, 객관설은 중지의 동기로 내부적 사정인가 아닌가, 절충설은 중지의 동기로 사회통념상 장애가 존재하는가 아닌가 하는 식이다. 이러한 방식으로는 중지미수의 자의성을 판단할 수 없다.

결국 행위자가 그러한 중지의 행위로 나아가게 된 원인을 모두 밝혀내는 것이 급선무이다. 그러한 원인으로 단 하나의 원인이 있을 수는 없고, 순수하게 내부적인 원인만이 있을 수도 없다. 내부적인 여러 원인과 외부적인 여러 원인이 상호작용을 통해서 하나의 행위로 표출되는 것이다. 외부적 사정이 내부적 동기를 통하여 중지에 영향을 미치기 때문에 외부적 사정과 내부적 동기를 대립시키는 것은 타당하지 않다는 점에서 앞에서 논의한 학설들은 타당하지 않다.[1] 우리나라의 경우처럼 중지미수를 필요적 감면으로 규정하고 있는 경우에는 범행을 중지할 경우에 자율적 동기가 주로 작용한 동시에 타율적 동기도 약간 작용했을 때에는 서로 충돌하는 두 가지의 동기가 갖는 가치를 전체상황을 고려해서 형을 감경할 수 있다.

또한 자의성의 판단은 객관적·외부적 사실을 기준으로 결정되는 것이 아니라 행위자가 주관적으로 인식한 사실을 기초로 판단하여야 한다. 따라서 객관적으로는 장애가 있었으나 이를 인식하지 못하고 중지한 경우에는 자의성이 인정되지만, 객관적으로는 장애가 없었으나 행위자는 장애가 있다고 오인하고 중지한 경우에는 자의성이 인정되지 아니한다.

이러한 의미에서 비례적 자율성설은 자의성 판단의 기준과 방법을 잘 제시해주고 있다. 이에 의하면 중지미수의 자의성은 범죄실행에 특별한 장애사유가 있다고 하더라도 성립될 수 있다. 결국 이러한 장애사유와 스스로 중지하게 된 내적 동기를 서로 비교형량하여 자율적으로

---

1) 의사형성의 계기는 내심(양심의 가책, 수치심, 능동적 후회, 흥분, 더 나은 통찰, 용기의 상실)으로부터 유래할 수도 있지만 외부사정(방해, 발각, 면식)으로부터도 유래할 수 있다. 그 외부사정이 행위자의 원래의 의사지배력을 마비시킬 정도로 작용했다면 자의성은 부인되지만, 그렇지 않은 상태에서 자발적으로 범행을 중단했다면 자의성은 인정된다. 따라서 의사형성의 계기가 외부로부터 유래되었다고 해서 자의성을 배제할 필연적인 이유가 되지는 아니한다.

중지한 사유의 비중이 크다면 자의성을 인정해도 무방하다.

2. 객관적 요건

(1) 실행의 착수

중지미수가 성립하기 위해서는 장애미수와 마찬가지로 실행의 착수가 인정되어야 한다.

(2) 실행의 중지 또는 결과발생의 방지

1) 착수미수와 실행미수

① 착수미수

'착수미수'(着手未遂)란 행위자가 실행에 착수하였으나 실행행위를 종료하지 못한 경우를 말하는데, 이를 '미종료미수'(未終了未遂)라고도 한다. 이 경우에는 더 이상의 행위를 하지 않는 단순한 부작위에 의해서 결과발생의 방지가 가능하다.

② 실행미수

'실행미수'(實行未遂)란 행위자가 실행에 착수하여 실행행위를 종료하였으나 결과가 발생하지 아니한 경우를 말하는데, 이를 '종료미수'(終了未遂)라고도 한다. 이 경우에는 결과의 발생을 적극적으로 방지하지 않으면 안 되므로 결과발생을 방지하기 위한 적극적인 기여와 노력이 요구되는데, 이것이 착수미수와 실행미수의 구별실익이다. 이와 같이 실행미수의 중지범이 인정되기 위해서는 실행에 착수한 행위를 중지하는 부작위만으로는 부족하고, 행위자가 자의로 결과발생을 방지하는데 객관적으로 상당한 행위를 통하여 인과의 진행을 차단하기 위한 적극적이고 진지한 결과방지 행위가 있어야 한다.

③ 착수미수와 실행미수의 구별

㉠ 주관설

주관설은 실행의 착수시 행위자의 계획에 비추어 실행을 계속하도록 되어 있는 경우에는 착수미수가 되고, 계획된 모든 행위가 완료되었으나 결과가 발생하지 않은 경우에는 실행미수가 된다고 파악한다. 그러므로 실행의 착수시에 행위자가 계획했던 행위를 모두 종료해야 실행이 종료된다.

하지만 계획적 범행의 경우에는 실행의 종료시기가 늦어져 중지미수가 성립할 가능성이 커지고, 우발적 범행의 경우에는 실행의 종료시기가 빨라져 중지미수가 성립할 가능성이 적어진다는 점, 객관적인 요소를 고려하지 않는다는 점 등에서 비판이 제기된다.

㉡ 객관설

객관설은 행위사의 의사는 묻지 않고 객관적으로 결과를 발생시킬 수 있는 행위가 종료되었으면 실행이 종료되었다고 파악한다. 이 경우 행위자가 그 행위만으로 결과발생이 될 수 있다는 것을 알았는지의 여부는 묻지 아니한다.

하지만 자의성이라는 주관적 요건을 무시한다는 비판이 제기된다.

ⓒ 절충설

절충설은 행위자의 의사와 행위 당시의 객관적인 상황을 모두 고려하여 결과를 발생시킬 수 있는 행위가 종료되었으면 실행이 종료되었다고 파악한다. 이에 따라 행위자가 실행할 행위가 더 있는 경우 이미 실행한 행위와 아직 실행하지 못한 행위가 하나인 경우에는 착수미수, 이미 실행한 행위와 아직 실행하지 못한 행위가 다른 행위인 경우에는 실행미수로 각각 파악한다.

ⓓ 검 토

생각건대 절충설이 타당하다. 문제는 실행의 종료시기를 언제로 파악할 것인가인데, 이는 실행의 착수시기를 판단하는 기준과 마찬가지로 주관적 객관설을 취하는 것이 타당하다. 즉 행위자의 범행계획을 고려하여 법익침해의 직접적 행위가 종료되었을 때 실행이 종료된다.

2) 착수미수의 중지

① 실행행위의 중지

'착수미수의 중지'란 실행에 착수한 행위를 실행행위의 종료 전에 자의로 중지하는 경우를 말한다. 작위범의 경우에는 행위의 계속을 포기하는 부작위가, 부작위범의 경우에는 명령된 작위의무의 이행이 각각 중지행위로 평가된다.

② 범행의 종국적 포기 여부

중지미수를 처벌하지 아니하는 독일과 달리 우리나라는 형을 필요적으로 감면하고 있으므로 행위자가 잠정적으로 범행을 중지한 경우에도 중지미수가 성립할 수 있다는 점, 중지를 종국적 포기라고 해석하는 것은 피고인에게 불리한 축소해석이라는 점, 피해자 보호를 위해서는 어떠한 동기에 의하든 실행의 계속을 그만두는 것이 유리하다는 점 등에서 범행의 종국적 포기를 요하지는 아니한다.

③ 결과의 불발생

중지행위로 인하여 결과가 발생하지 않아야 한다. 만약 행위의 계속을 중단하였음에도 불구하고 결과가 발생한다면 이미 기수에 이른 것이 되어 중지미수가 성립할 여지가 없다. 다만 이러한 경우 행위자의 중지행위는 양형에서 고려될 수 있을 것이다.

3) 실행미수의 중지

① 결과발생의 방지

'실행미수의 중지'란 실행에 착수한 행위 그 자체는 종료하였지만 그 행위로 인한 결과의 발생을 자의로 방지하는 경우를 말한다. 여기서 방지행위는 인과관계의 진행을 의식적으로 중단시키는 진지한 노력에 의한 적극적인 행위일 것이 요구된다(적극성). 따라서 단순한 소극적인 부작위로는 부족하다. 또한 방지행위는 결과의 발생을 방지하는데 객관적으로 적합한 행위이어야 한다(상당성). 그리고 방지행위는 원칙적으로 행위자 자신이 할 것을 요한다(직접성).

하지만 방지행위가 행위자의 진지한 주도하에 행해지고, 제3자에 의한 결과방지가 행위자 자신이 결과를 방지한 것과 동일시될 수 있을 정도인 때에는 타인의 도움을 받아도 무방하다. 이 경우에 그 타인은 행위자로 인하여 행위하였음을 요한다.

② 결과의 불발생

방지행위로 인하여 현실적으로 결과의 발생이 방지되어야 한다. 그러므로 결과발생의 방지를 위한 노력에도 불구하고 결과가 발생하면 기수가 되어 중지미수는 성립할 여지가 없다. 다만 이러한 경우에는 양형참작사유로 고려될 수는 있다.

판례에 의하면, ① 대마관리법 제19조 제1항 제2호, 제4조 제3호 위반죄는 대마를 매매함으로써 성립하는 것이므로 설사 피고인이 대마 2상자를 사가지고 돌아오다 이 장사를 다시 하게 되면 내 인생을 망치게 된다는 생각이 들어 이를 불태웠다고 하더라도 이는 양형에 참작되는 사유는 될 수 있을지언정 이미 성립한 죄에는 아무 소장이 없어 이를 중지미수에 해당된다고 할 수 없다.[1]
② 타인의 재물을 공유하는 자가 공유자의 승낙을 받지 않고 공유대지를 담보에 제공하고 가등기를 경료한 경우 횡령행위는 기수에 이르고 그 후 가등기를 말소했다고 하여 중지미수에 해당하는 것이 아니다.[2]
③ 위조약속어음인 정을 알고 그것을 행사할 의사가 있는 자임을 알면서 그 위조약속어음을 교부하였다면 후에 이를 다시 회수하려고 노력하였다고 하더라도 위 자가 이를 행사하였다면 피고인은 위 자와 위조약속어음의 행사죄와 사기죄의 공동정범에 해당한다.[3]

③ 인과관계

결과발생의 방지행위와 결과의 불발생 사이에는 인과관계가 있어야 한다. 그러므로 행위자의 방지행위가 아닌 다른 원인에 의하여 결과가 발생하지 않은 경우에는 원칙적으로 중지미수가 될 수 없다.

한편 발생한 결과에 대해서 인과관계가 없거나 객관적 귀속이 부정되면 결과가 발생한 경우에 해당되지 아니한다. 이 경우 그 방지행위에 의하여 결과발생이 방지될 수 있었다고 인정될 때에는 중지미수가 성립할 여지가 있다.

4) 불능미수에 대한 중지미수

결과발생이 처음부터 불가능하지만 행위자가 이를 모르고 결과방지를 위한 진지한 노력을 한 때에도 중지미수가 성립할 수 있는지 여부가 문제된다. 이와 관련하여, ① 행위자의 방지행위에 의하여 결과가 발생하지 않은 것이 아니라는 점을 논거로 하여, 중지미수의 성립을 부정하는 소극설, ② 불능미수의 형은 임의적 감면이지만 중지미수의 형은 필요적 감면이므로 소극

---

1) 대법원 1983. 12. 27. 선고 83도2629 판결.
2) 대법원 1978. 11. 28. 선고 78도2175 판결.
3) 대법원 1970. 2. 10. 선고 69도2070 판결.

설에 의하면 결과발생의 위험성은 적은데 결과방지를 위한 노력은 동일한 경우를 결과발생의 위험성이 큰 경우보다 중하게 취급한다는 불균형이 발생한다는 점을 논거로 하여, 중지미수의 성립을 인정하는 적극설 등의 대립이 있다.

이에 대하여 판례는 「장애미수 또는 중지미수는 범죄의 실행에 착수할 당시 실행행위를 놓고 판단하였을 때 행위자가 의도한 범죄의 기수가 성립할 가능성이 있었으므로 처음부터 기수가 될 가능성이 객관적으로 배제되는 불능미수와 구별된다.」라고 판시[1]하여, 소극설의 입장을 취하고 있다.

생각건대 적극설이 타당하다. 불능미수의 중지미수를 인정하지 않는다면, 결과발생이 가능한 상황에서 중지하면 중지미수가 되지만, 결과발생이 불가능한 상황에서 중지하면 중지미수가 아니라 불능미수만이 성립하게 된다. 그런데 전자의 상황이 후자의 상황보다 위험성이 크다고 할 수 있음에도 불구하고 그 법적 효과는 오히려 경하게 취급하는 것은 불합리하기 때문에 불능미수의 중지미수를 인정할 실익이 존재한다.

Ⅲ. 효 과

1. 필요적 감면

중지미수범의 형은 기수범보다 필요적으로 감면한다. 그리고 착수미수와 실행미수의 중지범에 대한 형의 차이는 없다. 중지미수에서 형벌의 감경 또는 면제는 인적 처벌감경 또는 조각사유에 해당한다. 그러므로 실제 중지행위를 한 행위자에게만 중지미수의 규정이 적용되고, 다른 공범자에게는 이를 적용하지 아니한다. 다만 다른 공범자에게는 장애미수가 성립할 여지가 있다.

2. 가중적 미수

'가중적 미수'란 중한 범죄의 중지미수가 경한 범죄의 기수를 포함하고 있는 경우를 말하는데, 이를 '기수범적 중지미수'라고도 한다. 우선 가중적 미수에서 법조경합의 경우에는 중한 죄의 미수범으로 처벌하고 경한 죄는 이에 흡수된다. 예를 들면 피해자를 칼로 찔러 살해하려고 하였으나 상해를 입힌 후 자의로 범행을 중지한 경우에는 살인미수죄로 처벌한다. 다음으로 가중적 미수에서 상상적 경합의 경우에는 원래 수죄이므로 일죄의 중지는 다른 죄의 처벌에 영향을 주지 아니한다.

---

1) 대법원 2019. 3. 28. 선고 2018도16002 전원합의체 판결.

Ⅳ. 관련문제

1. 예비의 중지

(1) 의 의

'예비의 중지'란 이미 예비행위를 한 자가 예비행위를 자의로 중지하거나 실행의 착수를 포기하는 것을 말한다. 실행의 착수 이후에 중지하면 형을 필요적으로 감면하지만, 실행의 착수 이전에 중지한 경우에는 별도의 감면규정이 없으므로 형의 불균형이 발생할 수 있다. 이러한 처벌의 불균형을 시정하기 위하여 예비죄의 중지에 중지미수의 규정을 유추적용할 것인지 여부가 문제된다.

(2) 중지미수 규정의 유추적용 여부

예비죄의 중지에 중지미수의 규정을 유추적용할 것인지 여부와 관련하여, ① 중지미수는 실행의 착수 이후의 개념이지만 예비의 중지는 실행의 착수 이전의 개념이므로 예비의 단계에서는 중지미수 규정을 유추적용할 수 없다는 소극설, ② 형의 불균형 문제를 해소하기 위하여 예비의 형이 중지미수의 형보다 중한 경우에만 중지미수 규정을 유추적용하고, 예비의 형이 중지미수의 형보다 경한 경우에는 중지미수 규정을 유추적용하지 않는다고 파악하는 제한적 유추적용설, ③ 예비죄의 법정형에 중지미수 규정의 유추적용을 긍정하는 전면적 유추적용설 등의 대립이 있다.

이에 대하여 판례는「중지범은 범죄의 실행에 착수한 후 자의로 그 행위를 중지한 때를 말하는 것이고, 실행의 착수가 있기 전인 예비·음모의 행위를 처벌하는 경우에 있어서 중지범의 관념은 이를 인정할 수 없다.」라고 판시[1]하여, 소극설의 입장을 취하고 있다.

생각건대 소극설이 타당하다. 유추적용설에 의하면 예비행위를 한 사람이 형벌을 면제받기 위해서는 어쩔 수 없이 실행의 착수를 한 후 중지해야 한다는 불합리함을 주된 논거를 제시하고 있지만, 이는 중지미수의 효과를 필요적 면제로 규정하고 있는 독일의 경우는 몰라도 그 효과를 필요적 감면으로 인정하고 있는 우리나라에 있어서는 현실적으로 불가능한 상황논리라고 판단된다.

예를 들면 강간의 예비에 그치면 3년 이하의 징역에 처해지는 상황에서 면제가 아니라 감경의 효과가 인정될 수 있는 여지가 있음에도 불구하고, 중지미수의 규정을 유추적용받기 위하여 실행의 착수로 나아가 1년 6개월 이상 30년 이하의 징역형으로 처단형이 설정되기를 희망하는 범죄자는 쉽게 찾아 볼 수 없기 때문이다.

---

1) 대법원 1999. 4. 9. 선고 99도424 판결; 대법원 1991. 6. 25. 선고 91도436 판결; 대법원 1966. 4. 12. 선고 66도152 전원합의체 판결.

2. 공범의 중지

(1) 교사범 및 방조범의 경우

공범의 경우에는 착수미수이든 실행미수이든 불문하고 자신의 행위를 중지한 것만으로는 중지미수가 성립할 수 없고, 다른 가담자의 행위까지 중지하게 하여 결과발생을 방지한 때에 한하여 중지미수가 성립한다. 왜냐하면 단독범과 비교하여 위험성이 큰 공범의 경우에는 개인적인 범행 기여의 포기만으로는 중대한 위험성이 제거될 수 없기 때문이다.

예를 들면 교사범이나 방조범이 자의로 정범의 행위를 중지시켜 결과의 발생을 방지한 경우에는 교사범이나 방조범은 교사나 방조의 중지미수가 인정되고, 정범은 장애미수가 인정된다. 이와 같이 중지미수는 인적 감면사유에 해당하므로, 자의로 중지한 사람은 중지미수의 혜택을 받지만, 다른 가담자는 장애미수의 책임을 진다.

(2) 공동정범의 경우

공동정범의 경우에 중지미수가 성립하기 위해서는 공동정범 중 일부의 자가 다른 공동정범 전원의 실행행위를 중지시키거나 모든 결과의 발생을 방지하여야 한다.[1] 그러므로 공동정범 가운데 1인이 자의로 중지하였다고 할지라도 다른 공동정범이 결과를 발생시킨 경우에는 중지한 자에게도 기수범의 공동정범이 성립할 뿐이다. 왜냐하면 공동정범의 가벌성은 가담자의 전체 행위를 기준으로 판단하기 때문이다.

판례에 의하면, ① 다른 공범의 범행을 중지하게 하지 아니한 이상 자기만의 범의를 철회, 포기하여도 중지미수로는 인정될 수 없는 것인바, 피고인은 원심 공동피고인과 합동하여 피해자를 텐트 안으로 끌고 간 후 원심 공동피고인, 피고인의 순으로 성관계를 하기로 하고 피고인은 위 텐트 밖으로 나와 주변에서 망을 보고 원심 공동피고인은 피해자의 옷을 모두 벗기고 피해자의 반항을 억압한 후 피해자를 1회 간음하여 강간하고, 이어 피고인이 위 텐트 안으로 들어가 피해자를 강간하려 하였으나 피해자가 반항을 하며 강간을 하지 말아 달라고 사정을 하여 강간을 하지 않았다는 것이므로, 원심 공동피고인이 피고인과의 공모하에 강간행위에 나아간 이상 비록 피고인이 강간행위에 나아가지 않았다고 하더라도 중지미수에 해당하지는 않는다.[2]

② 피고인이 공범들과 다단계금융판매조직에 의한 사기범행을 공모하고 피해자들을 기망하여 그들로부터 투자금명목으로 피해금원의 대부분을 편취한 단계에서 위 조직의 관리이사직을 사임한 경우, 피고인의 사임 이후 피해자들이 납입한 나머지 투자금명목의 편취금원도 같은 기망상태가 계속된 가운데 같은 공범들에 의하여 같은 방법으로 수수됨으로써 피해자별로 포괄일죄의 관계에 있으므로 이에 대하여도 피고인은 공범으로서의 책임을 부담한다.[3]

③ 행위자 상호간에 범죄의 실행을 공모하였다면 다른 공모자가 이미 실행에 착수한 이후에는 그 공

---

1) 대법원 1986. 3. 11. 선고 85도2831 판결(천광상회사건).
2) 대법원 2005. 2. 25. 선고 2004도8259 판결.
3) 대법원 2002. 8. 27. 선고 2001도513 판결.

모관계에서 이탈하였다고 하더라도 공동정범의 책임을 면할 수 없는 것이므로 피고인 등이 금품을 강취할 것을 공모하고 피고인은 집 밖에서 망을 보기로 하였으나, 다른 공모자들이 피해자의 집에 침입한 후 담배를 사기 위해서 망을 보지 않았다고 하더라도, 피고인은 판시 강도상해죄의 공동정범의 죄책을 면할 수가 없다.[1]

④ 피고인이 공소외인과 범행을 공모하여 공소외인은 엔진오일을 매각 처분하고, 피고인은 송증정리를 하기로 한 것은 사후에 범행이 용이하게 탄로 나지 아니하도록 하는 안전방법의 하나이지, 위 공소외인이 보관한 위 군용물을 횡령하는데 있어 송증정리가 없으면, 절대 불가능한 것은 아니며, 피고인은 후에 범의를 철회하고 송증정리를 거절하였다고 하여도 공범자인 위 공소외인의 범죄 실행을 중지케 하였다는 것이 아니므로 피고인에게 중지미수를 인정할 수 없다.[2]

제 4 절 불능미수

I. 서 설

1. 의 의

실행의 수단 또는 대상의 착오로 인하여 결과의 발생이 불가능하더라도 위험성이 있는 때에는 처벌한다. 다만 형을 감경 또는 면제할 수 있다(제27조). 이와 같이 '불능미수'(不能未遂)란 행위자가 범죄의사로 실행하였으나 처음부터 결과의 발생이 불가능하지만, 위험성이 있기 때문에 미수범으로 처벌되는 경우를 말한다.

불능미수는 존재하는 구성요건적 사실을 인식하지 못한 구성요건 착오와 반대로 존재하지 않는 사실을 존재한다고 오인한 '반전된 구성요건적 착오'에 해당한다. 또한 불능미수는 처음부터 결과의 발생이 불가능하였다는 점에서 결과발생의 가능성이 존재했던 장애미수·중지미수와 구별된다.

판례에 의하면, ① 원심은 피고인이 남편인 공소외인을 살해할 것을 결의하고 배추국 그릇에 농약인 종자소독약 유제3호 8ml 가량을 탄 다음 위 공소외인에게 먹게 하여 동인을 살해하고자 하였으나 이를 먹던 위 피해자가 국물을 토함으로써 그 목적을 이루지 못하고 미수에 그친 사실을 인정하고 피고인에 대하여 형법 제254조, 제250조 제1항, 제25조, 제55조 등을 적용하여 처단하고 있다. 그러나 위 농약유제3호는 동물에 대한 경구치사량에 있어서 L.D 50이 kg당 1.590mg이라고 되어 있어서 피고인이 사용한 위의 양(8mg)은 그 치사량에 현저히 미달한 것으로 보이고, 한편 형법은 범죄의 실행에 착수하여 결과가 발생하지 아니한 경우의 미수와 실행수단의 착오로 인하여 결과발생이 불가능하더라도 위험성이 있는 경우의 미수와는 구별하여 처벌하고 있으므로 원심으로서는 이 사건 종사소독약유 제3호의 치사량을 좀

---

1) 대법원 1984. 1. 31. 선고 83도2941 판결.
2) 대법원 1969. 2. 25. 선고 68도1676 판결.

더 심리한 다음 피고인의 소위가 위의 어느 경우에 해당하는지를 가렸어야 할 것이다.[1]

② 피고인이 원심 상피고인에게 피해자를 살해하라고 하면서 준 원비-디 병에 성인 남자를 죽게 하기에 족한 용량의 농약이 들어 있었고, 또 피고인이 피해자 소유 승용차의 브레이크호스를 잘라 브레이크액을 유출시켜 주된 제동기능을 완전히 상실시킴으로써 그 때문에 피해자가 그 자동차를 몰고 가다가 반대차선의 자동차와의 충돌을 피하기 위하여 브레이크 페달을 밟았으나 전혀 제동이 되지 아니하여 사이드브레이크를 잡아당김과 동시에 인도에 부딪치게 함으로써 겨우 위기를 모면하였다면 피고인의 위행위는 어느 것이나 사망의 결과발생에 대한 위험성을 배제할 수 없다고 할 것이므로 각 살인미수죄를 구성한다.[2]

2. 불능범과 불능미수의 구별

불능범과 불능미수는 결과발생이 불가능하다는 점에서는 동일하지만, 불능범은 위험성이 없어 불가벌이나 불능미수는 위험성이 있어 미수범으로 처벌되므로 양자는 구별된다. 예를 들면 권총에 탄자를 충전하여 발사하였으나 탄자가 불량하여 불발된 경우에도 이러한 총탄을 충전하여 발사하는 행위는 결과발생을 초래할 위험이 내포되어 있었다고 할 것이므로 이를 불능범이라고 할 수는 없다.[3]

불능미수는 행위자에게 범죄의사가 있고 실행의 착수라고 볼 수 있는 행위가 있지만 실행의 수단이나 대상의 착오로 처음부터 구성요건이 충족될 가능성이 없는 경우이다. 다만 결과적으로 구성요건의 충족은 불가능하지만, 그 행위의 위험성이 있으면 불능미수로 처벌한다.

불능미수는 행위자가 실제로 존재하지 않는 사실을 존재한다고 오인하였다는 측면에서 존재하는 사실을 인식하지 못한 사실의 착오와 다르다. 장애미수 또는 중지미수는 범죄의 실행에 착수할 당시 실행행위를 놓고 판단하였을 때 행위자가 의도한 범죄의 기수가 성립할 가능성이 있었으므로 처음부터 기수가 될 가능성이 객관적으로 배제되는 불능미수와 구별된다.

형법 제27조에서 정한 '실행의 수단 또는 대상의 착오'는 행위자가 시도한 행위방법 또는 행위객체로는 결과의 발생이 처음부터 불가능하다는 것을 의미한다. 그리고 '결과 발생의 불가능'은 실행의 수단 또는 대상의 원시적 불가능성으로 인하여 범죄가 기수에 이를 수 없는 것을 의미한다.[4]

---

1) 대법원 1984. 2. 14. 선고 83도2967 판결(배추국불능미수사건). 피고인이 사용한 농약의 양이 치사량에 미치지 못해 결과발생이 불가능하면 불능미수, 치사량에 미쳐 결과발생이 가능하면 장애미수가 성립할 것이다. L.D란 Lethal Dose의 약어이고, L.D 50은 실험용 쥐 100마리 가운데 50마리가 죽을 수 있는 정도의 독성을 가리킨다. 또한 L.D 50이 kg당 1.590mg이라 함은 L.D 50이 체중 1kg당 1.590mg임을 의미하므로 만일 체중 50kg인 사람의 경우라면 L.D 50은 치사량으로 79.50mg이 필요하다는 의미이다. 그런데 피고인이 사용한 농약의 양은 8mg에 불과했으므로 치사량에 현저히 모자란다. 따라서 결과발생이 처음부터 불가능한 경우이므로 위험성이 인정될 경우에 불능미수가 성립할 것이다.

2) 대법원 1990. 7. 24. 선고 90도1149 판결(브레이크호스절단사건). 동 사안의 경우 대법원은 제27조를 적용하고 있으나, 제25조를 적용하는 것이 타당해 보인다.

3) 대법원 1954. 1. 30. 선고 4286형상103 판결.

Ⅱ. 성립요건

1. 주관적 요건

불능미수의 경우에도 장애미수와 마찬가지로 고의·확정적 행위의사·특수한 주관적 구성요건요소 등이 필요한 것은 마찬가지이다.

2. 객관적 요건

(1) 실행의 착수

불능미수도 미수범의 일종이기 때문에 외형상 구성요건적 실행행위라고 할 만한 행위가 존재해야 한다. 그러므로 실행의 착수는 실질적으로 불가벌적 불능범과 가벌적 불능미수를 구별하는 기준이 된다. 왜냐하면 불능범은 불가벌이므로 실행행위를 인정할 수 없기 때문이다.

또한 불능미수는 존재하는 구성요건상의 범죄행위를 하려고 하는 것이므로 적어도 외형상 실행의 착수는 있어야 한다는 점에서 존재하지 않는 구성요건상의 범죄행위를 하려고 함으로써 실질상은 물론 외형상의 실행의 착수도 인정할 수 없는 환각범과 구별된다.

(2) 결과발생의 불가능

1) 수단의 착오

'수단의 착오'란 행위자가 선택한 수단으로는 결과발생이 불가능한 경우를 말한다. 예를 들면 치사량에 현저히 미달되는 독약으로 사람을 죽이려고 한 행위가 이에 해당한다. 수단의 착오는 불가능한 수단 그 자체에 착오가 있는 경우라는 점에서, 수단은 가능하지만 예상과는 다른 객체에 결과가 발생한 방법의 착오와 구별된다.

2) 대상의 착오

'대상의 착오'란 행위의 객체가 흠결되어 있거나 법익의 침해가 불가능함에도 불구하고 범죄가 가능한 것으로 착오한 경우를 말한다. 여기서 불가능의 원인은 사실상의 불가능과 법률상의 불가능 모두를 포함한다. 예를 들면 시체를 사람으로 오인하고 살해행위를 하는 경우는 사

---

4) 대법원 2019. 3. 28. 선고 2018도16002 전원합의체 판결(준강간불능미수사건)(형법 제299조에서 정한 준강간죄는 사람의 심신상실 또는 항거불능의 상태를 이용하여 간음함으로써 성립하는 범죄로서, 정신적·신체적 사정으로 인하여 성적인 자기방어를 할 수 없는 사람의 성적 자기결정권을 보호법익으로 한다. 심신상실 또는 항거불능의 상태는 피해자인 사람에게 존재하여야 하므로 준강간죄에서 행위의 대상은 '심신상실 또는 항거불능의 상태에 있는 사람'이다. 그리고 구성요건에 해당하는 행위는 그러한 '심신상실 또는 항거불능의 상태를 이용하여 간음'하는 것이다. 심신상실 또는 항거불능의 상태에 있는 사람에 대하여 그 사람의 그러한 상태를 이용하여 간음행위를 하면 구성요건이 충족되어 준강간죄가 기수에 이른다. 피고인이 피해자가 심신상실 또는 항거불능의 상태에 있다고 인식하고 그러한 상태를 이용하여 간음할 의사를 가지고 간음하였으나, 실행의 착수 당시부터 피해자가 실제로는 심신상실 또는 항거불능의 상태에 있지 않았다면, 실행의 수단 또는 대상의 착오로 준강간죄의 기수에 이를 가능성이 처음부터 없다고 볼 수 있다. 이 경우 피고인이 행위 당시에 인식한 사정을 놓고 일반인이 객관적으로 판단하여 보았을 때 정신적·신체적 사정으로 인하여 성적인 자기방어를 할 수 없는 사람의 성적 자기결정권을 침해하여 준강간의 결과가 발생할 위험성이 있었다면 불능미수가 성립한다).

실상의 불가능에 해당하고, 자기의 재물을 타인의 재물로 오인하고 절취행위를 하는 경우는 법률상의 불가능에 해당한다.

또한 성인이 성적 착취를 목적으로 정보통신망을 통하여 아동·청소년에게 성적 욕망이나 수치심 또는 혐오감을 유발할 수 있는 대화를 지속적 또는 반복적으로 하거나 그러한 대화에 지속적 또는 반복적으로 참여시키는 행위를 하였지만 실제로는 상대방이 위장수사관인 경우에는 온라인 그루밍죄[1]의 불능미수가 성립하지 하지만, 현행법상 미수범 처벌규정이 존재하지 않아 불가벌에 그친다. 대상의 착오는 객체의 불가능성을 의미한다는 점에서, 행위객체의 동일성에 관한 착오인 객체의 착오와 구별된다.

3) 주체의 착오

'주체의 착오'란 신분 없는 자가 신분 있는 것으로 오인하고 진정신분범을 범한 경우를 말한다. 예를 들면 보증인지위에 없는 자가 행한 부진정부작위범의 경우가 이에 해당한다. 형법 제27조는 결과발생 불가능의 원인으로 수단 또는 대상의 착오만을 규정하고 있는데, 주체의 착오에 대해서도 불능미수가 될 수 있는지 여부와 관련하여, ① 형법 제27조의 수단 또는 대상의 착오는 예시적 규정이라는 점을 논거로 하여, 주체의 착오도 불능미수가 될 수 있다는 적극설, ② 주체의 착오를 형법 제27조에 적용하는 것은 불리한 유추해석이라는 점, 진정신분범에서 신분을 결여한 경우에는 미수범으로서의 행위반가치가 부정된다는 점 등을 논거로 하여, 주체의 착오는 불능미수가 될 수 없다는 소극설, ③ 단순히 신분자라고 잘못 해석한 경우에는 불가벌적 환각범이 되지만, 신분범의 주체를 근거지우는 상황에 대한 적극적 착오가 있을 경우에는 불능미수가 된다는 이분설 등의 대립이 있다.

생각건대 주체의 착오를 이유로 결과가 발생하지 않는 경우에는 불가벌로 해결해야 하기 때문에 소극설이 타당하다.

(3) 위험성

1) 의 의

불가벌인 불능범과 가벌적인 불능미수는 위험성의 유무에 의하여 구별된다. 불능미수는 현실적으로 결과발생의 가능성이 없는 경우를 전제하고 있으므로 위험성은 결과발생의 사실상의 위험성이 아니라 형법적 가치평가로서의 잠재적 위험성을 의미한다.

이에 대하여 판례는 「임대인과 임대차계약을 체결한 임차인이 임차건물에 거주하기는 하

---

1) 청소년성보호법 제15조의2(아동·청소년에 대한 성착취 목적 대화 등) ① 19세 이상의 사람이 성적 착취를 목적으로 정보통신망을 통하여 아동·청소년에게 다음 각 호의 어느 하나에 해당하는 행위를 한 경우에는 3년 이하의 징역 또는 3천만원 이하의 벌금에 처한다.
   1. 성적 욕망이나 수치심 또는 혐오감을 유발할 수 있는 대화를 지속적 또는 반복적으로 하거나 그러한 대화에 지속적 또는 반복적으로 참여시키는 행위
   2. 제2조제4호 각 목의 어느 하나에 해당하는 행위를 하도록 유인·권유하는 행위
② 19세 이상의 사람이 정보통신망을 통하여 16세 미만인 아동·청소년에게 제1항 각 호의 어느 하나에 해당하는 행위를 한 경우 제1항과 동일한 형으로 처벌한다.

였으나 그의 처만이 전입신고를 마친 후에 경매절차에서 배당을 받기 위하여 임대차계약서상
의 임차인 명의를 처로 변경하여 경매법원에 배당요구를 한 경우, 실제의 임차인이 전세계약서
상의 임차인 명의를 처의 명의로 변경하지 아니하였다고 하더라도 소액임대차보증금에 대한
우선변제권 행사로서 배당금을 수령할 권리가 있다고 할 것이어서, 경매법원이 실제의 임차인
을 처로 오인하여 배당결정을 하였더라도 이로써 재물의 편취라는 결과의 발생은 불가능하다
고 할 것이고, 이러한 임차인의 행위를 객관적으로 결과발생의 가능성이 있는 행위라고 볼 수
도 없으므로 형사소송법 제325조에 의하여 무죄를 선고하여야 한다.」라고 판시[1]하여, 위험성을
'결과발생의 가능성'으로 표현하고 있다.

2) 위험성의 판단기준

① 절대적 불능·상대적 불능설

절대적 불능·상대적 불능설에 의하면 결과발생이 개념적으로 언제나 불가능한 절대적 불
능은 위험성이 없으므로 불능범이 되지만, 결과발생이 일반적으로는 가능하지만 구체적·특수
한 경우에만 불가능한 상대적 불능은 위험성이 있으므로 불능미수로 처벌해야 한다는 입장이
다. 이를 '구(舊)객관설'이라고도 한다.

② 법률적 불능·사실적 불능설

법률적 불능·사실적 불능설에 의하면 결과발생이 법률적으로 불가능하면 위험성이 없으므
로 불능범이 되지만, 결과발생이 사실적으로 불가능하면 위험성이 있으므로 불능미수로 처벌해
야 한다는 입장이다.

③ 구체적 위험설

구체적 위험설에 의하면 행위 당시 행위자가 인식한 사정 및 일반인이 인식할 수 있었던
사정을 기초로 하여 일반적 경험법칙에 따라 사후판단을 하여 구체적 위험성이 있다고 인정되
면 불능미수로 처벌해야 한다는 입장이다. 이를 '신(新)객관설'이라고도 한다. 만약 행위자가 인
식한 사정과 일반인이 인식할 수 있었던 사정이 서로 불일치할 경우, 일반인이 인식할 수 있었
던 사정을 우선시킨다.

④ 추상적 위험설

추상적 위험설에 의하면 행위 당시 '행위자'가 인식한 사실을 기초로 하여 일반인의 관점에
서 추상적으로 결과발생의 위험성이 있다고 인정되면 불능미수로 처벌해야 한다는 입장이다.
객관적으로는 전혀 결과발생가능성이 없지만 행위자가 인식한 사실을 기초로 하여 위험성을
인정하는 것이기 때문에 일반인이 구체적으로 위험을 느끼지 못해도 행위자가 느끼는 위험성
이라는 추상적 위험성은 존재한다는 의미에서 추상적 위험설이라고 한다.

이에 대하여 판례는 「불능범의 판단기준으로서 위험성 판단은 피고인이 행위 당시에 인식

---

1) 대법원 2002. 2. 8. 선고 2001도6669 판결.

한 사정을 놓고 이것이 객관적으로 일반인의 판단으로 보아 결과발생의 가능성이 있느냐를 따져야 하므로, 히로뽕제조를 위하여 에페트린에 빙초산을 혼합한 행위가 불능범이 아니라고 인정하려면 위와 같은 사정을 놓고 객관적으로 제약방법을 아는 과학적 일반인의 판단으로 보아 결과발생의 가능성이 있어야 한다.」라고 판시[1]하여, 추상적 위험설의 입장을 취하고 있다.

　판례에 의하면, ① 불능범은 범죄행위의 성질상 결과발생 또는 법익침해의 가능성이 절대로 있을 수 없는 경우를 말하는 것이다. '초우뿌리'나 '부자'는 만성관절염 등에 효능이 있으나 유독성 물질을 함유하고 있어 과거 사약으로 사용된 약초로서 그 독성을 낮추지 않고 다른 약제를 혼합하지 않은 채 달인 물을 복용하면 용량 및 체질에 따라 다르나 부작용으로 사망의 결과가 발생할 가능성을 배제할 수 없는 사실을 알 수 있는바, 피고인이 원심 공동피고인 공소외 1과 공모하여 일정량 이상을 먹으면 사람이 사망에 이를 수도 있는 '초우뿌리' 또는 '부자' 달인 물을 피해자(공소외 1의 남편)에게 마시게 하여 피해자를 살해하려고 하였으나 피해자가 이를 토해버림으로써 미수에 그친 행위를 불능범이 아닌 살인미수죄로 본 제1심의 판단을 유지한 것은 정당하다.[2]

　② 불능범은 범죄행위의 성질상 결과발생의 위험이 절대로 불능한 경우를 말하는 것인바 향정신성의 약품인 메스암페타민 속칭 히로뽕 제조를 위해 그 원료인 염산에 페트린 및 수종의 약품을 교반하여 히로뽕 제조를 시도하였으나 그 약품배합 미숙으로 그 완제품을 제조하지 못하였다면 위 소위는 그 성질상 결과발생의 위험성이 있다고 할 것이므로 이를 습관성의약품제조 미수범으로 처단한 것은 정당하다.[3]

　③ 피고인이 다른 공범자들과 공모하여 향정신성의약품인 메스암페타민을 매수하려 하였으나 매도인이 소금을 대신 교부함으로써 미수에 그친 소위에 대하여 위 매매행위가 성사될 가능성이 있었다고 보아 이를 향정신성의약품의 매매미수범으로 처단한 조치는 정당하다.[4]

　④ 피고인이 우물과 펌프에 혼입한 농약(스미치온)이 악취가 나서 보통의 경우 마시기가 어렵고 또 그 혼입한 농약의 분량으로 보아 사람을 치사에 이르게 할 정도는 아닌 경우 위 농약의 혼입으로 살인의 결과가 발생할 위험성이 절대로 없다고 단정할 수는 없는 이상 피고인에게 살인미수의 죄책을 인정하였음은 정당하다.[5]

　⑤ 살해의 방법으로 쥐약을 약주에 혼입하여 음복하게 한 경우에는 비록 그 결과에 있어서 음복자가 동 약을 연하(嚥下) 후 즉시 구토 배출함으로써 사(死)에 이르지 아니하였다고 하더라도 사에 대한 위험성이 있다고 인정되므로 위 사실을 살인미수범으로 인정한 것은 정당하다.[6]

　⑥ 소매치기가 피해자의 주머니에 손을 넣어 금품을 절취하려 한 경우 비록 그 주머니 속에 금품이

1) 대법원 1978. 3. 28. 선고 77도4049 판결; 대법원 2019. 3. 28. 선고 2018도16002 전원합의체 판결.
2) 대법원 2007. 7. 26. 선고 2007도3687 판결.
3) 대법원 1985. 3. 26. 선고 85도206 판결. 이와 관련하여 반대 입장의 판례로는 대법원 1984. 10. 10. 선고 84도1793 판결(히로뽕제조를 공모하고 그 제조원료인 염산에페트린과 파라디움, 에테르 등 수종의 화공약품을 사용하여 히로뽕제조를 시도하였으나 그 제조기술의 부족으로 히로뽕완제품을 제조하지 못하였다면 비록 미완성품에서 히로뽕성분이 검출되지 아니하였다고 하여도 향정신성의약품제조 (장애)미수죄의 성립에 소장이 있다고 할 수 없다).
4) 대법원 1998. 10. 23. 선고 98도2313 판결.
5) 대법원 1973. 4. 30. 선고 73도354 판결.
6) 대법원 1954. 12. 21. 선고 4287형상190 판결.

들어있지 않았었다 하더라도 위 소위는 절도라는 결과발생의 위험성을 충분히 내포하고 있으므로 이는 절도미수에 해당한다.[1)]

⑦ 농약의 치사추정량이 쥐에 대한 것을 인체에 대하여 추정하는 극히 일반적 추상적인 것이어서 마시는 사람의 연령, 체질, 영양 기타의 신체의 상황 여하에 따라 상당한 차이가 있을 수 있는 것이라면 피고인이 요구르트 한 병마다 섞은 농약 1.6cc가 그 치사량에 약간 미달한다고 하더라도 이를 마시는 경우 사망의 결과발생 가능성을 배제할 수는 없다.[2)]

하지만 ① 불능범의 판단 기준으로서 위험성 판단은 피고인이 행위 당시에 인식한 사정을 놓고 이것이 객관적으로 일반인의 판단으로 보아 결과발생의 가능성이 있느냐를 따져야 한다. 민사소송법상 소송비용의 청구는 소송비용액 확정절차에 의하도록 규정하고 있으므로, 위 절차에 의하지 아니하고 손해배상금 청구의 소 등으로 소송비용의 지급을 구하는 것은 소의 이익이 없는 부적법한 소로서 허용될 수 없다. 따라서 소송비용을 편취할 의사로 소송비용의 지급을 구하는 손해배상청구의 소를 제기하였다고 하더라도 이는 객관적으로 소송비용의 청구방법에 관한 법률적 지식을 가진 일반인의 판단으로 보아 결과 발생의 가능성이 없어 위험성이 인정되지 않는다.[3)]

하지만 행위자가 경솔하게 잘못 안 경우에도 그 사실을 기초로 하여 위험성을 판단해야 한다는 것은 부당하다는 점, 객관적으로 발생가능성이 없는 행위를 하는 행위자의 내심의 상태를 기초로 위험성 여부를 판단하므로 심정형법화가 될 우려가 있다는 점 등의 비판이 제기된다.

⑤ 주관설

주관설에 의하면 비록 결과발생이 불가능하더라도 범죄실현의사를 표현하는 행위가 있으면 행위자에게는 범죄의사가 있고 그런 의미에서 사회적 위험성이 있으므로 원칙적으로 불능범은 인정되지 않고, 불능미수로 처벌해야 한다는 입장이다. 다만 미신범의 경우에는 실행행위를 인정할 수 없기 때문에 불능미수가 아니라고 한다.

Ⅲ. 효 과

불능미수범의 형은 기수범보다 감면할 수 있다(제27조; 임의적 감면).

---

1) 대법원 1986. 11. 25. 선고 86도2090 판결.
2) 대법원 1984. 2. 28. 선고 83도3331 판결.
3) 대법원 2005. 12. 8. 선고 2005도8105 판결(피고인이 공소외 1로부터 소송비용 명목으로 공소외 2를 통하여 100만 원을 이미 송금받았음에도 불구하고 공소외 1을 피고로 하여 종전에 피고인이 공소외 1을 상대로 제기하였던 여러 소와 관련한 소송비용 상당액의 지급을 구하는 손해배상금 청구의 소를 제기하였다가 담당 판사로부터 소송비용의 확정은 소송비용액 확정절차를 통하여 하라는 권유를 받고 위 소를 취하한 사실을 인정한 다음, 피고인이 제기한 이 사건 손해배상금 청구의 소는 소의 이익이 흠결된 부적법한 소로서 각하를 면할 수 없어 피고인이 승소할 수 없다는 것이고, 그렇다면 피고인의 이 부분 소송사기 범행은 실행 수단의 착오로 인하여 결과 발생이 불가능할 뿐만 아니라 위험성도 없다 할 것이어서 소송사기죄의 불능미수에 해당한다고 볼 수 없으므로 결국 범죄로 되지 아니하는 때에 해당한다).

Ⅳ. 관련문제

1. 환각범

(1) 의 의

'환각범'(幻覺犯)이란 사실상 허용되는 행위를 금지하거나 처벌된다고 오인한 경우를 말한다. 불능미수는 반전된 구성요건적 착오에 해당하지만 환각범은 반전된 금지착오에 해당하고, 불능미수는 외형상 실행의 착수가 인정되지만 환각범은 외형상으로도 실행의 착수를 인정할 수 없다는 점에서 차이가 있다. 그리고 환각범의 경우 행위자가 실현하려는 범죄의 구성요건이 존재하지 않지만, 미신범의 경우 행위자가 실현하려는 범죄의 구성요건이 존재한다는 점에서 구별된다.

(2) 유 형

1) 협의의 반전된 금지착오

'협의의 반전된 금지착오'란 행위자가 금지규범의 존재 자체에 대하여 착오를 일으켜 금지되지 않은 행위를 형법규정에 위반한 것으로 알고 행하는 경우를 말한다. 예를 들면 민간인 사이의 동성애가 형법에 위반된다고 인식하고 동성애를 한 경우, 간통이 형법에 위반된다고 인식하고 간통을 한 경우 등이 이에 해당한다.

2) 반전된 위법성조각사유의 착오

'반전된 위법성조각사유의 착오'란 행위자가 법률이 인정하는 위법성조각사유를 인식하지 못하거나 그 한계를 오인하여 자신의 행위가 위법성조각사유에 해당하지 아니하여 처벌된다고 착오한 경우를 말한다. 예를 들면 사인은 현행범인을 체포할 수 없다고 오인한 경우, 타인을 위한 정당방위는 인정되지 않는다고 오인한 경우 등이 이에 해당한다.

3) 반전된 포섭의 착오

'반전된 포섭의 착오'란 행위자가 행위의 상황과 의미는 정확하게 인식하였지만, 금지규범의 적용범위를 보다 넓게 이해하여 자신의 행위에도 적용되는 것으로 착오한 경우를 말한다.

판례에 의하면, 무역거래법 제33조 제1호 소정의 '사위 기타 부정한 행위로써 수입허가를 받은 자'라 함은 정상적인 절차에 의하여는 수입허가를 받을 수 없는 물품임에도 불구하고 위계 기타 사회통념상 부정이라고 인정되는 행위로써 수입허가를 받은 자를 의미하므로, 수입자동승인품목을 가사 수입제한품목이나 수입금지품목으로 잘못 알고 반제품인양 가장하여 수입허가신청을 하였더라도 그 수입물품이 수입자동승인품목인 이상 이를 사위 기타 부정한 행위로써 수입허가를 받은 경우에 해당한다고 볼 수 없다.[1]

---

1) 대법원 1984. 6. 26. 선고 84도341 판결; 대법원 1983. 7. 12. 선고 82도2114 판결.

4) 반전된 가벌성의 착오

'반전된 가벌성의 착오'란 행위자가 자신의 행위가 인적 처벌조각사유에 해당함에도 불구하고 이를 인식하지 못하고 처벌된다고 착오한 경우를 말한다. 예를 들면 딸이 아버지의 담배를 절취해도 처벌된다고 오인한 경우가 이에 해당한다.

2. 미신범

'미신범'(迷信犯)이란 비과학적인 미신을 믿고 비현실적인 방법이나 수단에 의하여 범죄를 실현하려는 경우를 말한다. 예를 들면 주술적 방법으로 살인을 시도하는 경우가 이에 해당한다. 불능미수는 행위반가치와 결과반가치가 존재하는 범죄에 해당하지만, 미신범은 실행행위의 정형성이 부정되기 때문에 형법적으로 무의미한 행위로 평가된다.

제 5 절   예비죄

Ⅰ. 서 설

1. 의 의

범죄의 음모 또는 예비행위가 실행의 착수에 이르지 아니한 때에는 법률에 특별한 규정이 없는 한 벌하지 아니한다(제28조). 이는 범죄의 음모 또는 예비는 원칙적으로 벌하지 아니하지만, 예외적으로 음모 또는 예비를 처벌한다는 취지와 그 형을 함께 법률에 특별히 규정하고 있을 때에 한하여 이를 처벌할 수 있다는 의미이다.[1] '예비'(豫備)란 특정범죄를 실현할 목적으로 행하여지는 외부적인 준비행위로서 아직 실행의 착수에 이르지 아니한 일체의 행위를 말한다. 그리고 이러한 예비행위를 내용으로 하는 독립적인 범죄를 '예비죄'라고 한다.

현행 형법의 개인적 법익을 침해하는 범죄 가운데 예비를 독립적으로 처벌하고 있는 것으로는 살인죄(제250조 제1항), 존속살해죄(제250조 제2항), 위계·위력에 의한 살인죄(제253조), 약

---

1) 대법원 1977. 6. 28. 선고 77도251 판결(예비음모처벌한다사건)(부정선거관련자처벌법 제5조 제1항에 의하면 부정선거에 관련하여 사람을 살해하거나 또는 부정선거에 항의하는 국민을 살해한 자는 사형, 무기 또는 7년 이상의 징역이나 금고에 처한다고 규정하고, 동법 제5조 제4항에 의하면 제1항의 예비·음모와 미수는 이를 처벌한다고 규정하고 있다. 그러나 형법 제28조에 의하면 범죄의 음모 또는 예비행위가 실행의 착수에 이르지 아니한 때에는 법률에 특별한 규정이 없는 한 처벌하지 아니한다고 규정하고 있어 범죄의 음모 또는 예비는 원칙적으로 벌하지 아니하되 예외적으로 법률에 특별한 규정이 있을 때 다시 말하면 음모 또는 예비를 처벌한다는 취지와 그 형을 함께 규정하고 있을 때에 한하여 이를 처벌할 수 있다고 할 것이므로 위 부정선거관련자처벌법 제5조 제4항에 '예비·음모는 이를 처벌한다.'라고 규정하였다고 하더라도 예비·음모는 미수범의 경우와 달라서 그 형을 따로 정하여 놓지 아니한 이상 처벌할 형을 함께 규정한 것이라고는 볼 수 없고, 또 동법 제5조 제4항의 입법취지가 동법 제5조 제1항의 예비·음모죄를 처벌할 의도이었다고 할지라도 그 예비·음모의 형에 관하여 특별한 규정이 없는 이상 이를 본범이나 미수범에 준하여 처벌한다고 해석함은 피고인의 불이익으로 돌아가는 것이므로 이는 죄형법정주의의 원칙상 허용할 수 없다).

취·유인·인신매매의 죄(제287조 내지 제289조, 제290조 제1항, 제291조 제1항, 제292조 제1항), 강간
죄(제297조), 유사강간죄(제297조의2), 준강간죄(제299조), 강간등상해죄(제301조), 의제강간등죄
(제305조)[1], 강도죄(제333조) 등이 있다.

2. 음모와의 구별

'음모'(陰謀)란 심리적 준비행위를 말하는데, 예비가 그 이외의 준비행위라는 점에서 구별된
다. 하지만 형법은 예비와 음모를 항상 병렬적으로 규정하고 있기 때문에 양자의 구별실익은
없다. 다만 예비만을 처벌하고 음모를 처벌하지 아니하는 (구) 밀항단속법[2] 등과 같은 형사특
별법의 경우에는 예비와 음모의 구별실익이 있다.

한편 예비·음모죄는 범죄에 대한 실행의 착수 이전의 준비행위를 처벌하는 범죄의 형태이
므로, 예비행위가 실행의 착수 이후에 이르게 되면 미수범 또는 기수범으로 처벌된다. 그러므
로 예비·음모죄는 불가벌적 사전행위에 해당한다.

Ⅱ. 법적 성격

1. 기본범죄에 대한 관계

예비죄의 법적 성격 가운데 기본범죄에 대한 관계와 관련하여, ① 미수가 기본범죄의 수정
형식에 불과함에도 불구하고 그 전(前) 단계인 예비를 독립된 범죄로 파악할 수는 없다는 점,
일반적으로 예비죄는 ' … 죄를 범할 목적으로'라는 형식으로 기본적 구성요건에 종속되어 있다
는 점, 예비를 독립범죄라고 한다면 그 구성요건이 무정형·무한정이어서 처벌이 무한히 확대
될 수 있다는 점 등을 논거로 하여, 예비죄를 독립된 범죄유형이 아니라 효과적인 법익보호를
위하여 필요한 경우에 한해 미수 이전의 단계까지 구성요건을 확장한 기본범죄의 수정적 구성
요건으로 파악하는 발현형태설, ② 예비죄를 기본범죄에서 독립하여 그 자체적으로 불법의 실
질을 갖추고 있는 독립된 범죄형태로 파악하는 독립범죄설 등이 대립이 있다.

이에 대하여 판례는 「형법 제28조에 의하면 범죄의 음모 또는 예비행위가 실행의 착수에 이
르지 아니한 때에는 법률에 특별한 규정이 없는 한 벌하지 아니한다고 규정하여 예비죄의 처벌
이 가져올 범죄의 구성요건을 부당하게 유추 내지 확장해석하는 것을 금지하고 있기 때문에 형
법각칙의 예비죄를 처단하는 규정을 바로 독립된 구성요건 개념에 포함시킬 수는 없다고 하는
것이 죄형법정주의의 원칙에도 합당하는 해석이라고 할 것이다.」라고 판시[3]하여, 발현형태설

---

1) 형법 제305조의3(예비, 음모) 제297조, 제297조의2, 제299조(준강간죄에 한정한다), 제301조(강간 등 상해죄에
   한정한다) 및 제305조의 죄를 범할 목적으로 예비 또는 음모한 사람은 3년 이하의 징역에 처한다.
2) 대법원 1986. 6. 24. 선고 86도437 판결(일본으로 밀항하고자 공소외인에게 도항비로 일화 100만엔을 주기로 약
   속한 바 있었으나 그 후 이 밀항을 포기하였다면 이는 밀항의 음모에 지나지 않는 것으로 밀항의 예비정도에는
   이르지 아니한 것이다). 참고로 현행 밀항단속법에서는 예비와 음모를 동시에 처벌하고 있다.

의 입장을 취하고 있다.

생각건대 발현형태설이 타당하다. 이에 따라 예비행위는 기본범죄의 실행행위에 대하여 독립된 형태의 행위가 아니라 기본범죄의 실행행위의 전(前) 단계의 행위, 즉 발현행위라고 파악되기 때문에 예비행위는 실행행위가 아니므로 예비죄의 공범 성립은 원칙적으로 불가능하다.

2. 예비행위의 실행행위성

예비죄를 독립범죄로 파악하면 예비행위의 실행행위성은 당연히 인정된다. 하지만 예비죄를 발현형태로 파악하는 입장에 의하면 실행행위성의 인정 여부와 관련하여, ① 예비죄의 처벌규정이 있는 이상 당연히 처벌규정의 실행행위성을 인정하는 적극설, ② 예비행위는 무정형·무형식이기 때문에 예비행위는 실행행위의 전(前) 단계의 행위로서 실행행위성을 부정하는 소극설 등의 대립이 있다.

이에 대하여 판례는 「정범이 실행의 착수에 이르지 아니한 예비의 단계에 그친 경우에는 이에 가공한다 하더라도 예비의 공동정범이 되는 때를 제외하고는 종범으로 처벌할 수 없다.」라고 판시[1]하여, 예비죄의 공동정범은 인정하지만, 예비죄의 방조범은 부정함으로써 절충적인 입장을 취하고 있다. 이는 방조의 형태 역시 예비와 마찬가지로 무정형·무형식이므로 처벌의 지나친 확장을 방지하기 위한 것으로 해석된다.

Ⅲ. 성립요건

1. 주관적 요건

(1) 고 의

예비죄는 고의범이므로 예비죄가 성립하기 위해서는 고의가 있어야 한다. 그러므로 과실에 의한 예비죄 또는 과실범의 예비죄는 성립할 수 없다. 예비의 실행행위성을 인정하는 이상 준비행위에 대한 인식이 필요하고, 형법상 예비죄는 일종의 목적범의 구조를 취하고 있으므로 기본범죄에 대한 인식은 목적의 내용이 된다. 그러므로 예비죄의 고의의 내용은 준비행위 그 자체에 대한 인식을 의미한다.

이에 대하여 판례는 「형법 제255조, 제250조의 살인예비죄가 성립하기 위하여는 형법 제255조에서 명문으로 요구하는 살인죄를 범할 목적 외에도 살인의 준비에 관한 고의가 있어야 하며, 나아가 실행의 착수까지에는 이르지 아니하는 살인죄의 실현을 위한 준비행위가 있어야 한다.」라고 판시[2]하여, 같은 입장을 취하고 있다.

---

3) 대법원 1976. 5. 25. 선고 75도1549 판결.

1) 대법원 1979. 5 22. 선고 79도552 판결.

2) 대법원 2009. 10. 29. 선고 2009도7150 판결.

(2) 목 적

예비죄는 목적범이므로 예비행위 자체에 대한 고의 이외에 기본범죄를 범할 목적이 있어야 한다. 목적에 대한 인식의 정도와 관련하여 판례는 「강도예비·음모죄가 성립하기 위해서는 예비·음모 행위자에게 미필적으로라도 '강도'를 할 목적이 있음이 인정되어야 하고, 그에 이르지 않고 단순히 '준강도'할 목적이 있음에 그치는 경우에는 강도예비·음모죄로 처벌할 수 없다.」라고 판시[1]하여, 미필적 인식설의 입장을 취하고 있다.

2. 객관적 요건

(1) 외부적 준비행위

예비행위는 범죄실현을 위한 외부적 준비행위일 것을 요한다. 그러므로 단순히 범죄의 계획을 세우는 것, 범죄의사를 표시하는 것 등은 예비에 해당하지 아니한다. 하지만 예비행위의 수단과 방법에는 제한이 없다. 그러므로 예비행위의 범위가 무한히 확대되는 것을 방지하기 위하여 예비행위는 실행행위의 필요불가결한 준비행위로 제한적으로 해석하여야 한다. 예를 들면 살인을 하기 위하여 흉기를 구입하는 행위는 예비에 해당하겠지만, 흉기구입자금을 마련하기 위하여 비트코인에 투자하는 행위는 살인행위의 필요불가결한 준비행위로 평가되지 않으므로 살인예비로 의율할 수 없다.

이와 같이 예비행위는 물적인 것에 한정되지 아니하며 특별한 정형이 있는 것도 아니지만, 단순히 범행의 의사 또는 계획만으로는 그것이 있다고 할 수 없고, 객관적으로 보아서 범죄의 실현에 실질적으로 기여할 수 있는 외적 행위를 필요로 한다.

판례에 의하면, ① 피고인이 행사할 목적으로 미리 준비한 물건들과 옵세트인쇄기를 사용하여 한국은행권 100원권을 사진 찍어 그 필름 원판 7매와 이를 확대하여 현상한 인화지 7매를 만들었음에 그쳤다

---

1) 대법원 2006. 9. 14. 선고 2004도6432 판결(강도예비·음모죄에 관한 형법 제343조는 "강도할 목적으로 예비 또는 음모한 자는 7년 이하의 징역에 처한다."고 규정하고 있는바, 그 법정형이 단순 절도죄의 법정형을 초과하는 등 상당히 무겁게 정해져 있고, 원래 예비·음모는 법률에 특별한 규정이 있는 경우에 한하여 예외적으로 처벌의 대상이 된다는 점(형법 제28조)을 고려하면, 강도예비·음모죄로 인정되는 경우는 위 법정형에 상당한 정도의 위법성이 나타나는 유형의 행위로 한정함이 바람직하다 할 것이다. 그런데 준강도죄에 관한 형법 제335조는 "절도가 재물의 탈환을 항거하거나 체포를 면탈하거나 죄적을 인멸할 목적으로 폭행 또는 협박을 가한 때에는 전2조의 예에 의한다."라고 규정하고 있을 뿐 준강도를 항상 강도와 같이 취급할 것을 명시하고 있는 것은 아니고, 절도범이 준강도를 할 목적을 가진다고 하더라도 이는 절도범으로서는 결코 원하지 않는 극단적인 상황인 절도 범행의 발각을 전제로 한 것이라는 점에서 본질적으로 극히 예외적이고 제한적이라는 한계를 가질 수밖에 없으며, 형법은 흉기를 휴대한 절도를 특수절도라는 가중적 구성요건(형법 제331조 제2항)으로 처벌하면서도 그 예비행위에 대한 처벌조항은 마련하지 않고 있는데, 만약 준강도를 할 목적을 가진 경우까지 강도예비로 처벌할 수 있다고 본다면 흉기를 휴대한 특수절도를 준비하는 행위는 거의 모두가 강도예비로 처벌받을 수밖에 없게 되어 형법이 흉기를 휴대한 특수절도의 예비행위에 대한 처벌조항을 두지 않은 것과 배치되는 결과를 초래하게 된다는 점 및 정당한 이유 없이 흉기 기타 위험한 물건을 휴대하는 행위 자체를 처벌하는 조항을 폭력행위 등 처벌에 관한 법률 제7조에 따로 마련하고 있다는 점 등을 고려하면, 강도예비·음모죄가 성립하기 위해서는 예비·음모 행위자에게 미필적으로라도 '강도'를 할 목적이 있음이 인정되어야 하고 그에 이르지 않고 단순히 '준강도'할 목적이 있음에 그치는 경우에는 강도예비·음모죄로 처벌할 수 없다고 봄이 상당하다).

면 아직 통화위조의 착수에는 이르지 아니하였고 그 준비(예비)단계에 불과하다.[1]

② 피고인 2는 피해자 5를 살해하기 위하여 피고인 1과 공소외인을 고용하였고 그들에게 살인의 대가를 지급하기로 약정하였으므로, 피고인 2에게는 살인죄를 범할 목적 및 살인의 준비에 관한 고의가 인정될 뿐만 아니라 그가 살인죄의 실현을 위한 준비행위를 하였음을 인정할 수 있고, 따라서 피고인 2에 대하여 살인예비죄가 성립한다.[2]

③ 관세를 포탈할 목적으로 수입할 물품의 수량과 가격이 낮게 기재된 계약서를 첨부하여 수입예정 물량 전부에 대한 과세가격 사전심사를 신청함으로써 과세가격을 허위로 신고하고 이에 따른 과세가격 사전심사서를 미리 받아 두는 행위는 관세포탈죄의 실현을 위한 외부적인 준비행위에 해당한다.[3]

④ 국가보안법의 규정은 남북교류 협력에 관한 법률 제3조 소정의 남북교류와 협력을 목적으로 하는 행위에 관하여는 정당하다고 인정되는 범위 안에서는 적용이 배제되나, 피고인이 북한공작원들과의 사전 연락 하에 주도한 민중당의 방북신청은 그러한 정을 모르는 다른 민중당 인사들에게는 남북교류협력의 목적이 있었다고 할 수 있음은 별론으로 하고, 피고인 자신에 대한 관계에서는 위 법률 소정의 남북교류 협력을 목적으로 한 것이라고 볼 수 없으므로, 피고인의 위 법률에 의한 방북신청은 국가보안법상의 탈출예비에 해당한다.[4]

⑤ 형법 제98조 제1항에 간첩이라 함은 동조 제2항의 규정과 대조 고찰할 때 적국을 위하여 적국의 지령 사수 기타의 의사의 연락 하에 군사상의 기밀사항 또는 도서물건을 탐지·수집하는 것을 의미한다고 해석하여야 할 것이므로 본 안건과 같이 적측과 아무런 의사연락 없이 편면적으로 취학을 주된 목적으로 하고 월북하여 그곳 관헌의 호의를 사기 위하여 누설하고자 군사에 관한 정보를 수집하였다면 그는 형법 제98조 제2항의 군사상 기밀누설의 예비행위라고 보는 것이 타당하다.[5]

⑥ 강도에 공할 흉기를 휴대하고 통행인의 출현을 대기하는 행위는 강도예비에 해당한다.[6]

하지만 ① 살해의 용도에 공하기 위한 흉기를 준비하였다고 하더라도 그 흉기로서 살해할 대상자가 확정되지 아니한 경우 살인예비죄로 다스릴 수 없다.[7]

② 피고인이 일방적으로 반국가단체인 조총련 간부에게 집살 돈을 송금해 달라는 내용의 편지를 써서 재일교포에게 그 전달을 부탁하였으나 위 재일교포가 김포공항에서 출국하려다가 검거됨으로써 그 연락의 목적을 이루지 못한 때에는 금품을 제공할 자의 의사가 불확실할 뿐만 아니라 그 의사에 관계없이 일방적으로 요구한 단계에 있었으므로 이는 금품수수의 예비죄가 되지 아니한다.[8]

(2) 물적 예비와 인적 예비

예비행위는 범행도구의 준비, 범행장소의 물색 등과 같은 물적 예비뿐만 아니라 알리바이를 위한 대인접촉, 장물을 처분할 사람의 확보 등과 같은 인적 예비도 포함한다.

---

1) 대법원 1966. 12. 6. 선고 66도1317 판결.
2) 대법원 2009. 10. 29. 선고 2009도7150 판결.
3) 대법원 1999. 4. 9. 선고 99도424 판결.
4) 대법원 1993. 10. 8. 선고 93도1951 판결.
5) 대법원 1959. 5. 18. 선고 4292형상34 판결.
6) 대법원 1948. 8. 17. 선고 4281형상80 판결.
7) 대법원 1959. 9. 1. 선고 4292형상387 판결.
8) 대법원 1973. 6. 26. 선고 73도548 판결.

(3) 자기예비와 타인예비

'자기예비'(自己豫備)란 자기가 스스로 또는 타인과 공동으로 실행행위를 할 목적으로 준비행위를 하는 경우를 말한다. 자기예비는 당연히 예비행위에 포함된다. 반면에 '타인예비'(他人豫備)란 타인의 실행행위를 위하여 준비행위를 하는 경우를 말한다.

자기예비가 예비행위로 평가됨에는 의문이 없지만, 타인예비가 예비행위로 평가될 수 있는지 여부와 관련하여, ① 타인예비도 법익침해의 실질적인 위험성이 있다는 점을 논거로 하는 적극설, ② '죄를 범할 목적'이란 예비자 스스로가 실행행위를 하는 것을 의미한다는 점을 논거로 하는 소극설 등의 대립이 있다.

이에 대하여 판례는「형법 전체의 정신에 비추어 정범이 실행의 착수에 이르지 아니한 예비의 단계에 그친 경우에는 이에 가공하는 행위가 예비의 공동정범이 되는 경우를 제외하고는 종범의 성립을 부정하고 있다고 보는 것이 타당하다.」라고 판시[1]하여, 소극설의 입장을 취하고 있다.

생각건대 정범인 예비죄는 공범과는 구별되어야 하므로, 타인예비는 예비행위에 포함되지 아니한다. 또한 타인예비를 인정할 경우에는 처벌의 범위가 지나치게 확장되므로 소극설이 타당하다.

Ⅳ. 관련문제

1. 예비죄의 공범

(1) 예비죄의 공동정범

2인 이상의 자가 공동하여 기본범죄를 실현하고자 하였으나 가벌적 예비행위에 그친 경우에는 예비죄의 공동정범이 성립한다.[2] 또한 단순히 예비단계에서 가공한 것에 그칠지라도 공모한 다른 공범자가 범죄를 실행하였을 경우에는 공동정범으로서의 죄책을 면할 수 없다.

(2) 예비죄에 대한 교사범·방조범

교사를 받은 자가 범죄의 실행을 승낙하고 실행의 착수에 이르지 아니한 때에는 교사자와 피교사자를 음모 또는 예비에 준하여 처벌한다(제31조 제2항). 하지만 기수의 고의로 정범을 방조하였지만 정범이 예비에 그친 경우에 예비죄의 방조가 성립할 수 있는지 여부가 문제되는데, 방조범의 미수에 대해서는 교사범의 미수와 같은 처벌규정을 별도로 두고 있지 않으므로 예비죄에 대한 방조범의 성립은 불가능하다. 즉 정범이 실행의 착수에 이르지 아니한 예비의 단계에 그친 경우에는 이에 가공한다고 하더라도 예비의 종범으로 처벌할 수는 없다.[3]

---

1) 대법원 1976. 5. 25. 선고 75도1549 판결.
2) 대법원 1979. 5 22. 선고 79도552 판결.
3) 대법원 1979. 5 22. 선고 79도552 판결.

이에 대하여 판례는 「형법 제32조 제1항의 타인의 범죄를 방조한 자는 종범으로 처벌한다는 규정의 타인의 범죄란 정범이 범죄를 실현하기 위하여 착수한 경우를 말하는 것이라고 할 것이므로 종범이 처벌되기 위하여는 정범의 실행의 착수가 있는 경우에만 가능하고 정범이 실행의 착수에 이르지 아니한 예비의 단계에 그친 경우에는 이에 가공하는 행위가 예비의 공동정범이 되는 경우를 제외하고는 이를 종범으로 처벌할 수 없다. 왜냐하면 범죄의 구성요건 개념상 예비죄의 실행행위는 무정형·무한정한 행위이고 종범의 행위도 무정형·무한정한 것이고, 형법 제28조에 의하면 범죄의 음모 또는 예비행위가 실행의 착수에 이르지 아니한 때에는 법률에 특별한 규정이 없는 한 벌하지 아니한다고 규정하여 예비죄의 처벌이 가져올 범죄의 구성요건을 부당하게 유추 내지 확장해석하는 것을 금지하고 있기 때문에 형법각칙의 예비죄를 처단하는 규정을 바로 독립된 구성요건 개념에 포함시킬 수는 없다고 하는 것이 죄형법정주의의 원칙에도 합당하는 해석이라고 할 것이기 때문이다. 따라서 형법전체의 정신에 비추어 예비의 단계에 있어서는 그 종범의 성립을 부정하고 있다고 보는 것이 타당한 해석이라고 할 것이다.」라고 판시[1]하여, 같은 입장을 취하고 있다.

2. 예비죄의 미수

예비는 실행의 착수 전단계의 행위이고, 예비의 미수를 처벌하는 규정도 없으므로 예비죄의 미수는 있을 수 없다.

3. 예비죄의 죄수

하나의 기본범죄를 위하여 수개의 예비행위가 있었던 경우에는 하나의 예비죄만 성립한다. 한편 예비행위는 실행의 착수 이전의 준비행위이므로 실행의 착수로 나아가면 예비는 미수 또는 기수에 흡수된다(법조경합 중 보충관계).

---

1) 대법원 1976. 5. 25. 선고 75도1549 판결. 甲은 친구 乙이 丙의 집에 들어가 강도를 할 계획을 가지고 있다는 것을 알고 자신이 丙의 집에서 운전기사로 근무할 당시에 우연히 입수하여 가지고 있던 丙의 집 내부평면도를 乙에게 제공하였다. 乙은 그 평면도를 기초로 丙의 집에 들어가는 방법을 연구하여 치밀한 계획을 세웠는데, 우연히 신문을 보다가 丙의 사업이 매우 어려워 부도직전에 몰려 있다는 기사를 보고 丙이 안됐다는 생각이 들어서 강도계획을 포기하였다.

제 6 장 공 범 론

제 1 절 공범론의 기초

I. 서 설

1. 범죄참가의 형태

(1) 정 범

1) 직접정범

'직접정범'(直接正犯)이란 행위자 자신이 직접 범죄를 실행하는 경우를 말한다. 예를 들면
① 1인이 단독으로 범죄를 실행하는 단독정범, ② 2인 이상이 공동하여 범죄를 실행하는 공동
정범(제30조), ③ 2인 이상이 합동하여 범죄를 실행하는 합동범(제146조, 제331조 제2항, 제334조
제2항), ④ 2인 이상의 단독범이 병존하여 범죄가 실행되는 동시범(제19조, 제263조) 등이 이에
해당한다.

2) 간접정범

'간접정범'(間接正犯)이란 행위자 자신이 범죄를 직접 실행하지 않고 타인을 도구로 이용하
여 간접적으로 범죄를 실행하는 경우를 말한다. 어느 행위로 인하여 처벌되지 아니하는 자 또
는 과실범으로 처벌되는 자를 교사 또는 방조하여 범죄행위의 결과를 발생하게 한 자는 교사
또는 방조의 예에 의하여 처벌한다(제34조 제1항).

(2) 공 범

협의의 공범으로는 교사범과 종범이 있으며, '교사범'(敎唆犯)이란 타인을 교사하여 범죄를
실행하는 경우를 말하는데, 타인을 교사하여 죄를 범하게 한 자는 죄를 실행한 자와 동일한 형
으로 처벌한다(제31조 제1항). 그리고 '종범'(從犯)이란 타인의 범죄를 방조하여 범죄를 실행하는
경우를 말하는데, 타인의 범죄를 방조한 자는 종범으로 처벌하고(제32조 제1항), 종범의 형은 정
범의 형보다 감경한다(제32조 제2항).

2. 임의적 공범과 필요적 공범

(1) 임의적 공범

'임의적 공범'이란 1인이 단독으로 실행할 수 있는 범죄를 2인 이상이 협력하여 실행하는
경우의 공범형태를 말한다. 예를 들면 공동정범, 교사범, 종범 등이 이에 해당한다. 다만 간접정
범은 피이용자가 범죄의 주체가 아니라 범죄의 수단이 된다는 점에서 구별된다.

(2) 필요적 공범

1) 의 의

'필요적 공범'이란 2인 이상이 참가해야만 구성요건이 실행될 수 있고, 1인이 단독으로는 실행이 불가능하도록 규정된 공범형태를 말한다.

2) 종 류

① 집합범

'집합범'(集合犯)이란 다수 행위자의 동일목표를 향한 집단적인 공동행위를 요구하는 범죄형태를 말한다. 집합범의 형태는 ① 소요죄, 다중불해산죄 등과 같이 다수인에게 동일한 법정형이 규정된 경우, ② 내란죄와 같이 다수인에게 상이한 법정형이 규정된 경우 등으로 다시 나누어진다.

한편 집합범의 한 형태로서 '합동범'(合同犯)이란 2인 이상이 합동하여 절도(제331조 제2항), 강도(제334조 제2항), 도주(제146조) 등의 범죄를 범한 경우, 단독정범이나 공동정범과 비교하여 형벌이 가중되는 독립된 유형의 범죄를 말한다.

② 대향범

'대향범'(對向犯)이란 2인 이상이 상호 대립된 방향의 행위를 통하여 동일목표를 지향하는 범죄형태를 말한다. 대향범의 형태는 ① 도박죄와 같이 대향자 쌍방에게 동일한 법정형이 규정된 경우, ② 수뢰죄와 증뢰죄, 배임수재죄와 배임증재죄, 단순도주죄와 도주원조죄 등과 같이 대향자 쌍방에게 상이한 법정형이 규정된 경우, ③ 공무상 비밀누설죄, 업무상 비밀누설죄, 음화판매죄, 범인은닉·도피죄, 촉탁·승낙살인죄, 자살교사·방조죄, 음행매개죄 등과 같이 대향자 중 일방만을 처벌하는 경우 등으로 다시 나누어진다.

3) 대향범에 있어서 총칙상 공범규정의 적용 여부

① 내부관여자의 경우

필요적 공범에서 내부참가자는 모두 정범으로서 각자에게 적용될 형벌이 각칙에 별도로 규정되어 있기 때문에 내부참가자 상호간에는 임의적 공범을 전제로 하는 총칙상의 공범규정이 적용되지 아니한다. 즉 2인 이상의 서로 대향된 행위의 존재를 필요로 하는 대향범에 대하여는 공범에 관한 형법총칙 규정이 적용될 수 없다.[1]

하지만 이러한 법리는 해당 처벌규정의 구성요건 자체에서 2인 이상의 서로 대향적 행위의 존재를 필요로 하는 필요적 공범인 대향범을 전제로 한다. 그러므로 구성요건상으로는 단독으로 실행할 수 있는 형식으로 되어 있는데 단지 구성요건이 대향범의 형태로 실행되는 경우에도 대향범에 관한 법리가 적용된다고 볼 수는 없다.[2]

---

1) 대법원 2009. 6. 23. 선고 2009도544 판결.
2) 대법원 2022. 6. 30. 선고 2020도7866 판결(마약거래방지법 제7조 제1항은 '마약류범죄의 발견 또는 불법수익 등의 출처에 관한 수사를 방해하거나 불법수익 등의 몰수를 회피할 목적으로 불법수익 등의 성질, 소재, 출처

판례에 의하면, ① 형법 제127조는 공무원 또는 공무원이었던 자가 법령에 의한 직무상 비밀을 누설하는 행위만을 처벌하고 있을 뿐 직무상 비밀을 누설받은 상대방을 처벌하는 규정이 없는 점에 비추어, 직무상 비밀을 누설받은 자에 대하여는 공범에 관한 형법총칙 규정이 적용될 수 없다.[1]

② 변호사 사무실 직원인 피고인 甲이 법원공무원인 피고인 乙에게 부탁하여, 수사 중인 사건의 체포영장 발부자 53명의 명단을 누설받은 사안에서, 피고인 乙이 직무상 비밀을 누설한 행위와 피고인 甲이 이를 누설받은 행위는 대향범 관계에 있으므로 공범에 관한 형법총칙 규정이 적용될 수 없다.[2]

③ 구 의료법 제17조 제1항 본문은 의료업에 종사하고 직접 진찰한 의사가 아니면 처방전을 작성하여 환자 등에게 교부하지 못한다고 규정하면서 제89조에서는 위 조항 본문을 위반한 자를 처벌하고 있을 뿐, 위와 같이 작성된 처방전을 교부받은 상대방을 처벌하는 규정이 따로 없는 점에 비추어, 위와 같이 작성된 처방전을 교부받은 자에 대하여는 공범에 관한 형법총칙 규정이 적용될 수 없다고 보아야 한다.[3]

④ 세무사법은 제22조 제1항 제2호, 제11조에서 세무사와 세무사였던 자 또는 그 사무직원과 사무직원이었던 자가 그 직무상 지득한 비밀을 누설하는 행위를 처벌하고 있을 뿐 비밀을 누설받는 상대방을 처벌하는 규정이 없고, 세무사의 사무직원이 직무상 지득한 비밀을 누설한 행위와 그로부터 그 비밀을 누설받은 행위는 대향범 관계에 있으므로 이에 공범에 관한 형법총칙 규정을 적용할 수 없다. 세무사의 사무직원으로부터 그가 직무상 보관하고 있던 임대사업자 등의 인적사항, 사업자소재지가 기재된 서면을 교부받은 행위가 세무사법상 직무상 비밀누설죄의 공동정범에 해당하지 않는다.[4]

⑤ 양도, 양수와 같이 2인 이상의 서로 대향된 행위의 존재를 필요로 하는 관계에 있어서는 공범에 관한 형법총칙 규정의 적용이 있을 수 없고 따라서 상대방의 범행에 대하여 공범관계도 성립되지 않는다.[5]

⑥ 소위 대향범은 대립적 범죄로서 2인 이상의 서로 대향된 행위의 존재를 필요로 하는 필요적 공범관계에 있는 범죄로 이에는 공범에 관한 형법총칙규정의 적용이 있을 수 없는 것이므로 피고인 甲이 피고인 乙에게 외화취득의 대상으로 원화를 지급하고 피고인 乙이 이를 영수한 경우 위 甲에게는 대상지급을 금한 외국환관리법 제22조 제1호, 乙에게는 대상지급의 영수를 금한 같은 조 제2호 위반의 죄만 성립될 뿐 각 상피고인의 범행에 대하여는 공범관계가 성립되지 않는다.[6]

⑦ 뇌물수수죄는 필요적 공범으로서 형법총칙의 공범이 아니므로 따로 제30조를 적용할 필요 없다.[7]

⑧ 구 화물자동차 운수사업법 제48조 제4호, 제39조에 의하여 처벌되는 행위인, 자가용화물자동차의

또는 귀속관계를 숨기거나 가장한 자를 불법수익 등의 은닉 및 가장죄로 형사처벌하고 있다. 그중 '불법수익 등의 출처 또는 귀속관계를 숨기거나 가장'하는 행위는 불법수익 등을 정당하게 취득한 것처럼 취득 원인에 관한 사실을 숨기거나 가장하는 행위 또는 불법수익 등이 귀속되지 않은 것처럼 귀속에 관한 사실을 숨기거나 가장하는 행위를 뜻한다. 따라서 마약거래방지법 제7조 제1항에서 정한 '불법수익 등의 출처 또는 귀속관계를 숨기거나 가장하는 행위'는 처벌규정의 구성요건 자체에서 2인 이상의 서로 대향된 행위의 존재를 필요로 하지 않으므로 정범의 이러한 행위에 가담하는 행위에는 형법 총칙의 공범 규정이 적용된다).

1) 대법원 2017. 6. 19. 선고 2017도4240 판결.
2) 대법원 2011. 4. 28. 선고 2009도3642 판결.
3) 대법원 2011. 10. 13. 선고 2011도6287 판결(위와 같이 처방전을 교부받은 자에 대하여는 공범에 관한 형법총칙 규정을 적용할 수 없다는 이유로, 직원 丙 등을 의사 乙 등의 처방전 교부행위에 대한 공동정범 또는 교사범으로 처벌할 수 없는 이상 丙 등에게 가공한 피고인들 역시 처벌할 수 없다).
4) 대법원 2007. 10. 25. 선고 2007도6712 판결.
5) 대법원 1988. 4. 25. 선고 87도2451 판결.
6) 대법원 1985. 3. 12. 선고 84도2747 판결.
7) 대법원 1971. 3. 9. 선고 70도2536 판결.

소유자가 유상으로 화물을 운송하는 행위를 함에 있어서는, 자가용화물자동차의 소유자에게 대가를 지급하고 화물의 운송이라는 용역을 제공받는 상대방의 행위의 존재가 반드시 필요하고, 따라서 자가용화물자동차의 소유자에게 대가를 지급하고 의뢰하여 화물의 운송이라는 용역을 제공받는 상대방의 행위가 있을 것으로 당연히 예상되는바, 이와 같이 자가용화물자동차 소유자의 유상운송이라는 범죄가 성립하는 데 당연히 예상될 뿐만 아니라 위와 같은 범죄의 성립에 없어서는 아니 되는 상대방의 행위를 따로 처벌하는 규정이 없는 이상, 자가용화물자동차의 소유자에게 대가를 지급하고 운송을 의뢰하여 화물운송이라는 용역을 제공받은 상대방의 행위가, 자가용화물자동차 소유자와의 관계에서, 일반적인 형법 총칙상의 공모, 교사 또는 방조에 해당된다고 하더라도 자가용화물자동차 소유자의 유상운송행위의 상대방을 자가용화물자동차 소유자의 유상운송행위의 공범으로 처벌할 수 없다.[1]

⑨ 변호사 아닌 자가 변호사를 고용하여 법률사무소를 개설·운영하는 행위에 있어서는 변호사 아닌 자는 변호사를 고용하고 변호사는 변호사 아닌 자에게 고용된다는 서로 대향적인 행위의 존재가 반드시 필요하고, 나아가 변호사 아닌 자에게 고용된 변호사가 고용의 취지에 따라 법률사무소의 개설·운영에 어느 정도 관여할 것도 당연히 예상되는바, 이와 같이 변호사가 변호사 아닌 자에게 고용되어 법률사무소의 개설·운영에 관여하는 행위는 위 범죄가 성립하는 데 당연히 예상될 뿐만 아니라 범죄의 성립에 없어서는 아니 되는 것인데도 이를 처벌하는 규정이 없는 이상, 그 입법 취지에 비추어 볼 때 변호사 아닌 자에게 고용되어 법률사무소의 개설·운영에 관여한 변호사의 행위가 일반적인 형법 총칙상의 공모, 교사 또는 방조에 해당된다고 하더라도 변호사를 변호사 아닌 자의 공범으로서 처벌할 수는 없다.[2]

⑩ 증권거래법 제188조의2 제1항의 금지행위 중의 하나인 내부자로부터 미공개 내부정보를 수령한 제1차 정보수령자가 다른 사람에게 유가증권의 매매 기타 거래와 관련하여 당해 정보를 이용하게 하는 행위에 있어서는 제1차 정보수령자로부터 당해 정보를 전달받는 제2차 정보수령자의 존재가 반드시 필요하고, 제2차 정보수령자가 제1차 정보수령자와의 의사 합치하에 그로부터 미공개 내부정보를 전달받아 유가증권의 매매 기타 거래와 관련하여 당해 정보를 이용하는 행위가 당연히 예상되는바, 그와 같이 제1차 정보수령자가 미공개 내부정보를 다른 사람에게 이용하게 하는 증권거래법 제188조의2 제1항 위반죄가 성립하는데 당연히 예상될 뿐만 아니라, 그 범죄의 성립에 없어서는 아니되는 제2차 정보수령자의 그와 같은 관여행위에 관하여 이를 처벌하는 규정이 없는 이상 그 입법취지에 비추어 제2차 정보수령자가 제1차 정보수령자로부터 제1차 정보수령 후에 미공개 내부정보를 전달받아 이용한 행위가 일반적인 형법 총칙상의 공모, 교사, 방조에 해당된다고 하더라도 제2차 정보수령자를 제1차 정보수령자의 공범으로서 처벌할 수는 없다.[3]

⑪ 정범의 판매목적의 의약품 취득범행과 대향범관계에 있는 정범에 대한 의약품 판매행위에 대하여는 형법총칙상 공범이나 방조범 규정의 적용이 있을 수 없어 정범의 범행에 대한 방조범으로 처벌할 수 없다.[4]

⑫ 사용자는 쟁의행위 기간 중 그 쟁의행위로 중단된 업무의 수행을 위하여 당해 사업과 관계없는 자를 채용 또는 대체할 수 없고, 이를 위반한 자는 1년 이하의 징역 또는 1천만원 이하의 벌금으로 처벌된다(노동조합법 제91조, 제43조 제1항). 채용 또는 대체하는 행위와 채용 또는 대체되는 행위는 2인 이상

---

1) 대법원 2005. 11. 25. 선고 2004도8819 판결.
2) 대법원 2004. 10. 28. 선고 2004도3994 판결.
3) 대법원 2002. 1. 25. 선고 2000도90 판결.
4) 대법원 2001. 12. 28. 선고 2001도5158 판결.

의 서로 대향된 행위의 존재를 필요로 하는 관계에 있음에도 채용 또는 대체되는 자를 따로 처벌하지 않는 노동조합법 문언의 내용과 체계에 비추어 보면, 쟁의행위 기간 중 그 쟁의행위로 중단된 업무의 수행을 위하여 당해 사업과 관계없는 자를 채용 또는 대체하는 사용자에게 채용 또는 대체되는 자의 행위에 대하여는 일반적인 형법 총칙상의 공범 규정을 적용하여 공동정범, 교사범 또는 방조범으로 처벌할 수 없다.[1]

⑬ 금품 등의 수수와 같이 2인 이상의 서로 대향된 행위의 존재를 필요로 하는 관계에 있어서는 공범이나 방조범에 관한 형법총칙 규정의 적용이 있을 수 없다. 따라서 금품 등을 공여한 자에게 따로 처벌규정이 없는 이상, 그 공여행위는 그와 대향적 행위의 존재를 필요로 하는 상대방의 범행에 대하여 공범관계가 성립되지 아니하고, 오로지 금품 등을 공여한 자의 행위에 대하여만 관여하여 그 공여행위를 교사하거나 방조한 행위도 상대방의 범행에 대하여 공범관계가 성립되지 아니한다.[2]

한편 대향범인 필요적 공범관계는 행위자들이 서로 대향적 행위를 하는 것을 전제로 하는데, 각자의 행위가 범죄구성요건에 해당하면 그에 따른 처벌을 받을 뿐이고 반드시 협력자 전부에게 범죄가 성립해야 하는 것은 아니다.[3]

② 외부관여자의 경우

필요적 공범의 외부관여자에게 형법총칙상의 공범규정이 적용될 것인지 여부는 별개의 문제이다. ① 집합범의 경우에는 집단의 구성원이 아닌 자가 집합범의 공동정범이 될 수는 없으므로, 집단 외부에서 관여한 자의 행위에 대해서는 공동정범을 제외하고 교사·방조의 규정은 적용될 수 있다. ② 대향자 쌍방을 처벌하는 경우에는 각 대향자에게 관여한 외부자의 행위에 대해서는 총칙상의 공범규정이 적용된다. ③ 대향자 중 일방만을 처벌하는 경우에는 외부자가 처벌되는 대향자에게 관여한 경우에는 총칙상의 공범규정이 적용되지만, 외부자가 처벌되지 아니하는 대향자에게 관여한 경우에는 총칙상의 공범규정이 적용되지 아니한다.

Ⅱ. 정범과 공범의 구별

1. 서 설

현행 형법은 정범과 공범을 분리하는 형식을 취하고 있으므로 구성요건해당성 인정 여부

---

1) 대법원 2020. 6. 11. 선고 2016도3048 판결(대향범 관계에 있는 행위 중 사용자만 처벌하는 노동조합법 제91조, 제43조 제1항 위반죄의 단독정범이 될 수 없고, 형법 총칙상 공범 규정을 적용하여 공동정범 또는 방조범으로 처벌할 수도 없다); 대법원 2004. 10. 28. 선고 2004도3994 판결; 대법원 1988. 4. 25. 선고 87도2451 판결.

2) 대법원 2014. 1. 16. 선고 2013도6969 판결; 대법원 2002. 7. 22. 선고 2002도1696 판결.

3) 대법원 2017. 11. 14. 선고 2017도3449 판결(정치자금을 기부하는 자의 범죄가 성립하지 않더라도 정치자금을 기부받는 자가 정치자금법이 정하지 않은 방법으로 정치자금을 제공받는다는 의사를 가지고 받으면 정치자금부정수수죄가 성립한다); 대법원 1991. 1. 15. 선고 90도2257 판결(형법 제357조 제1항의 배임수재죄와 같은 조 제2항의 배임증재죄는 통상 필요적 공범의 관계에 있기는 하나 이것은 반드시 수재자와 증재자가 같이 처벌받아야 하는 것을 의미하는 것은 아니고 증재자에게는 정당한 업무에 속하는 청탁이라도 수재자에게는 부정한 청탁이 될 수도 있는 것이다).

및 양형의 구체적인 판단을 위하여 정범과 공범을 구별해야 한다. 타인의 범죄에 가담하는 공범은 정범을 전제로 한 개념이므로 공범의 개념은 정범의 개념표지가 확정됨에 따라 상대적으로 결정되는데, 이를 '공범개념의 종속성'이라고 한다. 따라서 정범과 공범이 결합하여 하나의 범죄를 실현하는 경우에는 항상 정범의 성립 여부가 먼저 결정되어야 하는데, 이를 '정범개념의 우위성'이라고 한다.

2. 정범의 개념

(1) 제한적 정범개념이론

'제한적 정범개념이론'이란 구성요건에 해당하는 행위를 스스로 행한 자만이 정범이고, 구성요건적 행위 이외의 행위에 의하여 결과야기에 가공한 자는 정범이 될 수 없고, 공범에 불과하다는 이론을 말한다. 이에 의하면 범죄는 형법각칙에 기술된 범죄유형을 의미하므로 정범개념도 구성요건에 의하여 결정해야 한다는 점을 그 논거로 한다.

동 이론에 의하면 정범만이 원래 가벌적이므로 형법이 교사범·종범에 대한 처벌규정을 둔 것은 구성요건적 행위 이외의 행위에까지 가벌성을 확장한 형벌확장사유가 된다. 또한 구성요건에 해당하는 행위와 이에 대한 가공행위는 객관적으로 구별되므로 정범과 공범의 구별기준에 있어서는 객관설의 입장을 취하게 된다. 하지만 구성요건적 행위의 일부 또는 전부를 행하지 아니한 간접정범과 공동정범의 정범성을 파악할 수 없다는 비판이 제기된다.

(2) 확장적 정범개념이론

'확장적 정범개념이론'이란 구성요건적 결과발생에 직·간접적으로 조건을 설정한 자는 그것이 구성요건에 해당하는 행위인지 여부를 불문하고 모두 정범이 된다는 이론을 말한다. 이는 단일정범개념의 논리적 귀결로서 결과에 대한 모든 조건의 동가치성을 인정해야 한다는 조건설을 그 논거로 한다.

동 이론에 의하면 교사범·종범·간접정범도 원래 정범의 형으로 처벌되어야 할 것이지만, 정범보다 가볍게 취급하는 것은 정범의 처벌범위를 축소한 형벌축소사유가 된다. 또한 객관적 요인은 모두 등가하므로 이러한 객관적 요인에 의해서는 정범과 공범을 구별할 수 없기 때문에 정범과 공범의 구별기준에 있어서는 주관설의 입장을 취하게 된다. 하지만 범죄참가형태를 분명하게 구별해 주지 못하므로 죄형법정주의에 반하고, 정범과 공범을 서로 구별하고 있는 현행 형법의 입장과도 배치된다는 비판이 제기된다.

3. 정범과 공범의 구별기준

(1) 객관설

1) 형식적 객관설

'형식적 객관설'이란 구성요건적 실행행위를 직접 행한 자가 정범이고, 그 이외의 행위를 통하여 구성요건의 실현에 기여한 자는 공범이 된다는 이론을 말한다. 형식적 객관설은 기본적으로 제한적 정범개념에 입각한 이론이다.

하지만 주관적 의사를 전혀 고려하지 않는다는 점, 정범의 개념을 지나치게 좁게 인정한다는 점, 실행행위를 한 사람은 피이용자이므로 간접정범을 정범으로 파악할 수 없다는 점 등의 비판이 제기된다.

2) 실질적 객관설

'실질적 객관설'이란 인과관계론의 원인설을 근거로 하여 결과발생에 직접 원인이 되었는가 아니면 단순한 조건에 불과한가라는 행위기여의 위험성의 정도에 따라 정범과 공범을 구별하는 이론을 말한다.

(2) 주관설

'주관설'이란 인과관계론의 조건설을 근거로 하여 객관적 요소는 모두 등가하므로 정범과 공범의 구별은 주관적 요소에 의해서만 가능하다는 이론을 말한다. 주관설에 의하면 정범 및 공범은 범죄의사가 있으므로 모두 정범으로 파악하여, 기본적으로 확장적 정범개념에 입각한 이론이다.

주관설은 ① 정범의사(자기의 범죄로 실현하고자 하는 의사)를 가지고 행위한 자는 정범이고, 공범의사(타인의 범죄에 가담할 의사)를 가지고 행위한 자는 공범이 된다는 의사설(고의설), ② 자기의 이익을 위하여 범죄를 실행한 자는 정범이고, 타인의 이익을 위하여 범죄를 실행한 자는 공범이 된다는 이익설(목적설) 등으로 다시 나누어진다.

하지만 의사설에 의하면 공범의사를 가진 사람은 실행행위를 직접 한 경우에도 공범으로 처벌되어 부당하고, 이익설에 의하면 강도나 사기에 있어서 제3자로 하여금 재산상의 이익을 취득하게 한 사람을 공범으로 처벌하여 역시 부당하다.

(3) 행위지배설

'행위지배설'이란 객관적 요소와 주관적 요소로 형성된 행위지배의 개념을 이용하여 공범과 정범을 구별하는 이론을 말한다. 여기서 '행위지배'란 구성요건에 해당하는 사건의 진행을 조종·장악하는 것 또는 사태의 핵심형상을 지배하는 것을 말한다. 이에 따라 행위지배를 통하여 그의 의사에 따라 구성요건의 실현을 저지하거나 진행하게 할 수 있는 자가 정범이고, 행위지배 없이 행위를 야기하거나 촉진하는 자가 공범이다. 결국 정범성의 표지는 주관적인 조종의사뿐만 아니라 객관적인 행위가담의 정도를 고려하여 판단하는 것이다.

이에 대하여 판례는 「공동정범의 본질은 분업적 역할분담에 의한 기능적 행위지배에 있다고 할 것이므로 공동정범은 공동의사에 의한 기능적 행위지배가 있음에 반하여 종범은 그 행위지배가 없는 점에서 양자가 구별된다.」라고 판시[1]하여, 행위지배설의 입장을 취하고 있다.

---

1) 대법원 2013. 1. 10. 선고 2012도12732 판결; 대법원 1989. 4. 11. 선고 88도1247 판결.

생각건대 행위지배를 통하여 정범성의 표지를 파악하는 것이 타당하다. 이에 의하면 자신이 구성요건의 내용을 직접 실현하는 단독정범이나 직접정범의 정범성의 표지는 '실행지배'이고, 우월적 의사를 가지고 타인을 도구로 이용하여 구성요건을 실현하는 간접정범의 정범성의 표지는 '의사지배'이며, 공동의 결의에 따라 분업적인 협력을 통해 공동으로 구성요건을 실현하는 공동정범의 정범성의 표지는 '기능적 행위지배'이다.

Ⅲ. 공범의 종속성과 처벌근거

1. 공범의 종속성

(1) 의 의

교사범이나 종범과 같은 협의의 공범은 정범에 종속하여 성립하는가 아니면 독립하여 성립하는가 하는 종속성의 유무의 문제와 정범이 범죄의 구성요건해당성·위법성·책임성 가운데 어느 단계까지의 요건을 구비한 경우에 공범이 성립할 수 있는가 하는 종속성의 정도의 문제를 일반적으로 공범의 종속성과 관련된 문제라고 한다.

(2) 종속성의 유무

1) 공범종속성설

'공범종속성설'이란 공범은 적어도 정범이 구성요건에 해당하는 실행행위로 나아가야만 이에 종속하여 성립할 수 있다는 이론을 말한다. 이는 구성요건상의 정형적 행위만이 실행행위이므로 교사·방조행위 그 자체는 독립된 실행행위로 인정할 수 없다는 객관주의 범죄이론을 그 근거로 한다.

이에 대하여 판례는「정범의 성립은 교사범의 구성요건의 일부를 형성하고, 교사범이 성립함에는 정범의 범죄행위가 인정되는 것이 그 전제요건이 된다.」라고 판시[1]하여, 공범종속성설의 입장을 취하고 있다.

공범종속성설에 의하면, ① 정범이 적어도 실행에 착수해야 공범이 성립하므로 미수의 공범은 가능하지만, 공범의 미수는 불가능하다. ② 기도된 교사는 정범이 실행에 착수하지 않았으므로 처벌하지 말아야 하므로, 기도된 교사(제31조 제2항 및 동조 제3항)[2]를 특별규정으로 이해한다. ③ 피이용자의 행위를 정범의 행위로 볼 수 없으므로 이용자는 간접정범이 된다. 그러므로 공범과 간접정범의 구별필요성이 인정된다. ④ 신분의 연대성을 규정한 제33조[3] 본문을

---

1) 대법원 1998. 2. 24. 선고 97도183 판결.
2) 형법 제31조(교사범) ① 타인을 교사하여 죄를 범하게 한 자는 죄를 실행한 자와 동일한 형으로 처벌한다.
   ② 교사를 받은 자가 범죄의 실행을 승낙하고 실행의 착수에 이르지 아니한 때에는 교사자와 피교사자를 음모 또는 예비에 준하여 처벌한다.
   ③ 교사를 받은 자가 범죄의 실행을 승낙하지 아니한 때에도 교사자에 대하여는 전항과 같다.
3) 형법 제33조(공범과 신분) 신분이 있어야 성립되는 범죄에 신분 없는 사람이 가담한 경우에는 그 신분 없는 사람

원칙적인 규정으로 이해한다. ⑤ 자살이 범죄가 아님에도 불구하고 교사·방조를 처벌하는 제252조 제2항을 특별규정으로 이해한다.

2) 공범독립성설

'공범독립성설'이란 공범은 독립된 범죄이므로 교사·방조행위가 있으면 정범의 실행행위가 없더라도 공범이 성립할 수 있다는 이론을 말한다. 이는 교사·방조행위 그 자체가 반사회성을 드러내는 행위로서 정범의 실행행위와 관계없이 독립된 범죄의 실행행위가 된다는 주관주의 범죄이론을 그 근거로 한다.

공범독립성설에 의하면, ① 공범은 정범과 독립된 범죄이므로 미수의 공범은 물론 공범의 미수도 미수범으로 처벌받아야 한다. ② 기도된 교사에서 교사범은 정범과 같이 처벌되어야 하므로, 기도된 교사(제31조 제2항 및 동조 제3항)를 공범독립성설에 근거한 규정으로 이해한다. ③ 교사·방조행위가 있는 이상 공범은 성립할 수 있으므로 이용자는 공범이 된다. 그러므로 공범과 간접정범의 구별필요성이 부정된다. ④ 신분의 개별성을 규정한 제33조 단서를 원칙적인 규정으로 이해한다. ⑤ 자살에 대한 교사·방조행위를 처벌하는 제252조 제2항은 공범독립성설에 의해서만 설명이 가능하다.

3) 검 토

현행 형법상 교사범은 '타인을 교사하여 죄를 범하게 한 자'라고 규정되어 있고, 종범은 '타인의 범죄를 방조한 자'라고 규정되어 있는데, 이에 의하면 공범은 정범의 존재를 전제로 하여 이에 종속하여 성립하는 취지로 이해해야 한다. 또한 공범독립성설은 지나치게 범죄적 의사에 치중하여 구성요건적 실행행위의 정형성을 무시함으로써 죄형법정주의에 반할 우려가 크다. 그러므로 공범종속성설이 타당하다.

(3) 종속성의 정도

1) 최소한 종속형식

'최소한 종속형식'이란 정범의 행위가 구성요건에 해당하기만 하면 위법·유책하지 않은 경우에도 공범이 성립한다는 이론을 말한다. 하지만 정범의 불법 없이 공범의 불법을 인정하는 것은 타당하지 않다는 비판이 제기된다.

2) 제한적 종속형식

'제한적 종속형식'이란 정범의 행위가 구성요건에 해당하고 위법하면 유책하지 않아도 공범이 성립한다는 이론을 말한다. 이에 의하면 정범에게 책임이 없어 범죄가 성립하지 않더라도 공범은 성립할 수 있다. 이와 같이 정범이 성립하지 않더라도 공범이 성립한다는 측면에서 공범의 종속성의 정도가 '제한적'이라고 표현하고 있다.

에게도 제30조부터 제32조까지의 규정을 적용한다. 다만, 신분 때문에 형의 경중이 달라지는 경우에 신분이 없는 사람은 무거운 형으로 벌하지 아니한다.

3) 극단적 종속형식

'극단적 종속형식'이란 정범의 행위가 구성요건에 해당하고 위법·유책할 경우에 공범이 성립한다는 이론을 말한다. 하지만 책임의 연대성을 인정하는 것은 개인책임의 원리에 반한다는 비판이 제기된다.

4) 초극단적 종속형식

'초극단적 종속형식'이란 정범의 행위가 구성요건에 해당하고 위법·유책할 뿐만 아니라 가벌성의 모든 조건까지 갖춘 경우에 공범이 성립한다는 이론을 말한다. 하지만 타인의 가벌성에까지 종속하는 것은 공범의 고유성에 반한다는 비판이 제기된다.

2. 공범의 처벌근거

공범독립성설에 의하면 교사 및 방조행위는 그 자체로서 범죄의 실행행위가 되므로 별도로 처벌의 근거를 논할 필요가 없다. 하지만 공범종속성설에 따라 공범이 정범에 종속하여 성립한다면 직접 범죄를 실행하지 않았음에도 불구하고 처벌되는 근거가 무엇인지가 문제된다.

우선 가담설에 의하면, 공범의 처벌근거는 정범의 범죄이고, 공범은 정범의 범죄에 가담하였기 때문에 정범에 종속되어 처벌된다고 한다. 야기설에 비하여 공범의 종속성을 강조하는 입장이다. 이는 ① 공범이 정범의 책임에 가담하였다는 점에서 처벌근거를 도출하는 책임가담설, ② 공범이 정범의 구성요건에 해당하고 위법한 불법에 가담하였다는 점에서 처벌근거를 도출하는 불법가담설 등으로 다시 구분된다.

다음으로 야기설에 의하면, 공범의 교사 및 방조행위 그 자체로 인하여 정범의 불법을 야기하였다는 점에서 공범의 처벌근거를 도출한다. 가담설에 비하여 공범의 독립성을 강조하는 입장이다. 이는 ① 공범 자체의 독자적 불법을 인정하여 공범은 정범의 불법행위와 무관하게 스스로 공범구성요건의 불법을 야기한 점에서 처벌근거를 도출하는 순수야기설, ② 공범의 독자적 불법을 인정하지 않고 공범이 정범의 구성요건적 법익침해를 야기시켰다는 점에서 처벌근거를 도출하는 종속적 야기설, ③ 공범의 결과반가치는 정범의 결과반가치에 종속하고 행위반가치는 자신의 교사 및 방조행위에서 독립적으로 인정하는 혼합적 야기설 등으로 다시 구분된다.

생각건대 공범의 처벌근거는 정범의 구성요건적 법익침해를 야기하거나 촉진했다는 점에 있지만, 공범은 실행행위를 하지 않았으므로 공범의 불법은 그 근거와 정도에 있어서 모두 정범의 불법에 종속된다.

제 2 절　공동정범

Ⅰ. 서 설

1. 의 의

2인 이상이 공동하여 죄를 범한 때에는 각자를 그 죄의 정범으로 처벌한다(제30조). 공동정범은 교사범 및 종범과 함께 광의의 공범에 속하고, 임의적 공범의 일종으로 분류된다. 그리고 공동정범은 2인 이상이 죄를 범한다는 측면에서 단독정범과 구별되고, 1인이 충분히 행할 수 있는 범죄를 2인 이상이 범한다는 측면에서 필요적 공범과도 구별된다. 또한 범인들 상호간에 의사연락이 있다는 측면에서 동시범과 구별되고, 기능적 행위지배가 인정된다는 측면에서 협의의 공범과 구별된다.

이와 같이 공동정범은 2인 이상이 공동하여 죄를 범하는 것으로서, 공동정범이 성립하기 위해서는 주관적 요건인 공동가공의 의사와 객관적 요건인 공동의사에 의한 기능적 행위지배를 통한 범죄의 실행사실이 필요하다. 공동정범은 공동의 범행계획에 의한 분업적 행위실행에 의하여 전체 계획을 지배하였다는 기능적 행위지배에 정범성의 표지가 있다. 그러므로 공동정범은 전체 계획의 일부만을 실행하였음에도 불구하고 발생한 결과 전부에 대하여 정범으로서의 책임을 부담하는데, 이를 '부분실행 전체책임의 원리'라고 한다.

한편 공동정범은 각자를 그 죄의 정범으로 처벌한다(제30조). 비록 구성요건의 일부만을 실행한 자라고 할지라도 공동의 범행결의 안에서 발생한 결과 전체에 대하여 단독으로 야기한 경우와 동일하게 책임을 지는 것이다. 하지만 동일한 법정형의 범위 내에서 양형은 각자에게 달라질 수 있다.

2. 공동정범의 본질

(1) 범죄공동설

'범죄공동설'이란 공동정범에서 말하는 '공동'의 의미를 수인이 공동하여 특정한 범죄를 실행하는 것이라고 파악하는 이론을 말한다. '특정한 범죄를 실현한다는 의사'는 바로 고의를 말하므로, 1개의 특정된 고의범을 공동으로 실행하는 것이 공동정범이라는 점에서 '고의공동설'이라고도 한다. 이에 의하면 과실범의 공동정범이나 승계적 공동정범의 성립을 부정하게 된다. 따라서 범죄공동설은 공동정범의 성립범위를 지나치게 제한함으로써 형사정책적인 결함이 발생할 수 있다는 비판이 제기된다.

(2) 행위공동설

'행위공동설'이란 공동정범에서 말하는 '공동'의 의미를 수인이 행위를 공동으로 하여 각자 자기의 범죄를 실행하는 것이라고 파악하는 이론을 말한다. 공동으로 행하는 대상을 특정한 범죄가 아니라 행위 그 자체로 파악한다. 이에 의하면 과실범의 공동정범이나 승계적 공동정범의 성립을 인정하게 된다. 따라서 행위공동설은 공동정범의 성립범위를 지나치게 확대함으로써 책임원칙에 위배될 수 있다는 비판이 제기된다.

이에 대하여 판례는 「형법 제30조에 '공동하여 죄를 범한 때'의 '죄'라 함은 고의범이고 과실범이고를 불문한다고 할 것이고, 따라서 두 사람 이상이 어떠한 과실행위를 서로의 의사연락하에 이룩하여 범죄되는 결과를 발생케 한 것이라면 여기에 과실범의 공동정범이 성립된다.」라고 판시[1]하거나 「공동정범의 주관적 요건인 공동의 의사도 고의를 공동으로 가질 의사임을 필요로 하지 않고 고의행위이고 과실행위이고 간에 그 행위를 공동으로 할 의사이면 족하다고 해석하여야 할 것이므로, 2인 이상이 어떠한 과실행위를 서로의 의사연락 아래 하여 범죄되는 결과를 발생케 한 것이라면 여기에 과실범의 공동정범이 성립되는 것이다.」라고 판시[2]하여, 행위공동설의 입장을 취하고 있다.

Ⅱ. 성립요건

1. 주관적 요건

(1) 공동가공의 의사

1) 의 의

공동정범이 성립하기 위해서는 주관적 요건으로서 공동가공의 의사가 있어야 한다. '공동가공의 의사'란 공모(범행계획의 모의)에까지 이를 필요는 없지만, 타인의 범행을 인식하면서도 이를 제지하지 아니하고 용인하는 것만으로는 부족하고, 공동의 의사로 특정한 범죄행위를 하기 위하여 일체가 되어 서로 다른 사람의 행위를 이용하여 자기의 의사를 실행에 옮기는 것을 내용으로 하는 것을 말한다.[3] 이는 기능적 행위지배의 본질적인 요소로서, 이에 의하여 개별적인 행위가 전체로 결합되어 실행된 행위 전체에 책임이 인정된다.

이와 같이 공동정범은 정범성의 표지가 기능적 행위지배라는 점에서 실행지배를 하는 단독정범 및 의사지배를 하는 간접정범과 구별되고, 행위지배가 없이 타인의 범죄에 가담하는 교사범 및 방조범과 구별된다. 또한 공동가공의 의사 존재 여부는 동시범과의 구별을 가능하게 해준다.

공동정범으로 인정하려면 범죄 실행의 전 과정을 통하여 각자의 지위와 역할, 공범에 대한 권유내용 등을 구체적으로 검토하고, 이를 종합하여 상호이용의 관계가 합리적인 의심을 할 여

---

1) 대법원 1979. 8. 21. 선고 79도1249 판결.
2) 대법원 1962. 3. 29. 선고 4294형상598 판결.
3) 대법원 2018. 9. 13. 선고 2018도7658 판결; 대법원 2018. 5. 11. 선고 2017도21033 판결; 대법원 2014. 5. 16. 선고 2012도3676 판결; 대법원 2009. 7. 9. 선고 2009도3923 판결.

지가 없을 정도로 증명되어야 하고, 그와 같은 증명이 없다면 설령 피고인에게 유죄의 의심이 간다고 하더라도 피고인의 이익으로 판단할 수밖에 없다.[1]

2) 상호간의 의사연락

공동정범은 행위자 상호간에 범죄행위를 공동으로 한다는 공동가공의 의사를 가지고 범죄를 공동 실행하는 경우에 성립하는 것으로서, 여기에서의 공동가공의 의사는 공동행위자 상호간에 있어야 하며 행위자 일방의 가공의사만으로는 공동정범 관계가 성립할 수 없으므로, 소위 '편면적 공동정범'은 부정된다.[2]

하지만 상호간의 의사연락은 명시적·묵시적을 불문하고, 공동정범 전원이 일정한 장소에 모여 직접 모의할 것도 요하지 않으므로 연쇄적·간접적인 의사연락도 가능하다. 즉 공범자 상호간에 직접 또는 간접으로 범죄의 공동실행에 관한 암묵적인 의사연락이 있으면 족한 것으로, 비록 전체의 모의과정이 없었다고 하더라도 수인 사이에 의사의 결합이 있으면 공동정범이 성립될 수 있는 것이다.[3]

판례에 의하면, ① 피고인 1이 주먹과 손바닥으로 피해자의 가슴과 배를 반복하여 누르거나 때려 폭행하고, 그로 인하여 피해자가 사망하였고 피고인 2는 시초부터 피고인 1의 안수기도에 참여하여 피고인 1이 위와 같이 2회에 걸쳐 안수기도의 방법으로 폭행을 함에 있어서도 시종일관 피고인 1의 폭행행위를 보조하였을 뿐 아니라 더 나아가 스스로 피해자를 폭행하기도 한 점에 비추어 보면, 사망의 원인이 된 피고인 1의 폭행행위를 인식하고서도 이를 안수기도의 한 방법으로 알고 묵인함으로써 위 폭행행위에 관하여 묵시적으로 의사가 상통하였다고 밖에 볼 수 없고, 나아가 그 행위에 공동가공함으로써 피고인 1의 행위에 대하여 공동정범의 책임을 면할 수 없다.[4]

② 특수강도의 범행을 모의한 이상 범행의 실행에 가담하지 아니하고, 공모자들이 강취해 온 장물의 처분을 알선만 하였다고 하더라도, 특수강도의 공동정범이 된다고 할 것이므로 장물알선죄로 의율할 것이 아니다.[5]

③ 피고인들이 공소외인과 함께 피해자를 밀감과수원 관리사로 끌고 가 관리사 내부가 피해자의 피로 물들 정도로 피해자를 폭행하였고 피해자가 실신하면 다시 깨워서 재차 폭행하여 결국 피해자로 하여금 완전히 의식을 상실하도록 하였으며, 피해자가 목숨을 잃은 것으로 오인하고 땅속에 매장하려다가 피해자가 깨어나 살려달라고 애원하자 피고인 1이 위 공소외인에게 삽을 건네주어 위 공소외인이 삽날 부분으로 피해자를 여러 차례 내려쳐 피해자를 살해한 사실을 인정한 다음, 비록 피고인들이 처음부터 위 공소외인과 피해자를 살해하기로 공모하지는 아니하였다 하더라도 위 공소외인과 함께 피해자를 폭행할 당시에는 이로 인하여 피해자가 사망할지도 모른다는 점을 인식하고 있었다고 보이므로, 위 공소외인과

---

1) 대법원 2023. 12. 21. 선고 2018도20415 판결.
2) 대법원 1985. 5. 14. 선고 84도2118 판결.
3) 대법원 1997. 2. 14. 선고 96도1959 판결; 대법원 1994. 3. 11. 선고 93도2305 판결; 대법원 1994. 3. 8. 선고 93도3154 판결.
4) 대법원 1994. 8. 23. 선고 94도1484 판결.
5) 대법원 1983. 2. 22. 선고 82도3103 판결.

암묵적으로 상통하여 피해자를 살해하기로 공모하였다고 인정되고, 피고인들이 직접 삽으로 피해자를 내려쳐 살해하지 아니하였다는 것만으로는 위 공소외인의 행위에 대하여 공동정범으로서의 책임을 면하지 못한다.[1]

  하지만 ① 이 사건 밀수입 범행과 관련하여 피고인들이 한 행위가 공소외 1로부터 캠코더 등을 밀수입해 오면 팔아주겠느냐는 제의를 받고 팔아주겠다고 승낙하거나 공소외 2로부터 양주도 구입해보라는 권유를 받고 이를 승낙한 다음 선원들이 물품을 밀수입해 오면 대금을 지불하고 이를 인도받아 타에 처분해온 것에 불과하다면, 그것을 가지고 피고인들이 이 사건 밀수입 범행의 실행행위를 분담하였다거나 피고인들에게 공동정범의 성립을 인정하기 위하여 필요한 공동가공의 의사가 있었다고 보기 어렵다고 할 것이다. 피고인들이 밀수입해 오면 팔아주겠다고 한 것은 물품을 밀수입해 오면 이를 취득하거나 그 매각알선을 하겠다는 의사표시로 볼 수 있을 뿐 밀수입 범행(관세법 위반)을 공동으로 하겠다는 공모의 의사를 표시한 것으로는 볼 수 없다.[2]

  ② 피고인이 제3자에게 "황소를 훔쳐오면 문제없이 팔아주겠다"고 말한 것은 제3자가 황소를 절취하여 오면 이 장물에 관하여 매각 알선을 하겠다는 의사표시를 한 것이라고 볼 수 있을 뿐 피고인이 바로 제3자의 황소절취행위를 공동으로 하겠다는 이른바 공모의 의사를 표시한 것이라고 볼 수는 없다.[3]

  ③ 어음, 수표의 발행인이 그 지급기일에 결제되지 않으리라는 정을 예견하면서도 이를 발행하고 거래상대방을 속여 그 할인을 받거나 물품을 매수하였다면 위 발행인의 사기행위는 이로써 완성되는 것이고, 위 거래상대방이 그 어음, 수표를 타에 양도함으로써 전전 유통되고 최후소지인이 지급기일에 지급제시 하였으나 부도되었다고 하더라도 발행인이 최후소지인의 전자들과 사이에 공범관계에 있다는 등의 특별한 사정이 없는 한 그 최후소지인에 대한 관계에서 발행인의 행위를 사기죄로 의율할 수 없다.[4]

  ④ 피고인은 자신의 강간 상대방으로 정해졌다는 공소외 1을 강간하거나, 원심공동피고인 2 및 원심공동피고인 1의 범행에 공동가공하여 피해자들을 폭행하거나 협박하는 등으로 실행행위를 한 바가 전혀 없다는 것이고, 원심공동피고인 2의 제의에 따라 원심공동피고인 1은 피해자 2를, 원심공동피고인 2는 피해자 1을 각 강간하기로 하였으나, 피고인은 아무런 말도 하지 않았다는 것이며, 피고인은 처음부터 처벌이 두려워 강간할 마음이 없었던 것으로 알고 있다는 것이고, 원심공동피고인 2와 원심공동피고인 1이 피해자들을 강간하기 위하여 숲 속으로 끌고 갈 때 피고인은 야산 입구에 앉은 채 "우리 그대로 가만히 앉아 있자"고 하면서 자신의 몸에 손도 대지 않았고, 이에 피고인 옆에 앉아 서로 각자 가지고 있던 담배를 피우면서 피고인의 물음에 대하여 "고향은 거제이고, 현재 마산 구암동 이모집에서 살고 있고, 마산 창동의 미용실에 근무하고 있다."라고 말하였고, 자신의 휴대폰으로 수 차 전화를 걸어 온 피해자 2의 남자친구인 공소외 2와 통화를 하기까지 하였는데, 그 때 피고인이 통화를 제지하지도 아니하였고, 자신이 피해를 당하고 있는 친구들에게 데려다 달라고 하거나, 피고인이 자신의 팔을 잡아 만류한 적은 없고 다만, 친구들이 애처로워 피고인에게 "우리 친구들을 좀 보내주면 안 되느냐"고 부탁하자, 피고인은 아무런 대꾸도 없이 그 자리에 앉아 있었다는 것인바, 이와 같은 전후 사정을 종합하여 볼 때, 피고인이 원심공동피고인 2 및 원심공동피고인 1로부터 피해자 일행을 강간하자는 제의를 받고 가부 간에 아무런 의사표시를 하지 아니한 채 가만히 있었다는 점만으로는 피고인이 원심공동피고인 2 및 원심

---

  1) 대법원 2004. 3. 12. 선고 2004도126 판결.
  2) 대법원 2000. 4. 7. 선고 2000도576 판결.
  3) 대법원 1975. 2. 25. 선고 74도2228 판결.
  4) 대법원 2005. 10. 13. 선고 2005도4589 판결.

공동피고인 1과 강간범행을 공모한 것으로 보기는 어렵다.[1]

⑤ 피고인 2가 1997. 8. 초경 여의도 의원회관 사무실로 피고인 1을 찾아가 이미 공소외 주식회사의 대표이사를 사임하고 회사의 고문으로 있던 그에게, 공소외 1의 문제를 해결하기 위해서는 공소외 1에게 금 3억원을 주어 무마하는 수밖에 없다고 보고하자 피고인 1이 아무런 말도 없이 창밖만 쳐다보았으므로 이에 동의한 것으로 알았고, 그 후 피고인 1에게 돈을 준 것을 보고하지 아니한 사실을 인정한 다음, 그 인정사실만으로는 피고인 1이 피고인 2와 공모하여 판시 범행(횡령)을 저질렀다고 인정하기에 부족하다는 이유로 그 부분에 대하여 무죄를 선고하였다.[2]

(2) 승계적 공동정범

1) 문제의 소재

공동정범은 의사연락의 시기에 따라 공동실행의 의사가 실행행위의 개시 이전에 성립한 경우인 예모적 공동정범, 공동실행의 의사가 실행행위시에 성립한 경우인 우연적 공동정범[3], 일부의 자가 실행에 착수한 후 실행행위가 종료되기 전에 다른 자와 공동실행의 의사가 성립한 경우인 승계적 공동정범 등으로 나눌 수 있다.

2) 승계적 공동정범의 인정 여부

범죄공동설에 의하면, 의사의 연락은 공동의 실행행위 이전에 존재해야 하므로 승계적 공동정범은 성립할 수 없고, 후행자는 전체 범죄의 방조범이 된다고 파악한다. 하지만 행위공동

---

1) 대법원 2003. 3. 28. 선고 2002도7477 판결(피고인은 2002. 3. 10. 20:30경 마산시 합성1동 소재 '사이버리아' 피시방 앞에서 원심공동피고인 1이 인터넷 채팅을 통하여 알게 된 피해자 1 및 그 친구들인 피해자 2 및 공소외 1을 원심공동피고인 1의 승용차에 태우고 함께 창원시 동면 소재 주남저수지 부근을 드라이브하던 중, 피해자 일행이 잠시 차에서 내린 사이에 원심공동피고인 2의 제의로 원심공동피고인 1은 피해자 2를, 원심공동피고인 2는 피해자 1을, 피고인은 공소외 1을 각 강간하기로 공모한 다음, 다음날인 11일 01:00경 경남 함안군 칠북면 마산리 소재 야산 입구에 이르러 원심공동피고인 1은 피해자 2의 얼굴을 손으로 1회 때리고 산 쪽으로 20m 가량 끌고 가 다시 손으로 얼굴을 때리며 겁을 주어 반항을 억압한 다음 1회 간음하여 강간하고, 원심공동피고인 2는 피해자 1을 산 쪽으로 50m 가량 끌고 가 겁을 주어 반항을 억압한 다음 1회 간음하여 강간하고, 원심공동피고인 1은 원심공동피고인 2가 피해자 1을 데리고 자기 쪽으로 오자 그녀를 인계받아 뺨을 때리면서 겁을 주어 반항을 억압한 다음 1회 간음하여 강간하고, 이로 인하여 피해자 1에게 약 2주간의 치료를 요하는 다발성 좌상 등을 입게 하였다).

2) 대법원 1999. 9. 17. 선고 99도2889 판결.

3) 대법원 1984. 12. 26. 선고 82도1373 판결(눈빛교환사건)(공동정범이 성립하기 위하여는 반드시 공범자간에 사전에 모의가 있어야 하는 것은 아니며, 우연히 만난 자리에서 서로 협력하여 공동의 범의를 실현하려는 의사가 암묵적으로 상통하여 범행에 공동가공하더라도 공동정범은 성립된다고 할 것이다. 피고인들은 원심 공동피고인이 피해자를 강간하려고, 동녀를 제방으로 유인하여 가는 것을 알고서 그 뒤를 따라가다가, 제방뚝에서 원심공동피고인이 피해자를 강간하려고 폭행하기 시작할 무렵, 원심공동피고인의 주위에 나타나서, 원심공동피고인의 폭행으로 항거불능의 상태에 있는 피해자를 강간하기 위하여 하의를 벗고 대기하고 있었고, 원심공동피고인이 강간을 끝내자 마자 그의 신호에 따라 차례로 윤간한 사실이 인정되는 바, 이에 의하면 피고인들이 원심공동피고인의 뒤를 따라갈 때까지는 강간의 모의가 있었다고는 할 수 없으나, 원심공동피고인의 강간의 실행에 착수할 무렵에는 원심공동피고인과 피고인들 사이에 암묵적으로 범행을 공동할 의사연락이 있었다고 할 것이므로, 피고인들 및 원심공동피고인을 공동정범으로 의률한 원심의 조처는 정당하다. 그리고 공동정범이 성립되면 공범자는 다른 공범자가 실행한 행위에 대하여도 그 책임을 면할 수 없다 할 것인바, 피해자는 원심공동피고인이 강간하기 위하여 폭행을 하는 와중에 전치 약 5일을 요하는 목부분 찰과상을 입게 된 사실이 적법하게 인정되고, 피고인들을 강간치상죄의 공동정범으로 처단한 원심의 조처는 정당하다).

설에 의하면, 의사의 연락은 반드시 공동의 실행행위 이전에 존재해야 할 필요는 없으므로 승계적 공동정범이 성립할 수 있다고 파악한다.

이에 대하여 판례는 「공범자가 공갈행위의 실행에 착수한 후 그 범행을 인식하면서 그와 공동의 범의를 가지고 그 후의 공갈행위를 계속하여 재물의 교부나 재산상 이익의 취득에 이른 때에는 공갈죄의 공동정범이 성립한다.」라고 판시[1]하여, 승계적 공동정범의 성립을 인정하고 있다.

3) 시간적 한계

후행자와 선행자 사이에 공동의사의 성립이 가능한 시기와 관련하여, ① 기수시까지라는 견해, ② 기수 이후에도 종료 전에는 아직 범죄가 실행되고 있다는 점을 논거로 하여 종료시까지라는 견해 등의 대립이 있다.

이에 대하여 판례는 「회사직원이 영업비밀을 경쟁업체에 유출하거나 스스로의 이익을 위하여 이용할 목적으로 무단으로 반출한 때 업무상 배임죄의 기수에 이르렀다고 할 것이고, 그 이후에 위 직원과 접촉하여 영업비밀을 취득하려고 한 자는 업무상 배임죄의 공동정범이 될 수 없다.」라고 판시[2]하여, 상태범의 경우에는 기수시까지라고 파악하는 반면에, 「범인도피죄는 범인을 도피하게 함으로써 기수에 이르지만 범인도피행위가 계속되는 동안에는 범죄행위도 계속되고 행위가 끝날 때 비로소 범죄행위가 종료되고, 공범자의 범인도피행위의 도중에 그 범행을 인식하면서 그와 공동의 범의를 가지고 기왕의 범인도피상태를 이용하여 스스로 범인도피행위를 계속한 자에 대하여는 범인도피죄의 공동정범이 성립한다.」라고 판시[3]하여, 계속범의 경우에는 종료시까지라고 파악하고 있다.

4) 후행자의 귀책범위

후행자에게 전체 범죄의 공동정범을 인정할 것인지 여부와 관련하여, ① 후행자가 선행자와의 양해 아래 선행사실을 인용하고 이용한 이상 공동실행의 의사와 공동의 실행행위가 존재하는 것이므로 후행자에 대하여 전체 범죄에 대한 공동정범을 인정하는 적극설, ② 후행자의 개입 이전에 선행자에 의하여 단독으로 행하여진 결과나 가중사유에 대하여 후행자가 기능적인 역할분담을 했다고 할 수 없으므로 후행자에게 그 가담 이후의 행위에 대해서만 공동정범의 성립을 인정하는 소극설 등의 대립이 있다.

이에 대하여 판례는 「계속된 거래행위 도중에 공동정범으로 범행에 가담한 자는 비록 그가 그 범행에 가담할 때에 이미 이루어진 종전의 범행을 알았다 하더라도 그 가담 이후의 범행에 대하여만 공동정범으로 책임을 지는 것이라고 할 것이므로, 비록 이 사건에서 공소외인과의 거

---

1) 대법원 1997. 2. 14. 선고 96도1959 판결.
2) 대법원 2003. 10. 30. 선고 2003도4382 판결. 同旨 대법원 1953. 8. 4. 선고 4286형상20 판결(공동정범관계는 범죄가 기수되기 전에 성립하는 것이므로 횡령죄가 기수가 된 후에 그 내용을 지득하고 그 이익을 공동취득 할 것을 승낙한 사실이 있더라도 횡령죄의 공동정범관계는 성립될 수 없다).
3) 대법원 1995. 9. 5. 선고 95도577 판결.

래행위 전체가 포괄하여 하나의 죄가 된다고 할지라도 피고인에게 그 가담 이전의 거래행위에 대하여서까지 유죄로 인정할 수는 없다.」라고 판시[1]하여, 포괄일죄의 일부에 가담한 행위에 대해서는 소극설의 입장을 취하고 있다.

한편 소극설에 의할 경우 전체 범죄에 대한 종범이 성립할 수 있는지 여부와 관련하여 판례는 「특정범죄가중처벌법 제5조의2 제2항 제1호 소정의 죄는 형법 제287조의 미성년자 약취유인행위와 약취 또는 유인한 미성년자의 부모 기타 그 미성년자의 안전을 염려하는 자의 우려를 이용하여 재물이나 재산상의 이익을 취득하거나 이를 요구하는 행위가 결합된 단순일죄의 범죄라고 봄이 상당하므로 비록 타인이 미성년자를 약취·유인한 행위에는 가담한 바 없다 하더라도 사후에 그 사실을 알면서 약취·유인한 미성년자의 부모 기타 그 미성년자의 안전을 염려하는 자의 우려를 이용하여 재물이나 재산상의 이익을 취득하거나 요구하는 타인의 행위에 가담하여 이를 방조한 때에는 단순히 재물등 요구행위의 종범이 되는데 그치는 것이 아니라 결합범인 특정범죄가중처벌법 제5조의2 제2항 제1호 위반죄의 종범으로 의율함이 상당하다.」라고 판시[2]하여, 단순일죄의 일부에 가담한 행위에 대해서는 전체 범죄에 대한 종범의 성립을 인정하고 있다.

(3) 과실범의 공동정범

2인 이상이 공동의 과실로 인하여 과실범의 구성요건적 결과를 발생하게 한 경우에 과실범의 공동정범이 성립할 수 있는지 여부가 문제된다. 공동정범이 성립하기 위해서는 행위자 사이에 주관적 의사연락이 요구되는데, 만약 의사연락이 부정된다면 동시범의 성립 여부가 문제될 수 있을 뿐이다. 이와 관련하여 ① 공동정범은 특정한 범죄가 아니라 행위를 공동으로 하는 것이고, 공동의 의사도 행위를 공동으로 할 의사이면 족하므로 과실범의 공동정범을 인정하는 적극설, ② 공동정범의 본질은 기능적 행위지배에 있고, 기능적 행위지배는 공동의 범행결의에 기초한 공동의 역할분담을 의미하는데, 과실범의 경우에는 이것이 불가능하므로 과실범의 공동정범을 부정하는 소극설 등의 대립이 있다.

이에 대하여 판례는 「피고인들에게는 트러스 제작상, 시공 및 감독의 과실이 인정되고, 감독공무원들의 감독상의 과실이 합쳐져서 이 사건 사고의 한 원인이 되었으며, 한편 피고인들은 이 사건 성수대교를 안전하게 건축되도록 한다는 공동의 목표와 의사연락이 있었다고 보아야 할 것이므로, 피고인들 사이에는 이 사건 업무상 과실치사상등죄에 대하여 형법 제30조 소정의 공동정범의 관계가 성립된다.」라고 판시[3]하여, 과실범의 공동정범의 성립을 인정하고 있다.

---

1) 대법원 1997. 6. 27. 선고 97도163 판결; 대법원 1982. 6. 8. 선고 82도884 판결(연속된 히로뽕 제조행위 도중에 공동정범으로 범행에 가담한 자는 비록 그가 그 범행에 가담할 때에 이미 이루어진 종전의 범행을 알았다고 하더라도 그 가담 이후의 범행에 대하여만 공동정범으로 책임을 지는 것이라고 할 것이니, 비록 이 사건에서 공소외 1의 위 제조행위 전체가 포괄하여 하나의 죄가 된다 할지라도 피고인에게 그 가담 이전의 제조행위에 대하여까지 유죄를 인정할 수는 없다).

2) 대법원 1982. 11. 23. 선고 82도2024 판결(주교사사건).

판례에 의하면, ① 건물(삼풍백화점) 붕괴의 원인이 건축계획의 수립, 건축설계, 건축공사공정, 건물 완공 후의 유지관리 등에 있어서의 과실이 복합적으로 작용한 데에 있다고 보아 각 단계별 관련자들에게는 업무상 과실치사상죄의 공동정범이 성립한다.[1]

② 터널 굴착공사 도중 사망자가 발생하였을 경우 공사를 도급받은 건설회사의 현장소장과 그 공사를 발주한 자(한국전력공사 지소장) 사이에 과실범의 공동정범이 성립한다.[2]

③ 공동정범은 고의범이나 과실범을 불문하고 의사의 연락이 있는 경우이면 그 성립을 인정할 수 있다. 따라서 피고인이 정기관사의 지휘감독을 받는 부기관사이기는 하나 사고열차의 퇴행에 관하여 서로 상론, 동의한 이상 퇴행에 과실이 있다면 과실책임을 면할 수 없다.[3]

④ 피고인은 제1심 공동피고인이 운전하던 이 사건 짚차의 선임탑승자로서 이 운전병의 안전운행을 감독하여야 할 책임이 있는 것이므로 제1심 공동피고인이 차량운행중 음주를 한다면 이를 적극 제지하여야 할 뿐만 아니라, 동인이 안전운행을 할 수 있는 정도로 술에서 깰 때까지는 운전을 하지 못하도록 할 주의의무가 있음에도 불구하고, 오히려 운전병을 데리고 주점에 들어가서 각각 소주2홉 이상을 마신 다음 이를 운전케 한 결과, 위 제1심 공동피고인은 음주로 인하여 취한 탓으로 차량의 전조등에 현기를 느껴 전후좌우를 제대로 살피지 못한 결과 본건 사고가 발생한 것이라는 사실을 인정하고, 공동정범에 관한 형법 제30조를 적용하여 피고인을 다스리고 있다.[4]

⑤ 식품회사 대표이사와 공장장이 먼저 제조한 빵을 늦게 배식하여 수명의 아동이 식중독에 걸려 사망하고 다른 수명은 병원에 입원한 경우, 2인 이상이 서로의 의사연락 아래 과실을 저질러 범죄되는 결과를 발생케 한 경우에는 과실범의 공동정범이 성립된다.[5]

⑥ 예인선 정기용선자의 현장소장 甲은 사고의 위험성이 높은 해상에서 철골 구조물 및 해상크레인 운반작업을 함에 있어 선적작업이 지연되어 정조시점에 맞추어 출항할 수 없게 되었음에도, 출항을 연기하거나 대책을 강구하지 않고 예인선 선장 乙의 출항연기 건의를 묵살한 채 출항을 강행하도록 지시하였고, 예인선 선장 乙은 甲의 지시에 따라 사고의 위험이 큰 시점에 출항하였고 해상에 강조류가 흐르고 있었음에도 무리하게 예인선을 운항한 결과 무동력 부선에 적재된 철골 구조물이 해상에 추락하여 해상의 선박교통을 방해한 경우 甲과 乙은 업무상과실일반교통방해죄의 공동정범으로 처벌할 수 있다.[6]

하지만 피고인이 운전자의 부탁으로 차량의 조수석에 동승한 후, 운전자의 차량운전행위를 살펴보고 잘못된 점이 있으면 이를 지적하여 교정해 주려 했던 것에 그치고 전문적인 운전교습자가 피교습자에 대하여 차량운행에 관해 모든 지시를 하는 경우와 같이 주도적 지위에서 동 차량을 운행할 의도가 있었다거나 실제로 그 같은 운행을 하였다고 보기 어렵다면 그 같은 운행 중에 야기된 사고에 대하여 과실범의 공동정범의 책임을 물을 수 없다.[7]

---

3) 대법원 1997. 11. 28. 선고 97도1740 판결.

1) 대법원 1996. 8. 23. 선고 96도1231 판결.

2) 대법원 1994. 5. 24. 선고 94도660 판결.

3) 대법원 1982. 6. 8. 선고 82도781 판결.

4) 대법원 1979. 8. 21. 선고 79도1249 판결.

5) 대법원 1978. 9. 26. 선고 78도2082 판결.

6) 대법원 2009. 6. 11. 선고 2008도11784 판결.

7) 대법원 1984. 3. 13. 선고 82도3136 판결.

2. 객관적 요건

(1) 공동의 실행행위

공동정범이 성립하기 위해서는 객관적 요건으로서 2인 이상의 자가 공동의사에 의한 기능적 행위지배[1]를 통한 범죄의 실행사실이 있어야 하는데, 이를 '공동의 실행행위'라고 한다. 공동의 실행행위는 전체 계획에 따라 결과를 실현하는데 불가결한 요건이 되는 기능을 분담한 경우에 인정된다. 이와 같이 범죄수행에 불가결한 행위인 경우에는 구성요건의 전부 또는 일부뿐만 아니라 구성요건의 범위 이외의 행위일지라도 공동의 실행행위로 인정될 수 있다.

특히 공모에 의한 범죄의 공동실행은 모든 공범자가 스스로 범죄의 구성요건을 실현하는 것을 전제로 하지 아니하고, 그 실현행위를 하는 공범자에게 그 행위결정을 강화하도록 협력하는 것으로도 가능하며, 이에 해당하는지 여부는 행위 결과에 대한 각자의 이해 정도, 행위 가담의 크기, 범행지배에 대한 의지 등을 종합적으로 고려하여 판단하여야 한다.[2]

공동의 실행행위는 작위·부작위를 불문하고, 시간적 선후관계가 있을 수 있다. 범죄계획의 수행에 필수적인 역할을 분담한 이상 실행행위의 분담은 반드시 현장에서 행해질 것을 요구하는 것도 아니다. 그리고 반드시 신체적 행위분담에 제한되지 않고 정신적 역할분담도 가능하다. 한편 공동의 실행행위는 원칙적으로 실행의 착수 이후 종료 이전에 있어야 한다. 그러나 예비·음모단계에서의 행위기여가 그 이후의 행위에 대해서 결정적·본질적인 영향을 미쳤다고 판단되는 경우에는 예외적으로 실행행위의 분담이 있다고 평가될 수 있다.

판례에 의하면, ① 공동피고인이 위조된 부동산임대차계약서를 담보로 제공하고 피해자로부터 돈을 빌려 편취할 것을 계획하면서 피해자가 계약서상의 임대인에게 전화를 하여 확인할 것에 대비하여 피고인에게 미리 전화를 하여 임대인 행세를 하여달라고 부탁하였고, 피고인은 위와 같은 사정을 잘 알면서도 이를 승낙하여 실제로 피해자의 남편으로부터 전화를 받자 자신이 실제의 임대인인 것처럼 행세하여 전세금액 등을 확인함으로써 위조사문서의 행사에 관하여 역할분담을 한 사안에서, 피고인의 행위는 위조사문서행사에 있어서 기능적 행위지배의 공동정범 요건을 갖추었다.[3]

② 화염병과 돌맹이들을 진압 경찰관을 향하여 무차별 던지는 시위 현장에 피고인도 이에 적극 참여하여 돌맹이를 던지는 등의 행위로 다른 사람의 화염병 투척을 용이하게 하고 이로 인하여 타인의 생명 신체에 대한 위험을 발생케 하였다면 비록 피고인 자신이 직접 화염병 투척의 행위는 하지 아니하였다

---

1) 대법원 2020. 2. 13. 선고 2019도5186 판결(직권남용권리행사방해죄는 공무원에게 직권이 존재하는 것을 전제로 하는 범죄이고, 직권은 국가의 권력 작용에 의해 부여되거나 박탈되는 것이므로, 공무원이 공직에서 퇴임하면 해당 직무에서 벗어나고 그 퇴임이 대외적으로도 공표된다. 공무원인 피고인이 퇴임한 이후에는 위와 같은 직권이 존재하지 않으므로, 퇴임 후에도 실질적 영향력을 행사하는 등으로 퇴임 전 공모한 범행에 관한 기능적 행위지배가 계속되었다고 인정할 만한 특별한 사정이 없는 한, 퇴임 후의 범행에 관하여는 공범으로서 책임을 지지 않는다고 보아야 한다).
2) 대법원 2006. 12. 22. 선고 2006도1623 판결.
3) 대법원 2010. 1. 28. 선고 2009도10139 판결.

하더라도 그 화염병 투척(사용)의 공동정범으로서의 죄책을 면할 수는 없는 것이다.[1]

③ 부하들이 흉기를 들고 싸움을 하고 있는 도중에 폭력단체의 두목급 수괴의 지위에 있는 乙이 그 현장에 모습을 나타내고 더욱이 부하들이 흉기들을 소지하고 있어 살상의 결과를 초래할 것을 예견하면서도 전부 죽이라는 고함을 친 행위는 부하들의 행위에 큰 영향을 미치는 것으로서 乙은 이로써 위 싸움에 가세한 것이라고 보지 아니할 수 없고, 나아가 부하들이 칼, 야구방망이 등으로 피해자들을 난타, 난자하여 사망케 한 것이라면 乙은 살인죄의 공동정범으로서의 죄책을 면할 수 없다.[2]

④ 피고인이 원심 공동피고인 1, 2와 함께 강도범행을 저지른 후 피해자의 신고를 막기 위하여 공동피고인 1, 2가 묶여있는 피해자를 옆방으로 끌고가 강간범행을 할 때에 피고인은 자녀들을 감시하고 있었다면 공범자들의 강도강간범죄에 공동가공한 것이라 하겠으므로 비록 피고인이 직접 강간행위를 하지 않았다 하더라도 강도강간의 공동죄책을 면할 수 없다.[3]

하지만 피고인이 甲주식회사의 임원 등이 유상증자에 관한 납입가장을 위해 돈을 빌린다는 것을 알고 돈을 빌려줌으로써 이들과 공모하여 주금납입을 가장하였다는 내용으로 기소된 사안에서, 피고인이 상법 제622조에서 정한 지위에 있지 아니할 뿐만 아니라, 그와 같은 지위에 있는 자들이 가장납입을 하도록 범의를 유발한 것도 아니고 이미 가장납입을 하기로 마음먹고 있는 임원 등에게 그 대금을 대여해 준 것에 불과하므로, 피고인에게 납입가장죄에 대한 공동정범의 죄책을 물을 수 없다.[4]

(2) 공모공동정범

1) 의 의

'공모공동정범'(共謀共同正犯)이란 2인 이상의 자가 범죄를 공모한 후 그 공모자 가운데 일부만이 범죄의 실행에 나아간 경우에 실행행위를 담당하지 아니한 공모자에게도 공동정범의 죄책을 인정하는 것을 말한다. 이는 집단적·조직적·지능적 범죄의 배후조종자인 간부에 대하여 직접 실행행위를 한 부하와 같이 공동정범으로 취급하기 위하여 판례에 의하여 인정된 개념이다.

2) 인정 여부

① 공동의사주체설

'공동의사주체설'이란 2인 이상이 일정한 범죄를 실현하려는 공동의 목적 아래 공동의사주체를 형성하고 그 중 일부가 범죄를 실행하면 그 실행행위는 공동의사주체의 행위가 되어 직접 실행행위를 분담하지 아니한 공모자도 실행행위자에 종속하여 공동정범이 된다고 하는 이론을 말한다.

이에 대하여 판례는 「공모공동정범은 공동범행의 인식으로 범죄를 실행하는 것으로 공동의사주체로서의 집단전체의 하나의 범죄행위의 실행이 있음으로 성립하고 공모자 모두가 그

---

1) 대법원 1992. 3. 31. 선고 91도3279 판결.
2) 대법원 1987. 10. 13. 선고 87도1240 판결.
3) 대법원 1986. 1. 21. 선고 85도2411 판결.
4) 대법원 2011. 7. 14. 선고 2011도3180 판결.

실행행위를 분담하여 이를 실행할 필요가 없고 실행행위를 분담하지 않아도 공모에 의하여 수 인간에 공동의사주체가 형성되어 범죄의 실행행위가 있으면 그 실행행위를 분담하지 않았다고 하더라도 공동의사주체로서 정범의 죄책을 지게 하는 것이니 범죄의 집단화현상으로 볼 때 범 행의 모의만 하고 실행행위는 분담하지 않아도 그 범행에 중요한 소임을 하는 것을 간과할 수 없기 때문에 이를 공모공동정범으로서 처단하는 것이다.」라고 판시[1]하여, 공동의사주체설의 입장을 취한바 있다.

② 간접정범유사설

'간접정범유사설'이란 단순한 공모자는 공동의사에 의한 심리적 구속을 실행자에게 미쳐 실행자를 도구로 이용하여 자기의 범죄의사를 실현한 점에서 간접정범에 유사한 정범성을 가 진 공동정범이 된다고 하는 이론을 말한다.

이에 대하여 판례는「공모공동정범이 성립되려면 두 사람 이상이 공동의 의사로 특정한 범 죄행위를 하기 위하여 일체가 되어 서로가 다른 사람의 행위를 이용하여 각자 자기의 의사를 실행에 옮기는 것을 내용으로 하는 모의를 하여 그에 따라 범죄를 실행한 사실이 인정되어야 하고, 이와 같이 공모에 참여한 사실이 인정되는 이상 직접 실행행위에 관여하지 안했더라도 다른 사람의 행위를 자기의사의 수단으로 하여 범죄를 하였다는 점에서 자기가 직접 실행행위 를 분담한 경우와 형사책임의 성립에 차이를 둘 이유가 없다.」라고 판시[2]하여, 간접정범유사설 의 입장을 취한바 있다.

③ 기능적 행위지배설

'기능적 행위지배설'이란 공동정범의 본질은 기능적 행위지배에 있고, 공동의 실행행위는 구성요건적 행위에 제한되는 것이 아니므로 범죄를 조직·지휘하는 등의 구성요건적 결과실현 에 불가결한 요건이 되는 기능을 수행한 공모자는 당연히 공동정범이 되므로 별도로 공모공동 정범이라는 개념을 사용할 필요가 없다고 하는 이론을 말한다.

이에 대하여 판례는「형법 제30조의 공동정범은 공동가공의 의사와 그 공동의사에 의한 기 능적 행위지배를 통한 범죄실행이라는 주관적·객관적 요건을 충족함으로써 성립하므로, 공모 자 중 구성요건행위를 직접 분담하여 실행하지 아니한 사람도 위 요건의 충족 여부에 따라 이 른바 공모공동정범으로서의 죄책을 질 수도 있다. 한편 구성요건행위를 직접 분담하여 실행하 지 아니한 공모자가 공모공동정범으로 인정되기 위하여는 전체 범죄에 있어서 그가 차지하는 지위·역할이나 범죄경과에 대한 지배 내지 장악력 등을 종합하여 그가 단순한 공모자에 그치 는 것이 아니라 범죄에 대한 본질적 기여를 통한 기능적 행위지배가 존재하는 것으로 인정되어 야 한다.」라고 판시[3]하여, 기능적 행위지배설의 입장을 취한 바 있다.

---

1) 대법원 1983. 3. 8. 선고 82도3248 판결.
2) 대법원 1988. 4. 12. 선고 87도2368 판결.
3) 대법원 2010. 7. 15. 선고 2010도3544 판결.

④ 실행행위분담설

'실행행위분담설'이란 형법 제30조의 해석상 실행행위를 분담한 때에만 공동정범의 객관적 요건이 충족되므로 공모공동정범의 개념은 인정할 수 없고, 공모자는 그 가공의 정도에 따라 교사 또는 방조의 책임을 진다고 하는 이론을 말한다.

3) 성립요건

① 공모가 있을 것

'공모'(共謀)란 2인 이상의 사람이 특정한 범죄행위를 하기 위하여 일체가 되어 서로 다른 사람의 행위를 이용하여 자기의 의사를 실행에 옮기는 것을 내용으로 하는 의사의 합치를 말한다. 공모는 법률상 어떤 정형을 요구하는 것이 아니므로 비록 전체적인 모의과정이 없었다고 하더라도 수인 사이에 순차적으로 또는 암묵적으로 상통하여 그 의사의 결합이 이루어지면 공모관계가 성립한다. 즉 사전모의를 필요로 하거나 범인 전원이 일정한 시간과 장소에 집합하여 행할 필요는 없고, 그 가운데 한 사람 또는 두 사람 이상을 통하여 릴레이식으로 하거나 또는 암묵리에 서로 의사가 상통해도 된다.

이러한 공모가 이루어진 이상 실행행위에 직접 관여하지 아니한 자라도 다른 공모자의 행위에 대하여 공동정범으로서 형사적 책임을 부담하여야 한다. 즉 다른 사람의 행위를 자기 의사의 수단으로 하여 범죄를 하였다는 점에서 자기가 직접 실행행위를 분담한 경우와 형사책임의 성립에 차이를 둘 이유가 없는 것이다.[1]

이와 같은 공모에 대하여는 직접증거가 없더라도 정황사실과 경험법칙에 의하여 이를 인정할 수 있고[2], 상명하복 관계에 있는 자들 사이에 있어서도 범행에 공동 가공한 이상 공동정범이 성립하는 데 아무런 지장이 없는 것이다.[3] 하지만 그 의사는 타인의 범행을 인식하면서도 이를 제지하지 아니하고 용인하는 것만으로 부족하고 공동의 의사로 특정한 범죄행위를 하기 위하여 일체가 되어 서로 다른 사람의 행위를 이용하여 자기의 의사를 실행에 옮기는 것이어야 한다.

② 공모에 의한 범죄의 공동실행

공모에 의한 범죄의 공동실행은 모든 공범자가 스스로 범죄의 구성요건을 실현하는 것을 전제로 하지 아니하고, 그 실현행위를 하는 공범자에게 그 행위결정을 강화하도록 협력하는 것으로도 가능하다. 이에 해당하는지 여부는 행위 결과에 대한 각자의 이해 정도, 행위 가담의 크기, 범행지배에 대한 의지 등을 종합적으로 고려하여 판단하여야 한다.

공동정범에 있어서 범죄행위를 공모한 후 그 실행행위에 직접 가담하지 아니하더라도 다른 공모자가 분담·실행한 행위에 대하여 공동정범의 죄책을 면할 수 없고, 공모공동정범에 있

---

1) 대법원 2012. 1. 27. 선고 2011도626 판결.
2) 대법원 2011. 5. 13. 선고 2011도2996 판결; 대법원 2004. 12. 24. 선고 2004도5494 판결.
3) 대법원 1995. 6. 16. 선고 94도1793 판결.

어서 공모는 2인 이상의 자가 협력해서 공동의 범의를 실현시키는 의사에 대한 연락을 말하는 것으로서 실행행위를 담당하지 아니하는 공모자에게 그 실행자를 통하여 자기의 범죄를 실현시킨다는 주관적 의사가 있어야 함은 물론이지만, 반드시 배후에서 범죄를 기획하고 그 실행행위를 부하 또는 자기가 지배할 수 있는 사람에게 실행하게 하는 실질상의 수괴의 위치에 있어야 할 필요는 없다.[1]

한편 공모공동정범의 경우 범죄의 수단과 모습, 가담하는 인원과 그 성향, 범행 시간과 장소의 특성, 범행과정에서 타인과의 접촉 가능성과 예상되는 반응 등 여러 상황에 비추어, 공모자들이 공모한 범행을 수행하거나 목적을 달성하고자 나아가는 도중에 부수적인 다른 범죄가 파생되리라고 예상하거나 충분히 예상할 수 있는데도 그러한 가능성을 외면한 채 이를 방지하기에 충분한 합리적인 조치를 취하지 않고 공모한 범행에 나아갔다가 결국 그와 같이 예상되던 범행들이 발생하였다면, 비록 그 파생적인 범행 하나 하나에 대하여 개별적인 의사의 연락이 없었더라도 당초의 공모자들 사이에 그 범행 전부에 대하여 암묵적인 공모는 물론 그에 대한 기능적 행위지배가 존재한다고 보아야 한다.[2]

판례에 의하면, ① 자동차 명의신탁관계에서 제3자가 명의수탁자로부터 승용차를 가져가 매도할 것을 허락받고 인감증명 등을 교부받아 위 승용차를 명의신탁자 몰래 가져간 경우, 위 제3자와 명의수탁자의 공모·가공에 의한 절도죄의 공모공동정범이 성립한다.[3]

② 사기의 공모공동정범이 그 기망방법을 구체적으로 몰랐다고 하더라도 공모관계를 부정할 수 없다.[4]

③ 결과적 가중범의 공동정범은 기본행위를 공동으로 할 의사가 있으면 성립하고 결과를 공동으로 할 의사는 필요 없으며, 나아가 특수공무집행방해치사상죄는 단체 또는 다중의 위력을 보이거나 위험한 물건을 휴대하고 직무를 집행하는 공무원에 대하여 폭행, 협박을 하여 공무원을 사상에 이르게 한 경우에 성립하는 결과적 가중범으로서 행위자가 그 결과를 의도할 필요는 없고 그 결과의 발생을 예견할 수 있으면 족하다.[5]

④ 집회 및 시위에 관한 법률에 따라 적법한 신고를 마친 집회 또는 시위라고 하더라도 당초에 신고한 범위를 현저히 벗어나거나 집시법 제12조에 따른 조건을 중대하게 위반하여 도로 교통을 방해함으로써 통행을 불가능하게 하거나 현저하게 곤란하게 하는 경우에는 형법 제185조의 일반교통방해죄가 성립한다. 그러나 이때에도 참가자 모두에게 당연히 일반교통방해죄가 성립하는 것은 아니고, 실제로 참가자가 위와 같이 신고 범위를 현저하게 벗어나거나 조건을 중대하게 위반하는 데 가담하여 교통방해를 유발하는 직접적인 행위를 하였거나, 참가자의 참가 경위나 관여 정도 등에 비추어 그 참가자에게 공모공동정범의 죄책을 물을 수 있는 경우라야 일반교통방해죄가 성립한다.[6]

---

1) 대법원 1980. 5. 20. 선고 80도306 판결.
2) 대법원 2007. 4. 26. 선고 2007도428 판결.
3) 대법원 2007. 1. 11. 선고 2006도4498 판결.
4) 대법원 2013. 8. 23. 선고 2013도5080 판결; 대법원 1997. 9. 12. 선고 97도1706 판결.
5) 대법원 1997. 10. 10. 선고 97도1720 판결.

⑤ 피고인이 여러 공범들과 피해자를 상해하기로 공모하고, 피고인 등은 상피고인의 사무실에서 대기하고, 실행행위를 분담한 공모자 일부가 사건현장에 가서 위 피해자를 상해하여 사망케 하였다면 피고인은 상해치사범죄의 공동정범에 해당한다.[1]

⑥ 유가증권의 허위작성행위 자체에는 직접 관여한 바 없다 하더라도 타인에게 그 작성을 부탁하여 의사연락이 되고 그 타인으로 하여금 범행을 하게 하였다면 공모공동정범에 의한 허위작성죄가 성립한다.[2]

⑦ 공범자들 사이에 알선 등과 관련하여 금품이나 이익을 수수하기로 명시적 또는 암묵적인 공모관계가 성립하고 그 공모 내용에 따라 공범자 중 1인이 금품이나 이익을 수수하였다면, 사전에 특정 금액 이하로만 받기로 약정하였다든가 수수한 금액이 공모 과정에서 도저히 예상할 수 없는 고액이라는 등과 같은 특별한 사정이 없는 한, 그 수수한 금품이나 이익 전부에 관하여 위 각 죄의 공모공동정범이 성립하는 것이며, 수수할 금품이나 이익의 규모나 정도 등에 대하여 사전에 서로 의사의 연락이 있거나 수수한 금품 등의 구체적 금액을 공범자가 알아야 공모공동정범이 성립하는 것은 아니다.[3]

⑧ 건설 관련 회사의 유일한 지배자가 회사 대표의 지위에서 장기간에 걸쳐 건설공사 현장소장들의 뇌물공여행위를 보고받고 이를 확인·결재하는 등의 방법으로 위 행위에 관여한 사안에서, 비록 사전에 구체적인 대상 및 액수를 정하여 뇌물공여를 지시하지 아니하였다고 하더라도 그 핵심적 경과를 계획적으로 조종하거나 촉진하는 등으로 기능적 행위지배를 한 경우에는 공모공동정범이 성립한다.[4]

(3) 공모관계의 이탈

1) 실행의 착수 전의 이탈

공모공동정범에 있어서 공모자 중의 '단순 가담자'인 1인이 다른 공모자가 실행행위에 이르기 전에 그 공모관계에서 이탈한 때에는 그 이후의 다른 공모자의 행위에 관하여는 공동정범으로서의 책임은 지지 않는다.[5] 여기서 그 이탈의 표시는 반드시 명시적임을 요하지 아니한다.[6]

6) 대법원 2018. 1. 24. 선고 2017도11408 판결(일반교통방해죄에서 교통방해 행위는 계속범의 성질을 가지는 것이어서 교통방해의 상태가 계속되는 한 가벌적인 위법상태는 계속 존재한다. 따라서 신고 범위를 현저히 벗어나거나 집시법 제12조에 따른 조건을 중대하게 위반함으로써 교통방해를 유발한 집회에 참가한 경우 참가 당시 이미 다른 참가자들에 의해 교통의 흐름이 차단된 상태였다고 하더라도 교통방해를 유발한 다른 참가자들과 암묵적·순차적으로 공모하여 교통방해의 위법상태를 지속시켰다고 평가할 수 있다면 일반교통방해죄가 성립한다).

1) 대법원 1991. 10. 11. 선고 91도1755 판결.

2) 대법원 1985. 8. 20. 선고 83도2575 판결.

3) 대법원 2010. 10. 14. 선고 2010도387 판결.

4) 대법원 2010. 7. 15. 선고 2010도3544 판결.

5) 대법원 2009. 6. 23. 선고 2009도2994 판결(전국노점상총연합회가 주관한 도로행진시위에 참가한 피고인이 다른 시위 참가자들과 함께 경찰관 등에 대한 특수공무집행방해 행위를 하던 중 체포된 사안에서, 단순 가담자인 피고인에게 체포된 이후에 이루어진 다른 시위참가자들의 범행에 대하여는 본질적 기여를 통한 기능적 행위지배가 존재한다고 보기 어려워 공모공동정범의 죄책을 인정할 수 없다).

6) 대법원 1986. 1. 21. 선고 85도2371 판결(백양사살인사건)(재수생 甲은 1984. 10. 6. 13:00경 울산 시내 다방에서 얼굴을 알고 지내던 乙을 만났고, 乙을 통하여 乙과 동석하고 있던 乙의 친구 丙, 丁, 戊와 인사를 나누게 되었다. 甲은 乙 등 4인과 어울려 놀다가 같은 날 22:30경에 봉고차를 함께 타고 울산시 우정동 소재 모 당구장 앞의 우회도로를 지나던 중 丁의 초등학교 동창생인 A녀를 발견하고 강제로 봉고차에 태우고 울산시 성남동 소재 백양사를 향해 가면서 차안에서 A녀에게 돈을 내놓으라고 하였으나 돈이 없자 백양사 인근에 정차하여 A녀를 06:30경까지 甲 등 5인이 간음하였다. 그 후 丁의 제안에 따라 A녀를 죽이기로 모의하고 차 안의 커튼을 찢어서 A녀의 손을

그렇지만 공모관계에서의 이탈은 공모자가 공모에 의하여 담당한 기능적 행위지배를 해소하는 것이 필요하므로 공모자가 공모에 주도적으로 참여하여 다른 공모자의 실행에 영향을 미친 때에는 범행을 저지하기 위하여 적극적으로 노력하는 등 실행에 미친 영향력을 제거하지 아니하는 한 공모관계에서 이탈하였다고 할 수 없다.[1]

판례에 의하면, ① 피고인이 공소외 1과 공모하여 2009. 5. 12. 피해자 공소외 2(여, 16세)에게 낙태수술비를 벌도록 해 주겠다고 말하여 성매수 행위의 상대방이 되게 하였고, 홍보용 명함을 제작하기 위하여 공소외 1로 하여금 위 피해자의 나체사진을 찍도록 하면서 자세를 가르쳐 주기도 한 사실, 피고인은 위 피해자가 중도에 도망갈 것을 염려하여 위 피해자로 하여금 3개월간 공소외 1의 관리를 받으면서 성매매를 하게 했으며 약속을 지키지 않을 경우에는 민형사상 책임을 진다는 내용의 각서를 작성하도록 한 사실, 피고인이 별건으로 2009. 5. 13. 체포되어 수원구치소에 수감되었다가 2009. 5. 28. 석방되었는데, 그 수감기간 동안 피해자 공소외 2는 공소외 1의 관리 아래 2009. 5. 14.부터 2009. 5. 20.까지 사이에 12회에 걸쳐 불특정 다수 남성의 성매수 행위의 상대방이 되었고 그 대가로 받은 금원은 피해자 공소외 2, 공소외 1, 피고인의 처인 공소외 3 등이 나누어 사용한 사실 등을 인정한 다음, 그 판시와 같은 이유로 피해자 공소외 2가 19세 미만의 청소년인지 알지 못하였다는 피고인의 주장을 배척하고, 비록 위 피해자가 성매매를 하는 기간 동안 피고인이 수감되어 있었다고 하더라도 피고인은 공소외 1과 함께 이 사건 미성년자유인죄, 구 청소년의 성보호에 관한 법률 위반죄의 책임을 진다.[2]
② 다른 3명의 공모자들과 강도 모의를 하면서 삽을 들고 사람을 때리는 시늉을 하는 등 그 모의를 주도한 피고인이 함께 범행 대상을 물색하다가 다른 공모자들이 강도의 대상을 지목하고 뒤쫓아 가자 단지 "어?"라고만 하고 비대한 체격 때문에 뒤따라가지 못한 채 범행현장에서 200m 정도 떨어진 곳에 앉아 있었으나 위 공모자들이 피해자를 쫓아가 강도상해의 범행을 한 사안에서, 피고인에게 공동가공의 의사와 공동의사에 기한 기능적 행위지배를 통한 범죄의 실행사실이 인정되므로 강도상해죄의 공모관계에 있고, 다른 공모자가 강도상해죄의 실행에 착수하기까지 범행을 만류하는 등으로 그 공모관계에서 이탈하였다고 볼 수 없으므로 강도상해죄의 공동정범으로서의 죄책을 진다.[3]
하지만 ① 피고인은 1993. 4. 청주시 북문로 2가 소재 수아사 부근에서 청주 시내 유흥업소를 활동무대로 하여 폭행, 공갈 등을 목적으로 하는 '시라소니'파 범죄단체조직에 2기 조직원으로 가입하여 활동하

묶고 乙과 丁은 앞장을 서고, 甲과 丙은 A녀의 양팔을 끼고 따라가 400−500m 떨어진 저수지에 데리고 갔다. 이 때 甲은 乙 등 4인에게 이제까지의 범행은 내가 했다고 할 테니까 A녀를 살려주자고 하였으나(이 부분을 대법원은 살인의 실행의 착수로 나아가기 전의 공모관계에서의 이탈의 의사표시로 보았다) 乙 등은 모두 살기를 띤 가운데 뒷일을 깨끗이 처리해야 한다고 하면서 말을 듣지 않고 A녀의 다리까지 묶은 후 A녀를 들어 저수지에 던졌다. 저수지에 빠진 A녀가 비명을 지르자 甲은 A녀를 구하기 위하여 저수지에 뛰어들려고 하였으나 乙 등의 제지로 실패하였고, 甲은 자신의 생명에 대한 위협까지 느껴 정신없이 산길을 걸어 집으로 돌아왔다. 그 사이 약 10초 후 A녀가 물에 떠 헤엄쳐 저수지가로 나오자 乙, 丙, 丁, 戊는 A녀를 끌고 산으로 가서 목을 졸라 살해하였다. 구체적인 살해방법이 확정되어 피고인을 제외한 나머지 공범들이 피해자의 팔, 다리를 묶어 저수지 안으로 던지는 순간에 피해자에 대한 살인행위의 실행의 착수가 있다 할 것이고 따라서 피고인은 살해 모의에는 가담하였으나 다른 공모자들이 실행행위에 이르기 전에 그 공모관계에서 이탈하였다 할 것이고 그렇다면 피고인이 위 공모관계에서 이탈한 이후의 다른 공모자의 행위에 관하여는 공동정범으로서의 책임을 지지 않는다).
1) 대법원 2015. 2. 16. 선고 2014도14843 판결; 대법원 2007. 4. 12. 선고 2006도9298 판결.
2) 대법원 2010. 9. 9. 선고 2010도6924 판결(성매매기간중수감사건).
3) 대법원 2008. 4. 10. 선고 2008도1274 판결(비대한체격사건).

던 자로서 공소외 1, 원심 공동피고인 1, 2 등 같은 '시라소니'파 조직원들과 공모 공동하여, 1993. 5. 28. 20:30경 반대파 조직 '파라다이스'파로부터 피고인 소속 조직원인 공소외 2, 3가 칼에 찔려 피해를 입자 이에 대한 보복을 하기 위하여 같은 날 21:00경부터 22:30까지 청주시 사직동 무심천 고수부지 로울러스케이트장에 집결한 후 '파라다이스'파 조직원들을 공격하여 상해를 가하거나 살해할 것을 결의하고, 위 조직원들과 공동하여 생선회칼, 손도끼, 낫 등 흉기를 들고 8대 차량에 분승하여 청주 덕산 나이트클럽에 이르러 반대파 김영석을 찾았으나 없자 종업원 피해자 1을 폭행하고, 위와 같이 위 김영석과 '파라다이스'파 조직원들을 찾았으나 보이지 않자, '파라다이스'파 두목 피해자 2, 공소외 4를 살해하기로 결의, 같은 날 23:20경 청주관광호텔 실버스타 나이트클럽에 이르러 피고인, 원심 공동피고인 2, 3 등은 밖에서 망을 보고 다른 공범자들은 흉기를 소지하고 잠자는 피해자 2를 깨워 무차별 찔러 흉부자창으로 같은 날 23:50경 실혈사로 사망케 하였다는 요지의 공소사실에 대하여 피고인은 공소외 1 등과 같이 술을 마시고 있다가 같은 조직원으로부터 연락을 받고 무심천 로울러스케이트장에 가서 '파라다이스'파에게 보복을 하러 간다는 말을 듣고 다른 조직원들이 여러 대의 차에 분승하여 출발하려고 할 때 사태의 심각성을 실감하고 범행에 휘말리기 싫어서 그곳에서 택시를 타고 집에 왔으므로 피해자 1에 대한 폭력행위처벌법 위반 및 피해자 2에 대한 살인의 점에 대하여 다른 조직원들과의 사이에 '파라다이스'파 조직원들을 공격하여 상해를 가하거나 살해하기로 하는 모의가 있었다고 보기 어렵고, 가사 피고인에게도 그 범행에 가담하려는 의사가 있어 공모 관계가 인정된다 하더라도 다른 조직원들이 각 이 사건 범행에 이르기 전에 그 공모 관계에서 이탈한 것이라 할 것이므로 피고인은 위 공모 관계에서 이탈한 이후의 행위에 대하여는 공동정범으로의 책임을 지지 않는다.[1]

② 피고인이 다른 피고인들과 택시강도를 하기로 모의한 일이 있다고 하여도 다른 피고인들이 피해자에 대한 폭행에 착수하기 전에 겁을 먹고 미리 현장에서 도주해 버린 것이라면 다른 피고인들과 사이에 강도의 실행행위를 분담한 협동관계가 있었다고 보기 어려우니 피고인을 특수강도의 합동범으로 다스릴 수는 없다.[2]

③ 甲, 乙, 丙이 타인의 전축을 절취하기로 모의한 후 甲의 집으로 가서 모의한 바에 따라 전축을 절취하러 가자고 하자 甲은 자신이 없다고 하여 그 범행하는 것을 포기한 경우에는 乙, 丙만의 실행행위는 甲과는 전연 무관한 것이므로 실행행위의 분담까지 모의하였다고 볼 수 없는 甲에 대하여 특수절도죄가 성립할 수 없다.[3]

④ 주한미군 공여지에 대한 행정대집행과 압수수색영장 집행에 대항하기 위하여 개최된 집회 및 시위에 참가한 피고인들이, 다른 시위대의 폭력행위로 인한 특수공무집행방해치상죄의 공모공동정범으로 기소된 사안에서, 단순 가담자인 피고인이 시위에 참가하기 전이나 체포된 후에 이루어진 다른 시위 참가자들의 범행에 대하여는 피고인들에게 본질적 기여를 통한 기능적 행위지배가 존재한다고 보기 어려워 공모공동정범의 죄책을 인정할 수 없다.[4]

2) 실행의 착수 후의 이탈

범죄의 실행을 공모하였다면 다른 공모자가 이미 실행행위에 착수한 이후에는 그 공모관

---

1) 대법원 1996. 1. 26. 선고 94도2654 판결(시라소니파사건).
2) 대법원 1985. 3. 26. 선고 84도2956 판결(택시강도착수전도주사건).
3) 대법원 1975. 10. 7. 선고 75도2635 판결.
4) 대법원 2009. 9. 24. 선고 2008도6994 판결.

계에서 이탈하였다고 하더라도 공동정범의 책임을 면할 수 없다.[1] 또한 피고인이 포괄일죄의 관계에 있는 범행의 일부를 실행한 후 공범관계에서 이탈하였으나 다른 공범자에 의하여 나머지 범행이 이루어진 경우, 피고인이 관여하지 않은 부분에 대하여도 죄책을 부담한다.[2]

이 경우 공동정범 중 일부의 자가 다른 공동자 전원의 실행행위를 중지시키거나 결과의 발생을 방지하였다면 그 일부의 자에게는 중지미수가 성립하며, 다른 가담자에게는 장애미수가 성립한다. 하지만 1인이 자의로 중지하였음에도 불구하고 다른 공동정범이 결과를 발생시킨 경우에는 중지한 자에게도 기수범의 공동정범이 성립한다.

Ⅲ. 공동정범과 착오

1. 구체적 사실의 착오

공동정범에 있어서 구체적 사실의 착오는 공모사실과 발생사실이 불일치하지만 동일한 구성요건에 속한 경우를 의미한다. 예를 들면 甲과 乙이 丙을 살해하기로 공모하였는데, 乙이 丁을 丙으로 오인하고 살해한 경우(객체의 착오) 또는 乙이 丙에게 발포하였으나 옆에 있던 丁이 맞아 사망한 경우(방법의 착오)가 이에 해당한다.

이러한 경우는 사실의 착오에 관한 일반론으로 해결이 가능하다. 우선 구체적 부합설에 의하면 객체의 착오의 경우 발생사실에 대한 공동정범이 성립하고, 방법의 착오의 경우 공모사실에 대한 미수범의 공동정범과 발생사실에 대한 과실범의 상상적 경합범이 성립한다. 다음으로 법정적 부합설에 의하면 객체의 착오이든 방법의 착오이든 불문하고 발생사실에 대한 공동정범이 성립한다.

---

[1] 대법원 1984. 1. 31. 선고 83도2941 판결(담배생각사건)(피고인이 원심 공동피고인들과 합동하여 피해자의 집 밖에서 금품을 강취할 것을 공모하고 피고인은 집밖에서 망을 보기로 하였으나 상피고인들이 피해자의 집에 침입한 후 담배생각이 나서 담배를 사기 위하여 망을 보지 않았다고 하더라도 피고인은 강도상해죄의 죄책을 면할 수가 없다).

[2] 대법원 2011. 1. 13. 선고 2010도9927 판결(시세조정해고사건)(피고인이 甲투자금융회사에 입사하여 다른 공범들과 특정 회사 주식의 시세조정 주문을 내기로 공모한 다음 시세조정행위의 일부를 실행한 후 甲회사로부터 해고를 당하여 공범관계로부터 이탈하였고, 다른 공범들이 그 이후의 나머지 시세조정행위를 계속한 사안에서, 피고인이 다른 공범들의 범죄실행을 저지하지 않은 이상 그 이후 나머지 공범들이 행한 시세조정행위에 대하여도 죄책을 부담함에도, 피고인이 해고되어 甲회사를 퇴사함으로써 기존의 공모관계에서 이탈하였다는 사정만으로 피고인이 이미 실행한 시세조정행위에 대한 기능적 행위지배가 해소되었다고 보아 그 이후의 각 구 증권거래법 위반의 공소사실에 대하여 무죄를 선고한 원심판결에 공모공동정범에 관한 법리오해의 위법이 있다); 대법원 2002. 8. 27. 선고 2001도513 판결(관리이사직사임시간)(피고인이 공범들과 다단계금융판매조직에 의한 사기범행을 공모하고 피해자들을 기망하여 그들로부터 투자금 명목으로 피해금원의 대부분을 편취한 단계에서 위 조직의 관리이사직을 사임한 경우, 피고인의 사임 이후 피해자들이 납입한 나머지 투자금명목의 편취금원도 같은 기망상태가 계속된 가운데 같은 공범들에 의하여 같은 방법으로 수수됨으로써 피해자별로 포괄일죄의 관계에 있으므로 이에 대하여도 피고인은 공범으로서의 책임을 부담한다).

2. 추상적 사실의 착오

(1) 질적 초과

공동정범에 있어서 추상적 사실의 착오 가운데 질적 초과는 공모사실과 발생사실이 전혀 별개의 구성요건에 속하는 경우, 즉 죄질이 상이한 구성요건에 해당하는 경우를 의미한다. 이 경우 그 초과부분에 대해서는 공동정범이 성립하지 아니하고, 실행자는 단독정범이 된다. 예를 들면 甲·乙·丙이 강도를 공모하였으나 강도 후 甲·乙이 강간을 초과적으로 실행한 경우, 甲과 乙은 강도강간죄의 공동정범이 되지만, 丙은 특수강도죄만 성립한다.[1]

(2) 양적 초과

공동정범에 있어서 추상적 사실의 착오 가운데 양적 초과는 공모사실과 발생사실이 별개의 구성요건에 속하지만 죄질을 같이하는 경우를 의미한다. 이 경우에는 죄질이 부합하는 범위 내에서 공동정범이 성립하지만, 책임은 각자의 고의·과실의 범위 내에서 부담한다.

이에 따라 공모내용에 미달한 경우에는 실행한 사실의 범위 내에서 부합하므로 발생사실에 대한 공동정범이 성립한다. 예를 들면 甲과 乙이 강도를 공모했으나 乙이 절도에 그친 경우, 甲과 乙은 절도죄의 공동정범과 강도예비·음모죄의 상상적 경합범으로 처벌된다.

반면에 공모내용을 초과한 경우에는 공모한 의사의 범위 내에서 부합하므로 공모사실에 대한 공동정범이 성립한다. 예를 들면 甲과 乙이 절도를 공모했으나 乙이 강도를 한 경우, 甲은 절도죄, 乙은 강도죄로 처벌된다.

한편 결과적 가중범인 상해치사죄의 공동정범은 폭행 기타의 신체침해 행위를 공동으로 할 의사가 있으면 성립되고 결과를 공동으로 할 의사는 필요 없으며, 여러 사람이 상해의 범의로 범행 중 한 사람이 중한 상해를 가하여 피해자가 사망에 이르게 된 경우 나머지 사람들은 사망의 결과를 예견할 수 없는 때가 아닌 한 상해치사의 죄책을 면할 수 없다.[2]

---

1) 대법원 1988. 9. 13. 선고 88도1114 판결.
2) 대법원 2013. 4. 26. 선고 2013도1222 판결; 대법원 2000. 5. 12. 선고 2000도745 판결(은적사사건)(피고인은 1999. 4. 18. 01:55경 상근예비역으로 근무하는 친구인 공소외인으로부터 공소외인의 여동생을 강간한 피해자를 혼내주러 가자는 연락을 받고 공소외인과 함께 피해자를 만나 성산초등학교 앞에서 공소외인과 피고인은 주먹으로 피해자를 때리면서 공소외인은 소지하고 있던 부엌칼(증 제1호)로 피해자를 위협하였으며, 그 후 피해자를 소룡초등학교로 끌고 가면서 피고인이 주변에 있던 각목으로 피해자의 머리 부분을 4회 때리고 공소외인이 위 부엌칼을 피해자의 목에 들이대면서 주먹과 발로 무수히 때려 이를 견디지 못한 피해자가 은적사 입구 방면으로 도망가자, 피고인은 공소외인의 뒤를 따라 피해자를 추격하던 중 공소외인이 떨어뜨린 위 부엌칼을 소지하게 된 다음 격분한 나머지 같은 날 02:21경 소룡초등학교 옆 골목길에서 공소외인에 의하여 붙잡힌 피해자의 좌측 흉부를 위 부엌칼로 1회 찔러 좌측흉부 자창상 등을 가하고, 이로 인하여 같은 날 04:00경 피해자로 하여금 실혈로 사망에 이르게 하였다는 것이고, 원심이 인정한 사실은, 피고인은 위 공소사실과 같은 과정을 거쳐 소룡초등학교 옆 골목길에서 공소외인에 의하여 붙잡힌 피해자를 공소외인과 함께 폭행하면서 둘 중 누군가가 불상의 방법으로 위 부엌칼로 피해자의 좌측 흉부를 1회 찔러 좌측흉부 자창상 등을 입히고, 이로 인하여 피해자를 사망에 이르게 하였다는 것이다).

  판례에 의하면, ① 피고인을 비롯한 30여 명의 공범들이 화염병 등 소지 공격조와 쇠파이프 소지 방어조로 나누어 이 사건 건물을 집단방화하기로 공모하고 이에 따라 공격조가 위 건물로 침입하여 화염병 수십 개를 1층 민원실 내부로 던져 불을 붙여 위 건물 내부를 소훼케 하는 도중에 공격조의 일인이 위 건조물 내의 피해자를 향하여 불이 붙은 화염병을 던진 사실을 알 수 있는바, 이와 같이 공격조 일인이 방화대상 건물 내에 있는 피해자를 향하여 불붙은 화염병을 던진 행위는, 비록 그것이 피해자의 진화행위를 저지하기 위한 것이었다고 하더라도, 공격조에게 부여된 임무 수행을 위하여 이루어진 일련의 방화행위 중의 일부라고 보아야 할 것이고, 따라서 피해자의 화상은 이 사건 방화행위로 인하여 입은 것이라 할 것이므로 피고인을 비롯하여 당초 공모에 참여한 집단원 모두는 위 상해 결과에 대하여 현존건조물방화치상의 죄책을 면할 수 없다. 가사 피해자의 상해가 이 사건 방화 및 건물소훼로 인하여 입은 것이라고 보기 어렵다고 하더라도 형법 제164조 후단이 규정하는 현존건조물방화치상죄와 같은 이른바 부진정결과적가중범은 예견가능한 결과를 예견하지 못한 경우뿐만 아니라 그 결과를 예견하거나 고의가 있는 경우까지도 포함하는 것이므로 이 사건에서와 같이 사람이 현존하는 건조물을 방화하는 집단행위의 과정에서 일부 집단원이 고의행위로 살상을 가한 경우에도 다른 집단원에게 그 사상의 결과가 예견 가능한 것이었다면 다른 집단원도 그 결과에 대하여 현존건조물방화치사상의 책임을 면할 수 없는 것인바, 피고인을 비롯한 집단원들이 당초 공모시 쇠파이프를 소지한 방어조를 운용하기로 한 점에 비추어 보면 피고인으로서는 이 사건 건물을 방화하는 집단행위의 과정에서 상해의 결과가 발생하는 것도 예견할 수 있었다고 보이므로, 이 점에서도 피고인을 현존건조물방화치상죄로 의율할 수 있다.[1]

  ② 강도의 공범자 중 1인이 강도의 기회에 피해자에게 폭행 또는 상해를 가하여 살해한 경우, 다른 공모자가 살인의 공모를 하지 아니하였다고 하여도 그 살인행위나 치사의 결과를 예견할 수 없었던 경우가 아니면 강도치사죄의 죄책을 면할 수 없다. 강도살인죄는 고의범이고 강도치사죄는 이른바 결과적 가중범으로서 살인의 고의까지 요하는 것이 아니므로, 수인이 합동하여 강도를 한 경우 그 중 1인이 사람을 살해하는 행위를 하였다면 그 범인은 강도살인죄의 기수 또는 미수의 죄책을 지는 것이고 다른 공범자도 살해행위에 관한 고의의 공동이 있었으면 그 또한 강도살인죄의 기수 또는 미수의 죄책을 지는 것이 당연하다 하겠으나, 고의의 공동이 없었으면 피해자가 사망한 경우에는 강도치사의, 강도살인이 미수에 그치고 피해자가 상해만 입은 경우에는 강도상해 또는 치상의, 피해자가 아무런 상해를 입지 아니한 경우에는 강도의 죄책만 진다고 보아야 할 것이다.[2]

  ③ 피고인 1, 2, 3 등이 등산용 칼을 이용하여 노상강도를 하기로 공모한 이 사건에서는 그 공모내용으로 보아 범행 당시 차안에서 망을 보고 있던 피고인 2이나 등산용 칼을 휴대하고 있던 피고인 1과 함께 차에서 내려 피해자 1로부터 금품을 강취하려 했던 피고인 3 등으로서는 그때 우연히 현장을 목격하게 된 피해자 2를 피고인 1이 소지중인 등산용 칼로 살해하여 강도살인행위에 이를 것을 전혀 예상하지 못하였다고 보여지지 아니하므로 피해자 2를 살해한 행위에 대해 피고인 2, 3을 강도치사죄로 의율처단한 것은 정당하다.[3]

  ④ 피고인 등은 가벼운 상해 또는 폭행 등의 범의로 피고인 6의 소위로 살인의 결과를 발생케 한 것이나 피고인 등이 상해 또는 폭행죄 등과 결과적 가중범의 관계에 있는 상해치사 또는 폭행치사 등의 죄책은 이를 면할 수 없다고 하더라도 피고인 6의 살인 등 소위는 피고인 등이 전연 예기치 않은 바로

---

 1) 대법원 1996. 4. 12. 선고 96도215 판결.
 2) 대법원 1991. 11. 12. 선고 91도2156 판결.
 3) 대법원 1990. 11. 27. 선고 90도2262 판결.

서 상피고인의 살인 등 소위에 대하여 피고인 등에게 그 책임을 물을 수는 없다.[1]

Ⅳ. 동시범

1. 독립행위의 경합

(1) 의 의

동시 또는 이시의 독립행위가 경합한 경우에 그 결과발생의 원인된 행위가 판명되지 아니한 때에는 각 행위를 미수범으로 처벌한다(제19조). '동시범'(同時犯)이란 2인 이상이 상호간에 공동의 범행결의 없이 동일한 객체에 대해서 동시 또는 이시에 각자 범죄를 실행하는 경우를 말한다. 예를 들면 甲이 丙을 살해하기 위하여 자상을 하고 도망친 이후 이러한 사정을 전혀 모르는 乙 역시 쓰러져 있던 丙을 살해하기 위하여 자상을 하였고 실제로 丙이 사망한 경우, 누구의 자상으로 丙이 사망하였는지 판명되지 아니한 때에는 甲과 乙을 모두 살인미수로 의율한다.

이는 행위자 상호간에 의사연락 없이 우연히 단독정범이 경합된 경우이기 때문에 공동정범과 달리 일부실행, 전부책임의 법리가 아니라 개별책임의 원리가 지배하게 된다. 동시범은 고의범·과실범을 불문하고 성립할 수 있다. 한편 원인행위가 판명된 동시범의 경우 각 행위자는 독립하여 자기책임의 한도 내에서 그 결과를 발생시킨 자는 기수범으로, 그 이외의 자는 미수범으로 각각 처벌된다.[2]

동시범은 다수인의 실행행위를 요한다는 점에서 단독정범과 구별되고, 공동의 범행결의가 없다는 점에서 공동정범과 구별되며, 다른 행위자를 도구로 이용한 것이 아니라는 점에서 간접정범과 구별된다.

(2) 성립요건

1) 다수인의 실행행위

2인 이상 다수인의 실행행위가 있어야 한다. 만약 실행행위의 존재 자체가 불분명한 경우에는 제19조가 적용될 여지가 없다. 또한 다수인의 실행행위는 반드시 동시에 행해질 필요는 없고 이시라도 상관이 없으며, 반드시 동일한 장소에서 행해짐을 요하지 아니한다.

---

1) 대법원 1984. 10. 5. 선고 84도1544 판결.
2) 대법원 1983. 9. 27. 선고 83도1787 판결(접대부순차강간사건)(피고인과 제1심 공동피고인이 술집에서 같이 자다가 피고인이 먼저 깨어 옆에서 잠든 접대부를 강간하려다가 피해자의 반항으로 목적을 이루지 못하고 포기하자, 뒤이어 잠이 깬 제1심 공동피고인도 피해자를 강간코자 하였으나 역시 피해자의 반항으로 목적을 이루지 못하고 피해자를 구타하여 상해를 입힌 사실과 피고인은 제1심 공동피고인의 폭행행위를 적극 만류한 사실이 인정되고, 피고인과 제1심 공동피고인이 공모하여 위 피해자를 강간하려고 하다가 위 피해자에게 상해를 가하였다고 인정할 증거는 기록상 찾아볼 수 없다. 위와 같은 사실 및 증거관계에 비추어 보면 피고인에 대하여 제1심 공동피고인의 강간치상행위에 대한 공모공동정범의 죄책을 물을 수는 없음이 명백하고 피고인은 다만 그 자신의 강간미수행위에 대하여만 죄책을 면할 수 없다).

2) 의사연락의 부존재

행위자 상호간에는 범죄를 공동으로 실현하려는 의사의 연락이 없어야 한다. 2인 이상이 상호의사의 연락 없이 동시에 범죄구성요건에 해당하는 행위를 하였을 때에는 원칙적으로 각인에 대하여 그 죄를 논하여야 한다. 하지만 그 결과 발생의 원인이 된 행위가 분명하지 아니한 때에는 각 행위자를 미수범으로 처벌하고(독립행위의 경합), 이 독립행위가 경합하여 특히 상해의 결과를 발생하게 하고 그 결과발생의 원인이 된 행위가 밝혀지지 아니한 경우에는 공동정범의 예에 따라 처단(동시범)한다. 그러므로 상호의사의 연락이 있어 공동정범이 성립한다면, 독립행위의 경합 및 동시범의 문제는 제기될 여지가 없다.[1]

3) 행위객체의 동일성

독립행위는 동일한 객체에 대한 것이어야 한다.

4) 결과의 발생

구성요건적 결과가 발생하여야 한다.

5) 인과관계증명의 불가능

결과발생의 원인된 행위가 판명되지 않아야 한다.

(3) 효 과

① 고의행위와 고의행위가 경합한 경우에는 미수범 처벌규정이 있는 경우에 한해 각자 그 고의행위의 미수범으로 처벌한다. ② 고의행위와 과실행위가 경합한 경우에는 고의행위는 미수범으로 처벌되지만, 과실행위는 미수의 처벌규정이 없으므로 불가벌이다. ③ 과실행위와 과실행위가 경합한 경우에는 모두 불가벌이다.

2. 상해의 동시범 특례

(1) 의 의

독립행위가 경합하여 상해의 결과를 발생하게 한 경우에 있어서 원인된 행위가 판명되지 아니한 때에는 공동정범의 예에 의한다(제263조). 이와 같이 '상해의 동시범'이란 2인 이상이 서로 의사연락 없이 각자 동일한 객체에 대해 상해행위를 하는 경우를 말한다. 원칙적으로 동시범은 공동정범의 원리가 적용되지 않아 개별책임을 진다. 즉 제19조는 동시범의 경우에 일반적으로 적용되는 규정을 두고 있는데 반하여, 제263조는 상해의 결과를 발생시킨 경우에만 예외적으로 적용되는 것이다. 따라서 제263조가 제19조에 우선하여 적용되는데, 이는 개별책임원칙의 예외를 인정하는 것이다.

예를 들어 甲, 乙, 丙이 의사연락 없이 각자 丁을 살해하는 행위를 하였고, 세 사람 중 누군가의 행위에 의하여 丁이 사망하였지만, 그 원인된 행위가 판명되지 않은 경우에는 제19조가

---

[1] 대법원 1997. 11. 28. 선고 97도1740 판결; 대법원 1985. 12. 10. 선고 85도1892 판결.

적용되어 甲, 乙, 丙 모두 살인미수의 책임을 진다. 반면에 甲, 乙, 丙이 의사연락 없이 각자 丁을 상해하는 행위를 하였고, 丁이 상해를 입었으나, 그 원인된 행위가 판명되지 않은 경우에는 제263조가 적용되어 공동정범의 예에 따라 甲, 乙, 丙 모두 상해기수의 책임을 진다.

다른 범죄와 달리 상해의 동시범 특례를 인정하는 이유와 관련하여, ① 상해죄가 일상생활에서 자주 발생하는 범죄라는 점, ② 실무적으로 2인 이상이 가담한 경우 누구의 행위에 의하여 결과가 발생하였는지 입증하기 어렵다는 점[1], ③ 상해행위에 대하여 엄벌주의를 규정함으로써 상해를 예방하려는 일반예방적 사고가 반영된 점, ④ 과실범의 경우 미수범 처벌이 불가능하므로 제19조의 원칙만으로는 처벌의 흠결을 보완할 수 없다는 점 등이 제시되고 있다.

(2) 법적 성격 및 입법론

제263조의 법적 성격과 관련하여, ① 소송법상 피고인에게 자기 행위로 인하여 상해의 결과가 발생한 것이 아니라는 거증책임을 부과하는 규정으로 파악하는 거증책임전환설, ② 공동가담의 의사라는 주관적 요건이 존재하지 않은 동시범의 경우를 공동가담의 의사가 존재하는 공동정범으로 만드는 규정, 즉 공동가담의 의사를 법률상 의제하는 규정으로 파악하는 법률상 책임의제설, ③ 원인행위가 판명되지 않으면 제263조에 따라 피고인의 행위와 상해의 결과 사이에 사실상의 인과관계가 있는 것으로 추정되지만, 피고인이 그 추정력을 깨뜨려 의심스러운 상태로 만들면 미수범을 인정하여야 한다고 파악하는 인과관계의 사실상 추정설, ④ 소송법상으로는 거증책임전환규정이고, 실체법상으로는 동시범을 공동정범으로 의제하여 공동정범의 범위를 확장시킨 규정으로 파악하는 이원설 등의 대립이 있다.

이에 대하여 판례는「공연히 사실을 적시하여 사람의 명예를 훼손한 행위가 형법 제310조의 규정에 따라서 위법성이 조각되어 처벌대상이 되지 않기 위하여는 그것이 진실한 사실로서 오로지 공공의 이익에 관한 때에 해당된다는 점을 행위자가 증명하여야 하는 것이나, 그 증명은 유죄의 인정에 있어 요구되는 것과 같이 법관으로 하여금 의심할 여지가 없을 정도의 확신을 가지게 하는 증명력을 가진 엄격한 증거에 의하여야 하는 것은 아니므로, 이때에는 전문증거에 대한 증거능력의 제한을 규정한 형사소송법 제310조의2는 적용될 여지가 없다.」라고 판시[2]하여, 거증책임전환설의 입장을 취하고 있다.

생각건대 제263조의 법적 성격과 관련된 학설 및 판례의 태도는 무죄추정의 원리, 의심스러울 때에는 피고인의 이익으로의 원리, 책임주의, 거증책임의 원칙 등과 같은 형사소송의 기본원리에 위배된다. 이에 현행법상 규정되어 있는 제263조는 극히 제한된 범위 내에서만 적용되어야 하지만, 동 조항의 존치로 인하여 실무에서는 그 적용범위를 상해죄뿐만 아니라 폭행치사죄나 상해치사죄와 같은 사망의 결과를 초래한 중대범죄에 대하여도 확대하고 있어 그 폐해

---

1) 일반적으로 제263조가 집단적 상해·폭행행위에 대비하기 위한 것이라고 하지만 동시범은 단독의 상해·폭행행위가 우연히 동시 또는 이시에 발생한 것이므로 집단적 행위라고 볼 수는 없다.

2) 대법원 1996. 10. 25. 선고 95도1473 판결.

가 적지 않다. 결론적으로 제263조는 삭제되어야 한다.

(3) 성립요건

1) 독립행위가 경합하여

'독립행위의 경합'이란 범인들간에 의사연락이 없는 2개 이상의 행위가 동일한 객체에 대하여 행해지는 것을 말한다. 만약 서로 의사의 연락이 있었다면 동시범이 아니라 공동정범의 문제가 된다. 독립행위는 반드시 같은 장소에서 이루어질 필요는 없다. 왜냐하면 피해자가 서울에서 부산으로 가는 KTX열차에 탑승하였는데, 대전에서 상해를 입고, 대구에서 상해를 입어도 독립행위가 경합한 것으로 볼 수 있기 때문이다.

하지만 시간적인 근접성과 관련하여, ① 제263조는 가능한 한 축소해석해야 한다는 점을 논거로 하여, 시간적인 근접성을 요한다는 적극설, ② 동시나 근접된 시간 내의 독립행위에 관하여서만 본조를 적용한다면 그 적용범위가 협소하다는 점, 특정한 대상에 대하여 폭행이나 상해를 동시나 근접된 시간 내에 수인이 상호간 독립하여 행하는 경우는 현실적으로 어렵다는 점 등을 논거로 하여, 시간적인 근접성을 요하지 않는다는 소극설 등의 대립이 있다.

이에 대하여 판례는 「시간적 차이가 있는 독립된 상해행위나 폭행행위가 경합하여 사망의 결과가 일어나고 그 사망의 원인된 행위가 판명되지 않은 경우에는 공동정범의 예에 의하여 처벌할 것이므로, 2시간 남짓한 시간적 간격을 두고 피고인이 두 번째의 가해행위인 이 사건 범행을 한 후, 피해자가 사망하였고 그 사망의 원인을 알 수 없다고 보아 피고인을 폭행치사죄의 동시범으로 처벌한 원심판단은 옳다.」라고 판시[1]하여, 소극설의 입장을 취하고 있다.

생각건대 적극설의 입장에 의하면, 제263조의 규정은 제19조의 예외규정이므로 예외규정은 엄격하게 해석하여야 하며, 공동정범이 아닌 것을 공동정범의 예로 처벌하기 위해서는 적어도 외형상으로 공동정범과 같이 볼 수 있는 정도의 행위로 한정할 필요가 있다고 한다. 하지만 이시(異時)의 상해의 독립행위가 경합하여 사망의 결과가 일어난 경우에도 그 원인된 행위가 판명되지 아니한 때에는 공동정범의 예에 의하여야 한다. 그러므로 동시범의 특례규정은 시간적 근접성의 유무와는 상관없이 인정될 수 있으며, 다만 시간적 간격이 상당한 경우에는 원인된 행위가 판명될 가능성이 크다고 보아야 한다. 적극설에 의할 경우에도 그 시간적 간격이 너무 크지 않을 것이 요구되기 때문에 견해의 대립은 큰 실익이 없다.

---

1) 대법원 2000. 7. 28. 선고 2000도2466 판결(피고인은 의자에 누워있는 피해자를 밀어 땅바닥에 떨어지게 함으로써 이미 부상하여 있던 그 피해자로 하여금 사망에 이르게 하였다); 대법원 1981. 3. 10. 선고 80도3321 판결(공동피고인은 술에 취해있던 피해자의 어깨를 주먹으로 1회 때리고 쇠스랑 자루로 머리를 2회 강타하고 가슴을 1회 밀어 땅에 넘어뜨렸고, 그 후 3시간 가량 지나서 피고인이 피해자의 멱살을 잡아 평상에 앉혀놓고 피해자의 얼굴을 2회 때리고 손으로 2, 3회 피해자의 가슴을 밀어 땅에 넘어뜨린 다음, 나일론 슬리퍼로 피해자의 얼굴을 수회 때렸는데 위와 같은 두 사람의 이시적인 상해행위로 인하여 피해자가 그로부터 6일 후에 뇌출혈을 일으켜 사망하기에 이르렀다. 원심이 피고인의 소위에 대하여 형법 제263조를 적용한 취지에서 보면 원심은 피해자의 사인이 공동피고인의 행위와 피고인의 행위 중 누구의 행위에 기인한 것인지를 판별할 수 없는 경우에 해당한다고 하여 형법 제263조의 규정에 의한 공동정범의 예에 따라 피고인에게 책임을 지우고 있는 것이라고 할 것이다).

2) 상해의 결과를 발생하게 한 경우에 있어서

상해의 결과를 발생하는 고의로는 상해의 고의 이외에 폭행의 고의도 해당될 수 있다. 따라서 甲은 상해의 고의로, 乙은 폭행의 고의로 丙에게 가격을 하여 상해를 입혔으나, 누구의 행위로 인하여 상해의 결과가 발생된 것인지 판명되지 않은 경우에는, 제263조가 적용되어 甲은 상해기수죄, 乙은 폭행치상죄가 성립한다. 반면에 상해의 결과를 발생하게 한 경우가 아니면 상해미수죄나 폭행죄 등이 성립할 뿐이다.

3) 원인된 행위가 판명되지 아니한 때

상해에 있어서의 동시범은 두 사람 이상이 가해행위를 하여 상해의 결과를 가져올 경우에 그 상해가 어느 사람의 가해행위로 인한 것인지가 분명하지 않다면 가해자 모두를 공동정범으로 본다는 것이므로, 가해행위를 한 것 자체가 분명하지 않은 사람에 대하여는 동시범으로 다스릴 수 없다.[1] 또한 원인된 행위가 판명[2]되거나 특정인의 행위가 아니라는 것이 판명된 경우에도 동시범의 규정을 적용할 수 없다.

(4) 적용범위

제263조에서는 '상해의 결과를 발생하게 한 경우'로 규정되어 있으므로 상해죄와 폭행치상죄는 당연히 본조의 적용을 받는다. 하지만 폭행치사죄 및 상해치사죄의 경우에는 최종적으로 상해의 결과가 발생한 것이 아니므로 이 경우에도 제263조를 적용하면 피고인에게 불리한 유추적용에 해당되어 제263조의 적용을 부정하는 것이 타당하지만, 판례는 상해치사죄[3] 및 폭행치사죄[4]의 경우에도 본조를 적용하고 있다.

생각건대 제263조는 책임원칙에 반하는 규정이기 때문에 최대한 제한해석해야 하므로 사망의 결과가 발생한 경우에는 그 적용을 배제하는 것이 타당하다. 그러므로 과실치사죄[5]·강도

---

1) 대법원 1984. 5. 15. 선고 84도488 판결.

2) 대법원 2017. 1. 25. 선고 2016도15526 판결(이태원살인사건)(피고인이 '1997. 4. 3. 21:50경 서울 용산구 이태원동에 있는 햄버거 가게 화장실에서 피해자 甲을 칼로 찔러 乙과 공모하여 甲을 살해하였다'는 내용으로 기소된 사안에서, 甲은 피고인과 乙만 있던 화장실에서 칼에 찔려 사망하였고, 피고인과 乙은 서로 상대방이 甲을 칼로 찔렀고 자신은 우연히 그 장면을 목격하였을 뿐이라고 주장하나, 범행 현장에 남아 있던 혈흔 등에 비추어 乙의 주장에는 특별한 모순이 발견되지 않은 반면 피고인의 주장에는 쉽사리 해소하기 힘든 논리적 모순이 발생하는 점, 범행 이후의 정황에 나타난 여러 사정들 역시 피고인이 甲을 칼로 찌르는 것을 목격하였다는 乙의 진술의 신빙성을 뒷받침하는 점 등 제반 사정을 종합하면, 피고인이 甲을 칼로 찔러 살해하였음이 합리적인 의심을 할 여지가 없을 정도로 충분히 증명되었다고 본 원심판단은 정당하다).

3) 대법원 1985. 5. 14. 선고 84도2118 판결; 대법원 1981. 3. 10. 선고 80도3321 판결; 대법원 1970. 6. 30. 선고 70도991 판결.

4) 대법원 2000. 7. 28. 선고 2000도2466 판결(丙은 거리에서 행인 乙과 사소한 문제로 시비를 벌이다가 힘이 센 乙로부터 구타를 당하여 부상을 입고 실신하였고, 乙은 달아났다. 이에 주위에 있던 사람들이 丙을 의자에 눕혀놓았는데, 그로부터 2시간 후에 이러한 사정을 모르는 甲은 자기의 의자에 丙이 누워있는 것을 보고 기분이 나빠 丙을 밀어 땅바닥에 떨어지게 함으로써 이미 부상하여 있던 丙으로 하여금 사망에 이르게 하였다. 그러나 그 사망의 원인된 행위가 乙의 행위인지 甲의 행위인지 판명되지 않았다).

5) 광주고등법원 1961. 2. 20. 선고 4293형공817 판결(확정)(이시의 독립행위가 경합하여 치사의 결과가 발생하였는데, 그 결과발생의 원인행위가 판명되지 아니한 경우 업무상 과실치사죄에는 미수범 처벌규정이 없기 때문에 형법 제19조를 적용할 수 없고, 범죄의 증명이 없는 것으로 보아 무죄를 선고하여야 한다).

치사죄·강간치사죄 등의 경우에도 사망의 결과가 발생한 경우이기 때문에 본조의 적용을 받지 아니한다. 한편 제263조는 상해죄와 폭행죄에 관한 특별규정으로서 본조는 그 보호법익을 달리하는 강간치상죄[1]·강도치상죄 등에는 적용할 수 없다.

(5) 효 과

제263조에서 말하는 '공동정범의 예에 의한다'의 의미는 의사연락이 없는 독립행위의 경합의 경우에 있어서도 일정한 범죄(상해)가 발생한 경우에는 의사연락이 있는 것으로 의제한다는 것으로 보아야 한다. 제19조의 효과가 미수범으로 처벌하는 것이라는 점과 제263조가 제19조에 대한 특칙이라는 점을 염두에 두면 제263조의 법적 효과도 기수범으로 처벌하는 것이 논리적으로 바람직할지 모르지만, '공동정범의 예에 의한다'라고 규정하고 있는 취지는 공동정범의 특수성을 고려한 해석을 해야 하는 것이다. 즉 공동정범이 성립하지는 아니하지만 '부분실행 전체책임'이라는 공동정범의 법리에 따른다는 것을 의미한다. 따라서 경합된 행위가 상해인 경우에는 상해기수죄가 되고, 폭행인 경우에는 폭행치상죄가 된다.

V. 합동범

1. 의 의

'합동범'(合同犯)이란 2인 이상이 합동하여 절도(제331조 제2항), 강도(제334조 제2항), 도주(제146조) 등의 범죄를 범한 경우에 단독정범이나 공동정범과 비교하여 형벌이 가중되는 유형의 범죄를 말한다. 2인 이상의 범인이 범행현장에서 합동하여 범행을 하는 경우에는 범인이 단독으로 범행을 하는 경우와 비교하여 그 범행이 조직적이고 집단적이며 대규모적으로 행하여져 그로 인한 피해도 더욱 커지기 쉬운 반면에, 그 단속이나 검거는 어려워지고 범인들의 악성도 더욱 강하다고 보아야 할 것이기 때문에 그와 같은 행위를 통상의 단독범행에 비하여 특히 무겁게 처벌하기 위한 것이다.

판례[2]에 의하면, 합동절도가 성립하기 위하여는 주관적 요건으로 2인 이상의 범인의 공모

---

1) 대법원 1984. 4. 24. 선고 84도372 판결(친구 사이인 甲과 乙은 우연히 만난 丙女와 방에서 이야기를 하다가 乙이 잠시 나가자 甲은 丙女를 강간하였다. 그 후 돌아온 乙은 甲이 화장실을 간 사이에 丙女를 강간하였다. 丙女는 이로 인하여 회음부찰과상을 입었으나 누구의 강간행위로 인한 것인지는 밝힐 수가 없었다).

2) 초창기의 판례(대법원 1956. 5. 1. 선고 4288형상35 판결(반드시 범인이 동일한 장소에서 공동으로 범죄를 수행한 경우에 한하여 합동이라고 할 수 있다는 논지는 독단적 견해에 불과하다))는 이와 달랐으나, 1969년 이후에는 이러한 흐름이 주류를 이루었다(대법원 1969. 7. 22. 선고 67도1117 판결; 대법원 1975. 10. 7. 선고 75도2635 판결; 대법원 1982. 1. 12. 선고 82도2991 판결; 대법원 1986. 7. 8. 선고 86도843 판결; 대법원 1988. 9. 13. 선고 88도1197 판결(피고인은 공소외 1, 2와 실행행위의 분담을 공모하고 위 공소외인들의 절취행위 장소부근에서 피고인이 운전하는 차량 내에 대기하여 실행행위를 분담한 사실이 인정되고 다만 위 공소외인들이 범행대상을 물색하는 과정에서 절취행위 장소가 피고인이 대기 중인 차량으로부터 다소 떨어지게 된 때가 있었으나 그렇다고 하여 시간적, 장소적 협동관계에서 일탈하였다고는 보여지지 아니한다); 대법원 1989. 3. 14. 선고 88도837 판결(피고인은 원심공동피고인 1, 원심공동피고인 2와 함께 서울 동작구 (주소 생략) 소재 공소외인 경영의 ○○상사 창고에 몰래 들어가 피혁을 훔치기로 약속하였으나 피고인은 절취할 마음이 내키지 아니하고 처벌이 두려워 만나기로

가 있어야 하고, 객관적 요건으로 2인 이상의 범인이 현장에서 절도의 실행행위를 분담하여야 하며, 그 실행행위는 시간적·장소적으로 협동관계가 있음을 요한다.

2. 합동범의 규정형태

현행 형법상 특수절도죄·특수강도죄·특수도주죄 등의 3가지 범죄, 성폭력처벌법 제4조에서 규정하고 있는 특수강간죄·특수강제추행죄·특수준강간죄·특수준강제추행죄 등의 4가지 범죄 등에서는 공통적으로 '2인 이상이 합동하여'라는 구성요건으로 말미암아 형이 가중되어 있다. 현행법상 이와 같은 총 7개의 범죄를 합동범이라고 하는데, 합동범은 공동정범에 비하여 형벌이 가중되어 있는 것이 특색이다. 참고로 현행법상 특수유사강간죄에 대한 처벌규정은 별도로 존재하지 않는다.

3. 합동범의 본질

(1) 공모공동정범설

공모공동정범설에 의하면, 형법이 유독 3가지의 범죄에 대해서만 합동범을 인정하고 있는 것은 수괴나 배후인물을 공모공동정범으로 처벌해야 할 필요성이 있다는 점을 논거로 하여, 판례가 인정하는 공모공동정범을 다른 범죄에는 인정하지 않고 합동범에만 인정해야 한다고 주장한다. 특히 절도·강도·도주 등의 경우에 대해서는 그 수괴 및 배후거물과 같은 무형적 공동가공자와 모의계획에만 참가한 자에 대하여도 실무상 입증의 곤란을 피하고 (공모)공동정범으로 처벌하기 위해 특별한 의미를 부여한 것이라고 한다.

하지만 ① 공모한 자를 공동정범으로 처벌하는 것 자체가 부당함에도 불구하고 이를 합동범에 원용하여 가중처벌하는 것은 타당하지 않다는 점, ② 판례는 특정 범죄에 국한하지 않고 모든 범죄에 있어서 공모공동정범의 성립을 인정하고 있다는 점, ③ 합동을 공모로 해석해야 할 실정법적 근거가 전혀 없다는 점, ④ 실무상의 입증 문제를 해결하기 위하여 합동범을 해석하여 피고인에게 불리하게 처벌하는 것은 타당하지 않다는 점, ⑤ 불법의 구조적 차이를 밝히지 않고 집단범죄의 대처라는 형사정책적 필요성으로 형을 가중하는 것은 책임주의의 원칙에

한 시간에 약속장소로 가지 아니하고 성남시 중동 소재 포장마차에서 술을 마신후 인근 여관에서 잠을 잤으며 원심공동피고인 1 등은 약속장소에서 피고인을 기다리다가 그들끼리 모의된 범행을 결행하기로 하여 원심공동피고인 1은 그 창고앞에서 망을 보고 원심공동피고인 2는 창고에 침입하여 가죽 약 1만평을 절취한 것이라는 바 그렇다면 피고인은 특수절도의 공동정범이 성립될 수 없음은 물론 다른 공모자들이 실행행위에 이르기 이전에 그 공모관계로부터 이탈한 것이 분명하므로 그 이후의 다른 공모자의 절도행위에 관하여도 공동정범으로서 책임을 지지 아니한다고 할 것이다); 대법원 1996. 3. 22. 선고 96도313 판결(피고인은 원심 공동피고인으로부터 동생인 피해자가 백지 가계수표 19장을 집에 가지고 있으며 그가 신혼여행을 떠나 집에 없다는 말을 듣고 위 원심공동피고인과 함께 피해자의 수표를 몰래 꺼내오기로 범행을 모의하고, 송탄시에서 함께 차량을 타고 위 범행장소에 도착하여 피해자의 집으로 같이 들어가 이 사건 범행을 저질렀다는 것인바, 이와 같이 피고인과 위 원심공동피고인이 물품을 절취할 목적으로 피해자의 집에 같이 들어간 경우라면 설사 그가 절취행위를 하는 동안 피고인은 피해자의 집 안의 가까운 곳에 대기하고 있다가 절취품을 가지고 같이 집을 나온 것이라고 하더라도, 피고인은 위 절취행위에 있어 시간적, 장소적으로 위 원심 공동피고인과 협동관계에 있었다고 보아야 할 것이다).

반한다는 점 등에서 비판이 제기된다.

(2) 가중적 공동정범설

가중적 공동정범설에 의하면, 합동범은 그 본질이 총칙상의 공동정범과 동일하지만, 절도·강도·도주 등의 범죄는 다수인이 행하는 경우가 많고, 이에 대해서는 강력히 대응해야 할 필요가 있다는 점을 논거로 하여, 이러한 범죄의 공동정범에 대해서는 합동범으로 규정하여 가중처벌해야 한다고 주장한다.

하지만 ① '합동'과 '공동'이 본질적으로 동일하다면 법문에 굳이 양자를 구별하여 규정할 필요성이 없다는 점, ② 집단범죄의 대처가 굳이 절도·강도·도주에만 국한되어야만 하는 이유가 부족하다는 점 등에서 비판이 제기된다.

(3) 현장성설

현장성설에 의하면, ① 합동범을 공동정범의 하위개념으로 이해하여 '시간적·장소적으로 밀접한 협동'으로 파악해야 한다는 점, ② 연혁적으로 일본의 「도범 등의 방지 및 처분에 관한 법률」상 '2인 이상 현장에서 공동하여 범한 때'를 '2인 이상 합동하여'로 계수하였다는 점, ③ 시간적·장소적 협동에 의하여 다수인이 동시에 죄를 범할 때에는 구체적 위험성이 증가한다는 점 등을 논거로 하여, 합동은 범행현장에서 범죄를 실행하는 것을 의미한다고 주장한다. 그러므로 공모공동정범은 물론 현장에서 공동하지 아니한 공동정범도 합동범이 될 수 없다고 한다.

하지만 ① 우리 형법은 도주죄에 대해서까지 합동범을 인정하고 있는데, 이를 합동범의 연혁과 관련하여 살펴보면 입법자가 과연 구법시대의 도범방지법의 문언을 그대로 채택한 것인지는 의문이라는 점, ② 합동범의 인정범위가 지나치게 협소하여 합동하지는 않았지만 기능적 행위지배를 한 수괴나 배후거물 등을 교사나 방조 또는 단순범죄의 공동정범으로 처벌해야 하는 불합리가 발생한다는 점 등에서 비판이 제기된다.

(4) 현장적 공동정범설

현장적 공동정범설에 의하면, 합동범은 주관적 요건으로서 공모 이외에 객관적 요건으로서 현장에서의 실행행위의 분담을 요하지만, 배후거물이나 두목이 현장에 있지 않더라도 기능적 범행지배를 하여 정범성 요소를 갖추었다면 합동범의 공동정범으로 규율할 수 있어, 현장에 있지 않은 공범도 합동범의 공동정범이 될 수 있다고 한다. 또한 현장성이라는 요건을 갖춘다고 할지라도 정범과 공범의 구별기준에 의하여 정범표지를 갖춘 자만이 합동범이 될 수 있고, 그렇지 못한 경우에는 합동범에서 배제시키고 있다.

하지만 ① 현장에 없는 자에게도 기능적 행위지배라는 기준에 의하여 합동범의 공동정범을 인정하게 되어 합동의 의미를 지나치게 넓게 파악한다는 점, ② 합동범의 성립이 정범과 공범의 구별기준인 기능적 행위지배의 여부에 따라 결정되므로 독자적인 의미가 희석된다는 점 등에서 비판이 제기된다.

(5) 판례의 태도

판례는 「2인 이상이 합동하여 죄를 범함으로써 특수○○죄가 성립하기 위하여는 주관적 요건으로서의 공모와 객관적 요건으로서의 실행행위의 분담이 있어야 하고, 그 실행행위는 시간적으로나 장소적으로 협동관계에 있다고 볼 정도에 이르면 된다.」라고 판시[1]하여, 기본적으로 현장성설의 입장을 취하고 있다.

하지만 최근에는 「3인 이상의 범인이 합동절도의 범행을 공모한 후 적어도 2인 이상의 범인이 범행 현장에서 시간적·장소적으로 협동관계를 이루어 절도의 실행행위를 분담하여 절도 범행을 한 경우에, 그 공모에는 참여하였으나 현장에서 절도의 실행행위를 직접 분담하지 아니한 다른 범인에 대하여도 그가 현장에서 절도 범행을 실행한 위 2인 이상의 범인의 행위를 자기 의사의 수단으로 하여 합동절도의 범행을 하였다고 평가할 수 있는 정범성의 표지를 갖추고 있는 한 공동정범의 일반 이론에 비추어 그 다른 범인에 대하여 합동절도의 공동정범으로 인정할 수 있다.」라고 판시[2]함으로써, 현장에 있지 않은 자에게도 합동범의 정범성 표지를 인정하는 현장적 공동정범설의 입장을 취하기도 한다. 그렇지만 최소한 2인 이상의 범인이 현장에 존재해야 한다는 점을 전제로 하고 있기 때문에, 현장성설의 입장을 완전히 포기한 것으로 파악할 수는 없다.

(6) 검 토

생각건대 합동범은 공동정범과 구별되는 별개의 개념이라는 점, 합동범은 공동정범과 비교하여 형벌이 훨씬 가중되어 있다는 점 등을 고려할 때, 그 성립에 있어서 공동정범의 인정요건보다 훨씬 엄격하게 해석해야 한다. 그러므로 시간적·장소적인 협동관계를 요구하는 현장성설이 적어도 현재의 해석론상으로는 타당하다. 문제는 '시간적·장소적 협동관계'의 구체적인 해석론이라고 할 것인데, 현행법상 인정되고 있는 합동범의 유형인 절도·강도·도주·강간·강제추행 등의 범죄의 경우, 범행현장이라는 공간적 지배가 최소한 이루어져야 한다.

---

1) 대법원 2004. 8. 20. 선고 2004도2870 판결(피고인 등이 비록 특정한 1명씩의 피해자만 강간하거나 강간하려고 하였다 하더라도, 사전의 모의에 따라 강간할 목적으로 심야에 인가에서 멀리 떨어져 있어 쉽게 도망할 수 없는 야산으로 피해자들을 유인한 다음 곧바로 암묵적인 합의에 따라 각자 마음에 드는 피해자들을 데리고 불과 100m 이내의 거리에 있는 곳으로 흩어져 동시 또는 순차적으로 피해자들을 각각 강간하였다면, 그 각 강간의 실행행위도 시간적으로나 장소적으로 협동관계에 있었다고 보아야 할 것이므로, 피해자 3명 모두에 대한 특수강간죄 등이 성립된다); 대법원 1998. 2. 27. 선고 97도1757 판결; 대법원 1996. 7. 12. 선고 95도2655 판결; 대법원 1996. 3. 22. 선고 96도313 판결; 대법원 1992. 7. 28. 선고 92도917 판결; 대법원 1989. 3. 14. 선고 88도837 판결; 대법원 1988. 9. 13. 선고 88도1197 판결; 대법원 1986. 7. 8. 선고 86도843 판결; 대법원 1985. 3. 26. 선고 84도2956 판결; 대법원 1982. 1. 12. 선고 82도2991 판결; 대법원 1981. 9. 8. 선고 81도2159 판결; 대법원 1976. 7. 27. 선고 75도2720 판결; 대법원 1975. 10. 7. 선고 75도2635 판결; 대법원 1973. 5. 22. 선고 73도480 판결; 대법원 1969. 7. 22. 선고 67도1117 판결.

2) 대법원 2011. 5. 13. 선고 2011도2021 판결.

4. 합동범의 공동정범

합동범은 필요적 공범이지만 협동관계에 있지 않은 제3자에 대해서는 협의의 공범이 성립할 수 있다. 이에 반하여 합동해서 범죄를 실행하기로 공모하였지만 현장에 있지 않은 자에게 합동범의 공동정범을 인정할 수 있는지 여부와 관련하여, ① 망을 보는 자와 같이 절취의 실행행위를 하지 않은 자도 기능적 행위지배가 인정되는 한 절도죄의 공동정범이 될 수 있다는 점, 합동범의 공동정범을 인정하는 것을 무조건 처벌의 부당한 확장으로 보는 것은 공동정범이 귀속원리를 무시하는 해석이라는 점, 합동범도 형법상 독립된 필요적 가담형태(필요적 공범)의 일종이라면 그 내부자(협동관계에 있는 자)가 아닌 제3자라도 기능적 행위지배가 있는 한 합동범의 공동정범이 될 수 있다는 점, 배후거물이나 두목으로서 전체 합동절도 관계를 주도적으로 지휘·지배하거나 기능적 역할분담을 통해 법익침해의 현실적 위험성을 증대시킨 본질적 기여를 한 사람은 예외적으로 공동정범으로 해야 한다는 점 등을 논거로 하는 적극설, ② 현장에 있는 사람은 합동범이 되고, 현장에 있지 않은 사람은 단순절도죄의 공동정범이 될 뿐이라는 점, 기능적 행위지배만 있고 현장에서 합동하지 않은 자까지 합동범을 적용하여 가중처벌하는 것은 책임주의에 반한다는 점, 적극설의 입장은 합동이라는 문언의 의미를 공동으로 넓게 해석하여 유추적용하는 결과를 초래한다는 점, 기능적 행위지배만 있는 제3자는 단순절도죄의 공동정범이 되거나 단순절도죄의 공동정범과 합동범의 교사 또는 방조범의 상상적 경합이 된다는 점 등을 논거로 하는 소극설 등의 대립이 있다.

이에 대하여 판례는 「2인 이상이 공동의 의사로서 특정한 범죄행위를 하기 위하여 일체가 되어 서로가 다른 사람의 행위를 이용하여 각자 자기의 의사를 실행에 옮기는 내용의 공모를 하고, 그에 따라 범죄를 실행한 사실이 인정되면 그 공모에 참여한 사람은 직접 실행행위에 관여하지 아니하였더라도 다른 사람의 행위를 자기 의사의 수단으로 하여 범죄를 하였다는 점에서 자기가 직접 실행행위를 분담한 경우와 형사책임의 성립에 차이를 둘 이유가 없는 것인바, 이와 같은 공동정범 이론을 형법 제331조 제2항 후단의 합동절도와 관련하여 살펴보면, 2인 이상의 범인이 합동절도의 범행을 공모한 후 1인의 범인만이 단독으로 절도의 실행행위를 한 경우에는 합동절도의 객관적 요건을 갖추지 못하여 합동절도가 성립할 여지가 없는 것이지만, 3인 이상의 범인이 합동절도의 범행을 공모한 후 적어도 2인 이상의 범인이 범행 현장에서 시간적, 장소적으로 협동관계를 이루어 절도의 실행행위를 분담하여 절도 범행을 한 경우에는 위와 같은 공동정범의 일반 이론에 비추어 그 공모에는 참여하였으나 현장에서 절도의 실행행위를 직접 분담하지 아니한 다른 범인에 대하여도 그가 현장에서 절도 범행을 실행한 위 2인 이상의 범인의 행위를 자기 의사의 수단으로 하여 합동절도의 범행을 하였다고 평가할 수 있는 정범성의 표지를 갖추고 있다고 보여지는 한 그 다른 범인에 대하여 합동절도의 공동정범의 성립을 부정할 이유가 없다고 할 것이다. 형법 제331조 제2항 후단의 규정이 위와 같이 3인 이상이 공모하고 적어도 2인 이상이 합동절도의 범행을 실행한 경우에 대하여 공동정범의 성립을 부정하는 취지라고 해석할 이유가 없을 뿐만 아니라, 만일 공동정범의 성립가능성을 제한한다면 직접 실행행위에 참여하지 아니하면서 배후에서 합동절도의 범행을 조종하는 수괴는 그 행위의 기여도가 강력함에도 불구하고 공동정범으로 처벌받지 아니하는 불합리한 현상이 나타날 수 있다. 그러므로 합동절도에서도 공동정범과 교사범·종범의 구별기준은 일반원칙에 따라야 하고, 그 결과 범행현장에 존재하지 아니한 범인도 공동정범이 될 수 있으며, 반대로 상황에 따라서는 장소적으로 협동한 범인도 방조만 한 경우에는 종범으로 처벌될 수도 있다.」라고 판시[1]하여, 합동범의 (공모)공동정범을 긍정하는 입장을 취하고 있다. 하지만 동 판결은 범행현장에 있지 않은 범인도 합동절도의 공동정범이 될 수 있다고 태도를 변경하였으나, 현장성설을 완전히 포기한 것은 아니다. 왜냐하면 범인 중 2인 이상이 반드시 현장에 있을 것을 요한다는 점에서 현장성설을 어느 정도 유지하고 있기 때문이다.

5. 입법론

(1) 합동범의 인정 근거에 대한 기존의 논의

일반적으로 2인 이상이 합동하여 죄를 범한 때에 형을 가중하는 근거는 집단구성원 상호간의 결집된 범죄실행의 의사로서 사회일반에 대한 법익침해의 현실적인 위험성이 현저하게 증가한다는 것이다. 2인 이상의 범인이 범행현장에서 합동하여 범행을 하는 경우에는 범인이 단독으로 범행을 하는 경우와 비교하여 그 범행이 조직적이고 집단적이며 대규모적으로 행하여져 그로 인한 피해도 더욱 커지기 쉬운 반면에, 그 단속이나 검거는 어려워지고 범인들의 악성도 더욱 강하다고 보아야 할 것이기 때문에 그와 같은 행위를 통상의 단독범행에 비하여 특히 무겁게 처벌하기 위한 것이다.

(2) 검 토

합동범의 인정 근거의 하나로서 독일과 일본의 영향을 받은 연혁적인 이유가 제시되기도 한다. 그러나 형법이 도주에 대해서도 합동범을 인정하고 있는 점에 비추어 볼 때, 구법시대의 도범방지법의 문언을 그대로 도입했다고 보기 어렵다. 하지만 이 보다 더 근본적인 불합리성은

---

1) 대법원 1998. 5. 21. 선고 98도321 전원합의체 판결(삐끼주점사건)(속칭 삐끼주점의 지배인인 피고인이 피해자로부터 신용카드를 강취하고 신용카드의 비밀번호를 알아낸 후 현금자동지급기에서 인출한 돈을 삐끼주점의 분배관례에 따라 분배할 것을 전제로 하여 원심 공동피고인 1(삐끼), 2(삐끼주점 업주) 및 공소외인(삐끼)과 피고인은 삐끼주점 내에서 피해자를 계속 붙잡아 두면서 감시하는 동안 원심 공동피고인 1, 2 및 공소외인은 피해자의 위 신용카드를 이용하여 현금자동지급기에서 현금을 인출하기로 공모하였고, 그에 따라 원심 공동피고인 1, 2 및 공소외인이 1997. 4. 18. 04:08경 서울 강남구 삼성동 소재 엘지마트 편의점에서 합동하여 현금자동지급기에서 현금 4,730,000원을 절취한 사실을 인정하기에 넉넉한바, 비록 피고인이 범행 현장에 간 일이 없다고 하더라도 위와 같은 사실관계하에서라면 피고인이 합동절도의 범행을 현장에서 실행한 원심 공동피고인 1, 2 및 공소외인과 공모한 것만으로서도 그들의 행위를 자기 의사의 수단으로 하여 합동절도의 범행을 하였다고 평가될 수 있는 합동절도 범행의 정범성의 표지를 갖추었다고 할 것이고, 따라서 위 합동절도 범행에 대하여 공동정범으로서의 죄책을 면할 수 없다).

독일의 집단절도죄 및 일본의 도범방지법상의 규정들과 우리나라의 합동범의 규정형식은 본질적으로 다르다는 점에 있다. 외국의 입법례는 공통적으로 상습적인 절도 또는 강도 등을 목적으로 하는 범죄조직의 존재를 그 전제로 하여 이러한 집단의 일원이 범행을 수행하는 경우에 있어서 형을 가중하는 형식을 취하고 있다. 반면에 우리나라의 입법형식은 합동범의 성립에 있어서 이러한 범죄조직의 존재 또는 상습성의 발현 등의 요건을 전혀 요구하지 않기 때문에 일회적이거나 충동적인 합동의 경우에도 합동범의 요건을 충족한다고 파악되고 있다. 이와 같은 우리나라 합동범의 규정형식에 비추어 볼 때 독자적인 형가중의 근거가 제시되어야 할 것이다.

생각건대 집단범죄로서의 특성상 행위에 다수관여자가 가담하게 되는데, 이에 따라 피해자의 구체적 위험성 및 법익침해의 현실적 위험성도 증가한다. 합동범에서의 위험성은 '합동'이라는 단어에서 찾아야 한다. 즉 2인 이상이 합동하여 죄를 범하는 경우는 단독으로 죄를 범하는 경우보다 그 행위를 행하는 주체들이 심리적으로 보다 안정된 상태에서 범행을 저지를 수 있고, 이러한 심리적 안정을 가지고 범죄를 행함에 있어 그 성공가능성을 보다 더 높이고, 보다 더 큰 범죄 또는 다른 범죄로 발전할 수 있는 가능성까지 내포하고 있다는 점에서 가중한다고 할 수 있을 것이다. 이로 인하여 피해자의 피해의 정도는 일반범죄에 비해 높을 수밖에 없다.

하지만 이와 같이 집단범죄에 대한 대책상 특별히 형을 가중한 것이라고 해석하고 있지만, 집단범죄는 절도·강도·도주의 3개 범죄에만 한정할 어떠한 이유도 없다. 굳이 사회에서 발생하는 집단범죄를 방지하기 위하여 형을 가중할 필요가 있다면 총칙상의 공동정범의 규정을 가중하는 것이 타당하다. 결국 합동범은 제정 형법 당시의 입법자들이 특히 집단범죄에 대한 대책이 필요하다고 판단한 범죄들에 국한하여 규정한 것이지만, 오늘날에도 이러한 결정을 그대로 유지해야 할 실익은 존재하지 않는다. 왜냐하면 현장에서 공동하는 경우에 위험성이 가중되는 것은 현재의 합동범으로 분류되는 영역의 범죄군에 국한된 현상은 아니기 때문이다.

형법 제정 당시에는 합동범을 3가지의 범죄에 국한하고 있었지만, 1994년 성폭력처벌법이 제정되면서 4가지의 합동범 유형을 추가한 전례가 있는 것을 보더라도, 합동범의 포섭범위를 어느 정도로 설정할 것인지는 전적으로 입법자에 의한 결단의 산물이라고 할 수 있다. 같은 맥락에서 각칙상의 개별범죄에 국한하여 합동범의 규정을 그때 그때 상황에 따라 설정할 수도 있겠지만, 아예 총칙상 공범 관련 규정에서 각칙상의 모든 범죄에 적용될 수 있도록 설정하는 것도 불가능한 것은 아니다.

결론적으로 집단범죄에 대한 형의 가중이 필요하다면 총칙상의 공범규정을 통하여 해결하는 것이 오히려 타당하다. 그러므로 형가중의 취지를 부정하지도 않으면서 적절한 법정형을 설정하는 작업이 필요한데, 예를 들어 현행 폭력행위처벌법 제2조 제2항의 규정방식[1]이 가장 타

---

1) 폭력행위 등 처벌에 관한 법률 제2조 ② 2명 이상이 공동하여 다음 각 호의 죄를 범한 사람은 형법 각 해당 조항에서 정한 형의 2분의 1까지 가중한다.
　　1. 형법 제260조 제1항(폭행), 제283조 제1항(협박), 제319조(주거침입, 퇴거불응) 또는 제366조(재물손괴 등)의 죄

374 범 죄 론

당한 대안이라고 판단된다. 이에 따라 형법 제30조에서 "2인 이상이 공동하여 죄를 범한 때에는 각자를 그 죄의 정범으로 처벌한다."라는 규정과 마찬가지로 제30조의2를 신설하여 "2인 이상이 합동하여 죄를 범한 때에는 그 죄에 정한 형의 2분의 1까지 가중한다."라고 하는 방안을 고려해 볼 수 있겠다. 기존 합동범 상호간의 법정형이 최소 2배에서 최대 7배라는 편차를 보이고 있는 점과 비교해 보면, 형량이 대폭 축소되는 결과가 되기 때문에 행위자에게 불리하게 변경된다고 단정할 수도 없을 것이다.

제 3 절 교사범

I. 서 설

타인을 교사하여 죄를 범하게 한 자는 죄를 실행한 자와 동일한 형으로 처벌한다(제31조 제1항). 이와 같이 '교사범'(敎唆犯)이란 타인을 교사하여 범죄실행의 결의를 생기게 하고, 이 결의에 의하여 범죄를 실행하게 하는 자를 말한다.

교사의 경우 행위지배는 피교사자에게 있으므로 교사범은 공범이 된다. 교사범이 성립하기 위해서는 교사자의 교사행위와 정범의 실행행위가 있어야 하는 것이므로, 정범의 성립은 교사범의 구성요건의 일부를 형성하고 교사범이 성립함에는 정범의 범죄행위가 인정되는 것이 그 전제요건이 된다.[1] 교사행위 그 자체는 범죄의 실행행위가 될 수 없으므로, 교사범은 피교사자인 정범의 실행행위가 있을 경우에 그에 종속해서만 성립할 수 있다.

또한 교사범은 정범으로 하여금 범죄를 결의하게 하여 그 죄를 범하게 한 때에 성립하는 것이고, 피교사자는 교사범의 교사에 의하여 범죄실행을 결의하여야 하는 것이므로, 피교사자가 이미 범죄의 결의를 가지고 있을 때에는 교사범이 성립할 여지가 없다.[2]

교사범은 정범과 동일한 형으로 처벌된다. 여기서 '동일한 형'이란 법정형을 말하므로, 개별 행위자에 대한 선고형은 얼마든지 달라질 수 있다. 특히 경우에 따라 정범의 선고형 보다 교사범의 선고형이 높은 경우도 발생할 수 있다. 그러나 공범은 처벌상의 종속성이 인정되지 아니하므로, 교사범의 처벌을 위해 반드시 정범이 먼저 처벌되어야 하는 것은 아니다.

한편 자기의 지휘·감독을 받는 자를 교사한 때에는 정범에 정한 형의 장기 또는 다액의 2분의 1까지 형이 가중된다(제34조 제2항).

---

2. 형법 제260조 제2항(존속폭행), 제276조 제1항(체포, 감금), 제283조 제2항(존속협박) 또는 제324조 제1항(강요)의 죄
3. 형법 제257조 제1항(상해)·제2항(존속상해), 제276조 제2항(존속체포, 존속감금) 또는 제350조(공갈)의 죄
1) 대법원 2000. 2. 25. 선고 99도1252 판결.
2) 대법원 2012. 8. 30. 선고 2010도13694 판결; 대법원 1991. 5. 14. 선고 91도542 판결.

Ⅱ. 성립요건

1. 교사자에 대한 요건

(1) 교사행위

1) 의 의

'교사행위'(敎唆行爲)란 범죄를 범할 의사가 없는 타인(정범)에게 범죄실행의 결의를 가지게 하는 것을 말한다. 따라서 피교사자가 이미 범죄를 결의하고 있을 때에는 원칙적으로 교사행위라고 할 수 없다. 여기서 이미 범죄를 결의하고 있는 자에게 교사를 한 경우의 취급이 문제될 수 있다.

① 동일한 범죄를 교사한 경우

피교사자는 교사에 의하여 비로소 범죄실행을 결의하여야 하는 것이므로 교사행위는 성립하지 아니한다. 다만 무형적 방조에 의한 종범 또는 교사의 미수(실패한 교사)는 가능하다. 한편 동일한 범죄를 교사한 경우에도 피교사자의 범죄결의가 확고하지 않거나 막연한 일반적 범죄계획을 가지고 있을 정도인 때에는 교사가 될 수도 있다.

② 가중적 구성요건을 교사한 경우

피교사자의 결의 보다 중한 범죄를 실현하게 한 경우에는 원래의 결의와는 다른 불법내용을 가진다. 그러므로 전체 범행에 대한 교사범이 성립한다. 예를 들면 절도를 결의한 자에게 강도를 교사한 경우에는 강도교사죄가 성립하는 것이다.

③ 감경적 구성요건을 교사한 경우

구체적 타당성을 고려할 때 위험감소의 경우에 해당하기 때문에 객관적 귀속이 부정되어 교사범이 성립할 수는 없지만, 방조범의 성립은 가능하다. 예를 들면 강도를 결의한 자에게 절도를 교사한 경우에는 절도방조죄가 성립하는 것이다.

④ 질적 차이가 있는 범죄를 교사한 경우

이미 결심한 범죄와 질적으로 다른 새로운 범죄를 결의하게 한 경우에는 실행한 범죄에 대한 교사범이 성립한다. 예를 들면 폭행을 결의한 자에게 절도를 교사한 경우에는 절도교사죄가 성립하는 것이다.

2) 수단 및 방법

피교사자의 의사형성에 영향을 주어 당해 범죄를 결의하게 할 수 있는 것이라면 그 수단과 방법에는 아무런 제한이 없다. 또한 반드시 명시적·직접적인 방법에 의할 것을 요하지도 아니한다. 하지만 교사는 타인으로 하여금 특정의 구체적인 범죄에 대한 결의를 가지게 하는 것이므로 막연히 범죄 일반을 교사하는 것은 교사에 해당하지 아니한다. 다만 폭행 또는 협박으로 사람을 강요하여 범죄를 실행하도록 한 경우에는 교사범이 아니라 간접정범이 성립한다.

교사범이 성립하기 위하여는 범행의 일시·장소·방법 등의 세부적인 사항까지를 특정하여 교사할 필요는 없는 것이고, 정범으로 하여금 일정한 범죄의 실행을 결의할 정도에 이르게 하면 교사범이 성립된다.[1] 하지만 부작위는 피교사자에 대하여 현실적으로 아무런 심리적 영향을 미치지 못하므로 부작위에 의한 교사는 성립할 수 없으며, 교사는 타인으로 하여금 범죄의 결의를 일으키게 하는 것으로서 고의성이 있어야 하므로 과실에 의한 교사도 성립할 수 없다.

판례에 의하면, ① 백송을 도벌하여 상자를 만들어 달라고 말하면서 도벌자금을 교부한 이상 피고인의 위 청탁으로 공소외인들이 도벌의 범의를 일으켰다고 볼 수 있어 교사죄가 성립한다.[2]

② 무면허 운전으로 사고를 낸 사람이 동생을 경찰서에 대신 출두시켜 피의자로 조사받도록 한 행위는 범인도피교사죄를 구성한다.[3]

③ 범인이 자신을 위하여 타인으로 하여금 허위의 자백을 하게 하여 범인도피죄를 범하게 하는 행위는 방어권의 남용으로 범인도피교사죄에 해당한다.[4]

④ 자기의 형사사건에 관한 증거를 인멸하기 위하여 타인을 교사하여 죄를 범하게 한 자에 대하여는 증거인멸교사죄가 성립한다.[5]

⑤ 피고인이 甲을 모해할 목적으로 乙에게 위증을 교사한 이상, 가사 정범인 乙에게 모해의 목적이 없었다고 하더라도, 형법 제33조 단서의 규정에 의하여 피고인을 모해위증교사죄로 처단할 수 있다.[6]

⑥ 피고인 1(치과의사)은 환자의 대량유치를 위해 피고인 2 외에 당시 같은 치과병원에 치과기공사로 근무하였던 제1심 공동피고인 1, 2 등에게도 내원환자들에게 진료행위를 하도록 지시하였고, 이에 따라 그들이 각 단독으로 진료행위를 하였다면 무면허의료행위의 교사범이 성립한다.[7]

⑦ 피고인이 건축물조사 및 가옥대장 정리업무를 담당하는 지방행정서기를 교사하여 무허가 건축물을 허가받은 건축물인 것처럼 가옥대장 등에 등재케 하여 허위공문서를 작성하게 한 경우에는 허위공문서작성죄의 교사범이 성립한다.[8]

하지만 ① 피고인이 연소한 상피고인에게 '밥값을 구하여 오라'고 말한 것이 절도범행을 교사한 것이라고 볼 수 없다.[9]

② 피고인이 그 자녀들로 하여금 조총련의 간부로 있는 피고인의 형에게 단순한 신년인사와 안부의 편지를 하게 한 것만으로서는 반국가단체의 구성원과 그 이익이 된다는 정을 알면서 통신연락을 하도록

---

1) 대법원 1991. 5. 14. 선고 91도542 판결(피고인이 甲, 乙, 丙이 절취하여 온 장물을 상습으로 19회에 걸쳐 시가의 3분의1 내지 4분의 1의 가격으로 매수하여 취득하여 오다가, 甲, 乙에게 일제 도라이바 1개를 사주면서 "丙이 구속되어 도망다니려면 돈도 필요할텐데 열심히 일을 하라(도둑질을 하라)"고 말하였다면, 그 취지는 종전에 丙과 같이 하던 범위의 절도를 다시 계속하면 그 장물은 매수하여 주겠다는 것으로서 (특수)절도의 교사가 있었다고 보아야 한다).

2) 대법원 1969. 4. 22. 선고 69도255 판결.

3) 대법원 2006. 12. 7. 선고 2005도3707 판결.

4) 대법원 2000. 3. 24. 선고 2000도20 판결.

5) 대법원 2000. 3. 24. 선고 99도5275 판결.

6) 대법원 1994. 12. 23. 선고 93도1002 판결.

7) 대법원 1986. 7. 8. 선고 86도749 판결.

8) 대법원 1983. 12. 13. 선고 83도1458 판결.

9) 대법원 1984. 5. 15. 선고 84도418 판결.

교사하였다고 할 수 없다.[1]

(2) 고 의
1) 내 용

교사자의 고의는 피교사자에게 범죄실행의 결의를 갖게 한다는 사실에 대한 '교사의 고의'와 정범을 통하여 구성요건적 결과를 실현한다는 사실에 대한 '정범의 고의'라는 이중의 고의를 요한다.

2) 고의의 특정
① 특정한 정범에 대한 인식

교사자의 고의는 구체적이어야 하므로 피교사자는 특정된 자이어야 한다. 그러나 피교사자의 정확한 신원까지 알 필요는 없다.

② 특정한 범죄에 대한 인식

교사자는 정범의 범죄가 구성요건에 해당하고 위법하게 하는 상황을 인식해야 한다. 정범의 실행행위의 모든 점을 상세하게 인식할 필요는 없으나 구체적·개별적인 사건으로 인식될 수 있을 정도로 본질적 표지에 대한 인식을 요한다. 그러나 가벌성에 대한 인식은 요하지 아니한다. 한편 신분범에 대한 교사의 경우에는 정범의 신분도 인식해야 한다. 목적범의 경우에는 교사자에게 고의 이외에 목적도 있어야 하지만, 피교사자에게 목적이 있음을 인식하고 교사한 경우에도 교사범이 성립한다.

3) 미수의 교사

'미수의 교사'란 피교사자의 행위가 미수에 그칠 것을 예견하면서 교사하는 경우를 말한다. 교사자에게는 구성요건적 결과발생에 대한 인식으로서 기수의 고의가 필요한데, 미수의 교사는 구성요건적 결과발생에 대한 인식·인용이 없으므로 고의가 부정되어 교사자는 불가벌에 해당한다. 하지만 피교사자는 결과발생에 대한 고의로 실행에 착수하였으므로 원칙적으로 미수범이 성립한다.

한편 교사자가 미수를 교사했으나 피교사자의 실행행위가 기수에 이르거나 다른 구성요건에 해당하는 결과를 발생한 경우에는 결과발생에 대한 과실의 유무에 따라 교사범에게 과실범의 죄책을 물을 수 있다. 예를 들면 살인미수를 교사하였는데 피교사자가 살인기수 또는 상해의 결과를 발생하게 한 경우에는 과실치사죄 또는 과실치상죄가 성립할 수 있다.

---

1) 대법원 1971. 2. 23. 선고 71도45 판결.

2. 피교사자에 대한 요건

(1) 피교사자의 범행결의

1) 범행결의

피교사자는 교사에 의하여 범죄실행의 결의를 하여야 한다. 만약 피교사자가 범죄실행을 승낙하지 않은 경우 교사자는 예비·음모로 처벌된다(제31조 제3항; 실패한 교사). 그리고 과실범에 대하여 교사한 경우에는 교사에 의한 범행결의라는 심리적 과정이 없으므로 교사범이 성립하지 않고 간접정범이 성립한다.

2) 인과관계

교사자의 교사행위와 피교사자의 범행결의 사이에는 인과관계가 있어야 한다. 피교사자가 범죄의 실행에 착수한 경우에 있어서 그 범행결의가 교사자의 교사행위에 의하여 생긴 것인지 여부는 교사자와 피교사자의 관계, 교사행위의 내용 및 정도, 피교사자가 범행에 이르게 된 과정, 교사자의 교사행위가 없더라도 피교사자가 범행을 저지를 다른 원인의 존부 등 제반 사정을 종합적으로 고려하여 사건의 전체적 경과를 객관적으로 판단하는 방법에 의하여야 한다. 이러한 판단방법에 의할 때 피교사자가 교사자의 교사행위 당시에는 일응 범행을 승낙하지 아니한 것으로 보여진다고 하더라도 이후 그 교사행위에 의하여 범행을 결의한 것으로 인정되는 이상 교사범의 성립에는 영향이 없다.[1]

하지만 교사범의 교사가 정범이 죄를 범한 유일한 조건일 필요는 없으므로, 교사행위에 의하여 정범이 실행을 결의하게 된 이상 비록 정범에게 범죄의 습벽이 있어 그 습벽과 함께 교사행위가 원인이 되어 정범이 범죄를 실행한 경우에도 교사범의 성립에 영향이 없다.[2] 다만 피교사자가 교사받고 있다는 사실을 알지 못하는 편면적 교사의 경우에는 범행결의를 위한 적극적인 작용을 하는 교사의 관념상 교사가 될 수 없다.

한편 교사범이 그 공범관계로부터 이탈하기 위해서는 피교사자가 범죄의 실행행위에 나아가기 전에 교사범에 의하여 형성된 피교사자의 범죄실행의 결의를 해소하는 것이 필요하다. 이

---

1) 대법원 2013. 9. 12. 선고 2012도2744 판결(전문의낙태교사사건)(의사인 피고인은 결혼을 전제로 교제하던 공소외인이 아이를 임신한 사실을 알게 되자 전문의 과정을 마쳐야 한다는 등의 이유를 내세우며 공소사실 기재와 같이 수회에 걸쳐 낙태를 권유한 사실, 공소외인은 피고인에게 출산이나 결혼이 피고인의 장래에 방해가 되지 않도록 최선을 다하겠다고 하면서 아이를 낳겠다고 말한 사실, 이에 피고인은 공소외인에게 출산 여부는 알아서 하되 더 이상 결혼을 진행하지 않겠다고 통보한 사실, 피고인은 그 이후에도 공소외인에게 아이에 대한 친권을 행사할 의사가 없다고 하면서 낙태를 할 병원을 물색해 주기도 한 사실, 공소외인은 피고인의 의사가 확고하다는 것을 확인하고 피고인에게 알리지 아니한 채 자신이 알아본 병원에서 낙태시술을 받은 사실 등을 알 수 있다. 이러한 사실관계를 앞서 본 법리에 비추어 보면, 피고인은 공소외인에게 직접 낙태를 권유할 당시뿐만 아니라 출산 여부는 알아서 하라고 통보한 이후에도 계속하여 낙태를 교사하였고, 공소외인은 이로 인하여 낙태를 결의·실행하게 되었다고 봄이 타당하고, 공소외인이 당초 아이를 낳을 것처럼 말한 사실이 있다 하더라도 그러한 사정만으로 피고인의 낙태 교사행위와 공소외인의 낙태 결의 사이에 인과관계가 단절되었다고 볼 것은 아니다).
2) 대법원 2012. 11. 15. 선고 2012도7407 판결; 대법원 1991. 5. 14. 선고 91도542 판결.

때 교사범이 피교사자에게 교사행위를 철회한다는 의사를 표시하고 이에 피교사자도 그 의사에 따르기로 하거나 또는 교사범이 명시적으로 교사행위를 철회함과 아울러 피교사자의 범죄실행을 방지하기 위한 진지한 노력을 다하여 당초 피교사자가 범죄를 결의하게 된 사정을 제거하는 등 제반 사정에 비추어 객관적·실질적으로 보아 교사범에게 교사의 고의가 계속 존재한다고 보기 어렵고 당초의 교사행위에 의하여 형성된 피교사자의 범죄 실행의 결의가 더 이상 유지되지 않는 것으로 평가할 수 있다면, 설사 그 후 피교사자가 범죄를 저지르더라도 이는 당초의 교사행위에 의한 것이 아니라 새로운 범죄 실행의 결의에 따른 것이므로 교사자는 형법 제31조 제2항에 의한 죄책을 부담함은 별론으로 하고 형법 제31조 제1항에 의한 교사범으로서의 죄책을 부담하지는 않는다.[1]

(2) 피교사자의 실행행위

피교사자는 실행의 착수단계를 지나 실행행위를 하여야 하는데, 기수·미수는 불문한다. 만약 피교사자의 실행행위가 없으면 교사자와 피교사자는 교사한 범죄의 예비·음모로 처벌된다 (제31조 제2항; 효과없는 교사).

피교사자의 실행행위는 구성요건에 해당하고 위법하면 족하고, 유책할 필요까지는 없다 (제한적 종속형식). 신분범이나 목적범의 경우 피교사자에게 그러한 신분[2] 내지 목적이 있어야 한다.

---

1) 대법원 2012. 11. 15. 선고 2012도7407 판결(피고인은 2011. 11. 초순경과 2011. 11. 20.경 공소외인에게 전화하여 ○○은행 노조위원장인 피해자의 불륜관계를 이용하여 공갈할 것을 교사한 사실, 이에 공소외인은 2011. 11. 24. 경부터 피해자를 미행하여 2011. 11. 30.경 피해자가 여자와 함께 호텔에 들어가는 현장을 카메라로 촬영한 후 피고인에게 이를 알린 사실, 그러나 피고인은 2011. 12. 7.경부터 2011. 12. 13.경까지 공소외인에게 여러 차례 전화하여 그 동안의 수고비로 500만원 내지 1,000만원을 줄 테니 촬영한 동영상을 넘기고 피해자를 공갈하는 것을 단념하라고 하여 범행에 나아가는 것을 만류한 사실, 그럼에도 공소외인은 피고인의 제안을 거절하고 2011. 12. 9.경부터 2011. 12. 14.경까지 위와 같이 촬영한 동영상을 피해자의 핸드폰에 전송하고 전화나 문자메시지 등으로 1억원을 주지 않으면 여자와 호텔에 들어간 동영상을 가족과 회사에 유포하겠다고 피해자에게 겁을 주어 2011. 12. 14.경 피해자로부터 현금 500만원을 교부받은 사실을 인정하였다. 피고인은 위 범행을 교사하기는 하였으나 피교사자인 공소외인이 범죄의 실행에 착수하기 전에 범행을 중지시켰고, 그 이후의 공소외인의 실행행위는 공소외인의 독자적 판단하에 이루어진 단독 범행이므로 피고인의 교사는 공소외인의 공갈행위와 인과관계가 인정되지 않고, 또 피고인은 공범관계에서 이탈한 것이라고 주장한 데 대하여, 피고인의 교사행위로 인하여 공소외인이 범행의 결의를 가지게 되었고, 그 후 공갈의 실행행위에 착수하여 피해자로부터 500만 원을 교부받음으로써 범행이 기수에 이르렀으므로 피고인의 교사행위와 공소외인의 범행 결의 및 실행행위 사이에 인과관계가 인정되고, 또 피고인이 전화로 범행을 만류하는 취지의 말을 한 것만으로는 피고인의 교사행위와 공소외인의 실행행위 사이에 인과관계가 단절되었다거나 피고인이 공범관계에서 이탈한 것으로 볼 수 없다).

2) 대법원 1998. 2. 10. 선고 97도2961 판결(형법 제155조 제1항에서 타인의 형사사건에 관하여 증거를 위조한다 함은 증거 자체를 위조함을 말하는 것으로서, 선서무능력자로서 범죄 현장을 목격하지도 못한 사람으로 하여금 형사법정에서 범죄 현장을 목격한 양 허위의 증언을 하도록 하는 것은 위 조항이 규정하는 증거위조죄를 구성하지 아니한다).

Ⅲ. 교사의 착오

1. 실행행위에 대한 착오

(1) 의 의

'실행행위에 대한 착오'란 교사자가 교사한 범죄와 정범이 실행한 범죄가 일치하지 아니한 것을 말한다.

(2) 구체적 사실의 착오

교사한 범죄와 실행한 범죄가 동일한 구성요건에 해당하는 구체적 사실의 착오의 경우 구체적 부합설에 의하면, 피교사자의 방법의 착오 및 객체의 착오는 교사자의 입장에서는 방법의 착오와 동일한 구조를 가지고 있으므로, 교사한 범죄의 미수와 발생사실에 대한 과실범의 상상적 경합범으로 처리된다. 하지만 법정적 부합설에 의하면, 피교사자의 방법의 착오 및 객체의 착오를 불문하고 발생사실에 대한 교사범이 성립한다.

(3) 추상적 사실의 착오

1) 교사한 내용에 미달한 경우

① 교사한 범죄의 실행의 착수가 있는 경우

피교사자가 교사받은 것보다 적게 실행한 경우에는 공범의 종속성에 의하여 교사자에게는 피교사자가 실행한 범죄에 대한 교사범이 성립한다. 예를 들면 강간을 교사하였는데 피교사자가 강제추행을 한 경우, 교사자에게는 강제추행죄의 교사범이 성립한다. 또한 살인을 교사하였는데 피교사자가 살인미수에 그친 경우, 교사자에게는 살인미수의 교사범이 성립한다.

② 교사한 범죄의 실행의 착수가 없는 경우

교사한 범죄의 예비·음모의 처벌규정이 있으면 교사자가 교사한 범죄의 예비·음모(제31조 제2항)와 피교사자가 실행한 범죄의 교사범의 상상적 경합범이 되는데, 이 경우 예비·음모의 형이 중할 경우에는 예비·음모의 책임을 진다. 예를 들면 교사자가 강도를 교사하였는데 피교사자가 절도를 한 경우, 절도죄의 교사범과 강도죄의 예비·음모죄의 상상적 경합이 되지만, 형이 중한 강도죄의 예비·음모(7년 이하의 징역)에 의하여 처벌된다.

2) 교사한 내용을 초과한 경우

① 질적 초과의 경우

'질적 초과'란 피교사자가 교사받은 범죄와 전혀 이질적인 범죄를 실행한 경우를 말하는데, 질적 초과가 본질적인 경우에는 실행한 범죄에 대해서는 교사범이 성립하지 않고, 효과없는 교사로서 교사한 범죄의 예비·음모의 처벌규정이 있는 경우에 한하여 교사한 범죄의 예비·음모로 처벌한다. 예를 들면 교사자가 강도를 교사하였는데 피교사자가 강간을 한 경우, 교사자는 강도예비·음모죄로 처벌된다.

하지만 질적 초과가 비본질적인 경우에는 양적 초과의 경우와 같이 교사한 범죄의 교사범이 성립한다. 예를 들면 교사자가 공갈을 교사하였는데 피교사자가 강도를 한 경우, 교사자는 공갈죄의 교사범으로 처벌된다.

② 양적 초과의 경우

'양적 초과'란 피교사자가 교사받은 범죄와 실행한 범죄가 동질적이지만, 그 정도를 초과한 경우를 말하는데, 교사자는 원칙적으로 초과부분에 대해서는 책임을 지지 않고 교사한 범죄의 교사범으로 처벌된다. 예를 들면 교사자가 절도를 교사하였는데 피교사자가 강도를 한 경우, 교사자는 절도죄의 교사범으로 처벌된다.

하지만 예외적으로 피교사자가 중한 범죄 또는 결과적 가중범을 실행한 경우에 교사자에게 중한 결과에 대한 과실 내지 예견가능성이 있으면 결과적 가중범으로 처벌된다. 예를 들면 교사자가 피교사자에 대하여 상해[1] 또는 중상해를 교사하였는데 피교사자가 이를 넘어 살인을 실행한 경우, 일반적으로 교사자는 상해죄 또는 중상해죄에 대한 교사범이 되는 것이고, 다만 이 경우 교사자에게 피해자의 사망이라는 결과에 대하여 과실 내지 예견가능성이 있는 때에는 상해치사죄의 교사범으로서의 죄책을 지울 수 있다.[2]

2. 피교사자에 대한 착오

피교사자의 책임능력에 대한 인식은 교사자의 고의의 내용에 포함되지 않으므로, 이에 대한 착오는 교사범의 고의를 조각하지 아니한다. 그러므로 피교사자를 책임능력자로 인식하였으나 책임무능력자인 경우 또는 그 반대의 경우에는 언제든지 교사범이 성립한다.

---

1) 대법원 1997. 6. 24. 선고 97도1075 판결(교사자가 피교사자에게 피해자를 '정신차릴 정도로 때려주라'고 교사하였다면 이는 상해에 대한 교사로 봄이 상당하다)

2) 대법원 2002. 10. 25. 선고 2002도4089 판결(피고인 1이 상피고인 3, 4, 5 및 원심 공동피고인 7에게 피고인과 사업관계로 다툼이 있었던 피해자를 혼내 주되, 평생 후회하면서 살도록 허리 아래 부분을 찌르고, 특히 허벅지나 종아리를 찔러 병신을 만들라는 취지로 이야기 하면서 차량과 칼 구입비 명목으로 경비 90만원 정도를 주어 범행에 이르게 한 사실, 그 결과 상피고인들이 피해자의 종아리 부위 등을 20여 회나 칼로 찔러 살해한 사실을 인정한 다음, 피고인 1은 피해자가 죽을 수도 있다는 점을 예견할 가능성이 있었다고 판단하여, 상해치사죄로 의율한 조치는 정당하다); 대법원 1993. 10. 8. 선고 93도1873 판결(피고인은 자신의 영업에 관하여 사사건건 방해를 하면서 협박을 해 오던 피해자를 보복하기 위하여 피해자의 경호원으로 있다가 사이가 나빠진 공소외인을 소개받아 착수금 명목으로 금 5,000,000원을 제공하면서 동인으로 하여금 피해자에게 중상해를 가해 활동을 못하도록 교사하였는데, 공소외인은 피해자의 온몸을 칼로 찔러 살해하였고, 그 당시 상황으로 보아 피고인은 중상해를 가하면 피해자가 죽을 수도 있다는 점을 예견할 가능성이 있었던 사실을 인정한 다음, 피고인을 상해치사죄의 교사범으로 처단한 조치는 정당한 것이다).

Ⅳ. 관련문제

1. 교사의 교사

(1) 간접교사

'간접교사'(間接教唆)란 교사자와 피교사자 사이에 한 사람의 중간교사자가 개입되어 있는 형태를 말한다. 이는 처음부터 피교사자로 하여금 제3자를 교사하여 범죄를 실행하게 한 경우와 타인을 교사하였는데 피교사자가 직접 실행행위를 하지 않고 다시 제3자를 교사하여 실행하게 한 경우로 다시 나누어 볼 수 있다. 형법은 '타인을 교사하여 죄를 범하게 한 자'라고 규정하고 있을 뿐 그 방법에는 제한을 두고 있지 않으므로, 정범의 범행을 야기한데 있어 간접교사와 직접교사 사이에 실질적인 차이가 없으므로 간접교사의 가벌성도 긍정해야 한다. 예를 들면 甲이 乙에게 범죄를 저지르도록 요청한다는 점을 알면서 甲의 부탁을 받고 甲의 요청을 乙에게 전달하여 乙로 하여금 범의를 야기케 하는 것은 교사에 해당한다.[1]

(2) 연쇄교사

'연쇄교사'(連鎖教唆)란 교사자와 피교사자 사이에 여러 사람의 중간교사자가 개입되어 있는 형태를 말한다. 연쇄교사의 경우에도 간접교사와 마찬가지로 가벌성을 지닌다. 이 경우 최초의 교사자는 중간교사자의 수나 정범의 신원을 인식할 필요가 없다. 또한 중간교사자 가운데 1인이 자신이 교사행위에 이용당한다는 사실을 인식하지 못하고 다시 교사를 한 경우에도 교사범이 성립한다.

2. 교사의 미수

(1) 협의의 교사의 미수

'협의의 교사의 미수'란 피교사자가 실행에 착수하였으나 미수에 그친 경우를 말한다. 이 경우에는 교사자와 피교사자 모두 미수범으로 처벌한다.

(2) 기도된 교사

1) 효과 없는 교사

교사를 받은 자가 범죄의 실행을 승낙하고 실행의 착수에 이르지 아니한 때에는 교사자와 피교사자를 음모 또는 예비에 준하여 처벌한다(제31조 제2항). 효과 없는 교사는 피교사자가 범죄의 실행은 승낙하였으나 아무런 행위를 하지 않은 경우, 행위를 하였으나 예비·음모에 그친 경우, 실행에 착수하였으나 불가벌적 미수에 그친 경우 등을 모두 포함한다.

2) 실패한 교사

교사를 받은 자가 범죄의 실행을 승낙하지 아니한 때에도 교사자를 음모 또는 예비에 준하

---

1) 대법원 1974. 1. 29. 선고 73도3104 판결.

여 처벌한다(제31조 제3항). 교사자의 교사행위에도 불구하고 피교사자가 범행을 승낙하지 아니하거나 피교사자의 범행결의가 교사자의 교사행위에 의하여 생긴 것으로 보기 어려운 경우에는 이른바 실패한 교사로서 형법 제31조 제3항에 의하여 교사자를 음모 또는 예비에 준하여 처벌할 수 있을 뿐이다.[1] 예를 들면 권총 등을 교부하면서 사람을 살해하라고 한 자는 피교사자의 범죄실행 결의의 유무와 관계없이 그 행위 자체가 독립하여 살인예비죄를 구성한다.[2]

제 4 절　종　범

I. 서 설

1. 의 의

타인의 범죄를 방조한 자는 종범으로 처벌한다(제32조 제1항). 종범의 형은 정범의 형보다 감경한다(제32조 제2항). 그리고 자기의 지휘·감독을 받는 자를 방조한 때에는 정범의 형으로 처벌한다(제34조 제2항). 여기서 '종범'(從犯)이란 타인의 범죄를 방조한 자를 말하는데, '방조범'(幇助犯)이라고도 한다. 방조의 경우에 행위지배는 피방조자에게 있으므로 종범은 공범에 해당한다. 이와 같이 종범은 정범의 범죄에 종속하여 성립하는 것으로서, 방조의 대상이 되는 정범의 실행행위의 착수가 없는 이상 방조죄만이 독립하여 성립될 수는 없다.[3]

2. 각칙상의 방조

방조행위가 각칙상 독립된 구성요건으로 특별히 규정되어 있는 경우에는 방조행위 자체가 정범의 실행행위에 해당하므로 총칙의 제32조는 적용되지 아니한다. 예를 들면 간첩방조죄(제98조 제1항)[4], 자살방조죄(제252조 제2항), 도주원조죄(제147조), 아편흡식장소제공죄(제201조 제2항), 도박장소등개설죄(제247조) 등이 이에 해당한다.

---

1) 대법원 2013. 9. 12. 선고 2012도2744 판결.
2) 대법원 1950. 4. 18. 선고 4283형상10 판결.
3) 대법원 1979. 2. 27. 선고 78도3113 판결.
4) 대법원 1986. 9. 23. 선고 86도1429 판결(형법 제98조 제1항의 간첩방조죄는 정범인 간첩죄와 대등한 독립죄로서 간첩죄와 동일한 법정형으로 처단하게 되어 있어 형법 총칙 제32조 소정의 감경대상이 되는 종범과는 그 실질이 달라 종범감경을 할 수 없는 것이므로 그 가중규정인 국가보안법 제4조 제1항 제2호의 반국가단체의 간첩방조죄에 대하여도 그 정범인 반국가단체의 간첩죄와 동일한 법정형으로 처단하여야 하고 종범감경을 할 수 없다).

Ⅱ. 성립요건

1. 방조자에 대한 요건

(1) 방조행위

1) 의 의

'방조행위'란 정범의 구체적인 범행준비나 범행사실을 알고 그 실행행위를 가능·촉진·용이하게 하는 지원행위 또는 정범의 범죄행위가 종료하기 전에 정범에 의한 법익 침해를 강화·증대시키는 행위로서, 정범의 범죄실현과 밀접한 관련이 있는 행위를 말한다.[1] 이와 같이 방조행위는 정범이 범행을 한다는 정을 알면서 그 실행행위를 용이하게 하는 직접·간접의 모든 행위를 가리키는 것으로서[2] 유형적·물질적인 방조(예컨대 흉기의 대여, 사기를 기도함을 알면서 범인을 피해자에게 소개하는 행위 등)뿐만 아니라 정범에게 범행의 결의를 강화하도록 하는 것과 같은 무형적·정신적 방조(예컨대 정범에 대한 조언, 격려, 충고, 정보제공, 약속, 유서대필 등)까지도 포함한다.[3]

① 물질적 방조

판례에 의하면, ① 보호자가 의학적 권고에도 불구하고 치료를 요하는 환자의 퇴원을 간청하여 담당 전문의와 주치의가 치료중단 및 퇴원을 허용하는 조치를 취함으로써 환자를 사망에 이르게 한 행위에 대하여, 담당 전문의와 주치의에게 환자의 사망이라는 결과 발생에 대한 정범의 고의는 인정되나 환자의 사망이라는 결과나 그에 이르는 사태의 핵심적 경과를 계획적으로 조종하거나 저지·촉진하는 등으로 지배하고 있었다고 보기는 어려워 공동정범의 객관적 요건인 이른바 기능적 행위지배가 흠결되어 있다는 이유로 작위에 의한 살인방조죄만 성립한다.[4]

② 도박하는 자리에서 도금으로 사용하리라는 정을 알면서 채무변제조로 금원을 교부하였다면 도박을 방조한 행위에 해당한다.[5]

③ 의사인 피고인이 입원치료를 받을 필요가 없는 환자들이 보험금 수령을 위하여 입원치료를 받으려고 하는 사실을 알면서도 입원을 허가하여 형식상으로 입원치료를 받도록 한 후 입원확인서를 발급하여 주었다면 사기방조죄가 성립한다.[6]

④ 자동차운전면허가 없는 자에게 승용차를 제공하여 그로 하여금 무면허운전을 하게 하였다면 이는 도로교통법위반(무면허운전) 범행의 방조행위에 해당한다.[7]

⑤ 부동산소개업자로서 부동산의 등기명의수탁자가 그 명의신탁자의 승낙 없이 이를 제3자에게 매각하여 불법영득하려고 하는 점을 알면서도 그 범행을 도와주기 위하여 수탁자에게 매수할 자를 소개하여

---

1) 대법원 2022. 6. 30. 선고 2020도7866 판결.
2) 대법원 1986. 12. 9. 선고 86도198 판결.
3) 대법원 1982. 9. 14. 선고 80도2566 판결.
4) 대법원 2004. 6. 24. 선고 2002도995 판결(보라매병원사건).
5) 대법원 1970. 7. 28. 선고 70도1218 판결.
6) 대법원 2006. 1. 12. 선고 2004도6557 판결.
7) 대법원 2000. 8. 18. 선고 2000도1914 판결.

주는 등의 방법으로 그 횡령행위를 용이하게 하였다면 이러한 부동산소개업자의 행위는 횡령죄의 방조범에 해당한다.1)

하지만 ① 웨이터인 피고인들은 손님들을 단순히 출입구로 안내를 하였을 뿐 미성년자인 여부의 판단과 출입허용 여부는 2층 출입구에서 원심 공동피고인 등이 결정하게 되어 있는 것이니 피고인들의 위 행위가 곧 미성년자를 크럽에 출입시킨 행위 또는 그 방조행위로 볼 수 없다.2)

② 거래상대방이 배임행위를 교사하거나 그 배임행위의 전 과정에 관여하는 등으로 배임행위에 적극 가담함으로써 그 실행행위자와의 계약이 반사회적 법률행위에 해당하여 무효로 되는 경우 배임죄의 교사범 또는 공동정범이 될 수 있음은 별론으로 하고, 관여의 정도가 거기에까지 이르지 아니하여 법질서 전체적인 관점에서 살펴볼 때 사회적 상당성을 갖춘 경우에 있어서는 비록 정범의 행위가 배임행위에 해당한다는 점을 알고 거래에 임하였다는 사정이 있어 외견상 방조행위로 평가될 수 있는 행위가 있었다 할지라도 범죄를 구성할 정도의 위법성은 없다고 봄이 상당하다.3)

② 정신적 방조

판례에 의하면, ① 피고인은 총학생회 사회부장으로 일하며 시위로 구속된 전력이 있는 자로서 이 사건 당일 인천대학교 총학생회 사무실에 있다가 원심 공동피고인으로부터 "대원을 데리고 인천시청사에 기습투쟁을 가고 있으니 사진촬영할 사람을 내보내라"는 말을 직접 들어 그 시위의 양상이 폭력적으로 전개될 가능성을 충분히 예측할 수 있었고, 촬영한 사진의 대다수도 사후 게시를 예상하여 촬영한 것으로서 인천시청 옥상에서 학생들이 구호를 외치는 장면이었던 점 등에서 위 원심 공동피고인 등의 범행을 충분히 인식하고 있었던 것으로 보이며, 위 원심 공동피고인으로서는 피고인으로 하여금 자신들의 시위현장을 사진으로 찍게 하여 사후에 일반대중이 볼 수 있도록 게시한다는 생각에서 이 사건 범행을 함에 있어 정신적으로 크게 고무되고 그 범행결의도 강화한 것으로 보이며, 피고인은 위 원심 공동피고인 등의 범행을 돕겠다는 의도에서 이 사건 사진촬영 행위에 나아간 것으로 인정되는 점 등에 비추어 피고인의 이 사건 사진촬영행위 등은 이 사건 폭력행위, 덕적도 핵폐기장 설치 반대 시위의 일환으로 행하여진 대학생들의 인천시청 기습점거 시위, 공용물건손상 등 범행의 방조행위가 된다고 하지 않을 수 없다.4)

② 주식의 입·출고 절차 등 주식의 관리에 관한 일체의 절차를 정확하게 알고 있는 증권회사의 중견 직원들이 정범에게 피해자의 주식을 인출하여 오면 관리하여 주겠다고 하고, 나아가서 부정한 방법으로 인출해 온 주식을 자신들이 관리하는 증권계좌에 입고하여 관리·운용하여 주었다면, 이러한 행위는 정범의 일련의 부정한 주식 인출절차에 관련된 출고전표인 사문서의 위조, 동행사, 사기 등 상호 연관된 일련의 범행 전부에 대하여 방조행위가 된다.5)

하지만 이미 스스로 입영기피를 결심하고 집을 나서는 공소외인에게 피고인이 이별을 안타까워하는

---

1) 대법원 1988. 3. 22. 선고 87도2585 판결.
2) 대법원 1984. 8. 21. 선고 84도781 판결.
3) 대법원 2005. 10. 28. 선고 2005도4915 판결(1인 회사의 주주가 개인적 거래에 수반하여 법인 소유의 부동산을 담보로 제공한다는 사정을 거래상대방이 알면서 가등기의 설정을 요구하고 그 가등기를 경료받은 사안에서, 거래상대방이 배임행위의 방조범에 해당한다고 한 원심판결을 파기한 사례).
4) 대법원 1997. 1. 24. 선고 96도2427 판결.
5) 대법원 1995. 9. 29. 선고 95도456 판결.

뜻에서 "잘 되겠지 몸조심하라"하고 악수를 나눈 행위는 입영기피의 범죄의사를 강화시킨 방조행위에 해당한다고 볼 수 없다.[1]

③ 부작위에 의한 방조

방조행위는 정범의 실행행위를 용이하게 하는 직접·간접의 모든 행위를 가리키는 것으로서, 작위에 의한 경우뿐만 아니라 부작위에 의하여도 성립된다. 즉 형법상 방조는 작위에 의하여 정범의 실행행위를 용이하게 하는 경우는 물론, 직무상의 의무가 있는 자가 정범의 범죄행위를 인식하면서도 그것을 방지하여야 할 제반조치를 취하지 아니하는 부작위로 인하여 정범의 실행행위를 용이하게 하는 경우에도 성립된다.

판례에 의하면, ① 은행지점장이 정범인 부하직원들의 범행을 인식하면서도 그들의 은행에 대한 배임행위를 방치하였다면 배임죄의 방조범이 성립된다.[2]

② 법원의 입찰사건에 관한 제반 업무를 주된 업무로 하는 공무원이 자신이 맡고 있는 입찰사건의 입찰보증금이 계속적으로 횡령되고 있는 사실을 알았다면, 담당 공무원으로서는 이를 제지하고 즉시 상관에게 보고하는 등의 방법으로 그러한 사무원의 횡령행위를 방지해야 할 법적인 작위의무를 지는 것이 당연하고, 비록 그의 묵인 행위가 배당불능이라는 최악의 사태를 막기 위한 동기에서 비롯된 것이라고 하더라도 자신의 작위의무를 이행함으로써 결과 발생을 쉽게 방지할 수 있는 공무원이 그 사무원의 새로운 횡령범행을 방조 용인한 것을 작위에 의한 법익 침해와 동등한 형법적 가치가 있는 것이 아니라고 볼 수는 없다는 이유로, 그 담당 공무원을 업무상횡령의 종범으로 처벌하였다.[3]

③ 공소외 주식회사의 담당직원인 피고인들은 콘텐츠 제공업체들이 성인만화방에 게재하는 만화 콘텐츠를 관리·감독할 권한과 능력을 갖고 있었다고 할 것이고, 따라서 이 사건 음란만화들이 지속적으로 게재되고 있다는 사실을 안 이상 이를 게재한 콘텐츠 제공업체들에게 그 삭제를 요구할 조리상의 의무가 있었다고 할 것이다. 피고인들에게 위와 같은 작위의무가 있다고 판단하여 피고인들을 구 전기통신기본법 제48조의2 위반 방조죄로 처벌한 조치는 정당하다.[4]

④ 그랜드 백화점에서 바이어를 보조하여 특정매장에 관한 상품관리 및 고객들의 불만사항 확인 등의 업무를 담당하는 피고인 2로서는 자신이 관리하는 특정매장의 점포에 가짜 상표가 새겨진 상품이 진열·판매되고 있는 사실을 발견하였다면 고객들이 이를 구매하도록 방치하여서는 아니되고 점주인 공동피고인 1이나 그 종업원에게 즉시 그 시정을 요구하고 바이어 등 상급자에게 보고하여 이를 시정하도록 할 근로계약상·조리상의 의무가 있다고 할 것임에도 불구하고 위 피고인이 이러한 사실을 알고서도 공동피고인 1 등에게 시정조치를 요구하거나 상급자에게 이를 보고하지 아니함으로써 공동피고인 1이 가짜 상표가 새겨진 위 상품들을 고객들에게 계속 판매하도록 방치한 경우, 피고인 2는 부작위에 의하여 공동피고인 1의 각 상표법위반 및 부정경쟁방지법위반 행위를 방조하였다고 인정할 수 있다.[5]

---

1) 대법원 1983. 4. 12. 선고 82도43 판결.
2) 대법원 1984. 11. 27. 선고 84도1906 판결.
3) 대법원 1996. 9. 6. 선고 95도2551 판결(입찰방조사건).
4) 대법원 2006. 4. 28. 선고 2003도4128 판결.
5) 대법원 1997. 3. 14. 선고 96도1639 판결(백화점매장방조사건).

2) 방조행위의 시기

종범은 정범이 실행행위에 착수하여 범행을 하는 과정에서 이를 방조한 경우뿐만 아니라 정범의 실행의 착수 이전에 장래의 실행행위를 미필적으로나마 예상하고 이를 용이하게 하기 위하여 방조한 경우에도 그 후 정범이 실행행위에 나아갔다면 성립할 수 있다.[1] 하지만 예비단계에서 방조하였으나 정범이 실행의 착수로 나아가지 않은 경우에는 예비죄의 종범이 성립하지 아니한다.[2]

한편 정범의 실행행위가 완료된 후 그 결과가 발생하기 이전 또는 기수가 된 이후라도 그 종료 이전에는 방조행위가 가능하다.[3] 예를 들면 진료부는 환자의 계속적인 진료에 참고로 공하여지는 진료상황부이므로 간호보조원의 무면허 진료행위가 있은 후에 이를 의사가 진료부에다 기재하는 행위는 정범의 실행행위 종료 후의 단순한 사후행위에 불과하다고 볼 수 없고 무

---

1) 대법원 2013. 11. 14. 선고 2013도7494 판결; 대법원 1997. 4. 17. 선고 96도3377 전원합의체 판결; 대법원 1996. 9. 6. 선고 95도2551 판결; 대법원 1983. 3. 8. 선고 82도2873 판결.

2) 대법원 2005. 11. 10. 선고 2005도1995 판결(정범이 사위의 방법으로 병사용 진단서를 발급받아 관할 병무청에 제출하는 단계에까지 이르지 아니하였으므로 병역법 제86조에서 정하고 있는 사위행위의 실행에 착수한 것으로 볼 수 없어, 그와 같은 정범의 사위행위를 방조하였다는 공소사실은 무죄이다).

3) 대법원 2021. 9. 9. 선고 2017도19025 전원합의체 판결(공중송신권 침해의 방조에 관한 종전 판례는 인터넷 이용자가 링크 클릭을 통해 저작자의 공중송신권 등을 침해하는 웹페이지에 직접 연결되더라도 링크를 한 행위가 '공중송신권 침해행위의 실행 자체를 용이하게 한다고 할 수는 없다.'는 이유로, 링크 행위만으로는 공중송신권 침해의 방조행위에 해당한다고 볼 수 없다는 법리를 전개하고 있다. 링크는 인터넷 공간을 통한 정보의 자유로운 유통을 활성화하고 표현의 자유를 실현하는 등의 고유한 의미와 사회적 기능을 가진다. 인터넷 등을 이용하는 과정에서 일상적으로 이루어지는 링크 행위에 대해서까지 공중송신권 침해의 방조를 쉽게 인정하는 것은 인터넷 공간에서 표현의 자유나 일반적 행동의 자유를 과도하게 위축시킬 우려가 있어 바람직하지 않다. 그러나 링크 행위가 어떠한 경우에도 공중송신권 침해의 방조행위에 해당하지 않는다는 종전 판례는 방조범의 성립에 관한 일반 법리 등에 비추어 볼 때 재검토할 필요가 있다. 이는 링크 행위를 공중송신권 침해의 방조라고 쉽게 단정해서는 안 된다는 것과는 다른 문제이다. 정범이 침해 게시물을 인터넷 웹사이트 서버 등에 업로드하여 공중의 구성원이 개별적으로 선택한 시간과 장소에서 접근할 수 있도록 이용에 제공하면, 공중에게 침해 게시물을 실제로 송신하지 않더라도 공중송신권 침해는 기수에 이른다. 그런데 정범이 침해 게시물을 서버에서 삭제하는 등으로 게시를 철회하지 않으면 이를 공중의 구성원이 개별적으로 선택한 시간과 장소에서 접근할 수 있도록 이용에 제공하는 가벌적인 위법행위가 계속 반복되고 있어 공중송신권 침해의 범죄행위가 종료되지 않았으므로, 그러한 정범의 범죄행위는 방조의 대상이 될 수 있다. 저작권 침해물 링크 사이트에서 침해 게시물에 연결되는 링크를 제공하는 경우 등과 같이, 링크 행위자가 정범이 공중송신권을 침해한다는 사실을 충분히 인식하면서 그러한 침해 게시물 등에 연결되는 링크를 인터넷 사이트에 영리적·계속적으로 게시하는 등으로 공중의 구성원이 개별적으로 선택한 시간과 장소에서 침해 게시물에 쉽게 접근할 수 있도록 하는 정도의 링크 행위를 한 경우에는 침해 게시물을 공중의 이용에 제공하는 정범의 범죄를 용이하게 하므로 공중송신권 침해의 방조범이 성립한다. 이러한 링크 행위는 정범의 범죄행위가 종료되기 전 단계에서 침해 게시물을 공중의 이용에 제공하는 정범의 범죄 실현과 밀접한 관련이 있고 그 구성요건적 결과 발생의 기회를 현실적으로 증대함으로써 정범의 실행행위를 용이하게 하고 공중송신권이라는 법익의 침해를 강화·증대하였다고 평가할 수 있다. 링크 행위자에게 방조의 고의와 정범의 고의도 인정할 수 있다. 저작권 침해물 링크 사이트에서 침해 게시물로 연결되는 링크를 제공하는 경우 등과 같이, 링크 행위는 그 의도나 양태에 따라서는 공중송신권 침해와 밀접한 관련이 있는 것으로서 그 행위자에게 방조 책임의 귀속을 인정할 수 있다. 이러한 경우 인터넷에서 원활한 정보 교류와 유통을 위한 수단이라는 링크 고유의 사회적 의미는 명목상의 것에 지나지 않는다. 다만 행위자가 링크 대상이 침해 게시물 등이라는 점을 명확하게 인식하지 못한 경우에는 방조가 성립하지 않고, 침해 게시물 등에 연결되는 링크를 영리적·계속적으로 제공한 정도에 이르지 않은 경우 등과 같이 방조범의 고의 또는 링크 행위와 정범의 범죄 실현 사이의 인과관계가 부정될 수 있거나 법질서 전체의 관점에서 살펴볼 때 사회적 상당성을 갖추었다고 볼 수 있는 경우에는 공중송신권 침해에 대한 방조가 성립하지 않을 수 있다).

면허 의료행위의 방조에 해당한다.[1]

하지만 정범의 범행이 종료된 이후에는 더 이상 방조행위가 있을 수 없으므로 별개의 독립적인 범죄의 정범이 성립할 뿐이다. 이와 같이 종범은 정범의 실행행위 전이나 실행행위 중에 정범을 방조하여 그 실행행위를 용이하게 하는 것을 말하므로, 정범의 범죄종료 후의 이른바 사후방조를 종범이라고 볼 수 없다.[2]

3) 인과관계

방조범은 정범에 종속하여 성립하는 범죄이므로 방조행위와 정범의 범죄 실현 사이에는 인과관계가 필요하다. 방조범이 성립하려면 방조행위가 정범의 범죄 실현과 밀접한 관련이 있고 정범으로 하여금 구체적 위험을 실현시키거나 범죄결과를 발생시킬 기회를 높이는 등으로 정범의 범죄 실현에 현실적인 기여를 하였다고 평가할 수 있어야 한다. 그러므로 정범의 범죄 실현과 밀접한 관련이 없는 행위를 도와준 데 지나지 않는 경우에는 방조범이 성립하지 않는다.[3]

(2) 방조의 고의

1) 고의의 내용

형법상 방조행위는 정범이 범행을 한다는 정을 알면서 그 실행행위를 용이하게 하는 직접·간접의 행위를 말하므로, 방조범은 정범의 실행을 방조한다는 이른바 '방조의 고의'와 정범의 행위가 구성요건에 해당하는 행위인 점에 대한 '정범의 고의'가 있어야 한다. 또한 방조행위는 정범에 의하여 실행되는 침해행위에 대한 미필적 고의가 있는 것으로 충분하고[4], 정범의 침

---

1) 대법원 1982. 4. 27. 선고 82도122 판결.

2) 대법원 2009. 6. 11. 선고 2009도1518 판결.

3) 대법원 2023. 10. 18. 선고 2022도15537 판결(박사방 운영진이 음란물 배포 목적의 텔레그램 그룹(이하 '미션방'이라 한다)을 만들고 특정 시간대에 미션방 참여자들이 인터넷 포털사이트에 일제히 특정 검색어를 입력함으로써 실시간 급상승 검색어로 노출되도록 하는 이른바 '실검챌린지'를 지시하여 불특정 다수의 텔레그램 사용자들로 하여금 정해진 시간에 미션방에 참여하게 한 다음 특정 시점에 미션방에 피해자 甲(女, 18세)에 대한 음란물을 게시한 것과 관련하여, 피고인이 박사방 운영진의 지시에 따라 4회에 걸쳐 검색어를 입력하고 미션방과 박사방 관련 채널에 검색사실을 올려 인증함으로써 박사방 운영진에 의한 아동·청소년 이용 음란물 배포행위를 방조하였다는 내용으로 기소된 사안에서, 피고인이 미션방에 참여하여 박사방 운영진의 지시 및 공지 내용을 인식하였다거나 검색어 자체만으로 '아동·청소년 이용 음란물 배포'의 범죄행위를 위한 것임을 알았다고 보기 어려운 이상 방조의 고의는 물론 정범의 고의가 있었다고 단정하기 어렵고, 나아가 검색 경위 및 피고인의 검색 시점으로부터 약 21시간 내지 24시간이 지난 시점에서야 박사방 운영진이 아동·청소년 이용 음란물을 배포한 사정에 비추어, 박사방 운영진의 미션방에 적극 참여하여 그 지시에 따라 검색어 입력 및 인증을 한 경우가 아니라 당시 다양한 경로로 접하게 된 검색어를 입력하는 등의 행위는, 박사방의 운영진이 특정 검색어가 당시 화제가 되고 있음에 편승하여 이에 관심을 가진 사람을 미션방으로 유도하여 음란물 판매를 촉진하려는 의도로 시작한 실검챌린지 등에 단순히 이용된 것으로 볼 여지가 있고, 달리 피고인의 각 행위와 정범의 범죄 실현 사이에 밀접한 관련성 등 인과관계를 인정하거나 피고인의 각 행위가 정범의 범죄 실현에 현실적인 기여를 하였다고 단정하기 어렵다는 이유로, 이와 달리 보아 공소사실을 유죄로 인정한 원심의 판단에 '방조'에 관한 법리오해 등의 잘못이 있다); 대법원 2021. 9. 16. 선고 2015도12632 판결.

4) 대법원 2018. 9. 13. 선고 2018도7658 판결; 대법원 2011. 12. 8. 선고 2010도9500 판결; 대법원 2010. 3. 25. 선고 2008도4228 판결; 대법원 2010. 2. 25. 선고 2008도4844 판결; 대법원 2005. 4. 29. 선고 2003도6056 판결(금괴를 부가가치세 영세율이 적용되는 수출원자재 명목으로 구입한 후 실제로는 시중에 판매처분하고 허위로 수출신고

해행위가 실행되는 일시·장소·객체 등을 구체적으로 인식할 필요가 없으며, 나아가 정범이 누구인지 확정적으로 인식할 필요도 없다.[1]

이와 같이 방조범에서 요구되는 정범 등의 고의는 정범에 의하여 실현되는 범죄의 구체적 내용을 인식해야 하는 것은 아니고 미필적 인식이나 예견으로 충분하지만, 이는 정범의 범행 등의 불법성에 대한 인식이 필요하다는 점과 모순되지 않는다.[2] 한편 과실에 의하여 방조한 경우에는 고의가 없으므로 방조가 될 수 없고, 과실범의 정범이 성립할 수 있을 뿐이다.

2) 미수의 방조

'미수의 방조'란 정범의 행위가 미수에 그칠 것을 예견하면서 방조하는 경우를 말한다. 이 경우 피방조자는 미수범 처벌규정의 존재를 전제로 하여 해당 범죄의 미수범으로 처벌되지만, 방조자는 기수의 고의가 없으므로 불가벌이 된다. 하지만 미수의 방조가 기수를 유발한 경우에는 과실범의 성립 여부가 문제될 수 있다.

3) 편면적 방조

'편면적 방조'란 정범이 방조받고 있다는 사실을 인식하지 못한 경우를 말한다. 편면적 종범의 인정 여부와 관련하여, ① 종범에 있어서는 정범에 대한 인식이 있으면 종범이 성립할 수 있으며, 방조자와 정범 사이에 반드시 공동실행의 의사가 필요한 것은 아니므로 이 경우에도 편면적 종범은 성립할 수 있는데, 이는 종범과 정범의 행위 사이에 인과관계가 요구되지 않는다는 입장이라고 할 수 있다. 반면에 ② 종범과 정범의 행위 사이에 인과관계가 요구된다는 입장에 의하면 편면적 종범은 부정될 수밖에 없다.

이에 대하여 판례는 「종범은 정범에 종속하여 성립하는 범죄이므로 방조행위와 정범의 범죄 실현 사이에는 인과관계가 필요하다.」는 입장[3]을 취하면서도, 「편면적 종범에서도 정범의 범죄행위 없이 방조범만이 성립할 수는 없다.」라고 판시[4]하여, 편면적 종범을 인정하는 입장을 취하고 있다.

를 하여 이를 근거로 관세를 부정환급 받은 정범의 범행에 대하여, 정범이 설립한 위장수출회사의 직원인 피고인이 미필적으로나마 정범의 범행을 인식 또는 예견하고 그 실행행위를 용이하게 하였다고 볼 여지가 있다); 대법원 2004. 6. 24. 선고 2002도995 판결; 대법원 2003. 4. 8. 선고 2003도382 판결.

[1] 대법원 2007. 12. 14. 선고 2005도872 판결(P2P 프로그램을 이용하여 음악파일을 공유하는 행위가 대부분 정당한 허락 없는 음악파일의 복제임을 예견하면서도 MP3 파일 공유를 위한 P2P 프로그램인 소리바다 프로그램을 개발하여 이를 무료로 널리 제공하였으며, 그 서버를 설치·운영하면서 프로그램 이용자들의 접속정보를 서버에 보관하여 다른 이용자에게 제공함으로써 이용자들이 용이하게 음악 MP3 파일을 다운로드 받아 자신의 컴퓨터 공유폴더에 담아 둘 수 있게 하고, 소리바다 서비스가 저작권법에 위배된다는 경고와 서비스 중단 요청을 받고도 이를 계속한 경우, MP3 파일을 다운로드 받은 이용자의 행위는 구 저작권법 제2조 제14호의 복제에 해당하고, 소리바다 서비스 운영자의 행위는 구 저작권법상 복제권 침해행위의 방조에 해당한다).

[2] 대법원 2022. 10. 27. 선고 2020도12563 판결; 대법원 2022. 6. 30. 선고 2020도7866 판결.

[3] 대법원 2023. 10. 18. 선고 2022도15537 판결.

[4] 대법원 1974. 5. 28. 선고 74도509 판결(피고인은 스스로가 단독으로 자기 아들인 공소외인에 대한 징집을 면탈케 할 목적으로 사위행위를 한 것으로서 위 공소외인의 범죄행위는 아무것도 없어 피고인이 위 공소외인의 범죄행위에 가공하거나 또는 이를 방조한 것이라고 볼 수 없음이 명백하니, 피고인을 방조범으로 다스릴 수 없다).

2. 피방조자에 대한 요건

정범은 실행의 착수단계를 지나 실행행위를 하여야 하며, 미수·기수를 불문한다. 정범의 실행행위가 없는 기도된 방조는 교사와 달리 처벌규정이 없어 불가벌에 해당한다. 예비행위에 대한 방조도 처벌할 수 없다.

한편 정범의 실행행위는 구성요건에 해당하고 위법해야 하지만, 유책할 필요는 없다(제한적 종속형식). 또한 정범의 행위는 고의범이어야 하는데, 만약 과실범이라면 간접정범이 성립할 수 있다.

Ⅲ. 종범의 착오

1. 실행행위에 대한 착오

(1) 의 의

'실행행위에 대한 착오'란 방조자가 방조한 범죄와 정범이 실행한 범죄가 일치하지 아니한 것을 말한다.

(2) 구체적 사실의 착오

방조한 범죄와 실행한 범죄가 동일한 구성요건에 해당하는 구체적 사실의 착오의 경우 구체적 부합설에 의하면, 피방조자(정범)의 방법의 착오 및 객체의 착오는 방조자의 입장에서는 방법의 착오와 동일한 구조를 가지고 있으므로, 방조한 범죄의 미수와 발생사실에 대한 과실범의 상상적 경합범으로 처리된다. 하지만 법정적 부합설에 의하면, 피방조자(정범)의 방법의 착오 및 객체의 착오를 불문하고 발생사실에 대한 방조범이 성립한다.

(3) 추상적 사실의 착오

1) 방조한 내용에 미달한 경우

정범이 방조 받은 것보다 적게 실행한 경우에는 공범의 종속성에 의하여 방조자는 정범이 실행한 범죄의 종범으로 처벌된다. 예를 들면 강도를 방조하였는데 정범이 절도를 한 경우, 절도죄의 종범으로 처벌한다.

2) 방조한 내용을 초과한 경우

① 질적 초과

'질적 초과'란 정범이 방조 받은 범죄와 전혀 이질적인 범죄를 실행한 경우를 말한다. 이 경우에는 실행한 범죄에 대해서 종범이 성립하지 아니하고, 기도된 방조의 처벌규정도 없으므로 언제나 불가벌이다. 예를 들면 절도를 방조하였는데 정범이 살인을 한 경우, 불가벌에 해당한다.

② 양적 초과

'양적 초과'란 실행한 범죄와 방조한 범죄가 동질이지만, 그 정도를 초과한 경우를 말한다.

이 경우에는 원칙적으로 초과부분에 대해서는 책임을 지지 않지만, 예상했던 범죄의 종범으로는 처벌된다. 즉 방조자의 인식과 피방조자의 실행간에 착오가 있고 양자의 구성요건을 달리한 경우에는 원칙적으로 방조자의 고의는 조각되는 것이지만, 그 구성요건이 중첩되는 부분이 있는 경우에는 그 중복되는 한도 내에서만 방조자의 죄책을 인정하여야 할 것이다.[1] 하지만 정범이 결과적 가중범을 실현한 경우에는 방조자에게 중한 결과에 대한 과실이 있는 때에 한하여 결과적 가중범의 종범이 성립한다.[2]

2. 피방조자에 대한 착오

정범의 책임능력에 대한 인식은 방조자의 고의의 내용에 포함되지 않으므로, 이에 대한 착오는 종범의 고의를 조각시키지 못한다. 따라서 피방조자를 책임능력자로 알았으나 책임무능력자인 경우 또는 그 반대의 경우에는 언제나 종범이 성립한다.

Ⅳ. 관련문제

1. 방조의 방조

'방조의 방조'란 종범을 방조한 경우를 말한다. 이 경우에는 정범에 대한 간접방조 또는 연쇄방조가 되므로 종범이 성립한다. 즉 형법이 방조행위를 종범으로 처벌하는 이유는 정범의 실행을 용이하게 하는 점에 있으므로 그 방조행위가 정범의 실행에 대하여 간접적이거나 직접적이거나를 가리지 아니하고 정범이 범행을 한다는 점을 알면서 그 실행행위를 용이하게 한 이상 종범으로 처벌함이 마땅하며, 간접적으로 정범을 방조하는 경우에는 방조자에 있어 정범이 누구에 의하여 실행되어지는가를 확실하게 인지할 필요는 없다.[3] 이와 같이 간접방조는 방조범에 대한 방조로 처벌되는 것이 아니라 정범에 대한 방조로 처벌된다.

---

1) 대법원 1985. 2. 26. 선고 84도2987 판결(피고인이 정범인 공소외인 등이 특정범죄가중처벌법 제6조 제2항에 해당하는 범죄행위를 한 것을 전연 인식하지 못하고 오로지 관세법 제180조에 해당하는 범죄를 방조하는 것으로만 인식하였다면 특정범죄가중처벌법 제6조 제2항의 방조범으로서 처벌할 수는 없고, 동죄와 구성요건이 중복되는 관세법 제180조의 종범으로서만 처벌하여야 할 것이다).

2) 대법원 1998. 9. 4. 선고 98도2061 판결(병사 甲, 乙, 丙은 함께 술을 마셨는데, 하급자인 丙이 취중에 남의 자동차를 손괴하고도 이를 나무라는 상급자인 乙에게 무례한 행동을 하자 乙은 丙을 폭행하려고 하였다. 甲은 처음에는 乙의 폭행을 제지하였으나 丙의 무례한 행동이 계속되자 甲은 乙이 丙을 교육시킨다는 정도로 가볍게 생각하고 가지고 있던 각목을 乙에게 건네주었다. 그러나 乙은 그 각목으로 丙을 폭행하여 치사케 하였다. 甲이 처음에 乙이 丙을 폭행하려는 것을 제지하였고, 乙이 취중에 남의 자동차를 손괴하고도 상급자에게 무례한 행동을 하는 丙을 교육시킨다는 정도로 가볍게 생각하고, 각목을 乙에게 건네주었던 것이고, 그 후에도 양인 사이에서 폭행을 제지하려고 애쓴 사실을 인정한 다음, 甲으로서는 丙이 乙의 폭행으로 사망할 것으로 예견할 수 있었다고 볼 수 없다는 이유로 甲에 대하여 특수폭행치사방조의 점은 무죄로 판단하고, 특수폭행의 방조로 인정하였다).

3) 대법원 1977. 9. 28. 선고 76도4133 판결.

2. 교사의 방조

'교사의 방조'란 교사범을 방조한 경우를 말한다. 이 경우에도 정범에 대한 방조로 파악하여 종범이 성립한다. 다만 기도된 방조는 불가벌이므로 정범이 실행에는 착수하여야 한다.

3. 방조의 교사

'방조의 교사'란 방조행위를 교사한 경우를 말한다. 이 경우에는 실질적으로 정범을 방조한 것이므로 정범에 종속하여 종범이 성립되는 경우에 한하여 교사자에게 종범이 성립한다.

4. 방조의 미수

(1) 협의의 방조의 미수

'협의의 방조의 미수'란 정범이 실행에 착수하였으나 미수에 그친 경우를 말한다. 이 경우에는 정범·방조범 모두 미수범으로 처벌된다.

(2) 기도된 방조

기도된 교사와 달리 효과 없는 방조와 실패한 방조는 처벌규정이 없으므로 모두 불가벌에 해당한다.

제 5 절 공범과 신분

Ⅰ. 서 설

1. 의 의

신분이 있어야 성립되는 범죄에 신분 없는 사람이 가담한 경우에는 그 신분 없는 사람에게도 제30조부터 제32조까지의 규정을 적용한다(제33조 본문). 다만, 신분 때문에 형의 경중이 달라지는 경우에 신분이 없는 사람은 무거운 형으로 벌하지 아니한다(제33조 단서).

'공범과 신분'이란 신분이 범죄의 성립이나 형의 경중에 영향을 미치는 경우에 신분자와 비신분자가 공범관계에 있을 때 비신분자를 신분자에 대하여 종속적으로 취급할 것인지 아니면 독립적으로 취급할 것인지에 관한 문제를 말한다. 형법은 제33조 본문에서 공범의 종속성을, 제33조 단서에서 공범의 독립성을 규정하고 있으므로, 공범종속성설과 공범독립성설의 절충적인 입장을 취하고 있다.

2. 신분의 의의 및 종류

(1) 신분의 의의

1) 개 념

'신분'(身分)이란 일정한 범죄에 관한 특별한 인적 표지로서, 범죄의 특수한 성질·지위·상태를 말한다. 즉 형법 제33조 소정의 이른바 신분관계라 함은 남녀의 성별, 내·외국인의 구별, 친족관계, 공무원인 자격과 같은 관계뿐만 아니라 널리 일정한 범죄행위에 관련된 범인의 인적 관계인 특수한 지위 또는 상태를 지칭하는 것이다. 여기서 '인적'(人的)이란 특정인에게만 인정되는, 즉 일신전속적이라는 의미이다.[1]

그러므로 신분은 ① 성별·연령·심신장애 등과 같이 행위자에게만 인정되는 정신적·육체적 또는 법적인 특성인 인적 성질, ② 공무원·의사·친족·직계존속 등과 같이 다른 사람과의 관계에서 행위자만이 가지는 특수한 지위나 관계인 인적 지위, ③ 업무성·상습성·누범 등과 같이 인적 성질 및 지위에 포함되지 않는 특별한 신분적 표지인 인적 상태 등을 포함한다.

2) 성 격

신분요소는 범인 개인의 특수한 상태에 속하는 행위자와 관련된 요소이어야 한다(행위자관련적 표지). 따라서 고의, 불법영득의사, 목적 등과 같이 누구에게나 존재할 수 있는 행위관련적 표지는 신분개념에 포함되지 아니한다.

이에 대하여 판례는 「형법 제152조 제1항과 제2항은 위증을 한 범인이 형사사건의 피고인 등을 '모해할 목적'을 가지고 있었는가 아니면 그러한 목적이 없었는가 하는 범인의 특수한 상태의 차이에 따라 범인에게 과할 형의 경중을 구별하고 있으므로, 이는 바로 형법 제33조 단서 소정의 '신분관계로 인하여 형의 경중이 있는 경우'에 해당한다고 봄이 상당하다. 피고인이 甲을 모해할 목적으로 乙에게 위증을 교사한 이상, 가사 정범인 乙에게 모해의 목적이 없었다고 하더라도, 형법 제33조 단서의 규정에 의하여 피고인을 모해위증교사죄로 처단할 수 있다.」라고 판시[2]하여, 모해위증죄에서 말하는 '모해의 목적'도 가중적 신분으로 파악하고 있다. 또한 판례는 준강도에 있어서 절도범, 주거침입강간에 있어서 주거침입을 한 자 등에 대해서도 일종의 신분범으로 파악하고 있다.

(2) 신분의 종류

1) 구성적 신분

'구성적 신분'이란 행위자에게 일정한 신분이 있어야 범죄가 성립하는 경우를 말한다. 이러한 구성적 신분을 요하는 범죄를 '진정신분범'이라고 한다. 예를 들면 수뢰죄에서 공무원 또는 중재인, 위증죄에서 법률에 의하여 선서한 증인, 횡령죄에서 타인의 재물을 보관하는 자, 배임

---

1) 대법원 1994. 12. 23. 선고 93도1002 판결.
2) 대법원 1994. 12. 23. 선고 93도1002 판결.

죄에서 타인의 사무를 처리하는 자 등이 이에 해당한다.

2) 가감적 신분

'가감적 신분'이란 행위자에게 신분이 없어도 범죄는 성립하지만, 신분에 의하여 형이 가중 또는 감경되는 경우를 말한다. 이러한 가감적 신분을 요하는 범죄를 '부진정신분범'이라고 하는데, 이는 다시 '가중적 신분'과 '감경적 신분'으로 구분된다. 예를 들면 존속살해죄에서 말하는 직계비속은 가중적 신분에 해당하고, (구) 형법상 영아살해죄에서 말하는 직계존속은 감경적 신분에 해당한다.

3) 소극적 신분

'소극적 신분'이란 신분으로 인하여 범죄의 성립 또는 형벌이 조각되는 경우를 말하는데, 이는 다음과 같이 다시 분류할 수 있다.

① 불법조각적 신분

'불법조각적 신분'이란 특정한 신분을 가진 자에 대하여 일반인에게 금지되어 있는 행위를 특히 허용하는 경우의 신분을 말한다. 예를 들면 의료법 위반에서의 의료인, 변호사법 위반에서의 변호사 등이 이에 해당한다.

② 책임조각적 신분

'책임조각적 신분'이란 행위자에게 일정한 신분이 존재함으로써 책임이 조각되는 경우의 신분을 말한다. 예를 들면 범인은닉죄[1], 증거인멸죄 등에서의 친족, 형사미성년자 등이 이에 해당한다.

③ 형벌조각적 신분

'형벌조각적 신분'이란 행위자에게 일정한 신분이 존재함으로써 범죄 자체는 성립하지만 형벌이 면제되는 경우의 신분을 말한다. 예를 들면 제328조 제1항[2]에서 규정하고 있는 친족상도례에서의 친족이 이에 해당한다.

Ⅱ. 형법 제33조의 해석론

1. 본문과 단서의 관계

(1) 제33조의 성격

제33조 본문은 비신분자가 신분자의 범죄에 가공한 경우에는 비신분자도 신분범의 공동정범·교사범·종범이 될 수 있다고 함으로써 '신분의 연대성' 내지 '불법의 연대성'을 규정하고 있

---

1) 제151조(범인은닉과 친족간의 특례) ① 벌금 이상의 형에 해당하는 죄를 범한 자를 은닉 또는 도피하게 한 자는 3년 이하의 징역 또는 500만원 이하의 벌금에 처한다.
　② 친족 또는 동거의 가족이 본인을 위하여 전항의 죄를 범한 때에는 처벌하지 아니한다.
2) 제328조(친족간의 범행과 고소) ① 직계혈족, 배우자, 동거친족, 동거가족 또는 그 배우자간의 제323조의 죄는 그 형을 면제한다.

다. 반면에 제33조 단서는 비신분자가 신분자의 범죄에 가공한 경우에 비신분자는 신분범의 형으로 처벌되지 않는다는 '신분의 독립성' 내지 '책임의 개별화'를 규정하고 있다.

(2) 제33조의 적용범위

제33조 본문과 단서가 진정신분범과 부진정신분범 중 각각 어느 것에 적용되는 규정인지가 문제되고, 비신분자에게 신분범이 성립할 수 있는지 여부, 그리고 만약 성립한다면 신분범의 형을 과할 수 있는지 여부와 관련하여, ① 제33조 본문은 '신분이 있어야 성립되는 범죄'라고 규정하고 있으므로 진정신분범의 공범 성립과 과형의 문제를, 제33조 단서는 부진정신분범의 공범 성립과 과형의 문제를 규정한 것으로 파악하는 견해(다수설), ② 제33조 본문은 진정신분범과 부진정신분범에 대한 공범의 성립 문제를, 제33조 단서는 부진정신분범에 대한 과형의 문제를 규정한 것으로 파악하는 견해(소수설) 등의 대립이 있다.

다수설에 의하면, 비신분자가 진정신분범에 가담한 경우에는 제33조 본문이 적용되어 비신분자가 진정신분범의 공범의 죄책을 지고 진정신분범의 공범으로 처벌된다. 그리고 비신분자가 부진정신분범에 가담한 경우에는 제33조 단서가 적용되어 비신분자가 비신분자의 공범의 죄책을 지고 비신분범의 형벌로 처벌된다.

소수설에 의하면, 비신분자가 부진정신분범에 가담한 경우에는 형법 제33조 본문이 먼저 적용되어 비신분자도 부진정신분범의 죄책을 지지만, 처벌할 때에는 제33조 단서가 적용되어 비신분범의 형벌로 처벌된다.

이에 대하여 판례는 「비점유자가 업무상 점유자와 공모하여 횡령한 경우에 비점유자도 형법 제33조 본문에 의하여 공범관계가 성립되며, 다만 그 처단에 있어서는 동조 단서의 적용을 받는다. 그러나 군용물횡령죄에 있어서는 업무상횡령이던 단순횡령이던 간에 본조에 의하여 그 법정형이 동일하게 되어 양죄 사이에 형의 경중이 없게 되었으므로 법률적용에 있어서 형법 제33조 단서의 적용을 받지 않는다.」라고 판시[1]하거나 「업무상 배임죄는 업무상 타인의 사무를

---

1) 대법원 1965. 8. 24. 선고 65도493 판결; 대법원 2021. 9. 16. 선고 2021도5000 판결(원심은 판시와 같은 이유로 피고인 2에 대한 공소사실 중 「아동학대범죄의 처벌 등에 관한 특례법」(이하 '아동학대처벌법'이라 한다) 위반(아동학대치사) 부분에 대하여 피고인 2가 아동복지법 제3조 제3호에서 정한 '보호자'에 해당하지 않으나, 신분관계 있는 피고인 1과 공모하여 범행을 저질렀으므로 아동학대처벌법 위반(아동학대치사)죄가 성립하되, 형법 제33조 단서에 의하여 형법 제259조 제1항 상해치사죄에서 정한 형으로 처단하였다. 원심판결 이유를 관련 법리와 기록에 비추어 살펴보면, 피고인 2를 보호자에 해당하지 않는다고 한 원심의 판단에 논리와 경험의 법칙을 위반하여 자유심증주의의 한계를 벗어나거나 아동복지법 제3조 제3호에서 정한 '보호자'에 관한 법리를 오해한 잘못은 없다. 한편 구 아동학대처벌법(2021. 3. 16. 법률 제17932호로 개정되기 전의 것) 제4조, 제2조 제4호 가목 내지 다목은 '보호자에 의한 아동학대로서 형법 제257조 제1항(상해), 제260조 제1항(폭행), 제271조 제1항(유기), 제276조 제1항(체포, 감금) 등의 죄를 범한 사람이 아동을 사망에 이르게 한 때'에 '무기 또는 5년 이상의 징역'에 처하도록 규정하고 있다. 이는 보호자가 구 아동학대처벌법 제2조 제4호 가목 내지 다목에서 정한 아동학대죄를 범하여 그 아동을 사망에 이르게 한 경우를 처벌하는 규정으로 형법 제33조 본문의 '신분관계로 인하여 성립될 범죄'에 해당한다. 따라서 피고인들에 대하여 구 아동학대처벌법 제4조, 제2조 제4호 가목, 형법 제257조 제1항, 제30조로 공소가 제기된 이 사건에서 피고인 2에 대해 형법 제33조 본문에 따라 아동학대처벌법 위반(아동학대치사)죄의 공동정범이 성립하고 구 아동학대처벌법 제4조에서 정한 형에 따라 과형이 이루어져야 한다. 그럼에도 피고인 2에 대하여 형법 제33조 단서를 적용하여 형법 제259조 제1항의 상해치사죄에서 정한 형으로 처단한 원심의 판단

처리하는 지위에 있는 사람이 그 임무를 위반하는 행위로써 재산상의 이익을 취득하거나 제3자로 하여금 이를 취득하게 하여 본인에게 손해를 입힌 때에 성립한다. 이는 타인의 사무를 처리하는 지위라는 점에서 보면 단순배임죄에 대한 가중규정으로서 신분관계로 형의 경중이 있는 경우라고 할 것이다. 따라서 그와 같은 업무상의 임무라는 신분관계가 없는 자가 그러한 신분관계 있는 자와 공모하여 업무상 배임죄를 저질렀다면, 그러한 신분관계가 없는 공범에 대하여는 형법 제33조 단서에 따라 단순배임죄에서 정한 형으로 처단하여야 한다. 이 경우에는 신분관계 없는 공범에게도 같은 조 본문에 따라 일단 신분범인 업무상 배임죄가 성립하고 다만 과형에서만 무거운 형이 아닌 단순배임죄의 법정형이 적용된다.」라고 판시[1]하여, 소수설의 입장을 취하고 있다.

생각건대 제33조 본문은 비신분자가 신분자와 함께 범죄를 범할 경우 신분범의 공동정범, 교사범, 방조범이 성립할 수 있다고 하여, 신분의 효과를 비신분자에게도 인정하는 신분의 연대성을 나타내고 있다. 반면에 제33조 단서는 비신분자가 부진정신분범에 가담한 경우 비신분자를 부진정신분범이 아닌 기본적 구성요건에 규정되어 있는 형벌로 처벌한다는 점에서 신분의 개별화를 나타내고 있다.

2. 형법 제33조 본문의 해석

(1) 비신분자가 신분자에게 가담한 경우

1) 신분이 있어야 성립되는 범죄

'신분이 있어야 성립되는 범죄'란 진정신분범을 말한다. 그러므로 제33조 본문은 진정신분범에 가담한 비신분자의 공범의 성립과 과형의 문제를 규정하고 있는 것이다.

2) 신분 없는 사람이 가담한 경우

비신분자가 진정신분범에 가담하는 방법으로는 공동정범의 형태, 교사범의 형태, 방조범의 형태로 나타날 수 있다.

3) 그 신분 없는 사람에게도 제30조부터 제32조까지의 규정을 적용

진정신분범에 가담한 비신분자에게도 제33조 본문의 연대적 작용에 의하여 제30조(공동정범), 제31조(교사범), 제32조(종범)의 규정을 적용한다. 하지만 제34조(간접정범)는 본조의 적용을 받지 아니한다.

판례에 의하면, ① 의료인의 자격이 없는 일반인(이하 '비의료인'이라 한다)과 의료인이 동업 등의 약정을 하여 의료기관을 개설한 행위가 의료법에 의하여 금지되는 비의료인의 의료기관 개설행위에 해당하는지는 동업관계의 내용과 태양, 실제 의료기관의 개설에 관여한 정도, 의료기관의 운영 형태 등을 종

에는 구 아동학대처벌법 제4조 및 형법 제33조에 관한 법리를 오해하여 판결에 영향을 미친 위법이 있다).
1) 대법원 2018. 8. 30. 선고 2018도10047 판결. 同旨 대법원 1961. 8. 2. 선고 4294형상284 판결(실자(實子)와 더불어 남편을 살해한 처는 존속살해죄의 공동정범이다).

합적으로 고려하여 누가 주도적인 입장에서 의료기관의 개설·운영 업무를 처리해 왔는지를 판단하여야한다. 이에 따라 형식적으로만 적법한 의료기관의 개설로 가장한 것일 뿐 실질적으로는 비의료인이 주도적으로 의료기관을 개설·운영한 것으로 평가될 수 있는 경우에는 의료법에 위반된다. 의료인이 의료인의 자격이 없는 일반인의 의료기관 개설행위에 공모하여 가공하면 의료법 제87조 제1항 제2호, 제33조제2항 위반죄의 공동정범에 해당한다.[1]

② 의사가 간호사로 하여금 의료행위에 관여하게 하는 경우에도 그 의료행위는 의사의 책임 아래 이루어지는 것이고 간호사는 그 보조자에 불과하다. 간호사가 '진료의 보조'를 하는 경우 행위 하나하나마다 항상 의사가 현장에 참여하여 지도·감독하여야 하는 것은 아니고, 경우에 따라서는 의사가 진료의보조행위 현장에 참여할 필요 없이 일반적인 지도·감독을 하는 것으로 충분한 경우도 있으나, 이는 어디까지나 의사가 주도하여 의료행위를 실시하면서 그 의료행위의 성질과 위험성 등을 고려하여 그 중일부를 간호사로 하여금 보조하도록 지시 또는 위임할 수 있다는 것을 의미하는 것에 그친다. 이와 달리의사가 간호사에게 의료행위의 실시를 개별적으로 지시하거나 위임한 적이 없음에도 간호사가 주도하여전반적인 의료행위의 실시 여부를 결정하고 간호사에 의한 의료행위의 실시과정에 의사가 지시·관여하지 아니한 경우라면, 이는 의료법 제27조 제1항이 금지하는 무면허의료행위에 해당한다고 보아야 한다.그리고 의사가 이러한 방식으로 의료행위가 실시되는 데 간호사와 함께 공모하여 그 공동의사에 의한기능적 행위지배가 있었다면, 의사도 무면허의료행위의 공동정범으로서의 죄책을 진다.[2]

③ 의원의 원장이자 유일한 의사인 피고인 1이, 의사면허 없는 원심 공동피고인 중 5가 자신이 수술한환자들에 대해 재수술을 맡아 하고 있다는 사실을 알면서도 월 1,000만원이라는 급여를 안정적으로 지급받으며 원장으로 계속 근무함으로써 위 원심 공동피고인 중 5의 무면허의료행위가 가능하도록 한 이상,위 의원을 실질적으로 운영한 피고인 2와 원심 공동피고인 중 4 및 위 원심 공동피고인 중 5와 적어도묵시적인 의사연결 아래 그 무면허의료행위에 가담하였다고 보아 피고인 1에게 위 무면허의료행위에 대한 공동정범으로서의 죄책이 있다.[3]

④ 비거주자가 거주자 간의 대상지급행위에 공모하여 가담하였다면 비거주자라 하더라도 거주자의 지급방법 위반행위에 대하여 공범으로 처벌될 수 있다.[4]

⑤ 정부관리기업체의 과장대리급 이상이 아닌 직원도 다른 과장대리급 이상인 직원들과 함께 뇌물수수죄의 공동정범이 될 수 있다.[5]

⑥ 병가중인 자의 경우 구체적인 작위의무 내지 국가기능의 저해에 대한 구체적인 위험성이 있다고할 수 없어 직무유기죄의 주체로 될 수는 없다. 노동조합의 승인 없이 또는 지시에 반하여 일부 조합원의 집단에 의하여 이루어진 쟁의행위가 그 경위와 목적, 태양 등에 비추어 정당행위에 해당하지 아니하고, 그 쟁의행위에 참가한 일부 조합원이 병가 중이어서 직무유기죄의 주체로 될 수는 없다 하더라도 직무유기죄의 주체가 되는 다른 조합원들과의 공범관계가 인정된다는 이유로, 그 쟁의행위에 참가한 조합원들 모두 직무유기죄로 처단되어야 한다.[6]

⑦ 피고인에 대한 공소사실은 공소외인과 공모하여 군형법 제41조 위반죄(근무기피목적사술죄)를 범하

---

1) 대법원 2017. 4. 7. 선고 2017도378 판결.
2) 대법원 2014. 9. 4. 선고 2012도16119 판결; 대법원 2012. 5. 10. 선고 2010도5964 판결.
3) 대법원 2007. 5. 31. 선고 2007도1977 판결.
4) 대법원 2004. 6. 11. 선고 2001도6177 판결.
5) 대법원 1992. 8. 14. 선고 91도3191 판결.
6) 대법원 1997. 4. 22. 선고 95도748 판결.

였다는 것이므로, 피고인은 군인이나 군무원 등 군인에 준하는 자에 해당되지 아니한다 할지라도 공소외인이 범행 당시 그와 같은 신분을 가지고 있었다면 형법 제8조, 군형법 제4조의 규정에 따라 형법 제33조가 적용되어 공범으로서의 죄책을 면할 수 없다.[1]

⑧ 신분관계로 인하여 성립될 범죄에 가공한 행위는 신분관계가 없는 자도 공동정범의 책임을 지게 되는 것이므로 성인용 오락영업허가업소의 지배인도 업주의 유사사행행위 범행에 가공한 행위의 정도 및 내용에 따라 공동정범으로 의율할 수 있다.[2]

⑨ 지방공무원법 제58조 제1항 본문이 주체를 지방공무원으로 제한하고 있기는 하지만, 위 법조항에 의하여 금지되는 '노동운동이나 그 밖에 공무 외의 일을 위한 집단행위'의 태양이 행위자의 신체를 수단으로 하여야 한다거나 행위자의 인격적 요소가 중요한 의미를 가지는 것은 아니므로, 위 행위를 처벌하는 같은 법 제82조가 지방공무원이 스스로 위 행위를 한 경우만을 처벌하려는 것으로 볼 수는 없다. 따라서 지방공무원의 신분을 가지지 아니하는 사람도 지방공무원법 제58조 제1항을 위반하여 같은 법 제82조에 따라 처벌되는 지방공무원의 범행에 가공한다면 형법 제33조 본문에 의해서 공범으로 처벌받을 수 있다.[3]

⑩ 공무원이 아닌 자가 공무원과 공동하여 허위공문서작성죄를 범한 때에는 공무원이 아닌 자도 형법 제33조, 제30조에 의하여 허위공문서작성죄의 공동정범이 된다.[4]

⑪ 피고인이 건축물조사 및 가옥대장 정리업무를 담당하는 지방행정서기를 교사하여 무허가 건물을 허가받은 건축물인 것처럼 가옥대장 등에 등재케하여 허위공문서 등을 작성케 한 사실이 인정된다면, 허위공문서작성죄의 교사범으로 처단한 것은 정당하다.[5]

(2) 신분자가 비신분자에게 가담한 경우

형법 제33조는 비신분자가 신분자에게 가담한 경우에 적용되는 규정이므로, 신분자가 비신분자에게 가담하는 경우에는 적용할 수 없다. 그러므로 이는 해석에 의하여 해결하여야 한다.

1) 교사범·종범

진정신분범에서 신분자가 비신분자를 교사·방조하여 범죄를 실행한 경우, 진정신분범의 신분은 구성요건요소이므로 비신분자의 행위는 구성요건해당성이 없다. 그러므로 이 경우에는 '신분 없는 고의 있는 도구'를 이용한 간접정범이 성립한다. 예를 들면 공무원이 비공무원을 교사·방조하여 뇌물을 수수한 경우, 공무원은 수뢰죄의 간접정범이 된다.

2) 공동정범

진정신분범에서 신분자가 비신분자에게 공동정범으로 관여한 경우, 신분자와 비신분자는 행위시에 의사연락이 있었으므로 비신분자가 신분자에게 관여한 경우와 동일하게 취급한다. 따라서 제33조가 그대로 적용된다. 예를 들면 공무원이 비공무원과 공모하여 뇌물을 수수한 경

---

1) 대법원 1992. 12. 24. 선고 92도2346 판결.
2) 대법원 1990. 11. 13. 선고 90도1848 판결.
3) 대법원 2012. 6. 14. 선고 2010도14409 판결.
4) 대법원 2006. 5. 11. 선고 2006도1663 판결.
5) 대법원 1983. 12. 13. 선고 83도1458 판결.

우, 공무원과 비공무원 모두 수뢰죄의 공동정범이 된다.

3. 형법 제33조 단서의 해석

(1) 비신분자가 신분자에게 가담한 경우

1) 신분 때문에 형의 경중이 달라지는 경우

'신분 때문에 형의 경중이 달라지는 경우'란 부진정신분범을 말한다. 다수설에 의하면, 제33조 단서는 부진정신분범에 가담한 비신분자의 공범의 성립과 과형의 문제를 규정하고 있는 것이다.

2) 무거운 형으로 벌하지 아니한다.

비신분자가 신분자의 부진정신분범에 가담한 경우에는 양자 사이에 일반범죄와 부진정신분범의 공범관계가 성립하고, 그 과형에서도 비신분자는 일반범죄의 형으로 처벌된다(책임의 개별화 원칙).

① 가중적 신분범에 가담한 경우

다수설에 의하면, 비신분자에게는 일반범죄의 공동정범·교사범·종범이 성립하고, 일반범죄의 형으로 처벌된다. 하지만 판례에 의하면, 은행원이 아닌 자(비신분자)가 은행원(신분자)과 공모하여 업무상 배임죄를 저질렀다고 하여도, 이는 업무상 타인의 사무를 처리하는 신분관계로 인하여 형의 경중이 있는 경우이므로, 그러한 신분관계가 없는 자에 대하여서는 형법 제33조 단서에 의하여 형법 제355조 제2항에 따라 처단하여야 한다.[1]

판례에 의하면, ① 상호신용금고법 제39조 제1항 제2호 위반죄는 상호신용금고의 발기인·임원·관리인·청산인·지배인 기타 상호신용금고의 영업에 관한 어느 종류 또는 특정한 사항의 위임을 받은 사용인이 그 업무에 위배하여 배임행위를 한 때에 성립하는 것으로서, 이는 위와 같은 지위에 있는 자의 배임행위에 대한 형법상의 배임 내지 업무상 배임죄의 가중규정이고, 따라서 형법 제355조 제2항의 배임죄와의 관계에서는 신분관계로 인하여 형의 경중이 있는 경우라고 할 것이다. 그리고 위와 같은 신분관계가 없는 자가 그러한 신분관계에 있는 자와 공모하여 위 상호신용금고법위반죄를 저질렀다면, 그러한 신분관계가 없는 자에 대하여는 형법 제33조 단서에 의하여 형법 제355조 제2항에 따라 처단하여야 할 것인바, 그러한 경우에는 신분관계가 없는 자에게도 일단 업무상 배임으로 인한 상호신용금고법 제39조 제1항 제2호 위반죄가 성립한 다음 형법 제33조 단서에 의하여 중한 형이 아닌 형법 제355조 제2항에 정한 형으로 처벌되는 것이다.[2]

② 면의 예산과는 별도로 면장이 면민들로부터 모금하여 그 개인명으로 예금하여 보관하고 있던 체육대회성금의 업무상 점유보관자는 면장뿐이므로 면의 총무계장이 면장과 공모하여 업무상 횡령죄를 저질렀다 하여도 업무상 보관책임 있는 신분관계가 없는 총무계장에 대하여는 형법 제33조 단서에 의하여 형법 제355조 제2항(단순횡령죄)에 따라 처단하여야 한다.[3]

---

1) 대법원 1986. 10. 28. 선고 86도1517 판결.
2) 대법원 1997. 12. 26. 선고 97도2609 판결.

③ 실자(實子)와 더불어 남편을 살해한 처는 존속살해죄의 공동정범이다.[1]

② 감경적 신분범에 가담한 경우

제33조 단서는 '무거운 형으로 벌하지 아니한다.'라고 규정하기 때문에 비신분자를 언제나 가벼운 형으로 처벌해야 할 것인지 여부가 문제된다. 그러나 형의 감경사유는 언제나 신분자의 일신(一身)에 한하고 공범에게는 미치지 않으므로, 비신분자는 일반범죄로 처벌해야 한다. 예를 들면 (구) 형법상 영아살해죄에 가담한 비신분자는 보통살인죄로 처벌된다.

(2) 신분자가 비신분자에게 가담한 경우

1) 교사범 · 종범

부진정신분범에서 신분자가 비신분자를 교사 · 방조한 경우에도 제33조 단서가 적용될 것인지 여부가 문제된다. 제33조 단서는 '신분 때문에 형의 경중이 달라지는 경우'라고 할 뿐 신분이 정범과 공범 중 누구에게 있는가를 불문하므로 이 경우에도 제33조 단서가 적용되어 죄명과 과형이 모두 개별화된다.

예를 들면 甲이 乙을 교사하여 甲의 父를 살해한 경우, 乙은 보통살인죄의 정범, 甲은 존속살해죄의 교사범이 성립한다. 또한 도박의 습벽이 있는 자가 타인의 도박을 방조하면 상습도박방조의 죄에 해당하는 것이며, 도박의 습벽이 있는 자가 도박을 하고 또 도박방조를 하였을 경우 상습도박방조의 죄는 무거운 상습도박의 죄에 포괄시켜 1죄로서 처단하여야 한다.[2]

2) 공동정범

부진정신분범에서 신분자가 비신분자에게 공동정범으로 관여한 경우에는 비신분자가 신분자에게 관여한 경우와 동일하게 취급하여 제33조 단서가 그대로 적용된다. 예를 들면 甲이 A회사의 업무자 乙과 공모하여 배임행위를 한 경우, 甲은 단순배임죄, 乙은 업무상 배임죄로 처벌된다.

Ⅲ. 소극적 신분과 공범

형법 제33조는 구성적 신분과 가감적 신분에 대해서만 규정하고 있으며, 소극적 신분에 대해서는 함구하고 있다. 그러므로 소극적 신분과 공범에 관한 문제는 공범의 종속성이라는 일반이론에 따라 해결해야 한다.

---

3) 대법원 1989. 10. 10. 선고 87도1901 판결.
1) 대법원 1961. 8. 2. 선고 4294형상284 판결.
2) 대법원 1984. 4. 24. 선고 84도195 판결.

1. 불법조각적 신분과 공범

비신분자가 신분자에게 가담한 경우에 비신분자는 신분자의 적법행위에 관여한 것이므로 비신분자에게도 범죄가 성립하지 아니한다. 반면에 신분자가 비신분자에게 가담한 경우에는 정범인 비신분자의 불법효과가 신분자에게 연대적으로 미치므로 신분자에게도 그 범죄의 공범이 성립한다.

예를 들면 치과의사가 환자의 대량유치를 위해 치과기공사들에게 내원환자들에게 진료행위를 하도록 지시하여 동인들이 각 단독으로 진료행위를 하였다면 무면허의료행위의 교사범에 해당하며[1], 의료인일지라도 의료인 아닌 자의 의료행위에 공모하여 가공하면 의료법 제25조 제1항이 규정하는 무면허의료행위의 공동정범으로서의 책임을 진다.[2]

2. 책임조각적 신분과 공범

비신분자가 신분자에게 가담한 경우에 신분자는 책임이 조각되어 처벌받지 않지만, 비신분자는 신분자의 불법에 종속되어 공범으로 처벌된다. 반면에 신분자가 비신분자에게 가담한 경우에도 비신분자의 범죄성립에는 영향이 없지만, 신분자는 책임이 조각된다.

3. 형벌조각적 신분과 공범

비신분자가 신분자에게 가담한 경우에 비신분자는 신분자의 불법에 종속되므로 신분자와 비신분자 모두에게 범죄가 성립하지만, 신분자는 형벌이 조각된다. 또한 신분자가 비신분자에게 가담한 경우에도 신분자와 비신분자 모두에게 범죄가 성립하지만, 신분자는 형벌이 조각된다.

제 6 절 간접정범

Ⅰ. 서 설

1. 의 의

어느 행위로 인하여 처벌되지 아니하는 자 또는 과실범으로 처벌되는 자를 교사 또는 방조하여 범죄행위의 결과를 발생하게 한 자는 교사 또는 방조의 예에 의하여 처벌한다(제34조 제1항). '간접정범'(間接正犯)이란 타인을 생명 있는 도구로 이용하여 간접적으로 범죄를 실행하는

---

1) 대법원 1986. 7. 8. 선고 86도749 판결.
2) 대법원 1986. 2. 11. 선고 85도448 판결.

정범의 형태를 말한다.

　　예를 들면 허위공문서작성의 주체는 직무상 그 문서를 작성할 권한이 있는 공무원에 한하고 작성권자를 보조하는 직무에 종사하는 공무원은 허위공문서작성죄의 주체가 되지 못하지만, 공문서의 작성권한이 있는 공무원의 직무를 보좌하는 사람이 그 직위를 이용하여 행사할 목적으로 허위의 내용이 기재된 문서 초안을 그 정을 모르는 상사에게 제출하여 결재하도록 하는 등의 방법[1]으로 작성권한이 있는 공무원으로 하여금 허위의 공문서를 작성하게 한 경우에는 허위공문서작성죄의 간접정범이 성립되고[2], 이와 공모한 자 역시 그 간접정범의 공범으로서의 죄책을 면할 수 없는 것이고, 여기서 말하는 공범은 반드시 공무원의 신분이 있는 자로 한정되는 것은 아니라고 할 것이다.[3]

2. 본 질

(1) 공범설

1) 제한적 정범개념이론

구성요건에 해당하는 행위를 스스로 실행한 자만이 정범이 되므로 간접정범은 공범의 일종이 된다는 견해이다.

2) 공범독립성설

피이용자의 행위의 가벌성의 유무를 불문하고 자기의 범죄수행을 위하여 타인의 행위를 이용하는 것이 공범이므로 간접정범의 개념은 인정할 필요가 없고, 공범으로 보아야 한다는 견해이다.

(2) 정범설

1) 확장적 정범개념이론

직접·간접을 불문하고 구성요건적 결과발생에 조건이 된 자는 모두 정범이 되므로, 그 개념을 특별히 인정할 필요도 없이 간접정범은 당연히 정범이라는 견해이다.

---

1) 한편 이러한 결재를 거치지 않고 임의로 허위내용의 공문서를 완성한 때에는 공문서위조죄가 성립한다(대법원 1981. 7. 28. 선고 81도898 판결).

2) 대법원 2011. 5. 13. 선고 2011도1415 판결(공무원 甲이 허위의 사실을 기재한 자동차운송사업변경(증차)허가신청 검토조서를 작성한 다음 이를 자동차운송사업변경(증차)허가신청 검토보고에 첨부하여 결재를 상신하였고, 담당계장으로서 그와 같은 사정을 알고 있는 중간 결재자인 피고인과 담당과장으로서 그와 같은 사정을 알지 못하는 최종 결재자인 乙이 차례로 위 검토보고에 결재를 하여 자동차운송사업 변경허가가 이루어진 사안에서, 위 검토조서 및 검토보고의 각 내용과 형식, 관계 및 작성 목적, 이를 토대로 변경허가가 이루어진 점 등을 종합할 때, 공문서인 위 검토보고의 작성자는 乙이라고 보아야 하므로, 위 검토보고의 내용 중 일부에 불과한 위 검토조서의 작성자인 甲은 물론 乙의 업무상 보조자이자 중간 결재자인 피고인은 허위공문서작성죄의 주체가 될 수 없는데도 피고인과 甲의 행위가 공동정범에 해당한다고 본 원심판단은 잘못이지만, 이는 허위의 정을 모르는 작성권자 乙로 하여금 허위의 공문서를 결재·작성하게 한 경우에 해당하여 그 간접정범에 해당한다).

3) 대법원 1992. 1. 17. 선고 91도2837 판결.

2) 도구이론

간접정범은 인적 도구를 이용한다는 점에서 물적 도구를 이용하는 직접정범과 그 규범적 평가에서 차이가 없으므로 정범이 된다는 견해이다.

3) 공범형 간접정범설

극단적 종속형식의 입장에서, 책임 없는 자를 교사·방조한 경우에는 교사범·방조범이 성립할 수 없으므로, 제34조 제1항은 도구형 간접정범을 규정한 것이 아니라 교사·방조범으로 처벌할 수 없는 행위를 처벌하기 위하여 공범형 간접정범으로 규정한 것이라는 견해이다.

4) 행위지배설

피이용자의 행위는 이용자의 의사의 실현에 지나지 아니하며, 이용자는 우월한 사실인식을 토대로 피이용자의 행위를 지배·조종하고 이것을 통해 범죄를 실현하는 의사지배로 인하여 정범이 된다는 견해이다.

Ⅱ. 성립요건

1. 피이용자의 범위

(1) 어느 행위로 인하여 처벌되지 아니하는 자

1) 구성요건해당성이 없는 행위를 이용하는 경우

① 구성요건의 객관적 표지가 결여된 경우

㉠ 이용자의 강요·기망에 의하여 피이용자가 자살·자상한 경우

먼저 살인죄의 객체인 사람은 타인을 의미하므로 피이용자의 자살은 살인죄의 구성요건해당성이 부정된다. 다만 이용자에게 의사지배가 인정되고 자살자가 자살의 의미를 이해할 경우에는 위계·위력에 의한 살인죄, 의사지배가 인정되지만 자살자가 자살의 의미를 이해하지 못할 경우에는 살인죄의 직접정범[1], 의사지배가 부정될 경우에는 자살관여죄가 각각 성립한다.

다음으로 형법상 상해죄의 객체인 사람의 신체는 타인의 신체를 의미하므로 피이용자의 자상은 상해죄의 구성요건해당성이 부정된다. 다만 기망이나 강요에 의하여 자상하게 한 경우에는 상해죄의 간접정범이 성립한다.[2]

---

1) 대법원 1987. 1. 20. 선고 86도2395 판결(피고인이 7세, 3세 남짓된 어린자식들에 대하여 함께 죽자고 권유하여 물속에 따라 들어오게 하여 결국 익사하게 하였다면 비록 피해자들을 물속에 직접 밀어서 빠드리지는 않았다고 하더라도 자살의 의미를 이해할 능력이 없고 피고인의 말이라면 무엇이나 복종하는 어린 자식들을 권유하여 익사하게 한 이상 살인죄의 범의는 있었음이 분명하다).

2) 대법원 1970. 9. 22. 선고 70도1638 판결(피고인은 동거한 사실이 있는 피해자인 공소외인 여인에게 피고인을 탈영병이라고 헌병대에 신고한 이유와 다른 남자와 정을 통한 사실들을 추궁한 바, 이를 부인하자 하숙집 뒷산으로 데리고 가 계속 부정을 추궁하면서 상대 남자를 말하자 대답을 하지 못하고 당황하던 동 여인에게 소지중인 면도칼 1개를 주면서 '네가 네 코를 자르지 않을 때는 돌로서 죽인다'는 등 위협을 가해 자신의 생명에 위험을 느낀 동 여인은 자신의 생명을 보존하기 위하여 위 면도칼로 콧등을 길이 2.5cm, 깊이 0.56cm 절단함으로써 동 여인에게 전치 3개월을 요하는 상처를 입혀 안면부 불구가 되게 하였다는 것으로서 이와 같이 피고인에게 피해자

한편 처벌되지 아니하는 타인의 행위를 적극적으로 유발하고 이를 이용하여 자신의 범죄를 실현한 자는 간접정범의 죄책을 지게 되지만, 그 과정에서 타인의 의사를 부당하게 억압하여야만 간접정범에 해당하는 것은 아니다.

　　ⓛ 진정신분범에서 신분자가 비신분자를 이용한 경우

　　피이용자의 행위는 구성요건해당성이 없으므로 이용자를 공범으로 처벌할 수 없지만, 규범적 행위지배가 인정되어 이용자에게는 간접정범이 성립한다[1]. 예를 들면 공무원 甲이 그의 친구 乙을 이용하여 수뢰한 경우, 甲은 수뢰죄의 간접정범, 乙은 불가벌이 된다.

　　ⓒ 진정신분범에서 비신분자가 신분자를 이용한 경우

　　비신분자가 신분자를 생명 있는 도구로 이용하여 진정신분범을 범할 수는 없다. 예를 들면 공무원이 아닌 자는 형법 제228조(공정증서원본 등의 부실기재)의 경우를 제외하고는 허위공문서작성죄의 간접정범으로 처벌할 수 없다.[2]

　　② 구성요건의 주관적 표지가 결여된 경우

　　㉠ 고의 없는 도구를 이용한 경우

　　이러한 경우에는 의사지배가 인정되어 간접정범이 성립하는데, 피이용자의 구성요건적 착오를 이용한 경우도 마찬가지이다. 예를 들면 의사가 사정을 모르는 간호사로 하여금 환자에게 독약을 영양제로 속여 주사하게 한 경우, 甲이 절도의 의사로 乙로 하여금 丙의 물건을 甲의 물건이라고 오신시켜 취거하게 한 경우 등이 이에 해당한다.

　　판례에 의하면, ① 경찰서 보안과장인 피고인이 甲의 음주운전을 눈감아주기 위하여 그에 대한 음주운전자 적발보고서를 찢어버리고, 부하로 하여금 일련번호가 동일한 가짜 음주운전 적발보고서에 乙에 대한 음주운전 사실을 기재케 하여 그 정을 모르는 담당 경찰관으로 하여금 주취운전자 음주측정처리부에 乙에 대한 음주운전 사실을 기재하도록 한 이상, 乙이 음주운전으로 인하여 처벌을 받았는지 여부와는 관계없이 허위공문서작성 및 동 행사죄의 간접정범으로서의 죄책을 면할 수 없다.[3]
　　② 피고인이 축산업협동 공소외 1 조합이 점유하는 타인 소유의 창고의 패널을 점유자인 공소외 1 조합으로부터 명시적인 허락을 받지 않은 채 소유자인 위 타인으로 하여금 취거하게 한 경우 소유자를 도구로 이용한 절도죄의 간접정범이 성립될 수 있다.[4]
　　③ 면의 호적계장이 정을 모른 면장의 결재를 받아 허위내용의 호적부를 작성한 경우 허위공문서작성

여인의 상해결과에 대한 인식이 있고 또 그 여인에게 대한 협박정도가 그의 의사결정의 자유를 상실케 함에 족한 것인 이상, 피고인에게 중상해 사실을 인정하고 피해자 여인의 자상행위로 인정하지 아니하였다).

1) 대법원 2000. 6. 13. 선고 2000도778 판결(명의인을 기망하여 문서를 작성케 하는 경우는 서명, 날인이 정당히 성립된 경우에도 기망자는 명의인을 이용하여 서명 날인자의 의사에 반하는 문서를 작성케 하는 것이므로 사문서위조죄(의 간접정범)가 성립한다).

2) 대법원 2006. 5. 11. 선고 2006도1663 판결. 다만 공무원이 아닌 자가 공무원과 공동하여 허위공문서작성죄를 범한 때에는 공무원이 아닌 자도 형법 제33조, 제30조에 의하여 허위공문서작성죄의 공동정범이 된다.

3) 대법원 1996. 10. 11. 선고 95도1706 판결.

4) 대법원 2006. 9. 28. 선고 2006도2963 판결.

및 동행사죄의 간접정범이 성립된다.1)

④ 신용카드를 제시받은 상점 점원이 그 카드의 금액란을 정정기재하였다고 하더라도 그것이 카드소지인이 위 점원에게 자신이 위 금액을 정정기재 할 수 있는 권리가 있는 양 기망하여 이루어졌다면 이는 간접정범에 의한 유가증권변조로 봄이 상당하다.2)

⑤ 시장의 토지구획정리사무를 보조하는 지방행정주사보가 행사할 목적으로 그 직무상 초안하는 문서에 허위사실을 기재한 체비지매각 증명서 및 매도증서를 기안하여 그 정을 모르는 총무과 직원으로 하여금 시장 직인을 압날케 하여 시장명의의 위 문서들을 작성케 한 경우에는 허위공문서작성죄의 간접정범이 성립한다.3)

⑥ 튀김용 기름의 제조허가도 없이 튀김용기름을 제조할 범의하에 식용유제조의 범의 없는 자를 이용하여 튀김용 기름을 제조케 한 자는 그 직접 제조행위자가 식용유제조의 범의가 없어 그 제조에 대한 책임을 물을 수 없다고 하여도 처벌되지 아니하는 그 행위를 이용하여 무허가제조행위를 실행한 자로서 식품위생법 제23조 제1항 위반죄의 간접정범에 해당한다.4)

⑦ 보증인이 아니라고 하더라도 허위 보증서 작성의 고의 없는 보증인들로 하여금 허위의 보증서를 작성하게 한 경우에는 간접정범이 성립한다.5)

하지만 ① 어느 문서의 작성권한을 갖는 공무원이 그 문서의 기재 사항을 인식하고 그 문서를 작성할 의사로써 이에 서명날인하였다면, 설령 그 서명날인이 타인의 기망으로 착오에 빠진 결과 그 문서의 기재사항이 진실에 반함을 알지 못한 데 기인한다고 하여도, 그 문서의 성립은 진정하며 여기에 하등 작성명의를 모용한 사실이 있다고 할 수는 없으므로, 공무원 아닌 자가 관공서에 허위 내용의 증명원을 제출하여 그 내용이 허위인 정을 모르는 담당공무원으로부터 그 증명원 내용과 같은 증명서를 발급받은 경우 공문서위조죄의 간접정범으로 의율할 수는 없다.6)

② 공무원 아닌 자가 허위공문서작성의 간접정범일 때에는 형법 제228조(공정증서원본부실기재죄)의 경우를 제외하고는 이를 처단하지 못하므로 면장의 거주확인증 발급을 위한 허위사실의 신고는 죄가 되지 않는다.7)

ⓒ 목적범에서 '목적 없는 고의 있는 도구'를 이용한 경우

피이용자에게는 목적이 없지만 배후의 이용자에게는 목적이 있는 경우 이용자에게 규범적인 우위성이 인정되므로 간접정범이 성립한다. 예를 들면 타인을 비방할 목적으로 허위의 기사재료를 그 정을 모르는 기자에게 제공하여 신문 등에 보도되게 한 경우에는 출판물에 의한 명예훼손죄가 성립할 수 있다.8) 또한 내란죄의 경우에는 국헌문란의 목적을 가진 자가 그러한 목

---

1) 대법원 1990. 10. 30. 선고 90도1912 판결.
2) 대법원 1984. 11. 27. 선고 84도1862 판결.
3) 대법원 1983. 9. 27. 선고 83도1404 판결.
4) 대법원 1983. 5. 24. 선고 83도200 판결.
5) 대법원 2009. 12. 24. 선고 2009도7815 판결.
6) 대법원 2001. 3. 9. 선고 2000도938 판결.
7) 대법원 1971. 1. 26. 선고 70도2598 판결.
8) 대법원 2002. 6. 28. 선고 2000도3045 판결(하지만 제보자가 기사의 취재·작성과 직접적인 연관이 없는 자에게 허위의 사실을 알렸을 뿐인 경우에는, 제보자가 피제보자에게 그 알리는 사실이 기사화 되도록 특별히 부탁하였

적이 없는 자를 이용하여 이를 실행할 수도 있다.[1]

2) 위법성이 없는 행위를 이용하는 경우

타인에게 인정될 수 있는 위법성조각사유를 이용하여 범죄를 실행하는 경우에도 이용자에게 간접정범이 성립할 수 있다. 예를 들면 인신구속에 관한 직무를 행하는 자 또는 이를 보조하는 자가 피해자를 구속하기 위하여 진술조서 등을 허위로 작성한 후 이를 기록에 첨부하여 구속영장을 신청하고, 진술조서 등이 허위로 작성된 정을 모르는 검사와 영장전담판사를 기망하여 구속영장을 발부받은 후 그 영장에 의하여 피해자를 구금하였다면 형법 제124조 제1항의 직권남용감금죄의 간접정범이 성립한다.[2]

3) 책임이 없는 행위를 이용하는 경우

이용자가 피이용자의 책임조각사유를 인식하고, 그를 도구로 장악하여 우월한 의사지배에 의하여 이용한 경우에 간접정범이 성립한다. 예를 들면 피이용자가 유아·심신상실자 등과 같은 책임무능력자를 의사능력 없는 생명있는 도구로 이용한 경우에는 의사지배가 인정되어 간접정범이 성립한다. 하지만 책임무능력자를 교사한 경우에는 제한적 종속형식에 의하면 교사범이 성립한다.

4) 구성요건해당성·위법성·책임이 있는 행위를 이용하는 경우

이 경우 피이용자는 고의범으로 처벌되는 자이므로, 이용자에게는 교사범이 성립하고 간접정범은 성립할 수 없다. 그러므로 인적 처벌조각사유가 있는 피이용자를 이용한 경우, 이용자는 교사범이 될 뿐이며 간접정범이 될 수는 없다. 하지만 고의의 정범으로 처벌되는 자를 이용한 때에도 극히 제한된 예외적 상황에서는 간접정범이 성립할 수도 있는데, 이를 '정범 배후의 정범이론'이라고 한다.

이는 공범으로 처벌받을 자를 정범으로 처벌해야 한다는 형사정책적 필요성을 그 배경으로 한다. 예를 들면 회피가능한 금지착오에 빠진 자를 이용하는 경우, 객체의 착오를 유도하여

다거나 피제보자가 이를 기사화 할 것이 고도로 예상되는 등의 특별한 사정이 없는 한, 피제보자가 언론에 공개하거나 기자들에게 취재됨으로써 그 사실이 신문에 게재되어 일반 공중에게 배포되더라도 제보자에게 출판·배포된 기사에 관하여 출판물에 의한 명예훼손죄의 책임을 물을 수는 없다. 의사가 의료기기 회사와의 분쟁을 정치적으로 해결하기 위하여 국회의원에게 허위의 사실을 제보하였을 뿐인데, 위 국회의원의 발표로 그 사실이 일간신문에 게재된 경우 출판물에 의한 명예훼손이 성립하지 아니한다).

1) 대법원 1997. 4. 17. 선고 96도3376 전원합의체 판결(피고인들은 12·12 군사반란으로 군의 지휘권을 장악한 후, 국정 전반에 영향력을 미쳐 국권을 사실상 장악하는 한편, 헌법기관인 국무총리와 국무회의의 권한을 사실상 배제하고자 하는 국헌문란의 목적을 달성하기 위하여, 비상계엄을 전국적으로 확대하는 것이 전군지휘관회의에서 결의된 군부의 의견인 것을 내세워 그와 같은 조치를 취하도록 대통령과 국무총리를 강압하고, 병기를 휴대한 병력으로 국무회의장을 포위하고 외부와의 연락을 차단하여 국무위원들을 강압 외포시키는 등의 폭력적 불법수단을 동원하여 비상계엄의 전국확대를 의결·선포하게 하였음을 알 수 있다. 사정이 이와 같다면, 위 비상계엄 전국확대가 국무회의의 의결을 거쳐 대통령이 선포함으로써 외형상 적법하였다고 하더라도, 이는 피고인들에 의하여 국헌문란의 목적을 달성하기 위한 수단으로 이루어진 것이므로 내란죄의 폭동에 해당하고, 또한 이는 피고인들에 의하여 국헌문란의 목적을 달성하기 위하여 그러한 목적이 없는 대통령을 이용하여 이루어진 것이므로 피고인들이 간접정범의 방법으로 내란죄를 실행한 것으로 보아야 할 것이다).

2) 대법원 2006. 5. 25. 선고 2003도3945 판결.

이를 이용하는 경우, 조직적 권력구조를 통한 행위실현의 경우 등이 이에 해당한다.

동 이론의 인정 여부와 관련하여, ① 배후자에 대한 간접정범의 성립 여부는 정범개념의 우위성에 따라 그 자의 행위지배의 특성에서 찾아야지 피이용자의 자격이 결정적인 것은 아니므로, 배후자에게 우월한 지위에서의 행위지배가 인정될 경우에는 간접정범을 인정할 수 있다는 적극설, ② '어느 행위로 인하여 처벌되는 자'를 이용하는 경우까지 간접정범으로 파악하는 것은 형법 제34조 제1항의 문언에 반하므로 배후자에게 간접정범을 인정할 수 없다는 소극설 등의 대립이 있다.

생각건대 소극설이 타당하다. 왜냐하면 정범 배후의 정범을 인정하는 것은 형법상 명문의 규정에 반하기 때문이다.

(2) 과실범으로 처벌되는 자

과실범 처벌규정이 존재하여 가벌적인 과실범은 물론 과실범 처벌규정이 존재하지 않아 불가벌적인 과실범을 이용하는 경우에 이용자는 간접정범이 될 수 있다. 예를 들면 간호사의 과실을 이용하여 환자에게 독약을 투여한 의사는 살인죄의 간접정범으로 처벌할 수 있다.

2. 이용행위

간접정범에서 말하는 이용행위는 교사 또는 방조를 의미하는데, 간접정범은 의사지배가 있는 정범이므로 교사 또는 방조는 의사지배가 없는 교사범 또는 종범의 그것과 동일한 것이 아니고, 사주 내지 이용의 의미로 파악해야 한다. 그러므로 간접정범에서 말하는 교사는 우월한 의사에 의한 지배·조종행위로, 방조는 우월한 의사에 의한 이용·원조행위로 각각 파악해야 한다.

3. 범죄행위의 결과 발생

제34조 제1항에서 말하는 '범죄행위의 결과 발생'은 구성요건에 해당하는 사실을 실현하는 것을 의미한다. 주의할 점은 '범죄행위의 결과 발생'은 '범죄의 결과 발생'과 구별되어야 한다는 것이다. 즉 범죄행위의 결과가 발생한다는 것은 범죄가 행해진다는 것을 의미한다. 그러므로 결과범에서 결과가 발생한 경우뿐만 아니라 결과가 발생하지 않더라도 피이용자의 행위가 있는 경우에는 범죄행위의 결과가 발생한 것으로 보아야 한다.

만약 범죄행위의 결과가 발생하지 않는 경우, 간접정범의 실행의 착수시기와 관련하여 이용행위시설에 의하면 간접정범의 미수로 처벌되고, 간접정범의 실행의 착수시기와 관련하여 피이용행위시설에 의하면 예비·음모로 처벌된다.

Ⅲ. 효 과

1. 간접정범의 기수

간접정범은 교사 또는 방조의 예에 의하여 처벌한다(제34조 제1항). 그러므로 이용행위가 교사에 해당하는 경우에는 정범과 동일한 형으로 처벌하고(제31조 제1항), 방조에 해당하는 경우에는 정범의 형보다 감경한다(제32조 제1항).

2. 간접정범의 미수

간접정범은 정범이므로 간접정범의 미수는 공범의 예에 따라 교사의 경우에만 예비·음모에 준하여 처벌하는 것이 아니라 일반적인 미수범의 처벌규정에 의하여 처벌되어야 한다.

Ⅳ. 관련문제

1. 간접정범과 착오

(1) 피이용자의 성질에 대한 착오
1) 이용자에게 의사지배의 인식이 있었던 경우

이용자가 피이용자에게 고의, 책임능력 등이 없는 것으로 알고 이용하였으나, 실제로는 고의, 책임능력 등이 있었던 경우에는 피이용자에 대한 의사지배를 인정할 수 없으므로 공범이 성립한다.

2) 이용자에게 의사지배의 인식이 없었던 경우

이용자가 피이용자에게 고의, 책임능력 등이 있는 것으로 알고 이용하였으나, 실제로는 고의, 책임능력 등이 없었던 경우에는 피이용자에 대한 의사지배의 고의가 없고 단지 교사·방조의 고의로 행위를 한 것이므로 역시 공범이 성립한다.

(2) 실행행위에 대한 착오
1) 구체적 사실의 착오

이용자가 사주한 범죄와 피이용자가 실행한 범죄가 불일치하는 구체적 사실의 착오와 관련하여, 구체적 부합설에 의하면 간접정범의 정범성에 비추어 이용자를 기준으로 착오의 문제를 판단해야 하므로 객체와 착오와 방법의 착오를 불문하고 이용자에게는 방법의 착오로 평가된다. 그러므로 사주한 사실의 미수와 발생한 사실의 과실범의 상상적 경합범으로 처리된다. 반면에 법정적 부합설에 의하면 피이용자의 착오는 객체와 착오와 방법의 착오를 불문하고 발생한 사실에 대한 간접정범으로 처리된다.

2) 추상적 사실의 착오

① 양적 초과

사주한 내용을 초과하여 실행한 경우에 초과부분에 대해서는 의사지배가 없으므로 원칙적으로 사주한 부분에 대해서만 간접정범이 성립한다. 하지만 초과부분에 대하여 미필적 고의가 있거나 중한 결과에 대한 예견가능성이 있는 경우에는 전체에 대한 간접정범이나 결과적 가중범이 성립할 수 있다.

② 질적 초과

사주한 내용과 실행한 내용이 질적으로 다를 경우에는 사주한 범죄의 미수범과 발생한 사실의 과실범의 상상적 경합범으로 처리된다.

2. 과실에 의한 간접정범

우월한 의사지배에 기초한 행위지배가 없기 때문에 과실에 의한 간접정범은 인정될 수 없다.

3. 특수교사·방조

자기의 지휘·감독을 받는 자를 교사 또는 방조하여 전항의 결과를 발생하게 한 자는 교사인 때에는 정범에 정한 형의 장기 또는 다액에 그 2분의 1까지 가중하고, 방조인 때에는 정범의 형으로 처벌한다(제34조 제2항). 이는 지휘·감독자로서의 사회적 신분을 남용하였다는 점에서 불법에 대한 비난이 상대적으로 높기 때문에 가중하여 처벌되는 것이다.

4. 자수범

'자수범'(自手犯)이란 정범 자신이 구성요건적 행위를 직접 실행했을 때 범죄가 성립하고, 타인을 이용해서는 범할 수 없는 범죄를 말한다. 예를 들면 위증죄, 군무이탈죄 등이 이에 해당한다. 이와 같은 자수범의 경우에는 직접정범·단독정범·공범의 성립만이 가능하고, 자수적 실행행위가 없는 간접정범이나 공동정범의 성립은 불가능하다.

판례에 의하면, ① 허위신고죄를 규정한 부정수표단속법 제4조가 '수표금액의 지급 또는 거래정지처분을 면하게 할 목적'이 아니라 '수표금액의 지급 또는 거래정지처분을 면할 목적'을 요건으로 하고 있는데 수표금액의 지급책임을 부담하는 자 또는 거래정지처분을 당하는 자는 오로지 발행인에 국한되는 점에 비추어 볼 때 발행인 아닌 자는 위 법조가 정한 허위신고죄의 주체가 될 수 없고, 허위신고의 고의 없는 발행인을 이용하여 간접정범의 형태로 허위신고죄를 범할 수도 없다.[1] ② 농업협동조합법상의 호별방문죄는 '임원이 되고자 하는 자'라는 신분자가 스스로 호별방문을 한 경우만을 처벌하는 것으로 보아야 하고, 비록 신분자와 비신분자와 통모하였거나 신분자가 비신분자를 시켜 방문케 하였다고 하더라도 비신분자만이 호별방문을 한 경우에는 신분자는 물론 비신분자도 같은 죄

---

1) 대법원 1992. 11. 10. 선고 92도1342 판결.

로 의율하여 처벌할 수는 없다.[1)

하지만 강제추행죄는 사람의 성적 자유 내지 성적 자기결정의 자유를 보호하기 위한 죄로서 정범 자신이 직접 범죄를 실행하여야 성립하는 자수범이라고 볼 수 없으므로, 처벌되지 아니하는 타인을 도구로 삼아 피해자를 강제로 추행하는 간접정범의 형태로도 범할 수 있다. 여기서 강제추행에 관한 간접정범의 의사를 실현하는 도구로서의 타인에는 피해자도 포함될 수 있다고 봄이 타당하므로, 피해자를 도구로 삼아 피해자의 신체를 이용하여 추행행위를 한 경우에도 강제추행죄의 간접정범에 해당할 수 있다.[2)

---

1) 대법원 2003. 6. 13. 선고 2003도889 판결.
2) 대법원 2018. 2. 8. 선고 2016도17733 판결(피고인이 피해자들을 협박하여 겁을 먹은 피해자들로 하여금 어쩔 수 없이 나체나 속옷만 입은 상태가 되게 하여 스스로를 촬영하게 하거나, 성기에 이물질을 삽입하거나 자위를 하는 등의 행위를 하게 하였다면, 이러한 행위는 피해자들을 도구로 삼아 피해자들의 신체를 이용하여 그 성적 자유를 침해한 행위로서, 그 행위의 내용과 경위에 비추어 일반적이고도 평균적인 사람으로 하여금 성적 수치심이나 혐오감을 일으키게 하고 선량한 성적 도덕관념에 반하는 행위라고 볼 여지가 충분하다).

제 7 장   죄 수 론

제 1 절   죄수론의 기초

I. 죄수론 및 범죄경합론의 의의

1. 죄수론의 의의

'죄수론'(罪數論)이란 범죄의 수를 정하는 문제를 다루는 이론을 말한다. 행위자에게 부과될 형벌의 양은 일죄인가 아니면 수죄인가에 따라 크게 달라진다. 범죄의 수가 하나인가 아니면 다수인가의 문제는 범죄의 성립 여부 못지않게 피고인의 양형에 미치는 영향은 상당히 크다. 또한 범죄경합론의 문제는 죄수론의 영역에서 수죄로 인정되는 문제만을 다루기 때문에 범죄 경합론을 제대로 파악하기 위해서라도 죄수론의 역할이 중요하다. 실제로 죄수결정에서 특히 문제로 되는 것은 구성요건에 해당하고 위법하고 유책한 행위가 하나임에도 불구하고 그 결과 가 다수인 경우에 이것을 규범적 관점에 따라 일죄로 볼 것인가 아니면 수죄로 볼 것인가의 문 제(상상적 경합) 또는 구성요건에 해당하고 위법하고 유책한 행위가 다수임에도 불구하고 이것 을 하나의 죄로 보아야 하는 경우가 있을 것인가(포괄적 일죄)에 있다.

한편 죄수의 문제는 형사소송법적으로도 매우 중요한 역할을 한다. 예를 들면 고소, 공소의 제기, 심판의 대상, 상소 등에 있어서의 방식과 효과에 결정적인 영향을 미치고 있다. 뿐만 아 니라 판결이유에는 범죄 사실과 적용될 법령을 명시하여야 하므로(형사소송법 제323조 제1항), 죄수는 판사에 의한 형의 선고에도 매우 중요한 의미를 가진다.[1] 즉 일죄에 해당하는 법조경합 의 경우에는 적용이 배제되는 구성요건은 판결문의 적용법조로서 기재하지 않지만, 상상적 경 합의 경우는 수죄이므로 그에 해당하는 구성요건을 판결문의 적용법조로서 전부 나열하여야 한다.

2. 죄수론과 범죄경합론의 구별

엄격히 말하면 죄수론은 범죄의 개수가 1개인가 또는 수개인가와 관련하여 범죄의 개수를 나누는 기준에 관한 문제를 다루는 범죄론의 이론영역이다. 반면에 수죄가 성립된 경우에 이를 어떻게 처리할 것이며, 어떠한 형벌을 과할 것이냐를 결정하는 것은 범죄경합론[2]으로서 이는

---

1) 대법원 2003. 12. 26. 선고 2003도6288 판결(죄수평가를 잘못한 결과 처단형의 범위에 차이가 생긴 경우에는 죄수 에 관한 법리를 오해함으로써 판결에 영향을 미친 위법이 있다).

2) 흔히 '경합론'이라는 용어를 사용하지만 이는 적절하지 않다고 본다. 왜냐하면 무엇이 경합하는지, 즉 경합의

형벌론의 이론영역에 속한다. 하지만 기존에는 이러한 두 가지 문제를 종래의 죄수론이라는 하나의 영역에 포괄하여 이해하고, 체계적으로 분리하여 고찰하지 않았기 때문에 매우 복잡하고 혼란스러운 문제들을 야기시켰다. 따라서 종래의 죄수론에서 검토하는 두 가지 영역의 문제, 즉 죄수론과 범죄경합론이라는 문제를 두 개의 독립된 영역으로 나누어서 고찰하는 것이 중요하다.

우선 1인의 행위자가 범한 범죄의 개수가 1개인가 아니면 수개인가의 문제를 다루는 이론영역이 죄수론이다. 그러므로 죄수론에서의 논의의 핵심은 과연 범죄가 1개인가 아니면 수개인가를 결정하는 구체적인 기준을 마련하는 데에 있다. 기본적으로 죄수론의 출발점은 '범죄의 개수'에 두고, 이 단계에서 수죄로 인정될 경우에만 그 다음 단계인 범죄경합론에서 제40조에서 말하는 '한 개의 행위'의 여부를 물어 상상적 경합과 실체적 경합을 구별해야 한다. 이렇게 죄수의 단복을 먼저 결정한 다음, 수죄가 인정될 경우에만 그 다음 단계인 범죄경합론으로 넘어가는 것이 현행 형법의 규정태도에 비추어 합당하다.

다음으로 1인의 행위자가 수개의 범죄를 범했을 경우, 성립된 수개의 범죄에 대하여 어떠한 법률효과를 부과할 것인지를 다루는 이론영역이 범죄경합론이다. 형법 제40조에서는 '1개의 행위'가 '수개의 죄'에 해당하는 경우를 상상적 경합으로 하고, 형법 제37조에서는 일정한 요건 하의 '수개의 죄'를 실체적 경합으로 규정하고 있다. 형법 제37조의 규정에는 명시되어 있지는 않으나 제40조와의 체계상 '수개의 행위'를 전제로 한 '수개의 죄'가 그 요건을 갖추는 경우에 실체적 경합이 되는 것으로 해석함이 당연하다. 그러므로 범죄경합론에서 논의되어야 할 문제는 성립된 수개의 범죄가 형법 제37조에 해당하는지 아니면 형법 제40조에 해당하는지에 대한 기준이 되는 범죄경합론상의 '행위'의 단복을 밝히는 데 있다.

Ⅱ. 죄수결정의 기준

1. 자연적 행위표준설

'자연적 행위표준설'[1]이란 '범죄는 행위이다.'라는 명제를 근거로 해서 행위의 수를 기준으로 죄수를 결정하는 견해를 말한다. 이는 객관적인 신체동작의 개수를 기준으로 죄수를 결정하는데, 행위가 1개이면 범죄도 1개가 되고, 행위가 수개이면 범죄도 수개가 된다고 한다. 여기서 말하는 '행위'란 자연적 의미에서의 사실행위를 말하며, 법적 의미의 행위 개념을 의미하지 아

대상에 대해서는 용어를 통해서 전혀 알 수 없기 때문이다. 그리하여 '법조경합'이라는 용어를 사용하는 것과 마찬가지로 '경합'이라는 용어의 앞부분에 경합의 대상인 '범죄'를 덧붙여 '범죄경합론'이라고 부르는 것이 보다 적절한 용어의 사용 방법이다.

1) 일반적으로 행위표준설에서 말하는 '행위'란 '자연적 의미'에서의 행위를 말하므로, 행위표준설에서의 행위의 의미를 다르게 보는 학설들이 주장되고 있는 현 상황에서, 동설의 정확한 명칭은 '자연적 행위표준설'이라고 명명할 수 있다.

니한다. 이에 의하면 상상적 경합은 1개의 행위에 의하여 수개의 범죄를 범한 것이므로 실질상 일죄로 취급됨과 동시에 과형상으로도 일죄가 된다. 반면에 실체적 경합범뿐만 아니라 연속범, 접속범, 결합범 등은 수죄로 평가된다.

2. 사회적·형법적 행위표준설

'사회적·형법적 행위표준설'이란 행위를 자연적 의미의 행위개념으로 이해하지 않는 대신에 수개의 자연적 행위가 있다고 하더라도 법률상의 구성요건이 이를 사회적·형법적 의미에서 단일한 것으로 평가할 경우 형법적인 의미에 있어서 하나의 행위가 된다는 견해를 말한다. 이에 따라 물리적 동작이 다수이더라도 단일한 결의에 의하여 계속적으로 반복해서 동일한 범죄 구성요건을 실현한 것이면 사회적 의미로 보아 1개의 행위로 평가된다.

3. 법익표준설

'법익표준설'이란 '범죄의 본질은 법익을 침해하거나 위태롭게 하는 데에 있다.'라는 명제를 근거로 하여, 침해되거나 위태롭게 되는 법익의 수를 기준으로 죄수를 결정하는 견해를 말한다. 이에 의하면 법익이 생명, 신체, 자유, 명예 등과 같이 법익의 주체와 인격적으로 불가분의 관계에 있는 전속적 법익의 경우에는 법익주체의 수만큼 범죄가 성립하고, 법익이 재산, 공공의 안전, 사회의 평온 등과 같이 법익의 주체와 분리할 수 있는 비전속적 법익의 경우에는 법익주체의 수에 상응하는 범죄의 성립을 인정하지 않고, 1개의 행위로 수개의 법익을 침해하였더라도 대체로 하나의 죄를 인정한다.

4. 구성요건표준설

'구성요건표준설'이란 '범죄는 구성요건에 해당하는 행위이다.'라는 명제를 근거로 하여 법률상 구성요건의 충족 횟수를 표준으로 하여 죄수를 결정하는 견해를 말한다.[1] 이에 따라 1개의 행위가 있든지 수개의 행위가 있든지 간에 구성요건이 1회 충족되면 1죄를, 구성요건이 수회 충족되면 수죄를 인정한다. 이는 행위의 단일성이 아니라 구성요건의 단일성이 범죄의 단일성을 기초지우는 것이라고 한다. 결국 상상적 경합은 법적 평가가 서로 다른 구성요건적 행위를 독립된 대상으로 삼기 때문에 실질상 수죄이지만, 형법 제40조에 의하여 과형상 일죄가 된다.

5. 범의표준설

'범의[2]표준설'이란 행위의 정형보다는 행위자의 악성에 주목하는 주관주의적 범죄론에서

---

1) 대법원 2001. 3. 13. 선고 2000도4880 판결(조세포탈범의 죄수는 위반사실의 구성요건 충족 회수를 기준으로 1죄가 성립하는 것이 원칙이다).

2) 흔히 '의사'표준설이라고 하지만 의사의 객체가 구체적으로 나타나 있지 않으므로 '범(죄)의(사)'표준설이라고 부르는 것이 보다 정확한 용어이다.

주장되는 것으로서, '범죄는 범죄의사의 표현이다.'라는 명제를 근거로 하여 행위자가 실현하려는 범죄의사의 수에 따라 죄수를 결정하는 견해를 말한다. 이 경우의 범죄의사에는 고의적 의사뿐만 아니라 과실적 의사도 포함된다. 이에 따르면 행위자에게 1개의 범죄의사가 있으면 1죄를, 수개의 범죄의사가 있으면 수개의 죄를 각각 인정하게 된다.

6. 종합고려설

'종합고려설'이란 범죄는 객관적 요소와 주관적 요소의 결합으로 이루어져 있으므로 그 중 어느 하나만을 표준으로 할 수 없고, 양자를 합목적적으로 고려하여야 한다는 전제 아래 행위, 보호법익, 구성요건, 범죄의사 등의 모든 요소를 종합적으로 고려하여 죄수를 결정하는 견해를 말한다.

7. 판례의 태도

판례는 「상상적 경합은 1개의 행위가 실질적으로 여러 개의 구성요건을 충족하는 경우를 말하고, 법조경합은 1개의 행위가 외관상 여러 개의 죄의 구성요건에 해당하는 것처럼 보이나 실질적으로 1죄만을 구성하는 경우를 말하며, 실질적으로 1죄인가 또는 수죄인가는 구성요건적 평가와 보호법익의 측면에서 고찰하여 판단하여야 한다.」라고 판시[1]하고 있다. 여기서 '구성요건적 평가'란 객관적 구성요건요소인 구성요건에 해당하는 행위를 평가하라는 의미와 동시에 주관적 구성요건요소인 범죄의사를 평가하라는 의미를 말한다. 이에 더하여 '보호법익의 측면'을 구성요건적 평가와 구별하여 표현하고 있는데, 이는 보호법익을 구성요건의 일부분에 포함시키지 않고 전(全)부분에서 고려하라는 의미로 해석된다.

또한 판례는 「단일하고 계속된 범의 하에 동종의 범행을 동일하거나 유사한 방법으로 일정기간 반복하여 행하고 그 피해법익도 동일한 경우에는 각 범행을 통틀어 포괄일죄로 볼 것이다.」라고 판시[2]하고 있다. 즉 '단일하고 계속된 범의, 동종의 범행, 동일하거나 유사한 방법, 일정기간의 반복, 피해법익의 동일'이라는 요건이 충족되면 일죄로 인정하고 있다. 이와 같이 판례는 죄수결정의 기준으로서 범죄의사, 범죄행위, 범죄방법, 보호법익, 법정형 등을 모두 고려하고 있는 종합기준설의 입장을 취하고 있다.

---

1) 대법원 2014. 1. 23. 선고 2013도12064 판결; 대법원 2005. 9. 28. 선고 2005도3929 판결(특정경제범죄 가중처벌 등에 관한 법률 위반(횡령)죄와 교비회계수입 전출로 인한 사립학교법 위반죄는 보호법익과 구성요건의 내용이 서로 다른 별개의 범죄로서 상상적 경합의 관계에 있다); 대법원 2004. 1. 15. 선고 2001도1429 판결; 대법원 2000. 7. 7. 선고 2000도1899 판결; 대법원 1984. 6. 26. 선고 84도782 판결.

2) 대법원 2004. 7. 9. 선고 2004도810 판결; 대법원 2003. 12. 26. 선고 2003도6288 판결; 대법원 2003. 8. 22. 선고 2002도5341 판결; 대법원 2000. 6. 27. 선고 2000도1155 판결; 대법원 2000. 2. 11. 선고 99도4862 판결; 대법원 2000. 1. 21. 선고 99도4940 판결; 대법원 1999. 1. 29. 선고 98도3584 판결; 대법원 1998. 5. 29. 선고 97도1126 판결; 대법원 1998. 2. 10. 선고 97도2836 판결; 대법원 1996. 7. 12. 선고 96도1181 판결.

Ⅲ. 수죄의 처벌

1. 병과주의

'병과주의'(竝科主義)란 각 죄에 대하여 독자적인 형을 확정한 후 이를 합산하여 형을 부과하는 방식을 말한다. 예를 들면 경합범을 동시에 판결할 때에는 각 죄에 대하여 정한 형이 무기징역, 무기금고 외의 다른 종류의 형인 경우에는 병과한다(제38조 제1항 제3호).

2. 흡수주의

'흡수주의'(吸收主義)란 수죄 가운데 가장 중한 죄에 정한 형을 적용하고, 다른 경한 죄에 정한 형은 여기에 흡수시키는 방식을 말한다. 예를 들면 경합범을 동시에 판결할 때에는 가장 무거운 죄에 대하여 정한 형이 사형, 무기징역, 무기금고인 경우에는 가장 무거운 죄에 대하여 정한 형으로 처벌한다(제38조 제1항 제1호).

3. 결합주의

'결합주의'(結合主義)란 경한 죄에 정한 형의 하한이 중한 죄에 정한 형의 하한 보다 높을 경우 상한은 중한 죄에 정한 형으로, 하한은 경한 죄에 정한 형으로 처벌하는 방식을 말한다. 예를 들면 한 개의 행위가 여러 개의 죄에 해당하는 경우에는 가장 무거운 죄에 대하여 정한 형으로 처벌한다(제40조). 이와 같이 형법 제40조는 그 수개의 죄명 중 가장 중한 형을 규정한 법조에 의하여 처단한다는 취지와 함께 다른 법조의 최하한의 형보다 가볍게 처단할 수는 없다는 취지 즉, 각 법조의 상한과 하한을 모두 중한 형의 범위 내에서 처단한다는 것을 포함하는 것으로 새겨야 한다.[1]

4. 가중주의

'가중주의'(加重主義)란 수죄 가운데 가장 중한 죄에 정한 형을 가중한 후 하나의 선고형으로 처벌하는 방식을 말한다. 이 경우 선고형은 개개의 형의 합계를 초과할 수는 없다. 예를 들면 경합범을 동시에 판결할 때에는 각 죄에 대하여 정한 형이 사형, 무기징역, 무기금고 외의 같은 종류의 형인 경우에는 가장 무거운 죄에 대하여 정한 형의 장기 또는 다액(多額)에 그 2분의 1까지 가중하되 각 죄에 대하여 정한 형의 장기 또는 다액을 합산한 형기 또는 액수를 초과할 수 없다. 다만, 과료와 과료, 몰수와 몰수는 병과(倂科)할 수 있다(제38조 제1항 제2호).

---

1) 대법원 2006. 1. 27. 선고 2005도8704 판결.

제 2 절 일 죄

Ⅰ. 의 의

'일죄'(一罪)란 범죄의 수가 하나인 경우를 말한다. 이와 같은 일죄는 단순일죄와 포괄일죄로 다시 구분될 수 있다. 그리고 단순일죄에는 1개의 자연적 의미의 행위가 1개의 구성요건을 충족하여 당연히 일죄가 되는 '본래의 의미의 일죄'와 '법조경합'으로 다시 구분된다.

Ⅱ. 법조경합

1. 의 의

'법조경합'(法條競合)이란 1개 또는 수개의 행위가 외관상 수개의 구성요건에 해당하는 것처럼 보이지만, 구성요건 상호간의 논리적 관계로 인하여 실제로는 하나의 구성요건이 다른 구성요건을 배척하여 일죄만이 성립하는 경우를 말한다. 외형상으로는 피고인의 일련의 행위가 여러 개의 범죄에 해당되는 것 같지만, 그 일련의 행위가 합쳐져서 하나의 사회적 사실관계를 구성하는 경우에 그에 대한 법률적 평가는 하나밖에 성립되지 않는 관계, 즉 일방의 범죄가 성립되는 때에는 타방의 범죄는 성립할 수 없고, 일방의 범죄가 무죄로 될 경우에만 타방의 범죄가 성립할 수 있는 비양립적인 관계가 있을 수 있다.[1] 즉 복수의 구성요건이 충족되었음에도 불구하고 단순일죄로 처리되는 유형을 법조경합이라고 한다.

이와 같이 상상적 경합은 1개의 행위가 실질적으로 수개의 구성요건을 충족하는 경우를 말하고, 법조경합은 1개의 행위가 외관상 수개의 죄의 구성요건에 해당하는 것처럼 보이지만 실질적으로 1죄만을 구성하는 경우를 말하며, 실질적으로 1죄인가 또는 수죄인가는 구성요건적 평가와 보호법익의 측면에서 고찰하여 판단하여야 한다.[2]

2. 유 형

(1) 특별관계

'특별관계'(特別關係)란 어느 구성요건이 다른 구성요건의 모든 요소를 포함하는 이외에 다른 요소를 구비하여야 성립하는 경우를 말한다. 특별관계에 있어서는 특별법의 구성요건을 충족하는 행위는 일반법의 구성요건을 충족하지만, 반대로 일반법의 구성요건을 충족하는 행위는

---

1) 대법원 2017. 2. 15. 선고 2016도15226 판결(피고인이 약속대로 가등기를 회복해주지 않고 제3자에게 근저당권설정등기 등을 마쳐준 행위는 처음부터 가등기를 말소시켜 이익을 취하려는 사기범행에 당연히 예정된 결과에 불과하여 그 사기범행의 실행행위에 포함된 것일 뿐이므로 사기죄와 비양립적 관계에 있는 각 배임죄는 성립하지 않는다); 대법원 2011. 5. 13. 선고 2011도1442 판결.
2) 대법원 2004. 1. 15. 선고 2001도1429 판결.

특별법의 구성요건을 충족하지 못한다.[1] 특별관계의 경우에는 '특별법은 일반법에 우선한다.' 라는 원칙에 따라 특별규정만 적용되고 일반규정은 적용이 배제된다.

특별관계의 유형으로는 ① 존속살해죄와 살인죄, 특수폭행죄와 폭행죄 등과 같이 가중적·감경적 구성요건과 기본적 구성요건과의 관계, ② 성폭력처벌법 제7조 제1항의 13세 미만의 사람에 대한 강간죄와 형법 제297조의 강간죄 등과 같이 특별형법상의 규정과 일반형법상의 규정과의 관계 등으로 구분될 수 있다.

판례에 의하면, ① 음주로 인한 특정범죄가중처벌법 위반(위험운전치사상)죄는 그 입법 취지와 문언에 비추어 볼 때, 주취상태의 자동차 운전으로 인한 교통사고가 빈발하고 그로 인한 피해자의 생명·신체에 대한 피해가 중대할 뿐만 아니라, 사고발생 전 상태로의 회복이 불가능하거나 쉽지 않은 점 등의 사정을 고려하여, 형법 제268조에서 규정하고 있는 업무상 과실치사상죄의 특례를 규정하여 가중처벌함으로써 피해자의 생명·신체의 안전이라는 개인적 법익을 보호하기 위한 것이다. 따라서 그 죄가 성립하는 때에는 차의 운전자가 형법 제268조의 죄를 범한 것을 내용으로 하는 교통사고처리특례법 위반죄는 그 죄에 흡수되어 별죄를 구성하지 아니한다.[2]

하지만 ① 형법 제238조 제1항은 인장에 관한 죄의 한 태양으로서 인장·서명·기명·기호 등의 진정에 대한 공공의 신용, 즉 거래상의 신용과 안정을 그 보호법익으로 하고 있는 반면, 자동차관리법의 입법취지는 자동차를 효율적으로 관리하고 자동차의 성능과 안정을 확보함으로써 공공의 복리를 증진함을 그 목적으로 하고 있어 보호법익을 달리 하고 있을 뿐 아니라 그 주관적 구성요건으로서 형법상의 위 공기호부정사용죄는 고의와 더불어 '행사할 목적'이 있음을 요하는 반면 위 자동차관리법은 '행사할 목적'을 그 주관적 구성요건으로 하지 아니하고 있는 점에 비추어 보면, 자동차관리법 제78조, 제71조가 형법 제238조 제1항 소정의 공기호부정사용죄의 특별법 관계에 있다고는 보여지지 아니한다.[3]

② 음주로 인한 특정범죄가중처벌법 위반(위험운전치사상)죄와 도로교통법 위반(음주운전)죄는 입법취지와 보호법익 및 적용영역을 달리하는 별개의 범죄이므로, 양 죄가 모두 성립하는 경우 두 죄는 실체적 경합관계에 있다.[4]

(2) 보충관계

1) 의 의

'보충관계'(補充關係)란 어느 구성요건이 다른 구성요건의 적용이 없을 때 보충적으로만 적용되는 경우를 말한다. 이는 수개의 구성요건이 동일한 법익에 대한 서로 다른 침해단계에 적용되는 경우에 주로 인정된다. 보충관계의 경우에는 '기본법은 보충법에 우선한다.'라는 원칙에 따라 보충법은 기본법의 적용이 배제되는 경우에 한하여 적용된다.

특별관계에서는 일반법이 특별법의 적용을 받는 사항에 바로 적용될 수 있지만, 보충관계

---

1) 대법원 2012. 8. 30. 선고 2012도6503 판결.
2) 대법원 2008. 12. 11. 선고 2008도9182 판결.
3) 대법원 1997. 6. 27. 선고 97도1085 판결.
4) 대법원 2008. 11. 13. 선고 2008도7143 판결.

에서는 보충법은 기본법이 적용되는 사항에 대해서는 적용될 수 없다는 점에서 구별된다.

또한 흡수관계에서는 주된 범죄와 불가벌적 수반행위 및 불가벌적 사후행위가 외형상으로 모두 성립하는데 반하여, 보충관계에서는 기본범죄와 보충범죄 가운데 어느 하나만이 성립할 수 있다는 점에서 구별된다.

2) 유 형

① 명시적 보충관계

'명시적 보충관계'란 형벌법규에서 명시적으로 보충관계를 인정하고 있는 경우를 말한다. 예를 들면 현주건조물방화죄와 일반물건방화죄와의 관계, 여적죄·모병이적죄와 일반이적죄와의 관계 등이 이에 해당한다.

② 묵시적 보충관계

'묵시적 보충관계'란 형벌법규의 체계적인 해석을 통하여 보충관계가 인정되는 경우를 말한다. 우선 범죄실현을 위한 전(前)단계의 범죄는 동일한 대상에 대한 다음 단계의 침해가 있으면 독자적인 의의를 상실하여 불가벌이 되는데, 이를 '불가벌적 사전행위'라고 한다. 예를 들면 예비·미수·기수의 관계가 이에 해당한다.[1]

다음으로 가벼운 침해방법은 무거운 침해방법에 대하여 보충관계에 있다. 예를 들면 종범은 교사범·정범에 대하여, 교사범·종범은 정범에 대하여, 부작위범은 작위범에 대하여[2], 과실범은 고의범에 대하여 각각 보충관계에 있다.

(3) 흡수관계

1) 의 의

'흡수관계'(吸收關係)란 어느 구성요건의 불법과 책임내용이 다른 구성요건의 불법과 책임내용을 포함하지만, 특별관계나 보충관계에 해당하지 않는 경우를 말한다. 이는 흡수법의 구성요건이 피흡수법의 구성요건을 당연히 포함하는 것이 아니라는 점에서 특별관계와 구별되고, 서로 다른 범죄가 결합한 것이라는 점에서 보충관계와 구별된다.

---

1) 대법원 1965. 9. 28. 선고 65도695 판결(살해의 목적으로 동일인에게 일시 장소를 달리하고 수차에 걸쳐 단순한 예비행위를 하거나 또는 공격을 가하였으나 미수에 그치다가 드디어 그 목적을 달성한 경우에 그 예비행위 내지 공격행위가 동일한 의사발동에서 나왔고 그 사이에 범의의 갱신이 없는 한 각 행위가 같은 일시 장소에서 행하여 졌거나 또는 다른 장소에서 행하여 졌거나를 막론하고 또 그 방법이 동일하거나 여부를 가릴 것 없이 그 살해의 목적을 달성할 때까지의 행위는 모두 실행행위의 일부로서 이를 포괄적으로 보고 단순한 한 개의 살인기수죄로 처단할 것이지 살인예비 내지 미수죄와 동 기수죄의 경합죄로 처단 할 수 없는 것이다).

2) 대법원 2017. 3. 15. 선고 2015도1456 판결(경찰공무원이 지명수배 중인 범인을 발견하고도 직무상 의무에 따른 적절한 조치를 취하지 아니하고 오히려 범인을 도피하게 하는 행위를 하였다면, 그 직무위배의 위법상태는 범인도피행위 속에 포함되어 있다고 보아야 할 것이므로, 이와 같은 경우에는 작위범인 범인도피죄만이 성립하고 부작위범인 직무유기죄는 따로 성립하지 아니한다); 대법원 1996. 5. 10. 선고 96도51 판결(피고인이 검사로부터 범인을 검거하라는 지시를 받고서도 그 직무상의 의무에 따른 적절한 조치를 취하지 아니하고 오히려 범인에게 전화로 도피하라고 권유하여 그를 도피케 하였다는 범죄사실만으로는 직무위배의 위법상태가 범인도피행위 속에 포함되어 있는 것으로 보아야 할 것이므로, 이와 같은 경우에는 작위범인 범인도피죄만이 성립하고 부작위범인 직무유기죄는 따로 성립하지 아니한다).

2) 유 형

① 불가벌적 수반행위

'불가벌적 수반행위'란 법조경합의 한 형태인 흡수관계에 속하는 것으로서, 행위자가 특정한 죄를 범하면 비록 논리 필연적인 것은 아니지만 일반적·전형적으로 다른 구성요건을 충족하고 이때 그 구성요건의 불법이나 책임의 내용이 주된 범죄에 비하여 경미하기 때문에 처벌이 별도로 고려되지 않는 경우를 말한다. 예를 들면 살인에 수반되는 의복의 손괴, 도주에 수반되는 수의(囚衣) 절도 등이 이에 해당한다.

　판례에 의하면, ① 특정범죄가중처벌법 제5조의4 제6항에 규정된 상습절도 등 죄를 범한 범인이 그 범행의 수단으로 주거침입을 한 경우에 주거침입행위는 상습절도 등 죄에 흡수되어 위 조문에 규정된 상습절도 등 죄의 1죄만이 성립하고 별개로 주거침입죄를 구성하지 않으며, 또 위 상습절도 등 죄를 범한 범인이 그 범행 외에 상습적인 절도의 목적으로 주거침입을 하였다가 절도에 이르지 아니하고 주거침입에 그친 경우에도 그것이 절도상습성의 발현이라고 보이는 이상 주거침입행위는 다른 상습절도 등 죄에 흡수되어 위 조문에 규정된 상습절도 등 죄의 1죄만을 구성하고 상습절도 등 죄와 별개로 주거침입죄를 구성하지 않는다.[1]

　② 신용카드업법 제25조 제1항은 신용카드를 위조·변조하거나 도난·분실 또는 위조·변조된 신용카드를 사용한 자는 7년 이하의 징역 또는 5천만 원 이하의 벌금에 처한다고 규정하고 있는바, 위 부정사용죄의 구성요건적 행위인 신용카드의 사용이라 함은 신용카드의 소지인이 신용카드의 본래 용도인 대금결제를 위하여 가맹점에 신용카드를 제시하고 매출표에 서명하여 이를 교부하는 일련의 행위를 가리키고 단순히 신용카드를 제시하는 행위만을 가리키는 것은 아니라고 할 것이므로, 위 매출표의 서명 및 교부가 별도로 사문서위조 및 동행사의 죄의 구성요건을 충족한다고 하여도 이 사문서위조 및 동행사의 죄는 위 신용카드부정사용죄에 흡수되어 신용카드부정사용죄의 1죄만이 성립하고 별도로 사문서위조 및 동행사의 죄는 성립하지 않는다.[2]

　③ 감금을 하기 위한 수단으로서 행사된 단순한 협박행위는 감금죄에 흡수되어 따로 협박죄를 구성하지 아니한다.[3]

　④ 피고인의 협박사실행위가 피고인에게 인정된 상해사실과 같은 시간 같은 장소에서 동일한 피해자에게 가해진 경우에는 특별한 사정이 없는 한 상해의 단일범의 하에서 이루어진 하나의 폭언에 불과하여 상해죄에 포함되는 행위라고 봄이 상당하다.[4]

　⑤ 향정신성의약품관리법 제42조 제1항 제1호가 규정하는 향정신성의약품 수수의 죄가 성립되는 경우에는 그 수수행위의 결과로서 그에 당연히 수반되는 향정신성의약품의 소지행위는 수수죄의 불가벌적 수반행위로서 수수죄에 흡수되고 별도의 범죄를 구성하지 아니한다.[5]

　⑥ 반란의 진행과정에서 그에 수반하여 일어난 지휘관계엄지역수소이탈 및 불법진퇴는 반란 자체를

---

1) 대법원 2017. 7. 11. 선고 2017도4044 판결.
2) 대법원 1992. 6. 9. 선고 92도77 판결.
3) 대법원 1982. 6. 22. 선고 82도705 판결.
4) 대법원 1976. 12. 14. 선고 76도3375 판결.
5) 대법원 1990. 1. 25. 선고 89도1211 판결.

실행하는 전형적인 행위라고 인정되므로, 반란죄에 흡수되어 별죄를 구성하지 아니한다.[1]

하지만 ① 감금행위가 강간죄나 강도죄의 수단이 된 경우에도 감금죄는 강간죄나 강도죄에 흡수되지 아니하고 별죄를 구성한다.[2]

② 매입한 대마를 처분함이 없이 계속 소지하고 있는 경우에 있어서 그 소지행위가 매매행위와 불가분의 관계에 있는 것이라거나, 매매행위에 수반되는 필연적 결과로서 일시적으로 행하여진 것에 지나지 않는다고 평가되지 않는 한 그 소지행위는 매매행위에 포괄 흡수되지 아니하고 대마매매죄와는 달리 대마소지죄가 성립한다고 보아야 할 것인바, 흡연할 목적으로 대마를 매입한 후 흡연할 기회를 포착하기 위하여 이를 이상 하의주머니에 넣고 다님으로써 소지한 행위는 매매행위의 불가분의 필연적 결과라고 평가될 수 없다.[3]

③ 범죄단체 구성원으로서 활동하는 행위와 집단감금 또는 집단상해행위는 각각 별개의 범죄구성요건을 충족하는 독립된 행위라고 보아야 할 것이므로, 집단감금 또는 집단상해 행위가 범죄단체활동에 흡수된다고 보아 양자가 단순일죄의 관계에 해당한다는 상고이유는 받아들이지 아니한다.[4]

④ 업무방해죄와 폭행죄는 그 구성요건과 보호법익을 달리하고 있고, 업무방해죄의 성립에 일반적·전형적으로 사람에 대한 폭행행위를 수반하는 것은 아니며, 폭행행위가 업무방해죄에 비하여 별도로 고려되지 않을 만큼 경미한 것이라고 할 수도 없으므로, 설령 피해자에 대한 폭행행위가 동일한 피해자에 대한 업무방해죄의 수단이 되었다고 하더라도 그러한 폭행행위가 이른바 '불가벌적 수반행위'에 해당하여 업무방해죄에 대하여 흡수관계에 있다고 볼 수는 없다.[5]

⑤ 1개의 행위로서 본법의 구성요건과 행정적 처벌법규의 구성요건에 각 해당하는 경우에 이 양자 간의 관계는 특별관계 또는 흡수관계 등 법조경합으로 볼 것이 아니라 상상적 경합으로 보아야 할 것이다.[6]

② 불가벌적 사후행위

'불가벌적 사후행위'란 범죄에 의하여 획득한 위법한 이익을 확보·사용·처분하는 사후행위가 별개의 구성요건에 해당하지만, 그러한 불법이 이미 주된 범죄에 의하여 완전히 평가되었기 때문에 별개의 범죄를 구성하지 않는 경우를 말한다. 예를 들면 절도범이 절취한 물건을 손괴한 경우가 이에 해당한다.

이와 같은 불가벌적 사후행위가 인정되기 위한 요건은 다음과 같다. ① 사후행위는 범죄의 구성요건해당성을 충족해야 한다. 그러므로 주된 범죄의 행위자가 구성요건의 구조상 사후행위자가 될 수 없는 경우에는 구성요건해당성이 없으므로 불가벌적 사후행위가 될 수 없다. 예를 들면 절도범이 절취한 물건을 소비하거나 운반한 경우가 이에 해당한다.[7] 한편 사후행위 그 자

---

1) 대법원 1997. 4. 17. 선고 96도3376 전원합의체 판결.
2) 대법원 1997. 1. 21. 선고 96도2715 판결.
3) 대법원 1990. 7. 27. 선고 90도543 판결.
4) 대법원 2008. 5. 29. 선고 2008도1857 판결.
5) 대법원 2012. 10. 11. 선고 2012도1895 판결.
6) 대법원 1961. 10. 12. 선고 4293형상966 판결.
7) 대법원 1986. 9. 9. 선고 86도1273 판결(장물죄는 타인(본범)이 불법하게 영득한 재물의 처분에 관여하는 범죄이므로 자기의 범죄에 의하여 영득한 물건에 대하여는 성립하지 아니하고 이는 불가벌적 사후행위에 해당하나 여

체는 구성요건에 해당하는 위법한 행위이므로 이에 대한 공동정범 및 공범의 성립이 가능하다. ② 주된 범죄의 행위자 또는 공범자의 사후행위여야 한다. 그러므로 사후행위는 제3자에 대한 관계에서는 불가벌이 아니다. ③ 사후행위는 주된 범죄와 동일한 보호법익, 동일한 행위객체에 대한 것이어야 한다. 그러므로 새로운 법익을 침해한 경우에는 불가벌적 사후행위가 될 수 없다. ④ 사후행위는 주된 범죄에서 정한 침해의 양을 초과하지 않아야 한다. 그러므로 피해자와 법익이 동일하더라도 주된 범죄에 의하여 침해된 법익의 범위를 초과한 때에는 불가벌적 사후행위가 될 수 없다.

사후행위는 선행행위와 함께 평가되어 처벌되기 때문에 별도로 처벌되지 아니한다. 주된 범죄가 공소시효의 완성, 고소의 부존재, 인적 처벌조각사유의 존재 등으로 인하여 불가벌인 경우에도 사후행위는 불가벌이다. 그러나 주된 범죄가 범죄의 성립요건을 갖추지 못하였거나 범죄의 증명이 없기 때문에 불가벌인 경우에는 사후행위가 처벌될 수 있다.

판례에 의하면, ① 절도범인으로부터 장물보관의뢰를 받은 자가 그 정을 알면서 이를 인도받아 보관하고 있다가 임의처분하였다 하여도 장물보관죄가 성립되는 때에는 이미 그 소유자의 소유물추구권을 침해하였으므로 그 후의 횡령행위는 불가벌적 사후행위에 불과하여 별도로 횡령죄가 성립하지 않는다.[1]

② 절취한 자기앞수표를 음식대금으로 교부하고 거스름돈을 환불받은 행위는 절도의 불가벌적 사후처분행위로서 사기죄가 되지 아니한다.[2]

③ 장물인 자기앞수표를 취득한 후 이를 현금 대신 교부한 행위는 장물취득에 대한 가벌적 평가에 당연히 포함되는 불가벌적 사후행위로서 별도의 범죄를 구성하지 아니한다.[3]

④ 간첩행위는 기밀에 속한 사항 또는 도서, 물건을 탐지·수집한 때에 기수가 되므로 간첩이 이미 탐지·수집하여 지득하고 있는 사항을 타인에게 보고·누설하는 행위는 간첩의 사후행위로서 위 조항에 의하여 처단의 대상이 되는 간첩행위 자체라고 할 수 없다.[4]

⑤ 열차승차권은 그 자체에 권리가 화체되어 있는 무기명증권이므로 이를 곧 사용하여 승차하거나 권면가액으로 양도할 수 있고 매입금액의 환불을 받을 수 있는 것으로서 열차승차권을 절취한 자가 환불을 받음에 있어 비록 기망행위가 수반한다 하더라도 절도죄 외에 따로 사기죄가 성립하지 아니한다.[5]

⑥ 피고인이 당초부터 피해자를 기망하여 약속어음을 교부받은 경우에는 그 교부받은 즉시 사기죄가 성립하고 그 후 이를 피해자에 대한 피고인의 채권의 변제에 충당하였다 하더라도 불가벌적 사후행위가 됨에 그칠 뿐, 별도로 횡령죄를 구성하지 않는다.[6]

기에서 자기의 범죄라 함은 정범자(공동정범과 합동범을 포함한다)에 한정되는 것이므로 평소 본범과 공동하여 수차 상습으로 절도등 범행을 자행함으로써 실질적인 범죄집단을 이루고 있었다 하더라도, 당해 범죄행위의 정범자(공동정범이나 합동범)로 되지 아니한 이상 이를 자기의 범죄라고 할 수 없고 따라서 그 장물의 취득을 불가벌적 사후행위라고 할 수 없다).

1) 대법원 2004. 4. 9. 선고 2003도8219 판결; 대법원 1976. 11. 23. 선고 76도3067 판결.
2) 대법원 1987. 1. 20. 선고 86도1728 판결; 대법원 1982. 7. 27. 선고 82도822 판결.
3) 대법원 1993. 11. 23. 선고 93도213 판결.
4) 대법원 2011. 1. 20. 선고 2008재도11 전원합의체 판결.
5) 대법원 1975. 8. 29. 선고 75도1996 판결.

⑦ 산림법 제93조 제1항의 산림절도죄는 그 목적물이 산림에서의 산물로 한정될 뿐 그 죄질은 형법 소정의 절도죄와 같다고 할 것이므로 다른 특별한 사정이 없는 한 피고인들이 절취한 원목에 관하여 합법적으로 생산된 것인 것처럼 관계당국을 기망하여 산림법 소정의 연고권자로 인정받아 수의계약의 방법으로 이를 매수하였다 하더라도 이는 새로운 법익의 침해가 있는 것이라고 할 수 없고 상태범인 산림절도죄의 성질상 하나의 불가벌적 사후행위로서 별도로 사기죄가 구성되지 않는다.[1]

하지만 ① 사람을 살해한 다음 그 범죄의 흔적을 은폐하기 위하여 그 시체를 다른 장소로 옮겨 유기하였을 때에는 살인죄와 사체유기죄의 경합범이 성립하고 사체유기를 불가벌적 사후행위라 할 수 없다.[2]

② 절도범인이 절취한 장물을 자기 것인양 제3자에게 담보로 제공하고 금원을 편취한 경우에는 별도의 사기죄가 성립된다.[3]

③ 명의수탁자가 신탁 받은 부동산의 일부에 대한 토지수용보상금 중 일부를 소비하고, 이어 수용되지 않은 나머지 부동산 전체에 대한 반환을 거부한 경우, 부동산의 일부에 관하여 수령한 수용보상금 중 일부를 소비하였다고 하여 객관적으로 부동산 전체에 대한 불법영득의 의사를 외부에 발현시키는 행위가 있었다고 볼 수는 없으므로, 그 금원 횡령죄가 성립된 이후에 수용되지 않은 나머지 부동산 전체에 대한 반환을 거부한 것은 새로운 법익의 침해가 있는 것으로서 별개의 횡령죄가 성립하는 것이지 불가벌적 사후행위라 할 수 없다.[4]

④ 배임죄는 재산상 이익을 객체로 하는 범죄이므로, 1인 회사의 주주가 자신의 개인채무를 담보하기 위하여 회사 소유의 부동산에 대하여 근저당권설정등기를 마쳐 주어 배임죄가 성립한 이후에 그 부동산에 대하여 새로운 담보권을 설정해 주는 행위는 선순위 근저당권의 담보가치를 공제한 나머지 담보가치 상당의 재산상 이익을 침해하는 행위로서 별도의 배임죄가 성립한다.[5]

⑤ 자동차를 절취한 후 자동차등록번호판을 떼어내는 행위는 새로운 법익의 침해로 보아야 하므로 위와 같은 번호판을 떼어내는 행위가 절도범행의 불가벌적 사후행위가 되는 것은 아니다.[6]

⑥ 판매목적으로 향정신성의약품(히로뽕)을 제조하여 이를 판매한 경우에 그 제조행위와 제조품의 판매행위는 각각 독립된 가벌적 행위로서 별개의 죄를 구성한다고 봄이 상당하고 판매행위가 판매목적의 제조행위에 흡수되는 불가벌적 사후행위라고 볼 수 없으므로 경합범으로 처단하여야 한다.[7]

⑦ 부정한 이익을 얻거나 기업에 손해를 가할 목적으로 그 기업에 유용한 영업비밀이 담겨 있는 타인의 재물을 절취한 후 그 영업비밀을 사용하는 경우, 영업비밀의 부정사용행위는 새로운 법익의 침해로 보아야 하므로 위와 같은 부정사용행위가 절도범행의 불가벌적 사후행위가 되는 것은 아니다.[8]

⑧ 대마취급자가 아닌 자가 절취한 대마를 흡입할 목적으로 소지하는 행위는 절도죄의 보호법익과는 다른 새로운 법익을 침해하는 행위이므로 절도죄의 불가벌적 사후행위로서 절도죄에 포괄흡수된다고 할 수 없고 절도죄 외에 별개의 죄를 구성한다고 할 것이며, 절도죄와 무허가대마소지죄는 경합범의 관계에

6) 대법원 1983. 4. 26. 선고 82도3079 판결.
1) 대법원 1974. 10. 22. 선고 74도2441 판결.
2) 대법원 1997. 7. 25. 선고 97도1142 판결; 대법원 1984. 11. 27. 선고 84도2263 판결.
3) 대법원 1980. 11. 25. 선고 80도2310 판결.
4) 대법원 2001. 11. 27. 선고 2000도3463 판결.
5) 대법원 2005. 10. 28. 선고 2005도4915 판결.
6) 대법원 2007. 9. 6. 선고 2007도4739 판결.
7) 대법원 1983. 11. 8. 선고 83도2031 판결.
8) 대법원 2008. 9. 11. 선고 2008도5364 판결.

있다.[1]

⑨ 횡령 교사를 한 후 그 횡령한 물건을 취득한 때에는 횡령교사죄와 장물취득죄의 경합범이 성립된다.[2]

⑩ 대표이사 등이 회사의 대표기관으로서 피해자들을 기망하여 교부받은 금원은 그 회사에 귀속되는 것인데, 그 후 대표이사 등이 이를 보관하고 있으면서 횡령한 것이라면 이는 위 사기범행과는 침해법익을 달리하므로 횡령죄가 성립되는 것이고, 이를 단순한 불가벌적 사후행위로만 볼 수 없다.[3]

⑪ 신용카드를 절취한 후 이를 사용한 경우 신용카드의 부정사용행위는 새로운 법익의 침해로 보아야 하고 그 법익침해가 절도범행보다 큰 것이 대부분이므로 위와 같은 부정사용행위가 절도범행의 불가벌적 사후행위가 되는 것은 아니다.[4]

⑫ 예금통장과 인장을 갈취한 후 예금 인출에 관한 사문서를 위조한 후 이를 행사하여 예금을 인출한 행위는 공갈죄 외에 별도로 사문서위조, 동행사 및 사기죄가 성립한다.[5]

⑬ 강취한 은행예금통장을 이용하여 은행직원을 기망하여 진실한 명의인이 예금의 환급을 청구하는 것으로 오신케 함으로써 예금의 환급 명목으로 금원을 편취하는 것은 다시 새로운 법익을 침해하는 행위이므로 장물의 단순한 사후처분과는 같지 아니하고 별도의 사기죄를 구성한다.[6]

⑭ 절취한 은행예금통장을 이용하여 은행원을 기망해서 진실한 명의인이 예금을 찾는 것으로 오신시켜 예금을 편취한 것이라면 새로운 법익의 침해로 절도죄 외에 따로 사기죄가 성립한다.[7]

⑮ 절취한 전당표를 제3자에게 교부하면서 자기 누님의 것이니 찾아 달라고 거짓말을 하여 이를 믿은 제3자가 전당포에 이르러 그 종업원에게 전당표를 제시하여 기망케 하고 전당물을 교부받게 하여 편취하였다면 이는 사기죄를 구성하는 것이다.[8]

⑯ 유사수신행위를 한 자가 출자자에게 별도의 기망행위를 하여 유사수신행위로 조달받은 자금의 전부 또는 일부를 다시 투자받는 행위는 유사수신행위법위반죄와 다른 새로운 보호법익을 침해하는 것으로서 유사수신행위법위반죄의 불가벌적 사후행위가 되는 것이 아니라 별죄인 사기죄를 구성한다.[9]

Ⅲ. 포괄일죄

1. 의 의

'포괄일죄'(包括一罪)란 수개의 행위가 포괄적으로 1개의 구성요건에 해당하여 일죄를 구성하는 경우를 말한다. 수개의 범죄행위를 포괄하여 하나의 죄로 인정하기 위하여는 범의의 단일성 외에도 각 범죄행위 사이에 시간적·장소적 연관성이 있고 범행의 방법 사이에서도 동일성

---

1) 대법원 1999. 4. 13. 선고 98도3619 판결.
2) 대법원 1969. 6. 24. 선고 69도692 판결.
3) 대법원 1989. 10. 24. 선고 89도1605 판결.
4) 대법원 1996. 7. 12. 선고 96도1181 판결.
5) 대법원 1979. 10. 30. 선고 79도489 판결.
6) 대법원 1990. 7. 10. 선고 90도1176 판결.
7) 대법원 1974. 11. 26. 선고 74도2817 판결.
8) 대법원 1980. 10. 14. 선고 80도2155 판결.
9) 대법원 2023. 11. 16. 선고 2023도12424 판결.

이 인정되는 등 수개의 범죄행위를 하나의 범죄로 평가할 수 있는 경우에 해당하여야 한다.[1] 그리고 포괄일죄는 동일 죄명에 해당하는 수 개의 행위 또는 연속한 행위를 단일하고 계속된 범의 하에 일정 기간 계속하여 행하고, 그 피해법익도 동일한 경우에 성립하는 것으로서, 그것을 구성하는 개별 행위도 원칙적으로 각각 그 범죄의 구성요건을 갖추어야 하는 것이다.[2]

특히 재산범죄에서 동일한 피해자에 대하여 단일하고 계속된 범의하에 동종의 범행을 일정기간 반복하여 행한 경우에는 그 각 범행은 통틀어 포괄일죄가 될 수 있다. 하지만 범의의 단일성과 계속성이 인정되지 아니하거나 범행방법이 동일하지 않은 경우에는 각 범행은 실체적 경합범에 해당한다.[3] 이는 방조범의 경우에도 마찬가지이다.[4]

포괄일죄는 행위의 수에 관계없이 본래 일죄라는 점에서 외형상 수죄처럼 보이는 법조경합과 구별되고, 본래 일죄라는 점에서 실질적으로 수죄이지만 처벌만 일죄로 하는 상상적 경합과도 구별된다.

2. 유 형

(1) 결합범

'결합범'(結合犯)이란 개별적으로는 독립된 범죄의 구성요건에 해당하는 수개의 행위가 1개의 구성요건에 결합하여 일죄를 구성하는 경우를 말한다. 예를 들면 야간주거침입절도죄, 주거침입강간죄[5], 강도죄, 강도강간죄, 강도살인죄, 강도상해죄[6] 등이 이에 해당한다.

---

1) 대법원 2007. 11. 15. 선고 2007도3061 전원합의체 판결; 대법원 2005. 9. 15. 선고 2005도1952 판결.

2) 대법원 2019. 1. 31. 선고 2018도16474 판결(개별적인 미신고 자본거래가 외국환거래법 위반죄의 구성요건을 충족하지 못하는 이상 일정 거래금액을 합하면 그 구성요건을 충족하는 결과가 된다 하더라도 그 전체 행위를 포괄일죄로 처단할 수 없다. 또한 외국환거래법 제18조 제1항 본문의 문언에 의하면 신고의무는 장래의 자본거래를 대상으로 하고 있음이 명백한데, 만약 개별적인 미신고 자본거래는 외국환거래법 위반죄의 구성요건을 충족하지 못하지만 일정 거래금액을 합하면 그 구성요건을 충족하는 경우 그 전체 행위를 포괄일죄로 처단할 수 있다면 과거의 자본거래에 대해서도 신고의무를 부과하는 셈이 되고, 이는 위 조항의 문언에 반하거나 문언의 의미를 피고인들에게 불리하게 확장 또는 유추하는 것으로 죄형법정주의 원칙에 반하여 허용될 수 없다); 대법원 2015. 12. 23. 선고 2013도15113 판결.

3) 대법원 2004. 7. 22. 선고 2004도2390 판결(단일한 범의를 가지고 상대방을 기망하여 착오에 빠뜨리고 그로부터 동일한 방법에 의하여 여러 차례에 걸쳐 재물을 편취하면 그 전체가 포괄하여 일죄로 되지만, 여러 사람의 피해자에 대하여 따로 기망행위를 하여 각각 재물을 편취한 경우에는 비록 범의가 단일하고 범행방법이 동일하더라도 각 피해자의 피해법익은 독립한 것이므로 그 전체가 포괄일죄로 되지 아니하고 피해자별로 독립한 여러 개의 사기죄가 성립된다); 대법원 2004. 5. 28. 선고 2002도5672 판결.

4) 대법원 2010. 11. 25. 선고 2010도1588 판결(이 사건 각 공소사실과 피고인들에 대하여 확정된 2008. 7. 29.자 약식명령의 범죄사실은 모두 피고인들이 개설한 위디스크 사이트 회원들이 음란한 동영상을 위 사이트에 업로드하여 게시하도록 하고, 다른 회원들로 하여금 위 동영상을 다운받을 수 있도록 하는 방법으로 정보통신망을 통하여 음란한 영상을 배포, 전시하는 것을 용이하게 하여 이를 방조하였다는 것으로서 단일하고 계속된 범의 아래 일정기간 계속하여 행하고 그 피해법익도 동일한 경우에 해당하므로 포괄일죄의 관계에 있다고 보아 위 확정된 약식명령의 발령 전에 이루어진 피고인들의 이 사건 범죄사실에 각 면소를 선고하였다).

5) 대법원 1999. 4. 23. 선고 99도354 판결(성폭력범죄의처벌및피해자보호등에관한법률 제5조 제1항은 형법 제319조 제1항의 죄를 범한 자가 강간의 죄를 범한 경우를 규정하고 있고, 성폭력범죄의처벌및피해자보호등에관한법률 제9조 제1항은 같은 법 제5조 제1항의 죄와 같은 법 제6조의 죄에 대한 결과적 가중범을 동일한 구성요건에 규정하고 있으므로, 피해자의 방안에 침입하여 식칼로 위협하여 반항을 억압한 다음 피해자를 강간하여 상해를

(2) 계속범

'계속범'(繼續犯)이란 위법상태를 야기하는 행위와 야기된 위법상태를 유지하는 행위가 포괄하여 1개의 구성요건을 실현하는 경우를 말한다. 예를 들면 체포죄, 감금죄, 주거침입죄, 퇴거불응죄, 직무유기죄[1] 등이 이에 해당한다.

(3) 접속범

'접속범'(接續犯)이란 단독으로도 범죄가 될 수 있는 수개의 행위가 동일한 기회에 동일한 법익에 대하여 불가분적으로 접속하여 행해지는 경우에 이를 포괄하여 일죄로 파악하는 것을 말한다. 예를 들면 절도범이 동일한 기회에 수차례에 걸쳐 창고에 있는 재물을 차량에 옮겨 실은 경우, 하나의 문서를 통하여 명예를 훼손하는 수개의 사실을 적시하는 경우, 동일한 기회에 동일한 사람에 대하여 수회 간음하거나 폭행한 경우 등이 이에 해당한다.

이와 같은 접속범이 인정되기 위해서는 다음과 같은 요건을 구비하여야 한다. ① 수개의 행위가 시간적·장소적으로 접속하여 행해져야 한다. ② 범의의 단일성이 인정되어야 한다. 범의의 단일성과 계속성은 개별 범행의 방법과 태양, 범행의 동기, 각 범행 사이의 시간적 간격, 그리고 동일한 기회 내지 관계를 이용하는 상황이 지속되는 가운데 후속 범행이 있었는지 여부, 즉 범의의 단절이나 갱신이 있었다고 볼 만한 사정이 있는지 여부 등을 세밀하게 살펴 논리와 경험칙에 근거하여 합리적으로 판단하여야 한다.[2] ③ 침해법익의 동일성이 인정되어야 한다. ④ 피해자의 동일성은 반드시 요구되는 것은 아니지만, 전속적 법익의 경우 주체를 달리할 경우에는 불법의 단순한 양적 증가가 아니므로 포괄일죄가 되지 아니한다. ⑤ 행위태양의 동종성이 인정되어야 한다.

판례에 의하면, ① 하나의 사건에 관하여 한 번 선서한 증인이 같은 기일에 여러 가지 사실에 관하여 기억에 반하는 허위의 진술을 한 경우 이는 하나의 범죄의사에 의하여 계속하여 허위의 진술을 한 것으로서 포괄하여 1개의 위증죄를 구성하는 것이고 각 진술마다 수 개의 위증죄를 구성하는 것이 아니다.[3] ② 특수강도의 소위가 동일한 장소에서 동일한 방법에 의하여 시간적으로 접착된 상황에서 이루어진 경우에는 (재산상의) 피해자가 여러 사람이더라도 단순일죄가 성립한다.[4]

입히게 한 피고인의 행위는 그 전체가 포괄하여 같은 법 제9조 제1항의 죄를 구성할 뿐이지, 그 중 주거침입의 행위가 나머지 행위와 별도로 주거침입죄를 구성한다고는 볼 수 없다).

6) 대법원 2001. 8. 21. 선고 2001도3447 판결(절도범이 체포를 면탈할 목적으로 체포하려는 여러 명의 피해자에게 같은 기회에 폭행을 가하여 그 중 1인에게만 상해를 가하였다면 이러한 행위는 포괄하여 하나의 강도상해죄만 성립한다).

1) 대법원 1997. 8. 29. 선고 97도675 판결(직무유기죄는 그 직무를 수행하여야 하는 작위의무의 존재와 그에 대한 위반을 전제로 하고 있는바, 그 작위의무를 수행하지 아니함으로써 구성요건에 해당하는 사실이 있었고 그 후에도 계속하여 그 작위의무를 수행하지 아니하는 위법한 부작위상태가 계속되는 한 가벌적 위법상태는 계속 존재하고 있다고 할 것이며 형법 제122조 후단은 이를 전체적으로 보아 1죄로 처벌하는 취지로 해석되므로 이를 즉시범이라고 할 수 없다).

2) 대법원 2016. 10. 27. 선고 2016도11318 판결.

3) 대법원 1998. 4. 14. 선고 97도3340 판결.

③ 강도가 시간적으로 접착된 상황에서 가족을 이루는 수인에게 폭행·협박을 가하여 집안에 있는 재물을 탈취한 경우 그 재물은 가족의 공동점유 아래 있는 것으로서, 이를 탈취하는 행위는 그 소유자가 누구인지에 불구하고 단일한 강도죄의 죄책을 진다.[1]

④ 단일범의로서 절취한 시간과 장소가 접착되어 있고 같은 관리인의 관리하에 있는 방 안에서 소유자를 달리하는 두 사람의 물건을 절취한 경우에는 1개의 절도죄가 성립한다.[2]

⑤ 피해자를 1회 간음하고 200m쯤 오다가 다시 1회 간음한 경우에 있어 피해자의 의사 및 그 범행시각과 장소로 보아 두 번째의 간음행위는 처음 한 행위의 계속으로 볼 수 있어 이를 단순일죄로 처벌한 것은 정당하다.[3]

하지만 ① 피고인이 피해자를 강간할 목적으로 도망가는 피해자를 추격하여 머리채를 잡아 끌면서 블럭조각으로 피해자의 머리를 수회 때리고 손으로 목을 조르면서 항거불능케 한 후 그녀를 1회 간음하여 강간하고 이로 인하여 그녀로 하여금 요치 28일간의 전두부 타박상을 입게 한 후 약 1시간 후에 그녀를 피고인 집 작은방으로 끌고 가 앞서 범행으로 상처를 입고 항거불능 상태인 그녀를 다시 1회 간음하여 강간한 경우, 피고인의 두 번에 걸친 피해자에 대한 강간행위를 그 범행시간과 장소를 각 달리하고 있을 뿐만 아니라 각 별개의 범의에서 이루어진 행위로 보아 형법 제37조 전단의 실체적 경합범으로 처단한 조치는 옳다.[4]

② 피고인이 범행 당일 02:00경 피고인 운전의 화물차량 안에서 위험한 물건인 쇠말뚝을 피해자에게 들이대며 강간하려고 하였으나 마침 그곳을 지나가던 사람에게 발각되어 그 뜻을 이루지 못하고 미수에 그치자, 다시 1시간 30분 가량 위 차량을 운전, 이동하여 정치한 후 이미 겁을 먹고 항거불능 상태에 있던 동 피해자를 1회 간음하였다면 피고인의 두 번에 걸친 행위는 그 범행시간과 장소를 달리하고 있을 뿐만 아니라 별개의 범의 하에 이루어진 것으로서 1개의 강간미수죄와 1개의 강간죄가 별개로 성립한다.[5]

③ 피고인이 슈퍼마켓사무실에서 식칼을 들고 피해자를 협박한 행위와 식칼을 들고 매장을 돌아다니며 손님을 내쫓아 그의 영업을 방해한 행위는 별개의 행위이다.[6]

④ 피고인이 단일한 범의로 동일한 장소에서 동일한 방법으로 시간적으로 접착된 상황에서 처와 자식들을 살해하였다고 하더라도 휴대하고 있던 권총에 실탄 6발을 장전하여 처와 자식들의 머리에 각기 1발씩 순차로 발사하여 살해하였다면, 피해자들의 수에 따라 수개의 살인죄를 구성한다.[7]

⑤ 강도가 한 개의 강도범행을 하는 기회에 수명의 피해자에게 각 폭행을 가하여 각 상해를 입힌 경우에는 각 피해자별로 수개의 강도상해죄가 성립하며 이들은 실체적 경합범의 관계에 있다.[8]

⑥ 강도가 동일한 장소에서 동일한 방법으로 시간적으로 접착된 상황에서 수인의 재물을 강취하였다고 하더라도, 수인의 피해자들에게 폭행 또는 협박을 가하여 그들로부터 그들이 각기 점유관리하고 있는

4) 대법원 1979. 10. 10. 선고 79도2093 판결.
1) 대법원 1996. 7. 30. 선고 96도1285 판결.
2) 대법원 1970. 7. 21. 선고 70도1133 판결.
3) 대법원 1970. 9. 29. 선고 70도1516 판결.
4) 대법원 1987. 5. 12. 선고 87도694 판결.
5) 대법원 1996. 9. 6. 선고 96도1763 판결.
6) 대법원 1991. 1. 29. 선고 90도2445 판결.
7) 대법원 1991. 8. 27. 선고 91도1637 판결.
8) 대법원 1987. 5. 26. 선고 87도527 판결.

재물을 각각 강취하였다면, 피해자들의 수에 따라 수개의 강도죄를 구성하는 것이고, 다만 강도범인이 피해자들의 반항을 억압하는 수단인 폭행·협박행위가 사실상 공통으로 이루어졌기 때문에, 법률상 1개의 행위로 평가되어 상상적 경합으로 보아야 될 경우가 있는 것은 별 문제이다.[1]

⑦ 절도범이 甲의 집에 침입하여 그 집의 방안에서 그 소유의 재물을 절취하고 그 무렵 그 집에 세들어 사는 乙의 방에 침입하여 재물을 절취하려다 미수에 그쳤다면 위 두 범죄는 그 범행장소와 물품의 관리자를 달리하고 있어서 별개의 범죄를 구성한다.[2]

(4) 연속범

1) 의 의

'연속범'(連續犯)이란 연속하여 행하여진 수개의 행위가 동종의 범죄에 해당하는 경우를 말한다. 예를 들면 피고인이 절취한 카드로 가맹점들로부터 물품을 구입하겠다는 단일한 범의를 가지고 그 범의가 계속된 가운데 동종의 범행인 신용카드 부정사용행위를 동일한 방법으로 반복하여 행하였고, 또 위 신용카드의 각 부정사용의 피해법익도 모두 위 신용카드를 사용한 거래의 안전 및 이에 대한 공중의 신뢰인 것으로 동일하므로, 피고인이 동일한 신용카드를 위와 같이 부정사용한 행위는 포괄하여 일죄에 해당하는 것이다.[3]

이와 같은 연속범은 연속된 수개의 행위가 반드시 구성요건적으로 일치할 필요가 없고, 시간적·장소적인 접속도 필요하지 않아 그 사이의 연관이 긴밀하지 않다는 점에서 접속범과 구별된다. 또한 범죄의 습벽이 있거나 동일한 행위가 반복될 것을 요하지 않는다는 점에서 집합범과 구별된다.

2) 요 건

① 개개의 행위가 동일한 법익을 침해해야 한다. 그러므로 보호법익이 다른 범죄 사이에는 연속범이 성립할 수 없다.[4]

② 비전속적 법익의 경우에는 피해자가 달라도 연속범이 성립할 수 있지만, 전속적 법익의 경우에는 법익주체가 다를 때에는 불법의 양적 증가가 아니므로 연속범이 성립하지 아니한다. 예를 들면 연쇄적인 살인행위는 연속범이 아니라 경합범이 되는 것이다.

③ 개개의 행위가 형법상 동일한 금지에 기초하여야 한다. 그러므로 기본적 구성요건의 연

---

1) 대법원 1991. 6. 25. 선고 91도643 판결.

2) 대법원 1989. 8. 8. 선고 89도664 판결.

3) 대법원 1996. 7. 12. 선고 96도1181 판결(신용카드를 부정사용한 결과가 사기죄의 구성요건에 해당하고 그 각 사기죄가 실체적 경합관계에 해당한다고 하여도 신용카드부정사용죄와 사기죄는 그 보호법익이나 행위의 태양이 전혀 달라 실체적 경합관계에 있으므로 신용카드 부정사용행위를 포괄일죄로 취급하는데 아무런 지장이 없다).

4) 대법원 1995. 7. 28. 선고 95도997 판결(피해자 명의의 신용카드를 부정사용하여 현금자동인출기에서 현금을 인출하고 그 현금을 취득까지 한 행위는 신용카드업법 제25조 제1항의 부정사용죄에 해당할 뿐 아니라 그 현금을 취득함으로써 현금자동인출기 관리자의 의사에 반하여 그의 지배를 배제하고 그 현금을 자기의 지배하에 옮겨 놓는 것이 되므로 별도로 절도죄를 구성하고, 위 양 죄의 관계는 그 보호법익이나 행위태양이 전혀 달라 실체적 경합관계에 있는 것으로 보아야 한다).

속적인 침해 이외에 기본적 구성요건과 가중적 구성요건 또는 기수와 미수 사이에서도 연속범이 성립할 수 있다.[1] 하지만 포괄일죄는 각기 따로 존재하는 수개의 행위가 한 개의 구성요건을 한번 충족하는 경우를 말하므로, 구성요건을 달리하고 있는 횡령·배임 등의 행위와 사기의 행위는 포괄일죄를 구성할 수 없다.[2]

④ 개별적인 행위의 범죄실행의 형태가 유사해야 한다.[3] 그러므로 고의범과 과실범, 작위범과 부작위범, 정범과 공범 사이에는 연속범이 성립할 수 없다. 하지만 범죄의 객체가 동일할 필요는 없다.

⑤ 개개의 행위는 동일한 관계를 이용했다고 볼 수 있을 정도로 시간적·장소적인 계속성이 있어야 한다.[4] 다수의 범행이 접속하여 행해질 것을 요하지는 않으므로, 어느 정도의 간격이 있어도 무방하다. 하지만 범행의 간격이 지나치게 큰 경우에는 연속범이 인정될 수 없다.

⑥ 연속범이 성립하기 위해서는 범의의 단일성이 요구된다. 예를 들면 단일한 범의의 발동에 의하여 상대방을 기망하고 그 결과 착오에 빠져 있는 동일인으로부터 일정 기간 동안 동일한 방법에 의하여 금원을 편취한 경우에는 이를 포괄적으로 관찰하여 일죄로 처단하는 것이 가능할 것이나, 범의의 단일성과 계속성이 인정되지 아니하거나 범행방법이 동일하지 않은 경우에는 각 범행은 실체적 경합범에 해당한다.[5]

3) 효 과

연속범은 수개의 행위가 포괄일죄가 되어 일죄로 처벌받는데, 서로 다른 구성요건을 실현하였을 경우에는 가장 중한 죄로 처벌받는다. 예를 들면 3번의 특수절도사실, 2번의 특수절도미수사실, 1번의 야간주거침입절도사실, 1번의 절도사실이 상습적으로 반복된 것으로 볼 수 있

---

1) 대법원 2000. 4. 25. 선고 99도5479 판결(동일한 기회를 이용하여 단일한 의사로 다량의 물품에 대한 밀수입의 예비를 하고 그 물품 중 일부만 양륙에 착수하였거나 일부만 양륙을 완료하였더라도 양륙의 착수나 완료 여부에 따라 물품을 나누어 예비죄, 미수죄, 기수죄의 수죄가 성립하는 것이 아니라 포괄하여 1개의 관세법위반죄가 성립한다).

2) 대법원 1988. 2. 9. 선고 87도58 판결.

3) 대법원 2010. 5. 27. 선고 2007도10056 판결(석유를 수입하는 것처럼 가장하여 신용장 개설은행들로 하여금 신용장을 개설하게 하고 신용장 대금 상당액의 지급을 보증하게 함으로써 동액 상당의 재산상 이익을 취득한 행위는 피해자들인 신용장 개설은행별로 각각 포괄하여 1죄가 성립하고, 분식회계에 의한 재무제표 및 감사보고서 등으로 은행으로 하여금 신용장을 개설하게 하여 신용장 대금 상당액의 지급을 보증하게 함으로써 동액 상당의 재산상 이익을 취득한 행위도 포괄하여 1죄가 성립한다고 할 것이나, 위와 같이 '가장거래에 의한 사기죄'와 '분식회계에 의한 사기죄'는 범행 방법이 동일하지 않아 그 피해자가 동일하더라도 포괄일죄가 성립한다고 할 수 없다).

4) 대법원 1982. 11. 9. 선고 82도2055 판결(단일하고 계속된 범의하에 동종의 범행을 일정기간 반복하여 행하고 그 피해법익도 동일한 경우에 이를 포괄일죄로 보아야 할 것이나, 이 사건 피고인의 원판시 (가)의 히로뽕 제조행위와 (나)의 히로뽕 제조행위를 서로 비교하여 보면 그 사이에 약 9개월의 간격이 있고 범행장소도 상이하여 범의의 단일성과 계속성을 인정하기 어려우므로 이들 두 죄를 포괄일죄라고 보기는 어려우니 경합가중을 한 원심조치는 정당하다).

5) 대법원 2004. 6. 25. 선고 2004도1751 판결; 대법원 1998. 2. 10. 선고 97도2836 판결(여러 개의 뇌물수수행위가 있는 경우에 그것이 단일하고 계속된 범의하에 동종의 범행을 일정 기간 반복하여 행한 것이고, 그 피해법익도 동일한 경우에는 각 범행을 통틀어 포괄일죄로 볼 것이지만, 그러한 범의의 단일성과 계속성을 인정할 수 없을 때에는 각 범행마다 별개의 죄가 성립하는 것으로서 경합범으로 처단하는 것이 타당하다).

다면, 그 중 법정형이 가장 중한 상습특수절도의 죄에 나머지의 행위를 포괄시켜 하나의 죄만이 성립한다.[1] 또한 연속범은 소송법적으로도 일죄로 취급되며, 연속범에 대한 판결의 기판력은 항소심 판결 이전에 범한 모든 행위에 미치게 된다.

판례에 의하면, ① 수개의 업무상 횡령행위라고 하더라도 피해법익이 단일하고, 범죄의 태양이 동일하며, 단일 범의의 발현에 기인하는 일련의 행위라고 인정될 때에는 포괄하여 1개의 범죄가 성립하고, 또한 수개의 업무상 횡령행위 도중에 공범자의 변동이 있는 경우라 하더라도 그 수개의 행위가 위와 같은 기준을 충족하는 것이라면 별개의 죄가 되는 것이 아니라 포괄일죄가 된다.[2]

② 예금주인 현금카드 소유자를 협박하여 그 카드를 갈취하였고, 하자 있는 의사표시이기는 하지만 피해자의 승낙에 의하여 현금카드를 사용할 권한을 부여받아 이를 이용하여 현금을 인출한 이상, 피해자가 그 승낙의 의사표시를 취소하기까지는 현금카드를 적법, 유효하게 사용할 수 있고, 은행의 경우에도 피해자의 지급정지 신청이 없는 한 피해자의 의사에 따라 그의 계산으로 적법하게 예금을 지급할 수밖에 없는 것이므로, 피고인이 피해자로부터 현금카드를 사용한 예금인출의 승낙을 받고 현금카드를 교부받은 행위와 이를 사용하여 현금자동지급기에서 예금을 여러 번 인출한 행위들은 모두 피해자의 예금을 갈취하고자 하는 피고인의 단일하고 계속된 범의 아래에서 이루어진 일련의 행위로서 포괄하여 하나의 공갈죄를 구성한다고 볼 것이지, 현금지급기에서 피해자의 예금을 취득한 행위를 현금지급기 관리자의 의사에 반하여 그가 점유하고 있는 현금을 절취한 것이라 하여 이를 현금카드 갈취행위와 분리하여 따로 절도죄로 처단할 수는 없다.[3]

③ 피고인이 카드사용으로 인한 대금결제의 의사와 능력이 없으면서도 있는 것 같이 가장하여 카드회사를 기망하고, 카드회사는 이에 착오를 일으켜 일정 한도 내에서 카드사용을 허용해 줌으로써 피고인은 기망당한 카드회사의 신용공여라는 하자 있는 의사표시에 편승하여 자동지급기를 통한 현금대출도 받고, 가맹점을 통한 물품구입대금 대출도 받아 카드발급회사로 하여금 같은 액수 상당의 피해를 입게 함으로써, 카드사용으로 인한 일련의 편취행위가 포괄적으로 이루어지는 것이다. 따라서 카드사용으로 인한 카드회사의 손해는 그것이 자동지급기에 의한 인출행위이든 가맹점을 통한 물품구입행위이든 불문하고 모두가 피해자인 카드회사의 기망당한 의사표시에 따른 카드발급에 터잡아 이루어지는 사기의 포괄일죄이다.[4]

④ 호별방문죄는 연속적으로 두 호 이상을 방문함으로써 성립하는 범죄로서, 연속적인 호별방문이 되기 위해서는 각 방문행위 사이에 어느 정도의 시간적 근접성은 있어야 하지만 반드시 각 호를 중단 없이 방문하여야 하거나 동일한 일시 및 기회에 방문하여야 하는 것은 아니므로 해당 선거의 시점과 법정 선거운동기간, 호별방문의 경위와 장소, 시간, 거주자와의 관계 등 제반 사정을 종합하여 단일한 선거운동의 목적으로 둘 이상 조합원의 호를 계속해서 방문한 것으로 볼 수 있으면 그 성립이 인정되고, 이와 같이 연속성이 인정되는 각 호별방문행위는 그 전체가 포괄일죄의 관계에 있게 된다.[5]

⑤ 단일하고도 계속된 범의 아래 동종의 범행을 일정기간 반복하여 행하고 그 피해법익도 동일한 경

---

1) 대법원 1975. 5. 27. 선고 75도1184 판결.
2) 대법원 2009. 2. 12. 선고 2006도6994 판결; 대법원 1995. 9. 5. 선고 95도1269 판결.
3) 대법원 1996. 9. 20. 선고 95도1728 판결.
4) 대법원 1996. 4. 9. 선고 95도2466 판결.
5) 대법원 2010. 7. 8. 선고 2009도14558 판결.

우에는 각 범행을 통틀어 포괄일죄로 볼 것이고, 수뢰죄에 있어서 단일하고도 계속된 범의 아래 동종의 범행을 일정기간 반복하여 행하고 그 피해법익도 동일한 것이라면 돈을 받은 일자가 상당한 기간에 걸쳐 있고, 돈을 받은 일자 사이에 상당한 기간이 끼어 있다 하더라도 각 범행을 통틀어 포괄일죄로 볼 것이다.[1]

⑥ 특정범죄가중처벌법 제8조 제1항을 적용함에 있어 해당 연도분 부가가치세 중 제1기분 부가가치세 포탈범행과 제2기분 부가가치세 포탈범행이 각각 같은 연도에 기수에 이른 경우, 전부를 포괄하여 하나의 죄로 의율하여야 한다.[2]

⑦ 음주운전으로 인한 도로교통법 위반죄의 보호법익과 처벌방법을 고려할 때, 혈중알콜농도 0.05% 이상의 음주상태로 동일한 차량을 일정기간 계속하여 운전하다가 1회 음주측정을 받았다면 이러한 음주운전행위는 동일 죄명에 해당하는 연속된 행위로서 단일하고 계속된 범의하에 일정기간 계속하여 행하고 그 피해법익도 동일한 경우이므로 포괄일죄에 해당하고, 음주상태로 자동차를 운전하다가 제1차 사고를 내고 그대로 진행하여 제2차 사고를 낸 후 음주측정을 받아 도로교통법 위반(음주운전)죄로 약식명령을 받아 확정되었는데, 그 후 제1차 사고 당시의 음주운전으로 기소된 사안에서 위 공소사실이 약식명령이 확정된 도로교통법 위반(음주운전)죄와 포괄일죄 관계에 있다.[3]

⑧ 수개의 등록상표에 대하여 상표법 제230조의 상표권 침해 행위가 계속하여 이루어진 경우에는 등록상표마다 포괄하여 1개의 범죄가 성립한다. 그러나 하나의 유사상표 사용행위로 수개의 등록상표를 동시에 침해하였다면 각각의 상표법 위반죄는 상상적 경합의 관계에 있다.[4]

⑨ 공무원인 이 사건 피고인들이 1987. 7. 15.부터 1988. 12. 28.까지 사이에 전후 17회에 걸쳐 정기적으로 동일한 납품업자로부터 신속한 검수, 검수과정에서의 함량미달 등 하자를 눈감아 달라는 청탁명목으로 계속하여 금원을 교부받아 그 직무에 관하여 뇌물을 수수한 경우[5] ⑩ 약국개설자가 처방전 알선의 대가로 일정기간 동안 동일한 의료기관개설자에게 수회에 걸쳐 금원을 제공한 경우[6] 등에 있어서는 이들 각 행위를 통틀어 포괄일죄로 처단하여야 한다.

하지만 ① 피고인이 미성년자를 유인하여 금원을 취득할 마음을 먹고 공소외인으로 하여금 피해자를 유인토록 하였으나 동인의 거절로 미수에 그치고, 같은 달 2차에 걸쳐 다시 피해자를 유인하였으나 마음이 약해져 각 실행을 중지하여 미수에 그치고, 다음 달 드디어 동 피해자를 인치, 살해하고 금원을 요구하는 내용의 협박편지를 피해자의 마루에 갖다 놓고 피해자의 안전을 염려하는 부모로부터 재물을 취득하려 했다면, 피고인은 당초의 범의를 철회 내지 방기하였다가 다시 범의를 일으켜 위 마지막의 약취유인 살해에 이른 것이라고 하지 않을 수 없으니, 그간에 범의의 갱신이 있어 그간의 범행이 단일한 의사발동에 인한 것이라고는 할 수 없으므로 위 각 미수죄와 기수죄를 경합범으로 의율한 원심판단은 정당하다.[7]

② 컴퓨터로 음란 동영상을 제공한 제1범죄행위로 서버컴퓨터가 압수된 이후 다시 장비를 갖추어 동종의 제2범죄행위를 하고 제2범죄행위로 인하여 약식명령을 받아 확정된 사안에서, 피고인에게 범의의

1) 대법원 2000. 1. 21. 선고 99도4940 판결.
2) 대법원 2007. 2. 15. 선고 2005도9546 전원합의체 판결.
3) 대법원 2007. 7. 26. 선고 2007도4404 판결.
4) 대법원 2020. 11. 12. 선고 2019도11688 판결.
5) 대법원 1990. 9. 25. 선고 90도1588 판결.
6) 대법원 2003. 12. 26. 선고 2003도6288 판결.
7) 대법원 1983. 1. 18. 선고 82도2761 판결.

갱신이 있어 제1범죄행위는 약식명령이 확정된 제2범죄행위와 실체적 경합관계에 있다.[1]

③ 공직선거법 제106조 제1항에서 정한 호별방문죄로 기소된 사안에서 甲의 집을 방문한 것은 乙의 집과 丙의 집을 방문한 때로부터 3개월 내지 4개월 전이고, 丁의 집을 방문한 것은 乙의 집과 丙의 집을 방문한 때로부터 다시 6개월 내지 7개월 후로서 시간적 간격이 매우 크므로, 甲의 집과 丁의 집을 각 방문한 행위와 乙의 집과 丙의 집을 각 방문한 행위 사이에 시간적 근접성이 있다고 하기는 어렵다고 보아, 甲, 乙, 丙, 丁의 집을 방문한 행위를 포괄일죄로 보고 하나의 형을 선고한 원심판결은 파기되어야 한다.[2]

④ 사기죄에 있어서 수인의 피해자에 대하여 각 피해자별로 기망행위를 하여 각각 재물을 편취한 경우에 그 범의가 단일하고 범행방법이 동일하다고 하더라도 포괄일죄가 성립하는 것이 아니라 피해자별로 1개씩의 죄가 성립하는 것으로 보아야 한다.[3]

⑤ 아파트의 각 세대를 분양받은 각 피해자에 대하여 소유권이전등기절차를 이행하여 주어야 할 업무상의 임무가 있었다면, 각 피해자의 보호법익은 독립된 것이므로, 범의가 단일하고 제3자 앞으로 각 소유권이전등기 및 근저당권설정등기를 한 각 행위시기가 근접하여 있으며 피해자들이 모두 위 회사로부터 소유권이전등기를 받을 동일한 권리를 가진 자라고 하여도, 각 공소사실이 포괄일죄의 관계에 있다고는 할 수 없고 피해자별로 독립한 수개의 업무상 배임죄의 관계에 있다.[4]

(5) 집합범

'집합범'(集合犯)이란 다수의 동종행위가 동일한 의사에 따라 반복될 것이 당연히 예상되어 있기 때문에 수개의 행위가 일괄하여 일죄를 구성하는 경우를 말한다. 이와 같은 집합범의 종류에는 ① 행위자가 범행의 반복으로 얻은 범죄의 습벽으로 죄를 범하는 경우인 '상습범'(常習犯), ② 행위자가 범행의 반복을 경제적 수단으로 삼는 경우인 '영업범'(營業犯)[5], ③ 범죄의 반복이 경제적·직업적 활동이 된 경우인 '직업범'(職業犯) 등으로 다시 나누어진다.

특히 상습성을 갖춘 자가 여러 개의 죄를 반복하여 저지른 경우에는 각 죄를 별죄로 보아 경합범으로 처단할 것이 아니라 그 모두를 포괄하여 상습범이라고 하는 하나의 죄로 처단하는 것이 상습범의 본질[6] 또는 상습범 가중처벌규정의 입법취지에 부합한다.[7]

---

1) 대법원 2005. 9. 30. 선고 2005도4051 판결.
2) 대법원 2007. 3. 15. 선고 2006도9042 판결.
3) 대법원 1997. 6. 27. 선고 97도508 판결(사기죄에 있어 동일한 피해자에 대하여 수회에 걸쳐 기망행위를 하여 금원을 편취한 경우 범의가 단일하고 범행방법이 동일하다면 사기죄의 포괄1죄만이 성립한다고 할 것이나, 범의의 단일성과 계속성이 인정되지 아니하거나 범행방법이 동일하지 않은 경우에는 각 범행은 실체적 경합범에 해당한다).
4) 대법원 1994. 5. 13. 선고 93도3358 판결.
5) 대법원 2004. 7. 22. 선고 2004도2390 판결(영업범이란 집합범의 일종으로 구성요건의 성질에서 이미 동종행위가 반복될 것으로 당연히 예상되는 범죄를 가리키는 것인바, 피고인의 사기 범행이 비록 동종의 행위를 반복한 것으로 되어 있더라도 구성요건의 성질상 동종행위가 반복될 것이 예상되는 범죄라고 볼 수는 없어 영업범이라고 할 수는 없다).
6) 대법원 2009. 2. 12. 선고 2008도11550 판결(행위자가 범죄행위 당시 심신미약 등 정신적 장애상태에 있었다고 하여 일률적으로 그 행위자의 상습성이 부정되는 것은 아니다. 심신미약 등의 사정은 상습성을 부정할 것인지 여부를 판단하는 데 자료가 되는 여러 가지 사정들 중의 하나일 뿐이다. 따라서 행위자가 범죄행위 당시 심신미약

판례에 의하면, ① 무면허 의료행위는 그 범죄의 구성요건의 성질상 동종범죄의 반복이 예상되는 것이므로 반복된 수개의 행위는 포괄적으로 한 개의 범죄를 구성하는 점, 영리를 목적으로 무면허 의료행위를 업으로 한 자가 일부 돈을 받지 않고 무면허 의료행위를 한 경우에 그 행위에 대한 평가는 이미 보건범죄단속에 관한 특별조치법 위반죄의 구성요건적 평가에 포함되어 있다고 보는 것이 타당한 점, 보건범죄단속에 관한 특별조치법 위반죄 외에 돈을 받지 않고 한 무면허 의료행위에 대하여 별개로 의료법 위반죄가 성립한다고 본다면 전부 돈을 받고 무면허 의료행위를 한 경우에는 보건범죄단속에 관한 특별조치법 위반죄 1죄로서 그 법정형기 내에서 처단하게 되는 반면 일부 돈을 받지 아니하고 무면허 의료행위를 한 경우에는 보건범죄단속에 관한 특별조치법 위반죄와 의료법 위반죄의 경합범이 되어 처단형이 오히려 무겁게 되는 불합리한 결과가 되는 점 등에 비추어, 영리를 목적으로 무면허 의료행위를 업으로 하는 자가 일부 돈을 받지 아니하고 무면허 의료행위를 한 경우에도 보건범죄단속에 관한 특별조치법 위반죄의 1죄만이 성립하고 별개로 의료법 위반죄를 구성하지 않는다고 보아야 한다.[1]

② 무등록 건설업 영위행위는 범죄의 구성요건의 성질상 동종 행위의 반복이 예상된다 할 것이고, 그와 같이 반복된 수개의 행위가 단일하고 계속된 범의하에 근접한 일시·장소에서 유사한 방법으로 행하여지는 등 밀접한 관계가 있어 전체를 1개의 행위로 평가함이 상당한 경우에는 이들 각 행위를 통틀어 포괄일죄로 처벌하여야 한다.[2]

③ 무허가 유료직업소개 행위는 범죄구성요건의 성질상 동종행위의 반복이 예상되는데, 반복된 수개의 행위 상호간에 일시·장소의 근접, 방법의 유사성, 기회의 동일, 범의의 계속 등 밀접한 관계가 있어 전체를 1개의 행위로 평가함이 상당한 경우에는 포괄적으로 한 개의 범죄를 구성한다.[3]

④ 약국개설자가 아님에도 단일하고 계속된 범의 하에 일정기간 계속하여 의약품을 판매하거나 판매의 목적으로 취득함으로써 약사법 제35조 제1항에 위반된 행위를 한 경우, 이는 모두 포괄하여 약사법 제74조 제1항 제1호, 제35조 제1항 소정의 일죄를 구성한다.[4]

⑤ 상습절도 등의 범행을 한 자가 추가로 자동차등불법사용의 범행을 한 경우에 그것이 절도 습벽의 발현이라고 보이는 이상 자동차등불법사용의 범행은 상습절도 등의 죄에 흡수되어 1죄만이 성립하고 이와 별개로 자동차등불법사용죄는 성립하지 아니한다.[5]

⑥ 상습강도죄를 범한 범인이 그 범행 외에 상습적인 강도의 목적으로 강도예비를 하였다가 강도에 이르지 아니하고 강도예비에 그친 경우에도 그것이 강도상습성의 발현이라고 보여지는 경우에는 강도예비행위는 상습강도죄에 흡수되어 위 법조에 규정된 상습강도죄의 1죄만을 구성하고 이 상습강도죄와 별개로 강도예비죄를 구성하지 아니한다.[6]

⑦ 외국환거래법에 위배되는 수개의 무등록 외국환업무를 단일하고 계속된 범의하에 일정 기간 계속

등 정신적 장애상태에 있었다는 이유만으로 그 범죄행위가 상습성이 발현된 것이 아니라고 단정할 수 없고 다른 사정을 종합하여 상습성을 인정할 수 있어 심신미약의 점이 상습성을 부정하는 자료로 삼을 수 없는 경우가 있는가 하면, 경우에 따라서는 심신미약 등 정신적 장애상태에 있었다는 점이 다른 사정들과 함께 참작되어 그 행위자의 상습성을 부정하는 자료가 될 수도 있다).

7) 대법원 2004. 9. 16. 선고 2001도3206 전원합의체 판결.
1) 대법원 2010. 5. 13. 선고 2010도2468 판결.
2) 대법원 2014. 7. 24. 선고 2013도12937 판결.
3) 대법원 1993. 3. 26. 선고 92도3405 판결.
4) 대법원 2001. 8. 21. 선고 2001도3312 판결.
5) 대법원 2002. 4. 26. 선고 2002도429 판결.
6) 대법원 2003. 3. 28. 선고 2003도665 판결.

하여 행할 경우 그 각 행위는 포괄일죄를 구성한다.[1]

하지만 ① 강도죄와 강도상해죄는 따로 규정되어 있고 상습강도죄(형법 제341조)에 강도상해죄가 포괄 흡수될 수는 없는 것이므로 위 2죄는 상상적 경합범 관계가 아니다.[2]

② 구 저작권법은 제140조 본문에서 저작재산권 침해로 인한 제136조 제1항의 죄를 친고죄로 규정하면서, 제140조 단서 제1호에서 영리를 위하여 상습적으로 위와 같은 범행을 한 경우에는 고소가 없어도 공소를 제기할 수 있다고 규정하고 있으나, 상습으로 제136조 제1항의 죄를 저지른 경우 이를 가중처벌한다는 규정은 따로 두고 있지 않다. 따라서 수회에 걸쳐 구 저작권법 제136조 제1항의 죄를 범한 것이 상습성의 발현에 따른 것이라고 하더라도, 이는 원칙적으로 경합범으로 보아야 하는 것이지 하나의 죄로 처단되는 상습범으로 볼 것은 아니다. 그리고 저작재산권 침해행위는 저작권자가 같더라도 저작물별로 침해되는 법익이 다르므로 각각의 저작물에 대한 침해행위는 원칙적으로 각 별개의 죄를 구성한다.[3]

③ 수개의 등록상표에 대하여 상표법 제93조 소정의 상표권침해 행위가 계속하여 행하여진 경우에는 각 등록상표 1개마다 포괄하여 1개의 범죄가 성립하므로, 특별한 사정이 없는 한 상표권자 및 표장이 동일하다는 이유로 등록상표를 달리하는 수개의 상표권침해 행위를 포괄하여 하나의 죄가 성립하는 것으로 볼 수 없다.[4]

④ 의료기관의 개설자 명의는 의료기관을 특정하고 동일성을 식별하는 데에 중요한 표지가 되는 것이므로, 비의료인이 의료기관을 개설하여 운영하는 도중 개설자 명의를 다른 의료인 등으로 변경한 경우에는 그 범의가 단일하다거나 범행방법이 종전과 동일하다고 보기 어렵다. 따라서 개설자 명의별로 별개의 범죄가 성립하고 각 죄는 실체적 경합범의 관계에 있다.[5]

⑤ 피고인이 여관에 들어가 1층 안내실에 있던 여관의 관리인을 칼로 찔러 상해를 가하고, 그로부터 금품을 강취한 다음, 각 객실에 들어가 각 투숙객들로부터 금품을 강취하였다면, 피고인의 위와 같은 각 행위는 비록 시간적으로 접착된 상황에서 동일한 방법으로 이루어지기는 하였으나, 포괄하여 1개의 강도상해죄만을 구성하는 것이 아니라 실체적 경합범의 관계에 있다.[6]

(6) 협의의 포괄일죄

'협의의 포괄일죄'란 1개의 구성요건에 속하면서 행위태양이 동일한 법익을 침해하는 수종으로 나누어져 있을 때, 이러한 수종의 행위태양에 해당하는 일련의 행위가 포괄하여 일죄가 되는 경우를 말한다. 예를 들면 뇌물의 요구·약속·수수행위가 하나의 수뢰죄로 처리되는 것이 이에 해당한다.

판례에 의하면, ① 구 농업협동조합법 제172조 제1항 제2호에 의하여 처벌대상이 되는 제50조 제1항 제1호 및 제3호의 행위들을 순차적으로 한 경우, 즉 금전·물품·향응, 그 밖의 재산상의 이익이나 공사

---

1) 대법원 2013. 11. 28. 선고 2011도13007 판결.
2) 대법원 1990. 9. 28. 선고 90도1365 판결.
3) 대법원 2013. 8. 23. 선고 2011도1957 판결.
4) 대법원 2013. 7. 25. 선고 2011도12482 판결; 대법원 2011. 7. 14. 선고 2009도10759 판결.
5) 대법원 2018. 11. 29. 선고 2018도10779 판결.
6) 대법원 1991. 6. 25. 선고 91도643 판결.

의 직(이하 이러한 재산상의 이익과 공사의 직을 통틀어 '재산상 이익 등'이라고 한다)에 대한 제공의 의사표시를 하고 이를 승낙하며 나아가 그에 따라 약속이 이루어진 재산상 이익 등을 제공하고 제공받은 경우에, 재산상 이익 등에 대한 제공의 의사표시 내지 약속 행위는 제공 행위에, 제공 의사표시의 승낙 행위는 제공받은 행위에 각각 흡수된다.[1]

3. 효 과

(1) 실체법적 효과

실체법적으로 포괄일죄는 일죄이므로 하나의 죄로 처벌된다. 구성요건을 달리하는 행위가 포괄일죄로 되는 경우에는 중한 죄의 일죄만이 성립한다. 포괄일죄의 일부분에 대한 공범의 성립도 가능하다. 포괄일죄로 되는 개개의 범죄행위가 다른 종류의 죄의 확정판결의 전후에 걸쳐서 행하여진 경우에는 그 죄는 2죄로 분리되지 않고 확정판결 후인 최종의 범죄행위시에 완성된다.[2]

(2) 소송법적 효과

포괄일죄는 소송법적으로도 일죄로 평가된다. 그러므로 공소제기의 효력과 기판력은 포괄일죄의 내용이 된 전부에 미치게 된다. 상습범으로서 포괄적 일죄의 관계에 있는 여러 개의 범죄사실 중 일부에 대하여 유죄판결이 확정된 경우에, 그 확정판결의 사실심판결 선고 전에 저질러진 나머지 범죄에 대하여 새로이 공소가 제기되었다면 그 새로운 공소는 확정판결이 있었던 사건과 동일한 사건에 대하여 다시 제기된 데 해당하므로 이에 대하여는 판결로써 면소의 선고를 하여야 한다(형사소송법 제326조 제1호).

다만 이러한 법리가 적용되기 위해서는 전의 확정판결에서 당해 피고인이 상습범으로 기소되어 처단되었을 것을 필요로 하는 것이고, 상습범 아닌 기본 구성요건의 범죄로 처단되는 데 그친 경우에는, 가사 뒤에 기소된 사건에서 비로소 드러났거나 새로 저질러진 범죄사실과 전의 판결에서 이미 유죄로 확정된 범죄사실 등을 종합하여 비로소 그 모두가 상습범으로서의 포괄적 일죄에 해당하는 것으로 판단된다 하더라도 뒤늦게 앞서의 확정판결을 상습범의 일부에 대한 확정판결이라고 보아 그 기판력이 그 사실심판결 선고 전의 나머지 범죄에 미친다고 보아서는 아니 된다.[3]

---

1) 대법원 2015. 1. 29. 선고 2013도5399 판결.
2) 대법원 2003. 8. 22. 선고 2002도5341 판결.
3) 대법원 2004. 9. 16. 선고 2001도3206 전원합의체 판결.

제 3 절 수 죄

Ⅰ. 상상적 경합

1. 의 의

한 개의 행위가 여러 개의 죄에 해당하는 경우에는 가장 무거운 죄에 대하여 정한 형으로 처벌한다(제40조). 이와 같이 '상상적 경합'이란 1개의 행위가 수개의 죄에 해당하는 경우를 말한다. 상상적 경합은 형법상 과형상 일죄로 인정된다. 여기서 '과형상 일죄'란 실질적으로 수죄임에도 불구하고 하나의 형을 선고하는 경우를 말한다. 이와 같은 상상적 경합은 수죄 사이의 진정한 경합이라는 점에서 외관상 경합인 법조경합과 구별되며, 행위가 1개인 점에서 행위가 수개인 실체적 경합과 구별된다.

특히 상상적 경합은 1개의 행위가 실질적으로 수개의 구성요건을 충족하는 경우를 말하고, 법조경합은 1개의 행위가 외관상 수개의 죄의 구성요건에 해당하는 것처럼 보이나 실질적으로 1죄만을 구성하는 경우를 말하며, 실질적으로 1죄인가 또는 수죄인가는 구성요건적 평가와 보호법익의 측면에서 고찰하여 판단하여야 한다.[1]

2. 요 건

(1) 행위의 단일성

상상적 경합이 성립하기 위해서는 1개의 행위가 있을 것을 요한다. 여기에서 1개의 행위는 법적 평가를 떠나 사회관념상 행위가 사물자연의 상태로서 1개로 평가되는 것을 의미한다. 1개의 행위라고 하기 위해서는 수죄 사이에 객관적 실행행위의 동일성이 인정되어야 한다.

수개의 구성요건을 실행하는 행위가 완전히 동일한 경우에는 언제나 행위의 단일성이 인정된다. 예를 들면 무면허인데다가 술이 취한 상태에서 자동차를 운전한 경우에는 하나의 운전행위로 도로교통법상 무면허운전죄와 음주운전죄를 구성하고 양죄는 상상적 경합관계에 있다.[2] 또한 수개의 구성요건을 실행하는 행위가 부분적으로 동일한 경우에도 행위의 단일성이 인정될 수 있다. 예를 들면 절도범인이 체포를 면탈할 목적으로 경찰관에게 폭행·협박을 가한 때에는 준강도죄와 공무집행방해죄를 구성하고 양죄는 상상적 경합관계에 있다.[3]

(2) 수개의 죄

상상적 경합이 성립하기 위해서는 1개의 행위가 수개의 구성요건에 해당하여야 한다. 우선

---

1) 대법원 2012. 8. 30. 선고 2012도6503 판결; 대법원 2003. 4. 8. 선고 2002도6033 판결.
2) 대법원 1987. 2. 24. 선고 86도2731 판결.
3) 대법원 1992. 7. 28. 선고 92도917 판결(하지만 강도범인이 체포를 면탈할 목적으로 경찰관에게 폭행을 가한 때에는 강도죄와 공무집행방해죄는 실체적 경합관계에 있고 상상적 경합관계에 있는 것이 아니다).

1개의 행위가 서로 다른 수개의 구성요건에 해당하는 경우에는 상상적 경합이 당연히 인정된다. 예를 들면 밀수품이 강도행위에 의하여 취득된 경우에는 관세법 위반(관세장물취득)죄와 강도죄가 성립하고, 양죄는 상상적 경합범의 관계에 있다.[1]

　　다음으로 1개의 행위가 동일한 구성요건에 해당하는 경우에도 상상적 경합이 인정될 수 있다. 예를 들면 문서에 2인 이상의 작성명의인이 있을 때에는 각 명의자 마다 1개의 문서가 성립되므로 2인 이상의 연명으로 된 문서를 위조한 때에는 작성명의인의 수대로 수개의 문서위조죄가 성립하고 이러한 수개의 문서위조죄는 상상적 경합범의 관계에 있다.[2]

　　판례에 의하면, ① 강간죄의 성립에 언제나 직접적으로 또 필요한 수단으로서 감금행위를 수반하는 것은 아니므로 감금행위가 강간미수죄의 수단이 되었다 하여 감금행위는 강간미수죄에 흡수되어 범죄를 구성하지 않는다고 할 수는 없는 것이고, 그때에는 감금죄와 강간미수죄는 1개의 행위에 의하여 실현된 경우로서 형법 제40조의 상상적 경합관계에 있다.[3]

　　② 피고인이 피해자를 협박함으로써 금원을 갈취하고 이로 인하여 법정 중개수수료 상한을 초과한 금품을 받은 것은 1개의 행위가 수개의 죄에 해당하는 상상적 경합의 경우에 해당한다.[4]

　　③ 동일한 공무를 집행하는 여럿의 공무원에 대하여 폭행·협박 행위를 한 경우에는 공무를 집행하는 공무원의 수에 따라 여럿의 공무집행방해죄가 성립하고, 위와 같은 폭행·협박 행위가 동일한 장소에서 동일한 기회에 이루어진 것으로서 사회관념상 1개의 행위로 평가되는 경우에는 여럿의 공무집행방해죄는 상상적 경합의 관계에 있다.[5]

　　④ 회사 명의의 합의서를 임의로 작성·교부한 행위에 대하여 약식명령이 확정된 사문서위조 및 그 행사죄의 범죄사실과 그로 인하여 회사에 재산상 손해를 가하였다는 업무상 배임의 공소사실은 그 객관적 사실관계가 하나의 행위이므로 1개의 행위가 수개의 죄에 해당하는 경우로서 형법 제40조에 정해진 상상적 경합관계에 있다.[6]

　　⑤ 동일인 대출한도 초과대출 행위로 인하여 상호저축은행에 손해를 가함으로써 상호저축은행법 위반죄와 업무상 배임죄가 모두 성립한 경우, 두 죄는 형법 제40조에서 정한 상상적 경합관계에 있다.[7]

　　⑥ 집회 및 시위와 그로 인하여 성립하는 일반교통방해는 상상적 경합관계에 있다.[8]

　　⑦ 무허가 카지노영업으로 인한 관광진흥법위반죄와 도박개장죄는 상상적 경합범 관계에 있다.[9]

　　⑧ 중대재해처벌법위반(산업재해치사)죄와 근로자 사망으로 인한 산업안전보건법위반죄 및 업무상과실치사죄는 상호간 사회관념상 1개의 행위가 수개의 죄에 해당하는 경우로서 형법 제40조의 상상적 경합관계에 있다.[10]

---

　1) 대법원 1982. 12. 28. 선고 81도1875 판결.
　2) 대법원 1987. 7. 21. 선고 87도564 판결.
　3) 대법원 1983. 4. 26. 선고 83도323 판결.
　4) 대법원 1996. 10. 15. 선고 96도1301 판결.
　5) 대법원 2009. 6. 25. 선고 2009도3505 판결.
　6) 대법원 2009. 4. 9. 선고 2008도5634 판결.
　7) 대법원 2012. 6. 28. 선고 2012도2087 판결.
　8) 대법원 2011. 8. 25. 선고 2008도10960 판결.
　9) 대법원 2009. 12. 10. 선고 2009도11151 판결.

⑨ 피고인이 여관에서 종업원을 칼로 찔러 상해를 가하고 객실로 끌고 들어가는 등 폭행·협박을 하고 있던 중, 마침 다른 방에서 나오던 여관의 주인도 같은 방에 밀어 넣은 후, 주인으로부터 금품을 강취하고, 1층 안내실에서 종업원 소유의 현금을 꺼내 갔다면, 여관 종업원과 주인에 대한 각 강도행위가 각별로 강도죄를 구성하되 피고인이 피해자인 종업원과 주인을 폭행·협박한 행위는 법률상 1개의 행위로 평가되는 것이 상당하므로 위 2죄는 상상적 경합범관계에 있다.[1]
⑩ 피고인이 피해자에게 접근하거나 전화를 건 행위가 스토킹범죄를 구성하는 스토킹행

위에 해당하고 스토킹처벌법 제9조 제1항 제2호, 제3호의 잠정조치를 위반한 행위에도 해당하는 경우, '스토킹범죄로 인한 스토킹처벌법위반죄'와 '잠정조치 불이행으로 인한 스토킹처벌법위반죄'는 사회관념상 1개의 행위로 성립하는 수 개의 죄에 해당하므로 형법 제40조의 상상적 경합관계에 있다.[2]

또한 판례에 의하면, ① 공무원이 직무관련자에게 제3자와 계약을 체결하도록 요구하여 계약 체결을 하게 한 행위가 제3자뇌물수수죄의 구성요건과 직권남용권리행사방해죄의 구성요건에 모두 해당하는 경우(제3자뇌물수수죄와 직권남용권리행사방해죄)[3], ② 국회의원 선거에서 정당의 공천을 받게 하여 줄 의사나 능력이 없음에도 이를 해 줄 수 있는 것처럼 기망하여 공천과 관련하여 금품을 받은 경우(공직선거법상 공천 관련 금품 수수죄와 사기죄)[4], ③ 수뢰후부정처사죄에 있어서 공무원이 수뢰 후 행한 부정행위가 공도화변조 및 동행사죄와 같이 보호법익을 달리하는 별개 범죄의 구성요건을 충족하는 경우(수뢰후부정처사죄와 공도화변조 및 동행사죄)[5], ④ 피해자들의 재물을 강취한 후 그들을 살해할 목적

---

10) 대법원 2023. 12. 28. 선고 2023도12316 판결(이 사건에서 피고인 1이 안전보건총괄책임자로서 작업계획서 작성에 관한 조치를 하지 않은 산업안전보건법위반행위와 경영책임자로서 안전보건관리체계의 구축 및 그 이행에 관한 조치를 하지 않은 중대재해처벌법위반행위는 모두 같은 일시·장소에서 같은 피해자의 사망이라는 결과 발생을 방지하지 못 한 부작위에 의한 범행에 해당하여 각 그 법적 평가를 떠나 사회관념상 1개의 행위로 평가할 수 있다. 따라서 중대재해처벌법위반(산업재해치사)죄와 근로자 사망으로 인한 산업안전보건법위반죄는 상상적 경합 관계에 있다. 근로자 사망으로 인한 산업안전보건법위반죄와 업무상과실치사죄는 그 업무상 주의의무가 일치하여 상상적 경합 관계에 있다. 이 사건에서 피고인 1에게 중대재해처벌법 제4조에 따라 부과된 안전 확보의무는 산업안전보건법 제63조에 따라 부과된 안전 조치의무와 마찬가지로 업무상과실치사죄의 주의의무를 구성할 수 있다. 따라서 중대재해처벌법위반(산업재해치사)죄와 업무상과실치사죄 역시 행위의 동일성이 인정되어 상상적 경합 관계에 있다).

1) 대법원 1991. 6. 25. 선고 91도643 판결.

2) 대법원 2024. 9. 27. 선고 2024도7832 판결(피고인이 피해자에게 전화를 걸면 '피고인이 피해자와 전화통화를 원한다'는 내용이 담긴 정보의 전파가 송신되어 기지국, 교환기 등을 거쳐 피해자의 휴대전화에 수신되고, 이때 피해자가 전화통화에 응하지 아니하면 피고인이 송신하였던 위와 같은 내용의 정보가 피해자의 휴대전화에 부재중 전화 문구, 수신차단기호 등으로 변형되어 표시될 수 있다. 이러한 부재중 전화 문구, 수신차단기호 등을 '피고인의 송신 행위 없이 피해자에게 도달된 것' 내지 '피해자 휴대전화의 자체적인 기능에 의하여 생성된 것'이라고 평가할 수는 없다. 피고인이 전화통화를 시도함으로써 이를 송신하였다고 보는 것이 타당하다. 따라서 피고인이 전화를 걸어 피해자 휴대전화에 부재중 전화 문구, 수신차단기호 등이 표시되도록 하였다면 실제 전화통화가 이루어졌는지 여부와 상관없이 '피해자의 휴대전화로 유선·무선·광선 및 기타의 전자적 방식에 의하여 부호·문언을 송신하지 말 것'을 명하는 잠정조치를 위반하였다고 보아야 한다).

3) 대법원 2017. 3. 15. 선고 2016도19659 판결.

4) 대법원 2013. 9. 26. 선고 2013도7876 판결; 대법원 2009. 4. 23. 선고 2009도834 판결.

5) 대법원 2001. 2. 9. 선고 2000도1216 판결(공도화변조죄와 동행사죄가 수뢰후부정처사죄와 각각 상상적 경합범 관계에 있을 때에는 공도화변조죄와 동행사죄 상호간은 실체적 경합범 관계에 있다고 할지라도 상상적 경합범

으로 현주건조물에 방화하여 사망에 이르게 한 경우(강도살인죄와 현주건조물방화치사죄)[1], ⑤ 강도가 재물강취의 뜻을 재물의 부재로 이루지 못한 채 미수에 그쳤으나 그 자리에서 항거불능의 상태에 빠진 피해자를 간음할 것을 결의하고 실행에 착수했으나 역시 미수에 그쳤더라도 반항을 억압하기 위한 폭행으로 피해자에게 상해를 입힌 경우(강도강간미수죄와 강도치상죄)[2], ⑥ 피고인이 금융회사 등의 임직원의 직무에 속하는 사항에 관하여 알선할 의사와 능력이 없음에도 알선을 한다고 기망하고 이에 속은 피해자로부터 알선을 한다는 명목으로 금품 등을 수수한 경우(사기죄와 특정경제범죄가중처벌법 제7조 위반죄)[3], ⑦ 음주 또는 약물의 영향으로 정상적인 운전이 곤란한 상태에서 자동차를 운전하여 사람을 상해에 이르게 함과 동시에 다른 사람의 재물을 손괴한 경우(특정범죄가중처벌법 위반(위험운전치사상)죄와 업무상과실 재물손괴로 인한 도로교통법 위반죄)[4] 등에 있어서의 두 죄는 형법 제40조에서 정한 상상적 경합관계에 있다.

3. 효 과

(1) 실체법적 효과

상상적 경합은 실질상 수죄이지만 과형상 일죄이므로, 1개의 형으로 처벌하되 가장 무거운 죄에 대하여 정한 형으로 처벌한다. 이는 수개의 죄명 중 가장 중한 형을 규정한 법조에 의하여 처단한다는 취지와 함께 다른 법조의 최하한의 형보다 가볍게 처단할 수 없다는 취지 즉, 각 법조의 상한과 하한을 모두 중한 형의 범위 내에서 처단한다는 것을 포함한다.[5]

(2) 소송법적 효과

상상적 경합 관계의 경우에는 그 중 1죄에 대한 확정판결의 기판력은 다른 죄에 대하여도 미친다.[6] 그리고 상상적 경합의 경우 판결이유에 수죄의 범죄사실과 적용법조를 모두 기재하여야 하며, 공소시효[7]와 친고죄에서의 고소는 각 죄명별로 별도로 논해야 한다.

관계에 있는 수뢰후부정처사죄와 대비하여 가장 중한 죄에 정한 형으로 처단하면 족한 것이고 따로이 경합범 가중을 할 필요가 없다).

1) 대법원 1998. 12. 8. 선고 98도3416 판결.
2) 대법원 1988. 6. 28. 선고 88도820 판결.
3) 대법원 2012. 6. 28. 선고 2012도3927 판결.
4) 대법원 2010. 1. 14. 선고 2009도10845 판결.
5) 대법원 2008. 12. 24. 선고 2008도9169 판결; 대법원 2006. 1. 27. 선고 2005도8704 판결; 대법원 1984. 2. 28. 선고 83도3160 판결.
6) 대법원 2017. 9. 21. 선고 2017도11687 판결; 대법원 2011. 2. 24. 선고 2010도13801 판결.
7) 대법원 2006. 12. 8. 선고 2006도6356 판결(1개의 행위가 여러 개의 죄에 해당하는 경우 형법 제40조는 이를 과형상 일죄로 처벌한다는 것에 지나지 아니하고, 공소시효를 적용함에 있어서는 각 죄마다 따로 따져야 할 것인바, 공무원이 취급하는 사건에 관하여 청탁 또는 알선을 할 의사와 능력이 없음에도 청탁 또는 알선을 한다고 기망하여 금품을 교부받은 경우에 성립하는 사기죄와 변호사법 위반죄는 상상적 경합의 관계에 있으므로, 변호사법 위반죄의 공소시효가 완성되었다고 하여 그 죄와 상상적 경합관계에 있는 사기죄의 공소시효까지 완성되는 것은 아니다).

Ⅱ. 실체적 경합

1. 의 의

판결이 확정되지 아니한 수개의 죄 또는 금고 이상의 형에 처한 판결이 확정된 죄와 그 판결확정 전에 범한 죄를 경합범으로 한다(제37조). 실체적 경합은 수개의 행위에 의한 수죄라는 점에서 1개의 행위에 의한 수죄인 상상적 경합과 구별되고, 행위가 수개일지라도 법조 사이에 외관상의 경합이 있을 뿐인 일죄의 한 유형인 법조경합과도 구별된다.

'동종의 경합범'이란 행위자가 동일한 범죄를 여러 차례 범한 경우를 말하고[1], '이종의 경합범'이란 행위자가 수개의 행위를 통하여 상이한 범죄를 범한 경우를 말한다.[2] 그리고 '동시적 경합범'이란 수죄의 전부에 대하여 판결이 확정되지 아니하여 동시에 판결될 것을 요하는 경우를 말하고, '사후적 경합범'이란 수죄 중 일부의 죄에 대하여 금고 이상의 형에 처한 확정판결이 있는 경우에 그 판결이 확정된 죄와 판결확정 시점 이전에 범한 죄 사이의 경합관계를 말한다.

2. 요 건

(1) 실체법적 요건

1) 구성요건침해의 다수성

실체적 경합이 성립하기 위해서는 수개의 동종 또는 이종의 구성요건이 충족되어 수죄가 성립해야 한다.

2) 행위의 다수성

실체적 경합이 성립하기 위해서는 수개의 행위가 존재해야 한다. 따라서 수개의 구성요건을 침해하더라도 행위가 1개인 경우에는 상상적 경합이 성립할 뿐이다.

(2) 절차법적 요건

1) 동시적 경합범의 경우

동시적 경합범이 성립하기 위해서 수죄는 모두 판결이 확정되지 않아야 한다. 그러므로 경합범 중 일부가 파기환송되고 나머지는 확정된 때에는 동시적 경합범이 될 수 없다.[3] 또한 수죄가 하나의 재판에서 동시에 판결될 가능성이 있어야 한다. 그러므로 수죄는 모두 기소되어

---

1) 대법원 1995. 8. 22. 선고 95도594 판결(사기죄에 있어서 수인의 피해자에 대하여 각별로 기망행위를 하여 각각 재물을 편취한 경우, 그 범의가 단일하고 범행 방법이 동일하다고 하더라도 포괄1죄가 되는 것이 아니라 피해자별로 1개씩의 죄가 성립하는 것으로 보아야 하고, 이러한 경우 그 공소사실은 각 피해자와 피해자별 피해액을 특정할 수 있도록 기재하여야 한다).

2) 대법원 1995. 7. 28. 선고 95도997 판결(피해자 명의의 신용카드를 부정사용하여 현금자동인출기에서 현금을 인출하고 그 현금을 취득까지 한 행위는 신용카드업법 제25조 제1항의 부정사용죄에 해당할 뿐 아니라 그 현금을 취득함으로써 현금자동인출기 관리자의 의사에 반하여 그의 지배를 배제하고 그 현금을 자기의 지배하에 옮겨놓는 것이 되므로 별도로 절도죄를 구성하고, 위 양 죄의 관계는 그 보호법익이나 행위태양이 전혀 달라 실체적 경합관계에 있는 것으로 보아야 한다).

3) 대법원 1974. 10. 8. 선고 74도1301 판결.

병합심리되어야 한다. 다만 별도로 판결된 수죄일지라도 항소심에서 병합심리된 때에는 동시적 경합범이 된다.[1]

아직 판결을 받지 아니한 수개의 죄가 판결 확정을 전후하여 저질러진 경우 판결 확정 전에 범한 죄를 이미 판결이 확정된 죄와 동시에 판결할 수 없었던 경우라고 하여 마치 확정된 판결이 존재하지 않는 것처럼 그 수개의 죄 사이에 형법 제37조 전단의 경합범 관계가 인정되어 형법 제38조가 적용된다고 볼 수도 없으므로, 판결 확정을 전후한 각각의 범죄에 대하여 별도로 형을 정하여 선고할 수밖에 없다.[2]

2) 사후적 경합범의 경우

금고 이상의 형에 처한 (유죄)판결이 확정된 죄와 그 판결확정 전에 범한 죄만이 사후적 경합범이 된다.[3] 그러므로 판결확정 전후의 죄는 사후적 경합범이 될 수 없다. 예를 들면 A죄, B죄, C죄를 범한 후 A죄에 대하여 금고 이상의 형에 처한 확정판결을 받았는데, 그 후 다시 D죄, E죄를 범한 경우에 A죄, B죄, C죄는 사후적 경합범이고, D죄, E죄는 동시적 경합범이 되지만, A죄, B죄, C죄와 D죄, E죄는 경합범이 아니다.

이에 따라 결국 두 개의 형이 병과되고 형의 합계도 문제되지 아니한다. 즉 확정판결 전에 저지른 범죄와 그 판결 후에 저지른 범죄는 서로 겹쳐 있으나 형법 제37조의 경합범 관계에 있는 것은 아니므로 두 개의 주문으로 각각 따로 처벌하여야 한다.[4] 아직 판결을 받지 아니한 죄

---

1) 대법원 1972. 5. 9. 선고 72도597 판결.

2) 대법원 2014. 3. 27. 선고 2014도469 판결(이 사건 2012. 1. 5.자 및 2012. 1. 17.자 마약류 관리에 관한 법률 위반(향정)죄는 피고인이 서울중앙지방법원에서 같은 죄로 징역 8월에 집행유예 2년을 선고받은 판결이 2012. 2. 29. 확정되기 전에 범한 것이기는 하나, 피고인에게는 위 전과와 별도로 서울중앙지방법원에서 같은 죄 등으로 징역 1년에 집행유예 2년을 선고받아 2011. 11. 26. 판결이 확정된 전과가 있고, 2012. 2. 29. 판결이 확정된 죄는 위 2011. 11. 26. 판결 확정 전에 범한 것이어서 2012. 2. 29. 판결이 확정된 죄와 이 사건 2012. 1. 5.자 및 2012. 1. 17.자 범죄는 처음부터 동시에 판결할 수 없었음을 알 수 있다. 따라서 2012. 2. 29. 판결이 확정된 죄와 이 사건 2012. 1. 5.자 및 2012. 1. 17.자 범죄 사이에 형법 제37조 후단의 경합범 관계가 성립할 수 없고, 경합범 중 판결을 받지 아니한 죄에 대하여 형을 선고할 때는 그 죄와 판결이 확정된 죄를 동시에 판결할 경우와 형평을 고려하도록 한 형법 제39조 제1항은 여기에 적용될 여지가 없다고 할 것이다. 그렇다고 하여 마치 2012. 2. 29. 확정된 판결이 존재하지 않는 것처럼 이 사건 범죄 중 위 판결 확정 전에 범한 2012. 1. 5.자 및 2012. 1. 17.자 범죄와 위 판결 확정 후에 범한 나머지 범죄 사이에 형법 제37조 전단의 경합범 관계가 인정되어 형법 제38조가 적용된다고 볼 수도 없다. 따라서 이 사건 범죄 중 2012. 1. 5.자 및 2012. 1. 17.자 범죄와 나머지 범죄에 대하여 별도로 형을 정하여 선고할 수밖에 없다).

3) 대법원 2004. 6. 25. 선고 2003도7124 판결(2004. 1. 20. 법률 제7077호로 공포·시행된 형법 중 개정법률에 의해 형법 제37조 후단의 '판결이 확정된 죄'가 '금고 이상의 형에 처한 판결이 확정된 죄'로 개정되었는바, 위 개정법률은 특별한 경과규정을 두고 있지 않으나, 형법 제37조는 경합범의 처벌에 관하여 형을 가중하는 규정으로서 일반적으로는 두 개의 형을 선고하는 것보다는 하나의 형을 선고하는 것이 피고인에게 유리하므로 위 개정법률을 적용하는 것이 오히려 피고인에게 불리하게 되는 등의 특별한 사정이 없는 한 형법 제1조 제2항을 유추 적용하여 위 개정법률 시행 당시 법원에 계속 중인 사건 중 위 개정법률 시행 전에 벌금형 및 그보다 가벼운 형에 처한 판결이 확정된 경우에도 적용되는 것으로 보아야 할 것이다. 그런데 이 사건에서 위 개정법률을 적용하는 것이 피고인에게 오히려 불리하게 된다고 볼 만한 사정은 찾아볼 수 없으므로, 피고인에게는 위 개정법률을 적용하여야 할 것이고, 따라서 피고인이 위 벌금형의 확정 전후에 범한 판시 각 죄는 모두 형법 제37조 전단의 경합범 관계에 있으므로 그에 대하여 하나의 형을 선고하여야 할 것이다).

4) 대법원 1970. 12. 22. 선고 70도2271 판결.

가 이미 판결이 확정된 죄와 동시에 판결할 수 없었던 경우에는 형법 제37조 후단의 경합범 관계가 성립할 수 없고, 형법 제39조 제1항에 따라 동시에 판결할 경우와 형평을 고려하여 형을 선고하거나 그 형을 감경 또는 면제할 수도 없다.[1]

확정판결은 금고 이상의 형에 처하는 것임을 요한다. 그러므로 벌금형이 확정된 경우는 포함되지 아니하므로 이 경우에는 확정판결 전후의 범죄를 동시적 경합범으로 처리하여 1개의 형을 선고할 수 있다. 형법 제37조 후단의 경합범에 있어서 '판결이 확정된 죄'란 수개의 독립된 죄 중의 어느 죄에 대하여 확정판결이 있었던 사실 자체를 의미하고 일반사면으로 형의 선고의 효력이 상실된 여부는 묻지 아니한다.[2] 또한 여기서의 확정판결에는 집행유예의 판결과 선고유예의 판결도 포함되고, 집행유예의 선고나 형의 선고유예를 받은 후 유예기간이 경과하여 형의 선고가 실효되었거나 면소된 것으로 간주되었다고 하더라도 마찬가지이다.[3]

'확정판결 전'이란 상소 등 통상의 불복절차에 의하여 다툴 수 없게 된 시점을 말한다.[4] 그러므로 유죄의 확정판결을 받은 사람이 그 후 별개의 범행을 저질렀는데 유죄의 확정판결에 대하여 재심이 개시된 경우(앞서 저질러 재심의 대상이 된 범죄를 '선행범죄'라고 하고, 뒤에 저지른 범죄를 '후행범죄'라고 한다), 후행범죄와 선행범죄는 동시에 판결할 수 없는 경우에 해당하므로 후행범죄가 그 재심대상판결에 대한 재심판결 확정 전에 범하여졌다고 하더라도 아직 판결을 받지 아니한 후행범죄와 재심판결이 확정된 선행범죄 사이에는 형법 제37조 후단 경합범이 성립하지 아니한다.[5] 왜냐하면 재심대상판결 이후 범죄가 종료하였을 당시 선행범죄에 대하여 이미 재심대상판결이 확정되어 있었고, 그에 관한 비상구제절차인 재심심판절차에서는 별개의 형사사건인 재심대상판결 이후 범죄 사건을 병합하여 심리하는 것이 허용되지 아니하여, 재심대상판결 이후 범죄는 처음부터 선행범죄와 함께 심리하여 동시에 판결을 받음으로써 하나의 형을 선고받을 수 없기 때문이다.

결국 재심대상판결 이전 범죄는 선행범죄와 형법 제37조 후단의 경합범 관계에 있지만, 재심대상판결 이후 범죄는 선행범죄와 형법 제37조 후단의 경합범 관계에 있지 아니하므로, 재심

---

1) 대법원 2021. 10. 14. 선고 2021도8719 판결(공직선거법 제18조 제1항 제3호에서 '선거범'이라 함은 공직선거법 제16장 벌칙에 규정된 죄와 국민투표법 위반의 죄를 범한 자를 말하는데(공직선거법 제18조 제2항), 공직선거법 제18조 제1항 제3호에 규정된 죄와 다른 죄의 경합범에 대하여는 이를 분리 선고하여야 한다(공직선거법 제18조 제3항 전단). 따라서 판결이 확정된 선거범죄와 확정되지 아니한 다른 죄는 동시에 판결할 수 없었던 경우에 해당하므로 형법 제39조 제1항에 따라 동시에 판결할 경우와의 형평을 고려하여 형을 선고하거나 그 형을 감경 또는 면제할 수 없다고 해석함이 타당하다); 대법원 2014. 5. 16. 선고 2013도12003 판결; 대법원 2012. 9. 27. 선고 2012도9295 판결; 대법원 2011. 10. 27. 선고 2009도9948 판결.

2) 대법원 1996. 3. 8. 선고 95도2114 판결(1995. 12. 2. 대통령령 제14818호로 일반사면령에 의하여 제1심 판시의 확정된 도로교통법위반의 죄가 사면됨으로써 사면법 제5조 제1항 제1호에 따라 형의 선고의 효력이 상실되었다고 하더라도 확정판결을 받은 죄의 존재가 이에 의하여 소멸되지 않는 이상 형법 제37조 후단의 판결이 확정된 죄에 해당한다).

3) 대법원 1992. 11. 24. 선고 92도1417 판결.

4) 대법원 1983. 7. 12. 선고 83도1200 판결.

5) 대법원 2019. 7. 25. 선고 2016도5479 판결; 대법원 2019. 6. 20. 선고 2018도20698 전원합의체 판결.

대상판결 이전 범죄와 재심대상판결 이후 범죄는 형법 제37조 전단의 경합범 관계로 취급할 수 없어 형법 제38조가 적용될 수 없는 이상 별도로 형을 정하여 선고하여야 한다.[1]

한편 죄를 범한 시기는 범죄의 종료시를 기준으로 판단하는데, 포괄일죄의 중간에 이종의 범죄에 대한 확정판결이 개재된 경우에는 그 판결확정 후의 범죄로 본다.[2]

판례에 의하면, ① 피고인이 예금통장을 강취하고 예금자 명의의 예금청구서를 위조한 다음 이를 은행원에게 제출행사하여 예금인출금 명목의 금원을 교부받았다면 강도, 사문서위조, 동행사, 사기의 각 범죄가 성립하고 이들은 실체적 경합관계에 있다.[3]

② 경찰서 생활질서계에 근무하는 피고인 甲이 사행성 게임장 업주인 피고인 乙로부터 뇌물을 수수하면서, 피고인 乙의 자녀 명의 은행 계좌에 관한 현금카드를 받은 뒤 피고인 乙이 위 계좌에 돈을 입금하면 피고인 甲이 현금카드로 돈을 인출하는 방법으로 범죄수익의 취득에 관한 사실을 가장하였다는 내용으로 기소된 사안에서, 위 행위는 범죄수익규제법 제3조 제1항 제1호에서 정한 '범죄수익 등의 취득 또는 처분에 관한 사실을 가장하는 행위'에 해당하므로, 피고인 甲에게 범죄수익규제법 위반죄와 특정범죄가중처벌법 위반(뇌물)죄가 성립하고 두 죄는 실체적 경합범 관계에 있다.[4]

③ 단일한 범의를 가지고 상대방을 기망하여 착오에 빠뜨림으로써 그로부터 동일한 방법에 의하여 여러 차례에 걸쳐 재물을 편취하면 그 전체가 포괄하여 일죄로 되지만, 여러 사람의 피해자에 대하여 따로 기망행위를 하여 각각 재물을 편취한 경우에는 비록 범의가 단일하고 범행방법이 동일하더라도 각 피해자의 피해법익은 독립한 것이므로 그 전체가 포괄일죄로 되지 아니하고 피해자별로 독립한 여러 개의 사기죄가 성립하고, 그 사기죄 상호간은 실체적 경합범 관계에 있다.[5]

④ 감금행위가 단순히 강도상해 범행의 수단이 되는 데 그치지 아니하고 강도상해의 범행이 끝난 뒤에도 계속된 경우에는 1개의 행위가 감금죄와 강도상해죄에 해당하는 경우라고 볼 수 없고, 이 경우 감금죄와 강도상해죄는 형법 제37조의 경합범 관계에 있다.[6]

⑤ 음주로 인한 특정범죄가중처벌법 위반(위험운전치사상)죄와 도로교통법 위반(음주운전)죄는 실체적 경합관계에 있다.[7]

---

1) 대법원 2023. 11. 16. 선고 2023도10545 판결(다만, 이러한 결론은 재심판결이 확정되더라도 재심대상판결이 여전히 유효하다거나 선행범죄에 대하여 두 개의 확정판결이 인정된다는 의미는 아니다. 재심판결이 '금고 이상의 형에 처한 판결'에 해당하는 경우, 재심대상판결 이전 범죄는 선행범죄와 형법 제37조 후단 경합범 관계에 해당하므로 하나의 형이 선고되어야 하고, 그렇지 않은 재심대상판결 이후 범죄에 대하여는 별도의 형이 선고되어야 한다는 의미일 뿐이다. 한편, 재심대상판결이 '금고 이상의 형에 처한 판결'이었더라도, 재심판결에서 무죄 또는 금고 미만의 형이 확정된 경우에는, 재심대상판결 이전 범죄가 더 이상 '금고 이상의 형에 처한 판결'의 확정 이전에 범한 죄에 해당하지 않아 선행범죄와 사이에 형법 제37조 후단 경합범에 해당하지 않는다. 이 경우에는 재심대상판결 이전 범죄와 재심대상판결 이후 범죄 중 어느 것도 이미 재심판결이 확정된 선행범죄와 사이에 형법 제37조 후단 경합범 관계에 있지 않아 형법 제37조 전단의 '판결이 확정되지 아니한 수개의 죄'에 해당하므로, 형법 제38조의 경합범 가중을 거쳐 하나의 형이 선고되어야 한다).
2) 대법원 2001. 8. 21. 선고 2001도3312 판결.
3) 대법원 1991. 9. 10. 선고 91도1722 판결.
4) 대법원 2012. 9. 27. 선고 2012도6079 판결.
5) 대법원 2010. 4. 29. 선고 2010도2810 판결.
6) 대법원 2003. 1. 10. 선고 2002도4380 판결.
7) 대법원 2008. 11. 13. 선고 2008도7143 판결.

⑥ ○○작가협회 회원이 타인의 명의를 도용하여 협회 교육원장을 비방하는 내용의 호소문을 작성한 후 이를 협회 회원들에게 우편으로 송달한 경우, 사문서위조죄와 명예훼손죄가 각 성립하고, 이는 실체적 경합관계에 해당한다.[1]

⑦ 회사의 대표이사가 업무상 보관하던 회사 자금을 빼돌려 횡령한 다음 그 중 일부를 더 많은 장비 납품 등의 계약을 체결할 수 있도록 해달라는 취지의 묵시적 청탁과 함께 배임증재에 공여한 사안에서, 위 횡령의 범행과 배임증재의 범행은 서로 범의 및 행위의 태양과 보호법익을 달리하는 별개의 행위라고 보아, 위 횡령의 점에 대하여 약식명령이 확정되었다고 하더라도 그 기판력이 배임증재의 점에는 미치지 아니한다.[2]

⑧ 배임죄와 횡령죄의 구성요건적 차이에 비추어 보면, 회사에 대한 관계에서 타인의 사무를 처리하는 자가 임무에 위배하여 회사로 하여금 자신의 채무에 관하여 연대보증채무를 부담하게 한 다음, 회사의 금전을 보관하는 자의 지위에서 회사의 이익이 아닌 자신의 채무를 변제하려는 의사로 회사의 자금을 자기의 소유인 경우와 같이 임의로 인출한 후 개인채무의 변제에 사용한 행위는, 연대보증채무 부담으로 인한 배임죄와 다른 새로운 보호법익을 침해하는 것으로서 배임 범행의 불가벌적 사후행위가 되는 것이 아니라 별죄인 횡령죄를 구성한다고 보아야 하며, 횡령행위로 인출한 자금이 선행 임무위배행위로 인하여 회사가 부담하게 된 연대보증채무의 변제에 사용되었다 하더라도 달리 볼 것은 아니다.[3]

⑨ 선거사무장, 선거사무소의 회계책임자가 지위 상실 전후로 연속하여 공직선거법 제263조 및 제265조에 규정된 죄를 범한 경우에는, 연속된 여러 개의 행위를 지위 상실 시점을 기준으로 구분하여, 선거사무장 등의 지위를 보유하고 있을 때의 행위만을 당선무효형 대상범죄가 되는 하나의 포괄일죄로, 선거사무장 등의 지위를 상실한 이후의 행위는 이와 달리 당선무효형 대상범죄가 아닌 별도의 포괄일죄로 각각 평가함이 타당하고, 그 경우 위 두 죄는 서로 실체적 경합관계에 있다.[4]

⑩ 사기의 수단으로 발행한 수표가 지급거절된 경우 부정수표단속법위반죄와 사기죄는 그 행위의 태양과 보호법익을 달리하므로 실체적 경합범의 관계에 있다.[5]

⑪ 피고인이 범한 甲죄, 乙죄, 丙죄의 범행일시는 모두 피고인의 丁죄 등에 대한 판결(이하 '제1판결'이라 한다) 확정 이후이고, 그 중 甲죄와 乙죄의 범행일시는 피고인의 戊죄에 대한 판결(이하 '제2판결'이라 한다) 확정 전인 반면 丙죄의 범행일시는 그 이후인데, 戊죄의 범행일시가 제1판결 확정 전인 사안에서, 戊죄와 甲죄 및 乙죄는 처음부터 동시에 판결할 수 없었던 경우여서, 경합범 중 판결을 받지 아니한 죄에 대하여 형을 선고할 때는 그 죄와 판결이 확정된 죄를 동시에 판결할 경우와 형평을 고려하도록 한 형법 제39조 제1항은 여기에 적용될 여지가 없으나, 그렇다고 마치 확정된 제2판결이 존재하지 않는 것처럼 甲죄 및 乙죄와 丙죄 사이에 형법 제37조 전단의 경합범 관계가 인정되어 형법 제38조가 적용된다고 볼 수도 없으므로, 확정된 제2판결의 존재로 인하여 이를 전후한 甲죄 및 乙죄와 丙죄 사이에는 형법 제37조 전·후단의 어느 경합범 관계도 성립할 수 없고, 결국 각각의 범죄에 대하여 별도로 형을 정하여 선고할 수밖에 없다.[6]

---

1) 대법원 2009. 4. 23. 선고 2008도8527 판결.
2) 대법원 2010. 5. 13. 선고 2009도13463 판결.
3) 대법원 2011. 4. 14. 선고 2011도277 판결.
4) 대법원 2014. 7. 24. 선고 2013도6785 판결.
5) 대법원 2004. 6. 25. 선고 2004도1751 판결.
6) 대법원 2011. 6. 10. 선고 2011도2351 판결.

⑫ 병역법 제89조의2 제1호에서 정한 범죄는 정당한 사유 없이 계속적 혹은 간헐적으로 행해진 통산 8일 이상의 복무이탈행위 전체가 하나의 범죄를 구성하고, 계속적 혹은 간헐적으로 행해진 통산 8일 이상의 복무이탈행위 중간에 동종의 죄에 관한 확정판결이 있는 경우에는 일련의 복무이탈행위는 그 확정판결 전후로 분리된다. 공익근무요원인 피고인이 2009. 1. 13.부터 2009. 1. 15.까지 3일간, 2009. 9. 17.부터 2009. 9. 21.까지 3일간, 2009. 9. 23.부터 2009. 9. 24.까지 2일간 등 정당한 사유 없이 통산 8일 이상 복무를 이탈하여 병역법 위반으로 기소되었는데, 별도로 이와 동종의 범죄사실로 유죄판결을 받아 2009. 5. 16. 위 판결이 확정된 사안에서, 위 공소사실 중 확정판결 전에 범한 3일간의 복무이탈 부분에 대해서는 판결이 확정된 구 병역법 위반죄와 하나의 범죄를 구성한다는 이유로 면소를 선고하고, 나머지 공소사실 부분인 통산 5일간의 복무이탈 부분에 대해서는 범죄로 되지 아니하는 때에 해당한다는 이유로 무죄를 선고한 원심판단을 수긍하였다.[1]

⑬ 피고인이 세금계산서합계표를 허위기재하여 정부에 제출하는 방법으로 부가가치세를 포탈하였다고 하며 특정범죄가중처벌법 위반(조세) 등으로 기소된 사안에서, 허위기재 세금계산서합계표 제출행위와 사기 기타 부정한 행위로써 부가가치세를 포탈한 행위가 별개의 행위로서 별개의 죄를 구성한다고 보아 형법 제37조 전단 경합범으로 처단한 원심의 조치를 수긍하였다.[2]

⑭ 통화위조죄에 관한 규정은 공공의 거래상의 신용 및 안전을 보호하는 공공적인 법익을 보호함을 목적으로 하고 있고, 사기죄는 개인의 재산법익에 대한 죄이어서 양죄는 그 보호법익을 달리하고 있으므로 위조통화를 행사하여 재물을 불법영득한 때에는 위조통화행사죄와 사기죄의 양죄가 성립된다.[3]

⑮ 주취운전과 음주측정거부의 각 도로교통법 위반죄는 실체적 경합관계에 있는 것으로 보아야 한다.[4]

⑯ 법원을 기망하여 승소판결을 받고 그 확정판결에 의하여 소유권이전등기를 경료한 경우에는 사기죄와 별도로 공정증서원본 불실기재죄가 성립하고 양죄는 실체적 경합범 관계에 있다.[5]

⑰ 유가증권위조의 죄수는 원칙적으로 위조된 유가증권의 매수를 기준으로 정할 것이므로, 약속어음 2매의 위조행위는 포괄일죄가 아니라 경합범이다.[6]

⑱ 이 사건 공소사실인 영업으로 성매매를 알선한 행위와 종전에 약식명령이 확정된 영업으로 성매매에 제공되는 건물을 제공하는 행위는 당해 행위 사이에서 각각 포괄일죄의 관계에 있을 뿐, 위 각 행위는 서로 독립된 가벌적 행위로서 별개의 죄를 구성한다.[7]

⑲ 강도강간죄는 강도가 강간하는 것을 그 요건으로 하므로 부녀를 강간한 자가 강간행위 후에 강도의 범의를 일으켜 재물을 강취하는 경우에는 강간죄와 강도죄의 경합범이 성립될 수 있을 뿐이다.[8]

1) 대법원 2011. 3. 10. 선고 2010도9317 판결.
2) 대법원 2011. 12. 8. 선고 2011도9242 판결.
3) 대법원 1979. 7. 10. 선고 79도840 판결.
4) 대법원 2004. 11. 12. 선고 2004도5257 판결.
5) 대법원 1983. 4. 26. 선고 83도188 판결.
6) 대법원 1983. 4. 12. 선고 82도2938 판결.
7) 대법원 2011. 5. 26. 선고 2010도6090 판결.
8) 대법원 1977. 9. 28. 선고 77도1350 판결.

3. 효 과

(1) 동시적 경합범의 처리

1) 흡수주의

가장 무거운 죄에 대하여 정한 형이 사형, 무기징역, 무기금고인 경우에는 가장 무거운 죄에 대하여 정한 형으로 처벌한다(제38조 제1항 제1호). 왜냐하면 사형과 무기형에 다른 형을 부과하거나 형을 가중하는 것은 무의미하기 때문이다.

2) 가중주의

각 죄에 대하여 정한 형이 사형, 무기징역, 무기금고 외의 같은 종류의 형인 경우에는 가장 무거운 죄에 대하여 정한 형의 장기 또는 다액(多額)에 그 2분의 1까지 가중하되 각 죄에 대하여 정한 형의 장기 또는 다액을 합산한 형기 또는 액수를 초과할 수 없다. 다만, 과료와 과료, 몰수와 몰수는 병과(併科)할 수 있다(제38조 제1항 제2호). 이 경우에 있어서 징역과 금고는 같은 종류의 형으로 보아 징역형으로 처벌한다(제38조 제2항). 그리고 형법 제38조 제1항 제2호에서는 그 단기에 대하여는 명문을 두고 있지 않고 있으나 가장 중한 죄 아닌 죄에 정한 형의 단기가 가장 중한 죄에 정한 형의 단기보다 중한 때에는 그 중한 단기를 하한으로 한다고 새겨야 할 것이다.[1]

예를 들면 강도죄와 절도죄를 동시적 경합범으로 처리할 경우, 가장 무거운 죄는 강도죄이며, 그 정한 형의 장기는 30년 이하의 징역이므로 그 2분의 1까지 가중하면 최대 45년 이하의 징역이 되지만, 강도죄와 절도죄에 대하여 정한 형의 장기의 합산한 형기를 초과할 수 없으므로, 결국에는 36년 이하의 징역으로 처단형이 결정된다. 반면에 강도죄와 강도죄를 동시적 경합범으로 처리할 경우에는 45년 이하의 징역으로 처단형이 결정된다.

한편 공직선거법에 의하면, "선거범과 다른 죄의 경합범에 대하여는 형법 제38조의 규정에 불구하고 이를 분리 심리하여 따로 선고하여야 한다."라고 규정하고 있는데, 그 취지는 선거범이 아닌 다른 죄가 선거범의 양형에 영향을 미치는 것을 최소화하기 위하여 형법상 경합범 처벌례에 관한 조항의 적용을 배제하고 분리 심리하여 형을 따로 선고하여야 한다.[2]

반면에 구 공인중개사법 제10조의2[3] 규정 취지는 공인중개사법 위반죄와 다른 죄의 경합범에 대하여 벌금형을 선고하는 경우 중개사무소 개설등록 결격사유의 기준이 되는 300만 원 이상의 벌금형에 해당하는지 여부를 명확하게 하기 위하여 형법 제38조의 적용을 배제하고 분리 심리하여 형을 따로 선고하여야 한다는 것으로 보아야 한다. 따라서 공인중개사법 위반죄와

---

1) 대법원 1985. 4. 23. 선고 84도2890 판결.
2) 대법원 2004. 2. 13. 선고 2003도3090 판결.
3) 공인중개사법 제48조 및 제49조에 규정된 죄와 다른 죄의 경합범에 대하여 벌금형을 선고하는 경우에는 형법 제38조에도 불구하고 형을 분리 선고하여야 한다(제10조의2).

다른 죄의 경합범에 대하여 징역형을 선고하는 경우에는 중개사무소 개설등록 결격사유에 해당함이 분명하므로, 구 공인중개사법 제10조의2를 유추적용하여 형법 제38조의 적용을 배제하고 분리 선고하여야 한다고 볼 수 없다.[1]

3) 병과주의

각 죄에 대하여 정한 형이 무기징역, 무기금고 외의 다른 종류의 형인 경우에는 병과한다(제38조 제1항 제3호). 각죄에 정한 형이 이종인 경우뿐만 아니라 일죄에 대하여 이종의 형을 병과할 것을 규정한 경우에도 적용된다.[2]

(2) 사후적 경합범의 처리

경합범 중 판결을 받지 아니한 죄가 있는 때에는 그 죄와 판결이 확정된 죄를 동시에 판결할 경우와 형평을 고려하여 그 죄에 대하여 형을 선고한다. 이 경우 그 형을 감경 또는 면제할 수 있다(제39조 제1항).[3] 이와 같이 동시적 경합범의 경우와는 달리 사후적 경합범의 경우에는 수개의 형이 선고된다.

하지만 이러한 취지는 후단 경합범에 대하여 동시에 판결할 경우와 완벽하게 형평을 기할 수 있도록 감경 한도의 제한 없이 감경할 수 있다는 뜻을 선언하는 것으로 볼 수는 없다. 즉 후단 경합범에 대하여 동시에 판결할 경우와 형평을 고려하여 형을 선고한다고 정한 것은 법원이 판결이 확정된 죄와 후단 경합범을 동시에 판결할 경우와 형평을 고려하여 후단 경합범에 대한 처단형의 범위 내에서 형을 선고한다는 원칙을 선언함으로써 형의 양정에 관한 추가적인 고려사항을 제시한 것이다. 이는 후단 경합범의 경우에 형의 양정 과정에서 판결이 확정된 죄와 후단 경합범을 함께 처벌할 경우와 비교하여 형평에 맞지 않는다고 판단되는 경우에는 형법 제39조 제1항 후문이 정한 바에 따라 형의 감경 또는 면제 등을 통하여 최대한 형평에 맞도록 하여야 한다는 의미이다. 양형재량에 비추어 형의 감경만으로는 도저히 형평에 맞는 결과를 이끌어낼 수 없다고 보이는 경우에는 형을 면제하면 족하다. 후단 경합범에 대한 형을 감경할 것인지 면제할 것인지는 원칙적으로 그 죄에 대하여 심판하는 법원이 재량에 따라 판단할 수 있다.

따라서 법정형의 하한이 있는 범죄에서 감경을 하더라도 일정한 하한을 유지해야 한다는 중대한 원칙에 반하여 처단형의 하한을 벗어난 형을 선고할 수 있다고 보아야 할 필요도 크지

---

1) 대법원 2022. 1. 13. 선고 2021도14471 판결.

2) 대법원 1955. 6. 10. 선고 4287형상210 판결.

3) 대법원 2007. 1. 12. 선고 2006도5696 판결(사후심인 상고심은 원심판결에 형사소송법 제383조 제1호의 상고이유인 '판결에 영향을 미친 헌법·법률·명령 또는 규칙의 위반이 있을 때' 여부를 원심판결 당시를 기준으로 판단하는 것이 원칙이므로, 원심판결 선고 후에 비로소 별개의 범죄에 대하여 금고 이상의 형을 선고한 판결이 확정되었다면 원심판결이 형법 제39조 제1항을 적용하지 않은 것을 위법하다고 볼 수 없는 것이다. 경합범 중 판결을 받지 아니한 죄가 있는 때에는 그 죄와 판결이 확정된 죄를 동시에 판결할 경우와 형평을 고려하여 그 죄에 대하여 형을 선고하되 그 형을 감경 또는 면제할 수 있도록 형법 제39조 제1항이 2005. 7. 29. 법률 제7623호로 개정·시행된 후에 원심판결이 선고되고, 피고인의 별개의 범죄에 대하여 징역형을 선고한 판결이 원심판결 선고 후에 이르러 비로소 확정된 경우에는, 원심판결에 형사소송법 제383조 제1호나 제2호에서 정한 상고이유 중 어느 것도 존재하지 않는다).

않다. 그러므로 후단 경합범에 대하여 형법 제39조 제1항에 의하여 형을 감경할 때에도 법률상 감경에 관한 형법 제55조 제1항이 적용되어 유기징역을 감경할 때에는 그 형기의 2분의 1 미만으로는 감경할 수 없다.[1] 또한 그 죄와 판결이 확정된 죄에 대한 선고형의 총합이 두 죄에 대하여 형법 제38조를 적용하여 산출한 처단형의 범위 내에 속하도록 후단 경합범에 대한 형을 정하여야 하는 제한을 받는 것도 아니다.

한편 무기징역에 처하는 판결이 확정된 죄와 형법 제37조의 후단 경합범의 관계에 있는 죄에 대하여 공소가 제기된 경우, 법원은 두 죄를 동시에 판결할 경우와 형평을 고려하여 후단 경합범에 대한 처단형의 범위 내에서 후단 경합범에 대한 선고형을 정할 수 있고, 형법 제38조 제1항 제1호가 형법 제37조의 전단 경합범 중 가장 중한 죄에 정한 처단형이 무기징역인 때에는 흡수주의를 취하였다고 하여 뒤에 공소제기된 후단 경합범에 대한 형을 필요적으로 면제하여야 하는 것은 아니다.[2]

(3) 형의 집행과 경합범

판결을 받지 아니한 죄에 대하여 새로운 형을 선고하는 단계에서 이미 판결이 확정된 죄에 대하여 선고된 형량을 고려하여 집행되는 형량을 선고하여야 한다. 따라서 수개의 죄에 대해서 선고된 형은 합산하여 집행하게 된다. 경합범관계에 있는 사건에 관하여 수개의 형이 선고, 확정된 경우에는 경합범의 처벌례에 따라 집행하도록 되어 있으므로, 그 중 중한 형이 사형 또는 무기징역이나 무기금고인 때에는 그 형만을 집행할 수 있을 뿐 몰수나 벌금, 과료 이외의 다른 형은 집행하지 아니한다.

이에 따라 피고인에 대하여 선고, 확정된 경합범관계에 있는 2개의 형 중 1개의 형이 무기징역형이고, 1개의 형이 징역 5년형인 경우에는 위 무기징역형이 사후에 징역 20년형으로 감형되었다 하더라도 그 감형된 형만을 집행할 수 있을 뿐 위 5년형은 집행할 수 없는 것이니 위 20년형에다가 위 5년형을 합산하여 집행하라는 검사의 집행지휘처분은 위법하다.[3] 즉 그 감형된 형만을 집행할 수 있을 뿐 몰수나 벌금, 과료 이외의 다른 형은 집행할 수 없다.

그리고 이미 집행한 형기의 통산규정인 제39조 제4항은 수개의 형을 합산하여 집행하는 경우에 이미 집행한 형기는 수개의 형 중 일부에 해당하는 것이어서 이를 통산하라는 취지이므로 무기징역형만을 집행할 뿐 다른 형을 더 이상 집행하지 아니하는 경우에는 적용될 여지가 없는

---

1) 대법원 2019. 4. 18. 선고 2017도14609 전원합의체 판결(법정형인 무기 또는 5년 이상의 징역 중에서 유기징역을 선택하고 후단 경합범에 대한 감경과 작량감경을 하기로 한 원심으로서는 형법 제56조가 정한 가중·감경의 순서에 따라 형법 제39조 제1항에 따른 감경(제56조 제4호), 경합범 가중(같은 조 제5호), 작량감경(같은 조 제6호)의 순서로 가중·감경을 하되, 그 감경은 형법 제55조 제1항 제3호에 따라 '그 형기의 2분의 1'로 하여야 하므로 그 처단형인 징역 1년 3개월부터 11년 3개월까지의 범위 내에서 피고인에 대한 형을 정했어야 했다. 그런데도 이와 달리 원심은 후단 경합범에 대하여 형법 제39조 제1항에서 정한 감경을 할 때에는 형법 제55조 제1항이 적용되지 않는다는 잘못된 전제에서 위와 같은 법률상 처단형의 하한을 벗어난 징역 6개월을 선고하였다. 이러한 원심의 판단에는 형법 제39조 제1항에서 정한 형의 감경에 관한 법리를 오해하여 판결에 영향을 미친 잘못이 있다).
2) 대법원 2008. 9. 11. 선고 2006도8376 판결.
3) 대법원 1991. 8. 9.자 91모54 결정.

것이니, 위 무기징역형이 사후에 징역 20년형으로 감형되었다 하더라도 마찬가지로 그 적용이 없다. 그러므로 경합범관계에 있는 각 죄에 대하여 각 2년 6월의 징역형과 무기징역형이 별도로 선고·확정된 경우에는 위 무기징역형이 사후에 징역 20년으로 감형되었다고 하더라도 징역 2년 6월의 형 집행으로 복역한 형기를 감형된 징역 20년의 형기에 통산할 수 없다.[1]

한편 경합범에 의한 판결의 선고를 받은 자가 경합범 중의 어떤 죄에 대하여 사면 또는 형의 집행이 면제된 때에는 다른 죄에 대하여 다시 형을 정한다(형법 제39조 제3항). 이는 경합범에 대하여 1개의 형이 선고된 경우에 적용된다. 여기서 '다시 형을 정한다.'는 것은 그 죄에 대하여 다시 심판한다는 것이 아니라 형의 집행부분만 다시 정한다는 의미이다. 이러한 형의 집행에 있어서는 이미 집행한 형기를 통산한다(형법 제39조 제4항).

---

1) 대법원 2006. 5. 29.자 2006모135 결정.

제 3 편

형사제재론

제1장 형벌론

제1절 형벌의 의의

Ⅰ. 형벌의 개념

'형벌'(刑罰)이란 국가가 범죄에 대한 법률상의 효과로서 범죄자에 대하여 부과하는 법익의 박탈을 말한다. 형벌의 종류로는 ① 사형, ② 징역, ③ 금고, ④ 자격상실, ⑤ 자격정지, ⑥ 벌금, ⑦ 구류, ⑧ 과료, ⑨ 몰수 등이 있다(제41조). 형벌은 행위자의 책임을 기초로 한다는 점에서 행위자의 위험성을 기초로 부과되는 보안처분과 구별된다. 그리고 형벌은 과거의 범죄행위를 대상으로 한다는 점에서 장래의 범죄예방을 지향하는 보안처분과 구별된다.

Ⅱ. 형벌의 목적

1. 응보이론

Kant와 Hegel은 형벌의 임무는 응보, 즉 행위자가 그의 행위를 통해 스스로 떠맡은 책임을 상쇄하는 것이라고 하였다. 즉 형벌의 1차적 목적은 사회적 목적이 아니라 정의라는 이념에 기여해야만 한다는 것을 의미한다. 범죄인을 수단화하는 예방목적을 단호히 거부함으로써 범죄인도 국가에 의한 자의적인 대우로부터 벗어나게 만들었다. 즉 형벌은 행위자의 책임에 상응하는 것보다 결코 더 가혹해서는 안 되기 때문에 이 이론은 국가형벌권의 한계를 설정한다.

복수형이나 위하형의 입장에서는 범죄인이 가한 고통과 비교하여 훨씬 초과하는 고통을 부과하는 반면에 응보형의 입장에서는 범죄와 형벌의 비례성을 강조한다는 점에서 구별된다.

2. 일반예방이론

(1) 의 의

일반예방(일반인에 대한 예방)은 형벌의 목적이 법에 충실한 행위를 하도록 일반인에게 동기를 부여하는 것이라고 한다. 이러한 일반예방은 잠재적 범죄자인 일반인의 위하에 초점을 맞추고 있는 소극적 일반예방과 법질서의 존립과 관찰력에 대한 신뢰의 보존과 강화에 초점을 맞추고 있는 적극적 일방예방으로 나눌 수 있다.

형벌의 목적은 형벌의 예고, 형벌의 선고 및 형벌의 집행을 통하여 유사한 범죄를 범하지 못하도록 일반인을 위하함으로써 소극적으로 달성될 수 있거나 법적 금지와 요구가 처음부터

국민의 법의식을 형성하고 국민의 사회적 행위를 결정함으로써 적극적으로 달성될 수 있다고
한다.

한편 응보이론이 주로 과거에 범해진 범죄행위에 대하여 주목하는 것임에 비하여, 예방이
론의 관심방향은 범죄예방이라는 미래지향적인 성격을 지닌다. 일반예방은 형벌이 가지고 있는
해악의 속성을 미래의 희망과 연결시키려고 노력한다.

(2) 소극적 일반예방이론

기존의 소극적 일반예방의 규범적 가치는 헌법적 관점에서 한계에 이르렀다. 소극적 일반
예방은 인간을 범죄투쟁의 수단으로 전락시켜 타인의 범죄를 방지하기 위한 수단으로 취급함
으로써 인간의 존엄과 가치에 반한다. 즉 소극적 일반예방은 오직 위하의 필요성만을 염두에
두고 있으며, 잠재적인 일반인을 위하해야 할 필요성 때문에 그 속성상 범죄와 형벌 사이에 균
형성이 전제되어 있지 않다. 따라서 기본속성은 위하력을 바탕으로 한 공포의 조장일 뿐이고,
범죄화와 형벌가중화에 치중하기 마련이다. 형벌의 위협효과를 높이기 위한 시도로서 가능한
한 중한 형벌의 투입이 필요하다고 생각하게 되어 결국 법정형의 강화와 이로 인한 형법의 확
장을 초래하게 되어 법치국가의 근본이념을 흔들어 놓았다.[1]

(3) 적극적 일반예방이론

형벌을 법에 충실하도록 훈련시키는 것이라고 이해했던 Jakobs[2]는, 국가형벌권의 목적은
국민의 규범의식을 강화하고 유지하는 것이라는 적극적 일반예방이론을 주창하였다. 적극적 일
반예방은 잠재적 범죄자를 그 대상으로 위협하는 것이 아니라 범죄자에게 형벌을 부과시킴으
로써 일반시민의 규범의식을 적극적으로 작동시키고자 하는 것이다. Jakobs에 의하면 현대사회
는 위험사회로 특정지을 수 있고, 이와 같은 위험을 만들어 낸 것은 결국 인간 자신이라는 것이
다. 따라서 위험원인 사회의 구성원에게 형벌을 부과함으로써 불안정한 요인인 인간에 대하여
형법규범이 작동하고 있음을 확증시키고, 이러한 과정을 통해 시민의 불안을 완화시키고자 한
다. 나아가 위험의 재발을 방지하기 위하여 규범의식의 강화나 규범신뢰의 훈련을 통해 시민의
규범의식을 환기시킨다.[3]

3. 특별예방이론

Liszt에 의해 처음 주장된 특별예방이론은 행위자에게 직접적인 영향력을 행사함으로써 미
래에 더 이상 범죄를 저지르지 못하게 하는 데 초점을 맞춤으로써, 형벌의 목적을 개별적 행위
자의 재범방지로 이해한다. 즉 일반예방이 일반인에게 초점을 맞춘 이론이라면 특별예방은 범

---

1) Montesquieu는 1748년에 출판된 「법의 정신」에서 일찍이 "지나치게 많은 그리고 잦은 형벌화는 법의 실효(失效)
로 이끌게 되므로 비형벌화가 과밀화된 형벌법을 소통시키기 위해서 필수 불가결하다."고 주장하였다.

2) Günter Jakobs, Das Strafrecht zwischen funktionalismus und "alt europäischem Prinzipiendenken" Oder:
Verabschiedung des "alt europäischen" Strafrecht?, ZStW, 107, Heft 4, 1995, S. 165.

3) Günter Jakobs, Kriminalisierung im Vorfeld einer Rechtsgutsverletzung, ZStW 97, 1985, S. 773ff.

죄자 개인에게 초점을 맞춘 이론이라고 할 수 있다.

이에 의하면 범죄를 억제하는 방법으로 크게 두 가지의 형태를 상정하고 있는데, 범죄인의 위하 또는 격리에 의한 일반인의 보호에 초점을 맞춘 소극적 특별예방과 범죄인의 개선 또는 재사회화에 초점을 맞춘 적극적 특별예방이 그것이다. 오늘날 재사회화는 형법개입에 대한 정당화근거가 아니라 오히려 형법개입의 제한에 기여하기 때문에 적극적 특별예방의 중요성이 부각되고 있다.

4. 절충이론

앞에서 설명한 형벌의 목적 가운데 어느 하나의 목적만을 일방적으로 관철할 경우에는 각 목적이 지니는 단점을 극복할 수 없기 때문에 응보·일반예방·특별예방이라는 형벌의 세 가지 목적을 통합하는 절충이론이 등장하게 된다. 우선 어떠한 경우이든 형벌이 행위책임의 정도보다 더 중해서는 안 된다는 점에 대해서 견해가 일치한다. 즉 예방의 관점에서 책임의 양을 초과하는 형벌은 절대 부과될 수 없다는 것이다. 반면에 개인의 책임한도 내에서는 다양한 예방적인 목적이 개입될 수 있음을 동시에 의미한다.

생각건대 형벌의 목적은 책임이라는 정의의 관점과 예방이라는 합목적성의 관점에서 국가형벌권을 동시에 정당화할 수 있어야 한다. 즉 개인의 법익보호와 사회질서의 유지라는 의미에서 '목적적인 책임형벌'만이 정당화될 수 있다. 예방적 관점을 주장한다는 기저에는 필연적으로 정의의 관점이 존재한다. 이러한 정의의 관점이 녹아있는 예방이어야만 국민의 규범의식을 강화하고 유지할 수 있다.

제 2 절 형벌의 종류

Ⅰ. 사 형

1. 사형의 의의

'사형'(死刑)은 피고인의 생명을 박탈하는 것을 내용으로 하는 형벌로서 '생명형'(生命刑) 또는 '극형'(capital punishment)이라고도 불린다. 사형은 교정시설 안에서 교수(絞首)하여 집행한다(제66조). 우리나라에서는 1949. 7. 14. 살인범에 대한 첫 사형 집행 이후 사형을 집행당한 사형수는 총 920명이지만, 1995. 11. 2. 19명, 1997. 12. 30. 23명(남성 18명, 여성 5명)에 대한 사형을 집행한 이래 현재까지 사형을 집행하지 않고 있다.

2. 사형의 역사

(1) 외국의 경우

사형은 국가형사정책적인 측면과 인도적인 측면에서 비판이 되어 오기도 하였으나 인류 역사상 가장 오랜 역사를 가진 형벌의 하나로서 범죄에 대한 근원적인 응보방법이며 또한 가장 효과적인 일반예방법으로 인식되어 왔다. 기원전 18세기 고대 사회에는 '눈에는 눈, 이에는 이'라는 탈리오(Talio) 법칙이 적용된 사형제도가 있었다. 탈리오 법칙은 고대 바빌로니아 법률에서 피해자가 받은 피해 정도와 똑같게 범죄자를 벌주도록 한 원칙으로 가장 오래된 성문법인 함무라비 법전에 기록되어 있다. 로마 시대에도 '십이동판법' 등에서 사형이 인정되었고, 소크라테스도 사형으로 이미 2천 년 전에 그 집행이 이루어졌다.

중세봉건시대로부터 근세 초기의 위하시대에 있어서는 사형이 가장 많이 집행되던 시기였다. 14세기에는 보통 범죄에 대해서도 사형이 집행되었고, 사형의 방법도 더 잔인하였는데, 화형·익살·생매장·독살·참수 등이 그것이다. 특히 헨리 8세의 치하(1509~1547)에서는 약 72,000명의 절도범이, 엘리자베스 치하(1558~1604)에서는 약 89,000명의 절도범이 사형에 처해지기도 하였다.

이러한 경향은 근대 형법학의 아버지라고 불리우는 이탈리아의 법학자 Cesare Beccaria (1738-1794)가 그의 저서 「범죄와 형벌」(1764)에서 처음으로 사형제 폐지를 주장한 이래 변화되었다.[1] 프랑스 혁명 이후 근대국가의 형법은 점차 사형의 적용범위를 제한 또는 폐지하여 가고 있고, 그 집행방법도 잔학성을 제거하여 실행되고 있다. 이후 1846년 미국[2]의 미시간 주에서 최초로 사형을 입법적으로 폐지하였고, 1976년 포르투갈은 모든 범죄에 관하여 사형제도를 처음으로 폐지하였다.

(2) 우리나라의 경우

우리나라에서는 고대의 소위 '기자 8조금법'(箕子 八條禁法)에 '사람을 죽인 자는 바로 죽인다(相殺以當時償殺). 남에게 상해를 입힌 자는 곡물로 배상한다(相傷以穀償). 남의 물건을 훔친자는 남자인 경우 그 집의 노(奴)로, 여자인 경우 비(婢)로 되나, 스스로 속(贖)하려 하는 자는 오십만전을 내야 한다(相盜者男沒入爲基家奴 女子爲婢 欲自贖者 入五十萬).'라고 사형이 규정된 이래 현행의 형법 및 특별형법에 이르기까지 계속하여 하나의 형벌로 인정되어 오고 있다. 조선시대에는 능지처참[3], 부관참시[4], 삼족멸살, 참수형[5], 교수형[6] 등 다양한 방법으로 사형이 집

---

1) 베카리아에 의하면 사형은 일반예방에 필요한 한도를 넘어 정당성이 없으며, 유·무죄는 진실성이 아닌 개연성의 문제라고 하였다. 또한 수많은 사람들에게 하나의 구경거리에 불과하고 법률이 고취하고자 하는 신성한 공포의 감정은 분노적인 동정에 압도당해 버리고 말며, 인간의 정신에 가장 큰 효과를 끼치는 것은 형벌의 내포(강도)가 아니라 외연(길이)라고 하여, 강렬하지만 일시적인 사형보다는 지속적인 인상을 주는 무기자유형이 위하력에 훨씬 더 효과적이라며, 사형은 私的 謀殺을 예방하기 위해 公的 謀殺을 규정하는 어리석은 짓이라고 하였다.
2) 미국은 현재 15개주에서 사형을 폐지하였다. 알래스카, 하와이, 아이오와, 메인, 미네소타, 오레곤, 뉴저지, 웨스트버지니아, 위스콘신, 미시간, 뉴욕, 뉴멕시코 등이 그것이다.

행되었다.[1] 1894년 갑오경장 때 칙령 제30호(1894. 12. 27.)가 발효되어 참형과 능지처참형이 폐지되었다.

3. 사형의 집행방법

일반인의 사형은 법무부장관의 명령에 의하여(형사소송법 제463조) 교정시설 안에서 교수(絞首)하여 집행하고(형법 제66조), 군형법의 적용을 받는 자의 사형은 소속 군참모총장이 지정한 장소에서 총살로써 집행한다(군형법 제3조).[2] 범죄행위시 18세 미만의 소년인 경우에는 사형을 과하지 못하며, 15년의 유기징역으로 한다(소년법 제59조).

사형을 선고한 판결이 확정한 때에는 검사는 지체 없이 소송기록을 법무부장관에게 제출하여야 한다(형사소송법 제464조). 사형집행의 명령은 판결이 확정된 날로부터 6월 이내에 하여야 한다(형사소송법 제465조). 그러나 이 조항은 실무에서 전혀 지켜지지 않고 있어 사문화되었다. 왜냐하면 1997. 12. 30. 이후 사형의 집행이 없었기 때문이다.

한편 법무부장관이 사형의 집행을 명한 때에는 5일 이내에 집행하여야 한다(형사소송법 제466조). 사형의 집행에는 검사와 검찰청 서기관과 교도소장 또는 구치소장이나 그 대리자가 참여하여야 하고, 검사 또는 교도소장 또는 구치소장의 허가가 없으면 누구든지 형의 집행장소에 들어가지 못한다(형사소송법 제467조).

사형확정자는 독거수용한다. 다만 자살방지, 교육·교화프로그램, 작업, 그 밖의 적절한 처우를 위하여 필요한 경우에는 법무부령으로 정하는 바에 따라 혼거수용할 수 있다(형집행법 제

---

3) 능지처사(陵遲處死)라고도 하며, 대역죄나 패륜을 저지른 죄인 등에게 가해진 극형이다. 언덕을 천천히 오르내리듯[陵遲] 고통을 서서히 최대한으로 느끼면서 죽어가도록 하는 잔혹한 사형으로서 대개 팔다리와 어깨, 가슴 등을 잘라내고 마지막에 심장을 찌르고 목을 베어 죽였다. 또는 많은 사람이 모인 가운데 죄인을 기둥에 묶어 놓고 포를 뜨듯 살점을 베어내되, 한꺼번에 많이 베어내서 출혈과다로 죽지 않도록 조금씩 베어 참을 수 없는 고통 속에서 죽음에 이르도록 하는 형벌이라고도 한다. 본래는 수레에 팔다리와 목을 매달아 찢어 죽이는 거열형, 시신에 거열형을 가하는 육시(戮屍)와 차이가 있으나 혼용되기도 한다. 동양에서는 중국 원나라 때부터 시작되어 명나라의 대명률에도 규정되어 있다. 우리나라는 고려 공민왕 때부터 이 형벌에 대한 기록이 나온다. 이후 조선 초기에도 행해졌으며, 특히 연산군·광해군 때 많았다. 인조 때에는 엄격하게 금지하였으나 실제로는 폐지되지 않다가 1894년(고종 31년)에 완전히 폐지되었다. 조선왕조실록에 사육신 등을 능지처참하고 효수(梟首)하여 3일 동안 백성들에게 공개하게 한 기록이 있다.

4) 죽은 뒤 큰 죄가 드러난 사람에게 극형을 추시(追施)하는 것으로, 무덤을 파고 관을 꺼내어 시체를 베거나 목을 잘라 거리에 내걸었다.

5) 참수(斬首)란 살아있는 생명체의 목을 절단하여 동체와 두부를 분리시켜 죽음에 이르게 하는 것을 말한다.

6) 교수형의 방식에는 현수식(懸垂式)·수하식(垂下式)·나사조임식 등이 있으나, 한국에서는 수하식(밧줄을 목에 건 후, 밑바닥 마루가 아래로 처지게 함으로써 매달려 죽게 하는 방식)을 채용하고 있다.

1) 조선시대 형전에는 교수와 참수만을 사형의 종류로 인정하고 있었으나, 왕족과 사대부에 대해서는 그들의 사회적 신분을 고려하여 교살이나 참살시키는 대신 사약(賜藥)을 내림으로써 신체를 보전케 하였다. 그러나 사약은 극심한 신체적 고통을 수반하는 문제가 있다.

2) 사형은 국방부장관의 명령에 의하여 집행하며(군사법원법 제506조), 집행명령은 판결이 확정된 날로부터 6개월 이내에 하여야 한다(군사법원법 제508조). 그밖에도 군사법원법은 제506조 내지 제511조에서 형사소송법과 동일한 규정을 가지고 있다.

89조 제1항). 현실에서는 공간 부족으로 인해 대부분의 사형수가 혼거수용되고 있다. 이는 자유형 집행방법이 아니므로 사형집행을 위하여 신병을 확보하고 있는 작용에 불과하다.

사형은 교정시설의 사형장에서 집행하는데(형집행법 제91조 제1항), 공휴일과 토요일에는 사형을 집행하지 아니한다(형집행법 제91조 제2항).[1] 교도소장은 사형을 집행하였을 경우에는 시신을 검시한 후 5분이 지나지 아니하면 교수형에 사용한 줄을 풀지 못한다(형집행법 시행령 제111조). 사형집행 후 사체는 친족 또는 친지의 청구에 따라 교부하고 인수인이 없을 경우에는 교도소에서 매장 또는 화장하도록 되어 있다. 사체 또는 유골은 매장한 2년을 경과하여도 교부를 청구하는 자가 없을 때에는 합장할 수 있으며, 합장 후에는 교부를 청구할 수 없다.

Ⅱ. 자유형

1. 자유형의 의의
'자유형'(自由刑)이란 수형자의 신체의 자유를 박탈하는 것을 내용으로 하는 형벌을 말한다.

2. 자유형의 종류

(1) 징 역
'징역'(懲役)은 교정시설에 수용하여 집행하며, 정해진 노역(勞役)[2]에 복무하게 한다(제67조). 징역은 유기징역과 무기징역으로 다시 구별되는데, 유기징역의 기간은 1개월 이상 30년 이하이지만, 가중할 경우에는 50년까지로 한다(제42조). 무기징역의 기간은 종신형을 의미한다.

(2) 금 고
'금고'(禁錮)는 교정시설에 수용하여 집행한다(제68조). 금고는 수형자가 정역에 복무할 의무가 없다는 점에서 징역과 구별된다. 하지만 소장은 금고형의 집행 중에 있는 사람에 대하여는 신청에 따라 작업을 부과할 수 있다(형집행법 제67조). 유기금고의 기간은 1개월 이상 30년

---

1) 현재 사형집행시설이 갖춰진 교정시설은 서울구치소, 부산구치소, 대전교도소, 대구교도소, 광주교도소 등 5곳이다.

2) 징역형의 집행은 '교정시설 내의 구치'와 '정역에의 복무'라는 두 가지 요소를 본질로 한다. 징역형 수형자에게 작업의무를 부과함으로써 교정시설 안에 구치된 수형자의 자유의 박탈을 가중하는 측면이 있기는 하다. 그러나 그 구체적인 집행에 있어 수형자의 교정교화와 건전한 사회복귀를 도모하는 것을 목적으로 하고(형집행법 제1조), 작업을 통하여 수형자가 사회생활에 적응하는 능력을 함양할 수 있도록 처우하는 것을 원칙으로 하며(형집행법 제55조), 작업 내용이 건전한 사회복귀를 위하여 기술을 습득하고 근로의욕을 고취하는 데에 적합할 것을 요구하고 있는 점(형집행법 제65조) 등에 비추어 보면, 작업의무 부과의 주된 취지는 수형자의 교정교화와 사회복귀에 있다고 보아야 한다. 한편 징역형의 내용으로서 작업의무 부과는 일정 부분 형벌로서의 의미도 지니고 있어 응보와 일반예방의 측면에서도 일률적인 부과의 필요성을 인정할 수 있다. 수형자에게 부과하는 작업은 건전한 사회복귀를 위하여 기술을 습득하고 근로의욕을 고취하는 데 적합한 것이어야 한다. 공휴일·토요일과 그 밖의 휴일에는 작업을 부과하지 아니하며(형집행법 제71조), 휴게시간을 제외하고 1일에 8시간, 1주일에 40시간을 초과할 수 없다(교도작업 운영규정 제12조 제1항). 교도소장은 수형자의 근로의욕을 고취하고 건전한 사회복귀를 지원하기 위하여 법무부장관이 정하는 바에 따라 작업의 종류, 작업성적, 교정성적, 그 밖의 사정을 고려하여 작업장려금을 지급할 수 있다(형집행법 제73조 제2항).

이하이지만, 가중할 경우에는 50년까지로 한다. 무기금고의 기간은 종신형을 의미한다.

(3) 구 류

'구류'(拘留)는 교정시설에 수용하여 집행한다(제68조). 다만 구류는 1일 이상 30일 미만으로 한다(제46조). 정해진 노역에 복무할 의무가 없다는 점에서 징역과 구별되고, 기간이 최대 30일 미만이라는 점에서 징역 및 금고와 구별된다.

Ⅲ. 재산형

1. 재산형의 의의

'재산형'(財産刑)이란 범인으로부터 일정한 재산의 박탈을 내용으로 하는 형벌을 말한다. 형법상 재산형의 종류로는 벌금, 과료, 몰수가 규정되어 있다.

2. 벌 금

(1) 의 의

'벌금'(罰金)이란 피고인에게 일정한 금액을 국가에 납입할 의무를 부담시키는 것을 내용으로 하는 형벌을 말한다. 벌금은 금전지급의무의 부담이라는 채권적 효과를 발생시킨다는 점에서 재산권을 일방적으로 국가에 이전시키는 물권적 효과를 가진 몰수와 구별된다. 그리고 벌금은 일신전속적 성질을 지니므로 제3자에 의한 대납, 제3자와의 연대책임, 국가에 의한 채권과의 상계, 상속 등은 원칙적으로 인정되지 아니한다.

(2) 내 용

1) 벌금형의 부과

벌금은 5만원 이상으로 한다. 다만 감경하는 경우에는 5만원 미만으로 할 수 있다(제45조). 벌금의 하한은 제한이 있으나, 상한은 각 처벌규정에서 별도로 정해진다. 우리나라는 현재 벌금의 액수만을 규정하고 있는 총액벌금형제도[1]를 채택하고 있다. 벌금은 판결확정일로부터 30일 내에 납입하여야 한다. 다만 벌금을 선고할 때에는 동시에 그 금액을 완납할 때까지 노역장에 유치할 것을 명할 수 있다(제69조 제1항).

한편 500만원 이하의 벌금의 형을 선고할 경우에 제51조의 사항을 참작하여 그 정상에 참작할 만한 사유가 있는 때에는 1년 이상 5년 이하의 기간 형의 집행을 유예할 수 있다. 다만,

---

1) 반면에 '일수벌금제도'(日數罰金制度)란 범죄에 대한 행위자의 책임에 따라 벌금의 일수(日數)를 정하고, 행위자의 자력(資力)에 따라 벌금액을 정하는 제도를 말한다. 우선 범죄의 책임에 상응하는 벌금일수를 정한다. 다음으로 1일의 벌금액을 정하는데, 이 때 범죄인의 경제적인 사정을 고려하는 것이다. 예를 들면 '피고인에게 200일의 벌금을 선고한다. 하루의 벌금액은 10만원으로 한다.'라는 형식이 이에 해당한다. 하지만 동 제도가 실효성을 지니기 위해서는 그 전제로써 개인의 정확한 재산상태를 파악할 수 있는 제도가 완비되어야만 한다는 문제점이 있다.

금고 이상의 형을 선고한 판결이 확정된 때부터 그 집행을 종료하거나 면제된 후 3년까지의 기간에 범한 죄에 대하여 형을 선고하는 경우에는 그러하지 아니하다(제62조 제1항).

2) 노역장의 유치

벌금을 납입하지 아니한 자는 1일 이상 3년 이하의 기간 노역장에 유치하여 작업에 복무하게 한다(제69조 제2항).[1] 벌금이나 과료를 선고할 때에는 이를 납입하지 아니하는 경우의 노역장 유치기간을 정하여 동시에 선고하여야 한다(제70조 제1항).[2] 선고하는 벌금이 1억원 이상 5억원 미만인 경우에는 300일 이상, 5억원 이상 50억원 미만인 경우에는 500일 이상, 50억원 이상인 경우에는 1천일 이상의 노역장 유치기간을 정하여야 한다(제70조 제2항). 벌금의 선고를 받은 사람이 그 금액의 일부를 납입한 경우에는 벌금액과 노역장 유치기간의 일수(日數)에 비례하여 납입금액에 해당하는 일수를 뺀다(제71조).

3. 과 료

'과료'(科料)란 범죄인에게 일정한 금액의 지급의무를 강제적으로 부담시키는 것을 내용으로 하는 형벌이다. 다만 그 금액이 적고 경미한 범죄에 대하여 부과된다는 점에서 벌금형과 구별되고, 재산형의 일종이라는 점에서 행정상의 제재에 불과한 과태료와 구별된다. 과료는 2천원 이상 5만원 미만으로 한다(제47조). 과료는 판결확정일로부터 30일 내에 납입하여야 한다(제69조 제1항).

과료를 납입하지 아니한 자는 1일 이상 30일 미만의 기간 노역장에 유치하여 작업에 복무하게 한다(제69조 제2항). 과료를 선고할 때에는 납입하지 아니하는 경우의 노역장 유치기간을 정하여 동시에 선고하여야 한다(제70조 제1항). 과료의 선고를 받은 사람이 그 금액의 일부를 납입한 경우에는 과료액과 노역장 유치기간의 일수(日數)에 비례하여 납입금액에 해당하는 일수를 뺀다(제71조).

입법론적으로는 과태료 등의 액수가 과료보다 훨씬 높아 형벌로서의 위상에 맞지 아니한다는 점, 5만원 미만의 강제적인 징수가 범죄예방효과에 어느 정도 기여하는지 의문이라는 점 등을 논거로 하여, 벌금과 과료의 구별실익은 없기 때문에 과료형을 벌금형으로 흡수하는 것이 타당하다.

---

1) 대법원 2000. 11. 24. 선고 2000도3945 판결(벌금형에 대한 노역장유치기간의 산정에는 형법 제69조 제2항에 따른 제한이 있을 뿐 그 밖의 다른 제한이 없으므로, 징역형과 벌금형 가운데서 벌금형을 선택하여 선고하면서 그에 대한 노역장유치기간을 환산한 결과 선택형의 하나로 되어 있는 징역형의 장기보다 유치기간이 더 길 수 있게 되었다 하더라도 이를 위법이라고 할 수는 없다).

2) 대법원 2016. 8. 25. 선고 2016도6466 판결(형법 제69조 제2항, 제70조 제1항에 의하면 벌금을 선고할 때에는 납입하지 아니하는 경우의 유치기간을 정하여 동시에 선고하여야 하고, 그 유치기간은 1일 이상 3년 이하의 기간 내로만 정할 수 있으며, 3년을 초과하는 기간을 벌금을 납입하지 아니하는 경우의 유치기간으로 정할 수 없다).

4. 몰 수

(1) 의 의

'몰수'(沒收)란 범죄로 인한 이익의 취득을 금지할 목적으로 범죄와 관련된 물건이나 문서 등을 국가가 강제로 취득하거나 폐기하는 것을 내용으로 하는 형벌을 말한다. 몰수는 원칙적으로 다른 형벌에 부가하여 과하는 부가형이다. 그러므로 피고인에 대한 주형 부분을 파기하는 이상 부가형인 몰수 및 추징 부분도 함께 파기하여야 한다.[1] 다만 행위자에게 유죄의 재판을 아니할 때에도 몰수의 요건이 있는 때에는 몰수만을 선고할 수 있다(제49조).[2]

(2) 유 형

1) 임의적 몰수

총칙상의 몰수규정인 제48조는 임의적 몰수를 규정하고 있으므로 몰수는 원칙적으로 임의적 몰수이다. 형법 제48조 제1항 제1호에 의한 몰수는 임의적인 것이므로 그 몰수의 요건에 해당되는 물건이라도 이를 몰수할 것인지의 여부는 일응 법원의 재량에 맡겨져 있지만, 형벌 일반에 적용되는 비례의 원칙에 의한 제한을 받는다.[3]

여기서 몰수가 비례의 원칙에 위반되는지 여부를 판단하기 위하여는, 몰수 대상 물건이 범죄 실행에 사용된 정도와 범위 및 범행에서의 중요성, 물건의 소유자가 범죄 실행에서 차지하는 역할과 책임의 정도, 범죄 실행으로 인한 법익 침해의 정도, 범죄 실행의 동기, 범죄로 얻은 수익, 물건 중 범죄 실행과 관련된 부분의 별도 분리 가능성, 물건의 실질적 가치와 범죄와의 상관성 및 균형성, 물건이 행위자에게 필요불가결한 것인지 여부, 물건이 몰수되지 아니할 경우 행위자가 그 물건을 이용하여 다시 동종 범죄를 실행할 위험성 유무 및 그 정도 등 제반 사정이 고려되어야 할 것이다.[4]

---

1) 대법원 2017. 11. 14. 선고 2017도13140 판결.

2) 대법원 2022. 11. 17. 선고 2022도8662 판결(형법 제49조 단서는 행위자에게 유죄의 재판을 하지 아니할 때에도 몰수의 요건이 있는 때에는 몰수만을 선고할 수 있다고 규정하고 있으므로 몰수뿐만 아니라 몰수에 갈음하는 추징도 위 규정에 근거하여 선고할 수 있다고 할 것이나 우리 법제상 공소의 제기 없이 별도로 몰수나 추징만을 선고할 수 있는 제도가 마련되어 있지 아니하므로 위 규정에 근거하여 몰수나 추징을 선고하기 위하여서는 몰수나 추징의 요건이 공소가 제기된 공소사실과 관련되어 있어야 하고, 공소사실이 인정되지 않는 경우에 이와 별개의 공소가 제기되지 아니한 범죄사실을 법원이 인정하여 그에 관하여 몰수나 추징을 선고하는 것은 불고불리의 원칙에 위반되어 불가능하며, 몰수나 추징이 공소사실과 관련이 있다 하더라도 그 공소사실에 관하여 이미 공소시효가 완성되어 유죄의 선고를 할 수 없는 경우에는 몰수나 추징도 할 수 없다); 대법원 2013. 1. 16. 선고 2012도8964 판결; 대법원 1992. 7. 28. 선고 92도700 판결.

3) 대법원 2008. 4. 24. 선고 2005도8174 판결.

4) 대법원 2013. 5. 23. 선고 2012도11586 판결(공소외인은 처음부터 성매매알선 등 행위를 하기 위하여 이 사건 부동산을 취득하여 피고인에게 명의신탁한 후 약 1년 동안 성매매알선 등 행위에 제공하였고, 일정한 장소에서 은밀하게 이루어지는 성매매알선 등 행위의 속성상 장소의 제공이 불가피하다는 점, 이 사건 부동산은 5층 건물인데 카운터나 휴게실이 있는 1층과 직원 등이 숙소 등으로 사용하는 5층을 제외한 나머지 2층 내지 4층 객실 대부분이 성매매알선 등 행위의 장소로 제공된 점, 피고인은 이 사건 부동산에서 이루어지는 성매매알선 등 행위로 발생하는 수익의 자금관리인으로, 공소외인과 함께 범행을 지배하는 주체가 되어 영업으로 성매매알선 등 행위를 한 점, 이 사건 부동산에는 시가에 상응하는 정도의 금액을 채권최고액으로 한 근저당권이 설정되어 있을

한편 전자기록은 일정한 저장매체에 전자방식이나 자기방식에 의하여 저장된 기록으로서 저장매체를 매개로 존재하는 물건이므로 몰수 관련 규정에 정한 사유가 있는 때에는 이를 몰수할 수 있다. 가령 휴대전화의 동영상 촬영기능을 이용하여 피해자를 촬영한 행위 자체가 범죄에 해당하는 경우, 휴대전화는 '범죄행위에 제공된 물건', 촬영되어 저장된 동영상은 휴대전화에 저장된 전자기록으로서 '범죄행위로 인하여 생긴 물건'에 각각 해당하고, 이러한 경우 법원이 휴대전화를 몰수하지 않고 동영상만을 몰수하는 것도 가능하다.[1]

2) 필요적 몰수

각칙상의 몰수 또는 특별법상의 몰수[2]에는 필요적 몰수가 존재한다. 예를 들면 뇌물 또는 뇌물에 공할 금품(제134조), 아편에 관한 죄에 제공한 아편 등(제206조), 배임수증죄에 의해 취득한 재물(제357조 제3항) 등이 이에 해당한다.

3) 이익박탈적 몰수

'이익박탈적 몰수'란 범인이 취득한 당해 재산을 범인으로부터 박탈하여 범인으로 하여금 부정한 이익을 보유하지 못하게 함에 그 목적이 있는 것을 말한다.[3] 그러므로 수인이 공모하여 뇌물을 수수한 경우에 몰수불능으로 그 가액을 추징하려면 어디까지나 개별적으로 추징할 것이며, 수수금품을 개별적으로 알 수 없을 때에는 평등하게 추징할 것이지 피고인 전원으로부터 수수한 금품의 가액을 공동으로 추징할 수 없다.[4]

4) 징벌적 몰수

'징벌적 몰수'란 범죄로 인한 이익의 박탈을 목적으로 하는 이익박탈적 몰수와는 달리 범죄에 대한 징벌의 정도를 강화하여 범행 대상인 재산을 필요적으로 몰수하고, 그 몰수가 불능인 때에는 그 가액을 납부하게 하는 소위 징벌적 성격의 처분을 말한다. 이 경우 여러 사람이 공모

뿐만 아니라 이와 별도로 담보가등기가 설정되어 있어 그 실질적인 가치는 크지 않은 반면, 피고인이 성매매알선 등 행위로 벌어들인 수익은 상당히 고액인 점, 피고인은 초범이나 공동정범 공소외인은 이 사건과 동종 범죄로 2회 처벌받은 전력이 있을 뿐 아니라 성매매알선 등 행위의 기간, 특히 단속된 이후에도 성매매알선 등 행위를 계속한 점 등을 고려하면, 원심이 이 사건 부동산을 몰수한 조치는 앞서 본 법리에 따른 것으로서 정당하다).

1) 대법원 2024. 1. 4. 선고 2021도5723 판결(이 사건 휴대전화는 비록 최초 압수 당시에는 몰수 요건에 형식적으로 해당한다고 볼 수 있었다 하더라도 그 후 수사 및 재판의 진행 경과와 이를 통해 밝혀진 사실관계에 비추어 이 사건 범죄 수행에 실질적으로 기여한 것이라고 단정하기 어려운 사정이 밝혀진 것으로 봄이 타당하다. 뿐만 아니라, 이 사건 범죄 실행에 사용된 정도·범위·횟수·중요성 등 범죄와의 상관성·관련성에 비추어, 범죄와 무관한 개인의 사생활의 비밀과 자유, 정보에 대한 자기결정권 등 인격적 법익에 관한 모든 것이 저장되어 있는 사적 정보저장매체로서의 이 사건 휴대전화가 갖는 인격적 가치·기능이 이를 현저히 초과한다고 볼 수 있어, 몰수로 인하여 피고인에게 미치는 불이익의 정도가 지나치게 큰 편이라는 점에서도 비례의 원칙상 몰수가 제한되는 경우에 해당한다고 볼 여지가 많다); 대법원 2017. 10. 23. 선고 2017도5905 판결.

2) 대법원 2004. 3. 26. 선고 2003도8014 판결(관세법 제282조 제2항에서 정한 몰수는 형법총칙의 몰수에 대한 특별 규정으로서 필요적인 몰수에 관한 규정이라 할 것이고, 같은 조항이 같은 법 제269조 제2항 및 제3항, 제274조 제1항 제1호의 경우에는 범인이 소유 또는 점유하는 그 물품을 몰수한다고 규정한 이상 범인이 점유하는 물품은 누구의 소유에 속함을 불구하고 소유자가 선의였든가 악의였든가를 가리지 않고 그 사실에 관하여 재판을 받는 범인에 대한 관계에서 이를 몰수하여야 한다고 해석할 것이다).

3) 대법원 2002. 6. 14. 선고 2002도1283 판결.

4) 대법원 1975. 4. 22. 선고 73도1963 판결.

하여 죄를 범하고도 몰수대상인 금전을 몰수할 수 없을 때에는 공범자 전원에 대하여 그 금전 전부의 추징을 명하여야 한다. 또한 범행으로 인하여 이득을 취득한 바 없다고 하더라도 법원은 그 가액의 추징을 명하여야 한다. 예를 들면 밀항단속법상 몰수[1], 관세법상 몰수[2], 특정경제범죄가중처벌법상 재산국외도피범죄에 대한 몰수[3], 마약류관리에 관한 법률상 몰수[4], 향정신성의약품관리법상 몰수[5] 등이 이에 해당한다.

(3) 요 건

범인 외의 자의 소유에 속하지 아니하거나 범죄 후 범인 외의 자가 사정을 알면서 취득한 ① 범죄행위에 제공하였거나 제공하려고 한 물건, ② 범죄행위로 인하여 생겼거나 취득한 물건, ③ 제1호 또는 제2호의 대가로 취득한 물건은 전부 또는 일부를 몰수할 수 있다(제48조 제1항).

이와 같이 제48조는 몰수의 대상을 '물건'으로 한정하고 있다. 이는 범죄행위에 의하여 생긴 재산 및 범죄행위의 보수로 얻은 재산을 범죄수익으로 몰수할 수 있도록 한 「범죄수익은닉의 규제 및 처벌 등에 관한 법률」이나 범죄행위로 취득한 재산상 이익의 가액을 추징할 수 있도록 한 형법 제357조 등의 규정과는 구별된다. 민법 제98조는 물건에 관하여 '유체물 및 전기 기타 관리할 수 있는 자연력'을 의미한다고 정의하는데, 형법이 민법이 정의한 '물건'과 다른 내용으로 '물건'의 개념을 정의하고 있다고 볼 만한 사정도 존재하지 아니한다.[6]

---

1) 대법원 2008. 10. 9. 선고 2008도7034 판결.

2) 대법원 2007. 12. 28. 선고 2007도8401 판결(일반 형사법에서의 추징과는 달리 징벌적 성격을 띠고 있어 여러 사람이 공모하여 관세를 포탈하거나 관세장물을 알선, 운반, 취득한 경우에는 범칙자의 1인이 그 물품을 소유하거나 점유하였다면 그 물품의 범칙 당시의 국내도매가격 상당의 가액 전액을 그 물품의 소유 또는 점유사실의 유무를 불문하고 범칙자 전원으로부터 각각 추징할 수 있고, 범인이 밀수품을 소유하거나 점유한 사실이 있다면 압수 또는 몰수가 가능한 시기에 범인이 이를 소유하거나 점유한 사실이 있는지 여부에 상관없이 관세법 제282조에 따라 몰수 또는 추징할 수 있다).

3) 대법원 2005. 4. 29. 선고 2002도7262 판결(재산국외도피 사범에 대한 징벌의 정도를 강화하여 범행 대상인 재산을 필요적으로 몰수하고 그 몰수가 불능인 때에는 그 가액을 납부하게 하는 소위 징벌적 성격의 처분이라고 보는 것이 상당하므로 그 도피재산이 피고인들이 아닌 회사의 소유라거나 피고인들이 이를 점유하고 그로 인하여 이득을 취한 바가 없다고 하더라도 피고인들 모두에 대하여 그 도피재산의 가액 전부의 추징을 명하여야 한다).

4) 대법원 2001. 12. 28. 선고 2001도5158 판결.

5) 대법원 2000. 9. 8. 선고 2000도546 판결(징벌적 성질의 처분이므로 그 범행으로 인하여 이득을 취득한 바 없다 하더라도 법원은 그 가액의 추징을 명하여야 하지만, 다만 그 추징의 범위에 관하여는 피고인을 기준으로 하여 그가 취급한 범위 내에서 의약품 가액 전액의 추징을 명하면 되는 것이지 동일한 의약품을 취급한 피고인의 일련의 행위가 별죄를 구성한다고 하여 그 행위마다 따로 그 가액을 추징하여야 하는 것은 아니다).

6) 대법원 2021. 10. 14. 선고 2021도7168 판결(피고인은 2018. 3.경부터 2019. 2.경 사이에 이 사건 웹사이트를 순차로 개설한 후 2019. 2.경부터 이 사건 웹사이트에 음란 사이트 링크배너와 도박 사이트 홍보배너를 게시하는 등의 방식으로 이를 운영하다가 2020. 3. 초순경 성명불상자에게 이 사건 웹사이트를 50,000,000원에 매각하고 현금으로 위 돈을 지급받은 사실이 인정된다. 이와 같은 사실관계를 앞서 본 법리에 비추어 살펴보면, 이 사건 웹사이트는 이 사건 각 범죄행위에 제공된 무형의 재산에 해당할 뿐 형법 제48조 제1항 제2호에서 정한 '범죄행위로 인하여 생(生)하였거나 이로 인하여 취득한 물건'에 해당하지 않는다. 따라서 피고인이 이 사건 웹사이트 매각을 통해 취득한 대가는 형법 제48조 제1항 제2호, 제2항이 규정한 추징의 대상에 해당하지 않는다).

1) 대물적 요건
① 범죄행위에 제공하였거나 제공하려고 한 물건

'범죄행위에 제공한 물건'은 가령 살인행위에 사용한 칼 등 범죄의 실행행위 자체에 사용한 물건에만 한정되는 것이 아니며, 실행행위의 착수 전의 행위 또는 실행행위의 종료 후의 행위에 사용한 물건이더라도 그것이 범죄행위의 수행에 실질적으로 기여하였다고 인정되는 한 범죄행위에 제공한 물건에 포함된다.[1] 그리고 '범죄행위에 제공하려고 한 물건'이란 범죄행위에 사용하려고 준비하였으나 실제 사용하지 못한 물건을 말한다. 형법상의 몰수가 공소사실에 대하여 형사재판을 받는 피고인에 대한 유죄판결에서 다른 형에 부가하여 선고되는 형인 점에 비추어, 어떠한 물건을 '범죄행위에 제공하려고 한 물건'으로서 몰수하기 위하여는 그 물건이 유죄로 인정되는 당해 범죄행위에 제공하려고 한 물건임이 인정되어야 한다.[2]

한편 법원이나 수사기관은 필요한 때에는 증거물 또는 몰수할 것으로 사료하는 물건을 압수할 수 있으나, 몰수는 반드시 압수되어 있는 물건에 대하여서만 하는 것이 아니므로, 몰수대상물건이 압수되어 있는가 하는 점 및 적법한 절차에 의하여 압수되었는가 하는 점은 몰수의 요건이 아니다.[3] 또한 판결선고 전 검찰에 의하여 압수된 후 피고인에게 환부된 물건에 대하여도 피고인으로부터 몰수할 수 있다.[4]

판례에 의하면, ① 피해자로 하여금 사기도박에 참여하도록 유인하기 위하여 고액의 수표를 제시해 보인 경우, 형법 제48조 소정의 몰수가 임의적 몰수에 불과하여 법관의 자유재량에 맡겨져 있고, 위 수표가 직접적으로 도박자금으로 사용되지 아니하였다 할지라도, 위 수표가 피해자로 하여금 사기도박에 참여하도록 만들기 위한 수단으로 사용된 이상, 이를 몰수할 수 있다.[5]

---

1) 대법원 2006. 9. 14. 선고 2006도4075 판결(피고인은 대형할인매장을 1회 방문하여 범행을 할 때마다 1~6개 품목의 수십만 원어치 상품을 절취하여 이를 자신의 소나타 승용차에 싣고 갔고, 그 물품의 부피도 전기밥솥·해머드릴·소파커버·진공포장기·안마기·전화기·DVD플레이어 등 상당한 크기의 것이어서 대중교통수단을 타고 운반하기에 곤란한 수준이었으므로, 이 사건 승용차는 단순히 범행장소에 도착하는 데 사용한 교통수단을 넘어서 이 사건 장물의 운반에 사용한 자동차라고 보아야 할 것이며, 따라서 형법 제48조 제1항 제1호 소정의 범죄행위에 제공한 물건이라고 볼 수 있다).

2) 대법원 2008. 2. 14. 선고 2007도10034 판결(체포될 당시에 미처 송금하지 못하고 소지하고 있던 자기앞수표나 현금은 장차 실행하려고 한 외국환거래법 위반의 범행에 제공하려는 물건일 뿐, 그 이전에 범해진 외국환거래법 위반의 '범죄행위에 제공하려고 한 물건'으로는 볼 수 없으므로 몰수할 수 없다).

3) 대법원 2003. 5. 30. 선고 2003도705 판결(이미 그 집행을 종료함으로써 효력을 상실한 압수·수색영장에 기하여 다시 압수·수색을 실시하면서 몰수대상물건을 압수한 경우, 압수 자체가 위법하게 됨은 별론으로 하더라도 그것이 위 물건의 몰수의 효력에는 영향을 미칠 수 없다).

4) 대법원 1977. 5. 24. 선고 76도4001 판결.

5) 대법원 2002. 9. 24. 선고 2002도3589 판결(피고인 및 공동피고인 1은 2001. 3. 9.경부터 같은 해 6. 29.경까지 피해자로부터 15회에 걸쳐 사기도박의 방법으로 금 1억 9,750여 만원을 편취하였고, 공동피고인 1은 피해자나 피고인 등에게 도박자금을 대여하는 등의 방법으로 도금을 제공하고 사기도박을 통해 편취한 금원을 관리하는 역할을 담당한 사실, 공동피고인 1은 2001. 6. 28.경 사기도박 범행 도중 당일도 400여 만원을 잃은 피해자에게 '내일 제대로 돈을 가지고 도박을 해보자'고 종용하여 다음날인 29일에도 피해자가 다시 도박에 가담하게 된 사실, 피고인은 위와 같이 큰 도박을 종용한 28일에 피고인들로부터 압수한 8,000만원권 자기앞수표 1장을 발행받은 사실, 다음날인 같은 달 29일 피고인들과 피해자가 도박을 하기 위해 모여 있던 사무실에서 공동피고인 1은

② 사행성 게임기는 기판과 본체가 서로 물리적으로 결합되어야만 비로소 그 기능을 발휘할 수 있는 기계로서, 당국으로부터 적법하게 등급심사를 받은 것이라고 하더라도 본체를 포함한 그 전부가 범죄행위에 제공된 물건으로서 몰수의 대상이 된다.[1]

③ 피고인이 그 소유의 토지개발채권을 외국환관리법 제19조 소정의 허가 없이 휴대하여 외국으로 출국하려다가 적발되어 미수에 그친 경우, 위 채권은 허가 없는 수출미수행위로 인하여 비로소 취득하게 된 것에 해당한다고 할 수 없으므로 외국환관리법 제33조에 따라 이를 몰수하거나 그 가액을 추징할 수 없다고 할 것이나, 다만 위 채권은 피고인의 허가 없는 수출미수행위에 제공된 것에는 해당된다고 할 것이고, 따라서 형법 제48조 제1항 제1호, 제2항에 의한 몰수 또는 추징의 대상이 되는 것으로 보아야 한다.[2]

④ 피고인은 오락실을 이용하는 손님이 가져오는 액면 5,000원 짜리 문화상품권을 1장당 4,500원씩에 현금으로 교환해 주고, 그렇게 취득한 문화상품권을 상품권업자인 공소외 1에게 1장당 4,513원씩에 되팔아 왔고, 그와 같은 방법으로 1일 18,000장 내지 20,000장의 문화상품권을 환전해 왔다는 것이므로 적어도 1일 80,000,000원 내지 90,000,000원 가량의 현금이 환전에 소요되었을 것임을 알 수 있는 한편, 원심 증인 공소외 2의 진술에 의하면, 이 사건 현금은 피고인이 문화상품권의 환전에 쓰려고 준비하였던 1억 원 중 남은 돈이라는 것이므로, 이 사건 현금은 그 전부가 피고인의 위와 같은 문화상품권의 환전을 통한 이 사건 범죄행위에 제공하려 하였거나 그 범행으로 인하여 취득한 물건에 해당하여 형법 제48조 제1항 제1호 또는 제2호의 규정에 의하여 몰수의 대상이 된다고 봄이 상당하다고 할 것이고, 피고인이 위 환전소 내에 보관하고 있던 현금 중 일부를 생활비 등의 용도로 소비하였다고 하여 달리 볼 것은 아니라고 할 것이다.[3]

하지만 ① 관세법 제188조 1호 소정의 물품에 대한 수입신고를 함에 있어서 주요사항을 허위로 신고한 경우에 위 물건은 신고의 대상물에 지나지 않아 신고로서 이루어지는 허위신고죄의 범죄행위 자체에 제공되는 물건이라고 할 수 없으므로 형법 제48조 제1항 소정의 몰수요건에 해당한다고 볼 수 없다.[4]

'은행에서 800만원짜리 수표를 끊어야 되는데 잘못하여 8,000만원짜리 수표를 끊어왔다.'고 자랑삼아 이야기하면서 의도적으로 피해자가 보고 있는 상태에서 별다른 납득할 만한 이유도 없이 이 사건 수표를 피고인에게 건네주었고, 피고인은 이 사건 수표를 자신의 지갑에 넣어 둔 채로 피해자와 도박을 하던 중 경찰관에 의해 적발된 사실, 공동피고인 1은 위와 같이 피고인에게 수표를 건네준 후 도박 현장을 떠났다가 몇 시간 후인 16:05경 발행은행에 수표를 분실하였다는 이유로 지급정지를 신청한 사실을 인정한 다음, 위 인정 사실에 의하면, 이 사건 수표는 피해자에게 그 동안 사기도박을 통해 잃은 돈을 상기시키고, 도박을 통해 잃은 돈을 다시 따보려는 마음에 계속하여 도박에 관여하도록 만들기 위한 수단으로 사용하기 위해 발행 받은 것이고, 피해자가 함께 있는 자리에서 그와 같은 의도로 이 사건 수표를 보여준 후 피고인으로 하여금 이를 소지한 채 도박을 하도록 하는 등의 방법으로 피고인 및 공동피고인 1의 상습사기의 범행에 제공된 물건이라고 보아야 한다고 판단하고, '이 사건 수표는 공동피고인 1이 농협에 대한 대출금 채무를 변제하기 위해 발행 받은 것이다.'라는 피고인 및 공동피고인 1의 변명은, 농협에 대한 대출금 채무의 상환기일이 이 사건 수표의 발행일로부터 3 내지 5개월 이후인데도 이를 앞 당겨 상환하고자 한 동기와, 이 사건 수표의 발행이 피고인 및 공동피고인 1이 주장하는 목적이었더라면 온라인자동이체 등의 방법으로 금원을 이체하면 될 것인데도 자동이체 처리가 가능한 은행에서 위와 같은 간편한 방법을 마다한 채 분실의 위험이 있는 고액의 수표를 굳이 발행받은 동기가 석연치 않은 점, 이 사건 수표를 피고인이 소지하게 된 경위 또한 석연치 않은 점, 공동피고인 1이 곧 이 사건 수표의 지급정지를 신청한 점에 비추어 믿지 아니한다고 배척하여, 이 사건 수표를 형법 제48조 제1항 제1호 소정의 '범행에 제공된 물건'이라고 보고 이를 피고인 및 공동피고인 1 등으로부터 몰수하였다).

1) 대법원 2006. 12. 8. 선고 2006도6400 판결.
2) 대법원 2002. 9. 4. 선고 2000도515 판결.
3) 대법원 2006. 10. 13. 선고 2006도3302 판결.
4) 대법원 1974. 6. 11. 선고 74도352 판결.

② 체포될 당시에 미처 송금하지 못하고 소지하고 있던 자기앞수표나 현금은 장차 실행하려고 한 외국환거래법 위반의 범행에 제공하려는 물건일 뿐, 그 이전에 범해진 외국환거래법 위반의 '범죄행위에 제공하려고 한 물건'으로는 볼 수 없으므로 몰수할 수 없다.[1]

③ 부동산의 소유권을 이전받을 것을 내용으로 하는 계약(1차 계약)을 체결한 자가 그 부동산에 대하여 다시 제3자와 소유권이전을 내용으로 하는 계약(전매계약)을 체결한 것이 부동산등기 특별조치법 제8조 제1호 위반행위에 해당하는 경우, 전매계약에 의하여 제3자로부터 받은 대금은 위 조항의 처벌대상인 '1차 계약에 따른 소유권이전등기를 하지 않은 행위'로 취득한 것이 아니므로 형법 제48조에 의한 몰수나 추징의 대상이 될 수 없다.[2]

② 범죄행위로 인하여 생하였거나 이로 인하여 취득한 물건

'범죄행위로 인하여 생(生)한 물건'이란 범죄행위로 인하여 비로소 생성된 물건을 말한다. 예를 들면 문서위조죄에서의 위조문서, 유가증권위조죄에서의 위조유가증권 등이 이에 해당한다. 범죄의 대가로 금전을 받은 경우, 이는 범죄행위로 인하여 취득한 물건이 아니라 범죄행위로 인하여 생긴 물건이라고 해야 한다.

'범죄행위로 인하여 취득한 물건'이란 범행 당시에도 이미 존재하였으나 범행으로 인하여 범인이 취득하게 된 물건을 말한다. 예를 들면 도박행위로 인하여 취득한 판돈 등이 이에 해당한다. 여기서 '취득'이란 해당 범죄행위로 인하여 결과적으로 이를 취득한 때를 말한다고 제한적으로 해석함이 타당하다.[3]

판례에 의하면, ① 피고인 회사는 북한으로부터 수입한 이 사건 물건이 인천항에 도착하자 이를 인수, 취득하여 보세장치장에 장치한 사실을 알 수 있고, 따라서 이 사건 물건은 피고인 회사가 통일원장관의 반입승인을 받지 아니하고 반입하려다 미수에 그친 범죄행위로 인하여 취득한 것으로 형법 제48조 제1항 제2호의 몰수의 대상이 된다.[4]

② 피고인이 음란물유포 인터넷사이트를 운영하면서 정보통신망법 위반(음란물유포)죄와 도박개장방조죄에 의하여 비트코인(Bitcoin)을 취득한 사안에서, 범죄수익은닉규제법 [별표] 제1호 (사)목에서는 형법 제247조의 죄를, [별표] 제24호에서는 정보통신망법 제74조 제1항 제2호의 죄를 중대범죄로 규정하고 있어 피고인의 정보통신망법 위반(음란물유포)죄와 도박개장방조죄는 범죄수익은닉규제법에 정한 중대범죄에 해당하며, 비트코인은 경제적인 가치를 디지털로 표상하여 전자적으로 이전, 저장 및 거래가 가능하도록 한, 이른바 '가상화폐'의 일종인 점, 피고인은 위 음란사이트를 운영하면서 사진과 영상을 이용하는 이용자 및 음란사이트에 광고를 원하는 광고주들로부터 비트코인을 대가로 지급받아 재산적 가치가 있는 것으로 취급한 점에 비추어 비트코인은 재산적 가치가 있는 무형의 재산이라고 보아야 하고, 몰수의 대상인 비트코인이 특정되어 있다는 이유로, 피고인이 취득한 비트코인을 몰수할 수 있다.[5]

---

1) 대법원 2008. 2. 14. 선고 2007도10034 판결.
2) 대법원 2007. 12. 14. 선고 2007도7353 판결.
3) 대법원 2021. 7. 21. 선고 2020도10970 판결.
4) 대법원 1995. 5. 23. 선고 93도1750 판결.

하지만 ① 피고인이 미화를 휴대하여 우리나라에 입국한 후 이를 외국환관리법 제18조 동법 시행령 제28조 제1항의 규정에 따라 등록하지 아니한 경우에 있어서는 그 행위 자체에 의하여 취득한 미화는 있을 수 없는 것이므로 위 외국환관리법 제36조의2에 정하는 바에 따라 이 사건 미화를 몰수할 수 없음은 물론, 위 확정사실을 외국에서 휴대하고 입국한 미화를 등록하지 아니하였다는 것이니 이 미화가 범행에 제공되거나 제공하려 한 물건도 아니었음이 또한 명백하여 형법 제48조 제1항 제1호에 의한 몰수의 대상이 된다고 할 수도 없다.[1]

② 피고인 1이 학위취득자들로부터 금원을 송금받을 당시 그 중 일정 금원이 실험대행비 등 명목으로 실험을 대행하는 타인에게 교부하기로 예정되어 있었고, 피고인 1은 그 취지에 따라 실험대행비 등 명목으로 피고인 3에게 일정액을 교부하였으며, 피고인 3이 지출하였다는 실험비용 등은 그 세부적인 사용이 피고인 3의 독자적인 판단에 따라 사용한 것임을 인정할 수 있으므로, 피고인 3에게 실험대행비 등 명목으로 교부된 금원이 실질적으로 피고인 3에게 귀속되었고 실험비용 등으로의 지출은 피고인 3이 받은 금원을 소비하는 방법의 하나에 지나지 않는다는 취지에서 피고인 3이 수령한 금원의 가액 전부를 피고인 1로부터 추징하지 않고 피고인 3으로부터 추징한 조치는 정당하다.[2]

③ 전 2호의 대가로 취득한 물건

'전 2호의 대가로 취득한 물건'이란 범죄행위에 물건을 제공하고 그 대가로 취득한 물건(살인에 사용되는 총을 빌려주고 받은 금전) 및 범죄행위로 취득한 물건의 대가로 취득한 물건(절취물을 판매하여 취득한 금전)을 말한다. 하지만 대가의 범위는 제한적으로 해석하여야 한다. 왜냐하면 절취한 돈으로 구입한 로또복권이 1등으로 당첨되어 그 돈으로 집을 산 경우, 이 집을 몰수한다고 하는 것은 불합리하기 때문이다.

한편 관세법 제198조 제2항에 따라 몰수하여야 할 압수물이 멸실, 파손 또는 부패의 염려가 있거나 보관하기에 불편하여 이를 형사소송법 제132조의 규정에 따라 매각하여 그 대가를 보관하는 경우에는, 몰수와의 관계에서는 그 대가보관금을 몰수 대상인 압수물과 동일시할 수 있다.[3] 하지만 장물을 처분하여 그 대가로 취득한 압수물은 몰수할 것이 아니라 피해자에게 교부하여야 할 것이고[4], 피해자의 교부청구가 있으면 환부하여야 한다.[5]

2) 대인적 요건

① 범인 이외의 자의 소유에 속하지 아니할 것

범인 소유의 물건을 몰수할 수 있으며, 무주물·소유자 불명의 물건·금제품 등도 몰수할 수 있다. 여기서 말하는 '범인'에는 공범자도 포함되므로[6] 피고인의 소유물은 물론 공범자의 소

---

5) 대법원 2018. 5. 30. 선고 2018도3619 판결.
1) 대법원 1982. 3. 9. 선고 81도2930 판결.
2) 대법원 2008. 3. 13. 선고 2006도3615 판결.
3) 대법원 1996. 11. 12. 선고 96도2477 판결.
4) 대법원 1969. 1. 21. 선고 68도1672 판결.
5) 대법원 1966. 9. 6. 선고 66도853 판결.
6) 대법원 2007. 3. 15. 선고 2006도8929 판결(설령 피고인 2가 운영하는 환전소에서 압수한 현금의 실제 소유자가

유물도 그 공범자의 소추 여부를 불문하고 몰수할 수 있는 것이고[1], 여기에서의 공범자에는 공동정범·교사범·방조범에 해당하는 자는 물론 필요적 공범관계에 있는 자도 포함된다.

　　형사법상 몰수는 공소사실에 관하여 형사재판을 받는 피고인에 대한 유죄의 판결에서 다른 형에 부가하여 선고되는 형인 점에 비추어, 피고인 이외의 제3자의 소유에 속하는 물건에 대하여 몰수를 선고한 판결의 효력은 원칙적으로 몰수의 원인이 된 사실에 관하여 유죄의 판결을 받은 피고인에 대한 관계에서 그 물건을 소지하지 못하게 하는 데 그치고 그 사건에서 재판을 받지 아니한 제3자의 소유권에 어떤 영향을 미치는 것은 아닌 점[2]과 형법 제49조 단서에 의하면 행위자에게 유죄의 재판을 아니할 때에도 몰수의 요건이 있는 때에는 몰수를 선고할 수 있는 점 등에 비추어 볼 때, 형법 제48조 제1항의 '범인'에 해당하는 공범자는 반드시 유죄의 죄책을 지는 자에 국한된다고 볼 수 없고 공범에 해당하는 행위를 한 자이면 족하다. 그러므로 이러한 자(공범에 해당하는 행위를 한 자)의 소유물도 형법 제48조 제1항의 '범인 외의 자의 소유에 속하지 아니하는 물건'으로서 이를 피고인으로부터 몰수할 수 있다.[3] 하지만 범인 이외의 자의 소유에 속하는 물건은 몰수할 수 없다. 여기서 소유권의 귀속은 판결선고 당시의 권리관계를 기준으로 판단한다.[4]

　　판례에 의하면, ① 강도상해의 범행에 사용된 자동차에 관하여 피고인은 원심법정에서 피고인의 처 소유라고 진술하고 있고 실제로도 처 명의로 등록되어 있는데도 원심이 그 의미가 분명하지 아니한 '제 소유 자동차'라는 피고인이 경찰에서 범행방법에 관한 진술시에 한 표현을 근거로 위 자동차가 피고인 이외의 자에 속하지 아니하는 것으로 단정하여 이를 몰수한 것은 심리를 다하지 아니하고 채증법칙을 위반하여 판결결과에 영향을 미친 것이다.[5]
　　② 피고인이 다른 공동피고인들에게 도박자금으로 금원을 대여하였다면 그 금원은 그 때부터 피고인의 소유가 아니라 동 공동피고인들의 소유에 귀속하게 되므로 그것을 동 공동피고인들로부터 형법 제48조 제1항 제1호나 제2호를 적용하여 몰수함은 모르되 피고인으로부터 몰수할 성질의 것은 아니다.[6]

　　피고인 1이라고 하더라도, 원심이 피고인 1과 공범관계에 있는 피고인 2로부터 위 현금을 몰수한 조치는 정당하다).
　1) 대법원 2000. 5. 12. 선고 2000도745 판결; 대법원 1984. 5. 29. 선고 83도2680 판결. 이는 범죄수익은닉의 규제 및 처벌 등에 관한 법률 제9조 제1항의 '범인'의 해석에서도 마찬가지라고 할 것이다(대법원 2013. 5. 23. 선고 2012도11586 판결).
　2) 대법원 1999. 5. 11. 선고 99다12161 판결(문화재보호법 제80조 제2항은 같은 법 제76조 제1항의 규정에 위반하여 문화재를 국외로 수출 또는 반출하거나 반출한 문화재를 다시 반입하지 아니한 자는 3년 이상의 유기징역에 처하고 그 문화재는 몰수한다고 규정하고 있는바, 위 규정에 의한 몰수는 형법총칙이 규정한 몰수에 대한 특별규정으로서 몰수할 문화재가 피고인 이외의 제3자의 소유에 속하더라도 그의 선의·악의를 불문하고 필요적으로 이를 몰수하여야 한다).
　3) 대법원 2006. 11. 23. 선고 2006도5586 판결.
　4) 대법원 1999. 12. 10. 선고 99도3478 판결(밀수전용의 선박·자동차 기타 운반기구가 관세법 제183조에 의하여 몰수대상이 되는지의 여부를 판단함에 있어 당해 운반기구가 누구의 소유에 속하는가 하는 것은 그 공부상의 명의 여하에 불구하고 권리의 실질적인 귀속관계에 따라 판단하여야 한다).
　5) 대법원 1990. 10. 10. 선고 90도1904 판결.
　6) 대법원 1982. 9. 28. 선고 82도1669 판결.

③ 군 P.X.에서 공무원인 군인이 그 권한에 의하여 작성한 월간판매실적보고서의 내용에 일부 허위기재된 부분이 있더라도 이는 공무소인 소관 육군부대의 소유에 속하는 것이므로 이를 허위공문서 작성의 범행으로 인하여 생긴 물건으로 누구의 소유도 불허하는 것이라 하여 형법 제48조 제1항 제1호를 적용·몰수하였음은 부당하다.[1]

④ 부동산 등기부는 범인 이외의 자에 속하는 물건이며 범죄 후 범인 이외의 자가 정을 알면서 취득한 것이 아니므로 몰수할 수 없으며 따라서 등기부기재 중 특정부분을 문서의 일부라 하고 몰수에 해당한다 하여 형법 제48조 제3항을 적용하여 폐기의 선고를 할 수 없는 것이다.[2] ⑤「마약류 불법거래 방지에 관한 특례법」(이하 '마약거래방지법'이라고 한다) 제6조를 위반하여 마약류를 수출입·제조·매매하는 행위 등을 업으로 하는 범죄행위의 정범이 그 범죄행위로 얻은 수익은 마약거래방지법 제13조부터 제16조까지의 규정에 따라 몰수·추징의 대상이 된다. 그러나 위 정범으로부터 대가를 받고 판매할 마약을 공급하는 방법으로 위 범행을 용이하게 한 방조범은 정범의 위 범죄행위로 인한 수익을 정범과 공동으로 취득하였다고 평가할 수 없다면 위 몰수·추징 규정에 의하여 정범과 같이 추징할 수는 없고, 그 방조범으로부터는 방조행위로 얻은 재산 등에 한하여 몰수, 추징할 수 있다고 보아야 한다.[3]

② 범죄 후 범인 이외의 자가 정을 알면서 취득한 물건

취득 당시에 그 물건이 제48조 제1항의 각호에 해당함을 알면서 취득한 경우에는 범인 이외의 자의 소유일지라도 몰수할 수 있다.

(4) 추징 및 폐기

1) 추징의 의의

몰수대상인 물건을 몰수할 수 없을 때에는 그 가액(價額)을 추징한다(제48조 제2항). 여기서 '몰수할 수 없을 때'란 몰수의 대상인 물건이 사실상 또는 법률상의 원인으로 몰수할 수 없는 경우를 말한다. 추징의 가액을 납부하지 않을 경우 노역장유치를 할 수는 없고, 일반 강제집행 절차에 의해 피고인의 재산을 강제집행할 수 있을 뿐이다.

2) 추징의 법적 성격

추징은 일종의 형으로서 검사가 공소를 제기함에 있어 관련 추징규정의 적용을 빠뜨렸다고 하더라도 법원은 직권으로 이를 적용하여야 한다.[4] 또한 추징은 몰수의 취지를 관철하기 위하여 인정된 제도라는 점에서 부가형의 성질을 가진다.[5] 따라서 제1심에서 선고하지 않은 추징

---

1) 대법원 1983. 6. 14. 선고 83도808 판결.
2) 대법원 1957. 8. 2. 선고 4290형상190 판결.
3) 대법원 2021. 4. 29. 선고 2020도16369 판결.
4) 대법원 2007. 1. 25. 선고 2006도8663 판결.
5) 대법원 1984. 12. 11. 선고 84도1502 판결(추징의 선고는 본안 종국판결에 부수되는 처분에 불과한 것이니 만큼 종국판결에 대한 상고 없이 위 선고부분에 한하여 독립상고는 할 수 없는 것이라 할 것인바 원심이 피고인에 대하여 징역 8월과 금 1,000만원의 추징의 선고를 하였는데 피고인은 징역형 선고 부분에 대하여는 상고를 하지 아니하고 추징부분에 한하여 상고하고 있으니 이는 허용될 수 없는 것이다); 대법원 1979. 4. 10. 선고 78도3098 판결(몰수에 갈음하는 추징은 부가형적 성질을 띠고 있어 그 주형에 대하여 선고를 유예하는 경우에는 그 부가할 추징에 대하여도 선고를 유예할 수 있으나, 그 주형에 대하여 선고를 유예하지 아니하면서 이에 부가할 추징에 대하여서만 선고를 유예할 수는 없다).

을 항소심에서 선고하면 불이익변경금지의 원칙에 위배된다.[1]

몰수는 특정된 물건에 대한 것이고, 추징은 본래 몰수할 수 있었음을 전제로 하는 것임에 비추어 뇌물에 공할 금품이 특정되지 않았던 것은 몰수할 수 없고 그 가액을 추징할 수도 없다.[2] 추징의 대상이 되는지 여부는 엄격한 증명을 필요로 하는 것은 아니지만, 그 대상이 되는 범죄수익을 특정할 수 없는 경우에는 추징할 수 없다.[3]

몰수에 갈음하는 추징은 부가형적 성질을 띠고 있어 그 주형에 대하여 선고를 유예하는 경우에는 그 부가할 추징에 대하여도 선고를 유예할 수 있으나, 그 주형에 대하여 선고를 유예하지 아니하면서 이에 부가할 추징에 대하여서만 선고를 유예할 수는 없다.[4] 하지만 주형인 징역형의 선고를 유예할 경우에도 추징을 선고할 수 있다.[5] 범인이 피해자로부터 받은 금품을 소비하고 나서 그에 상당한 금품을 반환하였을 경우나 상호합의에 이르러 고소를 취소한 경우에도 이를 범인으로부터 추징하여야 한다.[6]

한편 추징은 부가형이지만 징역형의 집행유예와 추징의 선고를 받은 사람에 대하여 징역형의 선고의 효력을 상실케 하는 동시에 복권하는 특별사면이 있은 경우에 추징에 대하여도 형선고의 효력이 상실된다고 볼 수는 없다.[7]

3) 추징의 방법

몰수의 취지가 범죄에 의한 이득의 박탈을 목적으로 하는 것이고 추징도 이러한 몰수의 취지를 관철하기 위한 것이라는 점[8]을 고려하면 몰수하기 불능한 때에 추징하여야 할 가액은 범인이 그 물건을 보유하고 있다가 몰수의 선고를 받았더라면 잃게 될 이득상당액을 의미하므로, 추징하여야 할 가액이 몰수의 선고를 받았더라면 잃게 될 이득상당액을 초과하여서는 아니 되며[9], 다른 특별한 사정이 없는 한 그 가액산정은 재판선고시의 가격을 기준으로 하여야 한다.[10]

범죄행위로 인하여 물건을 취득하면서 그 대가를 지급하였다고 하더라도 범죄행위로 취득한 것은 물건 자체이고 이는 몰수되어야 할 것이나, 이미 처분되어 없다면 그 가액 상당을 추징할 것이고[11], 그 가액에서 이를 취득하기 위한 대가로 지급한 금원을 뺀 나머지를 추징해야 하

---

1) 대법원 1961. 11. 9. 선고 4294형상572 판결.
2) 대법원 2015. 10. 29. 선고 2015도12838 판결; 대법원 1996. 5. 8. 선고 96도221 판결.
3) 대법원 2007. 6. 14. 선고 2007도2451 판결.
4) 대법원 1979. 4. 10. 선고 78도3098 판결.
5) 대법원 1990. 4. 27. 선고 89도2291 판결.
6) 대법원 1983. 4. 12. 선고 82도812 판결.
7) 대법원 1996. 5. 14.자 96모14 결정.
8) 반면에 외국환관리법상의 몰수와 추징은 일반 형사법의 경우와 달리 범죄사실에 대한 징벌적 제재의 성격을 띠고 있다고 할 것이므로, 여러 사람이 공모하여 범칙행위를 한 경우 몰수대상인 외국환 등을 몰수할 수 없을 때에는 각 범칙자 전원에 대하여 그 취득한 외국환 등의 가액 전부의 추징을 명하여야 하고, 그 중 한 사람이 추징금 전액을 납부하였을 때에는 다른 사람은 추징의 집행을 면할 것이나, 그 일부라도 납부되지 아니하였을 때에는 그 범위 내에서 각 범칙자는 추징의 집행을 면할 수 없다(대법원 1998. 5. 21. 선고 95도2002 전원합의체 판결).
9) 대법원 2017. 9. 21. 선고 2017도8611 판결.
10) 대법원 2008. 10. 9. 선고 2008도6944 판결; 대법원 1991. 5. 28. 선고 91도352 판결.

는 것은 아니다.[1]

　판례에 의하면, ① 알선수재자가 알선의뢰인과 사이에 금융기관 임직원의 직무에 속하는 사항에 관하여 알선을 하고 그 대가를 지불하기로 하는 용역제공계약의 형식을 취한 다음 알선행위에 대한 대가로 용역대금과 함께 이에 대한 부가가치세 상당액을 교부받아 이를 실제로 납부한 경우에는 그 납부세액을 환급받을 수 있다는 특별한 사정이 없는 한 이를 추징의 대상에서 제외하여야 할 것이다.[2]

　② 알선의뢰인이 알선수재자에게 공무원이나 금융기관 임직원의 직무에 속한 사항에 관한 알선의 대가를 형식적으로 체결한 고용계약에 터잡아 급여의 형식으로 지급한 경우에, 알선수재자가 수수한 알선수재액은 명목상 급여액이 아니라 원천징수된 근로소득세 등을 제외하고 알선수재자가 실제 지급받은 금액으로 보아야 하고, 또한 위 금액만을 특가법 제13조에서 정한 '제3조의 죄를 범하여 범인이 취득한 해당 재산' 또는 특경법 제10조 제2항에서 정한 '제7조의 경우 범인이 받은 금품이나 그 밖의 이익'으로서 몰수·추징하여야 한다.[3]

　③ 범인이 취득한 재물 또는 재산상의 이익을 그 받은 취지에 따라 타인에게 교부한 경우에는 그 부분 이익은 실질적으로 범인에게 귀속된 것이 아니어서 이를 범인으로부터 몰수하거나 그 가액을 추징할 수 없고, 범인이 취득한 재물 또는 재산상의 이익을 증재자의 이익을 위하여 사용한 경우라도 이를 처음부터 예정되어 있던 취지에 따라 타인에게 그대로 전달한 것이 아니라 그 세부적인 사용이 범인의 독자적 권한에 속해 있던 것을 사용한 경우에는 범인이 받은 금액 전부를 추징해야 할 것이다.[4]

　④ 특정범죄가중처벌법 제13조의 규정에 의한 필요적 몰수 또는 추징은, 금품 기타 이익을 범인으로부터 박탈하여 그로 하여금 부정한 이익을 보유하지 못하게 함에 그 목적이 있는 것인데, 범인이 알선 대가로 수수한 금품에 관하여 소득신고를 하고 이에 관하여 법인세 등 세금을 납부하였다고 하더라도 이는 범인이 자신의 알선수재행위를 정당화시키기 위한 것이거나, 범인 자신의 독자적인 판단에 따라 소비하는 방법의 하나에 지나지 아니하므로 이를 추징에서 제외할 것은 아니다.[5]

　⑤ 공무원이 뇌물을 받음에 있어서 그 취득을 위하여 상대방에게 뇌물의 가액에 상당하는 금원의 일부를 비용의 명목으로 출연하거나 그 밖에 경제적 이익을 제공하였다 하더라도, 이는 뇌물을 받는 데 지출한 부수적 비용에 불과하다고 보아야 할 것이지, 이로 인하여 공무원이 받은 뇌물이 그 뇌물의 가액에서 위와 같은 지출액을 공제한 나머지 가액에 상당한 이익에 한정되는 것이라고 볼 수는 없으므로, 그

---

11) 마약사범의 경우 투약한 마약의 전국 평균가격을 계산해서 법원이 추징금을 부과한다. 대마를 한 번 피우는 양(0.5그램)의 시가 평균은 1500원, 엑스터시 한 알은 4만원, 케타민 한 봉지는 15만원, 해시시(1회분)는 4만원, 필로폰 1회분(0.03그램)의 가격은 전국 평균 10만원이지만, 지역별로 차이가 크다.

1) 대법원 2005. 7. 15. 선고 2003도4293 판결(피고인이 범죄행위로 취득한 주식이, 판결 선고 전에 그 발행회사가 다른 회사에 합병됨으로써 판결 선고시의 주가를 알 수 없을 뿐만 아니라, 무상증자 받은 주식과 다시 매입한 주식까지 섞어서 처분되어 그 처분가액을 정확히 알 수 없는 경우, 주식의 시가가 가장 낮을 때를 기준으로 산정한 가액을 추징하여야 한다). 同旨 대법원 2008. 10. 9. 선고 2008도6944 판결(변호사법 위반의 범행으로 금품을 취득한 경우 그 범행과정에서 지출한 비용은 그 금품을 취득하기 위하여 지출한 부수적 비용에 불과하고, 몰수하여야 할 것은 변호사법 위반의 범행으로 취득한 금품 그 자체이므로, 취득한 금품이 이미 처분되어 추징할 금원을 산정할 때 그 금품의 가액에서 위 지출 비용을 공제할 수는 없다).

2) 대법원 2012. 9. 13. 선고 2011도16066 판결.

3) 대법원 2012. 6. 14. 선고 2012도534 판결.

4) 대법원 2008. 3. 13. 선고 2006도3615 판결; 대법원 2000. 5. 26. 선고 2000도440 판결; 대법원 1999. 6. 25. 선고 99도1900 판결.

5) 대법원 2010. 3. 25. 선고 2009도11660 판결.

공무원으로부터 뇌물죄로 얻은 이익을 몰수·추징함에 있어서는 그 받은 뇌물 자체를 몰수하여야 하고, 그 뇌물의 가액에서 위와 같은 지출을 공제한 나머지 가액에 상당한 이익만을 몰수·추징할 것은 아니다.[1]

⑥ 공무원의 직무에 속한 사항의 알선에 관하여 금품을 받고 그 금품 중의 일부를 받은 취지에 따라 청탁과 관련하여 관계 공무원에게 뇌물로 공여하거나 다른 알선행위자에게 청탁의 명목으로 교부한 경우에는 그 부분의 이익은 실질적으로 범인에게 귀속된 것이 아니어서 이를 제외한 나머지 금품만을 몰수하거나 그 가액을 추징하여야 한다.[2]

⑦ 뇌물로 받은 돈을 은행에 예금한 경우 그 예금행위는 뇌물의 처분행위에 해당하므로 그 후 수뢰자가 같은 액수의 돈을 증뢰자에게 반환하였다 하더라도 이를 뇌물 그 자체의 반환으로 볼 수 없으니 이러한 경우에는 수뢰자로부터 그 가액을 추징하여야 한다.[3]

⑧ 정치자금법에 의한 필요적 몰수 또는 추징은 위 법을 위반한 자에게 제공된 금품 기타 재산상 이익을 그들로부터 박탈하여 그들로 하여금 부정한 이익을 보유하지 못하게 함에 그 목적이 있으므로, 제공된 당해 금품 기타 재산상 이익이 그 행위자에게 귀속되었음이 인정된 범위 내에서만 추징할 수 있고, 정당에게 제공된 정치자금의 경우 그 정당의 구성원 등이 교부받은 금품을 제공한 자의 뜻에 따라 정당에 전달한 경우에는 그 부분의 이익은 실질적으로 그 행위자에게 귀속된 것이 아니어서 그 가액을 행위자로부터 추징할 것은 아니지만, 금품을 현실적으로 수수한 행위자가 이를 정당에 실제로 전달하지 아니한 이상 위와 같은 법리가 적용된다고 할 수 없고, 한편 이러한 금품수수자가 자신의 개인 예금계좌에 돈을 입금함으로써 그 특정성을 상실시켜서 소비 가능한 상태에 놓았다가 동액 상당을 인출하여 금품제공자에게 반환하였다고 하더라도, 그 가액 상당을 금품수수자로부터 추징함이 상당하다.[4]

⑨ 수뢰자가 자기앞수표를 뇌물로 받아 이를 소비한 후 자기앞수표 상당액을 증뢰자에게 반환하였다 하더라도 뇌물 그 자체를 반환한 것은 아니므로 이를 몰수할 수 없고 수뢰자로부터 그 가액을 추징하여야 할 것이다.[5]

⑩ 수뢰자가 뇌물을 그대로 보관하였다가 증뢰자에게 반환한 때에는 증뢰자로 부터 몰수·추징할 것이므로 수뢰자로부터 추징함은 위법하다.[6]

⑪ 피고인이 뇌물로 받은 주식이 압수되어 있지 않고 주주명부상 피고인의 배우자 명의로 등재되어 있으며, 위 배우자는 몰수의 선고를 받은 자가 아니어서 그에 대해서는 몰수물의 제출을 명할 수도 없고, 몰수를 선고한 판결의 효력도 미치지 않는 등의 이유로 위 주식을 몰수함이 상당하지 아니하다고 보아 몰수하는 대신 그 가액을 추징할 수 있다.[7]

⑫ 국내에 밀수입하여 관세포탈을 기도하다가 외국에서 적발되어 압수된 물품이 그 후 몰수되지 아니하고 피고인의 소유 또는 점유로 환원되었으나 몰수할 수 없게 되었다면 관세법 제198조에 의하여 범칙 당시의 국내 도매가격에 상당한 금액을 추징하여야 할 것이나, 동 물품이 외국에서 몰수되어 그 소유가 박탈됨으로써 몰수할 수 없게 된 경우에는 위 법조에 의하여 추징할 수 없다.[8]

---

1) 대법원 1999. 10. 8. 선고 99도1638 판결.
2) 대법원 2002. 6. 14. 선고 2002도1283 판결.
3) 대법원 1996. 10. 25. 선고 96도2022 판결.
4) 대법원 2008. 1. 18. 선고 2007도7700 판결.
5) 대법원 1999. 1. 29. 선고 98도3584 판결.
6) 대법원 1984. 2. 28. 선고 83도2783 판결.
7) 대법원 2005. 10. 28. 선고 2005도5822 판결.
8) 대법원 1979. 4. 10. 선고 78도831 판결.

⑬ 부패방지법 제50조 제3항의 규정에 의한 필요적 몰수 또는 추징은, 범인 또는 그 정을 아는 제3자가 취득한 재물 또는 재산상 이익을 그들로부터 박탈하여 범인 또는 그 정을 아는 제3자로 하여금 부정한 이익을 보유하지 못하게 함에 그 목적이 있는 점에 비추어 볼 때, 범인이라 하더라도 위 범행으로 취득한 당해 재물 또는 재산상 이익을 보유하지 아니한 자라면 그로부터 이를 몰수·추징할 수는 없다. 공무원이 업무처리 중 알게 된 비밀을 이용하여 제3자로 하여금 토지를 매수하게 하고 그 대가로 받은 금품은 위 범행으로 취득한 당해 재물을 보유한 것에 해당하지 아니하여 부패방지법 제50조 제3항에 의한 몰수 또는 추징의 대상이 되지 않는다.[1]

⑭ 수인이 공동하여 공무원이 취급하는 사건 또는 사무에 관하여 청탁을 한다는 명목으로 받은 금품을 분배한 경우에는 각자로부터 실제로 분배받은 금품만을 개별적으로 몰수하거나 그 가액을 추징하여야 하고, 위와 같은 청탁을 한다는 명목으로 받은 금품 중의 일부를 실제로 금품을 받은 취지에 따라 청탁과 관련하여 관계공무원에게 뇌물로 공여한 경우에도 그 부분의 이익은 실질적으로 피고인에게 귀속된 것이 아니므로 그 부분을 제외한 나머지 금품만을 몰수하거나 그 가액을 추징하여야 한다.[2]

⑮ 변호사가 형사사건 피고인으로부터 담당 판사에 대한 교제 명목으로 받은 돈의 일부를 공동 변호 명목으로 다른 변호사에게 지급한 경우, 이는 변호사법 위반으로 취득한 재물의 소비방법에 불과하므로 위 돈을 추징에서 제외할 수 없다.[3]

⑯ 공무원의 직무에 속한 사항의 알선에 관하여 금품을 받음에 있어 타인의 동의하에 그 타인 명의의 예금계좌로 입금받는 방식을 취하였다고 하더라도 이는 범인이 받은 금품을 관리하는 방법의 하나에 지나지 아니하므로, 그 가액 역시 범인으로부터 추징하지 않으면 안 된다.[4]

⑰ 형법 제247조의 도박개장죄에 의하여 생긴 재산은 범죄수익은닉의 규제 및 처벌 등에 관한 법률 제2조 제1호 [별표] 제1호, 제8조 및 제10조에 의하여 추징의 대상이 되고, 이는 부정한 이익을 박탈하여 이를 보유하지 못하게 하는 데 그 목적이 있으므로, 수인이 공모하여 도박개장을 하여 이익을 얻은 경우 실질적으로 귀속된 이익이 없는 피고인에 대하여는 추징을 할 수 없다.[5]

⑱ 마약류관리에 관한 법률 제67조에 의한 몰수나 추징은 범죄행위로 인한 이득의 박탈을 목적으로 하는 것이 아니라 징벌적 성질의 처분이므로, 그 범행으로 인하여 이득을 취득한 바 없다 하더라도 법원은 그 가액의 추징을 명하여야 하고, 그 추징의 범위에 관하여는 죄를 범한 자가 여러 사람일 때에는 각자에 대하여 그가 취급한 범위 내에서 의약품 가액 전액의 추징을 명하여야 하며, 또한 향정신성의약품을 타인에게 매도한 경우에 있어 매도의 대가로 받은 대금 등은 같은 법 제67조에 규정된 범죄행위로 인한 수익금으로서 필요적으로 몰수하여야 하고 몰수가 불가능할 때에는 그 가액을 추징하여야 한다.[6]

⑲ 관세법상 추징은 일반 형사법에서의 추징과는 달리 징벌적 성격을 띠고 있어 여러 사람이 공모하여 관세를 포탈하거나 관세장물을 알선, 운반, 취득한 경우에는 범칙자의 1인이 그 물품을 소유하거나 점유하였다면 그 물품의 범칙 당시의 국내도매가격 상당의 가액 전액을 그 물품의 소유 또는 점유사실의 유무를 불문하고 범칙자 전원으로부터 각각 추징할 수 있고, 범인이 밀수품을 소유하거나 점유한 사실이 있다면 압수 또는 몰수가 가능한 시기에 범인이 이를 소유하거나 점유한 사실이 있는지 여부에 상

1) 대법원 2006. 12. 8. 선고 2006도6410 판결.
2) 대법원 1993. 12. 28. 선고 93도1569 판결.
3) 대법원 2006. 11. 23. 선고 2005도3255 판결.
4) 대법원 2006. 10. 27. 선고 2006도4659 판결.
5) 대법원 2007. 10. 12. 선고 2007도6019 판결.
6) 대법원 2010. 8. 26. 선고 2010도7251 판결.

관 없이 관세법 제282조에 따라 몰수 또는 추징할 수 있다.[1]

⑳ 구 변호사법 제94조의 규정에 의한 필요적 몰수 또는 추징은 같은 법 제27조의 규정에 위반하거나 같은 법 제90조 제1호, 제2호 또는 제92조의 죄를 범한 자 또는 그 정을 아는 제3자가 받은 금품 기타 이익을 그들로부터 박탈하여 그들로 하여금 부정한 이익을 보유하지 못하게 함에 그 목적이 있는 것이고, 같은 법 제90조 제2호에 규정한 죄를 범하고 이자 및 반환에 관한 약정을 하지 아니하고 금원을 차용하였다면 범인이 받은 실질적 이익은 이자 없는 차용금에 대한 금융이익 상당액이므로 이 경우 위 법조에서 규정한 몰수 또는 추징의 대상이 되는 것은 차용한 금원 그 자체가 아니라 위 금융이익 상당액이다.[2]

㉑ 형법 제49조 단서는 행위자에게 유죄의 재판을 하지 아니할 때에도 몰수의 요건이 있는 때에는 몰수만을 선고할 수 있다고 규정하고 있으므로 몰수뿐만 아니라 몰수에 갈음하는 추징도 위 규정에 근거하여 선고할 수 있다. 그러나 우리 법제상 공소제기 없이 별도로 몰수나 추징만을 선고할 수 있는 제도가 마련되어 있지 아니하므로, 위 규정에 근거하여 몰수나 추징을 선고하려면 몰수나 추징의 요건이 공소가 제기된 공소사실과 관련되어야 한다. 공소사실이 인정되지 않는 경우에 이와 별개의 공소가 제기되지 아니한 범죄사실을 법원이 인정하여 그에 관하여 몰수나 추징을 선고하는 것은 불고불리의 원칙에 위배되어 불가능하다. 이러한 법리는 형법 제48조의 몰수·추징 규정에 대한 특별규정인 범죄수익은닉의 규제 및 처벌 등에 관한 법률 제8조 내지 제10조의 규정에 의한 몰수 또는 추징의 경우에도 마찬가지로 적용된다.[3]

㉒ 여러 사람이 공동으로 뇌물을 수수한 경우 그 가액을 추징하려면 실제로 분배받은 금품만을 개별적으로 추징하여야 하고 수수금품을 개별적으로 알 수 없을 때에는 평등하게 추징하여야 하며 공동정범뿐 아니라 교사범 또는 종범도 뇌물의 공동수수자에 해당할 수 있으나, 공동정범이 아닌 교사범 또는 종범의 경우에는 정범과의 관계, 범행 가담 경위 및 정도, 뇌물 분배에 관한 사전약정의 존재 여부, 뇌물공여자의 의사, 종범 또는 교사범이 취득한 금품이 전체 뇌물수수액에서 차지하는 비중 등을 고려하여 공동수수자에 해당하는지를 판단하여야 한다. 그리고 뇌물을 수수한 자가 공동수수자가 아닌 교사범 또는 종범에게 뇌물 중 일부를 사례금 등의 명목으로 교부하였다면 이는 뇌물을 수수하는 데 따르는 부수적 비용의 지출 또는 뇌물의 소비행위에 지나지 아니하므로, 뇌물수수자에게서 수뢰액 전부를 추징하여야 한다.[4]

㉓ 마약류 관리에 관한 법률 제67조의 몰수나 추징을 선고하기 위하여는 몰수나 추징의 요건이 공소가 제기된 범죄사실과 관련되어 있어야 하므로, 법원으로서는 범죄사실에서 인정되지 아니한 사실에 관하여는 몰수나 추징을 선고할 수 없다.[5]

㉔ 마약류 관리에 관한 법률에 따른 추징에서 그 소유자나 최종소지인으로부터 마약류 전부 또는 일부를 몰수하였다면 다른 취급자들과의 관계에 있어서 이를 몰수한 것과 마찬가지이므로 다른 취급자들에 대하여는 몰수된 마약류의 가액을 추징할 수 없다.[6]

---

1) 대법원 2007. 12. 28. 선고 2007도8401 판결.

2) 대법원 2001. 5. 29. 선고 2001도1570 판결.

3) 대법원 2008. 11. 13. 선고 2006도4885 판결; 대법원 1992. 7. 28. 선고 92도700 판결. 이러한 법리는 형법 제48조의 몰수·추징 규정에 대한 특별규정인 변호사법 제116조의 규정에 의한 몰수 또는 추징의 경우에도 마찬가지로 적용된다(대법원 2010. 5. 13. 선고 2009도11732 판결; 대법원 2009. 8. 20. 선고 2009도4391 판결).

4) 대법원 2011. 11. 24. 선고 2011도9585 판결.

5) 대법원 2016. 12. 15. 선고 2016도16170 판결.

㉕ 변호사법 제116조에 의한 필요적 몰수 또는 추징은, 금품, 향응, 그 밖의 이익을 범인 또는 제3자로부터 박탈하여 그들로 하여금 부정한 이익을 보유하지 못하게 함에 목적이 있으므로, 몰수·추징의 범위는 피고인이 실질적으로 취득하거나 그에게 귀속된 이익에 한정된다.[1]

㉖ 공공단체등 위탁선거에 관한 법률 제60조에 의한 필요적 몰수 또는 추징은 범행에 제공된 금전·물품·향응이나 그 밖의 재산상 이익을 박탈하여 부정한 이익을 보유하지 못하게 하는 데 목적이 있으므로, 선거인이나 그 가족이 선거운동을 목적으로 제공된 금전 등을 그대로 가지고 있다가 제공자에게 반환한 때에는 제공자로부터 이를 몰수하거나 그 가액을 추징하여야 한다.[2]

㉗ 甲 주식회사 대표이사인 피고인이 금융기관에 청탁하여 乙 주식회사가 대출을 받을 수 있도록 알선행위를 하고 그 대가로 용역대금 명목의 수수료를 甲 회사 계좌를 통해 송금받아 특정경제범죄 가중처벌 등에 관한 법률 위반(알선수재)죄가 인정된 사안에서, 피고인이 甲 회사의 대표이사로서 같은 법 제7조에 해당하는 행위를 하고 당해 행위로 인한 대가로 수수료를 받았다면, 수수료에 대한 권리가 甲 회사에 귀속된다 하더라도 행위자인 피고인으로부터 수수료로 받은 금품을 몰수 또는 그 가액을 추징할 수 있으므로, 피고인이 개인적으로 실제 사용한 금품이 없더라도 마찬가지이다.[3]

㉘ 뇌물수수나 알선수재에 이용된 공급계약이 실제 공급이 없는 형식적 계약에 불과하여 부가가치세 과세대상이 아니라면 그에 관한 납세의무가 없으므로, 설령 부가가치세 명목의 금전을 포함한 대가를 받았다고 하더라도 그 일부를 부가가치세로 거래 징수하였다고 할 수 없어 수수한 금액 전부가 범죄로 얻은 이익에 해당하여 추징대상이 되며, 그 후에 이를 부가가치세로 신고·납부하였다고 하더라도 달리 볼 수 없다.[4]

㉙ 범죄수익은닉규제법 제8조 내지 제10조의 규정에 의한 범죄수익 등의 몰수·추징은 부정한 이익을 박탈하여 이를 보유하지 못하게 하는 데 목적이 있는 것이므로, 위 법률에 의한 몰수·추징이 적용되는 사행성 유기기구를 이용하여 사행행위를 업으로 한 범죄를 수인이 공동으로 하고 이로 인하여 이익을 얻은 경우에는 각자가 분배받은 금원, 즉 실질적으로 귀속된 이익금만을 개별적으로 몰수·추징하여야 하지만, 그 분배받은 금원을 확정할 수 없을 때에는 이를 평등하게 분할한 금원을 몰수·추징하여야 한다.[5]

㉚ 범죄수익을 얻기 위해 범인이 지출한 비용은 그것이 범죄수익으로부터 지출되었다 하더라도 범죄수익을 소비하는 방법에 지나지 않으므로 추징할 범죄수익에서 공제할 것은 아니다. 따라서 성매매알선 등 행위를 한 주범이 공범인 직원에게 급여를 지급한 경우, 주범이 이를 범죄수익 분배의 일환으로 지급한 것이 아니라 단순히 범죄수익을 얻기 위하여 비용 지출의 일환으로 공범인 직원에게 급여를 지급한 것에 불과하다면 공범인 직원에 대하여 성매매처벌법 제25조 후단에 의한 추징은 허용될 수 없다. 그러나 「범죄수익은닉의 규제 및 처벌 등에 관한 법률」(이하 '범죄수익은닉규제법'이라 한다) 제2조 제1호 [별표] 제13호는 성매매처벌법 제19조 제2항(성매매알선 등 행위 중 성매매에 제공되는 사실을 알면서 자금·토지 또는 건물을 제공하는 행위는 제외한다)의 죄를 '중대범죄'로 규정하고 있고, 범죄수익은닉규

---

6) 대법원 2016. 6. 9. 선고 2016도4927 판결; 대법원 2009. 6. 11. 선고 2009도2819 판결.

1) 대법원 2016. 11. 25. 선고 2016도11514 판결.

2) 대법원 2017. 5. 17. 선고 2016도11941 판결(다만 제공된 금전이 그대로 반환된 것이 아니라면 그 후에 같은 액수의 금전이 반환되었더라도 반환받은 제공자로부터 이를 몰수하거나 그 가액을 추징할 것은 아니다).

3) 대법원 2015. 1. 15. 선고 2012도7571 판결.

4) 대법원 2015. 1. 15. 선고 2012도7571 판결.

5) 대법원 2013. 1. 10. 선고 2012도13999 판결; 대법원 2010. 1. 28. 선고 2009도13912 판결.

제법 제2호 가목은 중대범죄에 해당하는 범죄행위에 의하여 생긴 재산뿐만 아니라, 그 '범죄행위의 보수로 얻은 재산'도 '범죄수익'으로 규정하고 있으며, 위 '범죄수익'은 구 범죄수익은닉규제법 제10조 제1항, 제8조 제1항 제1호에 의하여 추징의 대상이 된다. 따라서 공범인 직원이 성매매알선 등 행위(성매매에 제공되는 사실을 알면서 자금·토지 또는 건물을 제공하는 행위는 제외한다)를 하여 그 범죄행위의 보수 명목으로 급여 등을 받아 실질적으로 귀속된 이익금이 있다면, 이에 대하여 성매매처벌법 제25조 후단에 의한 추징은 허용될 수 없다 하더라도, 범죄수익은닉규제법 제10조 제1항, 제8조 제1항 제1호에 의하여 공범인 직원으로부터 급여 등의 이익금을 추징할 수 있다.[1]

4) 폐 기

문서, 도화(圖畵), 전자기록(電磁記錄) 등 특수매체기록 또는 유가증권의 일부가 몰수의 대상이 된 경우에는 그 부분을 폐기한다(제48조 제3항). 문서, 도화, 전자기록 등 특수매체기록 또는 유가증권은 몰수의 대상이 되어야 하므로, 범인 이외의 자의 소유에 속하는 문서 등은 폐기할 수 없다.

배임죄로 인하여 취득된 장물인 국고 수표를 피해자에게 환수하는 선고를 하지 않고 폐기 선고를 한 것은 위법하며[2], 부동산 등기부는 범인 이외의 자에 속하는 물건이며 범죄 후 범인 이외의 자가 정을 알면서 취득한 것이 아니므로, 등기부기재중 특정부분을 문서의 일부라 하고 몰수에 해당한다 하여 형법 제48조 제3항을 적용하여 폐기의 선고를 할 수 없는 것이다.[3]

Ⅳ. 명예형

1. 의 의

'명예형'(名譽刑)이란 범죄인의 명예 또는 자격을 영구적으로 박탈하거나 일정기간 동안 정지하는 것을 내용으로 하는 형벌을 말하는데, '자격형'(資格刑)이라고도 한다.

2. 자격상실

'자격상실'(資格喪失)이란 사형·무기징역·무기금고의 판결을 받은 자에 대하여 ① 공무원이 되는 자격, ② 공법상의 선거권과 피선거권, ③ 법률로 요건을 정한 공법상의 업무에 관한 자격, ④ 법인의 이사·감사 또는 지배인 기타 법인의 업무에 관한 검사역이나 재산관리인이 되는 자격을 상실하게 하는 것을 말한다(제43조 제1항). 현행 형법에서 자격상실을 독립적으로 부과하는 각칙상의 규정은 존재하지 아니한다.

---

1) 대법원 2024. 9. 27. 선고 2024도8707 판결.
2) 대법원 1961. 2. 24. 선고 4293형상759 판결.
3) 대법원 1957. 8. 2. 선고 4290형상190 판결.

3. 자격정지

'자격정지'(資格停止)란 일정기간 동안 일정한 자격의 전부 또는 일부를 정지시키는 것을 내용으로 하는 형벌이다. 자격정지의 종류로는 일정한 형벌을 선고받은 경우 그에 의하여 당연히 자격이 정지되는 '당연정지'와 자격정지에 대한 판결의 선고에 의하여 자격이 정지되는 '선고정지'로 구별되는데, 우선 당연정지에 의하여 유기징역 또는 유기금고의 판결을 받은 자는 그 형의 집행이 종료하거나 면제될 때까지 ① 공무원이 되는 자격, ② 공법상의 선거권과 피선거권, ③ 법률로 요건을 정한 공법상의 업무에 관한 자격이 정지된다. 다만 다른 법률에 특별한 규정이 있는 경우에는 그 법률에 따른다(제43조 제2항).[1] 법인의 이사·감사 또는 지배인 기타 법인의 업무에 관한 검사역이나 재산관리인이 되는 자격은 정지되지 아니한다.

다음으로 선고정지에 의하여 판결의 선고를 통해 제43조 제1항 제1호 내지 제4호의 자격의 전부 또는 일부가 정지되는데, 자격의 전부 또는 일부에 대한 정지는 1년 이상 15년 이하로 한다(제44조 제1항). 유기징역 또는 유기금고에 자격정지를 병과한 때에는 징역 또는 금고의 집행을 종료하거나 면제된 날로부터 정지기간을 기산한다(제44조 제2항). 자격정지가 선택형인 경우에는 판결이 확정된 날로부터 기산한다.

자격정지가 다른 형벌과 선택형으로 규정되어 있을 때에는 자격정지만을 독립적으로 선고할 수도 있고, 다른 형에 병과하는 병과형으로 선고할 수도 있다. 예를 들면 자격정지가 선택형으로 규정되어 있는 범죄로는 허위진단서작성죄(제233조), 업무상비밀누설죄(제317조) 등이 있고, 자격정지가 병과형으로 규정되어 있는 범죄로는 수뢰후부정처사죄(제131조 제4항), 낙태죄(제270조 제4항), 횡령·배임죄(제358조), 상습장물취득죄(제363조 제2항) 등이 있다.

V. 형의 경중

1. 판단의 필요성

형의 경중은 신·구 형법의 경중 비교(제1조 제2항), 상상적 경합의 처벌(제40조), 경합범의 처벌(제38조 제1항 제2호) 등의 문제를 해결하기 위하여 그 판단이 필요하다. 또한 절차법적으로

---

1) 동 조항은 집행유예자와 수형자에 대하여 전면적·획일적으로 선거권을 제한하고 있다. 동 조항의 입법목적에 비추어 보더라도, 구체적인 범죄의 종류나 내용 및 불법성의 정도 등과 관계없이 일률적으로 선거권을 제한하여야 할 필요성이 있다고 보기는 어렵다. 범죄자가 저지른 범죄의 경중을 전혀 고려하지 않고 수형자와 집행유예자 모두의 선거권을 제한하는 것은 침해의 최소성원칙에 어긋난다. 특히 집행유예자는 집행유예 선고가 실효되거나 취소되지 않는 한 교정시설에 구금되지 않고 일반인과 동일한 사회생활을 하고 있으므로, 그들의 선거권을 제한해야 할 필요성이 크지 않다. 따라서 동 조항은 청구인들의 선거권을 침해하고, 보통선거원칙에 위반하여 집행유예자와 수형자를 차별취급하는 것이므로 평등원칙에도 어긋난다(헌법재판소 2014. 1. 28. 선고 2012헌마409·510, 2013헌마167 결정). 이에 따라 2016. 1. 6. 형법 개정을 통하여 제43조 제2항 단서를 "다만, 다른 법률에 특별한 규정이 있는 경우에는 그 법률에 따른다."라고 신설하였다.

불이익변경금지의 원칙을 적용하기 위해서 형의 경중을 판단할 필요가 있다.

2. 형의 경중의 기준

(1) 법정형의 경중

형의 경중은 제41조 각 호의 순서에 따른다. 다만, 무기금고와 유기징역은 무기금고를 무거운 것으로 하고 유기금고의 장기가 유기징역의 장기를 초과하는 때에는 유기금고를 무거운 것으로 한다(제50조 제1항). 같은 종류의 형은 장기가 긴 것과 다액이 많은 것을 무거운 것으로 하고 장기 또는 다액이 같은 경우에는 단기가 긴 것과 소액이 많은 것을 무거운 것으로 한다(제50조 제2항). 제1항 및 제2항을 제외하고는 죄질과 범정(犯情)을 고려하여 경중을 정한다(제50조 제3항).

(2) 처단형 및 선고형의 경중

① 형의 집행유예와 집행면제 가운데 집행면제가 더 중한 형이다. ② 징역형의 선고유예와 벌금형 가운데 벌금형이 더 중한 형이다.

제 3 절   형의 양정

Ⅰ. 서 설

1. 형의 양정의 의의

'형의 양정(量定)' 또는 '양형'(量刑)이란 형법에 규정된 형벌의 종류와 범위 내에서 법관이 구체적인 행위자에 대하여 선고할 형벌의 종류와 양을 정하는 것을 말한다. 이와 같이 형의 양정은 법정형 확인, 처단형 확정, 선고형 결정 등의 단계로 구분되는데, 법관은 형의 양정을 할 때 법정형에서 형의 가중·감경 등을 거쳐 형성된 처단형의 범위 내에서만 양형의 조건을 참작하여 선고형을 결정하여야 한다.

형을 정함에 있어서는 ① 범인의 연령·성행(성격과 행실)·지능과 환경, ② 피해자에 대한 관계, ③ 범행의 동기·수단과 결과, ④ 범행 후의 정황 등의 사항을 참작하여야 한다(제51조). 제51조에 규정된 사항은 열거적인 것이 아니라 예시적인 것이므로 제51조에 명시적으로 규정되어 있지 아니한 사항도 양형의 조건으로 고려될 수 있다.

2. 형의 양정의 단계

(1) 법정형

'법정형'(法定刑)이란 입법자가 구성요건에 상응하는 불법을 평가하여 형벌의 범위를 정해

놓은 것을 말한다.

(2) 처단형

'처단형'(處斷刑)이란 법정형에서 형벌의 종류를 선택한 후 이를 법률상 또는 재판상의 가중 내지 감경을 한 형벌을 말한다. 처단형을 정할 때에는 먼저 형종을 선택하고, 그 다음 선택한 형에 필요한 가중 또는 감경을 한다.

(3) 선고형

'선고형'(宣告刑)이란 처단형의 범위 안에서 법관이 구체적으로 형량을 결정하여 선고하는 형벌을 말하는데, 이에는 정기형과 상대적 부정기형이 있다. 현행법상 성인범에게는 정기형을 부과하고 있지만, 소년범에게는 상대적 부정기형을 부과하고 있다. 소년법 제60조 제1항에 의하면 소년이 법정형으로 장기 2년 이상의 유기형에 해당하는 죄를 범한 경우에는 그 형의 범위에서 장기와 단기를 정하여 선고한다. 다만 장기는 10년, 단기는 5년을 초과하지 못한다고 규정하고 있다. 즉 자유형의 선고에만 부정기형을 인정하고 벌금형의 선고할 경우에는 이를 인정하지 않고 있다.

Ⅱ. 형의 가중·감경·면제

1. 법률상의 가중사유

죄형법정주의의 원칙상 법률상의 가중만이 인정되고 재판상의 가중은 인정되지 아니한다. 또한 법률상의 가중은 필요적 가중만 인정되고, 임의적 가중은 인정되지 아니한다.

(1) 총칙상의 가중사유

특수교사·방조 가중(제34조 제2항), 누범가중(제35조), 경합범 가중(제38조 제1항 제2호) 등이 이에 해당한다.

(2) 각칙상의 가중사유

1) 상습범의 가중

아편에 관한 죄(제203조), 상해와 폭행의 죄(제264조), 체포와 감금의 죄(제279조), 협박의 죄(제285조), 강간과 추행의 죄(제305조의2), 절도와 강도의 죄(제332조), 사기와 공갈의 죄(제351조) 등이 이에 해당한다.

2) 특수범죄의 가중

공무원의 직무상 범죄에 대한 가중(제135조), 특수공무방해죄에 대한 가중(제144조), 특수체포·감금죄에 대한 가중(제278조) 등이 이에 해당한다.

2. 법률상의 감면사유

(1) 필요적 감면사유

외국에서 받은 형의 집행(제7조), 중지미수(제26조), 일정 범죄군에 대한 자수의 특례(제90조, 제101조, 제111조, 제120조, 제153조, 제175조, 제213조) 등이 이에 해당한다.

(2) 필요적 감경사유

청각 및 언어 장애인(제11조), 종범(제32조 제2항) 등이 이에 해당한다. 필요적 감경의 경우에는 감경사유의 존재가 인정되면 반드시 형법 제55조 제1항에 따른 법률상 감경을 하여야 한다.

(3) 임의적 감면사유

과잉방위(제21조 제2항), 과잉피난(제22조 제3항), 과잉자구행위(제23조 제2항), 불능미수(제27조), 자수(제52조 제1항), 자복(제52조 제2항) 등이 이에 해당한다.

(4) 임의적 감경사유

심신미약(제10조 제2항), 장애미수(제25조 제2항), 범죄단체등조직죄의 감경(제114조), 해방감경(제295조의2, 제324조의6) 등이 이에 해당한다. 임의적 감경의 경우에는 감경사유의 존재가 인정되더라도 법관이 형법 제55조 제1항에 따른 법률상 감경을 할 수도 있고 하지 않을 수도 있다. 왜냐하면 임의적 감경사유의 존재가 인정되더라도 해당 사유에 따른 법률상 감경을 하는 것이 오히려 정의의 관념에 반하는 경우가 있기 때문이다.

예를 들면 구성요건적 결과가 발생하지 않은 미수라 하더라도 기수와 거의 동일한 중한 결과가 발생한 경우(예를 들면, 살인죄에서 피해자가 사망에 이르지 않았으나 장기간 혼수상태에 빠지거나 식물인간이 된 경우)나 심신미약 상태에서 범행을 저질렀으나 심신미약에 따른 형의 감경을 하는 것이 부적절한 경우 등과 같이 임의적 감경사유는 인정되나 그에 따른 감경을 하지 않는 것이 타당하다고 인정되는 경우가 있다. 즉 형법이 '형을 감경할 수 있다'고 규정하고 있는 것은 임의적 감경사유가 인정되더라도 그에 따른 감경이 필요한 경우와 필요하지 않은 경우가 모두 있을 수 있으니 임의적 감경사유로 인한 행위불법이나 결과불법의 축소효과가 미미하거나 행위자의 책임의 경감 정도가 낮은 경우에는 감경하지 않은 무거운 처단형으로 처벌할 수 있도록 한 것이다.[1]

나아가 임의적 감경사유의 존재가 인정되고 법관이 그에 따라 징역형에 대해 법률상 감경을 하는 이상 형법 제55조 제1항 제3호에 따라 상한과 하한을 모두 2분의 1로 감경한다.[2]

---

1) 대법원 2021. 1. 21. 선고 2018도5475 전원합의체 판결.

2) 대법원 2021. 1. 21. 선고 2018도5475 전원합의체 판결(필요적 감경의 경우에는 감경사유의 존재가 인정되면 반드시 형법 제55조 제1항에 따른 법률상 감경을 하여야 함에 반해, 임의적 감경의 경우에는 감경사유의 존재가 인정되더라도 법관이 형법 제55조 제1항에 따른 법률상 감경을 할 수도 있고 하지 않을 수도 있다. 나아가 임의적 감경사유의 존재가 인정되고 법관이 그에 따라 징역형에 대해 법률상 감경을 하는 이상 형법 제55조 제1항 제3호

3. 재판상의 감경사유

죄의 정상(情狀)에 참작할 만한 사유가 있는 경우에는 그 형을 감경할 수 있다(제53조). '정상참작감경'이란 법률상 특별한 감경사유가 없는 경우에도 피고인에게 정상참작의 여지가 있을 경우 법원이 재량으로 하는 형의 감경을 말한다. 형법 제56조는 형을 가중·감경할 사유가 경합된 경우 가중·감경의 순서를 정하고 있는데, 이에 따르면 법률상 감경을 먼저하고 마지막으로 정상참작감경을 하게 되어 있으므로, 법률상 감경사유가 있을 때에는 정상참작감경보다 우선하여 하여야 할 것이고, 정상참작감경은 이와 같은 법률상 감경을 다하고도 그 처단형보다 낮은 형을 선고하고자 할 때에 활용되는 것이다.[1] 결국 정상참작감경은 법정형이나 법률상 가중·감경을 마친 처단형이 지나치게 가혹한 경우 이를 시정하기 위한 장치로 기능하고 있다.[2]

> 판례에 의하면, ① 형법 제38조 제1항 제3호에 의하여 징역형과 벌금형을 병과하는 경우에는 각 형에 대한 범죄의 정상에 차이가 있을 수 있으므로 징역형에만 작량감경을 하고 벌금형에는 작량감경을 하지 아니하였다고 하여 이를 위법하다고 할 수 없다. 피고인에게 특정범죄가중처벌법 위반(절도)죄 등에 대한 징역형과 도로교통법 위반죄에 대한 벌금형을 병과하면서 징역형에만 작량감경을 한 제1심의 판단을 유지한 것을 위법하다고 할 수 없다.[3]

에 따라 상한과 하한을 모두 2분의 1로 감경한다. 이러한 현재 판례와 실무의 해석은 여전히 타당하다. 구체적인 이유는 다음과 같다. ① 형법은 필요적 감경의 경우에는 문언상 형을 '감경한다.'라고 표현하고, 임의적 감경의 경우에는 작량감경과 마찬가지로 문언상 형을 '감경할 수 있다.'라고 표현하고 있다. '할 수 있다.'는 말은 어떠한 명제에 대한 가능성이나 일반적인 능력을 나타내는 말로서 '하지 않을 수도 있다.'는 의미를 포함한다. '할 수 있다.'는 문언의 의미에 비추어 보면 입법자는 임의적 감경의 경우 정황 등에 따라 형을 감경하거나 감경하지 않을 수 있도록 한 것이고 그 권한 내지 재량을 법관에게 부여한 것이다. 이러한 해석은 문언상 자연스러울 뿐만 아니라 일상의 언어 사용에 가까운 것으로 누구나 쉽게 이해할 수 있다. 법문과 입법자의 의사에 부합하는 이상, 죄형법정주의 원칙상 허용되지 않는 유추해석에 해당하지도 않는다. 한편 형법 제55조 제1항은 형벌의 종류에 따라 법률상 감경의 방법을 규정하고 있는데, 형법 제55조 제1항 제3호는 "유기징역 또는 유기금고를 감경할 때에는 그 형기의 2분의 1로 한다."라고 규정하고 있다. 이와 같이 유기징역형을 감경할 경우에는 '단기'나 '장기'의 어느 하나만 2분의 1로 감경하는 것이 아니라 '형기' 즉 법정형의 장기와 단기를 모두 2분의 1로 감경함을 의미한다는 것은 법문상 명확하다. 처단형은 선고형의 최종적인 기준이 되므로 그 범위는 법률에 따라서 엄격하게 정하여야 하고, 별도의 명시적인 규정이 없는 이상 형법 제56조에서 열거하고 있는 가중·감경할 사유에 해당하지 않는 다른 성질의 감경사유를 인정할 수는 없다. 따라서 유기징역형에 대한 법률상 감경을 하면서 형법 제55조 제1항 제3호에서 정한 것과 같이 장기와 단기를 모두 2분의 1로 감경하는 것이 아닌 장기 또는 단기 중 어느 하나만을 2분의 1로 감경하는 방식이나 2분의 1보다 넓은 범위의 감경을 하는 방식 등은 죄형법정주의 원칙상 허용될 수 없다. ② 법률상 감경사유는 구성요건해당성, 위법성, 책임 등 범죄의 성립요건과 관련이 있거나 불법의 정도나 보호법익의 침해 정도 등과 관련 있는 사유들이 대부분이다. 입법자는 범죄의 성립 및 처벌과 관련된 중요한 사항들을 법률상 감경의 요건으로 정한 뒤 해당 요건이 범죄의 성립 또는 처벌 범위의 결정에 일반적으로 미치는 영향이나 중요성을 종합적으로 고려하여 필요적 감경, 임의적 감경으로 구별하여 규정하였다. 위와 같이 필요적 감경사유와 임의적 감경사유가 구별되어 규정되어 있는 취지를 고려하면 그 법률효과도 명확히 구별되어야 한다).

1) 대법원 1994. 3. 8. 선고 93도3608 판결.
2) 대법원 2021. 1. 21. 선고 2018도5475 판결.
3) 대법원 2006. 3. 23. 선고 2006도1076 판결(대법원 1976. 9. 14. 선고 76도2012 판결 등은 하나의 죄에 대하여 징역형과 벌금형을 병과하는 경우에 관한 것으로서 이 사건과 사안을 달리하여 이 사건에 그대로 적용할 수 없는

② 하나의 죄에 대하여 징역형과 벌금형을 병과하는 경우, 특별한 규정이 없는 한 징역형에만 작량감경을 하고 벌금형에는 작량감경을 하지 않는 것은 위법하다.[1]

③ 회사 대표자의 위반행위에 대하여 징역형의 형량을 작량감경하고 병과하는 벌금형에 대하여 선고유예를 한 이상 양벌규정에 따라 그 회사를 처단함에 있어서도 같은 조치를 취하여야 한다는 논지는 독자적인 견해에 지나지 아니하여 받아들일 수 없다.[2]

④ 법정형 중에서 무기징역을 선택한 후 작량감경한 결과 유기징역을 선고하게 되었을 경우에는 피고인이 미성년자라 하더라도 부정기형을 선고할 수 없는 것이다.[3]

⑤ 형법 제52조 제1항 소정의 자수감면은 법원의 재량에 속하는 임의적인 것이기 때문에 법원이 이를 위 법조에 의한 감경사유로 삼지 아니하고 다른 정상과 합쳐 정상참작의 사유로 삼아 형법 제53조에 의한 작량감경을 하더라도 위법하다고 볼 수 없다.[4]

⑥ 개전의 정이 있어 작량감경을 하였다고 하더라도 잠재적인 재범의 위험성은 범행 후의 개전의 정과는 반드시 일치하는 것은 아니라고 할 것이므로 작량감경을 하였다고 해서 재범의 위험성을 인정 못할 바는 아니다.[5]

Ⅲ. 자 수

1. 의 의

죄를 지은 후 수사기관에 자수한 경우에는 형을 감경하거나 면제할 수 있다(형법 제52조 제1항). '자수'(自首)란 범인이 스스로 수사기관에 대하여 자신의 범죄사실을 신고하여 범인의 처벌을 구하는 의사표시를 말한다. ① 자수는 자신의 범죄사실을 신고한다는 점에서 타인의 범죄사실을 신고하는 고소·고발과 구별된다. ② 자수는 자발적이라는 점[6]에서 가령 수사기관의 직무상의 질문 또는 조사에 응하여 범죄사실을 진술하는 것은 자백일 뿐 자수가 아니다.[7] ③ 자

것들이다).

1) 대법원 2009. 2. 12. 선고 2008도6551 판결; 대법원 2008. 7. 10. 선고 2008도3258 판결; 대법원 1997. 8. 26. 선고 96도3466 판결; 대법원 1976. 9. 14. 선고 76도2012 판결.

2) 대법원 1995. 12. 12. 선고 95도1893 판결.

3) 대법원 1991. 4. 9. 선고 91도357 판결.

4) 대법원 1985. 3. 12. 선고 84도3042 판결.

5) 대법원 1983. 3. 8. 선고 83도59 판결.

6) 대법원 1999. 4. 13. 선고 98도4560 판결(피고인이 사실상 사법경찰관리의 직무를 보조하는 세관 검색원에게 이 사건 대마 수입 범행을 시인하였지만, 이는 피고인이 자발적으로 한 것이 아니라 금속탐지기에 의하여 이미 대마초 휴대 사실이 곧 발각될 상황에서 세관 검색원의 추궁에 못 이겨 한 것이므로, 이는 자발성이 결여되어 자수라고 할 수 없다).

7) 대법원 2006. 9. 21. 선고 2006도4883 판결(경찰관이 피고인의 강도상해 등의 범행에 관하여 수사를 하던 중 국립과학수사연구소의 유전자검색감정의뢰회보 등을 토대로 피고인의 여죄를 추궁한 끝에 피고인이 강도강간의 범죄사실과 특수강도의 범죄사실을 자백하였음을 알 수 있으므로 이를 자수라고 할 수 없다); 대법원 2004. 6. 24. 선고 2004도2003 판결; 대법원 2002. 6. 25. 선고 2002도1893 판결; 대법원 1992. 8. 14. 선고 92도962 판결(경찰관이 순찰근무하던 중 피고인 일행이 오토바이 여러 대를 타고 가는 것을 발견하고 불심검문했으나 도주하여 인근 경찰서로 무전연락, 바리케이트를 설치하여 피고인을 검거한 후 범죄사실을 추궁한 끝에 이사건 범죄사실을 자백하였음을 알 수 있으므로 이를 자수라고 할 수 없다); 대법원 1982. 9. 28. 선고 82도1965 판결.

수는 수사기관에 대하여 범죄사실을 신고한다는 점에서 피해자의 의사에 반하여 처벌할 수 없는 죄에 있어서 피해자에게 자신의 범죄를 고백하는 '자복'(自服)(형법 제52조 제2항 참조)과 구별된다. 특히 반의사불벌죄가 아닌 범죄에서 피해자에게 범죄를 고백하는 경우에는 자복의 효과가 인정되지 않으며, 양형참작사유가 될 수 있을 뿐이다.

2. 절 차

(1) 주 체

자수의 주체는 범인 그 자신이지만, 자수의 신고방법에는 법률상 특별한 제한이 없으므로 제3자를 통하여서도 이를 할 수 있다.[1] 하지만 법인의 직원 또는 사용인이 위반행위를 하여 양벌규정에 의하여 법인이 처벌받는 경우, 법인에게 자수감경에 관한 형법 제52조 제1항의 규정을 적용하기 위하여는 법인의 이사 기타 대표자가 수사기관에 자수한 경우에 한하고, 그 위반행위를 한 직원 또는 사용인이 자수한 것만으로는 위 규정에 의하여 형을 감경할 수 없다.[2]

(2) 상대방

자수의 상대방은 수사기관이다. 그러므로 피고인이 경찰에 검거되기 전에 친구에게 전화를 걸어 자수의사를 전달하였다는 것만으로는 자수로 볼 수 없다.[3] 또한 제3자에게 자수의사를 경찰서에 전달하여 달라고 말한 경우에도 자수로 볼 수 없다.[4] 자수는 범인이 수사기관에 의사표시를 함으로써 성립하는 것이므로 내심적 의사만으로는 부족하고[5], 외부로 표시되어야 이를 인정할 수 있다.[6]

(3) 시 기

자수는 범죄나 범죄인이 발각되기 전후를 불문하고 가능하다.[7] 비록 범죄사실과 범인이

---

1) 대법원 1964. 8. 31. 선고 64도252 판결.

2) 대법원 1995. 7. 25. 선고 95도391 판결.

3) 대법원 1985. 9. 24. 선고 85도1489 판결.

4) 대법원 1967. 1. 24. 선고 66도1662 판결.

5) 대법원 1986. 6. 10. 선고 86도792 판결(법률상 자수가 성립하려면 범인이 수사기관에 대하여 자발적으로 자기의 범죄사실을 신고하여야 하는 것이므로 내심으로 자수할 것을 결심한 바 있었다 하여 자수로 볼 수 없다).

6) 대법원 2004. 10. 14. 선고 2003도3133 판결.

7) 대법원 1997. 3. 20. 선고 96도1167 전원합의체 판결(공직선거및선거부정방지법 제262조가 제230조(매수 및 이해유도죄) 제1항 등 금품이나 이익 등의 수수에 의한 선거부정관련 범죄에 대하여 자수한 경우에 필요적 형면제를 규정한 주된 입법 취지는, 이러한 범죄유형은 당사자 사이에 은밀히 이루어져 그 범행발견이 어렵다는 점을 고려하여 금품 등을 제공받은 사람으로 하여금 사실상 신고를 하도록 유도함으로써 금품 등의 제공자를 효과적으로 처벌하려는 데 있다. 형법 제52조나 국가보안법 제16조 제1호에서도 공직선거법 제262조에서와 같이 모두 '범행발각 전'이라는 제한 문언 없이 자수라는 단어를 사용하고 있는데 형법 제52조나 국가보안법 제16조 제1호의 자수에는 범행이 발각되고 지명수배 된 후의 자진출두도 포함되는 것으로 판례가 해석하고 있으므로 이것이 자수라는 단어의 관용적 용례라 할 것인바, 공직선거법 제262조의 자수를 '범행발각 전에 자수한 경우'로 한정하는 풀이는 자수라는 단어가 통상 관용적으로 사용되는 용례에서 갖는 개념 외에 '범행발각 전'이라는 또 다른 개념을 추가하는 것으로서 결국 언어의 가능한 의미를 넘어 공직선거법 제262조의 자수의 범위를 그 문언보다 제한함으로써 공직선거법 제230조 제1항 등의 처벌범위를 실정법 이상으로 확대한 것이 되고, 따라서 이는 단순한 목적론적 축소해석에 그치는 것이 아니라, 형면제 사유에 대한 제한적 유추를 통하여 처벌범위를 실정법 이상으로

누구인가가 발각된 후라거나 수사기관에 의해 지명수배를 받은 후라고 하더라도 범인이 체포되기 전에 자발적으로 자기의 범죄사실을 수사기관에 신고한 이상 자수로 보아야 할 것이다.[1] 신문지상에 혐의사실이 보도되기 시작하였는데도 수사기관으로부터 공식소환이 없으므로 자진출석하여 사실을 밝히고 처벌을 받고자 담당 검사에게 전화를 걸어 조사를 받게 해달라고 요청하여 출석시간을 지정받은 다음 자진출석하여 혐의사실을 모두 인정하는 내용의 진술서를 작성하고 검찰 수사과정에서 혐의사실을 모두 자백한 경우 피고인은 수사책임 있는 관서에 자기의 범죄사실을 자수한 것으로 보아야 하고 법정에서 수수한 금원의 직무관련성에 대하여만 수사기관에서의 자백과 차이가 나는 진술을 하였다고 하더라도 자수의 효력에는 영향이 없다.[2] 이와 같이 일단 자수가 성립한 이상 자수의 효력은 확정적으로 발생하고, 그 후에 수사기관이나 법정에서 범행을 부인한다고 하더라도 일단 발생한 자수의 효력이 소멸하는 것은 아니다.[3]

(4) 내 용

자수가 인정되기 위해서는 범죄인이 죄를 뉘우치고 있어야 한다.[4] 또한 자수를 위하여는 범인이 자기의 범행으로서 범죄성립요건을 갖춘 객관적 사실을 자발적으로 수사관서에 신고하여 그 처분에 맡기는 것으로 족하고, 더 나아가 법적으로 그 요건을 완전히 갖춘 범죄행위라고 적극적으로 인식하고 있을 필요까지는 없다.[5] 그리고 자기의 범죄사실을 신고한 이상 그 신고에 있어 범죄사실의 세부적인 형태에 있어 다소의 차이가 있다 하여도 이를 자수로 보았음에 위법이 있다고 할 수 없다.[6]

하지만 신고의 내용이 되는 '자신의 범죄사실'이란 자기의 범행으로써 범죄성립요건을 갖춘 객관적 사실을 의미하는 것으로서, 위와 같은 객관적 사실을 자발적으로 수사기관에 신고하

확대한 것으로서 죄형법정주의의 파생원칙인 유추해석금지의 원칙에 위반된다).

1) 대법원 1968. 7. 30. 선고 68도754 판결; 대법원 1965. 10. 5. 선고 65도597 판결.

2) 대법원 1994. 9. 9. 선고 94도619 판결. 同旨 대법원 1994. 12. 27. 선고 94도618 판결(피고인이 그의 뇌물수수사실과 전혀 연관이 없는 회사에 대한 세무조사와 관련하여 수사기관에 자진출석하여 금원을 수수하였다는 내용의 자술서를 스스로 작성하여 제출하고 수사과정에서 수뢰혐의사실을 모두 자백하였다면, 피고인은 수사책임 있는 관서에 자기의 범죄사실을 자수한 것으로 보아야 할 것이고, 또 피고인이 검찰에서 피의자로 신문을 받으면서 그 범죄사실을 시인하는 내용의 진술을 한 이상, 피고인이 법정에서 수수한 금원의 직무관련성에 대하여만 수사기관에서의 자백과 차이가 나는 진술을 하였다 하더라도 피고인이 한 자수의 효력에는 영향을 미칠 것이 못 된다).

3) 대법원 2011. 12. 22. 선고 2011도12041 판결; 대법원 2005. 4. 29. 선고 2002도7262 판결; 대법원 2002. 8. 23. 선고 2002도46 판결; 대법원 1999. 7. 9. 선고 99도1695 판결; 대법원 1999. 4. 13. 선고 98도4560 판결.

4) 대법원 1994. 10. 14. 선고 94도2130 판결(형법 제52조 제1항 소정의 자수란 범인이 자발적으로 자신의 범죄사실을 수사기관에 신고하여 그 소추를 구하는 의사표시로서 이를 형의 감경사유로 삼는 주된 이유는 범인이 그 죄를 뉘우치고 있다는 점에 있으므로 범죄사실을 부인하거나 죄의 뉘우침이 없는 자수는 그 외형은 자수일지라도 법률상 형의 감경사유가 되는 진정한 자수라고는 할 수 없는 것이다); 대법원 1993. 6. 11. 선고 93도1054 판결(비록 피고인 2가 수사기관에 임의로 출석하기는 하였으나 조사를 받으면서 1차 범행을 부인한 점에 비추어 볼 때 위 출석 당시 자수의 의사가 있었다고 보기 어려워 자수로 인정할 수 없다고 판단한 것은 옳다); 대법원 1983. 3. 8. 선고 82도3248 판결.

5) 대법원 1995. 6. 30. 선고 94도1017 판결.

6) 대법원 1969. 4. 29. 선고 68도1780 판결.

여 그 처분에 맡기는 의사표시를 함으로써 자수는 성립하게 되는 것이므로, 수사기관에의 신고가 자발적이라고 하더라도 그 신고의 내용이 자기의 범행을 명백히 부인하는 등의 내용으로 자기의 범행으로써 범죄성립요건을 갖추지 아니한 사실일 경우에는 자수는 성립하지 않고[1], 일단 자수가 성립하지 아니한 이상 그 이후의 수사과정이나 재판과정에서 범행을 시인하였다고 하더라도 새롭게 자수가 성립할 여지는 없다.[2]

3. 효 과

죄를 지은 후 수사기관에 자수한 경우에는 그 형을 감경하거나 면제할 수 있다(제52조 제1항). 자수는 수사의 단서로서의 기능을 수행하고 있으며, 자수가 인정되면 원칙적으로 임의적 감면의 효과를 발생시킨다. 그러므로 피고인이 자수하였다고 하더라도 자수한 자에 대하여는 법원이 임의로 형을 감경할 수 있음에 불과한 것으로서 자수감경을 하지 아니하였다고 하여 위법하다고 할 수 없고[3], 피고인의 자수감경 주장에 대하여 판단을 하지 아니하였다고 하여 위법하다고 할 수 없다.[4] 한편 수개의 범죄사실 중 일부에 관하여만 자수한 경우에는 그 부분 범죄사실에 대하여만 자수의 효력이 있다.[5]

IV. 형의 가감례

1. 형의 가중·감경의 순서

'형의 가감례(加減例)'란 형의 가중·감경의 순서와 그 정도 및 방법에 관한 준칙을 말한다.

---

1) 대법원 1999. 9. 21. 선고 99도2443 판결.
2) 대법원 2004. 10. 14. 선고 2003도3133 판결; 대법원 1999. 7. 9. 선고 99도1695 판결; 대법원 1993. 6. 11. 선고 93도1054 판결.
3) 대법원 2006. 9. 22. 선고 2006도4883 판결; 대법원 2004. 6. 11. 선고 2004도2018 판결; 대법원 1992. 8. 14. 선고 92도962 판결.
4) 대법원 2011. 12. 22. 선고 2011도12041 판결(피고인이 금융기관 직원인 자신의 업무와 관련하여 금품을 수수하였다고 하여 특정경제범죄가중처벌법 위반(수재)죄로 기소된 사안에서, 피고인이 수사기관에 자진 출석하여 처음 조사를 받으면서는 돈을 차용하였을 뿐이라며 범죄사실을 부인하다가 제2회 조사를 받으면서 비로소 업무와 관련하여 돈을 수수하였다고 자백한 행위를 자수라고 할 수 없고, 설령 자수하였다고 하더라도 자수한 이에 대하여는 법원이 임의로 형을 감경할 수 있음에 불과한 것으로서 원심이 자수의 착오 주장에 대하여 판단하지 아니하였다고 하여 위법하다고 할 수 없다).
5) 대법원 2008. 12. 24. 선고 2008도9294 판결; 대법원 1969. 7. 22. 선고 69도779 판결(자수 그 자체는 범죄사실이 아니고 형의 감면사유라 그 범죄사실을 수사기관에 자진신고하면 그로써 그 요건을 구비한다고 할 것이므로 피고인의 자수 동기가 투명치 않고, 또 자수 후에 공범을 두둔하였다 하여 그 자수가 효력이 없다고 할 수 없고, 또 경합죄의 일부에 대해서 자수한 경우에는 그 자수한 부분에 대해서는 자수의 효력이 있다 할 것이므로 피고인이 월북했다가 잠입한 후의 일부 범행사실을 신고하지 않았다 하여 그 자수한 부분에 영향이 있다고 할 수 없고, 그 자수하지 않은 부분은 따로 처벌 대상으로 남아있다 할 것이며, 또 기록상 북괴의 지령에 의하여 자수 하였다고 볼 자료가 없는 이상 이러한 이유는 공소의 보류처분을 취소할 사유가 된다는 것은 몰라도 재판상 그 절대적 자수 주장을 배척할 이유는 될 수 없다고 본다. 만일 이러한 자수를 인정하지 않는다면 범인의 자수를 권장하고, 수사기관의 번잡을 피하려는 그 제도의 취지는 말살되고 말 것이다).

한 개의 죄에 정한 형이 여러 종류인 때에는 먼저 적용할 형을 정하고 그 형을 감경한다(제54조). 형을 가중·감경할 사유가 경합하는 경우에는 ① 각칙 조문에 의한 가중, ② 제34조 제2항(특수교사·방조)에 따른 가중, ③ 누범 가중, ④ 법률상 감경, ⑤ 경합범 가중, ⑥ 정상참작감경의 순서에 의한다(제56조).[1]

이와 같이 법률상 감경을 먼저 하고 마지막으로 정상참작감경을 하도록 되어 있으므로 법률상 감경사유가 있을 때에는 정상참작감경에 앞서 하여야 하고, 정상참작감경은 이와 같은 법률상 감경을 다하고도 그 처단형의 범위를 완화하여 그보다 낮은 형을 선고하고자 할 때에 한다.[2] 법정형의 하한이 설정된 범죄에 대하여 형법 제55조 및 제56조가 적용되면 법률상 감경과 정상참작감경을 거치더라도 감경된 하한이 유지된다. 처단형은 선고형의 최종적인 기준이 되므로 그 범위는 법률에 따라서 엄격하게 정하여야 하고, 별도의 명시적인 규정이 없는 이상 형법 제56조에서 열거하고 있는 가중·감경할 사유에 해당하지 않는 다른 성질의 감경사유를 인정할 수는 없다.

2. 형의 가중·감경의 정도 및 방법

(1) 형의 가중

유기징역 및 유기금고를 가중할 경우 그 정도는 50년까지로 한다. 특수교사·방조(제34조 제2항), 누범(제35조), 경합범(제38조 제2항) 등을 가중할 경우 그 정도는 별도로 정하고 있다.

(2) 형의 감경

법률상의 감경은 다음과 같다. ① 사형을 감경할 때에는 무기 또는 20년 이상 50년 이하의 징역 또는 금고로 한다. ② 무기징역 또는 무기금고를 감경할 때에는 10년 이상 50년 이하의 징역 또는 금고로 한다. ③ 유기징역 또는 유기금고를 감경할 때에는 그 형기의 2분의 1로 한다. 여기서 '형기'란 장기와 단기를 모두 포함하는 것으로서 당해 처벌조항에 장기 또는 단기의 정함이 없을 때에는 형법 제42조에 의하여 장기는 30년, 단기는 1월이라고 볼 것이다. ④ 자격상실을 감경할 때에는 7년 이상의 자격정지로 한다. ⑤ 자격정지를 감경할 때에는 그 형기의 2분의 1로 한다. ⑥ 벌금을 감경할 때에는 그 다액의 2분의 1로 한다. 여기서 벌금을 감경할 때의 다액의 2분의 1이라는 문구는 금액의 2분의 1이라고 해석하여 그 상한과 함께 하한도 2분의 1로 내려가는 것으로 해석하여야 한다.[3] ⑦ 구류를 감경할 때에는 그 장기의 2분의 1로 한다. ⑧ 과료를 감경할 때에는 그 다액의 2분의 1로 한다(제55조 제1항). 그리고 법률상 감경할 사유가 수개 있는 때에는 거듭 감경할 수 있다(제55조 제2항). 하지만 정상참작감경의 사유가 수개 있는

---

1) 대법원 1960. 9. 30. 선고 4293형상509 판결(시간 장소가 계속 접근한 관련성 있는 범죄이고 피고인이 그 양 범행 당시 심신미약상태에 있었음을 인정하는 한 양죄 공히 감경하여야 할 것이고, 위 양죄를 경합범으로 인정하여 가중하는 이상 본조 순서에 따라 법률상 감경을 먼저하고 경합범 가중을 후에 하여야 한다).

2) 대법원 2005. 9. 29. 선고 2005도6120 판결; 대법원 1991. 6. 11. 선고 91도985 판결.

3) 대법원 1978. 4. 25. 선고 78도246 전원합의체 판결.

경우라고 할지라도 거듭 감경할 수는 없다.

Ⅴ. 판결선고 전 구금일수의 통산

1. 의 의

판결선고 전의 구금일수는 그 전부를 유기징역·유기금고·벌금이나 과료에 관한 유치 또는 구류에 산입한다(제57조 제1항). 이러한 경우에는 구금일수의 1일은 징역·금고·벌금이나 과료에 관한 유치 또는 구류의 기간의 1일로 계산한다(제57조 제2항). '미결구금'(未決拘禁)이란 도망이나 증거인멸을 방지하여 수사·재판 또는 형의 집행을 원활하게 진행하기 위하여 무죄추정의 원칙에도 불구하고 불가피하게 피의자 또는 피고인을 일정기간 일정시설에 구금하여 그 자유를 박탈하게 하는 재판확정 전의 강제적 처분(판결선고 전의 구금)을 말하며, 형의 집행은 아니다. 그러나 미결구금은 자유를 박탈하여 고통을 주는 효과면에서는 실질적으로 자유형과 유사하고, 구금의 여부 및 구금기간의 장단은 피고인의 죄책 또는 귀책사유에 정확하게 대응되는 것이 아니라 형사절차상의 사유에 의해 좌우되는 경우가 많다.[1]

한편 '미결수용자'(未決收容者)란 형사피의자 또는 형사피고인으로서 체포되거나 구속영장의 집행을 받은 사람을 말한다. 이는 징역형·금고형 또는 구류형의 선고를 받아 그 형이 확정된 사람과 벌금 또는 과료를 완납하지 아니하여 노역장 유치명령을 받은 사람을 의미하는 수형자와 구별된다. 미결수용은 공소의 목적을 달성하기 위하여 불가피하게 피고인 또는 피의자를 구금하는 강제처분이어서 형의 집행은 아니지만, 자유를 박탈하는 점이 자유형과 유사하기 때문에 인권보호의 관점에서 접근이 이루어지고 있다.

이와 같이 미결수용자는 격리된 시설에서 강제적 공동생활을 하므로 구금목적의 달성, 즉 도주·증거인멸의 방지와 규율 및 안전유지를 위한 통제의 결과 헌법이 보장하는 신체의 자유 등에 대한 제한을 받는 것이 불가피하지만, 무죄가 추정되는 미결수용자의 자유와 권리에 대한 제한은 구금의 목적을 위한 필요최소한의 합리적인 범위를 벗어나서는 아니 된다.[2] 이에 따라 판결선고 후 판결확정 전 구금일수(판결선고 당일의 구금일수를 포함한다)는 전부를 본형에 산입하고(형사소송법 제482조 제1항), 상소기각 결정 시에 송달기간이나 즉시항고기간 중의 미결구금일수는 전부를 본형에 산입한다(형사소송법 제482조 제2항).[3]

---

1) 헌법재판소 2009. 12. 29. 선고 2008헌가13 결정; 헌법재판소 2009. 6. 25. 선고 2007헌바25 결정; 헌법재판소 2000. 7. 20. 선고 99헌가7 결정.

2) 헌법재판소 2011. 12. 29. 선고 2009헌마527 결정.

3) 대법원 2010. 4. 16.자 2010모179 결정(피고인이 상소를 제기하였다가 그 상소를 취하한 경우에는, 상소심의 판결선고가 없었다는 점에서 제482조 제1항 또는 형법 제57조가 적용될 수 없고, 상소제기 전의 상소제기기간 중의 구금일수가 아니라는 점에서 제482조 제2항이 적용될 수 없으며, 달리 이를 직접 규율하는 규정은 없다. 그러나 '상소제기 후 상소취하한 때까지의 구금' 또한 피고인의 신체의 자유를 박탈하고 있다는 점에서 실질적으로 자유형의 집행과 다를 바 없으므로 '상소제기기간 중의 판결확정 전 구금'과 구별하여 취급할 아무런 이유가 없고,

2. 내 용

(1) 판결선고 전 구금일수의 전부를 본형에 산입해야 하는지 여부

헌법재판소는 (구) 형법 제57조 제1항 중 '또는 일부' 부분에 대하여 '형법 제57조 제1항은 자유형의 집행과 다를 바 없는 미결구금의 본질을 충실히 고려하지 못하고 법관으로 하여금 미결구금일수 중 일부를 형기에 산입하지 않을 수 있게 허용하였는바, 이는 헌법상 무죄추정의 원칙 및 적법절차의 원칙 등을 위배하여 합리성과 정당성 없이 신체의 자유를 지나치게 제한함으로써 헌법에 위반된다.'라는 위헌결정[1]을 하였다.

이에 따라 형법 제57조 제1항은 판결선고 전 구금일수의 본형산입에 관한 법관의 재량을 배제하고 판결선고 전 구금일수의 전부를 본형에 산입하는 법정통산으로 그 성격이 변경되었다.[2] 또한 판결 전 구금의 산입일수는 형의 선고와 동시에 판결로써 선고하여야 한다고 규정하고 있는 제321조 제2항은 법정통산의 상황에서는 더 이상 규범력을 가질 수 없게 되어 사문화되었다고 볼 수 있으며, 검사가 형집행의 단계에서 소송기록의 확인을 통하여 미결구금일수를 구체적으로 확정해야 할 것이다.[3]

하지만 검사가 형을 집행함에 있어 판결에서 산입을 명한 당해 사건의 미결구금일수나 그 사건에서 상소와 관련하여 제482조에 의하여 당연히 산입되는 미결구금일수를 제외하고는 다른 사건에서의 미결구금일수는 법률상 산입할 근거가 없다. 또한 구속은 원칙적으로 구속영장이 발부된 범죄사실에 대한 것이어서 그로 인한 미결구금도 당해 사건의 형의 집행과 실질적으로 동일하다고 보아 그 미결구금일수를 형에 산입하려는 것이므로, 그와 같은 제도의 취지에 비추어 보면 확정된 형을 집행함에 있어 무죄로 확정된 다른 사건에서의 미결구금일수를 산입하지 않는다고 하여 헌법상의 행복추구권이나 평등권을 침해하였다고 볼 수도 없다.[4]

(2) 판결에서 별도로 미결구금일수 산입에 관한 사항을 판단할 필요가 있는지 여부

판결선고 전 미결구금일수는 그 전부가 법률상 당연히 본형에 산입되므로, 판결에서 별도로 미결구금일수 산입에 관한 사항을 판단할 필요가 없다.[5] 그러므로 법정통산으로 인정되는

따라서 '상소제기 후 상소취하한 때까지의 구금일수'에 관하여는 제482조 제2항을 유추적용하여 그 '전부'를 본형에 산입하여야 한다).

1) 헌법재판소 2009. 6. 25. 선고 2007헌바25 결정.

2) 결국 모든 판결 선고 전의 구금일수는 그 전부가 본형에 산입되어야 한다(대법원 2010. 4. 16.자 2010모179 결정). 이에 따라 미결구금의 성질상 그 기간을 형기에 당연히 산입하여야 하는 것은 아니라고 판시한 이전의 판례(대법원 2007. 8. 10.자 2007모522 결정; 대법원 2005. 10. 14. 선고 2005도4758 판결; 대법원 1993. 11. 26. 선고 93도2505 판결; 대법원 1990. 6. 12. 선고 90도672 판결; 대법원 1989. 10. 10. 선고 89도1711 판결; 대법원 1986. 10. 28. 선고 86도1669 판결; 대법원 1983. 11. 22. 선고 82도2528 판결; 대법원 1969. 4. 22. 선고 69도269 판결)의 취지는 더 이상 그 효력을 유지할 수 없게 되었다.

3) 대법원 2010. 9. 9. 선고 2010도6924 판결(병과형 또는 수 개의 형으로 선고된 경우 어느 형에 미결구금일수를 산입하여 집행하느냐는 형집행 단계에서 형집행기관이 할 일이며, 법원이 주문에서 이에 관하여 선고하였더라도 이는 마찬가지라 할 것이므로 그와 같은 사유만으로 원심판결을 파기할 수는 없다).

4) 대법원 1997. 12. 29.자 97모112 결정.

경우에 있어서는 판결 주문에 미결구금일수를 본형에 산입한다는 표시를 하지 아니한 것은 당연하다.[1] 만약 이를 간과한 채 제1심판결 선고 전의 구금일수나 항소제기 후 원심판결 선고 전의 구금일수를 본형에 각 산입한 조치는 잘못이라고 할 것이나, 주문에서 그 산입을 선고하였다고 하더라도 이는 법률상 의미 없는 조치에 불과하므로 이 때문에 판결이 위법하게 되는 것은 아니다.[2]

한편 대법원이 피고인의 상고이유 중 일부가 이유 있다고 보아 이 부분을 무죄 취지로 파기하면서, 이 부분과 형법 제37조 후단의 경합범 관계에 있는 나머지 부분에 관하여, 무죄 부분만을 파기하면 환송 후의 절차에서 미결구금일수를 산입할 본형이 존재하지 않게 되므로 환송 후 원심이 미결구금일수를 유죄 부분에 대한 형에 산입할 수 있도록 하기 위하여 유죄가 인정되는 나머지 부분까지 전부 파기환송하여야 한다.[3]

(3) 범죄인인도조약에 따라 체포된 후 인도절차를 밟기 위한 기간

대법원에 의하면 미결구금은 공소의 목적을 달성하기 위하여 어쩔 수 없이 피고인 또는 피의자를 구금하는 강제처분이라고 전제한 다음, 피고인이 미결구금일수로서 본형에의 산입을 요구하는 기간은 피고인이 범행 후 미국으로 도주하였다가 대한민국정부와 미합중국정부 간의 범죄인인도조약에 따라 체포된 후 인도절차를 밟기 위한 기간에 불과하여 본형에 산입될 미결구금일수에 해당한다고 볼 수 없다고 판시하고 있다.[4]

생각건대 범죄인인도를 위한 구금은 외국 정부의 주권행사이지만 우리나라의 요청에 따른 것이고, 공소의 목적을 달성하기 위해 어쩔 수 없이 행하는 강제처분의 성격을 갖고 있는 점에서 형법 제57조에 의해 형에 산입되는 미결구금과 다를 바가 없다. 즉 범죄인 인도를 위하여 구금된 기간도 국가의 형벌권 행사를 위하여 국가의 요청으로 신체의 자유가 제한된 기간이므로 국내의 미결구금기간과 달리 취급할 이유가 없는 것이다. 왜냐하면 범죄인인도조약에 의하여 우리나라로의 인도심사를 위하여 외국의 법원에 의하여 구금된 경우 절차의 개시단계에서 우리나라의 인도요청이 있었고, 이에 따른 범죄인의 인도는 후속의 형사사법절차와 연관되는 것이므로 나중에 형이 확정될 범죄의 수사와 재판을 위해 어쩔 수 없이 행해지는 강제처분이라고 볼 수 있기 때문이다. 또한 비록 범죄를 저지르고 외국으로 도주한 자라고 하더라도 판결이 확

5) 대법원 2009. 12. 10. 선고 2009도11448 판결.

1) 대법원 2009. 4. 9. 선고 2009도321 판결(피고인이 상소를 제기한 경우에 원심판결이 파기된 때에는 제482조 제1항 제2호에 따라 상소제기 후의 미결구금일수 전부가 본형에 산입되는 것이므로, 항소심이 직권으로 제1심판결을 파기하고 자판한 경우에 피고인에 대한 제1심판결 선고 이후 항소심판결 선고 전의 미결구금일수 전부가 법정통산되는 것이어서, 항소심법원이 판결 주문에 항소심의 미결구금일수를 본형에 산입한다는 표시를 하지 아니한 것은 당연하다); 대법원 2007. 8. 23. 선고 2007도4913 판결.

2) 대법원 2008. 3. 14. 선고 2007도10435 판결; 대법원 2001. 3. 9. 선고 2000도5590 판결; 대법원 1996. 1. 26. 선고 95도2263 판결.

3) 대법원 2006. 11. 23. 선고 2006도5986 판결.

4) 대법원 2009. 5. 28. 선고 2009도1446 판결; 대법원 2005. 10. 28. 선고 2005도5822 판결; 대법원 2004. 4. 27. 선고 2004도482 판결.

정되지 않은 동안에는 무죄의 추정을 받는 피고인에 대하여 인정되는 강제처분으로 국내에서의 판결 선고 전의 미결구금과 유사한 측면도 있는 것이 사실이다. 그러므로 범죄인 인도를 위한 구금기간도 형법 제57조의 본형 산입 대상에 포함시키는 것이 타당하다.

(4) 외국에서 법률위반 혐의로 체포된 후 강제로 출국되기까지의 기간

대법원에 의하면 피고인이 필리핀 당국에 의하여 이민법위반 혐의(체류자격외 활동)로 체포된 후 필리핀에서 강제로 출국되기까지의 기간은 형법 제57조에 의하여 본형에 산입될 미결구금일수에 해당하지 아니한다고 판시하고 있다.[1]

생각건대 미결구금의 본형통산의 본질은 피의자·피고인이 일정한 시설에서 사실상 자유를 박탈당하고 있으므로 이들이 향후 유죄판결을 받을 경우에 있어서 그 기간을 본형에 산입해 주는 것이 형평의 관점에 부합한다는 측면에서 찾을 수 있다. 미결구금의 성격 가운데 형벌적인 측면을 소홀히 하고, 신병확보라는 절차적 측면을 강조하게 된다면 외국에서 법률위반 혐의로 체포된 후 강제로 출국되기까지의 기간의 본형산입에 소극적인 태도를 취할 수밖에 없을 것이다. 하지만 이러한 사례의 경우에 있어서도 충분히 본형에 산입될 미결구금일수에 해당하는 것으로 평가할 수 있다.

한편 형사사건으로 외국 법원에 기소되었다가 무죄판결을 받은 사람은, 설령 그가 무죄판결을 받기까지 상당 기간 미결구금되었더라도 이를 유죄판결에 의하여 형이 실제로 집행된 것으로 볼 수는 없으므로, '외국에서 형의 전부 또는 일부가 집행된 사람'에 해당한다고 볼 수 없고, 그 미결구금기간은 형법 제7조에 의한 산입의 대상이 될 수 없다.[2]

(5) 약식명령에 기하여 피고인을 노역장에 유치한 기간

정식재판청구기간을 도과한 약식명령에 기하여 피고인을 노역장에 유치하는 것은 형의 집행이므로 그 유치기간은 형법 제57조가 규정한 미결구금일수에 해당하지 않기 때문에[3], 비록 정식재판청구권회복결정에 의하여 사건을 공판절차에 의하여 심리하는 경우라고 하더라도 법원은 노역장 유치기간을 미결구금일수로 보아 이를 본형에 산입할 수는 없고, 그 유치기간은 나중에 본형의 집행단계에서 그에 상응하는 벌금형이 집행된 것으로 간주될 뿐이다.[4]

(6) 치료감호영장의 집행기간

살인미수로 공소제기 및 치료감호가 청구된 피고인이 제1심 법원에서 공소사실에 대한 집행유예의 형을 선고받고 치료감호영장도 발부되었으나, 아직 본형이 확정되지 않은 상태에서 치료감호영장이 집행되어 보호구금 중 공소사실과 치료감호사실에 대한 항소 및 상고를 제기한 사안에서, 항소심판결 선고 전의 보호구금일수를 전혀 본형에 산입하지 아니한 것은 위법

---

1) 대법원 2003. 2. 11. 선고 2002도6606 판결.
2) 대법원 2017. 8. 24. 선고 2017도5977 전원합의체 판결.
3) 대법원 2004. 7. 9. 선고 2004도908 판결.
4) 대법원 2007. 5. 10. 선고 2007도2517 판결.

하다.[1]

(7) 미결구금기간이 본형기간을 초과한 경우

미결구금기간이 확정된 징역 또는 금고의 본형기간을 초과한다고 하여 위법하다고 할 수는 없고[2], 형법 제57조에 의하여 산입된 미결구금기간이 징역 또는 금고의 본형기간을 초과한다고 하여도 형법 제62조의 규정에 따라 그 본형의 '집행'을 유예하는 데에는 아무런 지장이 없다.[3] 또한 실제 구금일수를 초과하여 산입한 판결이 확정된 경우에도 그 초과 부분이 본형에 산입되는 효력이 생기는 것은 아니다.[4] 심지어 제1심 및 원심판결에 의하여 산입된 미결구금일수만으로도 이미 본형의 형기를 초과하고 있음이 명백한 경우에 있어서는 상고 후의 구금일수는 별도로 산입하지 않아도 된다.[5]

VI. 판결의 공시

1. 의 의

'판결의 공시'란 피해자의 이익이나 피고인의 명예회복을 위하여 판결의 선고와 동시에 관보 또는 일간신문 등을 통하여 판결의 전부 또는 일부를 공적으로 주지시키는 제도를 말한다.

2. 내 용

피해자의 이익을 위하여 필요하다고 인정할 때에는 피해자의 청구가 있는 경우에 한하여 피고인의 부담으로 판결공시의 취지를 선고할 수 있다(제58조 제1항). 피고사건에 대하여 무죄의 판결을 선고하는 경우에는 무죄판결공시의 취지를 선고하여야 한다. 다만 무죄판결을 받은 피고인이 무죄판결공시 취지의 선고에 동의하지 아니하거나 피고인의 동의를 받을 수 없는 경우에는 그러하지 아니하다(제58조 제2항). 피고사건에 대하여 면소의 판결을 선고하는 경우에는 면소판결공시의 취지를 선고할 수 있다(제58조 제3항).

---

1) 대법원 2009. 3. 12. 선고 2009도202 판결.
2) 대법원 1989. 10. 10. 선고 89도1711 판결.
3) 대법원 2008. 2. 29. 선고 2007도9137 판결.
4) 대법원 2007. 7. 13. 선고 2007도3448 판결(불구속된 피고인에 대하여 판결을 선고하면서 판결 선고 전의 미결구금일수가 실제 없음에도 형법 제57조를 적용하여 이를 산입한 예외적인 경우에는 재판서에 오기와 유사한 오류가 있음이 명백하여 판결서의 경정으로 이를 시정할 수 있다).
5) 대법원 2006. 11. 10. 선고 2006도4238 판결.

제4절 누 범

Ⅰ. 서 설

1. 의 의

금고(禁錮) 이상의 형을 선고받아 그 집행이 종료되거나 면제된 후 3년 내에 금고 이상에 해당하는 죄를 지은 사람은 누범(累犯)으로 처벌한다(제35조 제1항). 누범의 형은 그 죄에 대하여 정한 형의 장기(長期)의 2배까지 가중한다(제35조 제2항). 판결선고 후 누범인 것이 발각된 때에는 그 선고한 형을 통산하여 다시 형을 정할 수 있다. 다만 선고한 형의 집행을 종료하거나 그 집행이 면제된 후에는 예외로 한다(제36조).

누범은 경미한 범죄에 대해서는 누범가중이 이루어지지 않도록, 전범과 후범이 모두 법정형이 아닌 선고형으로서 '금고 이상에 해당하는 죄'일 것을 요구하고 있고, 전범에 대해서는 형의 선고가 있었던 것만으로는 부족하고 형의 집행종료 또는 면제까지 요구하는 한편, 전범과 후범 사이의 시간적 간격을 '3년'으로 제한하고 있으며, 형의 장기만을 2배 가중하는 형태로 법정형의 폭을 넓히고 있을 뿐 양형실무에 있어 중대한 영향을 미치는 형의 단기는 가중하지 아니하고 있다.

따라서 법원은 후범이 경미한 범죄인 경우에는 벌금형을 선택할 수 있고 이 경우 누범은 적용되지 아니하며, 또한 형의 단기는 그대로 둔 채 장기만을 가중하고 있으므로 비록 후범이 형식적으로는 누범요건에 해당하더라도 심리결과 실질적으로는 전 판결의 경고를 무시하고 범죄추진력이 강화된 것으로 보기 어려운 사안의 경우에는 얼마든지 원래 형의 최하한을 선고할 수 있다.[1]

또한 누범을 가중처벌하는 것은 전범에 대하여 형벌을 받았음에도 그 형벌의 경고기능을 무시하고 다시 범행을 통하여 범죄추진력이 보다 강화되어 행위책임이 가중되는 것이지 전범에 대하여 처벌을 받았음에도 다시 범행을 하는 경우에는 전범도 후범과 일괄하여 다시 처벌한다는 것이 아니다.

이와 같이 누범에 있어서 전범은 양형에 있어 불리하게 작용하는 요소일 뿐, 전범 자체가 심판의 대상이 되어 다시 처벌받기 때문에 형이 가중되는 것은 아니다. 따라서 누범조항이 일사부재리원칙에 위배된다고 볼 수 없다.[2]

2. 구별개념

상습범과 누범은 서로 다른 개념으로서 누범에 해당한다고 하여 반드시 상습범이 되는 것

---

1) 헌법재판소 2022. 11. 24. 선고 2022헌아55 결정.
2) 헌법재판소 2021. 9. 30. 선고 2020헌바62 결정.

이 아니며, 반대로 상습범에 해당한다고 하여 반드시 누범이 되는 것도 아니다. 또한 행위자책임에 형벌가중의 본질이 있는 상습범과 행위책임에 형벌가중의 본질이 있는 누범을 단지 평면적으로 비교하여 그 경중을 가릴 수는 없다.[1] 또한 상습범 가중사유와 누범 가중사유가 경합하는 경우에는 양자를 병과하여 적용할 수도 있다.

II. 요 건

1. 전범에 관한 요건

(1) 금고 이상의 형의 선고를 받을 것

전범(前犯)의 형은 금고 이상의 형으로서 선고형이어야 한다. 전범의 성질은 고의범·과실범·형법범·특별법범 등을 불문한다.

하지만 자격상실·자격정지·벌금·구류·과료·몰수 등은 누범전과가 되지 아니한다. 또한 금고 이상의 형은 실형만을 의미하고, 집행유예나 선고유예를 받은 경우에는 누범이 될 수 없다. 노역장유치의 경우에도 누범전과가 될 수 없다.

전범에 대한 형의 선고는 유효하여야만 누범전과가 될 수 있다. 그러므로 일반사면을 받은 경우[2], 집행유예기간을 경과한 경우[3], 「형의 실효 등에 관한 법률」에 의하여 형이 실효된 경우[4] 등에 있어서는 형선고의 효력이 상실되어 그 범죄는 누범전과가 될 수 없다. 또한 유죄의 확정판결에 대하여 재심개시결정이 확정되어 법원이 그 사건에 대하여 다시 심판을 한 후 재심의 판결을 선고하고 그 재심판결이 확정된 때에는 종전의 확정판결은 당연히 효력을 상실한다.[5]

---

[1] 대법원 2007. 8. 23. 선고 2007도4913 판결(사안에 따라서는 폭력행위처벌법 제3조 제4항에 정한 누범의 책임이 상습범의 경우보다 오히려 더 무거운 경우도 얼마든지 있을 수 있다. 이상과 같은 점을 고려하면, 같은 법 제3조 제4항의 누범에 대하여 같은 법 제3조 제3항의 상습범과 동일한 법정형을 정하였다고 하여 이를 두고 평등원칙에 반하는 위헌적인 규정이라고 할 수는 없다).

[2] 대법원 1965. 11. 30. 선고 65도910 판결.

[3] 대법원 2010. 9. 9. 선고 2010도8021 판결(집행유예의 효과에 관한 형법 제65조에서 '형의 선고가 효력을 잃는다.'는 의미는 형의 실효 등에 관한 법률에 의한 형의 실효와 같이 형의 선고에 의한 법적 효과가 장래에 향하여 소멸한다는 취지이다. 따라서 위 규정에 따라 형의 선고가 효력을 잃는 경우에도 그 전과는 구 특정범죄가중처벌법 제5조의4 제5항에서 정한 '징역형을 받은 경우'로 볼 수 없다).

[4] 대법원 2010. 3. 25. 선고 2010도8 판결(형의 실효 등에 관한 법률 제7조 제1항은 '수형인이 자격정지 이상의 형을 받음이 없이 형의 집행을 종료하거나 그 집행이 면제된 날부터 같은 항 각 호에서 정한 기간이 경과한 때에는 그 형은 실효된다.'라고 규정하고 있으며, 같은 항 제2호에서 3년 이하의 징역·금고형의 경우는 그 기간을 5년으로 정하고 있다. 위 규정에 따라 형이 실효된 경우에는 형의 선고에 의한 법적 효과가 장래에 향하여 소멸되므로, 그 전과를 구 특정범죄가중처벌법 제5조의4 제5항에서 정한 징역형의 선고를 받은 경우로 볼 수 없다); 대법원 2002. 10. 22. 선고 2002감도39 판결.

[5] 대법원 2017. 9. 21. 선고 2017도4019 판결(피고인이 폭력행위처벌법 위반(집단·흉기등재물손괴등)죄 등으로 징역 8월을 선고받아 판결이 확정되었는데(이하 '확정판결'이라고 한다), 그 집행을 종료한 후 3년 내에 상해죄 등을 범하였다는 이유로 제1심 및 원심에서 누범으로 가중처벌된 사안에서, 피고인이 누범전과인 확정판결에 대해 재심을 청구하여, 재심개시절차에서 재심대상판결 중 헌법재판소가 위헌결정을 선고하여 효력을 상실한 구 폭력행

하지만 ① 복권은 사면의 경우와 같이 형의 언도의 효력을 상실시키는 것이 아니고, 다만 형의 언도의 효력으로 인하여 상실 또는 정지된 자격을 회복시킴에 지나지 아니하는 것이므로 복권이 있었다고 하더라도 그 전과사실은 누범가중사유에 해당한다.[1]

② 형의 선고를 받은 자가 특별사면을 받아 형의 집행을 면제받고 또 후에 복권이 되었다 하더라도 형의 선고의 효력이 상실되는 것은 아니므로 실형을 선고받아 복역타가 특별사면으로 출소한 후 3년 이내에 다시 범죄를 저지른 자에 대한 누범가중은 정당하다.[2]

③ 소년법 제67조는 '소년이었을 때 범한 죄에 의하여 형을 선고받은 자가 그 집행을 종료하거나 면제받은 경우 자격에 관한 법령을 적용할 때에는 장래에 향하여 형의 선고를 받지 아니한 것으로 본다.'라고 규정하고 있는데, 이는 '사람의 자격'에 관한 법령의 적용에 있어 장래에 향하여 형의 선고를 받지 아니한 것으로 본다는 취지에 불과할 뿐 전과까지 소멸한다는 것은 아니다. 따라서 특정범죄가중처벌법 제5조의4 제5항을 적용하기 위한 요건으로서 요구되는 과거 전과로서의 징역형에는 소년으로서 처벌받은 징역형도 포함된다.[3]

④ 사형·무기징역·무기금고는 감형으로 인하여 유기형이 되거나 형의 시효에 의하여 그 집행에 면제된 경우에 한하여 누범전과가 된다.

(2) 형의 집행종료 또는 면제를 받을 것

'형의 집행종료'란 형기가 만료된 경우이고, '형의 집행면제'란 외국에서 형의 집행을 받았을 때(제7조), 형의 시효가 완성된 때(제77조), 특별사면에 의하여 형의 집행이 면제된 때(사면법 제5조) 등을 말한다.

2. 후범에 관한 요건

(1) 금고 이상에 해당하는 죄를 범할 것

후범(後犯)은 금고 이상의 형에 해당하는 죄일 것을 요하며, '금고 이상에 해당하는 죄'란 유기금고형이나 유기징역형으로 처단할 경우에 해당하는 죄를 가리키는 것으로서 이는 법정형이 아니라 선고형을 의미한다. 그러므로 그 죄에 정한 형 중 선택한 형이 벌금형인 경우에는 누범가중의 대상이 될 수 없다.[4]

하지만 후범은 전범과 동종의 범죄일 것을 요하지 아니한다. 형법 제35조가 누범에 해당하

위처벌법(2014. 12. 30. 법률 제12896호로 개정된 것) 제3조 제1항, 제2조 제1항 제1호, 형법 제366조를 적용한 부분에 헌법재판소법 제47조 제4항의 재심사유가 있다는 이유로 재심대상판결 전부에 대하여 재심개시결정이 이루어졌고, 상해죄 등 범행 이후 진행된 재심심판절차에서 징역 8월을 선고한 재심판결이 확정됨으로써 확정판결은 당연히 효력을 상실하였으므로, 더 이상 상해죄 등 범행이 확정판결에 의한 형의 집행이 끝난 후 3년 내에 이루어진 것이 아니다).

1) 대법원 1981. 4. 14. 선고 81도543 판결.
2) 대법원 1986. 11. 11. 선고 86도2004 판결.
3) 대법원 2010. 4. 29. 선고 2010도973 판결.
4) 대법원 1982. 9. 14. 선고 82도1702 판결; 대법원 1982. 7. 27. 선고 82도1018 판결.

는 전과사실과 새로이 범한 범죄 사이에 일정한 상관관계가 있다고 인정되는 경우에 한하여 적용되는 것으로 제한하여 해석하여야 할 아무런 이유나 근거가 없고, 위 규정이 헌법상의 평등원칙 등에 위배되는 것도 아니다.[1]

(2) 전범의 형집행종료 또는 면제 후 3년 이내에 죄를 범할 것

후범은 전범의 형의 집행을 종료하거나 면제를 받은 후 3년 이내에 행해져야 한다. 여기서 3년의 기산점은 전범의 형집행을 종료한 날 또는 형집행의 면제를 받은 날이다. 그러므로 금고 이상의 형을 받고 그 형의 집행유예기간 중에 금고 이상에 해당하는 죄를 범하였다고 하더라도 이는 누범가중의 요건을 충족시킨 것이라 할 수 없다.[2] 또한 가석방 기간 중일 때에는 아직 형 집행종료라고 볼 수 없기 때문에 잔형기간 경과 전인 가석방기간 중에 범행을 저질렀다면 이를 형법 35조에서 말하는 형집행종료 후에 죄를 범한 경우에 해당한다고 볼 수 없으므로 여기에 누범가중을 할 수 없다.[3]

한편 후범을 범한 시기가 3년 이내인지 여부는 실행의 착수시기를 기준으로 판단한다. 즉 다시 금고 이상에 해당하는 죄를 범하였는지 여부는 그 범죄의 실행행위를 하였는지 여부를 기준으로 결정하여야 하므로, 3년의 기간 내에 실행의 착수가 있으면 족하고, 그 기간 내에 기수에까지 이르러야 되는 것은 아니다.[4] 다만 예비·음모를 처벌하는 범죄의 경우에는 3년 이내에 예비·음모가 있으면 족하다.

그리고 상습범 중 일부의 행위가 3년 이내에 이루어진 이상 나머지 행위가 누범기간 경과 후에 행하여졌더라도 그 행위 전부가 누범관계에 있는 것이다.[5] 즉 포괄일죄의 일부 범행이 누범기간 내에 이루어진 이상 나머지 범행이 누범기간 경과 후에 이루어졌더라도 그 범행 전부가 누범에 해당한다.[6]

Ⅲ. 효 과

누범의 형은 그 죄에 대하여 정한 형의 장기(長期)의 2배까지 가중한다(제35조 제2항). 누범은 전범에 대한 형벌의 경고기능을 무시하고 다시 누범기간 내에 금고 이상에 해당하는 죄를 저지른 것이라는 점에서 그 불법성과 비난가능성을 무겁게 평가하여 징벌의 강도를 높임으로써 결국 이와 같은 범죄를 예방하려는 데 그 목적이 있다.[7] 그러나 50년은 초과할 수 없으며(제

---

1) 대법원 2008. 12. 24. 선고 2006도1427 판결.
2) 대법원 1983. 8. 23. 선고 83도1600 판결.
3) 대법원 1976. 9. 14. 선고 76도2071 판결.
4) 대법원 2006. 4. 7. 선고 2005도9858 전원합의체 판결.
5) 대법원 1982. 5. 25. 선고 82도600 판결.
6) 대법원 2012. 3. 29. 선고 2011도14135 판결.
7) 대법원 2020. 3. 12. 선고 2019도17381 판결.

42조 참조), 단기는 가중하지 아니한다.[1] 또한 경합범 중 가장 중한 죄의 소정형에서 무기징역형을 선택한 이상 무기징역형으로만 처벌하고, 따로이 경합범가중을 하거나 가장 중한 죄가 누범이라 하여 누범가중을 할 수는 없다.[2]

　　2016. 1. 6. 법률 제13717호로 개정·시행된 특정범죄 가중처벌 등에 관한 법률 제5조의4 제5항은 "형법 제329조부터 제331조까지, 제333조부터 제336조까지 및 제340조·제362조의 죄 또는 그 미수죄로 세 번 이상 징역형을 받은 사람이 다시 이들 죄를 범하여 누범으로 처벌하는 경우에는 다음 각호의 구분에 따라 가중처벌한다."라고 규정하면서, 같은 항 제1호(이하 '처벌 규정'이라고 한다)는 '형법 제329조부터 제331조까지의 죄(미수범을 포함한다)를 범한 경우에는 2년 이상 20년 이하의 징역에 처한다'고 규정하고 있다. 처벌 규정은 입법 취지가 반복적으로 범행을 저지르는 절도 사범에 관한 법정형을 강화하기 위한 데 있고, 조문의 체계가 일정한 구성요건을 규정하는 형식으로 되어 있으며, 적용요건이나 효과도 형법 제35조와 달리 규정되어 있다.

　　이러한 처벌 규정의 입법 취지, 형식 및 형법 제35조와의 차이점 등에 비추어 보면, 처벌 규정은 형법 제35조(누범) 규정과는 별개로 '형법 제329조부터 제331조까지의 죄(미수범 포함)를 범하여 세 번 이상 징역형을 받은 사람이 그 누범 기간 중에 다시 해당 범죄를 저지른 경우에 형법보다 무거운 법정형으로 처벌한다'는 내용의 새로운 구성요건을 창설한 것으로 해석해야 한다. 따라서 처벌 규정에 정한 형에 다시 형법 제35조의 누범가중한 형기범위 내에서 처단형을 정하여야 한다.[3]

제 5 절   집행유예 · 선고유예 · 가석방

Ⅰ. 집행유예

1. 의 의

　　'집행유예'(執行猶豫)는 일단 유죄를 인정하여 형을 선고하되 일정한 요건 아래 일정기간 그 형의 집행을 유예하고, 그것이 취소 또는 실효됨이 없이 유예기간을 경과한 경우에는 형의 선고의 효력을 상실케 하는 제도를 말한다. 이는 단기자유형의 폐해를 제거하고, 형집행의 유예를 통하여 범죄인의 자발적이고 능동적인 사회복귀를 도모하기 위한 제도이다.

---

1) 대법원 1969. 8. 19. 선고 69도1129 판결.
2) 대법원 1992. 10. 13. 선고 92도1428 전원합의체 판결.
3) 대법원 2020. 5. 14. 선고 2019도18947 판결.

2. 요 건

3년 이하의 징역이나 금고 또는 500만원 이하의 벌금의 형을 선고할 경우에 제51조의 사항을 참작하여 그 정상에 참작할 만한 사유가 있는 때에는 1년 이상 5년 이하의 기간 형의 집행을 유예할 수 있다. 다만 금고 이상의 형을 선고한 판결이 확정된 때부터 그 집행을 종료하거나 면제된 후 3년까지의 기간에 범한 죄에 대하여 형을 선고하는 경우에는 그러하지 아니하다(제62조 제1항).

(1) 3년 이하의 징역이나 금고 또는 500만원 이하의 벌금의 형을 선고할 경우

현행법상 집행유예는 3년 이하의 징역이나 금고 또는 500만원 이하의 벌금의 형을 선고할 경우에만 가능하다. 그러므로 사형·3년 초과의 징역이나 금고·500만원을 초과하는 벌금·구류·과료·몰수 등에 대한 집행유예는 인정되지 아니한다. 집행유예의 요건을 규정하고 있는 형법 제62조 소정의 '3년 이하의 징역이나 금고 또는 500만원 이하의 벌금의 형'이란 법정형이 아닌 선고형을 의미하는 것이다.[1]

한편 형법 제57조에 의하여 산입된 미결구금기간이 징역 또는 금고의 본형기간을 초과한다고 하여도 형법 제62조의 규정에 따라 그 본형의 '집행'을 유예하는 데에는 아무런 지장이 없다.[2]

(2) 제51조의 사항을 참작하여 그 정상에 참작할 만한 사유가 있는 때

'정상에 참작할 만한 사유'란 형의 선고만으로도 피고인에게 경고기능을 다하여 재범을 방지할 수 있는 경우를 말한다. 이러한 사유가 있는지의 여부는 형법 제51조의 사항을 종합하여 판결선고시를 기준으로 판단한다.

(3) 금고 이상의 형을 선고한 판결이 확정된 때부터 그 집행을 종료하거나 면제된 후 3년까지의 기간에 범한 죄가 아닐 것

2005. 7. 29. 법률 제7623호로 개정되기 전의 형법 제62조 제1항 단서는 '금고 이상의 형의 선고를 받아 집행을 종료한 후 또는 집행이 면제된 후로부터 5년을 경과하지 아니한 자'를 형의 집행유예의 결격사유로 규정하고 있었으나, 개정된 형법 제62조 제1항 단서는 '금고 이상의 형을 선고한 판결이 확정된 때부터 그 집행을 종료하거나 면제된 후 3년까지의 기간에 범한 죄에 대하여 형을 선고하는 경우'를 집행유예 결격사유로 규정하였다.[3] 이에 따라 집행유예를 선고

---

1) 대법원 1989. 11. 28. 선고 89도780 판결.

2) 대법원 2008. 2. 29. 선고 2007도9137 판결.

3) 대법원 2008. 3. 27. 선고 2007도7874 판결(피고인은 1999. 7. 28. 전주지방법원에서 공무집행방해죄로 징역 3년을 선고받고 확정되어 2002. 4. 21. 그 형의 집행을 마치고 출소한 사실, 피고인의 이 사건 범죄는 위와 같은 형법 개정 전인 2004. 11. 25. 저지른 것인 사실을 인정할 수 있으므로 원심판결 선고 당시인 2007. 8. 20.을 기준으로 하여 종전의 형법을 적용하면 위 공무집행방해죄의 형의 집행을 종료한 후 이미 5년이 경과되어 집행유예 결격사유에 해당하지 아니하지만, 현행 형법을 적용하면 이 사건 범죄가 위 공무집행방해죄의 형의 집행을 종료한 후 3년까지의 기간 중에 범한 죄이어서 집행유예 결격사유에 해당하게 되므로 피고인에게는 종전 형법을 적용하는 것이 유리하다고 할 것이어서 그 법률을 적용하여야 할 것이다).

하려고 하는 범죄가 '금고 이상의 형을 선고한 판결이 확정된 때부터 그 집행을 종료하거나 면제된 후 3년까지의 기간'에 범한 죄인 경우에 한하여 집행유예를 선고할 수 없다. 그러므로 금고 이상의 형을 선고한 판결이 확정되기 이전에 범한 죄에 대하여는 집행유예가 가능하다.

여기서 '금고 이상의 형'은 실형의 선고뿐만 아니라 형의 집행유예를 선고받고 그 유예기간이 경과하지 않은 경우를 포함한다. 집행유예기간 중에 범한 죄에 대하여 형을 선고할 때에, 집행유예의 결격사유를 정하는 형법 제62조 제1항 단서 소정의 요건에 해당하는 경우란, 이미 집행유예가 실효 또는 취소된 경우와 그 선고 시점에 미처 유예기간이 경과하지 아니하여 형선고의 효력이 실효되지 아니한 채로 남아 있는 경우로 국한되고, 집행유예가 실효 또는 취소됨이 없이 유예기간을 경과한 때에는 형법 제62조 제1항 단서 소정의 요건에 해당하지 않는다. 그러므로 집행유예기간 중에 범한 범죄라고 할지라도 집행유예가 실효 또는 취소됨이 없이 그 유예기간이 경과한 경우에는 이에 대해 다시 집행유예의 선고가 가능하다.[1] 그리고 집행유예기간이 경과하면 형의 선고는 효력을 상실하므로 그 후에 범한 죄에 대하여는 당연히 집행유예가 가능하다.

(4) 하나의 형의 전부에 대한 것일 것

형을 병과할 경우에는 그 형의 일부에 대하여 집행을 유예할 수 있다(제62조 제2항).[2] 집행유예의 요건에 관한 형법 제62조 제1항이 '형'의 집행을 유예할 수 있다고만 규정하고 있다고 하더라도, 이는 제62조 제2항이 그 형의 '일부'에 대하여 집행을 유예할 수 있는 때를 형을 '병과'할 경우로 한정하고 있는 점에 비추어 보면, 조문의 체계적 해석상 하나의 형의 전부에 대한 집행유예에 관한 규정이라고 할 것이다.

하지만 하나의 자유형에 대한 일부집행유예에 관하여는 그 요건, 효력 및 일부 실형에 대한 집행의 시기와 절차, 방법 등을 입법에 의해 명확하게 할 필요가 있어, 그 인정을 위해서는 별도의 근거 규정이 필요하므로 하나의 자유형 중 일부에 대해서는 실형을, 나머지에 대해서는 집행유예를 선고하는 것은 허용되지 아니한다.[3]

한편 여러 개의 형이 병과된 사람에 대하여 그 병과형 중 일부의 집행을 면제하거나 그에 대한 형의 선고의 효력을 상실케 하는 특별사면이 있은 경우, 그 특별사면의 효력이 병과된 나

---

1) 대법원 2007. 7. 27. 선고 2007도768 판결(이 사건의 경우 위와 같이 집행유예기간 중에 범한 피고인의 이 사건 범죄에 대하여 형을 선고함에 있어, 피고인은 그 집행유예기간이 경과하기 전에 보호관찰준수사항 위반 등의 이유로 이미 위 집행유예의 취소결정이 확정된 상태이므로, 이는 형법 제62조 제1항 단서 소정의 집행유예의 결격사유에 해당된다고 할 것이어서 피고인에 대하여 형의 집행유예를 선고할 수 없다); 대법원 2007. 2. 8. 선고 2006도6196 판결.

2) 대법원 1978. 12. 26. 선고 78도2448 판결(징역형과 벌금형이 필요적으로 병과되는 경우에 징역형에 대하여는 집행유예를 선고하면서 벌금형에 대하여는 그 집행을 유예하는 조치를 취하지 않고 환형유치기간을 정하여 선고하였다 하여 부당하다 할 수 없다); 대법원 1976. 6. 8. 선고 74도1266 판결(징역형과 벌금형을 병과하면서 그 징역형에 대하여 집행을 유예하고 그 벌금형에 대하여 선고를 유예하였음은 정당하다).

3) 대법원 2007. 2. 22. 선고 2006도8555 판결. 반면에 외국의 경우 일부의 형의 집행유예를 인정하고 있는데(충격적 보호관찰; shock probation), 이는 범죄인에게 구금의 충격을 줌으로써 사회복귀를 촉구하기 위한 것이다.

머지 형에까지 미치는 것은 아니라고 해석함이 상당하다. 그러므로 징역형의 집행유예와 벌금형이 병과된 피고인에 대하여 징역형의 집행유예의 효력을 상실케 하는 내용의 특별사면이 그 벌금형의 언도의 효력까지 상실케 하는 것은 아니다.[1]

(5) 집행유예기간의 시기(始期)

형법 제37조 후단의 경합범 관계에 있는 죄에 대하여 형법 제39조 제1항에 의하여 따로 형을 선고하여야 하기 때문에 하나의 판결로 두 개의 자유형을 선고하는 경우 그 두 개의 자유형은 각각 별개의 형이므로 형법 제62조 제1항에 정한 집행유예의 요건에 해당하면 그 각 자유형에 대하여 각각 집행유예를 선고할 수 있는 것이고, 또 그 두 개의 자유형 중 하나의 자유형에 대하여 실형을 선고하면서 다른 자유형에 대하여 집행유예를 선고하는 것도 우리 형법상 이러한 조치를 금하는 명문의 규정이 없는 이상 허용되는 것으로 보아야 할 것이다.[2]

다만 형법이 집행유예기간의 시기에 관하여 명문의 규정을 두고 있지는 않지만, 형사소송법 제459조가 "재판은 이 법률에 특별한 규정이 없으면 확정한 후에 집행한다."라고 규정한 취지나 집행유예 제도의 본질 등에 비추어 보면 집행유예를 함에 있어 그 집행유예기간의 시기는 집행유예를 선고한 판결 확정일로 하여야 하고, 법원이 판결 확정일 이후의 시점을 임의로 선택할 수는 없다.[3]

3. 보호관찰·사회봉사·수강명령

(1) 보호관찰

형의 집행을 유예하는 경우에는 보호관찰을 받을 것을 명할 수 있다(제62조의2 제1항). 이에 따른 보호관찰의 기간은 집행을 유예한 기간으로 한다. 다만 법원은 유예기간의 범위 내에서 보호관찰기간을 정할 수 있다(제62조의2 제2항). '보호관찰'(保護觀察)이란 범죄인을 교정시설에 수용하지 않고 사회생활을 허용하면서 보호관찰기관의 지도·원호로 건전한 사회인으로 교화·선도하여 사회복귀를 원활하게 하는 제도를 말한다. 보호관찰의 부과 여부는 법원의 재량사항이다.

형법 제62조의2 제1항에서 말하는 보호관찰은 형벌이 아닌 보안처분의 성격을 갖는 것으로서, 과거의 불법에 대한 책임에 기초하고 있는 제재가 아니라 장래의 위험성으로부터 행위자를 보호하고 사회를 방위하기 위한 합목적적인 조치이다. 보호관찰은 이러한 형사정책적 견지에서 때로는 본래 개인의 자유에 맡겨진 영역이거나 또는 타인의 이익을 침해하는 법상 금지된 행위가 아니더라도 보호관찰 대상자의 특성, 그가 저지른 범죄의 내용과 종류 등을 구체적·개

---

1) 대법원 1997. 10. 13.자 96모33 결정; 대법원 1996. 5. 14.자 96모14 결정.
2) 대법원 2001. 10. 12. 선고 2001도3579 판결.
3) 대법원 2019. 2. 28. 선고 2018도13382 판결; 대법원 2002. 2. 26. 선고 2000도4637 판결(형법 제37조 후단의 경합범 관계에 있는 죄에 대하여 두 개의 징역형을 선고하면서 하나의 징역형에 대하여만 집행유예를 선고하고 그 집행유예기간의 시기를 다른 하나의 징역형의 집행종료일로 한 것은 위법하다).

별적으로 고려하여 일정기간 동안 보호관찰 대상자의 자유를 제한하는 내용의 준수사항을 부과함으로써 대상자의 교화·개선을 통해 범죄를 예방하고 재범을 방지하려는 데에 그 제도적 의의가 있다.[1]

(2) 사회봉사·수강명령

형의 집행을 유예하는 경우에는 사회봉사 또는 수강을 명할 수 있다(제62조의2 제1항). 사회봉사명령 또는 수강명령은 집행유예기간 내에 이를 집행한다(제62조의2 제3항). '사회봉사'(社會奉仕)란 유죄판결을 받은 범죄인이 자유형의 집행 대신 사회에 유용한 활동이나 급부를 제공하도록 함으로써 사회에 정상적으로 복귀할 수 있도록 촉진하는 제도를 말하고[2], '수강명령'(受講命令)이란 유죄판결을 받은 범죄인이 자유형의 집행 대신 지정된 사회교육·강의·학습을 받도록 함으로써 인성을 계발하고 성행을 교정하여 사회에 정상적으로 복귀할 수 있도록 촉진하는 제도를 말한다.[3]

보호관찰의 기간은 집행을 유예한 기간으로 하고 다만, 법원은 유예기간의 범위 내에서 보호관찰기간을 정할 수 있는 반면, 사회봉사명령·수강명령은 집행유예기간 내에 이를 집행하되 일정한 시간의 범위 내에서 그 기간을 정하여야 하는 점, 보호관찰명령이 보호관찰기간 동안 바른 생활을 영위할 것을 요구하는 추상적 조건의 부과이거나 악행을 하지 말 것을 요구하는 소극적인 부작위조건의 부과인 반면, 사회봉사명령·수강명령은 특정시간 동안의 적극적인 작위의무를 부과하는 데 그 특징이 있다는 점 등에 비추어 보면, 사회봉사·수강명령대상자에 대

---

1) 대법원 2010. 9. 30. 선고 2010도6403 판결.

2) 대법원 2008. 4. 11. 선고 2007도8373 판결(사회봉사는 형의 집행을 유예하면서 부가적으로 명하는 것이고 집행유예 되는 형은 자유형에 한정되고 있는 점 등에 비추어, 법원이 형의 집행을 유예하는 경우 명할 수 있는 사회봉사는 자유형의 집행을 대체하기 위한 것으로서 500시간 내에서 시간 단위로 부과될 수 있는 일 또는 근로활동을 의미하는 것으로 해석되므로, 법원이 형법 제62조의2의 규정에 의한 사회봉사명령으로 피고인에게 일정한 금원을 출연하거나 이와 동일시할 수 있는 행위를 명하는 것은 허용될 수 없다. 재벌그룹 회장의 횡령행위 등에 대하여 집행유예를 선고하면서 사회봉사명령으로서 일정액의 금전출연을 주된 내용으로 하는 사회공헌계획의 성실한 이행을 명하는 것은 시간 단위로 부과될 수 있는 일 또는 근로활동이 아닌 것을 명하는 것이어서 허용될 수 없고, 준법경영을 주제로 하는 강연과 기고를 명하는 것은 헌법상 양심의 자유 등에 대한 심각하고 중대한 침해가능성, 사회봉사명령의 의미나 내용에 대한 다툼의 여지 등의 문제가 있어 허용될 수 없다).

3) 대법원 2024. 9. 12. 선고 2024도5033 판결(「마약류 관리에 관한 법률」(2019. 12. 3. 법률 제16714호로 개정된 것, 이하 '마약류관리법'이라 한다) 제40조의2 제2항은 '마약류사범'에 대하여 선고유예 외의 유죄판결을 선고하는 경우 재범예방에 필요한 교육의 수강명령이나 재활교육 프로그램의 이수명령을 병과하도록 규정한다. 여기서의 '마약류사범'이란 마약류관리법 제3조, 제4조 또는 제5조를 위반하여 마약류를 투약, 흡연 또는 섭취한 사람을 가리킨다(마약류관리법 제40조의2 제1항). 한편 마약류관리법 부칙(2019. 12. 3. 법률 제16714호)에 의하면 위 규정은 공포 후 1년이 경과한 날인 2020. 12. 4.부터 시행되고(제1조 단서), 시행 후 최초로 마약류를 투약, 흡연 또는 섭취한 사람부터 적용된다(제2조). 마약류관리법 제40조의2 제2항에 따른 수강명령 또는 이수명령 대상인 '마약류사범'은 마약류를 스스로 투약, 흡연 또는 섭취함으로써 마약류에 직접 노출된 사람만을 의미한다고 보아야 한다. 수강명령 또는 이수명령은 마약류의 중독성으로 인해 재범 가능성이 높은 사람들에 대한 치료 및 교육을 통하여 그들이 건강한 사회구성원으로 복귀할 수 있도록 지원하는 데에 그 취지가 있기 때문이다. 따라서 직접 마약류를 투약, 흡연 또는 섭취하지 않은 자라면 설령 마약류관리법 위반죄에 관한 공범으로 처벌을 받더라도 여기서의 마약류사범에는 해당하지 않는다. 그러한 경우는 마약류의 중독성으로 인한 재범 가능성이 있다고 할 수 없어 재범예방이나 재활을 위한 교육이 필요한 경우라고 볼 수 없다).

한 특별준수사항은 보호관찰대상자에 대한 것과 같을 수 없고, 따라서 보호관찰대상자에 대한 특별준수사항을 사회봉사·수강명령대상자에게 그대로 적용하는 것은 적합하지 않다.[1]

그리고 형법 제62조의2 제1항은 '형의 집행을 유예하는 경우에는 보호관찰을 받을 것을 명하거나 사회봉사 또는 수강을 명할 수 있다.'라고 규정하고 있는데, 그 문리에 따르면, 보호관찰과 사회봉사는 각각 독립하여 명할 수 있다는 것이지, 반드시 그 양자를 동시에 명할 수 없다는 취지로 해석되지는 아니한다. 범죄자에 대한 사회복귀를 촉진하고 효율적인 범죄예방을 위하여 양자를 병과할 필요성이 있는 점에서도 형법 제62조에 의하여 집행유예를 선고할 경우에는 형법 제62조의2 제1항에 규정된 보호관찰과 사회봉사 또는 수강을 동시에 명할 수 있다.[2]

4. 집행유예기간 경과의 효과

집행유예의 선고를 받은 후 그 선고의 실효 또는 취소됨이 없이 유예기간을 경과한 때에는 형의 선고는 효력을 잃는다(제65조). 여기서 '형의 선고는 효력을 잃는다.'는 의미는「형의 실효 등에 관한 법률」에 의한 형의 실효와 같이 형의 선고에 의한 법적 효과가 장래에 향하여 소멸한다는 취지이다.[3] 그러므로 형의 집행이 면제되고, 처음부터 형선고의 법률적 효과가 없어지므로 전과자가 되지 아니한다. 하지만 형선고가 있었다는 기왕의 사실까지 없어지는 것은 아니므로, 형선고로 인하여 이미 발생한 법률효과에는 영향을 미치지 아니한다.

5. 집행유예의 실효 및 취소

(1) 집행유예의 실효

집행유예의 선고를 받은 자가 유예기간 중 고의로 범한 죄로 금고 이상의 실형을 선고받아 그 판결이 확정된 때에는 집행유예의 선고는 효력을 잃는다(제63조). 그러므로 과실범을 범한 경우에는 집행유예의 실효가 인정되지 아니한다. 또한 집행유예기간 이전에 범한 범죄일 경우에는 그에 대하여 집행유예기간 중에 금고 이상의 실형이 확정되더라도 집행유예의 선고는 실효되지 아니한다. 그리고 집행유예기간 중에 집행유예를 선고받은 경우에도 먼저의 집행유예의 선고가 실효되지 아니한다. 만약 집행유예의 선고가 실효되면 선고된 형이 집행된다.

집행유예의 실효는 법원의 재판 없이 이루어지는 반면, 집행유예의 취소는 법원의 재판에 의한 것이라는 점에서 서로 구별된다.

1) 대법원 2009. 3. 30.자 2008모1116 결정.
2) 대법원 1998. 4. 24. 선고 98도98 판결.
3) 대법원 2010. 9. 9. 선고 2010도8021 판결(따라서 위 규정에 따라 형의 선고가 효력을 잃는 경우에도 그 전과는 구 특정범죄가중처벌법 제5조의4 제5항에서 정한 '징역형을 받은 경우'로 볼 수 없다).

(2) 집행유예의 취소

1) 필요적 취소

집행유예의 선고를 받은 후 제62조 단행의 사유(금고 이상의 형을 선고한 판결이 확정된 때부터 그 집행을 종료하거나 면제된 후 3년까지의 기간에 범한 죄에 대하여 형을 선고하는 경우)가 발각된 때에는 집행유예의 선고를 취소한다(제64조 제1항). 여기에서 '집행유예를 선고받은 후 제62조 단행의 사유가 발각된 때'란 집행유예 선고의 판결이 확정된 후에 비로소 위와 같은 사유가 발각된 경우를 말하고, 그 판결확정 전에 결격사유가 발각된 경우에는 이를 취소할 수 없으며, 이때 판결확정 전에 발각되었다고 함은 검사가 명확하게 그 결격사유를 안 경우만을 말하는 것이 아니라 당연히 그 결격사유를 알 수 있는 객관적 상황이 존재함에도 부주의로 알지 못한 경우도 포함된다.[1] 그리고 집행유예기간이 경과함으로써 형의 선고가 효력을 잃은 후에는 형법 제62조 단행의 사유가 발각되었다고 하더라도 그와 같은 이유로 집행유예를 취소할 수 없고, 그대로 집행유예기간 경과의 효과가 발생한다.[2]

2) 임의적 취소

제62조의2의 규정에 의하여 보호관찰이나 사회봉사 또는 수강을 명한 집행유예를 받은 자가 준수사항이나 명령을 위반하고 그 정도가 무거운 때에는 집행유예의 선고를 취소할 수 있다(제64조 제2항). 집행유예의 취소는 자유형의 선고와 마찬가지로 자유를 박탈하는 결과를 가져올 뿐만 아니라 사회봉사·수강명령의 실패와 다름아니기 때문에 사회봉사·수강명령의 목적을 도저히 달성할 수 없을 정도에 이르렀다고 판단될 때 하여야 하는 것이 바람직하다.[3]

법원이 「보호관찰 등에 관한 법률」에 의한 검사의 청구에 의하여 제64조 제2항에 규정된 집행유예 취소의 요건에 해당하는가를 심리함에 있어, 보호관찰기간 중의 재범에 대하여 따로 처벌받는 것과는 별도로 보호관찰자 준수사항 위반 여부 및 그 정도를 평가하여야 하고, 보호관찰이나 사회봉사 또는 수강명령은 각각 병과되는 것이므로 사회봉사 또는 수강명령의 이행 여부는 보호관찰자 준수사항 위반 여부나 그 정도를 평가하는 결정적인 요소가 될 수 없다.[4]

---

1) 대법원 2001. 6. 27.자 2001모135 결정(피고인이 비록 주민등록번호의 정정사실이나 전과사유의 존재 등에 대하여 적극적으로 밝히지 아니하였다고 하더라도, 피고인에 대한 운전면허를 조회하는 과정에서 피고인이 진술한 주민등록번호와 운전면허대장상의 주민등록번호가 일치하지 아니하는 것이 수사기록에 나타나 있었으므로, 수사기관에서 운전면허대장에 기재된 정정 전의 주민등록번호로 범죄경력조회를 해 보았다면 검사는 위 집행유예 결격사유가 되는 전과의 존재사실을 알게 되었을 것이고, 그렇다면 위 99고단1310 사건에 대한 집행유예 판결이 선고된 후 검사는 상소의 방법으로 위 판결의 잘못을 바로잡을 수 있었을 것이다. 결국 이러한 사실관계에서라면 이 사건 집행유예 선고 확정 전에 수사단계에서 이미 그 결격사유를 당연히 알 수 있는 객관적 상황이 존재하였음에도 검사의 부주의로 이를 알지 못하였다고 볼 것이므로, 형법 제64조 제1항에서 말하는 '집행유예의 선고를 받은 후 제62조 단행의 사유가 발각된 때'에 해당한다고 할 수 없음에도, 이와 반대의 취지에서 집행유예의 취소 청구를 받아들인 원심결정은 위법하여 파기를 면하지 못한다).

2) 대법원 1999. 1. 12.자 98모151 결정.

3) 대법원 2009. 3. 30.자 2008모1116 결정(법원이 보호관찰대상자에게 특별히 부과할 수 있는 '재범의 기회나 충동을 줄 수 있는 장소에 출입하지 아니할 것'이라는 사항을 만연히 사회봉사·수강명령대상자에게 부과하고 사회봉사·수강명령대상자가 재범한 것을 집행유예 취소사유로 삼는 것은 신중하여야 한다).

제62조의2의 규정에 의하여 보호관찰이나 사회봉사 또는 수강을 명한 집행유예를 받은 자가 준수사항이나 명령을 위반한 경우에 그 위반사실이 동시에 범죄행위로 되더라도 그 기소나 재판의 확정 여부 등 형사절차와는 별도로 법원이 「보호관찰 등에 관한 법률」에 의한 검사의 청구에 의하여 제64조 제2항에 규정된 집행유예 취소의 요건에 해당하는지 여부를 심리하여 준수사항이나 명령 위반사실이 인정되고 위반의 정도가 무거운 때에는 집행유예를 취소할 수 있다.[1]

Ⅱ. 선고유예

1. 의 의

'선고유예'(宣告猶豫)란 경미한 범죄인에 대하여 일정기간 형의 선고를 유예하고, 그 유예기간을 특별한 사고 없이 경과한 때에는 면소된 것으로 간주하는 것을 말한다. 형의 선고유예는 단기자유형의 집행으로 인한 범죄자의 사회복귀장애를 해소하고 범죄자의 자발적 개선과 갱생을 촉진하고자 하는 제도이다.[2]

2. 요 건

1년 이하의 징역이나 금고, 자격정지 또는 벌금의 형을 선고할 경우에 제51조의 사항을 고려하여 뉘우치는 정상이 뚜렷할 때에는 그 형의 선고를 유예할 수 있다. 다만, 자격정지 이상의 형을 받은 전과가 있는 사람에 대해서는 예외로 한다(제59조 제1항).

(1) 1년 이하의 징역이나 금고·자격정지 또는 벌금의 형을 선고할 경우

선고유예는 1년 이하의 징역이나 금고·자격정지 또는 벌금의 형을 선고할 경우에만 가능하므로, 구류형에 대하여는 선고유예를 할 수 없다.[3] 주형(主刑)을 선고유예하는 경우에는 몰수·추징에 대한 선고유예도 가능하다. 하지만 주형에 대하여 선고유예를 하지 않으면서 부가형인 몰수·추징에 대해서만 선고유예를 할 수는 없다.[4] 형의 선고를 유예하는 경우에 그 몰수

---

4) 대법원 2010. 5. 27.자 2010모446 결정(이미 수차례 음주 및 무면허운전으로 처벌받은 전력이 있는 피고인이 같은 범행으로 집행유예 선고와 함께 보호관찰 등을 명받았음에도 보호관찰관의 지도·감독에 불응하여 집행유예취소 청구가 되어 유치되기까지 하였음에도, 위 집행유예취소 청구가 기각된 후에 종전과 같이 보호관찰관의 지도·감독에 불응하며 동종의 무면허운전을 한 사안에서, 보호관찰 대상자로서의 준수사항을 심각하게 위반하였다고 할 것임에도, 피고인에 대한 집행유예취소 청구를 기각한 원심결정에 법리오해 및 심리미진의 위법이 있다).

1) 대법원 1999. 3. 10.자 99모33 결정.
2) 헌법재판소 2023. 7. 20. 선고 2022헌바232 결정.
3) 대법원 1993. 6. 22. 선고 93오1 판결.
4) 대법원 1988. 6. 21. 선고 88도551 판결(형법 제59조에 의하더라도 몰수는 선고유예의 대상으로 규정되어 있지 아니하고 다만 몰수 또는 이에 갈음하는 추징은 부가형적 성질을 띠고 있어 그 주형에 대하여 선고를 유예하는 경우에는 그 부가할 몰수 추징에 대하여도 선고를 유예할 수 있으나, 그 주형에 대하여 선고를 유예하지 아니하면서 이에 부가할 몰수 추징에 대하여서만 선고를 유예할 수는 없다).

의 요건이 있는 때에는 몰수형만의 형을 선고할 수 있는데[1], 추징은 그 성질상 몰수와 달리 취급할 것이 못되므로 주형을 선고유예하고 추징을 선고한 조치에는 위법이 없다.[2] 그리고 필요적 몰수의 경우라도 주형을 선고유예하는 경우에는 몰수 또는 몰수에 갈음하는 추징도 선고유예를 할 수 있다.[3]

한편 형을 병과할 경우에도 형의 전부 또는 일부에 대하여 선고를 유예할 수 있다(제59조 제2항). 그러므로 징역형과 벌금형을 병과하면서 어느 한 쪽에 대해서만 선고유예를 할 수 있고, 징역형은 집행유예하고 벌금형은 선고유예를 할 수도 있다.

(2) 제51조의 사항을 고려하여 뉘우치는 정상이 뚜렷할 때

'뉘우치는 정상이 뚜렷할 때'란 반성의 정도를 포함하여 널리 형법 제51조가 규정하는 양형의 조건을 종합적으로 참작하여 볼 때 형을 선고하지 않더라도 피고인이 다시 범행을 저지르지 않으리라는 사정이 현저하게 기대되는 경우를 말한다. 이와 달리 여기서의 '뉘우치는 정상이 뚜렷할 때'가 반드시 피고인이 죄를 깊이 뉘우치는 경우만을 뜻하는 것으로 제한하여 해석하거나 피고인이 범죄사실을 자백하지 않고 부인할 경우에는 언제나 선고유예를 할 수 없다고 해석할 것은 아니다.

또한 형법 제51조의 사항과 개전의 정상이 현저한지 여부에 관한 사항은 널리 형의 양정에 관한 법원의 재량사항에 속한다고 해석되므로, 상고심으로서는 형사소송법 제383조 제4호에 의하여 사형·무기 또는 10년 이상의 징역·금고가 선고된 사건에서 형의 양정의 당부에 관한 상고이유를 심판하는 경우가 아닌 이상, 선고유예에 관하여 형법 제51조의 사항과 개전의 정상이 현저한지 여부에 대한 원심 판단의 당부를 심판할 수 없고, 그 원심 판단이 현저하게 잘못되었다고 하더라도 달리 볼 것이 아니다.[4]

(3) 자격정지 이상의 형을 받은 전과가 없을 것

선고유예가 주로 범정이 경미한 초범자에 대하여 형을 부과하지 않고 자발적인 개선과 갱생을 촉진시키고자 하는 제도라는 점, 형법 제61조가 유예기간 중 자격정지 이상의 형에 처한 판결이 확정되거나 자격정지 이상의 형에 처한 전과가 발각된 경우 등을 선고유예의 실효사유로 규정하고 있는 점 등을 종합하여 보면, 형법 제59조 제1항 단서에서 정한 '자격정지 이상의 형을 받은 전과'란 자격정지 이상의 형을 선고받은 범죄경력 자체를 의미하는 것이고, 그 형의 효력이 상실된 여부는 묻지 않는 것으로 해석함이 상당하다. 따라서 형의 집행유예를 선고받은 자는 형법 제65조에 의하여 그 선고가 실효 또는 취소됨이 없이 정해진 유예기간을 무사히 경과하여 형의 선고가 효력을 잃게 되었다고 하더라도 형의 선고의 법률적 효과가 없어진다는

---

1) 대법원 1973. 12. 11. 선고 73도1133 전원합의체 판결.
2) 대법원 1981. 4. 14. 선고 81도614 판결.
3) 대법원 1978. 4. 25. 선고 76도2262 판결.
4) 대법원 2003. 2. 20. 선고 2001도6138 전원합의체 판결.

것일 뿐, 형의 선고가 있었다는 기왕의 사실 자체까지 없어지는 것은 아니므로, 형법 제59조 제1항 단행에서 정한 선고유예 결격사유인 '자격정지 이상의 형을 받은 전과가 있는 자'에 해당한다.[1]

또한 「형의 실효 등에 관한 법률」 제7조 제1항에 의하여 형이 실효되었다고 하더라도 형의 선고의 법률적 효과가 없어진다는 의미일 뿐, 형의 선고가 있었다는 기왕의 사실 자체의 모든 효과까지 소멸한다는 뜻은 아니므로, 일단 자격정지 이상의 형을 선고받은 이상 그 후 그 형이 「형의 실효 등에 관한 법률」에 따라 추후 실효되었다고 하여도 이는 형법 제59조 제1항 단행에서 정한 선고유예 결격사유인 '자격정지 이상의 형을 받은 전과가 있는' 경우에 해당한다.[2]

한편 형법은 선고유예의 예외사유를 '자격정지 이상의 형을 받은 전과'라고만 규정하고 있을 뿐 그 전과를 범행 이전의 것으로 제한하거나 형법 제37조 후단 경합범 규정상의 금고 이상의 형에 처한 판결에 의한 전과를 제외하고 있지 아니한 점, 형법 제39조 제1항은 경합범 중 판결을 받지 아니한 죄가 있는 때에는 그 죄와 판결이 확정된 죄를 동시에 판결할 경우와 형평을 고려하여 그 죄에 대하여 형을 선고하여야 하는데 이미 판결이 확정된 죄에 대하여 금고 이상의 형이 선고되었다면 나머지 죄가 위 판결이 확정된 죄와 동시에 판결되었다고 하더라도 선고유예가 선고되었을 수 없을 것인데 나중에 별도로 판결이 선고된다는 이유만으로 선고유예가 가능하다고 하는 것은 불합리한 점 등을 종합하여 보면, 형법 제39조 제1항에 의하여 형법 제37조 후단 경합범 중 판결을 받지 아니한 죄에 대하여 형을 선고하는 경우에 있어서 형법 제37조 후단에 규정된 금고 이상의 형에 처한 판결이 확정된 죄의 형도 형법 제59조 제1항 단서에서 정한 '자격정지 이상의 형을 받은 전과'에 포함된다.[3]

3. 보호관찰

형의 선고를 유예하는 경우에 재범방지를 위하여 지도 및 원호가 필요한 때에는 보호관찰을 받을 것을 명할 수 있으며(제59조의2 제1항), 이에 의한 보호관찰의 기간은 1년으로 한다(제59조의2 제2항). 그러나 사회봉사 또는 수강명령을 부과할 수 없다는 점에서 집행유예의 경우와 구별된다.

4. 선고유예기간 경과의 효과

형의 선고유예를 받은 날로부터 2년을 경과한 때에는 면소된 것으로 간주한다(제60조). 형의 선고를 유예하는 판결을 할 경우에도 선고가 유예된 형에 대한 판단을 하여야 하므로, 선고

---

1) 대법원 2012. 6. 28. 선고 2011도10570 판결; 대법원 2008. 1. 18. 선고 2007도9405 판결; 대법원 2003. 12. 26. 선고 2003도3768 판결.

2) 대법원 2007. 5. 11. 선고 2005도5756 판결; 대법원 2004. 10. 15. 선고 2004도4869 판결; 대법원 1995. 12. 22. 선고 95도2446 판결.

3) 대법원 2018. 4. 10. 선고 2018오1 판결; 대법원 2010. 7. 8. 선고 2010도931 판결.

유예 판결에서도 그 판결 이유에서는 선고형을 정해 놓아야 하고, 그 형이 벌금형일 경우에는 벌금액뿐만 아니라 환형유치처분까지 해 두어야 한다.[1]

성폭력처벌법상 등록대상자의 신상정보 제출의무는 법원이 별도로 부과하는 것이 아니라 등록대상 성범죄로 유죄판결이 확정되면 성폭력처벌법의 규정에 따라 당연히 발생하는 것이고, 위 유죄판결에서 선고유예 판결이 제외된다고 볼 수 없다. 따라서 등록대상 성범죄에 대하여 선고유예 판결이 있는 경우에도 선고유예 판결이 확정됨으로써 곧바로 등록대상자로 되어 신상정보를 제출할 의무를 지게 되며, 다만 선고유예 판결 확정 후 2년이 경과하여 면소된 것으로 간주되면 등록대상자로서 신상정보를 제출할 의무를 면한다.[2]

5. 선고유예의 실효

(1) 필요적 실효

형의 선고유예를 받은 자가 유예기간 중 자격정지 이상의 형에 처한 판결이 확정되거나[3] 자격정지 이상의 형에 처한 전과가 발견된 때에는 유예한 형을 선고한다(제61조 제1항). 여기에서 '형의 선고유예를 받은 자가 자격정지 이상의 형에 처한 전과가 발견된 때'란 형의 선고유예의 판결이 확정된 후에 비로소 위와 같은 전과가 발견된 경우를 말하고, 그 판결확정 전에 이러한 전과가 발견된 경우에는 이를 취소(실효)할 수 없으며, 이때 판결확정 전에 발견되었다고 함은 검사가 명확하게 그 결격사유를 안 경우만을 말하는 것이 아니라 당연히 그 결격사유를 알 수 있는 객관적 상황이 존재함에도 부주의로 알지 못한 경우도 포함된다.[4]

한편 형의 선고유예를 받은 자가 유예기간 중 자격정지 이상의 형에 처한 판결이 확정되더라도 검사의 청구에 의한 선고유예 실효의 결정에 의하여 비로소 선고유예가 실효되는 것이다. 또한 형의 선고유예의 판결이 확정된 후 2년을 경과한 때에는 형법 제60조가 정하는 바에 따라 면소된 것으로 간주되고, 그와 같이 유예기간이 경과됨으로써 면소된 것으로 간주된 후에는 실

---

1) 대법원 2015. 1. 29. 선고 2014도15120 판결(제1심이 피고인에 대하여 형의 선고를 유예하면서 그 판결 이유에 피고인에 대한 형을 벌금 200만원으로 정하였을 뿐 벌금을 납입하지 아니할 경우의 환형유치기간에 대하여는 아무런 판단을 하지 않았음에도, 원심은 이러한 제1심의 위법을 시정하지 아니하고 검사의 항소를 기각하는 판결을 선고하였으므로, 원심판결에는 형의 선고를 유예하는 판결절차에 관한 법리를 오해하여 판결에 영향을 미친 잘못이 있다); 대법원 2014. 6. 12. 선고 2014도2234 판결; 대법원 1993. 6. 11. 선고 92도3437 판결; 대법원 1988. 1. 19. 선고 86도2654 판결; 대법원 1975. 4. 8. 선고 74도618 판결.

2) 대법원 2014. 11. 13. 선고 2014도3564 판결.

3) 헌법재판소 2023. 3. 23. 선고 2021헌바327 결정(심판대상조항이 범죄의 시기를 기준으로 하지 않고 그 확정판결이 유예기간 중에 있었는지를 기준으로 실효사유로 규정한 것은, 실효사유의 원인이 된 범죄가 선고유예를 받은 범죄 이전에 범한 경우로서 미리 확정되었다면 선고유예 결격사유에 해당하여 선고유예 판결을 받지 못하였을 것인 점, 선고유예를 받은 범죄 행위 이후에 범한 범죄가 선고유예의 판결을 받은 범죄보다 범죄의 발각 또는 판결의 확정이 늦어졌다는 이유로 이에 대해서도 선고유예의 효력을 유지할 수 있도록 하는 것은 경미한 초범에 한하여 한 번 기회를 주는 선고유예 제도의 취지에 반하는 점 등에 비추어 형벌권의 적정한 행사라는 측면에서 충분히 납득할 수 있다).

4) 대법원 2008. 2. 14.자 2007모845 결정.

효시킬 선고유예의 판결이 존재하지 아니하므로 선고유예 실효의 결정(선고유예된 형을 선고하는 결정)을 할 수 없다. 이는 원결정에 대한 집행정지의 효력이 있는 즉시항고 또는 재항고로 인하여 아직 그 선고유예 실효 결정의 효력이 발생하기 전 상태에서 상소심에서 절차 진행 중에 그 유예기간이 그대로 경과한 경우에도 마찬가지이다.[1]

(2) 임의적 실효

제59조의2의 규정에 의하여 보호관찰을 명한 선고유예를 받은 자가 보호관찰기간 중에 준수사항을 위반하고 그 정도가 무거운 때에는 유예한 형을 선고할 수 있다(제61조 제2항).

Ⅲ. 가석방

1. 의 의

'가석방'(假釋放)이란 자유형의 집행을 받고 있는 자가 개전의 정이 현저하다고 인정되는 때에 형기만료 전에 조건부로 수형자를 석방하고, 일정한 기간을 경과한 때에는 형의 집행을 종료한 것으로 간주하는 제도를 말한다. 가석방은 수형자의 사회복귀를 위한 자발적인 노력을 촉진하고, 정기형제도의 결함을 보완하여 형집행에 있어서 구체적 타당성을 실현하는데 기여한다.

2. 요 건

징역이나 금고의 집행 중에 있는 사람이 행상(行狀)이 양호하여 뉘우침이 뚜렷한 때에는 무기형은 20년, 유기형은 형기의 3분의 1이 지난 후 행정처분으로 가석방을 할 수 있다(제72조 제1항). 제1항의 경우에 벌금이나 과료가 병과되어 있는 때에는 그 금액을 완납하여야 한다(제72조 제2항).

(1) 징역이나 금고의 집행 중에 있는 사람이 무기형은 20년, 유기형은 형기의 3분의 1이 지난 후일 것

가석방은 징역 또는 금고의 집행 중에 있는 자에 대해서만 인정되고, 가석방을 하기 위해서는 무기형에 있어서는 20년, 유기형에 있어서는 형기의 3분의 1을 경과하여야 한다. 여기서 말하는 형기는 선고형을 의미하고, 사면 기타 사유로 감형된 경우에는 감형된 형기를 기준으로 한다. 형기에 산입된 판결선고 전 구금일수는 가석방을 하는 경우 집행한 기간에 산입한다(제73조 제1항).

사형집행을 위한 구금은 미결구금도 아니고 형의 집행기간도 아니며 특별감형은 형을 변경하는 효과만 있을 뿐이고 이로 인하여 형의 선고에 의한 기성의 효과는 변경되지 아니하므로

---

1) 대법원 2007. 6. 28.자 2007모348 결정.

사형이 무기징역으로 특별감형된 경우 사형의 판결확정일에 소급하여 무기징역형이 확정된 것으로 보아 무기징역형의 형기 기산일을 사형의 판결 확정일로 인정할 수도 없고 사형집행대기기간이 미결구금이나 형의 집행기간으로 변경된다고 볼 여지도 없으며, 또한 특별감형은 수형 중의 행장의 하나인 사형집행대기기간까지를 참작하여 되었다고 볼 것이므로 사형집행대기기간을 처음부터 무기징역을 받은 경우와 동일하게 가석방요건 중의 하나인 형의 집행기간에 다시 산입할 수는 없다.[1]

한편 징역 또는 금고를 선고받은 소년에 대하여는 무기형의 경우에는 5년, 15년 유기형의 경우에는 3년, 부정기형의 경우에는 단기의 3분의 1의 기간이 지나면 가석방을 허가할 수 있다(소년법 제65조).

(2) 행상(行狀)이 양호하여 뉘우침이 뚜렷한 때

죄를 뉘우침이 뚜렷해야 하는데, 이는 징역이나 금고의 집행 중의 양호한 행상을 통하여 나타나야 한다.

(3) 벌금이나 과료가 병과되어 있는 때에는 그 금액을 완납할 것

동 요건은 가석방되더라도 벌금 또는 과료를 미납하면 노역장에 유치되어 다시 구금될 수 있기 때문에 요구되는 것이다. 다만 벌금이나 과료에 관한 노역장 유치기간에 산입된 판결선고 전 구금일수는 그에 해당하는 금액이 납입된 것으로 본다(제73조 제2항).

3. 가석방의 기간 및 보호관찰

가석방의 기간은 무기형에 있어서는 10년으로 하고, 유기형에 있어서는 남은 형기로 하되, 그 기간은 10년을 초과할 수 없다(제73조의2 제1항). 가석방된 자는 가석방기간 중 보호관찰을 받는다. 다만 가석방을 허가한 행정관청이 필요가 없다고 인정한 때에는 그러하지 아니하다(제73조의2 제2항).

4. 가석방기간 경과의 효과

가석방의 처분을 받은 후 그 처분이 실효 또는 취소되지 아니하고 가석방기간을 경과한 때에는 형의 집행을 종료한 것으로 본다(제76조 제1항). 이와 같이 형의 집행을 종료하는 효과만이 인정되는데, 이는 집행유예기간 경과의 경우에 형선고 자체가 실효되는 것과 구별된다. 그러므로 형의 선고나 유죄판결 자체의 효력에는 영향이 없다. 가석방 기간 동안은 형의 집행이 종료된 것이 아니므로 가석방기간 중 재범을 한 경우에도 누범가중을 할 수는 없다.[2]

---

1) 대법원 1991. 3. 4.자 90모59 결정.
2) 대법원 1976. 9. 14. 선고 76도2158 판결.

5. 실효 및 취소

(1) 가석방의 실효

가석방 기간 중 고의로 지은 죄로 금고 이상의 형을 선고받아 그 판결이 확정된 경우에 가석방 처분은 효력을 잃는다(제74조).

(2) 가석방의 취소

가석방의 처분을 받은 자가 감시에 관한 규칙을 위배하거나 보호관찰의 준수사항을 위반하고 그 정도가 무거운 때에는 가석방처분을 취소할 수 있다(제75조).

(3) 가석방의 실효 및 취소의 효과

가석방이 실효 또는 취소되면 가석방 당시의 잔형기의 형을 집행한다. 이 때 가석방의 익일(翌日)부터 실효 또는 취소로 인하여 다시 구금된 전일까지의 기간은 형기에 산입하지 아니한다(제76조 제2항).

제 6 절 형의 시효·소멸·기간

I. 형의 시효

1. 의 의

'시효'(時效)란 형의 선고를 받아 판결이 확정된 후 그 형의 집행을 받지 않고 일정기간을 경과하면 형의 집행이 면제되는 것을 말한다. 형의 시효는 확정된 형벌의 집행권을 소멸시키는 제도라는 점에서 미확정의 형벌권인 공소권을 소멸시키는 공소시효와 구별된다.

2. 시효의 기간

시효는 형을 선고하는 재판이 확정된 후 그 집행을 받지 아니하고 ① 무기의 징역 또는 금고: 20년, ② 10년 이상의 징역 또는 금고: 15년, ③ 3년 이상의 징역이나 금고 또는 10년 이상의 자격정지: 10년, ④ 3년 미만의 징역이나 금고 또는 5년 이상의 자격정지: 7년, ⑤ 5년 미만의 자격정지, 벌금·몰수 또는 추징: 5년, ⑥ 구류 또는 과료: 1년의 기간이 지나면 완성된다(제78조).

3. 효 과

형(사형은 제외한다)을 선고받은 사람에 대해서는 시효가 완성되면 그 집행이 면제된다(제77조). 시효의 완성으로 당연히 집행면제의 효과가 발생하며, 별도의 재판은 필요 없다.

4. 시효의 정지

시효는 형의 집행의 유예나 정지 또는 가석방 기타 집행할 수 없는 기간은 진행되지 아니한다(제79조 제1항). 여기서 '집행할 수 없는 기간'이란 천재지변 기타 사변으로 인하여 형의 집행을 할 수 없는 기간을 말하고, 도주나 소재불명은 이에 해당하지 아니한다. 시효는 형이 확정된 후 그 형의 집행을 받지 아니한 사람이 형의 집행을 면할 목적으로 국외에 있는 기간 동안은 진행되지 아니한다(제79조 제2항). 시효의 정지사유가 소멸한 때부터 잔여 시효기간이 진행된다.

5. 시효의 중단

시효는 징역, 금고 및 구류의 경우에는 수형자를 체포한 때, 벌금, 과료, 몰수 및 추징의 경우에는 강제처분을 개시한 때에 중단된다(제80조). 확정된 벌금형을 집행하기 위한 검사의 집행명령에 기하여 집달관이 집행을 개시하였다면 이로써 벌금형에 대한 시효는 중단되는 것인데, 이 경우 압류물을 환가하여도 집행비용 외에 잉여가 없다는 이유로 집행불능이 되었다고 하더라도 이미 발생한 시효중단의 효력이 소멸하지는 않는다.[1] 여기서 채권에 대한 강제집행의 방법으로 벌금형을 집행하는 경우에는 검사의 징수명령서에 기하여 '법원에 채권압류명령을 신청하는 때'에 강제처분인 집행행위의 개시가 있는 것으로 보아 특별한 사정이 없는 한 그때 시효중단의 효력이 발생한다.

한편 그 시효중단의 효력이 발생하기 위하여 집행행위가 종료되거나 성공하였음을 요하지 아니하고, 수형자에게 집행행위의 개시사실을 통지할 것을 요하지 아니한다. 따라서 일응 수형자의 재산이라고 추정되는 채권에 대하여 압류신청을 한 이상 피압류채권이 존재하지 아니하거나 압류채권을 환가하여도 집행비용 외에 잉여가 없다는 이유로 집행불능이 되었다고 하더라도 이미 발생한 시효중단의 효력이 소멸하지는 않는다.[2]

수형자가 벌금의 일부를 납부한 경우에는 이로써 집행행위가 개시된 것으로 보아 그 벌금형의 시효가 중단된다고 봄이 상당하고, 이 경우 '벌금의 일부 납부'란 수형자 본인이 스스로 벌금을 일부 납부한 경우, 즉 벌금의 일부를 수형자 본인 또는 그 대리인이나 사자가 수형자 본인의 의사에 따라 이를 납부한 경우를 말하는 것이고, 수형자 본인의 의사와는 무관하게 제3자가 이를 납부한 경우는 포함되지 아니한다.[3]

추징에 있어서의 시효는 강제처분을 개시함으로 인하여 중단된다. 여기에서 유체동산 경매의 방법으로 추징형을 집행하는 경우에는 검찰징수사무규칙 제17조에 의한 검사의 징수명령서

---

[1] 대법원 1992. 12. 28.자 92모39 결정; 대법원 1979. 3. 29. 선고 78도8 판결.
[2] 대법원 2009. 6. 25.자 2008모1396 결정.
[3] 대법원 2001. 8. 23.자 2001모91 결정.

를 집행관이 수령하는 때에 강제처분의 개시가 있는 것으로 보아야 하고, 다만 집행관이 그 후에 집행에 착수하지 못하면 시효중단의 효력이 없어진다. 그러므로 집행관이 추징의 시효 만료 전에 징수명령서를 수령하고, 그 후 상당한 기간이 경과되기 전에 징수명령이 집행되었다면 추징의 시효가 완성된 후의 집행이 아니라고 할 것이다.[1]

Ⅱ. 형의 소멸·실효 및 복권·사면

1. 형의 소멸

'형의 소멸'이란 유죄판결의 확정에 의하여 발생한 형의 집행권을 소멸시키는 제도를 말한다. 형의 소멸은 유죄판결의 확정에 의한 형집행권을 소멸시킨다는 점에서 검사의 형벌청구권을 소멸시키는 공소권의 소멸과 구별된다. 형의 소멸사유에는 형집행의 종료, 가석방기간의 경과, 집행유예기간의 경과, 형집행의 면제, 형의 시효의 완성, 범인의 사망 등이 있다.

2. 형의 실효

'형의 실효(失效)'란 전과사실을 말소시켜 수형자의 사회복귀를 용이하게 하는 제도를 말한다.

(1) 재판상의 실효

징역 또는 금고의 집행을 종료하거나 집행이 면제된 자가 피해자의 손해를 보상하고 자격정지 이상의 형을 받음이 없이 7년을 경과한 때에는 본인 또는 검사의 신청에 의하여 그 재판의 실효를 선고할 수 있다(제81조). 형의 집행종료 후 7년 이내에 집행유예의 판결을 받고 그 기간을 무사히 경과하여 7년을 채우더라도 형법 제81조의 '형을 받음이 없이 7년을 경과'하는 때에 해당하지 아니하여 형의 실효를 선고할 수 없다.[2]

(2) 당연실효

수형인이 자격정지 이상의 형을 받지 아니하고 형의 집행을 종료하거나 그 집행이 면제된 날부터 3년을 초과하는 징역·금고는 10년, 3년 이하의 징역·금고는 5년, 벌금은 2년의 기간이 경과한 때에 그 형은 실효된다. 다만 구류와 과료는 형의 집행을 종료하거나 그 집행이 면제된 때에 그 형이 실효된다(「형의 실효 등에 관한 법률」 제7조 제1항). 형이 실효되기 위해서는 수형자가 형의 집행을 종료한 후 자격정지 이상의 형을 받음이 없이 「형의 실효 등에 관한 법률」 제7조 제1항 각 호에서 정한 기간을 경과하여야 한다.[3] 하나의 판결로 여러 개의 형이 선고된 경우에는 각 형의 집행을 종료하거나 그 집행이 면제된 날부터 가장 무거운 형에 대한 「형의

---

1) 대법원 2006. 1. 17.자 2004모524 결정.
2) 대법원 1983. 4. 2.자 83모8 결정.
3) 대법원 2010. 3. 25. 선고 2009도14793 판결; 대법원 1983. 9. 13. 선고 83도1840 판결.

실효 등에 관한 법률」 제7조 제1항의 기간이 경과한 때에 형의 선고는 효력을 잃는다. 다만 징역과 금고는 같은 종류의 형으로 보고 각 형기를 합산한다(「형의 실효 등에 관한 법률」 제7조 제2항).

(3) 형의 실효의 효과

형이 실효된 경우에는 형의 선고에 의한 법적 효과가 장래에 향하여 소멸된다. 과거 2번 이상의 징역형을 받은 자가 자격정지 이상의 형을 받음이 없이 마지막 형의 집행을 종료한 날부터 「형의 실효 등에 관한 법률」 제7조 제1항에서 정한 기간을 경과한 때에는 그 마지막 형 이전의 형도 모두 실효되는 것으로 보아야 할 것이다.[1] 그러나 형이 실효되더라도 선고유예의 결격사유에는 해당된다.[2]

3. 복 권

자격정지의 선고를 받은 자가 피해자의 손해를 보상하고 자격정지 이상의 형을 받음이 없이 정지기간의 2분의 1을 경과한 때에는 본인 또는 검사의 신청에 의하여 자격의 회복을 선고할 수 있다(제82조). 복권은 형의 집행이 끝나지 아니한 자 또는 집행이 면제되지 아니한 자에 대하여는 하지 아니한다(사면법 제6조). 복권은 사면의 경우와 같이 형의 언도의 효력을 상실시키는 것이 아니고, 다만 형의 언도의 효력으로 인하여 상실 또는 정지된 자격을 회복시킴에 지나지 아니하는 것이므로 복권이 있었다고 하더라도 그 전과사실은 누범가중사유에 해당한다.[3]

4. 사 면

(1) 일반사면

'일반사면'(一般赦免)이란 죄를 범한 자에 대하여 죄의 종류를 정하여 대통령령으로 행하는 사면을 말한다(사면법 제3조 제1호, 사면법 제8조). 일반사면이 이루어지면 형선고의 효력이 상실되며, 형을 선고받지 아니한 자에 대하여는 공소권이 상실된다. 다만 특별한 규정이 있을 때에는 예외로 한다(사면법 제5조 제1항 제1호). 하지만 형의 선고에 따른 기성의 효과는 사면으로 인하여 변경되지 아니한다(사면법 제5조 제2항).

(2) 특별사면

'특별사면'(特別赦免)이란 형의 선고를 받은 자에 대하여 대통령이 행하는 사면을 말한다(사면법 제3조 제2호, 사면법 제9조). 특별사면이 이루어지면 형의 집행이 면제된다. 다만 특별한 사정이 있을 때에는 이후 형선고의 효력을 상실하게 할 수 있다(사면법 제5조 제1항 제2호). 하지만 형의 선고에 따른 기성의 효과는 사면으로 인하여 변경되지 아니한다(사면법 제5조 제2항).

---

1) 대법원 2010. 3. 25. 선고 2010도8 판결.
2) 대법원 2004. 10. 15. 선고 2004도4869 판결.
3) 대법원 1981. 4. 14. 선고 81도543 판결.

Ⅲ. 형의 기간

1. 기간의 계산

연(年) 또는 월(月)로 정한 기간은 연 또는 월 단위로 계산한다(제83조). 형의 집행과 시효기간의 초일은 시간을 계산함이 없이 1일로 산정한다(제85조). 석방은 형기종료일에 하여야 한다(제86조).

2. 형기의 기산

형기는 판결이 확정된 날로부터 기산한다(제84조 제1항). 징역·금고·구류와 유치에 있어서는 구속되지 아니한 일수는 형기에 산입하지 아니한다(제84조 제2항).

제 2 장 보안처분론

제 1 절 보안처분의 일반이론

Ⅰ. 보안처분의 의의

1. 의 의

'보안처분'(保安處分)이란 행위 속에 내포된 행위자의 장래 위험성에 근거하여 범죄자의 개선을 통해 범죄를 예방하고 장래의 위험을 방지하여 사회를 보호하기 위해서 형벌에 대신하여 또는 형벌을 보충하여 부과되는 자유의 박탈과 제한 등의 형사제재를 말한다. 형벌이 본질적으로 행위자가 저지른 과거의 불법에 대한 책임을 전제로 부과되는 형사제재인 반면에, 보안처분은 행위자의 장래 위험성으로부터 사회를 방위하기 위한 합목적적인 조치를 말하므로, 양자는 그 근거와 목적을 달리하는 형사제재이다.

연혁적으로도 보안처분은 형벌이 적용될 수 없거나 형벌의 효과를 기대할 수 없는 행위자를 개선·치료하고, 이러한 행위자의 위험성으로부터 사회를 보호하기 위한 형사정책적인 필요성에 따라 만든 제재이므로 형벌과 본질적인 차이가 있다. 즉 형벌과 보안처분은 다 같이 형사제재에 해당하지만, 형벌은 책임의 한계 안에서 과거 불법에 대한 응보를 주된 목적으로 하는 제재이고, 보안처분은 장래의 재범 위험성을 전제로 범죄를 예방하기 위한 제재이다. 이와 같이 보안처분은 형벌과 그 목적이나 심사대상 등을 달리하므로 징역형의 대체수단으로 취급하여 함부로 양형을 감경해서는 안 되며, 보안처분의 선고는 피고사건의 양형에 유리하게 참작되어서는 아니 된다.

2. 보안처분법정주의

헌법 제12조 제1항에 의하면, 누구든지 법률과 적법한 절차에 의하지 아니하고는 처벌·보안처분 또는 강제노역을 받지 아니한다. 이는 죄형법정주의와 더불어 보안처분법정주의를 규정하고 있는 규정으로 이해된다. 하지만 그 내용에 있어서는 완전히 동일하다고 할 수 없는데, 예를 들면 보안처분의 경우에는 소급효금지의 원칙이 철저하게 요구되지 않다는 점을 들 수 있다.

이에 따라 자유박탈적 보안처분이 아니라 자유제한적 보안처분에 해당하는 보호관찰에 관하여 반드시 행위 이전에 규정되어 있어야 하는 것은 아니며, 재판시의 규정에 의하여 보호관찰을 받을 것을 명할 수 있다.[1] 또한 보안처분의 일종인 전자감시제도는 범죄행위를 한 자에 대한 응보를 주된 목적으로 그 책임을 추궁하는 사후적 처분인 형벌과 구별되어 그 본질을 달리하는 것으로서 형벌에 관한 일사부재리의 원칙이 그대로 적용되지 않으므로, 형 집행의 종료 이후에 위치추적 전자장치 부착명령을 집행하도록 규정하더라도 그것이 일사부재리의 원칙에 반한다고 볼 수 없다.[1]

　　한편 보안처분이 형벌의 한계를 극복 내지 보완해 줄 수 있는 유용하고 필요한 제도라고 하더라도, 국민의 기본권을 제한하는 형사제재인 보안처분이 아무런 원칙 없이 자의적으로 부과될 수는 없고, 그 정당성을 확보하기 위해서는 법치국가적 이념에 상응하는 원리의 한계 안에서 부과되어야 한다. 이러한 측면에서 보안처분의 경우에는 보안처분을 정당화하고 한계지우는 지도원리로서 과잉금지의 원칙이 강조된다. 즉 형벌은 책임주의에 의하여 제한을 받지만 보안처분에 있어서는 형벌에 대해 책임주의가 기능하는 바와 같은 역할을 하는 것이 바로 과잉금지의 원칙이다.

Ⅱ. 보안처분의 본질

1. 일원주의

　　'일원주의'란 형벌과 보안처분을 본질적으로 동일하게 파악하고, 위법행위에 대하여 양자 가운데 어느 하나만을 부과해야 한다는 입법주의를 말한다.

2. 이원주의

　　'이원주의'란 형벌과 보안처분의 본질을 서로 다른 것으로 파악하고, 위법행위에 대하여 양자를 함께 부과해야 한다는 입법주의를 말한다. 형벌과 보안처분을 서로 병과하여 선고하더라도 헌법 제13조 제1항 후단에서 말하는 이중처벌금지원칙에 위배되지 아니한다.[2]

3. 대체주의

　　'대체주의'란 형벌과 보안처분의 본질을 서로 다른 것으로 파악하고, 위법행위에 대하여 양자를 함께 부과해야 한다는 이원주의를 채택하되, 선고된 형벌의 집행단계에서 보안처분으로 대체할 수 있다는 입법주의를 말한다. 예를 들면 치료감호법 제18조에 의하면, 치료감호와 형벌이 병과된 경우에는 치료감호를 먼저 집행하고, 이 경우 치료감호의 집행기간은 형벌의 집행기간에 포함함으로써 대체주의를 채택하고 있다.

1) 대법원 1997. 6. 13. 선고 97도703 판결.
1) 대법원 2009. 9. 10. 선고 2009도6061 판결.
2) 헌법재판소 2015. 11. 26. 선고 2014헌바475 결정.

Ⅲ. 보안처분의 요건

1. 위법행위의 존재

보안처분을 부과하기 위해서는 우선적으로 위법행위의 존재가 필요하다. 다만 행위자에게 책임까지 인정될 필요는 없다. 그러므로 형법 제10조 제1항에 따라 벌하지 아니하는 심신상실자에 대하여도 일정한 요건을 충족하면 치료감호를 부과할 수 있다.

2. 재범의 위험성

보안처분은 형벌만으로 행위자의 장래 재범에 대한 위험성을 제거하기에 충분하지 못한 경우에 사회방위와 행위자의 건전한 사회복귀의 목적을 달성하기 위하여 고안된 특별예방적 처분이다. 여기서 재범의 위험성은 보안처분의 핵심이므로, 보안처분을 부과하기 위해서는 재범위험성이 반드시 요구된다. 헌법 제12조 제1항이 규정하고 있는 "누구든지 … 법률과 적법한 절차에 의하지 아니하고는 처벌·보안처분 또는 강제노역을 받지 아니한다."라는 조항에서 구현된 죄형법정주의의 보안처분적 요청은 '재범의 위험성이 없으면 보안처분은 없다.'는 뜻을 내포한다.[1]

여기서 '재범위험성'(再犯危險性)이란 재범할 가능성만으로는 부족하고, 행위자가 장래에 다시 범죄를 범하여 법적 평온을 깨뜨릴 상당한 개연성이 있음을 의미한다. 재범위험성의 유무는 행위자의 직업과 환경, 범행 이전의 행적, 범행의 동기, 수단, 범행 후의 정황, 개전의 정 등 여러 사정을 종합적으로 평가하여 객관적으로 판단하여야 하고, 이러한 판단은 장래에 대한 가정적 판단이므로 판결 시를 기준으로 하여야 한다.[2]

제 2 절   보안처분의 유형별 내용

Ⅰ. 보호관찰

1. 의 의

'보호관찰'(保護觀察)이란 형사정책적 견지에서 본래 개인의 자유에 맡겨진 영역이거나 타인의 이익을 침해하는 금지된 행위가 아니더라도 보호관찰 대상자의 특성, 그가 저지른 범죄의 내용과 종류 등을 구체적·개별적으로 고려하여, 교정시설에 구금하는 대신 일정 기간 동안 사회 내에서 정상적이고 자유로운 생활을 하게 하면서도 보호관찰 대상자의 자유를 제한하는 내

---

1) 헌법재판소 2021. 6. 24. 선고 2017헌바479 결정.
2) 대법원 2018. 9. 13. 선고 2018도7658 판결.

용의 준수사항을 부과함으로써 대상자의 교화·개선을 통해 범죄를 예방하고 재범을 방지하려는 데에 그 제도적 의의가 있는 보안처분을 말한다.[1]

2. 대 상

(1) 형법 제62조의2에 따라 보호관찰을 조건으로 형의 집행유예를 선고받은 사람

형의 집행을 유예하는 경우에는 보호관찰을 받을 것을 명(하거나 사회봉사 또는 수강을 명)할 수 있다(형법 제62조의2 제1항). 이에 의한 보호관찰의 기간은 집행을 유예한 기간으로 한다. 다만, 법원은 유예기간의 범위 내에서 보호관찰기간을 정할 수 있다(형법 제62조의2 제2항). 이에 의하여 보호관찰을 명한 집행유예를 받은 자가 준수사항이나 명령을 위반하고 그 정도가 무거운 때에는 집행유예의 선고를 취소할 수 있다(형법 제64조 제2항).

(2) 형법 제59조의2에 따라 보호관찰을 조건으로 형의 선고유예를 받은 사람

형의 선고를 유예하는 경우에 재범방지를 위하여 지도 및 원호가 필요한 때에는 보호관찰을 받을 것을 명할 수 있다(형법 제59조의2 제1항). 이에 의한 보호관찰의 기간은 1년으로 한다(형법 제59조의2 제2항). 이에 의하여 보호관찰을 명한 선고유예를 받은 자가 보호관찰기간 중에 준수사항을 위반하고 그 정도가 무거운 때에는 유예한 형을 선고할 수 있다(형법 제61조 제2항).

(3) 형법 제73조의2 또는 보호관찰법 제25조에 따라 보호관찰을 조건으로 가석방되거나 임시퇴원된 사람

가석방된 자는 가석방기간 중 보호관찰을 받는다. 다만, 가석방을 허가한 행정관청이 필요가 없다고 인정한 때에는 그러하지 아니하다(형법 제73조의2 제1항). 임시퇴원자는 퇴원일부터 6개월 이상 2년 이하의 범위에서 심사위원회가 정한 기간 동안 보호관찰을 받는다(보호관찰법 제30조 제4호). 이에 의하여 가석방의 처분을 받은 자가 보호관찰의 준수사항을 위반하고 그 정도가 무거운 때에는 가석방처분을 취소할 수 있다(형법 제75조).

(4) 소년법 제32조 제1항 제4호 및 제5호의 보호처분을 받은 사람

소년부 판사는 심리 결과 보호처분을 할 필요가 있다고 인정하면 결정으로써 보호처분을 하여야 하는데(소년법 제32조 제1항), 이 가운데 보호관찰관의 단기 보호관찰(제4호) 및 보호관찰관의 장기 보호관찰(제5호)이 있다. 단기 보호관찰기간은 1년으로 하고(소년법 제33조 제2항), 장기 보호관찰기간은 2년으로 한다. 다만, 소년부 판사는 보호관찰관의 신청에 따라 결정으로써 1년의 범위에서 한 번에 한하여 장기 보호관찰기간을 연장할 수 있다(소년법 제33조 제3항).

이 경우 3개월 이내의 기간을 정하여 「보호소년 등의 처우에 관한 법률」에 따른 대안교육 또는 소년의 상담·선도·교화와 관련된 단체나 시설에서의 상담·교육을 받을 것을 동시에 명할 수 있고(소년법 제32조의2 제1항), 1년 이내의 기간을 정하여 야간 등 특정 시간대의 외출을

---

[1] 대법원 2010. 9. 30. 선고 2010도6403 판결.

제한하는 명령을 보호관찰대상자의 준수 사항으로 부과할 수 있다(소년법 제32조의2 제2항).

(5) 다른 법률에서 보호관찰법에 따른 보호관찰을 받도록 규정된 사람

여기서 말하는 다른 법률의 예로는 전자장치부착법, 청소년성보호법, 스토킹처벌법, 치료감호법[1] 등이 있다.

3. 내 용

(1) 보호관찰의 개시 및 신고

보호관찰은 법원의 판결이나 결정이 확정된 때 또는 가석방·임시퇴원된 때부터 시작되며, 보호관찰 대상자는 대통령령으로 정하는 바에 따라 주거, 직업, 생활계획, 그 밖에 필요한 사항을 관할 보호관찰소의 장에게 신고하여야 한다(보호관찰법 제29조).

(2) 일반준수사항

보호관찰 대상자는 보호관찰관의 지도·감독을 받으며 준수사항을 지키고 스스로 건전한 사회인이 되도록 노력하여야 하며(보호관찰법 제32조 제1항), ① 주거지에 상주(常住)하고 생업에 종사할 것, ② 범죄로 이어지기 쉬운 나쁜 습관을 버리고 선행(善行)을 하며 범죄를 저지를 염려가 있는 사람들과 교제하거나 어울리지 말 것, ③ 보호관찰관의 지도·감독에 따르고 방문하면 응대할 것, ④ 주거를 이전(移轉)하거나 1개월 이상 국내외 여행을 할 때에는 미리 보호관찰관에게 신고할 것 등의 기본사항을 준수해야 한다(보호관찰법 제32조 제2항).

(3) 특별준수사항

법원 및 심사위원회는 판결의 선고 또는 결정의 고지를 할 때에는 기본적인 준수사항 외에 범죄의 내용과 종류 및 본인의 특성 등을 고려하여 필요하면 보호관찰 기간의 범위에서 기간을 정하여 ① 야간 등 재범의 기회나 충동을 줄 수 있는 특정 시간대의 외출 제한, ② 재범의 기회나 충동을 줄 수 있는 특정 지역·장소의 출입 금지, ③ 피해자 등 재범의 대상이 될 우려가 있는 특정인에 대한 접근 금지, ④ 범죄행위로 인한 손해를 회복하기 위하여 노력할 것, ⑤ 일정한 주거가 없는 자에 대한 거주장소 제한, ⑥ 사행행위에 빠지지 아니할 것, ⑦ 일정량 이상의 음주를 하지 말 것, ⑧ 마약 등 중독성 있는 물질을 사용하지 아니할 것, ⑨ 「마약류관리에 관한 법률」상의 마약류 투약, 흡연, 섭취 여부에 관한 검사에 따를 것, ⑩ 그 밖에 보호관찰 대상

---

1) 헌법재판소 2023. 10. 26. 선고 2021헌마839 결정(치료감호법은 3년간의 필요적 보호관찰제도를 채택하면서도, 치료감호심의위원회가 피보호관찰자의 관찰성적 및 치료경과가 양호하면 보호관찰기간이 끝나기 전에 보호관찰의 종료를 결정할 수 있도록 하고(제35조 제2항), 보호관찰기간이 끝나면 치료의 종결 여부와 관계없이 치료감호가 끝나는 것으로 하고 있으며(제35조 제1항), 치료감호심의위원회는 가종료된 피치료감호자에 대하여 6개월마다 종료 여부를 심사, 결정하고, 치료감호 종료 결정이 있을 때에는 보호관찰이 종료되는 것으로 하고 있다(제22조 후단, 제32조 제3항). 이와 같은 치료감호법상의 보호관찰은 치료가 종료될 때까지 피보호관찰자를 계속 치료감호소에 수용하는 대신 피보호관찰자로 하여금 사회와의 유대관계 속에서 자유롭게 치료를 받을 수 있도록 가종료 결정과 동시에 부과하는 처분으로, 피보호관찰자의 입장에서는 자유박탈적 처분에서 그보다 경한 자유제한적 처분으로 집행이 감경되는 측면이 있다).

자의 재범 방지를 위하여 필요하다고 인정되어 대통령령으로 정하는 사항 등의 사항을 특별히 지켜야 할 사항으로 따로 과(科)할 수 있다(보호관찰법 제32조 제3항).[1]

여기서 보호관찰법 제32조 제3항 제10호에서 '대통령령으로 정하는 사항'이란 ① 운전면허를 취득할 때까지 자동차(원동기장치자전거를 포함한다) 운전을 하지 않을 것, ② 직업훈련, 검정고시 등 학과교육 또는 성행(성품과 행실)개선을 위한 교육, 치료 및 처우 프로그램에 관한 보호관찰관의 지시에 따를 것, ③ 범죄와 관련이 있는 특정 업무에 관여하지 않을 것, ④ 성실하게 학교수업에 참석할 것, ⑤ 정당한 수입원에 의하여 생활하고 있음을 입증할 수 있는 자료를 정기적으로 보호관찰관에게 제출할 것, ⑥ 흉기나 그 밖의 위험한 물건을 소지 또는 보관하거나 사용하지 아니할 것, ⑦ 가족의 부양 등 가정생활에 있어서 책임을 성실히 이행할 것, ⑧ 그 밖에 보호관찰 대상자의 생활상태, 심신의 상태, 범죄 또는 비행의 동기, 거주지의 환경 등으로 보아 보호관찰 대상자가 준수할 수 있고 자유를 부당하게 제한하지 아니하는 범위에서 개선·자립에 도움이 된다고 인정되는 구체적인 사항을 말한다(보호관찰법 시행령 제19조).

(4) 준수사항 위반시 제재

보호관찰 대상자가 위와 같은 준수사항을 위반하거나 사정변경의 상당한 이유가 있는 경우에는 법원은 보호관찰소의 장의 신청 또는 검사의 청구에 따라, 심사위원회는 보호관찰소의 장의 신청에 따라 각각 준수사항의 전부 또는 일부를 추가, 변경하거나 삭제할 수 있다(보호관찰법 제32조 제4항).

또한 보호관찰소의 장은 보호관찰 대상자가 준수사항을 위반하였거나 위반하였다고 의심할 상당한 이유가 있고, ① 일정한 주거가 없는 경우, ② 소환에 따르지 아니한 경우, ③ 도주한 경우 또는 도주할 염려가 있는 경우 가운데 어느 하나에 해당하는 사유가 있는 경우에는 관할 지방검찰청의 검사에게 신청하여 검사의 청구로 관할 지방법원 판사의 구인장을 발부받아 보호관찰 대상자를 구인(拘引)할 수 있는데(보호관찰법 제39조 제1항), 보호관찰 대상자를 구인하였을 때에는 유치(留置) 허가를 청구한 경우를 제외하고는 구인한 때부터 48시간 이내에 석방하여야 한다(보호관찰법 제41조).

(5) 보호관찰의 종료

보호관찰은 보호관찰 대상자가 ① 보호관찰 기간이 지난 때, ② 형법 제61조에 따라 보호

---

1) 대법원 2020. 11. 5. 선고 2017도18291 판결(보호관찰법 제32조 제3항이 보호관찰 대상자에게 과할 수 있는 특별준수사항으로 정한 "범죄행위로 인한 손해를 회복하기 위하여 노력할 것(제4호)" 등 같은 항 제1호부터 제9호까지의 사항은 보호관찰 대상자에 한해 부과할 수 있을 뿐, 사회봉사명령·수강명령 대상자에 대해서는 부과할 수 없다. … 형법과 보호관찰법 및 보호관찰법 시행령은 시간 단위로 부과될 수 있는 일 또는 근로활동만을 사회봉사명령의 방법으로 정하고 있고, 사회봉사명령에 부수하여 부과할 수 있는 특별준수사항도 사회봉사명령 대상자의 교화·개선 및 자립을 유도하기 위한 보안처분적인 것만을 규정하고 있을 뿐이며, 사회봉사명령이나 그 특별준수사항으로 범죄에 대한 응보 및 원상회복을 도모하기 위한 것은 허용하지 않고 있다. 따라서 법원이 사회봉사명령의 특별준수사항으로 피고인에게 범행에 대한 원상회복을 명하는 것은 법률이 허용하지 아니하는 피고인의 권리와 법익에 대한 제한과 침해에 해당하므로 죄형법정주의 또는 보안처분 법률주의에 위배된다).

관찰을 조건으로 한 형의 선고유예가 실효되거나 같은 법 제63조 또는 제64조에 따라 보호관찰을 조건으로 한 집행유예가 실효되거나 취소된 때, ③ 가석방 또는 임시퇴원이 실효되거나 취소된 때, ④ 보호처분이 변경된 때, ⑤ 부정기형 종료 결정이 있는 때, ⑥ 보호관찰이 정지된 임시퇴원자가 「보호소년 등의 처우에 관한 법률」 제43조 제1항의 나이가 된 때, ⑦ 다른 법률에 따라 보호관찰이 변경되거나 취소·종료된 때 가운데 어느 하나에 해당하는 때에 종료한다(보호관찰법 제51조 제1항).

Ⅱ. 보안관찰

1. 의 의

'보안관찰'(保安觀察)이란 형법·군형법·국가보안법상 간첩, 내란·이적죄 등 보안관찰해당범죄 또는 이와 경합된 범죄로 금고 이상의 형의 선고를 받고 그 형기 합계가 3년 이상인 자로서 형의 전부 또는 일부의 집행을 받은 사실이 있는 자 가운데 보안관찰해당범죄를 다시 범할 위험성이 있다고 인정할 충분한 이유가 있어 재범의 방지를 위한 관찰이 필요한 자에 대하여 부과하는 보안처분을 말한다.

2. 대 상

보안관찰의 대상은 보안관찰해당범죄[1] 또는 이와 경합된 범죄로 금고 이상의 형의 선고를 받고 그 형기 합계가 3년 이상인 자로서 형의 전부 또는 일부의 집행을 받은 사실이 있는 자 가운데 보안관찰해당범죄를 다시 범할 위험성[2]이 있다고 인정할 충분한 이유가 있어 재범의 방지를 위한 관찰이 필요한 자이다(보안관찰법 제3조 및 제4조 제1항). 이와 같이 보안관찰해당범죄는 민주주의 체제의 수호와 사회질서의 유지, 그리고 국민의 생존 및 자유에 직접적이고 중대한 영향을 미치는 범죄에 국한되어 있다는 점이 특징이다.

---

1) 보안관찰법 제2조(보안관찰해당범죄) 이 법에서 "보안관찰해당범죄"라 함은 다음 각호의 1에 해당하는 죄를 말한다.
   1. 형법 제88조·제89조(제87조의 미수범을 제외한다)·제90조(제87조에 해당하는 죄를 제외한다)·제92조 내지 제98조·제100조(제99조의 미수범을 제외한다) 및 제101조(제99조에 해당하는 죄를 제외한다)
   2. 군형법 제5조 내지 제8조·제9조 제2항 및 제11조 내지 제16조
   3. 국가보안법 제4조, 제5조(제1항 중 제4조 제1항 제6호에 해당하는 행위를 제외한다), 제6조, 제9조 제1항·제3항(제2항의 미수범을 제외한다)·제4항
2) 대법원 2016. 8. 24. 선고 2016두34929 판결(보안관찰처분의 요건으로서 재범의 위험성이란 장래 다시 보안관찰해당범죄를 범할 개연성을 의미하고, 이는 종전에 범한 보안관찰해당범죄의 종류와 성격, 처분대상자의 범정, 형집행 기간 중에 처분대상자가 보인 행태, 형 집행 이후의 사회적 활동 및 태도, 생활환경, 성행 등 여러 사정을 종합적으로 고려하여 판단하여야 하며, 보안관찰처분의 기간갱신결정을 할 때에는 '갱신 시점을 기준'으로 '기존의 보안관찰에도 불구하고 여전히 보안관찰해당범죄의 재범을 방지하기 위하여 보안관찰을 계속할 필요성'이 있다고 인정되어야 한다).

3. 내 용

(1) 보안관찰의 청구 및 기간

보안관찰처분청구는 검사가 행한다(보안관찰법 제7조). 보안관찰처분을 받은 자는 보안관찰법이 정하는 바에 따라 소정의 사항을 주거지 관할경찰서장에게 신고하고, 재범방지에 필요한 범위안에서 그 지시에 따라 보안관찰을 받아야 한다(보안관찰법 제4조 제2항). 보안관찰처분의 기간은 2년으로 하며, 법무부장관은 검사의 청구가 있는 때에는 보안관찰처분심의위원회의 의결을 거쳐 그 기간을 갱신할 수 있다(보안관찰법 제5조).

(2) 지 도

검사 및 사법경찰관리는 피보안관찰자의 재범을 방지하고 건전한 사회복귀를 촉진하기 위하여 ① 피보안관찰자와 긴밀한 접촉을 가지고 항상 그 행동 및 환경 등을 관찰하는 것, ② 피보안관찰자에 대하여 신고사항을 이행함에 적절한 지시를 하는 것, ③ 기타 피보안관찰자가 사회의 선량한 일원이 되는데 필요한 조치를 취하는 것 등의 지도를 할 수 있다(보안관찰법 제19조 제1항).

검사 및 사법경찰관은 피보안관찰자의 재범방지를 위하여 특히 필요한 경우에는 ① 보안관찰해당범죄를 범한 자와의 회합·통신을 금지하는 것, ② 집단적인 폭행, 협박, 손괴, 방화 등으로 공공의 안녕질서에 직접적인 위협을 가할 것이 명백한 집회 또는 시위장소에의 출입을 금지하는 것, ③ 피보안관찰자의 보호 또는 조사를 위하여 특정장소에의 출석을 요구하는 것 등의 조치를 할 수 있다(보안관찰법 제19조 제2항).

Ⅲ. 사회봉사명령·수강명령

1. 의 의

'사회봉사명령'(社會奉仕命令)이란 다른 법률에 특별한 규정이 없는 한 의무적으로 500시간 내에서 시간 단위로 부과될 수 있는 일 또는 근로활동을 명하는 것을 말하고[1], '수강명령'(受講命令)이란 다른 법률에 특별한 규정이 없는 한 의무적으로 200시간 내에서 시간 단위로 부과될 수 있는 강의의 이수를 명하는 것을 말한다.

보호관찰명령이 보호관찰기간 동안 바른 생활을 영위할 것을 요구하는 추상적 조건의 부과이거나 악행을 하지 말 것을 요구하는 소극적인 부작위조건의 부과인 반면, 사회봉사명령·

---

[1] 대법원 2008. 4. 24. 선고 2007도8116 판결(법원이 형법 제62조의2의 규정에 의한 사회봉사명령으로 피고인에게 일정한 금원을 출연할 것을 명하는 것은 현행법상 허용될 수 없다); 대법원 2008. 4. 11. 선고 2007도8373 판결(사회공헌기금으로 일정액의 금전을 출연하는 것을 주된 내용으로 하는 사회공헌약속 이행을 명한 부분은, 500시간 내에서 시간 단위로 부과될 수 있는 일 또는 근로활동이 아닌 일정한 금원을 출연할 것을 명하는 것이어서, 현행 형법 제62조의2에 의한 사회봉사명령으로 허용될 수 없는 것이다).

수강명령은 특정시간 동안의 적극적인 작위의무를 부과하는 데 그 특징이 있다. 이에 따라 사회봉사명령·수강명령 대상자에 대한 특별준수사항은 보호관찰 대상자에 대한 것과 같을 수 없고, 보호관찰 대상자에 대한 특별준수사항을 사회봉사명령·수강명령 대상자에게 그대로 적용하는 것은 적합하지 않다.[1]

2. 대 상

(1) 형법 제62조의2에 따라 사회봉사 또는 수강을 조건으로 형의 집행유예를 선고받은 사람

형의 집행을 유예하는 경우에는 (보호관찰을 받을 것을 명하거나) 사회봉사 또는 수강을 명할 수 있다(형법 제62조의2 제1항). 사회봉사명령 또는 수강명령은 집행유예기간 내에 이를 집행한다(형법 제62조의2 제3항). 이에 의하여 사회봉사 또는 수강을 명한 집행유예를 받은 자가 준수사항이나 명령을 위반하고 그 정도가 무거운 때에는 집행유예의 선고를 취소할 수 있다(형법 제64조 제2항).[2]

(2) 소년법 제32조에 따라 사회봉사명령 또는 수강명령을 받은 사람

소년부 판사는 심리 결과 보호처분을 할 필요가 있다고 인정하면 결정으로써 보호처분을 하여야 하는데(소년법 제32조 제1항), 이 가운데 수강명령(제2호) 및 사회봉사명령(제3호)이 있다. 수강명령은 12세 이상의 소년에게만 할 수 있고(소년법 제32조 제4항), 사회봉사명령은 14세 이상의 소년에게만 할 수 있다(소년법 제32조 제3항). 그리고 수강명령은 100시간을, 사회봉사명령은 200시간을 초과할 수 없으며, 보호관찰관이 그 명령을 집행할 때에는 사건 본인의 정상적인 생활을 방해하지 아니하도록 하여야 한다(소년법 제33조 제4항).

(3) 다른 법률에서 보호관찰법에 따른 사회봉사 또는 수강을 받도록 규정된 사람

여기서 말하는 다른 법률의 예로는 청소년성보호법, 아동학대처벌법, 스토킹처벌법 등이 있다.

3. 내 용

법원은 형법 제62조의2에 따른 사회봉사를 명할 때에는 500시간[3], 수강을 명할 때에는 200

---

1) 대법원 2020. 11. 5. 선고 2017도18291 판결.

2) 집행유예의 취소는 자유형의 선고와 마찬가지로 자유를 박탈하는 결과를 가져올 뿐만 아니라 사회봉사·수강명령의 실패와 다름 아니기 때문에 이는 사회봉사·수강명령의 목적을 도저히 달성할 수 없을 정도에 이르렀다고 판단될 때에 하여야 함이 바람직하다는 사정을 보태어 보면, 법원이 보호관찰대상자에게 특별히 부과할 수 있는 '재범의 기회나 충동을 줄 수 있는 장소에 출입하지 아니할 것'이라는 사항을 만연히 사회봉사·수강명령대상자에게 부과하고 사회봉사·수강명령대상자가 재범한 것을 집행유예 취소사유로 삼는 것은 신중하여야 할 것이다(대법원 2009. 3. 30.자 2008모1116 결정).

3) 대법원 2020. 11. 5. 선고 2017도18291 판결(보호관찰법 제32조 제3항은 법원 및 보호관찰 심사위원회가 판결의 선고 또는 결정의 고지를 할 때 보호관찰 대상자에게 "범죄행위로 인한 손해를 회복하기 위하여 노력할 것(제4호)" 등 같은 항 제1호부터 제9호까지 정한 사항과 "그 밖에 보호관찰 대상자의 재범 방지를 위하여 필요하다고

시간의 범위에서 그 기간을 정하여야 한다. 다만, 다른 법률에 특별한 규정이 있는 경우에는 그 법률에서 정하는 바에 따른다(보호관찰법 제59조 제1항). 이 경우 법원은 사회봉사·수강명령 대상자가 사회봉사를 하거나 수강할 분야와 장소 등을 지정할 수 있다(보호관찰법 제59조 제2항).

Ⅳ. 치료감호

1. 의 의

'치료감호'(治療監護)란 심신장애 상태, 마약류·알코올이나 그 밖의 약물중독 상태, 정신성적(精神性的) 장애가 있는 상태 등에서 범죄행위를 한 자로서 재범(再犯)의 위험성이 있고 특수한 교육·개선 및 치료가 필요하다고 인정되는 자에 대하여 적절한 보호와 치료를 함으로써 재범을 방지하고 사회복귀를 촉진하는 것을 목적으로 보안처분을 말한다.

2. 대 상

치료감호대상자는 ① 형법 제10조 제1항에 따라 벌하지 아니하거나 같은 조 제2항에 따라 형을 감경할 수 있는 심신장애인으로서 금고 이상의 형에 해당하는 죄를 지은 자, ② 마약·향정신성의약품·대마, 그 밖에 남용되거나 해독(害毒)을 끼칠 우려가 있는 물질이나 알코올을 식음(食飮)·섭취·흡입·흡연 또는 주입받는 습벽이 있거나 그에 중독된 자로서 금고 이상의 형에 해당하는 죄를 지은 자, ③ 소아성기호증(小兒性嗜好症), 성적가학증(性的加虐症) 등 성적 성벽(性癖)이 있는 정신성적 장애인으로서 금고 이상의 형에 해당하는 성폭력범죄를 지은 자 가운데 어느 하나에 해당하는 자로서 치료감호시설에서 치료를 받을 필요가 있고 재범의 위험성[1]이 있는 자이다(치료감호법 제2조 제1항).[2]

인정되어 대통령령으로 정하는 사항(제10호)"을 특별준수사항으로 따로 과할 수 있다고 규정하고 있다. … 형법과 보호관찰법 및 보호관찰법 시행령은 시간 단위로 부과될 수 있는 일 또는 근로활동만을 사회봉사명령의 방법으로 정하고 있고, 사회봉사명령에 부수하여 부과할 수 있는 특별준수사항도 사회봉사명령 대상자의 교화·개선 및 자립을 유도하기 위한 보안처분적인 것만을 규정하고 있을 뿐이며, 사회봉사명령이나 그 특별준수사항으로 범죄에 대한 응보 및 원상회복을 도모하기 위한 것은 허용하지 않고 있다. 따라서 법원이 사회봉사명령의 특별준수사항으로 피고인에게 범행에 대한 원상회복을 명하는 것('2017년 말까지 이 사건 개발제한행위 위반에 따른 건축물 등을 모두 원상복구할 것')은 법률이 허용하지 아니하는 피고인의 권리와 법익에 대한 제한과 침해에 해당하므로 죄형법정주의 또는 보안처분 법률주의에 위배된다).

1) 대법원 2000. 7. 4. 선고 2000도1908 판결(치료감호의 요건이 되는 재범의 위험성이라 함은 피감호청구인이 장래에 다시 심신장애의 상태에서 범행을 저지를 상당한 개연성이 있는 경우를 말하고, 그 위험성 유무는 피감호청구인에 대한 위험성의 하나의 징표가 되는 원인행위로서 당해 범행의 내용과 판결선고 당시의 피감호청구인의 심신장애의 정도, 심신장애의 원인이 될 질환의 성격과 치료의 난이도, 향후 치료를 계속 받을 수 있는 환경의 구비 여부, 피감호청구인 자신의 재범예방 의지의 유무 등 제반 사정을 종합적으로 평가하여 객관적으로 판단하여야 한다); 대법원 1982. 6. 22. 선고 82감도142 판결(치료감호의 요건인 재범의 위험성에 대한 판단은 과거의 사실에 대한 판단이 아니고 미래에 대한 가정적 판단이므로 그 위험성의 유무에 관한 판단은 행위시가 아니라 치료감호 청구사건에 대한 판결시를 기준으로 하여야 할 것이다).

2) 한편 치료명령대상자란 ① 형법 제10조 제2항에 따라 형을 감경할 수 있는 심신장애인으로서 금고 이상의 형에 해당하는 죄를 지은 자, ② 알코올을 식음하는 습벽이 있거나 그에 중독된 자로서 금고 이상의 형에 해당하는

3. 내 용

(1) 치료감호의 청구 및 선고

검사는 치료감호대상자가 치료감호를 받을 필요가 있는 경우 관할 법원에 치료감호를 청구할 수 있는데(치료감호법 제4조 제1항), 공소제기한 사건의 항소심 변론종결 시까지 치료감호를 청구할 수 있다(치료감호법 제4조 제5항).[1] 법원은 공소제기된 사건의 심리결과 치료감호를 할 필요가 있다고 인정할 때에는 검사에게 치료감호 청구를 요구할 수 있다(치료감호법 제4조 제7항).

치료감호사건의 제1심 재판관할은 지방법원합의부 및 지방법원지원 합의부로 한다.[2] 이 경우 치료감호가 청구된 치료감호대상자에 대한 치료감호사건과 피고사건의 관할이 다른 때에는 치료감호사건의 관할에 따른다(치료감호법 제3조 제2항). 그리고 치료감호사건의 판결은 피고사건의 판결과 동시에 선고하여야 한다(치료감호법 제12조 제2항).

(2) 치료감호의 집행

치료감호를 선고받은 자(피치료감호자)에 대하여는 치료감호시설에 수용하여 치료를 위한 조치를 한다(치료감호법 제16조 제1항). 피치료감호자를 치료감호시설에 수용하는 기간은, 심신장애인 및 정신성적 장애인은 15년, 약물중독자는 2년을 초과할 수 없다(치료감호법 제16조 제2항). 다만 전자장치부착법 제2조 제3호의2에 따른 살인범죄를 저질러 치료감호를 선고받은 피치료감호자가 살인범죄를 다시 범할 위험성이 있고 계속 치료가 필요하다고 인정되는 경우에는 법원은 치료감호시설의 장의 신청에 따른 검사의 청구로 3회까지 매회 2년의 범위에서 치료감호기간을 연장하는 결정을 할 수 있다(치료감호법 제16조 제3항).

한편 치료감호의 집행은 검사가 지휘하며(치료감호법 제17조 제1항), 치료감호와 형(刑)이 병과(倂科)된 경우에는 치료감호를 먼저 집행한다. 이 경우 치료감호의 집행기간은 형 집행기간에 포함한다(치료감호법 제18조).

죄를 지은 자, ③ 마약·향정신성의약품·대마, 그 밖에 대통령령으로 정하는 남용되거나 해독을 끼칠 우려가 있는 물질을 식음·섭취·흡입·흡연 또는 주입받는 습벽이 있거나 그에 중독된 자로서 금고 이상의 형에 해당하는 죄를 지은 자 가운데 어느 하나에 해당하는 자로서 통원치료를 받을 필요가 있고 재범의 위험성이 있는 자를 말한다(치료감호법 제2조의3).

1) 헌법재판소 2021. 1. 28. 선고 2019헌가24, 2019헌바404 결정(청구인이나 제청법원이 주장하는 '피고인 스스로 치료감호를 청구할 수 있는 권리'뿐만 아니라 '법원으로부터 직권으로 치료감호를 선고받을 수 있는 권리'는 헌법상 재판청구권의 보호범위에 포함된다고 보기 어렵다).

2) 대법원 2009. 11. 12. 선고 2009도6946 판결(단독판사 관할 피고사건의 항소사건이 지방법원 합의부나 지방법원지원 합의부에 계속 중일 때 그 변론종결 시까지 청구된 치료감호사건의 관할법원은 고등법원이고, 피고사건의 관할법원도 치료감호사건의 관할을 따라 고등법원이 되며, 위와 같은 치료감호사건이 지방법원이나 지방법원지원에 청구되어 피고사건 항소심을 담당하는 합의부에 배당된 경우 그 합의부는 치료감호사건과 피고사건을 모두 고등법원에 이송하여야 한다).

(3) 치료감호의 종료 및 위탁

치료감호심의위원회는 피치료감호자에 대하여 치료감호 집행을 시작한 후 매 6개월마다 치료감호의 종료 또는 가종료(假終了) 여부를 심사·결정하고, 가종료 또는 치료위탁된 피치료감호자에 대하여는 가종료 또는 치료위탁 후 매 6개월마다 종료 여부를 심사·결정한다(치료감호법 제22조).

치료감호심의위원회는 치료감호만을 선고받은 피치료감호자에 대한 집행이 시작된 후 1년이 지났을 때에는 상당한 기간을 정하여 그의 법정대리인, 배우자, 직계친족, 형제자매에게 치료감호시설 외에서의 치료를 위탁할 수 있다(치료감호법 제23조 제1항).

V. 전자감시제도

1. 의 의

'전자감시'(電子監視)란 특정범죄자의 재범 방지와 성행교정을 통한 재사회화를 위하여 그의 행적을 추적하여 위치를 확인할 수 있는 전자장치를 신체에 부착하게 하는 부가적인 조치를 취함으로써 특정범죄로부터 국민을 보호함을 목적으로 하는 보안처분을 말한다. 이와 같이 보안처분의 일종인 전자감시제도는 범죄행위를 한 자에 대한 응보를 주된 목적으로 그 책임을 추궁하는 사후적 처분인 형벌과 구별되어 그 본질을 달리하는 것으로서 형벌에 관한 일사부재리의 원칙이 그대로 적용되지 않는다.[1]

한편 전자장치부착법에서는 ① 형 집행 종료 후의 전자장치 부착, ② 가석방 및 가종료 등과 전자장치 부착, ③ 형의 집행유예와 부착명령, ④ 보석과 전자장치 부착, ⑤ 스토킹행위자에 대한 전자장치 부착 등을 규정하고 있는데, 이 가운데 전형적인 전자감시제도인 형 집행 종료 후의 전자장치 부착을 중심으로 살펴 본다.

2. 대 상

(1) 특정 성폭력범죄자

검사는 ① 성폭력범죄로 징역형의 실형을 선고받은 사람이 그 집행을 종료한 후 또는 집행이 면제된 후 10년 이내에 성폭력범죄를 저지른 때, ② 성폭력범죄로 이 법에 따른 전자장치를 부착받은 전력이 있는 사람이 다시 성폭력범죄를 저지른 때, ③ 성폭력범죄를 2회 이상 범하여(유죄의 확정판결을 받은 경우를 포함한다)[2] 그 습벽이 인정된 때, ④ 19세 미만의 사람에 대하여

---

1) 대법원 2009. 9. 10. 선고 2009도6061 판결(이 사건 법률이 형 집행의 종료 이후에 부착명령을 집행하도록 규정하고 있다 하더라도 그것이 일사부재리의 원칙에 반한다고 볼 수 없다).

2) 대법원 2012. 3. 22. 선고 2011도15057 전원합의체 판결(피부착명령청구자가 소년법에 의한 보호처분을 받은 전력이 있다고 하더라도, 이는 유죄의 확정판결을 받은 경우에 해당하지 아니함이 명백하므로, 피부착명령청구자가 2회 이상 성폭력범죄를 범하였는지를 판단함에 있어 그 소년보호처분을 받은 전력을 고려할 것이 아니다).

성폭력범죄를 저지른 때, ⑤ 신체적 또는 정신적 장애가 있는 사람에 대하여 성폭력범죄를 저지른 때 가운데 어느 하나에 해당하고, 성폭력범죄를 다시 범할 위험성이 있다고 인정되는 사람에 대하여 전자장치를 부착하도록 하는 명령을 법원에 청구할 수 있다(전자장치부착법 제5조 제1항).

(2) 특정 미성년자 대상 유괴범죄자

검사는 미성년자 대상 유괴범죄를 저지른 사람으로서 미성년자 대상 유괴범죄를 다시 범할 위험성이 있다고 인정되는 사람에 대하여 부착명령을 법원에 청구할 수 있다. 다만, 유괴범죄로 징역형의 실형 이상의 형을 선고받아 그 집행이 종료 또는 면제된 후 다시 유괴범죄를 저지른 경우에는 부착명령을 청구하여야 한다(전자장치부착법 제5조 제2항).

(3) 특정 살인범죄자

검사는 살인범죄를 저지른 사람으로서 살인범죄를 다시 범할 위험성이 있다고 인정되는 사람에 대하여 부착명령을 법원에 청구할 수 있다. 다만, 살인범죄로 징역형의 실형 이상의 형을 선고받아 그 집행이 종료 또는 면제된 후 다시 살인범죄를 저지른 경우에는 부착명령을 청구하여야 한다(전자장치부착법 제5조 제3항).

(4) 특정 강도범죄자

검사는 ① 강도범죄로 징역형의 실형을 선고받은 사람이 그 집행을 종료한 후 또는 집행이 면제된 후 10년 이내에 다시 강도범죄를 저지른 때, ② 강도범죄로 이 법에 따른 전자장치를 부착하였던 전력이 있는 사람이 다시 강도범죄를 저지른 때, ③ 강도범죄를 2회 이상 범하여(유죄의 확정판결을 받은 경우를 포함한다) 그 습벽이 인정된 때 가운데 어느 하나에 해당하고 강도범죄를 다시 범할 위험성이 있다고 인정되는 사람에 대하여 부착명령을 법원에 청구할 수 있다(전자장치부착법 제5조 제4항).

(5) 특정 스토킹범죄자

검사는 ① 스토킹범죄로 징역형의 실형을 선고받은 사람이 그 집행을 종료한 후 또는 집행이 면제된 후 10년 이내에 다시 스토킹범죄를 저지른 때, ② 스토킹범죄로 이 법에 따른 전자장치를 부착하였던 전력이 있는 사람이 다시 스토킹범죄를 저지른 때, ③ 스토킹범죄를 2회 이상 범하여(유죄의 확정판결을 받은 경우를 포함한다) 그 습벽이 인정된 때 가운데 어느 하나에 해당하고 스토킹범죄를 다시 범할 위험성이 있다고 인정되는 사람에 대하여 부착명령을 법원에 청구할 수 있다(전자장치부착법 제5조 제5항).

3. 내 용

(1) 부착명령의 청구

검사에 의한 부착명령의 청구는 공소가 제기된 특정범죄사건의 항소심 변론종결 시까지 하여야 한다(전자장치부착법 제5조 제6항). 법원은 공소가 제기된 특정범죄사건을 심리한 결과

부착명령을 선고할 필요가 있다고 인정하는 때에는 검사에게 부착명령의 청구를 요구할 수 있다(전자장치부착법 제5조 제7항). 부착명령 청구사건의 제1심 재판은 지방법원 합의부의 관할로 한다(전자장치부착법 제7조 제2항).

(2) 부착명령의 판결

법원은 부착명령 청구가 이유 있다고 인정하는 때에는 ① 법정형의 상한이 사형 또는 무기징역인 특정범죄: 10년 이상 30년 이하, ② 법정형 중 징역형의 하한이 3년 이상의 유기징역인 특정범죄(제1호에 해당하는 특정범죄는 제외한다): 3년 이상 20년 이하, ③ 법정형 중 징역형의 하한이 3년 미만의 유기징역인 특정범죄(제1호 또는 제2호에 해당하는 특정범죄는 제외한다): 1년 이상 10년 이하의 범위 내에서 부착기간을 정하여 판결로 부착명령을 선고하여야 한다. 다만, 19세 미만의 사람에 대하여 특정범죄를 저지른 경우에는 부착기간 하한을 본항 각 호에 따른 부착기간 하한의 2배로 한다(제9조 제1항).

여러 개의 특정범죄에 대하여 동시에 부착명령을 선고할 때에는 법정형이 가장 중한 죄의 부착기간 상한의 2분의 1까지 가중하되, 각 죄의 부착기간의 상한을 합산한 기간을 초과할 수 없다. 다만, 하나의 행위가 여러 특정범죄에 해당하는 경우에는 가장 중한 죄의 부착기간을 부착기간으로 한다(전자장치부착법 제9조 제2항).

부착명령 청구사건의 판결은 특정범죄사건의 판결과 동시에 선고하여야 하며(전자장치부착법 제9조 제5항), 부착명령의 선고는 특정범죄사건의 양형에 유리하게 참작되어서는 아니 된다(전자장치부착법 제9조 제7항). 부착명령을 선고받은 사람은 부착기간 동안 보호관찰을 받는다(전자장치부착법 제9조 제3항).

(3) 준수사항

법원은 부착명령을 선고하는 경우 부착기간의 범위에서 준수기간을 정하여 ① 야간, 아동·청소년의 통학시간 등 특정 시간대의 외출제한, ② 어린이 보호구역 등 특정지역·장소에의 출입금지 및 접근금지, ③ 주거지역의 제한, ④ 피해자 등 특정인에의 접근금지, ⑤ 500시간의 범위에서 특정범죄 치료 프로그램의 이수, ⑥ 마약 등 중독성 있는 물질의 사용금지, ⑦ 그 밖에 부착명령을 선고받는 사람의 재범방지와 성행교정을 위하여 필요한 사항 등의 준수사항 중 하나 이상을 부과할 수 있다(전자장치부착법 제9조의2 제1항).

(4) 부착명령의 집행

부착명령은 특정범죄사건에 대한 형의 집행이 종료되거나 면제·가석방되는 날 또는 치료감호의 집행이 종료·가종료되는 날 석방 직전에 피부착명령자의 신체에 전자장치를 부착함으로써 집행한다(전자장치부착법 제13조 제1항).

Ⅵ. 성충동 약물치료

1. 의 의

'성충동 약물치료'(性衝動 藥物治療)란 비정상적인 성적 충동이나 욕구를 억제하기 위한 조치로서 성도착증 환자에게 약물 투여 및 심리치료 등의 방법으로 도착적인 성기능을 일정기간 동안 약화 또는 정상화하는 치료를 말한다. 대인적 보안처분의 일종인 성충동 약물치료는 원칙적으로 형 집행 종료 이후 신체에 영구적인 변화를 초래할 수도 있는 약물의 투여를 피청구자의 동의 없이 강제적으로 상당 기간 실시하게 된다는 점에서 헌법이 보장하고 있는 신체의 자유와 자기결정권에 대한 가장 직접적이고 침익적인 처분에 해당한다고 볼 수 있다.[1]

2. 대 상

성충동 약물치료는 사람에 대하여 성폭력범죄를 저지른 성도착증 환자로서 성폭력범죄를 다시 범할 위험성이 있다고 인정되는 사람을 대상으로 실시되는데, 여기서 말하는 '성도착증 환자'란 치료감호법 제2조 제1항 제3호에 해당하는 사람(소아성기호증(小兒性嗜好症), 성적가학증(性的加虐症) 등 성적 성벽(性癖)이 있는 정신성적 장애인으로서 금고 이상의 형에 해당하는 성폭력범죄를 지은 자)[2] 및 정신건강의학과 전문의의 감정에 의하여 성적 이상 습벽으로 인하여 자신의 행위를 스스로 통제할 수 없다고 판명된 사람을 말한다(성충동약물치료법 제2조 제1호).

치료명령의 요건으로 '성폭력범죄를 다시 범할 위험성'이란 재범할 가능성만으로는 부족하고, 피청구자가 장래에 다시 성폭력범죄를 범하여 법적 평온을 깨뜨릴 상당한 개연성을 의미한다. 그런데 장기간의 형 집행이 예정된 사람의 경우에는 치료명령의 선고시점과 실제 치료명령의 집행시점 사이에 상당한 시간적 간격이 있어 성충동 호르몬 감소나 노령화 등으로 성도착증이 자연스럽게 완화되거나 치유될 가능성을 배제하기 어렵고, 피청구자의 동의 없이 강제적으로 이루어지는 치료명령 자체가 피청구자의 신체의 자유와 자기결정권에 대한 중대한 제한이 되는 사정을 감안하여 보면, 비록 피청구자가 성도착증 환자로 진단받았다고 하더라도 그러한

---

1) 대법원 2014. 2. 27. 선고 2013도12301 판결.

2) 대법원 2014. 12. 11. 선고 2014도6930 판결(치료감호법 제2조 제1항 제3호는 성폭력범죄를 저지른 성적 성벽이 있는 정신성적 장애인를 치료감호대상자로 규정하고 있는데, 성충동약물치료법 제2조 제1호, 제4조 제1항은 치료감호법 제2조 제1항 제3호의 정신성적 장애인를 치료명령의 대상이 되는 성도착증 환자의 한 유형으로 규정하고 있다. 따라서 성폭력범죄를 저지른 정신성적 장애인에 대하여는 치료감호와 치료명령이 함께 청구될 수도 있는데, 앞서 본 바와 같이 피청구자의 동의 없이 강제적으로 이루어지는 치료명령 자체가 피청구자의 신체의 자유와 자기결정권에 대한 중대한 제한이 되는 점, 치료감호는 치료감호법에 규정된 수용기간을 한도로 피치료감호자가 치유되어 치료감호를 받을 필요가 없을 때 종료되는 것이 원칙인 점, 치료감호와 치료명령이 함께 선고된 경우에는 성충동약물치료법 제14조에 따라 치료감호의 종료·가종료 또는 치료위탁으로 석방되기 전 2개월 이내에 치료명령이 집행되는 점 등을 감안하면, 치료감호와 치료명령이 함께 청구된 경우에는, 치료감호를 통한 치료에도 불구하고 치료명령의 집행시점에도 여전히 약물치료가 필요할 만큼 피청구자에게 성폭력범죄를 다시 범할 위험성이 있고 피청구자의 동의를 대체할 수 있을 정도의 상당한 필요성이 인정되는 경우에 한하여 치료감호와 함께 치료명령을 선고할 수 있다고 보아야 한다).

사정만으로 바로 피청구자에게 성폭력범죄에 대한 재범의 위험성이 있다고 단정할 것이 아니라, 치료명령의 집행시점에도 여전히 약물치료가 필요할 만큼 피청구자에게 성폭력범죄를 다시 범할 위험성이 있고 피청구자의 동의를 대체할 수 있을 정도의 상당한 필요성이 인정되는 경우에 한하여 비로소 치료명령의 요건을 갖춘 것으로 보아야 한다.[1]

3. 내 용

(1) 치료명령의 청구

검사는 사람에 대하여 성폭력범죄를 저지른 성도착증 환자로서 성폭력범죄를 다시 범할 위험성이 있다고 인정되는 19세 이상의 사람에 대하여 약물치료명령(이하 '치료명령'이라고 한다)을 법원에 청구할 수 있다(성충동약물치료법 제4조 제1항). 이에 따른 치료명령의 청구는 공소가 제기되거나 치료감호가 독립청구된 성폭력범죄사건(이하 '피고사건'이라고 한다)의 항소심 변론 종결 시까지 하여야 한다(성충동약물치료법 제4조 제3항). 검사는 치료명령 청구대상자에 대하여 정신건강의학과 전문의의 진단이나 감정을 받은 후 치료명령을 청구하여야 한다(성충동약물치료법 제4조 제2항). 법원은 피고사건의 심리결과 치료명령을 할 필요가 있다고 인정하는 때에는 검사에게 치료명령의 청구를 요구할 수 있다(성충동약물치료법 제4조 제4항).

(2) 치료명령의 판결

법원은 치료명령 청구가 이유 있다고 인정하는 때에는 15년의 범위에서 치료기간을 정하여 판결로 치료명령을 선고하여야 한다(성충동약물치료법 제8조 제1항). 치료명령을 선고받은 사람은 치료기간 동안 보호관찰을 받는다(성충동약물치료법 제8조 제2항). 치료명령 청구사건의 판결은 피고사건의 판결과 동시에 선고하여야 한다(성충동약물치료법 제8조 제4항). 치료명령의 선고는 피고사건의 양형에 유리하게 참작되어서는 아니 된다(성충동약물치료법 제8조 제6항).

(3) 치료명령의 집행 면제 신청

징역형과 함께 치료명령을 받은 사람 및 그 법정대리인은 주거지 또는 현재지를 관할하는 지방법원에 치료명령이 집행될 필요가 없을 정도로 개선되어 성폭력범죄를 다시 범할 위험성이 없음을 이유로 치료명령의 집행 면제를 신청할 수 있다. 이에 따른 신청은 치료명령의 원인이 된 범죄에 대한 징역형의 집행이 종료되기 전 12개월부터 9개월까지의 기간에 하여야 한다. 다만, 징역형과 함께 치료명령을 받은 사람이 치료감호의 집행 중인 경우에는 치료명령의 집행 면제를 신청할 수 없다(성충동약물치료법 제8조의2). 치료명령의 선고시점과 집행시점 사이에 상당한 시간적 간극이 있는 경우 집행시점에도 여전히 집행의 필요성이 있는지에 대하여 판단을 받을 기회를 부여하는 것은 제도를 합헌적으로 운용하기 위해 치료명령의 집행 면제 신청제도는 필수적인 절차로 보아야 한다.[2]

---

[1] 대법원 2014. 2. 27. 선고 2013도12301 판결.
[2] 대법원 2021. 8. 19. 선고 2020도16111 판결.

528 제 3 편 형사제재론

(4) 치료명령의 집행

치료명령은 검사의 지휘를 받아 보호관찰관이 집행한다(성충동약물치료법 제13조 제1항). 치료명령은 의료법에 따른 의사의 진단과 처방에 의한 약물 투여, 「정신건강증진 및 정신질환자 복지서비스 지원에 관한 법률」에 따른 정신보건전문요원 등 전문가에 의한 인지행동 치료 등 심리치료 프로그램의 실시 등의 방법으로 집행한다(성충동약물치료법 제14조 제1항). 치료명령을 받은 사람이 형의 집행이 종료되거나 면제·가석방 또는 치료감호의 집행이 종료·가종료 또는 치료위탁으로 석방되는 경우 보호관찰관은 석방되기 전 2개월 이내에 치료명령을 받은 사람에게 치료명령을 집행하여야 한다(성충동약물치료법 제14조 제3항).

Ⅶ. 신상공개제도

1. 의 의

'신상공개'(身上公開)란 특정 성폭력범죄를 범한 자가 성폭력범죄를 다시 범할 위험성이 있다고 인정되는 경우에 그 개인신상을 일정 기간 정보통신망에 공개하여 성폭력범죄를 예방하고 사회를 방위하기 위한 보안처분을 말한다. 신상공개제도는 성폭력범죄의 재범을 억제하고 성폭력범죄자의 조속한 검거 등의 효율적인 수사를 그 목적으로 하고 있다.[1]

현행법은 성폭력처벌법 및 청소년성보호법에서 신상공개를 규정하고 있는데, 이 가운데 신상공개제도의 효시라고 할 수 있는 청소년성보호법상의 신상공개를 중심으로 살펴 본다.

2. 대 상

신상공개의 대상은 ① 아동·청소년대상 성범죄를 저지른 자, ② 성폭력처벌법 제2조 제1항 제3호·제4호, 같은 조 제2항(제1항 제3호·제4호에 한정한다), 제3조부터 제15조까지의 범죄를 저지른 자, ③ 제1호 또는 제2호의 죄를 범하였으나 형법 제10조 제1항에 따라 처벌할 수 없는 자로서 제1호 또는 제2호의 죄를 다시 범할 위험성이 있다고 인정되는 자 가운데 어느 하나에 해당하는 자이다. 다만, 피고인이 아동·청소년인 경우, 그 밖에 신상정보를 공개하여서는 아니 될 특별한 사정이 있다고 판단하는 경우에는 그러하지 아니하다(청소년성보호법 제49조 제1항).

3. 내 용

법원은 공개정보[2]를 성폭력처벌법 제45조 제1항[3]의 등록기간 동안 정보통신망을 이용하

---

1) 헌법재판소 2023. 9. 26. 선고 2020헌마160 결정.
2) 공개하도록 제공되는 등록정보는 ① 성명, ② 나이, ③ 주소 및 실제거주지, ④ 신체정보(키와 몸무게), ⑤ 사진, ⑥ 등록대상 성범죄 요지(판결일자, 죄명, 선고형량을 포함한다), ⑦ 성폭력범죄 전과사실(죄명 및 횟수), ⑧ 전자장치 부착 여부 등이다(청소년성보호법 제49조 제4항).
3) 성폭력처벌법 제45조(등록정보의 관리) ① 법무부장관은 제44조 제1항 또는 제4항에 따라 기본신상정보를 최초

여 공개하도록 하는 명령을 등록대상 사건의 판결과 동시에 선고하여야 한다(청소년성보호법 제
49조 제1항). 이에 따른 등록정보의 공개기간은 판결이 확정된 때부터 기산한다(청소년성보호법
제49조 제2항). 한편 공개정보를 정보통신망을 이용하여 열람하고자 하는 자는 실명인증 절차를
거쳐야 한다(청소년성보호법 제49조 제6항).

Ⅷ. 소년법상 보호처분

1. 의 의

소년법은 반사회성이 있는 소년에 대한 환경의 조정과 품행의 교정을 위한 보호처분 등의
필요한 조치를 규정함과 동시에, 형사처분에 관한 특별한 조치를 함으로써 소년이 건전하게 성
장하도록 돕는 것을 주된 목적으로 하고 있다.

소년법은 크게 비행소년에 대한 법적 효과로서 보호처분의 주요 내용과 형사처분의 특칙
을 중심으로 규정하고 있는데, 성인의 경우에는 그에 대한 형사적 제재로서 형사처분만이 존재
하는 반면에, 소년의 경우에는 형사처분뿐만 아니라 보호처분까지 규정하고 있어 양자의 처분
모두를 실무에서 활용할 수 있는 것이 특징이다. 형사처분은 범죄사실, 즉 행위자의 책임에 중
점을 두는 반면에, 보호처분은 비행사실 외에 요보호성도 주된 판단기준으로 삼고 있다.

이와 같이 형사처분을 부과할 수 없는 촉법소년에 대해서는 요보호성과 비행사실을 고려
하여 보호처분을 부과할 수 있으며, 심지어 현재 비행사실이 없더라도 소년에 대한 적절한 보
호가 이루어지지 않고 있어 요보호성이 충족되는 우범소년에 대하여도 보호처분이 가능하다.
보호처분을 결정하는 소년심판은 일반 형사법원이 아닌 가정법원 또는 지방법원 소년부에서
진행되고, 심리가 진행되는 동안 소년의 건전한 육성에 긍정적으로 기여할 수 있는 방향으로
진행되어야 하므로 비공개 심리를 하는 것을 원칙으로 하고 있다.

한편 우리나라는 소년보호사건과 소년형사사건의 취급에 있어서 이원주의를 취하고 있다.
즉 소년 보호사건은 가정법원 소년부 또는 지방법원 소년부에 속하고(소년법 제3조 제2항), 소년
형사사건은 일반 형사법원에서 관할하고 있다. 소년부는 제1심 법원으로 가정법원 또는 소년부
를 두고, 가정법원이 설치되어 있지 않은 곳은 지방법원 가정지원 또는 지방법원 소년부를 두

로 등록한 날(이하 "최초등록일"이라 한다)부터 다음 각 호의 구분에 따른 기간(이하 "등록기간"이라 한다) 동안
등록정보를 보존·관리하여야 한다. 다만, 법원이 제4항에 따라 등록기간을 정한 경우에는 그 기간 동안 등록정보
를 보존·관리하여야 한다.
  1. 신상정보 등록의 원인이 된 성범죄로 사형, 무기징역·무기금고형 또는 10년 초과의 징역·금고형을 선고받은
     사람: 30년
  2. 신상정보 등록의 원인이 된 성범죄로 3년 초과 10년 이하의 징역·금고형을 선고받은 사람: 20년
  3. 신상정보 등록의 원인이 된 성범죄로 3년 이하의 징역·금고형을 선고받은 사람 또는 「아동·청소년의 성보호
     에 관한 법률」 제49조제1항제4호에 따라 공개명령이 확정된 사람: 15년
  4. 신상정보 등록의 원인이 된 성범죄로 벌금형을 선고받은 사람: 10년

고 있다(법원조직법 제3조). 소년 보호사건의 심리와 처분 결정은 소년부 단독판사가 한다(소년법 제3조 제3항). 현재 소년보호사건의 관할법원으로서 가정법원을 두고 있는 곳은 서울가정법원(5개 소년부), 인천가정법원(3개 소년부), 대전가정법원(3개 소년부), 대구가정법원(1개 소년부), 부산가정법원(2개 소년부), 울산가정법원(1개 소년부), 광주가정법원(2개 소년부), 수원가정법원(2개 소년부) 등 8곳이다.

2. 부과절차

(1) 소년부 송치

검사는 소년에 대한 피의사건을 수사한 결과 보호처분에 해당하는 사유가 있다고 인정한 경우에는 사건을 관할 소년부에 송치하여야 한다. 소년부는 이에 따라 송치된 사건을 조사 또는 심리한 결과 그 동기와 죄질이 금고 이상의 형사처분을 할 필요가 있다고 인정할 때에는 결정으로써 해당 검찰청 검사에게 송치할 수 있다. 이에 따라 송치한 사건은 다시 소년부에 송치할 수 없다(소년법 제49조).

검사는 소년 피의사건에 대하여 소년부 송치, 공소제기, 기소유예 등의 처분을 결정하기 위하여 필요하다고 인정하면 피의자의 주거지 또는 검찰청 소재지를 관할하는 보호관찰소의 장, 소년분류심사원장 또는 소년원장(이하 "보호관찰소장등"이라 한다)에게 피의자의 품행, 경력, 생활환경이나 그 밖에 필요한 사항에 관한 조사를 요구할 수 있는데, 이와 같은 요구를 받은 보호관찰소장등은 지체 없이 이를 조사하여 서면으로 해당 검사에게 통보하여야 하며, 조사를 위하여 필요한 경우에는 소속 보호관찰관·분류심사관 등에게 피의자 또는 관계인을 출석하게 하여 진술요구를 하는 등의 방법으로 필요한 사항을 조사하게 할 수 있다.

이에 따른 조사를 할 때에는 미리 피의자 또는 관계인에게 조사의 취지를 설명하여야 하고, 피의자 또는 관계인의 인권을 존중하며, 직무상 비밀을 엄수하여야 하며, 검사는 보호관찰소장등으로부터 통보받은 조사 결과를 참고하여 소년피의자를 교화·개선하는 데에 가장 적합한 처분을 결정하여야 한다(소년법 제49조의2).

(2) 소년부의 검찰청으로의 송치

소년부는 조사 또는 심리한 결과 ① 금고 이상의 형에 해당하는 범죄 사실이 발견된 경우 그 동기와 죄질이 형사처분을 할 필요가 있다고 인정한 경우 또는 ② 사건의 본인이 19세 이상인 것으로 밝혀진 경우에는 결정으로써 사건을 관할 지방법원에 대응한 검찰청 검사에게 송치하여야 한다(소년법 제7조 제1항 및 동조 제2항).

(3) 조 사

소년부 판사는 조사관에게 사건 본인, 보호자 또는 참고인의 심문이나 그 밖에 필요한 사항을 조사하도록 명할 수 있다(소년법 제11조).

(4) 심리 불개시 결정 또는 심리 개시 결정

1) 심리 불개시 결정

소년부 판사는 송치서와 조사관의 조사보고에 따라 사건의 심리를 개시(開始)할 수 없거나 개시할 필요가 없다고 인정하면 심리를 개시하지 아니한다는 결정을 하여야 한다(소년법 제19조 제1항). 사안이 가볍다는 이유로 심리를 개시하지 아니한다는 결정을 할 때에는 소년에게 훈계하거나 보호자에게 소년을 엄격히 관리하거나 교육하도록 고지할 수 있다(소년법 제19조 제2항).

2) 심리개시 결정

소년부 판사는 송치서와 조사관의 조사보고에 따라 사건을 심리할 필요가 있다고 인정하면 심리 개시 결정을 하여야 하고(소년법 제20조 제1항), 이 경우 심리 기일을 지정하고 본인과 보호자를 소환하여야 한다(소년법 제21조 제1항).

(5) 불처분 결정 또는 보호처분

1) 불처분 결정

소년부 판사는 심리 결과 보호처분을 할 수 없거나 할 필요가 없다고 인정하면 그 취지의 결정을 하여야 한다(소년법 제29조 제1항). 사안이 가볍다는 이유로 불처분 결정을 할 때에는 소년에게 훈계하거나 보호자에게 소년을 엄격히 관리하거나 교육하도록 고지할 수 있다(소년법 제19조 제2항, 소년법 제29조 제2항).

2) 보호처분

소년부 판사는 소년법 제32조에 규정된 보호처분을 결정할 수 있다.

3. 내 용

(1) 보호자 감호위탁

1호 처분은 보호자 또는 보호자를 대신하여 소년을 보호할 수 있는 자에게 감호를 위탁하는 방식을 말한다. 1호 처분의 기간은 6개월이고, 6개월의 범위 안에서 1차에 한하여 그 기간을 연장할 수 있고, 소년부 판사가 필요하다고 판단한 경우 언제든지 위탁을 종료시킬 수 있다.

1호 처분은 주로 저연령 초범소년에 대하여 보호자의 보호능력이 있다고 판단되며, 비행내용이 가벼운 경우 보호자에게 감호를 위탁하고, 보호자가 있지만 보호능력이 부족하거나 비행정도가 가볍지 않는 경우 위탁보호위원에게 감호를 위탁하는 처분을 하며, 비행정도가 시설내 수용 교육을 할 정도가 아니거나 소년의 보호자가 없는 경우 보호를 할 수 있는 종교단체나 시설 등의 관리자를 보호자로 지정하여 처분하기도 한다.

보호자감호위탁은 보호자에게 주의를 환기시킨다는 점에서 불처분 결정과 다른데, 법원의 절차를 통해 어떠한 처분을 내린다는 점에서 대상소년과 보호자에게 심리적 강제성이 있으며, 위탁 기간 내에서 처분변경을 할 수 있다는 점에서 불처분 결정과 구별된다.

보호자 감호위탁에서 보호자란 소년법 제2조의 법률상 감호교육의 의무가 있는 자 또는 현재 감호하는 자를 말하는데, 이에는 친권자, 후견인, 아동복지시설의 장 등이 포함될 수 있다.

보호자를 대신하는 자에게 감호위탁하는 것은 소년에게 보호자가 없거나 보호자가 있더라도 그 보호자가 소년을 보호할 수 없는 경우 보호자를 대신하여 소년을 보호할 수 있는 자인 위탁보호위원을 통해 보호력을 보강하는 제도를 말한다. 소년과 자원봉사자인 위탁보호위원과의 매칭을 통해 인간관계를 형성하고 소년이 스스로 자신의 문제를 해결해가도록 지원하고 돕는 역할을 하고 있다.

(2) 수강명령

2호 처분으로서 수강명령은 보호처분의 필요성이 인정된 비행소년에게 일정시간 동안 강의 또는 비행이나 범죄의 성향에 대한 개선 교육을 받도록 하는 것을 말한다. 다른 보호처분 유형은 10세 이상 소년에게 실시할 수 있으나 수강명령은 12세 이상자에게 실시할 수 있고(소년법 제32조 제4항), 수강명령의 시간은 총 100시간을 초과할 수 없다(소년법 제33조 제4항). 구체적인 수강명령 총 시간은 대상자의 개선가능성, 범죄의 경중, 미결구금의 여부 등을 종합적으로 고려하여 결정한다.

수강명령은 교육을 통하여 대상자가 가지고 있는 잘못된 인식 또는 행동 습관을 개선하기 위해 교육을 실시하는 것으로, 대상자의 비행내용에 따라 가정폭력 방지교육, 약물 오남용 방지교육, 알코올 남용 방지교육, 정신·심리치료 교육, 성폭력 방지교육, 준법운전강의 등 전문교육을 실시하고 있다.

(3) 사회봉사명령

3호 처분으로서 사회봉사명령이란 법원이 비행소년에 대하여 시설 내에 수용을 하는 대신에 일상생활을 영위하면서 일정 시간 무보수로 근로를 하도록 명령하는 제도를 말한다. 이를 통하여 범죄에 대한 처벌, 범죄에 대한 반성을 유도하는 교육적 효과를 목표로 하고 있다. 소년에 대한 사회봉사명령의 집행은 처벌보다는 교육효과에 중점을 두고 노인, 장애인 등 생활복지시설에서 사회봉사활동을 통해 범죄에 대해 반성할 수 있는 계기를 마련하고 있다.

사회봉사명령은 14세 이상자에게만 할 수 있고(소년법 제32조 제3항), 200시간을 초과할 수 없다(소년법 제33조 제4항). 구체적인 사회봉사명령 총 시간은 대상자의 개선가능성, 범죄의 경중, 미결구금의 여부 등을 종합적으로 고려하여 결정한다.

(4) 보호관찰관의 장기 및 단기 보호관찰

4호 처분인 단기보호관찰과 5호 처분인 장기보호관찰은 보호관찰관의 지도와 감독 하에 시설에 수용되지 않고 가정 또는 학교·직장 등에서 정상생활을 유지하는 사회내 처우를 말한다. 소년의 변화가능성과 잠재력 등을 고려하여 소년범에 대하여는 집중적인 보호관찰을 실시하고 있고, 지역사회 자원과 연계하여 재범방지 전문프로그램을 운영하고 대상자가 필요로 하는 지역사회 자원과 연계하여 보호관찰을 실시하고 있다.

보호관찰은 독립된 보호처분이지만, 시설 내에 위탁이나 수용을 전제로 하지 않기 때문에 1호 처분 또는 8호 처분과 병합하는 것이 일반적이다. 동종범죄전력이 많거나, 약물사범, 무면허·음주운전사범과 같이 상습성이나 재범의 위험성이 있는 경우 또는 장시간의 사회봉사를 명하는 경우 사회봉사나 수강명령과 함께 보호관찰을 병과하는 것을 적극 고려하고 있다(보호관찰 및 사회봉사명령 등에 관한 예규 제2조 제2항).

4호 처분은 1년 동안 단기보호관찰을 받는 것이고, 제5호 처분은 2년 동안 장기 보호관찰을 받는다(소년법 제33조 제2항 및 동조 제3항). 소년부 판사는 보호관찰관의 신청에 따라 결정으로 1년의 범위에서 한 번에 한해 보호관찰 기간을 연장할 수 있다(소년법 제33조 제3항 단서). 소년법 제32조 제1항 제4호 또는 제5호의 처분을 할 때에 3개월 이내의 기간을 정하여 보호소년 등의 처우에 관한 법률에 따른 대안교육 또는 소년의 상담·선도·교화와 관련된 단체나 시설에서의 상담·교육을 받을 것을 동시에 명할 수 있으며, 1년 이내의 기간을 정하여 야간 등 특정 시간대의 외출을 제한하는 명령을 보호관찰대상자의 준수 사항으로 부과할 수 있다(소년법 제32조의2).

(5) 아동복지법에 따른 아동복지시설이나 그 밖의 소년보호시설에 감호 위탁

6호 처분은 아동복지법상 아동복지시설 기타 소년보호시설에 감호를 위탁하는 것을 말한다. 이는 소년원 등 시설내 처우와 사회내 처우의 사이에 있는 중간처우의 형태라는 점이 특징이다. 6호 처분은 소년을 적절한 환경이 마련된 수탁기간에 일정기간 보호수용하면서 적극적인 인성교육 등을 통해 자신의 과거 비행을 뉘우치고 건전한 가치관과 생활태도를 배양하여 비행을 예방하고, 학과 및 직업교육을 통해 사회적응력을 높일 수 있다.

여기서 아동복지시설이란 국가 또는 지방자치단체에 보호자가 없거나 보호자로부터 이탈된 아동, 또는 보호자가 아동을 학대하여 보호자가 아동을 양육하는 것이 부적절하거나 양육할 능력이 없는 경우 18세 미만 아동을 보호하는 복지시설을 말한다. 6호 처분의 기간은 6개월이고, 6개월의 범위 안에서 그 기간을 연장할 수 있다.

(6) 병원, 요양소 또는 「보호소년 등의 처우에 관한 법률」에 따른 의료재활소년원에 위탁

7호 처분은 정신질환 또는 신체장애 등이 있는 비행소년을 치료하기 위해 병원이나 요양소, 의료재활소년원에 위탁하는 것을 말한다. 이는 비행의 사실보다는 소년의 정신건강 상태를 고려하여 치료와 회복을 목적으로 실시하고 있는 특징을 가지고 있다. 7호 처분의 위탁기간은 6개월이고, 6개월의 범위 안에서 1차에 한하여 그 기간을 연장할 수 있다(소년법 제33조 제1항).

위탁으로 인한 치료비 등 감호비용은 원칙적으로 소년의 보호자가 전부 또는 일부를 부담하는 것을 원칙으로 하나, 보호자가 부담할 능력이 없는 경우 법원 소년부가 이를 지급할 수 있다(소년법 제41조).

(7) 1개월 이내의 소년원 송치

8호 처분은 소년원에 1개원 이내의 기간 동안 수용하는 보호처분을 말한다. 8호 처분은 수용경험이 없는 소년을 대상으로 하고 있고, 장기보호관찰과 병합하고 있다. 소년부 판사가 8호 처분을 명할 때 5호 처분과 병합하는 등 필요하다고 인정할 때 소년이 입원하여야 할 소년원과 입원연월일을 지정할 수 있다(소년심판규칙 제31조 제3항).

(8) 단기 및 장기 소년원 송치

9호 처분은 6개월 이내의 범위에서 소년원에 송치되는 보호처분을 말하고, 10호 처분은 2년 이내의 범위에서 소년원에 송치되는 보호처분을 말한다. 소년원에 수용된 소년은 보호소년 처우지침에 따라 처우에 관한 사항을 지도받게 된다.

사항색인

저자 약력

학력사항

경희대학교 법과대학 졸업(법학사)
한양대학교 대학원 석사과정 졸업(법학석사)
한양대학교 대학원 박사과정 졸업(법학박사)

경력사항

교수사관 6기 임관
육군3사관학교 법학과 교수(2006. 7. ~ 2009. 6.)
대구가톨릭대학교 경찰행정학과 교수(2011. 3. ~ 2022. 8.)
충북대학교 법학전문대학원 교수(2022. 9. ~ 현재)

주요 활동

법무부 정책자문위원
여성가족부 여성폭력방지위원회 위원
여성가족부 정책자문위원
행정안전부 지방자치단체 지표개발추진단, 합동평가단 위원
대구광역시 정책자문위원
경북지방경찰청 누리캅스 회장
한국형사법학회 이사
한국형사정책학회 인권이사
한국비교형사법학회 재무이사
한국형사소송법학회 이사
한국군사법학회 총무이사
한국소년정책학회 재무이사
한국보호관찰학회 연구이사
한국교정학회 출판이사
한양법학회 기획이사
한국법정책학회 출판이사
행정고시, 입법고시, 외무고시 출제위원
변호사시험 시험위원

주요 저서

1. 『형법총론 쟁점연구』, 한국학술정보, 2012.
2. 『형법각론 쟁점연구』, 한국학술정보, 2012.
3. 『형사법 쟁점연구 제1권』, 한국학술정보, 2013.
4. 『생활법률』(공저), 오래, 2014.
5. 『형사법 쟁점연구 제2권』, 한국학술정보, 2014.
6. 『법정책학이란 무엇인가』(공저), 삼영사, 2015.
7. 『형사법 쟁점연구 제3권』, 한국학술정보, 2016.
8. 『형법판례 150선』(공저), 박영사, 2016.
9. 『법의 통섭』(공저), 한국학술정보, 2018.
10. 『형법각론』, 박영사, 2018.
11. 『형사소송법』, 박영사, 2020.
12. 『군형법』, 박영사, 2021.
13. 『소년법』(공저), 박영사, 2021.

14. 『형법각론(제2판)』, 박영사, 2022.
15. 『형법총론』, 박영사, 2025.

주요 연구보고서

1. 보호소년 등의 처우에 관한 법률 개정 예비연구, 법무부, 2011. 12.
2. 동남아시아 아동 성매매 관광의 현황과 대책, 한국형사정책연구원, 2012. 12.
3. 우리나라 형사법제 하에서 검·경 합동수사기구 상설화 가능성에 대한 연구, 대검찰청, 2012. 12.
4. 가정폭력행위자 대상 상담조건부 기소유예의 효과성 분석, 국회입법조사처, 2013. 9.
5. 성매매방지법상 성매매피해자 개념 확대에 관한 연구, 한국여성인권진흥원, 2013. 10.
6. 스마트 융·복합 통신환경에서의 통신비밀자료 수집·제공 등에 관한 제도 개선방안 연구, 미래창조과학부, 2013. 12.
7. 성매매특별법 10주년 성과와 과제, 한국여성인권진흥원, 2014. 9.
8. 소년의료보호시설 실태 분석 및 선진운영모형 연구, 법무부, 2014. 12.
9. 2016년 성매매 실태조사, 여성가족부, 2016. 12.
10. 교정단계에서 회복적 사법이념의 실천방안, 법무부, 2016. 12.
11. 청소년 성매매 비범죄화와 보호처분에 관한 주요국 비교 연구, 한국여성정책연구원, 2017. 12.
12. 프랑스, 독일 등 선진국 제도를 고려한 통합수사기구 연구, 대검찰청, 2017. 12.
13. 외국의 수사·기소기관간 상호협력제도 및 그 운영에 관한 연구, 경찰청, 2018. 12.
14. 다중피해 사기범죄의 유형 및 양형에 관한 연구, 대검찰청, 2019. 11.
15. 성매매 조장 사이트의 법·제도적 규제방안, 한국여성인권진흥원, 2019. 11.
16. 인신매매등방지 및 피해자보호 등에 관한 법률 하위법령 제정 연구, 여성가족부, 2021. 12.
17. 무고죄·위증죄의 처벌 강화 방안 연구, 법무부, 2022. 10.
18. 학교 밖 청소년 정보연계 강화를 위한 법률 개정 방안 연구, 한국청소년정책연구원, 2022. 12.
19. 의료재활소년원 운영의 실효성 제고 방안: 7호 처분을 중심으로, 한국형사·법무정책연구원, 2022. 12.
20. 인신매매방지 및 피해자지원 정책 추진방안 연구용역 ─ 체계적 정책추진 근거 마련을 위한 하위법령(안) 마련 및 입법지원, 한국형사·법무정책연구원, 2022. 12.
21. 보이스피싱 범죄의 양형에 관한 연구, 대검찰청, 2023. 10.
22. 권력형 성범죄 처벌 및 피해자 보호 관련 해외 입법례 연구, 법무부, 2023. 12.
23. 인신매매죄 관련 법령 및 판례분석, 한국여성인권진흥원. 2024. 11.
24. 출소자의 성공적인 사회정착 지원방안 연구(Ⅱ) ─ 출소자 사회정착 지원을 위한 관계법령 연구, 한국형사법무정책연구원, 2024. 12.
25. 소년법상 7호 처분 수탁기관 확대 및 전담의료기관 설치 방안에 관한 연구, 법원행정처, 2025. 1.

주요 논문

1. 죄수결정기준에 관한 비판적 검토, 3사논문집 제64집, 육군3사관학교 논문집, 2007. 3.
2. 중지미수의 자의성에 관한 학설의 연구, 3사논문집 제65집, 육군3사관학교 논문집, 2007. 9.
3. 성매매죄의 목적에 관한 연구, 3사논문집 제66집, 육군3사관학교 논문집, 2008. 3.
4. 녹음테이프의 증거능력에 관한 연구, 3사논문집 제67집, 육군3사관학교 논문집, 2008. 9.
5. 낙태죄의 비범죄화 방안에 관한 연구, 3사논문집 제68집, 육군3사관학교 논문집, 2009. 3.
6. 성매매죄의 개념에 관한 연구, 법학논총 제26집 제1호, 한양대학교 법학연구소, 2009. 3.
7. 강간죄의 객체로서 '아내'의 인정 여부에 관한 소고, 법학논총 제26집 제2호, 한양대학교 법학연구소, 2009. 6.
8. 청소년성매수 관련 범죄의 개념에 관한 고찰, 소년보호연구 제13호, 한국소년정책학회, 2009. 12.
9. 낙태죄의 합리화 정책에 관한 연구, 법학논총 제27집 제1호, 한양대학교 법학연구소, 2010. 3.
10. 강간피해자로서 '성전환자'의 인정 여부에 관한 검토, 피해자학연구 제18권 제1호, 한국피해자학회, 2010. 4.
11. 사형폐지론의 입장에서 본 사형제도, 한양법학 제21집 제2집, 한양법학회, 2010. 5.
12. 아동대상 강력범죄방지를 위한 최근의 입법에 대한 검토, 소년보호연구 제14호, 한국소년정책학회, 2010. 6.
13. 존속대상범죄의 가중처벌규정 폐지에 관한 연구: 존속살해죄를 중심으로, 형사정책연구 제21권 2호, 한국형

사정책연구원, 2010. 6.

14. 간통죄 폐지의 정당성에 관한 고찰, 경희법학 제45권 제2호, 경희대학교 법학연구소, 2010. 6.
15. 군형법상 군무이탈죄와 관련된 문제점과 개선방안, 형사정책 제22권 제1호, 한국형사정책학회, 2010. 6.
16. 비범죄화의 유형에 관한 연구, 저스티스 제117호, 한국법학원, 2010. 6.
17. 전자감시제도의 소급적용에 관한 비판적 검토, 교정학 반세기, 한국교정학회, 2010. 9.
18. 자기명의 신용카드의 '발급'과 관련된 죄책, 법과 정책연구 제10집 제3호, 한국법정책학회, 2010. 12.
19. 학교폭력대책법에 대한 비판적 검토, 소년보호연구 제15호, 한국소년정책학회, 2010. 12.
20. '흉기 기타 위험한 물건을 휴대하여'의 개정방안, 법학논총 제17집 제3호, 조선대학교 법학연구원, 2010. 12.
21. 특정성범죄자의 신상정보 활용제도의 문제점과 개선방안 — 성범죄자 등록·고지·공개 제도를 중심으로 —, 법학논총 제27집 제4호, 한양대학교 법학연구소, 2010. 12.
22. 교원에 의한 체벌행위의 정당성과 그 허용범위, 형사정책연구 제22권 제1호, 한국형사정책연구원, 2011. 3.
23. 중지미수의 '자의성'에 대한 비판적 검토, 법학논문집 제35집 제1호, 중앙대학교 법학연구원, 2011. 4.
24. 사면제도의 적절한 운영방안에 관한 연구 — 사면심사위원회 등에 의한 통제를 중심으로 —, 교정연구 제51호, 한국교정학회, 2011. 6.
25. 성충동 약물치료제도 도입의 문제점과 개선방안, 형사정책 제23권 제1호, 한국형사정책학회, 2011. 6.
26. 우범소년 처리의 합리화 방안에 관한 연구, 소년보호연구 제16호, 한국소년정책학회, 2011. 6.
27. 절도죄의 객체로서 재물의 '재산적 가치'에 대한 검토, 형사판례연구 제19권, 형사판례연구회, 2011. 6.
28. 군형법상 추행죄의 문제점과 개선방안, 한양법학 제22권 제3집, 한양법학회, 2011. 8.
29. 주취운전죄와 관련된 최근의 입법과 판례의 동향, 법학논총 제28집 제3호, 한양대학교 법학연구소, 2011. 9.
30. 군형법상 명령위반죄의 문제점과 개선방안, 형사법연구 제23권 제3호, 한국형사법학회, 2011. 9.
31. 음주측정불응에 대한 합리적 대응방안, 형사정책연구 제22권 제3호, 한국형사정책연구원, 2011. 9.
32. 함정수사의 허용요건과 법적 효과 — 대법원 2008. 10. 23. 선고 2008도7362 판결을 중심으로 —, 홍익법학 제12권 제3호, 홍익대학교 법학연구소, 2011. 10.
33. 장애인 대상 성폭력범죄에 관한 최근의 입법과 합리적 대처방안 — 일명 '도가니법'에 대한 비판적 검토를 중심으로 —, 형사정책 제23권 제2호, 한국형사정책학회, 2011. 12.
34. 제18대 국회에 제출된 소년법 개정법률안에 대한 검토, 소년보호연구 제17호, 한국소년정책학회, 2011. 12.
35. 소년형사사건의 심판에 있어서 특례조항에 대한 검토 — 소년법 제56조 내지 제67조를 중심으로 —, 소년보호연구 제18호, 한국소년정책학회, 2012. 12.
36. 사형제도의 합리적 대안에 관한 연구, 법학논총 제29권 제1호, 한양대학교 법학연구소, 2012. 3.
37. 공소시효의 정지, 연장, 배제에 관한 최근의 논의, 형사법의 신동향 제34호, 대검찰청, 2012. 3.
38. 성풍속범죄에 대한 비판적 검토 — '건전한 성풍속'이라는 보호법익을 중심으로 —, 법무연구 제3권, 대한법무사협회 법제연구소, 2012. 4.
39. 성매매처벌법상 성매매피해자규정에 대한 검토, 피해자학연구 제20권 제1호, 한국피해자학회, 2012. 4.
40. 개정 경범죄처벌법의 내용에 대한 평가 및 향후과제, 경찰학논총 제7권 제1호, 원광대학교 경찰학연구소, 2012. 5.
41. 양심적 병역거부자에 대한 형사처벌의 타당성 여부, 한양법학 제23권 제2호, 한양법학회, 2012. 5.
42. 공정거래법상 전속고발과 관련된 법리의 검토, 서울법학 제20권 제1호, 서울시립대학교 법학연구소, 2012. 5.
43. 우리나라 성매매입법의 변천과정에 대한 검토 — 2004년 성매매처벌법 제정 이전까지를 중심으로 —, 홍익법학 제13권 제2호, 홍익대학교 법학연구소, 2012. 6.
44. 청소년비행예방센터의 효율적인 운영방안 — 관련 법령의 정비방안을 중심으로 —, 소년보호연구 제19호, 한국소년정책학회, 2012. 6.
45. 스토킹의 개념 정립 및 피해자 보호방안에 관한 연구, 가천법학 제5권 제2호, 가천대학교 법학연구소, 2012. 8.
46. 청소년유해매체물의 결정 및 유통 규제에 대한 검토, 소년보호연구 제20호, 한국소년정책학회, 2012. 10.
47. 공원범죄의 피해방지를 위한 합리적인 방안, 피해자학연구 제20권 제2호, 한국피해자학회, 2012. 10.
48. 군사재판에 있어서 관할관제도 및 심판관제도의 문제점과 개선방안, 형사정책연구 제23권 제4호, 한국형사정책연구원, 2012. 12.
49. 보호처분의 결정 등에 대한 항고권자에 검사 또는 피해자 등을 포함시키지 않는 것의 타당성 여부, 소년보

호연구 제21호, 한국소년정책학회, 2013. 2.

50. 성충동 약물치료제도의 시행과 향후 과제, 형사정책연구 제24권 제1호, 한국형사정책연구원, 2013. 3.
51. 성폭력피해자에 대한 의료지원의 강화 방안, 형사정책연구소식 제125호, 한국형사정책연구원, 2013. 3.
52. 성폭력범죄 대처를 위한 최근(2012. 12. 18.) 개정 형법에 대한 검토, 한양법학 제42집, 한양법학회, 2013. 5.
53. 불량식품범죄에 대한 효과적인 대응방안, 형사정책연구 제24권 제2호, 한국형사정책연구원, 2013. 6.
54. 성구매자 재범방지교육의 함축적 의미, 홍익법학 제14권 제2호, 홍익대학교 법학연구소, 2013. 6.
55. 업무방해죄에 있어서 업무의 보호가치에 대한 검토 — 대법원 2011. 10. 13. 선고 2011도7081 판결을 중심으로 —, 형사판례연구 제21권, 한국형사판례연구회, 2013. 6.
56. 배임죄의 양형기준과 구체적 사례에 있어서 형량의 문제점, 법과 정책연구 제13집 제2호, 한국법정책학회, 2013. 6.
57. 형법상 미성년자 연령 설정과 소년법상 보호처분제도와의 관계, 소년보호연구 제22호, 한국소년정책학회, 2013. 6.
58. 아동·청소년이용음란물소지죄에 대한 해석론 및 입법론적 검토, 형사정책 제25권 제2호, 한국형사정책학회, 2013. 8.
59. 해외 청소년성매매에 대한 실효적인 대응방안, 소년보호연구 제23호, 한국소년정책학회, 2013. 10.
60. 위치추적 전자감시제도의 소급적용에 대한 비판적 고찰, 헌법논총 제24집, 헌법재판소, 2013. 11.
61. 부동산 이중매매에 있어서 배임죄의 성립시기, 경희법학 제48권 제4호, 경희대학교 법학연구소, 2013. 12.
62. 아동학대의 대처현황과 가해자 및 피해자 처우의 개선방안, 소년보호연구 제24호, 한국소년정책학회, 2014. 2.
63. 가정폭력행위자 대상 상담조건부 기소유예처분의 문제점 및 개선방안, 형사법의 신동향 제42호, 대검찰청, 2014. 3.
64. 전기통신사업법상 통신자료 제공행위의 문제점과 개선방안, 법과 정책연구 제14집 제1호, 한국법정책학회, 2014. 3.
65. 최근의 성매매피해자 개념 확대 논의에 대한 검토, 형사정책연구 제25권 제1호, 한국형사정책연구원, 2014. 3.
66. 성매매범죄의 양형기준안에 대한 검토, 형사법연구 제26권 제1호, 한국형사법학회, 2014. 3.
67. 통신제한조치 협조의 현황 및 요건의 개선방안, 법학논총 제30집 제1호, 한양대학교 법학연구소, 2014. 3.
68. 통신제한조치의 집행과 관련된 쟁점 검토, 법과정책 제20집 제1호, 제주대학교 법과정책연구소, 2014. 3.
69. 7호 처분 집행의 법적 근거 명확화에 관한 연구, 소년보호연구 제25호, 한국소년정책학회, 2014. 5.
70. 「보호소년 등의 처우에 관한 법률」 제17차 개정의 주요내용과 평가, 소년보호연구 제26호, 한국소년정책학회, 2014. 8.
71. 통신사실확인자료 제공제도의 현황 및 개선방안, 형사법의 신동향 제44호, 대검찰청, 2014. 9.
72. 최근 형법정책의 현황 및 과제, 법과 정책연구 제14집 제3호, 한국법정책학회, 2014. 9.
73. 군형법상 무단이탈죄의 문제점과 개선방안, 형사정책연구 제25권 제3호, 한국형사정책연구원, 2014. 9.
74. 우리나라 의료재활교육소년원의 현황 및 발전방안, 소년보호연구 제27호, 한국소년정책학회, 2014. 11.
75. 성매매의 개념과 관련된 최근의 쟁점, 형사정책 제26권 제3호, 한국형사정책학회, 2014. 12.
76. 성매매신고보상금제도의 활성화 방안, 형사법의 신동향 제45호, 대검찰청, 2014. 12.
77. 소년보호처분의 전력을 전자장치부착명령의 요건으로 할 수 있는지 여부에 대한 검토, 소년보호연구 제28권 제1호, 한국소년정책학회, 2015. 2.
78. 성매매 알선범죄에 대한 대책으로서 행정처분 및 몰수·추징의 활용방안, 형사법의 신동향 제46호, 대검찰청, 2015. 3.
79. 우리나라 소년범죄의 최근 동향 및 평가, 소년보호연구 제28권 제2호, 한국소년정책학회, 2015. 5.
80. 청소년성매매 예방 및 피해자지원 관련 법령의 검토, 소년보호연구 제28권 제4호, 한국소년정책학회, 2015. 12.
81. 위증죄에 관한 실체법적 및 절차법적 쟁점, 형사법의 신동향 제49호, 대검찰청, 2015. 12.
82. 형법 제20조에 규정된 '사회상규에 위배되지 아니하는 행위'의 의미 및 다른 위법성조각사유와의 관계, 형사법연구 제28권 제1호, 한국형사법학회, 2016. 3.
83. 제19대 국회에 제출된 소년법 개정법률안에 대한 검토, 소년보호연구 제29권 제2호, 한국소년정책학회, 2016. 5.
84. 자유형에 대한 형집행정지제도의 문제점 및 개선방안, 형사정책연구 제27권 제2호, 한국형사정책연구원, 2016. 6.

85. 군형법상 가혹행위죄 적용의 합리화 방안, 형사정책 제28권 제2호, 한국형사정책학회, 2016. 8.
86. 아동·청소년이용음란물 관련 헌법재판소 결정에 대한 비판적 고찰, 소년보호연구 제29권 제3호, 한국소년정책학회, 2016. 8.
87. 정상적으로 발급받은 자기명의 신용카드의 '사용'과 관련된 죄책, 형사법의 신동향 제52호, 대검찰청, 2016. 9.
88. 성매매 알선범죄에 대한 행정처분의 활용방안, 형사정책연구 제27권 제3호, 한국형사정책연구원, 2016. 9.
89. 성매매 수익에 대한 몰수 및 추징제도의 활성화방안, 저스티스 제156호, 한국법학원, 2016. 10.
90. 북한형법의 변천과정 및 특징, 사회과학논총 제15집, 대구가톨릭대학교 사회과학연구소, 2016. 12.
91. 랜덤채팅을 통한 청소년 성매매의 효과적인 대응방안, 소년보호연구 제30권 제1호, 한국소년정책학회, 2017. 2.
92. 군영창제도의 문제점과 개선방안, 홍익법학 제18권 제1호, 홍익대학교 법학연구소, 2017. 2.
93. 한국 남성의 해외성매매에 대한 대응방안, 형사정책 제29권 제1호, 한국형사정책학회, 2017. 4.
94. 성접대에 대한 형사법적 대응방안, 안암법학 제53호, 안암법학회, 2017. 5.
95. 소년범에 대한 벌금형 선고의 문제점과 보호처분으로 대체의 당위성에 대한 고찰, 한양법학 제58집, 한양법학회, 2017. 5.
96. 위장형 성매매 규제를 위한 법·제도적 대응방안, 여성과 인권 제17호, 한국여성인권진흥원, 2017. 6.
97. 기소재량의 통제방안으로써 검찰시민위원회의 합리적인 운영방안, 한양법학 제59집, 한양법학회, 2017. 8.
98. 청소년성보호법상 '대상'아동·청소년을 '피해'아동·청소년으로 변경하는 입법안에 대한 비판적 고찰, 소년보호연구 제30권 제4호, 한국소년정책학회, 2017. 11.
99. 의료소년원의 운영현황과 발전방안, 형사정책 제29권 제3호, 한국형사정책학회, 2017. 12.
100. 형법각칙의 합동범 개념 폐지에 관한 시론, 홍익법학 제19권 제1호, 홍익대학교 법학연구소, 2018. 2.
101. 소년법 제67조의 위헌성에 대한 검토 — 집행유예를 선고받은 소년범을 자격에 관한 특례조항의 적용대상에서 제외할 수 있는가? — , 소년보호연구 제31권 제1호, 한국소년정책학회, 2018. 2.
102. 경찰권과 검찰권의 조정을 통한 '국가수사청' 설치에 대한 시론, 비교형사법연구 제20권 제1호, 한국비교형사법학회, 2018. 4.
103. 부동산 이중매매가 과연 형사처벌의 대상인가, 형사정책 제30권 제1호, 한국형사정책학회, 2018. 4.
104. 미투(Me Too)운동이 야기한 형사법적 쟁점 검토 — 형법 및 성폭력처벌법에 대한 개정법률안을 중심으로 — , 형사정책 제30권 제2호, 한국형사정책학회, 2018. 8.
105. 청소년성보호법상 위계에 의한 아동·청소년 간음죄에 있어서 '위계'의 해석, 소년보호연구 제31권 제3호, 한국소년정책학회, 2018. 8.
106. 성폭력피해자의 2차 피해 방지를 위한 몇 가지 쟁점에 대한 검토, 법학논총 제35집 제3호, 한양대학교 법학연구소. 2018. 9.
107. 소년범에 대한 형벌 부과의 문제점 및 개선방안, 비교형사법연구 제20권 제3호, 한국비교형사법학회, 2018. 10.
108. 업무상 위력에 의한 성범죄의 적용상 한계 및 개선방안에 대한 비판적 검토, 형사정책연구 제29권 제4호, 한국형사정책연구원, 2018. 12.
109. 검사의 독점적 영장청구권 인정의 타당성 및 이에 대한 견제방안, 형사법의 신동향 제62호, 대검찰청, 2019. 3.
110. 전자감독제도의 성과분석과 발전방향, 보호관찰 제19권 제1호, 한국보호관찰학회, 2019. 6.
111. 강력범죄 피의자 신상공개제도에 대한 비판적 검토, 형사정책 제31권 제3호, 한국형사정책학회, 2019. 10.
112. 7호 처분의 성과분석 및 개선방안, 소년보호연구 제32권 제2호, 한국소년정책학회, 2019. 12.
113. 미국의 사기죄에 대한 양형기준과 시사점, 법학논총 제36집 제4호, 한양대학교 법학연구소, 2019. 12.
114. 성매매 조장 사이트 규제의 집행력 강화를 위한 제언, 형사정책연구 제30권 제4호, 한국형사정책연구원, 2019. 12.
115. 성매매 조장 사이트와 이에 대한 형사법적 규제 분석, 홍익법학 제21권 제1호, 홍익대학교 법학연구소, 2020. 2.
116. 검·경 수사권조정에 대한 비판적 분석 — 2020. 2. 4.자 개정 형사소송법 및 검찰청법의 내용을 중심으로 — , 형사정책연구 제31권 제1호, 한국형사정책연구원, 2020. 3.
117. 고위공직자범죄수사처의 독립성 및 정치적 중립성 확보방안 검토, 형사정책 제32권 제1호, 한국형사정책학회, 2020. 4.
118. 다중피해 사기범죄의 양형인자 적용에 대한 개선방안 — 형량 강화의 구체적인 방안을 중심으로 — , 법학연구 제23집 제2호, 인하대학교 법학연구소, 2020. 6.
119. 제20대 국회에 제출된 소년법 개정법률안에 대한 검토 — 소년범의 인권 강화방안을 중심으로 — , 소년보호

연구 제33권 제1호, 한국소년정책학회, 2020. 6.

120. 제20대 국회에 제출된 소년법 개정법률안에 대한 검토 ─ 제재강화에 대한 비판을 중심으로 ─ , 형사정책 제32권 제2호, 한국형사정책학회, 2020. 7.

121. 전기통신금융사기 관련 범죄의 가벌성 검토, 홍익법학 제21권 제3호, 홍익대학교 법학연구소, 2020. 9.

122. 군형법상 추행죄의 합리적인 존치 방안, 형사법연구 제32권 제4호, 한국형사법학회, 2020. 12.

123. 소년조사제도의 문제점과 개선방안, 형사정책 제32권 제4호, 한국형사정책학회, 2021. 1.

124. 소년사건 피해자의 인권 강화방안에 대한 검토, 형사법의 신동향 제71호, 대검찰청, 2021. 6.

125. 호텔·유흥비자(E-6-2) 소지 외국인 여성에 대한 인신매매의 합리적인 대응방안, 형사정책 제33권 제2호, 한국형사정책학회, 2021. 7.

126. 최근 제정된 스토킹처벌법의 개정에 대한 소고, 형사법연구 제33권 제3호, 한국형사법학회, 2021. 9.

127. 우리나라 위치추적 전자감독제도의 과제, 범죄방지포럼 제45호, 한국범죄방지재단, 2021. 11.

128. 스토킹처벌법 제정의 의의 및 향후 과제, 치안정책리뷰 제73호, 경찰대학 치안정책연구소, 2021. 12.

129. 소년법상 우범소년에 대한 합리적인 개입 방안, 형사법연구 제33권 제4호, 한국형사법학회, 2021. 12.

130. 아동·청소년대상 성범죄의 최근 대응방안에 대한 검토, 소년보호연구 제35권 제1호, 한국소년정책학회, 2022. 6.

131. 학교 밖 청소년 정보연계 강화를 위한 법률개정 방안, 소년보호연구 제35권 제2호, 한국소년정책학회, 2022. 12.

132. 무고죄의 법정형 강화방안에 대한 검토, 법학연구 제34권 제1호, 충북대학교 법학연구소, 2023. 6.

133. 군형법상 추행죄의 성립범위에 대한 비판적 검토, 군사법연구 제1권 제1호, 한국군사법학회, 2023. 6.

134. 인신매매방지법상 피해자 확인서 발급제도의 개선방안, 형사정책 제35권 제3호, 한국형사정책학회, 2023. 10.

135. 최근 판례를 통해 본 명예훼손죄의 쟁점과 시사점 ─ 사실적시 명예훼손죄의 비범죄화 논의에 대한 비판적 시각의 관점에서 ─, 법학연구 제34권 제2호, 충북대학교 법학연구소, 2023. 12.

136. 권력형 성범죄로서 업무상 위력에 의한 간음·추행죄에 대한 검토, 형사정책 제35권 제4호, 한국형사정책학회, 2024. 1.

137. 최근의 보이스피싱 범죄수법 변화에 따른 대응방안, 형사정책 제36권 제1호, 한국형사정책학회, 2024. 4.

138. 군형법상 성범죄의 개정 방향, 군사법연구 제2호, 한국군사법학회, 2024. 6.

139. 인신매매방지법상 현실적 쟁점 및 개선방안, 여성과 인권 이슈브리핑 2024 특별판, 2024. 7.

140. 조직적 사기범죄의 양형기준에 대한 개선방안, 형사정책 제36권 제2호, 한국형사정책학회, 2024. 7.

141. 그루밍범죄의 실체법적 쟁점 및 그 대책으로서 신분위장수사의 절차법적 쟁점, 형사정책 제36권 제3호, 한국형사정책학회, 2024. 10.

142. 의료재활소년원의 운영 현황 및 과제, 소년보호연구 제37권 제2호, 한국소년정책학회, 2024. 12.

143. 출소자 사회정착의 효과적인 지원을 위한 독립적인 법률의 제정 방안, 홍익법학 제25권 제4호, 홍익대학교 법학연구소, 2024. 12.

형법총론

초판발행	2025년 1월 15일
지은이	박찬걸
펴낸이	안종만·안상준
편 집	이승현
기획/마케팅	장규식
표지디자인	이영경
제 작	고철민·김원표
펴낸곳	(주) **박영사**
	서울특별시 금천구 가산디지털2로 53, 210호(가산동, 한라시그마밸리)
	등록 1959. 3. 11. 제300-1959-1호(倫)
전 화	02)733-6771
f a x	02)736-4818
e-mail	pys@pybook.co.kr
homepage	www.pybook.co.kr
ISBN	979-11-303-4868-1 93360

정 가   36,000원